GRUNDRISSE DES RECHTS

Friedhelm Hufen · Staatsrecht II

Staatsrecht II
Grundrechte

von

Dr. Friedhelm Hufen
o. Professor an der Universität Mainz

4., aktualisierte und überarbeitete Auflage 2014

C.H.BECK

www.beck.de

ISBN 978 3 406 66157 0

© 2014 Verlag C. H. Beck oHG
Wilhelmstraße 9, 80801 München
Druck und Bindung: Nomos Verlagsgesellschaft
In den Lissen 12, 76547 Sinzheim

Satz: Thomas Schäfer, www.schaefer-buchsatz.de

Gedruckt auf säurefreiem, alterungsbeständigem Papier
(hergestellt aus chlorfrei gebleichtem Zellstoff)

Prof. Dr. Dr. h. c. mult. Konrad Hesse
(1919–2005)
gewidmet

Vorwort zur 4. Auflage

Die beiden Jahre seit der Vorauflage mögen kurz erscheinen. Für die aktuelle Entwicklung der Grundrechte sind sie eine „kleine Ewigkeit". Das belegt nicht nur die Rechtsprechung des BVerfG, die fast im Wochenabstand wichtige Entscheidungen zu den Grundrechten brachte; es belegt auch die politische und ethische Grundlagendiskussion in der Gesellschaft. Grundrechte spiegeln die großen Strömungen dieser Diskussion wie etwa das Verhältnis von Freiheit und Gerechtigkeit, Eigenverantwortung und Bevormundung, Marktfreiheit und Steuerung, Ökonomie und Ökologie. Im Kern vieler ethischer und medizinrechtlicher Probleme stand wieder die **Menschenwürde**. Stichworte lauten hier Präimplantationsdiagnostik, frühe Gendiagnostik, personalisierte Medizin, Patentierbarkeit menschlichen Lebens, medizinische Versuche an nicht Einwilligungsfähigen und das medizinische Existenzminimum von Asylanten und nicht Krankenversicherten. Erneut in die Diskussion gekommen ist die Organtransplantation. Nur mühevoll konsolidiert sich die Praxis im Hinblick auf Patientenverfügung und Sterbehilfe. Auch das große Thema: **„Freiheit und Sicherheit** im Zeichen der Terrorismusbekämpfung" hat in den vergangenen Jahren zu mehreren wichtigen Entscheidungen des BVerfG geführt, in denen dieses konsequent seiner Linie treu geblieben ist, wonach Eingriffe in persönliche Grundrechte nur dann erlaubt sind, wenn sie durch konkrete Gefahren gerechtfertigt sind. In den thematischen Zusammenhang von Freiheit und Sicherheit gehört auch das nach wie vor aktuelle Problem der **Sicherungsverwahrung.**

Geradezu atemberaubend sind die Wandlungsprozesse, die sich im Bereich von **Ehe, Partnerschaft und Elternrecht** gezeigt haben. Die unter deutlicher Beteiligung des BVerfG vollzogene weitgehende Gleichstellung von Ehe und gleichgeschlechtlicher Partnerschaft und die Stärkung der Rechte des „nichtehelichen Vaters" sind die einprägsamsten Beispiele. Wie in einem Brennspiegel bündeln sich in den Grundrechten auch die Probleme des **Zusammenlebens der Religionen und Kulturen.** Das Problem der Beschneidung aus religiösen Gründen sei hier nur als exemplarisches Beispiel aus den vergangenen Jahren genannt. Eine Fülle typischer Grundrechtsfälle hat sich weiter im immer währenden Spannungsverhältnis von **Meinungs- und Pressefreiheit** einerseits, **Privatsphäre und Persönlichkeitsrecht** andererseits gezeigt. Hier hat man gelegentlich den Eindruck, bestimmte Medien seien vom geschützten Grundrechtsträger zum „Angreifer" auf die Integrität und Intimität von Politikern und anderer Prominenter geworden. Andererseits scheinen sich Presse- Rundfunk und Informationsfreiheit immer mehr vom Abwehrrecht zum **Teilhaberecht an Transparenz und Information** zu wandeln. Das schafft neue Konflikte im Hinblick auf persönliche und- Geschäftsgeheimnisse. Nach wie vor ungelöste Probleme der informationellen Selbstbestimmung, des geistigen Eigentums und der Persönlichkeitsrechte entwickeln sich auch durch das **Internet** und seine teilweise staatlich geförderten Informations- und Warnportale, die von vielen als moderne Form des Prangers empfunden werden. Im Schatten der Diskussion von „Stuttgart 21" ist in den vergangenen Jahren auch der Zusammenhang von **Demokratie und bürgerlicher Beteiligung** immer deutlicher geworden. Größere Sensibilität besteht auch und gerade im Hinblick auf die **Gleichheit der Wahl**, ein Punkt, in dem sich besonders auffällig das Staatsorganisationsrecht und die Grundrechte überschneiden. Das im Ergebnis noch offene Verfahren um die Verfassungskonformität des europäischen Stabilitätsmechanismus (ESM), die Stützung notleidender Eurostaaten und die Begrenzung der Kompetenzen der EU sind hier nur Beispiele. Umgekehrt wirkt die Rechtsprechung des EuGH und des EGMR immer deutlicher auf die Auslegung des Grundgesetzes ein. Hier kann man mit großer Spannung verfolgen, wie sich die viel beschworene **Arbeitsteilung zwischen BVerfG, EuGH und EGMR** entwickelt.

Das alles bestätigt erneut die Grundthese dieses Lehrbuchs, dass es sich bei den Grundrechten nicht um einen abgeschlossenen und lernbaren „Stoff" handelt, sondern um eine zwischen Recht, Ethik, Politik, Gesellschaft und Wirtschaft spielende höchst lebendige Materie. Alte und neue Grundrechtsfälle lassen sich umso weniger vom sicheren Stand eines erworbenen Lernstoffs bewältigen, sondern erfordern Kreativität und Kompetenz in der Anwendung grundrechtlicher Regeln auf völlig neue Fragestellungen. Dazu will auch die Neuauflage einen Beitrag leisten.

Erneut danke ich den zahlreichen Lesern, die mir wichtige Hinweise für die Neuauflage gegeben haben. Dank gebührt auch wieder meiner Sekretärin *Gabriele Zerban*, die in bewährter Weise die zahlreichen Einschübe bewältigt hat und der studentischen Hilfskraft

Moritz Bald, der die für dieses Lehrbuch erforderliche eigene Datenbank zuverlässig führt.

Mainz, im März 2014

Aus dem Vorwort zur 1. Auflage

Im wahrlich nicht unbesetzten Feld der Lehrbücher der Grundrechte hofft der vorliegende Band auf Interesse bei Studierenden und Referendaren, denen es darauf ankommt, nicht ausgerechnet bei den Grundlagen zu „sparen". Das Buch stellt Ansprüche, aber es will auch dazu beitragen, dass Grundrechte vom ersten Semester an präsent sind und präsent bleiben. Deshalb fasst es das Grundwissen zusammen und bietet Vertiefung.

Inhaltlich enthält das Buch im Allgemeinen Teil und bei den einzelnen Grundrechten zunächst eine konzentrierte historische Einführung. Dann folgt – wo vorhanden – eine Vorstellung der „Klassiker" in der Rechtsprechung. Ansonsten bestimmt der dem Leser sicher bald vertraute Dreischritt von „Schutzbereich – Eingriff – Schranke" den Aufbau. Das gilt auch für die Rubrik „Aktuelle Fälle und Probleme", die zur Beobachtung der Entwicklung und stetigen Aktualisierung der eigenen Kenntnisse einlädt und zugleich ein aktuelles Grundrechtshandbuch und einen „Kurzkommentar" bietet. Grundrechte sind bei aller Bedeutung der „Klassiker" unter den Fällen eben nicht nur feststehender Lehrstoff und „Kanon", sondern auch höchst lebendiger Prozess. Entscheidungen des BVerfG sind zur besseren Wiedererkennung durchweg mit Stichworten versehen. Großes Gewicht legt das Buch auch auf die internationale und die europäische Entwicklung – nicht abgekoppelt am Schluss, sondern integriert bei den einzelnen Grundrechten. Dabei zeigt sich zumeist: Es gibt eigentlich nicht „deutsche", „ausländische" und „europäische" Grundrechte, sondern nur unterschiedliche Ausprägungen immer derselben Garantien.

Grundrechte mussten nicht nur von den Vorvätern und -müttern erkämpft werden; sie müssen auch gegenwärtig immer wieder aufs Neue in ihrer Geltungskraft verteidigt und fortentwickelt werden.

Deshalb wird auch dieses Lehrbuch sein besonderes Augenmerk auf drohende Veränderungen und Verkürzungen des Grundrechtsschutzes richten.

Gewidmet ist das Buch **Konrad Hesse,** der nicht nur in seinem Lehrbuch der Grundzüge des Verfassungsrechts ein singuläres Zeichen gesetzt, sondern auch seinen Schülern früh die Werte der Freiheit, der Toleranz und die Pluralität der Meinungen, aber auch die Bedeutung der Grundrechte für das Zusammenlebens freier Menschen unter Verfassungsnormen nahe gebracht hat. Damit verbunden ist der Dank an die Freunde und Kollegen des unvergessenen **Freiburger staatsrechtlichen Seminars.** Diese Tradition an neue Generationen weiterzugeben ist Aufgabe für alle, die dabei waren: Dazu will das Buch einen kleinen Beitrag leisten.

Inhaltsverzeichnis

Abkürzungsverzeichnis XXIII
Literaturverzeichnis XXXI

1. Teil. Grundlagen

1. Abschnitt. Vom Studium der Grundrechte

§ 1 Einführung 1
  I. Grundbegriffe 1
  II. Grundrechte in Studium und Examen 2
  III. Zum Arbeiten mit diesem Lehrbuch 3
  IV. Ein erster Überblick 4
  V. Einige Prämissen und Prinzipien 6

2. Abschnitt. Historische Grundlagen

§ 2 Zur Geschichte der Grundrechte 13
  I. Vorbilder und Vorgänger 13
  II. Grundrechtsentwicklung in Deutschland 20

3. Abschnitt. Die internationale und europäische Perspektive

§ 3 Grundrechte im internationalen und im europäischen Gemeinschaftsrecht 31
  I. Der internationale Schutz der Menschenrechte 31
  II. Grundrechte im Europäischen Gemeinschaftsrecht 35
  III. Der Einfluss der Rechtsvergleichung auf die Grundrechtsinterpretation in Deutschland 40

2. Teil. Allgemeine Grundrechtslehren

1. Abschnitt. Systematische Stellung der Grundrechte

§ 4 Die Grundrechte im System der Rechtsgebiete und Rechtsquellen 41
  I. Die Grundrechte als Bestandteil des Öffentlichen Rechts ... 41
  II. Die Grundrechte in der Rangordnung der Rechtsquellen ... 42

2. Abschnitt. Funktionen der Grundrechte und Grundrechtsinterpretation

§ 5 Wirkungen und Schutzfunktionen der Grundrechte 50
  I. Allgemeines 50

	II. Einzelne Schutzfunktionen der Grundrechte	53
	III. Soziale Grundrechte?	63
	IV. Grundpflichten?	65
§ 6	Schutzbereiche und Inhaber von Grundrechten	66
	I. Zur Definition des Schutzbereichs	66
	II. Personeller Schutzbereich, Grundrechtsfähigkeit und Grundrechtsmündigkeit	82
	III. Mehrere Schutzbereiche: „Grundrechtskonkurrenzen"	90
§ 7	Grundrechtsadressaten	92
	I. Allgemeines	92
	II. Grundrechtsbindung des Verfassungsgebers	93
	III. Gesetzgeber	94
	IV. Exekutive	94
	V. Rechtsprechung	95
	VI. Organe und Behörden der Bundesländer	96
	VII. Organe und Behörden der Europäischen Gemeinschaft	96
	VIII. Die Grundrechtsbindung Privater: „Drittwirkung der Grundrechte"	97
	IX. Geltung der Grundrechte bei staatlichem Handeln in Privatrechtsform – „Fiskalgeltung"	99
§ 8	Grundrechtseingriffe	101
	I. Allgemeines	101
	II. Direkte, unmittelbare Eingriffe	103
	III. Der mittelbare Eingriff	105
	IV. Die faktische Grundrechtsbeeinträchtigung	106
	V. Eingriff durch Nichterfüllung einer objektiven Schutzpflicht und durch Nichtförderung	107
	VI. Eingriff durch Zuständigkeits- und Verfahrensfehler	109
	VII. Der kumulative Grundrechtseingriff	109
	VIII. „Antastung" als eigenständiger Begriff?	110
§ 9	Verfassungsrechtliche Rechtfertigung von Eingriffen – Grundrechtsschranken	111
	I. Zur Bedeutung von Art. 1 III GG und der „Normenhierarchie"	111
	II. Die Beschränkung durch Gesetz und auf Grund eines Gesetzes	112
	III. Die Verhältnismäßigkeit als „Schranken-Schranke"	117
	IV. Zur Bedeutung von Art. 19 I und II GG	124
	V. Die Beschränkung auf Grund gleichrangigen Rechts – verfassungsimmanente Schranken	127
	VI. Unzulässige Schrankenkonstruktionen	131
	VII. Die Verwirkung von Grundrechten (Art. 18 GG)	132

3. Teil. Einzelne Grundrechte

1. Abschnitt. Kern der Persönlichkeit des Menschen

§ 10 Die Garantie der Menschenwürde (Art. 1 I 1 GG) 133
    I. Allgemeines 133
    II. Schutzbereich 139
    III. Eingriffe in die Menschenwürde 147
    IV. Bedeutung der Unantastbarkeit: Keine verfassungsrechtliche Rechtfertigung von Eingriffen 149
    V. Besondere Schutzfunktionen 151
    VI. Die internationale und europäische Perspektive 153
    VII. Das Bekenntnis zu den unveräußerlichen Menschenrechten (Art. 1 II GG) 154
    VIII. Menschenwürdekern anderer Grundrechte? 155
    IX. Aktuelle Fälle und Probleme 156

§ 11 Das allgemeine Persönlichkeitsrecht (Art. 2 I 1 i. V. mit Art. 1 I GG) 177
    I. Allgemeines 177
    II. Schutzbereich 179
    III. Eingriffe 186
    IV. Verfassungsrechtliche Rechtfertigung – Schranken 187
    V. Besondere Schutzfunktionen 189
    VI. Die internationale und europäische Perspektive 190
    VII. Aktuelle Fälle und Probleme 191

§ 12 Das Grundrecht auf informationelle Selbstbestimmung 195
    I. Allgemeines 195
    II. Schutzbereich 197
    III. Eingriffe 200
    IV. Verfassungsrechtliche Rechtfertigung – Schranken 202
    V. Besondere Schutzfunktionen 204
    VI. Die internationale und europäische Perspektive 206
    VII. Aktuelle Fälle und Probleme 207

§ 13 Recht auf Leben und körperliche Unversehrtheit (Art. 2 II GG) 214
    I. Allgemeines 214
    II. Schutzbereich 215
    III. Eingriffe 216
    IV. Verfassungsrechtliche Rechtfertigung – Schranken 218
    V. Besondere Schutzfunktionen 220
    VI. Die internationale und europäische Perspektive 222
    VII. Aktuelle Fälle und Probleme 223

2. Abschnitt. Der weitere Schutz der Persönlichkeit

§ 14 Freie Entfaltung der Persönlichkeit – allgemeine Handlungsfreiheit (Art. 2 I GG) 226
    I. Allgemeines 226
    II. Schutzbereich 228
    III. Eingriffe 234
    IV. Verfassungsrechtliche Rechtfertigung – Schranken 235
    V. Besondere Schutzfunktionen 238
    VI. Die internationale und europäische Perspektive 239
    VII. Aktuelle Fälle und Probleme 239

§ 15 Schutz der Wohnung (Art. 13 GG) 245
    I. Allgemeines 245
    II. Schutzbereich 246
    III. Eingriffe 249
    IV. Verfassungsrechtliche Rechtfertigung – Schranken 251
    V. Besondere Schutzfunktionen 254
    VI. Die internationale und europäische Perspektive 255
    VII. Aktuelle Fälle und Probleme 255

§ 16 Schutz von Ehe und Familie, Elternrecht, Mutterschutz, Gleichstellung ehelicher und unehelicher Kinder (Art. 6 GG) .. 258
    I. Allgemeines 258
    II. Schutzbereich 259
    III. Eingriffe 267
    IV. Verfassungsrechtliche Rechtfertigung – Schranken 268
    V. Besondere Schutzfunktionen 270
    VI. Der besondere Schutz der Mutter (Art. 6 IV GG) 274
    VII. Gleichstellung unehelicher und ehelicher Kinder (Art. 6 V GG) 275
    VIII. Die internationale und europäische Perspektive 275
    IX. Aktuelle Fälle und Probleme 277

§ 17 Brief-, Post- und Fernmeldegeheimnis (Art. 10 GG) 284
    I. Allgemeines 284
    II. Schutzbereich 285
    III. Eingriffe 288
    IV. Verfassungsrechtliche Rechtfertigung – Schranken 289
    V. Besondere Schutzfunktionen 291
    VI. Die internationale und europäische Perspektive 292
    VII. Aktuelle Fälle und Probleme 293

§ 18 Freizügigkeit (Art. 11 GG) 294
    I. Allgemeines 294

II. Schutzbereich	296
III. Eingriffe	298
IV. Verfassungsrechtliche Rechtfertigung – Schranken	298
V. Besondere Schutzfunktionen	299
VI. Die internationale und europäische Perspektive	300
VII. Aktuelle Fälle und Probleme	301

§ 19 Schutz vor Ausbürgerung und Auslieferung (Art. 16 GG) 303

I. Allgemeines	303
II. Entziehung und Verlust der deutschen Staatsangehörigkeit (Art. 16 I 1 GG)	305
III. Verbot der Auslieferung von Deutschen an das Ausland (Art. 16 II 1 GG)	306
IV. Besondere Schutzfunktionen	307
V. Die internationale und europäische Perspektive	308
VI. Aktuelle Fälle und Probleme	309

§ 20 Asylrecht (Art. 16a GG) 311

I. Allgemeines	311
II. Schutzbereich	313
III. Eingriffe	320
IV. Verfassungsrechtliche Rechtfertigung – Schranken	322
V. Besondere Schutzfunktionen – insbesondere: Verfahren	323
VI. Die internationale und europäische Perspektive	324
VII. Aktuelle Fälle und Probleme	326

§ 21 Habeas corpus-Rechte und Justizgrundrechte (Art. 2 II 2 GG und Art. 101 I 2, 103, 104 GG) 327

I. Allgemeines	327
II. Der Schutz vor Freiheitsbeschränkung (Art. 2 II 2/Art. 104 GG)	328
III. Gesetzlicher Richter (Art. 101 I 2 GG)	335
IV. Rechtliches Gehör (Art. 103 I GG)	340
V. Nulla poena sine lege – keine Strafe ohne Gesetz (Art. 103 II GG)	349
VI. Ne bis in idem – Verbot der Doppelbestrafung	354

3. Abschnitt. Religions- und Gewissensfreiheit/Kirche und Staat

§ 22 Religionsfreiheit/Glaubensfreiheit (Art. 4 I und II GG) 356

I. Allgemeines	356
II. Schutzbereich	360
III. Eingriffe	368
IV. Verfassungsrechtliche Rechtfertigung – Schranken	370
V. Besondere Schutzfunktionen	372
VI. Die internationale und europäische Perspektive	374

VII. Aktuelle Fälle und Probleme 376

§ 23 Die Stellung der Kirchen und Religionsgesellschaften
(Art. 140 GG i. V. m. 137 ff. WRV) 386
  I. Allgemeines 386
  II. Der Schutzbereich des kirchlichen Selbstbestimmungs-
  rechts 388
  III. Eingriffe in das kirchliche Selbstbestimmungsrecht 388
  IV. Verfassungsrechtliche Rechtfertigung – Schranken 389
  V. Besondere Schutzfunktionen 389
  VI. Die internationale und europäische Perspektive 390
  VII. Aktuelle Fälle und Probleme 390

§ 24 Gewissensfreiheit (Art. 4 I 2. Alt. GG)/ Wehrdienstverweige-
rung (Art. 4 III GG) 395
  I. Allgemeines 395
  II. Schutzbereich 396
  III. Eingriffe 397
  IV. Verfassungsrechtliche Rechtfertigung – Schranken 398
  V. Besondere Schutzfunktionen 399
  VI. Die internationale und europäische Perspektive 399
  VII. Aktuelle Fälle und Probleme 399
  VIII. Wehrdienstverweigerung aus Gewissensgründen (Art. 4 III
  GG) 402

4. Abschnitt. Kommunikationsgrundrechte

Vorbemerkungen: 405

§ 25 Meinungsfreiheit (Art. 5 I Satz 1, 1. Alt. GG) 406
  I. Allgemeines 406
  II. Schutzbereich 408
  III. Eingriffe 416
  IV. Verfassungsrechtliche Rechtfertigung – Schranken 417
  V. Besondere Schutzfunktionen 431
  VI. Die internationale und europäische Perspektive 431
  VII. Aktuelle Fälle und Probleme 433

§ 26 Informationsfreiheit (Art. 5 I Satz 1, 2. Alt. GG) 438
  I. Allgemeines 438
  II. Schutzbereich 439
  III. Eingriffe 442
  IV. Verfassungsrechtliche Rechtfertigung – Schranken 442
  V. Besondere Schutzfunktionen 443
  VI. Die internationale und europäische Perspektive 444
  VII. Aktuelle Fälle und Probleme 445

§ 27	Pressefreiheit, Zensurverbot (Art. 5 I Satz 2, 1. Alt. GG)	449
	I. Allgemeines	449
	II. Schutzbereich	451
	III. Eingriffe	455
	IV. Verfassungsrechtliche Rechtfertigung – Schranken	456
	V. Besondere Schutzfunktionen	458
	VI. Die internationale und europäische Perspektive	459
	VII. Aktuelle Fälle und Probleme	460
§ 28	Rundfunkfreiheit (Art. 5 I Satz 2, 2. Alt. GG)	465
	I. Allgemeines	465
	II. Schutzbereich – duale Rundfunkordnung	467
	III. Eingriffe	472
	IV. Verfassungsrechtliche Rechtfertigung – Schranken	474
	V. Besondere Schutzfunktionen	475
	VI. Die internationale und europäische Perspektive	477
	VII. Aktuelle Fälle und Probleme	478
§ 29	Filmfreiheit (Art. 5 I Satz 2, 3. Alt. GG)	484
	I. Allgemeines	484
	II. Schutzbereich	484
	III. Sonstiges	485
§ 30	Versammlungsfreiheit (Art. 8 GG)	486
	I. Allgemeines	486
	II. Schutzbereich	488
	III. Eingriffe	494
	IV. Verfassungsrechtliche Rechtfertigung – Schranken	495
	V. Besondere Schutzfunktionen	499
	VI. Die internationale und europäische Perspektive	500
	VII. Aktuelle Fälle und Probleme	501
§ 31	Vereinigungsfreiheit (Art. 9 I GG)	506
	I. Allgemeines	506
	II. Schutzbereich	507
	III. Eingriffe	510
	IV. Verfassungsrechtliche Rechtfertigung – Schranken	511
	V. Besondere Schutzfunktionen	513
	VI. Die internationale und europäische Perspektive	514
	VII. Aktuelle Fälle und Probleme	515

5. Abschnitt. Kultur und Erziehung

Vorbemerkung: Kultur – Kulturstaat – kulturelle Freiheit		516
	I. Probleme der Definition	516
	II. Kultur und Staat – Kulturstaat?	517

§ 32 Erziehung und Schule ... 519

III. Neue Herausforderungen: Kultur im Zeichen von Internationalisierung und Ökonomisierung ... 518

§ 32 Erziehung und Schule ... 519
I. Allgemeines ... 519
II. Grundrechte in der Schule ... 521
III. Die Bestimmung über die Teilnahme am Religionsunterricht (Art. 7 II GG) ... 527
IV. Gewährleistung des Religionsunterrichts (Art. 7 III GG) ... 528
V. Privatschulfreiheit (Art. 7 IV GG) ... 530
VI. Die internationale und europäische Perspektive ... 535
VII. Aktuelle Fälle und Probleme ... 537

§ 33 Kunstfreiheit (Art. 5 III 1, 1. Alt. GG) ... 543
I. Allgemeines ... 543
II. Schutzbereich ... 546
III. Eingriff ... 556
IV. Verfassungsrechtliche Rechtfertigung – Schranken ... 557
V. Besondere Schutzfunktionen ... 560
VI. Die internationale und europäische Perspektive ... 562
VII. Aktuelle Fälle und Probleme ... 563

§ 34 Wissenschaftsfreiheit (Art. 5 III 1, 2. Alt. GG) ... 576
I. Allgemeines ... 576
II. Schutzbereich ... 579
III. Eingriffe ... 586
IV. Verfassungsrechtliche Rechtfertigung – Schranken ... 588
V. Besondere Schutzfunktionen ... 590
VI. Die internationale und europäische Perspektive ... 593
VII. Aktuelle Fälle und Probleme ... 593

6. Abschnitt. Die Freiheit beruflicher und wirtschaftlicher Betätigung

Vorbemerkung: Die Grundrechte als Teil einer „Wirtschaftsverfassung des GG"? ... 601

§ 35 Freiheit von Beruf und Ausbildungsstätte/ Schutz vor Zwangsarbeit (Art. 12 GG) ... 604
I. Allgemeines ... 604
II. Schutzbereich ... 606
III. Eingriffe ... 613
IV. Verfassungsrechtliche Rechtfertigung – Schranken: Von der Drei-Stufen-Theorie zur Verhältnismäßigkeit ... 617
V. Besondere Schutzfunktionen ... 625
VI. Die internationale und europäische Perspektive ... 627

VII. Aktuelle Fälle und Probleme		629
VIII. Freiheit von Arbeitszwang und Zwangsarbeit		645

§ 36 Die Grundrechte der Beamten (Art. 33 II und V GG) ... 646

    I. Allgemeines ... 646
    II. Gleicher Zugang zu öffentlichen Ämtern (Art. 33 II GG) .. 648
    III. Hergebrachte Grundsätze des Berufsbeamtentums (Art. 33 V GG) ... 651
    IV. Die internationale und europäische Perspektive ... 655
    V. Aktuelle Fälle und Probleme ... 656

§ 37 Koalitionsfreiheit (Art. 9 III GG) ... 658

    I. Allgemeines ... 658
    II. Schutzbereich ... 659
    III. Eingriffe ... 663
    IV. Verfassungsrechtliche Rechtfertigung – Schranken ... 664
    V. Besondere Schutzfunktionen ... 666
    VI. Die internationale und europäische Perspektive ... 667
    VII. Aktuelle Fälle und Probleme ... 668

§ 38 Der Schutz des Eigentums und des Erbrechts (Art. 14 GG) ... 671

    I. Allgemeines ... 671
    II. Schutzbereich ... 673
    III. Eingriffe ... 683
    IV. Verfassungsrechtliche Rechtfertigung – Schranken ... 691
    V. Besondere Schutzfunktionen ... 697
    VI. Die internationale und europäische Perspektive ... 699
    VII. Aktuelle Fälle und Probleme ... 700
    VIII. Besonderheiten des Erbrechts als Grundrecht ... 705

7. Abschnitt. Gleichheitsrechte

Vorbemerkung ... 708

§ 39 Der allgemeine Gleichheitssatz (Art. 3 I GG) ... 709

    I. Allgemeines ... 709
    II. Schutzaussagen der Gleichheit ... 711
    III. Die Ungleichbehandlung ... 715
    IV. Verfassungsrechtliche Rechtfertigung der Ungleichbehandlung ... 715
    V. Folgen bei festgestelltem Gleichheitsverstoß ... 718
    VI. Besondere Schutzfunktionen ... 719
    VII. Die internationale und europäische Perspektive ... 719
    VIII. Aktuelle Fälle und Probleme ... 722

§ 40 Besondere Gleichheitssätze und Differenzierungsverbote (Art. 3 II und III; Art. 33 I–III; 38 I GG) ... 725

    I. Allgemeines ... 725
    II. Gleichberechtigung von Männern und Frauen (Art. 3 II GG) ... 725
    III. Die besonderen Diskriminierungsverbote des Art. 3 III GG ... 727
    IV. Die besonderen Gleichheitssätze des Art. 33 I–III GG ... 730

8. Abschnitt. Politische Beteiligungsrechte

    I. Die demokratische Funktion der Grundrechte ... 731
    II. Selbstverwaltung: Das „vergessene Grundrecht" ... 732

§ 41 Parteienfreiheit und Chancengleichheit der Parteien als Grundrechte ... 733

    I. Parteienfreiheit (Art. 21 GG) ... 733
    II. Chancengleichheit (Art. 3 I GG) ... 737

§ 42 Das aktive und passive Wahlrecht (Art. 38 GG) ... 738

    I. Herkunft und heutige Bedeutung ... 738
    II. Schutzbereich ... 738
    III. Eingriffe ... 741
    IV. Verfassungsrechtliche Rechtfertigung – Schranken ... 741
    V. Besondere Schutzfunktionen ... 742
    VI. Die internationale und europäische Perspektive ... 743

§ 43 Das Petitionsrecht (Art. 17 GG) ... 744

    I. Historische Herkunft und aktuelle Bedeutung ... 744
    II. Schutzbereich ... 745
    III. Eingriffe ... 746
    IV. Verfassungsrechtliche Rechtfertigung – Schranken ... 747
    V. Besondere Schutzfunktionen ... 747
    VI. Die internationale und europäische Perspektive ... 748

§ 44 Der Rechtsschutz gegen die öffentliche Gewalt (Art. 19 IV GG) ... 749

    I. Historische Herkunft und aktuelle Bedeutung ... 749
    II. Schutzbereich ... 749
    III. Eingriffe ... 751
    IV. Verfassungsrechtliche Rechtfertigung – Schranken ... 751
    V. Besondere Schutzfunktionen ... 752
    VI. Die internationale und europäische Perspektive ... 752

§ 45 Das Widerstandsrecht (Art. 20 IV GG) ... 753

    I. Historische Herkunft und aktuelle Bedeutung ... 753
    II. Schutzbereich ... 754

III. Eingriffe – keine verfassungsrechtliche Rechtfertigung	754
IV. Die internationale und europäische Perspektive	755
V. Ausblick	755
Stichwortverzeichnis	757

Abkürzungsverzeichnis

a. A.	anderer Ansicht
a. a. O.	am angegebenen Ort
ABl.	Amtsblatt
Abs.	Absatz
AcP	Archiv für die civilistische Praxis (Zeitschrift)
AEMR	Allgemeine Erklärung der Menschenrechte der UN
AEUV	Vertrag über die Arbeitsweise der Europäischen Union
a. F.	alte(r) Fassung
AfP	Zeitschrift für Medien und Kommunikationsrecht, vorher: Archiv für Presserecht (Zeitschrift)
AG	Aktiengesellschaft, Ausführungsgesetz
AK-GG	Alternativkommentar zum Grundgesetz
ALR	Allgemeines Landrecht (1794)
Anm.	Anmerkung
AöR	Archiv des öffentlichen Rechts (Zeitschrift)
AO	Abgabenordnung
Art.	Artikel
Ast.	Antragsteller
AsylVfG	Asylverfahrensgesetz
AtomG	Atomgesetz
Aufl.	Auflage
AVöR	Archiv für Völkerrecht (Zeitschrift)
Bad.-Württ.	Baden-Württemberg, baden-württembergisch
BAG	Bundesarbeitsgericht
BauGB	Baugesetzbuch
Bay.	Bayern, bayerisch
BayObLG	Bayerisches Oberstes Landesgericht
BayVBl.	Bayerische Verwaltungsblätter (Zeitschrift)
BayVerf.	Verfassung des Freistaates Bayern
BayVerfGH	Bayerischer Verfassungsgerichtshof
BBG	Bundesbeamtengesetz
Bd.	Band
BDSG	Bundesdatenschutzgesetz
Berl.	Berlin (berlinerisch)
BerlVerf(G)	Berliner Verfassung(sgerichtshof)
Bf.	Beschwerdeführer
BFH	Bundesfinanzhof

BGB	Bürgerliches Gesetzbuch
BGBl.	Bundesgesetzblatt
BGH	Bundesgerichtshof
BGHZ/BGHSt	Entscheidungen des Bundesgerichtshofs in Zivilsachen/in Strafsachen
BHO	Bundeshaushaltsordnung
BImSchG	Bundes-Immissionsschutzgesetz
BNotO	Bundesnotarordnung
BRAO	Bundesrechtsanwaltsordnung
BRat-Drs.	Drucksache des Deutschen Bundesrats
BRRG	Beamtenrechtsrahmengesetz
BSG	Bundessozialgericht
BSHG	Bundessozialhilfegesetz (bis 1.1.2005), jetzt SGB XII
BeamtStG	Beamtenstatusgesetz
BT-Drs.	Drucksache des Deutschen Bundestages
BVerfG	Bundesverfassungsgericht
BVerfGE	Entscheidungen des Bundesverfassungsgerichts
BVerfGG	Gesetz über das Bundesverfassungsgericht
DDR	(vormalige) Deutsche Demokratische Republik
ders.	derselbe
DJT	Deutscher Juristentag
DÖD	Der Öffentliche Dienst (Zeitschrift)
DÖV	Die Öffentliche Verwaltung (Zeitschrift)
DRiG	Deutsches Richtergesetz
DRiZ	Deutsche Richterzeitung (Zeitschrift)
DuD	Datenschutz und Datensicherung (Zeitschrift)
DV	Die Verwaltung (Zeitschrift)
DVBl.	Deutsches Verwaltungsblatt
EDV	Elektronische Datenverarbeitung
EG	Europäische Gemeinschaft(en)
EGGVG	Einführungsgesetz zum Gerichtsverfassungsgesetz
EGMR	Europäischer Gerichtshof für Menschenrechte
EGV	EG-Vertrag
EMRK	Europäische Menschenrechtskonvention
ESVGH	Entscheidungssammlung des Hessischen und des Baden-Württembergischen Verwaltungsgerichtshofs
EuG	Europäisches Gericht Erster Instanz
EuGH	Europäischer Gerichtshof
EuGRCh	Charta der Grundrechte der Europäischen Union
EuGRZ	Europäische Grundrechte-Zeitschrift
EuR	Europarecht (Zeitschrift)
EUV	Vertrag über die Europäische Union
EuZW	Europäische Zeitschrift für Wirtschaftsrecht

FamRZ	Zeitschrift für das gesamte Familienrecht
FFG	Filmförderungsgesetz
FGO	Finanzgerichtsordnung
Fn.	Fußnote
FS	Festschrift (für)
FStrG	Bundesfernstraßengesetz
FuL	Forschung und Lehre (Zeitschrift)
GastG	Gaststättengesetz
GATS	Allgemeines Übereinkommen über den Handel mit Dienstleistungen (General Agreement on Trade and Services)
GbR	Gesellschaft bürgerlichen Rechts
GemO	Gemeindeordnung
GenTG	Gentechnikgesetz
GewArch	Gewerbearchiv (Zeitschrift)
GewO	Gewerbeordnung
GG	Grundgesetz
GjSM	Gesetz über die Verbreitung jugendgefährdender Schriften und Medieninhalte (jetzt: JuSchG)
GmbH	Gesellschaft mit beschränkter Haftung
GVBl.	Gesetz- und Verordnungsblatt
GVG	Gerichtsverfassungsgesetz
GRUR	Gewerblicher Rechtsschutz und Urheberrecht (Zeitschrift)
HwO	Handwerksordnung
Hbg.	Hamburg, hamburgisch
HdbGr	Handbuch der Grundrechte
Hess.	Hessen, hessisch
Hess. Verf.	Verfassung des Landes Hessen
Hg.	Herausgeber
HGB	Handelsgesetzbuch
h. L.	herrschende Lehre
HRG	Hochschulrahmengesetz
HdbStR	Handbuch des Staatsrechts
IBPR	Internationaler Pakt über bürgerliche und politische Rechte
i. d. F.	in der Fassung
IFG	Informationsfreiheitsgesetz
IGH	Internationaler Gerichtshof für Menschenrechte
IPWSKR	Internationaler Pakt über wirtschaftliche, soziale und kulturelle Rechte
IVF	In – vitro – Fertilisation

Abkürzungsverzeichnis

JA	Juristische Arbeitsblätter (Zeitschrift)
Jg.	Jahrgang
JöR	Jahrbuch des öffentlichen Rechts der Gegenwart
JP	Juristische Person
JR	Juristische Rundschau (Zeitschrift)
Jura	Juristische Ausbildung (Zeitschrift)
JuS	Juristische Schulung (Zeitschrift)
JuSchG	Jugendschutzgesetz
JZ	Juristenzeitung (Zeitschrift)
KDVG	Kriegsdienstverweigerungsgesetz
KJ	Kritische Justiz (Zeitschrift)
KMK	Kultusministerkonferenz
KritVj	Kritische Vierteljahreszeitschrift für Gesetzgebung und Rechtswissenschaft (Zeitschrift)
KUG	Kunsturhebergesetz
KuR	Journal Kunst und Recht (Zeitschrift)
LadenschlussG	Gesetz über den Ladenschluss
LBauO	Landesbauordnung
LG	Landgericht
LHO	Landeshaushaltsordnung
Lit.	Literatur
LKRZ	Zeitschrift für Landes- und Kommunalrecht (Hessen, Rheinland-Pfalz, Saarland)
LKV	Landes- und Kommunalverwaltung (Zeitschrift)
Ls.	Leitsatz
LuftSichG	Luftsicherheitsgesetz
MDR	Monatsschrift für Deutsches Recht
m. w. N.	mit weiteren Nachweisen
Nds.	Niedersachsen, niedersächsisch
NdsVBl.	Niedersächsische Verwaltungsblätter
NJW	Neue Juristische Wochenschrift (Zeitschrift)
NRW/NW	Nordrhein-Westfalen, Nordrhein-westfälisch
NuR	Natur und Recht (Zeitschrift)
NVwZ	Neue Zeitschrift für Verwaltungsrecht
NVwZ-RR	NVwZ-Rechtsprechungs-Report Verwaltungsrecht (Zeitschrift)
NWVBl.	Nordrhein-Westfälische Verwaltungsblätter (Zeitschrift)
NZA	Neue Zeitschrift für Arbeitsrecht
NZG	Neue Zeitschrift für Gesellschaftsrecht
NZS	Neue Zeitschrift für Sozialrecht

Abkürzungsverzeichnis XXVII

OLG	Oberlandesgericht
OVG	Oberverwaltungsgericht
ÖR	Öffentliches Recht
OVGE	Entscheidungssammlung des (jeweils angegebenen) OVG
OWiG	Gesetz über Ordnungswidrigkeiten
PartG	Gesetz über die politischen Parteien
PostG	Postgesetz
Preuß.	Preußen, preußisch
RdA	Recht der Arbeit
RDG	Rechtsdienstleistungsgesetz
RDV	Recht der Datenverarbeitung (Zeitschrift)
RelKEG	Gesetz über die religiöse Kindererziehung
RdJB	Recht der Jugend und des Bildungswesens (Zeitschrift)
RG	Reichsgericht
RGBl.	Reichsgesetzblatt
RGZ/RGSt	Entscheidungen des Reichsgerichts in Zivilsachen/in Strafsachen
Rhl.-Pf.	Rheinland-Pfalz, rheinland-pfälzisch
Rn./Rd.-Nr.	Randnummer
Rspr.	Rechtsprechung
RuStAG	Reichs- und Staatsangehörigkeitsgesetz (früher)
RVO	Reichsversicherungsordnung
RW	Rechtswissenschaft (Zeitschrift)
Saarl.	Saarland, saarländisch
Sachs./sächs.	Sachsen/sächsisch
SachsAnh.	Sachsen-Anhalt, sachsen-anhaltinisch
SBZ	Sowjetische Besatzungszone
Schl.-Holst.	Schleswig-Holstein, schleswig-holsteinisch
SchwBG	Schwerbehindertengesetz
SGB	Sozialgesetzbuch
SGb	Die Sozialgerichtsbarkeit (Zeitschrift)
SGG	Sozialgerichtsgesetz
Slg.	Sammlung der Rechtsprechung des (Europäischen Gerichtshofs und des Gerichts Erster Instanz)
Sp.	Spalte
StaatsangG	Staatsangehörigkeitsgesetz
st. Rspr.	ständige Rechtsprechung
StGB	Strafgesetzbuch
StVG	Straßenverkehrsgesetz
StVO	Straßenverkehrsordnung

StVZO	Straßenverkehrs-Zulassungs-Ordnung
Thür.	Thüringen, thüringisch
ThürVBl.	Thüringische Verwaltungsblätter (Zeitschrift)
TRIPS	Internationales Urheberrechts-Abkommen (Agreement on Trade Related Aspects of Intellectual Property Rights)
TÜV	Technischer Überwachungsverein
TVG	Tarifvertragsgesetz
UAG	Untersuchungsausschutzgesetz
UIG	Umweltinformationsgesetz
UPR	Umwelt- und Planungsrecht (Zeitschrift)
URG	Umwelt-Rechtsbehelfsgesetz
Urt.	Urteil
VA	Verwaltungsakt
VBlBW	Verwaltungsblätter für Baden-Württemberg (Zeitschrift)
VereinsG	Vereinsgesetz
VerfGH	Verfassungsgerichtshof
VerfR	Verfassungsrecht
VersG	Versammlungsgesetz
VerwArch	Verwaltungsarchiv (Zeitschrift)
VG	Verwaltungsgericht
VGH	Verwaltungsgerichtshof
VIG	Verbraucherinformationsgesetz
VÖI	Vertreter des öffentlichen Interesses
VwRs	Verwaltungsrundschau (Zeitschrift)
VVDStRL	Veröffentlichungen der Vereinigung der Deutschen Staatsrechtslehrer
VwGO	Verwaltungsgerichtsordnung
VwProzR	Verwaltungsprozessrecht
VwVfG	Verwaltungsverfahrensgesetz
VwVG	Verwaltungsvollstreckungsgesetz
VwZG	Verwaltungszustellungsgesetz
WPflG	Wehrpflichtgesetz
WRV	Weimarer Reichsverfassung vom 11.8.1919
WissR	Wissenschaftsrecht – Wissenschaftsverwaltung – Wissenschaftsförderung (Zeitschrift)
WTO	Welthandelsorganisation (World Trade Organization)
ZBR	Zeitschrift für Beamtenrecht
ZevKR	Zeitschrift für evangelisches Kirchenrecht

ZfSH/SGB	Zeitschrift für Sozialhilfe und Sozialgesetzbuch
ZG	Zeitschrift für Gesetzgebung
ZLR	Zeitschrift für das gesamte Lebensmittelrecht
ZP	Zusatzprotokoll
ZPO	Zivilprozessordnung
ZRP	Zeitschrift für Rechtspolitik
ZUM	Zeitschrift für Urheber- und Medienrecht

Literaturverzeichnis

I. Lehrbücher und Grundrisse

1. Grundgesetz

Augsberg, Ino/Unger, Sebastian, Basistexte: Grundrechtstheorie 2012
Badura, Peter, Staatsrecht, 5. Auflage 2012
Berg, Winfried, Staatsrecht, 6.. Aufl. 2011
Epping, Volker, Grundrechte, 5. Aufl. 2012
Hesse, Konrad, Grundzüge des Verfassungsrechts der Bundesrepublik Deutschland, 20. Aufl. 1995
Ipsen, Jörn, Staatsrecht II Grundrechte, 15. Aufl. 2012
Kloepfer, Verfassungsrecht, Band 2 Grundrechte, 2010
Manssen, Gerrit, Staatsrecht II Grundrechte, 10. Aufl. 2013
Michael, Lothar/Morlok, Martin, Grundrechte, 3. Aufl. 2012
von Münch, Ingo/Mager, Ute, Staatsrecht II, Grundrechte, 6. Aufl 2013
Pieroth, Bodo/Schlink, Bernhard/ Kingreen,Thorsten/Poscher, Ralf, Grundrechte, Staatsrecht II, 29. Aufl. 2013.
Sachs, Michael, Verfassungsrecht II Grundrechte, 2. Aufl. 2003
Sodan, Helge/Ziekow, Jan, Öffentliches Recht. Staats- und Verwaltungsrecht, 5. Aufl. 2012.
Stein, Ekkehart/Frank, Götz, Staatsrecht 21. Aufl., 2010
Zippelius, Reinhold/Würtenberger, Thomas, Deutsches Staatsrecht, 32. Aufl. 2008

2. Internationale und europäische Grund- und Menschenrechte

Ehlers, Dirk (Hrsg.), Europäische Grundrechte und Grundfreiheiten, 3. Aufl. 2009
Grabenwarter, Christoph, Europäische Menschenrechtskonvention, 5. Aufl. 2012
Haratsch, Andreas/Koenig, Christian/Pechstein, Matthias, Europarecht 8. Aufl. 2012
Hobe, Stephan, Europarecht, 7.. Aufl. 2012
Jarass, Hans D., EU-Grundrechte, 2005
Streinz, Rudolf, Europarecht, 9. Aufl., 2012
Streinz, Rudolf, Verfassungsrecht III. Die Einbindung der Bundesrepublik Deutschland in die Völkerrechtsgemeinschaft und in die Europäische Union, 2008
Tettinger, Peter/Stern, Klaus, Kölner Gemeinschaftskommentar zur Europäischen Grundrechte-Charta, 2006

II. Kommentare

1. Grundgesetz

Dolzer, Rudolf/Vogel, Klaus/Graßhof, Karin / Kahl, Wolfgang/ Waldhoff, Christian/Walter, Christian, Bonner Kommentar zum Grundgesetz, Stand: 161. Lieferung 2013
Dreier, Horst (Hrsg.), Grundgesetz, Band 1 (Art. 1–19), 3. Aufl. 2013, Band 2 (Art. 20–82), 2. Aufl. 2006, Band 3 (Art. 83–146), 2. Aufl. 2008
Epping/Hillgruber, Grundgesetz, Kommentar, 2. Aufl. (2013).
Friauf, Karl Heinrich/Höfling, Wolfram (Hrsg.), Berliner Kommentar zum Grundgesetz, Stand: 2012
Gröpl,Christoph/Windthorst, Kai/von Coelln, Christian, Grundgesetz Studienkommentar, 2013.
Jarass, Hans D./Pieroth, Bodo, Grundgesetz für die Bundesrepublik Deutschland, 12. Aufl. 2012
Hömig, Dieter, Grundgesetz für die Bundesrepublik Deutschland, 10. Aufl. 2013.
Leibholz, Gerhard/Rinck, Hans-Justus/Hesselberger, Dieter, Grundgesetz für die Bundesrepublik Deutschland, Stand: 53. Lieferung 2010
von Mangoldt, Herrmann/Klein, Friedrich/Starck, Christian (Hrsg.), Kommentar zum Grundgesetz, Band 1 (Art. 1–19), 6. Aufl. 2010, Band 2 (Art. 20–82), 6. Aufl. 2010, Band 3 (83–146), 6. Aufl. 2010
Maunz, Theodor/Dürig, Günter, Kommentar zum Grundgesetz, Stand 70. Lieferung 2013
von Münch, Ingo/Kunig, Philip (Hrsg.), Grundgesetz-Kommentar, 2 Bde., 6. Aufl. 2012Sachs, Michael (Hrsg.), Grundgesetz Kommentar, 6. Aufl. 2011
Schmidt-Bleibtreu, Bruno/Hofmann, Hans/Hopfauf, Axel, Kommentar zum Grundgesetz, 12. Aufl. 2011
Sodan, Helge, Grundgesetz, Kommentar, 2. Aufl. 2011.
Stein, Ekkehart/ Denninger, Erhard/Hoffmann-Riem, Wolfgang/Schneider, Hans Peter (Hrsg.), Kommentar zum Grundgesetz für die Bundesrepublik Deutschland, Reihe Alternativkommentare, 3. Aufl. 2001, Loseblatt

2. Europarecht und EMRK

Dörr/Grote/Marauhn, EMRK/GG. Konkordanzkommentar zum Europäischen und Deutschen Grundrechtsschutz, 2. Aufl. 2013.
Frowein, Jochen A./Peukert, Wolfgang, Europäische Menschenrechtskonvention, 3. Aufl. 2009.
Grote, Rainer/Marauhn, Thilo, EMRK/GG. Konkordanzkommentar zum europäischen und deutschen Grundrechtschutz, 2006.
Jarass, Hans D., Charta der Grundrechte der Europäischen Union, Kommentar, 2010.
Karpenstein, Ulrich/Mayer, Franz C., EMRK Kommentar, 2012.

Meyer, Jürgen, Charta der Grundrechte der Europäischen Union, Kommentar, 3. Aufl., 2010.
Meyer-Ladewig, Jens, EMRK. Handkommentar, 3. Aufl. 2011.
Tettinger, Peter J. /Stern, Klaus, Kölner Gemeinschaftskommentar zur europäischen Grundrechte-Charta 2006.

III. Fallsammlungen und Klausurlehren

Brinktrine, Ralf/Sarcevíc, Edin, Fallsammlung zum Staatsrecht, 2. Aufl. 2011
Bumke, Christian/Voßkuhle, Andreas, Casebook Verfassungsrecht, 6. Aufl. 2013
Degenhart, Klausurenkurs im Staatsrecht I, Staatsorganisationsrecht, Grundrechte, Verfassungsprozessrecht, 3. Aufl. 2013.
Geis, Max-Emanuel, Examens-Repetitorium Staatsrecht, 2010
Grimm, Dieter/Kirchhof, Paul/Eicherger, Michael, Entscheidungen des Bundesverfassungsgerichts. Studienauswahl, 3. Aufl., 2007
Graßhof, Karin, (Hrsg.), Nachschlagewerk der Rechtsprechung des Bundesverfassungsgerichts 180. Lieferung2013
Höfling, Wolfram, Fälle zu den Grundrechten, 2010
Schmidt-Jortzig, Edzard/Schliesky, Utz, 40 Klausuren aus dem Staats- und Völkerrecht, 6. Aufl. 2002
Schwerdtfeger, Gunther, Öffentliches Recht in der Fallbearbeitung, 14. Aufl. 2012
Stender-Vorwachs, Jutta, Prüfungstraining Staats- und Verwaltungsrecht, Fälle mit Musterlösungen, 4. Aufl. 2003
Volkmann, Uwe, Staatsrecht II – Grundrechte, Juristischer Studienkurs, 2. Aufl. 2011
Hinzuweisen ist ferner auf die zahlreichen Fälle in den juristischen Ausbildungszeitschriften wie JuS, Jura und JA.

IV. Handbücher

Benda, Ernst/Maihofer, Werner/Vogel, Hans-Jochen (Hrsg.), Handbuch des Verfassungsrechts, 2. Aufl. 1994
Isensee, Josef/Kirchhof, Paul, Handbuch des Staatsrechts, Bände I–VIII, 3. Aufl., 2003–2013
Merten, Detlef/Papier, Hans-Jürgen (Hrsg.), Handbuch der Grundrechte, Band I, 2004, Band II, 2006, Band III 2009, Band IV 2012
Stern, Klaus, Das Staatsrecht der Bundesrepublik Deutschland, Band IV/1 2006 ff.

des neuen Schwerpunktstudiums (z. B. Arbeits- und Sozialrecht, Familienrecht, Wirtschaftsverwaltungsrecht, Medienrecht, Kulturrecht – um nur wenige zu nennen).

III. Zum Arbeiten mit diesem Lehrbuch

Das Buch will Grundlagen vermitteln und eine solide Wissensbasis für beide Staatsexamina und darüber hinaus schaffen. Es will ein modernes Lehrbuch in dem Sinne sein, dass es aktuelle Fälle und Probleme vorstellt und dabei Falllösung und wissenschaftliche Durchdringung des Stoffes nicht als Gegensätze sieht. Mehr noch als in anderen Bereichen gilt, dass man Grundrechte nicht verstehen und Fälle nicht wirklich „lösen" kann, wenn man die historischen und philosophischen Grundlagen nicht einbezieht. Auch die internationale und die europäische Seite der Grundrechte sind heute selbstverständlich integraler Bestandteil des Lehrstoffes. Sinn eines wissenschaftlich geprägten Lehrbuchs ist es schließlich, dass den Lesern zugemutet wird, nicht nur **eine** Auffassung zu den Problemen kennen zu lernen. Es werden hier also auch kontroverse Positionen dargestellt. Hier wie in anderen Bereichen des Rechts handelt es sich eben nicht um eine „abgeschlossene Materie". Grundrechte und Grundrechtsinterpretation befinden sich in ständigem Wandel.

Man kann dieses Buch natürlich von der ersten bis zur letzten Seite studieren. Genauso legitim ist es aber, bei Einzelgrundrechten zu beginnen und die allgemeinen Teile dann jeweils bei der Behandlung konkreter Fragen einzubeziehen. Für das Nachschlagen der zahlreichen Fälle und Urteile mag man das Buch auch als eine Art Handbuch der Grundrechte benutzen. Die als „**Klassiker**" bezeichneten Urteile sollten jedem Leser nach der Lektüre dauerhaft geläufig sein. Sie haben die Interpretation des jeweiligen Grundrechts und die Grundrechtsdogmatik entscheidend geprägt.

Zur Gliederung des Buches ist zu sagen:
- Das Vorziehen eines „**Allgemeinen Teils**" ist zwar unabdingbar, doch werden auch hier die Probleme stets anhand konkreter Fälle behandelt.
- Innerhalb des Allgemeinen Teils ist der Aufbau zumeist nach dem Schema: **Problem – Lösung der Rechtsprechung und Literatur – aktuelle Kritik und Weiterentwicklung** gegliedert.
- Bei den einzelnen Grundrechten folgt die Gliederung dem schon erwähnten Dreischritt von **Schutzbereich – Eingriff – Schranke**.

Am Anfang steht zumeist ein „Klassiker", oder eine andere Leitentscheidung, sodann die Fortentwicklung des jeweiligen Grundrechts. Es folgen stets die Kapitel: **„Internationale und europäische Perspektive"** sowie eine Sammlung **aktueller Fälle und Probleme** – aufbereitet im Prüfungsstil.
- Bei der zitierten **Literatur und Rechtsprechung** geht es nicht um enzyklopädische Vollständigkeit. Bei den Gerichtsurteilen beschränkt sich die Aufzählung zumeist auf wenige Grundlagenentscheidungen und die jeweils neueste Entscheidung. Ähnlich ist die Literatur auf echte wissenschaftliche Grundlagenwerke und studentennahe Ausbildungsliteratur konzentriert.

IV. Ein erster Überblick

6 **1. Begriff der Grundrechte.** In einem ersten, sehr formalen Sinne sind Grundrechte diejenigen individuellen, auf den einzelnen Menschen oder Gruppen von Menschen bezogenen Rechte, die **verfassungsrechtlich gewährleistet sind und Freiheit und Gleichheit des Menschen gegenüber dem Staat sichern.** Schon im Begriff „Grundrechte" – oder auch „Basic Rights" oder „Fundamental Rights" bzw. „Droits Fondamentaux" – liegt aber nicht nur eine herausgehobene Einordnung in der Hierarchie der Rechtsnormen, sondern es kommt auch das an die Basis des Menschen rührende, das „Fundamentale" seiner Rechtsstellung zum Ausdruck. Unterschieden wird zwischen **Menschenrechten** (Human Rights, Droits de l'Homme), die allen Menschen unabhängig von der Staatsangehörigkeit zukommen, weil sie im Menschsein an sich angelegt sind, und **Bürgerrechten** (Civil Rights, Droits des Citoyens), die den Bürgern einer staatlichen Gemeinschaft vorbehalten sind.

7 **2. Die Stellung der Grundrechte im Grundgesetz.** Die meisten Grundrechte sind im GG im **Abschnitt I. „Die Grundrechte"** zusammengefasst. Dieser Aufbau ist kein Zufall, sondern „Programm". Der Verfassungsgeber von 1949 wollte die Grundrechte bewusst an die Spitze des GG setzen – in der WRV und in den meisten der vor 1949 entstandenen Landesverfassungen war es noch umgekehrt. Bereits darin kommt die Entscheidung zum anthropozentrischen (auf den Menschen bezogenen) Staat zum Ausdruck, die im Vorentwurf des Art. 1 (Herrenchiemsee) noch viel deutlicher ausgeprägt war:
„Der Staat ist um des Menschen willen da, nicht der Mensch um des Staates willen."

3. „Grundrechtsgleiche Rechte". Aber auch im „Staatsorganisationsteil" (Teile II–XI) finden sich Grundrechte, so insbesondere in Art. 20 IV, 33, 38 und 101 ff. GG. Teilweise wird von **„grundrechtsgleichen Rechten"** gesprochen. Gemeint sind damit die grundrechtlichen Gewährleistungen außerhalb des Katalogs der Art. 1–19 GG. Diese Bezeichnung ist aber missverständlich, denn es handelt sich nicht nur um Rechte die „grundrechtsgleich" sind, sondern um echte Grundrechte, die aus verschiedenen Gründen nicht Eingang in Art. 1–19 GG gefunden haben, wie auch umgekehrt der mit „Die Grundrechte" überschriebene 1. Abschnitt des GG nicht nur Grundrechte enthält (Art. 12a, 15, 17a 18, 19 I–III GG). Selbst bei der Menschenwürde (Art. 1 GG) ist der Grundrechtscharakter bis heute umstritten. Eine hilfreiche Aufzählung enthält Art. 93 I Nr. 4a GG – Rechte, deren Verletzung mit der Verfassungsbeschwerde gerügt werden kann.

4. Grundrechtsähnliche Gewährleistungen. **Grundrechtsähnliche** Gewährleistungen wirken wie Grundrechte, sind teilweise auch wie Grundrechte durchsetzbar, sind aber keine „echten" Grundrechte, sondern dienen dem Schutz verschiedener Institutionen. Genannt seien an dieser Stelle: Art. 21 GG – Recht der Parteien; Art. 28 II GG – Selbstverwaltung der Gemeinden und Art. 140 GG i. V. m. 137–140 WRV – Stellung der Kirchen.

5. Vom Nutzen und den Gefahren von Einteilungsversuchen. Wenn man nicht einfach der (teils nur historisch zu erklärenden, teils aber auch eher zufälligen) Nummerierung im GG folgen will, kann man Grundrechte nach verschiedenen Kriterien einteilen. Inhaltlich wird zumeist nach **kulturellen, wirtschaftlichen** und **politischen** Grundrechten gegliedert. Solche Einteilungen lassen den Kern der einzelnen Grundrechte deutlich werden, sind aber auch nicht unproblematisch. So können kulturelle Grundrechte wie die Kunst- oder die Wissenschaftsfreiheit durchaus in hohem Maße „wirtschaftlich" sein, und die Meinungsfreiheit ist gewiss nicht nur „politisch".

Die im Besonderen Teil dieses Buches gewählte Gliederung dient also nur der besseren Übersicht und darf nicht als abschließend verstanden werden. Es gibt vielmehr zahlreiche Überschneidungen. Gegliedert wird sozusagen „von innen nach außen", d. h. vom Kern der menschlichen Persönlichkeit über den Schutz des persönlichen Umfelds bis zu verschiedenen Grundbetätigungen des Menschen in Kultur, Wirtschaft und Politik.

V. Einige Prämissen und Prinzipien

11 Wer sich mit Grundrechten befasst, tut dies unter bestimmten Voraussetzungen (Prämissen). Zugleich erkennt er in den Grundrechten und hinter den Grundrechten wesentliche Ursprünge und Vorgaben (Prinzipien), die beachtet werden wollen, weil sie Bedeutung und Wert der Grundrechte ausmachen. Das heißt allerdings nicht, dass die Grundrechte selbst in Regeln und Prinzipien eingeteilt werden könnten (dazu unten § 4 Rn. 6).

12 **1. Grundlagen des Freiheitsprinzips.** Zentrale Prämisse westlichen Verfassungsdenkens und somit auch des GG ist das **Autonomieprinzip**, das heißt: Die Selbstbestimmung des mündigen Menschen und die grundsätzliche Freiheit von Fremdbestimmung. Hierfür sichern die Grundrechte wichtige Voraussetzungen gegenüber dem Staat, aber auch gegenüber Dritten, die die Freiheit beeinträchtigen. Es ist „self evident", das heißt nicht begründungsbedürftig, dass der Mensch von Natur aus frei ist, so lautet das Credo der Aufklärung, also der geistesgeschichtlichen Epoche, in der die grundlegenden Annahmen und Postulate modernen Verfassungsdenkens formuliert wurden und die *Immanuel Kant* in seiner berühmten Schrift „*Was ist Aufklärung?*" (1784) als „*Ausgang des Menschen aus selbstverschuldeter Unmündigkeit*" definierte.

Zwar schließen sich die Menschen zur Sicherung ihrer Rechte und Freiheiten im Staat zusammen. Die grundlegenden Menschenrechte aber sind **„unveräußerlich"** und damit **vorstaatlich**. Es ist der Staat, der die Freiheit vorfindet, nicht erst herstellt. Damit liegt auch die primäre Verantwortung für persönliche Existenz und Wohlergehen – in prinzipieller Abkehr vom absolutistischen Wohlfahrts- und Polizeistaat – beim Menschen selbst, nicht bei der Gesellschaft und schon gar nicht beim Staat. Der Staat kann und darf die Ausübung der Freiheit der Menschen zwar regeln und einander zuordnen, muss dabei aber den Vorrang der Autonomie beachten. Das Freiheitsprinzip wird also durch den liberalen Grundsatz ergänzt und verstärkt, den *Wilhelm von Humboldt* um 1810 in der Schrift „Ideen zu einem Versuch die Grenzen der Wirklichkeit des Staates zu bestimmen" (ersch. 1851) formulierte: „*Der Staat hat vor allem in seinen Grenzen zu bleiben*". Für den Einzelnen bedeutete das zuerst einmal: **Es ist alles erlaubt, was nicht gesetzlich verboten ist – nicht umgekehrt: Es ist alles verboten, was nicht ausdrücklich erlaubt ist.**

Dieser an sich selbstverständliche Satz wird heute von mehreren Seiten in Frage gestellt. Aus eher konservativer Sicht wird behauptet, der Staat sei historisch und gedanklich der Verfassung vorgeordnet. Staatlichkeit sei also Voraussetzung für grundrechtliche Freiheit (in diesem Sinne *Hennecke*, Die verfasste Staatlichkeit als Bedingung der Grundrechtsgeltung, FS Böckenförde [1995], S. 299 ff.; noch weitergehend *Vosgerau*, FAZ 11.3.2010, S. 8; *ders.*, Schutzpflichten und Gemeinwohl im staatlichen Risikomanagement: Grenzen der etatistischen Konvergenztheorie, 50. Assistententagung Greifswald 2010). Ohne Staat gebe es kein Recht, ohne Recht keine Freiheit.

Eine andere Auffassung nimmt die Abhängigkeit des Einzelnen von den Leistungen des Sozialstaates auf, um zu einem ähnlichen Ergebnis zu kommen: Der Einzelne sei in seiner Berufsfreiheit, im Schutz der Familie usw. heute so sehr auf den Staat angewiesen, dass von „Vorstaatlichkeit" der Freiheit keine Rede mehr sein könne. Freiheit sei heute insofern staatlich gewährleistet. Andernfalls bevorzuge das Autonomieprinzip nur die Starken. Die Schwächeren aber müssten vor den Auswirkungen des Freiheitsprinzips geschützt werden. Vorrangig sei nicht mehr das Prinzip der Freiheit, sondern die Prinzipien der Gerechtigkeit und der Solidarität.

Beide Ansätze können nicht überzeugen. Ihnen ist gemeinsam, dass sie den Staat in seiner freiheitsgewährenden Funktion überbetonen und die Individualität und Eigenverantwortlichkeit des Menschen, seine Freiheit „von Natur aus" unterschätzen. Wenn auch der moderne Sozialstaat mit Gerechtigkeit, Chancengleichheit und Solidarität zugleich wichtige Freiheitsvoraussetzungen fördert: Im Mittelpunkt bleibt dennoch die **Selbstverständlichkeit der Freiheit und deren Vorstaatlichkeit.** Das kommt auch in den scheinbar neutralen Begriffen der Grundrechtsdogmatik zum Ausdruck. So nutzt dieses Buch den Begriff des „Schutzbereichs" als Zone individueller Freiheit und vermeidet die Rede vom „Gewährleistungsbereich". Im Prinzip findet der Staat die Freiheitsrechte vor und kann diese nur schützen. Er „gewährt" sie aber nicht, und Freiheit stellt auch keine „Leistung des Staates" dar.

Die vielleicht größte Gefahr für das Freiheitsprinzip ist der anscheinend immer mehr um sich greifende **staatliche Paternalismus.** So wichtig es ist, junge Menschen in der Schule in ihrer Chance zur Selbstentfaltung zu stärken und vor Gefahren zu schützen, so wenig ist es Aufgabe des Staates, erwachsene Menschen vor Selbstgefährdung und allen möglichen Gefahren, vor Trunksucht, Spielsucht, ungesunder Ernährung oder auch den Gefahren des Rauchens in Schutz zu nehmen – jedenfalls, solange andere nicht gefährdet werden.

Literatur: *Grabitz*, Freiheit und Verfassungsrecht (1976); *H. Hofmann*, Autonomie des Menschen, JZ 2001, 1 ff.; *Hollerbach*, Selbstbestimmung im Recht (1996); *Volkmann*, Idee und Wirklichkeit der Selbstbestimmung im modernen Staat. Von der Rückkehr des Menschen in seine selbstverschuldete Unmündigkeit in: Böhme, Der mündige Mensch (2009); *ders.*, Darf der Staat seine Bürger erziehen? (2012); *ders.*, Darf der Staat seine Bürger erziehen? (2012); *Dreier*, Der freiheitliche Verfassungsstaat als riskante Ordnung, RW 2010, 11; *Hufen*, Selbst Denken – Ein Grundprinzip für Staat und Studium, JuS 2013, 1.

13 2. Freiheit des Einen bis zu den Grenzen der Freiheit der Anderen. Schon die Philosophen der Aufklärung erkannten auf Grund der leidvollen Erfahrungen der Bürger- und Konfessionskriege, dass das Autonomieprinzip Gefahren für die Freiheit Aller mit sich brachte. Freiheit konnte also keine zügellose Freiheit sein. Schon früh formulierte Kant: Es geht um die *„Vereinbarkeit der Willkür des einen mit Willkür des anderen"*, also der Freiheit des Einen bis zu den Grenzen der Freiheit des Anderen. Auch das darf aber nicht missverstanden werden. Abwägungs- und Schrankenfragen sind viel komplexer. Die Schutzbereiche der Freiheiten überschneiden sich. So kollidiert die Freiheit des Karikaturisten mit dem Persönlichkeitsrecht des Politikers. Das Prinzip „Freiheit bis zu den Grenzen der Freiheit anderer" würde zu gegenseitiger Blockade führen. Deshalb kommt es nicht einfach auf Abgrenzung und Ausgrenzung an, sondern auf einen **schonenden Ausgleich** zwischen den Freiheitsansprüchen der Beteiligten. Das ist der eigentliche Hintergrund der **„Praktischen Konkordanz"**, (Näheres unten § 9, Rn. 31).

Literatur: *Schapp*, Die Grenzen der Freiheit, JZ 2006, 581.

14 3. Eigenverantwortung, Solidarität und Subsidiarität. Im Grundsatz ist der Einzelne für sich selbst verantwortlich (Art. 2 I GG). Der Staat hat ihm in seine Lebensgestaltung nicht hineinzureden. Nicht zu übersehen ist aber, dass die Chancen, Freiheit auch wirklich eigenverantwortlich wahrzunehmen, ungleich verteilt sind und durch Krankheit, Arbeitslosigkeit, Behinderung und Alter beeinträchtigt werden können. Auch kann der Mensch seine Freiheit nicht allein wahrnehmen, wenn der moderne Staat keine moderne Infrastruktur in Schule, Gesundheitswesen, Straßen usw. bereitstellt. Hier kommt der **Sozialstaat** (Art. 20 und 28 GG) ins Spiel: In seinem Rahmen kann es nicht nur um Freiheit und Schranke gehen. Die Freiheit ist auch abhängig von sozialen Leistungen, die in der Solidarität von den Starken mit den Schwachen der Gesellschaft zu erbringen sind. Diese Leistungen erbringt nicht ein abstrakter Staat, sondern die Menge der Beitragszahler. „Solidarität mit den Schwachen" bedeutet aber keineswegs einen grenzenlosen Auftrag zur Umverteilung und Nivellierung der Freiheitschancen. Auch wo staatliche Leistungen zur Bewahrung individueller Freiheit unabdingbar sind, steht die Eigenverantwortung des Menschen im Vordergrund. Das ist der Kern des in der Verfassung nicht erwähnten, in den Freiheitsrechten wie im Sozialstaatsgebot aber vorausgesetzten Prinzips der **Subsidiarität.** Dem steht ein autoritäres Konzept staatlicher „Daseinsvorsorge" entgegen.

Literatur: *Engel*, Freiheit und Autonomie, HGrR II, § 33; *Frankenberg*, Die Verfassung der Republik: Autorität und Solidarität in der Zivilgesellschaft (1996); *Isensee*, Subsidiarität und Verfassungsrecht (1968); *ders.*, Privatautonomie, HdBStR 3. Aufl., § 150; *Volkmann*, Solidarität – Programm und Prinzip der Verfassung (1999); *ders.*, Freiheit und Gemeinschaft, HGrR II, § 32; *Zacher*, Freiheit und Gleichheit in der Wohlfahrtspflege (1964).

4. Freiheit und Gleichheit – ein Gegensatz? Die Ausübung von Freiheit schafft fast immer Ungleichheit. Ohne Ungleichheit ist Freiheit nicht zu haben. Der Eigentümer ist dem Nichteigentümer gegenüber im Vorteil; der Berufstätige dem Arbeitslosen; der Wohnungsbesitzer dem Obdachlosen. In einer nach dem Freiheitsprinzip organisierten Gesellschaft ist in gewissem Sinne Ungleichheit die Triebfeder der Freiheit und des Wohlstands. Gleichheit kann hier immer nur Chancengleichheit und Angemessenheit (jedem das Seine), nicht aber Herstellung von Ergebnisgleichheit (jedem das Gleiche) bedeuten. Andernfalls gerät die Freiheit in Gefahr. Deshalb ist es bedenklich, wenn Umfragen immer wieder ergeben, dass vielen Menschen die Werte der „Gleichheit" und der „Gerechtigkeit" wichtiger sind als die Freiheit.

Andererseits ist es verfehlt, Freiheit und Gleichheit als abstrakte Prinzipien gegeneinander auszuspielen. Freiheit kann sich ohne ein Mindestmaß an Gleichheit nicht entfalten. Dazu sind die sozialen „Startchancen" zu unterschiedlich. Ohne Chancengleichheit in der Bildung, werden – um nur ein Beispiel zu nennen – die freie Wahl der Ausbildungsstätte und die Berufsfreiheit zur Illusion. Insofern bilden Freiheit und Gleichheit keinen Gegensatz.

Literatur: *Heun*, Freiheit und Gleichheit, HGrR II, § 34; *Kahl*, Neuere Entwicklungslinien der Grundrechtsdogmatik, AöR 131 (2006), 579; *Leisner*, Markt- oder Verteilungsstaat? Schwächerenschutz und Verfassung in Krisenzeiten, JZ 2008, 1061.

5. Grundrechte in der offenen Gesellschaft. Mit „offener Gesellschaft" bezeichnet der Philosoph Karl *Raimund Popper* (1902–1994), einer der „unerkannten Väter" heutigen Verfassungsdenkens, eine

Gesellschaft, die die Wahrheiten nicht im Sinne festgefügter Ideen und Ideale bereits vorfindet, sondern die stets auf der Suche nach ihren eigenen Werten und Wahrheiten ist. Diese Sichtweise hat erhebliche Konsequenzen für die Grundrechte. Auch diese schützen nicht nur vorgegebene Werte und Gewissheiten, sondern vor allem das offene Verfahren zu ihrer Ermittlung. Intellektuelle Redlichkeit, Toleranz, Offenheit, Vielfalt, Schutz kritischer Meinungen sind die eigentlichen Werte der offenen Gesellschaft. Feinde dieser offenen Gesellschaft sind diejenigen, die sich im alleinigen Besitz der Wahrheit wähnen und anderen diese Wahrheiten vorschreiben oder ihre Mitmenschen mit ihren eigenen Vorstellungen „beglücken" wollen.

Literatur: *Popper,* Die offene Gesellschaft und ihre Feinde (2 Bde 1957/58); *Störig,* Kleine Weltgeschichte der Philosophie, 17. Aufl. (1999), 689, 711 ff.; *Häberle,* Die offene Gesellschaft der Verfassungsinterpreten, JZ 1975, 297 ff.

17 **6. Grundrechte und Staatsgrundsätze.** Zu den in Art. 20 GG hervorgehobenen Staatsgrundsätzen weisen die Grundrechte erhebliche Bezüge auf, ja man kann sagen: Ohne Demokratie, Sozialstaat und Rechtsstaat kann es keine Grundrechte geben – umgekehrt aber ohne Grundrechte auch keine Demokratie und keinen sozialen Rechtsstaat.

18 *a)* Den Zusammenhang von **Demokratie** und Grundrechten hat das BVerfG immer wieder mit der Formel von der „konstitutiven Bedeutung" z. B. der Meinungsfreiheit für die demokratische Willensbildung (seit BVerfGE 7, 198, 208 – Lüth) auf den Punkt gebracht. Demokratie lebt von Partizipation, Meinung, Versammlung, Medien und überhaupt von der Beteiligung der Bürger am Prozess politischer Willensbildung. Insofern schützen die Grundrechte den politisch agierenden Bürger. Besondere Bezüge bestehen auch zwischen den Kommunikationsgrundrechten und dem vom BVerfG zum Kernbereich der freiheitlich demokratischen Grundordnung gezählten **Recht auf Ausübung einer Opposition.**

Wie im historischen Teil zu zeigen sein wird, hat es nie einen Gegensatz zwischen den Grundrechten als „bürgerlichen" Rechten und dem Demokratieprinzip gegeben. Grundrechte wie Meinungsfreiheit, Pressefreiheit und auch Wissenschafts- und Kunstfreiheit, Versammlungsfreiheit, Vereinigungsfreiheit usw. sind in ihrer Entwicklung gar nicht denkbar ohne das Bestreben nach demokratischer Mitwirkung und republikanischer Gestaltung des Gemeinwesens. Der Rückzug des deutschen Bürgertums des 19. Jahrhunderts aus den Forderungen nach Demokratie und Republik hinein in eine nur abwehrrechtlich verstandene Grundrechtsposition war eher ein Sonderweg, der sich heute nicht als Normalität darstellen lässt.

Das heißt aber nicht, dass alle Grundrechte und ihre Wahrnehmungen im Einzelfall stets auf Demokratie, Öffentlichkeit und Republik zurückzuführen wären. Grundrechte schützen auch den „Bürger als Biedermann", der politisch zurückgezogen mit seiner Familie im Schutz seiner Wohnung lebt, sein Gewerbe betreibt und sein Eigentum hütet. Auch sind Meinung, Kunst, Wissenschaft, Versammlung und Vereinigung nicht nur im Prozess der demokratischen Willensbildung geschützt. Schon gar nicht dürfen solche Rechte einseitig für Demokratie und Republik in die Pflicht genommen oder die politische Grundrechtsausübung gegenüber der unpolitischen bevorzugt werden (so zu Recht *Rupp*, JZ 2001, 271).

Demokratie als Herrschaft der Mehrheit ist nur dann wirklich „demokratisch", wenn sie zugleich die **Minderheit schützt,** auch wenn diese der Mehrheit lästig ist oder zweifelnde Fragen stellt. Gerade die die Minderheit schützenden Grundrechte haben also einen besonderen Stellenwert für die Demokratie (dazu *Kutscha*, JuS 1998, 673).

Literatur: *Kutscha*, Grundrechte als Minderheitenschutz, JuS 1998, 673; *Rupp*, „Dienende Grundrechte", „Bürgergesellschaft", „Drittwirkung" und „soziale Interdependenz der Grundrechte", JZ 2001, 271.

b) Auch der Bezug von Grundrechten und **Rechtsstaat** ist offenkundig. Er kommt vor allem in der Begrenzung und in der Bindung aller staatlichen Gewalten an die Verfassung zum Ausdruck. Auch die **Gewaltenteilung** findet letztlich ihren eigentlichen Grund in der Freiheit des Bürgers. Grundrechtsschutz bedarf ebenso rechtsstaatlicher Kontinuität, Transparenz und der im Rechtsstaat angelegten Rationalisierung des staatlichen Lebens (*K. Hesse*, Grundzüge, Rn. 86 ff.). Auch einzelne Elemente des Rechtsstaats wie **Bestimmtheit, Rechtssicherheit, Vertrauensschutz und Verhältnismäßigkeit** sind so eng mit dem Grundrechtsschutz verbunden, dass sie größtenteils zu integralen Elementen der Falllösung geworden sind. „Schlussstein des Rechtsstaats" *(R. Thoma)* sind schließlich die Garantie des Rechtsschutzes gegen jede hoheitliche Gewalt (Art. 19 IV GG) und der Anspruch auf rechtliches Gehör (Art. 103 I GG). 19

c) Trotz des Vorrangs der Selbstverantwortung ist Freiheit heute für die meisten Menschen von sozialen und wirtschaftlichen Voraussetzungen abhängig, die der **moderne Sozialstaat** mit seinen solidarisch organisierten Sicherungssystemen oder durch private Dritte ge- 20 währleisten muss. Zwar hat das Grundgesetz 1949 unter bewusstem Verzicht auf „soziale Grundrechte" an die klassische liberale Tradition der Grundrechte als Abwehrrechte gegen den Staat angeknüpft und das Menschenbild des eigenverantwortlichen, auf Grund seiner freien Entfaltung zu Erfolg und sozialer Sicherung gelangenden Grundrechtsträgers in den Mittelpunkt gestellt. Beide Prinzipien sind aber im Grundgesetz niedergelegt und dürfen nicht gegeneinander ausgespielt werden (dazu *Papier*, Grundrechte und Sozialordnung, HGrR II, § 30; *Heinig*, Der Sozialstaat im Dienst der Freiheit (2008); *Ladeur*, Risiko Sozialstaat, DS 46 [2007], 61 ff.].

21 *d)* Auf den ersten Blick weniger offenkundig ist der Zusammenhang von Grundrechten und **Bundesstaatlichkeit.** Auch zentralistisch organisierte Staaten können Grundrechte gewährleisten. Trotzdem verstärkt und vervielfacht die föderative Ordnung die Chancen zur Grundrechtswahrnehmung und Teilhabe. Sie ist in vielen Punkten näher am Bürger und bietet Alternativen. Landesverfassungen können in ihrem Grundrechtsschutz über das GG hinausgehen (Art. 142 GG) und im Landesvollzug von Bundesrecht liegen Chancen der Differenzierung und Wahrung der Verhältnismäßigkeit „vor Ort". Föderative Ordnung kann und muss sich innerhalb der Bundesländer im Sinne grundrechtsnaher Selbstverwaltung in den Gemeinden, Hochschulen und anderen Körperschaften fortsetzen. Der Bundesstaat als Element „vertikaler Gewaltenteilung" kommt damit nicht nur den Institutionen, sondern auch der Freiheit jedes einzelnen Bürgers zugute.

22 **7. Grundrechte als Wertsystem oder Wertordnung?** Unter dem Einfluss alter und neuer Varianten des „Systemdenkens" einerseits und der idealistischen (Wert-)Philosophie andererseits ist bis hinauf zum BVerfG immer wieder versucht worden, die Grundrechte als **Wertsystem** oder als Ausdruck einer bestimmten **„Wertordnung"** zu begreifen. Selbstverständlich ist es möglich, politische und gesellschaftliche Systeme zu untersuchen und dabei den Einfluss der Grundrechte innerhalb dieses Systems zu beschreiben. Anders ist es aber, wenn versucht wird, die Grundrechte selbst als systematisches Konstrukt zu interpretieren und aus diesem Vorverständnis dann wieder auf die Grundrechte zurückzuschließen (kritisch dazu bereits *Hesse*, Grundzüge, Rn. 299). Zumindest klärungsbedürftig sind auch der Stellenwert und die Herkunft der Werte, die sich zu einem System fügen sollen. Genau genommen können diese nichts anderes sein als das „Normprogramm" des Grundrechts selbst. Dann aber ist die Einführung des Wertbegriffs entbehrlich. Kommt es aber – wie im berühmten Fall BVerfGE 7, 198 – Lüth – nur auf die Wechselwirkung der Grundrechte und deren Schranken an, dann geht es erst Recht

nicht um eine alles umfassende „Wertordnung", sondern um Grundrechtskollisionen, die heute nach den allgemeinen methodischen Grundsätzen gelöst werden können und nicht mehr des Rückgriffs auf abstrakte „Werte" und deren Ordnung bedürfen.

Literatur: *Di Fabio*, Theorie eines grundrechtlichen Wertesystems, HGrR II, § 46; *Goerlich*, Wertordnung und Grundgesetz (1973); *Rensmann*, Wertordnung und Verfassung (2007); *Schapp*, Grundrechte als Wertordnung, JZ 1998, 913.

2. Abschnitt. Historische Grundlagen

§ 2 Zur Geschichte der Grundrechte

I. Vorbilder und Vorgänger

1. Historische Wurzeln der Grundrechte? In Darstellungen der Grundrechte ist zumeist von historischen „Wurzeln" oder „Ursprüngen" die Rede. Beide Begriffe suggerieren aber eine Kontinuität, die mit Vorsicht zu sehen ist. Zumindest die antiken „Quellen" waren über mehr als ein Jahrtausend versiegt und kamen – wie historische Funde – erst spät wieder an die Oberfläche. Auch handelt es sich, wenn man schon den Begriff der „Wurzel" verwenden will, um ein höchst komplexes Wurzelgeflecht und (besonders in Deutschland) keinen klar auszumachenden Strang der Entwicklung.

2. Ursprünge in der Antike. Gerade für die Antike muss man sich hüten, mit den Grundrechten ein typisches Phänomen der Neuzeit auf eine ganz andere Zeit zu übertragen. Dieser war die Vorstellung von Freiheit und Gleichheit aller Menschen und von gegen die Obrigkeit gerichteten Rechten gänzlich fremd.

Selbst die großen Philosophen der griechischen Klassik wie *Sokrates*, *Platon* oder *Aristoteles* kamen nicht auf die Idee, dass die Sklaverei möglicherweise gegen wichtige Rechte der Menschen verstoßen könnte. Das freilich hatten sie mit den Gründungsvätern der amerikanischen Verfassung gemeinsam.

Trotzdem gibt es in der Antike Denkmuster, ohne die die Geschichte der Grundrechte nicht denkbar gewesen wäre.

Am Anfang sei der oft missverstandene Satz des *Protagoras* (480–410 v. Chr.) vom **„Menschen als Maß aller Dinge"** genannt. Dieser propagiert nicht etwa grenzenlosen Egoismus. Gemeint ist aber die Begründung einer nicht allein von den Göttern ausgehenden Philosophie und damit die Möglichkeit der Diesseitigkeit einer menschlichen Ordnung und letztlich der Eigenverantwortlichkeit des Menschen.

Wichtig ist auch die Lehre der *Sophisten*, nach der sich die Wahrheit nicht kraft göttlicher oder sonstiger vorgegebener Bestimmung offenbart, sondern im fairen Streit unterschiedlicher Positionen entwickelt werden muss. Hier klingen Gedanken an, die sich im späteren „due process" (dem gerechten Verfahren) ebenso wiederfinden wie in der modernen Diskurstheorie, die ihrerseits die Vorstellungen von den Grundrechten als „offener Diskurs" beeinflusst.

Gegen den Relativismus der Sophisten wandte sich **Sokrates (469–399 v. Chr.)**. Seine Erkenntnis, dass das Sittliche durch den Menschen selbst erkennbar und lehrbar sei und dass der Mensch zuallererst seinem Gewissen folgen müsse, bezahlte er mit seinem Leben. *Platon* (427–347 v. Chr.) steuerte nicht nur die Vorstellung von den idealen und weniger idealen Staatsformen bei, sondern stellte die Gerechtigkeit als Leitmotiv der Grundrechte in den Mittelpunkt seiner Ethik. *Aristoteles* (384–322 v. Chr.) war nicht nur der erste große „Verfassungsvergleicher", sondern kann auch als Pionier einer auf Vernunft und Selbstbestimmung gegründeten Philosophie und damit als eigentlicher Ahnherr der Moderne gelten.

Am häufigsten als Quelle des Grundrechtsdenkens genannt wird die **Philosophie der Stoa.** In dieser in der griechischen Antike wurzelnden, in der römischen Geschichte machtvoll entfalteten Philosophie taucht sowohl der Gedanke der Konfliktbewältigung durch Recht (*Cicero* – 106–43 v. Chr.) als auch erstmals das Postulat der naturgegebenen Gleichheit und des Eigenwerts aller Menschen (*Seneca* – 4 v. Chr.–65 n. Chr.) und der Toleranz gegenüber fremden Meinungen auf. Ist der Mensch Teil der gesuchten übergreifenden Weltvernunft, dann muss er in seinem Eigenwert geachtet werden.

3. Die Jüdisch-Christliche Tradition. Ohne übertriebenen Euphemismus, aber auch ohne übertriebene Skepsis zu betrachten ist der Beitrag der **jüdisch-christlichen Tradition an der Vorgeschichte der Grund- und Menschenrechte.** Einerseits haben die christlich bestimmte Welt des Mittelalters und der Tiefpunkt der Inquisition wenig mit der Freiheit, Gleichheit und eigenen Würde jedes Menschen zu tun. So ist die Geschichte des Christentums voller Beispiele für die alte Erfahrung, dass aus Verfolgten selbst Verfolger werden können, wenn sie die Macht dazu erhalten. Wesentliche Geltungsgehalte der heutigen Menschenrechte wurden nicht mit Hilfe, sondern gegen kirchliche Autorität durchgesetzt.

Andererseits weisen die schon dem **Alten Testament** eigene Vorstellung eines ewigen Bundes von Gott und Menschen und die Verantwortlichkeit des

Einzelnen zur Erfüllung göttlicher Gebote einen wichtigen Bezug zu Freiheit und Verantwortung des Menschen auf. Wer in den zehn Geboten eine frühe Wertordnung der Menschen sieht, wer die Bergpredigt auf menschenrechtsnahe Inhalte untersucht, wird ebenso fündig werden wie derjenige, der den Prozess und die Hinrichtung Jesu Christi als Gegenexempel zu einem menschenwürdigen Strafprozess beschrieben findet. Der wichtigste Beitrag aber scheint die christliche Neudefinition des **Menschen als Ebenbild Gottes** – mit Sicherheit eine der Wurzeln der Menschenwürde. Treffend dürfte insgesamt sein, dass die Menschenrechte sowohl im Bund mit als auch gegen konkrete geschichtliche Ausprägungen des Christentums erkämpft worden sind (*H. Maier*, Überlegungen zur Geschichte der Menschenrechte, FS Lerche [1993], S. 43, 48).

4. „Grundrechte" im Rahmen der mittelalterlichen Privilegienordnung. In der durch umfassende Vorstellungen einer göttlichen Ordnung geprägten und straff hierarchisch gegliederten Welt des Mittelalters war für individuelle Freiheiten oder gar Gleichheit im heutigen Sinne kein Platz. Beide wurden in die alles Elend der diesseitigen Welt kompensierende Verheißung himmlischer Herrlichkeit nach einem tugendhaft geführten (und das heißt: alles Leid und alle Unfreiheit auf sich nehmenden) irdischen Lebenswandel verschoben. War von Freiheiten die Rede, dann ging es mit Sicherheit um von oben verliehene **Privilegien** von Einzelnen oder Ständen, nicht um elementare Rechte von Jedermann. Auch die städtische Freiheit („Stadtluft macht frei") knüpft nicht an das Individuum, sondern an die Zugehörigkeit zu einem bestimmten Gebiet oder einer Gruppe an.

Vor diesem Hintergrund ist es mit Sicherheit verfehlt, ohne besondere Nachfrage die **Magna Charta Libertatum von 1215** als eine Art erste Kodifikation von Menschenrechten begreifen zu wollen. Der Begriff klingt bis heute positiv und man neigt dazu, in einer „magna charta" eine besonders feierliche Verbürgung von besonders bedeutsamen Rechten zu sehen. In der historischen Wirklichkeit des Vertragswerks von 1215 aber ging es keineswegs um Menschenrechte. Es ging um handfeste Interessen der Landstände in England, um Erbrecht und freie Verheiratung von Töchtern zur Arrondierung von Landgütern und dgl., die die Landadeligen in einer „schwachen Stunde" des Königtums durchzusetzen vermochten. Immerhin bildete der Schutz vor willkürlicher Verhaftung ein Leitmotiv zukünftiger Freiheitsrechte.

5. Der Vorsprung Englands. Gleichwohl begründete die Magna Charta insofern einen Vorsprung Englands in der Entwicklung der Menschen- und Bürgerrechte, als sie die Erfahrung vermittelte: Es kann lohnend sein, die scheinbar vorgegebene heilige Ordnung in

Frage zu stellen. Auch hat die Insellage des „United Kingdom" dazu beigetragen, dass sich Königtum und Staatsphilosophie schon früh dem Einfluss der Päpste entziehen konnten, und Ansätze für eine naturrechtlich und aus der Vernunft des Menschen argumentierende Neubegründung der Herrschaft gerade von hier aus ihren Ausgang nahmen.

In der Praxis aber waren die Fortschritte der englischen Freiheitsentwicklung eher Produkte der Auseinandersetzungen des Adels und der Stadt London mit dem König. Gewährleistungen wie „habeas corpus" und das Steuerbewilligungsrecht der Stände sind auch hier also nicht von Natur aus dem Menschen zugeordnete ursprüngliche Rechte, sondern über Jahrhunderte erkämpfte und in wichtigen Verfassungsdokumenten festgehaltene Standesprivilegien. Die wichtigsten Stufen waren neben der **Magna Charta von 1215** die **Petition of Rights von 1628; die Habeas Corpus Akte von 1679** und die **Bill of Rights von 1689.** Immerhin enthält zumindest die Habeas Corpus Akte mit dem Schutz vor willkürlicher Verhaftung und Strafe einen wichtigen Kern heutiger Justizgrundrechte. In der Petition of Rights von 1628 und der Bill of Rights von 1689 geht es außerdem um die Rechte des Parlaments, um Begrenzung der Macht des als solchem freilich nicht in Frage gestellten Monarchen und damit um Teilhabe an der Macht.

Literatur: *Oestreich*, Geschichte der Menschenrechte und Grundfreiheiten im Umriß, 2. Aufl. (1978); *Haratsch*, Die Geschichte der Menschenrechte, 4. Aufl (2010).

6. Grundrechte: Ein Produkt der Konfessionskriege? Einer weit verbreiteten Auffassung zufolge war die Entwicklung der Grundrechte vor allem ein Produkt der Auseinandersetzung mit der römischen Kirche und zwischen den Konfessionen. Demnach machten Religionsfreiheit und Trennung von Kirche und Staat den Kernbereich eines historisch begründeten Grundrechtsschutzes aus. Religionsfreiheit wird zum „Urgrundrecht" (*G. Jellinek*).

Wie bei vielen griffigen historischen Thesen, ist auch an dieser Sichtweise einiges, aber bei weitem nicht alles richtig. So bedeutete die Reformation zwar die Möglichkeit der Errichtung legitimer Staatlichkeit ohne den Segen der katholischen Kirche und damit die Chance zur Entwicklung der deutschen Territorialstaaten. Damit waren aber nur die Säkularisation der Staatsgründung und die Religionsfreiheit der Territorialherren, keineswegs aber die Säkularisation des Staates selbst und die Religionsfreiheit der Untertanen gemeint. Im Gegenteil: Bis ins 19. Jahrhundert hinein versäumte keine der großen und kleinen Monarchien in Europa die Berufung auf die göttliche Quelle der Herrschaft, und in den meisten Staaten sorgten der durchaus wörtlich verstandene Grundsatz „**cuius regio, eius religio**" und ein mehr oder weniger rigides Kirchenregiment für äußerst geringe Spielräume der Untertanen.

Was das **Menschenbild der Reformation** angeht, so ist die Würdigung zwiespältig. Einerseits werden die Freiheit und Selbstbestimmung des Christenmenschen betont. Andererseits ist die in der Lehre *Luthers* liegende Vorstellung der Sündigkeit des Menschen und seiner Abhängigkeit von göttlicher Gnade und Erlösung nicht gerade ein für Eigenverantwortung und Freiheit sprechendes Programm. Wichtiger war die Erkenntnis aus den Gräueln der Religionskriege: Religiöse Toleranz und der auch staatsrechtlich abgesicherte permanente Religionsfriede sind unabdingbar. Niemand ist mehr als die Anderen im Besitz der Wahrheit. Das freilich galt nur nach außen, nicht aber innerhalb der vielfach von der Gegenreformation einerseits und lutherischer Orthodoxie andererseits geprägten Territorialstaaten.

Auch der englische König meint mit seiner Trennung von Rom nur Religionsfreiheit für sich selbst, nicht etwa für die Untertanen, die – wie auf dem Kontinent – der eisernen Durchsetzung des Prinzips der Staatskirche nur durch Auswanderung entgehen konnten. Das unterscheidet die Bedeutung der Konfessionskriege und der religiösen Auseinandersetzungen für die Entwicklung der Menschenrechte in Europa und Amerika.

Mit dem Blick auf die neue Welt ist es deshalb zwar richtig, dass **auch** religiöse Verfolgung den Impetus für Auswanderung und die Gründung neuer Kolonien setzte. Auch die Idee vorstaatlicher (und damit auch vorkultureller) Rechte jedes einzelnen Menschen war eine gegen die religiöse Vereinnahmung des Menschen gerichtete Aussage. Innerhalb der Kolonien aber herrschte zumeist bis auf weiteres strikter religiöser Monismus, während der Schutz körperlicher Freiheit und vor allem des Eigentums den eigentlichen Kern der Menschenrechtsgewährleistung bildete.

Literatur: *Böckenförde*, Die Entstehung des Staates als Vorgang der Säkularisation, in: ders., Staat, Gesellschaft, Freiheit (1976), 42 ff.; *Dreier*, Kanonistik und Konfessionalisierung – Marksteine auf dem Weg zum Staat, JZ 2002, 1; *G. Jellinek*, Die Erklärung der Menschen- und Bürgerrechte, 4. Aufl. 1927.

7. Das Menschenbild der Aufklärung. Letztlich sind es die modernen Naturwissenschaften und die durch diese ausgelösten Ansprüche der Berechenbarkeit und Vernunft, die auch die Entwicklung der Grundrechte nachhaltig beflügeln. Steht das „Ordnungsangebot" des christlichen Mittelalters nicht mehr zur Verfügung, dann wird es Aufgabe jeder Rechtsordnung, das Zusammenleben der Menschen und der Natur unabhängig von göttlicher Lenkung zu ermöglichen.

Ein Modell bildet die Natur selbst. In der Physik werden Kräfte und Gegenkräfte beschreibbar, die sich auf den Staat als Lenkungsmodell übertragen lassen. Die Macht des Monarchen wird ausgeglichen – man kann auch sagen ausgependelt – im **Gewaltenteilungsmodell eines** *Montesquieu* (1689–1755). Die gesetzgebende Gewalt und der diese durchsetzende Richter sind zugleich

Garanten für individuelle Freiheiten. Die Aufklärung ist nach der berühmten Definition *Kants* (1724–1804) der **Ausgang des Menschen aus selbst verschuldeter Unmündigkeit.** Der Rechtsstaat wird definiert als Staat, in dem eigenverantwortliche Menschen unter **allgemeinen Gesetzen** zusammenleben. Gemeinsames Leitbild ist die dem Menschen von Natur aus zukommende, als solche nicht mehr begründungs- oder ableitungsbedürftige Freiheit. War bei *Hobbes* (1588–1679) absolute Herrschaft noch durch das Modell des „Leviathan" begründbar, dem sich der Einzelne zum Schutz von Leben und Eigentum unterordnet, so brachte die Idee des **Gesellschaftsvertrags (***Rousseau*, 1712–1778) den entscheidenden Durchbruch zum Verfassungsmodell der Moderne und zur Volkssouveränität, der sich der Einzelne aber auch noch nahezu bedingungslos unterzuordnen hatte. Schließlich ist es die **Verfassungslehre des** *John Locke* (1632–1704), die Vertragstheorie und die Stellung des Individuums versöhnt und **unveräußerliche, auch im Gesellschaftsvertrag nicht aufgebbare Rechte** in den Mittelpunkt der Verfassung rückt. Wenn der Staat zur Sicherung der Grundfreiheiten (life, liberty, property) gegründet wird, dann ist es nicht begründbar, dass ebenderselbe Staat diese Menschenrechte sollte verletzen dürfen. Leitmotiv ist die **gleiche Freiheit aller.**

Es liegt nahe, dass es von hier aus nur noch ein kleiner Schritt zu den ersten Verfassungen und den Kodifikationen der Grundrechte in den amerikanischen Kolonien und den späteren USA war. Nicht vergessen werden soll aber auch, dass sich besonders vorbildhafte frühe Formen bürgerlicher Freiheit und republikanischen Denkens auch in den **Niederlanden** fanden.

Literatur: *Dreier*, GG, Vorb. zu Art. 1, Rn. 4 ff.; *Hofmann*, Zur Herkunft der Menschenrechtserklärungen, JuS 1988, 841, 843; *Lorz*, Modernes Grund- und Menschenrechtsverständnis und die Philosophie der Freiheit Kants (1993); *Weber-Fas*, Freiheit durch Gewaltenteilung – Montesquieu und der moderne Verfassungsstaat, JuS 2004, 882.

8. Erste Kodifikationen in Nordamerika. Das neue Modell der Verfassung wurde als erstes dort umgesetzt, wo seine gesellschaftlichen Voraussetzungen Abwesenheit von Herrschaft des Adels und der Kirche, selbstbewusstes Bürgertum, Entfernung von den politischen Kämpfen der europäischen Großmächte zum ersten Mal verwirklicht waren: In den Kolonien an der Ostküste Nordamerikas. Immerhin dauerte es aber auch dort fast 170 Jahre von der Gründung der ersten englischen Siedlung (1607) bis zur ersten Verfassung, die zugleich den ersten kompletten Grundrechtskatalog enthielt, der **Bill of Rights von Virginia** (1776). Diese beruhte auf denselben staatsphilosophischen Grundlagen wie die Unabhängigkeitserklärung vom 4. Juli 1776 und die Verfassung der Vereinigten Staaten von 1787, die aber zuerst keine Grundrechte enthielt. Diese folgten erst 1791 in Gestalt von 10 Zusatzartikeln (amendments).

Grundlage ist die naturrechtlich begründete **Freiheit jedes Menschen kraft Geburt**, nicht kraft Privilegs. Daraus folgt ein durchaus universeller Geltungsanspruch. Hervorzuheben ist aber auch die untrennbare Verknüpfung von privater und politischer Freiheit, also Volkssouveränität und demokratischer Mitwirkung als Grundlage individueller Freiheit. Schließlich war schon die amerikanische Revolution gegen die Herrschaft des Mutterlandes unter dem Leitsatz „**no taxation without representation**" angetreten. Die Grundrechte sind insofern auch „foundation of government", weil dieses auf dem „consent of the governed" beruht. Insofern hat der Vorbehalt des Gesetzes moderner Fassung neben der unbestrittenen rechtstaatlichen auch eine grundrechtliche und eine demokratische Wurzel. Von größter Bedeutung ist schließlich die berühmte Entscheidung des US-Supreme Court vom 24. Februar 1803 im Fall **Marbury vs. Madison.** Diese begründete den **Vorrang der Verfassung** und damit die **Normenhierarchie** von Grundrechten, einfachem Gesetz und sonstigen Rechtsquellen und deren Kontrolle durch die Verfassungsgerichtsbarkeit (richterliches Prüfungsrecht) – auch gegenüber dem Gesetzgeber.

Literatur: *Frotscher/Pieroth*, Verfassungsgeschichte, 11. Aufl. 2012, § 2; *W. Brugger*, Einführung in das öffentliche Recht der USA, 2. Aufl. (2001); *H. Hofmann*, Zur Herkunft der Menschenrechtserklärungen, JuS 1988, 841; *Kirste*, Die naturrechtliche Idee überstaatlicher Menschenrechte, HdbStR X, 3. Aufl. 2012, § 204.

9. Bürger- und Menschenrechte in der französischen Revolution. Nach der Umwandlung einer Ständeversammlung in eine Volksvertretung und der Bezwingung des absolutistischen Unterdrückungsapparats war die **Déclaration des Droits de l'Homme et du Citoyen** vom 26. August 1789 die erste große gesetzgeberische Leistung der Französischen Revolution.

Zwischen dieser ersten großen europäischen Kodifikation der Menschen- und Bürgerrechte und den amerikanischen Zeugnissen bestanden erhebliche Wechselbeziehungen. Gemeinsam war ihnen die Begründung im naturrechtlichen Bild der vorstaatlichen, im Gesellschaftsvertrag nicht gänzlich abzudingenden Freiheit, aber auch die Teilhabe am auf dem Prinzip der Volkssouveränität beruhenden Gemeinwesen. Neu ist allerdings die Trennung zwischen den allen Menschen zukommenden von Natur aus gegebenen **Menschenrechten** und den nur den Bürgern zukommenden **Bürgerrechten** – eine Unterscheidung, die sich bis heute im GG wiederfindet (unten § 6, Rn. 34). Außerdem will der Begriff „Déclaration" genau gelesen und verstanden sein. Anders als die Virginia Bill of Rights und die Amendments der amerikanischen Verfassung, versteht sich die Déclaration von 1789 nicht als konkreter Katalog individueller Rechte, sondern eher als Proklamation einer politischen Leitlinie.

Schon gar nicht sollte ein Gegensatz von Volkssouveränität und Menschenrechten hergestellt werden. Insofern ist sie viel näher am Gedankengut *Rousseaus* als am individualistischen Konzept *Kants* oder *Lockes*.
Die Déclaration ist nicht nur der älteste europäische Grundrechtskatalog; sie ist auch der älteste noch geltende Grundrechtskatalog auf europäischem Boden. So nimmt die aktuelle Verfassung der Französischen Republik vom 4. Oktober 1958 in ihrer Präambel Bezug auf die Menschen- und Bürgerrechtserklärung von 1789 und macht sie zum geltenden französischen Verfassungsrecht. Nicht verkannt werden darf aber der Unterschied zum umso Vieles jüngeren Grundgesetz: Während Art. 1 III GG die Grundrechte als konkrete, auch den Gesetzgeber bindende Rechte begreift, sah das französische Verfassungsdenken die Grundrechte eher als durch den demokratischen Gesetzgeber zu verwirklichende Leitlinien. Das änderte sich erst in jüngster Zeit, in der der *Conseil Constitutionel* in Richtung auf ein echtes Verfassungsgericht – allerdings nach wie vor ohne Verfassungsbeschwerde –weiterentwickelt wurde (*Lange*, Stärkung von Verfassungsgerichtsbarkeit und Grundrechten in Frankreich, DVBl 2008, 1427).

Literatur: *Hofmann*, Die Grundrechte 1789 – 1949 – 1989, NJW 1989, 3177; *Kühne*, Die französische Menschen- u. Bürgerrechtserklärung im Rechtsvergleich mit der Verfassung der Vereinigten Staaten und Deutschland, JöR 39 (1990), 1 ff.

II. Grundrechtsentwicklung in Deutschland

10   **1. Die besondere deutsche Entwicklung: Auch für die Grundrechte ein „langer Weg nach Westen".** „*Der lange Weg nach Westen*". Das ist der Titel der faszinierenden zweibändigen Deutschen Geschichte vom Ende des Alten Reiches bis zur Wiedervereinigung von *Heinrich August Winkler*. In seinem (auch für Jurastudenten unbedingt empfehlenswertem Werk) belegt *Winkler*, dass Deutschland im Grunde genommen erst nach der Katastrophe des Nationalsozialismus und des Zweiten Weltkriegs und mit vielen Hindernissen und Umwegen den Anschluss an die „westliche", vor allem durch die englische, amerikanische und französische Verfassungstradition geprägte Entwicklung gefunden hat. Das gilt nicht nur für die verspätete Einführung der parlamentarischen Demokratie, sondern auch und gerade für die Grundrechte. Der Grundrechtskatalog der Paulskirchenverfassung von 1848/49 brachte insofern keine praktisch wirksame Wende. Die in den übrigen deutschen Verfassungen des 19. Jahrhunderts enthaltenen Grundrechte wurzelten eben nicht in der Tradition der vorstaatlichen Menschenrechte. Die wichtigsten Verbindungen zur Volkssouveränität und zur politischen Teilnahme

blieben bis zur Weimarer Verfassung verschlossen. In dieser spielten dann die Grundrechte nur die Rolle von Programmsätzen. Erst mit dem ausdrücklichen Bekenntnis zu den **unveräußerlichen Menschenrechten** in Art. 1 II GG, in den demokratischen Teilhaberechten **und in der individuellen Durchsetzbarkeit der Grundrechte gegen jede staatliche Gewalt** (Art. 1 III GG) war dieser „weite Weg nach Westen" dann 1949 endlich vollendet.

Literatur: *Winkler*, Der lange Weg nach Westen. Deutsche Geschichte. Bd. I, Vom Ende des Alten Reiches bis zum Untergang der Weimarer Republik, 6. Aufl. (2002); Band II, Vom „Dritten Reich" bis zur Wiedervereinigung, 6. Aufl. (2002); *Dreier*, GG, Komm. Vorb. vor Art. 1, Rn. 13 ff.; *Hofmann*, Die Grundrechte 1789 – 1919 – 1949, NJW 1989, 3177; *Kröger*, Grundrechtsentwicklung in Deutschland (1998), 9 ff.; *Wahl*, Die Entwicklung des deutschen Verfassungsstaates bis 1866, HStR, 3. Aufl. (2003), § 2; *Merten/Papier*, HGrR I, §§ 1–7.

2. Grundrechte und Befreiung „von oben": Die Stein-Hardenberg'schen Reformen. Was oben zur mittelalterlichen Privilegienordnung, zur Bedeutung der Reformation und Säkularisation und zur fortschreitenden Emanzipation der Stände gesagt wurde, gilt auch für Deutschland. Auch die Sicherung von Adels- oder Stadtprivilegien durch Konvention mit dem Landesherrn findet sich z. B. in Gestalt des **Tübinger Vertrags von 1514** in der deutschen Geschichte. Religiöse Toleranz und Judenemanzipation stehen in einigen deutschen Territorialstaaten des 17. und 18. Jahrhunderts, vor allem auch in Preußen, als konkrete Ergebnisse der Aufklärung auf der „Habenseite" der Grundrechtsentwicklung. Damit sind die Gemeinsamkeiten mit dem angelsächsischen Bereich und mit Frankreich aber bereits erschöpft. Fortan ist es weniger der freiheitliche Impuls „von unten" als vielmehr die Autorität des aufgeklärten absolutistischen Staates, also gewissermaßen die **„Freiheit von oben"**, die die ersten Stufen der deutschen Grundrechtsentwicklung markiert.

11

Kennzeichnend ist dabei, dass die Grundrechte in Deutschland nicht (nur) gegen staatliche und kirchliche Herrschaft erkämpft worden sind. Wichtige Gewährleistungen wie die Gewerbefreiheit, das Recht auf Freizügigkeit und sogar die Ehefreiheit mussten auch gegen die Beschränkungen der Stände und Zünfte durchgesetzt werden.

Das gilt zumal für die die deutsche Geschichte so prägende Wende vom 18. zum 19. Jahrhundert, als sich das deutsche Bürgertum unter dem Eindruck der französischen Revolution und der Napoleonischen Besetzung von den Ideen der Freiheit, Gleichheit und Brüderlichkeit oder gar Volkssouveränität nicht eben angezogen fühlte und in Romantik und „Biedermeier" zurückzog. Es waren aufgeklärte Spitzenbeamte wie der *Freiherr vom Stein*, *Wilhelm von Humboldt* und *Hardenberg* in Preußen, auch *Montgelas* in Bayern, die mit ihren „Reformen von oben" eine wichtige Stufe der spezifisch deutschen Grundrechtsentwicklung beschritten – nicht auf der Basis von Volkssouveränität, Republik und Menschenrechten, sondern fest auf dem Boden der Monarchie, aber immerhin unter deutlicher Überwindung der alten Regeln und Privilegien. Die preußischen Reformen von 1808 eröffneten für eine Vielzahl von quasi Leibeigenen und in Beschränkungen der Gewerbetätigkeit Lebenden erstmals ungewohnte Freiheiten. Diese waren zwar mit neu entstehenden Abhängigkeiten und teilweise auch mit großen sozialen Unsicherheiten erkauft, sind aber gleichwohl nicht gering zu schätzen: Gewerbefreiheit, freier Landerwerb, freie Eigentumsverfügung und Beschränkung von Adelsprivilegien haben auch einen grundrechtlichen Wert. Auch der Gedanke der lokalen Teilnahme des Bürgers an den Staatsgeschäften, wie ihn der *Freiherr vom Stein* für Preußen propagierte und teilweise auch durchsetzte, hatte zwar wenig mit Selbstverwaltung im Sinne gemeinsamer Wahrnehmung von Freiheit zu tun, war aber immerhin ein erster Schritt zur Gewährleistung demokratischer Teilhabe „vor Ort". Schließlich schuf ein weiterer Reformer, *Wilhelm von Humboldt*, für den Schul- und Hochschulbereich wichtige Voraussetzungen des nur von der Bildung abhängigen gesellschaftlichen Fortkommens und mit der „Humboldt'schen Universität" das bis heute wirksame Grundmodell organisierter Wissenschaftsfreiheit.

Literatur: *Frotscher/Pieroth*, Verfassungsgeschichte, Rn. 188 ff.; *Kotulla*, Deutsche Verfassungsgeschichte (2008), S. 301 ff.; *Willoweit*, Deutsche Verfassungsgeschichte, 6. Aufl. (2009), 265 ff.

3. Unter dem Einfluss Frankreichs: Der Süddeutsche Konstitutionalismus. Beide Elemente des Begriffes „süddeutscher Konstitutionalismus" sind wichtige Merkposten der Grundrechtsgeschichte: Mit den damit gemeinten Verfassungen mittel- und süddeutscher Staaten nach 1814 und der in ihnen enthaltenen Grundrechte ist zum einen klargestellt, dass sich die Entwicklung auf den i. w. S. süddeutschen Bereich bezog, also Preußen ausklammerte. Das lag nicht nur an den reaktionären preußischen Königen, die die Verfassungsfrage nach 1815 für erledigt erklärt hatten, sondern auch an der schon geographischen Nähe zum französischen Denken: Freilich nicht mehr des Denkens von 1789, sondern des Denkens der restaurativen **Charte Constitutionelle** von 1814, die sich selbst erklärtermaßen nicht auf den Spuren von Revolution und Republik bewegte, sondern den wieder monarchischen Staat und das Bürgertum miteinander versöhnen wollte. Zum anderen geht es um Verfassungen des **Konstitutionalismus**, also der konstitutionellen Monarchie. Zu nennen sind hier die Badischen und Bayerischen Verfassungen von 1818, diejenige Württembergs von 1819. Teilweise in Anlehnung an die Belgische Verfassung von 1831 folgten die Verfassungen von Kurhessen (1833) und Sachsen (1833).

Die in diesen Verfassungen enthaltenen Grundrechte stellten weder die monarchische Begründung des als solchen legitimen Königtums in Frage, noch knüpften sie an die Idee allgemeiner und vorstaatlicher Menschenrechte an. In der Sache ging es vielmehr um als freiwillig verstandene Konzessionen der Landesherren an die Untertanen. Immerhin finden sich hier nahezu gleichlautend wichtige Bürgerrechte, die dem aufstrebenden Bürgertum nicht unerhebliche – vor allem ökonomische – Freiheitsspielräume boten.

4. Freiheitsbewegung und „Demagogenverfolgung" im Zeitalter der Restauration. Mit den Ergebnissen des **Wiener Kongresses** und der Wiederherstellung der alten dynastischen Ordnung hatten die herrschenden Monarchen bei aller bürgerlichen Betulichkeit doch die nationalen und demokratischen Hoffnungen des deutschen Bürgertums, insbesondere der Studenten und der Literaten, tief enttäuscht. Den aufkommenden Bestrebungen nationaler Einheit auf der Basis von Freiheit, Rechtsstaat und demokratischer Teilhabe wussten sie nichts anderes als die Repression entgegenzusetzen. Die „Heilige Allianz" der monarchischen Großmächte, der vom österreichischen Kanzler *Metternich* mit Hilfe des Deutschen Bundes durchgesetzte Polizeistaat, die berüchtigten Karlsbader Beschlüsse von 1819 mit ihrer Einschränkung der Wissenschaftsfreiheit, Pressefreiheit und Meinungsfreiheit galten auch in Süddeutschland und im Geltungsbereich erster geschriebener Verfassungen. Liberalere Gesetze wurden durch die Bundesversammlung systematisch verhindert. So wurden der Deutsche Bund und die Bundesversammlung zu den wichtigsten Hemmnissen der Entwicklung der Grundrechte in Deutschland.

Auch kam es immer wieder zu erheblichen Verfassungskonflikten, wenn die bürgerlichen Parlamente die ihnen zugestandenen Kontrollrechte wirklich in Anspruch nehmen wollten; so in Bayern 1831, in Baden 1832 und vor allem im Königreich Hannover, wo der gerade zur Macht gelangte König Ernst August 1837 schlicht das Staatsgrundgesetz von 1833 außer Kraft setzte und damit die berühmte Protestation der „Göttinger Sieben" – Professoren der renommierten Göttinger Universität – provozierte (dazu *Frotscher/Pieroth*, VerfGesch., Rn. 293 ff.). Trotz allem war die Freiheitsbewegung aber durch Repression nicht mehr aufzuhalten.

Literatur: *Hilker*, Grundrechte im deutschen Frühkonstitutionalismus (2005); *Kröger*, Grundrechtsentwicklung in Deutschland (1998), 11 ff.; *v. Rimscha*, Die Grundrechte im süddeutschen Konstitutionalismus (1973).

14   **5. Grundrechte in der Paulskirchenverfassung von 1848/49.** Der Grundrechtsrechtskatalog der Paulskirchenverfassung nahm die Entwicklungen des 19. Jahrhunderts auf und war vor allem in den politischen Grundrechten der Meinungs-, Presse-, Versammlungs-, Vereinigungs- und Petitionsfreiheit, aber auch im Hinblick auf das hier erstmals explizit formulierte Grundrecht der Wissenschaftsfreiheit (und die implizit formulierte Kunstfreiheit) entschieden „moderner" als die historischen Vorbilder. Dieser Grundrechtsteil der Paulskirchenverfassung galt seit Dezember 1848 als Reichsgesetz, wurde jedoch nach dem Scheitern der Verfassung durch Bundesbeschluss aufgehoben. Wird von Historikern nach den großen Katastrophen in der deutschen Verfassungsgeschichte gefragt, so wird zumeist das Jahr 1933 – gelegentlich der Zusammenbruch von 1945 – genannt. Selten wird auf das Scheitern der Paulskirchenverfassung 1848/49 hingewiesen, von dem sich aber ein Bogen zu allen nachfolgenden kleinen und großen Katastrophen der deutschen Geschichte schlagen lässt. Ob und inwieweit diese Geschichte anders und friedlicher verlaufen wäre, wenn die Verfassung und die mit ihr intendierte politische Ordnung eine wirkliche Chance bekommen hätten, ist wohl pure Spekulation. Deren grundsätzlicher „Webfehler" bestand nicht nur in der Unlösbarkeit des Konflikts zwischen Preußen und Österreich und damit der großdeutschen und der kleindeutschen Lösung zur Einheit Deutschlands, sondern letztlich auch in der Ausklammerung der Arbeiterschaft und der Kleinbauern, also des größten Teils der Bevölkerung, aus dem Prozess der Verfassungsgebung und der Negierung der sich nicht zuletzt im Jahr 1848 buchstäblich „manifestierenden" sozialen Frage. Fest steht jedenfalls, dass diese Verfassung den *„weiten Weg nach Westen"* erheblich abgekürzt hätte, weil sie – und das ist in diesem Zusammenhang wichtig – einen zumindest inhaltlich überzeugenden deutschen Versuch zur Aufnahme der großen amerikanischen und französischen Verfassungstraditionen darstellte.

Das Scheitern der Paulskirchenverfassung führte zwar zu einer Entfremdung des liberalen Bürgertums von den Idealen der Volkssouveränität und der Menschenrechte. Die enorme inhaltliche Kraft der Grundrechte ging aber nicht verloren, wenn es auch noch fast exakt 100 Jahre dauern sollte, bis sie in Gestalt der Grundrechte des Grundgesetzes endgültig zum Durchbruch kommen konnten. Dass „die Paulskirche" insoweit nicht nur „Grundrechtsgeschichte", sondern höchst lebendige **Grundrechtsgegenwart** ist, lässt sich an fast allen Grundrechten und verfassungsgerichtlichen Leitentscheidungen nachweisen. So sei nur auf die Vorstellung der Grundrechte als unmittelbar geltendes Recht in § 130 (heutiger Art. 1 III GG), die Bindung der Länder in

§ 4/5 (heute Art. 28 I GG), ein Reichsgericht als Verfassungsgericht mit durch jeden Einzelnen zu erhebenden Verfassungsbeschwerden in § 126g) (heute Art. 93 I Nr. 4a GG) hingewiesen. Schon deshalb lohnt es sich für Studierende, sich eingehend mit diesem Abschnitt der deutschen Verfassungsgeschichte zu befassen.

Literatur: *Kühne,* Die Reichsverfassung der Paulskirche, 2. Aufl. (1998); *Maurer,* Idee und Geltungskraft der Grundrechte, JZ 1999, 689 ff.; *Pauly,* Die Verfassung der Paulskirche und ihre Folgewirkung, HdbStR, 3. Aufl., § 3, S. 93 ff.

6. Norddeutscher Bund und Bismarckverfassung – Grundrechte im Kaiserreich: Die „gute alte Zeit"? Weder die Verfassung des Norddeutschen Bundes von 1866 noch die Reichsverfassung von 1871 enthielten Grundrechte. Das entsprach dem staatsrechtlichen Ansatz des Bündnisses souveräner Fürsten und dem damals vorherrschenden Verständnis, dass Grundrechte Sache der Länder seien. Drei Entwicklungen sind für die Fortentwicklung der Grundrechte gleichwohl von Bedeutung:

Zum **ersten** hatte das größte Land Preußen mit der oktroyierten Verfassung von 1849 (revidiert 1850) mit einem bemerkenswert umfangreichen Grundrechtskatalog immerhin die Grundrechtslage auf den Stand des süddeutschen Konstitutionalismus gebracht – freilich mit allen bereits geschilderten Einschränkungen und Vorbehalten und dem Dreiklassenwahlrecht als zusätzliche Konzession an die konservativen Kräfte. Erstmals galten aber Grundrechte in den Einzelstaaten nahezu bundesweit, obwohl es gerade in Sachen Grundrechtsschutz und Liberalität beim Vorsprung der süddeutschen Staaten (insbesondere Badens) blieb.

Wichtiger noch war zum **zweiten** die allmähliche Durchsetzung der **Lehre vom Vorrang und Vorbehalt des Gesetzes** bei Eingriffen in Freiheit und Eigentum der Bürger. Diese bildete die verfassungsrechtliche Basis einer äußerst fruchtbaren Entwicklung der in den Grundzügen bis heute wirksamen Lehre des Öffentlichen Rechts und wurde durch die gleichfalls im Zeitraum nach 1871 nach und nach entstehende Verwaltungsgerichtsbarkeit durchaus wirksam in die Praxis umgesetzt (*Hufen,* VwProzR, § 2 Rn. 6 ff. Zwar gab es in Gestalt des „besonderen Gewaltverhältnisses" grundrechtsfreie und gesetzesfreie Räume, und die Ermessenslehre sicherte der Exekutive erhebliche Entscheidungsspielräume ohne gerichtliche Kontrolle, doch entstand ein bürgerlicher Freiheitsraum – dies freilich nur gegenüber der Exekutive, denn die Vorstellung einer Grundrechtsbindung des Gesetzgebers war dem auf die „lex positiva" fixierten positivistischen Rechtsdenken der Zeit fremd. Auch enthielten die Grundrechte selbst keine subjektiven Rechte des Bürgers gegenüber dem Staat. Sie galten vielmehr nur als Bestandteil der den Staat bindenden objektiven Ordnung und mussten durch Gesetz umgesetzt werden, um subjektive Rechte für den Bürger zu begründen (*Laband,* Staatsrecht I,

3. Aufl. 1911, S. 134 ff., 157). Das eigentliche Grundrecht des Bürgers war somit die **Freiheit vor ungesetzlichem Zwang.**

> **Hinweis zur Methodik:** Bei allen Vorbehalten zeigt sich, dass hier die historischen Wurzeln heutiger Grundrechtsdogmatik liegen: Der **Schutzbereich** als grundsätzlich vorstaatlicher individueller Freiheitsraum; der Grundrechts**eingriff** als formalisierter und damit „gezähmter" Zugriff des Staates auf Freiheit und Eigentum der Bürger; das Parlamentsgesetz als **Rechtfertigung des Eingriffs.** Nur der Vorrang der Verfassung auch gegenüber dem Gesetzgeber und damit die oberste Stufe der „Normenhierarchie" fehlt noch.

Drittens wurden auch auf Reichsebene nach und nach wichtige Grundrechte einfachgesetzlich abgesichert. Das war schon während der Zeit des Norddeutschen Bundes hinsichtlich der **Gewerbefreiheit** der Fall (§ 1 der GewO von 1869, bis heute in Kraft). Später kamen das die **Pressefreiheit** – wenn auch unter mannigfachen Vorbehalten – schützende Pressegesetz (1874), das Postgesetz mit einer Gewährleistung des **Briefgeheimnisses** (1871) und die Reichsjustizgesetze (1877) hinzu, die den Grundsatz des **rechtlichen Gehörs** und wichtige Justizgrundrechte wie das Recht auf den gesetzlichen Richter enthielten. Der Grundsatz **„nulla poena sine lege"** wurde schon im StGB von 1870 gesetzlich normiert.

Insgesamt aber besteht nur eingeschränkt Anlass, die 1871 eingeläutete Epoche und zumal die „Kaiserzeit" aus Grundrechtssicht als „gute alte Zeit" zu betrachten. Zwar erhielt vor allem das vermögende Bürgertum durch die liberalen Grundrechte und das in Preußen noch bis 1918 geltende Dreiklassenwahlrecht recht gute wirtschaftliche Entfaltungschancen, doch wurde ihm zugleich der „demokratische Schneid" abgekauft. Im **Kulturkampf** wurde die Religionsfreiheit unterdrückt; auch um die Versammlungs- und Vereinigungsfreiheit der Sozialisten, Katholiken und anderer „Staatsfeinde" stand es nicht gut. Kunst und Kultur unterlagen einer strengen Polizeizensur. Der alsbald um sich greifende Militarismus und der fast das ganze Volk erfassende „Hurra-Patriotismus" ließen die Bürger als willige Untertanen erscheinen und bereiteten die kommenden Katastrophen vor.

Literatur: *Dilcher,* Grundrechte im 19. Jahrhundert (1982), 189 ff.; *Frotscher/Pieroth,* VerfGesch, Rn. 450 ff.; *Hofmann,* Die Grundrechte 1789 – 1949 – 1989, NJW 1989, 3177; *Kotulla,* Deutsche Verfassungsgeschichte

(2008), 487 ff.; *Kühne*, Von der bürgerlichen Revolution bis zum Ersten Weltkrieg, in: Merten/Papier, HdbGR I (2004), § 3; *Pieroth*, Geschichte der Grundrechte, Jura 1984, 568.

7. Grundrechte in der Weimarer Reichsverfassung. Die Weimarer Reichsverfassung versuchte in einem Zug alles nachzuholen und sogar zu übertreffen, was das 19. Jahrhundert den Deutschen vorenthalten hatte: Eine moderne Verfassung auf der Basis der Volkssouveränität; die Republik, die in Art. 1 WRV emphatisch an die Spitze gestellt war; eine geradezu perfektionistisch konzipierte parlamentarische Demokratie und nicht zuletzt einen Grundrechtskatalog, dem der gesamte 2. Hauptteil der Verfassung gewidmet war und der bewusst über die klassischen Grundrechtsgewährleistungen hinausging – so vor allem bei den sozialen Grundrechten und den Grundpflichten. 16

Immer wieder ist zu lesen, es habe sich bei den „Weimarer Grundrechten" insgesamt nur um Programmsätze gehandelt (dazu *Anschütz*, Die Verfassung des Deutschen Reichs vom 11. August 1919, 14. Aufl. 1933, S. 511, 517). Viele der Grundrechte galten aber durchaus unmittelbar und nicht nur als Leitlinien für den Gesetzgeber: So die Justizgrundrechte, das Verbot der Auslieferung Deutscher, die Versammlungsfreiheit in geschlossenen Räumen, die Rechtsweggarantie und die Garantie des Eigentums (*Dreier*, GG, Vorb. 1 Rn. 16; *ders.* Merkur 63 (2009) 1151). Gemeint ist mit der „Programmsatzformel" aber, dass die Grundrechte im Übrigen durch formal legales Gesetz abänderbar waren und dies – mit verhängnisvollen Folgen bei der Reichtagsbrandverordnung von 1933 – auch für die Notverordnungen des Reichspräsidenten galt. Auch zeigte sich, dass Grundrechte weitgehend ohne Wirkung bleiben, wenn es keine Verfassungsbeschwerde zu ihrer Durchsetzung und kein Verfassungsgericht zu ihrem Schutz gibt. So blieben die wichtigsten Kommunikationsgrundrechte in ihrer Geltung eingeschränkt. Vor allem waren sie nicht „polizeirechtsresistent". Die sozialen Grundrechte schließlich waren angesichts Kriegsfolgen, Inflation und Arbeitslosigkeit von vornherein leere Versprechungen.

Literatur: *Dreier*, Die Zwischenkriegszeit, in: Merten/Papier, HdbGr I (2004), § 4, S. 153 ff.; *ders*, Die drei gängigsten Irrtümer über die Weimarer Reichsverfassung, Merkur 63 (2009) 1151; *Frotscher/Pieroth*, VerfGesch, Rn. 544 ff.; *Huber*, VerfGesch VI, 94 ff.; *Stern*, StaatsR III/1, S. 120 ff.

8. Die Vernichtung der Grundrechte in der nationalsozialistischen Tyrannei. Wer gewollt hätte, hätte es schon in *Hitlers* unsäglichem Machwerk „*Mein Kampf*" nachlesen können: Die nationalsozialistische Ideologie war nicht nur weder national noch sozialistisch, sie widersprach auch fundamental allen Traditionen der Menschen- 17 rechte. Genannt sei nur der menschenfeindliche Rassenhass, besonders gesteigert im nahezu besessenen Antisemitismus, der primitive Darwinismus der Macht des Stärkeren, die Vernichtung „lebensunwerten Lebens", die bedingungslose Einordnung des Menschen in das Kollektiv („Du bist nichts, Dein Volk ist alles"), die geradezu kindische Rückbesinnung auf das unverstandene Erbe des „Germanentums", die Zurückdrängung der Frauen aus der Berufswelt, die Demokratiefeindlichkeit und die Absage an den westlichen Liberalismus als „verweichlichte" und jüdisch inspirierte Idee. All dies bedeutete einen totalen Bruch mit den Traditionen von Humanismus, Aufklärung und besonders mit der Idee der Menschenrechte und deren christlichen wie auch vernunftrechtlichen Wurzeln.

Schlimmer noch als diese ideologische Basis war, dass Hitler und die mit ihm zur Macht gelangte Verbrecherbande alle konstitutionellen und institutionellen Hindernisse für eine Durchsetzung ihrer Ideen zu beseitigen wussten. So durch die Außerkraftsetzung der wichtigsten Grundrechte noch vor der eigentlichen Machtergreifung, die Beseitigung der Gewaltenteilung durch das Ermächtigungsgesetz von 1933 (dazu *Bickenbach*, JuS 2008, 199 ff.), die Aufhebung des Föderalismus und der Selbstverwaltung, das Verbot der politischen Parteien und die Gleichschaltung des Berufsbeamtentums und der Gerichte. Einen ersten Tiefpunkt der Barbarei bildeten dann die Nürnberger Rassengesetze vom 15.9.1935 (dazu *Hansmann*, NJW 2005, 2648). Ein beispielloser Unterdrückungsapparat, aber auch eine Bereitschaft zur Mitwirkung bei Disziplinierung und Bespitzelung in weiten Bevölkerungskreisen trugen das Ihre zu einem Zustand bei, den man nur mit der Überschrift: „Vernichtung der Grundrechte" zusammenfassen kann.

18 **9. Die Grundrechte bei Entstehen des Grundgesetzes.** Als besondere Tragik der deutschen Geschichte kann es angesehen werden, dass die Vollendung des „Weges nach Westen" – und dies vorerst auch nur im Westen Deutschlands – auf den Trümmern Deutschlands und nach historisch beispiellosen Schäden und Opfern geschah. Nicht zu vergessen ist aber auch, dass das „Nie wieder" auch das weltweite Bewusstsein für die Bedeutung der Menschenrechte förderte und dass auch die europäische Einigung und die Entwicklung europäischer Grundrechte ohne die dramatischen Erfahrungen der Tyrannei kaum möglich gewesen wären.

Deutlich wurde dies zunächst bei den nach 1946 entstehenden **Landesverfassungen**, die zumeist neben den durch den Nationalsozialismus einzig unbelasteten christlichen Institutionen und Traditionen auf die Ideen der Aufklärung, der vorstaatlichen und natürlichen Freiheit, die „goldene Regel" der Freiheitsbeschränkung des Einen durch die Freiheit des Anderen (*Kant*) und auf Lebensschutz und Schutz der Menschenwürde aufbauten und neben den klassischen Freiheitsrechten vor allem die Grundlagen der Gemeinschaft in Ehe, Familie, Vereinigungen und sich selbst verwaltenden Gemeinden betonten.

Bei der Entstehung des Grundgesetzes selbst mussten allerdings zuerst Zweifel überwunden werden, ob man dem beabsichtigten Provisorium überhaupt durch einen Grundrechtskatalog den Gehalt einer „echten Verfassung" geben sollte. Schon im Herrenchiemsee-Entwurf und in den Beratungen im Parlamentarischen Rat spielten die Grundrechte aber neben der Formulierung eines zugleich demokratischen, aber auch stabilen Staatsorganisationsrechts die herausragende Rolle. Im Grundrechts- wie im organisatorischen Teil entstand so die **„Verfassung der noch einmal Davongekommenen"** mit Sicherungen gegen Machtmissbrauch und „Entgleisung" des politischen Systems, die man nur verstehen kann, wenn man die historische Situation von 1948/49 bedenkt.

Die überragende Bedeutung der Grundrechte kam schon darin zum Ausdruck, dass sie – anders als bei allen historischen Vorgängern – noch vor den Staatsgrundsätzen **an die Spitze der Verfassung** gestellt wurden. Noch vor den eigentlichen Grundrechtskatalog rückten die Menschenwürde und das Bekenntnis zu den unveräußerlichen Menschenrechten und damit zu den Verfassungstraditionen von 1776 und 1789, aber auch das Anknüpfen an 1848 und die gerade verabschiedete Allgemeine Erklärung der Menschenrechte von 1948 in Art. 1 I und II GG an die „Spitze der Spitze" der Verfassung. Bei alledem wurde aber auch deutlich, dass die Verfassung nicht nur „Menschenwerk" sein sollte. So durch die Berufung auf die Verantwortung vor Gott und den Menschen in der Präambel, das „natürliche Elternrecht" in Art. 6 II GG, die Beschwörung eines unantastbaren „Wesensgehalts" der Grundrechte (Art. 19 II GG) und durch die Betonung der Bindung an „Gesetz **und Recht**", also auch auf das überpositive Recht, in Art. 20 III GG. Auch die Beschränkung der Macht selbst des verfassungsändernden Gesetzgebers durch Art. 79 III GG ist letztlich nur legitimierbar (und erklärbar), wenn man die dort geschützten Grundsätze und die Menschenwürde als Ausdruck vorstaatlicher, von Natur aus gegebener Werte betrachtet.

Auch weitere Sicherungen waren erkennbare Reaktionen auf die Fehler der Weimarer Verfassung und die Schutzlosigkeit der Grundrechte gegenüber dem formal legalen Vorgehen des Gesetz- und Verordnungsgebers. So etwa die Betonung der Grundrechte als auch den

Gesetzgeber bindendes **unmittelbar geltendes Recht** (Art. 1 III GG), der **Schutz gegen innere Aushöhlung** und gegen „zufällige **Einschränkungen"** der Grundrechte (Art. 79 I und 19 I GG), die Unantastbarkeit des **Wesensgehalts** in Art. 19 II GG und die Klarstellung des **Rechtsschutzes** in Art. 19 IV GG bei hoheitlichen Eingriffen. Aber auch der Verzicht auf letztlich nicht erfüllbare soziale Grundrechte und der Schutz vor dem „Missbrauch der Freiheit zum Kampf gegen die Freiheit" in Art. 9 II, Art. 18 und Art. 21 II GG gehören in die Rubrik „Reaktionen auf historische Erfahrungen". Die an sich selbstverständlichste Konsequenz, die schon 1848 vorgesehene Verfassungsbeschwerde zum BVerfG für jedermann, trat allerdings erst 1951 hinzu und wurde sogar erst im Jahre 1969 in Art. 93 I Nr. 4a GG verfassungsrechtlich abgesichert.

Literatur: *Frotscher/Pieroth*, VerfGesch, Rn. 596 ff.; *Kahl*, Die Entstehung des Grundgesetzes, JuS 1997, 1083 ff.; *Kröger*, Die Entstehung des Grundgesetzes, NJW 1989, 1318 ff.; *Doemming/Füßlein/Matz*, Entstehungsgeschichte der Artikel des GG, JÖR 1 NF (1951), 41 ff.

20   **10. Die Entwicklung der Grundrechte seit 1949.** Für die Geschichte nach 1949 ist zunächst ein enormer Siegeszug der Grundrechte zu vermerken. Die Bundesrepublik ist in einem Maße zur **„Grundrechtsrepublik Deutschland"** geworden, wie es die Verfassungsväter und -mütter von 1949 gewiss nicht vorausgesehen hatten (*Hufen*, NJW 1999, 1504). Dabei kann im Rückblick auf die Zeit seit 1949 keinesfalls nur von Homogenität der Grundrechtsauslegung die Rede sein. Es gab vielmehr auch stets Konflikte: So zwischen den Freiheitsinteressen und der Verteidigung der freiheitlich demokratischen Grundordnung unter den Vorzeichen des „Kalten Krieges" und des „Anti-Terror-Kampfes". Beharrung und Wandel standen in einem gewiss nicht immer harmonischen Verhältnis in der Zeit der gesellschaftlichen Umbrüche der „68er Zeit". Die Grundrechte haben zwar erhebliche konkrete Veränderungen erfahren (so etwa im Zeichen der Notstandsgesetzgebung von 1968, die Asylnovelle usw.). Der eigentliche Wandel aber geschah durch Verfassungsauslegung, vor allem durch die Rechtsprechung des BVerfG. Insbesondere die Ausstrahlungswirkung der Grundrechte, die Betonung der objektiven Funktion und die Ausdehnung des Gesetzesvorbehalts sind hier zu nennen.

Dahingestellt sei, ob gerade diese Rechtsprechung und die Ausdehnung des Gesetzesvorbehalts dazu geführt haben, dass sich die Grundrechte „zu Tode gesiegt" haben. So wuchs mit dem Geltungsanspruch der Grundrechte und deren alltäglichen gerichtlichen Durchsetzbarkeit auch die bange Ahnung, dass Grundrechte vielfach für Bagatellfälle beschworen und zu „kleiner Münze geschlagen" werden. Auch wird (an sich seit der Aufklärung Selbstverständliches) immer deutlicher: **Grundrechtsschutz und Grundrechtsverwirklichung des Einen bedeuten immer auch Grundrechtsgefährdung und Grundrechtsschranke für den Anderen.** Bei allem aber besteht kein Anlass, die Grundrechtsinterpretation auf den Stand von 1949 oder gar auf das 19. Jahrhundert zurückzunehmen.

Literatur: *Grimm,* Das Grundgesetz nach 40 Jahren, NJW 1989, 1305 ff.; *Hufen,* Entstehung und Entwicklung der Grundrechte, NJW 1999, 1504; *Kröger,* Einführung in die Verfassungsgeschichte der Bundesrepublik Deutschland (1993).

11. Ein vorsichtiges und vorläufiges Fazit. Insgesamt zeigt dieser kurze geschichtliche Rückblick, dass Grundrechte nicht „von Gottes Gnaden" den Menschen zukamen oder durch einen gnädigen Herrscher, ja nicht einmal durch den demokratischen Gesetzgeber, den Menschen zugebilligt wurden. Sie sind vielmehr in langen politischen Auseinandersetzungen erkämpft worden, und ihre Entwicklung war keineswegs gradlinig „nach oben" gerichtet. Zwischenzeitlich hat es dramatische Einbrüche gegeben und niemand garantiert, dass der derzeitige Stand des Grundrechtsschutzes selbstverständlicher „Besitzstand" ist. Grundrechte müssen vielmehr auch gegenwärtig immer wieder aufs Neue erkämpft und in ihrer Geltungskraft verteidigt werden. Deshalb richtet auch dieses Lehrbuch sein besonderes Augenmerk auf drohende Veränderungen und Verkürzungen des Grundrechtsschutzes.

3. Abschnitt. Die internationale und europäische Perspektive

§ 3 Grundrechte im internationalen und im europäischen Gemeinschaftsrecht

I. Der internationale Schutz der Menschenrechte

1. Die Allgemeine Erklärung der Menschenrechte und weitere Kodifikationen. Grund- und Menschenrechte werden als allgemeine Grundsätze des Völkerrechts und in zahlreichen internationalen

Konventionen und völkerrechtlichen Verträgen geschützt und hervorgehoben. Schon die **UN-Charta** nennt in Art. 1 Nr. 3 die Achtung vor den Menschenrechten und Grundfreiheiten als eines der Ziele der internationalen Zusammenarbeit. Auf ihrer Basis wurde am 10. Dezember 1948 die **Allgemeine Erklärung der Menschenrechte (AEMR)** als Resolution von der UN-Generalversammlung beschlossen. Als solches war sie eine **Absichtserklärung** über ein gemeinsam zu erreichendes Ideal und Leitbild und nicht rechtsverbindlich. Daneben gibt es eine große Vielzahl anderer internationaler Menschenrechtsdokumente. Genannt seien nur die beiden am 19. Dezember 1966 verabschiedeten UN-Menschenrechtspakte, der **Internationale Pakt über bürgerliche und politische Rechte (IPBPR)** und der **Internationale Pakt über wirtschaftliche, soziale und kulturelle Rechte (IPWSKR)**.

Mittlerweile ist aber weitgehend anerkannt, dass die wichtigsten Menschenrechte unabhängig von zahlreichen völkerrechtlichen Verträgen bindendes Völkergewohnheitsrecht sind und insofern als „ius cogens" zum **Kernbestand des universellen Völkerrechts** zählen. Auch gelten sie als zentrale Grundlage der Legitimität und der völkerrechtlichen Anerkennung von Staaten. Dazu gehören das Recht auf Leben, das Verbot der Folter und der Sklaverei sowie die unverzichtbaren Grundlagen eines rechtsstaatlichen Gerichtsverfahrens. Aus der Sicht des GG sind sie damit Bestandteil der in Art. 25 GG genannten allgemeinen Regeln des Völkerrechts. Die übrigen Menschenrechtspakte und Konventionen, denen die Bundesrepublik beigetreten ist, werden nach Art. 59 II GG Teil der nationalen Rechtsordnung und gelten im Rang eines Bundesgesetzes.

Trotz vieler Bemühungen ist die Durchsetzbarkeit des internationalen Menschenrechtsschutzes immer noch defizitär. Aufgabe der UN-Menschenrechtskommission ist nicht die Sanktionierung einzelner Menschenrechtsverletzungen, sondern die Identifizierung besonders menschenrechtsfeindlicher Staaten und die Feststellung systematischer und besonders schwerer Menschenrechtsverletzungen. Umstritten ist immer noch, ob einzelne Individuen oder nur Staaten Subjekt völkerrechtlicher Menschenrechtsgewährleistungen sein können.

Völkermord und Verbrechen gegen die Menschlichkeit können inzwischen durch den **Internationalen Strafgerichtshof** (dazu Römisches Statut des Internationalen Strafgerichtshofs vom 10. Dezember 1998, Sartorius II, Nr. 35; *Stahn*, EuGRZ 1998, 577) geahndet werden. Nach Art. 16 II GG n. F. gilt auf gesetzlicher Grundlage sogar eine Ausnahme vom Auslieferungsverbot für deutsche Staatsangehörige. Hauptproblem ist neben der Angewiesenheit auf die Kooperation mit den „Täterstaaten" und deren Nachfolgern die Tatsache, dass die USA als wichtigster internationaler Akteur den Gerichtshof nicht anerkennen.

Literatur: *Denninger*, Menschenrechte und Grundgesetz (1994); *Payandeh*, Einführung in das Recht der Vereinten Nationen, JuS 2012, 506; *Simma/Fastenrath*, Menschenrechte. Ihr internationaler Schutz, 5. Aufl. (2004).

2. Universalität der Menschenrechte. Als die ersten Verfassungsväter der Neuzeit die Menschenrechte als „universal" bzw. als vorstaatlich konzipierten, konnten sie dies auf dem festen Wertehorizont des „christlichen Abendlandes" und der Aufklärungsphilosophie tun. Auch die Autoren der AEMR wussten sich noch in der Abkehr von der soeben überwundenen Tyrannei einig. Wenig später gerieten auch die Menschenrechte in den Sog des Kalten Krieges und des Wettkampfes der Systeme, in dem der „Westen" den sozialistischen Staaten zu Recht elementare Verletzungen von Freiheitsrechten vorwarf und der „Osten" meinte, die Menschenrechte des Proletariats weltweit erst wirklich durchzusetzen. Die Vereinbarungen der OSZE (Organisation für Sicherheit und Zusammenarbeit in Europa) stellten mühevolle Annäherungsversuche der Systeme dar.

Später verlagerte sich die Debatte über die Universalität der Menschenrechte dann von einem Ost-West- in einen Nord-Süd-Konflikt, und es wurde geradezu Mode, Vertretern eines universalistischen Ansatzes „Eurozentrismus" oder gar eine besonders perfide Form des „Neokolonialismus" vorzuwerfen. Gemeint war damit: Menschenrechte sind keineswegs Zeugnis universeller Werte, sondern Produkte einer westlich geprägten Ideologie, in der Individuum, religiöse Pluralität und Privateigentum im Mittelpunkt stehen, während orientalische oder fernöstliche Lehren eher die Einordnung des Einzelnen in das Kollektiv, den Vorrang der Religion oder einen ganz anderen Rang der persönlichen und überindividuellen Ehre in den Mittelpunkt rücken.

Wer hier mitdiskutiert, sollte Extreme meiden. Einerseits ist es richtig, dass die westlichen Demokratien sich hüten sollten, die Grundrechte als Waffen im „Kampf der Kulturen" (*Huntington*) einzusetzen. Andererseits darf auch nicht zugelassen werden, dass weltweit die finstersten Diktatoren und Folterer sich auf kulturelle Unterschiede berufen und die Menschenrechte zur Ausgeburt eines Neokolonialismus erklären. Es gibt nämlich keine Kultur, in der Folter, Rassenwahn und Unterdrückung des menschlichen Geistes gerechtfertigt werden könnten. Auch die Ungleichheit der Geschlechter, Rassen und Religionen ist schlechthin nicht mehr begründbar. Wo sie vorherrscht, ist es sehr wohl Auftrag der universellen (nicht der „westlichen") Menschenrechte, der Unterdrückung entgegenzuwirken. Auch zeigt die Entwicklung des modernen Völkerrechts vom lediglich die Staaten berechtigenden und verpflichtenden Recht zum auch die Grundrechte des Individuums schützenden Standard mehr und mehr, dass der Grundsatz der Nichteinmischung und der staatlichen Souveränität kein Freibrief für Unterdrückung und Unfreiheit sind. Erreicht die Unterdrückung das Ausmaß von Völkermord und Vernichtung von ethnischen und religiösen Minderheiten, dann ist die internationale Gemeinschaft sehr wohl aufgerufen, zu intervenieren und die Tyrannen und ihre Helfer vor den **Internationalen Strafgerichtshof** zu bringen. Zumindest muss das Risiko für die Verletzer der Menschenrechte so spürbar werden, dass sie nicht mehr damit rechnen können, im Amt oder wenigstens im wohlgepolsterten Exil zu altern. Im Innern ist strikt darauf zu achten, dass es auch im internationalen Privatrecht bei Anknüpfung an das Heimatrecht und im Strafrecht nicht zu menschenrechtswidrigen Entscheidungen deutscher Gerichte kommt. So kann es unter keinen Umständen eine gegen Art. 3 II GG verstoßende Anwendung des Eherechts oder gar einen „Kulturrabatt" bei der Bestrafung von Blutrache und Ehrenmord geben (so inzwischen auch der BGH, NJW 2006, 1008; *Hilgendorf*, JZ 2009, 139).

Literatur: *Dudy*, Menschenrechte zwischen Universalität und Partikularität (2002);; *Ghajati*, Die universelle Durchsetzung der Menschenrechte (2012); *Hilgendorf*, Strafrecht und Interkulturalität, JZ 2009, 139; *Kirste*, Die naturrechtliche Idee überstaatlicher Menschenrechte, HdbStR X, 3. Aufl. 2012, § 204; *Kugelmann*, Minderheitenschutz als Menschenrechtsschutz, AVöR 39 (2001), 233 ff.; *Riedel*, Die Universalität der Menschenrechte (2003); *I. Richter*, Transnationale Menschenrechte (2008).

3 **3. Die Europäische Menschenrechtskonvention.** Einen besonderen Stellenwert hat die **Europäische Konvention zum Schutze der Menschenrechte und Grundfreiheiten (EMRK)** vom 4.11.1950. Diese und mittlerweile 11 Zusatzprotokolle gehören streng genommen „nur" zu den völkerrechtlichen Konventionen der Menschenrechte und gelten in der Bundesrepublik als **einfache Gesetze** nach Art. 59 II GG (BGBl. 1952 II, 686). Gleichwohl kann heute keine Rede mehr davon sein, dass sie nur die Staaten als solche binden. Die EMRK hat vielmehr in der Bundesrepublik in den vergangenen Jahrzehnten eine geradezu atemberaubende Karriere beim Schutz individueller Menschenrechte gemacht und kann heute neben den nationalen Grundrechten des GG und der Landesverfassungen sowie den Grundrechten des Europäischen Gemeinschaftsrechts als inkorporierte „Dritte Säule" des Grundrechtsschutzes gelten (*Czerner*, EuR 2007, 535).

4 Hauptursache für diesen Bedeutungszuwachs war ohne Zweifel die Ermöglichung der (allerdings erst nach Erschöpfung des nationalen Rechtswegs zulässigen – EGMR, NVwZ 2013, 47) Individualbeschwerde zum **Europäischen Gerichtshof für Menschenrechte (EGMR).** Dieser entfaltet eine umfangreiche Rechtsprechung zu allen Rechten der Konvention, die hier nicht gesammelt sondern bei den einzelnen Grundrechten darzustellen ist.

Mehrfach hatte das BVerfG Anlass, zur Bedeutung der EMRK und der Rechtsprechung des EGMR Stellung zu nehmen – zuletzt BVerfGE, 128, 326, 365 – Sicherungsverwahrung. Der der wichtigste Fall ist BVerfGE 111, 307, 315 – Görgülü, in dem es um die Nichtberücksichtigung eines EGMR-Urteils durch das OLG Naumburg in einem Sorgerechtsfall und um die Bedeutung von Art. 8 EMRK bei der Interpretation von Art. 6 II GG und des deutschen Familienrechts ging. Hier hat das BVerfG zwar erneut betont, dass die EMRK als einfaches Gesetzesrecht gilt (std. Rspr. seit BVerfGE 10, 271, 274; 74, 358, 370) und dass die Rechtsprechung des EGMR durch die deutschen Gerichte nicht einfach schematisch umzusetzen ist. Wird ein Urteil des EGMR aber nicht beachtet, so gilt das als neue Verletzung der Konvention (EGMR, NJW 2010, 3699). Die deutschen Gerichte müssen deshalb die Rechtsprechung des EGMR bei der Auslegung der entsprechenden deutschen Grundrechte beachten (BVerfG, Kammer, NJW 2009, 1133 – Vormundschaft für Großeltern). Das ist unbedenklich, soweit es um weitergehende Gewährleistungen geht, kann aber auch problematisch sein, wenn die EMRK zugleich zur Einschränkung nationaler Grundrechte führt (*Payandeh*, JuS 2009, 212).

Einen neuen „Schub" wird der Bedeutungszuwachs der EMRK und der Rechtsprechung des EGMR nehmen, wenn die EU als solche der EMRK beigetreten sein wird, wie dies in Art. 6 des Vertrages von Lissabon vorgesehen ist und durch Art. 59 II EMRK ermöglicht wurde (dazu *Streinz*, EuropaR, Rn 745).

Literatur: *Braasch*, Einführung in die Europäische Menschenrechtskonvention, JuS 2013, 602; *von Campenhausen* in: Merten/Papier, HdBGrundR VI/1, § 136; *Czerner*, Das völkerrechtliche Anschlusssystem der Art. 59 II 1, 25 und 24 GG und deren Inkorporierungsfunktion zugunsten der innerstaatlichen EMRK-Regelungen, EuR 2007, 535; *Denninger*, Menschenrechte und Grundgesetz (1994); *Dreier*, GG, Vorb. Rn. 28; *Grabenwarter*, Europäische Menschenrechtskonvention, 5. Aufl. (2012); *Hoffmann/Mellech*, Der Einfluss der EMRK auf die grundrechtliche Fallbearbeitung, Jura 2009, 256; *Meyer-Ladewig*, EMRK, Handkommentar, 2. Aufl. (2006); *Nußberger*, Europäische Menschenrechtskonvention, HdbStR X, § 209; *Payandeh*, Die EMRK als grundrechtsbeschränkendes Gesetz?, JuS 2009, 2012; *Peters*, Einführung in die Europäische Menschenrechtskonvention (2003).

II. Grundrechte im Europäischen Gemeinschaftsrecht

1. Europäische Grundfreiheiten. Als **Grundfreiheiten** werden die 5 im primären europäischen Gemeinschaftsrecht, vor allem in Art. 45 ff. AEUV gewährleisteten Freiheiten, also insbesondere die **Freizügigkeit** der Arbeitnehmer (Art. 45 AEUV), die **Niederlassungsfreiheit** für Selbstständige (Art. 49 ff. AEUV) und die **Dienstleistungsfreiheit**

(Art. 56 ff. AEUV) bezeichnet. Sie werden hier nicht geschlossen dargestellt, sondern jeweils dort, wo sie Entsprechungen bei den deutschen Grundrechten finden, also vor allem bei Art. 11 und Art. 12 GG. Sie waren ursprünglich Verpflichtungen der Mitgliedstaaten zum Abbau nationaler Rechtshindernisse. Inzwischen sind sie aber auch subjektive Rechte mit unmittelbarer Geltung in den Mitgliedsstaaten. Deshalb kommen die Grundfreiheiten heute in ihrer Bedeutung echten Grundrechten nahe, und die Falllösung folgt mit „Schutzbereich", „Eingriff" und „Schranken" derselben Grundlinie wie bei „nationalen" Grundrechten (*Ruffert*, JuS 2009, 97 ff.).

6 **Träger** der europäischen Grundfreiheiten sind **Staatsangehörige der Mitgliedsstaaten** (Unionsbürger i. S. von Art. 20 AEUV) und **juristische Personen** i. S. v. Art. 54 I AEUV, soweit sie sich wirtschaftlich betätigen).

7 Eine wichtige Funktion der Grundfreiheiten besteht im **Verbot der Diskriminierung** von Marktteilnehmern aus anderen EU-Staaten. Aus den Grundfreiheiten erwächst auch eine objektive Verpflichtung der Mitgliedstaaten, ihre Rechtsordnung entsprechend umzugestalten (*Remmert*, Jura 2003, 13). Hindernisse für die Verwirklichung des Binnenmarktes sind auszuräumen und die Marktteilnehmer z. B. gegen Straßenblockaden und Plünderung von Produkten aus anderen Mitgliedstaaten zu schützen (EuGH, Slg. 1997, I-6959 – Spanische Erdbeeren; EuGH, Slg. 2003, I-5659 – *Schmidberger*; auch die EMRK schützt nicht gegen eine Verurteilung von Demonstranten, die eine internationale Verkehrsader blockieren [EGMR, NVwZ 2010, 1139]). Ferner haben die Grundfreiheiten Bedeutung als **Verfahrens-** und **Organisationsgarantien.** Umstritten ist, ob die Grundfreiheiten unmittelbare oder mittelbare **Drittwirkung** zwischen einzelnen Marktteilnehmern entfalten. Der EuGH hat das teilweise bejaht. Am bekanntesten ist hier der Fall des Fußball-Profis Bosman (EuGH, NJW 1996, 505). Von besonderer Bedeutung sind auch die **Antidiskriminierungsrichtlinie** und deren Umsetzung in das nationale Recht (dazu unten § 39, Rn. 23).

Literatur: *Ehlers*, Europäische Grundrechte und Grundfreiheiten, 3. Aufl. (2009); *Frenz*, Annäherung von europäischen Grundrechten und Grundfreiheiten, NVwZ 2011, 961; *Haratsch*, Grundfreiheiten des Europäischen Marktes, HdbStR Bd. 10, 3. Aufl. 2012, § 210; *Frotscher/Kramer*, Wirtschaftsverfassungs- und Wirtschaftsverwaltungsrecht, 6. Aufl. 2013. 88 ff.; *P.M. Huber*, Recht der europäischen Integration, § 17, Rn. 38 ff.; *Remmert*, Grundfreiheiten und Privatrechtsordnung, Jura 2003, 13; *Ruffert*, Die Grundfreiheiten im

Recht der Europäischen Union, JuS 2009, 97; *Streinz,* Europarecht, Rn. 784 ff.; *Skouris,* Das Verhältnis von Grundfreiheiten und Grundrechten im Europäischen Gemeinschaftsrecht, DÖV 2006, 89.

2. Grundrechte als allgemeine Grundsätze des Europarechts in der Europäischen Union. Echte Gemeinschaftsgrundrechte wurden lange vor ihrer Kodifikation in den Verträgen von Nizza und Lissabon zunächst im Wege wertender Rechtsvergleichung aus den gemeinsamen Verfassungsüberlieferungen der Mitgliedstaaten durch den EuGH entwickelt. Es handelt sich also um eine Art „**Verfassungsgewohnheitsrecht der Gemeinschaft**", das aber unmittelbare Geltung ohne Transformationsakt beansprucht. Auch die Regeln der EMRK sind in diesem Zusammenhang zu berücksichtigen. 8

Sieht man sich die Anwendungsgebiete und Fälle an, so wird deutlich, dass es inzwischen kaum ein Grundrecht des GG gibt, das nicht auch als primäres Gemeinschaftsgrundrecht Anerkennung gefunden hat. Auch die Gemeinschaftsgrundrechte sollen deshalb hier nicht abstrakt vor die Klammer gezogen, sondern bei den einzelnen Grundrechten behandelt werden.

Träger der Gemeinschaftsgrundrechte sind alle natürlichen Personen, die Staatsangehörige der Mitgliedstaaten sind (Unionsbürger) und – wo dem Sinne nach anwendbar – juristische Personen. Ob auch die Angehörigen von Drittstaaten insoweit Grundrechtsträger sind, ist umstritten. **Adressaten** sind zunächst die Organe und Behörden der EU und Behörden der Mitgliedstaaten beim Vollzug des Gemeinschaftsrechts. Wichtig ist auch die **europarechtskonforme Auslegung** durch die Gerichte und Behörden der Mitgliedstaaten. 9

Bei den Grundrechtsschranken hat der EuGH auch den **Grundsatz der Verhältnismäßigkeit** übernommen (*Kischel,* EuR 2000, 380). Dieser ist auch in Art. 5 IV EUV enthalten. Der EuGH wendet diesen Grundsatz aber gegenüber den Mitgliedstaaten derzeit weit strenger an als gegenüber den Organen und Behörden der Gemeinschaft (vgl. EuGH, NJW 1995, 3243 – Mars „plus 10 Prozent"; EuGH Slg. 2003 I, 1007 ff. – Zulassungspflicht für gesundheitsbezogene Lebensmittelangaben einerseits und EuGH, NVwZ 2001, 1145 – Impfverbot bei Maul- und Klauenseuche – andererseits). Problematisch ist insbesondere die noch über die deutsche Rechtsprechung zur Einschätzungsprägorative des Gesetzgebers hinausgehende Einräumung weitgehender Gestaltungsspielräume für den europäischen Gesetzgeber. 10

Objektive Schutzpflichten sieht der EuGH vor allem im Hinblick auf den Schutz von Leben und Gesundheit der EU-Bürger (*Suerbaum,* EuR 2003, 390 ff.). Der **Grundrechtsschutz durch Verfahren** wirkt inzwischen sogar vom Europarecht auf die nationale Rechtsordnung zurück, weil die Möglichkeiten der Heilung und Unbeachtlichkeit von Verfahrensfehlern strenger beurteilt werden (*Kahl,* VerwArch. 95 [2004], 1; *Hufen/Siegel,* Fehler im VwVf., 5. Aufl. 2013, Rn. 981 f.).

Literatur: *Häberle,* Europäische Verfassungslehre, 7. Aufl. (2011); *Jarass,* EU-Grundrechte (2005); *Kahl,* Grundrechtsschutz durch Verfahren in Deutschland und der EU, VerwArch. 95 (2004), 1 ff.; *Kischel,* Die Kontrolle der Verhältnismäßigkeit durch den Europäischen Gerichtshof, EuR 2000, 380; *Koch,* Der Grundsatz der Verhältnismäßigkeit in der Rechtsprechung des Gerichtshofs der Europäischen Gemeinschaften (2003); *Pache,* Der Grundsatz der Verhältnismäßigkeit in der Rechtsprechung der Gerichte der europäischen Gemeinschaften, NVwZ 1999, 1033; *Rengeling/Szczekalla,* Grundrechte in der Europäischen Union (2004); *Streinz,* Europarecht, Rn. 753 ff.; *Suerbaum,* Die Schutzpflichtfunktion der Gemeinschaftsgrundrechte, EuR 2003, 390 ff.; *Tettinger/Stern,* Europäische Grundrechte-Charta, Kommentar (2006).

11 **3. Die Europäische Charta der Grundrechte.** Die durch Richterrecht geschaffenen Gemeinschaftsgrundrechte wurden – unter teilweisem Rückgriff auf die EMRK – in der **Charta der Grundrechte der Europäischen Union zusammengefasst** und beim EU Gipfel im Dezember 2000 in Nizza feierlich proklamiert.

Die Charta soll Teil der (allerdings durch ablehnende Volksabstimmungen in Frankreich und den Niederlanden) vorläufig blockierten EU-Verfassung werden. Damit stellt sie ein erstmals schriftlich formuliertes „**Konzentrat der gemeinsamen Verfassungsüberlieferungen**" im Grundrechtsbereich dar. Zwischenzeitlich entfaltet sie eine deutliche Wirkung für die Ermittlung und Interpretation allgemeiner Rechtsgrundsätze in der Judikatur des EuGH. Insofern scheint zu gelten: „Die Verfassung wurde blockiert, aber das tut der Geltung der europäischen Grundrechte keinen Abbruch".

Inhaltlich ist die Charta ähnlich gegliedert wie das GG: Menschenwürde und Lebensgrundrecht stehen am Anfang. Ein Auffanggrundrecht wie die allgemeine Handlungsfreiheit fehlt aber. Hinsichtlich der Schranken gibt es keinen differenzierten Schrankenvorbehalt und keine „vorbehaltlosen Grundrechte", sondern in Art. 52 I EU-Charta eine einheitliche Schrankenregelung mit Vorbehalt der Verhältnismäßigkeit (dazu *B. Fassbender,* NVwZ 2010, 1049).

Literatur: *Barriga,* Die Entstehung der Charta der Grundrechte der Europäischen Union (2003); *Broß,* Grundrechte und Grundwerte in Europa, JZ 2003, 429; *Dorf,* Zur Interpretation der Grundrechte-Charta, JZ 2005, 126; *B. Fassbender,* Der einheitliche Gesetzesvorbehalt der EU-Grundrechtecharta und seine Bedeutung für die deutsche Rechtsordnung, NVwZ 2010, 1049; *Grabenwarter,* Die Charta der Grundrechte für die Europäische Union, DVBl. 2001, 1 ff.; *Jarass,* Charta der Grundrechte der europäischen Union Kommentar (2010); *Knecht,* Die Charta der Grundrechte der Europäischen Union (2006); *Pache/Rösch,* Der Vertrag von Lissabon, NVwZ 2008, 473; *Philippi,* Die Charta der Grundrechte der Europäischen Union: Entstehung, Inhalt und Konsequenzen für den Grundrechtsschutz in Europa (2002); *Tettinger/Stern,* Europäische Grundrechte-Charta. Kölner Gemeinschafts-Kommentar (2006); *Schwartmann,* Europäischer Grundrechtsschutz nach dem Verfassungsvertrag, AVöR 2005, 129 ff.

4. Verhältnis unterschiedlicher Gewährleistungen. Angesichts 12
der Vielfalt der europäischen Gewährleistungen stellt sich natürlich
die Frage von deren Verhältnis zueinander. Die Antwort kann kaum
befriedigen: Es gibt eine sehr komplexe Gemengelage der EMRK, der
Grundrechte im europäischen Gemeinschaftsrecht und der nationalen
Grundrechte.

Klar ist hier nur das Verhältnis von nationalen Grundrechten und
Grundrechten des Gemeinschaftsrechts: Hier gelten der **Vorrang des
Gemeinschaftsrechts** und die Bindung der Mitgliedstaaten (*Jarass*,
NVwZ 2012, 457) und der Unionsorgane an die Unionsgrundrechte.
Ob und unter welchen Voraussetzungen dies auch zum Vorrang der
Rechtsprechung des EuGH führt, gehört zu den offenen Fragen
(näher dazu unten § 4, Rn. 9 ff.). Probleme ergeben sich aber hinsichtlich der unterschiedlichen Ebenen des europäischen und des internationalen Rechts. So sollen die Grundfreiheiten in personeller und
sachlicher Hinsicht spezieller sein und den allgemeinen Gemeinschaftsgrundrechten vorgehen. Kollisionen mit den allgemeinen
Grundsätzen und damit mit der Charta sind denkbar (*Dreier*, GG,
Vorb. Art. 1 Rn. 48). Eine solche Doppelgleisigkeit wird sich nicht
aufrechterhalten lassen. Alles läuft auf die primäre Geltung der
Charta hinaus – ob als Teil einer geltenden Europäischen Verfassung
oder als Sammlung gewohnheitsrechtlicher allgemeiner Rechtsgrundsätze. Grundfreiheiten, die Grundrechte als allgemeine Rechtsgrundsätze und der Inhalt der Charta der Grundrechte stehen nicht im Verhältnis der Hierarchie; sie ergänzen einander.

Literatur: *Braasch*, Einführung in die Europäische Menschenrechtskonvention, JuS 2013, 602; *Callewart*, Grundrechtsraum Europa. Die Bedeutung der Grundrechte für den Verwaltungsrechtsraum Europa. DÖV 2011, 825; *P. M. Huber*, Das europäisierte Grundgesetz, DVBl. 2009, 564; *Jarass*, Die Bindung der Mitgliedstaaten an die EU-Grundrechte, NVwZ 2012, 457; *Lindner*, Individualrechtsschutz im europäischen Gemeinschaftsrecht – ein systematischer Überblick, JuS 2008, 1 ff.; *Lorenzmeier*, Das Verhältnis von Europäischem Gemeinschaftsrecht und Europäischer Menschenrechtskonvention, Jura 2007, 370; *Rohleder*, Grundrechtsschutz im europäischen Mehrebenensystem (2009); *Oster*, Grundrechtsschutz in Deutschland im Lichte des Europarechts, JA 2007, 96; *Polzin*, Das Rangverhältnis von Verfassungs- und Unionsrecht nach der neuesten Rechtsprechung des BVerfG, JuS 2012, 1.

III. Der Einfluss der Rechtsvergleichung auf die Grundrechtsinterpretation in Deutschland

13   Die Grundrechte wurden nicht in jedem Land „neu erfunden", sondern gehen letztlich auf bestimmte Prinzipien zurück und weisen historisch begründete Gemeinsamkeiten auf. Es liegt daher nahe, bei der Interpretation der Grundrechte auf Rechtsprechung und Rechtskultur vergleichbarer Verfassungsordnungen zurückzugreifen, und es kann nicht verwundern, dass die Rechtsvergleichung bereits als „fünfte Methode der Verfassungsinterpretation" bezeichnet worden ist (*Häberle*, JZ 1989, 913; *ders.* Rechtsvergleichung im Kraftfeld des Verfassungsstaates [1992]).

Beispiel: Die Probleme der **Präimplantationsdiagnostik, des islamischen Kopftuchs in der Schule oder der Beschneidung aus religiösen Gründen** stellen sich nicht nur in Deutschland, sondern auch in anderen europäischen Staaten und in der Türkei. Für die konkrete Interpretationsfrage ist es deshalb hilfreich, die Lösung der betreffenden Länder und deren Gerichte einzubeziehen.

Während es in Europa schon immer an der Tagesordnung war, dass sich die nationalen Verfassungen der Rechtsvergleichung und den Verfassungen der Nachbarstaaten geöffnet haben (vgl. etwa den Einfluss der **charte constitutionelle** auf die süddeutschen Verfassungen oder auch der EMRK auf das deutsche GG), ist erst in jüngster Zeit in der amerikanischen Rechtsprechung des US-Supreme Court ein heftiger Streit über die Legitimität der Rechtsvergleichung entbrannt. Während etwa Richter *Breyer* das Verbot eines Vollzugs der Todesstrafe an zur Tatzeit Minderjährigen auch damit begründete, die internationale Rechtsvergleichung zeige, dass es sich hier um eine unübliche, harte und grausame Strafe handelt, beharrt der ultrakonservative Richter *Scalia* darauf, die amerikanische Verfassung sei ausschließlich aus dem historischen Verfassungstext zu interpretieren. Der Blick auf andere Verfassungen sei nicht nur schädlich, sondern nicht erlaubt.

Literatur: *Latsiou*, Präimplantationsdiagnostik. Rechtsvergleichung und bioethische Fragestellungen (2008); *Sommermann*, Funktionen und Methoden der Grundrechtsvergleichung, HGrR I, § 16; *Streinz*, Verfassungsrecht III. Die Einbindung der Bundesrepublik Deutschland in die Völkerrechtsgemeinschaft und in die Europäische Union (2008).

2. Teil. Allgemeine Grundrechtslehren

1. Abschnitt. Systematische Stellung der Grundrechte

§ 4 Die Grundrechte im System der Rechtsgebiete und Rechtsquellen

I. Die Grundrechte als Bestandteil des Öffentlichen Rechts

Im Jurastudium und in der Wissenschaft gehören die Grundrechte traditionell zum **Öffentlichen Recht,** wenn sie auch schon seit Langem andere Rechtsgebiete beeinflusst und überlagert haben. Das scheint selbstverständlich, aber zum Verständnis der Grundrechte ist es erforderlich, sich der Bedeutung dieser Zuordnung bewusst zu werden – auch wenn die Einzelheiten erst im Allgemeinen Verwaltungsrecht (*Maurer*, AVwR, § 3, Rn. 7 ff.) und im Verwaltungsprozessrecht (*Hufen*, VwProzR, § 11, Rn. 13 ff) vermittelt werden.

1. Historische Aspekte. Abgrenzungstheorien von Öffentlichem Recht und Privatrecht arbeiten im Allgemeinen mit Kriterien wie Unterordnung und Gleichordnung, öffentlichem oder privatem Interesse und dem typischen Zuordnungssubjekt bestimmter streitentscheidender Rechtsnormen. Diese Merkmale geben aber für das Verständnis der Grundrechte als Teil des Öffentlichen Rechts wenig her. Wichtiger ist auch hier der Blick auf die historische Entwicklung und den Verständniswandel, den die Grundrechte in der Vergangenheit erfahren haben.

Das **Mittelalter** kannte weder den Staat noch das Öffentliche Recht als solches. Herrschaft – auch die „öffentliche Herrschaft" war Teil einer einheitlichen, auf Verleihung und Privileg beruhenden Ordnung. Erst in der Zeit des **Absolutismus** bildete sich die Trennung von „privater" Güterherrschaft (dominium) und „öffentlicher", dem Staat und dem Herrscher als solchem zukommender hoheitlicher Gewalt (imperium) heraus. Im hoheitlichen Sektor galt das besondere Regime des Herrschers als Spitze des Staates (**ius eminens**). Das ist der Kern der Lehre vom Öffentlichen Recht als **„Sonderrecht"** des Staates. Als überkommene Privilegien oder auch als neuzeitlich begründete Menschenrechte bildeten die Grundrechte ein Gegengewicht zu diesem Herrschaftsanspruch und grenzten private Bestimmungsbereiche gegenüber dem

Staat ab. Das ist der eigentliche Grund der Zuordnung der Grundrechte zum Staatsrecht, also zum Öffentlichen Recht als besonderer Rechtsordnung. Grundrechte betreffen nicht das Verhältnis der Bürger untereinander, sondern den Schutz der Untertanen gegenüber der im Prinzip uneingeschränkten (souveränen) Herrschaft des Landesherren.

3   **2. Heutige Bedeutung.** Auch heute ist die ursprüngliche Bedeutung der Grundrechte als Abwehrrechte gegen die spezifische hoheitliche Gewalt keineswegs gegenstandslos oder „veraltet". Im Gegenteil: Gerade unter den heutigen Bedingungen ist auf den in langen historischen Auseinandersetzungen durchgesetzten Kristallisationspunkt des demokratischen Verfassungsstaates hinzuweisen: Die Freiheit und Selbstverantwortung der Bürger. Der Staat bedarf zum Eingriff in Grundrechte der gesetzlichen Grundlage und eines Gemeinwohlgrundes.

Zwei Entwicklungen haben allerdings dazu geführt, dass diese „klassische" Zuordnung vielfach in Frage gestellt wird. Zum einen ist der Einzelne zur Verwirklichung seiner Grundrechte immer mehr von staatlichem Schutz und sogar staatlichen Leistungen abhängig. Auch das Leistungsrecht und die dazu gehörigen Funktionen der Grundrechte gehören also zum Öffentlichen Recht.

Zum anderen wird individuelle Freiheit längst nicht mehr nur im Verhältnis von Staat und Bürger („oben" und „unten") begründet und gefährdet. Macht und Freiheitsgefährdung kommen vielmehr auch zwischen den scheinbar gleichgeordneten Bürgern und Gruppen vor – im Arbeitsverhältnis ebenso wie in der Familie oder überall dort, wo es reale Ungleichgewichte von Einfluss und Gestaltung gesellschaftlicher Lebensverhältnisse gibt. Das ist der eigentliche Kern des „Ausgreifens" grundrechtlicher Gewährleistungen auf die Privatrechtsordnung oder auch der früheren Vorstellung des BVerfG von der „Wertordnung" der Grundrechte, die auf alle Rechtsgebiete einschließlich des Privatrechts ausstrahlt. Insofern sind Grundrechte nicht mehr allein Bestandteil des Öffentlichen Rechts, und sie gelten auch nicht nur vertikal zwischen Bürger und Staat, sondern zumindest mittelbar auch „horizontal" also zwischen Bürger und Bürger (dazu unten § 7, Rn. 8 ff.).

II. Die Grundrechte in der Rangordnung der Rechtsquellen

4   **1. Normenhierarchie und Vorrang der Verfassung.** Nach Art. 1 III GG binden die Grundrechte Gesetzgebung, vollziehende Gewalt und Rechtsprechung als unmittelbar geltendes Recht. Das ist eine

beim Entstehen des GG im Jahre 1949 klar formulierte und beabsichtigte Steigerung der Bedeutung der Grundrechte, denn der Einzelne kann sich nunmehr gegenüber **jeder** staatlichen Gewalt auf die Grundrechte berufen. **Auch der Gesetzgeber ist an die Grundrechte gebunden.** Das ist – zusammen mit der parallelen Formulierung in Art. 20 III GG – die Grundlage der „Normenhierarchie", die – wenn man die europäische Ebene zunächst einmal ausklammert – den Hintergrund jeder öffentlich-rechtlichen Falllösung bildet:

GG
Gesetz
RVO/Satzung
Einzelentscheidung

Die **unmittelbare Geltung** der Grundrechte gegenüber dem Gesetzgeber und der **„Vorrang der Verfassung"** werden vielfach als der entscheidende Unterschied zur WRV gesehen. Zugleich sind sie Konsequenz historischer Erfahrung: Auch ein Parlament kann Unrecht tun.

Für eine „Freiheit nach Maßgabe der Gesetze" lässt Art. 1 III GG keinen Raum; er formuliert vielmehr das Umgekehrte: **„Gesetze nur im Rahmen grundrechtlicher Freiheit"** (dazu unten § 6, Rn. 17). Die Normenhierarchie bedeutet aber nicht, dass Judikative und Exekutive einfach die Ebene des Gesetzes überspringen dürfen und sich bei Eingriffen in Grundrechte des Bürgers auf das höherrangige Recht der Verfassung berufen können. Für den Richter gilt hier **Art. 100 GG**: Stellt er einen Verstoß gegen die Verfassung fest, auf den es bei seiner Entscheidung ankommt, darf er nicht einfach das Gesetz übergehen, sondern muss die Entscheidung des Bundesverfassungsgerichts einholen. Noch klarer ist die Lage bei der Exekutive. Sie ist immer an das Gesetz gebunden und benötigt für Eingriffe in Grundrechte eine gesetzliche Grundlage.

2. Konsequenzen für Schutzbereiche und Grundrechtsschranken. Der Vorrang der Verfassung bedeutet zugleich den Vorrang der Freiheit. Der Bürger braucht **keine „Anspruchsgrundlage"**, um etwas zu dürfen; es ist der Staat, der eine **Eingriffsgrundlage** braucht, will er grundrechtliche Freiheiten einschränken. Deshalb stehen auch in der Falllösung im öffentlichen Recht (§ 113 I 1 VwGO) die Eingriffsgrundlage und deren Anwendbarkeit auf einen bestimmten Sachverhalt im Mittelpunkt.

3. „Rangordnung" der Grundrechte? Gelegentlich wird gefragt, ob es innerhalb der Grundrechte eine bestimmte Rangordnung gebe:

Leben und Gesundheit vor Eigentum; Religionsfreiheit vor Pressefreiheit; freie Entfaltung der Persönlichkeit nach allen spezielleren Grundrechten usw. Schon wegen des Geltungsvorrangs der Verfassung müsste sich eine solche Rangordnung aber aus der Verfassung selbst ergeben. Das ist z. B. bei der Menschenwürde (Art. 1 I GG) begründbar, die durch den Verfassungstext selbst als „unantastbar" hervorgehoben ist. Im Übrigen stuft das Grundgesetz die Grundrechte als solche aber nicht in eine Rangordnung ein, sondern enthält nur unterschiedlich ausgestaltete Schranken. Es ist deshalb von der **grundsätzlichen Gleichrangigkeit aller Grundrechte** auszugehen (*F. Müller*, Die Positivität der Grundrechte [1969], 65 ff.). Abstufungen kommen erst im Rahmen des konkreten Falles bei der Anwendung der Grundrechtsschranken in Betracht.

Beispiel: Grundrecht auf Leben und körperliche Unversehrtheit (Art. 2 II 1 GG) schränkt in der Regel die Freie Entfaltung (Art. 2 I GG) des Autofahrers ein; Eigentum am Haus (Art. 14 GG) ist Schranke der Kunstfreiheit des Graffiti-Künstlers (Art. 5 III GG).

Im gewissen Sinne auf eine Rangordnung der Grundrechte läuft auch die Unterscheidung zwischen **Grundrechten als Regeln** und als **Prinzipien** hinaus. Sie stammt aus der angloamerikanischen Debatte (dazu *Dworkin*, Bürgerrechte ernst genommen [1984], S. 54) und wurde von *Robert Alexy* in die deutsche Grundrechtstheorie eingeführt (Theorie der Grundrechte 3. Aufl. [1996], S. 71 ff.). Nach dieser Lehre wären Grundrechte in Regeln (strikte Normen) und Prinzipien (Optimierungsgebote) aufzuteilen. Soweit damit eine unterschiedliche Gewichtigkeit der Grundrechte gemeint ist, wäre die Übertragung dieser Theorie auf die Grundrechtsdogmatik sogar bedenklich, denn es widerspricht schon Art. 1 III GG, die Grundrechte in unterschiedliche „Geltungsstufen" einzuteilen. Die Grundrechte gelten eben nicht nur als Prinzipien, sie gelten vielmehr direkt und unmittelbar als subjektive Rechte des Einzelnen (allg. zur Prinzipientheorie der Grundrechte *Couzinet*, JuS 2009, 603; *Borowski*, Grundrechte als Prinzipien, 2. Aufl. 2007; krit. *Klement*, JZ 2008, 756; *Poscher*, RW 2010, 349 ff).

7   **4. Naturrecht und allgemeine Rechtsprinzipien: Rechtsquellen „über", „neben" oder „hinter" den Grundrechten?** Aufgrund der Erfahrungen mit dem zur Weimarer Zeit vorherrschenden Positivismus (ausschließliche Anerkennung des geschriebenen Rechts) und der Perversion des Rechts durch formal verfassungsmäßige Änderungen der WRV beschwor man nach dem 2. Weltkrieg selbst über dem ranghöchsten positiven Recht das **überpositive Recht,** also das schon von der Natur des Menschen und der ihm vorgegebenen ethischen Ordnung geltende **Naturrecht.** Auch dem Verfassungsgeber von

1949 schien – wie Art. 20 III GG (Bindung an Gesetz **und Recht**) und in Art. 6 II GG dokumentiert – die Bindung jeder staatlichen Gewalt an vorstaatliche und „natürliche" Grundrechte besonders wichtig zu sein.

Bei der konkreten Falllösung ist dieser Rückgriff auf das Naturrecht aber nicht unproblematisch. Zum einen sind die wesentlichen Grundlagen des Naturrechts heute in den Grundrechten positiviert, und auch bei schwierigen ethischen Fragen wie Stammzellforschung, Abtreibung, Forschung am Patienten, Sterbehilfe usw. kommt es darauf an, die Probleme unter Einsatz der konkreten Grundrechtsmethodik zu lösen, statt sie unter Berufung auf naturrechtliche Vorgaben zu überspielen. Zum anderen kann man „Naturrecht" sehr unterschiedlich interpretieren. Selbst die nationalsozialistische Ideologie berief sich auf das Naturrecht im Sinne des biologisch bestimmten Rechts des Stärkeren. In die europäische Menschenrechtstradition sind Vorstellungen des christlichen Naturrechts und des rationalen Naturrechts der Aufklärung eingeflossen. Diese unterschiedlichen Konzeptionen kommen in den genannten Beispielen keineswegs immer zu denselben Ergebnissen. Deshalb ist es verständlich, dass das BVerfG eher Zurückhaltung hat walten lassen, wenn es um die naturrechtliche Begründung konkreter Entscheidungen ging. Nur bei der Kennzeichnung nationalsozialistischen Unrechts und bei der Verurteilung von „Mauerschützen" und DDR-Funktionären, die sich auf das positive DDR-Recht und den Grundsatz „nulla poena sine lege" beriefen, spielte die so genannte **„Radbruch'sche Formel"** eine Rolle, die bei eklatantem Verstoß gegen in der Völkergemeinschaft anerkannte Grundregeln (Völkermord, Folter, Ermordung wehrloser Flüchtlinge) einen unmittelbaren Durchgriff auf das Naturrecht erlaubt (BGH, NJW 1994, 2708; NJW 1999, 589; BVerfGE 95, 96, 134 f.; BVerfG NJW 2000, 1480 – Fall Krenz; zur europäischen Menschenrechtssituation insoweit EMGR, NJW 2001, 3035).

Literatur: *Alexy,* Mauerschützen. Zum Verhältnis von Recht, Moral und Strafbarkeit (1993); *Dreier,* Gustav Radbruch und die Mauerschützen, JZ 1997, 421; *Faller,* Ist ein Rückgriff auf das Naturrecht heute noch notwendig?, FS Schiedermair (2001), 3; *Seidel,* Rechtsphilosophische Aspekte der „Mauerschützen"-Prozesse (1999).

5. Grundrechte des GG und der Landesverfassungen. Landesverfassungen enthalten in unterschiedlichem Umfang Grundrechte. Die meisten Bundesländer haben heute eigene Grundrechtskataloge,

die teilweise erheblich über das GG hinausgehen. Andere Länder beziehen sich auf die Grundrechte des GG, die nur landesspezifisch ergänzt werden. Teilweise enthalten die Landesverfassungen nur wenige Hinweise. Für das Verhältnis von Landes- und Bundesgrundrechten gelten zwei einfache Grundsätze:
– Soweit sie im Gegensatz zum Bundesrecht stehen, geht das Bundesrecht nach Art. 31 GG vor.

Beispiel: Das Verbot der Aussperrung in Art. 29 V HessVerf. verstößt gegen Art. 9 III GG und ist deshalb unwirksam (BVerfGE 84, 212, 225; BAG, NJW 1989, 186).

– Soweit sie in Übereinstimmung mit dem GG bleiben oder über dieses hinausgehen, sind sie nach Art. 142 GG gültig und binden die Organe, Gerichte und Behörden des jeweiligen Landes. Landesverfassungsgerichte können die Durchführung eines bundesrechtlich geregelten Verfahrens anhand der zu den Bundesgrundrechten **inhaltsgleichen Landesgrundrechte** überprüfen, dürfen diese aber nicht enger interpretieren als das BVerfG (BVerfGE 96, 345, 368 – Sachsen). Nach dem Grundgedanken von Art. 142 GG dürfen sie aber sehr wohl die jeweiligen Schutzbereiche zugunsten des Grundrechtsträgers weiter ziehen als das BVerfG (*Hufen*, NdsVBl. 2010, 122). Soweit die Grundrechte der Landesverfassungen mit dem Grundgesetz deckungsgleich sind, sind sie in diesem Buch gleichsam miterfasst.
– Die große Vielzahl der Landesgrundrechte und die Phantasie der Landesverfassungsgeber, z. B. bei der Formulierung sozialer Grundrechte bis hin zum Recht auf Freizeit zur Ausübung von Ehrenämtern in Art. 59 LVerf RP oder dem Recht auf Naturgenuss einschließlich Aneignung wild wachsender Waldfrüchte in Art. 141 III 1 BayV, steht bisher freilich im umgekehrt proportionalen Verhältnis zur praktischen Bedeutung solcher Rechte. Eine ausführliche Behandlung der vielfältigen über das GG hinausgehenden Grundrechte der Landesverfassungen ist hier nicht möglich. Insofern sei auf die Lehrbücher und Kommentare zum jeweiligen Landesverfassungsrecht verwiesen.

Literatur: *Brenne*, Soziale Grundrechte der Landesverfassungen (2003); *Dreier*, Grundrechtsschutz durch Landesverfassungsgerichte (2000); *Grawert*, Wechselwirkungen zwischen Bundes- und Landesgrundrechten, HdbGr III, § 81; *Hufen*, Bundesverfassungsgericht und Landesverfassungsgerichte nach der Föderalismusreform, NdsVBl. 2010, 122 ff; *Maurer*, Grundrechte in

Deutschland, Landesrechte im Bundesstaat, HdbGr III, § 82; *Tjarks*, Zur Bedeutung der Landesgrundrechte (1999); *Wermeckes*, Landesgrundrechte – Bestandssicherung durch Kollisionsvermeidung, DÖV 2002, 110.

6. Grundrechte, internationales und supranationales Recht. Die 9 zunehmende internationale Verflechtung und die Überlagerung des Rechts durch das Europarecht stellen in vielen Fällen die Frage der Rangordnung von nationalem, supranationalem und internationalem Recht. Insbesondere das Europäische Gemeinschaftsrecht wirkt unmittelbar und mittelbar auf die Grundrechte ein.

Beispiel: Eine EU-Verordnung regelte zum Schutz von in der EU gewachsenen Bananen eine strikte Importbeschränkung für alle sonstigen Bananen. Deutsche Fruchtimporteure fühlten sich in ihrer Berufsfreiheit tangiert und klagten vor dem BVerfG (BVerfGE 102, 147, 160) und dem EuGH (NJW 1997, 1225). Auch machten sie geltend, die Beschränkungen verstießen gegen die Regeln der WTO (World-Trade Organisation).

Strikt zu unterscheiden sind zunächst **Internationales Recht** und **Supranationales Recht.**

Internationales Recht (Völkerrecht) bindet primär Staaten und 10 andere Völkerrechtssubjekte, schafft aber in der Regel keine subjektiven Rechte für deren Bürger. So konnten sich die Importeure nicht auf die Regeln der WTO als subjektive Rechte berufen (EuGH, EuZW 1996, 118). Auch schafft das internationale Recht keine Klage- bzw. Beschwerdebefugnis vor deutschen Gerichten. Sind die Verträge aber ratifiziert und in deutsches Recht umgesetzt, so ist ihre Bedeutung nicht zu unterschätzen. Ein gutes Beispiel dafür ist die UN-Behindertenkonvention und deren Auswirkung auf die Inklusion (gemeinsame Erziehung behinderter und nichtbehinderter Kinder – dazu unten § 32, Rn. 39). Werden völkerrechtliche Verträge und Konventionen in nationales Recht umgesetzt, gelten sie im Range von (Bundes-)Gesetzen, stehen im Rang also unter den Grundrechten des GG. Eine **Sonderstellung** nimmt hier aber die **EMRK** ein. Formal ist sie gleichfalls „nur" einfachgesetzlich umgesetztes Völkerrecht, muss aber schon wegen der Grundsätze der Bindung an Gesetz und Recht sowie der Völkerrechtsfreundlichkeit der Gesetzesauslegung durch die nationalen Gerichte beachtet werden. Das führt nicht zu schematischem Vollzug von Entscheidungen des EGMR, aber zu einer neuen Ebene der Kooperation der unterschiedlichen Gerichtsbarkeiten (BVerfGE 111, 315 – Görgülü; BVerfGE, 128, 326, 365 – Sicherungsverwahrung). Auch wirkt die EMRK über die Ebene der allgemeinen Grundsätze des Gemeinschaftsrechts und hat insofern an deren Vorrang teil (EuGH, NVwZ 2006, 1033; *Szeczkalla,* NVwZ 2006, 1019).

11   Ganz anderes gilt für das **Europäische Gemeinschaftsrecht** als **supranationales Recht** *(supra = lat. oberhalb).* Es geht grundsätzlich im Rang allem nationalen Recht, also auch den Grundrechten des GG, vor. Grundlage ist Art. 23 GG.

Hinsichtlich des EU-Rechts nimmt der EuGH die alleinige Grundrechtskontrolle in Anspruch und hat die „Bananenklage" abgewiesen (EuGH, NJW 1997, 1225). Nationale Gerichte dürfen also keine europäische Entscheidung verwerfen, wenn sie diese für nicht mit den nationalen Grundrechten übereinstimmend halten. Stellen sie einen Verstoß gegen europäische Grundrechte fest, dann müssen sie nach Art. 267 AEUV den Fall dem EuGH vorlegen. Dieser ist dann gesetzlicher Richter i. S. von Art. 101 I GG. Das BVerfG hatte in der Entscheidung BVerfGE 37, 271, 279 – Solange I – zunächst grundsätzlich seine Kompetenz zur Überprüfung von Gemeinschaftsakten anhand der nationalen Grundrechte betont, dann aber den Vorrang des EuGH anerkannt (BVerfGE 73, 339, 375 – Solange II). In der Entscheidung BVerfGE 89, 155, 174 – Maastricht hat es aber klargestellt, dass EuGH, EGMR und BVerfG auf europäischer Ebene beim Schutz der Grundrechte **kooperieren** und sich selbst die **Kontrolle eines unabdingbaren grundrechtlichen Mindeststandards** vorbehalten. Insbesondere darf der Standard des Art. 79 III GG niemals unterschritten werden. Das hat das Gericht im „Bananenfall" verneint (BVerfGE 102, 147, 160). Im „Lissabon-Urteil" (BVerfGE 123, 267 ff.) hat das Gericht dann zwar formal den verbleibenden Kontrollspielraum des BVerfG und die Schranken der europäischen Integration auch im Verhältnis zu den nationalen Grundrechten und damit die „ultra vires" – Kontrolle durch das BVerfG betont, dann aber die strengeren Maßstäbe im ersten Konfliktfall nicht angewandt (BVerfGE 126, 286, 300– Honeywell [Altersgrenze]). Eine neue „Runde" hat der EuGH Anfang 2013 eröffnet, indem er grundsätzlich den Primat bei der Interpretation aller auch im Unionsrecht verankerten Grundrechte beanspruchte (EuGH, NJW 2013, 1415 – Akerberg Fransson). Das BVerfG hat umgehend „geantwortet" und im Fall der „Antiterrordatei" den Vorrang des europäischen Rechts strikt auf die unmittelbare Interpretation europäischer Grundrechte begrenzt (BVerfG, NJW 2013, 1499 – Antiterrordatei).

§ 4 Die Grundrechte im System der Rechtsgebiete und Rechtsquellen   49

Unabhängig von dieser Auseinandersetzung können sich im Ergebnis Grundrechtsträger vor dem BVerfG zwar praktisch nicht mehr gegen Verstöße der EU und auf EU-Recht beruhende Entscheidungen deutscher Hoheitsträger gegen nationale Grundrechte wehren. Das schafft einen erheblichen Druck auf eine Verbesserung des Rechtsschutzes durch den EuGH und eine inhaltliche Angleichung der „Grundrechtsstandards" auf nationaler und supranationaler Ebene. Außerdem müssen die Fachgerichte Entscheidungen, die auf EU-Recht beruhen, an den Gemeinschaftsgrundrechten messen und ggf. ein Vorabentscheidungsverfahren nach Art. 267 AEUV herbeiführen (BVerfGE 118, 79, 94 – Emissionshandel). Im Hinblick auf Verstöße deutscher Gesetzgeber, Behörden und Gerichte gegen deutsches Verfassungsrecht bleibt aber vorläufig alles beim Alten – auch wenn es sich um Grundrechte handelt, die deckungsgleich mit europäischen Grundrechten sind.

Literatur: *v. Danwitz*, Kooperation der Gerichtsbarkeiten in Europa, ZRP 2010, 143; *Haratsch*, Die kooperative Sicherung der Rechtsstaatlichkeit durch die mitgliedstaatlichen Gerichte und die Gemeinschaftsgerichte aus mitgliedsstaatlicher Sicht, EuR 2008, Beiheft 3, 381 ff; *Kingreen,* Die Grundrechte des Grundgesetzes im Europäischen Grundrechtsföderalismus, JZ 2013, 801; *Kühling,* Grundrechte, in: *v.* Bogdandy (Hg.), Europäisches Verfassungsrecht, 2. Aufl. (2009), 657 ff; *Landau/Trésoret*, Menschenrechtsschutz im europäischen Mehrebenensystem, DVBl. 2012, 1329; *Ohler,* Grundrechtliche Bindungen der Mitgliedstaaten nach Art. 51 GRCh, NVwZ 2013, 1433; *Polzin,* Das Rangverhältnis von Verfassungs- und Unionsrecht nach der neuesten Rechtsprechung des BVerfG, JuS 2012, 1; *Thym,* Die Reichtweite der EU Grundrechte-Charta – zu viel Grundrechtsschutz?, NVwZ 2013, 889; *Voßkuhle,* Der europäische Verfassungsgerichtsverbund, NVwZ 2010, 1.

7. Ungeschriebene Grundrechte? In jüngerer Zeit ist erneut die Frage aufgeworfen worden, ob es **„ungeschriebene Grundrechte"** gibt (*Rupp*, JZ 2005, 157). Genannt wurden das demokratische Mitbestimmungsrecht, die Kompensation für individuelles Staatsunrecht und der Aufopferungsanspruch. 12

Bei näherem Hinsehen sind die genannten Rechte aber nicht etwa ungeschrieben. Sie sind vielmehr bereits Bestandteil der Grundrechte; so im Hinblick auf das demokratische Mitbestimmungsrecht das Wahlrecht und die verschiedenen anderen Möglichkeiten politischer Mitwirkung (Art. 38, 9, 8 GG usw.). Die Beseitigung des individuellen Staatsunrechts wird erfasst in Art. 34 GG i. V. mit § 839 BGB. Ungeschrieben wäre hier nur die Ausformung als subjektives Recht, die freilich von der Rechtsprechung längst vorgenommen wird. Der „Aufopferungsanspruch" steht für einen Entschädigungsanspruch, für Eingriffe in solche Rechte, die nicht Eigentum sind.

13   Nicht ohne Probleme ist das Postulat eines ungeschriebenen **„Grundrechts auf Sicherheit"**, soweit damit mehr als der Schutz von konkreten Grundrechten wie Leben und körperliche Unversehrtheit, Wohnung usw. gemeint ist. Nimmt man das Grundrecht auf Sicherheit als allgemeine Schutzpflicht, dann besteht die Gefahr, dass es letztlich zu einer alle konkreten Schranken überspielenden „ungeschriebenen Grundrechtsschranke" wird (ähnlich *Gusy*, DÖV 1996, 573).

Literatur: *Gusy*, Rechtsgüterschutz als Staatsaufgabe – Verfassungsfragen der „Staatsaufgabe Sicherheit", DÖV 1996, 573; *Isensee*, Das Grundrecht auf Sicherheit (1983); *Robbers*, Sicherheit als Menschenrecht (1987); *Rupp*, Ungeschriebene Grundrechte unter dem Grundgesetz, JZ 2005, 157; *Thiel*, Die „Entgrenzung" der Gefahrenabwehr. Grundfragen von Freiheit und Sicherheit im Zeitalter der Globalisierung (2011); *Volkmann*, Polizeirecht als Sozialtechnologie, NVwZ 2009, 216.

2. Abschnitt. Funktionen der Grundrechte und Grundrechtsinterpretation

§ 5 Wirkungen und Schutzfunktionen der Grundrechte

I. Allgemeines

1   **1. Traditionelle und moderne Statuslehren.** In den meisten Fallsammlungen und Repetitorien kommen Grundrechte nur als Abwehrrechte gegen bestimmte öffentliche Maßnahmen vor. In der Tat ist diese traditionelle Wirkung (Funktion) der Grundrechte als **Abwehrrechte** des Individuums gegen den Staat auch heute noch alles andere als unwichtig. Gleichwohl schützen die Grundrechte den Bürger auf durchaus unterschiedliche Weise, wobei es auf dessen Status als „abwehrbereites Individuum", als auf staatliche Leistungen angewiesener „Sozialbürger" oder als seine demokratischen Rechte wahrnehmender „Aktivbürger" ankommt.

§ 5 Wirkungen und Schutzfunktionen der Grundrechte

> Diese Unterschiede im jeweiligen Grundrechtstatus erkannte schon im 19. Jahrhundert *Georg Jellinek* (1851–1911) in seiner „**Statuslehre**" (dazu *Jellinek/Dannwerth,* Die prägenden Thesen und Ideen des Georg Jellinek (1851–1911), JuS 2011, 406. Dieser unterschied:
> – den **status negativus** – Grundrechte als Abwehrrechte,
> – den **status positivus** – Grundrechte als Leistungsrechte,
> – den **status activus** – Grundrechte als Rechte zur aktiven Teilnahme.

Diese Unterscheidung hat die moderne Grundrechtstheorie aufgenommen und verfeinert.
Angesichts der heutigen Abhängigkeit der Grundrechtsträger von der Erfüllung staatlicher Schutzpflichten, grundrechtssichernder Verfahren und Organisationen werden aber auch erkannt:

– Allgemeine staatliche **Schutzpflichten** gegen die Gefährdung von Grundrechten,
– die Bedeutung der Grundrechte in **Verfahren** und **Organisation**,
– der Schutz besonders wichtiger **Institutionen**.

Literatur: *Alexy,* Theorie der Grundrechte 3. Aufl. (1996); *Böckenförde,* Grundrechtstheorie und Grundrechtsinterpretation, NJW 1974, 1529; *Jarass,* Funktionen und Dimensionen der Grundrechte, HdBGR II, § 38; *G. Jellinek,* System der subjektiven öffentlichen Rechte 2. Aufl. (1905); *Hesse,* Bedeutung der Grundrechte, HdbVerfR, 2. Aufl. (1994), § 5; *Jellinek/Dannwerth,* Die prägenden Thesen und Ideen des Georg Jellinek (1851–1911), JuS 2011, 406; *Kielmansegg,* Grundfälle zu den allgemeinen Grundrechtslehren, JuS 2009, 19; *H.-P. Schneider,* Grundrechte als Verfassungsdirektiven, HdbGR I § 18; *Scheuner,* Die Funktion der Grundrechte im Sozialstaat. Die Grundrechte als Richtlinie und Rahmen der Staatstätigkeit, DÖV 1971, 505 ff.

2. Grundrechte – subjektive Rechte und objektive Gewährleistungen. Gleichfalls schon im 19. Jahrhundert bekannt war die unterschiedliche Funktion der Grundrechte als **subjektive Rechte** und als **objektive Gewährleistungen**.

a) Der traditionsreiche Begriff des „**subjektiven Rechts**" bezeichnet (subiectus = unterworfen) die Zuordnung eines Rechts zu einer bestimmten Person. Im konkreten Gesetzestext wird dieser Zusammenhang meist einfach mit einem Possessivpronomen „sein" (Recht) bezeichnet. Die Zuordnung eines Rechts zu einer bestimmten Person (Rechtssubjekt) ist bis heute wichtig für die **Befugnis**, Rechte vor Gericht geltend zu machen (vgl. Art. 19 IV, Art. 93 I Nr. 4a GG, § 42 II VwGO). Dafür ist generell Voraussetzung, dass die Norm zumindest **auch** den Schutz des jeweiligen Klägers bezweckt (Schutznorm).

Die Funktion der Grundrechte als subjektive Rechte wird durch Art. 1 III GG und Art. 19 IV GG ausdrücklich bestätigt. Unabhängig von der gesetzlichen Konkretisierung kann der Einzelne sich auf seine Grundrechte berufen. Seine Subjektstellung ist nicht abhängig davon, ob und inwieweit der Gesetzgeber seine Rechte konkretisiert (BVerfGE 6, 386, 387 – Haushaltsbesteuerung; *Dreier*, GG, Art. 1 III, Rn. 35).

3   **b)** Auch im 19. Jahrhundert war durchaus anerkannt, dass der Staat an das positive Recht gebunden ist. Die Gesamtheit aller in diesem Sinne bindenden Normen nannte man das **„objektive Recht".** Umstritten war aber, ob sich der Einzelne schon auf die Verletzung dieses objektiven, ihm „gegenüber liegende" (obicere = entgegenwerfen) Recht berufen können sollte, oder dafür ein ihm „unterworfenes" subjektives Recht nötig war. Durchgesetzt hat sich bis in den Wortlaut von Art. 19 IV GG und wichtige prozessuale Normen wie § 90 BVerfGG und § 42 II VwGO hinein die Notwendigkeit der Geltendmachung eines **subjektiven** Rechts.

Heute stehen subjektives und objektives Recht nicht mehr im Verhältnis des „Entweder – Oder", sondern des „Sowohl – als auch". Die meisten Grundrechte haben eine **Doppelfunktion** sowohl als **subjektive,** den Einzelnen konkret begünstigende Rechte, als auch als **objektive** den Staat allgemein bindende und i. d. R. durch den Gesetzgeber zu konkretisierende Gewährleistungen.

Dies ist im Verlauf der Rechtsprechung des BVerfG mit verschiedenen Begriffen gekennzeichnet worden. So hat das Gericht teilweise von einer in den Grundrechten verkörperten **„objektiven Wertordnung"** gesprochen (BVerfGE 7, 198, 205 – Lüth; zuletzt wohl BVerfGE 62, 323, 329 – Eheschließung). Ähnliche Formulierungen sind **„wertentscheidende Grundsatznorm", „Wertentscheidung", „objektivrechtliche Gehalte"** usw. Ihnen ist gemeinsam, dass sie eine unabhängig von individuellen Rechtspositionen bestehende **objektive Bindung des Staates an die Vorgaben der Grundrechte** bezeichnen. Allerdings geben sie kaum die vielfältigen Wirkungen wieder, die die Grundrechte gerade in ihrer objektiven Funktion in den zahllosen Entscheidungen des Staates entfalten. Auch ist die „objektive Schutzfunktion" auf der Ebene einzelner Fälle und Probleme nicht leicht umsetzbar. Gleichwohl besteht wohl Einigkeit, dass die Grundrechte sowohl subjektive Rechte als auch objektiv **„Richtlinie und Rahmen der Staatstätigkeit"** bilden (*Scheuner*, DÖV 1971, 505). So ist der Staat nicht nur gehalten, nicht in die Grundrechte einzugreifen; er hat auch durch eine Vielzahl von Maßnahmen möglichst dafür zu sorgen, dass sich Grundrechte real entfalten und verwirklichen können.

Beispiele: Schutzpflicht für Leben und Gesundheit aus Art. 2 II 1 GG; Einstandspflicht für Ehe und Familie aus Art. 6 GG; Schutz des geistigen Eigentums aus Art. 14 GG.

§ 5 Wirkungen und Schutzfunktionen der Grundrechte 53

Literatur zu § 5 I 2: *Alexy*, Grundrechte als subjektive Rechte und als objektive Normen, DS 29 (1990), 49; *Bartlsperger*, Das subjektive öffentliche Recht als Apriori des Verfassungsstaates, FS Schenke (2011), 17; *Dreier*, Subjektiv-rechtliche und objektiv-rechtliche Grundrechtsgehalte, Jura 1994, 505 ff.; *Gostomzyk*, Grundrechte als objektiv-rechtliche Ordnungsidee, JuS 2004, 949; *Hesse*, Grundzüge, Rn. 279 ff.; *Jarass*, Die Grundrechte: Abwehrrechte und objektive Schutznormen, FS 50 J BVerfG II, 35 ff.; *ders.*, HdbGrR II, § 38; *Voßkuhle/Kaiser*, Das subjektiv-öffentliche Recht, JuS 2009, 16; *dies.*, Funktionen der Grundrechte. JuS 2011, 411.

II. Einzelne Schutzfunktionen der Grundrechte

1. Grundrechte als Abwehrrechte – status negativus. Im neuzeitlichen Rechtsstaat wird die bürgerliche Freiheit vorausgesetzt, nicht vom Staat geschaffen. Grundrechte schützen in diesem Sinne **vor** staatlichen Eingriffen. Der Einzelne hat einen Anspruch darauf, vom Staat in Ruhe gelassen zu werden (BVerfGE 27, 1, 6 – Mikrozensus). Der US-Supreme Court spricht insofern treffend vom „**right to be left alone**". Will der Staat gleichwohl in Freiheit und Eigentum des Bürgers eingreifen, so bedarf er hierfür einer Eingriffsgrundlage in Form eines Parlamentsgesetzes. Daraus folgen unmittelbar das Recht auf **Unterlassung rechtswidriger Eingriffe** und auf **Beseitigung von deren Folgen** oder auch die **Freiheit vor ungesetzlichem Zwang**. 4

Zur Abwehrdimension der Grundrechte gehört auch die „negative Freiheit", also das Recht, ein Grundrecht **nicht** wahrnehmen zu müssen, nicht mit einem religiösen Bekenntnis identifiziert zu werden (Art. 4 I GG), das Recht auf Ehelosigkeit (Art. 6 I GG), das Recht, keinem Verein anzugehören (Art. 9 I GG) und sogar das Recht auf Selbstgefährdung (Art. 2 II 1 GG) oder auf Verschleudern des Eigentums (Art. 14 GG). Diese negative Freiheit wird durch aufgedrängten Grundrechtsschutz gefährdet (*Hellermann*, Die sogenannte negative Seite der Freiheitsrechte [1993]; *Merten*, Negative Grundrechte, HdbGrR II, § 42).

Es ist zuzugeben, dass diese abwehrrechtliche Funktion der Grundrechte auf ökonomischen, sozialen und anthropologischen Grundannahmen beruht: Zwischen den Bürgern herrscht formale Gleichheit der Ausgangssituation, tatsächliche, gesellschaftliche und wirtschaftliche Ungleichheit im Ergebnis aber wird hingenommen, ja vorausgesetzt. Der Einzelne ist für die Resultate seiner Freiheit selbst verantwortlich. Der Staat tritt allenfalls in Notsituationen ein. Gleichwohl wäre es ein Missverständnis, die Abwehrfunktion der Grundrechte als Garantie der „Ellbogengesellschaft" zu verstehen.

Das BVerfG hat vielmehr stets betont (prägend BVerfGE 4, 1, 7 – Investitionshilfe), dass **Freiheit und soziale Verantwortung untrennbar zusammengehören,** dass also der egoistische und isolierte „Robinson" ebenso wenig dem Menschenbild des Grundgesetzes entspricht wie der nur im „Kollektiv" existierende Mensch.

Ebenso verfehlt ist es aber, die Grundrechte **nur** als Abwehrrechte zu verstehen, bzw. sie auf ihre reine Abwehrfunktion zurückzuführen und dies auch noch als „Rekonstruktion" zu bezeichnen (*Schlink*, Freiheit durch Eingriffsabwehr, EuGRZ 1984, 457; *Poscher*, Grundrechte als Abwehrrechte [2003]; *Krings*, Grund und Grenzen grundrechtlicher Schutzansprüche [2003]). Die Realisierung zahlreicher Grundrechte hängt eben unter heutigen Bedingungen nicht mehr nur davon ab, ob der Staat den Einzelnen „in Ruhe lässt", sondern auch davon, dass er Gemeinschaftsgüter wie Bildung, Gesundheitsvorsorge, Infrastruktur, Kultur usw. zur Verfügung stellt. Grundrechte schützen zwar den unpolitischen „bourgeois", mindestens ebenso aber den an einer politischen Teilnahme interessierten „citoyen". Schon die frühen amerikanischen und französischen Verfassungen sind nicht allein von der Abwehrfunktion der Grundrechte ausgegangen. Es kam den Bürgern von Virginia 1776 wie von Paris 1789 vielmehr auf die Verwirklichung von Freiheit als Basis einer demokratischen Verfassung an. Die Trennung beider Funktionen während der konstitutionellen Monarchie des 19. Jahrhunderts (Freiheit ja, Demokratie nein) ist keine rekonstruktionswürdige Tradition, sondern eine deutsche Fehlentwicklung. Auch im Übrigen ist der Staat unter heutigen Bedingungen längst nicht mehr nur „Eingreifer", dem gegenüber eine freie gesellschaftliche Sphäre zu verteidigen wäre.

Literatur zu § 5 II 1: *Cremer*, Freiheitsgrundrechte (2004); *Krings*, Grund und Grenzen grundrechtlicher Schutzansprüche (2003); *Lübbe-Wolff*, Die Grundrechte als Eingriffsabwehrrechte (1999); *Poscher*, Grundrechte als Abwehrrechte (2003); *Sachs*, Abwehrrechte, HdBGr II, § 39; *Schlink*, Freiheit durch Eingriffsabwehr – Rekonstruktion der klassischen Grundrechtsfunktion, EuGRZ 1984, 457.

5   **2. Grundrechte als objektive Schutzpflichten.** Leben und Gesundheit, Familie, aber auch Eigentum und Beruf sind Schutzgüter, bei denen es heute nicht mehr nur um die Abwehr staatlicher Eingriffe geht, sondern die staatlichen Schutzes und staatlicher Förderung bedürfen, um real Geltung für den Einzelnen zu erlangen. Durch Gesetzgebung, Rechtsprechung und Verwaltung trägt der Staat zu diesem Schutz der Grundrechte bei. Er stellt sich „schützend und fördernd vor die Grundrechte". Solche objektiven Schutzaufträge enthält auch das Grundgesetz selbst: So in Art. 1 II GG zugunsten der Menschenwürde, in Art. 6 I GG für Ehe und Familie und in

Art. 6 IV und V GG hinsichtlich des Schutzes der Mutter und der Gleichstellung des nichtehelichen Kindes.

Der Klassiker: BVerfGE 39, 1, 41 ff. – Schwangerschaftsabbruch I. Im so genannten ersten Abtreibungsurteil sprach das BVerfG die Verpflichtung des Staates aus, das werdende Leben auch im Mutterleib – ggf. sogar durch den Einsatz des Strafrechts – zu schützen. Dabei bezog es sich auf Art. 2 II GG. Bestätigt wurde diese Rechtsprechung im zweiten Abtreibungsurteil von 1993 (BVerfGE 88, 203, 251). Auch in anderen Fällen betonte das BVerfG die Schutzpflicht des Staates für Leben und Gesundheit seiner Bürger (so etwa BVerfGE 49, 89, 124, 140 – Kalkar; 53, 30, 57 – Mülheim-Kärlich; BVerfGE 77, 381, 402 – Zwischenlager für Kernbrennelemente; ausf. weitere Beispiele unten § 13, Rn. 18 u. 27).

Die Betonung der objektiven Verpflichtung des Gesetzgebers zum 6 Schutz der Grundrechte ist nicht unproblematisch. Eine zu starke Bindung schränkt nicht nur demokratisch legitimierte Entscheidungsspielräume, sondern auch Freiheitsspielräume des Bürgers ein (*Rupp*, FS Bethge [2009], 51). Aus Schutzpflichten des Staates werden dann Grundrechtsschranken für die Bürger. Das ist besonders bedenklich, wenn sich die Schutzpflicht gegen die Bürger selbst wendet und in einen dem Grundgedanken der Eigenverantwortung und des Vorrangs der Freiheit gefährdenden **Paternalismus** mündet. Deshalb kann nicht genug betont werden, dass es nicht Sache des Staates ist, erwachsene Menschen vor Selbstgefährdungen, Trunksucht, Spielsucht, Adipositas und dgl. mehr zu schützen und dadurch elementare Grundrechte und die freie Entfaltung der Persönlichkeit oder die Berufsfreiheit einzuschränken (differenzierend *Volkmann*, Darf der Staat seine Bürger erziehen? 2012;. zum Problembereich Wetten und Glücksspiel, s. u. § 35, Rn. 55).

Im Übrigen bezieht sich die Schutzpflicht selten auf konkrete Massnahmen. In keiner der recht zahlreichen gerichtlichen Entscheidungen zur objektiven Schutzpflicht fehlt daher der Hinweis auf den weiten **Ermessensspielraum** des Gesetzgebers. Mit anderen Worten: Der Gesetzgeber ist **grundsätzlich** zum Schutz der Grundrechte verpflichtet, die **Art und Weise** des Schutzes obliegt aber seiner demokratischen Verantwortung und damit dem gesetzgeberischen Ermessen (exemplarisch BVerfGE 66, 39, 59 – Nachrüstung; BVerfGE 77, 170, 219 – Giftgas-Prävention). Dagegen sind bis jetzt die meisten Versuche gescheitert, unter Berufung auf die objektive Schutzpflicht staatliche Organe zu konkreten Maßnahmen zu zwingen (Beispiele unten § 13, Rn. 27).

7 Die Diskussion um die objektive Schutzpflicht setzt sich auch auf **europäischer Ebene** fort (*Suerbaum*, EuR 2003, 390 ff.). So hat der EuGH betont, ein Mitgliedstaat müsse schützend tätig werden, wenn die Warenverkehrsfreiheit durch Blockadeaktionen beeinträchtigt wird (EuGH, EuR 1998, 47). Auch der EGMR hat die Schutzpflichtdimension der EMRK entdeckt – so im Urteil zum Schutz vor Fluglärm, EGMR, NVwZ 2004, 1465 – Flughafen Heathrow.

Literatur zu § 5 II 2: *Calliess*, Schutzpflichten, HdbGrR II, § 44; *Cremer*, Die Verhältnismäßigkeitsprüfung bei der grundrechtlichen Schutzpflicht, DÖV 2008, 102; *Dietlein*, Die Lehre von den grundrechtlichen Schutzpflichten, 2. Aufl. (2005); *Hermes*, Das Grundrecht auf Schutz von Leben und Gesundheit. Schutzpflicht und Schutzanspruch aus Art. 2 Abs. 2 Satz 1 GG (1987); *Ch. Hoppe*, Staatshaftung und Rechtsschutz bei Verletzung grundfreiheitlicher Schutzpflichten (2006). *O. Klein*, Das Untermaßverbot – über die Justiziabilität grundrechtlicher Schutzpflichterfüllung, JuS 2006, 960; *Isensee*, HdbStR V, § 111, Rn. 3 ff.; *Jarass*, Die Grundrechte: Abwehrrechte und objektive Schutznormen, insbesondere Schutzpflichten und privatrechtsgestaltendes Wirken, FS 50 Jahre BVerfG II, S. 35; *Lorenz*, Grundrechtsschutz gegen Gefahren und Risiken, FS Scholz (2007), 325 ff.; *Rupp*, Bürgerrechte als staatlicher Kompetenztitel?, FS Bethge (2009), 51; *Suerbaum*, Die Schutzpflichtdimension der Gemeinschaftsgrundrechte, EuR 2003, 390 ff.; *Szczekalla*, Die sogenannten grundrechtlichen Schutzpflichten im deutschen und europäischen Recht (2002); *Volkmann*, Darf der Staat seine Bürger erziehen? (2012).

8 **3. Grundrechte als Leistungsrechte – status positivus.** Unter den Bedingungen des modernen Sozialstaats hängen Grundrechte vielfach von staatlichen Leistungen ab. So nützt die freie Wahl der Ausbildungsstätte (Art. 12 GG) dem Einzelnen nichts, wenn er keinen Studienplatz erhält; die Freiheit zur Gründung von Privatschulen läuft leer, wenn ihnen der Staat durch finanzielle Unterstützung nicht hilft, die strengen Genehmigungsvoraussetzungen des Art. 7 Abs. 4 S. 3 GG zu erfüllen; Wissenschaftler können in Deutschland in der Regel nur forschen, wenn ihnen die dafür notwendigen Einrichtungen im Rahmen staatlicher Hochschulen und Forschungsinstitute zur Verfügung gestellt werden.

In diesen Fällen treten der Staat und andere Hoheitsträger nicht mehr als potentielle „Gefährder" individueller Freiheit auf. Diese Freiheit wird vielmehr gefährdet, wenn der Staat sich im Zuge von Sparmaßnahmen aus der Förderung zurückzieht, sodass sich die Frage stellt, ob und unter welchen Voraussetzungen aus den Grundrechten statt eines Abwehr- ein Leistungsanspruch folgt.

9 Diese Frage hat in den 1970er Jahren in der Bundesrepublik zu einer umfassenden grundrechtstheoretischen Diskussion geführt. Höhe- und zugleich Scheitelpunkt war die Diskussion auf der Staatsrechtslehrertagung 1971 in Re-

gensburg mit Referaten von *Häberle* und *Martens* (VVDStRL 30 [1972] 7, 43), in der aber letztlich die skeptischen Argumente die Oberhand behielten. Diese lauteten ähnlich wie bei den „sozialen Grundrechten": Bei den grundrechtsrelevanten Leistungen handelt es sich im wesentlichen um „knappe Güter", über die der Staat nur teilweise verfügen kann. Hätte der Einzelne einen klagbaren Anspruch auf Schaffung von Studienplätzen, auf Theatersubvention oder auf Forschungsmittel, so würde das Budgetrecht der Parlamente unterlaufen und der sozialstaatliche Verteilungskampf letztlich auf die Gerichte verlagert. Das gilt erst Recht in Zeiten immer knapper werdender Haushaltsmittel und verfassungsrechtlich verankerter „Schuldenbremsen".

Aus den Grundrechten folgen also **keine originären,** unmittelbar 10
den Haushaltsgesetzgeber bindenden Ansprüche auf Schaffung von Grundrechtsvoraussetzungen. Aus dem jeweiligen Freiheitsrecht in Verbindung mit dem Gleichheitssatz können aber Ansprüche auf **gleiche Teilhabe** an staatlichen Leistungen **(derivative Teilhabeansprüche),** auf Nutzung der vorhandenen Kapazitäten und auf ein faires Zuteilungsverfahren folgen.

Der Klassiker: BVerfGE 33, 303, 338ff. – numerus clausus. In diesem Urteil hat das BVerfG zum einen das Gebot umfassender Ausnutzung der vorhandenen Studienplätze und deren gerechte, an Art. 3 GG orientierte Verteilung gefordert. Es hat also originäre Teilhabeansprüche verneint, derivative Teilhabeansprüche aber durchaus bejaht. Daraus folgt aber kein Anspruch auf kostenlose Bereitstellung von Lernmitteln und Instrumenten (BVerwG, NJW 1997, 2465 – Zahnmedizin). Auch hat das BVerfG immer wieder das Budgetrecht des Parlaments und den „Vorbehalt des Möglichen" als Schranken von Teilhabeansprüchen aus Grundrechten betont.

In ähnlicher Weise hat das BVerfG aus Art. 5 III GG die (derivative) **Teilhabe von Hochschullehrern an der Ausstattung der Hochschule** zumindest angedeutet (BVerfGE 43, 242, 285). Einen Sonderfall betrifft die Finanzierung von Privatschulen (BVerfGE 75, 40, 62; 90, 107, 114; 90, 128, 141 – Näheres dazu unten § 32, Rn. 33 ff.).

Zu beachten ist auch: Je mehr ein Grundrechtsträger von staatlichen Leistungen abhängig ist, desto schwieriger ist es, die Grenze von Eingriff und Leistungsentzug zu ziehen. Muss eine Stadt Theatersubventionen kürzen, so dürfen hierbei das Programm oder kritische Aussagen keine Rolle spielen. Umgekehrt kann es der Stadt nicht verwehrt sein, für eine Qualitätssicherung im subventionierten Bereich zu sorgen. Hier kommt wie in anderen Fragen der Grundrechtsschutz durch Verfahren ins Spiel: Die Verwaltung sollte ein offenes und transparentes Vergabe- wie auch Kürzungsverfahren organisieren und dabei den Sachverstand unabhängiger Experten mobilisieren (zum Problem insgesamt *Wild*, DÖV 2004, 366).

Literatur zu § 5 II 3: *Dreier*, GG, Vorb. Rn. 89 ff.; *Häberle/Martens*, Grundrechte im Leistungsstaat, VVDStRL 30 (1972), 7 ff. u. 43 ff.; *Rüfner*,

Leistungsrechte, HdbGr II, § 40; *Wild*, Grundrechtseingriff durch Unterlassen staatlicher Leistungen?, DÖV 2004, 366; *Gaier*, Der Vorbehalt des Möglichen als Gebot richterlicher Selbstbeschränkung, FS: Bryde 2013, 367.

11   **4. Grundrechte als Mitwirkungs- und Verfahrensrechte – status activus processualis.** Im Gedanken der Grundrechte als Mitwirkungs- und Verfahrensrechte kommt zum einen der Zusammenhang von Grundrechtsschutz und Demokratie zum Ausdruck: Grundrechte garantieren die Mitwirkung des Bürgers an der politischen Willensbildung. Einige Grundrechte sind schon als solches **Mitwirkungsrechte** – so das Wahlrecht in Art. 38 GG, wohl auch das Petitionsrecht in Art. 17 GG. Andere Grundrechte schützen die Mitwirkung an der politischen Willensbildung, so etwa Meinungsfreiheit, Versammlungsfreiheit, Vereinigungsfreiheit usw. Die Meinungsfreiheit ist nach der berühmten Formulierung des BVerfG (BVerfGE 7, 198, 208 – Lüth) für die Demokratie schlechthin konstituierend.

Über diese traditionellen Mitwirkungsrechte hinaus kommt es aber auch für den Schutz anderer Grundrechte darauf an, dass sie bereits im Entscheidungsprozess, also im **Verfahren**, zur Wirksamkeit gelangen. Der Gedanke des gerechten Verfahrens „*due process*" spielt auch im Gerichtsverfahren eine Rolle, wo er im Grundsatz des rechtlichen Gehörs (Art. 103 I GG) besondere Ausprägung erfahren hat. Im Verhältnis von Staat und Bürger kann man Art. 19 IV GG als das „prozessuale Hauptgrundrecht" bezeichnen.

Auch außerhalb des Gerichtsverfahrens bedürfen Grundrechte vielfach verfahrensrechtlicher Vorkehrungen, insbesondere der rechtzeitigen Anhörung (§ 28 VwVfG), der Information und Beratung (§ 22 VwVfG), einer angemessenen Sachaufklärung (§ 24 bis 26 VwVfG), der Vermeidung der Mitwirkung befangener Amtsträger (§ 21 VwVfG) und der angemessenen Begründung (§ 39 VwVfG). Immer wenn vom Verfahrensausgang ein Grundrecht abhängt, ist die Beteiligung des Grundrechtsträgers an diesem Verfahren besonders wichtig (dazu *Hufen/Siegel*, Fehler im VwVf, 5. Aufl. [2013], Rn. 50 ff.). Vielfach reicht es nämlich nicht, z. B. bei einem komplizierten Planfeststellungsverfahren für einen Flughafen, erst im Nachhinein gegen das Ergebnis zu klagen, sondern es kommt darauf an, dass die Bürger schon im Entscheidungsprozess zu Wort kommen.

Diesen „Grundrechtsschutz durch Verfahren" hat *P. Häberle* in Anknüpfung an die traditionelle Statuslehre **„status activus processualis"** genannt (VVDStRL 30 (1972), S. 82 ff.; *ders.*, HdbStR, 3. Aufl. 2004, § 22, Rn. 317 ff.).

§ 5 Wirkungen und Schutzfunktionen der Grundrechte

Wichtig ist auch der Aspekt der **„praktischen Konkordanz durch Verfahren".** So scheint es besser, Grundrechtskonflikte im Vorhinein durch Beratung und Mediation zu lösen, als nachträglich durch gerichtliche Entscheidungen (dazu *Britz*, DS 42 [2003], 35 ff.).

Der Klassiker: BVerfGE 53, 30, 55 – Mülheim-Kärlich. In dieser Entscheidung hat das BVerfG festgestellt, dass das Grundrecht auf Leben und Gesundheit (Art. 2 II 1 GG) im atomrechtlichen Genehmigungsverfahren eine besondere Verfahrensgestaltung erfordert. Der Staat erfülle seine Schutzpflicht aus Art. 2 II GG auch durch Verfahrensvorschriften. In der Außerachtlassung lebensschützender Verfahrensvorschriften könne eine Grundrechtsverletzung liegen. 12

Das BVerfG bezog sich dabei auf einige frühere Urteile, so insbesondere zum Eigentumsschutz im **Versteigerungsverfahren** (BVerfGE 49, 220 – Zwangsversteigerung) und zum **Prüfungsverfahren** (BVerfGE 52, 380, 389 – Schweigender Prüfling; dazu unten § 35, Rn. 48).

Weitere Beispiele: Pflicht zur Kooperation im Versammlungsrecht vor einem Verbot (BVerfGE 69, 315, 357 – Brokdorf); Anhörung im vormundschaftsgerichtlichen Verfahren (BVerfGE 99, 145, 157); Rückführung von Kindern nach dem Haager Übereinkommen; Sicherung der Rechte aus Art. 33 II GG durch Anhörung der Konkurrenten vor der beamtenrechtlichen Beförderung (BVerfG, NVwZ 2003, 200; BVerfG, NJW 1990, 501); Pflicht zur Anhörung einer Hochschule vor Schließung eines Studiengangs (BerlVerfGH, NVwZ 1997, 790 – Zahnmedizin; BVerfG, Kammer, NVwZ-RR 2005, 442 – Dresdener Juristenfakultät) oder die Information und Anhörung der Betroffenen vor der Indizierung eines jugendgefährdenden Videofilms (BVerwG, NJW 1999, 75).

Ähnlich wie bei der Leistungsdimension der Grundrechte war in der Folge auch der Grundrechtsschutz durch Verfahren nicht unumstritten. Gerade bei Planungs- und anderen komplexen Verwaltungsverfahren war die Anfälligkeit für Verfahrensfehler hoch und die nachträgliche Aufhebung einer Entscheidung „nur" wegen des Verfahrensfehlers wurde als problematisch empfunden. Deshalb setzte sich mehr und mehr die Lehre von der **„dienenden Funktion des Verfahrens"** durch. Insbesondere §§ 45/46 VwVfG (Heilung und Unbeachtlichkeit von Verfahrensfehlern) wurden so ausgelegt, dass es in der Praxis kaum noch zur Aufhebung von Entscheidungen wegen der Verletzung von Verfahrensvorschriften kam. Im Bauplanungsrecht erfüllt der sog. „Grundsatz der Planerhaltung" (vgl. §§ 214 ff. BauGB) eine ähnliche Funktion. 13

Wie in manchen anderen Gebieten wird auch beim Grundrechtsschutz durch Verfahren die deutsche Entwicklung inzwischen stark durch das **Recht der Europäischen Union** beeinflusst. Trotz der grundsätzlich betonten Autonomie der Mitgliedsstaaten in Sachen Verwaltungsverfahren und -organisation hat sich herausgestellt, dass die EU mit ihren vielfältigen Verflechtungen ohne einen einheitlichen Verfahrensstandard nicht auskommt. Deshalb befin- 14 det sich die deutsche Theorie der „dienenden Funktion des Verfahrens" auf europäischer Ebene immer mehr auf dem Rückzug, zumindest wenn es um die Einhaltung von gemeinschaftsrechtlich bedingtem Verfahrensrecht geht (wie etwa bei der Umweltverträglichkeitsprüfung, der Umweltinformation und der Beteiligung von Umweltverbänden; *Kahl*, VerwArch. 95 [2004], 1 ff.; *Hufen/Siegel*, Fehler im VwVf., 5. Aufl. [2013] Rn. 961, 978). Beim Grundrechtsschutz durch Verfahren und Organisation dürfte auch das „**Recht auf gute Verwaltung**" in Art. 41 EuGRCh zu verankern sein (dazu *Goerlich*, DÖV 2006, 313).

15 Eine eher noch stärkere Verfahrensbetonung zeigt sich auch in der Rechtsprechung des **EGMR** – so, wenn es um den Schutz des Eigentums in staatlichen Verfahren geht (EGMR, EuGRZ 1996, 593) oder um die Beteiligungsrechte eines geschiedenen Vaters bei der Bestimmung des Aufenthaltsortes des Kindes (EGMR, NJW 2001, 2315; ähnlich zur Aufenthaltsbeendigung EGMR, NVwZ 2001, 547).

Literatur zu § 5 II 4: *Britz*, Prozedurale Lösung von Grundrechtskollisionen durch „grundrechtliches Vorverfahren", DS 42 [2003], 35 ff.; *Gurlit/Fehling*, Eigenwert des Verfahrens im Verwaltungsrecht, VVDStRl 71 (2011), 227, 278; *Kahl*, Grundrechtsschutz durch Verfahren in Deutschland und in der EU, VerwArch. 95 (2004), 1 ff.; *Schmidt-Aßmann*, HdbStR III, § 70 Rn. 15 ff.; *ders.*, Grundrechte als Organisations- und Verfahrensgarantien, HdBGr II, § 45; *Starck*, Teilnahmerechte, HdbGr II, § 41; *Wollenschläger*, Verteilungsverfahren. Die staatliche Verteilung knapper Güter (2010).

16 **5. Grundrechte in der Organisation.** Es ist seit langem bekannt, dass Organisationsformen für die Ergebnisse des Verwaltungshandelns von großer Bedeutung sein können (*Schuppert*, Verwaltungswissenschaft [2000], 563 ff.). Diese Erkenntnis ist besonders wichtig, wenn sich ein Grundrecht in einer staatlichen Institution entfalten muss. Das ist z. B. bei der Rundfunkfreiheit, der Wissenschaftsfreiheit, aber auch teilweise bei der Kunstfreiheit der Fall (*Hufen*, Die Freiheit der Kunst in staatlichen Institutionen [1982]). Hier geht es nicht nur um die Ausgestaltung von Verfahren, sondern auch um die Frage der **Organisation** als solcher.

Beispiele: Eine **Hochschule** muss so organisiert sein, dass freie Wissenschaft in ihr möglich ist (BVerfGE 35, 79, 112 – Niedersächsisches Hochschulgesetz); die **Rundfunk**freiheit setzt bestimmte Entscheidungsstrukturen voraus (BVerfGE 12, 205 – Deutschlandfernsehen). Generell kann man sagen, dass eine differenzierte, dem einzelnen Grundrechtsträger Entscheidungsspielräume belassende Organisationsstruktur „grundrechtsnäher" ist als eine auf strikte Hierarchie und nach dem Prinzip von Befehl und Gehorsam aufgebaute Behördenstruktur.

Darauf wird hier bei der Wissenschaftsfreiheit (unten § 34 V) und der Rundfunkfreiheit (unten § 28 V) ausführlich eingegangen.

§ 5 Wirkungen und Schutzfunktionen der Grundrechte

Literatur zu § 5 II 5: *Huber*, Grundrechtschutz durch Organisation und Verfahren als Kompetenzproblem in der Gewaltenteilung und im Bundesstaat (1988); *Rupp*, Zur organisations- und verfahrensnormierenden Kraft der Grundrechte, FS Schmitt Glaeser (2003), 307; *Schmidt-Aßmann*, Die Wissenschaftsfreiheit nach Art. 5 III GG als Organisationsgrundrecht, FS Thieme (1993), 697 ff.; *ders.*, Grundrechte als Organisations- und Verfahrensgarantien, HGrR II, § 45.

6. Grundrechte als institutionelle Garantien/Institutsgarantien. 17
Schon dem Wortlaut nach klingen einige Grundrechte so, als ginge es weniger um den Schutz konkreter Menschen als vielmehr um den Schutz von **Einrichtungen und Institutionen** (so „Ehe und Familie" in Art. 6 I, „Kunst" und „Wissenschaft" in Art. 5 III, „Eigentum" in Art. 14). Neben Freiheiten nennt das GG also bestimmte Einrichtungen (lat. „*institutio*"), die besonderen Schutz genießen sollen. Kennzeichen aller Institutionen ist ein mehr oder weniger gefestigter und anerkannter Bestand bestimmter Merkmale, also etwas „Eingerichtetes". Deshalb nennt man institutionelle Gewährleistungen auch **Einrichtungsgarantien** (zu den Grundlagen *Häberle*, Die Wesensgehaltgarantie des Art. 19 II GG, 3. Aufl. [1983]).

Von besonderer Bedeutung war die institutionelle Garantie in der **Weimarer Republik**, in der die Grundrechte unter einem allgemeinen Gesetzesvorbehalt standen und es darum ging, überkommene Institutionen wie Ehe und Familie, Eigentum und Berufsbeamtentum gegenüber dem Zugriff des Gesetzgebers zu bewahren (dazu oben § 2, Rn. 16). Insbesondere *Carl Schmitt* (Freiheitsrechte und institutionelle Garantien der Reichsverfassung, Verfassungsrechtl. Aufsätze [1958], S. 140 ff.) entwickelte den Gedanken des Schutzes konkreter gewachsener Normkomplexe und unterschied dabei zwischen **Institutsgarantien** als gesellschaftlichen Normkomplexen (Ehe, Familie, Eigentum usw.) und **institutionellen Garantien** als öffentlichrechtlichen Normkomplexen (Berufsbeamtentum, Selbstverwaltung usw.) Diesen Gedanken hat das BVerfG vor allem in seiner frühen Rechtsprechung aufgenommen und z. B. **Ehe und Familie** (BVerfGE 6, 55, 72 – Steuersplitting; die **Kirche** (BVerfGE 6, 309 – Konkordat), später auch den **Rundfunk** (BVerfGE 12, 205, 260) und **Presse** (BVerfGE 20, 162, 174) als grundrechtlich geschützte Institutionen bezeichnet.

Weitere Beispiele: Eigentum (BVerfGE 24, 367, 398 – Hamburger Deichgesetz); Erbrecht, (BVerfGE 44, 1, 17 – Schutz nichtehelicher Kinder). Außerhalb des eigentlichen Grundrechtskatalogs: Berufsbeamtentum (BVerfGE 3, 58, 136); kommunale Selbstverwaltung (BVerfGE 1, 167, 173; zuletzt 103, 332, 376). Die Beispiele zeigen, dass zumindest die Unterscheidung von Institutsgarantie und institutioneller Garantie heute entbehrlich geworden ist, denn es handelt sich sowohl um private als auch um öffentliche Institute, die geschützt sein sollen.

18 Gegen die Sichtweise des institutionellen Grundrechtschutzes ist – auch abgesehen von der historischen Quelle – heute Skepsis angebracht. Dagegen sprechen vor allem drei Gründe:
- Anders als in der Weimarer Zeit haben es die Grundrechte schon wegen Art. 1 III GG nicht nötig, zu besonders geschützten Einrichtungen und Garantien verdichtet zu werden. Viele Grundaussagen der institutionellen Garantie werden besser und präziser durch den Grundrechtschutz im Verfahren, Organisation oder auch in der leistungsrechtlichen Dimension ausgedrückt.
- Schon vom Begriff her liegt im Schutz der Institution immer ein Element der einseitigen Betonung des Bestandsschutzes. Geschützt wird hier das einmal Erreichte und „Eingerichtete", während Grundrechte eigentlich dem Schutz lebendiger Fortentwicklung, dem aktiven und dem neue Einrichtungen und Institutionen schaffenden Menschen, gelten.
- Es besteht die grundsätzliche Gefahr, dass individuelle und institutionelle Freiheit gegeneinander ausgespielt werden. In der auf den Menschen, nicht auf die Institutionen konzentrierten Verfassungsordnung des GG geht es um die individuelle Freiheit **in der Institution** und Freiheit **mit Hilfe der Institution,** nicht um die Freiheit und den Schutz **der** Institution. Individuelle Freiheit wird sogar gefährdet, wenn behauptet wird, die institutionelle Garantie greife erst, wenn andernfalls die Existenz der ganzen Institution in Frage gestellt wäre (so zur „Institution Ersatzschulwesen" BVerfGE 112, 74, 83 ff. – Bremer Landeskinderklausel).

Dem Grundgedanken der institutionellen Garantie und der individualrechtlichen Ausrichtung des Grundrechtsschutzes wird also nur derjenige gerecht, der strikt den Schutz des Individuums **in** der Institution in den Mittelpunkt stellt. Schutzzweck der Institution ist immer der **einzelne Grundrechtsträger** in der Institution, **nicht die Institution als solche.** Umgekehrt aber kann die Gefährdung der Institution der freien Presse, freien Schule, des Rundfunks usw. auch auf einen Eingriff in subjektive Grundrechte hinauslaufen.

Literatur zu § 5 II 6: *Häberle,* Wesensgehaltgarantie des Art. 19 II GG, 1962, 3. Aufl. (1983), S. 92 ff.; *Kloepfer,* Einrichtungsgarantien, HGrR II, § 43; *Mager,* Einrichtungsgarantien. Entstehung, Wurzeln, Wandlungen und grundgesetzgemäße Neubestimmung einer dogmatischen Grundfigur des Verfassungsrechts (2003); *C. Schmitt,* Freiheitsrechte und institutionelle Garantien der Reichsverfassung, verfassungsrechtl. Aufsätze (1958), S. 140 ff.; *Stern,* Staatsrecht III 1, § 68.

III. Soziale Grundrechte?

Als soziale Grundrechte werden solche Rechte bezeichnet, bei denen der Staat bestimmte Lebensbedingungen garantiert, z. B. Recht auf Arbeit, Recht auf Bildung, Recht auf Wohnung, Recht auf soziale Sicherheit, auf Krankenversorgung usw. Die Diskussion um soziale Grundrechte ist fast so alt wie die Grundrechte selbst. Schon in der **Französischen Revolution** standen Freiheit, Gleichheit **und** Brüderlichkeit gleichberechtigt nebeneinander und es wurde darüber diskutiert, ob zu den Menschenrechten nicht neben den verschiedenen Freiheiten auch das Recht auf bestimmte Grundbedingungen des menschlichen Lebens wie Nahrung, Erziehung, Wohnung usw. gehören sollten. In der *Jakobinischen Verfassung* von 1793 standen Rechte wie das Recht auf Bildung und Unterstützung sogar im Mittelpunkt. 19

Wie schon das historische Vorbild von 1793 enthielt auch die **WRV** zahlreiche soziale Grundrechte. Diese scheinen überhaupt gerade in Zeiten sozialer Verunsicherung (und damit notgedrungen auch geringerer Verwirklichungschancen) geradezu zum „Standard" der Verfassungsgebung zu gehören. So enthielten Art. 155 ff. WRV z. B. das Programm, jedem Deutschen eine gesunde Wohnung und allen deutschen Familien, besonders den kinderreichen, eine ihren Bedürfnissen entsprechende Wohn- und Wirtschaftsheimstätte zu sichern. Art. 160 nannte die nötige freie Zeit zur Ausübung von Ehrenämtern, Art. 161 stellte ein umfassendes Versicherungswesen in Aussicht und Art. 163 formulierte das Ziel jedes Deutschen, durch wirtschaftliche Arbeit seinen Unterhalt zu erwerben, also eine Art Recht auf Arbeit. Auch der selbstständige Mittelstand in Landwirtschaft, Gewerbe und Handel sollte nicht nur gefördert, sondern auch gegen „Überlastung und Aufsaugung" geschützt werden (Art. 164). 20

Anders als zahlreiche ausländische Verfassungen und auch bereits geltende Landesverfassungen hat das Grundgesetz 1949 auf die Aufnahme sozialer Grundrechte bewusst verzichtet und stattdessen das **Sozialstaatsprinzip** aufgenommen. Das heißt nicht, dass der Verfassungsgeber von 1949 die Bedeutung sozialer Grundrechte verkannt hätte. Er trug nur dem Problem Rechnung, dass der Staat nicht in der Lage ist, diese Rechte mit realer Substanz zu füllen. Während der Staat die Freiheitsrechte schon wahrt, indem er die Freiheit des Bürgers respektiert, verfügt er nicht über die Ressourcen, die für eine Erfüllung des Rechts auf Arbeit, Bildung, Wohnung usw. zur Verfügung stehen müssten. Diese sind in der freiheitlichen Verfassungsordnung vielmehr den Märkten anvertraut und der Staat hat allenfalls eine Kontrollkompetenz gegenüber dem Missbrauch der 21

Macht des Stärkeren. Wie beim Sozialstaatsgebot geht es also nicht um eine paternalistische Zuteilung von Gütern, sondern letztlich um die Verwirklichung von Freiheitschancen (so zu Recht *Marauhn*, Rekonstruktion sozialer Grundrechte als Normkategorie [2008]).

22 Im Gegensatz zur restriktiven Tendenz des Grundgesetzes enthalten die **Landesverfassungen** zahlreiche soziale Grundrechte. Am häufigsten erwähnt wird das **Recht auf Arbeit** (so in den Verfassungen von Bayern, Berlin, Bremen, Hessen, NRW, Rheinland-Pfalz und dem Saarland). Teilweise wurde auch das **Recht auf Arbeitslosenunterstützung** aufgenommen (Bayern, Berlin, Brandenburg, Bremen, Hessen, Rheinland-Pfalz und Saarland). Das Recht auf **Lebensunterhalt bei Krankheit, Alter und Not** erwähnen die Verfassungen von Bayern, Berlin, Brandenburg, Bremen, Rheinland-Pfalz. Mehrere Verfassungen gewährleisten kulturelle Garantien wie das **Recht auf Bildung** und Förderungsansprüche für **Ehe**, **Kunst** und **Wissenschaft**. Zu nennen sind in diesem Zusammenhang auch **Staatszielbestimmungen** zum Schutz der Umwelt und der natürlichen Lebensgrundlagen. Subjektiviert werden solche Rechte im Recht auf Genuss der Naturschönheiten und auf Erholung in Art. 141 II 1 der BayVerf. und im Recht auf Freizeit zur Ausübung ehrenamtlicher Tätigkeiten (Art. 59 I Verfassung für Rheinland-Pfalz).

23 Wie schon bei der Entstehung des Grundgesetzes spielte die Frage der sozialen Grundrechte auch bei der Entwicklung der **Europäischen Grundrechtecharta** eine große Rolle (krit. dazu *Langenfeld*, FS. Ress [2005], 603). Die Argumente waren hier dieselben wie in der nationalen Diskussion. Wurde zunächst postuliert, dass die sozialen Rechte gleichberechtigte Aufnahme in die Charta finden sollten und dem Gleichgewicht von Freiheit, Gleichheit und Solidarität damit Rechnung getragen werden sollte, so blieb es schließlich bei den unstreitigen Rechten, die den Grundrechtskonsens Europas bilden. Diese haben insofern durchaus symbolische und auch befriedende Wirkung gegenüber kritischen Stimmen, die fürchten, die Europäische Verfassung normiere ein „Europa des Kapitals" statt ein „Europa der Menschen".

Literatur zu § 5 III: *Böckenförde*, Die sozialen Grundrechte im Verfassungsgefüge (1980); *Brenne*, Soziale Grundrechte der Landesverfassungen (2003); *Jakob*, Die Justiziabilität wirtschaftlicher, sozialer und kultureller Menschenrechte (2004); *Langenfeld*, Gehören soziale Grundrechte in die Grundrechte-Charta?, FS Ress (2005), 603; *Marauhn*, Rekonstruktion sozialer Grundrechte als Normkategorie (2008); *Murswiek*, Grundrechte als Teilhaberechte, Soziale Grundrechte, HdbStR, 3. Aufl. IX § 192; *Schmahl/Winkler*, Schutz vor Armut in der EMRK?, AVöR 2010, 405; *Schulte*, Soziale Grundrechte in Europa (2001).

IV. Grundpflichten?

Die Überschrift des zweiten Hauptteils der Weimarer Reichsverfassung lautete: *„Grundrechte und Grundpflichten der Deutschen"*. Als Pflichten enthielt die WRV z. B. in Art. 163 eine allgemeine Verpflichtung auf das Gemeinwohl, in Art. 120 Pflichten für die Eltern, in Art. 145 die Schulpflicht. Weitere Pflichten bestanden für Eigentümer (Art. 153 III) und für Grundbesitzer (Art. 155 III). Auch die frühen Landesverfassungen enthalten noch zahlreiche Grundpflichten, so in Art. 166 III BayVerf. die sittliche Pflicht zur Arbeit und in Art. 20 bis 22 der Verfassung von Rheinland-Pfalz eine allgemeine bürgerliche Treuepflicht, eine Pflicht zur Gesetzesbefolgung und zur Gemeinwohlorientierung.

Das GG ist auch in diesem Punkt eher zurückhaltend. Als Pflichten sind nur neben dem Erziehungsrecht die Erziehungspflicht in Art. 6 II GG, die Sozialpflicht des Eigentums in Art. 14 II GG und die wohl in Art. 7 GG vorausgesetzte Schulpflicht erwähnt. Zu den hergebrachten Grundsätzen des Beamtentums in Art. 33 V GG gehört die Treuepflicht des Beamten. Die Wehr- bzw. Zivildienstpflicht wurde erst 1956 in Art. 12a GG verankert. Dagegen enthält das Grundgesetz keine Wahlpflicht. Auch das BVerfG hat die Idee der Grundpflichten nicht aufgegriffen.

Für die konkrete Lösung von Grundrechtsfällen ist die Konstruktion der „Grundpflicht" eher unergiebig. Eine „Grundpflicht" reicht im demokratischen Rechtsstaat nicht als Grundlage für eine konkrete Inpflichtnahme des Bürgers. Hierzu bedarf es vielmehr eines hinreichend bestimmten parlamentarischen Gesetzes. Betrachtet man die wenigen erwähnten „Grundpflichten", so wird zumeist recht schnell deutlich, dass es sich in Wahrheit um **Grundrechtsschranken** handelt. So beschränkt die Erziehungspflicht der Eltern nach Art. 6 II GG das Erziehungsrecht; die Sozialpflicht des Eigentums die Eigentumsfreiheit aus Art. 14 GG.

Literatur: *Hofmann*, HdbStR VI § 144; *ders.* und *Götz*, Grundpflichten als verfassungsrechtliche Dimension, VVDStRL 41 (1983), S. 7, 42 ff.; *Lücke*, Die Drittwirkung der Grundrechte an Hand des Art. 19 Abs. 3 GG, JZ 1999, 377; *Randelzhofer*, Grundrechte und Grundpflichten, HGR II, § 37; *Stern*, Staatsrecht III 2, S. 1053.

§ 6 Schutzbereiche und Inhaber von Grundrechten

1 **Vorbemerkung:** Nach der Darstellung unterschiedlicher Funktionen der Grundrechte geht es auf den nächsten Seiten um den eigentlichen „Fallaufbau". Dabei soll nicht der Eindruck eines abstrakten und lebensfernen „Allgemeinen Teils" der Grundrechtslehre entstehen. Vielmehr werden die schon aus der Einführung bekannten Prüfungsschritte,
– Schutzbereich,
– Eingriff,
– Schranke (Rechtfertigung des Eingriffs),

mit Hilfe von zahlreichen Fallbeispielen erläutert.

I. Zur Definition des Schutzbereichs

2 **1. Die Bestimmung des Schutzbereichs als Aufgabe der Grundrechtsinterpretation.** Die meisten Grundrechtsfälle haben mit der verfassungsrechtlichen Beurteilung einer bestimmten Maßnahme (Gesetz, Verordnung, Verwaltungsakt) zu tun. Zunächst aber ist dabei stets zu klären, ob eine bestimmte staatliche Maßnahme **ein bestimmtes Grundrecht** berührt.
Dazu ist zu beantworten:
– Was ist geschützt?
– Wer ist geschützt?

Wir sprechen insofern vom **sachlichen Schutzbereich** und vom **personellen Schutzbereich**. In der Folge geht es zunächst um den sachlichen Schutzbereich.

„Schutzbereich" kennzeichnet diejenigen Handlungen, Lebensräume und ggf. Einrichtungen, die durch ein Grundrecht geschützt und damit gegen ungerechtfertigte staatliche Eingriffe gesichert sind.

Diese Fragestellung ist immer gleich, auch wenn in anderen Darstellungen von „Grundrechtsinhalt" (*Ipsen*, Staatsrecht II Rn. 124 ff.) oder von „Grundrechtstatbestand" (*Sachs*, Grundrechte, S. 90 ff.) die Rede ist. Gemeinsam ist den Begriffen, dass **Bezug auf die Wirklichkeit** genommen wird, und aus dieser ein Teil als grundrechtlich besonders geschützt hervorgehoben wird.

Beispiele: Ist die „Scientology-Church" eine **Religionsgemeinschaft** im Sinne von Art. 4 GG? Ist die Prostitution ein **Beruf** im Sinne von Art. 12 GG? War die „Love-Parade" eine **Versammlung** im Sinne von Art. 8 GG? Fällt ein **Rentenanspruch** unter Art. 14 GG?

Bei der Prüfung des Schutzbereichs setzen wir also eine bestimmte 3 Tätigkeit oder einen Lebenssachverhalt in Bezug zu den in den Grundrechten enthaltenen Rechtsbegriffen (Religion, Beruf, Versammlung, Eigentum usw.). Diese müssen daher zunächst definiert werden. Es reicht dabei nicht aus, von einem allgemeinen Freiheitsprinzip auszugehen, in das der Staat nur eingreifen darf, wenn dafür bestimmte Voraussetzungen (gesetzliche Grundlage, Verhältnismäßigkeit usw.) vorliegen. Das Grundgesetz knüpft vielmehr an unterschiedliche Grundrechte unterschiedliche Eingriffs- und Rechtfertigungsvoraussetzungen. Dem Dilemma, dasjenige definieren zu müssen, das doch gerade „frei", also der Autonomie des Grundrechtsträgers überlassen sein soll, kann der Richter dabei nicht entgehen. Eine Formulierung wie: „Es bleibt offen, ob der 'Pornovideokabinenbetreiber' ein im Sinne des Art. 12 Abs. 1 GG anzuerkennendes Berufsbild ist" (VGH Kassel, GewArch. 1996, 104), kann für die Grundrechtsklausur jedenfalls nicht empfohlen werden.

Die Bestimmung des Schutzbereichs ist daher eine erste Aufgabe 4 der **Grundrechtsinterpretation.** Diese ist in den seltensten Fällen allein am Wortlaut der Norm zu entscheiden, weil Grundrechte – jedenfalls in ihrer ursprünglichen Version – zumeist in exemplarischer Kürze und abstrakt formuliert wurden. Deshalb müssen Gerichtsbarkeit und Verwaltung, aber auch die Studierenden in der Klausur, ihre Ergebnisse in einem rationalen und nachkontrollierbaren methodischen Verfahren entwickeln und begründen.

2. Vom Nutzen und von den Grenzen traditioneller Interpreta- 5 **tionsmethoden.** Zunächst ist zu fragen, ob die als traditionell oder „klassisch" bezeichneten Interpretationsmethoden die eingangs skizzierten Probleme der Grundrechtsinterpretation lösen können. Diese gehen auf *Friedrich Carl von Savigny* (1779–1861) zurück. Entscheidend sollen danach sein:
- der **Wortlaut** der Norm (grammatische Interpretation);
- der **systematische Zusammenhang** (systematische Interpretation);
- die **Entstehungsgeschichte** der Norm (historische, bzw. genetische Interpretation);
- das **Ziel** des Normgebers (teleologische Interpretation).

Auch das BVerfG hat erklärt, dass der für den Gehalt von Verfassungsnormen entscheidende „Wille des Verfassungsgebers" zunächst einmal nach diesen klassischen Methoden zu bestimmen sei. Dabei komme es aber nicht auf den „subjektiven Willen", sondern auf den „objektivierten Willen" des Verfassungsgebers an (BVerfGE 1, 299, 312; 11, 126, 130).

Abgesehen davon, dass die Ermittlung eines subjektiven oder gar objektiven Willens des „Verfassungsgebers" schwierig ist (kritisch dazu *Hesse*, Grundzüge des Verfassungsrechts, Rn. 54), hat das BVerfG in der langen Geschichte seiner Rechtsprechung eine Fülle unterschiedlicher und jeweils ungleichgewichteter Gesichtspunkte hervorgehoben, die seine Auslegung im konkreten Einzelfall bestimmt haben. Selbst der **Wortlaut** war nicht immer die äußerste Grenze der Interpretation (BVerfGE 9, 89, 104 – Haftbefehl; BVerfGE 69, 1 – Dauer des Ersatzdienstes).

Für die Falllösung aber kann immerhin festgehalten werden:
- Der **Wortlaut** einer Norm ist jedenfalls die äußerste Grenze der Interpretation.
- Die **systematische Interpretation** ist von Gewinn für die Regel über Spezialitäten und die Anwendbarkeit von Schranken (z. B. im Verhältnis von Art. 5 III GG zu Art. 5 I GG).
- Zwiespältig ist die Bedeutung der **historischen Interpretation**. Zwar spielt das Entstehen des Grundrechts in der Geschichte oder auch seine Übernahme in den Grundrechtskatalog von 1949 eine Rolle, kann aber nicht verdecken, dass sich mit dem geschichtlichen Wandel von Religion, Beruf, Kunst usw. auch die Inhalte grundrechtlicher Gewährleistungen geändert haben.
- Dasselbe gilt für die **Zielsetzung** des Verfassungsgebers (teleologische Interpretation). Überdies ist die Interpretation einer Norm anhand der Zielsetzung des Normgebers immer zirkelschlussverdächtig, denn es geht ja gerade um den Inhalt und damit auch um die Zielsetzung der Norm.

6 Insgesamt zeigt sich, dass es **keine einheitliche oder gar „herrschende" Interpretationsmethode** gibt. Im Einzelfall spielen neben Wortlaut und System Elemente der Entstehungsgeschichte und der Zielsetzung des Normgebers durchaus eine Rolle, dürfen aber nicht isoliert betrachtet werden.

7 **3. Die Abhängigkeit vom subjektiven Verständnis des Interpreten.** Verfassungsrecht und Rechtswissenschaft sind bei der Ermittlung des Schutzbereichs mit der Auslegung von Texten befasst. Das

haben sie mit anderen Wissenschaften gemeinsam (Literaturwissenschaft, Theologie usw.). Sich mit Texten befassende Wissenschaften werden unter dem Titel „**Hermeneutik**" (griechisch = Kunst der Auslegung) zusammengefasst. Der so genannten philosophischen Hermeneutik verdanken wir die auch für die Verfassungsinterpretation wichtige Aussage: Es gibt keine objektive Erkenntnis; die Interpretation hängt vielmehr stets auch vom Vorverständnis des jeweiligen Interpreten ab (dazu *Gadamer*, Wahrheit und Methode [1960] 4. Aufl. [1975]; *Müller/Christensen*, Juristische Methodik I. Grundlagen, 10.. Aufl. [2009]). Der Grundrechtsinterpret hat stets seine eigenen Erfahrungen, Erwartungen und auch Interessen im Blick. So ist z. B. der liberale Grundrechtsansatz: „**Im Zweifel für die Freiheit**" durchaus ein Vorverständnis – ebenso wie: „**Im Zweifel für die soziale Gerechtigkeit**".

Das ändert aber nichts daran, dass die Verfassungsinterpretation sich um eine möglichst unabhängige Position bemühen sollte. Auch scheint es unzulässig, den Grundrechten eine bestimmte Sichtweise vorzugeben und etwa von „ökologischer", „sozialer" oder auch „feministischer" Grundrechtstheorie zu sprechen (zur ökologischen Grundrechtstheorie etwa *Bosselmann*, Ökologische Grundrechte: Zum Verhältnis zwischen individueller Freiheit und Natur [1998]; zum feministischen Ansatz: *Lembke*, Stand und Gegenstand feministischer Rechtswissenschaft, Jura 2005, 236; *Sacksofsky*, Was ist feministische Rechtswissenschaft?, ZRP 2001, 412).

4. Norm und Wirklichkeit – Normprogramm und Normbereich. Die moderne Hermeneutik hat ein weiteres Missverständnis der Rechtswissenschaft aufgedeckt: Die strikte Trennung von Norm und Wirklichkeit, von normativer und empirischer (d. h. wirklichkeitsabbildender) Aussage. So enthält der Satz: *„Kunst und Wissenschaft, Forschung und Lehre sind frei"* (Art. 5 III GG) nicht nur die normative (Sollens-)Aussage: *„Kunst und Wissenschaft, Forschung und Lehre sollen frei sein"*; er bezeichnet mit Kunst, Wissenschaft, Forschung und Lehre auch konkrete Sachelemente, die durch den jeweiligen Norminterpreten zu erfassen und sodann auf die normative Aussage des Satzes zu beziehen sind. Anders ausgedrückt: Das „**Normprogramm**" einer Verfassungsnorm (Kunst soll frei sein) muss stets auf den konkreten **Lebenssachverhalt** Kunst, also den Normbereich, bezogen werden. Dessen für den konkreten Fall entscheidende Elemente sind aber ihrerseits ohne die im Normprogramm enthaltenen Bestimmungen „Kunst", „Wissenschaft" usw. nicht interpretierbar. Bestimmte Lebenssachverhalte fallen also in das Normprogramm, andere nicht.

Die besondere Schwierigkeit ergibt sich dabei daraus, dass sich der Wandel in den Normbereichen Kunst, Wissenschaft usw. im „Normprogramm" des jeweiligen Verfassungssatzes gleichsam spiegelt. Ändert sich in der Wirklichkeit der Lebenssachverhalt „Kunst", so verändert sich auch das „Normprogramm" des jeweiligen Verfassungssatzes, der sich exakt auf diesen Lebensbereich bezieht.

Beispiele: Für die Ausgangsfälle ist also zu fragen, ob der Begriff der **Religion** heute über die traditionellen Religionsgemeinschaften hinaus eine Vereinigung wie Scientology umfasst, ob zum Lebensbereich **Beruf** heute auch die Prostitution gehört, ob der **Versammlungsbegriff** sich auf das gemeinsame Erleben von Musik und Tanz in der „Love-Parade" erweitert hat, ob der Rentenanspruch heute dieselben Funktionen wie das klassische **Eigentum** erfüllt.

9   Letztlich zeigt sich, dass das Ergebnis der Interpretation nicht allein Nachvollzug einer in der Verfassung bereits enthaltenen, durch alte oder neue Interpretationsmethoden nur herauszuholenden Vorabentscheidung ist, sondern dass sich die Verfassung in jeder Entscheidung des Gesetzgebers, der Gerichte oder auch der Verwaltung neu konkretisiert (wie hier *Hesse*, Grundzüge, Rn. 60 ff.). Insofern bestimmt sich der Inhalt der Norm erst in der **konkreten Entscheidung**. Für das „Normprogramm" kann zugleich neben dem Normtext auf bereits vorhandene Entscheidungen zu derselben Verfassungsnorm zurückgegriffen werden. Maßgeblich sind hier insbesondere die Entscheidungen des BVerfG, das zu allen Grundrechten wesentliche Merkmale des „Normprogramms" konkretisiert hat. Verfassungsrecht erschöpft sich gewiss nicht im Studium von Entscheidungsbänden des BVerfG, ist aber immer auch „case-law" (Fallrecht), und es ist ganz selbstverständlich, dass in diesem Lehrbuch besonderes Gewicht auf die alten und neuen „Klassiker" in der Rechtsprechung gelegt wird. Die Interpretation des Schutzbereichs der Grundrechte kann mit einem Balanceakt verglichen werden: Auf der einen Seite kommt es darauf an, mit den Normen der Verfassung zu den Lebensbereichen Religion, Kunst, Wissenschaft, Beruf usw. feste und verlässliche Schutzbereiche zu umreißen. Auf der anderen Seite dürfen Normprogramme der Verfassung nicht als starre, historisch einmal definierte und dann nie wieder dem Wandel zugängliche dogmatische Aussagen begriffen werden.

Ein Negativbeispiel für diese Erstarrung durch Orientierung am fiktiven Willen des historischen Verfassungsgebers bietet die neuere Rechtsprechung des US-Supreme Court, in dem mittlerweile die Mehrheit der Richter einer strikt historisch-positivistischen Auslegung **(Orginalismus)** das Wort redet. Dies führt dazu, dass das (in der Verfassung enthaltene) heute absurde Grundrecht auf Waffentragen unangefochten bleibt, während aktuelle Herausforde-

§ 6 Schutzbereiche und Inhaber von Grundrechten

rungen wie die Beschneidung von Bürgerrechten zur Terrorvorbeugung, die Hinrichtung Minderjähriger und Behinderter und selbst die Verweigerung des rechtlichen Gehörs für „illegale Kämpfer" unbeanstandet bleiben (zu den methodischen Grundproblemen *Brugger*, Einführung in das Öffentliche Recht der USA, 2. Aufl. [2001]).

Das methodische Vorgehen, das sich daraus ergibt, ist anspruchsvoll, aber auch pragmatisch. Es lässt die Norm nicht im Sinne einer zur Beliebigkeit neigenden „normativen Kraft des Faktischen" hinter sich. Es vermeidet aber auch wirklichkeitsferne Begriffsjurisprudenz oder gar allein auf den Normtext bezogenen Positivismus. Die zuvor entschiedenen maßgeblichen Fälle liefern wichtige Definitionen und damit Elemente des Normprogramms. Sie steuern zugleich den Blick auf diejenigen Aspekte des Normbereichs, also der durch die Norm umfassten Wirklichkeit, die bei der Interpretation heranzuziehen sind. Durch die Kombination von Normprogramm und Normbereich entsteht letztlich das, was wir unter dem Begriff des Schutzbereichs eines Grundrechts verstehen. 10

Beispiele: Das Normprogramm der **Religionsfreiheit** in Art. 4 GG wurde durch das BVerfG in der Weise konkretisiert, dass eine Gottesvorstellung und der Bezug zum Jenseits (Transzendenz) maßgeblich sind. Rein „diesseitige" Aussagen zum Menschen und zur Ordnung der Welt werden dagegen der **Weltanschauung** zugeordnet. Der durch dieses Normprogramm „geleitete" Blick auf die Lebenswirklichkeit von Scientology zeigt im zweiten Prüfungsschritt, dass diese Gemeinschaft schon dem Begriff nach sich selbst als Wissenschaft der Erkenntnis (Dianetik) begreift und die gerade nicht transzendentale, sondern durchaus diesseitige Verbesserung des Menschen anstrebt. Sie fällt damit aus dem Begriff der Religion heraus, wird aber möglicherweise durch die Weltanschauungs- und auch durch die Berufsfreiheit geschützt (BAG, NJW 1996, 143; BVerwG, NJW 1981, 1460; NJW 2006, 1303 – s. auch § 22, Rn. 7).

Ähnlich verhält es sich im Beispielsfall **Versammlungsfreiheit** und „Love-Parade". Hier ist das Normprogramm unverändert dadurch gekennzeichnet, dass eine über die bloße Versammlung hinausgehende gemeinsame Aussage (Versammlungszweck) vorliegen muss. Das gemeinsame Tanzen, Musikhören, Zeigen eines bestimmten Lebensstils enthalten als solche noch keine derartige Aussage. Dazu ist erforderlich, dass die Teilnehmer über den „Event" hinaus die politische und soziale Wirklichkeit in bestimmter Weise prägen und ändern wollen (näher unten § 30, Rn. 37).

Äußerste Grenze der Verfassungsinterpretation ist der **Wortlaut** der Norm. Das „Normprogramm" einer Verfassungsnorm kann sich zwar durch rechtliche und tatsächliche Entwicklungen wandeln. Das 11 gilt aber stets nur innerhalb des Wortlauts. Eine Verfassungsdurchbrechung, d. h. die Abweichung vom Text im Einzelfall, ist auch unter Berufung auf einen angeblich gewandelten Lebenssachverhalt, neue Erkenntnisse zur Entstehungsgeschichte oder auf Grund einer Neubewertung der Ziele des Normgebers verfassungskonform nicht machbar, es sei denn der Text der Verfassung würde geändert (ähnlich *Hesse*, Grundzüge, Rn. 77 ff.).

12   **5. Ansätze einer autonomen Definition des Schutzbereichs durch die Grundrechtsinhaber.** Es gehört zu den wesentlichen Aussagen vieler Grundrechte, dass ihr Inhalt nicht von außen vorgegeben, sondern durch die einzelnen Grundrechtsträger selbst bestimmt wird. Auch dies kann nur im Rahmen des Wortlauts geschehen, doch hat das BVerfG zunehmend die Autonomie von Grundrechtsträgern anerkannt, bestimmte „Normprogramme" von Grundrechten selbst mit Inhalt zu füllen. Insofern gehört das **Selbstverständnis** vom Schutzbereich des Grundrechts selbst zum Inhalt des Grundrechtsschutzes (grundlegend dazu *Höfling*, Offene Grundrechtsinterpretation. Grundrechtsauslegung zwischen amtlichem Interpretationsmonopol und privater Konkretisierungskompetenz [1987]; *Morlok*, Selbstverständnis als Rechtskriterium [1993]).

Beispiele: Es unterliegt der Selbstbestimmung der Religionsgesellschaften, welche Handlungen sie für religiös geboten erachten (BVerfGE 24, 236, 246 – Aktion Rumpelkammer). Was „Kunst" im Sinne von Art. 5 III GG ist, ist durch die vom Wesen der Kunst selbst geprägten, ihr allein eigenen Strukturmerkmale zu bestimmen (BVerfGE 30, 173, 188 ff. – Mephisto). Im Hinblick auf Art. 12 GG ist der Einzelne nicht auf tradierte Berufsbilder beschränkt, er kann grundsätzlich auch neue Tätigkeiten zur Grundlage seiner beruflichen Existenzsicherung machen (BVerfGE 7, 377, 397 – Apotheke; BVerfGE 14, 19, 22 – Automatenaufsteller).

13   **6. Ausgestaltung des Schutzbereichs durch den Gesetzgeber: Inhaltsbestimmung, Konkretisierung, Regelungsvorbehalt.** Der Schutzbereich von Grundrechten wird nicht nur durch den Verfassungsgeber vorbestimmt und von den Verfassungsgerichten ausgelegt. Ihr Inhalt wird auch durch den Gesetzgeber konkretisiert. Das führt zu einer auf den ersten Blick paradoxen Feststellung: Einerseits ist der Gesetzgeber nach Art. 1 III GG selbst an die Grundrechte gebunden, andererseits konkretisiert er wesentliche Elemente des Normprogramms der Grundrechte und gestaltet dieses insofern aus (*Bumke*, Ausgestaltung von Grundrechten [2009]).

§ 6 Schutzbereiche und Inhaber von Grundrechten

Beispiele: Das Familienrecht des BGB klärt die Begriffe „Ehe" und „Familie", das Versammlungsgesetz konkretisiert Art. 8 GG; das Embryonenschutzgesetz bestimmt Inhalt und Reichweite des Lebensgrundrechts von Embryonen. An der Konkretisierung des Normprogramms und am Wandel der Verfassungsnorm ist nicht nur die Verfassungsgerichtsbarkeit, sondern auch der Gesetzgeber beteiligt. Das ist von großer Bedeutung für den Beispielsfall „Prostitution als Beruf?" Bezieht noch das „historische" Normprogramm des Art. 12 GG den Beruf nur auf erlaubte oder gesellschaftlich anerkannte Tätigkeiten (näheres dazu unten bei Art. 12 GG), dann kann die Klarstellung des Gesetzgebers (ProstitutionsG v. 20.12.2001, BGBl. I 2001, 3983), dass Prostitution eine unter bestimmten Voraussetzungen anzuerkennende gesellschaftliche Wirklichkeit ist, zu einer Erweiterung des grundrechtlichen Schutzbereichs führen, so dass insofern auch der Schutzbereich des Art. 12 GG eröffnet ist.

Manche Grundrechte fordern den Gesetzgeber geradezu zu dieser Konkretisierung auf. So regelt nach Art. 4 III GG ein Bundesgesetz *„das Nähere"* der Wehrdienstverweigerung, und nach Art. 14 I 2 GG werden Inhalt und Schranken des Eigentums durch die Gesetze bestimmt. Auch die Ausgestaltung des aktiven und passiven Wahlrechts nach Art. 38 III GG obliegt der näheren Bestimmung durch ein Bundesgesetz (Bundeswahlgesetz). Obwohl diese Konkretisierungsarbeit des Gesetzgebers erhebliche Auswirkungen für den einzelnen Grundrechtsträger haben kann, geht es hier nicht um die Formulierung von Schranken und damit um die Rechtfertigung von Eingriffen, sondern um die inhaltliche Ausgestaltung (Konkretisierung) des Schutzbereichs. Der Gesetzgeber schränkt hier das Grundrecht nicht ein, sondern bewegt sich gleichermaßen im Rahmen des Schutzbereichs, den er nur inhaltlich ausfüllt. Deshalb sprechen wir hier nicht vom Schrankenvorbehalt, sondern vom **Regelungsvorbehalt**. Das ändert aber nichts daran, dass die Folgen der Inhaltsbestimmung so gravierend sein können, dass der Gesetzgeber Vorkehrungen gegen „unverhältnismäßige Inhaltsbestimmungen" treffen muss. Das ist vor allem ein Problem der Inhaltsbestimmung bei Art. 14 GG (dazu unten § 38, Rn. 40 ff.).

7. Unzulässige Verkürzungen des Schutzbereichs. Im Interesse einer möglichst umfassenden Grundrechtsgeltung (Art. 1 III GG) ist der Schutzbereich im Zweifel weit zu interpretieren *(F. Müller,* Die Positivität der Grundrechte [1969]). Grundsätzlich kritisch zu betrachten sind deshalb alle Versuche, den Schutzbereich der Grundrechte restriktiv zu fassen. Dies geschieht nicht selten mit der „guten

Absicht", lieber einen „harten Kern" rechtlich zu schützen, anstatt die Grundrechte auf der Schrankenebene einer methodisch schwierigen Abwägung auszusetzen. Bei dieser Argumentation wird aber übersehen, dass bei einer weiten Interpretation wenigstens die Chance der Geltendmachung des Grundrechts in der Abwägung bleibt, während es bei einer voreiligen Rücknahme des Schutzbereichs erst gar nicht zur Abwägung kommt. In der Folge sollen einige der häufigsten Muster der Schutzbereichsverkürzung dargestellt werden:

16 **a) Begrenzung auf den „Kernbereich".** Es ist unbestreitbar, dass einzelne Grundrechte besonders intensiv geschützte, weil für die Grundrechtsverwirklichung besonders sensible **„Kernzonen"** enthalten. Das gilt etwa für den Schutz der Intimsphäre beim allgemeinen Persönlichkeitsrecht (Art. 2 I i. V. m. Art 1 GG), für den elementaren persönlichen Lebensraum bei der Wohnungsfreiheit (Art. 13 GG), für das Redaktionsgeheimnis bei der Pressefreiheit (Art. 5 I 2 GG) und den Werkbereich bei der Kunstfreiheit (Art. 5 III GG). Eingriffe in diese Bereiche bedürfen einer besonders sorgfältigen Rechtfertigung. Unzulässig ist es dagegen, den Grundrechtsschutz als solchen auf bestimmte Kernbereiche zu begrenzen oder den Schutz im peripheren (Rand-)Bereich zurückzunehmen.

Beispiele: Das BVerfG hat insbesondere bei der Koalitionsfreiheit (BVerfGE 57, 220, 245 – Bethel; BVerfGE 77, 1, 63 – Neue Heimat) und beim Schutz des Eigentums (BVerfGE 50, 290, 337, 368 – Mitbestimmung) die „Kernbereichslehre" übernommen, später aber zumindest bei der Koalitionsfreiheit ausdrücklich aufgegeben (BVerfGE 92, 26, 38 – Zweites Seeschifffahrtsregister; BVerfGE 93, 352, 357 – Mitgliederwerbung). Mittlerweile benutzt das Gericht diese oder ähnliche Begriffe nur noch, wenn es um die Hervorhebung eines besonderen Schutzbedarfs im Kernbereich privater Lebensgestaltung geht (so etwa BVerfGE 109, 279, 309 – Großer Lauschangriff).

17 **b) Grundrechte nach Maßgabe des Gesetzgebers.** Angesichts des klaren Wortlauts von Art. 1 III GG fällt es schwer, die Rangordnung von Grundrecht und Gesetz „umzudrehen" und den Gesetzgeber selbst bestimmen zu lassen, was grundrechtliche Freiheit ist. Trotzdem finden sich immer wieder Formulierungen, ein Grundrecht gelte nur im Umfang gesetzlicher Konkretisierung, für die Geltendmachung im Prozess reiche das Grundrecht selbst nicht aus, es komme vielmehr auf eine gesetzliche Schutznorm an usw. (dazu *Gellermann*, Grundrechte im einfach gesetzlichen Gewande [2000]; *Morgenthaler*, Freiheit und Gesetz [1999]; *Wahl*, Die doppelte Abhängigkeit des subjektiven öffentlichen Rechts, DVBl. 1976, 641).

Solchen Versuchen ist gemeinsam, dass sie die in Art. 1 III GG angeordnete unmittelbare Grundrechtsgeltung auch dem Gesetzgeber gegenüber verfehlen. Ist der Schutzbereich eröffnet, dann kann der Gesetzgeber ein Grundrecht zwar inhaltlich konkretisieren und damit in seiner Geltung fördern. Es ändert aber nichts daran, dass das Grundrecht schon als solches gilt und nicht erst durch den Gesetzgeber gleichsam „erschaffen" wird.

c) Beschränkung des Wirkbereichs. Wie unten zu zeigen sein 18 wird, unterscheidet das BVerfG bei der Kunstfreiheit zwischen Werkbereich und Wirkbereich (BVerfGE 30, 173, 189 – Mephisto). Werkbereich kennzeichnet hier die unmittelbare Herstellung des Kunstwerks, Wirkbereich – vereinfacht – das Hinaustreten des Kunstwerks in die Öffentlichkeit. Auch andere Grundrechte wie Wissenschaftsfreiheit, Religionsfreiheit, Pressefreiheit usw. kennen „Werk- und Wirkbereiche" und sind jeweils in beiden Sphären gleichgewichtig geschützt. Deshalb ist es unzulässig, dem Wirkbereich von vornherein einen geringeren Schutz zuzumessen, also z. B. den Verkauf von Presseerzeugnissen geringer zu schützen als das Entstehen der Zeitung, den Künstler im Atelier stärker als die Präsentation des Kunstwerks in der Öffentlichkeit.

Dass gerade im Wirkbereich verschärfte Konflikte mit anderen Grundrechten und öffentlichen Interessen auftreten können, bleibt unbenommen. Diese aber sind bei den Schranken, also im dritten Prüfungsschritt, zu lösen – nicht von vornherein durch Zurücknahme des Schutzbereichs.

d) Funktionalisierung des Grundrechts. Immer wieder hat das 19 BVerfG die fundamentale Bedeutung der Meinungs- und Pressefreiheit für die demokratische Grundordnung hervorgehoben (st. Rspr. seit BVerfGE 7, 198, 205 – Lüth). So richtig dieser Zusammenhang ist, so verfehlt wäre es, den vollen Grundrechtsschutz nur bei bestimmten Motiven oder politischer Betätigung zu gewähren, „eigennützige" Ziele aber zu diskreditieren. Grundrechte sind – auch wenn sie eine politische Funktion haben – immer im gewissen Umfang eigennützig; die Grundrechtsträger müssen sich keine Inpflichtnahme für das Gemeinwohl oder die demokratische Grundordnung gefallen lassen. Der Bürger ist in seiner Meinung, Kunst, Wissenschaft, Versammlung und Vereinigung also nicht nur geschützt, wenn er am Prozess der demokratischen Willensbildung mitwirkt. Insofern sind die Grundrechte gegen eine politische Funktionalisierung selbst in Schutz zu nehmen (so zu Recht *Rupp*, JZ 2001, 271).

20 e) **Allgemeiner „Friedlichkeitsvorbehalt", Missbrauchsklauseln, „Vorbehalt des Erlaubtseins".** In Art. 8 I GG wird die Versammlungsfreiheit an das Merkmal: *„friedlich und ohne Waffen"* gebunden. Nicht geschützt sind demnach unfriedliche oder bewaffnete Demonstrationen. Daraus wird gelegentlich verallgemeinernd geschlossen, alle Grundrechte stünden unter einem **„Friedlichkeitsvorbehalt"**. Derjenige, der sich unfriedlich äußere, forsche, Kunst ausübe usw., stehe von vornherein nicht mehr unter dem Schutz des jeweiligen Grundrechts. Auch der Vorbehalt der sozialen Unschädlichkeit (so im Ansatz etwa *Ipsen*, JZ 1997, 473) und die Beschränkung auf grundsätzlich erlaubte Tätigkeiten gehören hierher.

Auch gegen diese vorgeblich grundrechtsimmanenten Beschränkungen ist einzuwenden, dass – abgesehen von Art. 8 GG – Friedlichkeit, Missbrauch, Unschädlichkeit usw. nicht Fragen des Schutzbereichs betreffen, sondern **ausschließlich** auf der Schrankenebene zu lösen sind. Grundrechte sollen auch die Möglichkeit zur Auseinandersetzung, zum Angriff und zum Austragen von Konflikten bieten. Allgemeine Friedlichkeits- und Missbrauchsverhinderungsklauseln würden ein viel zu breites Einfallstor für unkontrollierbare Beschränkungen bieten (so bereits *F. Müller*, Die Positivität der Grundrechte [1969], 28; kritisch auch *Hain*, ARSP Beiheft 104 [2005], 157). Auch ein allgemeines **„Gewaltverbot"** ist schon wegen der Unbestimmtheit des Gewaltbegriffs nicht geeignet, von vornherein den Schutzbereich sämtlicher Grundrechte einzuschränken. Dass eine gewalttätige Grundrechtsausübung so gut wie immer verboten ist, lässt sich auf der Schrankenebene leicht klären.

21 f) **Kein Grundrechtsschutz für den Übergriff auf Grundrechte anderer?** *„Freiheit bis zu den Grenzen der Freiheit des Anderen"* ist eine ebenso plausible wie historisch verankerte Grundaussage. Wird sie aber zur Bestimmung des Schutzbereichs (nicht lediglich der Schranken) benutzt, so muss sie in die Kategorie „unzulässige Grundrechtsverkürzungen" eingeordnet werden. Hier werden dann die Grundrechte anderer nicht lediglich zu verfassungsimmanenten, von außen die Freiheit begrenzenden Schranken – was unbenommen ist –; sie definieren dann vielmehr schon den Schutzbereich jedes einzelnen Grundrechts sozusagen von innen her. Die verfassungs- oder gesetzeskonforme Ausübung des Grundrechts durch den Inhaber wird so schon auf der Schutzbereichsebene zu dessen wesentlichem Interpretationsmerkmal. Wissenschaftsfreiheit umfasst dann nicht

die Forschung an Stammzellen des Embryo als fremdem Grundrechtsträger, die Kunstfreiheit gibt kein Recht zur Inanspruchnahme fremden Eigentums, selbst der „Totschlag auf der Bühne" wird immer wieder zitiert, um die These von der Verfassungskonformität der Grundrechtsausübung zu stützen (exemplarisch *Muckel*, FS Schiedermair [2001], 347 ff.; zur Forschungsfreiheit *Breuer*, VVDStRL 65 [2006], S. 222; zur Kunstfreiheit der Nägeli-Beschluss eines Vorprüfungsausschusses des BVerfG, NJW 1984, 1293).

Auch hier wird der Schutzbereich von vornherein verengt, so dass es nicht mehr zur angemessenen Lösung der Eingriffs- und Rechtfertigungsproblematik kommt. So nah beieinander manchmal die Ergebnisse der Falllösung sein mögen: Forschung an embryonalen Stammzellen kann gesetzlich eingeschränkt werden; gegenüber dem „Graffiti-Künstler" hat das Privateigentum in der Regel Vorrang, das Grundrecht auf Leben schränkt die Kunstfreiheit des Regisseurs ein – so notwendig ist es, zunächst einmal die Freiheit zu definieren und damit den Schutzbereich zu bestimmen und erst dann über die Schranken zu befinden. Andernfalls wird das Grundrecht von vornherein „von den Schranken her" definiert. Eine angemessene Abwägung und Prioritätensetzung wird abgeschnitten.

g) Verabschiedung der Schutzbereichslehre – Freiheit durch staatliche Gewährleistung? Konkrete Fragen der Falllösung für jeden Studierenden und eine hochbrisante rechtswissenschaftliche Diskussion berühren sich derzeit in der Debatte um die „Verabschiedung" des Schutzbereichs und dessen Ersetzung durch eine Art „Gewährleistungslehre" der Grundrechte im Staat und durch den Staat (hierzu und zum folgenden *Böckenförde*, DS 42 [2003], 165, 174; *Hoffmann-Riem*, Enge oder weite Gewährleistungsgehalte der Grundrechte? in: Bäuerle [Hg.], Haben wir wirklich Recht?, Beiträge zum Kolloquium anlässlich des 60. Geburtstags von B. O. Bryde [2004], 53 ff.; *Rusteberg*, Der grundrechtliche Gewährleistungsgehalt (2009); ähnl. *G. Kirchhof*, Grundrechte und Wirklichkeit [2007]).

Dabei geht es nur vordergründig um die Kritik an einer in der „Schutzbereichs"-Terminologie liegenden unangemessenen „Raummetaphorik" (*Ipsen*, Staatsrecht II, Rn. 130; *ders.*, JZ 1997, 475) oder „falschem räumlichen Denken" (*Pieroth/Schlink*, Grundrechte bis 27. Aufl., zuletzt Rn. 231). Die „neue Lehre" zielt vielmehr auf den Kern traditioneller Grundrechtsinterpretation, dem **Prinzip der Autonomie bei der Bestimmung des Inhalts grundrechtlicher Frei-**

22

heit. Diese wird als zu weit und heutigen gesellschaftlichen Realitäten nicht mehr entsprechend kritisiert. Im heutigen Sozialstaat sei Freiheit nicht mehr als gesellschaftlicher Bereich ausgegrenzt, sondern hänge von vielen staatlichen und gesellschaftlichen Maßnahmen und Gewährleistungen ab. Die Rede vom „Schutzbereich" gaukle Autonomie und Abgrenzbarkeit vor, wo in Wirklichkeit Individuen und Staat in einem ständigen Prozess der Verwirklichung grundrechtlicher Freiheit, im Grundrechtsdiskurs, zusammenwirken müssen. Auch führe das traditionelle Verständnis zu größerer Freiheit der „Durchsetzungsstarken" und zu einer Gefährdung der Freiheit der Schwachen. Aufgabe des Staates sei es, möglichst gleichmäßig die Freiheit für alle zu gewährleisten. Deshalb wird der Schutzbereich nicht mehr autonom und vorab definiert, bevor erst im zweiten Schritt gefragt wird, ob ein Eingriff vorliegt. Der Schutzbereich wird vielmehr nur als allgemeiner Freiheitsbereich umschrieben. Entscheidend für den Grundrechtsschutz wird ein engerer **„Gewährleistungsbereich"** gesehen und gefragt, ob das Grundrecht gerade insofern gewährleistet sei, als es diese Handlung oder auch diesen Schutz gegen eine bestimmte Maßnahme umfasse. Schon auf dieser Stufe geht es dann auch um den schützenden Ausgleich der Interessen unterschiedlicher „Gewährleistungsinhaber".

23 Die Folgen dieses theoretischen Ansatzes werden exemplarisch deutlich an zwei hochumstrittenen Entscheidungen des BVerfG aus jüngerer Zeit: BVerfGE 105, 279, 294 – Osho und BVerfGE 105, 252, 265 – Glykolwein. In diesen Fällen ging es um Warnmitteilungen der Bundesregierung vor einer Jugendsekte bzw. vor dem mit der Substanz Glykol belasteten Wein einer Firma. In beiden Fällen war es zu erheblichen Nachteilen und Schäden auf Seiten der Betroffenen gekommen. Das BVerwG hatte im Glykolweinfall zwar den Schutzbereich als eröffnet, die Warnmitteilung als durch den Auftrag der Bundesregierung zur Öffentlichkeitsarbeit gerechtfertigt angesehen und schon damit scharfe Kritik in der Literatur hervorgerufen (*Schoch*, DVBl. 1991, 667).

Zur großen Überraschung wohl aller Beteiligten und der Fachöffentlichkeit sah das BVerfG nicht einmal die Schutzbereiche der Religions- bzw. Berufsfreiheit als eröffnet an, denn die Religionsfreiheit schütze nicht gegen nicht diffamierende und nicht verfälschende Darstellungen, derjenige der Berufsfreiheit sei durch die Verbreitung zutreffender und sachlich gehaltener Informationen am Markt nicht berührt – selbst wenn solche Informationen sich auf Wettbewerbspositionen nachteilig auswirken. Das Grundrecht schütze nicht das Recht, in bestimmter Weise von anderen gesehen zu werden. Wenn im allgemeinen Diskurs Werbung für ein Produkt erlaubt sei, dann seien auch öffentliche Warnungen Teil dieses Wettbewerbs um ein Produkt. Grundsätzlich

§ 6 Schutzbereiche und Inhaber von Grundrechten

sei es Aufgabe des Staates, die Grundrechte der informationsbedürftigen Verbraucher ebenso zu gewährleisten wie diejenigen der betroffenen Unternehmen. In ähnlicher Weise hat das BVerfG bei der Festlegung von Festbeträgen für Arzneimittel nicht einmal den Schutzbereich des Artikel 12 GG als berührt angesehen (BVerfGE 106, 275, 298; ähnlich zur Aufnahme in den Verfassungsschutzbericht bereits VGH Kassel, NVwZ 2003, 1000).
Diese Rechtsprechung hat in der Literatur überwiegend Kritik erfahren. Das gilt sowohl für die Lösung im konkreten Fall, als auch für die dahinterstehende „neue Lehre" der Grundrechtsdogmatik (exemplarisch *Kahl*, AöR 131 [2006], 579; *Martins*, DÖV 2007, 456; *Schlink*, JZ 2007, 157). Im Hinblick auf beides ist die Kritik berechtigt: Verkannt wird in den Urteilen zum einen, dass Informationen und Warnmitteilungen unter den Bedingungen der Mediengesellschaft weit schärfere Eingriffe sein können als direkte Gebote und Verbote. Information, Werbung und Durchsetzung eines Produkts am Markt sind überdies Angelegenheit autonomer und eigenverantwortlicher Bürgerinnen und Bürger. Die Offenheit dieses Prozesses wird durch die Kommunikationsgrundrechte, aber auch durch Eigentum und Berufsfreiheit geschützt. Es ist grundsätzlich nicht Sache des Staates, hier regelnd einzugreifen und Defiziten in der Informationsfreiheit der Verbraucher durch eine staatliche Informationspolitik abzuhelfen, zumal die Adressaten mit „offiziellen" Mitteilungen im Verhältnis zur privaten Werbung eine ungleich größere Autorität des Staates und einen größeren Wahrheitsanspruch verbinden. Will der Staat die Bürger zu Lasten eines Grundrechtsträgers informieren, warnen, beraten usw., dann ist grundsätzlich der Schutzbereich berührt. Gezielte Warnungen unter Namens- oder Produktnennung sind sogar unmittelbare Grundrechtseingriffe, die nach den allgemeinen Regeln der Zuständigkeit, des Gesetzesvorbehalts und der Verhältnismäßigkeit zu behandeln sind.

Auch unabhängig von den genannten Einzelfällen kann die „neue Lehre" in ihren grundsätzlichen Prämissen nicht überzeugen. Ebenso wenig legt sie eine völlige Umstellung der Terminologie nahe. Berechtigt ist zwar die Kritik an einem zu „geometrischen" Schutzbereichsdenken, doch versteht heute ohnehin niemand mehr den Schutzbereich von Grundrechten rein „geometrisch". Auch in diesem Lehrbuch wird der Schutzbereich vielmehr stets als die **Summe menschlicher Handlungen, Akteure und Institutionen** gesehen, die dem jeweiligen Grundrecht zugeordnet werden können. 24

Es besteht zum anderen kein Anlass, den Akzent von der individuellen Freiheitsbetätigung auf die staatliche Gewährleistung der Freiheit zu verschieben. Zwar ist es richtig, dass viele Grundrechte heute real nur wahrgenommen werden können, wenn der Staat schützend und fördernd tätig wird. Das ändert aber nichts daran, dass der zu schützende Bereich der Grundrechte zunächst einmal vorstaatlich definiert und in diesem **jede** staatliche Einflussnahme legitimationsbe- 25 dürftig ist. Das ist der Kern der seit der Aufklärung entwickelten Sicht der Menschenrechte als „vorstaatliche" Rechte, bei denen der Staat zunächst einmal nichts zu gewährleisten oder zu unterstützen hat, aus denen er sich vielmehr vor allem herauszuhalten hat. Wird der Staat selbst grundrechtsfördernd und gewährleistend tätig, so ist darauf zu achten, dass dies nicht die Freiheit des Grundrechtsinhabers selbst oder Dritter beeinträchtigt. Wer demgegenüber dem Staat schon von vornherein die Rolle des gewährleistenden und ausgleichenden „Grundrechtsmoderators" zuweist, trägt nicht zur Klarheit der Grundrechtsdogmatik, sondern zu einer Überfrachtung der Rolle des Staates bei und lässt die Ergebnisse der Grundrechtsinterpretation unkalkulierbar werden.

26   Ganz und gar unannehmbar ist der Wechsel der Terminologie, wenn damit ausgedrückt werden soll, innerhalb der Lebensbereiche Beruf, Religion, Kunst usw. werde nicht grundsätzlich **jede** Ausprägung der Freiheit geschützt, sondern nur der engere **„Gewährleistungsbereich"** (dazu *Böckenförde*, DS 42 [2003], 165, 174 ff.), den der Gesetzgeber entsprechend herausgehoben habe. Eine solche Sichtweise kehrt nicht nur die in Art. 1 III GG garantierte Rangordnung von Verfassungs- und Gesetzesrecht um, sie nimmt den Grundrechten auch ihren Kern: Die Autonomie der Bestimmung dessen, was Kunst, Wissenschaft, Religion und Beruf ausmacht.

27   Insgesamt sollen die Leser wissen, dass und warum das vorliegende Lehrbuch die „neue Lehre" der Grundrechtsdogmatik nicht **aufnimmt** und bei der **traditionellen Schutzbereichsprüfung** bleibt. Diese wird freilich nicht rein geometrisch verstanden, sondern nimmt neue Entwicklungen und auch die Abhängigkeiten des Grundrechtsträgers von staatlichen Leistungen, Institutionen und Verfahren auf. Unwichtig ist es dabei, ob der Schutzbereich als „Grundrechtsinhalt", „Grundrechtstatbestand" usw. bezeichnet wird. Die Vielfalt des grundrechtlich Geschützten zwingt aber nicht zum Austausch der Terminologie oder gar zu einem grundsätzlich neuen Ansatz, denn keine der angebotenen Definitionen nimmt angemessen auf, um was es letztlich geht: Den **Vorrang der Freiheit vor staatlicher Einwirkung** und die primäre **Unabhängigkeit der Grundrechte von staatlicher Gewährleistung.**

Literatur zu § 6 I 7 g: Kritisch: *Höfling*, Kopernikanische Wende rückwärts? Zur neueren Grundrechtsjudikatur des BVerfG, FS Rüfner (2003), 329; *Huber*, Die Informationstätigkeit der öffentlichen Hand. Ein grundrechtliches Sonderregime aus Karlsruhe?, JZ 2003, 290; *Ipsen*, Gesetzliche Einwirkungen auf grundrechtlich geschützte Rehtsgüter, JZ 1997, 473; *Kahl*, Neue Entwicklungslinien der Grundrechtsdogmatik, AöR 131 (2006), 579; *ders.*,

Vom weiten Schutzbereich zum engen Gewährleistungsgehalt. Kritik einer neuen Richtung der deutschen Grundrechtsdogmatik, DS 43 (2004), 185; dazu die Replik von *Hoffmann-Riem,* DS 43, 2004, 203 ff.; *Martins,* Grundrechtsdogmatik im Gewährleistungsstaat: Rationalisierung der Grundrechtsanwendung?, DÖV 2007, 456; *Möllers,* Wandel der Grundrechtsjudikatur. Eine Analyse der Rechtsprechung des Ersten Senats des BVerfG, NJW 2005, 1973; *Murswiek,* Grundrechtsdogmatik am Wendepunkt?, DS 45 (2006), 473; *Rusteberg,* Der grundrechtliche Gewährleistungsgehalt. Eine veränderte Perspektive auf die Grundrechtsdogmatik durch eine präzise Schutzbereichsbestimmung (2009); *Schlink,* Abschied von der Dogmatik. Verfassungsrechtsprechung und Verfassungsrechtswissenschaft im Wandel, JZ 2007, 157; weitgehend zustimmend *Volkmann,* Veränderungen der Grundrechtsdogmatik, JZ 2005, 261 ff.; interessant auch der damalige Vorsitzende des zust. Senats *Papier,* Aktuelle grundrechtsdogmatische Entwicklungen in der Rechtsprechung des BVerfG, FS Mußgnug (2005), 45.

8. Grundrechtswandel und Grundrechtsfortbildung. Auf Grund neuer Gesetze, Urteile, Verwaltungsentscheidungen, aber auch infolge technischer und sozialer Entwicklungen ändern sich die Anforderungen an die Definition grundrechtlicher Schutzbereiche nahezu permanent. Stammzellforschung stellt Fragen an die Interpretation von Art. 5 III GG und Art. 1 GG. Die moderne Datenverarbeitung erweitert das allgemeine Persönlichkeitsrecht zum Grundrecht auf informationelle Selbstbestimmung. Neue Religions- und Weltanschauungsgemeinschaften stellen das traditionelle Gefüge des Schutzbereichs von Art. 4 GG ebenso in Frage wie das überkommene, scheinbar fest gefügte Staatskirchenrecht. Vor 50 Jahren wäre niemand auf die Idee gekommen, über die Einbeziehung der gleichgeschlechtlichen Partnerschaft in Art. 6 GG oder der Prostitution in Art. 12 GG auch nur nachzudenken. 28

Die Beispiele zeigen: Grundrechte sind nicht allein historisch geprägtes unwandelbares „Urgestein", das nur zu interpretieren oder zu konkretisieren Rechtsprechung und Gesetzgeber berufen sind. Sie wandeln sich und passen sich neuen historischen Anforderungen an. Dies ist nicht zuletzt Aufgabe der Grundrechtsinterpretation.

Literatur zu § 6 I: *Alexy,* Theorie der Grundrechte, 3. Aufl. (1996); *Böckenförde,* Schutzbereich, Eingriff, verfassungsimmanente Schranken. Zur Kritik gegenwärtiger Grundrechtsdogmatik, DS 42 (2003), 165 ff.; *Bumke,* Der Grundrechtsvorbehalt (1998); *Fikentscher/Möllers,* Die (negative) Informationsfreiheit als Grenze von Werbung und Kunstdarbietung, NJW 1998, 1337; *Hain,* Freiheit unter Friedlichkeitsvorbehalt? ARSP Beiheft 104, (2005), 157 ff.; *Höfling,* Offene Grundrechtsinterpretation. Grundrechtsauslegung zwischen amtlichem Interpretationsmonopol und privater Konkretisierungskompetenz (1987); *J. Ipsen*, Gesetzliche Einwirkungen auf grundrechtlich geschützte Rechtsgüter, JZ 1997, 473; *v. Kielmannsegg*, Die Grundrechtsprüfung, JuS 2008, 23; *Lerche*, Grundrechtlicher Schutzbereich, Grundrechtsprägung und Grundrechtseingriff, HdbStR V § 121, 739 ff.; *Lindner*, Konfrontationsschutz als negative Komponente der Freiheitsrechte – eine neue grundrechtsdogmatische Argumentationsfigur?, NVwZ 2002, 37; *F. Müller*, Die Positivität der Grundrechte (1969); *Ossenbühl*, Grundsätze der Grundrechtsinterpretation, HGrR I § 15; *Rupp*, „Dienende Grundrechte", „Bürgergesellschaft", „Drittwirkung" und „Soziale Interdependenz der Grundrechte", JZ 2001, 271.

II. Personeller Schutzbereich, Grundrechtsfähigkeit und Grundrechtsmündigkeit

29   **1. Allgemeines.** Nach dem sachlichen Schutzbereich findet sich in fast allen Gliederungsschemata der **„personelle Schutzbereich"**. Gemeint ist damit die Zuordnung des inhaltlich berührten Grundrechts zu einer bestimmten Person, die auch mit **„Grundrechtsberechtigung"** oder – allerdings sprachlich unschön – mit **„Grundrechtsträgerschaft"** bezeichnet wird.

30   Mit **„Grundrechtsfähigkeit"** wird demgegenüber die **grundsätzliche** Möglichkeit bezeichnet, Träger von Grundrechten zu sein. Sie entspricht der Rechtsfähigkeit im Sinne von § 1 BGB; im prozessualen Sinne der Antrags- bzw. Beschwerdefähigkeit (z. B. in § 90 I BVerfGG: „Jedermann").

31   **2. Grundrechtsfähigkeit natürlicher Personen.** Träger von Grundrechten sind primär **natürliche Personen.** Sie sind insofern auch grundrechtsfähig. Das gilt auch für das Kind, den Bewusstlosen, den Komapatienten usw. Die abstrakte Grundrechtsfähigkeit sagt allerdings noch nichts über die Grundrechtsträgerschaft im konkreten Fall. So ist ein Ausländer zwar grundrechtsfähig, er ist aber nicht Träger aller Grundrechte. Ein Nichtbehinderter ist grundrechtsfähig, kann sich aber nicht auf Art. 3 III GG berufen; eine Frau nicht auf das Recht zur Kriegsdienstverweigerung nach Art. 4 III GG usw. Deshalb kommt es hier auf die konkrete Grundrechtsträgerschaft oder Grundrechtsberechtigung an.

Literatur: *Huber*, Natürliche Personen als Grundrechtsträger, HGrR II, § 49.

Tiere und die **Natur als solche** sind weder allgemein grundrechtsfähig noch im Einzelfall grundrechtsberechtigt. Sie stehen nur unter dem Schutz der Staatszielbestimmung des Art. 20a GG.

3. Grundrechte als subjektive Rechte – „Grundrechtsbefugnis".

32 Schon die Beschwerdebefugnis bei der Verfassungsbeschwerde verlangt nicht nur die allgemeine Fähigkeit, Träger von Grundrechten zu sein, sondern konkret die Möglichkeit der Verletzung gerade dieses Grundrechts durch eine bestimmte hoheitliche Maßnahme. Das setzt die Zuordnung eines Grundrechts zu einer bestimmten Person (Subjekt) voraus. Das Grundrecht muss aus der Sicht des Betroffenen ein **subjektives Recht** (zum Begriff oben § 5, Rn. 2) und es muss möglicherweise verletzt sein. Im Begründetheitsteil ist dieser Aspekt unter „personeller Schutzbereich" zu prüfen.

33 Für die **europäischen Grundrechte** ist zu beachten, dass dort in der Regel die strenge deutsche Definition des subjektiven Rechts nicht gilt. Das hat auch Einfluss auf die Klagebefugnis (*Haselmann*, Die Entwicklung des Schutzes subjektiv-öffentlicher Rechte unter der Berücksichtigung des europäischen Einflusses [2005]; *Triantafyllou*, Zur Europäisierung des öffentlichen Rechts, DÖV 1997, 192; *Ruffert*, Dogmatik und Praxis des subjektiv-öffentlichen Rechts unter Einfluss des Gemeinschaftsrechts, DVBl. 1998, 69; allg. dazu *Hufen*, VwProzR, § 14 Rn. 80).

4. Auswirkungen der Unterscheidung Menschenrechte – Bürgerrechte.

34 Schon das römische Recht behielt bestimmte Rechte den römischen Bürgern vor. Die Aufklärung hob dann auf die Menschenrechte als den Menschen als solchen zustehende Rechte ab. Erst die Französische Revolution unterschied dann wieder zwischen Menschenrechten und Bürgerrechten (so in der Déclaration des Droits de l'Homme et du Citoyen vom 26. August 1789).

Auch das Grundgesetz folgt der Trennung von **„Jedermannrechten"** und **„Deutschenrechten"**. So sprechen Art. 8, 9, 12, 38 GG von „allen Deutschen", dagegen formulieren Art. 2 II, 3, 4, 5 GG usw. entweder das Grundrecht abstrakt (Freiheit der Kunst usw.) oder benutzen den Begriff „Jedermann" bzw. „Niemand" oder auch „alle Menschen". Ausländer können sich in jedem Fall auf die allgemeine Handlungsfreiheit in Art. 2 I GG berufen. Zu beachten sind auch europarechtliche Gewährleistungen, insbesondere das Diskriminierungsverbot des Art. 18 AEUV. Im Falle von Art. 38 GG ist nach der Rechtsprechung des Bundesverfassungsgerichts sogar wegen des Demokratieprinzips die Beschränkung auf deutsche und (ggf. EU-) Bürger verfassungsrechtlich geboten (BVerfGE 83, 37, 60 – Ausländerwahlrecht I). Maßgeblich für die Grundrechtsträgerschaft bei Bürgerrechten ist die Staatsbürgerschaft nach Art. 116 GG.

Literatur: *Heintzen*, Ausländer als Grundrechtsträger, HGrR II, § 50.

35 **5. Grundrechte vor der Geburt und nach dem Tode?** Während nach dem BGB die Rechtsfähigkeit mit der Geburt beginnt und mit dem Tode endet, hat das BVerfG in Einzelfällen die Grundrechtsträgerschaft auch vor der Geburt (so BVerfGE 39, 1, 36; 88, 203 – Schwangerschaftsabbruch) und hinsichtlich der Ehre eines Verstorbenen auch nach dem Tode gelten lassen (BVerfGE 30, 173, 194 – Mephisto). Auf Einzelheiten ist bei den jeweiligen Grundrechten einzugehen.

36 **6. Die Grundrechtsfähigkeit juristischer Personen und Personenmehrheiten (Art. 19 III GG).** Auf die Grundrechtsträgerschaft natürlicher Personen ist in der Klausur nur kurz, allenfalls bei Ausländern etwas ausführlicher einzugehen. Problematisch kann dagegen die Grundrechtsträgerschaft juristischer Personen und Personenmehrheiten sein. Kann sich etwa ein kurdischer Kulturverein auf die Versammlungsfreiheit berufen? Was gilt für eine deutsche nichtrechtsfähige Bürgerinitiative? Wie verhält es sich bei der Verfassungsbeschwerde einer Gemeinde oder einer Universität?

Diese Probleme sind allgemein in Art. 19 III GG geregelt, der bestimmt, dass Grundrechte auch für inländische juristische Personen gelten, soweit sie *„ihrem Wesen nach auf diese anwendbar sind"*. Schwierig ist hier aber schon der Begriff der **juristischen Person.** Dieser ist zunächst als Gegensatz zur natürlichen Person formuliert und umfasst alle mit eigener Rechtsfähigkeit ausgestatteten Vereinigungen, also etwa die Aktiengesellschaft beim Streit um das Eigentum, den eingetragenen Verein beim Streit um die Vereinigungsfreiheit oder die GmbH beim Streit um die Berufsfreiheit. Anwendbar sind die Grundrechte aber nur, soweit sie dem Wesen nach auf die juristische Person übertragbar sind. Keine „wesensmäßige Anwendbarkeit" liegt für solche Grundrechte vor, die erkennbar nur an die Eigenschaft als Mensch anknüpfen (Art. 1, 6, 2 II GG). Es gibt also keinen Persönlichkeitsschutz der GmbH, keinen Lebensschutz für die AG, keinen Schutz von Ehe und Familie für die „Hochzeit" zweier Unternehmen, kein Asylrecht für einen ausländischen Verein.

Problematisch ist zunehmend auch die Beschränkung des Grundrechtsschutzes auf **inländische** juristische Personen (so zur Religionsfreiheit ausdrücklich BVerfG, Kammer, NVwZ 2008, 670). Insofern wird das deutsche Recht immer mehr durch das Europarecht und durch internationale Gegenseitigkeitsabkommen überlagert. Auf Grund des Anwendungsvorrangs der Grundfreiheiten im Binnenmarkt (Art. 26 AEUV) und des allgemeinen Diskriminierungsverbots (Art. 18 AEUV) ist daher eine Erweiterung des personellen Schutzbereichs deutscher Grundrechte auf juristische Personen aus der EU geboten (BVerfGE 129, 78 – Urheberrecht [Art. 14 GG]). Unabhängig davon sind grundlegende Garantien wie das rechtliche Gehör und Justizgrundrechte auch für juristische Personen des ausländischen Rechts anwendbar (BVerfGE 21, 362, 373 – Sozialversicherungsträger). Dagegen sind solche Grundrechte, die selbst nur deutschen natürlichen Personen zustehen, auf juristische Personen des ausländischen Rechts nicht anwendbar.

Besonderheiten gelten für **nichtrechtsfähige Vereine,** denen dem Wesen nach Grundrechte zustehen können. Hier hat das BVerfG in Einzelfällen schon früh die Grundrechtsträgerschaft bejaht, so etwa für nichtrechtsfähige Religionsgemeinschaften im Hinblick auf Art. 4 GG, für Vereinigungen ohne Rechtsfähigkeit im Hinblick auf Art. 9 GG und für nichtrechtsfähige Unternehmen hinsichtlich Art. 12 GG. Auch Gewerkschaften und der Betriebsrat können sich, unabhängig von der Rechtsform, auf Art. 9 III GG berufen (zu letzterem *Ellenbeck*, Die Grundrechtsfähigkeit des Betriebsrates [1996]). Nicht grundrechtsfähig sind dagegen sog. „ad hoc-Gruppen" ohne organisatorische Verfestigung. 37

Literatur: *Tettinger*, Juristische Personen des Privatrechts als Grundrechtsträger, HdbGr II, § 51; *Zuck*, Die Verfassungsbeschwerdefähigkeit ausländischer juristischer Personen, EuGRZ 2008, 680.

7. Juristische Personen des öffentlichen Rechts. Rechtsfähigkeit kommt auch juristischen Personen des öffentlichen Rechts zu. Das ist beim Staat (Bund und Bundesländer) selbst, aber auch bei Gemeinden, Universitäten, Rundfunkanstalten, Kirchen, Handwerkskammern, Sparkassen usw. der Fall. Anderes gilt aber hinsichtlich der **Grundrechts**fähigkeit. 38

Trotz mancher Kritik beharrt das BVerfG darauf, dass Grundrechte **gegen den Staat** und gegen öffentliche Körperschaften schützen, aber nicht den Schutz von öffentlichen Körperschaften bewirken. Das gilt ungeachtet der Frage, ob die jeweilige Körperschaft privatrechtlich oder öffentlichrechtlich tätig wird. Begründet wird das auch damit, dass es kein Grundrechtsverhältnis innerhalb des Staates geben könne (BVerfGE 21, 362, 370 – Sozialversicherungsträger). Nur wenn hinter der jeweiligen Körperschaft natürliche Personen stehen, auf deren Grundrechte „durchgegriffen" werde („Durchgriffstheorie") sei ein Grundrecht dem Wesen nach auf juristische Personen des öffentlichen Rechts anwendbar.

Diese Grundlinie hat das BVerfG im Urteil Sasbach/Whyl (BVerfGE 61, 82 ff.) bekräftigt, in dem es um die mögliche Verletzung des Eigentums an einem der Gemeinde gehörenden Weinberg durch ein Kernkraftwerkprojekt ging. Hier hat das BVerfG grundsätzlich ausgeführt, juristische Personen des öffentlichen Rechts könnten sich nicht auf die Grundrechte berufen und dies später auf Sparkassen (BVerfGE 75, 192, 195) und Innungen nach der Handwerksordnung (BVerfGE 68, 193, 205) erweitert. Selbst auf das nach Art. 14 GG geschützte Urheberrecht soll sich eine öffentliche Rundfunkanstalt nicht berufen können (BVerfGE 78, 101 ff.).

39 Folgende Ausnahmen lässt das BVerfG aber gelten:
- So können sich **wissenschaftliche Hochschulen** und Fachbereiche auf die Wissenschaftsfreiheit (Art. 5 III GG) berufen (BVerfGE 15, 256, 262; 35, 79);
- **öffentliche Rundfunkanstalten** sind Träger der Rundfunkfreiheit nach Art. 5 I 2 GG (BVerfGE 31, 314, 321; 83, 238, 296) und auch des Fernmeldegeheimnisses (Art. 10 GG – BVerfGE 107, 299, 312),
- **Kirchen** und als Körperschaften des öffentlichen Rechts anerkannte andere **Religionsgemeinschaften** können sich nicht nur auf die staatskirchenrechtlichen Gewährleistungen, sondern auch auf die Religionsfreiheit berufen (BVerfGE 19, 129; 21, 362, 374).

Dagegen steht **Kommunen** laut BVerfG nur die Selbstverwaltungsgarantie aus Art. 28 II GG, aber weder der Grundrechtsschutz aus Art. 14 I GG noch – jedenfalls bei der Erfüllung öffentlicher Aufgaben – aus Art. 3 GG (BVerfG, Kammer, NVwZ 2007, 1420) oder die allgemeine Handlungsfreiheit aus Art. 2 I GG (BVerfG, Kammer, NVwZ 2007, 1176 – Waldschlösschenbrücke) zu. Das gilt auch für mehrheitlich durch Gemeinden beherrschte Unternehmen und für öffentliche Sparkassen, und zwar selbst dann, wenn diese wie Private tätig werden (BVerfGE 75, 192, 195 – Sparkasse; BVerfG, Kammer, NJW 1990, 1783 – Stromversorgungsunternehmen).

40 **Kritik:** Diese Rechtsprechung ist – zurückhaltend formuliert – überprüfungsbedürftig. Sie beruht auf der (falschen) Prämisse, dass es sich bei den Gemeinden und anderen Körperschaften des öffentlichen Rechts im Grunde um einen „Teil des Staates" handle und es „innerhalb des Staates" kein Grundrechtsverhältnis geben könne. Dabei werden die rechtliche Selbstständigkeit und auch die verfassungsrechtliche Stellung der Gemeinden und anderer juristischer Personen des öffentlichen Rechts verkannt. Übersehen wird auch, dass schon immer zwischen fiskalischem Bereich (Eigentum öffentlicher Träger wie bei Privaten) und hoheitlichem Bereich unterschieden wurde. Besonders bedenklich ist der Ausfall des Grundrechtsschutzes bei „gemischten Unterneh-

men", bei denen sich privates und öffentliches Kapital vereinigen. So sind auch die privaten Eigner betroffen, wenn etwa öffentliche Versicherungen und Sparkassen sich nicht auf das Eigentum berufen können. Das gilt umso mehr, wenn diese zwar nicht Grundrechtsträger sein können, umgekehrt aber als an die Grundrechte Dritter gebunden behandelt werden (BVerfGE 128, 226, 250 – Fraport). Auch die Prämisse, Grundrechte seien Rechte von Privaten, richteten sich als solche gegen den Staat und seien nicht subjektive Rechte öffentlicher Körperschaften, stimmt in dieser Allgemeinheit nicht. Eine Körperschaft des öffentlichen Rechts kann sowohl Trägerin eines Grundrechts als auch Grundrechtsadressatin sein. So ist die Universität im Verhältnis zum Staat Trägerin der Wissenschaftsfreiheit. Ihre Mitglieder können sich ihr gegenüber aber ebenso auf die Grundrechte berufen. Ähnlich verhält es sich bei Kirchen und Rundfunkanstalten.

Im Übrigen hat die Rechtsprechung des BVerfG zur Konsequenz, dass z. B. im Verwaltungsprozess Gemeinden und Universitäten sich nicht auf ihr Eigentum im Sinne von Art. 14 GG berufen können, in ständiger Rechtsprechung aber betont wird, das Eigentum im Sinne von § 903 BGB und anderen einfachrechtlichen Konkretisierungen stehe ihnen zu (BVerwG, NVwZ 1993, 364).

Literatur: *Bethge*, Die Grundrechtsberechtigung juristischer Personen nach Art. 19 Abs. 3 GG (1985); *ders.*, Zur Grundrechtsträgerschaft gemischtwirtschaftlicher Unternehmen, FS Schnapp (2008), 3; *Broß*, Grundrechtsfähigkeit juristischer Personen des öffentlichen Rechts, VerwArch. 77 (1986), 65 ff.; *Frenz*, Die Grundrechtsberechtigung juristischer Personen des öffentlichen Rechts bei grundrechtssichernder Tätigkeit, VerwArch. 85 (1994), 22; *Isensee*, Anwendung der Grundrechte auf juristische Personen, HdbStR V, § 118; *Krausnick*, Grundfälle zu Art. 19 III, JuS 2008, 965; *Merten*, Mischunternehmen als Grundrechtsträger, FS Krejci (2001), 2003; *Poschmann*, Grundrechtsschutz gemischt – wirtschaftlicher Unternehmen (2000); *Schnapp*, Zur Grundrechtsberechtigung juristischer Personen des öffentlichen Rechts, HdbGr II, § 52; *Schoch*, Grundrechtsfähigkeit juristischer Personen, Jura 2001, 201; *Zimmermann*, Der grundrechtliche Schutzanspruch juristischer Personen des öffentlichen Rechts (1993).

8. Grundrechtsmündigkeit. Unter dem Stichwort „Grundrechtsmündigkeit" wird die Frage gestellt, ob sich Kinder, möglicherweise auch Menschen mit geistiger Behinderung, Komapatienten usw. auf Grundrechte berufen können. Diese sind selbstverständlich grundrechtsfähig und damit Träger von Grundrechten. Die Frage ist nur, ob sie das Grundrecht auch selbstständig ausüben können.

Hierzu wird in der Literatur entweder auf die **Einsichtsfähigkeit** (Grundrechtsreife) abgestellt, oder behauptet, Grundrechtsmündigkeit und **Geschäftsfähigkeit** seien jedenfalls bei Art. 12 und Art. 14 GG identisch. Im Grundgesetz kommt dagegen die Grundrechtsmündigkeit nicht vor. Schon deshalb ist es problematisch, den

Schutzbereich für bestimmte Menschen von vornherein einzuschränken (*Hohm*, NJW 1986, 3107; *Roell*, Die Geltung der Grundrechte für Minderjährige [1984]). Bei der „Mündigkeit" kann es also nicht um die persönliche, sondern nur um die sachliche Reichweite gehen. Wer sich versammeln kann, wer sich eine Meinung bilden kann und wer Kunst ausüben kann, ist auch durch das jeweilige Grundrecht geschützt. Verfehlt ist dagegen die Gleichsetzung von Geschäftsfähigkeit und Grundrechtsmündigkeit (so etwa bei *J. Martens*, NJW 1987, 2561). Eine ganz andere Frage ist die gesetzliche Regelung der Grundrechts**ausübung:** So wird das aktive und passive Wahlrecht in Art. 38 GG durch das BWahlG bestimmt. Das Gesetz über die religiöse Kindererziehung vom 15. Juli 1921 (RGBl. 939) regelt die Frage, ab wann Kinder ihr religiöses Bekenntnis selbst bestimmen können. Die Regeln des BGB über die Geschäftsfähigkeit und deren Beschränkung konkretisieren die Vertragsfreiheit und die Selbstbestimmung über das Eigentum des Minderjährigen. Besonders wichtig: Art. 6 II 1 GG (elterliches Erziehungsrecht) verlangt keineswegs von vornherein eine Einschränkung des Schutzbereichs der Grundrechte des Kindes. Hierbei handelt es sich vielmehr um eine verfassungsimmanente Schranke der Grundrechte des Kindes. So dürfen Eltern dem Achtjährigen die Teilnahme an einer Demonstration untersagen, über die Teilnahme am Religionsunterricht des noch nicht Zwölfjährigen entscheiden und die Ausbildungsstätte wählen.

Insgesamt zeigt sich, dass der Begriff der „Grundrechtsmündigkeit" eher überflüssig ist. Die hier angesprochenen Probleme können vielmehr mit der allgemeinen Schrankensystematik gelöst werden. Keine Frage des Schutzbereichs ist selbstverständlich auch die **prozessuale Geltendmachung** von Grundrechten. Sie richtet sich nach den jeweiligen Prozess- bzw. Verfahrensordnungen. Dasselbe gilt für sog. **Kindergrundrechte.** Die Verankerung solcher Rechte im GG, die zumeist in unmittelbarem Zusammenhang mit spektakulären Fällen der Vernachlässigung von Kindern im politischen Umfeld gefordert wird, ist bestenfalls überflüssig, wahrscheinlich aber schädlich. Bei einer sachgerechten Interpretation der Grundrechtsmündigkeit haben Kinder im GG alle Grundrechte, die sie brauchen (Menschenwürde in Art. 1 I, Entfaltung der Persönlichkeit in Art. 2 I, Chancengleichheit in Art. 3, körperliche Unversehrtheit in Art. 2 II GG, Meinungsfreiheit in Art. 5 I GG usw.). Missbräuche des elterlichen Erziehungsrechts sind im Rahmen der Schranken von Art. 6 II GG zu lösen (wie hier *G. Kirchhof*, ZRP 2007, 149).

Literatur zu § 6 II 8: *Bruk/Repgen*, Das Kind im Recht (2009); *Fehnemann*, Die Innehabung und Wahrnehmung von Grundrechten im Kindesalter (1983); *Hohm*, Grundrechtsträgerschaft und „Grundrechtsmündigkeit" Minderjähriger am Beispiel öffentlicher Heimerziehung, NJW 1986, 3107; *G. Kirchhof*, Kinderrechte in der Verfassung – zur Diskussion einer Grundgesetzänderung, ZRP 2007, 149; *Martens*, Grundrechtsausübung als Spiel ohne Grenzen, NJW 1987, 2561; *Robbers*, Partielle Handlungsfähigkeit Minderjähriger im Öffentlichen Recht, DVBl. 1987, 709 ff.; Roell, Die Geltung der Grundrechte für Minderjährige (1984); *Roth*, Die Grundrechte Minderjähriger im Spannungsfeld selbstständiger Rechtsausübung elterlichen Erziehungsrechts und staatlicher Grundrechtsbindung (2003); **allgemein zu § 6 II:** *Rüfner*, Grundrechtsträger, HdbStR V, § 116, S. 485 ff.; *von Mutius*, Grundrechtsmündigkeit, Jura 1987, 272.

9. Grundrechtsverzicht. Keine Frage des persönlichen Schutzbereichs, sondern allenfalls der Rechtfertigung von Eingriffen ist der so genannte „Grundrechtsverzicht". Das gilt nicht nur für die ohnehin unverzichtbare Menschenwürde und die nach Art. 1 II GG explizit „unveräußerlichen" Menschenrechte. Es ist auch sonst fraglich, ob sich der Einzelne sozusagen selbst „außerhalb des Schutzbereichs" eines Grundrechts stellen kann. Freiwillige Inkaufnahme von Grundrechtsbeschränkungen oder auch Nichtausübung eines Grundrechts betreffen also nicht den persönlichen Schutzbereich.

Mit „Grundrechtsverzicht" wird dann zumeist auch etwas ganz anderes gemeint, nämlich die Nichtausübung eines Grundrechts bzw. die Einwilligung in einen Grundrechtseingriff. Beide sind möglich. Unverzichtbar in diesem Sinne ist allenfalls der Kern der Menschenwürde.

Die Nichtausübung eines Grundrechts gehört zumeist gerade selbst zu den geschützten Handlungen bzw. Nichthandlungen. So gehört es zur Ehefreiheit (Art. 6 I GG), keine Ehe einzugehen; zur Religionsfreiheit (Art. 4 I GG), sich nicht zu einer Religion zu bekennen und zur Wahlfreiheit (Art. 38 GG), nicht zur Wahl zu gehen, ohne dass dies in irgendeiner Weise gerechtfertigt werden müsste.

Keine Frage des Schutzbereichs, sondern der Schranke ist die freiwillige **Einwilligung in einen Grundrechtseingriff**. So sind die Blutentnahme oder eine sonstige ärztliche Behandlung mit Einwilligung des Patienten grundsätzlich gerechtfertigt. Der Stuntman oder Formel-1 Pilot kann in die erhöhte Gefährdung von Art. 2 II 1 GG einwilligen. Der Rechtsmittelverzicht beschränkt legitimerweise das rechtliche Gehör und den Anspruch auf Rechtsschutz gegen staatliche Handlungen (Art. 19 IV GG). Insofern gilt der alte römische

Grundsatz: „volenti non fit iniuria" auch im Bereich der Grundrechte. Der Grundrechtsschutz gegen den Willen des Betroffenen wäre unabhängig von dessen Motiven paternalistisch und selbst mit den Grundrechten nicht in Einklang zu bringen.

Auch vom Grundsatz der freien Einwilligung in Grundrechtseingriffe gibt es aber **Ausnahmen.** So kann der Grundrechtsverzicht wie bei Art. 9 III GG explizit ausgeschlossen sein (Koalitionsfreiheit im Arbeitsverhältnis). Unzulässig ist in der Regel auch der Verzicht auf ein so wichtiges Grundrecht wie die Ehefreiheit in einem Arbeitsvertrag (so schon BVerwGE 14, 21, 29 – „Zölibatsklausel"). Der Grundsatz, dass niemand durch Druck, Abhängigkeit, wirtschaftliche oder kulturelle Abhängigkeit zum Verzicht auf wesentliche Grundrechtsbestimmungen veranlasst werden darf, ist also durchaus verallgemeinerungsfähig.

Beispiele: Verzicht auf Unterhaltsleistungen bei wirtschaftlichem Ungleichgewicht; Verzicht auf elterliches Sorgerecht durch Androhung von Sanktionen. Das gilt auch und erst recht für die Menschenwürde. Die Einwilligung in Versklavung, Folter oder sadistische Misshandlungen ist also unwirksam. Zu beachten ist aber auch hier, dass auch die Selbstbestimmung zum Kern der Menschenwürde gehört. Das Verbot der „Peep-Show" (BVerwGE 84, 314) ist also mit Skepsis zu betrachten (dazu § 10, Rn. 70).

Literatur: *Fischinger,* Der Grundrechtsverzicht, JuS 2007, 808; *Spieß,* Der Grundrechtsverzicht (1997).

44 **10. Verwirkung von Grundrechten.** Abgesehen vom Sonderfall des Art. 18 GG (dazu § 9, Rn. 38) gibt es kein allgemeines Institut der Verwirkung von Grundrechten. Freiheitsentzug, Geldstrafe und Verlust der bürgerlichen Ehrenrechte als Folge von Strafurteilen sind nicht den Schutzbereich verkürzende Fälle der Verwirkung, sondern schlichte durch die Strafgesetze gerechtfertigte Eingriffe in Art. 2 II 1, Art. 14 I und Art. 38 GG. Den heute einzigen Fall einer „echten" Verwirkung hat Art. 18 GG für bestimmte Fälle „kanalisiert" und zugleich für das BVerfG „reserviert". Hat hier das BVerfG nach Art. 18 GG i. V. m. §§ 36 bis 41 BVerfGG die Verwirkung eines Grundrechts festgestellt (und nur dann!), so kann sich der davon Betroffene nicht auf die verwirkten Grundrechte berufen.

III. Mehrere Schutzbereiche: „Grundrechtskonkurrenzen"

45 In ein und demselben Fall können die Schutzbereiche mehrerer Grundrechte berührt sein. So liegt in der Berufstätigkeit des Wissenschaftlers oder Künstlers sowohl ein Fall des Art. 5 III GG als auch des Art. 12 I GG und letztlich auch der allgemeinen Handlungsfreiheit des Art. 2 I GG vor. Für die Meinungsäußerung während einer Demonstration kommen sowohl Art. 8 GG als auch Art. 5 I 1 GG und wiederum Art. 2 I 1 GG in Betracht. Ist die Meinungsäußerung religiös motiviert, kann Art. 4 GG noch hinzutreten. Den „Rekord" hält das klausurträchtige „religiöse Straßentheater mit Versammlungszweck". Hier ist zusätzlich zu Art. 5 I, Art. 8 und Art. 4 noch die Kunstfreiheit des Art. 5 III GG in Erwägung zu ziehen.

Die Frage, welches Grundrecht jeweils vorgeht bzw. verdrängt wird, ist nicht nur wegen der unterschiedlichen Merkmale des Schutzbereichs, sondern vor allem wegen der möglicherweise unterschiedlichen Schranken von großer Bedeutung. Sie ist aber in der Regel im Verfassungsrecht leichter zu lösen als im Strafrecht, wo Realkonkurrenz und Idealkonkurrenz ein großes Problem darstellen können. Im Grunde kommt es nur auf die korrekte Anwendung des Grundsatzes an, dass das jeweils speziellere Grundrecht vorgeht (**„lex specialis-Regel"**). Ist eine bestimmte Handlung in einer anderen inbegriffen, dann geht jeweils der „überschießende Teil" vor. So ist die Versammlungsfreiheit lex specialis zur Meinungsfreiheit, weil die (kollektive) Meinungsäußerung im Zweck der Versammlung erfasst ist. Dasselbe gilt im Verhältnis der Meinungsfreiheit zur allgemeinen Handlungsfreiheit: Jede Meinungsäußerung ist Handlung, aber nicht jede Handlung ist Meinungsäußerung. Letztere ist also „überschießend". Trägt die Versammlung religiösen Charakter oder wird sie mit künstlerischen Mitteln durchgeführt, dann sind (nebeneinander) Religions- bzw. Kunstfreiheit einschlägig, weil spezieller.

Beispiel: Die Szenische Darstellung eines Gedichts von Bert Brecht bei einer Versammlung ist durch die Kunstfreiheit geschützt (BVerfGE 67, 213, 228 – Anachronistischer Zug).

Der Vorrang des spezielleren Grundrechts bedeutet grundsätzlich, dass es das „in ihm inbegriffene" allgemeinere Grundrecht verdrängt. So kommt die Meinungsfreiheit im zitierten Beispiel nicht neben der Versammlungsfreiheit zur Anwendung, die allgemeine Handlungsfreiheit (Art. 2 I GG) ist zumeist nur „Auffanggrundrecht" gegenüber spezielleren Rechtsnormen. Grundrechte können aber auch **nebeneinander** bestehen und sich dann sozusagen gegenseitig verstärken. Das ist grundsätzlich im Verhältnis von Freiheitsrechten und Gleichheitsrechten (z. B. Art. 3 I GG) der Fall, gilt aber auch im zitierten Beispiel „religiöses Straßentheater" für die nebeneinander anwendbaren Grundrechte aus Art. 5 III, Art. 4 und Art. 8 GG. Der Architekt als Baukünstler kann sich im Hinblick auf seine Gestaltungsfreiheit auf Art. 5 III GG, im Hinblick auf seine Erwerbstätigkeit auf Art. 12 GG berufen.

Das BVerfG pflegt solche Zusammenhänge mit der schlichten Formulierung „in Verbindung mit ..." zu kennzeichnen. Auch in der Literatur wird vermehrt auf die Überschneidungen der Schutzbereiche und die fehlende exakte Trennbarkeit der Grundrechte hingewiesen (vgl. *G. Kirchhof*, Grundrechte und Wirklichkeit [2006]).

In der Klausur muss in jedem Fall genau bezeichnet werden, welches Grundrecht angewendet wird. Kumulations- und Verstärkungswirkungen sollten nur angenommen werden, wenn die beiden Handlungen wirklich auf derselben Ebene liegen. Der gelegentlich sogar in höchstrichterlichen Urteilen zu lesende Satz: „Es kann dahin stehen, ob auch die Kunstfreiheit anwendbar ist – sie ist jedenfalls durch die Schranke ..." kann nicht empfohlen werden. Selbst in der Rechtsprechung des BVerfG werden unter dem Stichwort „Schutzbereichsverstärkung" Grundrechte nebeneinander geprüft oder bei der Schutzbereichsprüfung ausgeschieden; tauchen dann aber bei der Verhältnismäßigkeitsprüfung als Abwägungsbelang wieder auf. Auch das sollte vermieden werden.

Beispiel: Aspekte der Religionsfreiheit und der Berufsfreiheit für den um eine Erlaubnis zum Schächten warmblütiger Tiere nachkommenden ausländischen Metzger (BVerfGE 104, 337, 346/350 – Schächturteil); krit. dazu *Dreier*, vor Art. 1, Rn. 157; *Hain/Unruh*, DÖV 2003, 147, 155; *Spielmann*, JuS 2004, 371; Volkmann, DVBl. 2002, 332, 333.

Literatur: *Berg*, Konkurrenzen schrankendivergierender Freiheitsrechte im Grundrechtsabschnitt des Grundgesetzes (1968); *Bethge*, Zur Problematik von Grundrechtskollisionen (1977); *Heß*, Grundrechtskonkurrenzen (2000); *E. Hofmann*, Grundrechtskombinationen in der Fallbearbeitung, Jura 2008, 667; *Lerche*, HdBStR V, § 122, Rn. 46 ff.; *Martens*, Die Grundrechtskollision (2001); *Meinke,* In Verbindung mit. Die Verbindung von Grundrechten miteinander und mit anderen Bestimmungen des GG in der Rechtsprechung des BVerfG (2006); *Rüfner*, Festgabe BVerfG II (2001), 453 ff.; *Stern*, Staatsrecht III/2, 1366 ff.

§ 7 Grundrechtsadressaten

I. Allgemeines

1   Im Vergleich zum sachlichen und personellen Schutzbereich wird der Frage des **Grundrechtsadressaten** oder auch der „Grundrechts-

verpflichteten" eine vergleichsweise geringe Bedeutung zugebilligt (Ansätze bei *Hößlein*, Der Schuldner der Grundrechte, JZ 2007, 271). Im Allgemeinen scheint diese Frage durch Art. 1 III GG beantwortet: Grundrechte binden die **gesamte staatliche Gewalt** als unmittelbar geltendes Recht. Dabei kann es sehr wohl darauf ankommen, ob z. B. europäische und internationale Institutionen, private Arbeitgeber oder auch der Verfassungsgeber selbst an Grundrechte gebunden sind. Auch ist eine Verfassungsbeschwerde unbegründet, wenn nicht bereits unzulässig, wenn der Beschwerdegegner im Einzelfall nicht an das jeweilige Grundrecht gebunden ist. Darauf ist aber in der Klausur nur einzugehen, wenn insofern Zweifel bestehen.

Obwohl Art. 1 III GG die grundrechtsgebundenen Staatsorgane einzeln aufzählt, besteht kein Zweifel, dass die gesamte deutsche Staatsgewalt an die Grundrechte gebunden ist. Das gilt für das Parlament auch außerhalb der Gesetzgebung; das gilt für Bundeskanzler und Bundespräsidenten. Damit ist auch die lange diskutierte Frage der sog. „justizfreien Hoheitsakte" (Leitentscheidungen der Regierung, Gnadenentscheidungen, Ordensverleihungen), beantwortet. Diese sind jedenfalls **nicht** „grundrechtsfreie Hoheitsakte".

II. Grundrechtsbindung des Verfassungsgebers

Auch der verfassungsändernde Gesetzgeber nach Art. 79 I GG kann Adressat grundrechtlicher Bindungen sein. Das gilt nach Art. 79 III GG unmittelbar in Bezug auf die **Menschenwürde** (Art. 1 I GG), nach Auffassung vieler auch für den „Menschenwürdekern" anderer Grundrechte wie Art. 2 II, Art. 13 GG und das allgemeine Persönlichkeitsrecht (Art. 2 I i. V. m. Art. 1 GG – dazu § 10, Rn. 46). Weiterhin enthalten die gleichfalls nach Art. 79 III GG unabänderlichen Grundsätze des Art. 20 GG den Verfassungsgeber bindende Gewährleistungen, so etwa das Demokratieprinzip, die Gleichheit der Wahl, das Recht auf Ausübung einer Opposition und das Rechtsstaatsprinzip, den Grundsatz des rechtlichen Gehörs, des gesetzlichen Richters usw. Auch eine unverhältnismäßige Verfassungsänderung kann gegen das Rechtsstaatsprinzip verstoßen. Das BVerfG hatte in mehreren spektakulären Fällen über die Grundrechtskonformität von verfassungsändernden Gesetzen zu entscheiden: So in BVerfGE 30, 10 – Abhörurteil zu Art. 10 GG; in BVerfGE 94, 49; 94, 115 und 94, 166 zu Art. 16a GG; in BVerfGE 109, 279, 309 – Großer Lauschangriff – zu Art. 13 GG.

III. Gesetzgeber

3   Die Bindung des Gesetzgebers an die Grundrechte (Art. 1 III GG) und deren Kontrollierbarkeit durch das BVerfG sind sowohl aus historischer als auch aus rechtsvergleichender Sicht nicht so selbstverständlich, wie sie uns heute erscheint. So ist bis heute dem *Rousseau* verpflichteten französischen Verfassungsdenken die Kontrolle des demokratischen Gesetzgebers durch Gerichte ungewohnt, und auch in der Verfassungsgeschichte der USA bedurfte es des geradezu sophistischen „Kraftakts" der Entscheidung „Marbury vs. Madison", um die Kontrolle des Gesetzgebers durch den Supreme Court durchzusetzen (dazu *Brugger*, Der Kampf um die Verfassungsgerichtsbarkeit, JuS 2003, 320). Im GG kommt das traditionelle Verständnis in der Formel von der „Gleichheit vor dem Gesetz" in Art. 3 I GG zum Ausdruck. Sie ändert aber nichts daran, dass heute auch der Gesetzgeber selbst an den Gleichheitssatz gebunden ist. Auch die Erfahrung mit den menschenrechtswidrigen Gesetzen der nationalsozialistischen Zeit bewog den Verfassungsgeber von 1949 dazu, den Gesetzgeber explizit an die Grundrechte zu binden. Das gilt nicht nur im öffentlichen Recht, sondern z. B. auch bei der Gesetzeskonkretisierung im Ehe- und Familienrecht.

Auf die **Art** der Gesetze kommt es nicht an. Grundrechtsgebunden sind also auch so genannte **Maßnahmegesetze**, das **Haushaltsgesetz** und **Zustimmungsgesetze** zu internationalen Verträgen. Selbst für das **Gewohnheitsrecht** kann nichts anderes gelten. So darf das gewohnheitsrechtliche **Hausrecht** in öffentlichen Einrichtungen nicht gegen eine grundrechtlich geschützte Meinungsäußerung ausgeübt werden.

IV. Exekutive

4   Auch die vollziehende Gewalt ist nach Art. 1 III GG direkt und unmittelbar an die Grundrechte gebunden. Neben die ohnehin bestehende Gesetzesbindung der Verwaltung tritt also die Verfassungsbindung. Das gilt nicht nur für die Verwaltung, sondern auch für die Regierung, z. B. bei öffentlichen Verlautbarungen oder bei der Mitwirkung an europäischen Entscheidungen.

Mit Einführung der Wehrverfassung von 1956 wurde auch klargestellt, dass die **Streitkräfte** als Teil der Exekutive an die Grundrechte gebunden sind. Keinen Unterschied macht es, ob der Staat selbst handelt, oder ob es um so genannte **mittelbare Staatsverwaltung** durch rechtsfähige **Anstalten** und **Körperschaften** geht. Letzteres führt dazu, dass Rundfunkanstalten, Hochschulen und Kirchen sowohl Grundrechtsinhaber als auch Grundrechtsadressat sein können. Im Verhältnis zum Staat können sie sich auf Art. 5 I 1, Art. 5 III bzw. Art. 4 I GG berufen, müssen aber auch ihrerseits die Grundrechte ihrer Nutzer und Mitglieder achten. Auch so genannte **Beliehene,** also Private, die öffentliche Aufgaben wahrnehmen, und Notare in öffentlicher Funktion sind an die Grundrechte gebunden (*Bromann/Böttcher,* NJW 2011, 2758).

Literatur: *Bromann/Böttcher,* Notare und Beliehene zwischen Grundrechtsträgerschaft und staatlichem Funktionsverhältnis, NJW 2011, 2758; *Horn,* Die grundrechtsunmittelbare Verwaltung. Zur Dogmatik des Verhältnisses zwischen Gesetz, Verwaltung und Individuum unter dem Grundgesetz (1999).

V. Rechtsprechung

Auch die Rechtsprechung ist in Art. 1 III GG ausdrücklich erwähnt. Die Grundrechte binden also die Richter aller Gerichtsbarkeiten. Verletzt ein Gericht das Grundrecht auf rechtliches Gehör (Art. 103 GG), so führt dies zur Anhörungsrüge und ggf. zur Aufhebung der Entscheidung (BVerfGE 107, 395). Die Gerichte dürfen nicht nur selbst keine ungerechtfertigten Grundrechtseingriffe vornehmen; sie sind auch bei der Auslegung des einfachen Rechts an die Grundrechte gebunden. Das gilt vor allem für die Auslegung der so genannten Generalklauseln in §§ 138, 242, 826 BGB. Ob die Gerichte bei der Auslegung des einfachen Rechts den Stellenwert und die Bedeutung des Grundrechts beachtet haben, kann durch das BVerfG überprüft werden (BVerfGE 52, 203, 207 – fristgebundener Schriftsatz). Das bedeutet aber nicht, dass das BVerfG eine „Superrevisionsinstanz" für die Kontrolle des einfachen Rechts durch die Gerichte ist. Maßstab ist vielmehr nur das spezifische Verfassungsrecht. Wegen der vielfältigen Verschränkungen der beiden Rechtsmaterien wird die Abgrenzung aber immer schwieriger.

Die Grundrechtsbindung des Richters bedeutet nicht, dass dieser berechtigt wäre, bei Zweifeln über die Vereinbarkeit mit der Verfassung ein förmliches Gesetz einfach zu verwerfen (nicht anzuwenden) oder gar für nichtig zu erklären. Letzteres ist vielmehr allein dem BVerfG vorbehalten. Das GG hat den Konflikt zwischen Verfassungsbindung und Gesetzesbindung in der Weise gelöst, dass der Richter bei Zweifeln über die Vereinbarkeit eines förmlichen Gesetzes mit dem Grundgesetz das Verfahren nach Art. 100 I GG aussetzen und die Entscheidung des Bundesverfassungsgerichts einholen muss (konkrete Normenkontrolle).

VI. Organe und Behörden der Bundesländer

6 Grundrechtsadressaten sind nach Art. 1 III und Art. 28 GG auch Gesetzgeber (einschließlich verfassungsändernder Gesetzgeber), Exekutive und Rechtsprechung der Bundesländer (BVerfGE 103, 332, 347 – Naturschutzgesetz SH). Zu beachten ist insofern auch Art. 31 GG (Bundesrecht bricht Landesrecht).

VII. Organe und Behörden der Europäischen Gemeinschaft

7 Adressatin der Grundrechte des GG ist die **deutsche öffentliche Gewalt**. Europäische Institutionen, also Kommission, Rat oder Parlament sind als solche nicht an die deutschen Grundrechte gebunden. Sehr wohl grundrechtsgebunden aber sind deutsche Gesetzgeber, Gerichte und Behörden, wenn sie das Europarecht umsetzen. Wie oben (§ 4, Rn. 11) dargelegt, hat sich das BVerfG zwar aus der Kontrolle solcher Akte am Maßstab des GG zurückgezogen, solange der EuGH einen diesem vergleichbaren Grundrechtsschutz gewährleistet (BVerfGE 73, 339, 378 – Solange II; vgl. auch BVerfGE 102, 147, 165 – BananenVO). Es behält sich eine Kontrolle aber vor, wenn unabdingbare Grundrechtsstandards im Gemeinschaftsrecht nicht eingehalten werden (BVerfGE 89, 155, 175 – Maastricht; BVerfGE 123, 267, 353 – Lissabon; einschränkend aber BVerfG, NJW 2010, 3422 – Honeywell). Deshalb wurde der Individualrechtsschutz vor dem EuGH, insbesondere durch die Individualklage des Art. 263 IV AEUV verstärkt (dazu *König*, JuS 2003, 257). Insofern besteht ein Kooperationsverhältnis zwischen dem EuGH und dem BVerfG. Immer wichtiger wird auch die Rolle des EGMR (dazu oben § 4, Rn. 9 ff.).

Zu unterscheiden von der **Anwendung** des Gemeinschaftsrechts durch deutsche Gerichte und Behörden ist die **Mitwirkung** von Trägern deutscher Hoheitsgewalt an Entscheidungen des europäischen Normgebers, die die Grundrechte des GG berühren. Die deutschen Mitglieder im Rat haben insofern eine Doppelfunktion: Sie sind zum einen europäische Organwalter und zum anderen Vertreter des jeweiligen Mitgliedsstaats. In der letztgenannten Funktion üben sie Staatsgewalt aus und sind den Bürgern gegenüber grundrechtsgebunden (so auch *Streinz*, Europarecht, Rn. 379). Da es nach Art. 1 III GG grundsätzlich keine nicht grundrechtlich gebundene Staatsgewalt gibt (i.d.Sinne *Herzog*, in Maunz/Dürig, GG, Art. 20 VI, Rn. 19) darf z. B. ein deutscher Minister nicht für eine werbebeschränkende Richtlinie stimmen, die gegen Art. 12 oder Art. 5 GG verstößt (ähnlich *Streinz*, Europarecht,, Rn. 379). Diese grundsätzlich bestehende Grundrechtsbindung ist allerdings vor dem deutschen BVerfG oder einem Landesverfassungsgericht allenfalls eingeschränkt durchsetzbar (BVerfG, Kammer, NJW 1990, 974; BVerfG, Kammer, NVwZ 2004, 209; BayVerfGH, NVwZ-RR 2006, 665). Das ändert aber nichts an der grundsätzlich bestehenden Bindung. Diese betrifft nicht nur das Abstimmungsverhalten; sie ist auch ggf. durch Erhebung der Nichtigkeitsklage (Art. 263 AEUV) wahrzunehmen. Dagegen sind die **Mitglieder des EP** nicht kraft Art. 1 III GG an die Grundrechte des GG gebunden. Sie haben aber diese in ihre Entscheidung einzubeziehen und gleichbedeutende europäische Grundrechte zu beachten.

Literatur zu § 7 VII: *Kehrt/Schmelz,* Die Geltendmachung der Gemeinschaftsgrundrechte im Wege des Individualrechtsschutzes, JA 2004, 340; *Schilling,* Zur Verfassungsbindung des deutschen Vertreters bei der Mitwirkung an der Rechtssetzung im Rate der EU, DVBl. 1997, 458; *E. Schulte,* Individualrechtsschutz gegen Normen im Gemeinschaftsrecht (2005).

VIII. Die Grundrechtsbindung Privater: „Drittwirkung der Grundrechte"

1. Das Problem. Mit „Drittwirkung" ist die Frage gemeint, ob und ggf. unter welchen Umständen Grundrechte nicht nur im „vertikalen" Verhältnis von Staat und Bürger, sondern auch „horizontal" zwischen den Bürgern Geltung erlangen. Dagegen spricht bereits Art. 1 III GG, der nur von öffentlicher Gewalt spricht. Andererseits sind die Zivilgerichte selbst auch öffentliche Gewalt und kraft desselben Art. 1 III GG bei ihren Entscheidungen an die Grundrechte gebunden. Auch gibt es in Privatrechtsverhältnissen durchaus Machtdifferenzen, die einen besonderen Schutz durch Grundrechte nahe legen. Freiheitsbedrohungen gehen nicht nur vom Staat, sondern auch von gesellschaftlichen Kräften aus.

Es ist deshalb nicht verwunderlich, dass das BAG im Arbeitsrecht lange Jahre die Lehre von der **unmittelbaren Drittwirkung** der Grundrechte vertreten hat (BAG 1, 185, 193, geändert in BAG 48, 122, 138). Verfassungsrechtlich geschützte Rechtsgüter wie das allgemeine Persönlichkeitsrecht, das Recht auf Leben und körperliche Unversehrtheit und das Eigentum bilden Schutzgüter von Normen wie §§ 823, 826, 903, 906, 1004 BGB; sie können nicht nur durch den Staat, sondern auch durch Handlungen und Äußerungen von Bürgern verletzt werden. So strahlen Grundrechte auf die gesamte Rechtsordnung aus. Der Staat greift nicht nur in Grundrechte ein, sondern stellt sich auch schützend vor bedrohte Grundrechtspositionen und ist insofern immer mehr auch Moderator zwischen kollidierenden privaten Interessen (grundlegend *Schmidt-Preuß,* Kollidierende Privatinteressen im Verwaltungsrecht, 2. Aufl. [2005]).

Eine **unmittelbare** Drittwirkung findet sich im GG aber nur in Art. 9 III 2 (Nichtigkeit von Abreden, die die Koalitionsfreiheit einschränken). Sie wäre bei anderen Grundrechten auch problematisch. Grundrechte sind historisch als Abwehrrechte des Bürgers gegen den Staat, nicht als Anspruchsgrundlagen zwischen den Bürgern konzipiert. Im Privatrecht vertraut der Staat vielmehr darauf, dass sich die Bürger untereinander in freier Übereinstimmung von Willenserklärungen selbst um ihre Grundrechte kümmern und insofern zu einem Ausgleich der Interessen gelangen. Andernfalls würden die Grundrechte rasch von bürgerlichen Freiheitsrechten zu einer allgemeinen Pflichtenordnung(*Wendt*, NVwZ 2012, 606). Deshalb darf es nur in Ausnahmefällen darum gehen, unter Berufung auf Grundrechte fremdes Eigentum in Anspruch zu nehmen, und es sollte grundsätzlich dabei bleiben, dass Privatpersonen Grundrechtsinhaber, aber nicht Grundrechtsadressaten sind.

9 **2. Die Lösung: „Mittelbare Drittwirkung" bzw. „verfassungskonforme Auslegung" von Zivilrechtsnormen.** Unter Ablehnung einer unmittelbaren Drittwirkung hat das BVerfG schon sehr früh auf die Lehre von der **mittelbaren Drittwirkung** gesetzt und dies damit begründet, dass die Grundrechte eine allgemeine Wertordnung verkörpern, die auch die Privatrechtsordnung beeinflusst (BVerfGE 7, 198, 205 – Lüth). „Einlasstore" der Grundrechte sind vor allem die Generalklauseln des bürgerlichen Rechts wie §§ 138, 242, 826 BGB. Die unbestimmten Rechtsbegriffe „Treu und Glauben", „gute Sitten", „sittenwidrige Schädigung" usw. werden dabei im Lichte der jeweils in Betracht kommenden Grundrechte interpretiert.

Eigentlicher Ansatzpunkt für eine angemessene Lösung der Drittwirkungsproblematik ist aber weder die in den Grundrechten verkörperte „Wertordnung" noch die Ausstrahlungswirkung auf die Generalklauseln des Zivilrechts, sondern die aus Art. 1 III/20 III GG folgende **Bindung des Richters an die Grundrechte**, deren Schutzbereich durch seine Entscheidung berührt ist. Es geht also im Grunde schlicht um die **verfassungskonforme Auslegung** des Zivilrechts durch den an die Grundrechte gebundenen Richter und die Erfüllung der objektiven Schutzpflicht des Staates für die Grundrechte (*Schwabe*, Die sogenannte Drittwirkung der Grundrechte [1971]). Auch besteht die Gefahr, dass die Vertragsfreiheit als Basis der freiheitlichen Zivilrechtsordnung unangemessen beeinträchtigt wird. Das ist z. B. im „Antidiskriminierungsrecht" der Fall (dazu unten § 14, Rn. 9).

Gleichwohl hat sich das BVerfG nicht darauf beschränkt, Normen des Privatrechts ggf. für nichtig zu erklären, sondern es hat immer wieder eine bestimmte Interpretation als verfassungskonform vorgegeben (vgl. etwa BVerfGE 73, 261, 269 – Sozialplan). Auch hat es korrigierend eingegriffen, wenn eine alleinige Anwendung der Vertragsfreiheit zu aus Grundrechtssicht unangemessenen Ergebnissen führt.

Beispiele: BVerfGE 82, 126 – ungleiche Kündigungsfristen für Arbeiter und Angestellte; BVerfGE 89, 214 – gleichheitswidriges Bürgschaftsversprechen; BVerfGE 92, 196 – Anbringung einer Parabolantenne trotz Ausschluss im Miet- oder Kaufvertrag; BVerfGE 103, 89, 100 – Unterhaltsverzicht einer Schwangeren als Verstoß gegen Art. 6 GG und Art. 3 GG; BVerfGE 103, 242, 269 – Pflegeversicherung; BGH NJW 2006, 362 – Schutzpflicht einer Spielbank gegenüber Spielsüchtigem.

Wie nicht anders zu erwarten, spielt das Drittwirkungsproblem mittlerweile auch auf **europäischer Ebene** eine große Rolle. Insbesondere die Drittwirkung der Grundfreiheiten führt zu einer weiteren Ebene der Kontrolle privatrechtlicher Rechtsverhältnisse (EuGH, EuZW 2000, 468 – Angonese; dazu *Preedy*, Die Bindungen Privater an die europäischen Grundfreiheiten [2005]; *Remmert*, Jura 2003, 13; *Schmahl/Jung*, NVwZ 2013, 607.) 10

Literatur zu § 7 VIII: *Augsberg/Viellechner*, Die Drittwirkung der Grundrechte als Aufbauproblem, JuS 2008, 406; *Canaris*, Grundrechte und Privatrecht (1999); *Classen*, Die Drittwirkung der Grundrechte in der Rechtsprechung des BVerfG, AöR 122 (1997), 65 ff.; *Eichenhofer*, Diskriminierungsschutz und Privatautonomie, DVBl. 2004, 1078; *Gostomzyk*, Grundrechte als objektiv-rechtliche Ordnungsidee, JuS 2004, 949; *Gurlit*, Grundrechtsbindung von Unternehmen, NZG 2012, 249; *Guckelberger*, Die Drittwirkung der Grundrechte, JuS 2003, 1151; *Oeter*, „Drittwirkung" der Grundrechte und Autonomie des Privatrechts, AöR 119 (1994), 529; *Papier*, Drittwirkung, HdbGr II, § 55; *Remmert*, Grundfreiheiten und Privatrechtsordnung, Jura 2003, 13; *Ruffert*, Vorrang der Verfassung und Eigenständigkeit des Privatrechts (2001); *ders.*, Die Rechtsprechung des Bundesverfassungsgerichts im Privatrecht, JZ 2009, 389; *Schmidt-Preuß*, Kollidierende Privatinteressen im Verwaltungsrecht, 2. Aufl. (2005); *Schwabe*, Die sogenannte Drittwirkung der Grundrechte (1971); *H. Wendt*, Recht zur Versammlung auf fremdem Eigentum?, NVwZ 2012, 606.

IX. Geltung der Grundrechte bei staatlichem Handeln in Privatrechtsform – „Fiskalgeltung"

Mit „Fiskus" wurde früher der Bereich bezeichnet, in dem der Staat nicht hoheitlich, sondern privat handelt. Diese Unterscheidung hat sich bis heute gehalten, wobei es um folgende Bereiche geht: 11

– Die **Beteiligung am gewöhnlichen Wirtschaftsleben** (Beispiel: Staatliches Weingut, Aktienanteil eines Landes an einem Automobilkonzern, Verkauf von Holz aus dem Staatsforst),
– den Erwerb von Waren und Dienstleistungen für die Erfüllung **öffentlicher Aufgaben** („fiskalische Hilfsgeschäfte"),
– die **Erfüllung öffentlicher Aufgaben in Privatrechtsform** oder durch dazwischen geschaltete private Träger („Verwaltungsprivatrecht").

Es fragt sich, ob die Grundrechtsbindung aus Art. 1 III GG für öffentliche Entscheidungsträger auch dann gilt, wenn diese privatrechtlich handeln, ob also in der **ersten** Fallgruppe Wein und Bier nur an „Landeskinder" oder gar die Mitglieder einer bestimmten politischen Partei verkauft werden dürfen, ob in der **zweiten** Fallgruppe ein städtischer Bauauftrag wegen einer kritischen Meinungsäußerung wieder entzogen werden darf und ob in der **dritten** Fallgruppe eine privat betriebene Stadthalle an alle Personen oder Vereinigungen vermietet werden muss, wenn diese bestimmte Voraussetzungen erfüllen.

12 Während die Beteiligung des Staates am Wirtschaftsleben eher rückläufig ist, haben die beiden anderen Fallgruppen in neuerer Zeit an Bedeutung gewonnen. So ist an die Stelle des altertümlichen „fiskalischen Hilfsgeschäftes" nicht zuletzt unter dem Einfluss des Europarechts ein strikt gebundenes öffentliches **Vergaberecht** getreten – auch wenn hier nach h. L. immer noch der ordentliche Rechtsweg eröffnet ist (zu den Problemen *Hufen*, VwProzR, § 11 Rn. 51). Die Erfüllung öffentlicher Aufgaben in Privatrechtsform hat im Zuge der „Privatisierungswelle" und der immer weiter gehenden Einschaltung privater Träger in die öffentliche Daseinsvorsorge sogar noch zusätzliche Brisanz erhalten. So hat das BVerfG die Bindung des Staates an den Gleichheitssatz bei der Vergabe öffentlicher Aufträge betont (BVerfGE 116, 135, 149).

13 Nach traditioneller Auffassung begab sich der Staat beim Handeln in Privatrechtsform aus der hoheitlichen Sphäre hinaus und trat dem Bürger „auf gleicher Augenhöhe" und damit ohne Grundrechtsbindung gegenüber. Daraus wurde abgeleitet, dass zumindest bei der erwerbswirtschaftlichen Tätigkeit und bei der öffentlichen Bedarfsdeckung die Grundrechte nicht anwendbar seien. Schon immer aber wurde betont, dass zumindest bei der **Erfüllung öffentlicher Aufgaben in Privatrechtsform** der Staat sich durch die **„Flucht ins Privatrecht"** nicht der Grundrechtsbindung und insbesondere der Gleichbehandlung aller Bürger entziehen konnte. Die Grundrechtsbindung war also umso größer, je mehr sich der öffentliche Entscheidungsträger von der rein privatwirtschaftlichen Tätigkeit der Erfüllung öffentlicher Aufgaben näherte. Grundrechtsgebunden sind nach neuester Rspr. des BVerfG auch Gesellschaften in Privatrechtsform, an denen der Staat oder Gemeinden die Mehrheit der

Anteile hält. Das gilt vor allem für öffentliche Verkehrsflächen (BVerfGE 128, 226, 250 – Fraport).

Auch in dieser differenzierteren Form ist die Lehre von der eingeschränkten "Fiskalgeltung" **heute nicht mehr zeitgemäß**. Artikel 1 III GG unterscheidet nicht zwischen privater und öffentlicher Tätigkeit. Deshalb dürfen Staat und andere hoheitliche Träger weder beim Verkauf von Wirtschaftsgütern noch bei der Vergabe öffentlicher Aufträge und erst recht nicht bei der Erfüllung öffentlicher Aufgaben in Privatrechtsform nach Religion, Rasse usw. differenzieren oder den Bürger für kritische Meinungsäußerungen oder die Zugehörigkeit zu einer bestimmten Partei „bestrafen" (so bereits *Hesse*, Grundzüge, Rn. 347; *Ehlers*, Verwaltung in Privatrechtsform (1984), 214 ff.; *Dreier*, GG, Art. 1 III, Rn. 66). 14

Literatur zu § 7 IX: *Ehlers*, Verwaltung in Privatrechtsform (1984); *Erichsen/Ebber*, Die Grundrechtsbindung des privatrechtlich handelnden Staates, Jura 1999, 373; *Masing*, Grundrechtsschutz trotz Privatisierung, FS Bryde 2013, 409; *Möstl*, Grundrechtsbindung öffentlicher Wirtschaftstätigkeit (1999); *Pudel*, Der Staat als Wirtschaftssubjekt und als Auftragsgeber, VVDStRL 60 (2001), 456 ff.; *Skouris*, Der Einfluss des europäischen Gemeinschaftsrechts auf die Unterscheidung zwischen Privatrecht und öffentlichem Recht, EuR 1998, 101; *U. Stelkens*, Verwaltungsprivatrecht.(2005); *Storr*, Der Staat als Unternehmer (2001).

Literatur zu § 7 allg.: *Kempen*, Grundrechtsverpflichtete, HdbGr II, § 54; *Rüfner*, Grundrechtsadressaten, HdbStR IX, 3. Aufl. § 197.

§ 8 Grundrechtseingriffe

I. Allgemeines

1. Das Problem. Die erste Stufe der Grundrechtsprüfung, die Ermittlung des sachlichen und des personellen Schutzbereichs, reicht noch nicht aus, um zur Frage der Verfassungsmäßigkeit einer Maßnahme Stellung zu beziehen. Entscheidend sind die zweite und die dritte Frage: 1

- Liegt ein Eingriff in das Grundrecht vor?
- Ist der Eingriff gerechtfertigt?

Die Definition des Eingriffs ist in den Fällen **gezielter Gebote und Verbote** einfach. Probleme entstehen aber dann, wenn eine Maßnahme nicht gezielt gegen den jeweiligen Grundrechtsträger gerichtet war, sich beim Betroffenen aber dennoch als Eingriff oder erhebliche Beeinträchtigung darstellt. Das geschieht wegen der „Streuwirkung" staatlicher Maßnahmen und vielfältigen Gefährdungen und Abhängigkeiten grundrechtlicher Freiheiten immer häufiger. Nicht zuletzt deshalb hat sich die Vereinigung der Deutschen Staatsrechtslehrer 1997 ausführlich dem Thema: „Der Grundrechtseingriff" gewidmet (*Bethge/Weber-Dürler*, VVDStRL 57 [1998], 7, 57 ff.).

Beispiele: Liegt ein Eingriff in die Rechte der Patienten vor, wenn dem Arzt eine bestimmte Therapie oder Untersuchungsmethode verboten wird? Stellt es einen Eingriff in den eingerichteten und ausgeübten Gewerbebetrieb (Art. 14 GG) dar, wenn ein Supermarkt auf der „grünen Wiese" genehmigt wird oder die Kunden über einen längeren Zeitraum wegen Baumaßnahmen wegbleiben? Ist es ein Eingriff in die Kunstfreiheit, wenn das Gericht davon ausgeht, es handle sich „nur" um eine Meinungsäußerung? Wird die Berufsfreiheit beeinträchtigt, wenn die Bundesregierung Hinweise an die Verbraucher gibt, in denen ein bestimmtes Lebensmittel für ungesund erklärt wird?

2   **2. Zur Unterscheidung von Inhaltsbestimmung und Eingriff.** Nicht jedes staatliche Tätigwerden im Schutzbereich eines Grundrechts ist ein Eingriff. Gesetzgeber, Verwaltung und Rechtsprechung sind vielmehr an der **inhaltlichen Konkretisierung des Grundrechts** beteiligt. So konkretisiert das Ehe- und Familienrecht Art. 6 GG, die Gewerbeordnung Art. 12 I GG, das Versammlungsgesetz Art. 8 GG, das Hochschulrecht Art. 5 III GG. Insofern wird der Inhalt auch anderer Grundrechte durch den Gesetzgeber zumindest mitbestimmt, obwohl dies explizit nur in Art. 14 GG und in den Regelungsvorbehalten („*Das Nähere regelt ein Bundesgesetz*" – vgl. Art. 4 III 2 GG und Art. 38 III GG) erwähnt ist. Auch die Leitentscheidungen des BVerfG und der obersten Bundesgerichte wirken an der Inhaltsbestimmung der Grundrechte mit. Das ist kein Eingriff, solange nicht eine Grundrechtsposition entzogen, verkürzt oder auf andere Weise beeinträchtigt wird. Die Abgrenzung im Einzelfall kann aber vor allem beim grundrechtskonkretisierenden Gesetzgeber schwierig sein.

3   **3. Unzulässige Verengungen der Eingriffsdefinition.** Wie schon beim Schutzbereich, so besteht auch bei der Definition des Eingriffs in jüngerer Zeit eine Tendenz, den Eingriff möglichst auf seine „klassischen" Formen und Instrumente zu reduzieren. So sollen wahrheitsgemäße Informationen und allgemeine Warnungen auch dann kein Grundrechtseingriff sein, wenn sie im Schutzbereich eines Grundrechts zu Beeinträchtigungen führen. Das ist zumindest eine der Grundaussagen der bereits zitierten und kritisierten Entscheidungen BVerfGE 105, 253, 265 – Glykolwein und BVerfGE 105, 279, 292 ff. – Osho. Grundrechtsinhaber und Grundrechtsadressaten werden hier zu quasi gleichgeordneten Teilnehmern an einem offenen Prozess der Information und Gegeninformation. Nachteilige Informationen werden nicht als Grundrechtseingriff behandelt.

Gegen die Verkürzung des Eingriffsbegriffs bestehen – jedenfalls außerhalb des Art. 14 GG – erhebliche Bedenken. So können Informationen und faktische Beeinträchtigungen für die Berufs- oder die Religionsfreiheit oft schwerer wiegen als gezielte Eingriffe. Sie müssen deshalb – unabhängig von ihrer Rechtfertigung im Einzelfall – zunächst auch als Eingriffe behandelt werden. Über die Rechtfertigung ist dann erst im dritten Prüfungsschritt zu entscheiden. Dagegen ist es unzulässig, den Weg zur Abwägung mit Gemeinwohlbelangen oder anderen Grundrechten bereits auf einer der beiden ersten Stufen zu verschließen (gegen eine solche „abwägungssperrende Verengung" *Di Fabio*, JZ 2004, 1; krit. auch *Bethge*, AfP, Sonderheft 2007, 18 ff.; *Dreier*, DV 36 [2003], 195; *Murswiek*, NVwZ 2003, 1). Abgesehen von der unten zu behandelnden Frage der „unverhältnismäßigen Sozialbindung" bei Art. 14 GG (dazu § 39, Rn. 42) kommt auch eine Verhältnismäßigkeitsprüfung nur in Betracht, wenn zuvor der Eingriff bejaht wurde.

4. Grundrechtseingriff und Grundrechtsverletzung. Die Grundrechtsverletzung ist definiert als der **nicht gerechtfertigte Eingriff**. Der Begriff wird deshalb an dieser Stelle nur zur Klärung genannt. Er hat grundsätzlich auf der Eingriffsstufe noch nichts zu suchen, weil die Verletzung erst nach der Prüfung der Rechtfertigung (Schranken) festgestellt werden kann. 4

II. Direkte, unmittelbare Eingriffe

1. Der „klassische Eingriff". Greift der Staat mit einem **Rechtsakt** unmittelbar und gezielt in ein Grundrecht ein, so sind auf der zweiten Stufe der Grundrechtsprüfung nicht viele Worte zu verlieren. Dann kommt es auch nicht darauf an, ob der Eingriff durch ein Gesetz, eine Verordnung oder eine Einzelentscheidung erfolgt. Erstes Merkmal ist daher die **Gezieltheit** (Finalität) der Maßnahme. Das ist bei jedem klassischen Verbot oder Gebot, aber auch bei der Auferlegung einer grundrechtsrelevanten Verpflichtung gegeben. 5

Zweites Merkmal des „klassischen" Grundrechtseingriffs ist die **Unmittelbarkeit** des Eingriffs. Die handelnde Behörde oder auch der Gesetzgeber wendet sich gleichsam direkt an den Grundrechtsträger und beeinträchtigt dessen Grundrechtsposition, ohne dass es eines Dazwischentretens eines weiteren (Vollzugs-)Aktes bedarf. Drittes Merkmal ist die Durchsetzbarkeit, also das Element von **Befehl und Zwang**.

2. Weitere direkte Eingriffe. Angesichts des heute differenzierten Handlungsinstrumentariums reichen Verbote und Gebote für die Erfassung von Grundrechtseingriffen nicht aus. Auf die **Form** des ge- 6 zielten und unmittelbaren Eingriffs kommt es nicht mehr an. Auch eine gezielte und unmittelbar wirkende tatsächliche Maßnahme ohne Regelungscharakter (Realakt) kann ein hoheitlicher Eingriff sein und zwar unabhängig davon, ob mit den Instrumenten von Befehl und Zwang gearbeitet wird (*Voßkuhle/Kaiser*, JuS 2009, 313).

Beispiele: Warnung vor einem bestimmten Produkt; teilw. anders aber BVerfGE 105, 279, 300 – Osho; Schreiben einer Behörde, in dem vor der Teilnahme an einer Demonstration gewarnt wird (sog. „Gefährderansprache" – OVG Lüneburg, NJW 2006, 391; Videoüberwachung.

Der Eingriff wird auch nicht ausgeschlossen, wenn dem Betroffenen eine nicht verbotene Alternative verbleibt und er diese wahrnimmt. So bleibt (unabhängig von der möglichen Rechtfertigung) das Verbot des Schächtens ein Grundrechtseingriff, auch wenn der Betroffene selbst kein Fleisch isst; das Gewerbeverbot ist ein Eingriff, auch wenn der Betroffene zwischenzeitlich ein Studium aufnimmt. Der Zwang zur Eidesleistung stellt einen Eingriff in Art. 4 GG dar, auch wenn der Betroffene auf das Mandat verzichtet (BVerfGE 79, 69, 76 – Eidesleistung).

Eine besondere Form des direkten und gezielten Eingriffs können in bestimmten Fallkonstellationen **Steuern und Abgaben** bzw. Ausnahme- und Ermäßigungstatbestände darstellen. Das ist der Fall, wenn es nicht nur um die Erzielung von Einnahmen oder um eine Gegenleistung für eine bestimmte Handlung der Behörde, sondern um eine Verhaltens- oder Verbrauchslenkung der Bürger geht, so etwa bei der Subventionierung umweltfreundlicher Motoren, bei der Förderung von Investitionen usw. Diese Beeinflussungen wirken subtil: Der Einzelne empfindet sie als Vorteil und bemerkt oft nicht, dass er in seiner Handlungsfreiheit, der Verfügung über sein Eigentum oder in seiner Berufsausübung beeinträchtigt wird. Auch hier kommt es also im Einzelfall darauf an, sehr genau zwischen Eingriff und Nichteingriff zu unterscheiden (allgemein dazu *F.Kirchhof*, Abgabenerhebung als Grundrechtsbeeinträchtigung, HdbGr III, § 59; *Weber-Grellet*, NJW 2001, 3657).

7 **3. Beschränkungen als Eingriff.** Deckungsgleich mit dem gezielten Eingriff ist der Begriff der „Beschränkung". Dieser wird in den „Schrankenvorbehalten der Grundrechte" („Beschränkungen sind nur zulässig, wenn ...") formuliert und stellt auf die Begrenzung des Handlungsspielraums eines Freiheitsgrundrechts durch staatliche Einzelmaßnahmen ab. Mit der Beschränkung wird entweder ein Eingriff ermöglicht oder dieser wird gezielt bereits ausgesprochen.

8 **4. Eingriff durch Verkennung der Bedeutung und Tragweite eines Grundrechts.** Das BVerfG geht in ständiger Rechtsprechung da-

von aus, dass in ein Grundrecht auch dadurch eingegriffen werden kann, dass dessen Bedeutung und Tragweite verkannt werden (st. Rspr. seit BVerfGE 7, 198, 202 ff. – Lüth).

Beispiele: Verurteilung eines Redakteurs wegen Verletzung des allgemeinen Persönlichkeitsrechts ohne Eingehen auf Art. 5 I GG; Untersagungsverfügung gegen einen Straßenkünstler ohne Beachtung von Art. 5 III GG.

Hier liegt ein Eingriff vor, wenn entweder die Eröffnung des Schutzbereichs und die Grundrechtsträgerschaft überhaupt nicht erkannt wird, oder das als solches berührte Grundrecht in seiner Tragweite nicht angemessen gewürdigt wird. In beiden Fällen ist der Eingriff zwar nicht gezielt, aber sehr wohl unmittelbar.

Beispiele: Verkennung der religiösen Bedeutung des Kopftuchs – BVerfGE 108, 282 ff.; Verkennung der Gesundheitsgefahr bei einem Räumungsurteil – BVerfG, Kammer, NJW 2004, 49.

III. Der mittelbare Eingriff

Wie beim Verwaltungsakt mit belastender Drittwirkung stellt sich auch beim Grundrechtseingriff das Problem des Grundrechtsschutzes für Drittbetroffene (dazu *Koch*, Der Grundrechtsschutz des Drittbetroffenen [2000]). Gemeint sind damit hoheitliche Maßnahmen, die sich an einen Adressaten richten, deren **belastende Wirkung aber** (ganz oder teilweise) **bei einem Dritten** eintritt. So kann das Verbot eines Medikaments zugleich das Recht auf Leben und körperliche Unversehrtheit von Patienten schützen, aber auch beeinträchtigen. Das Verbot der Lebendspende von Organen trifft unmittelbar nur den Spender, mittelbar aber vor allem den potentiellen Empfänger (BVerfG, Kammer, NJW 1999, 3399 – Nierentransplantation). Der mittelbare Grundrechtseingriff ist also dadurch gekennzeichnet, dass sich der Gesetzgeber oder eine Behörde regelnd an einen Adressaten A wendet, die grundrechtsbeeinträchtigende Wirkung aber auch beim „Nichtadressaten" B eintritt. Auch die Begünstigung des Einen kann auf einen Grundrechtseingriff beim Anderen hinauslaufen.

Weitere Beispiele: Eine luftverkehrsrechtliche Genehmigung an Flughafenbetreiber gefährdet die Gesundheit (Art. 2 II GG) der Anrainer; die Genehmigung einer Wohnbebauung die Position eines emittierenden Gewerbebetriebs im Außenbereich; die Ernennung eines Konkurrenten führt zur Beeinträchtigung der Grundrechtsposition eines Mitbewerbers (Art. 33 II GG); der Staat fördert einen privaten Verein, der sich die Warnung vor Jugendsekten zum Ziel gesetzt hat (BVerwGE 90, 112 – Sektenwarnung).

Der mittelbare Grundrechtseingriff wird zu Recht wie ein direkter Grundrechtseingriff behandelt. Er ist nur gerechtfertigt, wenn die verschiedenen Belange der Betroffenen unter Beachtung des Verhältnismäßigkeitsgrundsatzes gerecht einander zugeordnet worden sind. Die gerechte Abwägung der direkt und indirekt betroffenen Grundrechtsbelange ist dabei unabdingbare Voraussetzung der Rechtmäßigkeit.

Literatur: *Bethge,* Mittelbare Grundrechtsbeeinträchtigungen, HdbGr III, § 58

IV. Die faktische Grundrechtsbeeinträchtigung

10 Die wohl schwierigste Fallgruppe betrifft Grundrechtsbeeinträchtigungen, die nicht von einer gezielten staatlichen Maßnahme herrühren, sondern rein „faktisch" sind. Diese werden teilweise überhaupt in Frage gestellt, teilweise mit dem mittelbaren Eingriff verwechselt, stellen aber durchaus eine **eigenständige Form des Grundrechtseingriffs** dar. Während der mittelbare Eingriff dadurch gekennzeichnet ist, dass sich eine gezielte staatliche Maßnahme gegen einen Adressaten richtet, die beeinträchtigende Wirkung dann aber bei einem Dritten eintritt, geht es bei der faktischen Beeinträchtigung um eine nicht (auch nicht Dritten gegenüber) gezielte Maßnahme, die sich gleichwohl so negativ auf eine Grundrechtsposition auswirkt, dass sie einem Grundrechtseingriff gleichsteht. Man kann insofern auch von **„Grundrechtsstörung"** reden.

Beispiele: Eingriff in Art. 2 II GG durch Lärm und Gestank von einer öffentlichen Kläranlage; Existenzgefährdung (Art. 14 GG) durch die wirtschaftliche Betätigung einer Gemeinde oder durch Informationshandeln der Regierung; über das Maß der Sozialbindung hinausgehende Beeinträchtigung der Nutzbarkeit eines Grundstücks (Art. 14 GG).

11 Auch eine **schwere Gefährdung** eines Grundrechts durch eine tatsächliche staatliche Handlung kann ein Eingriff sein.

Beispiel: Einflugschneise über einer Wohnsiedlung. Auch hier kommt es aber auf die Konkretheit der Gefahr an (bejaht in BVerfGE 115, 118, 139 – LuftsicherheitsG; verneint in BVerfGE 77, 170, 220 – Lagerung und Transport von C-Waffen).

Kennzeichnend sind hier weder die Unmittelbarkeit noch die Gezieltheit des Eingriffs. Es kommt vielmehr ausschließlich auf die Zuordnung zu einem Träger öffentlicher Gewalt (Zurechenbarkeit, Kausalität) und die Schwere der Auswirkungen an. Ein Eingriff liegt vor, wenn die Beeinträchtigung das Maß einer sozialadäquaten, d. h. von jedem im Rahmen des normalen Lebensrisikos hinzunehmenden Belastung übersteigt, und wenn die Belastung einer öffentlichen Handlung zuzurechnen ist (Kausalität), wobei nicht die Äquivalenz (Gleichgewichtigkeit) aller Ursachen, sondern die Angemessenheit zum Tragen kommt (Adäquanztheorie).

Gleichwohl macht es wenig Sinn, die Unterscheidung zwischen gezieltem Grundrechtseingriff und nicht gezielter Beeinträchtigung aufzugeben und allgemein von einem „grundrechtswidrigen Effekt" zu sprechen (*Lindner*, DÖV 2004, 765), weil in der ersten Fallgruppe sowohl der Eingriff selbst als auch die Rechtfertigungsvoraussetzungen viel leichter zu beurteilen sind als bei der faktischen Grundrechtsbeeinträchtigung.

V. Eingriff durch Nichterfüllung einer objektiven Schutzpflicht und durch Nichtförderung

1. Das Problem. Im modernen Sozialstaat ist der Einzelne oft in der Ausübung und im Schutz seiner Grundrechte von staatlichen Schutz- und Fördermaßnahmen abhängig. Erfüllt hier der Staat seine Leistungs- und Schutzpflichten nicht hinreichend, so liegt zwar kein gezielter und unmittelbar wirkender Eingriff vor, gleichwohl kann es aber zu einer rechtfertigungsbedürftigen Grundrechtsbeeinträchtigung kommen, die einem Eingriff gleichzusetzen ist.

2. Verletzung einer objektiven Schutzpflicht. Die objektive Schutzpflicht der Grundrechte hat das BVerfG – wie oben (§ 5, Rn. 5) dargelegt – vor allem an Art. 2 II 1 GG (Schutz des Lebens und der körperlichen Unversehrtheit) entwickelt (BVerfGE 39, 1, 41 – Schwangerschaftsabbruch I; BVerfGE 88, 288 – Schwangerschaftsabbruch II; BVerfGE 49, 89, 124 – Kalkar). Ebenso sind alle staatlichen Instanzen zum Schutz der Menschenwürde (Art. 1 I 2 GG) verpflichtet. Auch Art. 6 GG (Schutz von Ehe und Familie), Art. 5 I 2 GG (Schutz von Presse und Rundfunk) und Art. 14 GG (Schutz des Eigentums) kommen als Grundlagen objektiver Schutzpflichten in Betracht. Voraussetzung für einen Grundrechtseingriff ist jeweils, dass im konkreten Fall eine Gefährdungslage besteht, die sich zum Erfordernis einer Handlung des Staats verdichtet (BVerfGE 49, 89, 141 – Kalkar). Dann besteht grundsätzlich ein (mit der Verfassungsbeschwerde durchsetzbarer) Anspruch auf staatliches Handeln (BVerfGE 77, 170, 214 – Lagerung chemischer Waffen).

Wird dieser Anspruch nicht erfüllt, so liegt eine Grundrechtsbeeinträchtigung vor. Der Staat, insbesondere der Gesetzgeber, hat aber einen weiten Einschätzungsspielraum für die Erfüllung der Schutzpflicht (BVerfGE 79, 174, 202 – Lärmschutz). Eine Verletzung kommt erst dann in Betracht, wenn dieser Spielraum überschritten ist und die Maßnahmen evident unzulänglich sind (**Untermaßverbot**). Dabei ist auch die Eigenverantwortung des Betroffenen zu beachten (BVerfG, Kammer, NJW 1998, 2961 – Nichtraucherschutz; Rh.-Pf.VerfGH, NVwZ 2005, 1420 – Rauchmelder in Altbauten).

14 **3. Eingriff durch Verletzung von Leistungsrechten.** Grundrechte lassen sich nicht in originäre Teilhaberechte umdeuten, doch folgt aus einzelnen Grundrechten in Verbindung mit dem allgemeinen Gleichheitssatz ein sogenanntes **derivatives Teilhaberecht**, d. h. ein Recht auf gerechte Teilhabe an staatlichen Leistungen und an der Nutzung vorhandener Kapazitäten. Werden solche Ansprüche nicht oder nicht hinreichend erfüllt, so kann in der „Nichtleistung" ein Eingriff liegen.

Beispiele: BVerfGE 33, 303, 338 – Numerus Clausus; BVerfGE 43, 242, 285 – Verweigerung der Teilhabe an den Forschungsmitteln einer Universität für einen Hochschullehrer; BVerfGE 90, 128, 141 – Unterschreitung des Existenzminimums bei der Finanzierung von Privatschulen.

Gerade an dieser Fallgruppe wird deutlich, wie sehr sich die Grenzen zwischen Eingriff und Leistung verschieben können. Zumal der Bürger in Zeiten von Sparmaßnahmen die Streichung einer Leistung oder die Forderung nach einer Gegenleistung oft viel direkter und spürbarer empfindet, als dies bei manchen „echten" Grundrechtseingriffen der Fall ist. Das gilt vor allem in Bereichen, in denen der Staat wichtige Voraussetzungen für die Grundrechtswahrnehmung schafft, also z. B. in Schule, Hochschule und Gesundheitswesen. Ein Grundrechtseingriff durch Nichtleistung liegt insbesondere dann vor, wenn ein Anspruchsberechtigter gleichheitswidrig von einer grundrechtsrelevanten Leistung (Kunstförderung, Studienplatz, Forschungsmittel) ausgeschlossen wird, oder die Leistung aus unsachlichen, ihrerseits mit den Grundrechten nicht in Einklang stehenden Gründen gekürzt oder verweigert wird.

Beispiele: Streichung einer Theatersubvention wegen einer „unliebsamen" Aufführung; Ausschluss einer nicht verbotenen Partei von der Nutzung einer städtischen Einrichtung; „Bestrafung" eines Hochschullehrers mit Entzug von Lehrmitteln für Abstimmungsverhalten im Fachbereichsrat.

Literatur: *Lübbe-Wolff*, Die Grundrechte als Eingriffsabwehrrechte. Struktur und Reichweite der Grundrechtsdogmatik im Bereich staatlicher Leistungen (1988); *Wild*, Grundrechtseingriffe durch Unterlassen staatlicher Leistungen?, DÖV 2004, 366.

VI. Eingriff durch Zuständigkeits- und Verfahrensfehler

Seit das BVerfG feststellt hat, ein Grundrechtseingriff könne auch in der Außerachtlassung wesentlicher Verfahrensvorschriften liegen (BVerfGE 53, 30, 55 – Mülheim-Kärlich, weitere Beispiele oben § 5 Rn. 12), stellt sich immer wieder die Frage, ob ein Eingriff in Grundrechte unabhängig vom materiellen Ergebnis bereits bei Verletzung von Zuständigkeits- und Verfahrensvorschriften vorliegt.

Beispiele: Unterbliebene Anhörung im vormundschaftsgerichtlichen Verfahren; Verletzung der Chancengleichheit im Prüfungsverfahren; Nichtanhörung einer Hochschule vor Schließung eines Studiengangs.

In den meisten dieser Fälle spielt die Frage der Eigenständigkeit eines Grundrechtseingriffs durch Zuständigkeits- und Verfahrensfehler keine besondere Rolle, weil der Eingriff im „Produkt", also einer staatlichen Entscheidung, liegt. Zuständigkeits- und Verfahrensfehler – einschließlich der Verletzung von Gesetzgebungskompetenzen – sind dann bei den Schranken bzw. der Rechtfertigung des Eingriffs zu prüfen. Besondere Probleme stellen sich nur, wenn trotz des Verfahrensfehlers das **Ergebnis** insgesamt keine Grundrechtsverletzung darstellt. Nach h. L. führt die **dienende Funktion des Verfahrens** dazu, dass allein im Verfahrensfehler keine Grundrechtsverletzung liegt, es vielmehr auf das Ergebnis ankommt. Fehler im Verwaltungsverfahren können überdies nach § 45 VwVfG geheilt werden oder nach § 46 VwVfG unbeachtlich sein (dazu *Hufen/Siegel*, Fehler im Verwaltungsverfahren, Rn. 934, 978). Anders kann es sich aber verhalten, wenn der Fehler bereits unkorrigierbar ist. Das gilt vor allem für Fehler im Prüfungsverfahren, die so gut wie immer zu einer Verletzung von Art. 12 I GG führen und nur durch eine „neue Chance" der Prüfung geheilt werden können.

VII. Der kumulative Grundrechtseingriff

Richten sich mehrere Eingriffe gegen denselben Grundrechtsadressaten und tritt dadurch eine besondere Belastung ein, so wird vom „kumulativen" oder auch „additiven" Grundrechtseingriff gesprochen (*G. Kirchhof*, NJW 2006, 732; *Lücke*, DVBl. 2001, 1469; *Klement*, AöR 134 [2009], 35). Damit soll ausgesagt werden, dass an und für sich verhältnismäßige Eingriffe insgesamt ein solches Gewicht erreichen können, dass ein besonders schwerwiegender Eingriff zustande kommt.

Beispiele: Der Veranstalter einer Demonstration wird mit so vielen Auflagen und Einschränkungen bedacht, dass, obwohl jede einzelne verfassungsgemäß ist, letztlich die Versammlung nicht zustande kommt. Mehrere Steuergesetze führen zu einem Normengeflecht, das eine Gruppe von Bürgern viel stärker belastet als der Gesetzgeber dies beabsichtigte. Bürokratische Regelungen erhöhen die Kosten eines Unternehmens so sehr, dass dieses in Existenzprobleme gerät.

Auch das BVerfG ist auf diese Lage bereits aufmerksam geworden und hat geklärt, dass die Belastung von Familien durch Kürzung von Kindergeld und Steuergesetze zu einer verfassungswidrigen Rechtslage führen kann (BVerfGE 82, 60 ff. – Existenzminimum). Insofern bejaht es einen kumulativen Eingriff durch das Zusammenwirken mehrerer (als solcher verfassungsgemäßer) Einzelregelungen (ähnl. BVerfG, NJW 2005, 1338, 1341 – Einsatz mehrerer Überwachungsmaßnahmen).

In der öffentlichrechtlichen Klausur ist diese Denkfigur nicht unproblematisch, da hier jeder einzelne Eingriff getrennt geprüft werden muss. Es empfiehlt sich daher, ggf. auf den Aspekt der Kumulation bei der Verhältnismäßigkeitsprüfung (insbesondere bei der Zumutbarkeit) einzugehen.

VIII. „Antastung" als eigenständiger Begriff?

17   Der Begriff des verbotenen „Antastens" findet sich im Grundgesetz in Art. 1 I GG und Art. 19 II GG. Mit ihm wollte der Verfassungsgeber den besonderen Rang der Menschenwürde und eines unantastbaren Kerns jeden Grundrechts hervorheben. Er sollte ursprünglich bedeuten, dass Eingriffe in die so gekennzeichneten Bereiche ausgeschlossen sind. Ob die Antastung der Menschenwürde des Einen zum Schutz der Menschenwürde des Anderen gerechtfertigt sein kann, ist aber umstritten (dazu unten § 10, Rn. 25). Die Wesensgehaltsgarantie des Art. 19 II GG ist heute praktisch in der Verhältnismäßigkeitsprüfung aufgegangen (dazu § 9, Rn. 29). Für die anderen Grundrechte wird empfohlen, den Begriff der Antastung zu meiden bzw. keine besondere Eingriffskategorie damit zu verbinden.

Literatur zu § 8: *Albers*, Faktische Grundrechtsbeeinträchtigungen als Schutzbereichsproblem, DVBl. 1996, 233; *Beckmann/Eckhoff*, Der „mittelbare" Grundrechtseingriff, DVBl. 1988, 373; *Bethge*, Die staatliche Teilhabe an öffentlicher Kommunikation, AfP Sonderheft 2007, 18 ff.; *Bethge/Weber-Dürler*, Der Grundrechtseingriff, VVDStRL 57 (1998), 7, 57; *Heintzen*, Staatliche Warnungen als Grundrechtsproblem, VerwArch. 81 (1990), 532; *G. Kirchhof*, Kumulative Belastung durch unterschiedliche staatliche Maßnahmen, NJW 2006, 732; *Koch*, Der Grundrechtsschutz des Drittbetroffenen (2000); *Hillgruber*, Grundrechtlicher Schutzbereich, Grundrechtsprägung und Grundrechtseingriff, HdbStR 3. Aufl. IX § 200; *Kube*, Der eingriffsrechtfertigende Konnex – zu Inhalt und Grenzen freiheitsbegleitender Verantwortung, JZ 2010, 265; *Lübbe-Wolff*, Die Grundrechte als Eingriffsabwehrrechte. Struktur und Reichweite der Grundrechtsdogmatik im Bereich staatlicher Leistung (1988); *Lücke*, Der additive Grundrechtseingriff sowie das Verbot der übermäßigen Gesamtbelastung des Bürgers, DVBl. 2001, 1469; *Murswiek*, Das BVerfG und die Dogmatik mittelbarer Grundrechtseingriffe, NVwZ 2003, 1 ff.; *Peine*, Der Grundrechtseingriff, HdbGr III, § 57; *Voßkuhle/Kaiser*, Der Grundrechtseingriff, JuS 2009, 313.

§ 9 Verfassungsrechtliche Rechtfertigung von Eingriffen – Grundrechtsschranken

I. Zur Bedeutung von Art. 1 III GG und der „Normenhierarchie"

Werden ein Grundrechtseingriff oder eine wesentliche Beeinträchtigung festgestellt, liegt darin **nicht** schon notwendigerweise eine Grundrechtsverletzung. Der Eingriff kann – abgesehen von der Einwilligung des Betroffenen (dazu oben § 6, Rn. 43) – vielmehr **durch die Verfassung selbst**, durch **Gesetz** oder **auf Grund eines Gesetzes** gerechtfertigt sein. Weitere Voraussetzung ist, dass der Eingriff **verhältnismäßig** ist. 1

In dieser Formulierung kommt die bereits eingangs vorgestellte **Normenhierarchie** zum Ausdruck. Dabei kann – streng genommen – die Verfassung als höchstrangige Rechtsquelle nur **durch die Verfassung** selbst eingeschränkt werden. Die Verfassungsnormkann aber den Gesetzgeber ermächtigen, ein Grundrecht einzuschränken. Das ist die Funktion der Schrankenvorbehalte. Daneben bleibt es bei der Einschränkbarkeit von Grundrechten durch andere Grundrechte (verfassungsimmanente Schranken).

Die Typologie der Grundrechtsschranken lässt sich also wie folgt zusammenfassen. Eingeschränkt werden kann ein Grundrecht
– **durch die Verfassung selbst** (verfassungsimmanente Schranke),
– **durch den Gesetzgeber,** wenn das Grundrecht einen Schrankenvorbehalt enthält.

Der Eingriff muss auch dann **verhältnismäßig** sein, wenn das Grundrecht als solches einschränkbar ist.

Die „Rangordnung" von Verfassung, Gesetz und Einschränkung auf Grund eines Gesetzes heißt aber nicht, dass das Gesetz dann entbehrlich wäre, wenn eine Beschränkung durch die Verfassung in Betracht kommt. Auch beim Vorliegen sogenannter verfassungsimmanenter Schranken muss der Grundrechtskonflikt zunächst einmal durch den Gesetzgeber gelöst werden. Liegt ein Schrankenvorbehalt vor, so wird ohnehin zunächst die Einschränkung durch Gesetz geprüft. Die Gerichte und die Verwaltung dürfen also nicht einfach ohne gesetzliche Grundlage auf verfassungsimmanente Schranken zurückgreifen (dazu *Dreier*, Grundrechtsdurchgriff contra Gesetzesbindung? DV 36 [2003], 195). Deshalb wird hier auch die Einschränkung von Grundrechten durch Gesetz vor den verfassungsimmanenten Schranken behandelt.

Literatur: v. *Arnauld*, Die Freiheitsrechte und ihre Schranken (1999); *Kokott*, Grundrechtliche Schranken und Schrankenschranken, HdBGrI § 22; *Schapp*, Die Grenzen der Freiheit, JZ 2006, 581; *Stern*, Die Grundrechte und ihre Schranken, in: FS 50 Jahre BVerfG (2001) II, 1 ff.

II. Die Beschränkung durch Gesetz und auf Grund eines Gesetzes

2 **1. Allgemeines.** Schon im 19. Jahrhundert galt: Greift der Staat hoheitlich in Freiheit und Eigentum des Bürgers ein, so bedarf er dafür einer Grundlage in einem Parlamentsgesetz. Heute ist auch der Gesetzgeber an die Grundrechte gebunden (Art. 1 III GG). Nach wie vor aber gilt der Gesetzesvorbehalt: Eingriffe in Grundrechte bedürfen der gesetzlichen Grundlage. Das wird heute aus dem Rechtsstaatsprinzip (Art. 20 III GG), aber auch aus Art. 2 I GG abgeleitet (BVerfGE 6, 32 – Elfes).

3 **2. Das Ende des „besonderen Gewaltverhältnisses".** In der konstitutionellen Monarchie des 19. Jahrhunderts gab es wichtige Ausnahmen vom Gesetzesvorbehalt. So waren **Akte der Staatsleitung** grundsätzlich vom Gesetz freigestellt. Über die Frage des Parlamentsvorbehalts für die Militärreform entbrannte der berühmte **preußische Verfassungskonflikt von 1862**. Aus der Sicht des Bürgers aber war der Vorbehalt des so genannten **„besonderen Gewaltverhältnisses"** besonders wichtig. Mit ihm behielt sich die Exekutive gegenüber dem Mitwirkungsanspruch des Parlaments einen eigenständigen, nicht der Gesetzesbindung unterworfenen Bereich vor. Dieses war dadurch gekennzeichnet, dass der Bürger freiwillig oder gezwungen aus dem „allgemeinen Gewaltverhältnis" der Gesellschaft

in den staatlichen Bereich wechselte und z. B. in Schule, Beamtenverhältnis, Militärdienst, Strafvollzug usw. gleichsam Teil des Staates wurde. Das entsprach der Vorstellung der damaligen Zeit, dass es innerhalb des Staates keine Rechtsverhältnisse und damit auch keine parlamentarische Mitwirkung geben konnte.

Diese vordemokratische Vorstellung wurde auch zur Geltungszeit des GG noch eine ganze Zeit lang anerkannt. Erst von 1972 an stellte das BVerfG klar (**Klassiker: BVerfGE 33, 1 ff. – Strafgefangene**), dass die Grundrechte auch im besonderen Gewaltverhältnis anwendbar sind und dass Eingriffe auch hier einer gesetzlichen Rechtfertigung bedürfen. Seitdem sind Grundrechtseingriffe auch im Strafvollzug, in der Schule oder im Beamtenverhältnis nur auf gesetzlicher Grundlage und unter Beachtung der allgemeinen Beschränkungen zulässig. Verwaltungsvorschriften, Schulordnungen, Universitätssatzungen usw. kommen allein nicht mehr als Eingriffsgrundlagen in Betracht. Sie müssen in Schul- und Hochschulgesetzen, im Strafvollzugsgesetz und anderen berufsregelnden Gesetzen legitimiert werden.

Weitere Beispiele zum Ende des besonderen Gewaltverhältnisses: BVerfGE 34, 162, 192 – **Hessische Förderstufe**; BVerfGE 41, 251, 259 – **Speyer-Kolleg**; BVerfGE 45, 400, 417 – **Oberstufenreform**; BVerfGE 47, 46, 78 – **Sexualkunde**; zuletzt BVerfGE 108, 282 – **Kopftuch**; BVerfGE 116, 69, 80 – **Jugendstrafvollzug**.

Gleichwohl hat es nicht an Versuchen gefehlt, das „besondere Gewaltverhältnis" unter anderer Bezeichnung am Leben zu erhalten. So war etwa vom „Sonderstatusverhältnis", vom „Raum einer besonderen Pflichtenbindung" die Rede (dazu *Loschelder*, HdbStR V, [1. u.2.Aufl.] § 123, Rn. 37 ff.; *S. von Kielmansegg*, Das Sonderstatusverhältnis, JA 2012, 881; *Sachs*, VBlNRW 2004, 209). Angesichts der eindeutigen Rechtsprechung des BVerfG mussten solche Versuche allerdings scheitern.

3. Wesentlichkeitstheorie. Mit der grundsätzlichen Geltung des Gesetzesvorbehalts ist noch nicht entschieden, **was** der Gesetzgeber selbst regeln muss und was er untergesetzlichen Normen (Satzung, Rechtsverordnung) bzw. dem „Binnenrecht" der Verwaltung, also vor allem Verwaltungsvorschriften, Geschäftsordnungen usw. überlassen darf. Zurückgehend auf *Oppermann* (Gutachten C zum 51. Deutschen Juristentag [1976, C 48]) hat das BVerfG ausgeführt, der Gesetzgeber müsse jedenfalls alle „wesentlichen" Fragen des Schulwesens durch formelles Gesetz regeln. Wesentlich wurde dabei mit „grundrechtswesentlich" umschrieben. Später bildete sich der Begriff

4

"Wesentlichkeitstheorie" heraus (*Nierhaus*, FS Stern [1997], 717). Damit ist natürlich keine Theorie im wissenschaftlichen Sinne gemeint. Richtig ist aber die Anknüpfung der Notwendigkeit einer gesetzlichen Grundlage an die **Bedeutsamkeit einer Regelung** für das jeweilige Grundrecht.

Ist der Schutzbereich eines Grundrechts berührt, dann müssen also im Gesetz mindestens enthalten sein:

- die wichtigsten Voraussetzungen, unter denen ein Eingriff in das Grundrecht ermöglicht werden soll,
- die zu erwartenden Eingriffe,
- die öffentlichen Belange und Ziele zur Rechtfertigung der Eingriffe.

5   Über das schon geschilderte Ende des "besonderen Gewaltverhältnisses" hinaus hat das BVerfG die "Wesentlichkeitstheorie" auch benutzt, um klarzustellen, dass **Satzungen von Selbstverwaltungskörperschaften**, insbesondere das Berufsrecht der Ärzte, Rechtsanwälte usw. nicht ohne gesetzliche Grundlage in die Grundrechte der Mitglieder eingreifen dürfen.

Klassiker: BVerfGE 33, 125 – Facharzt: Satzungen von Ärztekammern dürfen keine statusbestimmenden Merkmale und Eingriffe (z. B. Erwerb und Verlust der Facharztbezeichnung, sonstige Berufswahlregelungen usw.) enthalten.

Nach und nach hat das BVerfG diesen Grundsatz auch auf andere Selbstverwaltungskörperschaften ausgedehnt (vgl. zuletzt BVerfGE 111, 191, 213 – Notarkasse). Daraus folgt der praktisch sehr wichtige Satz: **Die Selbstverwaltungskompetenz gibt keine Befugnis zum Eingriff in Grundrechte.** Diese ist – abgesehen von weniger gravierenden Berufsausübungsregelungen – dem Gesetzgeber vorbehalten.

6   In ähnlicher Weise gilt dies auch für **Rechtsverordnungen.** Dafür bedarf es freilich nicht des Rückgriffs auf die "Wesentlichkeitstheorie". Die Notwendigkeit der hinreichend bestimmten gesetzlichen Grundlage ergibt sich hier vielmehr schon aus Art. 80 I GG. **Verwaltungsvorschriften** können schon deshalb nicht Eingriffsgrundlage sein, weil sie sich nur an die Behörden richten und keine Außenwirkung haben (BVerfG, Kammer, NVwZ 2007, 804 – Altersgrenze für Fluglotsen).

7   Die Grundrechtswesentlichkeit ist auch entscheidend für die notwendige **Bestimmtheit** einer gesetzlichen Grundlage. Das Gesetz muss – ungeachtet aller Konkretisierungsspielräume für die Verwal-

tung – jedenfalls so bestimmt sein, dass der einzelne Grundrechtsträger auf Grund der gesetzlichen Regelung vorhersehen kann, welche Eingriffe ihn erwarten. Das nennt das BVerfG auch „Gebot der Normenklarheit" (BVerfGE 118, 168, 183 – Abruf von Kontenstammdaten; BVerfG, Kammer, NVwZ 2012, 504 – Immissionsschutzrechtliche Anforderungen). Die Bezugnahme auf Verwaltungsvorschriften und andere konkretisierende Normen ist aber möglich (BVerfGE, 129, 1, 17 ff. – Klassifikation der Wirtschaftszweige durch Statistisches Bundesamt).

Das Ende des „besonderen Gewaltverhältnisses" und die „Wesentlichkeits- 8 theorie" haben – soviel ist unstreitig – zu einer starken **Verdichtung des Regelwerks** der Gesetze in der Bundesrepublik geführt. Auch die Einfachheit und die Transparenz der Rechtsordnung sind nicht gefördert worden. Immer wieder ist auch von einem unnötigen „Gesetzesperfektionismus" oder sogar davon die Rede, dass sich das Gesetz „zu Tode gesiegt" haben könnte (*Hufen*, NJW 1999, 1504, 1508; ähnl. *Schuppert*, Das Gesetz als zentrales Steuerungsinstrument des Rechtsstaates [1998]). Nicht bestreitbar ist auch, dass die Wesentlichkeitstheorie zur Schwächung der Selbstverwaltung in Kammern, Gemeinden und Universitäten geführt hat.

Literatur: *Hömig*, Grundlagen und Ausgestaltung der Wesentlichkeitslehre, FG 50 Jahre Bundesverwaltungsgericht (2003), 273 ff.; *Nierhaus*, Bestimmtheitsgebot und Delegationsverbot des Art. 80 Abs. 1 Satz 2 GG und der Gesetzesvorbehalt der Wesentlichkeitstheorie, FS Stern (1997), 717; *Ossenbühl*, Vorrang und Vorbehalt des Gesetzes, HdbStR V § 101, Rn. 32 ff., 41 ff.

4. Arten von Gesetzesvorbehalten. Betrachtet man die im Grund- 9 rechtskatalog enthaltenen Gesetzesvorbehalte, so fällt auf, dass sie unterschiedlich formuliert sind: Teilweise regeln sie als **allgemeiner Gesetzesvorbehalt** die Einschränkbarkeit des Grundrechts ohne jede weitere Voraussetzung (so in Art. 2 II 3, Art. 8 II, Art. 10 II 1, Art. 12 I 2 GG). Auch der Schrankenvorbehalt der „verfassungsmäßigen Ordnung" in Art. 2 I GG wurde durch das BVerfG im Sinne eines allgemeinen Gesetzesvorbehalts (Gesamtheit aller formell **und** materiell verfassungsmäßigen Gesetze) interpretiert (dazu § 14, Rn. 21).

Teilweise enthält das GG aber auch besondere Voraussetzungen für 10 Anlässe, Ziele und Formen der gesetzlichen Einschränkung. Wir sprechen dann von einem **qualifizierten Gesetzesvorbehalt,** d. h. ein Eingriff in das jeweilige Grundrecht durch ein Gesetz oder auf Grund eines Gesetzes ist nur unter Beachtung der jeweils qualifizierten Voraussetzungen zulässig.

Beispiele: Art. 5 II GG – Allgemeinheit des Gesetzes; Art. 11 II GG – besondere Anlässe einer Einschränkung der Freizügigkeit; Art. 13 VII GG – Eingriffe und Beschränkungen in Wohnungsfreiheit nur zur Abwehr bestimmter Gefahren.

11 Keine Rechtfertigung für Eingriffe in Grundrechte enthalten die sogenannten **Regelungsvorbehalte**. Sie beziehen sich nur auf die Befugnis des Gesetzgebers zur **Konkretisierung des Schutzbereichs**.

Führt die gesetzliche Konkretisierung allerdings zu schweren Belastungen, so verlangt das BVerfG gleichwohl deren Verhältnismäßigkeit (BVerfGE 28, 243, 260 – Wehrdienstverweigerung; BVerfGE 100, 226, 242 – Denkmalschutz).

12 **5. Verfassungsmäßigkeit der gesetzlichen Grundlage.** Das Erfordernis einer gesetzlichen Grundlage ist nur erfüllt, wenn diese selbst wirksam, d. h. verfassungsgemäß ist. Verstößt die Eingriffsgrundlage ihrerseits gegen formelles oder materielles Verfassungsrecht, dann kann sie einen Eingriff nicht legitimieren. Hintergrund ist die historische **Freiheit von ungesetzlichem Zwang**, aber auch das Rangverhältnis von Gesetz und Verfassung in Art. 1 III GG und Art. 20 III GG.

Die Notwendigkeit der Verfassungsmäßigkeit der gesetzlichen Grundlage führt dazu, dass bei der Prüfung einer Grundrechtsverletzung unter dem Stichwort „Rechtfertigung des Eingriffs" auch geprüft wird, ob die gesetzliche Grundlage formell verfassungsgemäß ist, d. h. der jeweilige Gesetzgeber zuständig war und das Gesetzgebungsverfahren eingehalten wurde (**Klassiker:** BVerfGE 6, 32, 36 – Elfes).

In der verwaltungsrechtlichen Klausur führt die Verfassungswidrigkeit der gesetzlichen Grundlage allerdings wegen der Bindung des Richters an das Gesetz (Art. 20 III GG) nicht dazu, dass die Klage bereits begründet ist. Das ist sie vielmehr erst, wenn das BVerfG auf Vorlage des Richters im Verfahren der konkreten Normenkontrolle (Art. 100 GG) abschließend entschieden hat, dass das Gesetz verfassungswidrig ist (dazu *Hufen*, VwProzR, § 25 Rn. 14 f.).

13 **6. Wechselwirkungstheorie – Auslegung der Schranke im Lichte der Bedeutung des eingeschränkten Grundrechts.** Bei der Anwendung des Gesetzesvorbehalts muss die Bedeutung des jeweiligen Grundrechts beachtet werden. Nicht jedes Gesetz rechtfertigt also jeden Eingriff. Das ist der Kern der **„Wechselwirkungstheorie"** (BVerfGE 7, 198, 208 – Lüth). Grundrechtseinschränkende Gesetze sind also ihrerseits im Lichte des jeweiligen Grundrechts auszulegen.

Heute ist die Wechselwirkung im Rahmen der Verhältnismäßigkeit zu prüfen.

III. Die Verhältnismäßigkeit als „Schranken-Schranke"

1. Allgemeines. Mit dem Begriff der „Schranken-Schranke" kann man bei Nichtjuristen große Heiterkeit erzielen. Der Begriff sagt in plastischer Weise aber etwas durchaus Wichtiges: Grundrechtsschranken gelten ihrerseits nicht unbeschränkt. Sie sind schon nach der „Wechselwirkungstheorie" des BVerfG im Lichte der Grundrechte zu interpretieren. Das heißt vor allem: Ein Eingriff darf nicht weiter gehen, als er zur Erreichung eines **legitimen Zweckes geeignet, erforderlich** und **zumutbar** ist. Dasselbe wie die Verhältnismäßigkeit besagt der früher geläufige, aus dem Polizeirecht stammende Begriff **„Übermaßverbot"**. Der Staat darf nicht im Übermaß in die Grundrechte des Bürgers eingreifen.

14

Die zunächst aus dem Rechtsstaatsprinzip abgeleitete Verhältnismäßigkeitsprüfung gehört heute zu nahezu jedem Grundrechtsfall. Sie erfolgt in der Regel in vier formalisierten Prüfungsschritten:

15

- Legitimer **Zweck** des Eingriffs,
- **Eignung** der Maßnahme zur Erreichung des Zieles,
- **Erforderlichkeit** für die Erreichung des Zieles (kein milderes gleich wirksames Mittel),
- **Verhältnismäßigkeit im engeren Sinne – Zumutbarkeit** (Ausgewogenheit zwischen verschiedenen zu berücksichtigenden Belangen, Vermeidung übermäßiger persönlicher Härten).

Nimmt man den Zweck der Maßnahme heraus, dann lässt sich auch von einem „Dreischritt" sprechen (vgl. etwa *Michael*, JuS 2001, 148).

Obwohl die Verhältnismäßigkeit nach wie vor auch als wichtiges Element des Rechtsstaatsprinzips zu sehen ist, wird sie heute zu recht primär als Bestandteil der Grundrechtsprüfung im „Schrankenbereich" gesehen (st. Rspr. seit BVerfGE 19, 342, 349 – Haftverschonung). Das heißt aber nicht, dass die Verhältnismäßigkeit außerhalb des eigentlichen Grundrechtskatalogs keine Rolle spielt. So darf auch ein Eingriff in die kommunale Selbstverwaltung nicht unverhältnismäßig sein (angedeutet in BVerfGE 79, 127, 147 – Rastede; BVerfGE 103, 332, 366 – NaturschutzG SH). Auch im Staatsorganisationsrecht spielt die Verhältnismäßigkeit – so z.B. bei der Beurteilung von Maßnahmen von Untersuchungsausschüssen und im Ver-

16

hältnis von Parlament und Abgeordneten – eine Rolle (*Heusch*, Der Grundsatz der Verhältnismäßigkeit im Staatsorganisationsrecht [2003]).

17 **2. Die Entwicklung der Rechtsprechung.** Betrachtet man die heutige Bedeutung der Verhältnismäßigkeit, so ist es erstaunlich, dass diese im GG selbst mit keinem Wort erwähnt und auch nicht später kodifiziert wurde. Als Beispiel für „geglücktes Richterrecht" wurde das Verhältnismäßigkeitsprinzip vielmehr nach und nach durch das BVerfG weiterentwickelt und trat teilweise an die Stelle überkommener Prüfungsmuster wie die Wesensgehaltsgarantie in Artikel 19 II GG oder auch die vom BVerfG selbst entwickelte Drei-Stufen-Lehre zu Artikel 12 GG.

Inhaltlich kommt es auf das angemessene Verhältnis von Ziel und Mittel und auch auf die Ausgewogenheit mehrerer Ziele an, wenn es darum geht, mehrere Belange in die Entscheidung einzubeziehen. Ebenso ist die Verhältnismäßigkeit ein wichtiges Element der **Einzelfallgerechtigkeit.** So kann die unterschiedslose Anwendung einer gesetzlichen Schranke im Einzelfall eine besondere und nicht gerechtfertigte Härte bedeuten. Auch dies schließt die Verhältnismäßigkeit aus.

18 **Klassiker:** Den einprägsamsten (und geradezu „kribbelnden") Fall aus der Frühzeit des Verhältnismäßigkeitsprinzips und ein besonders drastisches Beispiel für eine unzumutbare Maßnahme bildet BVerfGE 16, 194, 204 – **Liquor-Entnahme.** Hier konnte erst die Verfassungsbeschwerde verhindern, dass einem Bürger wegen einer Bagatellstraftat Rückenmarksflüssigkeit zur Untersuchung seines Geisteszustands entnommen wurde. Als besonders wichtiges Beispiel sei ferner die Entscheidung BVerfGE 30, 292, 316 – **Erdölbevorratung** – genannt. Bei dieser ging es um Maßnahmen, mit denen die Bundesrepublik seinerzeit die Erdölversorgung sicherstellen wollte und dafür private Importeure und Lagerbetriebe in die Pflicht nahm. Dieser Eingriff wurde als verhältnismäßig im Hinblick auf die damit verfolgten wichtigen Gemeinwohlbelange bezeichnet. Seither spielt die Verhältnismäßigkeit in fast allen Entscheidungen des BVerfG und des BVerwG zu den Grundrechten eine Rolle (zu letzterem *Kloepfer*, FG 50 Jahre BVerwG [2003], 329).

Beispiele aus jüngerer Zeit: BVerfGE 113, 88, 104 – Elternunterhalt der Kinder bei eigenen Versorgungsproblemen; BVerfGE 117, 71, 78 – „Lebenslänglich" mit ungünstiger Prognose; BVerfGE 128, 1, 35 – Gentechnik.

19 **3. Legitimes Ziel.** Vor der Prüfung von Eignung, Erforderlichkeit und Zumutbarkeit ist es wichtig, zunächst ein **legitimes Gemeinwohlziel** zu benennen, zu dessen Erreichung ein Eingriff eingesetzt

wird und auf den sich folglich die einzelnen Merkmale der Verhältnismäßigkeit beziehen (so auch *Pieroth/Schlink*, GrundR, Rn. 289 ff.).

Legitime Gemeinwohlziele können, müssen sich aber nicht aus der Verfassung ergeben. Sie können wirtschaftlicher, kultureller oder auch sozialer Art sein. Besonders häufig genannt werden die Ziele Gesundheitsschutz, Jugendschutz, Minderheitenschutz, Familienförderung, Umweltschutz, Tierschutz usw. Nicht ausreichend ist es aber, wenn schon ganz allgemein die Risikovorsorge oder die Befürchtung von „Dammbrüchen" als Regelungsgrund angegeben werden (dazu *Hilfendehl*, JZ 2009, 165).

In seiner „Drei-Stufen-Theorie" zu Art. 12 GG hat das BVerfG versucht, Gemeinwohlbelange nach ihrer Wichtigkeit einzustufen und nach „vernünftigen Gründen" für reine Berufsausübungsregelungen, „wichtigen Gemeinschaftsgütern" für subjektive Berufszulassungsschranken und „überragend wichtigen Gemeinschaftsgütern" für objektive Berufszulassungsschranken unterschieden (dazu BVerfGE 7, 377 – Apotheke). Auch diese „Stufen" sind heute allerdings in der allgemeinen Zweck-Mittel-Relation zwischen Gemeinwohlbelangen und Härte des Eingriffs aufgegangen (dazu unten § 35, Rn. 30).

4. Eignung. Eignung bedeutet, dass eine Maßnahme zur Erreichung oder Förderung des angegebenen Gemeinwohlziels tauglich ist. Dabei kommt es nicht darauf an, ob es sich um die jeweils optimale Lösung handelt. Ein **Beitrag zur Zweckerreichung** reicht (BVerfGE 30, 292, 316 – Erdölbevorratung; BVerfGE 67, 157, 175 – Abhörgesetz). Schon daraus erklärt sich, dass man in der Rechtsprechung des BVerfG Fälle des Scheiterns eines Gesetzes auf der Eignungsstufe lange suchen muss, zumal das BVerfG dem Gesetzgeber gerade auf dieser Stufe stets eine **„Einschätzungsprärogative"** eingeräumt hat. Über die Eignung hat also primär der Gesetzgeber selbst zu entscheiden – vor allem, wenn es um wirtschaftliche oder soziale Lenkungsentscheidungen geht. 20

Richtig daran ist, dass hier die Eignung sehr oft von fachlichen Prognosen abhängt, zu deren Beurteilung das BVerfG selbst nicht besser „geeignet" ist als der Gesetzgeber mit dessen umfangreicher wissenschaftlicher Beratung. Andererseits dient die „Einschätzungsprärogative" nicht selten dazu, den Gesetzgeber in unangemessener Weise von der Prüfung freizustellen, ob durch einen Eingriff das angegebene Ziel wenigstens gefördert wird. So bleibt die Kontrolle gesetzgeberischer Rationalität unabdingbare Aufgabe der Rechtsprechung (*Cornils*, DVBl. 2011, 1053). Auch können sich bestimmte Maßnahmen nach einiger Zeit als evident ungeeignet, weil erfolglos erweisen, gelten aber fort, wenn das BVerfG einmal auf eine Eignungskontrolle verzichtet hat. Schließlich wird die Denkfigur auch für direkte Eingriffe eingesetzt, die mit einer sozial- oder wirtschaftspolitischen Lenkungsentscheidung nichts zu tun haben – so z. B. im Zusammenhang mit den Altersgrenzen oder anderen Betätigungsverboten für Ärzte in der gesetzlichen Krankenversicherung (Grundlegend jetzt *Bickenbach*, Die Einschätzungsprärogative des Gesetzgebers [2014]; s. auch unten § 35, Rn. 36).

21 **5. Erforderlichkeit.** Das Gebot der Erforderlichkeit ist verletzt, wenn das Ziel der eingreifenden staatlichen Maßnahme auch durch ein anderes, gleich wirksames Mittel erreicht werden kann, welches das betreffende Grundrecht nicht oder weniger fühlbar einschränkt (BVerfGE 67, 157, 176 – Abhörgesetz). Insofern wird Erforderlichkeit auch mit „**kein milderes Mittel verfügbar**" umschrieben. Der Gesetzgeber muss von mehreren gleich wirksamen Mitteln dasjenige wählen, das die Grundrechte nicht oder weniger stark belastet (BVerfGE 53, 135, 145 – KakaoVO; BVerfGE 67, 157, 177 – Abhörgesetz). Zu prüfen sind also: Gleiche Wirksamkeit im Hinblick auf das Ziel und weniger fühlbare Einschränkung. Eine zunehmende Rolle spielt anscheinend das **Gebot der Konsequenz bzw. Folgerichtigkeit** (*Bumke*, DS 49 [2010], 77; *Michael*, JZ 2008, 875; *Osterloh*, FS Bryde 2013, 429). So hat das BVerfG das staatliche Monopol für Sportwetten nur dann für gerechtfertigt gehalten, wenn es zur konsequenten Bekämpfung der Spielsucht eingesetzt wird (BVerfGE 115, 276, 300). Ein drastisches, aber konsequentes „Totalverbot" des Rauchens in Gaststätten erscheint dem Gericht weniger bedenklich als Teilverbote (BVerfGE 121, 317, 344 – Rauchverbot). Das ist nicht unproblematisch, denn auch ein folgerichtiger Eingriff kann gerade dadurch unverhältnismäßig sein, dass er undifferenziert ist (krit. auch *Dann*, DS 49 [2010], 630; *Payandeh*, AöR 136 (2011), 578). Ausnahmsweise zu Gunsten des Bürgers wirkte sich das Gebot der Folgerichtigkeit bei der Verfassungswidrigkeit der Kürzung der sogenannten „Pendlerpauschale" aus (BVerfGE 122, 210, 230).

22 **Beispiele:** Im Übrigen hat sich die Stufe der Erforderlichkeit bei der Verhältnismäßigkeitsprüfung in der Praxis auch gegenüber dem Gesetzgeber gelegentlich als durchaus wirksam erwiesen: So hat das BVerfG ein **Vertriebsverbot im Lebensmittelrecht** für verfassungswidrig erklärt, wenn die Ziele des Verbraucherschutzes auch durch Kennzeichnungspflichten erfüllt werden können (BVerfGE 53, 135, 145 – KakaoVO). Die geforderte Aufgabe einer Position in der Finanzverwaltung vor der Steuerberaterprüfung statt erst vor der Bestellung zum Steuerberater wurde für verfassungswidrig erklärt (BVerfGE 69, 209, 218 – Steuerberaterprüfung). **Staatliche Monopole** sind nicht erforderlich, wenn auch bei privater Trägerschaft eine hinreichende Sicherung öffentlicher Belange sichergestellt werden kann (BVerfGE 102, 197,

217 – Spielbankgesetz). Schärfere Kontrollen und Missbrauchsaufsicht stellen gegenüber einem Verbot stets das mildere und damit verhältnismäßige Mittel dar (BVerfGE 77, 84 ff. – Leiharbeitsverbot).

Besonders streng sind Eingriffe in die **körperliche Unversehrtheit** zu beurteilen. Hier wäre jede andere zuverlässige Untersuchungsmethode gegenüber der Blutprobe das mildere Mittel (BVerfGE 89, 69, 88 – Fahrerlaubnis und Haschischkonsum). Danach kommt eine umfangreiche psychologische Begutachtung zur Feststellung der Fahrtüchtigkeit nicht in Betracht, wenn die Frage des Drogenmissbrauchs durch eine einfache Harnuntersuchung geklärt werden kann.

6. Verhältnismäßigkeit im engeren Sinne: Angemessenheit/Zumutbarkeit. Keine einheitliche Bezeichnung scheint es für die letzte Stufe der Verhältnismäßigkeitsprüfung zu geben. Das BVerfG bevorzugt nach wie vor die „Verhältnismäßigkeit i. e. S.". Auch „Angemessenheit", „Proportionalität" und „Güterabwägung" werden benutzt. In den meisten Fällen einfacher und zugleich präziser ist aber der Begriff der **Zumutbarkeit**. In der Sache geht es immer um dasselbe: Die eigentliche Zweck-Mittel-Relation und den angemessenen Ausgleich zwischen der Schwere der grundrechtlichen Beeinträchtigung einerseits und der Bedeutung der mit der Maßnahme verfolgten Belange andererseits. Die Verhältnismäßigkeit im engeren Sinne ist auch die Prüfungsstufe, bei der nicht beabsichtigte Folgewirkungen bei den Rechtsgütern Dritter oder andere öffentliche Belange Berücksichtigung finden können. So ist eine Maßnahme unverhältnismäßig, wenn sie den öffentlichen Zweck zwar erreicht, aber erhebliche nicht beabsichtigte Schäden bei anderen Rechtsgütern erzeugt. 23

Beispiel: Ein Werbeverbot bewirkt nicht nur Einschränkungen der Meinungs- oder Berufsfreiheit des Werbenden, sondern auch die Existenzgefährdung der örtlichen Presse.

Besonders streng sind die Anforderungen an die Verhältnismäßigkeit im engeren Sinne, wenn zugleich der rechtsstaatliche **Grundsatz des Vertrauensschutzes** ins Spiel kommt (ausf. dazu *Voßkuhle/ Kaufhold*, JuS 2011, 794). Das ist etwa der Fall, wenn der Betroffene sich nicht rechtzeitig oder nur schwer auf eine neue Regelung einstellen konnte, weil er zu Zeiten Dispositionen getroffen hat, in denen die Regelung noch nicht galt (sogenannte „faktische" oder „unechte" Rückwirkung). Hier hat das BVerfG seine früher eher großzügige Rechtsprechung zur „unechten Rückwirkung" auf eine durchaus strengere Verhältnismäßigkeitsprüfung umgestellt (BVerfG, NVwZ 24

2009, 1025 – Vergütung für Strom aus Biomassenanlage). Das gilt besonders dann, wenn es im Zuge des Übergangs zu einem Gleichheitsverstoß kommt (BVerfGE 125, 1, 16 – Körperschaftssteuer). Andererseits darf der Vertrauensschutz nicht zu einer erzwungenen Erstarrung gesetzlicher Regelungen führen. So schützt das GG z. B. nicht die bloße Erwartung, das geltende Steuerrecht werde unverändert fortbestehen (BVerfG, Kammer, NJW 2011, 996 – Besteuerung von Wohnmobilen). Auch auf eine nooh nicht gefestigte höchstrichterliche Rechtsprechung kann sich der Begünstigte allenfalls begrenzt verlassen (BVerfGE 131, 20, 35). Dagegen kann eine umwelt- oder energiepolitisch gewollte Subvention durchaus Bestandteil der Substanz eines Unternehmens werden, so dass die Entziehung verfassungsrechtliche Probleme – wenn schon nicht im Hinblick auf Art. 14 GG – so doch im Hinblick auf die wirtschaftliche Dispositionsfreiheit (Art. 2 I GG) aufwirft (dazu *Leisner-Egensperger*, NVwZ 2012, 985). Mittlerweile spricht zumindest der *Zweite Senat* des *BVerfG* nicht mehr von „unechter Rückwirkung", sondern von „tatbestandsmäßiger Rückanknüpfung" und führt eine Abwägung zwischen individuellem Vertrauensschutz und öffentlichem Vollzugsinteresse durch (vgl. etwa BVerfGE 127, 1, 15 – Verlängerung der Spekulationsfrist bei Grundstücksveräußerung; BVerfGE 127, 31, 46 – Kürzung von Entschädigung; BVerfG, NJW 2012, 1941 – Befristetes Aufschieben der gesetzlichen Preisansagepflicht bei call-by-call-Gesprächen).). Dasselbe ist wohl für den sogenannten „Atomausstieg" anzunehmen (*Bruch/Greve*, DÖV 2011, 794). Besondere Bedeutung erhält in solchen Fällen die Einräumung einer angemessenen **Übergangsfrist**.

Weiterhin streng begrenzt und nur mit hinreichender Übergangsfrist möglich sind Gesetze mit „echter Rückwirkung", also die Anknüpfung einer Regelung an einen bereits abgeschlossenen Sachverhalt (*Fischer*, Die Verfassungsmäßigkeit rückwirkender Normen, JuS 2001, 861; allg. zur Rückwirkung *Kunig*, Rechtsstaatliches Rückwirkungsverbot, HdBGrundR III, § 69, 569).

Bei mehreren zu berücksichtigenden Belangen bedeutet „Verhältnismäßigkeit im engeren Sinne" **ein Gebot gerechter Abwägung.** Behörden, Gerichte, aber auch der Gesetzgeber müssen alle durch die Maßnahmen betroffenen Belange erheben und angemessen einander zuordnen. Selbst ein nicht unmittelbar einschlägiges Grundrecht hat das BVerfG auf dieser Stufe einbezogen (vgl. BVerfGE 104, 347 – Schächtverbot zu Lasten eines Metzgers, Einbeziehung der Religionsfreiheit, obwohl der Betroffene das Fleisch nur verkaufen wollte).

Literatur zu § 9 III 6: *Albrecht*, Zumutbarkeit als Verfassungsmaßstab (1995); *Brocker*, Rechtsprechungsänderung und Vertrauensschutz, NJW 2012, 2996; *Cornils*, Rationalitätsanforderungen an die parlamentarische Rechtssetzung im demokratischen Rechtsstaat, DVBl. 2011, 1053; *Kahl*, Vertrauen (Kontinuität), FS Kirchhof I, 2013, § 27; *Kloepfer*, Die Entfaltung des Verhältnismäßigkeitsprinzips, FG 50 Jahre Bundesverwaltungsgericht (2003), 329;; *Leisner-Egensperger*, Die Einschränkung der Solarstromsubventionen. Vertrauensschutz bei Förderungskürzungen, NVwZ 2012, 985; *dies.*, Die Folgerichtigkeit (2013); *Lerche*, Übermaß und Verfassungsrecht (1961), 2. Aufl. (1999); *Lienbacher/Grzeszick*, Rationalitätsanforderungen an die parlamentarische Rechtssetzung im demokratischen Rechtsstaat, VVDStRL 71 (2012), S. 7, 49; *Michael*, Die drei Argumentationsstrukturen des Grundsatzes der Verhältnismäßigkeit, JuS 2001, 148; *ders.*, Grundfälle zur Verhältnismäßigkeit, JuS 2001, 654, 764, 866; *Payandeh*, Das Gebot der Folgerichtigkeit: Rationalitätsgewinn oder Irrweg der Grundrechtsdogmatik? AöR 136 (2011), 578; *Schlink*, Der Grundsatz der Verhältnismäßigkeit, FS 50 J. BVerfG II (2001), 445 ff.; *Voßkuhle*, Grundwissen – öffentliches Recht: Der Grundsatz der Verhältnismäßigkeit, JuS 2007, 429; *Voßkuhle/Kaufhold*, Grundwissen – Öffentliches Recht: Vertrauensschutz. JuS 2011, 794; *Wahl*, Der Grundsatz der Verhältnismäßigkeit: Ausgangslage und Gegenwartsproblematik, FS Würtenberger 2013, 823;

7. Verhältnismäßigkeit – europäisch und international. In den vergangenen Jahrzehnten hat sich das Verhältnismäßigkeitsprinzip geradezu als „Exportschlager" erwiesen. Es ist nicht nur in zahlreichen Verfassungen der westlichen Welt enthalten, sondern ist auch fester Bestandteil des Europarechts. Der **EGMR** wendet es regelmäßig an (**Beispiele:** EGMR, NJW 2002, 3087 – Kündigung eines Lehrers; EGMR, NJW 2003, 497 – Werbeverbot für Ärzte).

Auch der **EuGH** zählt die Verhältnismäßigkeit in st. Rspr. zu den allgemein anerkannten Verfassungsgrundsätzen der Europäischen Gemeinschaft und wendet sie in seiner Rechtsprechung zu den europäischen Grundfreiheiten an (**Beispiele:** EuGH, NJW 1996, 579 – Dienstleistungsfreiheit Rechtsanwalt; EuGH, NVwZ 2001, 1145 – Impfverbot). Kritisch anzumerken ist allerdings, dass dies durchweg nur bei der Kontrolle von Maßnahmen der Mitgliedsstaaten, nicht aber gegenüber den in ihrer Verhältnismäßigkeit oft mehr als zweifelhaften Entscheidungen der Organe der Gemeinschaft selbst gilt (*von Danwitz*, JZ 2003, 1125).

Heute ist der Verhältnismäßigkeitsgrundsatz in Art. 5 IV EUV kodifiziert und in Art. 52 I EuGRCh gewährleistet. Dies wirft die Frage auf, warum ein so wichtiges Prinzip nicht längst auch im deutschen Verfassungsrecht (z. B. im Rahmen eines neu gefassten Artikel 19 II GG) kodifiziert wurde.

Literatur zu § 9 III 7: *Bühler*, Die Einschränkung von Grundrechten nach der europäischen Grundrechte-Charta (2005); *von Danwitz*, Grundfragen einer Verfassungsbindung der Europäischen Union, JZ 2003, 1125; *Eisner*, Die Schrankenregelung der Grundrechte-Charta der Europäischen Union (2005); *Emmerich-Fritsche*, Der Grundsatz der Verhältnismäßigkeit als Direktive und Schranke der EG-Rechtsetzung (2000); *Kischel*, Die Kontrolle der Verhältnismäßigkeit durch den Europäischen Gerichtshof, EuR 2000, 380; *Koch*, Der Grundsatz der Verhältnismäßigkeit in der Rechtsprechung des Gerichtshofs der Europäischen Gemeinschaften (2003); *Pache*, Der Grundsatz der Verhältnismäßigkeit in der Rechtsprechung der Gerichte der Europäischen Gemeinschaften, NVwZ 1999, 1033.

IV. Zur Bedeutung von Art. 19 I und II GG

26   1. **Allgemeines.** In Art. 19 I und II formuliert das GG aus historischer Erfahrung begründete zusätzliche Einschränkungen für gesetzliche Eingriffe in Grundrechte. So sollen **Einzelfallgesetze** ausgeschlossen werden und die schleichende Aushöhlung von Grundrechten im Wege der Gesetzgebung verhindert werden, indem der Gesetzgeber das eingeschränkte Grundrecht unter Angabe des Artikels nennen muss **(Zitiergebot)**. Besonders wichtig war für den Verfassungsgeber von 1949 offenbar Art. 19 II GG: *„In keinem Falle darf ein Grundrecht in seinem Wesensgehalt angetastet werden"* („**Wesensgehaltgarantie**").

27   2. **Verbot des Einzelfallgesetzes (Art. 19 I 1 GG).** Die Forderung, ein freiheitsbeschränkendes Gesetz müsse allgemein und nicht nur für den Einzelfall gelten, hat eine große Tradition und geht im Grunde auf die Vorstellung *Kants* vom Zusammenleben der Menschen unter allgemeinen Gesetzen zurück. Allgemeine, d. h. für alle geltende Gesetze schließen staatliche Willkür aus. Sie sind zugleich ein Element der Wahrung der **Gleichheit vor dem Gesetz**. Hinzu kam aus der Sicht von 1949 die Erfahrung mit der oft auf den Einzelfall zielenden Willkürgesetzgebung der Nationalsozialisten.

In der Wirklichkeit der Bundesrepublik hat sich dann aber sehr schnell gezeigt, dass sich Gesetzgebung oft nicht auf das „klassische" allgemeine, vom Einzelfall völlig losgelöste Gesetz reduzieren lässt. Oft sind es eben durch einen Einzelfall ausgelöste Probleme, die ein gesetzgeberisches Eingreifen erforderlich machen. Deshalb hat das BVerfG schon sehr früh klargestellt, dass Art. 19 I 1 GG den Gesetzgeber nicht daran hindert, durch einen Einzelfall angeregt allgemeine Probleme zu lösen und bestimmte Maßnahmen vorzusehen. Insofern spricht man auch von **Maßnahmegesetzen.**

Beispiele: BVerfGE 10, 89 – Erftverband. Hier ging es um die Zwangsmitgliedschaft von Braunkohleeigentümern in einem Förderverband; BVerfGE 25, 371 – Lex Rheinstahl. Hier sollte das Ausscheren eines Unternehmens aus der Montan-Mitbestimmung verhindert werden. Das Verbot des Einzelfallgesetzes verhindert auch nicht, dass der Gesetzgeber bestimmte Verkehrsprojekte auf direktem Weg ermöglicht, ohne das gesetzlich geregelte Planfeststellungsverfahren durchzuführen (BVerfGE 95, 1 – Umfahrung Stendal).

Das Problem des Einzelfallgesetzes spielt in der Praxis heute also eine relativ geringe Rolle. Auch in der Klausur sollte man nur darauf eingehen, wenn sich dies nach dem Sachverhalt aufdrängt.

3. Zitiergebot (Art. 19 I 2 GG). Auch das Zitiergebot in Art. 19 I 2 GG beruht auf Weimarer Erfahrungen und war durch den Grundgesetzgeber entsprechend ernst gemeint. Wenn der Gesetzgeber ein Grundrecht einschränkt, so soll er darüber explizit Rechenschaft ablegen. Deshalb findet sich in vielen grundrechtsbeschränkenden Gesetzen der Hinweis: *„Aufgrund dieses Gesetzes können die Grundrechte... eingeschränkt werden."* Das Zitiergebot gilt nicht nur bei erstmaliger Grundrechtseinschränkung, sondern auch bei neuen Eingriffen durch Gesetz (BVerfGE 113, 348, 364 – Telekommunikationsüberwachung). 28

Gleichwohl hat das BVerfG auch die Bedeutung des Zitiergebots relativiert. So gilt Art. 19 I 2 GG naturgemäß nicht für die Konkretisierung verfassungsimmanenter Schranken bei Grundrechten ohne Gesetzesvorbehalt. Er gilt ebenso wenig bei allgemeinen Gesetzen nach Art. 5 II GG (BVerfGE 28, 282, 289 – Äußerung durch Soldaten; BVerfGE 33, 52, 77 – Zensur), bei Regelungen der Berufsfreiheit in Art. 12 I GG (BVerfGE 13, 97, 122 – Handwerksordnung), bei Inhalts- und Schrankenbestimmungen im Sinne von Art. 14 GG (BVerfGE 21, 92, 93 – Grundstückskauf) und bei bloßen Regelungsvorbehalten. Nachvollziehbar ist auch die Ausnahme vom Zitiergebot bei Art. 2 I GG. Auch bei nur mittelbaren oder faktischen Eingriffen kann der Gesetzgeber nicht alle Grundrechte von „Drittbetroffenen" benennen.

4. Wesensgehaltgarantie (Art. 19 II GG). Während Art. 19 I GG eher formelle Anforderungen an das Gesetz formuliert, ging es – 29 gleichfalls auf Grund historischer Erfahrungen – dem Grundgesetzgeber bei Art. 19 II GG darum, eine absolute **inhaltliche Grenze** der Beschränkung von Grundrechten zu setzen. Verhindert werden sollte, ein Grundrecht in der Weise zu begrenzen, dass es im Leben des Gemeinwesens letztlich keine Wirksamkeit mehr entfalten kann (*Hesse*, Grundzüge, Rn. 332).

Vor allem in der Frühzeit der Geltung des Grundgesetzes hat Art. 19 II GG erhebliche Diskussionen ausgelöst. Da wurde sowohl der Schutz eines absoluten „Wesenskerns" postuliert (*Krüger*, DÖV 1955, 598), aber auch schon früh entschieden, es gehe bei Art. 19 II GG darum, unverhältnismäßige Begrenzungen zu verbieten (BGH, DVBl. 1953, 371). Da unverhältnismäßige Grundrechtseingriffe aber ohnehin verboten sind, hätte nach dieser Auffassung Art. 19 II GG nur noch deklaratorische Bedeutung (grundlegend *Häberle*, Die Wesensgehaltgarantie des Art. 19 Grundgesetz, 3. Aufl. [1983], 234 ff.).

In der Tat ist die Anwendung des Verhältnismäßigkeitsgrundsatzes sehr viel differenzierter als der mehr oder weniger starre und zudem nur am eingeschränkten Grundrecht orientierte Maßstab des „Wesensgehalts". Insbesondere kommt so das Verhältnis von Schwere des Eingriffs einerseits und Gewichtigkeit des Gemeinwohlbelangs andererseits besser zum Ausdruck. Eine absolute Grenze lässt sich ohnehin nicht einhalten: So wird bei der lebenslangen Freiheitsstrafe zumindest für einen sehr langen Zeitraum der Wesensgehalt von Art. 2 II 2 GG sehr wohl angetastet. Auch vom Recht auf Versammlung in geschlossenen Räumen bleibt für die Insassen von Strafanstalten kaum etwas übrig. Letztlich ist also an die Stelle der Wesensgehaltsgarantie in der Tat heute die **Verhältnismäßigkeitsprüfung** getreten. Auch bei der Lösung von Klausuren sollte auf Art. 19 II GG nur dann eingegangen werden, wenn in der Aufgabe explizit danach gefragt ist.

Literatur zu § 9 IV: *Drews*, Die Wesensgehaltgarantie des Art. 19 II GG (2005); *Häberle*, Die Wesensgehaltgarantie des Art. 19 Abs. 2 GG, 3. Aufl. (1983); *Hillgruber*, Grundrechtsschranken, HdbStR IX, § 201; *Krausnick*, Grundfälle zu Art. 19 I und II GG, JuS 2007, 991; *Kunig*, Einzelfallentscheidungen durch Gesetz, Jura 1993, 308 ff.; *Leisner-Egensperger*, Wesensgehaltsgarantie, HdbGr III, § 70; *T. Schwarz*, Die Zitiergebote im Grundgesetz (2002); *Singer*, Das Bundesverfassungsgericht und das Zitiergebot. Versöhnung nach einer gestörten Beziehung?, DÖV 2007, 496.

V. Die Beschränkung auf Grund gleichrangigen Rechts – verfassungsimmanente Schranken

1. Allgemeines. Schranken der Grundrechte können sich nicht nur 30 aus Gesetzen, sondern auch aus der Verfassung selbst ergeben. Das ist besonders wichtig bei Grundrechten ohne geschriebenen Gesetzesvorbehalt, also z. B. der Religionsfreiheit und Gewissensfreiheit in Art. 4 GG, der Freiheit von Kunst und Wissenschaft in Art. 5 III GG und der Freiheit zur Versammlung in geschlossenen Räumen in Art. 8 II GG. Diese Grundrechte sind ohne Schrankenvorbehalt formuliert, sie sind aber deshalb keineswegs „schrankenlos". So darf niemand seine Grundrechte auf Kosten der Grundrechte anderer oder wichtiger Verfassungsgüter der Allgemeinheit durchsetzen. Insofern sprechen wir von **verfassungsimmanenten Schranken.** Den Grundrechten ohne Schrankenvorbehalt kommt aber kein höherer Rang zu als den mit Gesetzesvorbehalt versehenen Grundrechten. Der einzige Unterschied besteht darin, dass hier die Rechtfertigung des Eingriffs nur auf derselben Stufe, also durch das Verfassungsrecht, erfolgen kann.

Wichtig: „Verfassungsimmanente Schranke" heißt nicht, dass jeder Richter oder die Exekutive befugt wären, jedes Grundrecht unter Berufung auf ein anderes Grundrecht einzuschränken (*Dreier*, GG, Vorb. vor Art. 1, Rn. 141). Es geht hier vielmehr darum, dass der Gesetzgeber trotz fehlenden Gesetzesvorbehalts die Grundlage für Eingriffe schaffen kann, wenn dies erforderlich ist, um ein Verfassungsgut zu schützen. Spätestens seit der „Kopftuchentscheidung" des BVerfG steht fest, dass bei direkten und gezielten Eingriffen das Vorliegen einer verfassungsimmanenten Schranke nicht ausreicht, um den Eingriff zu legitimieren. Erforderlich ist vielmehr wie bei allen anderen solchen Fällen eine hinreichend bestimmte gesetzliche Grundlage (BVerfGE 108, 282, 297). Dasselbe gilt für Realakte, die gezielt auf ein Grundrecht einwirken sollen, wie Warnmitteilungen und ähnliche Informationen (BVerwG 90, 112, 120 – Sektenwarnung). Schwieriger ist die Lage bei mittelbaren Eingriffen und bei nicht gezielten, aber schwerwiegenden faktischen Einwirkungen (Lärm, sonstige Emissionen). Hier kann der Gesetzgeber die Vielfalt und Intensität grundrechtsrelevanter Belastungen nicht im Vorhinein abschätzen und zum Gegenstand seiner Regelungen machen, und der Einzelne muss solche Beeinträchtigungen ggf. dulden, weil sie durch ein anderes Verfassungsgut gerechtfertigt sind.

Verfassungsimmanente Schranken werden gelegentlich mit Begrenzungen innerhalb des Schutzbereichs verwechselt. Sie sind aber nicht im Grundrecht selbst „immanent". Verfassungsimmanent bedeutet nur **„innerhalb der Verfassung liegend"**. Eigentlicher Grund der Einschränkbarkeit von Grundrechten durch andere Grundrechte ist weder der oft beschworene Grundsatz der „Einheit der Verfassung", noch die allen Grundrechten zu Grunde liegende „Wertordnung". Es geht vielmehr um die gleichrangige Durchsetzung der gleichfalls betroffenen Verfassungspositionen. Insoweit sind alle Grundrechte (außer der ausdrücklich für unantastbar erklärten Menschenwürde) einschränkbar. Selbst die Menschenwürde muss ggf. mit der Menschenwürde anderer in Bezug gesetzt werden (dazu unten § 10, Rn. 35). Diese Klarstellung ist deshalb wichtig, weil es vor allem in der Literatur zunehmend Versuche gibt, den Problemen und dogmatischen Unsicherheiten des Abwägens (kritisch etwa *Ladeur*, Kritik der Abwägung und der Grundrechtsdogmatik [2004]; *Leisner*, NJW 1997, 636) durch eine möglichst enge Definition des Schutzbereichs zu entgehen. Das ist problematisch, weil hier wichtige Grundrechtspositionen von vornherein verkürzt werden und es insofern nicht mehr zur Abwägung kommt. Die Probleme der Grundrechtskollisionen sind vielmehr auf der Schrankenebene zu lösen.

31 **2. Der Grundsatz „praktischer Konkordanz".** Mit „praktischer Konkordanz" hat *Konrad Hesse* (Grundzüge des Verfassungsrechts der Bundesrepublik Deutschland, Rn. 308) die methodische Aufgabe bezeichnet, verfassungsrechtlich geschützte Rechtsgüter nicht einfach gegeneinander auszuspielen, sondern so einander zuzuordnen, dass möglichst beide zur optimalen Wirksamkeit gelangen. Insofern kann man von **„Grundrechtsoptimierung"** oder auch vom **„Grundsatz des schonenden Ausgleichs"** sprechen. Weil der Verhältnismäßigkeitsgrundsatz bei der Zuordnung der kollidierenden Positionen eine wichtige Rolle spielt, war auch von **„verhältnismäßiger Zuordnung"** die Rede.

32 **3. Verfassungsimmanente Schranken in der Rechtsprechung.** Das BVerfG hat schon früh die Notwendigkeit der Einschränkung auch von Grundrechten ohne Gesetzesvorbehalt und damit das Problem verfassungsimmanenter Schranken erkannt, sich dabei aber zunächst auf die Denkfigur der „Wertordnung" bzw. die „Einheit der Rechtsordnung" berufen.

Klassiker: BVerfGE 28, 243, 261 – Dienstpflichtverweigerung; BVerfGE 30, 173, 188 – Mephisto. In beiden Fällen betont das Gericht, dass vorbehaltlose Grundrechte nicht einfach durch Gesetz oder die Schrankenvorbehalte anderer Grundrechte eingeschränkt werden können, sondern dass nur Grundrechte Dritter und andere mit Verfassungsrang ausgestattete Rechtswerte ausnahmsweise in der Lage sind, gesetzlich nicht einschränkbare Grundrechte zu begrenzen.

Welche Verfassungsgüter wie weit ein Grundrecht einschränken können, ist aber damit noch nicht geklärt. Als verfassungsimmanente Schranke kommen neben kollidierenden Grundrechten durchaus auch Staatsgrundsätze und Staatszielbestimmungen (Art. 20/Art. 20a GG) in Betracht. Diese sind als Verfassungsgüter gegenüber Individualgrundrechten keineswegs nachrangig (anders aber am Beispiel Tierversuche *Gärditz*, DVBl 2010, 1044).

Beispiele: Eine fundamentalistische Religionsgemeinschaft kann verboten werden, wenn sie in aggressiv kämpferischer Weise gegen die freiheitlich demokratische Grundordnung kämpft (dazu unten § 22, Rn. 33); die Kunstfreiheit des Aktionskünstlers kann durch Belange des Tierschutzes eingeschränkt werden (unten § 33, Rn. 55).

Keine verfassungsimmanenten Grundrechtsschranken sind **reine** 33 **Kompetenznormen**. So kann aus der Gesetzgebungskompetenz des Bundes zum Tierschutz (Art. 74 I Ziff. 20 GG) keine Befugnis zum Eingriff in die Wissenschafts- oder Religionsfreiheit abgeleitet werden. Die aus Art. 65 GG abzuleitende Kompetenz zur Öffentlichkeitsarbeit der Regierung rechtfertigt keinen Eingriff in Grundrechte des Bürgers. Darüber hinaus sind größte Zweifel angebracht, wenn neben Grundrechten und konkreten Verfassungsgütern „sonstige mit Verfassungsrang ausgestattete Rechtsgüter" oder Erwägungen funktioneller Art gegen Grundrechte in Stellung gebracht werden.

So hat das BVerfG z. B. die Funktionsfähigkeit der Bundeswehr (BVerfGE 28, 243, 261 – Dienstpflichtverweigerung; BVerfGE 69, 1, 21 – Kriegsdienstverweigerung II); eine funktionstüchtige Strafrechtspflege (BVerfGE 33, 23, 32 – Eidesleistung); eine sichere Krankenversorgung (BVerfGE 57, 70, 99 – Wissenschaftsfreiheit); eine sichere Energieversorgung (BVerfGE 66, 248, 258 – Enteignung); den Jugendschutz (BVerfGE 30, 336, 347 – Werbung für Nacktphotos) und sogar unspezifizierte sonstige verfassungsrechtlich geschützte Gemeinschaftsgüter (BVerfGE 47, 327, 380 – Folgen wissenschaftlicher Forschung) zur Grundrechtsschranke erhoben (berechtigte Kritik dazu bei *M. Winkler*, Kollisionen verfassungsrechtlicher Schutznormen [1999], 90 ff.).

4. Die Prüfungsschritte im Einzelnen. Bisher war nur allgemein 34 von der Zuordnung kollidierender Grundrechtspositionen und praktischer Konkordanz die Rede. Konkret lässt sich diese Aufgabe in folgenden Schritten bewältigen:

- Aus den vielen in der Verfassung hervorgehobenen Inhalten, Rechten und öffentlichen Belangen ist zunächst zu klären, welches **Rechtsgut** als verfassungsimmanente Schranke in Betracht kommt („umgekehrte Schutzbereichsprüfung");
- sodann ist zu entscheiden, ob eine echte Kollisionslage besteht, d. h. ob die Ausübung des „ersten Grundrechts" einen **Eingriff** in den Schutzbereich des „Gegenrechtsguts" bedeutet („umgekehrte Eingriffsprüfung");
- erst im dritten Schritt sind nach dem Grundsatz der praktischen Konkordanz die verfassungsrechtlich geschützten und gleichermaßen betroffenen Rechtsgüter einander so **zuzuordnen,** dass beide zur möglichst weitgehenden Wirksamkeit gelangen. Dabei ist dem **Grundsatz der Verhältnismäßigkeit** Rechnung zu tragen. Es ist also zu fragen, ob der Eingriff in die Kunst-, Religions- oder Wissenschaftsfreiheit geeignet, erforderlich und zumutbar ist, um das „Gegengrundrecht" wirksam zu schützen.

Diese Schritte lassen sich gut am durch das BVerwG, NVwZ 1998, 853 u. 858; BVerfG, Kammer, NVwZ 2000, 909 entschiedenen Fall „Biologiepraktikum" darstellen. Hier ging es darum, ob eine Studentin unter Berufung auf ihre Gewissensfreiheit verlangen konnte, an einem „tierversuchsfreien" Praktikum teilzunehmen und hierfür einen Schein zu erlangen.

Der Schutzbereich der Gewissensfreiheit war im vorliegenden Fall eröffnet, weil die Studentin gute ethische Gründe für ihre Weigerung geltend machen konnte. Die Nichterteilung des Scheins war eine Sanktion für die Weigerung, also ein Eingriff in die Gewissensfreiheit. Da Art. 4 GG ein „vorbehaltloses Grundrecht" ist, kam zur Rechtfertigung des Eingriffs nur ein Rechtsgut von Verfassungsrang, hier die wissenschaftliche Lehrfreiheit (Art. 5 III GG) des veranstaltenden Hochschullehrers, in Betracht. Die Lösung „tierversuchsfreies Praktikum" oder Erteilung des Scheins ohne Tierversuch wäre zwar aus Sicht der Studentin geeignet gewesen, um ihrer Grundrechtsposition Rechnung zu tragen. Dies wäre aber auf einen einseitigen Eingriff in die Wissenschaftsfreiheit hinausgelaufen. Als beiderseits milderes und auch zumutbares Mittel haben BVerwG und BVerfG daher das Ausweichen der Studentin an eine andere Universität angesehen (ausf. Darst. unten § 24, Rn. 10).

Literatur zu § 9 V: *Enders*, Die Lehre von den verfassungsimmanenten Grundrechtsschranken, FS Wahl, 2011, 283; *Koutnatzis*, Kompromisshafte Verfassungsnormen (2010); *Ladeur*, Kritik der Abwägung in der Grundrechtsdogmatik (2004); *W. Leisner*, „Abwägung überall", Gefahr für den Rechtsstaat, NJW 1997, 636; *Lenz*, Vorbehaltlose Freiheitsrechte (2006); *Merten*, Immanente Grenzen und verfassungsunmittelbare Schranken, HdbGrIII § 60, 201ff.; *de Oliveira*, Zur Kritik der Abwägung in der Grundrechtsdogmatik (2013); *M. Winkler*, Kollisionen verfassungsrechtlicher Schutznormen. Zur Dogmatik der „verfassungsimmanenten" Grundrechtsschranken (1999).

VI. Unzulässige Schrankenkonstruktionen

Wie schon beim Schutzbereich und beim Eingriff, sind auch bei der dritten Stufe der Grundrechtsprüfung Versuche zu beobachten, unzulässige Interpretationselemente einzuführen und nicht vorhandene Grundrechtsschranken zur Verkürzung der Grundrechte einzusetzen.

1. Übertragung von Schranken anderer Grundrechte. Vor allem in der Frühzeit des Grundgesetzes hat es nicht an Versuchen gefehlt, die Schranken des einen Grundrechts auf andere zu übertragen. So sollte, da Art. 2 I GG das allgemeine Freiheitsrecht garantiere, die Schrankentrias des Art. 2 I GG auch für alle Grundrechte gelten. Das Fehlen eines Gesetzesvorbehalts bei Art. 5 III GG wurde als eine Art Redaktionsversehen betrachtet und postuliert, auch für Kunst- und Wissenschaftsfreiheit gelte die Schranke des Art. 5 II GG. Solchen Versuchen hat das BVerfG spätestens in der Mephisto-Entscheidung (BVerfGE 30, 173, 191) eine Absage erteilt. Eingeschränkt werden kann ein Grundrecht nur durch die im Grundrecht selbst enthaltene Schranke. Einzig bei Art. 12 GG führte die Konzeption eines einheitlichen Grundrechts zur Übertragung der Schranken der Berufsausübung auf die Berufswahl (BVerfGE 7, 377 – Apotheke). Einigkeit besteht, dass die Schranke der „verfassungsmäßigen Ordnung" in Art. 2 I GG nicht auf andere Grundrechte übertragbar ist.

2. Negative gegen positive Freiheit. Vollends unzulässig ist es, die Denkfigur der „negativen Freiheit" als von vornherein bestehende Schranke positiver Freiheit anzuwenden.

So wurde behauptet, der Einzelne sei durch die negative Informationsfreiheit gegen das Aufdrängen von Informationen, durch die negative Kunstfreiheit vor lästiger Straßenkunst und durch die negative Meinungsfreiheit gegen aufgedrängte Meinungen im Straßenbild geschützt (so vor allem *Fikentscher/Möllers*, NJW 1998, 1337; zum „Konfrontationsschutz" gegen politische Werbung auf Taxen auch BVerwG, NJW 1999, 805; BVerfG, Kammer, NJW 2000, 1326; kritisch dazu *Lindner*, NVwZ 2002, 37). So lästig gelegentlich die Grundrechtsausübung anderer Zeitgenossen sein kann, so wenig ist es erlaubt, aus der „negativen Freiheit" eine Begrenzung des Schutzbereichs anderer Grundrechte erwachsen zu lassen. Ob durch Freiheitsbetätigung ein Grundrecht beeinträchtigt werden kann, ist vielmehr erst ein Problem der Schranken und erst dort zu behandeln. Ein „Grundrecht auf Nichtzuhörenmüssen" (so *Fikentscher/Möllers*, NJW 1998, 1342) mag manchmal wünschenswert erscheinen – geltendes Verfassungsrecht ist es nicht. Auch die „negative Religionsfreiheit" bedeutet nur, sich nicht zu einer Religion bekennen zu müssen, nicht aber, vor dem Bekenntnis anderer Grundrechtsträger geschützt zu sein (dazu unten § 22, Rn. 23).

Literatur zu § 9 VI: *Hellermann,* Die sogenannte negative Seite der Freiheitsrechte (1993); *Fikentscher/Möllers,* Die (negative) Informationsfreiheit als Grenze von Werbung und Kunstdarbietung, NJW 1998, 1337; *Lindner,* Konfrontationsschutz als negative Komponente der Freiheitsrechte – eine neue grundrechtsdogmatische Argumentationsfigur?, NVwZ 2002, 37.

VII. Die Verwirkung von Grundrechten (Art. 18 GG)

38 Art. 18 GG (Verwirkung von Grundrechten) ist ein Ausdruck der „streitbaren Demokratie". Die Einfügung in das Grundgesetz basierte auf der Erfahrung, dass in der Endphase der Weimarer Republik Meinungs- und Pressefreiheit in vielfältiger Weise zum Kampf gegen die Demokratie missbraucht worden waren. Dem wollte man für die Zukunft wehren. Voraussetzung der Verwirkung ist allerdings eine entsprechende Entscheidung des BVerfG. Ein Missbrauch zum Kampf gegen die freiheitliche demokratische Grundordnung liegt nur bei einer aggressiven Haltung vor (BVerfGE 38, 23 ff. – Deutsche Nationalzeitung). Die Schwierigkeit des entsprechenden Nachweises und das sehr umständliche Verfahren nach §§ 36 bis 41 BVerfGG haben dazu geführt, dass Art. 18 GG praktisch ohne Bedeutung geblieben ist. Fälle eines aggressiven Kampfes gegen die freiheitlich demokratische Grundordnung lassen sich zudem mit Hilfe des einfachen Rechts (§§ 80 ff. StGB) lösen. Trotzdem empfiehlt es sich, Art. 18 GG mit seinen Anwendungsvoraussetzungen und seinen grundrechtlichen Stellenwert wenigstens in den Grundzügen zu kennen.

Hat das BVerfG nach Art. 18 GG i. V. m. §§ 36 bis 41 BVerfGG die Verwirkung eines Grundrechts festgestellt (und nur dann), kann sich der davon Betroffene nicht auf das verwirkte Grundrecht berufen.

Literatur zu § 9 VII: *Bethge,* Grundrechtswahrnehmung, Grundrechtsverzicht, Grundrechtsverwirkung, HdbStR IX § 203, Rn. 155 ff.; *Brenner,* Grundrechtsschranken und Verwirkung von Grundrechten, DÖV 1995, 60;; *D. D. Hartmann,* Die Verwirkung von Grundrechten, AöR 95 (1970), 567 ff.; *H. H. Rupp,* Bemerkungen zur Verwirkung von Grundrechten (Art. 18 GG), FS G. Küchenhoff (1972), 653.

3. Teil. Einzelne Grundrechte

1. Abschnitt. Kern der Persönlichkeit des Menschen

§ 10 Die Garantie der Menschenwürde (Art. 1 I 1 GG)

I. Allgemeines

1. Entstehung und geschichtliche Entwicklung. Wie bei kaum einem anderen Grundrecht hängt die Interpretation des Art. 1 I GG von der **Ideengeschichte** der Menschenwürde ab. Trotz seiner herausgehobenen Position handelt es sich hier nicht nur um ein normales Grundrecht, sondern um einen Grundsatz, der als „**grundrechtsgewordene Ethik**" in vielfältiger Weise von außerjuristischen Bezügen abhängt, ohne deren Kenntnis eine Interpretation nicht möglich ist. Hinter jeder konkreten Aussage zur Menschenwürde stehen Bibliotheken von Philosophie und auch Theologie. Jede derartige Aussage muss deshalb im weltanschaulich und religiös neutralen Verfassungsstaat darauf untersucht werden, ob sie nicht einseitig bestimmte philosophische, religiöse und weltanschauliche Aussagen in die Verfassung transportiert und damit als höchstes Verfassungsgut auch für diejenigen verbindlich werden lässt, die die genannten Grundlagen nicht teilen.

Dasselbe gilt für voreilige Anleihen aus der Entstehungsgeschichte. Auch wenn der Begriff der „dignitas" aus der **Antike** stammt, so gibt die antike Philosophie für die heutige Interpretation der Menschenwürde wenig her. „Würde" bestimmte sich in der Antike nach der gesellschaftlichen Stellung – ganz im Sinne des heutigen „Würdenträgers" (*Dreier*, in: Dreier, GG, Art. 1, Rn. 3). Vorstellungen einer vorstaatlichen Gleichheit und Würde, unabhängig von Religion, Rasse und Herkunft, waren der Antike fremd.

Im **Mittelalter** wird dann die christliche Interpretation der Würde des Menschen vorherrschend, die sich vor allem aus der **Gottesebenbildlichkeit des Menschen** und dessen Stellung als Gottes Geschöpf ableitet. Aus dieser Sicht ist die Würde eine unverzichtbare und unverfügbare Gabe Gottes – eine Vorstellung, die sich bis in die heutigen „Mitgifttheorien" der Menschenwürde fortsetzt (exemplarisch *Isensee*, AöR 131 [2006], 173, 198 ff.). Gleichwohl wurde spätestens mit den Konfessionskriegen des 16. und 17. Jahrhunderts deutlich, dass eine moderne staatliche Ordnung und ein rechtliches Menschenwürdekonzept nicht allein auf christlicher Basis wurzeln konnten. Die Vorstellung von der vorstaatlichen Würde aller Menschen ist zwar **auch**, aber eben **nicht allein** mit der Gottesebenbildlichkeit begründbar. Sie bedarf „weltlicher" Begründungselemente, die auch diejenigen zu akzeptieren vermögen, die die christliche Wurzel nicht mittragen.

Erst die Philosophie der **Aufklärung** entwickelte den Gedanken der allen Menschen unabhängig von Stand und Religion zustehenden Würde und begründete dies mit der Teilhabe des Menschen an der Weltvernunft und mit seiner Einsichtsfähigkeit. Damit wird die **zweite Wurzel** der Menschenwürde erkennbar: **Vernunft und Selbstbestimmung**. Nicht kraft göttlicher Stiftung oder Begabung, sondern kraft im menschlichen Dasein selbst begründeten Rechts, insbesondere kraft freier Selbstfindung und Identitätsbildung, ist der Mensch auch in der Lage, sich zur staatlichen Gemeinschaft zusammenzuschließen. Exemplarisch formuliert *Immanuel Kant* (1724–1804) in seiner *Metaphysik der Sitten* die Begründungselemente und begrifflichen Umschreibungen für den Menschenwürdesatz: Den absoluten Wert des Menschen als Person, die Autonomie und die Würde der menschlichen Persönlichkeit und vor allem den berühmten Satz, wonach der Mensch nicht als Mittel zum Zwecke eines anderen, sondern als Zweck an sich zu schätzen sei. Wichtig aber ist auch die Begründung: Der Mensch ist Zweck an sich und besitzt eine Würde, insofern als er Subjekt einer moralisch-praktischen Vernunft ist. Würde, Bewusstsein und Vernunft sind also auf das engste verbunden. Schon deshalb ist es verfehlt, sich auf *Kant* zu berufen, wenn es darum geht, die menschliche Vernunft und Selbstbestimmung einer dem Menschen selbst nicht verfügbaren Würde zu opfern (hierzu und zum Folgenden *H. Hofmann*, Menschenrechtliche Autonomieansprüche, JZ 1992, 165 ff.; *Hufen*, JuS 2013, 1 ff.; *Dederer*, JöR NF 57 (2009), 89 ff., 103; *R. A. Lorz*, Modernes Grund- und Menschenrechtsverständnis und die Philosophie der Freiheit Kants [1993], S. 119 ff.).

3 So reich die ideengeschichtliche Tradition der Menschenwürde ist, so vergleichsweise gering ist der Befund in den klassischen Verfassungstexten. „Würde", „dignité" oder auch „dignity" finden sich als Begriffe weder in der Virginia Bill of Rights von 1776 noch in der **Déclaration des Droits de l'Homme et du Citoyen** von 1789. Genannt sind dort die Würdenträger, wie schon im alten Rom, im Sinne von „Amtswürde". Ähnliches gilt für die **Charte Constitutionelle** von 1814, die Süddeutschen Verfassungen der ersten Hälfte des

19. Jahrhunderts und für die **Paulskirchenverfassung** von 1848/49. Selbst in der **WRV** findet sich der Begriff der Menschenwürde nur an einer ganz versteckten Stelle (Art. 151 I 1 WRV), wo von der Gewährleistung eines menschenwürdigen Daseins für alle in Bezug auf die Ordnung des Wirtschaftslebens die Rede ist.

Umso mehr wurde die Bedeutung der Menschenwürde im Gegenbild der menschenfeindlichen Ideologie des **Nationalsozialismus** erkennbar. Das bildet den Hintergrund von Art. 1 des **Herrenchiemsee-Entwurfs:** *„Die Würde der menschlichen Persönlichkeit ist unantastbar. Die öffentliche Gewalt ist in allen ihren Erscheinungsformen verpflichtet, die Menschenwürde zu achten und zu schützen."* Im **Parlamentarischen Rat** wurde die Aufnahme der Menschenwürdegarantie in das Grundgesetz zum dreifachen Symbol: Rückbesinnung auf die **christlichen Wurzeln** des Abendlandes, Anknüpfung an die Tradition der unveräußerlichen Menschenrechte im Sinne der **Aufklärung** und Menschenwürde als das **Gegenbild zur Unmenschlichkeit der nationalsozialistischen Tyrannei.**

4

2. Theorien der Menschenwürde. Angesichts der Offenheit des Begriffs und der überragend wichtigen Stellung im GG hat es nicht an Versuchen gefehlt, seine normative Aussage theoretisch abzusichern und zu möglichst geschlossenen Theorien zu verdichten.

5

a) Unter dem Begriff **Mitgifttheorie** zusammengefasst werden alle Ansätze, die davon ausgehen, dass dem Menschen von außen – will zumeist sagen: von Gott – eine bestimmte unverfügbare Qualität mitgegeben, ja vorgegeben ist. Kernbegriffe sind folglich **Unwandelbarkeit** und **Unverfügbarkeit.** Da die „Mitgift" sich immer auf etwas Gegebenes bezieht, handelt es sich hier um eine – im wörtlichen Sinne – konservative Version der Menschenwürde, die auch dazu dient, die Menschenwürde gegenüber sich wandelnden Anschauungen und Realitäten zu bewahren. Die Vorzüge dieser Theorie sind ihre Geschlossenheit und ihr allen Zufälligkeiten und modischen Entwicklungen vorausliegender transzendentaler Ursprung. Kann der Mensch über die Würde nicht selbst verfügen, dann ist diese gegenüber allen prinzipiellen Gefährdungen jedenfalls in ihrem Ursprung und ihrem normativ-ethischen Anspruch sicher. Vertreter dieser Auffassung werden in Technik und Medizin dazu neigen, eher die Gefahren als die Chancen der Entwicklung zu betonen und die Vorgegebenheiten des „natürlichen Zufalls" als gewollt, Eingriffe des Menschen in elementare biologische und vor allem genetische Gegebenheiten schon deshalb als die Menschenwürde gefährdend zu bezeichnen (exemplarisch etwa *Mieth,* Die Diktatur der Gene. Biotechnik zwischen Machbarkeit und Menschenwürde [2001].

In der Betonung des „Mitgegebenen" und „Vorbestimmten" liegt aber tendenziell die Gefahr der Vernachlässigung des dem Menschen **Aufgegebenen** und der **Selbstbestimmung** des freien Individuums, ja der Bevormundung des Menschen unter Berufung auf die Unverfügbarkeit seiner Würde. Auch wird hier die Menschenwürde vielfach zum Einfallstor der als solche zu achtenden, deshalb aber keineswegs schon allgemeinverbindlichen Wert- und Moralvorstellungen einzelner Gruppen der Gesellschaft in das Verfassungsrecht (krit. zu den Folgen etwa *Huster*, Individuelle Menschenwürde oder öffentliche Ordnung?, NJW 2000, 3477 ff.).

6 *b)* Die **Leistungstheorien** betonen demgegenüber die Bedeutung der Selbstbestimmung und Selbstentfaltung. Würde sei dem Menschen (noch) nicht von Anfang an mitgegeben. Würde erhält und erfährt er vor allem durch eigene Handlung und Entfaltung; er muss sie im Prozess der Identitätsbildung und Selbstfindung erst gewinnen. Stark betont wird hier das Moment eigener Hervorbringung der personalen Identität und tatsächlicher Selbstbestimmung. Geistiger Hintergrund ist neben der autonomiebetonten Aufklärungsphilosophie die protestantische Ethik. Ihre ausgeprägteste Form findet sie in der calvinistischen Theorie der **berechtigten** (und gottgewollten) **Glückseligkeit des Tüchtigen.**

Gegen diesen Ansatz ist Skepsis angebracht, soweit er im wörtlichen Sinne auf Leistung und Leistungsfähigkeit konzentriert ist. Dann könnte das Missverständnis entstehen, Würde komme nur dem Leistungsfähigen zu – der Schwache und nicht Leistungsfähige habe eine geringere Würde. Wichtig ist dagegen die Konzentration auf Selbstbestimmung und Handlung als Grundlage der Menschenwürde. Man sollte deshalb Begriff und Intention der „Leistungstheorie" verabschieden und an ihre Stelle die **Autonomie des Menschen** in den Mittelpunkt stellen. Hier liegt im Übrigen auch die Grundlage von der Bestimmung des Menschen als „Zweck an sich" und kein geringerer als *Immanuel Kant* ist der beste Zeuge dafür, dass die Selbststimmung des Menschen zum Kern der Menschenwürde gehört:

„*Der Wille wird als ein Vermögen gedacht, der Vorstellung gewisser Gesetze gemäß sich selbst zum Handeln zu bestimmen. Und ein solches Vermögen kann nur in vernünftigen Wesen anzutreffen sein. Nun ist das, was dem Willen zum objektiven Grunde seiner Selbstbestimmung dient, der Zweck und dieser, wenn er durch bloße Vernunft gegeben wird, muss für alle vernünftigen Wesen gleich gelten*" (Grundlegung zur Metaphysik der Sitten [1785], in der Ausgabe v. von Kirchmann, 1996, 75 f.).

Wer die Menschenwürde mit „Unverfügbarkeitspostulaten" gegen die Selbstbestimmung des Individuums in Stellung bringen will, kann sich also gerade nicht auf Kant berufen (*Paul K. Klimpel*, Bevormundung oder Freiheitsschutz? [2003]; *Koppernock*, Das Grundrecht auf bioethische Selbstbestimmung [1997]).

Auch dann gilt es allerdings das Missverständnis auszuräumen, dem nicht zur Selbstbestimmung Fähigen, dem Kranken, Schwachen oder auch dem Bewusstlosen stehe keine Würde zu. Die ursprüngliche Kraft der Selbstbestimmung wirkt über alle Stadien des menschlichen Lebens, und individuelle Defizite der Selbstbestimmung sind durch Bildung, ggf. auch durch Schutz und Fürsorge auszugleichen.

Eine neue Herausforderung entsteht für den „Selbstbestimmungs-Kern" der Menschenwürde im Zuge der von der Hirnforschung ausgehenden „Determinismusthese". Nach dieser ist Selbstbestimmung nicht möglich, da der Mensch im Hinblick auf seine Hirnfunktionen determiniert sei (*Singer*, in: Geyer, Hirnforschung und Willensfreiheit [2004], S. 30 ff., ausf. dazu *Heun*, JZ 2005, 853). Selbst wenn es Zusammenhänge von genetischer Determination und menschlichem Handeln gibt, lassen sich aber Ethik und Würde nicht in dieser Weise rein naturwissenschaftlich definieren. Schon gar nicht wäre der Mensch von den Kardinalfragen ethisch richtigen Handelns und der Vermeidung von Schuld entlastet. Auch spricht schon die tägliche Erfahrung und Selbstwahrnehmung individueller Entscheidungsfreiheit und Entscheidungsnotwendigkeit dagegen, von der Autonomie als zentraler Prämisse der Menschenwürde abzugehen (so auch *Kriele*, ZRP 2005, 185; *Hain*, Autonomie als Grundlage der Verfassungsordnung des Grundgesetzes, in: Becker/Wiemer, Individuum und Kollektiv, Berlin [2003], 35 ff.).

c) Die **Kommunikationstheorie** der Menschenwürde stellt in erster Linie auf deren soziale Komponente ab. Würde habe der Mensch nicht von Anfang an und auch nicht kraft individueller Leistung oder Selbstbestimmung, sondern vor allem als Gattungswesen und aus der Kommunikation mit anderen Menschen. Als Schutzgut der Menschenwürde gelten damit zuvörderst die mitmenschliche Solidarität und Sozialität.

Es liegt auf der Hand, dass dieser Ansatz zwar geeignet ist, die überragende Bedeutung der zwischenmenschlichen Kommunikation und das Wesen des Menschen als „Gemeinschaftswesen" (*Aristoteles*) zur Geltung zu bringen, dass er aber auch den Eigenwert des Menschen als Individuum gefährden kann. Dieser ist auch, aber eben nicht nur von der Gemeinschaft seiner Mitmenschen und der Kommunikation mit diesen her definierbar. Im Extremfall kann die Betonung der Sozialität in einseitigen Kollektivismus umschlagen. Auch die historische Erfahrung lehrt, dass Sätze wie **„Du bist nichts, dein Volk ist alles"** zu den besonders brutalen Verletzungen der Menschenwürde gehören.

Im Gesamtvergleich bestätigt sich: Wie alle Theorien der Menschenwürde enthalten **Mitgifttheorie, Leistungstheorie und Kommunikationstheorie** wichtige Aussagen, werden aber selbst für die Menschenwürde gefährlich, wenn sie überspitzt und verabsolutiert werden. Bei näherem Hinsehen zeigen sich die drei historischen Quellen: **Christliche Anthropologie, Individualismus** der **Aufklärung** und moderne **Sozialstaatlichkeit**. Sie führen zu den Kernelementen einer angemessenen Interpretation der Menschenwürde: Vorgegebener **Eigenwert, Selbstbestimmung** und zwischenmenschliche **Solidarität**.

3. Grundsatz oder Grundrecht? Über alle Theorien hinweg besteht Klarheit über die Rechtssatzqualität der Menschenwürde. Diese ist nicht nur Leitsatz – sozusagen eine zweite Präambel des Grundgesetzes – sie ist vielmehr **oberste positive Rechtsnorm,** die alle staatliche Gewalt, also Gesetzgeber, Exekutive und Rechtsprechung, bindet. Selbst der Verfassungsgeber ist kraft Art. 79 III GG an die Menschenwürde gebunden.

Keine Einigkeit besteht aber darin, ob es sich bei der Menschenwürde um einen objektiven verfassungsrechtlichen Grundsatz oder ein „echtes" Grundrecht handelt. So hat das BVerfG zwar immer wieder betont, dass es sich bei der Menschenwürde um den obersten Wert des Grundgesetzes handle (BVerfGE 32, 98, 108 – Unterlassene Hilfeleistung; BVerfGE 54, 341, 357 – Abschiebung), im Grunde aber nie explizit entschieden, ob sie daneben auch ein Grundrecht mit einem eigenen Schutzbereich ist.

Gegen eine solche Annahme gibt es ein formales und ein inhaltliches Argument, wobei das formale wohl vernachlässigt werden kann: Art. 1 III GG spreche von den „nachfolgenden" Grundrechten, schließe also Art. 1 I GG nicht ein. Darüber ist eigentlich kein Wort mehr zu verlieren. Die Stellung im GG spielt für den normativen Charakter der Grundrechte (z. B. Art. 33, Art. 38, Art. 101 ff. GG) keine Rolle. Auch den unveräußerlichen Menschenrechten in Art. 1 II GG wird niemand den Grundrechtsrang absprechen, weil sie sich zufällig nicht hinter Art. 1 III GG finden. Immerhin befindet sich der gesamte Art. 1 GG im Abschnitt: „Die Grundrechte".

10 Ernster zu diskutieren ist das inhaltliche Argument: Die Bedeutung der Menschenwürde als oberster Wert und als tragendes Konstitutionsprinzip der Verfassung werde entwertet, wenn man die Menschenwürde als Grundrecht einordne und sie damit der normalen Grundrechtsinterpretation unterziehe (in diesem Sinne vor allem *Böckenförde,* JZ 2003, 809; *Enders,* Berliner Kommentar zum Grundgesetz [2008], Art. 1, Rn. 63; auch *Dreier,* in: *ders.,* GG, Art. 1, Rn. 121 ff.).

11 Für Vertreter der **Gegenauffassung** enthält Art. 1 GG zwar einen objektiv geltenden allgemeinen Rechtsgrundsatz, aber zugleich auch ein subjektives Grundrecht. Beide Funktionen schließen sich nicht aus, sondern verstärken sich wechselseitig. Auch das BVerfG ging von Anfang an vom Grundrechtscharakter der Menschenwürde aus und bejahte konsequenterweise die Beschwerdebefugnis nach § 90 BVerfGG bei möglichen Verletzungen der Menschenwürde (st. Rspr. seit BVerfGE 1, 322, 343 – erzwungene Staatsangehörigkeit). Außerdem hat es mehrfach die Formulierung verwandt, die Menschen-

würde „komme jedermann zu" und hat damit eine Subjektivierung vorausgesetzt (BVerfGE 87, 209, 228 – Tanz der Teufel; BVerfGE 88, 203, 251 – Schwangerschaftsabbruch II).

Überzeugend ist letztlich nur die Auffassung, die Art. 1 I 1 GG **sowohl als objektives Verfassungsprinzip als auch als subjektives Grundrecht** betrachtet. Auch bei anderen Verfassungssätzen schließen sich objektive und subjektive Funktion nicht aus, sondern verstärken sich gegenseitig. Ein Verfassungssatz kann seine volle Schutzfunktion nur dann entfalten, wenn sich auch der Einzelne darauf berufen kann. Das gilt auch und gerade für die Menschenwürde, denn es gibt sehr wohl Fallkonstellationen, in denen die als „Ersatz" angebotenen Grundrechte – allgemeines Persönlichkeitsrecht (Art. 2 I i. V. m. Art. 1 GG) und der Lebensschutz (Art. 2 II 1 GG) – nicht dieselbe Schutzwirkung entfalten. Auch wäre es ein denkwürdiges Ergebnis, wenn gerade das für den Einzelnen wichtigste und höchste Verfassungsprinzip keine subjektive Seite hätte. **Art. 1 I 1 GG ist also sowohl richtungsweisende Grundsatzentscheidung als auch subjektives Grundrecht** (wie hier *Herdegen*, in: Maunz/Dürig, GG, Art. 1, Rn. 26 ff.; *Ipsen*, DVBl. 2004, 1381; *Schmidt-Jortzig*, FS Isensee [2007], 491; *Tornow*, Art. 1 Abs. 1 GG als Grundrecht [2008]). Im Folgenden kann also – wie bei den anderen Grundrechten – nach „Schutzbereich", „Eingriff" und „Schranke" vorgegangen werden.

12

II. Schutzbereich

1. Allgemeines. Gilt die Menschenwürde als oberster Grundsatz der Verfassungsordnung und zugleich als subjektives Grundrecht jedes Einzelnen, dann kommt es auf eine möglichst allgemeingültige und akzeptierte Definition des Schutzbereichs an. Die schon benannte Unterschiedlichkeit der Definition der Würde je nach religiösem, ethischem und kulturellem Standort kann dabei zum Problem werden, denn das Grundgesetz ist gerade bei der Interpretation einer so elementaren und übergreifenden Norm dem Pluralismus der Religionen und Weltanschauungen verpflichtet (dazu eindrucksvoll *Huster*, Die ethische Neutralität des Staates [2002]).

13

Selbst wenn man nach einem gemeinsamen Nenner als einem von allen zu akzeptierenden **Minimum** sucht, ist das Dilemma nicht aufgehoben, sondern nur verschoben, weil selbst dieses von anthropologischen oder auch philosophischen Vorfragen abhängig ist. Andererseits kann ein nur neutralitätsbetonter Relativismus oder gar Minimalismus gerade bei der Menschenwürde nicht Ergebnis der Interpretation sein. Ganz im Sinne einer „praktischen Konkordanz" der Ansätze kommt es daher darauf an, allgemein akzeptierte Elemente aller Konzeptionen aufzunehmen und zur optimalen Entfaltung gelangen zu lassen.

14 In diesem Sinne gehören zur Menschenwürde:
- die Achtung der **Identität** und **Einzigartigkeit** jedes Menschen – unabhängig von Rasse, Religion, Geschlecht usw.;
- die Wahrung der körperlichen und seelischen **Integrität**;
- die Wahrung eines Kernbereichs persönlicher **Intimität**;
- die Achtung der grundsätzlichen **Autonomie**;
- die Anerkennung des Menschen als **soziales Wesen**;
- die Wahrung eines wirtschaftlichen, sozialen und kulturellen **Existenzminimums**.

Es fällt auf, dass sich diese Elemente überschneiden und ihrerseits in ethischen Vorgaben wurzeln. Auch das Verhältnis zu anderen Grundrechten und Prinzipien (Art. 2 II, Art. 3 GG) wird erkennbar, bleibt aber zu präzisieren. Deutlich sind auch die Bezüge zu den Grundprinzipien des Art. 20 GG. Menschenwürde bedeutet sowohl Mitwirkung an den Entscheidungen der Gemeinschaft, hat also einen **demokratischen** Aspekt (dazu vor allem *Häberle*, HdbStR II § 22, Rn. 61 ff.), als auch Sicherung existentieller Bedürfnisse im **Sozialstaat**. Zu klären bleibt aber stets, ob in bestimmten staatlichen Maßnahmen ein Eingriff in die Menschenwürde liegt. So greift nicht jeder körperliche Eingriff zugleich in die Menschenwürde ein; nicht jede Ermittlungsmaßnahme im persönlichen Bereich verletzt die Intimität; nicht jede Kürzung der Sozialhilfe verletzt das dem Menschen zukommende Existenzminimum. Auch ist es problematisch, den Schutzbereich in mehrere „geometrische Zonen" zwischen Intimsphäre und Sozialbereich aufzuteilen (in diesem Sinne wohl BVerfGE 109, 279, 309 – „großer Lauschangriff"; skeptisch auch *Poscher*, JZ 2009, 269).

15 Diese Aussagen zum Normprogramm der Menschenwürde zeigen: Es geht hier wirklich um den Kern der menschlichen Persönlichkeit. Schon von daher **verbietet sich jede Trivialisierung und Bagatellisierung** (ausführliche Beispiele bei *Dreier*, GG, Art. 1, Rn. 47; *Tiedemann*, DÖV 2009, 606). So haben die Schreibweise des Namens, die Robenpflicht für Rechtsanwälte, die Wartepflicht nach einem Verkehrsunfall oder das unerwünschte Duzen in einer Volkshochschule nichts mit der Menschenwürde zu tun.

2. Das „Menschenbild des Grundgesetzes" als Element des Schutzbereichs? Im Zusammenhang mit der Menschenwürdegarantie ist immer wieder gefragt worden, ob dem GG als Ganzes oder der Interpretation des Art. 1 I GG ein bestimmtes **Menschenbild** zu Grunde liege. Wenn dem so wäre, dann hätte es naturgemäß auch Einfluss auf die Bestimmung des Schutzbereichs der Menschenwürde. Auch das BVerfG hat schon früh (BVerfGE 4, 7, 15 – Investitionshilfe) vom Menschenbild des Grundgesetzes gesprochen und dabei die Eigenverantwortlichkeit des Menschen einerseits und die soziale Bindung andererseits hervorgehoben. Die Verbindung zur Menschenwürde hat das Gericht dabei zwar nicht explizit hergestellt, aber die Elemente „unverfügbarer Eigenwert", „zur freien Entfaltung bestimmt" und „zugleich Glied der Gemeinschaft" spielen bei der Definition der Menschenwürde eine große Rolle. 16

Diese Rechtsprechung hat ein großes Echo hervorgerufen und zu einer Fülle von Beschreibungsversuchen geführt, was das „Menschenbild" des Grundgesetzes sei (*U. Becker*, Das Menschenbild des Grundgesetzes in der Rechtsprechung des BVerfG [1996], 33 ff.; *Häberle*, Das Menschenbild im Verfassungsstaat, 4. Aufl. [2008]; *Schmitt Glaeser*, Dauer und Wandel des freiheitlichen Menschenbildes, FS Maurer [2001], 1213). Es gibt aber auch **kritische Stimmen**, die davor warnen, diese mit sehr unterschiedlichen Vorstellungen aufladbare Formel mit dem konkreten Schutzbereich von Art. 1 GG in Verbindung zu bringen (so insbes. *Dreier*, in: Dreier, GG, Art. 1, Rn. 168).

Gleichwohl bringt die „Menschenbild-Formel" des BVerfG das Spannungsverhältnis von Selbstbestimmung und sozialer Bindung auf den Punkt: Einerseits nimmt das Grundgesetz den Menschen in seiner Individualität ernst und formuliert die freie menschliche Persönlichkeit als obersten Wert. Der Mensch ist also nicht staatlich betreutes und bevormundetes „Sozialobjekt". Auf der anderen Seite ist er kein isolierter „Robinson auf der Insel der Selbstentfaltung"; er ist vielmehr auch sozial eingebunden und verantwortlich für die Gemeinschaft und für seine Umgebung. So sehr im Einzelfall das Spannungsverhältnis variieren kann, und so wenig die Formel allein ausreicht, um konkrete Problemfälle zu lösen: Das „Menschenbild des Grundgesetzes" gibt bis heute der Interpretation der Menschenwürde einen sozialen und anthropologischen Rahmen und kann daher sehr wohl bei der Interpretation von Art. 1 I GG herangezogen werden.

3. Personeller Schutzbereich. *a)* **Träger** der Menschenwürde ist zunächst jede **natürliche Person,** unabhängig von Geschlecht, Alter, 17

Herkunft, Rasse, Staatsangehörigkeit usw. Als vorstaatliches Menschenrecht gilt die Menschenwürde auch für **Ausländer und Staatenlose,** verlangt aber als solche nicht, dass auch alle Bürgerrechte für diese Gruppe gelten. Auch auf Mündigkeit und Bewusstsein kommt es nicht an. Kinder, Geistigbehinderte und Bewusstlose sind – ebenso selbstverständlich – Träger der Menschenwürde und können sich auf dieses Grundrecht berufen (BVerfGE 39, 1, 41 – Schwangerschaftsabbruch I).

Auch auf Herkunft und Entstehen des Menschen kommt es nicht an. Wenn man mit guten Gründen das „**reproduktive Klonen**" für gegen die Menschenwürde verstoßend hält, so steht doch einem etwa auf diese Weise zustande gekommenen Menschen der volle Schutz der Menschenwürde zu. Hierin liegt eine teilweise Absage an die Leistungstheorie: Der Mensch ist unabhängig von seiner Leistung, seinem Bewusstsein oder auch seiner Fähigkeit zur Selbstbestimmung Träger der Menschenwürde. Es ist also keineswegs so, dass derjenige, der die Menschenwürde-Trägerschaft des frühen Embryo verneint, gleichsam am „anderen Ende des Spektrums" dies konsequenterweise auch für Komapatienten, Bewusstlose und Sterbende tun müsste (*Beckmann*, JZ 2004, 1010f.). Diese Menschen sind nicht nur uneingeschränkt Träger der Menschenwürde; sie sind auch im besonderen Maße schutzbedürftig.

Leider nicht mehr ganz inaktuell ist die Frage, ob aus einer Kreuzung von Mensch und Tier gezeugte Wesen (Schimären, Hybriden) Träger der Menschenwürde sein können. Da diese zumindest teilweise menschliche Identität hätten und insofern zur Spezies Mensch gehören würden, müsste man dies wohl bejahen. Das gilt besonders, wenn – mit welchem Ziel auch immer – einem menschlichen Embryo tierische Gene eingepflanzt und dieser dann als Mensch zur Welt kommen würde (dazu *Beck*, Mensch – Tier – Wesen [2009]; *Deutscher Ethikrat*, Stellungnahme vom 25.2.2010). Nicht dagegen Träger der Menschenwürde sind **rein virtuelle Kreaturen,** also z. B. die „Zombies" in bestimmten Computerspielen. Sie können daher auch nicht erniedrigt, geschmäht, gefoltert usw. werden (BVerfGE 87, 209, 230 – Tanz der Teufel; krit. dazu *Duttge/Hörnle/Renzikowski*, NJW 2009, 1065, 1070.

18 Träger der Menschenwürde ist immer der **konkrete Mensch,** nicht eine Gruppe von Menschen, „die" Menschheit oder gar Vorstellungen des „Menschseins an sich". Die Schmähung oder Missachtung einer ganzen Gruppe von Menschen kann aber sehr wohl ein Indiz für einen Eingriff in die Menschenwürde sein (Beispiel: Antisemitismus, Rassismus).

Nicht Träger der Menschenwürde dagegen sind **Tiere.** Zwar ist auch der 19
Tierschutz ethisch begründet und in Art. 20a GG verankert, hat aber schon
begrifflich keinen Anteil an Art. 1 GG. Das gilt erst recht für Pflanzen und
die Natur insgesamt. Die Rede von der Würde der Tiere, der Pflanzen und
der Natur ist also ethisch verständlich, hat aber keinen juristischen Gehalt
(teilweise anders *Jorden/Busch,* Tiere ohne Rechte [1999]).

b) So unumstritten die Würde jedes lebenden Menschen ist, so 20
umstritten ist deren Beginn, also die **Menschenwürde vor der Geburt (pränataler Würdeschutz).** Diese Frage hat für Problemfelder
wie Abtreibung, Präimplantationsdiagnostik, Stammzellforschung
usw. naturgemäß besondere Bedeutung (dazu unten, Rn. 49 ff.). Das
BVerfG hat in den beiden Urteilen zum Schwangerschaftsabbruch
zwar betont, die Menschenwürde komme jedem menschlichen Leben „von Anfang an" zu und damit die Trägerschaft der Menschenwürde jedenfalls ab Bestehen einer Schwangerschaft, also der Nidation, begründet (BVerfGE 39, 1, 41; BVerfGE 88, 203, 252). Auch
dieses Ergebnis ist aber nicht ganz eindeutig, denn das Gericht hat
gleichwohl den Abbruch der Schwangerschaft während der ersten
drei Monate faktisch straffrei gelassen. Zur Menschenwürde des Embryo vor der Nidation **(pränidativer Würdeschutz)** hat das Gericht
nichts gesagt. Gerade dieser bereitet aber heute wesentliche Probleme.

(1) Die strengste Auffassung sieht den vollen Schutz der Men- 21
schenwürde bereits im Zeitpunkt der Befruchtung, genauer: Der so
genannten **Kernverschmelzung.** Nur zu diesem Zeitpunkt sei mit
hinreichender Klarheit der Beginn des Lebens und damit der Menschenwürde zu bestimmen. Die **Identität** des Menschen sei bereits
hier fest angelegt; zumindest sei die **Potentialität** des menschlichen
Lebens unverwechselbar gegeben. Der Embryo gehöre damit zur
Gattung **(Spezies)** Mensch und könne durch andere Angehörige der
Gattung nicht aus dieser hinausdefiniert werden. Alle weiteren
Schritte stellten die bereits vorhandene Identität nicht mehr in Frage;
sie ergänzten sie gleichsam nur noch. Der Embryo sei – so ein Standardsatz der Begründung – Mensch mit allen ethischen und rechtlichen Konsequenzen, entwickle sich nicht zum Menschen, sondern
als Mensch. (*Böckenförde,* JZ 2003, 809, 812; *Gounalakis,* Embryonenforschung und Menschenwürde [2006]; *Höfling,* FS Schiedermair
[2001], 363; *Müller-Terpitz,* Der Schutz des pränatalen Lebens
[2007]; *Starck,* JZ 2002, 1065; *Spieker/Hillgruber/Gärditz,* Die
Würde des Embryos [2012]).

22 Den erkennbaren Hintergrund dieser Auffassung bildet nicht nur eine religiös geprägte **Begabungstheorie** (Entstehung der Seele im Moment der Vereinigung von Ei und Samenzelle); auch eine allgemein ethische Begründung wird angeboten: Der Schutz der Angehörigen der **Spezies Mensch** sei nur dann gewährleistet, wenn er prinzipiell nicht von bestimmten Eigenschaften abhängig gemacht werde.

23 (2) Auf der anderen Seite des Spektrums gibt es eine Gruppe von Autoren, die davon ausgehen, Mensch im Sinne von Art. 1 GG sei nur **der geborene Mensch**. Sie lassen die Menschenwürde mit der Vollendung der Geburt einsetzen und verorten den Schutz des ungeborenen Lebens allenfalls bei Art. 2 II 1 GG.

Hoerster, Ethik des Embryonenschutzes (2002); *ders.*, JuS 2003, 529; *Ipsen*, Verfassungsrecht und Biotechnologie, DVBl. 2004, 1384; *ders.*, Der „verfassungsrechtliche Status" des Embryos in vitro, JZ 2001, 969; *Merkel*, Extrem unreife Frühgeborene und der Beginn des strafrechtlichen Lebensschutzes, in: Medizin – Recht – Ethik (Rechtsphilosophische Hefte), Band VIII (1998), 103 ff.; *ders.*, Früheuthanasie (2001), 98 ff.; *ders.*, Forschungsobjekt Embryo (2002).

24 (3) Demgegenüber will eine wachsende Zahl von verfassungsrechtlichen Autoren das „Alles oder Nichts" des vorgeburtlichen Menschenwürdeschutzes vermeiden und schlägt mehr oder weniger klar ausgeprägte **Stufen des Schutzes** oder ein **Kontinuum des Wachsens in den Schutzbereich hinein** vor. Solchen Stufen- bzw. Wachstumstheorien der Menschenwürde ist gemeinsam, dass sie die Nidation, also die Einnistung des Embryo in die Gebärmutter, entweder als Beginn der Menschenwürde oder jedenfalls als wichtiges Datum der menschlichen Entwicklung betrachten und das „Schutzprogramm" der Menschenwürde mit dem Wachsen des Embryo über Herausbildung des Nervensystems, Schmerzempfindlichkeit, Lebensfähigkeit außerhalb des Mutterleibs bis zur Geburt steigern.

Kritisch auch führende Kommentare zum GG, so *Dreier*, in: Dreier, GG, Art. 1 I, Rn. 68 ff.; *Enders*, in: Berliner Kommentar zum GG I (2005), Art. 1, Rn. 133; *Herdegen*, in: Maunz/Dürig, GG, Art. 1, Abs. 1, Rn. 61 ff.; *Zippelius*, Bonner Kommentar, Art. 1, Rn. 49 ff.; ferner *Dreier*, Stufungen des vorgeburtlichen Lebens, ZRP 2002, 377; *Gropp*, Schutzkonzepte des werdenden Lebens (2005); *Heun*, Embryonenforschung und Verfassung – Lebensrecht und Menschenwürde des Embryos, JZ 2002, 517; *Hufen*, Erosion der Menschenwürde?, JZ 2004, 313; *Joerden*, Noch einmal – Wer macht Kompromisse beim Lebensschutz?, JuS 2003, 1051 (Betonung auf Einsetzen der Hirntätigkeit); *Kloepfer*, Humangentechnik als Verfassungsfrage, JZ 2002, 417; *Neidert*, DÄBl. 2001, A 901; Roellecke, Leben zwischen Religion und

Recht, JZ 2005, 421; *Schlink*, Aktuelle Fragen des pränatalen Lebensschutzes (2002).

(4) Die Würdigung der drei theoretischen Ansätze zum Beginn der 25
Menschenwürde fällt nicht leicht:

Die „**Kernverschmelzungsthese**" hat nur auf den ersten Blick den Vorteil größerer Klarheit und Geschlossenheit für sich. Auf den zweiten Blick wird deutlich, dass auch sie die grundlegenden Wertungswidersprüche jeder derartigen Festlegung nicht vermeiden kann. Das zeigt schon der Hinweis auf nidationshemmende Verhütungsmittel und die „Pille danach". Auch ist es nicht richtig, dass die Rechtsordnung keinen gestuften Würde- und Lebensschutz kennt. An zahlreichen Stellen zwischen Strafrecht, Erbrecht, Zivilrecht oder auch im Verfassungsrecht wird vielmehr zwischen Embryo, nasciturus und „Mensch" im vollen Rechtssinne unterschieden. Auch der Satz, nur der frühestmögliche Beginn der Menschenwürde hindere an einer verbotenen Zuteilung der Eigenschaft als Mensch durch den Menschen, läuft auf einen Zirkelschluss hinaus: Setzt doch dieses Verbot bereits die Zugehörigkeit zur **Spezies** Mensch voraus, um die es bei dem gesamten Streit gerade geht. Das Argument der bereits abgeschlossenen **Identitäts**bildung schließlich gerät immer mehr unter den Druck der modernen Humangenetik, die längst nachgewiesen hat, dass im Hinblick auf die genetische Identität auch nach der Nidation noch bestimmende Faktoren hinzukommen (*Craig*, The Genetic Basis for Sex Differences in Human Behavior: Role of the Sex Chromosome, Annals of Human Genetic 68 [2004], 269–284; *T. G. Wolfsberg* u. a., Guide to the Draft Human Genom, Nature 409 [2001], 824 ff.). Schon naturwissenschaftlich ist nicht mehr haltbar ist auch die These von der vollen **Potentialität** ab der Kernverschmelzung. Wenn Potentialität Entwicklungsfähigkeit zum Menschen bedeutet, dann hängt diese ausschlaggebend von der Einnistung in die Gebärmutter ab. Die Nidation ist also nicht nur Hilfe zur Entwicklung des bereits vorhandenen Menschen, sondern **Entstehensvoraussetzung menschlichen Lebens** an sich. Insgesamt muss sich die „Kernverschmelzungsthese" vorhalten lassen, dass sie versucht, religiöse und weltanschauliche Positionen zum Inhalt des konkreten Verfassungsrechts (und zwar des höchsten und unantastbaren Verfassungsgutes) zu machen, und damit diejenigen der eigenen Vorstellung zu unterwerfen, die diese Voraussetzungen nicht teilen.

Auch die **Gegenthese** vom Beginn der Menschenwürde erst ab der Geburt kann nicht überzeugen. Sie übersieht bereits den geringen Unterschied eines lebensfähigen Fötus unmittelbar vor und nach der Geburt und stellt das werdende Leben auch zu einem Zeitpunkt noch nicht unter den Schutz von Art. 1 und 2 GG, in dem bereits sehr wohl von Bewusstsein, Schmerzempfindlichkeit, Angst und weiteren höchst ausgeprägten menschlichen Eigenschaften die Rede sein kann und muss. Auch der Einwand, in diesem Stadium schütze Art. 2 II GG, nicht aber Art. 1 I GG das werdende Leben, befriedigt nicht. Identität und Einzigartigkeit, Achtung vor der körperlichen und seelischen Integrität, ja ein soziales Existenzminimum sind in späteren Stadien der

Schwangerschaft gegeben. Selbst Ansätze zur eigenen Willensbildung wird man bei aller Abhängigkeit von der Mutter einem Fötus von einem bestimmten Entwicklungsstadium nicht versagen können. Deshalb verdienen **Stufen- und Wachstumskonzepte** der Menschenwürde den Vorzug. Das Normprogramm des Art. 1 GG entfaltet für die verschiedenen Stadien dieser Entwicklung Schutzaussagen. Schon die Zeugung als Vorgang menschlicher Intimität ist würdegeprägt. Die industrielle Erzeugung von Embryonen zu einem bloß kommerziellen Zweck verstieße gegen Art. 1 GG. Andere normative Gehalte kommen aber für den sich noch entwickelnden Embryo ebenso erkennbar (noch) nicht in Betracht. So setzt das Folterverbot die Entstehung des Nervensystems und Schmerzempfindlichkeit voraus. Erniedrigung, Schmähung und Pranger kommen erst nach dem Bewusstwerden als Mensch in Betracht. Über lange Entwicklungsstadien ist die Würde des Embryo in hohem Maße abhängig vom Schutz der Würde der Mutter, kann aber auch mit dieser in eine Spannungslage geraten – so z. B. bei einem unbedingten Zwang zur Implantation oder Aufrechterhaltung von Lebensfunktionen einer hirntoten Mutter zur Rettung des werdenden Lebens. Deshalb wird in der Folge davon ausgegangen, dass die **Nidation** entscheidender Zeitpunkt für den Beginn der „wachsenden" Menschenwürde ist und die Menschenwürde im pränidativen Zustand des Embryo nur **Vorwirkungen** entfaltet.

26   c) Auch der **tote Mensch** kann im weiteren Sinne noch Träger der Menschenwürde sein. Unabhängig vom exakten Zeitpunkt des Todes verliert der Tote nicht seine Würde. Diese wirkt vielmehr nach dem Tode fort (BVerfGE 30, 173, 194 – Mephisto). Der tote Mensch darf also nicht geschmäht, von einer johlenden Mengen durch die Straßen geschleift, missachtet, verspottet oder zum Objekt willkürlicher Entscheidung oder „Rohstofflieferanten" gemacht werden. Gesetzliche Vorschriften wie der Schutz der Totenruhe in § 168 StGB, das Verfahren zur Organentnahme (§ 6 TPG) und auch einzelne Bestimmungen des Bestattungsrechts, dienen dem Schutz der Menschenwürde (*Schmidt am Busch*, DS 49 [2010], 211). Eine notwendige Bestätigung der Menschenwürde ist es deshalb tot geborener Kinder unter 500 g Körpergewicht („**Sternenkinder**") als Mensch zu bestatten und nicht – hart gesprochen – als Sondermüll zu entsorgen.

Das heißt aber nicht, dass die gesamte Bestattungskultur, der Totenkult oder sonstige menschliche Vorstellungen zum Umgang mit dem Tod in den Schutzbereich von Art. 1 I GG gehören (dazu *Gröschner*, Menschenwürde und Sepulkralkultur in der grundgesetzlichen Ordnung [1995]). Zur Ausstellung plastinierter Körper in der Ausstellung „Körperwelten" unten § 35, Rn. 6.

Einen tragischen Grenzfall stellt die Aufrechterhaltung der Lebensfunktionen einer **hirntoten Schwangeren** zur Austragung eines ungeborenen Kindes dar. Handelte es sich hier um ein bloßes medizinisches „Experiment", dann läge hierin mit Sicherheit ein Verstoß gegen die Menschenwürde. Zur Rettung eines Kindes im Spätstadium der Schwangerschaft kann die vorübergehende Aufrechterhaltung der Lebensfunktionen der Mutter aber durch den Lebensschutz des Kindes gerechtfertigt sein, zumal dies dem mutmaßlichen Willen der Mutter entsprechen dürfte (*Robbers*, in: Umbach/Clemens, GG, Art. 1, Rn. 69; a. A. *Heuermann*, JZ 1994, 133 (138); allg. dazu *Kiesecker*, Schwangerschaft einer Toten, Strafrecht an der Grenze von Leben und Tod [1996]).

d) **Juristische Personen** können grundsätzlich **nicht** Träger der Menschenwürde sein. Als das wohl „menschlichste" und persönlichste Grundrecht steht diese nur natürlichen Personen – in welchem Stadium auch immer – zu. Es gibt aus grundrechtssicht also keine Würde von Staaten, Unternehmen, Vereinen oder Gemeinden. 27

4. Das Verhältnis zu anderen Verfassungsgarantien. Als oberster Verfassungsgrundsatz und Grundrecht steht Art. 1 I 1 GG nicht in der „Normalität der Grundrechtskonkurrenzen". Es ist also weder Spezialgrundrecht noch Auffanggrundrecht. Es ist vielmehr Fundamentalnorm im Verhältnis zu den anderen Grundrechten und den Staatsprinzipien in Art. 20 GG. Einen Menschenwürdegehalt haben also nicht nur die Grundrechte, sondern auch Demokratie, Republik, Sozialstaat, Rechtsstaat und in gewisser Weise auch der Bundesstaat (Letzteres z. B., wenn es um kulturelle Selbstbestimmung und Autonomie geht). Kommt in Bezug auf die Schutzbereiche anderer Grundrechte die Menschenwürde gleichfalls in Betracht, so empfiehlt es sich, mit dem Spezialgrundrecht zu beginnen. 28

Beispiele: Der Kernbereich persönlicher Lebensgestaltung bei Art. 13 GG; Verbot der Objektstellung im Strafprozess – Art. 104 GG; Eingriffe in die körperliche Integrität – Art. 2 II 1 GG; Verweigerung des Asylrechts bei drohender Folter – Art. 16a GG.

III. Eingriffe in die Menschenwürde

1. Allgemeines. Wenn Art. 1 I 1 GG die Menschenwürde für unantastbar erklärt, heißt das, dass Eingriffe nicht gerechtfertigt werden können; es heißt aber nicht, dass es in der Realität keine Eingriffe gäbe. Der Satz ist also **präskriptiv** (vorschreibend), nicht **deskriptiv** (beschreibend). Es ist deshalb auch bei der Menschenwürde zu klären, wann ein Eingriff vorliegt. 29

Betrachtet man Rechtsprechung und Literatur zu Art. 1 I 1 GG, so fällt auf, dass sie sich teilweise sogar ganz auf die Definition des Eingriffs konzentrieren und die Eröffnung des Schutzbereichs einfach voraussetzen. So ist auch die „Objektformel" keine Definition des Schutzbereichs, sondern kennzeichnet verbotene Eingriffe in die Menschenwürde. Ironisch könnte man sagen: *„Wir wissen nicht, was die Menschenwürde ist, aber wir wissen genau, wann ein Eingriff in die Menschenwürde vorliegt"* (Hufen, FS. Riedel, 2013, 459).

30 **2. Die Objektformel.** Im Mittelpunkt der Eingriffsdefinition steht die **„Objektformel"**, nach der der Mensch nicht zum bloßen Objekt staatlicher Willkür gemacht werden darf. Oder umgekehrt: Die Subjektqualität des Menschen darf nicht prinzipiell in Frage gestellt werden (BVerfGE 50, 166, 175 – Ausweisung I).

Hintergrund ist erkennbar das von *Kant* formuliert Postulat:

„Die Menschheit selbst ist eine Würde, denn der Mensch kann von keinem Menschen bloß als Mittel, sondern muss jederzeit zugleich als Zweck gebraucht werden und darin besteht seine Würde" *(Metaphysik der Sitten, 2. Teil: Metaphysische Anfangsgründe der Tugendlehre [1797], § 38).*

Auf dieser Basis kommentierte Dürig 1958 Art. 1 I 1 GG:

„Die Menschwürde ist getroffen, wenn der konkrete Mensch zum Objekt, zu einem bloßen Mittel, zur vertretbaren Größe herabgewürdigt wird. Am besten zeigt vielleicht der entsetzlich an technische Vorstellungen angelehnte Wortschatz unserer materialistischen Zeit, worum es in Art. 1 I geht. Es geht um die Degradierung des Menschen zum Ding, das total „erfaßt", „abgeschossen", „registriert", „liquidiert", „im Gehirn gewaschen", „ersetzt", „eingesetzt" und „ausgesetzt" (d. h. vertrieben) werden kann" *(Maunz/Dürig, GG, 1. Aufl., Art. 1 Abs. 1, Rn. 28).*

31 Diese Formel hat das BVerfG dann wenig später übernommen und weiter konkretisiert (BVerfGE 9, 89, 95 – Haftbefehl; BVerfGE 27, 1, 6 – Mikrozensus; BVerfGE 87, 209, 228 – Tanz der Teufel). Anders als zum Schutzbereich hat das Gericht dabei zum Eingriff durchaus konkrete und praktische Kriterien entwickelt. Auch diese müssen aber genau gelesen werden. So schließt die „Objektformel" keineswegs **jede** Objekt- oder Adressatenstellung des Menschen aus. Bis hin zu Lebensgefährdungen und schwersten Freiheitsbeschränkungen ist der Mensch im Verfassungsrecht vielmehr immer wieder Adressat und damit im gewissen Sinne „Objekt" hoheitlicher Gewalt. Menschenunwürdig wird eine solche Behandlung erst, wenn der **Wert des Menschen an sich verneint** (so bereits BVerfGE 1, 97, 104 – Hinterbliebenenrente), wenn er zum Objekt **bloßer Willkür** wird. Historisch gesehen ist auch diese Formel ein Bollwerk gegen die Barbarei des Nationalsozialismus; sie meint keine alltäglichen Belastungen, sondern wirklich Elementares: den Schutz vor **Erniedri-**

gung, Folter, Schmähung, Brandmarkung und anderer Formen extremer staatlicher Willkür (BVerfGE 107, 275, 280 – Benetton II). Weitere Beispiele sind **grausame Strafen, Pranger, Demütigung, Sklaverei, Leibeigenschaft, Menschenhandel.**

Der Eingriff muss dabei nicht gleichsam körperlich dem Menschen selbst gelten. Eine erniedrigende Karikatur oder das Beschmieren eines Denkmals mit Kot oder Nazi-Symbolen können die Menschenwürde des Abgebildeten ebenso schwer verletzen wie der körperliche Angriff. Auch das anscheinend zunehmend beliebte Verbrennen von Politiker-Puppen gehört in diese Fallgruppe. 32

Art und Härte dieser Eingriffe zeigen, dass auch auf dieser Stufe Zurückhaltung gegenüber voreiliger und zu breiter Inanspruchnahme der Menschenwürde in den kulturellen, sozialen und bioethischen Debatten der Gegenwart angebracht ist. Auch ist zwischen Art. 1 und 2 II GG sorgfältig zu trennen, und nicht jeder Eingriff in das Leben oder jeder „Lauschangriff" ist damit bereits ein Eingriff in die Würde. Darauf wird anhand konkreter Beispiele (unten Rn. 47 ff.) zurückzukommen sein. 33

IV. Bedeutung der Unantastbarkeit: Keine verfassungsrechtliche Rechtfertigung von Eingriffen

1. Folgen der Unantastbarkeit. Nach überwiegender Meinung in Rechtsprechung und Literatur ist die Menschenwürde das einzige Grundrecht, bei dem ein Eingriff grundsätzlich nicht gerechtfertigt werden kann (Dreier, in: Dreier, GG, Art. 1, Rn. 128 m. w. N.). Das wird vor allem aus dem Wort **„unantastbar" im Wortlaut von Art. 1 GG** geschlossen. Gibt es keine Rechtfertigung für Eingriffe, dann kann es auch keine verfassungsimmanenten Schranken und keine Abwägung mit anderen Verfassungsgütern geben. Jeder festgestellte Eingriff ist damit zugleich eine Verletzung der Menschenwürde. Gelegentlich geäußerte Zweifel an der „Unabwägbarkeitslehre" (*Baldus*, AöR 136 (2011), 529; *Elsner/Schubert*, DVBl. 2007, 278; *Gröschner/Lemcke*, Das Dogma der Unantastbarkeit.(2009); *Hain*, DS 45 [2006], 190 ff.; *Kloepfer*, FS 50 Jahre BVerfG II, 77, 81) beziehen sich zumeist auf vermutete „Randbereiche" des Schutzgehalts und weniger schwere Eingriffe. Beschränkt man aber den Eingriff auf wirklich gravierende Fälle, so besteht kein Anlass, die Unantastbarkeitslehre selbst anzutasten (*v. Bernstorff*, Pflichtenkollision und Menschenwürdegarantie [2008], 26). 34

Beispiele: Keine Rechtfertigung der Folter bei potentiellem Attentat; keine Rechtfertigung des „Zwergenweitwurfs" (Wurf kleiner Menschen auf Volksfesten) durch Berufsfreiheit; keine Rechtfertigung von Gehirnwäsche durch die Religionsfreiheit oder den staatlichen Strafanspruch; keine Abwägung von Menschenwürde und Meinungsfreiheit bei Volksverhetzung (BVerfG [Kammer], NJW 2009, 3503).

35 Nach der Systematik der Grundrechte kommt allerdings – zumindest theoretisch – eine Abwägung **„Menschenwürde gegen Menschenwürde"** in Betracht. Denkbare Kollisionsfälle sind solche zwischen der Würde der Mutter und derjenigen des Fötus oder zur Entschuldigung der Nothilfe zu Gunsten eines gefolterten und erniedrigten Menschen. Dieses Problem wurde in jüngster Zeit vor allem im Hinblick auf den (allerdings schon selbst würdelosen) Begriff der „Rettungsfolter" diskutiert und wird hier unter Rn. 63 aufgegriffen.

36 **2. Unantastbarkeit als Unverzichtbarkeit?** Aus der Unantastbarkeit wird häufig geschlossen, dass Eingriffe in die Menschenwürde selbst durch eine Einwilligung des Opfers in eine menschenunwürdige Behandlung nicht gerechtfertigt werden können. Unantastbarkeit bedeutet also – vor allem für Vertreter der Mitgift- oder Begabungstheorie – Unverfügbarkeit und damit Unverzichtbarkeit auch für den Grundrechtsträger selbst.

Beispiele: Mit der Unverzichtbarkeit der Menschenwürde haben das BVerwG z. B. seine Verbote der „Peep-Show" (BVerwGE 64, 274, 279) und des simulierten Tötens von Menschen im Spiel (BVerwGE 115, 189 – Laserdrome), der VGH München das Verbot eines „Frauenringkampfes im Schlamm" (VGH München, BayVBl. 1984, 152), der BGH ein Verbot des „Telefonsex" gerechtfertigt (BGH, NJW 1998, 2895). Selbst zur Begründung eines Verbots der Ausstellung plastinierter Leichen wurde die Menschenwürde mobilisiert. Die Unbeachtlichkeit der Einwilligung ist auch entscheidend in Strafprozessen um sado-masochistische Praktiken bis hin zum einvernehmlichen Schlachtritual (BGH, NJW 2004, 1054 und BGH, NJW 2004, 2458; krit. *Duttge*, NJW 2005, 260; *Klimpel*, Bevormundung oder Freiheitsschutz? [2003]).

Auch in diesen Fällen ist aber zunächst sorgfältig zu prüfen, ob – auch bei Einhaltung der soeben benannten strengen Kriterien – wirklich ein **Eingriff in die Menschenwürde** vorliegt. Sodann ist zu beachten, dass auch die Bestimmung des Menschen über sich selbst zum Schutzbereich der Menschenwürde gehört. Das schließt es aus, den Menschen zum Objekt fremder Moral- oder Geschmacksvorstellungen zu machen, und es schützt erwachsene Menschen vor paternalistischer Bevormundung und erzwungenem Selbstschutz. Relevant wird das Problem in den Fallgruppen Zwangsernährung, Organspende, Prostitution, Pornografie und Sterbehilfe.

Ein Übergehen der Einwilligung kommt nur in Betracht, wenn Zweifel an deren Unabhängigkeit und Freiwilligkeit bestehen, oder wenn über den Einwilligenden hinaus die Würde einer ganzen Gruppe von Menschen gefährdet ist. Letzteres rechtfertigt z. B. das Verbot des „Zwergenweitwurfs" als Erniedrigung kleinwüchsiger Menschen und das Verbot der Genitalverstümmlung bei Frauen.

3. Die Menschenwürde als Schranke anderer Grundrechte. Obwohl die Menschenwürde selbst keine Schranken kennt, kommt sie grundsätzlich als (verfassungsimmanente) Schranke für andere Grundrechte in Betracht. Bei echten Kollisionsfällen verlangt das Prinzip der Unabwägbarkeit dann, dass die Menschenwürde sich gegenüber dem jeweils anderen Grundrecht durchsetzt. Auch Kunstfreiheit, Wissenschaftsfreiheit und Religionsfreiheit rechtfertigen keinen Eingriff in die Menschenwürde. 37

Jede Beschränkung von Freiheitsrechten durch die Menschenwürde setzt aber voraus, dass der **Schutzbereich** der Menschenwürde wirklich berührt ist (personell und inhaltlich) und die konkrete Handlung einen echten **Eingriff** im oben entwickelten Sinne darstellt, d. h. den Menschen wirklich zum Objekt fremder Willkür macht. Liegen beide Voraussetzungen vor, so ist es gerechtfertigt, auf gesetzlicher Grundlage andere Grundrechte, auch solche ohne Gesetzesvorbehalt, einzuschränken.

Beispiele: Einschränkung der Vertragsfreiheit bei Verpflichtung zu Folter oder Erniedrigung; Einschränkung der Religionsfreiheit im Hinblick auf Gehirnwäsche; Einschränkung der Presse- oder Rundfunkfreiheit im Falle von Schmähkritik und Prangerwirkung (dazu allerdings unten [Rn. 70] das Beispiel „Big Brother"); Einschränkung der Wissenschaftsfreiheit bei erniedrigenden Menschenversuchen.

V. Besondere Schutzfunktionen

1. Neben der Abwehrfunktion (Verbot von Eingriffen in die Menschenwürde) enthält Art. 1 GG nach allgemeiner Auffassung auch einen **objektiven Schutzauftrag.** Der Staat muss Verletzungen der Menschenwürde auf allen Ebenen verhindern und bekämpfen. Auch muss er Bedingungen schaffen und erhalten, unter denen menschen- 38

würdiges Leben möglich ist. Wie bei allen Schutzpflichten steht dem Staat aber ein großer Beurteilungs- und Ermessensspielraum bei der Wahl der Mittel zur Verfügung. Auch darf die Schutzpflicht nicht unversehens zur Grundrechtsschranke Anderer oder sogar des Menschenwürdeträgers selbst werden.

39 2. Schon sehr früh hat das BVerfG gefragt, ob zum Schutzbereich von Art. 1 I GG in Verbindung mit dem Sozialstaatsprinzip die Gewährleistung eines sozialen und wirtschaftlichen **Existenzminimums** gehört und diese Frage letztlich bejaht (abgelehnt zunächst in BVerfGE 1, 97, 104 – Witwenrente; dann jedoch deutlich in BVerfGE 82, 60, 85 – Existenzminimum; zuletzt BVerfG, Kammer, NVwZ 2005, 927 – Hartz IV; BVerfG, NVwZ 2012, 1024 – Asylbewerberleistungsgesetz; *Lenze*, NVwZ 2011, 1104). Die konkrete Höhe hängt jedoch von vielen ökonomischen und gesellschaftlichen Faktoren ab. Deshalb kann die jeweilige Höhe der Sozialhilfe nicht durch Art. 1 I GG festgeschrieben werden. Es bleibt vielmehr Sache des Gesetzgebers, wie er das grundsätzlich gewährleistete Existenzminimum konkretisiert (BVerfGE 40, 121, 133 – Waisenrente). Strengere Maßstäbe gelten hier aber für Kinder, deren Existenzminimum nicht einfach nach den entsprechenden Sätzen für Erwachsene berechnet werden darf (BVerfGE 125, 175, 222 – Regelleistungen nach SGB II; krit. *Spellbrink*, DVBl. 2011, 661) und für die medizinische „Grundversorgung". Diese und das Existenzminimum im Allgemeinen dürfen nicht unter einen Vorbehalt der Bekämpfung von „Armutseinwanderung" fallen (dazu *Frenz*, NJW 2013, 1210; *Zentrale Ethikkommission bei der Bundesärztekammer*, Versorgung von nicht regulär krankenversicherten Patienten mit Migrationshintergrund, DÄBl 2013, A 899).

40 3. Der Schutz der Menschenwürde hat auch eine **verfahrensrechtliche Dimension**. Je wichtiger Entscheidungsprozesse des Staates für den Einzelnen sind, desto mehr muss gewährleistet sein, dass dieser angemessen informiert, beraten, beteiligt und ihm gegenüber Entscheidungen angemessen begründet werden, damit er nicht zum Objekt staatlicher Entscheidungen und Verfahren wird.

41 4. Grundsätzlich gilt die Menschenwürde in der gesamten Rechtsordnung, sie kennt keinen Unterschied zwischen öffentlichen und privaten Rechtsverhältnissen und entfaltet insofern unmittelbare **Drittwirkung**. Verträge, die auf Schmähung, Erniedrigung, Folter usw. hinauslaufen sind sittenwidrig. Zu warnen ist aber auch insofern vor unangemessener Beschränkung von Selbstbestimmung und Freiheit. Nicht jede Geschmacksverirrung ist eine Erniedrigung des Menschen, nicht jede drastische Inszenierung macht den Menschen zum Objekt der Willkür. Wird aber im privaten Rechtsverhältnis die Menschenwürde wirklich verletzt, dann gilt der staatliche Schutzauftrag auch im Zivilprozess.

Beispiel: Bemessung des Schmerzengeldes bei drastischer Beleidigung (BVerfG, Kammer, NJW 2004, 2371 –"hässliche Griechenhure").

VI. Die internationale und europäische Perspektive

Als **internationales** Menschenrechtsdokument ist in Bezug auf die 42 Menschenwürde vor allem **Art. 1 AEMR** zu nennen, wonach alle Menschen gleich an Würde und Rechten sind. Auch in der Präambel der AEMR und in der Präambel der UN-Charta vom 26.6.1945 wird die „Dignity of the Human Person" anerkannt. Ein sozialer Bezug findet sich in Art. 22 AEMR, wo von den für die Würde unentbehrlichen wirtschaftlichen, sozialen und kulturellen Rechten des Menschen die Rede ist. Alle diese Dokumente spielten bei der Entstehung des Grundgesetzes eine nachweisbare Rolle.

In der **EMRK** kommt das Wort „Menschenwürde" nicht vor, das 43 Prinzip kann aber als Grundlage des gesamten Vertragswerks bezeichnet werden (*Meyer-Ladewig*, NJW 2004, 981). Auch enthält die EMRK wichtige Konkretisierungen der Menschenwürde wie das Verbot unmenschlicher Behandlung, das Verbot der Zwangsarbeit oder von Eingriffen in das Privatleben (Art. 3, Art. 4 I und VIII EMRK), in denen der EGMR den Menschenwürdesatz auf der Ebene der EMRK verwirklicht sieht (exemplarisch EGMR, NJW 2002, 2851, 2853 – Sterbehilfe „Fall Pretty"; EGMR, NJW 2013, 2953 – Substanz zur Selbsttötung). Streng wacht der EGMR auch über das Verbot der Sklaverei (EGMR, NJW 2007, 41 – Ausbeutung einer togolesischen Haushaltshilfe) und Menschenhandel (EGMR, NJW 2010, 3003), das Folterverbot und menschenwürdige Zustände in Haftanstalten (EGMR, NJW 2001, 2001 – Folter in türkischer Polizeihaft; EGMR, NJW 2006, 1267 – Öcalan). In kluger Zurückhaltung hat der EGMR aber jede Festlegung zur Geltung der Menschenwürde und des Lebensschutzes vor der Geburt vermieden (EGMR, NJW 2005, 727; 2008, 2013).

Dagegen war der Befund für die Ebene des **Gemeinschaftsrechts** 44 zunächst eher gering. Art. 6 III EUV bezieht sich auf die gemeinsamen Verfassungsüberlieferungen und ähnelt damit Art. 1 II GG.

Erst in der **Präambel der Grundrechts-Charta** ist explizit von der Würde des Menschen die Rede, die zugleich als unteilbarer und universeller Wert bezeichnet wird. Nach deutschem Vorbild steht in Art. 1 die Würde des Menschen an der Spitze der Charta. Erwähnt ist die Menschenwürde auch an einigen markanten Stellen im sekundären Gemeinschaftsrecht, so z. B. in Art. 12 der Fernsehrichtlinie (RL 89/252/EWG). Der EuGH hat in seinem Urteil zur Biopatentrichtlinie die Menschenwürde als zu beachtenden Grundsatz ausdrücklich erwähnt (EuGH, NJW 2002, 2455; bedenklich dagegen EuGH, NJW 2012, 293 (LS), EuZW 2011, 908 – kein Patent auf menschliche Stammzellen, dazu unten, Rn. 56).

Nicht nur deshalb, sondern auch aus historischen Gründen sollten Wissenschaft und Politik eher zurückhaltend sein, wenn es darum geht, den ethischen Anspruch und den gelegentlich festzustellenden Rigorismus der deutschen Menschenwürdediskussion auf die europäische Bühne zu übertragen und sich als Schulmeister der Menschenwürde aufzuspielen (so zu Recht *Schulze-Fielitz*, liber amicorum Häberle [2004], 355, 364).

Literatur zu § 10 VI: *Rixen*, Die Würde und Integrität des Menschen, in: Heselhaus/Novak, Hdb. d. Europ. GrundR (2006), 335; *M. Schwarz*, Die Menschenwürde als Ende der europäischen Wertegemeinschaft? DS 50 (2011), 533; *Schwarzburg*, Die Menschenwürde im Recht der Europäischen Union (2011).

VII. Das Bekenntnis zu den unveräußerlichen Menschenrechten (Art. 1 II GG)

45 Zu den immer wieder zitierten, seltener verstandenen Sätzen des GG gehört Art. 1 II: *„Das Deutsche Volk bekennt sich darum zu unverletzlichen und unveräußerlichen Menschenrechten als Grundlage dieser menschlichen Gemeinschaft, des Friedens und der Gerechtigkeit in der Welt"*. Dieser Satz ist zwar im Rahmen eines konkreten Grundrechts formuliert, gehört ebenso unverkennbar aber eigentlich in die Präambel. Dafür spricht schon die Formulierung „bekennt sich", was eher eine Proklamation als eine konkrete normative Aussage ist.

Gleichwohl ist es wichtig, den Begriff „unveräußerliche Menschenrechte" in seinen rechtsphilosophischen und historischen Bezügen zu kennen. Es handelt sich hier um einen **Zentralbegriff des modernen Vernunftrechts**, mit dessen Vorstellung von vorstaatlichen, dem Menschen von Natur aus gegebenen und **im Gesellschaftsvertrag nicht veräußerlichen Rechten**. Die Formulierung geht auf *John Locke* zurück (Two Treatises of Government [1689], II, §§ 95,

123 ff.) und ist nahezu unverändert in die Virginia Bill of Rights von 1776 und die Erklärung der Menschen- und Bürgerrechte von 1789 eingegangen. Der Begriff „Unverletzlichkeit" findet sich dann im Zusammenhang mit dem Wohnungsgrundrecht, Eigentum und persönlicher Freiheit in der Paulskirchenverfassung von 1848/49. Der Appell an die **Grundlage jeder menschlichen Gemeinschaft** hat die gleiche naturrechtliche Grundlage. Der in Art 1 II GG sodann beschworene Zusammenhang zwischen den Menschenrechten und dem Frieden und der Gerechtigkeit in der Welt erinnert nicht zufällig an die berühmte Schrift von *Immanuel Kant*, Zum Ewigen Frieden (1795); (siehe *Dreier*, in: Dreier, GG Art. 1 II Rn. 2). Werden die Menschenrechte allerseits beachtet, dann ist das die beste und bleibende Basis für den inneren und äußeren Frieden der Gemeinschaft.

Darüber hinaus war man sich im Parlamentarischen Rat in der Anerkennung **vor- oder überstaatlicher, dem Staat vorausliegender und ihm nicht zur beliebigen Disposition stehender Individualrechte** einig. Damit meldete sich die junge deutsche Demokratie gleichsam in den Kreis der westlichen Verfassungsstaaten zurück. Auch enthält der Satz eine klare Absage an die positivistische Lehre der formal legalen Aufhebbarkeit aller Grundrechte und der Aushöhlung der Grundrechte im Nationalsozialismus.

VIII. Menschenwürdekern anderer Grundrechte?

Aus Art. 1 II GG, besonders aus dem auf Abs. 1 verweisenden Wort „darum" sowie aus der Wesensgehaltgarantie des Art. 19 II GG ist geschlossen worden (*Dürig*, in: Maunz/Dürig, GG, Art. 1 Rn. 81, 85 – Erstkommentierung; ders. AöR 81 [1956], 117), dass auch den anderen Grundrechten ein besonders geschützter Kern zukomme, der aus der Menschenwürde entsprungen, also wie diese selbst geschützt sei. **46**

Auch das BVerfG spricht gelegentlich davon, dass „alle Grundrechte Konkretisierungen der Menschenwürde" seien (zuletzt BVerfG, Kammer, NVwZ 2008, 549 – Roman „Ehrensache"). Das führt zu einem „unantastbaren Kern", der selbst durch den verfassungsändernden Gesetzgeber nicht eingeschränkt werden darf (exemplarisch BVerfGE 109, 279, 309 – Großer Lauschangriff). Diese Theorie ist wie alle „Kernbereichslehren" nicht unproblematisch. Sie spaltet die Grundrechte in einen unabänderlichen Kern und einen weniger geschützten „Randbereich" und führt zu unlösbaren Abgrenzungsproblemen. Im Übrigen lässt sich schon aus historischer Sicht das „Entspringen" aller Grundrechte aus der Menschenwürde nicht halten, da die speziellen Grundrechte in den verschiedenen historischen Verfassungen größtenteils älter sind als das Menschenwürdeprinzip (krit. auch *Dreier*, GG, Art. 1, Rn. 162).

Gerade die in diesem Zusammenhang oft genannten Beispiele Asylgrundrecht und Wohnungsfreiheit (Art. 16a GG und Art. 13 GG) zeigen im Übrigen, dass es der Lehre von Menschenwürdegehalt dieser Grundrechte nicht bedarf. So verstößt die Auslieferung eines Asylbewerbers in einen Folterstaat nicht nur gegen Art. 16a GG und gegen dessen angeblichen Menschenwürdegehalt, sondern neben Art. 16a GG auch gegen Art. 1 GG selbst. Der „Lauschangriff" auf den absolut geschützten Kernbereich privater Lebensgestaltung ist nicht nur ein Eingriff in einen – wie auch immer definierten – Kernbereich von Art. 13 GG, sondern ohnehin auch in die Menschenwürde (BVerfGE 109, 279, 309).

Literatur zu § 10 VII und VIII: *Roger*, Menschenwürde, Menschenrechte, Grundrechte (1997); *von Rotenberg*, Das Bekenntnis des deutschen Volkes zu den Menschenrechten in Art. 1 Abs. 2 GG (1997); *Sternberg*, Der Rang von Menschenrechtsverträgen in deutschem Recht unter besonderer Berücksichtigung von Art. 1 Abs. 2 GG (1999); *Valentin*, Grundlagen und Prinzipien des Art. 1 Abs. 2 des Grundgesetzes. Das Bekenntnis des deutschen Volkes zu den Menschenrechten (1991).

IX. Aktuelle Fälle und Probleme

47 Diskutiert werden Eingriffe in die Menschenwürde in allen Phasen des menschlichen Lebens von der Zeugung bis nach dem Tode. Da die Grenzen zu anderen Grundrechten, insbesondere Art. 2 I und II GG fließend sind, heißt ihre Erwähnung in der Folge nicht, dass die Fälle jeweils an Hand von Art. 1 GG zu lösen sind. Es schien aber richtig, die Themen der Bioethik und der Medizin hier gesammelt darzustellen, auch wenn der Problemschwerpunkt im Einzelfall z. B. beim Grundrecht auf Leben und Gesundheit (Art. 2 II GG) liegt.

48 **1. Problemgruppe Bioethik und Medizin.** Geht es um die Grenzfragen zwischen Zeugung, Geburt, Krankheit und Tod, dann wird besonders deutlich, wie groß der Einfluss der oben genannten Theorien der Menschenwürde auf die Lösung konkreter Probleme ist. Wird die Menschenwürde im Sinne der **Mitgift- oder Begabungstheorie** als dem Menschen mitgegeben und unverfügbar betrachtet, dann erscheinen auch Unfruchtbarkeit, Krankheit, Leiden und Behinderung als vorgegeben und damit hinzunehmen. Legitimationsbedürftig sind dann nicht Verbote gegenüber Forschung und Medizin, sondern Forschung und Medizin selbst. Diese stehen dann stets in Gefahr, die Grenzen der Würde zu überschreiten. Befürchtungen eines Dammbruchs und der Vorwurf des Utilitarismus, also des Aufopferns zentraler Werte zur Erreichung bestimmter Zwecke, bilden besonders häufige Argumente der Vertreter dieser Position (exemplarisch etwa *Höffe*, Medizin ohne Ethik [2002]).

Vertreter der **Leistungs- oder Selbstbestimmungstheorie** betonen dagegen auch in den Grenzfragen von Leben und Leiden die Selbstbestimmung und die Fähigkeit zur Selbststeuerung des Menschen. Für sie ist nicht die Freiheit auch im Umgang mit den Grundwerten von Leben, Gesundheit usw. begründungsbedürftig, sondern der staatliche Eingriff in diese Freiheit. Im Mittelpunkt der Ethik steht nicht nur das Bewahren des Vorgegebenen, auch die **Ethik des Heilens** und die Bekämpfung des Leidens haben für Vertreter dieser Auffassung ihre Wurzeln in der Menschenwürde. Als zentrale Aussage der Menschenwürde wirkt ferner die **Selbstbestimmung** des Patienten in die Medizin hinein. Deshalb sind angemessene Information und Einwilligung in die ärztlichen Eingriffe (Prinzip des „informed consent") letztlich in Art. 1 GG verankert. Sie finden auch Ausdruck im Anspruch auf Einsicht in die Krankenakten und das „**Recht auf Wissen**" – freilich auch das „Grundrecht auf Nichtwissen" – im Hinblick auf die Ergebnisse ärztlicher Untersuchungen (BVerfG, NVwZ 2005, 181 – Untersuchungsbericht und schwerhörige Patientin; zu den Folgen im Hinblick auf die sog. „prädikative Medizin" unten Rn. 55).

Allg. Literatur: *Dreier*, Bioethik. Politik und Verfassung (2013); *Joerden*, Menschenleben. Ethische Grund- und Grenzfragen des Medizinrechts (2003); *Knoepffler*, Menschenwürde und Medizin, ethische Konfliktfälle (2000); *Spranger*, Recht und Bioethik (2010) *Koppernock*, Das Grundrecht auf bioethische Selbstbestimmung (1997).

Bei dieser Gegensätzlichkeit der Ausgangspunkte ist es Aufgabe des Verfassungsrechts und dessen **rationalisierender Funktion,** die sich hier zeigenden Positionen und Probleme behutsam einander zuzuordnen, ohne sich von vornherein bei der Interpretation der Menschenwürde auf eine Seite zu schlagen. Zu warnen ist insbesondere vor der Behauptung, die jeweils rigoroseste, weil (scheinbar) eindeutigste Position sei geltendes Verfassungsrecht.

a) In-vitro-Fertilisation – „künstliche" Befruchtung (IVF). Seit 49 der Geburt des ersten im Reagenzglas (in-vitro) gezeugten Kindes hat die Fortpflanzungs-(Reproduktions-)Medizin erhebliche Fortschritte erzielt. Weibliche und männliche Unfruchtbarkeit können durch die verschiedenen Methoden behoben werden. Auch in der Bundesrepublik wurden durch die direkte Zusammenführung von Ei- und Samenzelle Tausende von Kindern erzeugt. Grundsätzliche ethische oder gar rechtliche Bedenken wegen der fehlenden Nähe zur körperlichen Liebe von Mann und Frau werden nur noch vereinzelt erhoben. Das Embryonenschutzgesetz (EschG) und ärztliches Standesrecht setzen der IVF aber **strenge Grenzen** und haben dabei vor allem den Schutz des Embryo im Blick. So dürfen nach § 1 I Ziff. 5 EschG nur so viele Embryonen erzeugt werden, wie innerhalb eines Befruchtungszyklus eingepflanzt werden sollen; alle entwicklungsfähigen Embryonen müssen eingepflanzt werden. Ziel des Gesetzgebers ist also die Vermeidung „überzähliger

Embryonen". Gegenüber dieser – auch im internationalen Vergleich – sehr rigorosen gesetzlichen Regelung wird zunehmend gefordert, neben den Schutz des Embryo auch das **Recht auf Fortpflanzung** der Eltern sowie die **körperliche Unversehrtheit der Frau** stärker in die grundrechtlichen Überlegungen einzubeziehen. Einschränkungen – wie z. B. für lesbische Paare – sind verfassungsrechtlich fragwürdig. Dasselbe gilt für ein Verbot der Befruchtung einer Eizelle mit dem Samen eines Verstorbenen (OLG Rostock, MedR 2010, 874). Auch die freiwillige (!) Embryonen"adoption", also die Übertragung einer befruchteten Eizelle in den Körper einer anderen Frau, ist aus verfassungsrechtlicher Sicht durchaus diskutabel (*Hübner*, Die Embryo-Adoption [2009]) Gravierende ethische und auch verfassungsrechtliche Probleme wirft allerdings die in England gelungene „Dreipersonen-IVF", also die Befruchtung einer menschlichen Eizelle, deren Zellkern zuvor aus einer anderen Eizelle entnommen wurde, auf, da sie zu einem Kind mit drei genetischen Eltern führt. Insgesamt ist es Aufgabe des Gesetzgebers, das veraltete Embryonenschutzgesetz durch ein modernes Fortpflanzungsmedizingesetz zu ersetzen (*Gassner/Kersten/Krüger/Lindtner/Rosenau/Schroth*, Fortpflanzungsmedizingesetz. Augsburg Münchener Entwurf (2013). Auf **europäischer Ebene** hat der EGMR selbst bei einem zu lebenslänglicher Haft Verurteilten und seiner Frau ein Recht auf IVF aus Art. 8 EMRK anerkannt (EGMR, NJW 2009, 971). Andererseits hat er das Verbot der Eizell- und Samenspende in Österreich für konventionsgemäß gehalten (EGMR, NJW 2012, 207).

Literatur: *Diedrich/Felberbaum* u. a., Reproduktionsmedizin im internationalen Vergleich.(2008); *Gropp*, Schutzkonzepte des werdenden Lebens (2005); *Neidert*, „Entwicklungsfähigkeit" als Schutzkriterium und Begrenzung des EschG, MedR 2007, 279; *Reinke*, Fortpflanzungsfreiheit und das Verbot der Fremddeizellenspende (2008); kritisch: *Beckmann/Löhr*, Der Status des Embryos. Medizin – Ethik – Recht (2003); *Eibach*, Gentechnik und Embryonenforschung, Leben als Schöpfung aus Menschenhand? (2002).

50 **b) Präimplantationsdiagnostik (PID) und Pränataldiagnostik (PND).** Die Präimplantationsdiagnostik ist eine Methode zur Untersuchung von einzelnen Zellen des frühen Embryo auf Chromosomenstörungen und Gendefekte vor der Übertragung auf die Frau (Implantation). Sie soll vor allem „Risikoeltern" die Verwirklichung des Kindeswunsches ermöglichen und kann auch die Chancen der IVF verbessern. Sie ist nicht nur politisch, sondern auch verfassungsrechtlich hoch umstritten. Dabei hängt die jeweilige Position naturgemäß vom ethischen und rechtlichen Status des Embryo vor der Nidation ab (oben, Rn. 20 ff).

Für **Gegner** ist die PID „Zeugung unter Vorbehalt einer Qualitätskontrolle" und als Selektion von Menschen ein Eingriff in deren Menschenwürde. Werde die PID erlaubt, sei dies ein Dammbruch, sowie der Weg zum allgemeinen „screening", zum „Designer-Baby" und zum „Mensch nach Maß" nicht mehr zu verschließen. Es gebe kein „Grundrecht auf ein gesundes Kind".

Literatur in diesem Sinne: *Böckenförde*, JZ 2003, 809; *Böckenförde-Wunderlich*, Präimplantationsdiagnostik als Rechtsproblem (2002); *Ferdinand*, Pränatal- und Präimplantationsdiagnostik aus verfassungsrechtlicher Sicht (2010); *Haker*, Ethik der genetischen Frühdiagnostik (2002); *Kuhlmann*, An den Grenzen unserer Lebensform (2011); *S. Schneider*, Rechtliche Aspekte der Präimplantions- und Präfertilisationsdiagnostik (2002); *Spieker/Hillgruber/Gärditz*, Die Würde des Embryos. Ethische und rechtliche Probleme der Präimplantationsdiagnostik und der embryonalen Stammzellforschung (2012); *Starck*, in: von Mangoldt/Klein/Starck, GG Art. 1, Rn. 89; sowie die Haltung der katholischen Kirche..

Befürworter eines begrenzten Einsatzes der PID verweisen demgegenüber auf das Schicksal von „Risikoehepaaren" und deren Recht auf durch staatliche Verbote nicht behinderte Fortpflanzung. In Risikofällen bedeute die Implantation ohne vorherige genetische Untersuchung eine schwere Gesundheitsgefahr für die Mutter und eine für alle Beteiligten unwürdige „Schwangerschaft auf Probe". Im unbedingten Schutz des Embryo vor der Nidation einerseits und der weiterhin bestehenden Möglichkeit der Pränataldiagnose mit medizinischer Indikation zur Abtreibung andererseits liege ein gravierender Wertungswiderspruch. Diese Position haben auch der *Deutsche Ethikrat* (mehrheitlich), die *Bundesärztekammer, die Bioethikkommission RP* (mit abweichendem Sondervotum) und *die Akademien der* Wissenschaften eingenommen.

Literatur zu dieser Position: *Bioethik-Kommission Rheinland-Pfalz*, Präimplantationsdiagnostik – Thesen zu den medizinrechtlichen und ethischen Problemstellungen (1999 u. 2011); *dies.*, Fortpflanzungsmedizin und Embryonenschutz (2005); *Dreier*, in: Dreier, GG, Art. 1, Rn. 97; *Giwer*, Rechtsfragen der Präimplantationsdiagnostik (2001); *Herdegen*, in: Maunz/Dürig, GG, Art. 1 Abs. 1, Rn. 106; *Hufen*, MedR 2001, 440; *Ipsen*, JZ 2001, 989; *Kreß*, ZRP 2011, 68; *Latison*, Präimplantationsdiagnostik (2008); auch *P. Kirchhof*, FAZ 17.01.2011, S. 27.

Eigene Position: Bezieht man die Grundrechte der Eltern und insbesondere der Frau ein, ist ein ausnahmsloses Verbot der PID nicht haltbar. Selbst wenn man von der Menschenwürde des Embryo vor der Nidation ausgeht, liegt in der PID so lange keine menschenunwürdige Behandlung, wie es insgesamt um die Entstehung menschlichen Lebens und um die Verhinderung schweren menschlichen Leides geht. Auch scheint es aus Grundrechtssicht wesentlich bedenklicher (wenn nicht sogar ein Verstoß gegen die Menschenwürde), den Eltern und insbesondere der Mutter vor der Implantation Wissen über Risiken des Embryo und damit über ihre eigene Gesundheit vorzuenthalten und einen weit gravierenderen ethischen Konflikt in der späteren Schwangerschaft zu riskieren. „Dammbruchargumente" können die konkrete Verhältnismäßigkeitsprüfung nicht ersetzen und sind auch im internationalen Vergleich nicht belegbar (*Nippert*, PID – ein Ländervergleich [2006]).
Angeregt durch eine viel beachtete Entscheidung des BGH vom 6.7.2010 (BGH, NJW 2010, 2672) hat sich inzwischen der Gesetzgeber des Problems

angenommen und in der Neufassung von § 3a ESchG (BGBl I 2011, 2228) eine allerdings stark eingeschränkte Anwendung der PID aufgrund der Entscheidung einer Ethikkommission beim Risiko von Totgeburten und schwersten Erbkrankheiten ermöglicht. In der Praxis gibt es allerdings noch einige Umsetzungsprobleme (dazu *Czerner*, MedR 2011, 783; *Henking*, ZRP 2012, 20). Nach wie vor gehört es zu den Widersprüchlichkeiten der gesetzlichen Regelung in Deutschland, dass die Diagnostik vor der Implantation scharf reguliert ist, die medizinisch keineswegs risikolos **Pränataldiagnostik** durch Fruchtwasseruntersuchung aber kaum eingeschränkt (und auch aus verfassungsrechtlicher Sicht kaum einschränkbar) ist, obwohl sie bei Feststellung schwerer Erbkrankheiten häufig zur Abtreibung führt. Neuartige Testformen, die schon in der 12. Schwangerschaftswoche zuverlässig eine Trisomie 21 (das sogenannte „Down-Syndrom") erkennen lassen, sind daher nicht zuletzt auch für die Frau und das werdende Leben die wesentlich schonendere Lösung. Bedenken dagegen sind weder im Hinblick auf den Lebensschutz noch gar Art. 3 III 2 GG (Schutz Behinderter) überzeugend.

(vgl. dazu die im Internet veröffentlichten Rechtsgutachten von *Gärditz*, http://www.behindertenbeauftragter.de; dagegen *Hufen* [http://www.lifeCo dexx, allg. Stellungnahme des *Deutschen Ethikrats*, Die Zukunft der genetischen Diagnostik (2013).

Literatur zur PID allgemein: *Gethmann-Siefert/Huster*, Recht und Ethik in der Präimplantationsdiagnostik (2005); *Latsiou*, Präimplantationsdiagnostik. Rechtsvergleichung und bioethische Fragestellungen (2008); *Middel*, Verfassungsrechtliche Fragen der Präimplantationsdiagnostik und des therapeutischen Klonens (2006); *Nationaler Ethikrat*, Genetische Diagnostik vor und während der Schwangerschaft (2003); *Waldner*, Erforderlichkeit und verfassungsrechtlicher Maßstab einer einfachgesetzlichen Regelung der Präimplantationsdiagnostik (2005).

c) Forschung an embryonalen Stammzellen. Stammzellen haben die Eigenschaft, dass sie sich ausdifferenzieren und zu Organen und Geweben entwickeln können. Auf sie richtet sich daher die Hoffnung vieler Wissenschaftler auf Heilung bisher unheilbarer Krankheiten wie Alzheimer oder auf Ersatz von Organen und Nervenzellen. Man unterscheidet zwischen ethisch unproblematischen **adulten Stammzellen,** die aus dem Blut und „erwachsenen" Organen gewonnen werden, und **embryonalen,** d. h. kurz nach der Befruchtung aus der Blastozyste (so wird der menschliche Embryo zwischen dem vierten und sechsten Tag nach der Befruchtung bezeichnet) unter Beendigung von dessen Entwicklung gewonnenen Stammzellen. In Deutschland ist durch das Stammzellgesetz vom 29.6.2002 (BGBl. I, 2277) die Entwicklung embryonaler Stammzellen verboten und die Forschung an importierten Stammzellen nur erlaubt, wenn sie vor einem seit langem abgelaufenen **Stichtag** gewonnen wurden. Dieser wurde dann durch die Novelle von 2008 (BGBl. I 1708) verschoben. Dieses Verbot wird vor allem mit der Menschenwürde der Embryonen begründet, da diese Forschung eine „Verzweckung" des „getöteten" Embryos bedeute. **Eigene Position:** Bei der verfassungsrechtlichen Lösung dieses Problems ist zu differenzieren. Ein Verstoß gegen das „Verzweckungsverbot" kommt in Betracht, wenn der Embryo zu nichts anderem als zur Gewinnung von Stammzellen hergestellt wurde (so auch *Dreier*, in: Dreier, GG, Art. 1, Rn. 100 ff.). Anders ist aber die Forschung an im Verfahren der IVF entstandenen, nicht mehr zur Implantation vorgesehenen Embryonen zu beurteilen. Das ist gegenüber der gewöhnlichen „Verwerfung" oder der ziellosen Kryokonservierung (Einfrieren) kein schwerer wiegender Eingriff und kann im Interesse potentiell menschenschützender Forschung und damit des staatlichen Schutzauftrags zugunsten des Lebens künftiger Patienten gerechtfertigt sein (*Kreß*, ZRP 2011, 68). Insgesamt spricht viel dafür, dass das deutsche Stammzellengesetz unverhältnismäßig ist. Das gilt erst recht, soweit das Gesetz sogar die Beteiligung deutscher Forscher an internationalen Forschungsprojekten mit Strafe bedroht (*Hilgendorf*, ZRP 2006, 22).

Auf **europäischer Ebene** hat der Beschluss des Europäischen Parlaments zur Förderung der embryonalen Stammzellforschung für heftige Diskussionen gesorgt. Wer hier schlicht das deutsche ESchG zum Inhalt des Verfassungsrechts der Gemeinschaft macht (*Starck*, EuR 2006, 2 ff.), übersieht, dass der EGMR und der EuGH gerade nicht von einer Grundrechtsträgerschaft des pränidativen Embryo ausgehen (zum Verbot der Patentierung in diesem Zusammenhang s. aber unten, Rn. 56)

Literatur: Gegen Stammzellforschung: *Enquête-Kommission Recht und Ethik der modernen Medizin*, Zur Sache I/2002 – Stammzellforschung; *Höfling*, Vom Menschen und Personen, FS Schiedermair (2001), 363 ff.; *Starck*, Ist die finanzielle Förderung der Forschung an Stammzellen durch die europäische Gemeinschaft rechtlich zulässig?, EuR 2006, 2 ff.

Befürwortend bzw. differenzierend: *Bioethik-Kommission Rheinland-Pfalz*, Fortpflanzungsmedizin und der Embryonenschutz (2005), 90 ff.; *Brewe*, Embryonenschutz und Stammzellgesetz (2006); *Heun*, Embryonenforschung und Verfassung – Lebensrecht und Menschenwürde des Embryos, JZ 2002, 517; *Ipsen*, Der „verfassungsrechtliche Status" des Embryos in-vitro, JZ 2001, 989, 993; *Joerden/Moos/Wewetzer*, Stammzellforschung in Europa. Religiöse, ethische und rechtliche Probleme (2009); *Kloepfer*, Verfassungsrechtliche Probleme der Forschung an humanen, pluripotenten embryonalen Stammzellen und ihre Würdigung im Stammzellgesetz (2006); *Taupitz*, Der rechtliche Rahmen des Klonens zu therapeutischen Zwecken, NJW 2001, 3433; ders., Erfahrungen mit dem Stammzellengesetz, JZ 2007, 113; allg. informierend *Faltus*, Handbuch Stammzellenrecht (2011).

d) „Therapeutisches Klonen". Mit „Klonen" bezeichnet man die Herstellung von genetisch einheitlichen Zellen, die durch ungeschlechtliche Vermehrung aus einer einzigen Zelle hervorgegangen sind. Sie haben bisher erst bei Tieren zur Geburt von kompletten Lebewesen („Schaf Dolly") geführt. Streng zu unterscheiden sind das **„therapeutische Klonen"**, bei dem es um die Gewinnung von Stammzellen aus einer mit der genetischen Information eines Patienten versehenen befruchteten Eizelle geht, und das **„reproduktive** 52

Klonen", das der Entstehung eines ganzen Lebewesens dient. Letzteres wird – wohl zu Recht – als Verstoß gegen die Menschenwürde gesehen, weil dem aus der Klonierung entstehenden Menschen insofern eine eigene Identität verweigert wird, als er nur „Kopie" eines anderen Menschen ist (teilw. anders aber *Hilgendorf*, FS Maurer [2001], 1147; *Kersten*, Das Klonen von Menschen [2004], 403 ff.).

Eigene Position: Beim **Klonen mit therapeutischer Zielsetzung** stellt sich nur dann ein Problem der Menschenwürde, wenn man die klonierte Zelle im kurzen Zwischenstadium zwischen Befruchtung und Gewinnung der Stammzellen als in vollem Sinne entwicklungsfähigen Embryo sieht und auch hier das „Verzweckungsverbot" greifen lässt. Außerdem muss auf die Würde und Selbstbestimmung aufseiten der Eizellspenderin geachtet werden. Insgesamt hat die Forschung bis zur erfolgreichen Anwendung der Idee des therapeutischen Klonens wohl einen weiten Weg zurückzulegen. Deshalb sollten die Diskussion und die Entwicklung der Forschung jedenfalls offen gehalten und nicht mit voreiligen Verboten blockiert werden.

Literatur: *Bioethik-Kommission Rheinland-Pfalz*, Fortpflanzungsmedizin und Embryonenschutz (2005), 79 ff.; *Middel*, Verfassungsrechtliche Fragen der Präimplantationsdiagnostik und des therapeutischen Klonens (2006); *K.-A. Schwarz*, „Therapeutisches Klonen" – ein Angriff auf Lebensrecht und Menschenwürde des Embryos?, KritV 84 (2001), 182 ff.; *Taupitz*, Der rechtliche Rahmen des Klonens zu therapeutischen Zwecken, NJW 2001, 3433; *Zentrale Ethikkommission bei der Bundesärztekammer*, Forschungsklonen mit dem Ziel therapeutischer Anwendungen, DÄBl. 2006, A 645.

53   e) „**Kind als Schaden**". Wie die Debatte um die Menschenwürde durch plakative Begriffe beeinflusst und gelegentlich auch verfälscht wird, zeigt die Diskussion um das „**Kind als Schaden**", die auch in den USA mit Vehemenz ausgefochten wird („wrongful life"). Hinter diesem Begriff steht das Problem, ob ein Arzt nach fehlerhafter Sterilisation, Abtreibung oder Pränataldiagnostik Schadensersatz leisten, also z. B. für die Unterhaltskosten eines trotz der Behandlung geborenen Kindes aufkommen muss. Das hat der BGH in mehreren Entscheidungen bejaht (BGHZ 124, 128; zuletzt BGH NJW 2007, 989). Dies wurde alsbald mit dem Begriff: „Kind als Schaden" belegt und in einem obiter dictum des Zweiten Senats des BVerfG als Verstoß gegen die Menschenwürde bezeichnet (BVerfGE 88, 203, 296 – Schwangerschaftsabbruch II).

Eigene Position: Bei nüchterner Betrachtung zeigt sich aber, dass schon das Schlagwort „Kind als Schaden" irreführend und polemisch ist, weil das Kind weder Ursache des Schadens noch Schaden ist, sondern es um den Behandlungsfehler und den dadurch entstehenden finanziellen Aufwand für Unterhalt und medizinische Behandlung geht. Auch ist nicht einzusehen, gerade in den verantwortungsvollen Bereichen der Reproduktionsmedizin und Gynäkologie den Arzt von der Haftung für Kunstfehler freizustellen und dem Kind und seinen Eltern Schadensersatz und Unterhalt zu verweigern. Der hier zuständige Erste Senat des BVerfG hat deshalb einen Eingriff in die Menschenwürde verneint (BVerfGE 96, 375, 399 – fehlgeschlagene Sterilisation). Der BGH setzt zwischenzeitlich seine Rechtsprechung fort, verlangt aber, dass der Schutz vor ungewollter Belastung ausdrücklich Gegenstand des Behandlungsvertrags war (BGH, NJW 2000, 1782; NJW 2002, 2636; NJW 2007, 989). Bei einer fehlerhaften Abtreibung wird das Vorliegen der medizinischen Indikation geprüft (BGH, NJW 2006, 1660; Übersicht zur Rspr. bei *Spickhoff*, NJW 2009, 1716. 1719). Auf die Frage nach der Menschenwürde wird in beiden Fällen (zu Recht) nicht mehr eingegangen.

Literatur: *Junker*, Pflichtverletzung, Kindesexistenz und Schadensersatz (2002); *Laufs*, Schädliche Geburten und kein Ende, NJW 1998, 796; *Losch/Radau*, Die „Kind als Schaden" – Diskussion, NJW 1999, 821; *G. Müller*, Unterhalt für ein Kind als Schaden, NJW 2003, 697; *Scherzberg*, Wertkonflikte vor dem BVerfG, DVBl. 1999, 356.

f) Medizinische Forschung am Menschen. Medizinischer Fortschritt **54** ist nur mit Forschung am Patienten und zur Vorbeugung auch am gesunden Menschen möglich, bei Arzneimitteln sogar gesetzlich vorgeschrieben. Liegt die auf Grund sorgfältiger Beratung im vollen Bewusstsein denkbarer Gefahren erteilte **Einwilligung** des Betroffenen vor, so stellen sich aus der Sicht der Menschenwürde und des Rechts auf Leben und körperliche Unversehrtheit im Normalfall keine Probleme (*Spickhoff*, NJW 2006, 2075). Anderes kann aber gelten, wenn die Forschung oder auch die nachfolgende Behandlung die Identität des Menschen betrifft. Diese Frage stellt sich z. B. bei Eingriffen in das Gehirn im Wege des sog. „Neuro-Enhancement" (Dazu *Lindner*, MedR 2010, 463 ff.) Grundrechtsfragen kommen auch ins Spiel, wenn es um Forschung an **Nicht-Einwilligungsfähigen**, also z. B. bewusstlosen Notfallpatienten, Kindern, Alzheimerpatienten, Altersdementen usw. geht. Dient die Forschung dem konkreten Patienten (**eigennützige Forschung**), dann kann davon ausgegangen werden, dass sie dessen mutmaßlichem Willen entspricht, also nicht auf Probleme stößt. Aber auch **gruppennützige** und sogar **fremdnützige** Forschung können aus verfassungsrechtlicher Sicht gerechtfertigt sein, so z. B. bei geringem Eingriffsgrad und hohem wahrscheinlichen Nutzen für die Patienten und nach Einschaltung einer Ethikkommission.Selbst bei Kindern würde die strikte Begrenzung auf eigennützige Forschung praktisch die gesamte Forschung zur Bekämpfung schwerer Kinderkrankheiten und Tests auf kindergerechte Arzneimittel ausschließen und ist in dieser Rigorosität auch aus verfassungsrechtlicher Sicht nicht haltbar Sowohl die Deklaration des Weltärztebundes von Helsinki (NJW 2001, 1775, revidiert 2008, dazu *Spranger/Wegmann*, Arztrecht 1/2010, 6; *Wiesing/Parsa-Parsi*, DÄBl. 2009, 106 f.) als auch die Biomedizin-Konvention des Europarates erlauben solche Forschungen mit Zustimmung der Erziehungsberechtigten bzw. Betreuers. Letzterer ist die Bundesrepublik Deutschland aber bis heute nicht beigetreten.

Literatur: *Albers*, Die rechtlichen Standards der Biomedizin-Konvention des Europarates, EuR 2002, 801; *Gärditz*, Pharmakologisches Neuro-Enhancement als Rechtsproblem; PharmR 2011, 46; *Hollenbach*, Grundrechtsschutz im Arzt-Patient-Verhältnis (2003); *Kamp*, Die europäische Bioethik-Konvention (2000); *Kern*, Die arzneimittelrechtliche Forschung an minderjährigen und nicht einwilligungsfähigen Erwachsenen, FS G. Fischer (2011), 137; *Köhler*, Medizinische Forschung in der Behandlung des Notfallpatienten, NJW 2002, 853;; *N. Michael*, Forschung an Minderjährigen. Verfassungsrechtliche Grenzen (2004); *Spickhoff*, Die ärztliche Aufklärung vor der altruistisch motivierten Einwilligung in medizinische Eingriffe, NJW 2006, 2075; *Taupitz*, Biomedizinische Forschung. Freiheit und Verantwortung (2002); *ders.*, Forschung mit Kindern, JZ 2003, 109.

55   g) **Gendiagnostik/Prädikative Medizin/Vaterschaftstests.** Mit Hilfe moderner Methoden der DNA-Analyse lassen sich heute Veranlagungen zu bestimmten schweren Krankheiten und genetische Belastungen nachweisen (**prädiktive oder auch prädikative Medizin**). Vielfach gehen der medizinischen Behandlung und der pharmakologischen Einstellung regelrechte „**Genprofile**" voraus. In „**Biomaterial- und Datenbanken**" wird mit Millionen sensibler genetischer Daten und Körpermaterialien Forschung betrieben, wobei eine völlige Anonymisierung verfassungsrechtlich erwünscht, den Zielen der Forschung aber abträglich ist.. Geht es doch um eine im hohen Maße personalisierte oder auch individualisierte Medizin und Pharmakologie, die exakt auf die genetische Ausstattung des einzelnen Menschen zugeschnitten ist.

Andererseitsdrohen erhebliche Risiken für das Grundrecht auf informationelle Selbstbestimmung, letztlich aber auch für die Menschenwürde, denn die so gewonnenen und gespeicherten Daten sind natürlich interessant für Lebensversicherungen, Arbeitgeber, kommerzielle Verwerter usw. So wichtig ein „**Recht auf Wissen**" zu den eigenen genetischen Daten ist; so wichtig ist auch ein „**Recht auf Nichtwissen**" und vor allem ein Recht auf **Selbstbestimmung über die genetischen Daten.**Die Erfassung ist im Einzelfall mit berechtigten Interessen Anderer (z. B. genetisch Verwandter) abzuwägen. So musste ein Verwaltungsgericht bereits entscheiden, dass eine Lehrerin mit einem schweren erblichen Gesundheitsrisiko einen (dann zu Erleichterung Aller negativen) Gentest durchführen musste (VG Darmstadt, NVwZ-RR 2006, 566). Die Weitergabe von Daten an den **Arbeitgeber** darf nur in besonderen Fällen (etwa zum Schutz des Arbeitnehmers oder Dritter vor gesundheitsgefährdenden Tätigkeiten) erfolgen (BAG, NJW 2007, 794). Das Interesse von **Lebensversicherungen** an der Kenntnis von schweren genetischen Belastungen ist nicht von vornherein als grundrechtswidrig zu verdammen: Andernfalls könnte gerade die eigene Kenntnis eines Risikos zum Missbrauch der Solidargemeinschaft der Versicherung führen. Diese und eine ganze Reihe anderer Probleme sind in Deutschland jetzt im **Gendiagnostikgesetz** vom 31.7.2009 (BGBl. I 2529, ber. 3672 geregelt (dazu *Genenger*, NJW 2010, 113).

Ein besonders heikler und in der Regel auch schwerer Eingriff in das Grundrecht auf informationelle Selbstbestimmung, wenn nicht die Menschenwürde, ist der **heimliche Vaterschaftstest,** also das unerlaubte DNA-Gutachten zur Vaterschaftsfeststellung. Hier hat der BGH zu Recht die Verwertung im Vaterschaftsprozess ausgeschlossen. Das Recht auf Kenntnis der Vaterschaft tritt hier hinter die Menschenwürde und das allgemeine Persönlichkeitsrecht des Kindes zurück (BGH, NJW 2006, 1657). Das BVerfG hat diese Entscheidung zwar bestätigt, aber dem Gesetzgeber aufgetragen, ein Verfahren zur legalen Vaterschaftsfeststellung unterhalb der Schwelle der Vaterschaftsanfechtung bereitzustellen (BVerfGE 117, 202, 224). So bindet § 17 GenDiagnostikG die Untersuchung der Abstammung grundsätzlich an die Einwilligung der betroffenen Person.

Literatur: *Deutscher Ethikrat,* Personalisierte Medizin (2012); *ders.,* Die Zukunft der genetischen Diagnostik (2013); *Eberbach,* Juristische Aspekte einer individualisierten Medizin, MedR 2011, 757; *Genenger,* Das neue Gendiagnostikgesetz, NJW 2010, 113 ff.; *Härtel,* Durch Gendiagnostik zum gläsernen Menschen? FS. Starck (2007), S. 227; *Helms/Kieninger/Rittner,* Abstammungsrecht in der Praxis (2010); *Koppernock,* Das Grundrecht auf bio-ethische Selbstbestimmung (1997); *Nationaler Ethikrat,* Prädikative Gesundheitsinformationen beim Abschluss von Versicherungen (2007); *Ch. Rittner/N. Rittner,* Unerlaubte DNA-Gutachten zur Feststellung der Abstammung – eine rechtliche Grauzone?, NJW 2002, 1745; *Vöneky,* Rechtlich begrenzte Zukunftsforschung? Die Totalsequenzierung des menschlichen Genoms aus der Perspektive des internationalen und nationalen Rechts, FS Würtenberger 2013, 591 ff; *Woopen,* Personalisierte Medizin – Prädiktion ohne Prävention und Therapie ohne Diagnostik? FS Schmidt-Jortzig (2010), 841. Zum Thema **Gendatenbanken:** *Deutscher Ethikrat,* Humanbiobanken für die Forschung (2012); *Morr,* Zulässigkeit von Biobanken aus verfassungsrechtlicher Sicht (2005); *Sokoll,* Gesundheitsdatenbanken und Betroffenenrechte: Das isländische Beispiel, NJW 2002, 1767.

h) Patent auf Leben? Kostspielige medizinische Forschungen werden in der Praxis durch die Erteilung von Patenten geschützt, die ihrerseits zum Schutzbereich des Eigentums zählen (BVerfG, Kammer, NJW 2001, 1783 – Polyferon und unten § 38, Rn. 15). Richten sich die Patente auf genetische Forschungen, menschliches Gewebe usw., dann stellt sich die Frage, ob hier ein menschenwürdewidriges „Eigentum am Menschen" begründet wird. Das wäre z. B. der Fall, wenn die Herstellung eines Menschen im Wege des reproduktiven Klonens patentiert würde. Ähnliches gilt für die Patentierung der genetischen Substanz oder gar der Identität des Menschen. Kein „Patent auf Leben" ist aber der Schutz medizinischer **Verfahren,** z. B. der Reproduktionsmedizin oder der Herstellung menschlicher Stammzellen, Gewebe usw. Sind diese Verfahren selbst ethisch und rechtlich unbedenklich, so besteht kein Grund für eine restriktive Handhabung des Patentrechts. Es ist daher in hohem Maße bedenklich, dass der EuGH ein solches Patent als mit der Menschenwürde unvereinbar erklärt und damit einen besonders wichtigen Zweig medizinischer Forschung praktisch aus Europa verbannt hat (NJW 2012, 293 (LS); EuZW 2011, 908; krit. *Taupitz,* FS Riedel, 2013, 505 ff.). Nicht um die Menschenwürde, sondern um den Schutz der Natur und der Biodiversität geht es bei der **Patentierung von Pflanzen und Tieren** (dazu *Gersteuer,* NVwZ 2008, 370). 56

Literatur: *Albers,* „Patente auf Leben", JZ 2003, 275; *Eisenkolb,* Die Patentierbarkeit von medizinischen, insbes. gentherapeutischen Verfahren (2008); *Gersteuer,* Patente auf Pflanzen und Tiere, NVwZ 2008, 370; *Lanzerath* u. a., Biodiversität, Ethik in den Biowissenschaften (2009); *Meiser,* Biopatentierung und Menschenwürde (2006); *Straus,* Patentschutz und Stammzellforschung: Internationale und rechtsvergleichende Aspekte (2009); *Taupitz,* Menschenwürde von Embryonen: Das Patentrecht als Instrument der Fortentwicklung europäischen Primärrechts? FS Riedel, 2013, 505; *Werner,* Entnahme und Patentierung menschlicher Körpersubstanzen (2008); *A. Wolters,* Die Patentierung des Menschen (2006).

57 i) **Organtransplantation.** Zahlreiche Probleme des Schutzes von Menschenwürde und Recht auf Leben stellt die **Transplantationsmedizin.** Unstreitig verdanken ihr zahllose Menschen die Sicherung ihres Grundrechts auf Leben, und der „Tod auf der Warteliste" wird von vielen zu Recht als Skandal empfunden. Andererseits schützt das Grundrecht auch vor einer voreiligen oder unfreiwilligen Organentnahme, und die Menschenwürde verbietet die Verzweckung eines Menschen zugunsten eines anderen. Die „Verwertung" der Organe von Hinrichtungsopfern verstößt also z. B. gegen die Menschenwürde. Dagegen kann die freiwillige Organspende oder auch die Entnahme bei nicht vorliegendem Widerspruch zur Rettung eines anderen Menschen nicht menschenunwürdig sein. In jedem Fall ist sorgfältig zu differenzieren. Zu unterscheiden sind zum einen die postmortale Organentnahme und die Lebendspende.

Die Rechtfertigung der **postmortalen Organentnahme** hängt von der Definition des Todeszeitpunkts ab. Hier ist es bis jetzt in Medizin und Jurisprudenz ganz herrschende Meinung, dass der **Hirntod,** d. h. der *endgültige, nicht behebbare Ausfall der Gesamtfunktion des Großhirns, des Kleinhirns und des Hirnstamms* (§ 3 II 2 TPG), und nicht erst das Absterben weiterer Organe oder gar der letzten Körperzelle den Tod markiert (*Spittler,* JZ 1997, 747; *ders.,* Gehirntod und Menschenbild [2003]; zur Gegenauffassung *Höfling,* MedR 1996, 6 ff.; *Rixen,* ZRP 1995, 461). Durch verfeinerte Messmethoden in jüngster Zeit registrierte Restaktivitäten des Gehirns führen nicht dazu, auch nur die geringste Chance eines Hirntoten auf Wiederbelebung und ein Leben in Würde anzunehmen und hindern jedenfalls nicht daran, den Hirntod als Ausdruck eines ethischen und medizinischen Konsenses auch weiterhin zur Grundlage der Organspende zu machen. Das hat wichtige Konsequenzen für die zweite zentrale Frage: **Zustimmungs- oder Widerspruchslösung** (also Organentnahme nur bei konkreter Zustimmung des Betroffenen oder bereits bei nicht vorliegendem Widerspruch). Während die im Transplantationsgesetz enthaltene so genannte **erweiterte Zustimmungslösung** eine Organentnahme bei Zustimmung des Verstorbenen oder enger Verwandter vorsieht, kommt für die Kritiker des Hirntodkonzepts allenfalls eine enge Zustimmungslösung in Betracht (*Rixen,* ZRP 1995, 461). Entscheidend ist aber nur, ob der Gesetzgeber dem Menschen zuverlässig ermöglicht, eine Transplantation gegen seinen Willen auszuschließen. Deshalb ist auch die **Widerspruchslösung** bei hinreichender verfahrensmäßiger Absicherung **verfassungskonform** (BVerfG, Kammer, NJW 1999, 858; *Nationaler Ethikrat*, Empfehlung vom 25.4.2007). Dagegen setzt die Novelle zum Transplantationsgesetz vom 12.7.2012 (BGBl I, 1504) auf Aufklärung und schließt sogar die Pflicht zu einer individuellen Erklärung zur Organ- und Gewebespende aus (§ 2 IIa). Es ist zweifelhaft, ob der Gesetzgeber damit seiner Schutzpflicht für das menschliche Leben gerecht wird (zur sogenannten Erklärungslösung auch *Steffens/Söder*, ZRP 2011, 255). Kaum weniger umstritten ist die **Lebendorganspende**, also die Transplantation eines von einem lebenden Menschen entnommenen Organs oder Organteils zugunsten eines Anderen. Zur Vermeidung von Organhandel und Selbstschädigung ist sie nach § 8 II TPG nur zulässig zum Zwecke der Übertragung auf Verwandte ersten oder zweiten Grades, Ehegatten, Lebenspartner, Verlobte und andere Personen, die dem Spender in besonderer persönlicher Verbundenheit offenkundig nahe stehen. Diese enge Regelung hat das BVerfG gebilligt (BVerfG, Kammer, NJW 1999, 3399 – Nierentransplantation; *Lomb*, Der Schutz des Lebendorganspenders 2012). Das ist aber nicht die einzige verfassungskonforme Lösung. Zum Schutz des Lebens wartender Patienten kann der Gesetzgeber vielmehr auch eine Erleichterung der Voraussetzungen vorsehen (Zust. *Holznagel*, DVBl. 2001, 1629; *Rittner/Besold/Wandel*, MedR 2001, 118; **krit.** *Rixen*, NJW 1999, 3403). Ähnliches gilt für die sog. **Xenotransplantation**, also die Übertragung von Organen eines Tieres auf den Menschen. Angesichts des hohen Stellenwerts des Rechts auf Leben besteht deren Problem keineswegs in einem möglichen Verstoß gegen die Menschenwürde, sondern allein in der Überwindung immunologischer Schwierigkeiten (Dazu *Straßburger*, Grundrechtliche Fragen der Xenotransplantation, MedR 2008, 723).

Besonders heikle Probleme ergeben sich hinsichtlich der **Verteilung knapper Organe** – eine Frage, die buchstäblich um Leben und Tod gehen kann. Umso schwerer wiegen kriminelle Machenschaften an einzelnen Kliniken, die der gesamten Transplantationsmedizin und den betroffenen Patienten schwersten Schaden zugefügt haben. Deshalb ist eine weit strengere Kontrolle als bisher gerechtfertigt, und die bisherigen Regelungen des TPG reichen offensichtlich nicht aus (*Höfling*, JZ 2007, 481). Als einziges Verteilungskriterium dürften neben der Dauer der Wartezeit die medizinische Erforderlichkeit („best match") und die Erfolgsaussichten verfassungsrechtlich Bestand haben. Deshalb ist es zulässig, einen Alkoholiker erst nach erfolgreicher Entziehung zu berücksichtigen und die Zuteilung eines Organs von der Fähigkeit zur Mitwirkung („compliance") abhängig zu machen. Verfassungsrechtlich denkbar wären aber auch eine Bevorzugung erklärter Organspender und die „crossover-Spende", die auf einen Austausch lebenswichtiger Organe zwischen Patienten und ihrer Familie einerseits und ebenso betroffener Patienten andererseits hinausläuft (*Bausch/Kohlmann*, NJW 2008, 1562). Das Verteilungsverfahren ist ein wichtiges Anwendungsgebiet des Grundrechtsschutzes durch Verfahren.

Literatur: *Bader*, Organmangel und Organverteilung (2010); *Bausch/Kohlmann*, Die erklärte Spendenbereitschaft als verfassungsrechtlich zulässiges

Kriterium der Organallokation, NJW 2008, 1562; *Guthmann/Fateh-Mogadam*, Rechtsfragen der Organverteilung, NJW 2002, 3365; *Höfling*, Verteilungsgerechtigkeit in der Transplantationsmedizin?, JZ 2007, 481; *R. Klement*, Der Rechtsschutz der potentiellen Organempfänger nach dem TPG (2007); *Oehlert*, Allokation von Organen in der Transplantationsmedizin (2002).
Literatur zur Organtransplantation allg.: *Höfling*, Transplantationsgesetz, Kommentar 2. Aufl. (2013); *Rixen*, Lebensschutz am Lebensende (1999); *Norba*, Rechtsfragen der Transplantationsmedizin aus deutscher und europäischer Sicht (2009); *Schroth/König/Gutmann/Oduncu*, TPG. Transplantationsgesetz/Kommentar (2005).

58 **j) Psychiatrie und Altenpflege.** Vielfach in Gefahr ist die Menschenwürde, wenn sich der Mensch in einem Zustand der Hilflosigkeit befindet. In psychiatrischen Kliniken, Alten- und Pflegeheimen drohen dabei faktische Beeinträchtigungen in Folge von Mittelknappheit und Stellenkürzungen, die bis zu Demütigung, Eingriffen in die körperliche Unversehrtheit und in die persönliche Freiheit gehen können (bedrückend *Fussek/Loerzer*, Alt und abgeschoben. Der Pflegenotstand und die Würde des Menschen 2005). Schon die unverhältnismäßige angewiesene Unterbringung in einem psychiatrischen Krankenhaus verstößt gegen Art. 2 II 2 GG (BVerfG, Kammer, NJW 1995, 3048 – Alkoholismus). Das gilt erst recht für die zwangsweise künstliche Ernährung und die **Zwangsbehandlung** von psychisch Kranken und nicht Einwilligungsfähigen. Diese haben das BVerfG und der BGH mehrmals für mit Art. 2 II 1 GG unvereinbar erklärt (BVerfGE 128, 282, 300; 129, 269, 280; BVerfG, NJW 2013, 2337; BGH, NJW 2012, 2967; *Dodegge*, NJW 2013, 1265). Sie können aber auch das Ausmaß einer Verletzung der Menschenwürde annehmen. Auch die Fixierung unruhiger Patienten darf nur zum Schutz gegen Selbst- oder Fremdgefährdung geschehen, wenn es keine weniger einschneidenden Maßnahmen gibt. Sie sind weder Instrumente der Disziplinierung noch der Kosteneinsparung (vgl. BGH, NJW 2005, 1937 – Verbot der von Krankenversicherungen verlangten Sistierung dementer Patienten; dazu *Lang/Herkenhoff*, NJW 2005, 1905; *Siegmund-Schultze*, DÄBl. 06.08.2012, 26; *Deutscher Ethikrat*, Tagungsdokumentation: Demenz – Ende der Selbstbestimmung? 2012).

59 **k) Menschenwürdiges Sterben – Sterbehilfe.** Die Unterschiede in der Interpretation der Menschenwürde reichen bis zum Tode des Menschen und darüber hinaus. Während eine von der Mitgifttheorie beeinflusste Sichtweise dazu neigt, das menschliche Leben und die Würde als unverfügbar zu betrachten und den Grundsatz „**in dubio pro vita**" ggf. auch gegen den geäußerten und erst recht gegen den mutmaßlichen Willen des Patienten durchzusetzen (in diesem Sinne etwa *Eibach/Schäfer*, Patientenautonomie und Patientenwünsche, MedR 2001, 21; *Mieth*, Grenzenlose Selbstbestimmung? [2008]), sehen Vertreter der Gegenauffassung („**in dubio pro dignitate**") die Würde des Menschen gerade dann gefährdet, wenn er gegen den erklärten oder mutmaßlichen Willen durch lebenserhaltende medizinische Maßnahmen und künstliche Ernährung zum Leben gezwungen wird (*Hufen*, NJW 2001, 849).

§ 10 Die Garantie der Menschenwürde

Im europäischen und internationalen Kontext erlangten die Fälle der Britin *Pretty* und der Amerikanerin *Schiavo* große Aufmerksamkeit und führten zu der zugespitzten Frage, ob es ein **„right to die"** geben kann. Dieses ist lt. EGMR, NJW 2011, 3773, Teil des Rechts auf Achtung des Privatlebens im Sinne von Art. 8 EMRK, vorausgesetzt, die Person kann ihren Willen frei bilden und entsprechend handeln.

Zur Klärung hilft auch hier nur eine sorgfältige **Differenzierung**. Nahezu Einigkeit besteht heute darin, dass es ein Eingriff in die körperliche Unversehrtheit (Art. 2 II GG) und ggf. auch in die Menschenwürde ist, wenn einem leidenden Patienten z. B. Schmerz- und Betäubungsmittel vorenthalten werden, um der Gefahr einer Sucht oder einer Verschlechterung des medizinischen Zustands vorzubeugen. Vermeidbares Leiden muss immer verhindert werden, auch wenn dies den Zustand des Patienten objektiv verschlechtert oder sogar zum Tode führt (so genannte „indirekte Sterbehilfe" – BGHSt 42, 301, besser: **Leidensminderung mit Sterbensrisiko**). Weitgehende Einigkeit besteht umgekehrt auch darin, dass die Menschenwürde, das Selbstbestimmungsrecht und der Schutz der Ehe (BVerfG, Kammer, NJW 2009, 979) keinen Anspruch umfassen, durch aktive Hilfe eines Dritten (**„aktive Sterbehilfe"**) das Leben – z. B. auch des leidenden Ehepartners – zu beenden. Das bestehende Verbot der Tötung auf Verlangen (§ 216 StGB) ist schon im Hinblick auf denkbare Missbrauchsmöglichkeiten und den nicht auszuschließenden Druck auf Patienten gerechtfertigt. Andererseits können Strafgerichte im äußersten Notfall die Beendigung eines Leidensweges für gerechtfertigt erklären oder wenigstens die Möglichkeit des Absehens von Strafe einräumen (lesenswert BGHSt 40, 257 – „Kemptener Urteil"). **Erlaubt** ist nach geltendem Strafrecht die **Beihilfe zur Selbsttötung** – allerdings unter der menschlich wenig befriedigenden Voraussetzung, dass der Helfende den Sterbenden allein lassen muss, will er das Risiko unterlassener Hilfeleistung vermeiden. Spektakuläre Einzelfälle um die Schweizer Organisation *Dignitas* und den ehemaligen Hamburger Justizsenator *Kusch* haben zur Forderung nach Strafbarkeit „kommerzieller" Sterbehilfe geführt (u. a. *Lüttig*, ZRP 2008, 57). Davon ist aber schon wegen der Durchbrechung des wohlbegründeten Grundsatzes abzuraten, nach dem Beihilfe nur bei Strafbarkeit der Haupttat strafbar sein kann. Auch scheint der Begriff der „kommerziellen" Sterbehilfe kaum abgrenzbar. Bedenklich ist auch das kategorische Verbot jeder ärztlichen Suizidassistenz (*Lindner*, NJW 2013, 136).

Besonders missverständlich ist der Begriff der **„passiven Sterbehilfe"**, (besser: **„Sterbenlassen"**), also des Abbruchs lebenserhaltender Maßnahmen nach dem erklärten oder mutmaßlichen Willen des Patienten. Nach langen und intensiven Diskussionen hat sich der Gesetzgeber hier für eine Lösung entschieden, die von der grundsätzlichen Beachtlichkeit des erklärten oder auch mutmaßlichen Willens und damit dem Vorrang der Selbstbestimmung über den eigenen Körper und der Einwilligungsbedürftigkeit jeder ärztlichen Behandlung ausgeht (§ 1901 a-c BGB i. d. F. d. 3. ÄndG zum BetreuungsG vom 29.7.2009, BGBl I 2286). Damit wurde allen Versuchen eine Absage erteilt, die Reichweite von Patientenverfügungen auf Fälle zu begrenzen, in denen die

Krankheit bereits einen „irreversiblen tödlichen Verlauf" genommen hat oder auch die Absage an eine künstliche Ernährung für unbeachtlich zu erklären. Wenn sich in der Praxis auch noch erhebliche Schwierigkeiten – vor allem im Hinblick auf die Eindeutigkeit von Patientenverfügungen – zeigen, scheint damit eine grundrechtskonforme Lösung der Probleme gefunden. Liegt eine Willenserklärung für eine hinreichend bestimmte Fallkonstellation vor, so ist der Arzt an diese gebunden und muss z. B. Wiederbelebungsmaßnahmen, künstliche Ernährung und andere Eingriffe unterlassen (zum Problem von Rettungsmaßnahmen *Kreß*, ZRP 2009, 69). Anderes kann (und muss) gelten, wenn es deutliche Anzeichen dafür gibt, dass sich der Patient über die Schwere seiner Krankheit und bestehende Behandlungsmöglichkeiten geirrt hat und es offensichtlich ist, dass er die Verfügung in Kenntnis der Wirklichkeit nicht oder nicht in dieser Weise getroffen haben würde. Auch in Fällen schwerer Demenz oder beim sogenannten Wachkoma (apallisches Syndrom) rechtfertigen weder der Lebensschutz noch die Gewissensfreiheit von Ärzten und Pflegern ein Übergehen eines zuvor erklärten oder eines beweisbaren mutmaßlichen Willens des Patienten (BGH, NJW 2005, 2385; anders noch OLG München, NJW 2003, 1743; *Höfling*, JuS 2000, 111, 116; zur Gewissensfreiheit der Pfleger *Hergenröder*, FS Buchner (2009), 315). Andererseits müssen Äußerungen des Lebenswillens auch bei Demenzkranken beachtet werden (*Deutscher Ethikrat*, Pressemitteilung 04/2012 v. 24.04.2012).Eine weitere wesentliche Klärung brachte das Urteil des BGH vom 25. 06. 2010 (NJW 2010, 2963; bestätigt und fortgeführt in BGH 10.11.2010, NJW 2011, 161). In diesem Fall war ein Rechtsanwalt wegen Anstiftung zur vorsätzlichen Tötung angeklagt, weil er einer Angehörigen geraten hatte, gegen den Willen des Krankenhauses, aber in Übereinstimmung mit dem Willen des Patienten, die künstliche Ernährung durch „Durchschneiden des Schlauches" zu beenden. Der BGH sprach hin frei und klärte, dass auf der Grundlage des Patientenwillens ein Behandlungsabbruch auch gegen den Willen oder die Gewissensentscheidung von Ärzten und Pflegern gerechtfertigt ist, wenn dies den tatsächlichen oder mutmaßlichen Patientenwillen entspricht (§ 1901a BGB n. F.) Ein Behandlungsabbruch könne sowohl durch Unterlassen, als auch durch aktives Tun vorgenommen werden.

Literatur: *Albers*, Patientenverfügung (2008); *Bioethikkommission Rheinland-Pfalz*, Sterbehilfe und Sterbebegleitung (2004); *Brunhöber*, Sterbehilfe aus strafrechtlicher und rechtsphilosophischer Sicht. JuS 2011, 401; *Decker*, Der Abbruch intensivmedizinischer Maßnahmen in den Ländern Österreich und Deutschland. (2012); *Eibach/Schäfer*, Patientenautonomie und Patientenwünsche, MedR 2001, 21; *Fischer*, Recht auf Sterben? (2004); *Höfling*, Forum: „Sterbehilfe zwischen Selbstbestimmung und Integritätsschutz", JuS 2000, 111; *Hufen*, In dubio pro dignitate, NJW 2001, 849; *ders.*, Geltung und Reichweite von Patientenverfügungen (2009); *Kreß*, Medizinische Ethik (2003), 162ff.; *Kutzer*, Patientenautonomie am Lebensende (2006); *Lindner*, Grundrechtsfragen aktiver Sterbehilfe, JZ 2006, 373; *ders.*, Verfassungswidrigkeit des – kategorischen – Verbots ärztlicher Suizidassistenz, NJW 2013, 136;

Mieth, Grenzenlose Selbstbestimmung? Der Wille und die Würde Sterbender (2008); *Putz/Steldinger*, Patientenrechte am Ende des Lebens, 4. Aufl. (2012); *Ruhs*, Der Behandlungsabbruch beim Apalliker (2005); *Verrel*, Patientenautonomie und Strafrecht bei der Sterbebegleitung, GutA C z. 66. DJT (2006); *Verrel/Simon* (Hg.), Patientenverfügungen, rechtliche und ethische Aspekte (2010); *Voßkuhle*, Lebensschutz am Lebensende und europäische Menschenrechtskonvention, Jura 2004, 115; *Wietfeld*, Selbstbestimmung und Selbstverantwortung – Die gesetzliche Regelung der Patientenverfügung (2011); *Zuck*, Passive Sterbehilfe und die Initiative des Gesetzgebers, ZRP 2006, 173.

2. Problemgruppe: Polizeirecht, Strafverfahren, Strafvollzug. 61
Die Menschenwürde gilt selbstverständlich auch für Straftäter und für den einer Straftat Verdächtigen. Hier zeigen die lange Geschichte des „habeas corpus" und die noch längere Geschichte der schwerwiegenden Menschenwürdeverletzungen im Strafverfahren, warum das GG und das BVerfG ihr besonderes Augenmerk auf diesen Bereich gerichtet haben. Der Beschuldigte darf nicht zum Objekt des Verfahrens werden (BVerfGE 63, 332, 337 – Auslieferung). Insofern besteht ein enger Zusammenhang zwischen der Menschenwürde, dem Grundsatz des rechtlichen Gehörs (Art. 103 GG), den übrigen Justizgrundrechten (dazu unten § 21) und den Kernbereiche menschlicher Lebensgestaltung schützenden Grundrechten. Deshalb sind die maßgeblichen Entscheidungen des BVerfG zum „Lauschangriff" (unten, § 15, Rn. 2, 25) und zum Schutz der Intimsphäre auch in diese Fallgruppe „hineinzulesen".

a) Gezielte Tötung zur Rettung von Leben. Der so genannte „finale Rettungsschuss", also z. B. die Tötung eines Geiselnehmers zur Rettung einer Geisel, ist kein Eingriff in Art. 1 GG, sondern ein Eingriff in das Grundrecht auf Leben und körperliche Unversehrtheit (Art. 2 II GG), der, wenn er das einzige Mittel zur Rettung der Geisel ist, seinerseits durch Art. 2 II GG und entsprechende polizeirechtliche Grundlagen gerechtfertigt sein kann (dazu § 13, Rn. 24; vgl auch Art. 2 Abs. 2 lit.a EMRK u. zu diesem *Satzger*, Internationales Strafrecht, 2. Aufl. [2008], Rn. 31). Hoch umstritten ist in jedem Fall aber die Tötung Unschuldiger, also Nichttäter, zur Rettung anderer Unschuldiger. Diese schwerwiegende Problematik stand im Mittelpunkt des Verfahrens vor dem BVerfG zu § 14 III LuftsicherheitsG, der den **Abschuss eines von Terroristen gekaperten Flugzeugs** ermöglichen sollte, um Leben und Gesundheit einer größeren Anzahl von Menschen (z. B. in der Umgebung eines Kernkraftwerks) zu schützen. Das BVerfG (BVerfGE 115, 118, 139) hat hierin einen Eingriff in die Menschenwürde gesehen. Leben und Gesundheit unschuldiger Geiseln seien nicht abwägungsfähig gegen Leben und Gesundheit der Opfer. Das ist plausibel, soweit mit der Unsicherheit und Schnelligkeit der Entscheidungssituation argumentiert wurde. Ob die Menschenwürde aber wirklich grundsätzlich verlangt, ein Flugzeug oder einen Tanklastzug deshalb in ein vollbesetztes Stadion oder eine Schule rasen zu lassen weil sich Geiseln an Bord befinden, ist mehr als fraglich (*Dreier*, GG, Art. 1 I, Rn. 135); dazu auch Fall 8 bei *Hufen*, JuS 2010, 1, 8). Jedenfalls kann man nur hoffen, dass es nie einen Fall gibt, in dem sich erweist, ob das

BVerfG mit dieser rigiden Einstellung Recht hat (zum Schutz von Art. 2 II GG in diesem Zusammenhang unten § 13, Rn. 27).

63 **b) Rettungsfolter?** Die Folter, also das Quälen eines Menschen zur Erzwingung eines Geständnisses oder einer anderen Aussage, ist durch Art. 1 GG **ausnahmslos verboten.** Daraus folgt auch das **zwingende Verbot der Androhung von Folter.** In der Bundesrepublik ist im Zusammenhang mit einer spektakulären Kindesentführung *(Fall Gäfgen),* aber auch mit dem Szenario eines terroristischen Angriffs in jüngster Zeit die Frage gestellt worden, ob zur Rettung einer oder mehrerer ihrerseits in ihrer Menschenwürde verletzten Geiseln ein Eingriff in die Menschenwürde eines Verbrechers durch Folter in Frage kommen kann.

Zu klären ist hierbei zunächst, dass nicht jeder unmittelbare Zwang und nicht jede Einwirkung auf den Körper eines Verdächtigen Folter ist. Folter beschränkt sich vielmehr auf die Zufügung schweren physischen oder psychischen Schmerzes oder deren Androhung zur Erzwingung einer Aussage. In diesem engeren Sinne aber ist Folter **eindeutig und ausnahmslos** durch Art. 1 GG verboten, und es ist nochmals zu betonen: Ein Staat, der selbst durch seine Beamten gezielt die Menschenwürde verletzt, greift nicht nur in ein Grundrecht ein, er gefährdet auch die Basis seiner legitimen Existenz. Selbst bei Gefährdung der Menschenwürde eines Opfers ist Folter **niemals gerechtfertigt** *(Enders,* DÖV 2007, 1039; *Gebauer,* NVwZ 2004, 1405; *Hamm,* NJW 2003, 946; *H.Kühne,* FS Württenberger 2013, 725; *Mühlenbeck,* Das absolute Folterverbot. (2008); *Scheller,* NJW 2009, 705; teilw. a. A. aber *Brugger,* JZ 2000, 165; *Erb,* Jura 2005, 24; differenzierend *Hilgendorf,* JZ 2004, 331; *Wittreck,* DÖV 2003, 873).

Auch und gerade im Hinblick auf die unbestreitbare Schutzpflicht gegenüber der Menschenwürde des Opfers ist es in diesem Fall wohl nicht übertrieben, von einer unentrinnbaren Tragik zu sprechen *(Dreier,* GG Art. 1 I, Rn. 133). Auch diese rechtfertigt aber nicht die Folter. Allenfalls kann es darum gehen, bei der gerichtlichen oder disziplinarrechtlichen Beurteilung des Verschuldens eines Beamten oder bei der Wertung eines Eingriffs **Dritter** das Ziel des Schutzes der Menschenwürde eines Opfers einzubeziehen. Dabei geht es aber nicht um eine rechtfertigende Notwehr- oder Nothilfesituation (in diesem Sinne BVerfG, Kammer, NJW 2005, 656 – Polizeipräsident; OLG Frankfurt, NJW 2007, 2494), sondern allenfalls um einen besonderen Fall des **übergesetzlichen Notstands** oder eines Absehen von Strafe für den jeweiligen Amtsträger. Auch der EGMR hat für solche Fälle das grundsätzliche Folterverbot nach Art. 3 EMRK (vgl. auch EGMR, NVwZ 2008, 761 – Auslieferung eines Al-Qaida-Sympathisanten an die USA) klargestellt, aber im Fall *Gäfgen* nicht als verletzt angesehen (EGMR, NJW 2007, 2461; EGMR, Große Kammer, NJW 2010, 3145; dazu *Grabenwarter,* NJW 2010, 3128); schwer zu ertragen, aber wohl unvermeidlich auch die Prozesskostenhilfe für einen Schmerzensgeld-Prozess des Täters (BVerfG, Kammer, NJW 2008, 1060; zur grundsätzlichen Zubilligung des Schmerzensgelds OLG Frankfurt, NJW 2013, 75)

c) „Lügendetektor". Umstritten ist die Anwendung des so genannten "Lügendetektors" (Polygraphen) im Strafprozess. Hier wird argumentiert, dass auf Grund einer rein physikalischen Reaktion Aussagen ohne Willen des Betroffenen nach außen gelangen und damit der Kern der Selbstbestimmung verletzt sei. Das gelte konsequenterweise auch dann, wenn der Betroffene diese Vernehmungsmethode ausdrücklich als Beweis seiner Unschuld einsetzen will. Der **BGH** (NJW 1999, 657) sieht im freiwilligen Einsatz des Lügendetektors keinen Eingriff in die Menschenwürde, aber ein ungeeignetes Beweismittel (zu diesem und zu anderen neurowissenschaftlichen Instrumenten vertiefend *T.M. Spranger*, JZ 2009, 1033). Das **BVerfG** hat zur Frage bisher nicht explizit Stellung genommen, aber eine Verfassungsbeschwerde gegen die Nichtzulassung des Lügendetektors zu Entlastungszwecken verworfen (BVerfG, Kammer, NJW 1998, 1938). Auch im Übrigen verbietet das Strafverfahren zahlreiche Vernehmungs- und Verfahrensmethoden, die gleichwohl nicht gegen die Menschenwürde verstoßen. Ähnlich verhält es sich mit dem „genetischen Fingerabdruck", der aber alles andere als nur ein „Fingerabdruck" ist, oder beim großen Lauschangriff, jedenfalls sofern dieser nicht den innersten Bereich der Persönlichkeitssphäre betrifft.

64

d) **Brechmittel gegen Drogendealer?** Drogendealer und Drogenkuriere verschlucken nicht selten beträchtliche Mengen von Kokain und Heroin in Plastikbehältern. Für die Polizei stellt sich die Frage, ob sie in diesen Fällen ein Brechmittel einsetzen darf, um das „Beweismittel" zu Tage zu fördern. Das hat das BVerfG für zulässig gehalten (BVerfG, Kammer, NStZ 2000, 96). Dagegen sah der EGMR, NJW 2006, 3117, einen Verstoß gegen das Folterverbot in Art. 3 EMRK und die Achtung des Privatlebens in Art. 8 EMRK (dazu *Schuhr*, NJW 2006, 3538). Als Alternative bleiben jetzt nur die Verhaftung und die ununterbrochene Kontrolle von Ausscheidungen. Ob dies der Menschenwürde und dem Schutz der Privatheit mehr gerecht wird, sei dahingestellt.

65

e) **Verbot unmenschlicher Strafen/Strafvollzug.** Die Menschenwürde verbietet **grausame, unmenschliche und erniedrigende Strafen** (BVerfGE 45, 187, 228; 72, 105, 116; 75, 1, 16). Darunter würde etwa die Amputation einer Hand für den Dieb, das Einmauern oder auch die Zurschaustellung zählen. Zu beachten ist, dass der **Pranger** des Mittelalters eine der besonders die Würde tangierenden Strafen war. Das gilt auch für moderne Formen des Prangers durch Stigmatisierung und Bloßstellung im Lebensumkreis des Bestraften und im Internet. Die in den USA angewandte „Selbstanprangerung" von Sittlichkeitstätern verstößt ebenso gegen die Menschenwürde wie die öffentliche Brandmarkung als Straftäter oder Schuldenmacher (interessanter Fall: LG Leipzig, NJW 1995, 3190 – „Schwarze Schatten zur Schuldenbeitreibung"; teilweise anders hinsichtlich „Skinhead-Steckbrief" OLG Braunschweig, NJW 2001, 160). Auch die Tatsache der Entmündigung muss niemand selbst offenbaren (BVerfGE 78, 77).

66

Auch im **Strafvollzug** gilt die Menschenwürde uneingeschränkt. Einzelne Umstände der Haft wie die Unterbringung in einer mit rassistischen Parolen

67

und Kot verschmierten Zelle (BVerfG, Kammer, NJW 2011, 137) oder in einer überbelegten Zelle ohne abtrennbare Toilette verletzen die Menschenwürde (BVerfG, Kammer, NJW 2002, 2699 und 2700; *Kretschmer*, NJW 2009, 2406). Dasselbe gilt für die Wegnahme jeglicher Kleidung (EGMR, NJW 2012, 2173). Selbst bei Verhängung einer **lebenslangen Freiheitsstrafe** muss dem Betroffenen eine Chance auf Wiedererlangung der Freiheit bleiben (BVerfGE 45, 187, 228; zuletzt BVerfGE 86, 288, 312; anders wohl EGMR, NJW 2012, 2415). Das schließt allerdings die Fortdauer des Strafvollzugs bei fortbestehender Gefährlichkeit des Täters nicht grundsätzlich aus (BVerfGE 117, 71, 87 – zum Problem der Sicherungsverwahrung unten § 21, Rn 18). Nicht von vornherein von der Hand zu weisen ist auch die Auffassung, die Tatbestände des § 211 StGB seien angesichts der Schwere der Folgen zu unbestimmt (*Mitsch*, JZ 2008, 336; anders aber erneut BVerfG, Kammer, NJW 2009, 1061). Die Auslieferung in einen Staat, in dem es die lebenslange Freiheitsstrafe ohne Chance zur Begnadigung besteht, verletzt gleichfalls die Menschenwürde (anders – unter Verkennung der eigenen Rechtsprechung – BVerfG NJW 2005, 3483 – Auslieferung in die USA). Auch im Übrigen sind Ausweisung, Abschiebung oder Auslieferung ausgeschlossen, wenn den Betroffenen bei ihrer Vollziehung mit hinreichender Wahrscheinlichkeit eine menschenunwürdige Behandlung, insbesondere Folter, droht (BVerfGE 75, 1, 16; EGMR, NVwZ 2011, 413; NVwZ 2013, 925; s. auch unten § 20, Rn. 23).

68 Anders als noch zu Zeiten der RAF wird heute auch das Problem der **Zwangsernährung** beurteilt. Diese ist durch Art. 1 I GG ausgeschlossen, wenn sich ein Straftäter bei vollem Bewusstsein und in klarer Kenntnis des Risikos für einen „Hungerstreik" entschieden hat.

Literatur: *Kretschmer*, Die menschen(un)würdige Unterbringung von Strafgefangenen, NJW 2009, 2406; *Müller-Dietz*, Menschenwürde und Strafvollzug (1994); *Mitsch*, Die Verfassungswidrigkeit des § 211 StGB, JZ 2008, 336.

69 Ein Verstoß gegen die Menschenwürde ist auch die ultimative Objektstellung des Menschen durch die **Todesstrafe**. Diese ist also nicht nur durch Art. 102 GG, sondern auch durch Art. 1 GG für immer in Deutschland ausgeschlossen (dazu *Flemming*, Wiedereinführung der Todesstrafe in Deutschland? [2007]).

70 **3. Fallgruppe: Menschenwürde in Medien, Schaustellerei und Werbung.** Im Kampf um Einschaltquoten und Werbeetats werden oft drastische Mittel gewählt, um die Aufmerksamkeit zu erregen. Nicht selten stellt sich dann die Frage, ob der Mensch als solches erniedrigt wird. Beispiele sind etwa die Sendung „**Big Brother**" mit der Beobachtung des Lebens einer Gruppe von Freiwilligen „rund um die Uhr", Spiele, in denen es um Jagd auf Menschen geht („**Laserdrome**" – verboten nach BVerwGE 115, 189; Verbot bestätigt durch EuGH, NVwZ 2004, 1471), gefühlsbetonte Werbung mit Darstellung von Menschen in Extremsituationen (**Schockwerbung** – verboten nach BGH, NJW 1995, 686 und NJW 2002, 1200; teilw. erlaubt durch

BVerfGE 102, 347, 359; 107, 275, 280 – Benetton I und II; danach auch BGH, NJW 2006, 149). Die Verletzung der Menschenwürde hat das BVerfG in diesen Fällen in teilweise markanter Auseinandersetzung mit dem BGH auf Fälle tiefster Erniedrigung, Brandmarkung, Verfolgung, Ächtung und vergleichbar schwerwiegende Verhaltensweisen beschränkt. Darunter fallen etwa Darstellungen von Folterungen oder des Abschlachtens eines Menschen (BGH, NJW 2009, 3576 – „Kannibale von Rotenburg") oder der unsägliche „Zwergenweitwurf" auf einem Volksfest (VG Neustadt/W., NVwZ 1993, 98). Dagegen dürften auch die lückenlose Überwachung in „Big Brother" und noch so geschmacklose Computerspiele und Schaustellungen kaum noch unter Berufung auf die Menschenwürde verbietbar sein – vor allem wenn die Betroffenen in freier Selbstbestimmung buchstäblich „mitspielen". Ob Meinungs-, Presse- oder Kunstfreiheit ggf. durch den Jugendschutz oder die Persönlichkeitsrechte Dritter eingeschränkt sein können, ist aber eine ganz andere Frage.

Literatur: *Dörr*, Big Brother und die Menschenwürde (2000); *Erdemir*, Vom Schutz der Menschenwürde vor Gewaltdarstellungen im Rundfunk und Telemedien, FS Frotscher (2007), 317; *Fezer*, Imagewerbung mit gesellschaftskritischen Themen im Schutzbereich der Meinungs- und Pressefreiheit, NJW 2001, 580; *Schmitt Glaeser*, Big Brother is watching you. Menschenwürde bei RTL 2, ZRP 2000, 395.

4. Weitere nicht eingeordnete Fälle. a) Die Würde der Frau. 71
Nicht ausschließlich, aber in besonderer Weise betroffen ist die Würde der Frau gegenüber bestimmten Formen der Zurschaustellung, Prostitution oder Erniedrigung. So hat das BVerwG etwa die freiwillige Zurschaustellung von Frauen in sexuellen Posen („Peep Show") verboten (BVerwGE 64, 274; 84, 314). Dagegen gibt es gute Gründe, die Prostitution als solche nicht als Würdeverletzung zu verurteilen, sondern – wenn freiwillig ausgeübt – als Beruf zu schützen (dazu unten § 35, Rn 8). Eine Verletzung der Menschenwürde liegt aber dann vor, wenn die Selbstbestimmung der Frau ausdrücklich verneint und sie zum beliebig „konsumierbaren" Objekt gemacht wird – so etwa bei der Zwangsprostitution oder beim Angebot eines „Flatrate-Bordells" (ausf. *Hufen*, JuS 2010, 1, Fall 2).

Auf der anderen Seite des Spektrums der Fälle können auch kulturell bedingte Traditionen wie Zwangsverheiratung und Zwangsabschottung die Würde der Frau verletzen. Ein weder durch die Religionsfreiheit noch die Selbstbestimmung gerechtfertigter Eingriff in die Menschenwürde ist das barbarische Ritual der **Genitalverstümmelung von Frauen und Mädchen.** Sie kann – selbst wenn religiös verbrämt – gemäß § 226a StGB zu Recht künftig mit Freiheitsstrafe bis zu 15 Jahren bestraft werden (zur religiös motivierten Beschneidung bei Jungen s. unten, § 22, Rn. 49;. Deshalb ist die drohende Beschneidung von Mädchen sowohl ein durch Art. 1 GG gebotener **Asylgrund** (*Bumke*, NVwZ 2002, 423) als auch ein Grund zur Entziehung des elterlichen Sorgerechts (BGH, NJW 2005, 672; *Rosenke*, ZRP 2001, 377). Menschenunwürdig ist auch die **Totalverschleierung des Gesichts** einer Frau, da die Erkennbarkeit des Gesichts zentrales Merkmal der persönlichen Identität und Voraussetzung jeder menschlichen Kommunikation ist. Es gibt also durchaus gute Gründe für ein „Burkaverbot" in der Öffentlichkeit (a. A. *Barczak*, DÖV 2011, 54, 59; *Finke*, NVwZ 2010, 1127 (zur EMRK); diff. *von Münch*, FS Schmidt-Jortzig (2011), 47).

72 **b) Die Würde der transsexuellen und intersexuellen Menschen.**
Kein medizinisches, sondern eher ein bürokratisches Problem wart die Reaktion des Staates auf eine **Geschlechtsumwandlung.** Hat ein Mensch in dieser Weise seine geschlechtliche Identität verändert, dann ist es eine nicht zu rechtfertigende Missachtung dieser neuen Identität, wenn der Staat diese nicht durch Namensänderung und neue Personalpapiere anerkennt (BVerfGE 49, 286, 297; BVerfG, Kammer, NJW 1997, 1632 – Anschrift; BVerfGE 115, 1, 14 – Name; BVerfG, NJW 2007, 900 – keine Beschränkung auf Deutsche; vgl. auch EuGH NJW 1996, 2421; EuGH NJW 2006, 2316 – Rentenrechtliche Stellung nach Geschlechtsumwandlung; EGMR, NJW 2004, 2505 – Kostenübernahme; teilw. anders BSG, NJW 2011, 1899; zum Schutz der Ehe und der Partnerwahl unten § 16, Rn. 52). Zum Schutz der Ehe darf die rechtliche Anerkennung der neuen geschlechtlichen Identität nicht von einer Ehescheidung abhängig gemacht werden, auch wenn damit in einem einzigen Ausnahmefall eine Ehe von Partnern des gleichen Geschlechts möglich ist (BVerfGE 121, 165; ebenso bei eingetragener Partnerschaft BVerfG, NJW 2011, 909 – dort aber konsequent nicht aus Art. 6 I GG, sondern aus dem allgemeinen Persönlichkeitsrecht abgeleitet (BVerfGE 128, 109).

In gleicher Weise geschützt sind die in Deutschland etwa 10000 Menschen, die sich beiden Geschlechtern zugehörig fühlen (*Kolbe*, Intersexualität, Zweigeschlechtlichkeit und Verfassungsrecht [2010]) oder zweierlei Geschlechtsmerkmale aufweisen. Für sie ermöglicht eine am 1.11.2013 in Kraft tretende Änderung des Personenstandsgesetzes den Verzicht auf die Angabe des Geschlechts bei dessen fehlender Eindeutigkeit. Die bisher übliche Operation von Kindern zur Herstellung der „Eingeschlechtlichkeit" ist zumindest bis zum Erreichen der Einsichtsfähigkeit äußerst problematisch (*Deutscher Ethikrat*, Intersexualität. Stellungnahme 2012; *Tönsmeyer*, Die Grenzen der elterlichen Sorge bei intersexuell geborenen Kindern (2012); *Schmidt am Busch*, AöR 137 (2012), 441).

Literatur zu § 10 (Menschenwürde): *Bahr/Heinig*, Menschenwürde in der säkularen Verfassungsordnung (2006); *Benda*, Verständigungsversuche über die Würde des Menschen, NJW 2001, 2147; *Böckenförde*, Menschenwürde als normatives Prinzip, JZ 2003, 809; *Dreier,* Menschenwürde in der Rechtsprechung des BVerwG, FG 50 Jahre BVerwG (2003), 201; *Dürig,* Der Grundrechtssatz von der Menschenwürde, AöR 81 (1956), 117 ff.; *Enders,* Die Menschenwürde in der Verfassungsordnung – zur Dogmatik des Art. 1 GG (1997); *Geddert-Steinacher,* Menschenwürde als Verfassungsbegriff (1990); *Goos,* Innere Freiheit. Eine Rekonstruktion des grundgesetzlichen Würdebegriffs (2011); *Häberle,* Die Menschenwürde als Grundlage der menschlichen Gemeinschaft, HdbStR II, § 22; *ders.,* Das Menschenbild im Verfassungsstaat 3. Aufl. (2005); *Hain,* Konkretisierung der Menschenwürde durch Abwägung?, DS 45 (2006), 190 ff.; *Herdegen,* Die Menschenwürde im Fluss des bioethischen Diskurses, JZ 2001, 773 ff.; *H. Hofmann,* Die versprochene Menschenwürde, AöR 118 (1993), 353 ff.; *Hufen,* Erosion der Menschenwürde?, JZ 2004, 313 ff.; *ders.,* Die Menschenwürde, JuS 2010, 1 ff.; *ders.,* Menschenwürde: Vor die „Objektformel" hat die Grundrechtsdogmatik die Bestimmung des Schutzbereichs gesetzt, FS Riedel, 2013, 459 ff.; *Huster,* Individuelle Menschenwürde oder öffentliche Ordnung, NJW 2000, 3477 ff.; *Isensee,* Die säkulare Gesellschaft auf der Suche nach dem Absoluten, AöR 131 (2006), 173; *ders.* Würde des Menschen, HdbGr IV, § 87; *Kloepfer,* Leben und Würde des Menschen, FS 50 Jahre BVerfG II, 77 ff.; *Ladeur/Augsberg,* Die Funktion der Menschenwürde im Verfassungsstaat (2008); *Lindner,* Die Würde des Menschen und sein Leben, DÖV 2006, 577; *Nettesheim,* Die Garantie der Menschenwürde zwischen metaphysischer Überhöhung und bloßem Abwägungstopos, AöR 130 (2005), 71 ff.; *Schmidt-Jortzig,* Systematische Bedingungen der Garantie unbedingten Schutzes der Menschenwürde in Art. 1 GG, DÖV 2001, 925 ff.; *Stern,* Menschenwürde, FS Kirchhof I, 2013, § 16, 169; *Tiedemann,* Menschenwürde als Rechtsbegriff – eine philosophische Klärung (2007).

§ 11 Das allgemeine Persönlichkeitsrecht (Art. 2 I 1 i. V. mit Art. 1 I GG)

I. Allgemeines

Historisch ist das allgemeine Persönlichkeitsrecht ein typisches Kind der Neuzeit. Antike und Mittelalter kannten nur Freiheiten für Gemeinschaften, allenfalls geschützte Privilegien, nicht aber Freiheiten der individuellen Person **in** und **gegenüber** Gemeinschaften. Erst in der Aufklärung und insbesondere in der Philosophie *Immanuel Kants* steht das Postulat des Menschen als „Zweck an sich", als vernunftbegabter und deshalb von der Willkür Anderer freier Persönlichkeit im Mittelpunkt – ein Gedanke, der den ersten Menschenrechtskodifikationen so selbstverständlich war, dass sie ihn nicht explizit formulierten, sondern als „self evident" schlicht voraussetzten.

2 Von einem „allgemeinen Persönlichkeitsrecht" ist auch im Wortlaut des GG nicht die Rede. Art. 2 I 1 GG schützt das **Recht auf die freie Entfaltung der Persönlichkeit**, Art. 1 I GG **die Würde des Menschen**. Aus beiden Gewährleistungen hat das BVerfG aber schon früh das allgemeine Persönlichkeitsrecht entwickelt (BVerfGE 6, 32 – Elfes; exemplarisch BVerfGE 54, 148, 153 – Eppler). Es folgte damit dem BGH, der das allgemeine Persönlichkeitsrecht schon von Beginn seiner Rechtsprechung an zu den schadensersatzbewehrten Schutzgütern des § 823 I BGB gerechnet hatte (BGHZ 13, 334, 337).

Unter den Stichworten **„allgemeines Persönlichkeitsrecht"** als gleichsam defensives Schutzkonzept und **„freie Entfaltung der Persönlichkeit"** als die menschliche Aktivität schützende Handlungsfreiheit entwickelte sich aus dem auf den ersten Blick unscheinbaren Art. 2 I GG eine große und ungeahnte Vielfalt von Gewährleistungen, die vom Schutz der Intimsphäre bis zum „Reiten im Walde", vom Datenschutz bis zur wirtschaftllichen Dispositionsfreiheit, von der Kenntnis der genetischen Identität bis zu den Konturen einer allgemeinen Kommunikations- und Informationsverfassung reichen. Das mag damit zusammenhängen, dass das BVerfG sich scheute, das ganze Gewicht der Menschenwürdegarantie zum „allgemeinen Persönlichkeitsschutz" einzusetzen, und dass die „Entfaltung der Persönlichkeit" in Art. 2 I GG auch Raum für das defensive Konzept eines Schutzes der Persönlichkeit bietet. Gleichzeitig wird so vermieden, dass auch in den vielfältigen und alltäglichen Fällen des Persönlichkeitsschutzes immer sogleich auf die ungleich gewichtigere und jede Abwägung und gesetzliche Einschränkung ausschließende Garantie der Menschenwürde selbst zurückgegriffen werden muss. Deshalb kann man das allgemeine Persönlichkeitsrecht trotz der beträchtlichen „Vorgeschichte" als **gelungenes Beispiel des Richterrechts** bezeichnen.

3 Dabei hat sich das BVerfG aber nicht einfach auf die Rechtsprechung des BGH bezogen, sondern von Anfang an ein spezifisch verfassungsrechtliches Persönlichkeitsrecht entwickelt und zugleich neben Art. 2 I GG in Art. 1 I GG verankert. Schon im Elfes-Urteil (BVerfGE 6, 32, 41) findet sich die Anerkennung eines **unantastbaren Bereichs menschlicher Freiheit und Persönlichkeit**. Ausdrücklich vom „Persönlichkeitsrecht" ist dann die Rede in bahnbrechenden Urteilen, in denen es um die Verwendung von **Scheidungsakten**, die erste **Volkszählung**, die Verwendung von **Arztkarteien** und **heimliche Tonbandaufnahmen** ging (BVerfGE 27, 344, 350 – Scheidungsakten; BVerfGE 27, 1, 6 – Mikrozensus; BVerfGE 32, 373, 378 – Arztkartei; BVerfGE 34, 238, 245 – Heimliche Tonbandaufnahme). In der weiteren Ent-

wicklung hat sich immer mehr gezeigt, dass das allgemeine Persönlichkeitsrecht unterhalb der Ebene der nur in Extremfällen zur Anwendung kommenden Menschenwürdegarantie zum umfassenden Schutz der Persönlichkeit gegenüber staatlichen, aber auch privaten Eingriffen geworden ist.

II. Schutzbereich

1. **Sachlicher Schutzbereich. a) Die Sphärentheorie.** Das allgemeine Persönlichkeitsrecht ist nicht nur aus der Verbindung von Art. 2 I und Art. 1 I GG erwachsen, es betrifft auch inhaltlich Aspekte, die sich zwischen dem Kern der persönlichen Würde und den „Außenbereichen" freier Entfaltung bewegen. Auch die ständige Spannung von **Individualität und Sozialität,** also vom Schutz des Einzelnen und seiner Gemeinschaftsbezogenheit, muss in einem Grundrecht des Schutzes der Persönlichkeit zum Ausdruck kommen. Um dieses weite Spektrum handhabbar werden zu lassen, hat das BVerfG die **Sphärentheorie** entwickelt. Diese besagt im Kern, dass jedem Menschen Sphären unterschiedlicher Privatheit und damit auch unterschiedlicher Schutzbedürftigkeit zukommen, die sich wie konzentrische Kreise um die Persönlichkeit lagern. Den Kern bilden die „drei großen I", die **Identität** des Menschen, die absolut unantastbare **Intimsphäre** und die geistige und körperliche **Integrität;** den nächsten „Kreis" bildet die **weitere Privatsphäre.** Im äußeren Bereich folgt dann die **Sozialsphäre** bis zu einer kaum abgrenzbaren Sphäre der in der **Öffentlichkeit agierenden Personen** der Zeitgeschichte oder der Beteiligung an der politischen Auseinandersetzung (zu den Grundlagen BVerfGE 27, 1 – Mikrozensus; BVerfGE 34, 238, 245 – Heimliche Tonbandaufnahmen; BVerfGE 80, 367, 373 – Tagebuchaufzeichnung). Je mehr ein Fall im inneren Bereich der Persönlichkeit, der Intimsphäre, der Familie, der Wohnung usw. spielt, desto größer sind die Anforderungen an die Rechtfertigung staatlicher Eingriffe bis zum innersten Kern, der durch die Menschenwürde geschützt, also unantastbar ist. Je mehr sich umgekehrt der Mensch sozial öffnet, je mehr er in Kommunikation und Kontakt zu anderen Menschen tritt, desto größer wird der Anspruch der Gemeinschaft auf Information und Öffentlichkeit, desto leichter sind staatliche Eingriffe zu rechtfertigen.

Es liegt auf der Hand, dass die Sphärentheorie nicht im Sinne von geometrisch klar abgrenzbaren Zonen verstanden werden kann. Zwischen absolut geschützter Privatheit und Darstellung in der Öffentlichkeit bilden die „Sphären" eher ein Kontinuum. Bei aller berechtigten Kritik am „räumlichen

Grundrechtsdenken" bildet die Sphärentheorie doch ein insgesamt plausibles und hilfreiches Raster zur Strukturierung des Schutzbereichs und damit zur Rechtfertigung von Eingriffen, das dazu beigetragen hat, dass das allgemeine Persönlichkeitsrecht in der Rechtsprechung nicht zu einem reinen „Fallrecht" auseinandergefallen ist. Gleichwohl gibt es natürlich wie bei jedem Grundrecht Fallgruppen. Sie sollen hier unter den Stichworten **Kern der Privatsphäre, Selbstbestimmung, Selbstdarstellung** und **persönliche Ehre** zusammengefasst werden.

Literatur zur „Sphärentheorie": *Geis*, Der Kernbereich des Persönlichkeitsrechts. Ein Plädoyer für die „Sphärentheorie", JZ 1991, 112; *Wölfel*, Sphärentheorie und Vorbehalt des Gesetzes, NVwZ 2002, 49.

5 **b) Unantastbarer Kernbereich, Intimsphäre, Privatsphäre.** Im Text des Grundgesetzes fehlt – angesichts der historischen Ausgangslage eher überraschend – ein explizites „Grundrecht auf Privatheit", wie es dem angelsächsischen Schutz der „privacy" oder des „right to be left alone" entspricht. Der Wortlaut des Art. 2 I GG scheint weniger auf den abwehrenden Schutz des Kerns der Persönlichkeit als auf deren Aktivität, also die „freie Entfaltung" ausgerichtet zu sein. Dagegen enthalten bereichsspezifische Garantien wie Art. 6 GG (Ehe und Familie), Art. 10 GG (Brief- und Fernmeldegeheimnis) und Art. 13 GG (Wohnung) durchaus zur Privatsphäre gehörende Schutzgehalte, stehen aber unter Gesetzesvorbehalt. Eine „Unantastbarkeit" lässt sich also aus diesen Grundrechten nicht ableiten.

6 Dem hat das BVerfG abgeholfen, indem es immer den durch Art. 1 I GG selbst geschützten **Kernbereich des Persönlichkeitsrechts** hervorgehoben hat. Der besonders geschützte innerste Bereich der Privatsphäre ist unantastbar. Dazu gehört die **Intimsphäre**, insbesondere der Schutz der sexuellen Selbstbestimmung (BVerfGE 47, 46, 73 – Sexualkundeunterricht; BVerfG, NJW 2008, 1137 – Inzestverbot) und der Kernbereich der Privatheit in der Wohnung (dazu § 15, Rn. 25). Untrennbar damit verbunden ist das Recht zur **Selbstbestimmung** und zur **Selbstdarstellung** über Daten aus diesem persönlichen Kern. Der Einzelne soll selbst bestimmen, ob und inwieweit er „Geheimnisse" aus diesem Bereich offenbart und aus welchen Gründen er dies tut (vgl. BVerfGE 27, 344 – Scheidungsakten; BVerfGE 34, 238, 245 – Heimliche Tonbandaufnahmen; BVerfGE 35, 202, 219 – Lebach; dazu und zum Persönlichkeitsschutz im Rundfunk unten § 28, Rn. 23). Als Eingriff in die Intimsphäre schlicht unzulässig ist auch der Einsatz des sogenannten „Nackt-Scanners", jedenfalls wenn die-

ser die Passagiere an Flughäfen bis unter die Haut durchleuchtet und diese erkennbar sind (*Busche*, DÖV 2011, 225).

Wie bei der Menschenwürde selbst, sind auch im Kernbereich der durch das allgemeine Persönlichkeitsrecht geschützten Privatheit Eingriffe grundsätzlich nicht zu rechtfertigen – weder durch die Grundrechte Anderer noch durch den staatlichen Strafanspruch. Unabhängig von seiner Verankerung in Art. 4 GG (dazu unten § 22, Rn. 10) fällt etwa das „Beichtgeheimnis" in diesen innersten Bereich. Eine Art nichtreligiöses „Beichtgeheimnis" enthält das persönliche Tagebuch. Deshalb ist es bedenklich, wenn das BVerfG es erlaubt hat, eine Seite aus dem persönlichen Tagebuch zum Beweis des Vorliegens eines Mordmerkmals zuzulassen (BVerfGE 80, 367; anders in einem Verfahren wegen Wahlfälschung BerlVerfGH, NJW 2004, 593 und BGH, NJW 2012, 945 zum „Selbstgespräch"). 7

Der Schutz des engsten Kerns der Persönlichkeit kennt auch keinen Unterschied zwischen **Privatpersonen und Prominenten.** Gerade weil deren engere Privatsphäre die Sensationspresse besonders interessiert, ist dieser Bereich gleichwohl ein Tabu. Das Doppelleben eines Bundesministers, das nicht nur seelsorgerische Verhältnis eines Bischofs zu einer Frau, Bilder vom Totenbett eines Staatspräsidenten: Sie alle betreffen Informationen über bekannte Persönlichkeiten des öffentlichen Lebens („Personen der Zeitgeschichte"), die gleichwohl absolut geschützt sind. Das gilt nicht nur für den räumlich verstandenen Lebensbereich, sondern auch für die spezifischen Kommunikationszusammenhänge und Vertrauenstatbestände, wie sie sich im Verhältnis von Arzt und Patient, Eheleuten untereinander, Seelsorger und Gläubige entwickeln und entfalten müssen (BVerfGE 89, 69, 82 – Medizinisches Gutachten). Zum Verhältnis von Presse- und Rundfunkfreiheit und Persönlichkeitsschutz s. unten § 25, Rn. 27 sowie § 28, Rn. 23. 8

c) **Bestimmung über die eigene Persönlichkeit.** Durch das allgemeine Persönlichkeitsrecht wird nicht nur eine persönliche Lebenssphäre, sondern auch das Recht des Einzelnen geschützt, grundsätzlich selbst zu entscheiden, wann und innerhalb welcher Grenzen er über diese persönliche Lebenssphäre verfügt, welche Elemente er offenbart und wie er sein Leben ausrichtet. Auskunft über die Religionszugehörigkeit gehört dazu ebenso wie die Zugehörigkeit zu einem Verein oder einer Partei (BVerfGE 24, 236, 247 – Religiöses Selbstverständnis; BVerfGE 96, 171, 181 – SED-Mitgliedschaft). Ob und inwieweit sich der Einzelne über seine sexuelle Orientierung oder andere Aspekte des Privatlebens „outet", entscheidet niemand anders als er selbst. Niemand darf zur Selbstbezichtigung über Straftaten („**nemo tenetur** se ipsum accusare" – dazu etwa BVerfG, Kam- 9 mer, NJW 1999, 779 – Keine Beugehaft bei Gefahr der Selbstbezichtigung) oder eine bestehende oder frühere Entmündigung gezwungen werden (BVerfGE 84, 192, 195). Das Verbot der Selbstbezichtigung gilt auch und gerade gegenüber den neuen Informationsgesetzen wie IFG und VIG (*Dannecker*, ZLR 2010, 255).

10 Das vielleicht größte Verdienst des BVerfG und der zugleich deutlichste Unterschied zur angelsächsischen Rechtsprechung liegt darin, dass die deutsche Rechtsprechung Maßstäbe und Grenzen herausgearbeitet hat, nach denen auch **Prominente** und andere **„Personen der Zeitgeschichte"** den Schutz des Persönlichkeitsrechts genießen. Hier kommt das allgemeine Persönlichkeitsrecht als Schranke der Pressefreiheit in den Blick, ist also bei Art. 5 I 2 GG (§ 27, Rn. 22) zu behandeln. Die Privatsphäre schützt auch gegen Versammlungen vor den Häusern Prominenter und deren Verwandten (dazu § 30, Rn. 29).

11 Zum Schutzbereich des allgemeinen Persönlichkeitsrechts zählt auch die Selbstbestimmung über diejenigen Merkmale, die in besonderer Weise die psychische, kulturelle und soziale Identität eines Menschen betreffen. Das ist zum einen **die eigene Abstammung** und **die Möglichkeit zur Kenntnis der Abstammung** (BVerfGE 79, 256, 268; 96, 56, 61 – dazu unten Rn. 21). Es ist zum anderen die sexuelle Ausrichtung und Identität als Mann oder Frau (BVerfGE 49, 286, 298 – Transsexualität). Auch das Recht auf **selbstbestimmtes Aussehen** und **Kleidung** und auf den eigenen Namen (dazu Rn. 33) gehört in diesen Zusammenhang (BVerfGE 78, 38, 49 – Ehename; BVerfGE 97, 391, 395 – Namensnennung im Fernsehen). Zu Recht ist ferner betont worden, dass das allgemeine Persönlichkeitsrecht die Möglichkeit umfasst, sich in seiner Muttersprache zu informieren, zu kommunizieren und selbst darzustellen (**Recht auf Sprache, Sprachenfreiheit** – dazu *Kahl*, JuS 2007, 201). Dieses Recht kann allerdings für Kinder mit Migrationshintergrund durch den staatlichen Erziehungsauftrag und das in diesem begründete Interesse an einer auch sprachlichen Integration der Kinder in der Schule eingeschränkt werden. Dagegen gehört das **Bankgeheimnis** zwar zum allgemeinen Persönlichkeitsrecht, kann aber z. B. zur Bekämpfung von Steuerhinterziehungen eingeschränkt werden (BVerfG, NJW 2005, 1179; NJW 2007, 2464 – Kontostammdaten; allg. *Huhmann*, Die verfassungsrechtliche Dimension des Bankgeheimnisses [2002] – zum umstrittenen Ankauf der „Steuer-CD" unten § 12, Rn. 29). Zu unterscheiden sind auch persönliche Geheimnisse und **Geschäftsgeheimnisse.** Letztere fallen in den Schutzbereich von Art. 12 oder Art. 14 GG. Nur

wenn persönliche Merkmale und Belange eines Firmeninhabers im Mittelpunkt stehen, kommt das allgemeine Persönlichkeitsrecht in Betracht.

d) Schutz gegen verfälschende oder entstellende Darstellung – Recht auf Selbstdarstellung. Grundsätzlich umfasst das allgemeine Persönlichkeitsrecht auch das Recht zur Selbstdarstellung in Form von Abbildungen, Fotografien usw. **(Recht am eigenen Bild).** Konkretisiert wird dieser Schutz durch § 22 KUG. Eingeschränkt ist dieses Recht bei Personen, die sich in der Öffentlichkeit bewegen – sei es für Prominente, sei es für gewöhnliche Bürger, die sich an Brennpunkten öffentlichen Interesses aufhalten und ohne Identifizierbarkeit abgebildet werden (vgl. § 23 KUG). Es besteht zwar kein Recht, von anderen nur so dargestellt zu werden, wie man sich selbst sehen möchte, es besteht aber sehr wohl ein Recht auf **Unterlassen gefälschter Darstellungen** (zuletzt BVerfG, Kammer, NJW 2005, 3271 – Ron Sommer). Auch muss niemand hinnehmen, dass ihm bestimmte Eigenschaften, Mitgliedschaften oder falsche Tatsachen zur Person unterschoben werden (BVerfGE 99, 185, 195 – Behauptung der Mitgliedschaft in der Scientology Church). Dieses Recht ist im Zeitalter nahezu unbegrenzter Manipulations- und Simulationsmöglichkeiten besonders wichtig. Der Verfälschung des Bildes entspricht die **Verfälschung des Wortes.** Schon früh hat das BVerfG deshalb aus dem allgemeinen Persönlichkeitsrecht das Recht abgeleitet, nichts „in den Mund gelegt" zu bekommen (BVerfGE 34, 269, 282 – Soraya; BVerfGE 54, 148, 155 – Eppler). Unrichtige Zitate, erfundene Interviews, nicht geäußerte Meinungen sind also auch durch die Pressefreiheit nicht zu rechtfertigende Eingriffe in das Persönlichkeitsrecht.

Das Recht auf Selbstdarstellung umfasst auch das Recht, über die **Verbreitung eigener Bilder und personenbezogener Informationen** zu entscheiden (BVerfGE 35, 202, 224 – Lebach; BVerfGE 54, 148, 154, 158 – Eppler). Im Interesse der Pressefreiheit und der Transparenz des Gemeinwesens ist dieses Recht aber für so genannte „absolute Personen der Zeitgeschichte" eingeschränkt. Wenn sich diese in einem öffentlichen Raum bewegen, dürfen sie interviewt, fotografiert und zitiert werden, ohne dass es einer besonderen Rechtfertigung bedarf. Grenze ist aber auch hier die Privatsphäre.

Geht es nicht mehr um Tatsachen, Worte und Bilder, sondern um Wertungen und Meinungen, dann ist – zumal im politischen Meinungskampf – die Ausgangslage eine andere. Grenze ist dann das Recht der persönlichen Ehre und das Verbot der „Schmähkritik". Auch ist der Schutz des geistigen Meinungskampfes in der Demokratie zu beachten (BVerfGE 7, 198, 204 – Lüth; BVerfGE 61, 1, 11 – Wahlkampf; ausf. unten § 25, Rn. 36).

14 e) **Schutz der persönlichen Ehre.** Im Grundgesetz wird die **persönliche Ehre** explizit nur in Art. 5 II GG als Schranke der Meinungs- und Pressefreiheit erwähnt. Sie ist aber auch Teil des allgemeinen Persönlichkeitsrechts (BVerfGE 54, 208 – Böll/Walden). Da es sich bei der „Ehre" um einen verfassungsrechtlich nur sehr schwer definierbaren und immer auch subjektiv bestimmten Begriff handelt, sind Merkmale des Schutzbereichs hier abstrakt nur sehr schwer anzugeben. Ähnlich wie bei der Menschenwürde selbst wird eher versucht, bestimmte Eingriffe in das Persönlichkeitsrecht zu definieren, und die eigentliche Falllösung erfolgt erst auf der Schrankenebene. Deshalb kommt dieses Rechtsgut vor allem als **verfassungsimmanente Schranke der Meinungs- und der Pressefreiheit** in Betracht. Eine Verletzung der persönlichen Ehre liegt vor, wenn z. B. eine Meinungsäußerung nicht mehr im Rahmen der sachlichen Auseinandersetzung liegt, sondern nur die Person des Angegriffenen und dessen Demütigung selbst im Blick hat (**Verbot der Schmähkritik**; dazu unten § 25, Rn. 36).

15 **2. Personeller Schutzbereich.** *a)* Träger des Persönlichkeitsrechts sind alle **natürlichen Personen**, unabhängig von ihrer Staatsangehörigkeit oder ihrem Wohnsitz (BVerfG, Kammer, NJW 2005, 1857 – Tochter von Prinzessin Caroline) und unabhängig von ihrem Lebensalter. Auch Kinder sind durch das allgemeine Persönlichkeitsrecht geschützt. Ein pränataler Schutz (etwa gegen die Verbreitung einer Ultraschallaufnahme aus dem Leib der Mutter) ist kaum vorstellbar – hier greift das Persönlichkeitsrecht der Mutter, nicht aber ein vorwirkendes Persönlichkeitsrecht des zukünftigen Kindes ein.

16 *b)* Von besonderer Bedeutung ist der **postmortale Persönlichkeitsschutz** (grundlegend BVerfGE 30, 73, 93 – Mephisto; zuletzt etwa BVerfG, Kammer, NVwZ 2008, 549 – Ehrensache; weitere Fälle unten § 33, Rn. 50). Alle Elemente des Schutzbereichs wie Privatsphäre, Selbstbestimmung über die Verbreitung von Informationen, Selbstdarstellung, Schutz vor Verfälschung, Schutz der persönlichen Ehre usw. gelten im Prinzip auch für verstorbene Personen. Auch postmortal darf die Sexual- und Intimsphäre eines Prominenten nicht an

die Öffentlichkeit gezerrt werden. So kann die unverhüllte Darstellung eines Leichnams nach einem Verbrechen in das Persönlichkeitsrecht des Opfers eingreifen (BGH, NJW 2006, 605; interessant auch VG Karlsruhe, NVwZ-RR 2006, 297 – Verbot einer Umbettung). Das postmortale Persönlichkeitsrecht gilt aber auch für Straftäter: Selbst ein toter „Amokläufer" ist nicht vogelfrei (so zu Recht *Mitsch*, NJW 2010, 3479).

Das postmortale Persönlichkeitsrecht schützt auch davor, dass das Erbe eines berühmten Politikers oder Künstlers für eine bestimmte Werbeaussage oder eine politische Richtung in Anspruch genommen wird. Verboten ist z. B. die Behauptung einer rechtsradikalen Partei: *„Konrad Adenauer und Kurt Schumacher würden heute die Republikaner wählen"* – OLG Köln, NJW 1999, 1969; anders aber BVerfG, Kammer, NJW 2001, 2957. Die bloße Verwendung des Namens und des Konterfeis einer verstorbenen Person der Zeitgeschichte bei Herausgabe einer Gedenkmünze (BVerfG, Kammer, NJW 2001, 594 – Willy Brandt), der Benennung von Schulen, Straßen und ähnlichen nicht kommerziellen Anlässen verstoßen dagegen nicht gegen das Persönlichkeitsrecht (OLG Hamm, NJW 2002, 609). Dasselbe gilt für die Umbenennung (VGH München, BayVBl. 2010, 599).

Gelegentlich hat das Persönlichkeitsrecht Verstorbener allerdings weniger mit deren Persönlichkeit als mit dem fortbestehenden **kommerziellen Interesse** der Erben zu tun. So etwa wenn den Erben Schadensersatz für die Nutzung bestimmter Bilder und Sentenzen gewährt wird (BGHZ 143, 214 – Marlene Dietrich; und BGH, NJW 2000, 2201 – Blauer Engel). Eine unangemessene Kommerzialisierung des postmortalen Persönlichkeitsrechts lässt sich hier nur vermeiden, wenn man die Fälle eher im Schutzbereich von Art. 14 GG ansiedelt und an dessen strenge Voraussetzungen bindet.

Literatur: *Frommeyer*, Persönlichkeitsschutz nach dem Tode und Schadensersatz, JuS 2002, 13; *Gregoritza*, Die Kommerzialisierung von Persönlichkeitsrechten Verstorbener (Marlene Dietrich) (2003); *Pabst*, Der postmortale Persönlichkeitsschutz in der neueren Rechtsprechung des BVerfG, NJW 2002, 999; *Schmidt am Busch*, Postmortaler Würdeschutz und gesetzgeberische Gestaltungsfreiheit, DS 49 (2010), 211 ff.; *Schulze-Wessel*, Die Vermarktung Verstorbener (2001).

c) **Juristische Personen und Vereine** haben keine Persönlichkeit 17 i. S. von Art. 2 I GG, können sich also auch nicht auf das allgemeine Persönlichkeitsrecht berufen. Das gilt auch für das Recht am eigenen Bild (BVerfG, NJW 2005, 883 – Filmaufnahme von Tierversuchen in einer Firma). Im Gegensatz dazu erkennt die zivilrechtliche Rechtsprechung zu § 823 II BGB juristischen Personen teilweise das zivilrechtliche allgemeine Persönlichkeitsrecht zu (BGHZ 81, 75, 78 – Carrera). Aus grundrechtlicher Sicht dürfte es sich bei diesem „Unternehmenspersönlichkeitsrecht" aber eher um eine Ausprägung von Art. 12 GG oder Art. 14 GG handeln. Auch eine persönliche Ehre kommt einem Unternehmen nicht zu (anders noch OLG Stuttgart, NJW 1976, 628 – „Unsere Siemens-Welt"). Das gilt auch für eine **Handwerkskammer**, bei der allenfalls Art. 9 I GG und bei beruflicher Tätigkeit Art. 12 I GG in Betracht kommen – selbstverständlich auch die Ehre der Mitglieder, falls diese persönlich angegriffen werden (OLG Koblenz, NVwZ 2002, 379). **Religionsgemeinschaften** können sich nur auf Art. 4 GG und ggf. auf Art. 137 WRV, nicht aber auf das allgemeine Persönlichkeitsrecht berufen.

III. Eingriffe

18   **1. Gebote und Verbote. Gezielte Eingriffe** in das allgemeine Persönlichkeitsrecht sind etwa eine „Kleiderordnung", Verbote einer bestimmten Haartracht oder eines Ohrrings, aber auch ein die Erkennbarkeit nicht ausschließender Ganzkörperscanner. Auch ein Verbot des Anbringens eines die Privatsphäre eines Prominenten sichernden Sichtschutzes oder Versagung der Einsichtnahme in persönliche Daten (BVerfGE 90, 263, 271 – Ehelichkeitsanfechtung) oder Gesundheitsunterlagen sind Eingriffe in das allgemeine Persönlichkeitsrecht. Obwohl das Recht auf Nutzung der eigenen Sprache zum Schutzbereich des allgemeinen Persönlichkeitsrechts gehört, ist die sog. Rechtschreibreform kein Eingriff in dieses Recht (BVerfGE 98, 218, 244).

19   **2. Verkennung der Bedeutung des Grundrechts.** Praktisch wichtiger und auch zahlreicher sind Eingriffe durch **Verkennung** oder unangemessene Gewichtung des allgemeinen Persönlichkeitsrechts. Das ist etwa der Fall, wenn ein Zivil- oder Strafgericht einseitig auf die Meinungs- oder Pressefreiheit abstellt, ohne die Beeinträchtigung des allgemeinen Persönlichkeitsrechts zu erkennen oder angemessen zu würdigen, oder bei der Zubilligung von Schadensersatz das Gewicht einer Kränkung des Persönlichkeitsrechts nicht hinreichend würdigt.

20   **3. Mittelbare Eingriffe.** Mittelbar wird in das allgemeine Persönlichkeitsrecht eingegriffen, wenn etwa Fotos, Abbildungen oder persönliche Daten eines Grundrechtsträgers ohne Einwilligung erstellt,

erhoben oder weitergegeben werden, ohne dass der Betroffene selbst Adressat der entsprechenden Entscheidung ist. In diesem Sinne als „Dritte betroffen" sind etwa Unternehmer und Angestellte, deren persönliche Daten im Rahmen der Erfüllung von Informationsansprüchen nach dem VIG oder UIG weitergegeben werden. Mittelbar ist der Eingriff auch dann, wenn der eigentliche Eingriff von einem Privaten ausgeht (z. B. Berichterstattung über das Intimleben eines Prominenten in der Presse; Demonstration vor dem Privathaus eines Politikers), eine Behördenentscheidung oder ein Gerichtsurteil aber in solchen Fällen Schutz oder Schadensersatz verweigert oder eine strafrechtliche Verurteilung versagt (vgl. dazu BVerfGE 73, 118, 201 – 4. Rundfunkurteil; KG NJW 2005, 2320 – Privathaus des Fernsehmoderators; BVerfG, Kammer, NJW 1987, 3245 – Elternhaus Honecker).

4. Faktische Beeinträchtigungen. Faktische Beeinträchtigungen 21 des Persönlichkeitsrechts sind denkbar durch Sammeln, Verbreiten, Verarbeiten und Verwenden persönlicher Daten, durch die Aufrechterhaltung einer bestimmten Behauptung oder die Sendung einer den Persönlichkeitskern berührenden Dokumentation im Rundfunk. Auch die Verwendung eines Bildes aus der Privatsphäre ohne Einwilligung des Betroffenen oder dessen Duldung ist eine faktische Beeinträchtigung. Ebenso etwa die Beseitigung einer die Sicht auf ein Prominentengrundstück versperrenden Hecke.

IV. Verfassungsrechtliche Rechtfertigung – Schranken

1. Einwilligung. Gerechtfertigt ist der Eingriff dann, wenn der Be- 22 troffene selbst eingewilligt hat, also z. B. seine private „Story" oder ein intimes Bild verkauft, in einem Internetforum wie „Twitter" oder „Facebook" platziert oder auf andere Weise sein Einverständnis mit einer Weitergabe erklärt hat. Ausnahmen von diesem Grundsatz gelten, wenn der Betroffene unter Druck oder in einer Zwangslage gehandelt hat (BVerfG, NJW 1982, 375) oder die Veröffentlichung in einer nicht durch die Einwilligung gedeckten Form erfolgt.

2. Eingriff auf Grund eines Gesetzes. Nach Auffassung des 23 BVerfG gilt für das allgemeine Persönlichkeitsrecht der Gesetzesvorbehalt des Art. 2 I GG. Eingriffe in das allgemeine Persönlichkeitsrecht können also durch Gesetz gerechtfertigt werden (so etwa BVerfGE 78, 77, 85 – Bekanntmachung der Wiederaufhebung einer

Entmündigung). Solche gesetzlichen Schranken sind etwa § 23 KUG (Verbreitung des eigenen Bildes bei Personen der Zeitgeschichte), § 1 VIG oder auch § 193 StGB (berechtigtes Interesse bei tadelnden Urteilen usw.). Auch die verschiedenen Eingriffsgrundlagen im strafrechtlichen Ermittlungsverfahren und im StrafvollzugsG sind hier zu nennen. Geht es allerdings um den Persönlichkeitskern, der zugleich durch Art. 1 I GG geschützt ist, ist jeder Eingriff verboten und kein öffentlicher Belang gewichtig genug, um selbst auf gesetzlicher Grundlage einen Eingriff zu rechtfertigen (BVerfGE 6, 32, 41 – Elfes; zuletzt BVerfGE 90, 255, 260 – Briefüberwachung).

24   **3. Verfassungsimmanente Schranken.** Das allgemeine Persönlichkeitsrecht kann zum Schutz anderer Rechtsgüter von Verfassungsrang durch Gesetz eingeschränkt werden. Auch hier wirkt die „Sphärentheorie". Je näher der Eingriff am Kern der Persönlichkeit liegt, desto geringer ist die Möglichkeit der Rechtfertigung. Je größer der Sozialbezug, desto eher durchsetzbar der Schutz des „Gegenrechts". Typische Anwendungsfälle sind die Konflikte um Ehrenschutz und Meinungs-, Presse- oder Kunstfreiheit. Auch der Konflikt „Persönlichkeitsrecht des Einen gegen Persönlichkeitsrecht des Anderen" ist denkbar.

Beispiele: BVerfGE 79, 256, 268 und BVerfGE 96, 56, 61 – Durchsetzung des Rechts auf Kenntnis der genetischen Herkunft gegen Geheimnisschutz leiblicher Eltern; BVerfGE 97, 391, 400 – Wiedergabe von Erfahrungen über den sexuellen Missbrauch im Kindesalter.

25   **4. Verhältnismäßigkeit.** Für die Verhältnismäßigkeit kommt es naturgemäß auf die Schwere des Eingriffs und das Gewicht des den Eingriff begründenden Belangs an. Auch hier ist die „Sphärentheorie" von Bedeutung. Je mehr sich ein Eingriff dem absolut geschützten Intim- und Persönlichkeitsbereich nähert, desto höher werden die Anforderungen an das zu erreichende Ziel, Eignung, Erforderlichkeit und Zumutbarkeit.

Im durch die Menschenwürde geschützten **Intimbereich** scheidet nach der Rechtsprechung des BVerfG jede Rechtfertigung von Eingriffen nach Verhältnismäßigkeitskriterien aus. Auch hier ist das Prinzip aber schneller formuliert, als es in der Praxis durchzuhalten ist. So richtig es ist, dass der menschliche „Intimbereich" vor jeder staatlichen Ingerenz zu schützen ist (BVerfGE 80, 367, 373 – Tagebuch), so deutlich treten die Konflikte zu Tage, wenn es z. B. um den sexuellen Missbrauch von Kindern, um die Planung eines schweren Verbrechens oder sogar um evidente Eingriffe in die Menschenwürde wie das

Abschlachten eines Menschen, Kinderpornografie, Genitalverstümmlung u. ä. geht. Derartige Grausamkeiten spielen sich zumeist in der Intimsphäre ab, aber es bedarf keiner Begründung, dass auch hier staatlicher Schutz der Opfer möglich sein muss (zum Inzestverbot s. Rn. 32). Ähnliches dürfte gelten, wenn es in den „Tagebuchfällen" nicht um den Strafanspruch, sondern um die Verhinderung eines schweren Verbrechens geht. Problematisch ist allerdings die Rechtfertigung der Verwendung des Tagebuchs, nur weil im Niederschreiben der Erinnerungen bereits eine „Entäußerung" und die Herstellung eines Sozialbezugs liege (BVerfGE 80, 367, 377).

5. Sanktionen bei Verletzung des allgemeinen Persönlichkeitsrechts. Steht die Verletzung des Persönlichkeitsrechts fest, so kommen vielfältige Möglichkeiten der Abwehr und der „Wiedergutmachung" in Betracht. Genannt sei etwa der auch dem Staat gegenüber bestehende Abwehranspruch aus § 1004 BGB analog und der allgemeine Folgenbeseitigungsanspruch (dazu *Hufen*, VwProzR § 27, Rn. 28), die Verurteilung zum Schadensersatz nach §§ 823 ff. BGB, die Bestrafung nach den Beleidigungs- und Verleumdungstatbeständen und das Recht auf Gegendarstellung im Presserecht (dazu BVerfG, NJW 1999, 483 – Wehrmachtsausstellung). Auch der allgemeine Aufopferungsanspruch nach §§ 74, 75 Einleitung ALR 1794 hat hier durchaus noch eine Funktion. 26

V. Besondere Schutzfunktionen

Das allgemeine Persönlichkeitsrecht wirkt nicht nur als Abwehrrecht gegenüber dem Staat; es verpflichtet den Staat vielmehr auch **objektiv**, sich schützend vor die menschliche Persönlichkeit zu stellen und Verfahren zur Durchsetzung des Schutzes bereitzuhalten – etwa in Gestalt der schon geschilderten Schutz-, Abwehr- und Schadensersatznormen. 27

Unmittelbare subjektive **Leistungsrechte** folgen zwar aus dem allgemeinen Persönlichkeitsrecht nicht. Hängt aber das Persönlichkeitsrecht von staatlichen Leistungen ab, dann ist es Aufgabe des Gesetzgebers, dieses Recht zu konkretisieren und mit anderen Ansprüchen in Einklang zu bringen. Als nicht finanzielle Leistungsansprüche lassen sich etwa Informations- und Beratungsansprüche kennzeichnen; so das Recht auf Einsicht in die Krankenakte (BVerfGE 82, 45, 50) und das Recht auf Kenntnis der eigenen Abstammung (BVerfGE 79, 256, 268).

Verfahrensmäßig wird das allgemeine Persönlichkeitsrecht z. B. durch Vorschriften zum Schutz persönlicher Geheimnisse wie etwa

§ 30 VwVfG und § 99 VwGO geschützt. Konflikte zwischen Ansprüchen aus Informationsfreiheits- und Pressegesetzen einerseits und dem allgemeinen Persönlichkeitsrecht andererseits sind nicht zuletzt verfahrensmäßig zu lösen (*Sydow*, Staatliche Verantwortung für den Schutz privater Geheimnisse, DV 2005, 35 ff.). Geht der eigentliche Eingriff nicht vom Staat, sondern von privaten Dritten aus, dann erlangt das allgemeine Persönlichkeitsrecht mittelbare **Drittwirkung**. Gerichte müssen in den entsprechenden Verfahren die Ausstrahlungswirkung nicht nur der Presse-, Meinungs- oder Kunstfreiheit, sondern auch das allgemeine Persönlichkeitsrecht beachten (**Beispiel:** BGHZ 98, 32, 33 – Verbot der Beobachtung von Arbeitnehmern; BVerfG, Kammer, NJW 1992, 815 – Gerichtliche Verwendung von Beweismitteln. Arbeits- und Verwaltungsgerichte müssen vor dem „mobbing" in Schule und Arbeitswelt schützen (*Jansen/Hartmann*, NJW 2012, 1540).

VI. Die internationale und europäische Perspektive

28 Betrachtet man die internationalen Menschenrechtskataloge und das Europarecht, so zeigt sich, dass das allgemeine Persönlichkeitsrecht in seiner weitgehenden und richterrechtlichen Form eine Besonderheit des deutschen Verfassungsrechts ist. Einzelne Elemente des allgemeinen Persönlichkeitsrechts sind aber in vielfältiger Weise im internationalen und europäischen Recht geschützt. Genannt sei etwa das **Verbot der Diskriminierung** (Art. 2 AEMR), der Anspruch auf **Anerkennung als Rechtsperson** (Art. 6 AEMR) und der Schutz der **persönlichen Freiheitssphäre** in Art. 12 AEMR.

29 Praktisch besonders bedeutsam ist Art. 8 EMRK (Gebot der Achtung der Privatsphäre), der auch Wohnung, Briefverkehr und Familienleben umfasst und durch den EGMR in mittlerweile zahlreichen, teilweise berühmten Urteilen mit Meinungs- und Pressefreiheit in Bezug gesetzt worden ist (vgl. nur EGMR, NJW 2002, 2851 – Fall Pretty; EGMR, NJW 2004, 3397 – Fall Görgülü; EGMR, NJW 2004, 2647 – Caroline, dazu unten § 27, Rn. 22; EGMR, NJW 2006, 3317 – Brechmittel; besonders interessant auch EGMR, NJW 2009, 971 – künstliche Befruchtung für lebenslänglich Verurteilten und seine Frau). Dabei legt der EGMR Art. 8 EMRK als Schutzpflicht der Konventionsstaaten für so unterschiedliche Belange wie die Vaterschaft (EGMR, NJW 2012, 2781; NJW 2013, 1937), den Schutz vor Lärm (EGMR, NVwZ 2012, 1387), oder vor heimlich aufgenom-

menen Fotos (EGMR, NJW 2012, 747) aus; (allg. auch *S. Schiedermair*, Der Schutz des Privaten als internationales Grundrecht [2012]).

Der EuGH hat bisher ein dem deutschen allgemeinen Persönlichkeitsrecht entsprechendes umfassendes Grundrecht nicht entwickelt, aber wichtige Einzelelemente als allgemeine Rechtsgrundsätze des Gemeinschaftsrechts anerkannt, so insbesondere die Achtung der Privatsphäre, den Schutz personenbezogener Daten und die allgemeine Handlungsfreiheit. Diese Rechte sind auch in Art. 7 der EuGRCh eingegangen. 30

VII. Aktuelle Fälle und Probleme

Hinweis: Fälle und Probleme zum Thema: „Allgemeines Persönlichkeitsrecht in der Medizin" werden geschlossen in § 10 (Menschenwürde) behandelt. Der Themenbereich „Allgemeines Persönlichkeitsrecht als Schranke der Meinungs- und der Pressefreiheit" findet sich in § 25.

1. Kenntnis der Abstammung/Anonyme Geburt. Jährlich werden in der Bundesrepublik zahlreiche Kinder unmittelbar nach der Geburt getötet oder ausgesetzt. Zur Rettung des Lebens solcher Kinder bieten vor allem kirchliche Organisationen den Müttern die Möglichkeit der „anonymen Geburt" und der geschützten Abgabe des Säuglings in einer „Babyklappe" an. Dagegen wird eingewandt, die Verfahren verstießen gegen die Menschenwürde und das allgemeine Persönlichkeitsrecht, weil dem Kind die Kenntnis seiner genetischen Identität versagt und ein Anreiz zur leichtfertigen Kindesaussetzung geschaffen werde (*Benda*, JZ 2003, 533; *Kingreen*, KritVj 2009, 88; auch *Deutscher Ethikrat*, Stellungnahme vom 26.11.2009). 31

Beide Bedenken sind letztlich unbegründet: So ist schon der Schutzbereich der Menschenwürde nicht tangiert, denn das Kind wird nicht zum Objekt staatlicher Gewalt oder Willkür; es wird im Gegenteil vor dem menschenunwürdigen Ende im Müllcontainer oder in der Toilette bewahrt. Im Hinblick auf das allgemeine Persönlichkeitsrecht ist zwar das Recht auf Kenntnis der eigenen Abstammung (BVerfGE 79, 256, 268; 96, 56, 61) berührt, doch haben das Recht auf Leben und die entsprechende Schutzpflicht des Staates Vorrang. Das gilt auch gegenüber dem (im Übrigen reichlich zynischen) Missbrauchsverdacht (so im Ergebnis auch EGMR, NJW 2003, 2145). Rettet eine „Babyklappe" das Leben auch nur eines einzigen Kindes, dann rechtfertigt dies die weitere Existenz dieser Einrichtung. Allerdings bilden sie nur die ultima ratio gegenüber anderen Formen, so z. B. der vertraulichen Geburt mit Anspruch auf Kenntnis der Mutter nach 16 Lebensjahren des Kindes (dazu jetzt das Gesetz zum Ausbau der Hilfen für Schwangere und zur Regelung der vertraulichen Geburt vom 8.6.2013, BGBl I 3463).

Dagegen ist das Recht eines Samenspenders auf Anonymität deutlich nachrangig gegenüber dem Recht des Kindes auf Kenntnis seiner genetischen Abstammung (OLG Hamm, NJW 2013, 1167; dazu *Fink/Grün*, NJW 2013, 1913; ähnl. auch EGMR, NJW 2012, 2015)

Literatur: *Badenberg*, Das Recht des Kindes auf Kenntnis der eigenen Abstammung (2006); *Dellert*, Die anonyme Kindesabgabe. Anonyme Geburt und Babyklappe (2009); *Durner*, Verfassungs- und Völkerrechtsfragen der anonymen Geburt, ZG 2005, 243; *Fink/Grün*, Der Auskunftsanspruch über die Abstammung des durch heterologe Insemination gezeugten Kindes gegen den Arzt. NJW 2013, 1913; *Hassemer/Eidam*, Babyklappen und Grundgesetz (2011); *Nielitz*, Anonyme Kindesabgabe (2005).

32 **2. Sexuelle Selbstbestimmung und Inzestverbot.** Zum durch das allgemeine Persönlichkeitsrecht geschützten Recht auf sexuelle Selbstbestimmung gehört auch das Recht auf die freie Wahl des Sexualpartners. Gesetzliche Verbote sind heute bei Erwachsenen auf wenige Ausnahmen beschränkt, und das BVerfG hat einige traditionsreiche Eheverbote bereits für nichtig erklärt (BVerfGE 36, 146, 166 – Eheverbot für in häuslicher Gemeinschaft lebende Verwandte). Eine nach wie vor geltende Ausnahme betrifft aber das Verbot des Geschlechtsverkehrs zwischen Geschwistern in § 173 II 2 StGB. Das Verbot entspricht einem der ältesten Tabus der Menschheitsgeschichte, ist aber bei weitem nicht in allen europäischen Staaten verwirklicht. Auch kann es zu erheblichen individuellen Härten führen, wenn z. B. Geschwister getrennt werden und sich später wieder treffen und durch die Bestrafung eine real bestehende Familie auseinander gerissen wird.

So lag es auch in einem durch das BVerfG entschiedenen Fall. Entgegen manchen Erwartungen hat der 2. Senat § 173 II 2 StGB für verfassungskonform gehalten und die Bestrafung des Betroffenen bestätigt. Begründet wurde dies mit dem Schutz der Ehe und Familie (Art. 6 GG), aber auch dem Schutz vor sexuellen Übergriffen in engen sozialen Beziehungen und dem Schutz der Verhinderung vor Erbkrankheiten. Deshalb ist der Entscheidung aus verfassungsrechtlicher Sicht wenig entgegenzuhalten (BVerfGE 120, 224; ausf. *Hufen*, JuS 2008, 550 ff.; anders *Jahn*, JuS 2008, 550; *Hörnle*, NJW 2008, 2085 sowie das vehemente Sondervotum des damaligen Senatsvorsitzenden *Hassemer*). Auch der EGMR hat sie inzwischen gebilligt (EGMR, NJW 2013, 215).

33 **3. Recht am eigenen Namen und Recht auf angemessene Anrede.** Immer wieder sind die Standesämter und die Verwaltungsgerichte mit Fällen verwechslungsanfälliger, das Geschlecht nicht erkennen lassender oder schlicht zu langer und zu zahlreicher Vornamen konfrontiert. Das allgemeine Persönlichkeitsrecht umfasst nach allgemeinen Dafürhalten **das Recht am eigenen Namen** und den Schutz vor einer unberechtigten Verwendung eines Namens (BGH, NJW 2007, 689 – Lafontaine). Soweit es um den Familiennamen und die Namensgebung durch die Eltern eines Kindes geht, ist auch Art. 6 GG berührt (dazu § 16, Rn. 46). Das Recht am eigenen Namen umfasst aber nicht das Recht auf eine bestimmte Schreibweise des Namens (BVerwG

31, 236, 237 – Nichtverwendung von Umlauten) oder einen Abwehranspruch gegen den Deutschen Wetterdienst, Tiefs nicht mit dem eigenen Vornamen zu versehen (zur erlaubten Verwendung des Begriffs „Altweibersommer" LG Darmstadt NJW 1990, 1997). Geschützt ist auch die Verwendung des eigenen Namens in einer Internet-Adresse (BVerfG, NJW 2007, 671). Das auch den Künstlernamen schützende Namensrecht erlöscht allerdings mit dem Tode und kann nicht etwa durch die Erben geltend gemacht werden (BGH, NJW 2007, 684).

Das allgemeine Persönlichkeitsrecht umfasst auch das Recht auf eine angemessene Anrede – einschließlich der Führung akademischer Grade (BAG, NZA 1984, 225; BAG NVwZ 2009, 816 – Beamter). Gelegentlich streifen hier die Fälle aber auch die Grenzen der Skurrilität – so bei der Klage auf eine Verbindung des Namens mit der Anrede „Dame" statt „Frau" (OVG Lüneburg, NJW 1995, 1572), oder wenn es um das „unfreiwillige Geduztwerden" im Arbeitsleben (LAG Hamm, NJW 1999, 1053) oder in der Volkshochschule geht (BVerwG NJW 1990, 2575).

4. Strafverfahren. Im Strafverfahren werden gelegentlich unterhalb der Schwelle des Art. 1 GG und der körperlichen Unversehrtheit (Art. 2 II GG) **Untersuchungen** durchgeführt, die die Frage des allgemeinen Persönlichkeitsrechts in Bezug auf Geheimnisschutz und persönliche Integrität aufwerfen.

Beispiel: Urinuntersuchung bei Verdacht auf Drogenkonsum. Das BVerwG (NJW 1997, 269) bejaht diese bei hinreichend konkretem Verdacht des Rauschgiftkonsums. Ähnlich schon früher BVerfGE 47, 239 – **Veränderung der Haar- und Barttracht** zur Identifizierung eines Terrorismus-Verdächtigen. Auch die **Durchsuchung eines Anwalts** kann aus Sicherheitsgründen in einem Strafverfahren verfassungsgemäß sein (BVerfG, Kammer, NJW 2006, 1500). Dagegen ist der durch Nachlässigkeit entstandene Zwang zum **Tragen von Anstaltskleidung in der Hauptverhandlung** immer eine Persönlichkeitsverletzung des Angeklagten (BVerfG, Kammer, NJW 2000, 1399). Auch das **Arztgeheimnis** ist im Strafverfahren zu achten – allerdings nur zum Schutz des Patienten, nicht eines wegen Abrechnungsbetrugs angeklagten Arztes (BVerfG, Kammer, NJW 2000, 3577).

Das allgemeine Persönlichkeitsrecht schützt auch vor unzulässigen **Mitteilungen aus Ermittlungen** im Vorfeld eines Strafverfahrens. Es ist z. B. verletzt, wenn ein Verfassungsschutzbeamter gegenüber dem Arbeitgeber die Vermutung äußert, ein Arbeitnehmer habe „Kontakte zum RAF-Umfeld" (BVerfG, NJW 1998, 919), oder wenn in einem Bagatellverfahren der Name oder das Bild eines Angeklagten in die Öffentlichkeit gelangt. Ebensowenig darf eine Staatsanwaltschaft im laufenden Verfahren bereits Pressemitteilungen zur möglichen Schuld eines Betroffenen lancieren (OLG Düsseldorf, NJW 2005, 1791 – Fall Mannesmann; *Gounalakis*, NJW 2012, 1473.). Ob die öffentliche Zurschaustellung eines prominenten der Steuerhinterziehung Verdächtigen mit vorheriger Information der Medien mit dessen Persönlichkeitsrecht vereinbar ist (Beispiel: Fall *Zumwinkel*), kann man mit Fug und Recht bezweifeln. Dagegen kann ein beteiligter Richter nicht Fernsehaufnahmen mit der Begründung verweigern, sein eigenes Persönlichkeitsrecht werde verletzt – es sei denn, die Aufnahmen gefährdeten seine Mitwirkung am Verfahren (BVerfG, Kammer, NJW 2000, 2890).

35 **5. Durchbrechung der Privatsphäre und der Anonymität.** Behörden und Gerichte müssen die Privatsphäre von Betroffenen achten, auch wenn sich diese im Brennpunkt eines die Öffentlichkeit besonders bewegenden Streits befinden. So ist es höchst bedenklich, wenn eine Kammer des BVerfG der Meinungsfreiheit von Abtreibungsgegnern den Vorrang vor dem Persönlichkeitsrecht eines „Abtreibungsarztes" und dessen Patientinnen gibt (BVerfG, Kammer, NJW 2011, 47; anders zu Recht noch BGH, NJW 2005, 592 sowie bereits BGH, NJW 2003, 2011). Ein Eingriff in das Persönlichkeitsrecht kann auch die Luftaufnahme des Privathauses eines bekannten Fernsehmoderators unter Namensnennung sein, wenn dieser sich dadurch nicht mehr in seine Privatsphäre zurückziehen kann (KG, NJW 2005, 2320). Dasselbe gilt gegenüber Demonstrationen vor dem Privathaus von Politikern (BVerfG, Kammer, NJW 1987, 3245 – Elternhaus Honnecker; BVerfG, Kammer, NVwZ 2002, 339 – NPD-Politiker). Als moderne Beispiele der Fallgruppe „Pranger" können gezielte oder auch fahrlässige Nennungen von diskriminierenden Anschriften – etwa von Obdachlosenunterkünften, psychiatrischen Anstalten in Dritten zugänglichen Behördenschreiben –, die Kenntlichmachung eines Sozialhilfeempfängers auf einem Überweisungsträger (BVerwG, NJW 1995, 410) oder die Bekanntgabe einer Entmündigung (BVerfGE 78, 77, 84) gelten. Dagegen verstößt eine Kennzeichnungspflicht für im Dienst befindliche Polizeibeamte nicht gegen deren Persönlichkeitsrechte (*Parczak*, NVwZ 2011, 852).

Am anderen Ende des sozialen Spektrums ist es sehr fraglich, ob die Vorstandsmitglieder größerer Aktiengesellschaften ohne Verstoß gegen das allgemeine Persönlichkeitsrecht verpflichtet werden können, ihre persönlichen Bezüge in aller Öffentlichkeit zu nennen (so auch *Augsberg*, ZRP 2005, 105 ff.).

36 **6. Darstellung in unerwünschter Weise.** Das allgemeine Persönlichkeitsrecht garantiert zwar nicht, dass Personen nur in einer bestimmten Weise dargestellt werden, es schützt aber sehr wohl vor unerwünschten oder verzerrenden Darstellungen. So ist die Darstellung einer prominenten weiblichen Person mit entblößtem Oberkörper oder in einer verfälschenden Fotomontage unzulässig (OLG Hamburg, NJW 1996, 1151). Letztere kommt einer falschen Tatsachenbehauptung gleich (BVerfG, Kammer, NJW 2005, 3271). Wei-

tere Fälle dazu unter § 27, Rn. 22 (Schranken der Pressefreiheit). Auch muss sich niemand indirekt bezichtigen lassen, er habe während der nationalsozialistischen Zeit an der Vertreibung jüdischer Mitbürger aus der Stadt teilgenommen – auch wenn dies in der künstlerischen Form eines die Geschichte der Stadt darstellenden Marktbrunnens geschieht (VG Sigmaringen, NJW 2001, 628; dazu *Will*, JuS 2004, 701). Auch herabsetzende und einseitige Kritik der Bundeszentrale für politische Bildung muss sich ein Bürger nicht gefallen lassen (BVerfG, Kammer, NJW 2011, 511). Ob allerdings die Kritik an einem offen rechtsextremistische Positionen vertretenden Schriftsteller hier einen geglückten Beispielfall bildet, darf man bezweifeln.

Literatur zu § 11: *Albers*, Grundrechtsschutz der Privatheit, DVBl. 2010, 1061; *Barrot*, Der Kernbereich privater Lebensgestaltung (2012); *Beuthin*, Persönlichkeitsgüterschutz vor und nach dem Tode (2002); *Britz*, Freie Entfaltung durch Selbstdarstellung. Eine Rekonstruktion des allgemeinen Persönlichkeitsrechts aus Art. 2 I GG (2007); *Ehmann*, Zur Struktur des allgemeinen Persönlichkeitsrechts, JuS 1997, 193 ff.; *Enders*, Schutz der Persönlichkeit und der Privatsphäre, HdbGr IV, § 89; *Geis*, Der Kernbereich des Persönlichkeitsrechts – ein Plädoyer für die „Sphärentheorie", JZ 1991, 112; *Götting/Schertz/Seitz*, Handbuch des Persönlichkeitsrechts (2008); *Hohmann-Dennhardt*, Freiräume – Zum Schutz der Privatheit, NJW 2006, 545; *Horn*, Schutz der Privatsphäre, HdbStR VIII, § 149; *Hufen*, Schutz der Persönlichkeit und Recht auf informationelle Selbstbestimmung in: FS 50 Jahre BVerfG II 105 ff.; *Kahl*, Das Grundrecht der Sprachenfreiheit, JuS 2007, 201; *Kube*, Ehrenschutz im Verfassungsrecht des Frühkonstitutionalismus und im Grundgesetz, AöR 125 (2000), 341; *K. Möller*, Paternalismus und Persönlichkeitsrecht (2005); *v. Münch*, Kleidung und Recht (2006); *Nettesheim/Diggelmann*, Grundrechtsschutz der Privatheit, VVDSTRL 70 (2011) 30, 50; *S. Schiedermaier*, Der Schutz des Privaten als internationales Grundrecht (2012).

§ 12 Das Grundrecht auf informationelle Selbstbestimmung

I. Allgemeines

1. Entstehung und historische Entwicklung. Seit den 1970er Jahren wurde immer klarer, dass das allgemeine Persönlichkeitsrecht und die Privatsphäre nicht mehr nur durch die „traditionellen" Eingriffe gefährdet waren, sondern dass auch und gerade die moderne Informationstechnologie und der unstillbare Durst von Staat, Medien und Wirtschaft nach personenbezogenen Informationen besondere Anforderungen an den Schutz des allgemeinen Persönlichkeitsrechts stellten. Besonders umstritten war die für das Jahr 1984 geplante **all-**

1

gemeine **Volkszählung,** in der es nicht nur um eine statistische Erhebung, sondern auch um Wohnverhältnisse, Einkommen usw. ging. Für das alsbald angerufene BVerfG waren diese Fragen und der Schutz persönlichkeitsbezogener Daten und Informationen nicht neu. Erinnert sei an die bekannten Entscheidungen zur Hinzuziehung von **Ehescheidungsakten** (BVerfGE 27, 344, 350), für **Krankendaten** (BVerfGE 32, 373, 379) und für Informationen aus dem Bereich der **Drogenberatung** (BVerfGE 44, 353).

2 **Klassiker: BVerfGE 65, 1, 38 – Volkszählung.** Als das BVerfG im Dezember 1983 – wenige Tage vor der beziehungsreichen Jahreszahl 1984 – sein Urteil zur Volkszählung verkündete, ging es ihm nicht darum, ein völlig neues Grundrecht zu erfinden. Prüfungsmaßstab war und blieb vielmehr das allgemeine Persönlichkeitsrecht, das in Reaktion auf die neuartigen Gefährdungen fortentwickelt wurde. Unter den Bedingungen der modernen Datenverarbeitung – so das Gericht – sei der Einzelne gegen missbräuchliche Erhebung, Speicherung und Weitergabe personenbezogener Daten besonders zu schützen. Außerdem verlangte das BVerfG nach der „Wesentlichkeitstheorie" eine **gesetzliche Grundlage** für Eingriffe. Zahlreiche Polizeigesetze mussten daraufhin im Hinblick auf die Datenerhebung, -verarbeitung und -weitergabe ergänzt werden. Auch später hat das Gericht im Hinblick auf den Schutz vor Offenbarung persönlicher Lebenssachverhalte immer wieder an das allgemeine Persönlichkeitsrecht angeknüpft (vgl. etwa BVerfGE 80, 367, 373 – Tagebuch). Von dessen beiden Elementen (Abwehr gegen Eingriffe in die Persönlichkeitssphäre und Selbstbestimmung) hob das BVerfG vor allem hervor, dass der Einzelne selbst über die Verwendung personenbezogener Daten bestimmen solle (BVerfGE 65, 1, 43 – Volkszählung) und bezeichnete dies eher beiläufig als „informationelle Selbstbestimmung". Dieser Begriff hat sich dann mehr und mehr verselbständigt.

3 **2. Derzeitige Bedeutung.** Die gegenwärtigen Probleme des Grundrechts lassen sich unter den Stichworten **„Terrorbekämpfung", „neue technische Entwicklungen"** und **„Datenhandel"** zusammenfassen.
Nach dem 11. September 2001 ließ das Spannungsverhältnis von Schutz der Persönlichkeitssphäre und der informationellen Selbstbestimmung einerseits und **präventiver Terror- und Kriminalitätsbekämpfung** andererseits die Probleme der Volkszählung geradezu idyllisch erscheinen. Dabei ist dieses Ereignis nur ein Beispiel dafür, dass die Mehrheit der Bürger aus Angst vor Terrorismus und Kriminalität bereit zu sein scheint, Freiheitsbeschränkungen hinzunehmen, die sie in anderen Bereichen niemals zugestanden würden (einprägsam dazu *Volkmann*, NVwZ 2009, 216; *Masing*, JZ 2011, 753.). Umso wichtiger ist es, dass das BVerfG die Gesetzgeber in Bund und Ländern immer wieder in die Schranken gewiesen und klargestellt hat, dass auch die Bedrohung durch den internationalen Terrorismus und der organisierten Kriminalität Eingriffe in den Kern der Persönlichkeitssphäre nicht rechtfertigt (dazu unten, Rn 23). Das Bewusstsein für diese Gefahren scheint aber zwischen Europa und den USA nicht gleichmäßig ausgeprägt zu sein. Das zeigt

nicht zuletzt die Affäre um die Bespitzelung der Bundeskanzlerin und Millionen durch den amerikanischen Geheimdienst NSA gesammelte personenbezogene Daten und die ebenso bedrohliche Aktivität anderer Geheimdienste. In Deutschland haben sich jedenfalls Befürchtungen, das Grundrecht behindere die Informationstätigkeit der Behörden und Effizienz der Polizei („Datenschutz als Täterschutz"), nur in seltenen Fällen bewahrheitet. Die Rechtsprechung seit dem „Volkszählungsurteil" zeigt aber auch, dass kein Bedarf an einem zusätzlichen **„Grundrecht auf Datenschutz"** besteht (gefordert etwa von *Künast*, ZRP 2008, 201; *Kloepfer/Schärdel*, JZ 2009, 453). Dieses Grundrecht gibt es in Gestalt des allgemeinen Persönlichkeitsrechts und des Grundrechts auf informationelle Selbstbestimmung längst.

Zum anderen zeigen neue **Entwicklungen der Informationstechnologie** und die Globalisierung der Datenströme, dass es heute völlig neue Gefährdungen gibt, die nicht immer vom Staat ausgehen. Persönliche Daten lassen sich heute allein vermittels biometrischer Systeme erfassen und festhalten. Menschen können unter Einsatz satellitengesteuerter Orientierungssysteme (GPS) geortet, Kfz.-Kennzeichen lückenlos erfasst und gespeichert, Bewegungsprofile erstellt werden. Die Globalisierung und Beschleunigung der Informationstechnologie schafft neue Kommunikationschancen, aber auch ungeahnte neue Gefahren für in Computern, im Internet und auf e-mail Servern und „Daten Clouds" vorhandene personenbezogene Daten. Das ist auch der Hintergrund des durch das BVerfG hervorgehobenen **„Grundrechts auf Gewährleistung der Vertraulichkeit und Integrität informationstechnischer Systeme"** (BVerfGE 120, 274, 302; erläuternd *Hoffmann-Riem*, JZ 2008, 1009), das sich bei näherem Hinsehen allerdings als Ausprägung des allgemeinen Persönlichkeitsrechts und als Zwillingsgrundrecht zur informationellen Selbstbestimmung erweist, also hier mitbehandelt wird.

Immer mehr erfasst die Grundrecht auch das Verhältnis der Bürger untereinander und zu vielfach vernetzten machtvollen Großsystemen wie **Google** und **Facebook**. So sind es die zahllosen personenbezogenen Daten, die im Internet freiwillig oder unwissend preisgegeben, mit jeder Kundenkarte und jedem Preisausschreiben offenbart und oft weiterverkauft werden. Fälle kriminellen Datenmissbrauchs sind hier nur die Spitze des Eisbergs.

II. Schutzbereich

1. Sachlicher Schutzbereich. Wie das allgemeine Persönlichkeitsrecht insgesamt, so hat auch das Recht auf informationelle Selbstbestimmung ein passiv-abwehrendes Element gegenüber Eingriffen von außen (**Schutz personenbezogener Informationen**) und ein aktives **Element der Selbstbestimmung** über diese Informationen. Die Grundgedanken sind einfach: Der Einzelne selbst verfügt über seine Privatsphäre und die damit verbundenen Daten; er kann somit auch entscheiden, was er wem gegenüber aus dieser Sphäre offenbart

(BVerfGE 54, 148, 153 – Eppler; BVerfGE 85, 219, 224 – Eigenbedarf). So wie es ein Selbstbestimmungsrecht über das eigene Bild und das eigene Wort sowie ein Verbot der Selbstbezichtigung gibt, so gibt es im Schutzbereich von Art. 2 I i. V. m. Art. 1 I GG ein Recht auf Selbstbestimmung über personenbezogene Informationen.

„Unter den Bedingungen der modernen Datenverarbeitung" stellt das BVerfG im Volkszählungsurteil zunächst klar, dass in diesem Bereich die **traditionelle Sphärentheorie nicht mehr ausreicht,** weil die Informationstechnologie mühelos die einzelnen Sphären überspringt und weil die Möglichkeit der Erhebung, Speicherung und blitzschnellen Weitergabe von Daten dazu führt, dass an sich „harmlose" oder außerhalb des Intimbereichs angesiedelte Daten zu einem Persönlichkeitsmosaik zusammengefasst werden können. Datenermittlung, Datenspeicherung und Datenweitergabe berühren grundsätzlich den Schutzbereich des Grundrechts auf informationelle Selbstbestimmung, wenn es sich um Daten mit Bezug zur Persönlichkeit des Einzelnen handelt. Dahinter stehen die durchaus traditionellen Schutzaussagen des Grundrechts (Schutz vor Prangerwirkung – BVerfGE 65, 1, 49; Schutz vor ungewollter Verbreitung personenbezogener Nachrichten und Informationen; Schutz vor Verfälschung).

Informationelle Selbstbestimmung bedeutet nicht nur Abwehr fremder Kenntnis, sondern auch **Anspruch auf eigene Kenntnis** über vorhandene personenbezogene Informationen (BVerwG, NJW 1989, 2960). Insofern erhalten Informations-, Beratungs- und Akteneinsichtsrechte in laufenden Verfahren eine besondere grundrechtliche Bedeutung. Auch dieser Anspruch ist umso wichtiger, je mehr er sich auf den höchstpersönlichen Bereich bezieht. So ist die positive Kenntnis genetischer Risiken bei der in-vitro-Fertilisation ebenso ein Bestandteil des Grundrechts auf informationelle Selbstbestimmung wie das oben geschilderte Recht auf Einsichtnahme in Krankheitsakten.

5   Unter Einsatz technologischer Mittel ist es heute möglich, ohne physischen Eingriff in persönliche Datenträger einzudringen. Das kann sogar „online" durch das Einschleusen sog. „Trojaner" bewirkt werden, die alle gespeicherten persönlichen Daten durchforsten und weiterleiten können. Das ist eine vor allem für die Terror- und Kriminalitätsbekämpfung verlockende Möglichkeit, da sich die Netzwerke des Terrorismus und die internationale Kriminalität heute der modernsten technischen Methoden im Internet und der elektronischen Kommunikation bedienen. Das Problem: Die Durchsuchung unterscheidet nicht zwischen höchstpersönlichen und für den öffentlichen Zweck relevanten Daten. Betroffene erfahren in der Regel nichts von

dem Eingriff, können ihre informationelle Selbstbestimmung also erst gar nicht wahrnehmen. Aus dem allgemeinen Persönlichkeitsrecht hat das BVerfG daher in seinem Urteil zur Online-Durchsuchung (BVerfGE 120, 274, 302; vertiefend *Gusy*, DuD 2009, 33) das **„Grundrecht auf Gewährleistung der Vertraulichkeit und Integrität informationstechnischer Systeme"** entwickelt, dabei aber selbst betont, dass es sich im Grunde nicht um ein neues Grundrecht, sondern um eine weitere Ausprägung des allgemeinen Persönlichkeitsrechts handelt.

Schutzgut ist hier nicht die persönliche Entscheidungsfreiheit über personenbezogene Daten (Art. 2 I GG) und nicht die Vertraulichkeit der Übermittlung (Art. 10 GG), sondern die Sicherheit und Vertraulichkeit der Informationssysteme gegenüber dem Eindringen und Auslesen selbst (*Hoffmann-Riem*, JZ 2008, 1009; *Herrmann/Soiné*, NJW 2011, 2922). Wer persönliche Daten in ein solches System eingibt, verbindet damit die Erwartung der Integrität und Vertraulichkeit und ist gerade in dieser Erwartung geschützt. Insofern ist es angebracht, von einem „Computergrundrecht" (*Kutscha*, NJW 2008, 1042 *Roßnagel/Schnabel*, NJW 2008, 3534) oder auch von einer „elektronischen Privatsphäre"(*Th. Böckenförde*, JZ 2008, 925) zu sprechen.

2. Personeller Schutzbereich – Grundrechtsträger. Träger des Grundrechts sind **nur natürliche Personen**. Da es sich beim Grundrecht auf informationelle Selbstbestimmung um eine Ausprägung des allgemeinen Persönlichkeitsrechts handelt, ist dieses Grundrecht dem Wesen nach (Art. 19 III GG) **nicht auf juristische Personen anwendbar** (anders aber OVG Lüneburg, NJW 2009, 2697 – Abstimmungsgeheimnis bei Mitgliederversammlung einer GmbH). Auch für das „Grundrecht auf Gewährleistung der Vertraulichkeit und Integrität informationstechnischer Systeme" stellt das BVerfG auf die Schutzbedürfnisse des Einzelnen ab und lässt damit erkennen, dass juristische Personen und Vereinigungen nicht Träger des Grundrechts sein können. Die Anwendung dieses Grundrechts für juristische Personen ist auch nicht erforderlich, da deren informationstechnische Systeme und Geschäftsgeheimnisse durch Art. 12 GG oder ggf. durch Art. 14 GG geschützt sind (dazu unten § 35, Rn. 14; § 38, Rn. 15; teilweise weitergehend *Wilms/Roth*, JuS 2004, 577).

Wie das allgemeine Persönlichkeitsrecht endet auch das Grundrecht auf informationelle Selbstbestimmung nicht mit dem Tode. So besteht etwa die ärztliche Schweigepflicht **nach dem Tode** ebenso fort, wie der Schutz personenbezogener Daten gegen unautorisierte Weitergabe (zur ärztlichen Schweigepflicht in diesem Zusammenhang *Spickhoff*, NJW 2005, 1982).

7 **3. Verhältnis zu anderen Grundrechten.** In eigentümlicher Weise ist das Grundrecht auf informationelle Selbstbestimmung einerseits spezieller als die Menschenwürde, das allgemeine Persönlichkeitsrecht und die freie Entfaltung der Persönlichkeit, weil es sich mit den personenbezogenen Daten auf einen besonderen Bereich der Persönlichkeit und deren Selbstbestimmung und besondere Gefährdungspotentiale bezieht. Andererseits wird es durch die besonderen Geheimnisse wie Art. 5 I 2 GG (Pressegeheimnis), Art. 12 I GG (Berufsgeheimnis), Art. 14 GG (vermögenswertes Geschäftsgeheimnis) usw. nicht völlig verdrängt, sondern ist zu einer Art Auffanggrundrecht zum Schutz personenbezogener Daten geworden.

III. Eingriffe

8 Auf der Eingriffsebene lassen sich zunächst **Erhebung, Speicherung, Verwendung** und **Weitergabe** personenbezogener Daten unterscheiden. Die Elemente zeigen bereits, dass die klassische Definition des Eingriffs (gezielte Regelung mit Auswirkung auf die Rechtssphäre des Bürgers) für die informationelle Selbstbestimmung erweitert werden muss. Wenn auch die Erhebung von Daten in der Persönlichkeitssphäre stattfindet, so sind es Speicherung, Verarbeitung und teilweise auch Weitergabe, die sich nicht immer gezielt gegen den Bürger richten, gleichwohl aber mittelbar das Grundrecht beeinträchtigen. Es ist sogar nicht nötig, dass die staatliche Maßnahme den Innenbereich der Verwaltung verlässt: Ein Eingriff kann vielmehr auch gerade in der Verwendung und Weitergabe personenbezogener Daten innerhalb der Verwaltung oder zwischen Behörden geschehen, ohne dass der Bürger davon auch nur etwas erfährt. Gerade in dieser Unkenntnis kann ein besonderer Eingriff in das Grundrecht liegen. Auch insofern reichen die traditionellen Elemente der Sphärentheorie, der Innenbereich/Außenbereich-Dogmatik und der Schutznormtheorie nicht aus, um die neuartigen Eingriffe dogmatisch richtig zu erfassen (so bereits BVerfGE 65, 1, 43 – Volkszählung). Kein unbefugter Eingriff liegt vor, wenn der Betroffene mit der Erhebung, Speicherung oder Weitergabe einverstanden ist.

§ 12 Das Grundrecht auf informationelle Selbstbestimmung

In der unbefugten **Weitergabe** erhobener Daten liegt immer ein gegenüber der Erhebung selbständiger Grundrechtseingriff. Das gilt auch für die Ergebnisse der Überwachung im Rahmen des Art. 10 GG – auch wenn diese selbst verfassungskonform war (BVerfGE 100, 313, 358 – Telekommunikationsüberwachung I). Auch die traditionelle Trennung von Eingriff und Leistung lässt sich bei der informationellen Selbstbestimmung nicht aufrechterhalten. So ist die Verweigerung der Information über personenbezogene Daten als Eingriff und nicht nur als Verweigerung eines Teilhaberechts zu werten. Kein Eingriff ist dagegen die zur Identifikation dienende Verpflichtung zur Führung eines Kfz-Zeichens oder zum Tragen eines Namensschildes bei bestimmten in der Öffentlichkeit stehenden Berufen (OVG Hamburg, NJW 2005, 1201 – Namensschild für Taxifahrer).

Ein **mittelbarer Eingriff** liegt vor, wenn die Verwaltung einem Dritten die Erhebung, Speicherung oder Weitergabe persönlicher Daten erlaubt oder den Zugang eröffnet (**Beispiel:** Herausgabe von Stasi-Unterlagen; Weitergabe von Daten an den US-Geheimdienst). Eine **faktische Beeinträchtigung** liegt in der Beobachtung, in der Behinderung des Zugangs zu eigenen Daten und in der Luftaufnahme des persönlichen Wohnsitzes.

Beispiele für Eingriffe bei der **Datenerhebung:** Behördenformular oder Fragebogen mit nicht notwendigen persönlichen Daten; Videoaufnahmen und Beobachtungsdrohnen; Einsammeln von genetischem Material; Beschlagnahme des Datenbestandes eines PC im Strafprozess (BVerfGE 113, 29, 44 – Sicherstellung). Pauschale Abfragen und die maschinelle Prüfung von Kreditkartendaten sind aber nur Eingriff für diejenigen, auf die die Suchkriterien zutreffen, die also „in den Maschen des Netzes" hängen bleiben (BVerfG, Kammer, NJW 2009, 1405). Für diese kann der Eingriff dann durch § 161 I StPO gerechtfertigt sein.

Beispiele für Eingriffe durch **Speicherung:** Anlage personenbezogener Dossiers; Übernahme vorhandener Sozialdaten in eine für die Polizei bestimmte Datei; versäumte Löschung der bei der Mauterfassung anfallenden Kfz-Daten.

Beispiele für unbefugte **Weitergabe und Veröffentlichung:** Datenabgleich im Rahmen der „Rasterfahndung"; Nennung personenbezogener Informationen im Verfassungsschutzbericht, in Pressemitteilungen oder auch in öffentlichen Gemeinderatssitzungen (dazu *Petri*, NVwZ 2005, 399); öffentliche personenbezogene Informationen der Bundesregierung im Parlament oder in Regierungsmitteilungen (*Raap*, NJW 1997, 508) – in diesem Fall kann die Bekanntgabe aber durch den Informationsanspruch des Parlaments gerechtfertigt sein (BVerfGE 110, 199).

Ein Eingriff in das „**Grundrecht auf Gewährleistung der Vertraulichkeit und Integrität informationstechnischer Systeme**" liegt in jedem Zugriff auf die in dem System enthaltenen Daten durch Ausspähung, Überwachung oder Manipulation des Systems und die Weitergabe der Daten vor (BVerfGE 120, 274, 302). Das gilt aber nicht, wenn der Staat sich lediglich im Internet allgemein zugänglicher Daten bedient oder diese sammelt.

IV. Verfassungsrechtliche Rechtfertigung – Schranken

11   1. **Gesetzesvorbehalt.** Zu den grundlegenden „Neuigkeiten" im Volkszählungsurteil gehörte, dass das Urteil die Bedeutung („Wesentlichkeit") von Datenerhebung, Speicherung und Weitergabe erkannte und deshalb **eine hinreichend bestimmte gesetzliche Grundlage** für alle derartigen Maßnahmen verlangte. Das bedeutete auch insofern das Ende des „besonderen Gewaltverhältnisses" und die Ausdehnung des Gesetzesvorbehalts auf solche Bereiche, die früher als nicht grundrechtsrelevante Innenbereiche der Verwaltung bezeichnet wurden (BVerfGE 65, 1, 44). Weder die polizeirechtlichen Generalklauseln noch allgemeine Eingriffsbefugnisse reichen also aus, um Datenerhebung, -speicherung und -weitergabe zu rechtfertigen (BVerfGE 92, 191, 197 – Angabe von Personalien). Der Zweck der Maßnahme muss dabei im Gesetz selbst genau festgelegt sein (BVerfGE 65, 1, 46; 92, 191, 197). Schon der Umgang einer gesetzlich nicht zuständigen Behörde mit personenbezogenen Daten wird daher durch den Schrankenvorbehalt nicht mehr gedeckt (BVerwG, NJW 2005, 2330). Deshalb hat das BVerfG § 5 II Nr. 11 S. 1 Alt. 2 VerfSchG NRW zur Online-Durchsuchung schon wegen mangelnder Bestimmtheit und Normenklarheit für verfassungswidrig erklärt (BVerfGE 120, 274, 302).

12   2. **Gesetzliche Schranken.** Für das Grundrecht auf informationelle Selbstbestimmung gelten die Schranken des Art. 2 I GG, d. h. ein allgemeiner Vorbehalt zugunsten ihrerseits verfassungsgemäßer Gesetze. Eingriffe auf gesetzlicher Grundlage sind danach gerechtfertigt, soweit sie im **Rahmen der gesetzlichen Ermächtigung** ergehen, die **Verhältnismäßigkeit** einhalten und nicht gegen **sonstiges Recht** verstoßen. Wie alle gesetzlichen Schranken sind auch die des Grundrechts auf informationelle Selbstbestimmung im Lichte der Bedeutung des Grundrechts zu sehen.

Für die **Verhältnismäßigkeit** kommt es darauf an, wie weit die jeweilige Information der Persönlichkeitssphäre des Betroffenen zuzuordnen ist. Je mehr die Daten die Intimsphäre oder ein besonderes Vertrauensverhältnis berühren, desto strenger sind die Anforderungen an das Gewicht der Begründung, Eignung, Erforderlichkeit und Zumutbarkeit der Maßnahmen (dazu BVerfGE 89, 69, 82 – med.-psych. Gutachten; BVerfG, Kammer, NJW 1999, 1777 – Akten aus psychiatrischer Behandlung). Dagegen kann die Transparenz gesetzlicher Versorgungssysteme Eingriffe in die informationelle Selbstbestimmung – z. B. durch Veröffentlichung der Vergütung von Vorstandsmitgliedern der GKV – rechtfertigen (BVerfG, Kammer, NJW 2008, 1453). Generalpräventive Maßnahmen durch Weitergabe personenbezogener Daten oder Offenbarung persönlicher Lebensverhältnisse sind auch dann nicht zulässig, wenn es um Probleme der öffentlichen Sicherheit geht (**Beispiel:** Hausbesuche bei Hooligans und Steckbriefe im Internet – dazu *Waechter*, VerwArch. 92 [2001], 317). Ausnahmen kommen nur im Rahmen von § 100 StPO bei besonders schweren Straftaten in Betracht. Das gilt auch für Eingriffe in das **„Grundrecht auf Gewährleistung der Vertraulichkeit und Integrität informationstechnischer Systeme"**. Diese sind nur zur Bekämpfung konkreter Gefahren für überragend wichtige Rechtsgüter wie Leib, Leben und Freiheit der Person oder bei Gefährdung des Staates oder Existenz des Menschen selbst und auf Grund einer **richterlichen Anordnung** zulässig. Ausgespart bleiben muss in jedem Fall der **Kernbereich persönlicher Lebensgestaltung** (BVerfGE 120, 274, 302). Für die Erfüllung dieser Voraussetzungen muss schon das ermächtigende Gesetz Vorkehrungen treffen.

3. Verfassungsimmanente Schranken. Ein unmittelbarer „Durchgriff" auf den Schutz bestimmter Verfassungsgüter kommt bei der informationellen Selbstbestimmung schon wegen des Gesetzesvorbehalts nicht in Frage. Gleichwohl kann es bei der Anwendung von Gesetzen zu Kollisionslagen mit anderen Verfassungsgütern kommen, die nach den Grundsätzen der praktischen Konkordanz zu lösen sind. So können die informationelle Selbstbestimmung im familiären Bereich durch den Jugendschutz, das Zurückbehaltungsrecht gegenüber bestimmten Daten durch die Wissenschaftsfreiheit und das Recht auf die Verfügung personenbezogener Daten durch parlamentarische Untersuchungsrechte eingeschränkt sein (vgl. §§ 29 ff. PUAG; *Masing*, Parlamentarische Untersuchungen privater Sachverhalte [1998]; zur Kontrolle durch den Rechnungshof BVerfG, Kammer, DVBl. 1997, 481).

13

Umgekehrt kann das Grundrecht auf informationelle Selbstbestimmung auch verfassungsimmanente **Schranke für andere Grundrechte** sein. So muss auch der Wissenschaftler bei der Erhebung und Verwertung personenbezogener Daten in einer Habilitationsschrift das Persönlichkeitsrecht etwaiger Betroffener beachten (dazu OLG Hamm, NJW 1996, 940).

14

15 **4. Rechtsfolgen der Verletzung.** Besonders interessant sind die Rechtsfolgen einer Verletzung des Grundrechts auf informationelle Selbstbestimmung. Unabhängig von der Begründetheit etwaiger Rechtsmittel und von Ansprüchen auf Folgenbeseitigung, Entschädigung, Schadensersatz usw. stellt sich die rechtlich besonders interessante Frage der **Verwertung** von unter Durchbrechung des Grundrechts auf informationelle Selbstbestimmung erhobenen, gespeicherten oder weitergegebenen Daten in verschiedenen Verfahren.

Im **Strafprozess** gilt grundsätzlich, dass unter Durchbrechung des Grundrechts auf informationelle Selbstbestimmung erhobene, gespeicherte oder weitergegebene Daten nicht verwertet werden dürfen **(Verwertungsverbot)**. Das gilt auch, wenn diese Daten bei einer rechtswidrigen Durchsuchung, Sicherstellung und Beschlagnahme von Datenträgern erlangt oder in grundrechtswidriger Weise weitergegeben worden sind (BVerfGE 113, 29 – Sicherstellung).

16 Weit komplizierter ist die Lage im **Verwaltungsverfahren** (hierzu *Hufen/Siegel*, Fehler im VwVf., Rn. 237; *Macht*, Verwertungsverbote bei rechtswidriger Informationserlangung im Verwaltungsverfahren [1999]). Geht es um die Abwehr konkreter Gefahren für wichtige Rechtsgüter, dann kann die Behörde nicht gehindert sein, auch solche Daten bei ihren Maßnahmen der Gefahrenabwehr zu berücksichtigen, die unter Verstoß gegen das Grundrecht auf informationelle Selbstbestimmung in das Verfahren gelangt sind. Dabei dürfen Eingriff und Anlass der Verwertung nicht außer Verhältnis stehen.

Beispiele: Durch eine verbotene Datenübertragung aus Unterlagen des Verfassungsschutzes erfährt eine Behörde von einem geplanten Anschlag auf einen Politiker oder einer konkreten Gefährdung für die Gesundheit von Gaststättenbesuchern; durch eine verbotene Weitergabe eines DNA-Tests erfährt eine Behörde, dass ein Lehrherr minderjährige Auszubildende missbraucht; die irrtümliche rechtswidrige Speicherung von LKW-Daten an Mautstationen zeigt, dass ein LKW grob fahrlässig Gefahrgut transportiert. In diesen Fällen muss es möglich sein, dass die Behörden zur Gefahrenabwehr auch auf die „verbotenen Früchte" rechtswidrig erlangter Daten zurückgreifen, wenn der Schutz von Leben und Gesundheit Dritter dies erfordert (so etwa OVG Lüneburg, NJW 2001, 459 – Entziehung der Fahrerlaubnis).

V. Besondere Schutzfunktionen

17 Schon vom Schutzbereich her kann das Grundrecht auf informationelle Selbstbestimmung nicht allein als Abwehrrecht verstanden werden. Da Selbstbestimmung über personenbezogene Daten nur möglich ist, wenn der Grundrechtsträger selbst informiert ist, folgt aus dem Grundrecht ein positiver **Anspruch auf Informationen** über personenbezogene Daten, also eine **Leistung.** Dasselbe gilt, wenn Dritte das Grundrecht verletzt haben, also etwa im Fall einer Denunziation. Hier hat der Einzelne aus Art. 2 I i. V. m. Art. 1 I GG zumindest einen Anspruch auf sachgerechte Ermessensausübung bei der Bekanntgabe des Informanten durch Polizei- oder Verfassungsschutzbehörden (BVerfG, Kammer, NVwZ 2001, 185; Rh.-Pf. VerfGH, NJW 1999, 2264).

Schon im Volkszählungsurteil hat das BVerfG ferner erkannt, dass es besondere **organisatorische und verfahrensrechtliche Vorkehrungen** erfordert, um der Gefahr der Verletzung des Persönlichkeitsrechts entgegenzuwirken (BVerfGE 65, 1, 43). Aus dem Grundrecht auf informationelle Selbstbestimmung folgen also **Anhörungs-, Beratungs- und Informationsrechte.** Grundsätzlich müssen staatliche Verfahren und Verwaltungsstrukturen so gestaltet sein, dass sie der **objektiven Schutzpflicht** des Staates für das Grundrecht auf informationelle Selbstbestimmung gerecht werden. 18

Von besonderer Bedeutung sind in der Praxis immer wieder Fälle der Verletzung des Grundrechts in **privaten Rechtsbeziehungen.** Das Grundrecht auf informationelle Selbstbestimmung dürfte heute dasjenige mit den meisten Fällen zumindest **mittelbarer Drittwirkung** sein. 19

Das ist etwa der Fall, wenn Arbeitgeber zur heimlichen Videoüberwachung von Arbeitnehmern (dazu *Bauer/Schansker*, NJW 2012, 3537) oder zu einem heimlichen DNA-Test zur Feststellung des Verfassers eines anonymen Briefes mit beleidigenden Inhalten greifen (exemplarisch der „Kaffeetassenfall" des VGH Mannheim, NJW 2001, 1082; zur (unter strengen Voraussetzungen und mit Beteiligung des Betriebsrats zulässigen) Videoüberwachung BAG, NJW 2003, 3436 und NJW 2012, 3594 – kein Verwertungsverbot beim Nachweis eines Diebstahls durch eine Kassiererin). Wichtig ist auch § 6b II BDSG, wonach Videoaufzeichnungen öffentlich zugänglicher Räume durch geeignete Maßnahmen kenntlich zu machen sind. Noch strikter muss der Gesetzgeber die informationelle Selbstbestimmung gegen den immer mehr verbreiteten Einsatz privater **„Drohnen"** schützen, weil diese auch in den Privatbereich eindringen können. Nach § 823 II BGG i. V. m. mit dem Grundrecht auf informationelle Selbstbestimmung begründet ist eine Klage gegen einen Hauseigentümer, dessen Videokamera nicht nur potentielle Einbrecher, sondern auch das Grundstück des Nachbarn erfasst (OLG Köln, NJW 2009, 1827). Auch auf die Rechtmäßigkeit des privaten Datenhandels, Internet-Foren, „Google Street-View" usw. wirkt sich das Grundrecht aus (dazu unten, Rn. 30).

Literatur zu § 12 V: *Bauer/Schansker,* (Heimliche) Videoüberwachung durch den Arbeitgeber, NJW 2012, 3537; *Herrmann/Soiné,* Durchsuchung persönlicher Datenspeicher und Grundrechtsschutz, NJW 2011, 2922.

VI. Die internationale und europäische Perspektive

20 Während der Begriff „informationelle Selbstbestimmung" durch das BVerfG entwickelt wurde, ist das mit ihm Gemeinte in vielfältiger Weise durch die internationalen Menschenrechtserklärungen erfasst. So schützt **Art. 12 AEMR** mit dem Privatleben zugleich auch die Verfügung über private Daten. Dasselbe gilt für Art. 17 IPBPR. In einer Fülle von Entscheidungen hat der EGMR Art. 8 EMRK *(Recht auf Achtung des Privat- und Familienlebens)* im Sinne des Grundrechts auf informationelle Selbstbestimmung und Datenschutz interpretiert. (EGMR, NJW 2011, 1333 – Überwachung eines Verdächtigen mittels GPS; EGMR, NJW 2013, 3081 – Durchsuchung und Beschlagnahme elektronisch gespeicherter Daten). Hinzuweisen ist auf das *Übereinkommen des Europarates zum Schutz des Menschen bei der automatischen Verarbeitung personenbezogener Daten* (BGBl. 1985, II, 539).

21 **Art. 16 AEUV** regelt den Datenschutz auf der Ebene des europäischen Primärrechts. Konkretisiert wird der Schutz durch die *Richtlinie 95/46/EG zum Schutz natürlicher Personen bei der Verarbeitung personenbezogener Daten und zum freien Datenverkehr* (Abl. 1995 L 281/31). Die Formulierung: „Schutz personenbezogener Daten" gibt dem Grundrecht nunmehr auch in **Art. 8 EuGRCh** Gestalt. Zwischenzeitlich hatte der EuGH den Schutz personenbezogener Daten aus dem Recht auf Achtung des Privatlebens mehrfach anerkannt (vgl. EuGH, Rs. 465/00, Slg. 2003, I-4989). Besonders bemerkenswert ist dabei ein Urteil, in dem die Bundesrepublik Deutschland angehalten wird, die Ämter der Datenschutzbeauftragten in völliger Unabhängigkeit auszugestalten (EuGH, NJW 2010, 1265). Derselbe EuGH hat allerdings auch das Datenschutzrecht als umfassend harmonisiert bezeichnet und es den Mitgliedsstaaten verwehrt, weitergehende Datenschutzregelungen auf nationaler Ebene zu erlassen (EuGH, EuZW 2012, 37).

Literatur dazu: *Siemen*, Datenschutz als europäisches Grundrecht (2006); *Grabenwarter*, EMRK, § 22, Rn. 9; *Jarass*, EU-Grundrechte, § 13; *Rudolf*, Datentschutz in Europa, FS Bethge (2009), 623.

VII. Aktuelle Fälle und Probleme

(zu Geschäftsgeheimnissen und Problemen von Produktinformationen im Internet s. § 35, Rn. 11)

1. DNA-Tests, und „genetischer Fingerabdruck". Abgesehen von 22 den allgemeinen Fragen von Gendatenbanken und prädikativer Medizin, die bereits oben (§ 10, Rn. 55) behandelt wurden, spielen DNA-Tests auch in **Verwaltungs- und Strafverfahren** eine Rolle. Während die Einen hierin nichts anderes als eine andere Form des Fingerabdrucks (insofern der missverständliche Begriff des „*genetischen Fingerabdrucks*") sehen, da es sich bei Speicheltests „nur um den nicht codierten Teil des Gens" (also nicht die genetische Identität des Menschen enthaltenden Teils des DNA) handle, betonen andere die Nähe zum genetischen Code und damit zur Identität des Menschen. Deshalb wird zumindest eine strenge Verhältnismäßigkeitsprüfung verlangt. Die rechtspolitische Diskussion ist hier in vollem Gange. Das BVerfG hat eine DNA-Vergleichsuntersuchung („Massen-Gentest") bei einer schweren Straftat bei einem großen Kreis potentieller Tatverdächtiger für verhältnismäßig gehalten (BVerfGE 103, 21; BVerfG, Kammer, NJW 2001, 879), ebenso wie die Speicherung personenbezogener Daten für präventivpolizeiliche Zwecke auch nach einem Freispruch (BVerfG, Kammer, NJW 2002, 3232). Dagegen hat es die Verwendung eines genetischen Fingerabdrucks im Zusammenhang mit einer schweren Prügelei Jugendlicher für unverhältnismäßig gehalten (BVerfG, Kammer, NJW 2008, 281– zum Problem auch *Fluck*, NJW 2001, 2292; *Lorenz*, JZ 2005, 1121; *Schmidt-Jortzig*, DÖV 2005, 732).

2. Informationelle Selbstbestimmung im Schatten von Terror 23 und organisierter Kriminalität. a) Rasterfahndung. Die Herausforderungen der grenzüberschreitenden organisierten Kriminalität und der Terrorismusabwehr lassen immer wieder das Problem der sogenannten „Rasterfahndung" aktuell werden. Damit werden verdachtunabhängige Personenkontrollen und der Abgleich möglichst vieler vorhandener Dateien entweder nach einem Verbrechen (repressiv) oder zur Vorbeugung künftiger Verbrechen (präventiv) bezeichnet (dazu *Horn*, DÖV 2003, 746; *Gurlit*, NJW 2010, 1035; *Voßkuhle*, FS. Würtenberger [2013], 1101). Sie ist deshalb aus der Sicht der informationellen Selbstbestimmung problematisch, weil in das „Raster" – treffend auch mit „Schleppnetz" gekennzeichnet – durchaus auch personenbezogene Daten bestimmter Gruppen (z. B. Studierender arabischer Herkunft usw.) geraten können, auch wenn sie völlig unschuldig sind. Die Rasterfahndung darf deshalb nur **ultima ratio** sein; Anlass, Inhalt und Umfang müssen gesetzlich genau festgelegt werden (BVerfGE 100, 313, 387 – Telekommunikationsüberwachung I). Besonders problematisch ist es, wenn große Datensammlungen (etwa solche der „Schufa" zu säumigen Schuldnern) für die Rasterfahndung verwendet werden (OVG Koblenz, NVwZ 2002, 1528), oder wenn Hochschulen verpflichtet werden, ohne jede Differenzierung Daten über Studierende bestimmter Nationalitäten zur Verfügung zu stellen (VGH Kassel, NVwZ 2003, 755). Voraussetzung einer vorbeugenden Rasterfahndung ist nach der Rechtsprechung des BVerfG das Vorliegen einer **konkreten Gefahr** (BVerfGE 115, 320, 341; allg. dazu *Volkmann*, Jura 2007, 132; *Frenz*, DVBl 2009, 333). Das muss auch in den gesetzlichen Grundlagen der Polizeigesetze der Länder zum Ausdruck kommen. Eine erhebliche oder auch gegenwärtige Gefahr, wie in einigen Landesgesetzen formuliert, soll nicht ausreichen. Das schränkt den Spielraum eines rechtmäßigen Einsatzes der Rasterfahndung in der Praxis erheblich ein (krit. *Bausback*, NJW 2006, 1922; *Frenz*, NVwZ 2007, 631; *Hillgruber*, JZ 2007, 62; diff. *Schewe*, NVwZ 2007, 174).

24 **b) Online-Durchsuchung.** Der unmittelbare – präventive oder repressive – Zugriff auf private Informationssysteme ist Hauptanwendungsfeld des **„Grundrechts auf Gewährleistung der Vertraulichkeit und Integrität informationstechnischer Systeme"** (dazu oben, Rn 5). In seinem Urteil dazu hat das BVerfG das NRW-VerfSchG für nichtig erklärt, die Anforderungen an die Bestimmtheit der gesetzlichen Grundlage, Anlass und Verhältnismäßigkeit von Online-Durchsuchungen präzisiert und Eingriffe in den Kernbereich persönlicher Lebensgestaltung ausgeschlossen (BVerfGE 120, 274, 302; dazu *Volkmann*, DVBl. 2008, 590; *Spiecker genannt Döhmann*, FS. Würtenberger 2013, 803). Auf das Urteil hat der Bundesgesetzgeber u. a. im Gesetz zur Neuregelung der Telekommunikationsüberwachung und anderer verdeckter Ermittlungsmaßnahmen (BGBl. I 2007, 3198) reagiert und die Voraussetzungen den Anforderungen des BVerfG angepasst (krit. dazu *Puschke/Singelenstein*, NJW 2008, 113).

25 **c) Vorratsdatenspeicherung.** Ein nach wie vor offenes Problem ist die sog. „Vorratsdatenspeicherung", also die Speicherung von personenbezogenen Daten wie etwa Telefonverbindungen „auf Vorrat". Ähnlich wie bei der Rasterfahndung wird hier eine Vielzahl personenbezogener Daten erfasst und gespeichert, ohne dass der Betroffene davon weiß und konkreten Anlass für die Erfassung gegeben hat. Verschärft werden hier die Probleme dadurch, dass eine europäische Richtlinie im Interesse gemeinsamer Terrorbekämpfung eine solche Erfassung ausdrücklich verlangt und jüngste Erfolge in der Terrorabwehr und der Täterermittlung bei schweren Verbrechen nur aufgrund der

Speicherung von Telefondaten möglich waren. Den „ersten Versuch" eines entsprechenden Gesetzes hat das BVerfG allerdings für verfassungswidrig erklärt und dabei die verfassungsrechtlichen Grenzen sehr scharf markiert (BVerfGE 125, 260, 307; ebenso BVerfGE 130, 155. 178 – Zuordnung von Telefonnummern zu Anschlussinhabern). So sei die 6-monatige vorsorgliche, anhaltslose Speicherung durch private Telefon- und Internetanbieter, wie in europäischer Richtlinie vorgesehen, mit Art. 10 GG zwar nicht schlechthin unvereinbar. Erforderlich sei aber eine hinreichend bestimmte und transparente Regelung durch Bundesgesetz. Inhaltlich verlange die Verhältnismäßigkeit eine Berücksichtigung der besonderen Schwere dieses Eingriffs. Dieser komme nur bei Verdacht einer schweren Straftat oder bei tatsächlichen Anhaltspunkten einer konkreten Gefahr für Leib, Leben oder Freiheit einer Person oder den Bestand oder die Sicherheit des Bundes oder eines Landes sowie beim Vorliegen einer gemeinen Gefahr in Frage. Angesichts dieser Vorgaben haben auch erheblicher Druck der EU-Kommission und Forderungen der Praxis bisher nicht zu einem neuen Gesetzesvorhaben geführt (*Möstl*, Vorratsdatenspeicherung – Wie geht es weiter? ZRP 2011, 225). Derzeit steht eine EuGH-Entscheidung an, auf die der deutsche Gesetzgeber offenbar wartet. Die zwischenzeitlich errichtete **Antiterrordatei**" ist weitgehend verfassungskonform (BVerfG, NJW 2013, 1499; krit. dazu *Arzt*, NVwZ 2013, 1328) – ebenso wie die **Datei „Gewalttäter Sport"** (BVerwG, NJW 2011, 405).

Literatur: *Arzt,* Antiterrordatei verfassungsgemäß – Trennungsgebot tot?, NVwZ 2013, 1328; *Gurlit,* Verfassungsrechtliche Rahmenbedingungen des Datenschutzes, NJW 2010, 1035; *Herrmann/Soiné.* Durchsuchung persönlicher Datenspeicher und Grundrechtsschutz, NJW 2011, 2922.

d) Pauschale Übermittlung von Daten Reisender. Nach dem 11. September 2001 haben die USA alle Länder und Fluggesellschaften verpflichtet, in erheblichem Umfang personenbezogene Daten von USA-Reisenden – bis hin zu religiös bedingten Speiseregeln – noch vor dem Abflug an die amerikanischen Behörden zu übermitteln. Es darf angenommen werden, dass dadurch die weltweit größte und zudem unkontrollierteste und extrem missbrauchsanfällige Datenansammlung entstanden ist. Auf europäischer Ebene hat der EuGH entschieden, dass den Behörden der Mitgliedstaaten hierfür die rechtlichen Grundlagen fehlen (EuGH, NJW 2006, 2029; dazu *Simitis,* NJW 2006, 2011).

26

e) Videoüberwachung und fotografische Erfassung. Umstritten ist auch der Einsatz der Videoüberwachung und anderer technischer Überwachungssysteme wie der Einsatz von Beobachtungsdrohnen im öffentlichen Raum. Während z. B. in London die großflächige Videoüberwachung der gesamten Innenstadt anscheinend ohne Diskussion hingenommen wird und zu Erfolgen bei der Terroristen-Fahndung geführt hat, besteht in Deutschland weitgehende Einigkeit darüber, dass die Videoüberwachung einer exakten gesetzlichen Grundlage bedarf, niemals den Kern persönlicher Lebensgestaltung erfassen darf und nur an bestimmten Kriminalitäts- und Gefährdungsschwer-

27

punkten zulässig ist (BVerwG, NVwZ 2012, 757 – offene Videoüberwachung der Reeperbahn). Eine „flächendeckende" Videoüberwachung oder unbegrenzter Drohneneinsatz wären also unverhältnismäßig. Das hat auch das BVerfG (Kammer, NVwZ 2007, 688) bestätigt. Die Hoffnungen mancher, dass das BVerfG die fotografische Erfassung von Geschwindigkeitsverstößen für verfassungswidrig erklären würde, haben sich allerdings nicht bestätigt (BVerfG, Kammer, NJW 2010, 2717; ebenso BVerfG, Kammer, NJW 2011, 2783 – kein allgemeines Verwertungsverbot von Videoaufnahmen über Verkehrsverstöße). Probleme bereiten nach wie vor die Videoüberwachung von Demonstrationen (dazu unten § 30, Rn. 26) und von Arbeitnehmern (dazu oben, Rn. 19).

Literatur: *Bücking,* Polizeiliche Videoüberwachung öffentlicher Räume (2007); *Huff,* Videoüberwachung im öffentlichen und privaten Bereich, JuS 2005, 896; *Krist,* Videoüberwachung auf öffentlichen Straßen und Plätzen, LKRZ 2011, 171; *Siegel,* Grundfragen und Grenzen polizeilicher Videoüberwachung, NVwZ 2012, 738; *Tollin,* Die Videoüberwachung von Kriminalitätsschwerpunkten, JuS 2006, 494; *Zöller,* Möglichkeiten und Grenzen polizeilicher Videoüberwachung, NVwZ 2005, 1235.

28 **f) Kfz-Kennzeichenabgleich – Aufenthaltsermittlung durch GPS.** Die für die Erhebung der LKW-Maut errichteten technischen Systeme machen theoretisch eine vollständige Überwachung der Verkehrsströme, eine Erfassung der Kfz-Kennzeichen und deren Abgleich zur Verbrechensbekämpfung möglich. Sie können aber auch zu umfassenden „Bewegungsprofilen" unbescholtener Bürger und zu ungeahnten Missbrauchsmöglichkeiten führen. Deshalb hat das BVerfG (E 120, 378, 394) die auch nur kurzzeitige Kennzeichenerfassung als Eingriff in die informationelle Selbstbestimmung für unzulässig erklärt (dazu *Breyer,* NVwZ 2008, 824; *Guckelberger,* NVwZ 2009, 352; *Roßnagel,* NJW 2008, 2547).

Dass die technische Entwicklung gerade beim Grundrecht auf informationelle Selbstbestimmung stets neue Dimensionen aufzeigt, beweist die Einsetzbarkeit des GPS **(global positioning system)** oder die Aufnahme **biometrischer Daten** (Abbildung des Auges usw.) für die Observation von Personen. Deren Einsatz ist bei entsprechender Vorsicht zum Schutz vor konkreten Gefahren möglich (*Meuth,* Zulässigkeit von Identitätsfeststellungen mittels biometrischer Systeme durch öffentliche Stellen [2006]). Das BVerfG stellt im Hinblick auf das GPS zwar Anforderungen an das Verfahren, stimmt aber grundsätzlich zu (BVerfGE, 112, 304, 315). Die bloße **Ortung und das Screening von Mobil-Telefonen** („IMSI-Catcher") im Zuge der Strafverfolgung ist zulässig, wenn die Daten der nicht Betroffenen sofort wieder gelöscht werden (BVerfG, Kammer, NJW 2007, 351 – Handy-Ortung; ähnl. EGMR, NJW 2011, 1333).

29 **3. Das sogenannte „Steuergeheimnis" und der Kauf der „Steuer- CD".** Der Schutz personenbezogener Daten umfasst ein „Steuergeheimnis" nur insofern, als Steuerdaten der Finanzbehörden nicht nach au-

ßen weitergegeben werden dürfen, schützt aber nur sehr eingeschränkt gegen die Neugierde der Finanzbehörden selbst oder gar der Steuerfahndung. Gerade in den vergangenen Jahren wurden die gesetzlichen Bestimmungen zur Förderung der „Steuerehrlichkeit", insbesondere zur Aufdeckung von „Schwarzgeld" in einer Weise verschärft, die die persönliche Sphäre der Betroffenen nicht ausklammert. Das hat das BVerfG weitgehend hingenommen und nur Anforderungen an die Konkretisierung der gesetzlichen Grundlage formuliert. Inhaltlich wurden weder die Abfrage der „Kontostammdaten" (BVerfGE 118, 168) noch die Erfassung steuerlicher Auslandsbeziehungen (BVerfGE 120, 351) gestoppt.

Große Aufmerksamkeit erregte derzeit die Frage, ob deutsche Behörden von „Insidern" rechtswidrig kopierten Luxemburger und Schweizer Bankdaten auf einer „Steuer-CD" gegen hohe Beträge abkaufen und die so gewonnenen Daten im Steuerstrafverfahren einsetzen dürfen. Insbesondere stellt sich die Frage, ob der für eine Wohnungsdurchsuchung nach Art. 13 II GG erforderliche Anfangsverdacht einer Steuerhinterziehung auf solche Daten gestützt werden kann. Hierzu hat eine *Kammer* des *Zweiten Senats* des *BVerfG* (NJW 2011, 2417) entschieden, dass es kein generelles Verwertungsverbot, sondern dass im Einzelfall zwischen dem Strafverfolgungsinteresse und den Schutz der Persönlichkeitssphäre abzuwägen sei. Dabei bezieht sich das *BVerfG* auf die Rechtsprechung, wonach nur bei schwerwiegenden, bewussten oder willkürlichen Verfahrensverstößen, bei denen die grundrechtlichen Sicherungen planmäßig oder systematisch außer Acht gelassen worden sind, ein allgemeines Verwertungsverbot gelten soll.

Diese Variante des „der Zweck heiligt die Mittel" kann nicht überzeugen. Die so gewonnenen Informationen sind mit einem rechtsstaatlichen Makel behaftet, und zwar unabhängig davon, ob die Straftat durch einen Privaten oder eine Behörde begangen oder angeregt wurde, und ob der Ankauf aus der Sicht der Behörden als Hehlerei im strafrechtlichen Sinne zu werten ist. Der Bürger hat – möglicherweise von besonders schwerwiegenden Fällen abgesehen – einen Anspruch darauf, dass in seine Grundrechte aus Art. 13, 12 und 2 Abs. 1 GG nur auf Grund eines in jeder Hinsicht gesetzeskonformen Verfahrens eingegriffen wird. Deshalb kann man nur hoffen, dass das BVerfG oder ein Landesverfassungsgericht in absehbarer Zeit die Dinge wieder zurecht rücken **Kritisch** auch *Hänsle/Reichold*, DVBl. 2010, 1277; *Pawlik*, JZ 2010, 693; *Reimer*, FS Bryde, 2013, 443 ff.

4. Datenhandel, Internet, „google streetview". Im Hinblick auf die 30 informationelle Selbstbestimmung entstehen völlig neue Herausforderungen im Zuge des Internets und der modernen Massenkommunikation. Das Internet kann in vielfältiger Weise in die Persönlichkeitssphäre eindringen, so z. B. durch Bekanntgabe von Adressen von Kritikern einer Religion oder einer politischen Ideologie (*Helle*, JZ 2002, 593). Im Hinblick auf persönliche Daten überspringt das Internet mühelos alle nationalen Datenschutzregelungen. Es kann Menschen und Unternehmen buchstäblich weltweit an den Pranger stellen (dazu *Wächter*, VerwArch 92 [2001], 319), und es ist Mittel eines weltweit geführten Terrors gegen die westliche Zivilisation. Es bietet der internationalen Drogenkriminalität ebenso Unterschlupf wie den widerwärtigen Produkten internationaler Pädophilen-Ringe und Parolen menschenfeindlichen Rassenhasses (dazu *Sieber,* ZRP 2001, 97). Auch der durch gewissenlose Inkassounternehmen eingesetzte „Schuldnerspiegel" ist eine Bedrohung der Persönlichkeitsrechte (BVerfGE 104, 65). Entsprechend größer ist der Schutzbedarf der Persönlichkeitsrechte. Hier ist die Schutzpflicht des Staates im besonderen Maße gefragt, kann aber allein auf nationalstaatlicher Ebene nicht mehr wahrgenommen werden.

Deshalb sollten Versuche, wenigstens die gröbsten Angriffe auf Menschenwürde, religiösen Frieden und Persönlichkeitsrechte im Internet zu blockieren, nicht von vornherein als „Zensur" verdächtigt werden. Auch ist das Zeitalter persönlicher und geschäftlicher Geheimnisse keineswegs vorbei, und auch „wikileaks" steht nicht außerhalb jeder Rechtsordnung (anders anscheinend der Sprecher des „Chaos Computer-Clubs" *Rieger,* FAZ 15.12.2010, 29). Allerdings entsprechen solche Gegenmittel eher der Verhältnismäßigkeit, die rechtswidrige Inhalte löschen, statt ein auch in anderen Fällen einsetzbares Instrumentarium zur Internetsperre zu installieren. Das bereits von Bundestag und Bundesrat beschlossene „Zugangserschwerungsgesetz" (BT-Drucks. 16/12850) wurde deshalb zurückgezogen. Stattdessen soll eine gesetzliche Grundlage zur Löschung von Kinderpornografie im Netz geschaffen werden.

Vielen Betroffenen noch unbewusst sind die Risiken für das Persönlichkeitsrecht und die informationelle Selbstbestimmung im Zusammenhang mit Facebook, Twitter, „cloud-computing" und der Kommerzialisierung personenbezogener Daten, bei Kundenkarten, Internetkauf und -bezahlung usw. anfallen. Hier werden höchst persönliche Daten über Gewohnheiten und Konsumverhalten freiwillig preisgegeben, die gegenüber staatlichen Behörden gewiss verweigert würden (instruktiv *Weichert,* NJW 2001, 1463). Soll aus dem gläsernen Verbraucher hier kein „gläserner Bürger" werden, ist der Schutz des Grundrechts auf informationelle Selbstbestimmung auch in privaten Rechtsbeziehungen und gegenüber Missbrauchsgefahren gefragt. Auch Abwehransprüche gegen Übergriffe privater Netzwerke wie Google und Facebook sind nicht mehr ausschließlich privatrechtlich zu beurteilen, sondern betreffen eine moderne Wirkungsebene des Grundrechts. Die Grenzlinie zwischen erlaubtem Datenhandel und sonstigen Informationsangeboten und Verletzungen der informationellen Selbstbestimmung verlaufen hier ganz ähnlich wie bei öffentlichen Eingriffen: Im Prinzip verboten sind die unbefugte Aufnahme, Speicherung und Weitergabe personenbezogener, d. h. den Einzelnen identifizierenden Daten. Deshalb muss „Google Street-View" Gesichter und KfZ-Kennzeichen „pixeln", also unerkennbar machen.

Kein Eingriff ist aber die ohnehin jedem zugängliche Aufnahme und Weitergabe privater Grundstücke vom öffentlichen Straßenraum aus oder aus der Luft (so jetzt auch KG, 25.10.2010, NJW Aktuell S. 36 Heft 13/2011; krit. *Caspar*, DÖV 2010, 965; allg dazu *Dreier/Spicker*, Die systematische Aufnahme des Straßenbildes [2010]).

Literatur: *Aernecke,* Der Schutz elektronischer Daten im Verfassungsrecht 2012; *Bull*, Persönlichkeitsschutz im Internet: Reformeifer mit neuen Ansätzen. NvWZ 2011, 257; *Erd,* Datenschutzrechtliche Probleme Sozialer Netzwerke, NVwZ 2011, 19; *Heckmann*, Cloud Computing im Zeitgeist, FS. Würtenberger (2013), 17; *Hoffmann-Riem*, Neue Kollektivität im World Wide Web als Herausforderung für das Recht, JZ 2012, 1081; *Holznagel/ Schumacher*, Netzpolitik reloaded. Pflichten und Grenzen staatlicher Internetpolitik, ZRP 2011, 74; *Kutscha/Thomé*, Grundrechtsschutz im Internet? 2013; *Söllner/Wecker*, Bewegung der Massen durch Facebook. Praktische Probleme und rechtliche Aspekte neuer Massenkommunikation, ZRP 2011, 179..

Literatur zu § 12: *Albers*, Informationelle Selbstbestimmung (2005); *Bull,* Zweifelsfragen um die informationelle Selbstbestimmung, NJW 2006, 1617; *Britz*, Vertraulichkeit und Integrität informationstechnischer Systeme, DÖV 2008, 411; *Durner,* Zur Einführung: Datenschutzrecht, JuS 2006, 213; *Eifert*, Die informationelle Selbstbestimmung im Internet, NVwZ 2008, 521; *Frenz,* Informationelle Selbstbestimmung im Spiegel des BVerfG, DVBl 2009, 333; *Gusy*, Gewährleistung der Vertraulichkeit und Integrität informationstechnischer Systeme, DuD 2009, 33; *Herrmann*, Das Grundrecht auf Gewährleistung der Vertraulichkeit und Integrität informationstechnischer Systeme 2010; *Herrmann/Soiné*, Durchsuchung persönlicher Datenspeicher und Grundrechtsschutz, NJW 2011, 2922; *Hoffmann-Riem*, Der grundrechtliche Schutz der Vertraulichkeit und Integrität eigengenutzter informationstechnischer Systeme, JZ 2008, 1009; *Köhler/Arndt/Fetzer*, Recht des Internet, 7. Aufl. (2011); *Kutscha*, Mehr Schutz von Computerdaten durch ein neues Grundrecht?, NJW 2008, 1042; *Masing*, Die Ambivalenz von Freiheit und Sicherheit, JZ 2011, 753; *Meuth,* Zulässigkeit von Identitätsfeststellungen mittels biometrischer Systeme durch öffentliche Stellen (2006); *Rudolf*, Datenschutz – ein Grundrecht, FS Maurer (2001), 269 ff.; *ders.,* Recht auf informationelle Selbstbestimmung, HdbGr IV, § 90; *Sachs/Krings,* Das neue Grundrecht auf Gewährleistung der Vertraulichkeit und Integrität informationstechnischer Systeme, JuS 2008, 481; *Voßkuhle*, Das Verhältnis von Freiheit und Sicherheit – hat der 11. September 2001 das Deutsche Verfassungsrecht verändert? FS. Würtenberger (2013), 1101.

§ 13 Recht auf Leben und körperliche Unversehrtheit (Art. 2 II GG)

I. Allgemeines

1   **1. Entstehung und geschichtliche Entwicklung.** Bei dem Grundrecht aus Art. 2 II 1 GG handelt es sich für die deutsche Tradition um ein junges Grundrecht, das als eine der Antworten auf die menschen- und lebensverachtende nationalsozialistische Diktatur verstanden werden kann. Der Schutz von „Leib und Leben", vor Folter und Leibesstrafen als solcher ist aber viel älter. Bei Entstehung des GG wurde über das relativ spät in die Beratungen eingeführte Grundrecht als solches wenig, dafür umso mehr darüber diskutiert, ob das „keimende Leben" ausdrücklich in den Verfassungstext aufgenommen werden sollte. Ob dies – wie oft behauptet wird – nur deshalb unterblieb, weil die Frage ohnehin als selbstverständlich angesehen wurde, ist bis heute umstritten (*Schulte-Fielitz*, in: Dreier, GG, Art. 2 II, Rn. 5).

2   **2. Aktuelle Bedeutung.** Das *BVerfG* hat das Grundrecht auf Leben und körperliche Unversehrtheit mehrfach als einen „Höchstwert" innerhalb der grundgesetzlichen Ordnung bezeichnet (BVerfGE 39, 1, 36, 42 – Schwangerschaftsabbruch I; BVerfG, Kammer, NVwZ 2002, 592, 594). Die Formulierung zeigt, dass gerade in den bioethisch umstrittenen Fragen der Gegenwart nicht selten die Grenzen zwischen Art. 1 I 1 und Art. 2 II 1 GG verschwimmen. Das ist nicht unbedenklich, da die Menschenwürde unantastbar ist, Art. 2 II 1 GG aber unter einfachem Gesetzesvorbehalt steht. Ungeachtet dessen gehört Art. 2 GG schon wegen Themen wie Abtreibung bis zur Sterbehilfe zu den meistdiskutierten Grundrechten, und ähnlich wie bei der Menschenwürde ist auch hier der Hintergrund von „Mitgifttheorien" (Leben als unverfügbares Geschenk) und Selbstbestimmungstheorien unverkennbar.

3   Eine weitere aktuelle Bedeutung des Grundrechts auf Leben und körperliche Unversehrtheit liegt darin, dass es bis heute vielfach das im GG nicht vorhandene **„Umweltgrundrecht"** ersetzt hat. Schutz vor Lärm, Immissionen, elektromagnetischen Feldern: In all diesen Fällen spielen nicht nur die jeweiligen Gesetze, sondern zumeist auch die Berufung auf Art. 2 II 1 GG eine Rolle.

Beispiele: BVerfGE 79, 174, 201 – Verkehrslärm; OVG Lüneburg, NVwZ 2001, 456 – „Elektrosmog"; BVerwG, NVwZ 1997, 161 – Kernkraftwerk; BVerfG Kammer, NVwZ 2010, 114 – Endlagerung; BVerfG, Kammer, NVwZ 2011, 991 – Fluglärm. Die praktische Bedeutung besteht vor allem darin, dass das Grundrecht die Klagebefugnis Dritter gegen gesundheitsgefährdende Maßnahmen begründet (st. Rspr. BVerwGE 54, 211, 222; weitere Beispiele bei *Hufen,* VwProzR § 14, Rn. 112); besonders bedeutsam ist das Grundrecht als verfassungsrechtliche Grundlage des gesundheitsbezogenen **Verbraucherschutzes** (vgl. bereits BVerfGE 53, 135 ff. – KakaoVO).

II. Schutzbereich

1. Sachlich. Der Schutzbereich des Art. 2 II 1 umfasst das **Recht** 4 **auf Leben,** also die biologisch-physische Existenz des Menschen, und das Recht auf **körperliche Unversehrtheit,** also die Freiheit vor Eingriffen in die physische Integrität. Da der Mensch nicht nur durch körperliche Verletzungen „versehrt" wird, ist das Grundrecht im Sinne der **physischen und psychischen Gesundheit** zu interpretieren (so auch *Schulze-Fielitz,* in: Dreier, GG, Art. 2 II Rn. 33 ff.). Aus verfassungsrechtlicher Sicht zu weitgehend ist allerdings die Definition in der Präambel der Satzung der Weltgesundheitsorganisation (WHO), nach der Gesundheit einen tendenziell optimalen *„Zustand des vollständigen körperlichen, geistigen und sozialen Wohlbefindens und nicht nur das Freisein von Krankheit und Gebrechen"* meint (wiedergegeben bei *Jung,* Das Recht auf Gesundheit [1982], S. 66). Ein solcher Maßstab wäre zum einen viel zu subjektiv und zum anderen kaum einzugrenzen – insbesondere in Fällen, in denen das subjektive Wohlbefinden z. B. durch Graffiti, Straßenmusik oder den Anblick von Punkern im Straßenbild beeinträchtigt wird. Gegen solcherlei Unbehagen hilft weder Art. 2 II 1 GG noch ein anderes Grundrecht. Andererseits ist zu betonen, dass das Grundrecht auch gegen **psychischen Terror** und **traumatische Erlebnisse** schützt – ein Umstand, auf den die deutsche Rechtsprechung zum Schmerzensgeld wohl noch immer zu wenig Gewicht legt (BVerfGE 56, 54, 73 ff. – Fluglärm einerseits und BGH, NJW 1989, 2317 – Kindstod andererseits).

Dagegen enthält Art. 2 II 1 GG **kein Recht auf Selbsttötung** (*Pie-* 5 *roth/Schlink,* Grundrechte, Rn. 419), wohl aber ein Abwehrrecht gegen nicht gewollte lebenserhaltende medizinische Eingriffe einschließlich der künstlichen Ernährung (dazu oben § 10, Rn. 59).

2. Persönlich. Grundrechtsträger ist jede **natürliche Person,** und 6 zwar unabhängig von Bewusstsein, Alter, Geisteszustand usw. Auch der anencephale, d. h. ohne Großhirn geborene Mensch, ist insofern Träger des Grundrechts. Eine juristische Person kann grundsätzlich **nicht** Träger des Grundrechts sein. Auch „Greenpeace" kann sich in Umweltstreitigkeiten also nicht auf Leben und Gesundheit der Bürger berufen (EGMR, NVwZ 2011, 93).

Probleme der Reichweite des personellen Schutzbereichs bestehen vor allem am **Anfang** und am **Ende** des Lebens.

7 Umstritten ist zum einen, ob und ab wann das **werdende Leben** in den Schutzbereich des Grundrechts gehört. Wie bei der Menschenwürde werden auch bei Art. 2 II 1 GG von der Kernverschmelzung über die Nidation, das Einsetzen der Gehirnströme, die Lebensfähigkeit des Fötus außerhalb des Mutterleibs bis zur Vollendung der Geburt alle denkbaren Auffassungen vertreten (zu den Stufen im einzelnen *Schulze-Fielitz* in: Dreier, GG, Art. 2 II, Rn. 28 ff.). Wie bei der Menschenwürde hat das *BVerfG* in den beiden Urteilen zum Schwangerschaftsabbruch (BVerfGE 39, 1, 37; 88, 203, 251) entschieden, dass die Schutzwirkung des Grundrechts jedenfalls während der Schwangerschaft, also ab Einnistung des befruchteten Eies in die Gebärmutter, besteht. Wie bei der Menschenwürde hängt auch hier aber das verfassungsrechtliche Ergebnis von ethischen und weltanschaulichen Wertungen ab. Anders als bei der Menschenwürde sind die Konflikte zwischen dem Grundrecht auf Leben des Embryo und des Fötus einerseits und der Mutter andererseits aber hier leichter zu lösen, da Art. 2 II GG unter Gesetzesvorbehalt steht und durch die Gesundheit der Mutter jedenfalls verfassungsimmanent eingeschränkt wird (Anwendungsfälle oben § 10, Rn. 17 ff.).

8 Auch am Lebensende bestehen Probleme des personellen Schutzbereichs. Klar ist nur, dass anders als bei der Menschenwürde und dem Allgemeinen Persönlichkeitsrecht das Grundrecht auf Leben **mit dem Tode endet**. Nicht klar ist aber der verfassungsrechtlich relevante Zeitpunkt des Todes. Die Probleme sind bei § 10, Rn. 57 u. 59 behandelt.

III. Eingriffe

9 **1. Grundrecht auf Leben.** Der schwerste Eingriff in Art. 2 II 1 GG ist die **gezielte und aktive Tötung** eines Menschen. Sie stellt naturgemäß im Rechtsstaat eine nur in Extremfällen denkbare Ausnahme dar. Häufiger und auch schwieriger zu beurteilen sind die Fälle **mittelbarer oder faktischer, dem Staat aber zuzurechnender**

Eingriffe. Hierzu zählt etwa die Auslieferung in ein Land, in dem dem Betroffenen die Todesstrafe oder auf andere Weise der sichere Tod droht (dazu EGMR, NJW 1990, 2183). Auch in der **Nichterfüllung der objektiven Schutzpflicht** des Staates zugunsten des Lebens kann ein Eingriff in Art. 2 II 1 GG liegen (dazu unten, Rn. 27). Dasselbe gilt, wenn eine lebenserhaltende Maßnahme, z. B. die notärztliche Versorgung oder die Aufnahme in eine Intensivstation, unterbleibt. Auch eine unmittelbare und konkrete **Gefährdung** des Lebens ist ein Eingriff in das Grundrecht. Das ist lt. BVerfG (zuletzt Kammer, NJW 2013, 290) bei der Räumung der Wohnung eines suizidgefährdeten Mieters, nicht aber bei der Lagerung und dem Transport von Waffen (BVerfGE 77, 170, 230) der Fall. Notwendig ist stets eine **Konkretheit der Gefährdung.** Abstrakte Gefahren und Risiken wie Kernenergie, Gentechnik, Mobilfunk-Masten, die Zustimmung des Bundestages zu einem Auslandseinsatz der Bundeswehr usw. reichen nicht.

2. **Körperliche Unversehrtheit.** Ein Eingriff in die körperliche Unversehrtheit ist jede direkte Beeinträchtigung der körperlichen Integrität einschließlich Züchtigung, Zufügung von Schmerz, Blutentnahme usw. Nicht erfasst wird allerdings die kurzfristige Veränderung der Haar- oder Barttracht zum Zweck der Identifikation (BVerfGE 47, 239, 248). Sehr wohl ein Eingriff ist aber das Einflößen von Stoffen oder die Beimischung zu Getränken und Speisen, insbesondere die Einflößung eines Brechmittels (z. B. zur Aufdeckung von Drogendelikten – BVerfG, Kammer, NStZ 2000, 96 – zum Aspekt der Menschenwürde in diesem Zusammenhang oben § 10, Rn. 65). Das gilt erst recht, wenn das Einflößen mit einem echten Eingriff verbunden ist, so die Anlegung einer Magensonde (PEG-Sonde). Auch die invasive Heilbehandlung und Untersuchung stellt einen (in der Regel aber durch die Einwilligung des Betroffenen legitimierten) Eingriff dar.

Ein **mittelbarer Eingriff** in die körperliche Unversehrtheit kann in der Erlaubnis eines beeinträchtigenden Tuns (z. B. immissionsschutzrechtliche Genehmigung) ebenso liegen wie in einem Verbot (anders zur Gefahr „schwarzer Löcher" durch Versuchsreihe: BVerfG, Kammer, NVwZ 2010, 702). So kann es einen Eingriff in das Grundrecht eines kranken Menschen darstellen, wenn ihm eine nach dem Stand der medizinischen Forschung zugängliche Therapie versagt bleibt (BVerfG, Kammer, NJW 1999, 3399 – Nierenspende).

12 Als Eingriff zu werten sind gravierende **Grundrechtsbeeinträchtigungen** durch Gifte, Strahlen, Lärm von öffentlichen Einrichtungen oder Flughäfen, Gase usw. In der Praxis spielen hier die zumeist in normkonkretisierenden Verwaltungsvorschriften zum BImSchG und vergleichbaren Gesetzen niedergelegten **Grenzwerte** eine große Rolle. Auch hat der Gesetzgeber bei Entscheidungen zum Schutz der Gesundheit einen großen Einschätzungsspielraum (vgl. BVerfGE 79, 174, 201 – Verkehrslärm; BVerwG, NVwZ 1996, 1003; BVerfG, Kammer, NJW 2002, 1638 – „Elektrosmog"; BVerfG, Kammer, NVwZ 2010, 114 – Endlager für radioaktive Abfälle).

IV. Verfassungsrechtliche Rechtfertigung – Schranken

13 **1. Einwilligung des Betroffenen.** Die einfachste und zugleich wirksamste Rechtfertigung für Eingriffe in die körperliche Unversehrtheit ist die Einwilligung des Betroffenen. Dies gilt aber nicht in allen Fällen, denn Tötung auf Verlangen (§ 216 StGB) und die sittenwidrige Körperverletzung (§ 228 StGB) sind nach wie vor strafbar. Im Übrigen aber deckt die Einwilligung konkrete Lebensgefahren in gefährlichen Berufen; die Einwilligung des Boxers deckt Eingriffe in die körperliche Unversehrtheit; der ärztliche Heileingriff oder Heilversuch ist durch die im vollen Bewusstsein und bei entsprechender Information (informed consent) ausgesprochene Einwilligung des Patienten bzw. Sorgeberechtigten gedeckt. Entspricht ein Eingriff dem medizinisch Notwendigen, so kann die Einwilligung als dem mutmaßlichen Willen des Patienten entsprechend vorausgesetzt werden. Liegt die bewusste Einwilligung zu einer Heilbehandlung nicht vor, so kann sie auch durch einen Betreuer ausgesprochen oder nach § 1904 BGB durch das Vormundschaftsgericht ersetzt werden. Ebenso deckt die Patientenverfügung den Abbruch lebenserhaltender medizinischer Maßnahmen des Schwerstkranken (dazu § 10, Rn. 59).

14 **2. Gesetzesvorbehalt.** Das Grundrecht aus Art. 2 II 1 GG steht unter einfachem Gesetzesvorbehalt. Das gilt – auf den ersten Blick erstaunlich – sogar für das Recht auf Leben, denn selbst eine Tötung kann durch Notwehr, rechtfertigenden Notstand und bei bewaffneten Konflikten durch Soldaten der Bundeswehr gerechtfertigt sein (dazu *Ladiges*, JuS 2011, 879). Wichtige Grundlagen des gerechtfertigten Eingriffs in die körperliche Unversehrtheit sind neben den Einwilligungsregelungen des StGB und des bürgerlichen Rechts die Vorschriften über körperliche Untersuchungen im Strafprozessrecht

(§ 81a StPO) – diese i. d. R. allerdings nur auf richterliche Anordnung (zu Recht streng BVerfG, Kammer, NJW 2010, 2864 – Blutprobe; BVerfG, Kammer, NJW 2013, 3291 – körperliche Durchsuchung von Strafgefangenen) und die Vorschriften der Polizeigesetze über unmittelbaren Zwang. Gedeckt sind auch Untersuchungen und ggf. obligatorische Impfungen nach dem InfektionsschutzG und dem SoldatenG. Den Vorschriften des Gesetzesvorbehalts entsprechen nur förmliche Gesetze. Das Gewohnheitsrecht kommt als Eingriffsgrundlage nicht in Frage.

3. Verfassungsimmanente Schranken. Gleichrangige Verfassungsgüter kommen beim Grundrecht aus Art. 2 II 1 GG nicht zur Rechtfertigung eines direkten „Durchgriffs", sondern allenfalls zur Legitimation von Gesetzen in Betracht. So dient eine gesetzlich angeordnete Blutuntersuchung der Seuchenabwehr, ggf. auch der Strafverfolgung und damit dem Leben und der Gesundheit anderer. Anders als die Menschenwürde ist das Grundrecht aus Art. 2 II 1 GG auch nicht grundsätzlich „abwägungsfeindlich". Auch kommt es praktisch in allen immissionsschutzrechtlichen und vergleichbaren Genehmigungsverfahren zu einer Abwägung zwischen den Betreiberinteressen einerseits und dem Gesundheitsschutz andererseits (vgl. etwa BerlVerfGH, NVwZ 1996, 886 – Baustelle Potsdamer Platz).

Eine besondere Bedeutung haben Leben und körperliche Unversehrtheit als **verfassungsimmanente Schranke anderer Grundrechte**. So schränkt der Schutz der Gesundheit das elterliche Erziehungsrecht und die Religionsfreiheit bei Verweigerung einer lebenserhaltenden Behandlung ein. Auch Wissenschafts-, Kunst- und die Versammlungsfreiheit in geschlossenen Räumen können verfassungsimmanent eingeschränkt werden, wenn Gefahren für Leben und Gesundheit drohen. Im Zusammenhang mit Art. 12 GG wurde der Gesundheitsschutz häufig als überragend wichtiges Gemeinschaftsgut bezeichnet (BVerfGE 9, 338, 346 – Altersgrenze für Hebammen; BVerfGE 78, 179, 192 – Heilpraktiker). Die Verpflichtung zu Warnhinweisen auf Tabakerzeugnissen hat das BVerfG gleichfalls durch den Gesundheitsschutz für gerechtfertigt gehalten (BVerfGE 95, 173, 181). Eher skurril war dagegen die Rechtfertigung des staatlichen „Nachtbackverbots" aus dem Nachtschlafbedürfnis der Bäcker (so noch BVerfGE 87, 362, 386). Problematisch ist es auch, wenn aus dem Grundrecht Befugnisse zu staatlichen Warnungen abgeleitet werden, ohne dass dafür eine konkrete gesetzliche Grundlage zur Verfügung steht (BVerwGE 82, 76, 97; BVerfGE 105, 252, 266 – Glykolwein).

17 **4. Verhältnismäßigkeit.** Besondere Anforderungen sowohl im Hinblick auf Einschränkungen durch Gesetz als auch für verfassungsimmanente Schranken stellt bei Art. 2 II GG das Verhältnismäßigkeitsprinzip. Je schwerwiegender der Eingriff in die körperliche Unversehrtheit, je größer die Gefahr für das Leben, desto höhere Anforderungen sind an die Rechtfertigung zu stellen. Der klassische Fall der Unverhältnismäßigkeit war die Entnahme von Rückenmarksflüssigkeit in einem Bagatellstrafverfahren (BVerfGE 16, 194, 201 – Liquorentnahme). Unabhängig von Art. 102 GG und dem Verstoß gegen die Menschenwürde wäre die Wiedereinführung der Todesstrafe auch ein unverhältnismäßiger Eingriff in das Grundrecht aus Art. 2 II 1 GG, weil sie nachweislich ungeeignet zur Abschreckung und damit zum Schutz anderer Grundrechte ist (*Schulze-Fielitz,* in: Dreier, GG Art. 2 II, Rn. 60).

V. Besondere Schutzfunktionen

18 Es kommt nicht von ungefähr, dass das BVerfG die Grundrechtsdimension der **„objektiven Schutzpflicht"** am Schutz von Leben und körperlicher Unversehrtheit entwickelt hat (BVerfGE 39, 1 – Schwangerschaftsabbruch I; BVerfG 49, 89, 132 – Kalkar; 53, 30, 52ff. – Mülheim-Kärlich). Neben dem subjektiven Grundrecht trifft also den Staat eine objektive Pflicht zum Schutz des Lebens und der Gesundheit der Bürger. Auch von **„Untermaßverbot"** war – z. B. im Hinblick auf den nicht ausreichenden Schutz des werdenden Lebens durch Strafrechtsnormen – die Rede (BVerfGE 88, 203, 254 – Schwangerschaftsabbruch II; *Hain,* Das Untermaßverbot in der Kontroverse, ZG 1996, 75ff.). Dabei hat der Gesetzgeber aber einen weiten Einschätzungs-, Wertungs- und Gestaltungsspielraum im Hinblick auf das „Wie" einer bestimmten Regelung. Auch darf er andere Grundrechte und öffentliche Belange berücksichtigen (allg. dazu oben § 5, Rn. 5; Anwendungsfälle der Schutzpflicht unten, Rn. 27).

Besonders dramatisch kam der Entscheidungsspielraum der Regierung auch im *„Fall Schleyer"* zum Ausdruck (BVerfGE 46, 160, 164), in dem es um die Abwägung zwischen dem Lebensschutz für den entführten Arbeitgeberpräsident einerseits und den Schutz zukünftiger Terroropfer andererseits ging.

Auch beim **Grundrechtsschutz in Organisation und Verfahren** 19
hat das Grundrecht auf Leben und körperliche Unversehrtheit eine
Rolle gespielt. So hat das BVerfG in den zitierten „Klassikern" zur
objektiven Schutzpflicht stets auch die Notwendigkeit „verfahrensmäßiger Vorkehrungen" zum Schutz des Grundrechts betont. Konkret heißt das, dass potentiell Betroffene angemessen beteiligt, informiert und angehört werden müssen. Auch die Pflicht zur Aussetzung
der Zwangsräumung eines Hauses bei akuter Gesundheitsgefährdung
oder Suizidgefahr (zuletzt BVerfG, Kammer, NJW 2013, 290) lässt
sich als verfahrensrechtliche Ausprägung des Grundrechtschutzes
verbuchen. Im medizinischen Bereich bilden z. B. die Trennung von
behandelndem und transplantierendem Arzt im Transplantationsgesetz (§ 5 II TPG) oder auch die notwendige Einschaltung von Ethik-
kommissionen eine wichtige Komponente im Grundrechtsschutz
durch Verfahren (*Deutsch*, Private und öffentlich-rechtliche Ethik-
kommissionen. NJW 2002, 491; *Kern*, Standortbestimmung: Ethik-
kommissionen – auf welchen Gebieten werden sie tätig, MedR 2008,
631). In ähnlicher Weise muss die **Organisation** von gesundheitsrelevanten Institutionen wie Kliniken, psychiatrischen Anstalten usw. so
gestaltet sein, dass sie nicht zur Grundrechtsgefährdung der Patienten
führt. Auch der EGMR hat den Aspekt des Gesundheitsschutzes
durch Verfahren gegenüber **Fluglärm** aufgenommen (EGMR,
NVwZ 2004, 1465 – Flughafen Heathrow).

Weitgehend unausgelotet ist die Frage, ob aus Art. 2 II 1 GG zu- 20
mindest im Falle bestehender Gefährdungen des Lebens ein **Leistungsanspruch** abgeleitet werden kann. Das gilt – ungeachtet der gesetzlichen Krankenversicherung – für die Notfallrettung und eine
lebensrettende Behandlung. Geradezu dramatisch stellt sich die Frage
des Vorrangs der Behandlung in der Katastrophenmedizin bei der
Dreiteilung in Leichtverletzte, zu rettende Schwerverletzte und nicht
mehr zu rettende Schwerstverletzte **(Triage)**. Ähnliche Probleme
können sich in der Intensivmedizin stellen. Verfassungsrechtlich ist
gegen eine solche Prioritätensetzung wenig einzuwenden, (dazu
Brech, Triage und Recht. Patientenauswahl beim Massenanfall Hilfe-
bedürftiger in der Katastrophenmedizin. [2008]; *Radke*, Intensivmedizin zwischen den Mühlsteinen? FS G. Fischer [2010], 349). Strikt
davon zu trennen ist die Frage, was die gesetzliche Krankenversicherung zu leisten im Stande ist (dazu unten, Rn. 28).

Art. 2 II 1 GG gehört auch zu denjenigen Grundrechten, die be- 21
sonders intensiv im Verhältnis zwischen Privaten Wirkung erzeugen.

Diese **Drittwirkung** ist z. B. durch die Arbeitschutzregelungen gesetzlich konkretisiert. Die Wertentscheidung des Art. 2 II 1 GG spielt aber auch im Übrigen bei der Auslegung von Arbeitsverträgen und bei Entscheidungen über den betrieblichen Nichtraucherschutz (BAG, NJW 1999, 162 und BAG, NJW 1999, 2203) eine Rolle.

VI. Die internationale und europäische Perspektive

22   Sowohl Art. 3 AEMR als auch Art. 2 I EMRK enthalten das Recht auf Leben und daneben spezielle Regelungen über das Folterverbot und gegen Gewaltanwendung. Art. 3 EMRK formuliert zusätzlich ein Verbot unmenschlicher Strafen. Hiergegen verstösst die Auslieferung bei drohender Todesstrafe und die unbeabsichtigte Verursachung des Todes durch eine an sich rechtmäßige hoheitliche Gewaltanwendung (EGMR, NJW 1990, 2183 und NJW 2001, 2001; EGMR, NVwZ 2011, 1441 – Schüsse auf Demonstranten; EGMR, NVwZ 2012, 1017– Schutz vor lebensgefährlicher Gewalt). Ferner hat der EGMR entschieden, dass der Schusswaffengebrauch bei einer Verkehrskontrolle auch bei Überfahren einer roten Ampel vor der US-Botschaft unverhältnismäßig ist (EGMR, NJW 2005, 3405). Auch eine objektive Schutzpflicht zum Gesundheitsschutz und ein Informationsrecht über gesundheitliche Gefahren hat der EGMR inzwischen anerkannt (EGMR, NJW 2007, 1663 LS; EGMR, NJW 2012, 3565 – Schutz von Patientenrechten; EGMR, NVwZ 2013, 993 – Schutz vor Überflutung). Umstritten ist allerdings, ob auch das ungeborene Leben unter die genannten Gewährleistungen fällt. Der EGMR (NJW 2005, 727; NJW 2008, 2013) verneint dies, da insofern kein Konsens in Europa bestehe und den nationalen Parlamenten ein Beurteilungsspielraum zukomme (ähnl. zum [nicht bestehenden] Recht auf Abtreibung EGMR, NJW 2011, 2107). Dagegen ist geklärt, dass das Recht zur Selbsttötung oder das Recht auf Sterbehilfe weder durch Art. 2 I EMRK noch durch Art. 8 EMRK geschützt sind (EGMR, NJW 2002, 2851 – „Fall Pretty"; differenzierend aber EGMR, NJW 2011, 3773 – „Selbstmord-Medikament").

23   Auf der Ebene des Rechts der Gemeinschaft ist das Grundrecht auf Leben nunmehr in Art. 2 EuGRCh ausdrücklich kodifiziert. Auch das Verbot der Todesstrafe findet sich an dieser prominenten Stelle (Abs. 2). Der EuGH hat die Schutzpflicht gegen Feinstaub betont (EuGH, NVwZ 2008, 984). Hinzuweisen ist darauf, dass der Gesundheitsschutz der Verbraucher ein wichtiges gemeinschaftliches Rechtsgut ist und u. a. die Beschränkung des freien Warenverkehrs rechtfertigen kann (Art. 36 AEUV).

Literatur: *Fassbender,* Lebensschutz am Lebensende und europäische Menschenrechtskonvention, Jura 2004, 115; *Grabenwarter,* Europäische Menschenrechtskonvention § 20, Rn. 1–25; *Jarass,* EU-Grundrechte, § 9.

VII. Aktuelle Fälle und Probleme

1. Tötung eines Geiselnehmers zur Rettung einer Geisel. Der so 24
genannte „**finale Rettungsschuss**", also z. B. die Tötung eines Geiselnehmers zur Rettung einer Geisel, ist kein Eingriff in Art. 1 GG sondern ein Eingriff in das Grundrecht auf Leben und körperliche Unversehrtheit (Art. 2 II GG). Dieser kann im Einzelfall auf hinreichend konkreter gesetzlicher Grundlage gerechtfertigt sein, wenn er das **einzige Mittel** zur Rettung der Geisel ist (*Witzstrock,* Der polizeiliche Todesschuss [2001]; *Dreier,* JZ 2007, 261, 263).

2. Tötung Unschuldiger zur Rettung Dritter. Sehr viel problemati- 25
scher auch aus der Sicht des Art. 2 II 1 GG ist die Tötung eines oder mehrerer unschuldiger Opfer, um eine größere Anzahl potentieller Opfer zu retten. Hier hat das BVerfG in seinem Urteil zu § 14 III LuftsicherheitsG (BVerfGE 115, 118, 139) klare Grenzen gezogen: Neben der Menschenwürde verbiete auch das Grundrecht auf Leben und körperliche Unversehrtheit den Abschuss einer Passagiermaschine voller Geiseln zum Schutz von Leben und Gesundheit der Anrainer eines KKW oder der Zuschauer in einem vollbesetzten Stadion. Insofern sei das Leben also nicht unter einen Quantifizierungsvorbehalt gestellt und „Leben gegen Leben" nicht abwägbar.

Ob diese Position in allen Fällen durchzuhalten ist, sei aber dahingestellt. Schon im dramatischen Schleyer-Beschluss (BVerfGE 46, 160, 164) hat das BVerfG schließlich festgestellt, dass es sehr wohl notwendig sein kann, das Leben einer unschuldigen Geisel mit dem Leben zu erwartender künftiger Terroropfer in Bezug zu setzen. Ähnliche Konstellationen sind denkbar und Gegenstand berühmter Strafrechtsfälle (überlastetes Rettungsboot, Opferung des Mitglieds einer Seilschaft zur Rettung der Anderen usw.; zum Problem LuftsicherheitsG einerseits *Baumann,* DÖV 2004, 853; *Frenz,* NVwZ 2007, 631; *Pawlik,* JZ 2004, 1045; andererseits *Kersten,* NVwZ 2005, 661; *Höfling/Augsberg,* JZ 2005, 1080; *Lerche,* FS Herzog (2009), 265; *Hufen,* JuS 2010, 1, 8 (Fall 8) – entführter Tankwagen und Rettung der Schüler).

3. Körperliche Unversehrtheit im Strafverfahren und im Poli- 26
zeirecht. Im **Polizei- und Sicherheitsrecht** stellt das Grundrecht auf Leben und Gesundheit neben der Menschenwürde das wohl wichtigste Rechtsgut dar. Eingriffe sind nur unter strenger Wahrung des Verhältnismäßigkeitsprinzips zulässig. Hier bildet das Grundrecht den Hintergrund für den in Deutschland dankenswerterweise äußerst restriktiven Gebrauch von unmittelbarem Zwang und Schusswaffen. Auch wären die aus den USA bekannten, Beteiligte und Unbeteiligte gefährdenden aberwitzigen Verfolgungsjagden der Polizei auf der Autobahn kaum denkbar. Auch bei der Verfolgung eines flüchtigen Straftäters muss die Polizei dessen und vor allem die Gesundheit von

Unbeteiligten beachten. Auch das Interesse der Strafverfolgung kann nie soweit gehen, dass unbeteiligte Dritte durch eine Verfolgungsjagd mehr als unerlässlich gefährdet werden.

Soweit das **Strafprozessrecht** körperliche Untersuchungen zulässt, sind diese gleichfalls nur unter strikter Beachtung der Verhältnismäßigkeit grundrechtskonform (BVerfGE 27, 211, 219 – Untersuchungen im Strafprozess). Das war schon der Kern des „Klassikers" Liquorentnahme (BVerfGE 16, 194). Im eigentlichen **Strafverfahren** sind Eingriffe in die körperliche Unversehrtheit in der Regel nur auf Anordnung des Richters möglich (BVerfG, Kammer, NJW 2010, 2864; *Peglau*, Richtervorbehalt bei Blutprobenentnahme, NJW 2010, 2850). Anordnungen der Staatsanwaltschaft müssen jedenfalls nachträglich gerichtlich kontrollierbar sein (BVerfG, Kammer, NJW 2007, 1345). Auch ist die Entscheidung über die Verhandlungsunfähigkeit des Angeklagten nach § 206 StPO stets im Lichte des Grundrechts aus Art. 2 II 1 GG zu treffen (BVerfG, Kammer, NJW 2002, 51, 53). Besonders strenge Anforderungen bestehen auch bei medizinischen **Zwangsbehandlungen** im Strafvollzug und in der geschlossenen Psychatrie (dazu oben § 10, Rn 58).

27 **4. Konkretisierung der Schutzpflicht.** Wie oben dargelegt, hat die Rechtsprechung stets die besondere Verpflichtung des Gesetzgebers zum Schutz von Leben und Gesundheit betont, dabei aber dem Gesetzgeber einen weiten Einschätzungsspielraum zur Erfüllung der objektiv bestehenden Schutzpflicht aus Art 2 II GG eingeräumt.

Dazu gibt es eine äußerst vielfältige Rechtsprechung aus verschiedenen Bereichen:

Beispiele: BVerfG, Kammer, NJW 1996, 651 – **Fahrverbot** bei hoher Ozonkonzentration; BVerfG, Kammer, NJW 1995, 2343 – kein individueller Anspruch auf Senkung der **Promille-Grenze** im Straßenverkehr; BVerfG, Kammer, NJW 1997, 249 – **Warnhinweis** Babygetränk; BVerwG, NVwZ 2009, 109;, NVwZ 2012, 1314; VGH Kassel, NVwZ 2011, 1530 – **Nachtflugverbot**; Rh.-Pf.VerfGH, NVwZ 2005, 1420 – keine Verpflichtung des Gesetz- oder Verordnungsgebers zur zwingenden Einführung von Rauchmeldern in Altbauten; interessant auch VG Berlin, NVwZ 2009, 1120 – Kein Anspruch auf Maßnahmen zur **Geiselbefreiung** vor Somalia.

Diese Anforderungen wurden aber teilweise durch das Europarecht erheblich veschärft (*Calliess*, NVwZ 2006, 1). Als Konsequenz hat das BVerwG in Abweichung von seiner bisherigen Rechtsprechung einen unmittelbaren Anspruch aus Art. 2 II GG auf konkrete Maßnahmen zur Bekämpfung der **Feinstaub-Belastung** anerkannt (BVerwG (NJW 2007, 3591 und NVwZ 2007, 695; dazu G. *Kirchhof*, AöR 135 [2010], S. 29ff.). Konkret wirkt die Schutzpflicht auch bei einem **Abschiebungsverbot** wegen einer schweren Erkrankung (BVerwG, NVwZ 2007, 712) und bei der Berücksichtigung der Suizidgefahr im Zwangsversteigerungsverfahren (BVerfG, Kammer, NJW 2007, 2910; Kammer, NJW 2013, 290; BGH, NJW 2011, 2807).. Dagegen trifft den Gesetzgeber keine Pflicht zur Bekämpfung bloß hypothetischer Gesundheitsgefährdungen (BVerfG, Kammer, NVwZ 2007, 805 – **Mobilfunkantenne**; BVerfG, Kammer, NVwZ 2010, 702 – Schutz vor „schwarzen Löchern" gegenüber CERN-Teilchenbeschleuniger). Beim Schutz von **Passivrauchern** ist der Gesetzgeber jedenfalls zu konsequenten Regelungen verpflichtet (BVerfGE 121, 317, 344; weiter differenzierend Rh.-Pf. VerfGH, LKRZ 2008, 454. Die gemeinsame Unterbringung von Rauchern und Nichtrauchern in einer Zelle im Strafvollzug verstößt gegen Art. 2 II GG (BVerfG, Kammer, NJW 2013, 1943 – zum Nichtraucherschutz aus der Sicht der Berufsfreiheit unten § 35, Rn. 57). Die aktuell diskutierte Einführung einer **Impfpflicht gegen Masern** wäre wegen der oft verkannten Schwere dieser Krankheit zum Schutz aller Kinder zulässig. Höchst bedenklich ist es dagegen, wenn es nicht um den Schutz Dritter, sondern um den Schutz „vor sich selbst" geht. So umfasst das Grundrecht auf freie Entfaltung der Persönlichkeit auch das Recht zur Selbstgefährdung und zum „ungesunden Leben" (zur Gefahr des **Paternalismus** allgemein oben § 5, Rn. 6). Kritikwürdig ist dagegen die Entscheidung des *BVerfG*, in der eine Pflicht des Gesetzgebers zur **Verschärfung des Waffengesetzes** verneint wird. Das Recht auf freie Entfaltung weniger Sportschützen wiegt erheblich geringer als die offenkundige Gefährdung des Lebens potentieller Opfer (BVerfG, Kammer, NVwZ 2013, 502).

5. Lebensschutz, Rationalisierung und Priorisierung. Technischer Fortschritt und Kostensteigerung einerseits, erhöhte Erwartungen an die Medizin und demographische Probleme andererseits führen seit langem zur Erkenntnis, dass weder die gesetzliche Krankenversicherung noch die Notfallmedizin in der Lage sind, alle medizinisch an sich wünschenswerten Leistungen kostenfrei zu erbringen, dass es also eine Diskussion um vorrangige und nachrangige Behandlung (**Priorisierung**) geführt werden muss. Diese Erkenntnis ist allerdings politisch schwer zu vermitteln. Fest steht jedenfalls, dass es nicht um eine bloße Einsparung nach wirtschaftlichen Kriterien (**Rationalisierung**) gehen darf, sondern die medizinische Notwendigkeit im Hinblick auf das Grundrecht auf Leben und körperliche Unversehrtheit den obersten Maßstab bilden muss. Auch bei der **Verteilung knapper Medikamente** bildet stets die medizinische Notwendigkeit die Leitlinie. Grundsätzlich ist der Gesetzgeber aufgerufen, diese Probleme zu regeln.

Aus verfassungsrechtlicher Sicht ist hier die Leistungsdimension des Grundrechts angesprochen. Der Sache nach handelt es sich aber auch hier nicht um ein originäres, sondern nur um ein derivatives (abgeleitetes) Teilhaberecht. Auch der Anspruch auf **medizinische Grundversorgung** hängt davon ab, was zur Grundversorgung gerechnet wird und ob im staatlichen Gesundheitssystem und in der gesetzlichen Krankenversicherung die Kapazitäten zur Sicherung der

Grundversorgung vorhanden sind. (exemplarisch einerseits BVerfG, Kammer, NJW 2003, 1236 – Kostenübernahme für ein lebenserhaltendes Medikament; andererseits BVerfG, Kammer, NJW 2008, 3556; NJW 2013, 1220 – keine Kostenerstattung für nicht zugelassenes oder nicht verschreibungspflichtiges Arzneimittel; fragwürdig BVerfGE 115, 25, 41 – Anspruch auf Behandlung mit Methoden der „Alternativmedizin" bei irreversibel tödlichem Krankheitsverlauf; BVerfG, Kammer, NVwZ 2008, 880 – Hyperthermie bei Krebserkrankung; relativierend BVerfG, Kammer, NJW 2013, 1664).

Literatur zu VII. 5: *Eichhorn*, Gerechte Rationierung durch Einführung einer Prioritätensetzung im deutschen Gesundheitswesen 2011; *Huster*, Soziale Gesundheitsgerechtigkeit: Sparen, Umverteilen, Vorsorgen? 2012; *Lege/Kingreen*, Knappheit und Verteilungsgerechtigkeit im Gesundheitswesen, VVDSTRL 70 (2011), 112; *Nationaler Ethikrat*, Gesundheit für alle – wie lange noch? 2007; *Taupitz*, Influenzapandemie: Wer bekommt die knappen Arzneimittel?, FS G. Fischer (2010), 521; *Welti*, Allokation, Rationierung, Priorisierung: Rechtliche Grundlagen MedR 2010, 379; *Zentrale Ethikkommission bei der Bundesärztekammer*, Priorisierung im Gesundheitswesen, DÄBl. 2007, A 2750.

Literatur zu Art 2 II GG allgemein: *Augsberg*, Grundfälle zu Art. 2 II GG. Jus 2011, 28, 128; *Dreier*, Grenzen des Tötungsverbots – Teil 1, JZ 2007, 261; Teil 2, JZ 2007, 317; *Fink*, Recht auf Leben und körperliche Unversehrtheit, HdbGr IV, § 88;; *Hermes*, Das Grundrecht auf Schutz von Leben und Gesundheit (1987); *Kloepfer*, Leben und Würde des Menschen, FS 50 Jahre BVerfG II, 77 ff.; *Ladiges*, Erlaubte Tötungen, JuS 2011, 879; *Schmidt am Busch*, Die Gesundheitssicherung im Mehrebenensystem (2007); *Seewald*, Zum Verfassungsrecht auf Gesundheit (1982).

2. Abschnitt. Der weitere Schutz der Persönlichkeit

§ 14 Freie Entfaltung der Persönlichkeit – allgemeine Handlungsfreiheit (Art. 2 I GG)

I. Allgemeines

1   **1. Entstehung und geschichtliche Entwicklung.** Die „Freie Entfaltung der Persönlichkeit" in Art. 2 I GG ist die vielleicht deutlichste Ausprägung des Menschenbilds der Aufklärung, wie sie *Immanuel Kant* in der berühmten Aufforderung zum *Ausgang des Menschen aus selbstverschuldeter Unmündigkeit* im Jahr 1784 formulierte. Der Mensch ist nicht nur mündig, er ist auch zur Entfaltung

seiner eigenen Persönlichkeit berufen, also eigenverantwortlich. Das ist ein Postulat, das sowohl im Menschenbild der Antike als auch im Christentum in dieser Weise nicht vorgedacht war. Erst bei *Kant* werden Vernunft, Begabung und Selbstbestimmung zur eigentlichen Grundlage der Menschenwürde, und zugleich wird die Notwendigkeit des Zusammenlebens aller unter allgemeinen Gesetzen sowie die Achtung des Einen für die Freiheit des Anderen begründet. Beide Gedanken gehören bis heute zu den zentralen Aussagen von Art. 2 I GG. Bei *John Locke* (Two Treatises on Government [1689], III, 123) wird es dann die zentrale Aufgabe des Staates, die freie Entfaltung des Individuums und insbesondere das Eigentum zu schützen. Obwohl sich in den klassischen Verfassungstexten eine dem heutigen Art. 2 I GG entsprechende Norm nicht findet, stehen sowohl die Bill of Rights von Virginia (1776) als auch die Deklaration von 1789 unter dem Postulat der gleichen Freiheit aller und der persönlichen Autonomie bis zu den Grenzen der Freiheit der Mitbürger – also immer dieselben Grundgedanken, die schon in der „goldenen Regel" bei *Kant* formuliert sind. Die – allerdings unter Gesetzesvorbehalt stehende – allgemeine Freiheit des Bürgers bildet auch die selbstverständliche Grundlage der deutschen Verfassungen des 19. Jahrhunderts, wenn sie auch nicht explizit ausformuliert ist. Dasselbe gilt für die WRV (zu diesen Grundlagen auch *Hofmann*, Autonomie des Menschen, JZ 2001, 1 ff.).

Erst der **Herrenchiemseer Entwurf** zum GG formulierte in Anlehnung an die Deklaration von 1789: „*Jedermann hat die Freiheit, innerhalb der Schranken der Rechtsordnung und der guten Sitten alles zu tun, was Anderen nicht schadet*". Noch handfester formulierten der Grundsatzausschuss und der allgemeine Redaktionsausschuss des Parlamentarischen Rates, jeder könne „*tun und lassen*", was die Rechte Anderer nicht verletze (*Matz*, in: v. Doemming/Füßlein/Matz, Entstehungsgeschichte der Artikel des Grundgesetzes, JöR n. F. Bd. 1 [1951], S. 54) – eine Formulierung, die dann aber bei der endgültigen Abfassung des Textes als zu wenig würdevoll wieder gestrichen wurde (*Dreier*, GG, Art. 2 Rn. 6). 2

2. Aktuelle Bedeutung. Nach der Emphase der Bekenntnisse in Art. 1 GG erscheint Art. 2 I GG mit „*freie Entfaltung der Persönlichkeit*" eher nüchtern und abstrakt formuliert. Das hätte neben der Rede vom „Auffanggrundrecht" dazu führen können, dass das Grundrecht zu einer Art allgemeinem Programmsatz verkümmert 3 wäre. Dass es in der Entwicklungsgeschichte der Bundesrepublik nicht so gekommen ist, liegt nicht nur an der Rechtsprechung des BVerfG zur allgemeinen Handlungsfreiheit, sondern auch daran, dass das Allgemeine Persönlichkeitsrecht im Kontext von Art. 2 GG unvollkommen wäre, wenn hier nicht neben dem eher passiv-abwehrenden Persönlichkeitsschutz explizit auch das „aktive Element" in Gestalt der **freien Entfaltung** zum Ausdruck käme. Es ist daher vollkommen konsequent, dass das BVerfG Art. 2 I GG über seine Funktion bei der Entfaltung unbenannter Grundrechtsgehalte hinaus zur **allgemeinen Handlungsfreiheit** ausgeformt hat (BVerfGE 6, 32, 37 – Elfes; BVerfGE 13, 290, 296 – Handwerksordnung; BVerfGE 85, 219, 223 – Kündigung).

Gerade in Gestalt der allgemeinen Handlungsfreiheit hat sich das Grundrecht als **äußerst flexibel** für die Reaktion auf neue Problemkonstellationen erwiesen. So ist Art. 2 I GG mit seiner Betonung der Eigenverantwortung und Freiheit der Entfaltung eine angemessene Antwort auf die Infragestellung der Willensfreiheit durch Zweige der modernen **Hirnforschung** (*Hochhuth*, Die Bedeutung der neuen Willensfreiheitsdebatte für das Recht, JZ 2005, 745; *Heun*, Die grundgesetzliche Autonomie im Lichte der Neurowissenschaften, JZ 2005, 853; *Laufs*, Der aktuelle Streit um das alte Problem der Willensfreiheit, MedR. 2011, 1). Derselbe Vorrang der Selbstbestimmung und der Eigenverantwortlichkeit gilt aber auch für die die Freiheit erwachsener Menschen von staatlicher Bevormundung und die oft mit Spott bedachten Alltagsfälle der allgemeinen Handlungsfreiheit wie „Autofahren", „Reiten im Walde" und „Tauben füttern".

II. Schutzbereich

4   1. **Sachlich.** Dem Schutzbereich von Art. 2 I GG ordnet das BVerfG zunächst durchaus spezifische Grundrechtsgewährleistungen wie die **Vertragsfreiheit,** den Schutz vor **Zwangsmitgliedschaften** oder auch die **Ausreisefreiheit** aus dem Bundesgebiet zu. Im Kern aber ist das Grundrecht das, was es auch schon bei seiner Entstehung sein sollte: Die allgemeine Handlungsfreiheit, d. h. das Grundrecht **„tun und lassen zu können",** was jedenfalls dem Anderen nicht schadet.

a) Die allgemeine Handlungsfreiheit.

5   **Klassiker: BVerfGE 6, 32, 36 – Elfes.** In dieser Entscheidung und danach immer wieder hat das BVerfG betont, dass Art. 2 I GG ein „unbenanntes" Freiheitsgrundrecht enthalte. Soweit nicht ohnehin in spezielleren Grundrechten geschützt, fällt damit jede selbstbestimmte menschliche Handlung jeden-

falls in den Schutzbereich von Art. 2 Abs. 1 GG. Begründet wurde dies mit der Entstehungsgeschichte und der Eigenständigkeit der Schrankenkonstruktion in Art. 2 I GG, die sonst keinen Sinn mache. In einer Vielzahl von Beispielen haben das BVerfG und das BVerwG seither alltägliche Handlungen oder auch Skurrilitäten als durch die allgemeine Handlungsfreiheit geschützt angesehen. Das galt für die Freiheit zum **Taubenfüttern** im Park (BVerfGE 54, 143, 146) ebenso wie für den **Cannabis-Konsum** (BVerfGE 90, 145, 171), für das **Recht auf Autofahren** ebenso wie auch für das Recht zum **Verweilen** an einem bestimmten Ort (BVerwG, 1986, 918; BVerwG, NJW 2001, 3139; BVerfG, Kammer, NJW 1986, 1809). Selbst die Freiheit zum **Motorradfahren** (OVG Münster, NJW 1996, 2049) und – besonders prägnant – das **Reiten im Walde** waren bereits Gegenstand ober- bzw. höchstrichterlicher Rechtsprechung (BVerfGE 80, 137, 152). Wichtig ist auch der Schutz **ehrenamtlicher Tätigkeit,** die nicht unter Art. 12 GG (Berufsfreiheit), sondern unter Art. 2 I GG fällt (BVerfG, Kammer, NJW 2006, 1502 – ehrenamtliche Rechtsberatung durch pensionierten Richter). Die Vielfalt zeigt, dass der allgemeinen Handlungsfreiheit in der Tat eine wichtige „Schutzergänzungsfunktion" zukommt (so zu Recht *Kahl,* Die Schutzergänzungsfunktion, Art. 2 I GG [2000]). Man kann es auch einfach formulieren:

In der Bundesrepublik Deutschland ist auch und gerade wegen Art. 2 I GG grundsätzlich alles erlaubt, was nicht ausdrücklich verboten wurde und nicht grundsätzlich alles verboten, was nicht besonders erlaubt wurde.

Deshalb ist auch Skepsis gegenüber allen Versuchen zur Einschränkung des Schutzbereichs angebracht.

Gerade wegen der scheinbaren Banalität mancher der zitierten Beispiele hat es von Anfang an nicht an Versuchen gefehlt, Art. 2 I GG enger zu fassen und ihn für solche Tätigkeiten zu reservieren, die einem wie auch immer definierten **Persönlichkeitskern** zuzuordnen sind (erstmals wohl *Peters,* Die freie Entfaltung der Persönlichkeit als Verfassungsziel, FS Laun [1953], 669; aber auch *Hesse,* Grundzüge, Rn. 428). Besonders prägnant hat *Grimm* in seinem Sondervotum zur Reiten-im-Walde-Entscheidung (BVerfGE 80, 164 ff.) vor der Banalisierung des Grundrechtsschutzes gewarnt und das Grundrecht auf den **engeren Kern der Persönlichkeit** zurückführen wollen.

Letztlich können diese Bedenken aber **nicht** überzeugen. Sie laufen darauf hinaus, zwischen „wichtiger" und „unwichtiger" Freiheit zu unterscheiden und nehmen damit dem Einzelnen die vielleicht wichtigste Ausprägung individueller Freiheit, nämlich selbst zu definieren, was die Freiheit der Persönlichkeit ausmacht. Nach dem Menschenbild des GG ist es der Einzelne, der selbst entscheiden kann, was er für **seine** Persönlichkeit als bedeutsam erachtet. Über die Grenzen wird erst bei den Schranken entschieden. Für den „Reiter im Walde" ist das Reiten möglicherweise eine für ihn besonders wichtige Ausprägung seiner Freiheit, ebenso wie das Taubenfüttern für die alte Frau in der Großstadt, die in den Tauben eine letzte Verbindung zur Natur sieht.

Während für den Einen die Mitgliedschaft in möglichst vielen Vereinen eine besondere Ausprägung der Persönlichkeit sein mag, ist dem Anderen die Zwangsmitgliedschaft in auch nur einem Verein ein unerträglicher Eingriff in seine Freiheit und Unabhängigkeit. Das **Recht von niemandem vorgeschrieben zu bekommen, was eine bedeutsame oder weniger bedeutsame Äußerung der Persönlichkeitsentfaltung ist,** macht den Kern des Grundrechts aus Art. 2 I GG aus. Diese Freiheit zu definieren, heißt sie auch schon zu begrenzen (ausführlich dazu *Hufen,* FS 50 Jahre BVerfG [2001] II, 105, 121).

7 **b) Freie Entfaltung und präventives Verbot mit Erlaubnisvorbehalt.** Zur durch Art. 2 I GG geschützten Freiheit gehört grundsätzlich auch das Recht, **jede Handlung ohne besondere Erlaubnis, Zulassung oder auch nur Bekanntgabe vornehmen zu dürfen.** So ist es z. B. grundsätzlich erlaubt, Lebensmittel in Verkehr zu bringen, sich im öffentlichen Straßenverkehr zu bewegen, allgemein zugängliche Einrichtungen zu nutzen und Kontakt mit anderen Menschen zu pflegen. Nur dann, wenn eine Handlung auf Grund ihrer Gefahr ein präventives Erlaubnisverfahren erfordert, kann der Staat eine solche Erlaubnis verlangen. Dafür bedarf es grundsätzlich einer gesetzlichen Grundlage. So kann das Führen eines Kraftfahrzeugs vom Bestehen einer Prüfung, die Ausübung des Arztberufs von der Approbation, das Errichten eines Bauwerks von der Baugenehmigung, das Inverkehrbringen bestimmter, möglicherweise gesundheitsgefährdender Zusatzstoffe zu Lebensmitteln von einem Zulassungsverfahren abhängig gemacht werden. Erfüllt der Einzelne jeweils die gegebenen Voraussetzungen, dann hat er einen gleichfalls durch Art. 2 I GG bzw. ein Spezialgrundrecht gesicherten **Anspruch auf Zulassung.** Das ist der Kern des verwaltungsrechtlichen Instituts des „**präventiven Verbots mit Erlaubnisvorbehalt**". Nur bei bestimmten, von vornherein als gefährlich erwarteten und von der Gemeinschaft auf Ausnahmefälle beschränkten Handlungen (insbesondere Waffen tragen, Bauen im Naturschutzgebiet usw.) ist die Begrenzung die Regel, die Freiheit die Ausnahme. Hier sprechen wir zu Recht vom **repressiven Verbot mit Dispensvorbehalt** und Art. 2 I GG beschränkt sich auf Gewährung eines Anspruchs auf fehlerfreie Prüfung und Bescheidung.

8 **c) Wirtschaftliche Dispositionsfreiheit.** Wenn speziellere Grundrechte wie Art. 14 GG (Eigentum) oder Art. 12 GG (Beruf) nicht greifen, schützt Art. 2 I GG grundsätzlich auch die **wirtschaftliche und finanzielle Dispositionsfreiheit.** Geschützt sind hier also nicht nur die Substanz und der berufsbedingte Erwerb von Vermögen, sondern **jedes freie Umgehen des Einzelnen mit seinen finanziellen**

Ressourcen. Deshalb ist auch der schlichte Satz zutreffend, die Auferlegung von Abgaben und Ausgaben sei immer mindestens ein rechtfertigungsbedürftiger Eingriff in die allgemeine Handlungsfreiheit (BVerfGE 4, 17 – Investitionshilfe; BVerfGE 96, 375, 397 – „Kind als Schaden" – zum Schutz gegenüber Sonderabgaben s. unten, Rn. 35). Auch das Recht auf Schaffung einer eigenen Altersversorgung und der Schutz vor einem staatlichen Zugriff auf dieselbe gehören in diesen Kontext (BVerfGE 113, 88, 133 – Begrenzung der Heranziehung einer Tochter für die Heimunterbringung der Mutter, wenn dadurch die eigene Altersversorgung in Gefahr gerät).

d) **Vertragsfreiheit.** In st. Rspr. ordnet das BVerfG die **Vertragsfreiheit** und die **Wettbewerbsfreiheit** Art. 2 I GG zu. Das gilt auch dann, wenn der Abschluss des Vertrags im Rahmen einer beruflichen, künstlerischen, wissenschaftlichen oder sonstigen Tätigkeit erfolgt (st. Rspr. seit BVerfGE 8, 274, 328 – Preisgesetz; exemplarisch auch BVerfGE 103, 89, 100 – Unterhaltsverzicht). Obwohl die Wettbewerbsfreiheit immer auch ein Element der **Wettbewerbsgleichheit** enthält, werden beide Aspekte nicht bei Art. 3 GG, sondern bei Art. 2 I GG verortet (zuletzt BVerfGE 105, 252, 265 – Glykolwein). Inhaltlich betont das BVerfG aber seit geraumer Zeit mindestens ebenso stark die Gleichheit der Vertragspartner wie die Vertragsfreiheit. So unterstreicht das BVerfG – sehr zum Missbehagen vieler Zivilrechtler – die Kontrolle der Gerichtsbarkeit über Verträge mit ungleichen Ausgangsbedingungen oder ungerechtem Ergebnis – so insbesondere beim Eingehen von pauschalen Bürgschaftsverpflichtungen unter Verwandten und beim Unterhaltsverzichtsvertrag (BVerfGE 89, 214, 229 ff. – Bürgschaftsvertrag; BVerfGE 103, 89, 100 – Unterhaltsverzicht; BVerfGE 114, 1, 33 – Gewinnanteile bei Lebensversicherungen, BVerfG, Kammer, NJW 2006, 596 – zu weitgehende Einschränkung der Kunstfreiheit durch Exklusivvertrag zwischen Künstler und Produzent).

Einen neuen „Schub" gerichtlicher Kontrolle privater Verträge brachte die Anwendung der europäischen **Antidiskriminierungsrichtlinie** und des dazu ergangenen, das Europarecht noch übertreffenden deutschen **Allgemeinen Gleichbehandlungsgesetzes** (BGBl. I 2006, 1897). Beide schränken die Vertragsfreiheit von vornherein auf die nachgewiesene „Nichtdiskriminierung" ein.

Kritik: Vor einer überzogenen Beschränkung der Vertragsfreiheit kann nur gewarnt werden. So sehr es Aufgabe der Rechtsprechung ist, die Rechte von

Minderheiten und schwachen Bevölkerungsgruppen zu wahren und so sehr sich der Antidiskriminierungsschutz auch im Privatrecht aus Art. 3 III GG rechtfertigen lässt, so verfehlt wäre es, grundsätzlich jeden geschlossenen Vertrag unter den Vorbehalt gleicher Stärke der Vertragsparteien zu stellen. Auch wirtschaftlich große und machtvoll vertretene Konzerne müssen sich gerade wegen der Vielzahl der von ihnen geschlossenen Verträge darauf verlassen können, dass die abgeschlossenen Kauf-, Miet-, Versicherungs- und Darlehensverträge wirklich gelten. Auch für sie gilt neben der Vertragsfreiheit die durch Art. 2 I GG geschützte Dispositionsfreiheit. Die am Gleichheitsgedanken orientierte Rechtsprechung zum Schutz des Schwächeren sollte sich daher auf Fälle eklatanten Missbrauchs von Machtpositionen und besonders schutzwürdige Personengruppen und Minderheiten beschränken. Andernfalls gerät mit der Vertragsfreiheit ein zentrales Verfassungsgut und eine Voraussetzung jeder erfolgreichen Volkswirtschaft in Gefahr. Für das politische Ziel „mehr Frauen in Führungspositionen" ist gleichfalls die Vereinbarkeit von Familie und Beruf durch ausreichende Kinderbetreuung wichtiger (und verhältnismäßiger) als eine starre „Quote". Auch erlaubt es die Vertragsfreiheit, einem NPD-Funktionär den Zugang zu einem Wellnesshotel zu versagen (dazu *Lehner*, NVwZ 2012, 861).

Literatur: *Däubler/Bertzbach*, Allgemeines Gleichbehandlungsgesetz – Handkommentar, 2. Aufl. 2008; *Wendeling/Schröder/Stein*, Allgemeines Gleichbehandlungsgesetz (2008); *Wieland*, Ist eine Quotenregelung zur Erhöhung des Anteils der Frauen in Aufsichtsräten mit dem Grundgesetz und Europarecht vereinbar? NJW 2010, 2408 – bejahend). Zur – teils scharfen – **Kritik** *Isensee*, Vertragsfreiheit und Diskriminierung (2007); *Picker*, Antidiskriminierung als Zivilrechtsprogramm? JZ 2003, 540; *Adomeit*, Diskriminierung – Inflation eines Begriffs NJW 2002, 1622; sehr viel zurückhaltender *Jestaedt/ Britz*, Diskriminierungsschutz und Privatautonomie VVDStRL 64, 298 ff. bzw. 355 ff.

11   **e) Schutz vor Zwangsmitgliedschaft.** Anders als man erwarten könnte, behandelt das BVerfG Probleme der Pflichtmitgliedschaft in Vereinigungen nicht als „negative Vereinigungsfreiheit", also bei Art. 9 I GG, und auch i. d. R. nicht bei Art. 12 GG (also als Teil der Berufsfreiheit), sondern als Ausdruck der freien Entfaltung der Persönlichkeit (vgl. BVerfGE 10, 89, 102 –Erftverband; BVerfG, Kammer, NVwZ 2002, 335). Das ist zumindest dann problematisch, wenn die Berufswahl von der Mitgliedschaft in einer Kammer abhängt. Dann muss Art. 12 I GG einschlägig sein. Praktische Bedeutung hat hier vor allem die **Pflichtmitgliedschaft in Handels-, Handwerks-, Architekten- und ähnlichen Kammern.** Diese sind in der Bundesrepublik als Körperschaften des öffentlichen Rechts mit Monopolstellung und Pflichtmitgliedschaft gegenüber den Angehörigen

des jeweiligen Berufes organisiert. Sie dienen nicht nur der Interessenwahrnehmung (für diese wäre die Zwangsmitgliedschaft kaum zu rechtfertigen), sondern im gewissen Umfang auch zur Kontrolle standes- und berufsgemäßen Verhaltens. Derartige Pflichtmitgliedschaften wurden als „Zwangsverkammerung" kritisiert und in regelmäßigen Abständen durch Klagen vor den Verwaltungs- und Verfassungsgerichten in Frage gestellt, aber ebenso regelmäßig immer wieder bestätigt (zuletzt BVerfG, Kammer, NVwZ 2002, 335 – IHK; OVG Koblenz, LKRZ 2010, 477; VGH München, NVwZ 2013, 236). Der Hauptgrund: Die Kammern werden im öffentlichen Interesse tätig; die von ihnen ausgehende Selbstkontrolle ist gegenüber der sonst notwendigen staatlichen Kontrolle das „mildere Mittel" (BVerfGE 15, 239 – Handwerkskammer; BVerfG, NJW 1998, 3510; OVG Koblenz, LKRZ 2010, 477 – IHK). Auch könne nur durch Mitgliedschaft aller eine allgemeine und wirkungsvolle Vertretung der Belange der jeweiligen Gruppe gesichert werden. (BVerwG, NVwZ 2002, 335; krit. dazu *Kluth,* NVwZ 2002, 298; *Schöbener,* VerwArch. 89 [2000], 374). Auch der EuGH hat das „deutsche Modell" bisher nicht grundlegend in Frage gestellt (dazu *Kirchberg,* NJW 2009, 1313).

Mit ähnlicher Begründung wurde auch die Zwangsmitgliedschaft von Studierenden in der **Studierendenschaft ihrer Hochschule** für verfassungsgemäß gehalten (zuletzt BVerfG, Kammer, NVwZ 2001, 190). Notwendig ist jeweils eine **gesetzliche Grundlage,** die zugleich Aufgaben und Auftrag der Pflichtvereinigung festlegt. Daraus folgt der unmittelbar aus Art. 2 I GG begründete Anspruch jedes einzelnen Mitglieds, dass der Zwangsverband sich mit Äußerungen und Tätigkeiten **im Rahmen des gesetzlichen Auftrags** hält (dazu unten, Rn. 36).

f) **Ausreisefreiheit.** Die Freiheit zur Ausreise aus dem Bundesgebiet ist nach BVerfGE 6, 32 – Elfes, nicht durch das Grundrecht auf Freizügigkeit (Art. 11 GG), sondern nur durch Art. 2 I GG geschützt. Die Ausreisefreiheit, das historische **ius emigrandi,** hat in Deutschland eine lange Tradition. Deshalb ist die Kritik an der zitierten Rechtsprechung nie verstummt (dazu unten § 18, Rn. 5). Umso wichtiger ist, dass diese elementare Ausprägung menschlicher Freiheit wenigstens durch Art. 2 I GG verfassungsrechtlich abgesichert ist. An die Verhältnismäßigkeit etwaiger Beschränkungen sind strenge Anforderungen zu stellen (zur Beschränkung der Ausreisefreiheit so genannter Hooligans unten, Rn. 30).

2. Personeller Schutzbereich. Das Recht auf freie Entfaltung der Persönlichkeit schützt grundsätzlich alle **natürlichen Personen,** also auch Kinder und Personen, deren Selbstbestimmung wegen Krankheit, Alter usw. eingeschränkt ist. Für Kinder ist das elterliche und schulische Erziehungsrecht allerdings eine in der Regel ausschlaggebende Grundrechtsschranke.

14 Für **juristische Personen** ist zu differenzieren. Soweit bei Art. 2 I GG die Entfaltung der **Persönlichkeit** im Vordergrund steht, kommt nach Art. 19 III GG für sie Art. 2 I GG nicht in Betracht. Geht es aber um mehr sachbezogene Entfaltungsmöglichkeiten, wie der Schutz vor Pflichtmitgliedschaft oder der Schutz der wirtschaftlichen Dispositionsfreiheit, so bestehen keine Bedenken, Art. 2 I GG hier anzuwenden.

15 Auch **Ausländer** sind Träger des Grundrechts aus Art. 2 I GG (BVerfGE 35, 382, 393 – Palästinenser; BVerfGE 78, 179, 196 – Heilpraktikergesetz). Für sie ist Art. 2 I GG also auch dann ein Auffanggrundrecht, wenn es um Betätigungen geht, die in den Schutzbereich so genannter „Deutschenrechte" (z. B. Art. 8, Art. 12 GG) fallen. Dagegen kann nicht eingewandt werden, diese Auffassung führe zu einer Aushöhlung der gewollten Privilegierung der deutschen Staatsbürger (*Schwabe*, NJW 1974, 1044; *Hailbronner*, NJW 1983, 2105, 2110; auch *Kahl*, Schutzergänzungsfunktion [2000], S. 22 ff.). Aus Art. 8 und 12 GG usw. ist **kein Gebot auf Besserstellung der Deutschen** ableitbar, sie verlangen auch kein „Abstandsgebot im Grundrechtsschutz".

16 **3. Verhältnis zu anderen Grundrechten.** Als allgemeine Handlungsfreiheit ist Art. 2 I GG grundsätzlich von allen speziellen Freiheitsrechten mitumfasst. Diese gehen als lex specialis Art. 2 I GG vor. Bei der Falllösung kommt es daher nicht zur Prüfung des Art. 2 I GG, wenn der Schutzbereich eines spezielleren Grundrechtes eröffnet ist.

III. Eingriffe

17 Wie der Schutzbereich, so sind auch die verschiedenen Möglichkeiten des Grundrechtseingriffs bei der allgemeinen Handlungsfreiheit denkbar weit gefasst. In **jedem Gebot oder Verbot** der staatlichen Gewalt liegt mindestens ein Eingriff in die allgemeine Handlungsfreiheit des Bürgers. Das ist die verfassungsrechtliche Grundlage der so genannten **„Adressatentheorie"** im Verwaltungsprozessrecht, die zu Recht davon ausgeht, dass der Adressat eines belastenden VA immer

die Klagebefugnis nach § 42 II VwGO hat (dazu *Hufen,* VwProzR § 14, Rn. 60).

Grundsätzlich gilt diese Weite auch für den **mittelbaren Eingriff** in Art. 2 I GG. So muss sich ein Verbot nicht direkt und unmittelbar an den Betroffenen wenden und gegen dessen Freiheitsausübung gerichtet sein. Deshalb hat das BVerfG zu Recht angenommen, dass der Ladenschluss nicht nur die Händler in Bezug auf Art. 12 GG, sondern auch potentielle Kunden in ihrer freien Entfaltung der Persönlichkeit beeinträchtigt (BVerfGE 13, 230, 233). Das ist nicht der Fall, wenn die Maßnahme den Betroffenen lediglich als Teil der Allgemeinheit betrifft und ihm keine besondere Freiheitseinschränkung auferlegt (**Beispiele:** Umbenennung eines Bahnhofs, kommunale Neugliederung usw.). 18

Besonders schwierig abzugrenzen sind grundrechtsrelevante **faktische Eingriffe.** Da nahezu jede staatliche Maßnahme und jedes faktische Staatshandeln in irgendeiner Weise die Handlungsfreiheit oder freie Entfaltung anderer Menschen beeinträchtigt, ist hier Zurückhaltung angebracht. Notwendige Umwege durch die Trasse einer Autobahn, die Sichtbeeinträchtigung durch ein öffentliches Bauwerk oder lästige Emissionen unter der Erheblichkeitsschwelle stellen keine Eingriffe in Art. 2 I GG dar. Typische faktische Beeinträchtigungen können aber bei Einwirkung auf die Vertrags- und Wettbewerbsfreiheit vorliegen. Das gilt insbesondere bei marktlenkenden Subventionen, wirtschaftlicher „Konkurrenz" durch Gemeinden und andere Hoheitsträger (zur Subvention eines Konkurrenten bereits BVerwGE, 30, 191, 198 – Subventionierung von Winzergenossenschaften). 19

IV. Verfassungsrechtliche Rechtfertigung – Schranken

1. Die „Schrankentrias". Nach Art. 2 I GG findet das Recht auf die freie Entfaltung der Persönlichkeit seine Schranken in den **Rechten Anderer,** der **verfassungsmäßigen Ordnung** und dem **Sittengesetz.** Damit ist den Abgeordneten des Parlamentarischen Rates zwar eine adäquate Umsetzung der „goldenen Regel" und überdies eine Betonung des Vorrangs der Verfassung gelungen, und auch das „Sittengesetz" mag man noch als Ausdruck der naturrechtlichen und moralischen Verpflichtungen begreifen. Gleichwohl hat diese „Schrankentrias" in der Praxis zumindest der frühen Jahre der Bundesrepublik zu erheblichen Schwierigkeiten geführt. Während die 20

„Rechte Anderer" noch vergleichsweise leicht interpretierbar schienen, barg die Formulierung „verfassungsmäßige Ordnung" ein Dilemma. Sollte gerade für die allgemeine Handlungsfreiheit nur die Schranke der Verfassung selbst oder gar der freiheitlich demokratischen Grundordnung im Sinne von Art. 9 II GG und Art. 21 II GG in Betracht kommen und damit Art. 2 I GG gegenüber spezielleren Freiheitsrechten privilegiert sein?

Klarer war insofern die Formulierung des Herrenchiemsee-Entwurfs: „Jedermann hat die Freiheit, **innerhalb der Schranken der Rechtsordnung** und der guten Sitten alles zu tun, was anderen nicht schadet", diese ist aber nicht Verfassungstext geworden.

21 Das BVerfG hat jedoch von Anfang an so getan, als **wäre** diese Formel Gesetz geworden, und spätestens im **Klassiker BVerfGE 6, 32, 38 – Elfes** diesem Dilemma mit einem recht drastischen Schnitt abgeholfen: Als verfassungsmäßige Ordnung bezeichnet es seither nicht die Verfassung als solche, sondern die **der Verfassung entsprechende Rechtsordnung**. Einschränkbar ist Art. 2 I GG also durch **jedes formell und materiell verfassungsmäßige Gesetz**. Das hat zwei gravierende Konsequenzen:

- Zum einen bedeutet es, dass die allgemeine Handlungsfreiheit faktisch und durchaus sachgerecht unter einem **allgemeinen Gesetzesvorbehalt** steht. Unter „Rechtfertigung des Eingriffs" ist also faktisch nur noch die Einhaltung der **Verhältnismäßigkeit** zu prüfen.
- Zum zweiten bedeutet die Formulierung aber, dass das den Eingriff ermöglichende Gesetz **in jeder Hinsicht** der verfassungsmäßigen Ordnung entsprechen muss. So gesehen ist das Elfes-Urteil die Basis für die Prüfung auch solcher formeller und materieller Aspekte wie Zuständigkeit des Gesetzgebers, Beteiligung des Bundesrates usw., die auf den ersten Blick nichts mit der subjektiven Grundrechtsposition des Betroffenen zu tun haben. Diesen Zusammenhang kann man sich am leichtesten erklären, wenn man Art. 2 I GG im Sinne der traditionsreichen Formulierung **„Freiheit von verfassungswidrigem Zwang"** interpretiert. Der Einzelne kann – so die Botschaft des Art. 2 I GG – verlangen, dass in sein Grundrecht nur unter Beachtung der verfassungsmäßigen Ordnung, also auch der formellen Verfassungsmäßigkeit des Gesetzes, eingegriffen wird.

In diesen Sätzen liegt die grundrechtsdogmatische Grundlage nicht nur des Fallaufbaus im öffentlichen Recht. Sie führen auch dazu, dass die meisten

Grundrechtsklausuren ohne Kenntnisse des Staatsorganisationsrechts (Kompetenzen, Verfahren) nicht zu lösen sind. In der Praxis hat sich die Formulierung darüber hinaus als Einstieg in eine umfassende Gesetzesprüfung – um nicht zu sagen: als „**Arbeitsbeschaffungsprogramm für das BVerfG**" – erwiesen. Auch bei der Interpretation der verfassungsmäßigen Ordnung muss aber beachtet werden, dass der subjektive Bezug des Eingriffs in die **eigene Freiheit** erhalten bleibt. So hat auch nach der „Elfes-Formel" niemand das Recht, den Eingriff in die Freiheit Dritter geltend zu machen (dazu *Kube*, DVBl. 2005, 721).

Die Ausdehnung der „verfassungsmäßigen Ordnung" zum **allgemeinen Gesetzesvorbehalt** hat dazu beigetragen, dass die beiden anderen Schranken („**Rechte Anderer**" und „**Sittengesetz**") in der Praxis nahezu bedeutungslos geworden sind. Dies freilich aus ganz unterschiedlichen Gründen. So sind kaum Fälle denkbar, in denen die „**Rechte Anderer**" nicht auch gesetzlich fixiert und damit durch den Gesetzesvorbehalt erfasst sind. Auch das „**Sittengesetz**" muss – soll es wirklich die Freiheit des Einzelnen einschränken – gesetzlich konkretisiert sein. Andernfalls besteht die Gefahr, dass durchaus subjektive und wandlungsfähige Moralvorstellungen ohne parlamentarische Legitimation zur Grundrechtsschranke erhoben werden. Das bisher einzige Beispiel, in dem das BVerfG versucht hat, das „Sittengesetz" unabhängig von den beiden anderen Elementen der Schrankentrias anzuwenden, ist dann auch eher abschreckend. So sah das Gericht noch 1957 Homosexualität als Verstoß gegen das Sittengesetz an (BVerfGE 6, 389, 434). 22

2. Keine Anwendbarkeit des Zitiergebots. Nicht anwendbar sind allerdings die besonderen Voraussetzungen des Art. 19 I und II GG. So müssen Gesetze, die die freie Entfaltung der Persönlichkeit einschränken, nicht Art. 2 I GG zitieren (BVerfGE 10, 89, 99 – Erftverband); ebensowenig ist der Schutz eines „Wesensgehalts", der nicht gleichzeitig das durch Art. 2 I GG mitgeschützte allgemeine Persönlichkeitsrecht betrifft, vorstellbar. 23

3. Wesentlichkeitstheorie. Wichtig ist noch der Zusammenhang von Schrankentrias und „Wesentlichkeitstheorie". Eine Freiheitsbeschränkung in Form eines Gesetzes genügt den Ansprüchen der verfassungsmäßigen Ordnung nur dann, wenn sie alle für die Ausübung des Grundrechts wesentlichen Aspekte enthält. Eine analoge Anwendung einer anderen grundrechtseinschränkenden Norm zu Lasten eines Bürgers kommt grundsätzlich nicht in Betracht (BVerfG, Kam- 24 mer, NJW 1996, 3146 – Analogieverbot). Der Zusammenhang von verfassungsmäßiger Ordnung i. S. von Art. 2 I GG und rechtsstaatlichem **Bestimmtheitsgebot** ist hier offensichtlich. Kann der Betroffene nicht aus dem Gesetz entnehmen, welcher Eingriff in seine grundrechtliche Freiheit ihn erwartet, dann kann es keinen Eingriff in die freie Entfaltung der Persönlichkeit legitimieren. Dasselbe gilt bei Überschreitung des Spielraums für das Richterrecht (BVerfGE 128, 193 – Dreiteilungsmethode).

25 **4. Verfassungsimmanente Schranken.** Grundsätzlich kommt auch eine Beschränkung des Art. 2 I GG durch verfassungsimmanente Schranken in Betracht. Auch diese bedürfen in der Regel aber einer hinreichend bestimmten Konkretisierung durch den Gesetzgeber. Eine wichtige Fallgruppe ist die Beschränkung der **Handlungsfreiheit für Beamte.** Anders als noch vor wenigen Jahren sind heute Beschränkungen im Hinblick auf Kleidung, Haartracht, Schmuck usw. nur noch dann gerechtfertigt, wenn dies zwingenden dienstlichen Bedürfnissen entspricht. Das ist z. B. bei einem Feuerwehrmann der Fall, dessen Bart die zuverlässige Schließung der Atemschutzmaske behindert, nicht aber bei einer Anordnung, nach der uniformierte Polizeibeamte die Haare bis höchstens Hemdkragenlänge zu tragen haben (BVerwG, NVwZ-RR 2007, 781 – „Lagerfeld-Zopf").

26 **5. Verhältnismäßigkeit.** Für die konkrete Falllösung im Einzelfall entscheidend ist nicht die Interpretation der verfassungsmäßigen Ordnung, sondern letztlich die Anwendung des Verhältnismäßigkeitsgrundsatzes als Schranke für den grundrechtseinschränkenden Staat. Die Vermutung für die allgemeine Handlungsfreiheit bedeutet, dass diese grundsätzlich nur im Interesse des Gemeinwohls eingeschränkt werden darf und die ergriffene Maßnahme geeignet, erforderlich und im Verhältnis zum angestrebten Ziel angemessen bzw. zumutbar sein muss (allg. dazu oben § 9, Rn. 14 ff.; **Klassiker:** BVerfGE 20, 150, 155 – Sammlungsgesetz; BVerfGE 63, 88, 115 – Versorgungsausgleich II).

V. Besondere Schutzfunktionen

27 In seiner Dimension als freie Entfaltung der Persönlichkeit ist Art. 2 I GG **das Abwehrrecht schlechthin.** Auch die praktische Realisierbarkeit der Freiheit ist grundsätzlich nicht Sache des Staates sondern Sache des einzelnen Grundrechtsträgers selbst. Deshalb be-

steht **keine allgemeine objektive Schutzpflicht** des Staates dahin, dass der Einzelne seine Freiheit auch wahrnehmen kann. So folgt etwa aus der Bewegungsfreiheit und aus dem in Art. 2 I GG geschützten Recht auf Teilnahme am Gemeingebrauch keine objektive Pflicht des Staates zum Bau von Straßen, und auch die weiteste Interpretation der allgemeinen Handlungsfreiheit führt nicht dazu, dass der Staat sich positiv um das Reiten im Walde oder das Taubenfüttern kümmern muss. Immerhin hat der Staat durch ein funktionierendes funktionsfähiges Zivilrecht dafür zu sorgen, dass **Vertragsfreiheit** existieren und funktionieren kann. Auch folgt aus Art. 2 I GG kein Leistungsanspruch auf reale Entfaltung, allenfalls ein derivativer Teilhabeanspruch an staatlichen Infrastrukturmaßnahmen, die der Freiheit dienen.

Grundrechtsschutz in **Organisationen und Verfahren** ist denkbar in Bezug auf mit Zwangsmitgliedschaft versehene Verbände. Hier muss durch die innere Verfassung des Verbandes sichergestellt werden, dass die Selbstbestimmung und freie Entfaltung nur so weit eingeschränkt wird, wie dies für den Verbandszweck unabdingbar ist.

VI. Die internationale und europäische Perspektive

In den internationalen Menschenrechtsdokumenten findet sich zwar häufig die Achtung der Privatsphäre (Art. 8 EMRK) und sonstige spezielle Garantien der freien Entfaltung, nicht aber eine allgemeine Garantie wie in Art. 2 I GG. Zurückhaltend ist auch die Rechtsprechung des EuGH, die zwar die Freiheit vor unverhältnismäßigen Eingriffen zu den Rechtsgrundsätzen des Gemeinschaftsrechts zählt, im Übrigen aber mehr auf spezielle, vor allem wirtschaftliche Freiheitsrechte setzt. Ob allerdings langfristig die deutsche Rechtsprechung zur Zwangsmitgliedschaft in Handwerkskammern usw. vor dem EuGH und dem EGMR „halten" wird, bleibt abzuwarten (dazu *Kirchberg*, NJW 2009, 1313). Immerhin hat der EGMR bereits die Zwangsmitgliedschaft in einem kommunalen Jagdverband für konventionswidrig erklärt (EGMR, NJW 2012, 3629). 28

VII. Aktuelle Fälle und Probleme

1. Recht auf Mobilität – „Grundrecht auf Autofahren". Viel kritisiert, ja verspottet wurde in der Öffentlichkeit die These, Art. 2 I GG enthalte ein „Recht auf Autofahren" (*Ronellenfitsch*, Verfassungs- und verwaltungsrechtliche Betrachtungen zur Mobilität mit dem Auto [1994]; dazu *Sendler*, Wundersame Vermehrung von Grundrechten, NJW 1995, 1468; allg. 29

auch *Krausnick/Rebler*, Grundrechte und Straßenverkehrsrecht in Deutschland und Europa, VewArch 103 (2012), 475, 500).

Ist diese These auch etwas plakativ formuliert, so sagt sie doch nur etwas Selbstverständliches: Art. 2 I GG schützt jede menschliche Freiheitsentfaltung, also auch die aktuelle Ausübung des Rechts auf Mobilität, mit welchem Verkehrsmittel, an welchen Orten und mit welchen Geschwindigkeiten auch immer (BVerwG, NVwZ 1986, 918 – Recht auf Autofahren; OVG Münster, NJW 1996, 2049 – Motorrad; BVerwG, NJW 2011, 1527 – nur eingeschränkte Radwegsbenutzungspflicht für Fahrrad). Gerade aus der vielfältigen Mobilität erwachsen aber Gefahren, die der Gesetz- und Verordnungsgeber und die zuständigen Straßenverkehrsbehörden in den Grenzen des Verhältnismäßigkeitsgrundsatzes abwehren dürfen. Deshalb ist die Geschwindigkeitsbegrenzung an gefährlichen Stellen eine in der Regel zulässige Schranke der freien Entfaltung des Autofahrers, die Straßenverkehrsordnung – als Teil der verfassungsmäßigen Ordnung – die vielleicht häufigst angewandte Freiheitsbeschränkung überhaupt (vgl. BVerwG, NJW 1996, 33 – Tempo 130 auf langem Autobahnabschnitt; BVerwG, NJW 2001, 3139 – Geschwindigkeitsbegrenzung an Stelle mit deutlich erhöhter Unfallhäufigkeit auf Autobahn). Auch die katalogmäßige Verhängung von Fahrverboten bei bestimmten Verkehrsverstößen ist verhältnismäßig (BVerfG, Kammer, NJW 1986, 1809; interessant auch OVG Münster, NJW 1996, 2049 – zulässige versuchsweise Straßensperrung für den Motorradverkehr).

30 **2. Beschränkung der Mobilität und Ausreisesperre für Extremisten und „Hooligans".** Zu den legitimen Gründen einer Beschränkung der **Ausreisefreiheit** gehört die Verhinderung von Gewaltausübung im Ausland durch so genannte „Hooligans" oder gewaltbereite Demonstranten, die im Ausland stattfindende Sportereignisse oder Konferenzen gern zur Gewaltausübung missbrauchen. Ihnen kann bei konkretem Anlass einer Wiederholungsgefahr die Ausreise verweigert, der Pass entzogen und sogar eine Meldepflicht auferlegt werden (BVerwG, NVwZ 2007, 1439). Dasselbe gilt für einen bekannten Rechtsextremisten, dem die Ausreise zu einer Veranstaltung untersagt werden kann, wenn dort zur Leugnung des Holocausts und zur Vernichtung des Staates Israel aufgerufen wird (BVerfG, Kammer, NVwZ 2007, 326 – Fall Mahler).

31 **3. Das Recht zum Verweilen – Aufenthaltsverbote.** Neben dem Recht auf Mobilität ist auch das **Recht auf Verweilen** an einem bestimmten Ort durch Art. 2 I geschützt, soweit Art. 11 GG nicht eingreift. Platzverweise und Aufenthaltsverbote dürfen daher nur zur Bekämpfung einer konkreten Gefahr für die öffentliche Sicherheit und Ordnung, nicht aber z. B. aus ästhetischen Gründen oder zum Schutz des Stadtbildes vor Punkern o. dgl. verhängt werden (vgl. § 18, Rn. 18).

32 **4. Das Recht zur Selbstgefährdung – Rauchen, Trinken, Tauchen. Rauchen** gehört grundsätzlich zu den durch Art. 2 I GG ge-

schützten Handlungen. Je deutlicher die Gesundheitsgefahren durch das so genannte „Passivrauchen" aber wissenschaftlich nachgewiesen sind, desto legitimer sind gesetzliche Bestimmungen zum Schutz der Nichtraucher. Rauchverbote in öffentlichen Räumen und in Gaststätten sind demnach – wenn konsequent verhängt – grundsätzlich gerechtfertigte Eingriffe (BVerfGE 121, 317, 357). Da es aber nur um den Schutz von Passivrauchern, Arbeitnehmern und Jugendlichen, nicht um den Schutz der Raucher selbst gehen kann, ist die Verhältnismäßigkeit eines „Totalverbots" unter Einschluss inhabergeführter reiner „Raucherkneipen" nach wie vor fragwürdig (anders aber BVerfG NVwZ 2010, 1289 – bayerisches Nichtraucherschutzgesetz; zu den Problemen der Berufsfreiheit der Gastwirte unten § 35, Rn. 57). Auch im Übrigen kommt ein aufgedrängter staatlicher Schutz vor Selbstschädigung (z. B. bei **gefährlichen Sportarten**) nur in Frage, wenn Dritte (z. B. Rettungsmannschaften usw.) gefährdet sind (so zu Recht VGH Mannheim, NJW 1998, 2235 – Tauchen am Teufelsfelsen).

Alkoholverbote dürfen insgesamt nur zum Schutz von Jugendlichen oder bei hinreichend konkreten Gefahren – wie z. B. während einer emotional aufgeheizten Sportveranstaltung (VG Düsseldorf, NVwZ 2010, 71) – verhängt werden. Da es aber – anders als beim Rauchen – kein „Passivtrinken" gibt, sind alle Versuche, ohne Nachweis konkreter Gefahren den Alkoholkonsum durch Verkaufsverbote fragwürdig (dazu unten § 35, 58).

5. Das Recht zur Haltung von Haustieren. Kein gering zu schätzender Ausdruck menschlicher Entfaltungsfreiheit ist – auch und gerade für alleinstehende und alte Menschen – das **Halten von Haustieren**. Gesetzliche Schranken sind hier das Tierschutzgesetz und die nationalen und internationalen Bestimmungen zum Schutz bedrohter Arten. Auch können Tierhaltung und das Mitführen von Tieren an bestimmten Orten (Restaurants, Friedhöfe, Strände usw.) zum Schutz vor Gesundheitsgefährdungen und Belästigungen eingeschränkt werden. Die Freiheit zur Tierhaltung stellt auch einen häufigen Streitpunkt bei zivilrechtlichen Miet- und Wohnungseigentumsstreitigkeiten dar. Auch hier wirkt die Freiheit des Art. 2 I GG mittelbar. Allgemeine Verbote in Mietverträgen usw. sind nur unter bestimmten Voraussetzungen und unter Beachtung der Verhältnismäßigkeit wirksam (BGH NJW 2008, 218). Deshalb können sie i. d. R. nicht durch AGB kategorisch verhängt werden (BGH, NJW 2013, 1526). Besonders umstritten waren in den letzten Jahren Maßnahmen gegen so genannte „**Kampfhunde**". Hier gab es bereits Probleme bei der Gesetzgebungskompetenz, soweit der Bund versucht hatte, bundeseinheitliche Regeln einzuführen (BVerfGE 110, 141, 156). In der Erfassung bestimmter Rassen als gefährlich und der Nichterfassung anderer Rassen (Rottweiler, Schäferhund, Dobermann) wurde vielfach ein Verstoß gegen den Gleichheitssatz gesehen (OVG Schleswig, NVwZ 2001, 1300; OVG Hamburg, NVwZ 2001, 1308). Dem sind die Mehrzahl der Gerichte und das BVerfG aber zu Recht nicht gefolgt (OVG Magdeburg, NVwZ 1999, 321; BerlVerfGH NVWZ 2001, 1266; VerfGH Rh.-Pf., NVwZ 2001, 1273; bestätigt durch BVerfG, Kammer, NVwZ 2005, 925). Sofern ein bestimmter Rahmen nicht überschritten wird, ist auch die **Erhöhung der Hundesteuer** für bestimmte als gefährlich eingestufte Rassen verfassungskonform (BVerwG, NVwZ 2005, 1225; OVG Koblenz, LKRZ 2010, 275). Dasselbe gilt für Einfuhr- und Zuchtverbote sowie die Pflicht zur Unfruchtbarmachung (BVerfGE 110, 141, 156). Unverhältnismäßig ist allerdings ein undifferenzierter und für ein ganzes Stadtgebiet ausgesprochener **„Leinenzwang"** (OLG Hamm, NVwZ 2002, 765). Das gilt außerhalb von Naturschutzgebieten für unter der Kontrolle des Halters stehende Hunde auch in freier Natur (zum Schutz von Wildtieren *F. Schröder*, DÖV 2012, 844).

34   **6. Pflichtversicherungen.** Eine tatbestandsmäßige Einschränkung der Vertrags- und der Dispositionsfreiheit bedeutet jede **Pflichtversicherung.** Diese ist im Allgemeinen gerechtfertigt, wenn es darum geht, Schadensersatzansprüche potentieller Geschädigter, unabhängig von der wirtschaftlichen Leistungsfähigkeit des Schädigers, zu sichern. Der klassische Fall ist die **Kfz-Haftpflichtversicherung.** Auch die als Pflichtversicherungen ausgestalteten Sparten der gesetzlichen Sozialversicherung (Krankenversicherung, Rentenversicherung, Arbeitslosenversicherung, Pflegeversicherung) sind aus sozialstaatlichen Gründen im allgemeinen gerechtfertigt (BVerfGE 103, 242, 269 – Pflegeversicherung; BVerfG, NJW 2006, 891 – Krankenversicherung; BVerfGE 109, 96 – Alterssicherung f. Landwirte; BVerfG, NJW 1990, 1653 – Versorgungswerk d. Rechtsanwälte), doch muss hinsichtlich der Beiträge ein angemessenes Verhältnis zwischen abgedecktem Risiko und der „Risikogemeinschaft" der Versicherten bestehen. **Bemessungs- und Pflichtversicherungsgrenzen** ab einem bestimmten Einkommen stehen deshalb nicht einfach im Ermessen des Gesetzgebers. Sie sind vielmehr verfassungsrechtlich geboten. Deshalb bestehen erhebliche Bedenken gegen die so genannte **„Bürgerversicherung",** die ungeachtet von Risiko, Bedarf und Einkommen alle Erwerbstätigen zwangsweise einbeziehen würde (dazu *Axer,* GS Heinze (2004), 1; *Isensee,* NZS 2004, 393; *Schräder,* Bürgerversicherung und Grundgesetz [2008]; *Sodan,* NJW 2003, 2581). Ebenso verfassungswidrig wäre eine Beschränkung der **Freiheit zum Abschluss und zum Verbleiben in einer privaten Krankenversicherung** – auch wenn diese dem Ziel dient, eine individuell bessere Krankenversorgung zu erreichen (dazu unten § 35, Rn. 51). Zumindest diskutabel wäre aber eine obligatorische Versicherung vor Elementarschäden zur Lösung der Probleme der faktischen Nichtversicherbarkeit von „Hochwassergrundstücken".

35   **7. Sonderabgaben.** Sonderabgaben sind **hoheitlich auferlegte Geldleistungspflichten, die den Einzelnen über die allgemeine**

Steuerpflicht hinaus belasten und nicht in den allgemeinen Staatshaushalt, sondern in einen **Sonderfonds fließen**. Anders als bei Gebühren und Beiträgen stehen ihnen auch **keine unmittelbaren** Gegenleistungen gegenüber (st. Rspr. seit BVerfGE 75, 108, 147; *Jarass/Pieroth*, GG, Art. 105, Rn. 10). Abgesehen von kompetenzrechtlichen Problemen (von Sonderabgaben ist in Art. 105 GG nicht die Rede) und einem möglichen Verstoß gegen den Grundsatz der Haushaltsklarheit (so sind nach Art. 110 GG und entsprechenden Bestimmungen der Landesverfassungen alle Einnahmen und Ausgaben in den Haushalt einzustellen) sind sie auch aus grundrechtlicher Sicht problematisch – bedeuten sie doch einen Eingriff in die durch Art. 2 I GG geschützte Dispositionsfreiheit über das eigene Vermögen und ggf. auch einen Verstoß gegen den allgemeinen Gleichheitssatz. Ihre Verfassungsmäßigkeit prüft das BVerfG bisher aber primär am Maßstab von Art. 2 I GG. Andererseits können Sonderabgaben – insbesondere, wenn sie als Umlage erhoben werden – auch ein sehr sinnvolles Mittel sein, um bestimmte Aufgaben zu erfüllen, die zwar öffentlich sind, aber nicht allen Bürgern auferlegt werden sollen, weil sie primär einer bestimmten Gruppe nützen. So dient eine Ausbildungsumlage einer bestimmten Berufsgruppe, eine Umlage zur gemeinsamen Werbung kann einen Industriestandort oder den Absatz eines gesundheitlich vorteilhaften Produkts steigern (allg. dazu *K. Fischer*, FS Schenke (2011), 147; *F. Kirchhof*, HdbGr III, § 59). Das BVerfG hat mit zunehmender Intensität Sonderabgaben kritisch betrachtet. Ausnahmsweise zugelassen hat es sie nur, wenn der Zweck der Abgabe **über die bloße Mittelbeschaffung hinausgeht**, wenn die Abgabe eine in sich **homogene und von der übrigen Bevölkerung klar abgrenzbare Gruppe** trifft, die zum verfolgten Zweck eine besondere Sachnähe aufweist und die deshalb eine **besondere Finanzierungsverantwortung** trägt. Wichtigste Voraussetzung ist ferner, dass die Verwendung der Abgabe gerade dieser Gruppe zugute kommt (Prinzip der **Gruppennützigkeit**). Auch muss das Vorliegen der Voraussetzungen permanent kontrolliert werden. Die bekanntesten Beispiele zulässiger Sonderabgaben waren die **Berufsbildungsabgabe** (BVerfGE 55, 274, 308), die **Altenpflegeumlage** (BVerfGE 108, 186, 214) oder auch die Beiträge zum **Klärschlamm-Entschädigungsfonds** (BVerfGE 110, 370, 384) und die Umlage zur **Finanzierung der Bundesanstalt für Finanzdienstleistungsaufsicht** (BVerfGE 124, 235, 241). Zulässig ist auch die **Filmförderabgabe** (BVerwG, NVwZ 2011, 998).

Verworfen wurde der sog. **Kohlepfennig** (BVerfGE 91, 186, 203), die **Sonderabfallabgabe** (BVerfGE 98, 83, 100) und den **Solidarfonds Abfallrückführung** (BVerfGE 113, 128, 145) sowie die **Ausgleichsabgabe nach dem hessischen SonderurlaubsG** (BVerfGE 101, 141, 149). Besonders spektakulär (und folgenreich) war die Verwerfung des **Absatzfonds der deutschen Land- und Ernährungswirtschaft (CMA-** BVerfGE 122, 316, 335) und des **Holzabsatzfonds**, (BVerfGE 123, 132, 143). Ebenso erging es der Kultur- und Tourismusförderabgabe („Bettensteuer" – BVerwG, NVwZ 2012, 1407). Zumindest umstritten ist auch die Abgabe für Stromkunden nach dem Erneuerbaren Energiegesetz (*Manssen*, DÖV 2012, 499). Besser gegen eine verfassungsgerichtliche Überprüfung gewappnet scheint derzeit die **Weinumlage**, bei der es allerdings nicht allein um Werbung, sondern auch um die Qualität des Weines und um gemeinsame Ausbildungsziele geht (OVG Koblenz, LKRZ 2010, 433).

36   **8. Allgemeinpolitische Äußerungen von Zwangsverbänden.** Die Rechtmäßigkeit der Pflichtmitgliedschaft in Kammern und Verbänden setzt voraus, dass diese sich auf ihren gesetzlichen Auftrag beschränken und Tätigkeiten bzw. Äußerungen zu Gegenständen, die nicht zu diesem gesetzlichen Auftrag gehören, unterlassen. Neben allgemeinpolitischen Äußerungen von Ärztekammern spielen diese Fragen immer wieder bei den **Studierendenschaften** der Hochschulen eine Rolle. Diese haben einen in den Hochschulgesetzen exakt festgelegten gesetzlichen Auftrag und kein so genanntes „**allgemeinpolitisches Mandat**" (BVerwGE 59, 231, 236; BVerfGE, Kammer, NVwZ 1998, 1286; OVG Bremen, NVwZ 1999, 211; vgl. auch § 41 HRG; allg. zu Zwangsverbänden BVerwGE 107, 169, 175; BVerfGE 72, 200, 245). Auch dürfen sie die ihnen zugewiesenen öffentlichen Mittel nicht für Aufgaben außerhalb des gesetzlichen Auftrags einsetzen. Unbedenklich ist es aber, wenn die Studentenvertretung sich auch aus umweltpolitischen Gründen für das „Semesterticket" im öffentlichen Personennahverkehr einsetzt (BVerwG, NVwZ 2000, 318; BVerfG, Kammer, NVwZ 2001, 190; interessant auch VG Stuttgart, NVwZ 2011, 895 – Äußerung einer IHK zu „Stuttgart 21"; BVerwG, NVwZ-RR 2010, 882= JuS 2011, 670 m. Anm. *Waldhoff* – wirtschaftspolitische Stellungnahme einer IHK).

Literatur zu § 14 – Art. 2 I GG: *Cornils*, Allgemeine Handlungsfreiheit in HdbStR VI 3. Aufl. 2009, § 168.; *Führ*, Eigenverantwortung im Rechtsstaat, (2003); *Höfling*, Vertragsfreiheit. (1991); *Hofmann*, Autonomie des Menschen, JZ 2001, 1 ff.; *Hufen*, Schutz der Persönlichkeit und Recht auf informationelle Selbstbestimmung, FS 50 Jahre BVerfG (2001) II, 105, 121; *Kahl*, Grundfälle zu Art. 2 I GG, JuS 2008, 499, 595; *ders.*, Die Schutzergänzungsfunktion von Art. 2 I GG: Zugleich ein Beitrag zur Lehre der Grundrechtskonkurrenzen (2000); *Kukk*, Verfassungsgeschichtliche Aspekte zum Grundrecht der allgemeinen Handlungsfreiheit (Art. 2 Abs. 1 GG) (2000); *Kunig*, Der Reiter im Walde (BVerfGE 80, 137), Jura 1990, 523 ff.; *Lorenz*, Allgemeine Handlungsfreiheit und unbenannte Freiheitsrechte, FS Maurer (2001), 213; *Möller*, Paternalismus und Persönlichkeitsrecht (2005); *Sachs*, Allgemeine Handlungsfreiheit. FS Kirchhof I, 2013, 515; *Ziekow*, Eigenverantwortung als Verfassungsprinzip, FS von Arnim (2004), 189 ff.

§ 15 Schutz der Wohnung (Art. 13 GG)

I. Allgemeines

1. Entstehung und geschichtliche Entwicklung. Schon in der **Antike** galt das Haus als geheiligter Bezirk und durch Hausgötter geschützt. Engländer und Amerikaner sagen: *„My home is my castle"*. Der Schutz vor Durchsuchungen findet in der **Virgina Bill of Rights** von 1776 Erwähnung. Die Geburtsstunde der eigentlichen Wohnungsfreiheit *(„le domicile est inviolable")* ist Art. 10 der **Belgischen Verfassung von 1831**, der in wörtlicher Übersetzung Eingang in § 140 der **Paulskirchenverfassung** fand. Wie bei anderen Grundrechten wurde die Wohnung im Kaiserreich auch auf einfachgesetzlicher Ebene, u. a. durch die Strafprozessordnung von 1877 geschützt. In **Art. 115 WRV** findet sich die traditionelle Formulierung zusammen mit der Garantie, dass die Wohnung jedes Deutschen für ihn eine *„Freistätte"* sei.

Mit dem Wortlaut des Art. 13 GG orientierte sich der Parlamentarische Rat an der klassischen Formel: *„Die Wohnung ist unverletzlich"*. Auch der Gesetzesvorbehalt war zunächst in klassischer Weise formuliert. Bei den Schrankenvorbehalten fällt der Bezug zur Notlage der Nachkriegszeit *(„insbesondere zur Behebung der Raumnot")* ins Auge.

1

2. Aktuelle Bedeutung. Bis heute hat die Wohnung trotz aller persönlichen Mobilität der Menschen ihre Bedeutung als persönliches Refugium gegenüber staatlichen Eingriffen nicht eingebüßt. Im Gegenteil: Gerade wegen der Trennung von Arbeitswelt und persönlicher Sphäre und der großen Mobilität und Publizität der Handlungen hat der moderne Mensch Anspruch auf einen unantastbaren Bereich persönlicher Lebensführung. Gerade dieser ist aber heute besonderen technischen und rechtspolitischen Herausforderungen ausgesetzt. Zu nennen ist zum einen die technische Entwicklung, die durch den Einsatz von hochempfindlichen Richtmikrofonen, Abhörvorrichtungen,

2

Infrarotkameras usw. ein „Eindringen" nicht mehr vom physischen Betreten der Wohnung abhängig macht. Besondere Spannungen bestehen zum anderen zwischen dem Bedürfnis nach Sicherheit vor dem Hintergrund des nationalen und internationalen Verbrechens und des Terrorismus einerseits und dem Schutz der Wohnung andererseits. Auf die genannten Gefahren hat der verfassungsändernde Gesetzgeber schon 1998 mit Einfügung der neuen Absätze Art. 13 III bis VI GG, insbesondere mit dem „Lauschangriff", reagiert. Gemeint ist damit der Eingriff in die Freiheit der Wohnung durch den Einsatz akustischer Mittel wie „Wanzen" und Richtmikrophone. Auch das ist eine Folge des exemplarischen Konflikts zwischen Privatheit und Sicherheit. Deshalb ist der hier vorzustellende **„Klassiker"** (BVerfGE 109, 279, 309 – Großer Lauschangriff) zwar für einen Klassiker sehr jungen Datums, aber gleichwohl exemplarisch.

II. Schutzbereich

3   **1. Sachlich.** *a)* Wichtigstes Merkmal der Wohnung im Sinne von Art. 13 GG ist zum einen die **Abschottung** gegenüber der allgemeinen Zugänglichkeit und zum anderen die Nutzung als Stätte privaten Lebens und Wirkens. Über den Sprachgebrauch hinaus schützt Art. 13 GG also alle Räume, in denen Menschen ihr **privates Leben** gestalten. Dazu gehören auch umfriedete Höfe, Keller, Speicher, ja sogar Wohnmobile und Hotel- und Krankenhauszimmer (BGH, NJW 2005, 3295). Nicht dazu gehört allerdings die Zelle in der Justizvollzugsanstalt (BVerfG, Kammer, NJW 1996, 2643; offen hins. Besuchsraum BVerfG, Kammer, NJW 2006, 2974). Auf die Dauer des Aufenthalts kommt es nicht an. In den Merkmalen „Raum" und „Abschottung" zeigt sich, dass Art. 13 GG den Begriff des „Schutzbereichs" vielleicht am auffälligsten verdeutlicht. Nicht geschützt ist dagegen das Recht, eine bestimmte Wohnung zu betreten und sie zum Lebensmittelpunkt zu machen (BVerfG, Kammer, NJW 2008, 2493 – Betretungsverbot an Pädophilen).

4   *b)* Innerhalb der Rechtsprechung zum Schutzbereich von Art. 13 GG lassen sich Elemente der „Sphärentheorie" feststellen, weil das BVerfG mehrmals den Schutz eines „elementaren Lebensraums" besonders hervorgehoben hat (vgl. etwa BVerfGE 51, 97, 110 – Zwangsvollstreckung). So ist die Wohnung räumliche Sphäre der Privatheit und Mittelpunkt der menschlichen Existenz (BVerfGE 89, 1, 9 – Mieterschutz). Andererseits gibt es Räume mit größerem Sozial-

§ 15 Schutz der Wohnung

bezug, die zwar unter Grundrechtsschutz stehen, aber staatlichen Eingriffen unter weit geringeren Bedingungen ausgesetzt sind als der personenbezogene Kern des Grundrechts. In Letzterem ist sogar die Nähe zu Art. 1 I GG und damit zur Menschenwürde offensichtlich.

Klassiker: BVerfGE 109, 279, 309 – Großer Lauschangriff. In diesem Urteil geht es um Eingriffe in die Wohnung durch technische Maßnahmen im Zusammenhang mit der Bekämpfung des internationalen Terrorismus und der organisierten Kriminalität. Das BVerfG überträgt hier Merkmale der „Sphärentheorie" auf die Wohnungsfreiheit. Im Schutzbereich gibt es eine Kernzone, die so sehr durch Intimität und Privatheit gekennzeichnet ist, dass auch die Menschenwürde (Art. 1 I 1 GG) den Schutz der Wohnungsfreiheit verstärkt. Deshalb fordert das Gericht, dass selbst eine an sich erlaubte Überwachung abgebrochen werden muss, wenn z. B. Gespräche einen intimen Charakter annehmen. Neben dem räumlichen Schutz tritt hier also ein **funktionaler Schutz bestimmter Kontakte und Lebensäußerungen.** Nur nach Maßgabe einer sehr engen verfassungskonformen Interpretation lässt das Gericht die Einschränkung des Art. 13 GG durch den verfassungsändernden Gesetzgeber passieren. Das Urteil ist in seinen Auswirkungen nicht unumstritten. So stellt es die staatlichen Überwachungsorgane vor sehr schwierige Abgrenzungsaufgaben (dazu unten, Rn. 25). 2004 hat auch der Gesetzgeber Konsequenzen aus dem Urteil des BVerfG gezogen (BGBl. I, S. 1841) und insbesondere § 100c V StPO mit weitgehenden Verwertungsverboten eingefügt (allg. dazu *Löffelmann*, NJW 2005, 2033).

c) Besonders umstritten ist, ob auch **Arbeits-, Betriebs- und Geschäftsräume** zur Wohnung im Sinne des Grundrechts gehören. Diese sind teilweise abgegrenzt, dienen aber nicht der privaten Lebensführung und sollen teilweise gerade durch die Öffentlichkeit betreten werden können. Gleichwohl hat das BVerfG Geschäftsräume in den Schutzbereich von Art. 13 GG einbezogen (BVerfGE 32, 54, 68 ff. – Betriebsbetretungsrecht) – wohl annehmend, dass sich Wohnung und Arbeitsstelle im klassischen mittelständischen Kleinbetrieb nicht trennen lassen. Dasselbe gilt für eine Arztpraxis (BVerfGE 96, 44, 51 – Durchsuchungsanordnung II) und das Büro einer Vereinigung (BGH, NJW 1997, 1018 – Deutsch-Kurdischer Freundschaftsverein). Damit besteht aber das Dilemma, dass jede gewöhnliche Kontrolle von Geschäftsräumen eigentlich ein Eingriff in das Grundrecht ist, der nach den strengen Maßstäben der Art. 13 II bis VII GG beurteilt werden müsste. Deshalb führt die weite Definition des Schutzbereichs durch das BVerfG letztlich dazu, dass bloße behördliche Betretungs- und Kontrollrechte von Behörden („Nachschaubefugnisse") von der Rechtsprechung nicht als Eingriff gewertet werden (dazu unten, Rn. 16).

7 **2. Träger des Grundrechts – personeller Schutzbereich.** Träger des Grundrechts ist zunächst jede **natürliche** Person, die im geschützten Raum wohnt oder sonst unmittelbare Besitzerin des Raumes ist. Auf die Eigentumsverhältnisse kommt es nicht an. Ob der Besitz rechtmäßig ist, ist keine Frage des Schutzbereichs, sondern der Schranken (*Hermes*, in: Dreier, Art. 13, Rn. 22; teilw. anders *Schmitt Glaeser*, HdBStaatsR VI 1./2 Aufl. § 129, Rn. 53). Demnach ist auch der Mieter nach einem rechtskräftigen Räumungsurteil noch Träger des Grundrechts. Auch die Probleme der **illegalen Hausbesetzung** sind leicht über die Schranken lösbar.

8 Das Grundrecht ist auch auf **juristische Personen und Personenvereinigungen des Privatrechts** übertragbar, die z. B. Eingriffe in einen Geschäftsraum abwehren können (BVerfG, Kammer, NVwZ 2007, 1047). Ihnen kommt aber nicht der besondere Schutz der Privatheit zu, wie dieser im „Lauschangriff-Urteil" (BVerfGE 109, 279, 309) aus der Nähe zur Menschenwürde begründet wurde.

9 **3. Verhältnis zu anderen Grundrechten.** Als spezielles Freiheitsrecht geht Art. 13 GG anderen, den Kern der Persönlichkeit schützenden Rechten wie **allgemeines Persönlichkeitsrecht** und **informationelle Selbstbestimmung** vor. Ist der Eingriff in die Wohnung aber abgeschlossen, dann treten im Hinblick auf die Speicherung und Weitergabe von durch den Eingriff erlangten persönlichen Daten wieder die informationelle Selbstbestimmung bzw. das Recht auf Integrität und Vertraulichkeit informationstechnischer Systeme auf den Plan. Was den im Urteil des BVerfG zum großen Lauschangriff angesprochenen „Menschenwürdekern" angeht, ist Art. 1 GG neben Art. 13 GG unmittelbar anzuwenden.

Soweit Arbeits- und Betriebsräume einbezogen werden, geht Art. 13 GG den Art. 12 (**Berufsfreiheit**) und 14 GG (**Eigentum** – Recht am eingerichteten und ausgeübten Gewerbetrieb) vor. Dagegen wird der Schutz von Redaktionsräumen von **Presse und Rundfunk** durch Art. 5 I GG gewährleistet (BVerfGE 20, 162, 186 – Spiegel; BVerfGE 51, 97, 105 – Zwangsvollstreckung I). Gegen die amtliche Beseitigung eines außen an einer Wohnung angehängten Plakats schützt nicht Art. 13 GG, sondern Art. 5 I GG (**Meinungsfreiheit**). Anderes kann aber gelten, wenn die Wohnung betreten werden muss, um das Plakat zu beseitigen (BVerfGE 7, 230, 238 – Wahlwerbung an Außenwand einer Mietwohnung). Werden bei Eingriffen in Wohnräume **Telefon- und Postverkehr** „angezapft", dann stehen Art. 10 GG und Art. 13 GG nebeneinander, da Art. 10 GG sich auf den Kommunikationsvorgang als solchen, Art. 13 GG auf den räumlichen Bereich bezieht (BVerfG, NJW 2006, 976 – Kommunikationsdaten auf Handy).

III. Eingriffe

1. Allgemeines. Für die Merkmale des **Eingriffs** und die **Schranken** ist zunächst ein Blick auf das komplizierte Regelungssystem des Art. 13 II und VII GG erforderlich. Grundsätzlich liegt ein Eingriff vor, wenn eine staatliche Stelle in die Privatheit der Wohnung oder die Abgeschlossenheit von Geschäftsräumen eindringt. Dies kann durch ein Betreten oder durch optische oder akustische Überwachung geschehen. Auch die Online-Durchsuchung des heimischen PC bedeutet im Grunde immer zugleich einen Eingriff in Art. 13 GG (*Kutscha*, NJW 2007, 1169). Ungeachtet der Schwere ist jedes behördliche Betreten von Wohnungen i. e. S. tatbestandsmäßig ein Eingriff in Art. 13 GG (BVerfGE 75, 318, 326). Dazu gehört etwa auch das Betreten durch einen Sachverständigen im Zivilprozess, was dazu führt, dass eine solche Maßnahme nur mit Einwilligung des Wohnungsinhabers möglich ist. Nach richtiger Auffassung ist auch die **Verweisung aus der Wohnung** ein Eingriff in Art. 13 GG, nicht nur in Art. 2 I GG oder Art. 11 GG (dazu Rn. 26; anders z. **Betretungsverbot** aber BVerfG, Kammer, NJW 2008, 2493). Obligatorische Angaben zur Wohnung (etwa bei einer Volkszählung) sind dagegen kein Eingriff in Art. 13 GG (BVerfGE 65, 1, 40). Dasselbe gilt für die Kündigung einer Wohnung (BVerfGE 89, 1, 11) und das Räumungsurteil. Von vornherein **kein Eingriff** liegt vor, wenn der Grundrechtsträger mit dem Betreten der Wohnung, Betriebs- oder Geschäftsräume einverstanden ist. Dasselbe gilt beim zivilrechtlichen Verkauf oder der Kündigung einer Wohnung (zuletzt BVerfGE 89, 1, 11 – Mieterschutz). 10

2. Durchsuchungen. Einen Sonderfall stellt die **Durchsuchung** (Art. 13 II GG) dar. Sie ist das ziel- und zweckgerichtete Suchen staatlicher Organe nach Personen oder Sachen oder zur Ermittlung eines Sachverhalts, die der Inhaber der Wohnung von sich aus nicht offen legen oder herausgeben will (BVerfGE 51, 97, 106 – Zwangsvollstreckung I; BVerfGE 75, 318, 327 – Sachverständiger; BVerfGE 11

76, 83, 89 – Zwangsvollstreckung III). Das Merkmal „gezieltes Suchen" gilt auch für Kommunikationsdaten auf einem in der Wohnung befindlichen Handy (BVerfG, NJW 2006, 976).

12   **3. Der so genannte Lauschangriff.** Den zweiten Sonderfall regeln Art. 13 III bis VI GG, die man unter dem Begriff der „technischen Überwachung" zusammenfassen kann. Hierfür hat sich der Begriff des „Lauschangriffs" eingebürgert. Es geht aber dabei nicht nur um das „Lauschen", sondern auch um das optische Überwachen, also sowohl mittels hochempfindlicher Richtmikrofone und Abhörvorrichtungen als auch Infrarotkameras usw. Kennzeichnend ist, dass hier in der Regel ein Eindringen in die Wohnung allenfalls zum Anbringen der technischen Einrichtung erforderlich ist, die weiteren Eingriffe dann aber allein durch die Erhebung von Informationen erfolgen.

13   Die Regelungen zu diesen Maßnahmen wurden 1998 (BGBl. I, 610, Gesetz zur Änderung des GG [Art. 13]), in das GG eingefügt. Sie sind ein typisches Beispiel für die Übernahme eines Ausführungsgesetzes in den Text der Verfassung. Differenziert wird noch nach Zielen der Strafverfolgung (Art. 13 III GG) und der Gefahrenabwehr (Art. 13 IV GG). Im ersteren Fall geht es um die Verfolgung von Straftaten (repressiv), die bereits geschehen sind, im zweiten Fall geht es um Überwachungsmaßnahmen, damit nichts geschieht (präventiv). Wie in Rn. 5 dargelegt, hat das BVerfG im Lauschangriff-Urteil (BVerfGE 109, 279, 309) reagiert und dem Gesetzgeber und den Behörden erhebliche Korrekturen abverlangt (dazu auch unten Rn 25).

14   **4. Eingriff zum Schutz von Amtspersonen.** Einen weiteren Sonderfall regelt Art. 13 V GG: Hier geht es um den Schutz von in einer Wohnung tätigen Amtspersonen. Auch dann sind optische und akustische Mittel zulässig.

15   **5. Sonstige Eingriffe.** Alle sonstigen Eingriffe, die nicht Durchsuchung und/oder Lauschangriff sind, werden in Art. 13 VII GG erfasst. Hierhin gehört etwa das Eindringen in eine Wohnung, aus der Hilfeschreie ertönen oder in der z. B. Geräusche oder Dämpfe eine gemeine Gefahr signalisieren, aber auch das Betreten der Wohnung zur Sperrung der Gasversorgung (BGH, NJW 2006, 3352).

16   **6. Behördliche Betretungs- und Kontrollrechte („Nachschaubefugnisse").** Wie schon angedeutet, wird die Erweiterung des Schutzbereichs von Art. 13 GG auf Geschäftsräume praktisch dadurch wieder zurückgenommen, dass die Rechtsprechung behördliche Überwachungs- und Kontrollmaßnahmen nicht zu den Eingriffen

rechnet und die komplexe Schrankensystematik der Art. 13 II bis VII GG z. B. auf Maßnahmen der Lebensmittelkontrolle, der Gewerbeaufsicht, der Feuerschutzbehörden und auf Kontrollmaßnahmen des Finanzamts in den Geschäfts- oder Betriebsräumen von Steuerpflichtigen (BFH, NJW 1998, 855) nicht anwendet. Diese „Nachschaubefugnisse" hat das BVerwG sogar auf Kontrollmaßnahmen nach allgemeinem Polizeirecht erstreckt (BVerwG, NJW 2005, 454 – Kontrollrechte in öffentlich zugänglicher Teestube – kritisch dazu *Mittag*, NVwZ 2005, 649; BVerwG, NJW 2006, 2504 – Betreten aus Gründen der Bauaufsicht). Auch die gezielte Suche nach verdorbenen Lebensmitteln in einem Supermarkt oder nach illegalen Arbeitskräften auf einer Baustelle sind also nicht Durchsuchungen i. S. v. Art. 13 II GG (Einzelheiten unten, Rn. 27).

IV. Verfassungsrechtliche Rechtfertigung – Schranken

1. Allgemeines. Die „**Unverletzlichkeit" der Wohnung** i. S. v. Art. 13 I GG bedeutet – anders als die „Unantastbarkeit" bei der Menschenwürde – keineswegs, dass Eingriffe überhaupt nicht gerechtfertigt werden könnten. Art. 13 II bis VII GG enthalten vielmehr einen nach Art der Eingriffe und Nähe zur absolut geschützten Privatsphäre gestuften Schrankenvorbehalt. „Unverletzlich" im Sinne von „unantastbar" sind allerdings die Bereiche der Wohnung, die dem Intimbereich der menschlichen Persönlichkeit zuzuordnen sind, also zugleich in den Schutzbereich der Menschenwürde (Art. 1 I GG) fallen. Hier hat das BVerfG (E 109, 279, 309 – Großer Lauschangriff) klargestellt, dass selbst durch eine Verfassungsänderung ein Eingriff nicht legitimiert werden könnte. Im Übrigen ist nach der Art des Eingriffs, also Durchsuchung, Lauschangriff und sonstigen Eingriffen, zu differenzieren. Auch die nach der Rechtsprechung keinen Grundrechtseingriff darstellenden Aufsichts- und Kontrollmaßnahmen sind jedenfalls im Hinblick auf die Verhältnismäßigkeit zu überprüfen (unten, Rn 27). 17

2. Die Rechtfertigung von Durchsuchungen (Art. 13 II GG). Besonders strenge Anforderungen stellt Art. 13 II GG an **Durchsuchungen.** Die wichtigsten gesetzlichen Eingriffsgrundlagen sind §§ 102 ff. StPO bei der Strafverfolgung und § 758 ZPO im Rahmen der zivilrechtlichen Zwangsvollstreckung. Auch die Verwaltungsvollstreckungsgesetze können unter Umständen eine Durchsuchung rechtfertigen (vgl. § 9 LVwVG Rh.-Pf.). Grundsätzlich bedürfen 18

Durchsuchungen – sofern keine Einwilligung vorliegt – der **richterlichen Anordnung**. Der Richter muss dabei selbst die Eingriffsvoraussetzungen und die **Verhältnismäßigkeit** prüfen und darf sich keineswegs auf die Angaben der Staatsanwaltschaft oder der Polizei verlassen (BVerfG, Kammer, NJW 2009, 2516 – Verdacht der Steuerhinterziehung). Zwischen Durchsuchungsbeschluss und Durchsuchung dürfen nicht mehr als sechs Monate vergehen (BVerfGE 96, 44, 51 – Durchsuchungsanordnung II).). Der Durchsuchungsbeschluss muss **hinreichend bestimmt** und begründet sein. Inhaltliche Voraussetzung ist ein **hinreichender Tatverdacht** (zu den Problemen zur Begründung des hinreichenden Tatverdachts durch eine von einem „insider" angekaufte „Steuer-CD" oben § 12, Rn. 29).

Bei **Gefahr im Verzug** dürfen auch ein anderes Organ oder eine andere Behörde die Anordnung treffen. Das ist insbesondere dann der Fall, wenn ein Richter nicht rechtzeitig erreichbar ist. Allerdings hat das BVerfG hier ein strenges Regel-Ausnahmeverhältnis etabliert und z. B. in organisatorischer Hinsicht verlangt, dass nach Möglichkeit auch außerhalb der Dienstzeiten „flächendeckend" immer ein Richter zur Verfügung stehen muss, um Durchsuchungen unter der Voraussetzung des Art. 13 II GG zu ermöglichen (BVerfGE 103, 142, 150). Auch muss wegen des strikten Ausnahmecharakters der Durchsuchungsanordnung ohne Richter zunächst versucht werden, einen Ermittlungsrichter zu erreichen (BVerfG, Kammer, NJW 2005, 1637). Ist – z. B. in ländlichen Gebieten – ein richterlicher Bereitschaftsdienst nicht flächendeckend und zu allen Zeiten organisierbar, kann ausnahmsweise eine Eilkompetenz der Staatsanwaltschaft für Durchsuchungsanordnungen bejaht werden (BVerfG, Kammer, NJW 2004, 1442; anders für Großstadt dagegen BVerfG, Kammer, NJW 2007, 1444). In jedem Fall muss der Begriff der Gefahr durch konkrete, auf den Einzelfall bezogene Tatsachen belegt werden (BVerfGE, Kammer, NVwZ 2006, 925).

19 **3. Gründe für die akustische und optische Überwachung von Wohnungen – „Lauschangriff" (Art. 13 III bis V GG).** Die akustische und optische Überwachung von Wohnungen („Lauschangriff") wurde erst durch Gesetz zur Änderung des GG vom 26.3.1998 (BGBl. I, 610) ermöglicht. Sie ist zulässig zur **Verfolgung von besonders schweren Straftaten** (repressiver Bereich), die durch Gesetz bestimmt sein müssen, und kann nur durch einen mit drei Richtern besetzten Spruchkörper, bei Gefahr im Vollzug auch durch einen ein-

zelnen Richter angeordnet werden. Die Anordnung durch die Staatsanwaltschaft oder die Polizei ist hier in keinem Fall ausreichend.

Neben der **Strafverfolgung** können technische Überwachungsmaßnahmen auch zur **Gefahrenabwehr** (präventiver Bereich) eingesetzt werden (Art. 13 IV GG). Auch dies setzt grundsätzlich eine richterliche Anordnung voraus. Nur bei Gefahr im Verzug kann auch eine andere Stelle die Anordnung vornehmen, doch ist der Grundsatz der Verhältnismäßigkeit in diesem Fall besonders streng anzuwenden. Die richterliche Anordnung muss dann nachgeholt werden. Da der Lauschangriff neben dem Schutz der Wohnung auch immer zumindest das allgemeine Persönlichkeitsrecht und das Grundrecht auf informationelle Selbstbestimmung betrifft, ergibt sich eine **strikte Zweckbindung der gewonnenen Informationen.** Rechtswidrig gewonnene Informationen dürfen weder gespeichert noch verwertet werden (teilw. anders noch BGHSt 44, 243). Wird jedoch durch einen als solchen rechtswidrigen (z. B. ohne richterliche Anordnung vorgenommenen) Eingriff in die Wohnung eine konkrete Gefahr für ein hochrangiges Rechtsgut festgestellt, so muss es möglich sein, diese Information zur Gefahrenabwehr zu nutzen. Nach der Entscheidung des BVerfG (E 109, 279, 309 – Großer Lauschangriff) ist aber der Eingriff in den durch die **Menschenwürde** geschützten Kernbereich der Wohnung unter keinen Umständen gerechtfertigt. Bereits ergriffene Maßnahmen müssen abgebrochen, vorhandene Ergebnisse vernichtet werden, wenn die persönliche Intimsphäre betroffen ist. 20

4. Sonstige Maßnahmen. Maßnahmen, die weder Durchsuchungen noch technische Überwachungsmaßnahmen i. S. v. Art. 13 III bis VI GG sind, sind nach Art. 13 VII GG zur Abwehr einer gemeinen Gefahr oder einer Lebensgefahr für einzelne Personen, auf Grund eines Gesetzes auch zur Verhütung dringender Gefahren für die öffentliche Sicherheit und Ordnung, insbesondere zur Behebung der Raumnot, zur Bekämpfung von Seuchengefahr oder zum Schutz gefährdeter Jugendlicher zulässig. Die Bestimmung der Voraussetzungen im Einzelnen richtet sich nach Polizeirecht bzw. speziellen gesetzlichen Regelungen. Kommunale Satzungen und Rechtsverordnungen können als solche kein Recht zum Betreten einer Wohnung verleihen, auch wenn sie z. B. zur Durchsetzung eines an sich rechtmäßigen Anschluss- und Benutzungszwangs dienen (VGH München, NVwZ 1998, 540). 21

22 **5. Verhältnismäßigkeit der Eingriffe.** Schon wegen der Bedeutung der Wohnungsfreiheit für das Persönlichkeitsrecht und der in der Regel beträchtlichen Intensität eines Eingriffs stellt das Verhältnismäßigkeitsprinzip strenge Anforderungen. Eine Durchsuchung kommt in der Regel nur zur Abwehr dringender Gefahren für die öffentliche Sicherheit, insbesondere einer gemeinen Gefahr oder einer Gefahr für Leben und Gesundheit, in Betracht. So kommt eine Durchsuchung bei Bagatelldelikten nicht in Frage (BVerfG, Kammer, NJW 2006, 3411 – falsches Parken; BVerfG, Kammer, NJW 2008, 1937 – Beleidigung; BVerfG, Kammer, NVwZ 2007, 1047 – fehlende Eintragung in Handwerksrolle). Nur unter sehr strengen Voraussetzungen verhältnismäßig ist daher ein Eindringen in eine Wohnung, um eine Lärmquelle zu orten und auszuschalten (OLG Karlsruhe, NJW 2010, 2961). Besonders streng sind die Anforderungen bei Durchsuchungen von Wohnungen **nicht verdächtiger Dritter** (BVerfG, Kammer, NJW 2007, 1804) sowie in **Büro- und Praxisräumen** von Rechtsanwälten, Notaren, Ärzten usw. (BVerfG, Kammer, NJW 2005, 1707; NJW 2008, 2422 – Anwälte; BVerfG, Kammer, NJW 2012, 2096 – Notar). Bei Straftaten darf kein Missverhältnis zwischen deren Schwere und dem konkreten Eingriff bestehen. Andererseits beschränken sich Eingriffe auch nicht auf Straftaten gegen Leib und Leben. Auch eine Diebstahlserie oder eine schwere Steuerhinterziehung können eine Wohnungsdurchsuchung rechtfertigen (BVerfG, Kammer, NJW 2004, 3171; Gegenbeispiel: BVerfG, NJW 2005, 1640 – einfaches Steuerstrafverfahren).

V. Besondere Schutzfunktionen

23 Schon dem Wortlaut nach ist Art. 13 GG ein geradezu klassisches Abwehrrecht. Gleichwohl hat auch dieses Grundrecht **objektive Schutzfunktionen,** die der großen Bedeutung der Wohnung für die Persönlichkeit des Menschen entsprechen. Der objektiven Schutzpflicht kommt der Staat z. B. durch straf- und zivilrechtliche Schutzvorschriften nach (§ 244 StGB – „Einbruch"; § 123 – Hausfriedensbruch; §§ 903/1004 BGB – zivilrechtliches Abwehrrecht usw.). Aus Art. 13 GG folgt aber **kein Teilhaberecht** im Sinne eines „Grundrechts auf eine angemessene Wohnung". Auch der gesetzliche Wohngeldanspruch hat nichts mit Art. 13 GG zu tun. Denkbar ist aber, dass Art. 13 GG in staatlichen **Verfahren** (etwa der Wohnungsräumung) einen besonderen Schutz entfaltet. Dagegen kann nicht verlangt werden, dass der Staat zum Schutz der „**Institution Wohnung**" eine bestimmte Förderpolitik betreibt.

VI. Die internationale und europäische Perspektive

In den internationalen Menschenrechtsdokumenten wird die Wohnung zumeist im Zusammenhang mit dem **Schutz des Privatlebens und der Familie** gebracht (vgl. Art. 12 AEMR). Auch Art. 7 EuGRCh stellt die Freiheit der Wohnung in den unmittelbaren Zusammenhang zur Achtung des Privat- und Familienlebens. Die Wohnung als solche ist in Art. 8 I EMRK geschützt (EGMR, NVwZ 2008, 1215). Ähnlich wie das BVerfG verlangt der EGMR, dass das einen Lauschangriff ermöglichende Gesetz hinreichend bestimmt ist, ein faires Verfahren vorsieht und inhaltlich verhältnismäßig ist (EGMR, NJW 2010, 213 – geheimes Abhören zum Nachweis eines Mordkomplotts). Nach anfänglichen Zweifeln bezieht der EGMR auch die Geschäftsräume in den Schutzbereich von Art. 8 EMRK ein (EGMR, NJW 2006, 1405; NJW 2010, 2109). Ebenso wurde der Eingriff auf Fälle der Abwehr von Lärm, Gerüchen und ähnlichen Umwelteinwirkungen erweitert (EGMR, NJW 2005, 3767 – Diskolärm). Der Schutz der Wohnung als Bestandteil des Rechts auf Privatheit wird in der Rechtsprechung des EuGH (NJW 1989, 3080) auch zu den gemeinsamen Verfassungsüberlieferungen der Mitgliedstaaten gerechnet (Nachw. bei *Jarass*, EU-GrundR § 12, 29), aber im Bezug auf Geschäftsräume enger gesehen als durch das BVerfG und den EGMR.

24

VII. Aktuelle Fälle und Probleme

1. Anwendungsprobleme des Lauschangriffsurteils. Wurde das Lauschangriff-Urteil des BVerfG (E 109, 279, 309) auch als „großes Urteil" bezeichnet (*Denninger*, ZRP 2004, 104), so zeigen sich in der Praxis doch große Schwierigkeiten bei der Umsetzung. Das beginnt schon mit der Frage, ob das BVerfG nur den Lauschangriff im Zuge der **Strafverfolgung** gemeint hat, oder ob die Einschränkungen auch für die **präventive Tätigkeit** der Behörden gelten sollen. Die richtige Antwort hängt mit der Verankerung der Begründung des BVerfG in der Menschenwürde zusammen: Ist wirklich der unantastbare Kern der Menschenwürde betroffen, so gilt die Unantastbarkeit **gegenüber jeder staatlichen Gewalt,** und es ist unhaltbar zu behaupten, das BVerfG habe „nur" den Lauschangriff im Zuge der Strafverfolgung einschränken wollen, nicht aber bei der Verhütung von Straftaten (präventiver Bereich).

25

Das eigentliche Problem aber besteht in der **Feststellbarkeit jenes innersten Persönlichkeitskerns**, wenn man diesen nicht nur räumlich (*Poscher*, JZ 2009, 269), sondern auch in Bezug auf bestimmte Kontakte mit Verwandten, Priestern, Ärzten usw. definiert. Hier soll nach dem Urteil des BVerfG eine bestehende Überwachung sofort eingestellt werden, wenn sich herausstellt, dass ein solcher Kontakt im innersten Bereich der Wohnung vorliegt. Das bedeutet nicht nur, dass zunächst mit Mitteln des Eingriffs in die Menschenwürde festgestellt werden muss, ob die Menschenwürde tangiert ist, es kann auch sehr prekär sein, weil gerade die Intimbereiche der Wohnung keinesfalls dagegen gefeit sind, dass in ihnen schwere und schwerste Kriminalität verabredet wird. So gibt es kaum etwas „Intimeres" als das geheime Gespräch eines Selbstmordattentäters mit seiner Familie oder einem Geistlichen kurz vor der Tat. Problematisch sind auch die Folgen des Eindringens in jenen „innersten Kern". Wird man im repressiven Bereich noch von einem allgemeinen Verwertungsverbot sprechen können (so zu einem abgehörten „Selbstgespräch" BGH, NJW 2012, 945; zust. *Mitsch*, NJW 2012, 1486), so kann es im präventiven Bereich nicht ausgeschlossen sein, einen durch den Eingriff in die Intimsphäre bekannt gewordenen Terrorplan durch rechtzeitige Polizeimaßnahmen zu vereiteln (zu Recht krit. *Dammann*, Der Kernbereich der Privaten Lebensgestaltung [2011]; *Barrot*, Der Kernbereich privater Lebensgestaltung [2012]).

Literatur: *Haas*, Der „große Lauschangriff" klein geschrieben, NJW 2004, 3082; *Kutscha*, Verfassungsrechtlicher Schutz des Kernbereichs privater Lebensgestaltung – nichts Neues aus Karlsruhe?, NJW 2005, 20; *Meyer-Wieck*, Der große Lauschangriff. Eine empirische Untersuchung zu Anwendung und Folgen des § 100c I Nr. 3 StPO (2005); *Poscher*, Menschenwürde und Kernbereichsschutz. Von den Gefahren einer Verräumlichung des Grundrechtsdenkens, JZ 2009, 269; *Roggan*, Lauschen im Rechtsstaat. Zu den Konsequenzen des Urteils des BVerfG zum Großen Lauschangriff, GS Lisken (2004), S. 87 ff.

26   **2. Wohnungsverweisung nach GewaltschutzG.** Unter der Devise: „*Das Opfer bleibt, der Schläger geht*", sehen Polizeigesetze und § 2 GewaltschutzG eine **Wegweisung des Täters und die Überlassung einer gemeinsam genutzten Wohnung** bei häuslicher Gewalt vor. Dies ist zwar ein Eingriff in die Wohnungsfreiheit (und nicht in die insofern allgemeinere Freizügigkeit – anders aber BVerfG, Kammer, NJW 2008, 2493). Dieser ist jedoch auf gesetzlicher Grundlage durch die Schutzpflicht zu Gunsten von Leben und Gesundheit und nicht zuletzt auch durch die Wohnungsfreiheit der Gewaltopfer gerechtfertigt (OVG Münster, NJW 2002, 2195; BVerfG, Kammer, NJW 2002, 2225; VG Göttingen, NJW 2012, 1675). Etwas strenger sieht der VGH Mannheim, NJW 2005, 779, die Wohnungsverweisung und das Rückkehrverbot als Eingriffe in Freizügigkeit, die nur zur Vorbeugung von Straftaten zulässig sind (zu eng auch *Krugmann*, NVwZ 2006, 152). Art. 13 GG ist auch im Falle eines **Hausverbots** gegen einen Besucher einer Wohnungseigentümerin zu beachten (BVerfG, Kammer, NJW 2010, 220).

§ 15 Schutz der Wohnung

Literatur: *Kay,* Wohnungsverweisung – Rückkehrverbot zum Schutz vor häuslicher Gewalt, NVwZ 2003, 521; *Krugmann,* Gefahrbegriff und Grundrecht im Rahmen der polizeilichen 'Wegweisung', NVwZ 2006, 152; *Lang,* Das Opfer bleibt, der Schläger geht, VerwArch 96 (2005), 283; *Merscher,* Die Verzahnung von Straf- und Zivilrecht im Kampf gegen häusliche Gewalt (2004); *Wuttke,* Polizeirechtliche Wohnungsverweise, JuS 2005, 779.

3. Verhältnismäßigkeit behördlicher „Nachschau". Obwohl insofern kein gezielter Eingriff vorliegt (oben, Rn. 16), verlangt die Rechtsprechung für das Betreten von Geschäftsräumen zu Kontrollzwecken eine **gesetzliche Grundlage**, die Zweck, Gegenstand und Umfang des Betretens erkennen lässt und die Zeiten des Betretens auf die üblichen Geschäftszeiten beschränkt, sowie die Einhaltung der **Verhältnismäßigkeit** (BVerfGE 32, 54, 75; BVerfG, NJW 2008, 2426). Auch darf nur die **zuständige Behörde** tätig werden und der jeweils Berechtigte ist bei Abwesenheit vor Durchführung der Maßnahmen zu informieren (BVerwGE 78, 251, 255). Das BVerfG verlangt im Rahmen der Verhältnismäßigkeitsprüfung dabei aber nicht das Vorliegen der Angemessenheit i. e. S. sondern beschränkt sich auf die Prüfung der Erforderlichkeit (BVerfGE 97, 228, 266 – Kurzberichterstattung im Fernsehen).

27

Das alles ist methodisch nicht gerade befriedigend. Insgesamt wäre es konsequenter, entweder die Geschäftsräume von vornherein nicht in den Schutzbereich von Art. 13 GG einzubeziehen oder (vorzugsweise) auch allgemeine Kontrollmaßnahmen als Eingriffe zu werten und die Probleme über die Schranke des Art. 13 VII GG zu lösen.

Literatur: *Beisel,* Betretungs- und Nachschaurechte der Wirtschafts- und Umweltüberwachung im Lichte des Art. 13 GG (1997); *Ennuschat,* Behördliche Nachschau in Geschäftsräume und die Unverletzlichkeit der Wohnung gemäß Art. 13 GG in: AöR 127 (2002), 252; *Figgener,* Behördliche Betretungsrechte und Nachschaubefugnisse: Verfassungsrechtliche und verwaltungsrechtliche Grundlagen (2000); *Voßkuhle,* Behördliche Betretungs- und Nachschaurechte – Versuch einer dogmatischen Klärung, DVBl. 1994, 611.

Literatur zu § 15 – **Wohnungsfreiheit:** *Krings,* Der Grundrechtsberechtigte des Grundrechts aus Art. 13 GG (2009); *Horn,* Schutz der Privatsphäre, HdbStR, 3. Aufl. VII, § 149; *Papier,* Schutz der Wohnung, HdbGr IV, § 91; *Wesser,* Der Schutz der räumlichen Privatsphäre bei Wohnungsdurchsuchungen nach §§ 758, 758a ZPO, NJW 2002, 2138; *Wißmann,* Grundfälle zu Art. 13 GG, JuS 2007, 324 u. 426.

§ 16 Schutz von Ehe und Familie, Elternrecht, Mutterschutz, Gleichstellung ehelicher und unehelicher Kinder (Art. 6 GG)

I. Allgemeines

1   **1. Entstehung und geschichtliche Entwicklung.** Beim Schutz von Ehe und Familie handelt es sich um ein vergleichsweise „junges Grundrecht". Von ihm ist weder in den klassischen Verfassungen der USA noch Frankreichs die Rede. In der **Paulskirchenverfassung** und in der **preußischen Verfassung von 1850** geht es nicht um den Grundrechtsschutz, sondern um die obligatorische „Zivilehe", also die Eheschließung vor dem Standesbeamten. Als Grundrecht ist der Schutz von Ehe und Familie – mit ähnlicher Begriffsbildung wie heute – erstmals in **Art. 119 bis 122 WRV** garantiert (lesenswert *Schwab*, Zur Geschichte des verfassungsrechtlichen Schutzes von Ehe und Familie, FS Bosch [1976], 893 ff.). Auffällig war die verbale Emphase: *„Erhaltung und Vermehrung der Nation, Reinerhaltung, Gesundung und soziale Förderung der Familie"*. Schon damals waren die Regelungen aber eher Ergebnis eines Kompromisses zwischen dem Schutz der „traditionellen Ehe" (Art. 119 I WRV) und „Familie" (Art. 119 II WRV) sowie dem von den Sozialdemokraten angestrebten Schutz der Mutterschaft und der Gleichstellung unehelicher Kinder (Art. 119 III und Art. 121 WRV). Eher theoretischer Natur war die in Art. 119 I 2 WRV ausdrücklich hervorgehobene Gleichberechtigung der Geschlechter als Grundlage der Ehe. Im Vergleich dazu scheint der heutige Art. 6 GG geradezu nüchtern formuliert.

Die Spannungen sowohl bei der Entstehung der Ehe- und Familienartikel der WRV als auch (noch) beim Entstehen des GG rühren zumindest teilweise daher, dass die Ehe nicht nur eine staatliche Institution und ein bürgerlicher Vertrag ist, sondern auch einen besonderen Stellenwert in den großen **Religionsgemeinschaften** hat. Als Institution der Schöpfungsordnung und als Sakrament ist sie für die katholische Kirche prinzipiell unauflöslich, und diese naturrechtlich geprägte Vorstellung der ehelichen Gemeinschaft und das Bestreben der Rückkehr in die „heile Welt" nach den Erfahrungen des Nationalsozialismus haben gerade für Art. 6 I GG und dessen Interpretation zumindest in den ersten Jahrzehnten der Geltung des GG eine große Rolle gespielt (Einzelheiten bei *Gröschner*, in: Dreier, GG, 1. u. 2 Aufl., Art. 6, Rn. 16 ff.).

2   **2. Aktuelle Bedeutung.** Der Wortlaut von Art. 6 GG ist seit 1949 nicht verändert worden. Umso mehr geändert haben sich die gesell-

schaftlichen Verhältnisse und Vorstellungen im Schutzbereich dieses Grundrechts. Noch im Jahre 1959 formulierte das BVerfG (BVerfGE 10, 59, 66 – Elterliche Gewalt) Ehe und Familie seien „*von alters her überkommen und in ihrem Kern unverändert geblieben*". Das war wohl mehr normativ als empirisch gemeint. Aus empirischer Sicht jedenfalls kann nicht die Rede davon sein, dass Ehe und Familie „*im Kern unverändert geblieben*" sind. Hingewiesen sei nur auf die hohen Scheidungsraten, die große Zahl der Rumpf-, „Patchwork"- und Alleinerziehendenfamilien (dazu *Peuckert*, Familienformen im sozialen Wandel, 7. Aufl. [2008]; *Classen*, Dynamische Grundrechtsdogmatik von Ehe und Familie, DVBl. 2013, 1086). Schließlich kann es nicht verwundern, dass unter den Bedingungen der Migrationgesellschaft gerade Art. 6 GG immer wieder in den Brennpunkt des Interesses rückt. Kulturelle Unterschiede bestehen sowohl im Hinblick auf das Verständnis von Ehe und Familie und die Gleichberechtigung der Geschlechter als auch im Hinblick auf die Erziehung. Das Problem der Zwangsverheiratung und der „Ehrenmord" sind hier vielleicht nur die auffälligsten Erscheinungsformen. Sie belegen, dass das Menschenbild des Grundgesetzes und die Freiheit der Eheschließung ebenso zu den unabdingbaren Voraussetzungen des Zusammenlebens unter dem Grundgesetz gehören wie die Gleichberechtigung der Geschlechter. Geradezu atemberaubend ist gegenwärtig das Tempo, in dem sich die Anpassung der verfassungsrechtlichen Stellung gleichgeschlechtlicher Partnerschaften einerseits und der traditionellen Ehe andererseits vollzieht (dazu unten, Rn. 45).

II. Schutzbereich

1. Bindung und Konkretisierungsauftrag des Gesetzgebers. In 3 einem besonderen Wechselbezug stehen Art. 6 GG und das einfachgesetzliche **Ehe- und Familienrecht**. So ist der verfassungsrechtliche Gehalt von Ehe, Familie, Elternrecht nicht ohne die Konkretisierungen dieser Institutionen im Familienrecht des BGB, ggf. auch im internationalen Privatrecht und im Jugendhilferecht zu ermitteln. Es besteht insofern eine nahezu paradoxe Lage: Der Gesetzgeber muss den Schutz von Ehe, Familie und Elternrecht ausgestalten, ist aber selbst dabei an Art. 6 GG gebunden (BVerfGE 10, 59, 66 – Elterliche Gewalt). Umgekehrt wirkt die Rechtsprechung des BVerfG zu Art. 6 GG als eine Art „höherrangiges Familienrecht", und das BVerfG ist – ungeachtet aller entgegenstehender Beteuerungen – längst zur „Superrevisionsinstanz" in nahezu allen familienrechtlichen Fragen geworden.

4 **2. Ehe. a) Begriff.** Ehe ist nach der Begriffsbestimmung des BVerfG (**Klassiker: BVerfGE 10, 59, 66**) die *Verbindung eines Mannes und einer Frau zur grundsätzlich unauflöslichen Lebensgemeinschaft*. Mit „Ehe" im Sinne von Art. 6 I GG ist die säkularisierte Form der ehelichen Gemeinschaft gemeint, wie sie sich im 19. Jahrhundert gegenüber der rein kirchlichen Begründbarkeit herausgebildet hat (BVerfGE 31, 58, 82 – Spanier; BVerfGE 53, 224, 245 – Ehescheidung). Konstitutiv ist die **Mitwirkung des Staates** – verkörpert in der Eheschließung vor dem Standesbeamten. Die allein vor einem Geistlichen geschlossene Ehe ist keine Ehe im Sinne von Art. 6 I GG (so ausdrücklich BVerwG, NVwZ 2005, 1191). Auch eine bloß „vertragliche Lösung" mit übereinstimmenden Willenserklärungen und ausgehandelten „Kündigungsrechten" würde Art. 6 GG widersprechen.

5 **b) Ehefreiheit.** In dem lapidaren Satz, dass Ehe und Familie unter dem besonderen Schutz der staatlichen Ordnung stehen, ist die subjektive Garantie der Ehefreiheit, d. h. das **Recht, eine Ehe einzugehen**, enthalten. Das schließt das **Verbot der „Zwangsehe"**, die Freiheit der **Wahl des Ehepartners** und des **Zeitpunkts der Eheschließung** ebenso ein wie – so paradox es klingt – das **Recht auf Ehelosigkeit** und auf **Scheidung** der Ehe (BVerfGE 53, 224, 250) sowie das Recht zum **Eingehen einer neuen Ehe**. Nicht durch Art. 6 I GG geschützt ist aber die Beendigung der Ehe durch Hilfe beim Suizid eines schwerkranken Ehepartners (BVerfG, Kammer, NJW 2009, 979).

Geschützt ist durch Art. 6 I GG aber nicht nur die Freiheit zum Eingehen und zum Aufgeben einer Ehe, sondern auch **die private Lebensgestaltung und Aufgabenverteilung in Ehe und Familie** (BVerfGE 68, 256, 268 – Unterhaltsleistung), der Schutz der **ehelichen Wohnung** und des Lebensraumes gegen Störung Dritter, die Wahl des gemeinsamen **Wohnsitzes** und des **Ehe- und Familiennamens** (BVerfGE 84, 9, 22).

6 **c) „Gleichheit nach innen" – Gleichberechtigung in der Ehe.** Inhaltlich ist im Verlaufen der Geltung des Art. 6 I GG der Einfluss der Gleichberechtigung (Art. 3 II und III GG) immer stärker geworden. So hat das BVerfG nach und nach konsequent mit allen zivilrechtlichen Regelungen „aufgeräumt", die dem Ehemann als „Haupt der Familie" bestimmte Vorrechte einräumten (exemplarisch BVerfGE

37, 217, 251 – Staatsangehörigkeit von Kindern; BVerfGE 84, 9, 17 ff. – kein Vorrang des Namens des Mannes als Ehename). In denselben Zusammenhang gehört die 1994 endlich klargestellte Strafbarkeit der Vergewaltigung in der Ehe (§ 177 StGB). Auch bieten Art. 6 I und Art. 3 III GG Schutz vor diskriminierendem Unterhaltsverzicht (BVerfGE 103, 89, 100 – zust. *Röthel,* NJW 2001, 1334).

d) „Gleichheit nach außen" – Diskriminierungsverbot. Wichtiger Aspekt der Abwehrfunktion ist das **Diskriminierungsverbot.** Niemand darf einen Nachteil erleiden, wenn er eine Ehe eingeht. „Heiratswegfallklauseln" im Beamten- und Sozialrecht hat das BVerfG mit großer Konsequenz für verfassungswidrig erklärt. Auch im Übrigen hat es zahlreiche für die Ehe nachteilige Regelungen aufgehoben (BVerfGE 9, 237, 247 – Ehegattenmitwirkung; BVerfGE 29, 1 – Kinderzuschlag; BVerfGE 32, 260, 267 – Sonderausgabenabzug f. Ehegatten; BVerfGE 76, 1, 41 – Familiennachzug; BVerfGE 99, 216, 232 – Familienlastenausgleich). Ebenso sind rechtliche Diskriminierungen im Hinblick auf den Ehewohnsitz (etwa beim „Pendeln" eines an einem anderen Ort verheirateten Beamten) untersagt (BVerfGE 107, 27, 53 – Doppelte Haushaltsführung; BVerfGE 114, 316 – Zweitwohnungssteuer). Bei der Zuteilung knapper Ressourcen – etwa Standplätzen auf Märkten und dem Zugang zu anderen kommunalen Einrichtungen – darf es keine Rolle spielen, wenn der andere Ehepartner bereits einen Platz erhalten hat (VGH Mannheim, NVwZ 1982, 516). Ebenso ist das Verbot der Mitgliedschaft beider Ehepartner im Gemeinderat und anderen Gremien verfassungswidrig (BVerfGE 93, 373, 376). Selbst für die Berechtigung von Maklergebühren darf das Verheiratetsein keine Rolle spielen (BVerfGE 78, 128, 130). 7

Keine Diskriminierung ist es aber nach der Rechtsprechung, wenn auf die Freibeträge der sozialen Leistungsgesetze das Ehegatteneinkommen angerechnet wird. Hier wird nicht die Ehe diskriminiert, sondern die Lebens- und Wirtschaftsgemeinschaft als Anknüpfungspunkt der Förderungsbedürftigkeit ins Spiel gebracht (BVerfG, Kammer, NVwZ 1998, 726 – Stipendium).

e) **Schutz der Ehe nach der Scheidung.** Der Schutz der ehelichen Lebensgemeinschaft gilt über deren eigentliches Bestehen hinaus. Zwar hat der Gesetzgeber beim Scheidungs- und Scheidungsfolgenrecht einen erheblichen Gestaltungsspielraum und der **Übergang vom Verschuldens- zum Zerrüttungsprinzip** war verfassungskonform (BVerfGE 53, 224, 246 – Ehescheidung). Andererseits hat das Gericht im Hinblick auf fortbestehende Unterhaltsverpflichtungen 8 immer wieder den Fortbestand der ehelichen Lebensgemeinschaft betont (BVerfGE 53, 224, 250 – Ehescheidung; BVerfGE 53, 257, 297 – Versorgungsausgleich; BVerfGE 62, 323, 330 – „hinkende Ehe"). Diese äußert sich sogar in einer prinzipiellen Gleichheit der Unterhaltsverpflichtungen aus der „Altehe" gegenüber einer eingegangen neuen Ehe (BVerfGE 66, 84, 94 – zu den gerade insofern eingetretenen Änderungen aber unten, Rn. 53).

9 f) **Nichteheliche Lebensgemeinschaft – Lebenspartnerschaft. Nicht** in den Schutzbereich von Art. 6 GG fallen trotz aller tatsächlichen und auch rechtlichen Annäherungsprozesse der jüngeren Vergangenheit nichteheliche Lebensgemeinschaften und gleichgeschlechtliche Lebenspartnerschaften. Auch das BVerfG treibt deren weitgehende Gleichstellung nicht etwa durch Einbeziehung in den Schutzbereich von Art. 6 GG, sondern unter Anwendung des allgemeinen Gleichheitssatzes aus Art. 3 GG voran (dazu unten, Rn. 45). **Lebenspartnerschaften** i. S. des Lebenspartnerschaftsgesetzes von 2001 sind also keine Ehen (BVerfGE 105, 313, 348). Das hindert den Gesetzgeber aber nicht daran, der Ehe vergleichbare Institutionen für gleichgeschlechtliche Partnerschaften zu schaffen, die gerade nicht in „Konkurrenz" zur Ehe treten wollen.

10 g) **Grundrechtsträger.** Träger der Ehefreiheit sind sowohl Deutsche als auch Ausländer und Staatenlose (BVerfGE 6, 55, 71 – Ehegattensplitting), naturgemäß aber nur natürliche Personen. Das folgt schon aus dem Menschenrechtscharakter der Ehefreiheit. Minderjährige kommen als Träger der Ehefreiheit nach gesetzlicher Konkretisierung in Betracht. Schon früher wurden sie durch Art. 6 GG gegen Zwangsverheiratung geschützt.

11 h) **Verhältnis zu anderen Grundrechten.** Als besondere Form freier Entfaltung der Persönlichkeit geht die Ehefreiheit des Art. 6 I GG dem Schutz aus Art. 2 I GG vor. Die eheliche Intimsphäre ist zusätzlich durch Art. 1 GG, der räumliche Bereich der Ehe durch Art. 13 GG, das Vermögen der Eheleute durch Art. 14 GG geschützt. Hier stehen die Grundrechte jeweils ergänzend nebeneinander.

12 3. **Familie.** *a)* Familie i. S. v. Art. 6 GG ist die **umfassende Gemeinschaft zwischen Eltern und Kindern** (BVerfGE 80, 81, 90 – Volljährigenadoption). Wenn auch etwas emphatisch und nicht immer wirklichkeitsnah kommt dieser Zusammenhang zwischen Ehe und Familie auch in der weiteren Rechtsprechung zum Ausdruck, etwa

wenn das BVerfG (BVerfGE 76, 1, 51) ausführt: *„Die Ehe ist die rechtliche Form umfassender Bindung zwischen Mann und Frau; sie ist die alleinige Grundlage einer vollständigen Familiengemeinschaft und als solche Voraussetzung für die bestmögliche körperliche, geistige und seelische Entwicklung von Kindern".* Das heißt aber nicht, dass **jede** Form der Familie diesem Idealbild entsprechen muss, um am Schutz von Art. 6 I GG teilzuhaben. Deshalb muss die Grundrechtsinterpretation auch die in der Wirklichkeit zu beobachtende weitgehende Entkopplung von Ehe und Familie (*Peuckert*, Familienformen im sozialen Wandel, S. 207) beachten. So ist auch die Beziehung zwischen **alleinerziehender** Mutter oder Vater und Kind Familie. Die nichteheliche Lebensgemeinschaft ist zwar keine Ehe i. S. v. Art. 6 I GG, kann aber bei Geburt eines Kindes durchaus zur Familie i. S. desselben Grundrechts werden.

Letztlich entscheidend ist der besondere Zusammenhang in einer **Beistandsgemeinschaft von Erwachsenen und Kindern** (BVerfGE 80, 81, 95 – Volljährigenadoption), die weit über die eigentliche Erziehungsphase hinausgeht. Familie ist auch die Gemeinschaft der Mutter oder des Vaters mit einem nichtehelichen Kind (BVerfGE 79, 256, 267 – Kenntnis der Abstammung). Die **Adoptivfamilie** ist vollkommen gleichgestellt. Auch die **Pflegefamilie** ist „Familie" jedenfalls dann, wenn zwischen Kind und Pflegeeltern als Folge eines länger dauernden Pflegeverhältnisses eine gewachsene Bindung entstanden ist (BVerfGE 68, 176, 187; zurückhaltender BVerfGE 79, 51, 60). Da aus lang andauernden Pflegeverhältnissen starke emotionale Bindungen entstehen können, ist es unangemessen, den biologischen Eltern grundsätzlich den Vorrang gegenüber dem Schutz der Pflegefamilie einzuräumen. Die Rechte der natürlichen Eltern, der Pflegefamilie und (besonders wichtig!) des Kindes sind vielmehr einzelfallbezogen und unter Beachtung der Dauer und der Intensität des Pflegeverhältnisses aufeinander zu beziehen.

Die Beistandsgemeinschaft muss nicht immer „vertikal" zwischen Eltern und Kindern, sie kann auch „horizontal", z. B. zwischen elternlosen Geschwistern bestehen, wenn ältere Geschwister nach dem Tod der Eltern die Familie „zusammenhalten" (ebenso *Gröschner*, in: Dreier, GG, Art. 6, 1./2. Aufl., Rn. 79). Insgesamt hat der Begriff der Familie – weit mehr als der vergleichsweise statische Ehebegriff – in den vergangenen Jahrzehnten einen vom Schutzbereich ausgehenden Wandel erfahren (zur Offenheit des Familienbegriffs bereits BVerfGE 18, 97, 105 – Zusammenveranlagung v. Eltern u. Kindern). Familie ist allenfalls noch teilweise mit dem klassischen „bürgerlich-rechtlichen Institut der Familie" (BVerfGE 6, 55, 82 – Steuersplitting) deckungsgleich. Der Begriff der Familie bietet auch Raum, in anderen Kulturen begründete Formen des Zusammenlebens zu schützen – so etwa die muslimische Mehrehe (BVerwGE 71, 228, 231) oder die besondere Beziehung innerhalb der Großfamilie (*Brosius-Gersdorf*, in: Dreier, GG, Art. 6, Rn. 112). **Nicht geschützt** sind aber Vorstellungen von Ehe und Familie, die gerade nicht mit zentralen Verfassungsgrundsätzen wie Menschenwürde, Gleichberechtigung der Geschlechter und freier Entfaltung der Persönlichkeit vereinbar sind – also etwa Zwangsverheiratung, Ehrenmord bei Verlassen des Ehepartners, Witwenverbrennung, Unterwerfung der Frau unter die Bestimmungsgewalt des Mannes, Verbot der Aufnahme einer eigenen beruflichen Tätigkeit usw.

14 *b)* Nach richtiger Auffassung schützt Art. 6 GG auch das **Recht auf Fortpflanzung**, d. h. das **Recht „eine Familie zu werden"**. Ein Verbot der Zeugung von Nachwuchs oder eine „Ein-Kind-Regel" nach chinesischem Vorbild wären also mit Art. 6 GG nicht vereinbar. Das Recht auf Fortpflanzung gilt auch für Methoden der so genannten „assistierten Reproduktion", also die „künstliche" Befruchtung durch IVF nicht weniger als für die Erfüllung des Kindeswunsches „auf natürlichem Wege" (so schon *Ramm*, JZ 1989, 861, 874; *Brosius-Gersdorf*, in: Dreier, GG, Art. 6, Rn. 117; *Hufen*, MedR 2001, 440). Auf der Ebene der EMRK hat der EGMR dieses Recht sogar für einen zu einer lebenslänglichen Freiheitsstrafe Verurteilten und dessen Frau aus Art. 8 EMRK abgeleitet (EGMR, NJW 2009, 971). Mit der – allerdings hier wohl missverstandenen – besonderen Funktion von Ehe und Familie hat das BVerfG seine umstrittene Entscheidung zur Beschränkung der Kostenerstattung für die IVF auf Ehepaare begründet (BVerfGE 117, 316, 325). Näheres oben § 10, Rn. 49.

15 *c)* Anders als das elterliche Erziehungsrecht endet der Schutzbereich der Familie auch **nicht mit der Volljährigkeit.** Geschützt sind insofern also auch die Beziehungen zwischen Eltern und volljährigen Kindern. Eltern können sich also gegen einen Lehrer wehren, der im Unterricht volljährige Schüler auffordert, das Elternhaus zu verlassen (enger OVG Münster, NJW 1996, 1769).

16 *d)* **Träger** des Grundrechts auf Schutz der Familie sind alle Beteiligten an den genannten familiären Beziehungen. Das gilt zunächst für Mütter, Väter und Kinder. Diesen gleichgestellt sind Adoptivfamilien und im oben genannten Rahmen Pflegefamilien.

e) Im Hinblick auf das **Verhältnis zu anderen Grundrechten** gilt dasselbe wie zur Ehefreiheit (oben, Rn. 11).

4. Elternrecht (Art. 6 II GG). a) Sachlicher Schutzbereich. Schon 17 in der Formulierung von Art. 6 II GG (*„Pflege und Erziehung der Kinder sind das natürliche Recht der Eltern und die zuförderst ihnen obliegende Pflicht"*) zeigt sich der „naturrechtliche Impetus" des Verfassungsgebers von 1949 und das aus der Erfahrung der Erziehungsdiktatur des totalitären Staates folgende Bestreben, einem übermäßigen Einfluss des Staates auf die Erziehung der Kinder entgegenzuwirken. Beide Aspekte hat das BVerfG in seine frühe Rechtsprechung zu Art. 6 II GG aufgenommen. Dem Gericht scheint es *„im ursprünglichen Sinne des Wortes natürlich, dass diejenigen, die einem Kind das Leben geben, von Natur aus bereit und berufen sind, die Verantwortung für seine Pflege und Erziehung zu übernehmen"* (BVerfGE 24, 119, 150 – Adoption). Art. 6 II GG sei eine *„einklagbare Sicherung dagegen, dass Pflege und Erziehung der Kinder den Eltern entzogen werden"* (BVerfGE 4, 52, 57 – Pflegerbestellung). Die naturrechtliche Formulierung des Elternrechts ändert freilich nichts daran, dass es sich um ein „normales" Grundrecht, nicht etwa um ein über der positiven Rechtsordnung stehendes Recht handelt. Eine Besonderheit besteht auch darin, dass es nicht um ein nur eigennütziges, sondern um ein auf das Kind bezogenes und letztlich diesem **dienendes Recht** geht. Das ist aber keine Frage des Schutzbereichs, sondern eine solche der Schranken.

Erziehung betrifft ein pädagogisches Handeln, das im **umfassenden Sinne** auf die Entwicklung des Kindes, also auf die kognitiven (wissensbezogenen) Inhalte ebenso wie auf Wertevermittlung, soziale Einstellungen usw. gerichtet ist. Gemeint ist der Mensch in seinen geistigen, kreativen und sozialen Fähigkeiten. Geschützt sind grundsätzlich auch **Erziehungsmethoden** sozialer und kultureller Minderheiten. Allerdings gehören körperliche oder seelische Verletzungen und andere entwürdigende Maßnahmen grundsätzlich und von Anfang an nicht zum Schutzbereich des elterlichen Erziehungsrechts (§ 1631 II BGB i. d. F. des Gesetzes zur Ächtung der Gewalt in der Erziehung BGBl. 2000 I, 1479) ist also keine Schranke, sondern eine Inhaltsbestimmung des Elternrechts (zu den strafrechtlichen Konsequenzen der Züchtigung von Kindern *Roxin*, JuS 2004, 177).

b) Zeitliche Begrenzung des Schutzbereichs. Etwas lebensfern hat 18 das BVerfG mehrmals betont, dass das Elternrecht aus Art. 6 II und

III GG mit fortschreitendem Alter des Kindes abnimmt und mit der Volljährigkeit erlischt (BVerfGE 59, 360, 382; 72, 122, 137). Angesichts der schon durch die lange Ausbildung und die oft über das 18. Lebensjahr hinaus bestehenden häuslichen Gemeinschaft scheint dies undifferenziert. Zwar existiert kein elterliches Erziehungsrecht bei Volljährigen, es gibt aber durchaus verfassungsrechtlich schutzwürdige Beziehungen, die auch nach der Volljährigkeit erhalten und jedenfalls weiterhin durch Art. 6 I GG (Schutz der Familie) verfassungsrechtlich geschützt bleiben.

19 c) **Verhältnis zu anderen Grundrechten.** Das elterliche Erziehungsrecht geht als Spezialvorschrift dem Schutz von Ehe und Familie und anderen Freiheitsrechten vor. Es umfasst zwar grundsätzlich auch die religiöse und weltanschauliche Erziehung, doch stehen Art. 4 GG und Art. 6 II GG insofern nebeneinander. Was die Teilnahme am Religionsunterricht angeht, ist wiederum Art. 7 II GG lex specialis zu Art. 4 GG und Art. 6 II GG (BVerfGE 41, 29, 47 – Simultanschule).

20 d) **Personeller Schutzbereich des Elternrechts.** Träger des Elternrechts sind zunächst die **leiblichen Mütter** und **Väter, Adoptiveltern** (BVerfGE 24, 119, 150), rechtliche Väter (BVerfG, Kammer, NJW 2008, 2835) und – im Rahmen des Pflegeverhältnisses – **Pflegeeltern** (BVerfGE 68, 176, 187 – Verbleib bei Pflegeeltern gg. den Willen der leiblichen Eltern; zurückhaltender BVerfGE 79, 51, 60 – Sorgerecht). Da Art. 6 GG explizit von Elternrecht spricht, sind **Kinder** nicht Träger des Grundrechts (BVerfGE 28, 104, 112 – Waisenrente). Das Grundrecht des Kindes auf Umgang mit seinen Eltern ist durch Art. 6 I GG (Familie) geschützt.

21 Einen grundlegenden Wandel haben Rechtsprechung und Gesetzgebung zum Elternrecht des **nichtehelichen Vaters** vollzogen. Hatte das Gericht dieses zunächst noch auf einen Fall des Zusammenlebens mit Mutter und Kind in der Wahrnehmung der elterlichen Verantwortung beschränkt (BVerfGE 84, 168, 179 – Sorgerecht), so steht inzwischen zumindest derjenige Vater unter dem Schutz von Art. 6 II GG, der Interesse an der Entwicklung seines nichtehelichen Kindes zeigt (BVerfGE 92, 158, 179 – Adoption; BVerfGE 108, 82, 99; BVerfG, Kammer, NJW 2009, 425; grundl. auch EGMR, NJW 2004, 3397 – Fall Görgülü: Umgangsrecht des nichtehelichen Vaters aus Art. 8 EMRK). Hat der Vater die Erziehung faktisch über einen längeren Zeitraum überwiegend wahrgenommen, so dient die Übertragung des Sorgerechts auf ihn sogar in der Regel dem Kindeswohl (BVerfG, Kammer, NJW 2006, 1723; ähnl. EGMR, NJW 2012, 2781.). Einschränkungen und Ausschluss des Umgangs-

rechts kommen nur in Betracht, wenn der Schutz des Kindes dies nach den Umständen des Einzelfalls erfordert (BVerfG, Kammer, NJW 2007, 1266). Zwar schließt das Elternrecht des nichtehelichen Vaters aus, dass das nichteheliche Kind bei seiner Geburt sorgerechtlich zunächst einmal der Mutter zugeordnet wird (BVerfGE 107, 150, 169 ff.), doch ist es verfassungswidrig, das gemeinsame Sorgerecht – abgesehen von Missbrauchsfällen – von der Zustimmung der Mutter abhängig zu machen (BVerfGE 127, 132, 145 ff.). Aufgrund der Rechtsprechung des EGMR hat inzwischen auch der Gesetzgeber (§ 1686a BGB) die Rechte des leiblichen, nicht rechtlichen Vaters gestärkt: Wenn er ein ernsthaftes Interesse an dem Kind gezeigt hat, hat er Umgangs- und Auskunftsrechte – dies allerdings nur dann, wenn es dem Kindeswohl dient bzw. nicht widerspricht (krit. dazu *Peschel-Gutzeit*, NJW 2013, 2465).

Grundrechtsträger i. S. von Art. 6 II GG können im Einzelfall auch die **Großeltern** sein. Deren kompromissloser Ausschluss aus dem Schutzbereich von Art. 6 II GG (BVerfGE 28, 104, 112 – Waisenrente) ist zumindest dann verfehlt, wenn sich die Großeltern anstelle der verstorbenen oder abwesenden Eltern um Pflege und Erziehung des Enkelkindes kümmern. Deshalb ist bei Ausfall der Eltern ihnen in der Regel die Vormundschaft zu übertragen (BVerfG, Kammer, NJW 2009, 1133).

Bei Art. 6 II GG kommen nur natürliche Personen als Grundrechtsträger in Betracht. **Juristische Personen** wie die Träger von Schule, Internat oder Kindertagesstätte haben zwar einen von den Eltern übertragenen eigenen Erziehungsauftrag, sind deshalb aber nicht Träger von Art. 6 II GG (BVerfGE 13, 290, 297).

III. Eingriffe

1. Ehe und Familie. Direkte und unmittelbare Eingriffe in Art. 6 I GG stellen alle Formen von „**Eheverboten**", „**Ehehindernissen**", „**Zölibatsklauseln**" usw. dar (**Beispiele**: BVerfGE 29, 166, 175 – Ferntrauung; BVerfGE 31, 58, 67 – unzumutbares Ehelichkeitszeugnis; BVerfGE 36, 146, 148 – Eheverbot der Geschlechtsgemeinschaft; BVerwGE 14, 21, 27 – unzulässige Zölibatsklausel bei Polizeibeamten; BVerfGE 121, 175 – Transsexuelle Ehepartner).

Eingriffe sind auch die **Diskriminierung** von Verheirateten und Mitgliedern einer Familiengemeinschaft, die Verfehlung des objektiven Schutzauftrages und die Nichtbeachtung oder Verkennung der Bedeutung von Ehe und Familie in staatlichen Entscheidungen (**Beispiel**: Abschiebung eines Verheirateten). Kein Eingriff liegt vor, wenn es sich um eine unbeabsichtigte benachteiligende Nebenfolge einer staatlichen Entscheidung (z. B. im Sozial- oder Steuerrecht) handelt.

25 **2. Elternrecht.** Ein Eingriff in Art. 6 II GG ist jede Maßnahme, die das elterliche Erziehungsrecht einschränkt, die das Kind den Eltern ganz oder teilweise entzieht oder – im schwersten Fall – die vorübergehende oder dauernde Trennung von Eltern und Kind zur Folge hat (Art. 6 III GG). Ein schwerer Eingriff in das natürliche Elternrecht ist auch die Ersetzung der Einwilligung eines Elternteils zur Adoption. Umgekehrt ist auch die Durchsetzung einer „Umgangspflicht" mit dem Kind ein Eingriff in das Elternrecht (dazu unten, Rn. 51).

IV. Verfassungsrechtliche Rechtfertigung – Schranken

26 **1. Schranken der Ehefreiheit (Art. 6 I GG).** Art. 6 I GG steht nicht unter Gesetzesvorbehalt. Auch verfassungsimmanente Schranken der Ehefreiheit und des Familiengrundrechts sind kaum denkbar. Allerdings ist die Freiheit zum Eingehen einer neuen Ehe durch den Schutz der bestehenden Ehe eingeschränkt (BVerfGE 31, 58, 69 – Bigamie). Mit dem Eheverbot für nahe Verwandte („Inzestverbot") wird zugleich ein historisch brisantes Tabu gewahrt. Das haben das BVerfG (BVerfGE 120, 224, 238; m.krit. Sondervotum *Hassemer; Hörnle* NJW 2008, 2085) und der EGMR (NJW 2013, 215) hinsichtlich des Verbots der „Geschwisterliebe" ausdrücklich bestätigt – dazu oben § 11, Rn 32. Nicht mehr verhältnismäßig war aber ein Eheverbot für in häuslicher Gemeinschaft lebende Verwandte (BVerfGE 36, 146, 166 – Geschlechtsgemeinschaft).

27 **2. Schranken des Elternrechts.** Schranken des Elternrechts sind bereits in Art. 6 GG selbst angesprochen. Sie folgen letztlich daraus, dass das Elternrecht kein nur „eigennütziges Recht", sondern stets auf das Kind bezogen ist, und dass die Erziehung der Kinder ein Vorgang von höchster Bedeutung für die Gemeinschaft ist.

28 **a) Wächteramt (Art. 6 II 2 GG).** Das Wächteramt des Staates wird schon im Text des Art. 6 II 2 GG betont. Es darf nur im Interesse des Kindeswohls und damit auch zum Schutz der Gemeinschaft ausgeübt werden und ist dann gegenüber dem Elternrecht vorrangig (BVerfGE 99, 145, 156 – Gegenläufige Kindesrückführungsanträge). Für Eingriffe gilt aber das Verhältnismäßigkeitsprinzip. Konkretisiert wird das Wächteramt vor allem durch die Regeln zur Kinder- und Jugendhilfe (SGB VIII) und teilweise auch durch die Regelungen über das elterliche Sorgerecht und dessen Schranken im BGB (insbesondere §§ 1626 ff. BGB). Einen Gesetzesvorbehalt enthält Art. 6 II GG

zwar nicht. Da aber nach Art. 6 III GG auf Grund eines Gesetzes sogar der denkbar schwerste Eingriff, die Trennung des Kindes von der Familie, erfolgen kann, ist daraus (a maiore ad minus) zu schließen, dass auch mildere Eingriffe auf gesetzlicher Grundlage möglich sind (BVerfGE 107, 104, 120 – Ausschluss vom JGG Verfahren).

b) Sorgerechtsentscheidungen. Die oft bedrückendste und verantwortungsvollste Aufgabe hat die Rechtsprechung bei der **Zuordnung** und notwendigen **Beschränkung des elterlichen Sorgerechts** nach einer gescheiterten Beziehung. Hier scheint die Gefahr des Pendelns von einem Extrem in das Andere zu bestehen. Neigten die Gerichte in einer ersten Phase grundsätzlich dazu, der Mutter das Sorgerecht zuzusprechen und führten erst Entscheidungen des BVerfG zur grundsätzlichen Anerkennung des gemeinsamen Sorgerechts (BVerfGE 61, 358 – gemeinsames Sorgerecht; BVerfGE 84, 168 178 – Sorgerecht für nichteheliche Kinder), so hat inzwischen der Gesetzgeber (BGBl I 2013, 795) das gemeinsame Sorgerecht bei nicht miteinander verheirateten Eltern auf eine neue Grundlage gestellt. Zu beachten ist jedoch stets das Kindeswohl. So gibt es Fälle, in denen. eine klare Trennung dem Kindeswohl besser entspricht als jahrelanger Streit (*Heilmann*, NJW 2013, 1473). Ist die Ehe oder die Partnerschaft wegen Gewalttätigkeit eines Partners gescheitert, so führt eine Aufrechterhaltung des gemeinsamen Sorgerechts zur fortdauernden Gefährdung des anderen Partners, und das Umgangsrecht eines Elternteils kann leicht zum Hebel von Psychoterror gegenüber dem Inhaber des Sorgerechts werden.

3. Trennung der Kinder von den Eltern Art. 6 III GG. Der schwerste denkbare Eingriff in das Elternrecht ist die zwangsweise Trennung von Eltern und Kindern. Dem Grundgesetzgeber war das Problem so wichtig, dass er ihm einen eigenen Absatz (Art. 6 III GG) widmete und das Elternrecht unter den (qualifizierten) Gesetzesvorbehalt des Versagens der Eltern oder der drohenden Verwahrlosung stellte. Versagen bedeutet die anhaltende Nichterfüllung der Erziehungspflicht, also eine drohende Verwahrlosung, so dass das körperliche, seelische oder geistige Wohl des Kindes in solchem Maße gefährdet ist, dass die Aufrechterhaltung der Familiengemeinschaft nicht mehr verantwortet werden kann (ähnlich BVerfGE 60, 79, 91 – Elternversagen).

Damit liegt auf der Hand, dass eine solche Entscheidung nur nach strenger Prüfung der Verhältnismäßigkeit getroffen werden darf. Ambulante Familienhilfe muss den Vorrang vor der Inobhutnahme des Kindes und Unterbringung in einem Heim oder einer Pflegefamilie haben. Für letztere reicht es nicht aus, wenn das Kind in einer Pflegefamilie bessere Entfaltungschancen hat als bei seinen leiblichen Eltern (BVerfG, Kammer, NJW 2010, 2333). Ist das Kind aber bereits erfolgreich in eine Pflegefamilie integriert, dann kann die Anordnung des Verbleibens eines Kindes in einer Pflegefamilie gegen den Willen der leiblichen Eltern im Interesse des Kindes gerechtfertigt sein (BVerfGE 68, 176, 185). Besonders strengen Anforderungen unterliegt dabei allerdings der Ausschluss des Umgangs der Eltern mit ihrem in der Pflegefamilie untergebrachtem Kind (BVerfG, Kammer, NJW 2013, 1867).

31 **4. Ersetzung der Einwilligung zur Adoption.** Bei der Ersetzung der Einwilligung zur Adoption handelt es sich um einen besonders gravierenden Eingriff in das Elternrecht, der aber im Einzelfall im Interesse des Kindeswohls gerechtfertigt sein kann. Grundsätzlich darf nach § 1748 I 1 BGB die Einwilligung eines Elternteils (auch des nichtehelichen Vaters) zur Annahme eines Kindes nur ersetzt werden, wenn dieser seine Pflichten gegenüber dem Kind anhaltend gröblich verletzt hat oder durch sein Verhalten gezeigt hat, dass ihm das Kind gleichgültig ist, und wenn das Unterbleiben der Annahme dem Kind zum unverhältnismäßigen Nachteil gereichen würde. Eine schwere Krankheit und selbst Schizophrenie kann im Allgemeinen die Ersetzung nicht rechtfertigen – dies zumindest, wenn das Kind auch ohne Adoption in einer Familie aufwachsen kann (BGH, NJW 1997, 585).

In die auch danach notwendige Abwägungsentscheidung muss aber stets das Wohl des Kindes und die etwaige Dauer und Intensität der Beziehung zu einer (Adoptions-)Pflegefamilie einbezogen werden. Gestärkt hat das BVerfG die Stellung des nichtehelichen Vaters im Adoptionsverfahren (BVerfGE 92, 158, 179 ff.), indem die frühere Regelung des § 1747 II BGB für verfassungswidrig erklärt wurde (ähnlich BVerfG, Kammer, NJW 2003, 2151 – keine überraschende Fremdadoption).

32 **5. Sonstige Eingriffe.** Auch bei sonstigen Eingriffen unterhalb der Trennung sind der **Vorrang des Elternrechts** und das **Verhältnismäßigkeitsprinzip** zu beachten. Zulässig sind aber Verpflichtungen zum Arztbesuch und zu Kontrolluntersuchungen (Rh.-Pf.VerfGH, LKRZ 2009, 295 – KinderschutzG) sowie die **Schulpflicht** (dazu unten § 32, Rn 37). Die **Entscheidung über das elterliche Sorgerecht** ist stets ein Eingriff in das Elternrecht des nicht berücksichtigten Partners. Deshalb war es verfassungswidrig, das Sorgerecht des nichtehelichen Vaters von der Zustimmung der Mutter abhängig zu machen (BVerfG, Kammer, NJW 2010, 3008).

V. Besondere Schutzfunktionen

33 **1. Objektive Schutzpflicht.** Bei Art. 6 GG handelt es sich zunächst einmal um ein klassisches **Abwehrrecht**. Dem Staat wird versagt, in die Freiheit von Ehe, Familie und Erziehung einzugreifen (BVerfGE 21, 329, 353 – Hinterbliebenenversorgung). Zugleich aber enthält schon der Wortlaut *„stehen unter dem besonderen Schutz der staatlichen Ordnung"* eine **objektive Schutzpflicht**. Wie kaum ein anderes Grundrecht verbindet Art. 6 GG damit die individuelle Freiheit der Ehepartner, der Familie und der Eltern und den objektiven Schutz von Ehe und Familie als Grundlage der Gemeinschaft. Das hat auch das BVerfG immer wieder betont (so etwa BVerfGE 76, 1, 45 – Familiennachzug) und dabei Art. 6 GG je nach Zusammenhang als **„wertentscheidende Grundsatznorm"** (BVerfGE 6, 55, 76), **„Institutsgarantie"**, **„objektive Schutznorm"** usw. bezeichnet. In der Sache besagen alle Formulierungen letztlich dasselbe: Der Staat und die gesamte Rechtsordnung müssen dem besonderen Charakter von Ehe und Familie Rechnung tragen und dafür sorgen, dass diese gegenüber anderen Formen des Zusammenlebens nicht benachteiligt werden.

Zum objektiven Schutzauftrag gehört zum einen die Abwehr solcher Regelungen und Maßnahmen, die die Ehe und Familie schädigen und stören (BVerfGE 6, 55, 76 – Steuersplitting; BVerfGE 81, 1, 6 – Schlüsselgewalt). Auch hat es das BVerfG (BVerfGE 103, 242, 269 – Pflegeversicherung) als Verstoß gegen den objektiven Schutzauftrag bezeichnet, dass Versicherte der sozialen Pflegeversicherung, die Kinder betreuen und erziehen und damit einen langfristigen Beitrag zur Funktionsfähigkeit der Sozialversicherung leisten, mit einem gleich hohen Pflegeversicherungsbeitrag wie Versicherte ohne Kinder belastet werden (krit. dazu *Ruland*, NJW 2001, 1673). Selbst in der Untersuchungshaft und im Strafvollzug muss die Bedeutung der Ehe im Hinblick auf die Besuchsregelungen beachtet werden (BVerfGE 35, 35, 39 – Untersuchungsgefangene und BVerfGE 42, 95, 101 – Besuchserlaubnis).

Aus Art. 6 GG und Art. 3 GG folgt als Teil des objektiven Schutzgehalts das Gebot des **Familienlastenausgleichs**. Damit ist natürlich nicht gemeint, dass Familie und Kinder eine Last sind. Besondere Lasten entstehen aber durch Pflege und Erziehung von Kindern, deren spätere Lebensleistung dann wieder unabhängig vom Familienstatus allen zugute kommt. Insofern ist es richtig, von **„Familienleistungsausgleich"** (*Brosius-Gersdorf*, in: Dreier, GG, Art. 6, Rn. 130) zu sprechen. Dieser Ausgleich muss vor allem Familien mit mehreren Kindern zugute kommen. Hier geht es um den Ausgleich der Leistungen, die die Familie für die Gesellschaft erbringt (BVerfGE 43, 108, 121 – Kinderfreibeträge; BVerfGE 103, 197, 215 – Pflegeversicherung). Auch der Aspekt der **Generationengerechtigkeit** spielt angesichts des demografischen

34

Wandels eine zunehmende Rolle (*Brosius-Gersdorf*, Demographischer Wandel und Familienförderung (2010); *Schuler-Harms*, DVBl 2008, 1090).

35   **2. Institutsgarantie.** Schon zur Weimarer Zeit wurde Art. 119 WRV als eines der wichtigsten Beispiele der **Institutsgarantie** (Ehe und Familie als Institutionen des Privatrechts) bezeichnet. Auch in der Rechtsprechung des BVerfG findet sich die Wendung vom Schutz der Ehe und der Familie als Institution (BVerfGE 31, 58, 67 – Spanier; BVerfGE 105, 313 ff. – LebenspartnerschaftsG). Faktisch ist das damit Gemeinte heute aber in der zugleich weiteren und flexibleren Formulierung der objektiven Schutzpflicht aufgegangen.

36   **3. Teilhabedimension.** Aus Art. 6 I und II GG folgt zwar ein objektiver Schutzauftrag, der grundsätzlich auch die materielle Förderung von Ehe und Familie umfasst. Das führt aber nicht zu subjektiven Leistungsansprüchen unmittelbar aus dem Grundrecht (BVerfGE 39, 316, 326 – Kinderzuschuss; BVerfGE 87, 1, 35 – Trümmerfrauen). Der Schutzauftrag wird auch hier vielmehr durch besondere Leistungsgesetze konkretisiert. Insofern liegt es im Ermessen des Gesetzgebers, wie er den grundsätzlich gebotenen Schutz von Ehe und Familie ausgestaltet, doch gibt es auch Grenzen (BVerfGE 82, 60, 81 – Steuerfreies Existenzminimum). Insbesondere darf der Gesetzgeber nicht durch bestimmte Leistungen innerfamiliäre Grundentscheidungen in einem bestimmten Sinne beeinflussen. So sprechen gewichtige Gründe dafür, dass es sich bei dem sogenannten **„Betreuungsgeld"**, also der Förderung einer Nichtinanspruchnahme von Krippe und Kita, nicht nur um einen sozialpolitisch falsches Signal, sondern um einen Eingriff in die familiäre Selbstbestimmung und überdies einen Verstoß gegen die Gleichberechtigung der Frau (Art. 3 Abs. 2 GG) handelt (*Brosius-Gersdorf*, Das neue Betreuungsgeldgesetz – Familienförderung wider das Grundgesetz, NJW 2013, 2316; zu den kompetenzrechtlichen Bedenken *Ewer*, NJW 2012, 2251; *Reimer*, NJW 2012, 1927; *Rixen*, DVBl. 2012, 1391). Hat der Gesetzgeber bestimmte Leistungen bewilligt, so darf er die Ehe oder die Familie nicht zum Anhaltspunkt für Leistungsverweigerung oder Leistungsminderung machen (BVerfGE 107, 27, 45 – Verfassungswidrigkeit der Begrenzung des Trennungsgelds).

37   **4. Schutz von Ehe und Familie durch Verfahren.** Die **verfahrensrechtliche** Ausprägung des Grundrechts aus Art. 6 I GG zeigt sich in allen die Ehe und die Familie betreffenden Verwaltungs- und

Gerichtsverfahren (BVerfGE 55, 171, 182 – Sorgerecht). Eltern und Kind müssen **angehört** werden, die notwendige **Sachkunde** muss einbezogen werden (BVerfG, Kammer, NJW 2003, 1032). Das gilt im Ausländerrecht (BVerfG, Kammer, NVwZ 2009, 387 – Verfahren der Abschiebung eines Umgangsberechtigten) ebenso wie im Jugendhilferecht, Sozialrecht und im Schulrecht. Es gilt selbstverständlich auch in **gerichtlichen Verfahren**. Eltern sind frühzeitig am Jugendstrafverfahren zu beteiligen. Vom Verfahren ausschließende Bestimmungen greifen in das Elternrecht ein und müssen besonders begründet werden (BVerfGE 107, 104, 116 – Ausschluss von Jugendstrafprozess).

Beispiele: Durch verfahrensrechtliche Vorkehrungen muss auch sichergestellt sein, dass auch der **biologische Vater** seine Rechte wahrnehmen kann, wenn dies dem Schutz einer familiären Beziehung zwischen dem Kind und seinen rechtlichen Eltern nicht entgegensteht (BVerfGE 108, 82 – biologischer Vater). Das Grundrecht schützt auch durch Beratungs- und Informationspflichten vor einer überraschenden **Fremdadoption** (BVerfGE 108, 82 – biologischer Vater) und vor allem vor Entziehung des elterlichen Sorgerechts nach Art. 6 III GG (BVerfG, Kammer, NJW 2010, 2333). Einen verfahrensmäßigen Ausgleich zwischen dem Persönlichkeitsrecht des Kindes und dem Schutz der Familie der leiblichen Eltern müssen Gerichte finden, wenn es z. B. um die Einsichtnahme eines adoptierten Kindes in Personenstandsbücher (OLG München, NJW 2005, 1667) oder um die Kenntnis des leiblichen Vaters geht (BVerfGE 79, 256, 268 – Kenntnis der Abstammung; BVerfGE 96, 56, 61 – Auskunft über Vaterschaft).

5. Drittwirkung – Ausstrahlung auf privatrechtliche Beziehungen. Aus dem objektiven Schutzauftrag zugunsten von Ehe und Familie folgt die Pflicht, Störungen und Benachteiligungen von Ehe und Familie in allen Rechtsgebieten zu verhindern. Das gilt auch für alle privatrechtlichen Beziehungen. So dürfen Ehepartner und Familien im Arbeitsrecht ebenso wenig benachteiligt werden wie z. B. im Mietrecht. Die Ehefreiheit schließt auch zivilrechtliche „Zölibatsklauseln" und Beschränkungen der Wahlfreiheit des Ehepartners aus. Geschützt ist der schwächere Partner bei einer unausgewogenen Unterhaltsregelung (BVerfGE 103, 89, 100). Auch darf kein Arbeitgeber das Arbeitsverhältnis wegen des Eingehens einer Ehe oder der Ankunft eines Kindes kündigen. Schließlich hat das BVerfG die Enterbung eines Hohenzollernprinzen wegen Heirat mit einer „nicht ebenbürtigen" Partnerin im Jahre 2004 für verfassungswidrig erklärt (BVerfG, Kammer, NJW 2004, 2008; krit. *Gutmann*, NJW 2004, 2347; anders noch BVerfG, Kammer, NJW 2000, 2495; BGH, NJW

38

1999, 566). Durch Art. 3 GG und Art. 6 GG sind auch nicht-adlige Kinder selbst bei gravierenden Spannungen mit den Eltern vor einer unberechtigten Entziehung des Pflichtteils geschützt (BVerfGE 112, 332, 339 – Pflichtteil).

39 **6. Art. 6 GG als „Grundpflicht"?** Bei Art. 6 II GG ist (neben Art. 14 II GG) als einzigem Grundrecht des GG von einer expliziten Pflicht der Eltern zur Erziehung des Kindes die Rede. Neben dem Umgangsrecht existiert sogar eine explizite Umgangspflicht, an deren Durchsetzung aber strenge Voraussetzungen der Verhältnismäßigkeit zu stellen sind (dazu unten, Rn. 51). Insofern kann hier von einer echten **Grundpflicht** gesprochen werden (allgemein zu den Grundpflichten oben § 5, Rn. 24). Dieser Satz ist aber weder verallgemeinerungsfähig, noch verlangt er nach einer besonderen Systematik der Grundrechtsinterpretation (Dazu *Hufen/Langenfeld*, RdJB Sonderheft 2013, 16,18). Wie bei anderen „Grundpflichten" handelt es sich hier um nichts anderes als um eine durch den Gesetzgeber zu konkretisierende **Schranke** des Elternrechts. Recht und Pflicht zusammen genommen lassen sich treffend als **„Elternverantwortung"** bezeichnen (BVerfGE 24, 119, 143 – Adoption). Vermeiden sollte man heute Begriffe wie „elterliche Gewalt" oder gar „Elternrecht als Herrschaftsrecht". Verpflichtet sind die Eltern auch zur Mitwirkung in zahlreichen auf das Kind bezogenen Verfahren (BGH, NJW 2010, 1351 – sachliche Beurteilung nach § 1666 BGB).

VI. Der besondere Schutz der Mutter (Art. 6 IV GG)

40 Nach Art. 6 IV GG hat jede Mutter **Anspruch auf den Schutz und die Fürsorge der Gemeinschaft.** Dabei handelt es sich zunächst (ebenso wie in Art. 6 V GG) um einen typischen **objektivrechtlichen Schutzauftrag** an den Gesetzgeber (BVerfGE 32, 273, 277 – Mutterschutz). Inhaltlich handelt es sich um eine lex specialis zu Art. 3 II GG. Auch die Nähe zum Sozialstaatsprinzip wird hier besonders deutlich. Erfüllt hat der Gesetzgeber diesen Schutzauftrag z. B. durch die gesetzlichen Vorschriften zum Schutz werdender und stillender Mütter. Deshalb muss die Zeit einer mutterschutzrechtlichen Unterbrechung der Beschäftigung bei der Berechnung der Anwartschaftszeit in der Arbeitslosenversicherung angerechnet werden (BVerfGE 115, 259, 270). Auch führt der Schutz der stillenden Mutter dazu, dass diese während der Untersuchungshaft gemeinsam mit ihrem Kind untergebracht werden muss (BerlVerfGH, NJW 2001, 3181). Wie im Übrigen kann bei Art. 6 IV GG der Mutterschutz heute nicht mehr allein auf die biologische Funktion beschränkt werden. Geschützt ist auch die Pflege- oder Adoptivmutter, die ein Kind im Säuglingsalter betreut. Darüber hinaus ist zu fragen, ob die Begrenzung auf den Mutterschutz heute noch haltbar ist, oder ob es sich nicht längst um einen verfassungsrechtlichen „Elternschutz" handelt.

Literatur: *Aubel*, Der verfassungsrechtliche Mutterschutz (2003).

VII. Gleichstellung unehelicher und ehelicher Kinder (Art. 6 V GG)

Dem heutigen Art. 6 V GG (Gleichstellungsauftrag) sieht man es nicht mehr an, wie umstritten dieses Gebot noch bei der erstmaligen Formulierung eines Familiengrundrechts in der WRV war. Inhaltlich enthält Art. 6 V GG einen Verfassungsauftrag für die Gleichstellung und Gleichbehandlung aller Kinder und damit eine Konkretisierung des allgemeinen Gleichheitssatzes (BVerfGE 84, 168, 184 – Sorgerecht). Immerhin hat es eines in dieser Schärfe und Präzision bemerkenswerten Urteils (mit exakter Fristsetzung) des BVerfG bedurft (BVerfGE 25, 167 ff. – Nichtehelichkeit), ehe der Gesetzgeber den sich aus Art. 6 V GG ergebenden objektiven Gestaltungsauftrag erfüllt hat und das Gesetz über die rechtliche Stellung der nichtehelichen Kinder vom 19.8.1969 erließ (BGBl. I, 1243). Erst kürzlich hat das BVerfG entschieden, dass eine **unterschiedliche zeitliche Dauer des Unterhaltsanspruchs** von ehelichen und nichtehelichen Kindern gegen Art. 6 V GG verstößt (BVerfGE 118, 45, 62 – ähnl. zur Ungleichbehandlung im Erbrecht BVerfG, Kammer, NJW 2009, 1065). Im Übrigen bedeutet Art. 6 V GG allerdings nicht, dass alle an die Familie geknüpften sozialen Berechtigungen undifferenziert auf das nichteheliche Kind übertragen werden müssen (BVerfGE 107, 205, 212 – Familienkrankenversicherung). Auch durfte der Gesetzgeber die Gleichstellung beim Erbrecht auf nach dem Stichtag 1.7.1949 Geborene beschränken (BVerfG, Kammer, NJW 2013, 2103).

VIII. Die internationale und europäische Perspektive

Aussagen zum Schutz der Ehefreiheit und der Familie finden sich in nahezu allen internationalen Menschenrechtsdokumenten, so in **Art. 16 AEMR (Ehefreiheit und Diskriminierungsschutz).** Ehe, Familie und Elternrecht sind ferner in zahlreichen internationalen Abkommen völkerrechtlich geschützt. In diesen Zusammenhang gehört auch **Art. 12 EMRK** (Ehefreiheit und Freiheit zur Gründung einer Familie), aber letztlich auch die Generalklausel des Art. 8 EMRK, der Privatleben und Familienleben in Verbindung bringt. Allerdings geht auch der EGMR von einer gewissen Entkoppelung von Ehe und Familie aus (EGMR, FamRZ 1995, 110). Auffällig ist der weite Begriff der Familie (EGMR, NJW 2001, 2315; NJW 2003, 1921 – auch de facto Beziehungen). Ebenso scheint sich der **EuGH** zu verhalten (EuGH, NJW 2004, 1440 – Ausschluss eines transsexuellen Partners vom Anspruch auf Hinterbliebenenrente als Verstoß gegen den früheren Art. 141 EGV).

Zum **elterlichen Umgangsrecht** gibt es inzwischen eine umfangreiche EGMR-Rechtsprechung, so etwa zur Aufenthaltsbeendigung eines geschiedenen Vaters, der sich um das Umgangsrecht mit seinem Sohn bemüht (EGMR, NVwZ 2001, 547; ähnlich EGMR, NJW 2004, 3397 – Umgangsrecht des nichtehelichen Vaters aus Art. 8 EMRK; EGMR, NJW 2006, 2241 – Umgangsrecht mit Tochter nach der Scheidung der Ehe; EGMR, NJW 2006, 1033 – Familienzusammenführung; EGMR, NJW 2013, 2495 – Unterbringung eines Kindes bei Pflegeeltern). Dadurch entstanden Spannungen zur früher eher restriktiven deutschen Rechtsprechung. So hatte das BVerfG gerade an einem Sorgerechtsfall Gelegenheit, das Verhältnis von Bindung an ein EGMR-Urteil und Bindung an nationales Verfassungsrecht zu klären (BVerfGE 111, 315, 330 – Fall Görgülü). Inzwischen hat sich auch die deutsche Rechtsprechung weitgehend angepasst (dazu oben Rn. 21, und 29).

43 Zu den menschlich und rechtlich schwierigsten Fällen im nationalen wie im internationalen Bereich zählt die Rücküberführung eines Kindes zu einem im Ausland lebenden Elternteil. Hinzuweisen ist hier auf das **Haager Kindesentführungsübereinkommen,** das die Fälle der Überführung eines Kindes zu einem im Ausland lebenden Elternteil und die Rückführung nach etwaigen Entführungen regelt. An dieses ist die Bundesrepublik Deutschland gebunden. Eine Verweigerung der Rückführung kommt nur bei besonders schwerwiegender Beeinträchtigung des Kindeswohls in Betracht (BVerfG, Kammer, NJW 1996, 1402, 3145).

44 In der Rechtsprechung des EuGH spielen Ehe und Familie als Teil der gemeinsamen Rechtsgrundsätze der Gemeinschaft vor allem im Hinblick auf Diskriminierungsverbote eine Rolle (vgl. etwa EuGH, NJW 1997, 43 – Erziehungsgeld). Die **EuGRCh** gewährleistet in Art. 9 das Recht, eine Ehe einzugehen und das Recht, eine Familie zu gründen, überträgt die Einzelheiten aber auf den nationalen Gesetzgeber. Besondere Aufmerksamkeit widmet der EuGH in neuerer Zeit der Gleichstellung von gleichgeschlechtlichen Partnerschaften (dazu unten, Rn. 45).

Literatur: *Tettinger/Geerlings,* Ehe und Familie in der Europäischen Grundrechtsordnung, EuR 2005, 419; *Thym,* Europäischer Grundrechtsschutz und Familienzusammenführung, NJW 2006, 3249; *Wolff,* Ehe und Familie in Europa, EuR 2005, 721.

IX. Aktuelle Fälle und Probleme

Hinweis: Zum Problemkreis **Religiöses Erziehungsrecht** s. § 22, Rn. 11; zum **Elternrecht in der Schule** s. § 32, Rn. 9.

1. Ehe, nichteheliche Lebensgemeinschaft und eingetragene 45
Partnerschaft. Die gravierenden sozialen Veränderungen in Bezug auf Ehe, nichteheliche Lebensgemeinschaft und gleichgeschlechtliche Lebenspartnerschaft haben in den vergangenen Jahren mit wachsender Geschwindigkeit zu einer weitgehenden Anpassung der Rechtsverhältnisse der genannten Lebensgemeinschaften geführt. Zwar fallen nichteheliche und gleichgeschlechtliche Partnerschaften nach wie vor nicht in den Schutzbereich von Art. 6 I GG (dazu oben, Rn. 9). Aus dem objektiven Schutz der Ehe wurde im Gegenteil ein „Abstandsgebot" von Ehe und gleichgeschlechtlichen Partnerschaften abgeleitet. Andererseits hat das BVerfG schon früh betont, dass der Gesetzgeber nicht gehalten ist, eheähnlichen Lebensgemeinschaften und Partnerschaften jeden Schutz und jede Anerkennung zu versagen (BVerfGE 82, 6, 15) und das *Lebenspartnerschaftsgesetz* von 2001 passieren lassen, weil die Ehe nicht durch Gemeinschaften solcher Partner gefährdet werden könne, die die Ehe gerade nicht wünschen (BVerfGE 105, 313).

Mittlerweile hat sich die Blickrichtung, ausgehend von der Antidiskriminierungsrichtlinie 2000/78/EG und der Rechtsprechung des EuGH, NJW 2008, 1649 – Maruko; dazu *Stüber,* NVwZ 2008, 750; zuletzt EuGH, NZA 2011, 557 – Versorgungsrecht), vollends gedreht und es geht nicht mehr um das „Abstandsgebot", sondern um die nahezu völlige Gleichstellung eingetragener Partnerschaften in allen Rechtsgebieten, so im **öffentlichen Dienstrecht** (BVerfGE 124, 199, 217; BVerwG, NVwZ 2011, 499 – Hinterbliebenenversorgung; BVerwG, NJW 2011, 1466 – Familienzuschlag), **Sozialrecht, Erbrecht** und **Steuerrecht** (BVerfG, NJW 2010, 2783 – Erbschaftsteuer). Maßgebliches Motiv war dabei nicht mehr der Aspekt der Gründung einer Familie mit Kindern, sondern das wechselseitige Füreinandereinstehen in einer dauerhaften **Verantwortungsgemeinschaft**. Mittlerweile sind nach erneuten „sanften Hinweisen" aus Luxemburg (EuGH, Große Kammer, NJW 2011, 2187 – Altersversorgung), Straßburg und Karlsruhe auch die letzten „Bastionen" der Exklusivität der herkömmlichen Ehe gefallen, und der Gesetzgeber musste sowohl die sog. „Sukzessivadoption" (also die Adoption des leiblichen Kindes eines Partners- „Stiefkindadoption") auch gleichgeschlechtlichen Paaren ermöglichen (EGMR, NJW 2013, 2171; BVerfG, NJW 2013, 847; zust.dazu *Kroppenberg,* NJW 2013, 2161) als auch den **Splittingtarif** im Einkommensteuerrecht (BVerfG, NJW 2013, 2257) sowie die Freibeträge im **Erbschafts- und Schenkungssteuerrecht** (BVerfGE 126, 400, 414; ebenso zur **Grunderwerbssteuer** BVerfG, NJW 2012, 2719) und die auf die Ehe bezogenen **Zuschläge im Beamtenrecht** (BVerfG, NVwZ 2012, 1304)) auf eingetragene Lebenspartnerschaften ausdehnen. Das noch fehlende **Recht zur Adoption** von „nicht eigenen" Kindern eines Partners sowie des Rechts der Fortpflanzungsmedizin (IVF) sind offenbar nur noch eine Frage der Zeit (*Schütze,* RdJB-Sonderheft 2013, 129)

Eigene Position: Die geschilderte Entwicklung ist vor dem Hintergrund des verfassungsrechtlichen Gleichheitssatzes, des europäischen Anti-Diskriminierungsrechts und der EMRK zwangsläufig und im Sinne der für alle Lebensformen offenen Gesellschaft auch aus verfassungsrechtlicher Sicht grundsätzlich zu begrüßen. Auch das kann die zuständigen Behörden aber nicht hindern, beim Vorliegen gleicher Voraussetzungen im konkreten Einzelfall Adoptivkindern eine Familie mit Vater und Mutter zu ermöglichen. Zu fragen bleibt allerdings, ob das Element der Verantwortungsgemeinschaft im Vergleich zur traditionellen Ehe noch hinreichend z. B. gegenüber zusammenlebenden Geschwistern, Freunden, Großeltern und Enkel usw. abgrenzbar ist. Auch bleibt festzuhalten, dass auch nach der zitierten Rechtsprechung europäischer und deutscher Verfassungsgerichte zwar die Gleichbehandlung von Ehe und eingetragenen Lebenspartnerschaft, nicht aber die Ausdehnung des Instituts der Ehe und damit die Einbeziehung eingetragener Lebenspartnerschaften in den Schutzbereich von Art. 6 GG gefordert ist. Die eingetragene Lebenspartnerschaft ist also kein überholtes Rechtsinstitut; sie besteht vielmehr – in vielem gleichgestellt – neben der verfassungsrechtlichen nach wie vor hervorgehobenen traditionellen Ehe (a. A. *Bömmelburg,* NJW 2012, 2753).

Literatur: *Bömmelburg,* Die eingetragene Lebenspartnerschaft – ein überholtes Rechtsinstitut? NJW 2012, 2753; *Brosius-Gersdorf,* Gleichstellung von Ehe und Lebenspartnerschaft, NJW Editorial, Heft 12/2013; *Bruns,* Gleichstellung von verpartnerten Beschäftigten mit ihren verheirateten Kollegen in Deutschland, in der EG und in den internationalen Organisationen, NVwZ 2007, 552; *Kreß,* Lebenspartnerschaftsgesetz: Rechtspolitischer Fortschreibungs- und Reformbedarf, ZRP 2012, 234; *Schüffner,* Eheschutz und Lebenspartnerschaft (2007); *Tölle,* Die eingetragene Lebenspartnerschaft im steuerlichen Wandel, NJW 2011, 2165; *Wellenhofer,* Das neue Recht für eingetragene Lebenspartnerschaften, NJW 2005, 705.

46 2. Recht des Familiennamens. Die Wahl des **Familiennamens** nach der Eheschließung gehört zum Grundrecht auf Schutz von Ehe und Familie, die Wahl des **Kindesnamens** grundsätzlich zum Elternrecht (Art. 6 II GG). Sowohl im Hinblick auf diskriminierende oder verwechslungsanfällige Vornamen *("Bin Laden"*; anders aber hinsichtlich *"Djihad"* groteskerweise KG, BeckRS 2009, 20105) als auch im Hinblick auf die mögliche Verwechslungsgefahr und die Vermeidung von Doppelnamen kann dieses Recht aber im Interesse des Kindes eingeschränkt werden (BVerfGE 104, 373, 384 – Ausschluss von Doppelnamen; anders zur Erkennbarkeit des Geschlechts aber BVerfG, Kammer, NJW 2009, 663). Auch schützt das BVerfG ausdrücklich denjenigen, der durch eine frühere Eheschließung einen Namen erworben und geführt hat und in einer neuen Ehe diesen Namen zum Ehenamen bestimmt. Hier kann der erste Ehegatte die „Übernahme" des Namens durch die neue Ehefrau nicht verhindern (BVerfGE 109, 256, 266). Mehr und mehr restriktiv ist die Rechtsprechung gegenüber einer **Änderung des Familiennamens von Kin-**

dern nach Eingehen einer neuen Ehe des Sorgeberechtigten. Hier bedeutet das Eingehen der Ehe nicht automatisch, dass der neue Familienname dem Wohl des Kindes förderlich ist. Die gesetzliche Bindung der elterlichen Namenswahl an die für ihr erstes Kind getroffene Geburtsnamenbestimmung für Eltern, die keinen gemeinsamen Ehenamen tragen, ist verfassungsgemäß (BVerfG, Kammer, NJW 2002, 2861). Die Geschwister sollen sich familiär zusammengehörig fühlen (**Literatur:** *Badura*, Neues zum Grundrechtsschutz des Namens, FS Heldrich (2005), 1229 – allg. z. Namensrecht s. § 11, Rn. 33).

3. Ehe und Familie im Ausländerrecht. Als Menschenrecht schützt 47 Art. 6 GG selbstverständlich auch Ausländer, so dass die Regeln des Ausländer- und Asylrechts auch an diesem Grundrecht zu messen sind. In der Praxis und Verwirklichung aber ist zu unterscheiden zwischen Ehen und Familien mit Beteiligung von Deutschen und Ehen unter Ausländern. So hat die Entscheidung eines deutschen Staatsangehörigen, mit einem ausländischen Ehegatten und/oder ausländischen Kindern im Bundesgebiet leben zu wollen, den Vorrang vor einwanderungspolitischen Erwägungen (BVerwGE 60, 126, 132), und einem deutschen Staatsangehörigen darf nicht zugemutet werden, seine Ehe im Ausland zu führen (BVerwG, NVwZ 2013, 515). Dagegen besteht nach der Rechtsprechung des BVerfG für in Deutschland lebende Ausländer **kein aus Art. 6 GG folgender Anspruch auf Nachzug von Ehe- und Familienmitgliedern** (BVerfGE 76, 1 – Familiennachzug), doch muss auch hier die Ausländerbehörde die bestehenden ehelichen und familiären Bindungen berücksichtigen (BVerfGE 76, 1 [Leitsatz]). Das gilt auch bei Abschiebeentscheidungen, bei denen auf gewachsene Beziehungen eines umgangsberechtigten Elternteils zum Kind Rücksicht genommen werden muss (BVerfG, Kammer, NVwZ 2009, 387; *Kluth*, RdJB 2012, 178.). Bei der Aufenthaltserlaubnis darf dabei nicht allein auf die Mutter abgestellt werden (BVerfGE 114, 357, 362). Die Ausweisung eines Ehegatten ist ein mittelbarer Eingriff in Art. 6 I GG (umstritten); deshalb dürfen im aufenthaltsrechtlichen Verfahren keine vollendeten Tatsachen geschaffen werden (BVerfG, Kammer, NVwZ 2007, 1302; BVerfG, Kammer, NVwZ 2011, 35 – Schutz vor Abschiebung). Grundsätzlich beschränkt sich der Schutz von Ehe und Familie im Asyl- und Ausländerrecht aber auf Mitglieder der Kernfamilie (LSG Niedersachsen, NVwZ 2008, 115 – Asylbewerberleistungen). Eine wichtige Konsequenz ist die Klagebefugnis des Ehepartners im Verwaltungsprozess (BVerwG, NVwZ 1997, 1116). Während diese Fragen früher oft unspezifisch durch verfassungskonforme Auslegung gelöst werden mussten, hat das AufenthaltsG vom 30.7.2004 (BGBl. I, 2004, 1950) den **Aufenthalt aus Gründen von Ehe und Familie,** insbesondere den Ehegatten- und Kindernachzug sowie das Aufenthaltsrecht von Ehegatten und Kindern ausführlich geregelt.

Weit über das traditionelle Ausländerrecht hinaus sind Behörden und Gerichte im Hinblick auf die Vorstellungen von Ehe, Familie und Familienehre bei Menschen aus anderen Kulturkreisen gefordert. So wichtig es ist, den „Binnenbereich" von Ehe und Familie auch dort zu achten, wo er „westlichen" kulturellen Vorstellungen widerspricht, so unabdingbar ist es, die

Grundentscheidungen der Verfassung für Menschenwürde und Gleichberechtigung durchzusetzen und Verstöße unnachsichtig zu sanktionieren. Zum Schutz vor Zwangsehen und Hilflosigkeit nachgezogener Ehefrauen ist deshalb auch das Erfordernis der Sprachkenntnisse mit Art. 6 GG, Art. 8 EMRK und Art. 7 II der Richtlinie 2003/86/EG vereinbar (BVerfG, Kammer, NVwZ 2011, 870; BVerwG, NVwZ 2010, 964). Auch genießt die nach islamischen Recht mögliche „**Zweitfrau**" nicht in gleicher Weise den Schutz der Ehe (BVerwG, NJW 1985, 2097; VGH Mannheim, NJW 2007, 3453). Hier kommt allenfalls der Schutz der Familie in Betracht. Bei Verdacht einer **Scheinehe** und bei einer **Erwachsenenadoption** oder der **Anerkennung der Vaterschaft nach §§ 1592 ff.** BGB darf geprüft werden, ob wirklich eine eheliche oder familiäre Gemeinschaft vorliegt (BVerfG, Kammer, NVwZ 1996, 1099) oder ob die Entscheidung nur dazu dient, Einreise und Aufenthalt in Deutschland zu ermöglichen. Bei den Fragen von Gleichberechtigung in der Ehe, Recht auf eigene Berufstätigkeit, Unterhalt, Scheidung, Sorgerecht usw. dürfen deutsche Familiengerichte keine Rücksicht auf die Bevorzugung des Mannes in anderen Kulturkreisen und grundgesetzwidrige Vorstellungen und Traditionen nehmen (geradezu unglaublich OVG Hamburg, NJW 2003, 3723 – Unzumutbare Arbeitsaufnahme für Mutter bei fehlender Bereitschaft des Vaters, ein gemeinsames Kleinkind bei Abwesenheit der Mutter zu betreuen). Noch weniger können archaische Vorstellungen der Familienehre Eingriffe in die physische und psychische Integrität von Frauen und anderen Familienmitgliedern rechtfertigen (**Literatur:** *Röper,* Die Grundrechte als Integrationsmaßstab, ZRP 2006, 187). Aus Art. 20 AEUV leitet der EuGH, NVwZ 2011, 545, ab, dass das Aufenthaltsrecht und die Arbeitserlaubnis für drittstaatsangehörige Eltern von minderjährigen Unionsbürgern nicht verweigert werden dürfen. Allerdings ist ein zehnjähriges Wiedereinreiseverbot wegen Drogenstraftaten auch dann verhältnismäßig, wenn die Familie eines Ausländers in Frankreich lebt (EGMR, NVwZ 2000, 1401).

Gänzlich ungeklärt ist die Behandlung **nichtehelicher Lebensgemeinschaften und gleichgeschlechtlicher Partnerschaften** im Ausländerrecht. Anders als bei nichtehelichen Lebensgemeinschaften dürfen mittlerweile Ehe und eingetragene Lebenspartnerschaften aus den in Rn. 45 genannten Gründen auch im Hinblick auf das Aufenthaltsrecht nicht mehr ungleich behandelt werden (anders noch BVerwG, NVwZ 1997, 189; BVerwG, NVwZ-RR 2001, 132).

48 **4. Ehe und Familie im Steuerrecht.** Ein besonderer Schwerpunkt der Rechtsprechung des BVerfG zu Art. 6 GG betrifft das **Steuerrecht**. Da in Ehe und Familie das Einkommen in der Regel gemeinsam erwirtschaftet wird, die Lasten aber auch gemeinsam getragen werden, ist hier der **Familienlastenausgleich** besonders bedeutsam. Das heißt vor allem: Eheleute und Familien dürfen steuerrechtlich nicht so behandelt werden, als handelte es sich um zwei unabhängig voneinander wirtschaftende Steuerzahler (so bereits BVerfGE im „Klassiker", BVerfGE 6, 55 ff. – Splitting). Wenn man diese Entscheidung genau liest, dann wird deutlich, dass die von einigen Politikern befürwortete völlige Abschaffung des **„Ehegattensplittings"**, d. h. der gemeinsamen Veranlagung und Teilung des zu versteuernden Einkommens, auf erhebliche verfassungsrechtliche Bedenken stößt. Das Splittinggebot ist aber nicht einzig möglicher Ausdruck des Prinzips der Leistungsfähigkeit und sachgerechten Besteuerung (BVerfGE 61, 319, 347 – Splitting bei Alleinerziehenden I) und auch nicht ohne weiteres auf Alleinstehende mit Kindern übertragbar (BVerfGE 68, 143, 152 – Splitting bei Alleinerziehenden II). Geht man davon aus, dass das Steuerrecht dem Familienlastenausgleich dienen muss (BVerfGE 82, 60, 85 – steuerfreies Existenzminimum), so wäre das „Familiensplitting", d. h. eine Aufteilung je nach Zahl der zu versorgenden Familienangehörigen, eine konsequente Konkretisierung der Schutzpflicht für die Familie (*Pfab*, ZRP 2006, 212). Unabdingbar wären dann aber Übergangsregeln für Ehepartner nach Beendigung der Erziehungsphase, die vom „Familiensplitting" nichts mehr hätten, aber bei ihrer Lebensplanung vom Ehegattensplitting ausgehen konnten. Unabhängig von der „Splitting-Problematik" hat das BVerfG mehrfach entschieden, dass die Steuerfreiheit des Existenzminimums auf alle Familienmitglieder erstreckt werden muss (BVerfGE 82, 60, 85; 87, 153, 169; 99, 268, 27) – eine Aufforderung, der der Gesetzgeber bisher nicht im gebotenen Umfang nachgekommen ist. Das Verbot der steuerlichen Schlechterstellung von Ehe und Familie gebietet die Berücksichtigung von berufsbedingten **Kinderbetreuungskosten** und die Gewährung eines **Haushaltsfreibetrags** (BVerfGE 99, 216 u. Gesetz zur steuerlichen Förderung von Wachstum und Beschäftigung BGBl. I, 1091). Geradezu widersinnig ist es aber, wenn bloße „Verwahrungskosten" für Kinder absetzbar sind, während der Betreuungszeit aber Lernen und Musizieren nicht im Mittelpunkt stehen dürfen.

Literatur: *Birk/Wernsmann,* Der Schutz von Ehe und Familie im Einkommensteuerrecht, JZ 2001, 218; *Goebbels,* Die familiengerechte Besteuerung: Dargestellt am Beispiel des einkommensteuerlichen Familienlastenausgleichs (2000).

5. Ehe und Familie im Recht des öffentlichen Dienstes. Im Schutz von Ehe und Familie der Beamten bündeln sich die beamtenrechtliche Fürsorgepflicht (Art. 33 V GG) und die objektive Dimension des Grundrechts aus Art. 6 GG. Die Ehefreiheit und das grundsätzliche Diskriminierungsverbot der Ehe gelten selbstverständlich auch im öffentlichen Dienst. Verheiratete dürfen bei Einstellung, Beförderung und Aufgabenverteilung gegenüber Unverheirateten nicht benachteiligt werden. Bei der Ausübung des Ermessens im Hinblick auf Versetzung, Umsetzung, Versetzung und ähnliche Entscheidungen sind Ehe und Familie in der zu berücksichtigen (BVerwG, NVwZ 2013, 797). Andererseits kann die besondere persönliche Nähe von miteinander verheirateten Untergebenen und Vorgesetzten ein Konfliktpotential entfalten, das der Dienstherr bei solchen Entscheidungen berücksichtigen darf (so zur eheähnlichen Lebensgemeinschaft – OVG Berlin, NVwZ 1996, 500).

Die objektive Schutzpflicht des Dienstherrn für Ehe und Familie der Bediensteten zeigt sich auch (aber bei weitem nicht nur) im Recht der **Besoldung und Versorgung**. Hier gehört es zu den hergebrachten Grundsätzen des Berufsbeamtentums, dass die „**Alimentationspflicht**" des Dienstherrn sich auch auf die Familie des Beamten erstreckt und dass Ehepartner und Kinder angemessen berücksichtigt werden müssen. Letzteres hat das BVerfG immer wieder für das deutsche Besoldungsrecht überprüft und dabei bemerkenswert geringe Zurückhaltung gegenüber dem Besoldungsgesetzgeber erkennen lassen – so etwa mit der Formulierung, ein Beamter mit Kindern müsse sich „annähernd das Gleiche" leisten können wie ein Beamter ohne Kinder (BVerfGE 44, 249, 273; 81, 363, 376; 99, 300, 314). Auch hier ist der Gesetzgeber den immer ungeduldiger klingenden Mahnungen des BVerfG aber nur teilweise gefolgt (zurückhaltend auch BVerwG, NVwZ 1998, 76).

50   **6. Ehe und Familie im Sozialrecht.** Besonders schwierig ist der Stellenwert von Ehe und Familie im Bereich des Sozialrechts. So wird die kostenlose Mitversicherung von Ehepartner und Kindern in der gesetzlichen Krankenversicherung als öffentliche Aufgabe bezeichnet, während in anderen Bereichen Eltern mit Kindern offenbar kinderlose Berufstätige mittelbar subventionieren. Die volle **Berücksichtigung von Kindererziehungszeiten** bei der Rentenversicherung ist also nicht nur ein wichtiges sozialrechtliches Projekt, sondern ein Verfassungsauftrag, der sich aus dem Schutz von Ehe und Familie ableiten lässt (dazu BVerfGE 94, 241, 260; ebenso zu Kindererziehungszeiten in der Altersversorgung der Anwälte BVerfGE 113, 1). Ähnlich verhält es sich in der **Pflegeversicherung.** Hier hat es das BVerfG in einem viel beachteten Urteil als Verstoß gegen den Schutz von Ehe und Familie bezeichnet, dass Mitglieder der sozialen Pflegeversicherung, die Kinder betreuen und erziehen und damit einen generativen Beitrag zur Funktionsfähigkeit der Sozialversicherung leisten, mit einem gleich hohen Pflegeversicherungsbeitrag wie Mitglieder ohne Kinder belastet werden (BVerfGE 103, 242, 269; krit *Ruland,* NJW 2001, 1673).

51   **7. Rechtlich durchsetzbare Umgangspflicht?** In zahllosen Fällen muss die Rechtsprechung über das Umgangsrecht mit Kindern nach Trennung, Scheidung usw. befinden. Höchst selten ging es bis jetzt dagegen um die Frage, ob aus Art. 6 II GG auch eine Umgangspflicht eines „umgangsunwilligen" Elternteils folge und ob diese möglicherweise sogar nach § 33 FGG mit Zwangsmitteln durchzusetzen sei. Exakt dies hatte das BVerfG in einem Verfahren zu entscheiden, in dem ein minderjähriges Kind, vertreten durch seine Mutter, einen Umgang mit seinem Vater durchsetzen wollte, obwohl dieser den Umgang – wohl auch wegen Gefährdung seiner inzwischen eingegangenen neuen Ehe – verweigerte. Das Urteil des BVerfG in diesem Fall (BVerfGE 121, 69, 89) ist deshalb besonders lehrreich, weil der Senat zwar klarstellt, dass ein Kind einen verfassungsrechtlich gesicherten Anspruch darauf hat, dass seine Eltern Sorge für es tragen und der mit ihrem Elternrecht untrennbar verbundenen Pflicht auf

Pflege und Erziehung des Kindes nachkommen. Es gibt also ein **verfassungsrechtlich geschütztes Umgangsrecht des Kindes** und damit auch eine Umgangspflicht der Eltern. Das BVerfG stellt aber fest, dass diese Umgangspflicht regelmäßig nicht zwangsweise durchgesetzt werden könne. Das wird damit begründet, dass ein erzwungener Umgang normalerweise nicht dem Kindeswohl dient.

8. Sozialer Wandel und nachehelicher Unterhalt. So paradox es 52 klingt: Bei kaum einer Rechtsfrage hat sich der soziale Wandel in den vergangenen Jahrzehnten so deutlich gezeigt wie nach dem Scheitern einer Ehe, d. h. beim nachehelichen Unterhalt. Hier hatte das BVerfG schon früher einige besondere Härten des Zerrüttungsprinzips korrigiert, so etwa im Hinblick auf die Gewährung des vollen Unterhaltsanspruchs auch bei schwerwiegendem ehelichen Fehlverhalten (BVerfGE 57, 361, 387 – Eherechtsreform) oder auf die Mitberücksichtigung des Splittingvorteils der neuen Ehe für den Unterhalt der Altehe (BVerfGE, 108, 351, 363 ff.). Insgesamt aber werden gerade im Bezug auf den Unterhalt heute an den geschiedenen Ehepartnern ganz andere Anforderungen der Selbstversorgung gestellt als früher. So hat § 1570 I 2 BGB n. F. die Dauer des nachehelichen Betreuungsunterhalts beschränkt und es dem geschiedenen Ehepartner zugemutet, 3 Jahre nach der Geburt des Kindes wieder eine Berufstätigkeit zu suchen (bestät. durch BGH, NJW 2009, 2592). Bei Vorhandensein eines neuen Partners schuf der BGH eine Art „Dreiteilung" zwischen eigenem Unterhalt, Altehe und Neuehe. Für geschiedene Partner, die im Vertrauen auf den Fortbestand der Ehe auf eine eigene Berufstätigkeit verzichtet hatten, war das nicht unproblematisch. Deshalb hat das BVerfG kürzlich in einem viel beachteten Urteil der faktischen Rückwirkung des neuen Unterhaltsrechts auf solche Fälle und damit dem Richterrecht des BGH deutliche Grenzen gesetzt (BVerfGE 128, 193)

Literatur: *Dethloff*, Unterhalt, Zugewinn, Versorgungsausgleich – sind unsere familienrechtlichen Ausgleichssysteme noch zeitgemäß? Gutachten A zum 67. DJT (2008).

Literatur zu § 16 – Ehe und Familie: *Campenhausen/Steiger*, Verfassungsgarantie und sozialer Wandel – Das Beispiel von Ehe und Familie, VVDStRL 45 (1987), S. 7, S. 55; *Di Fabio*, Der Schutz von Ehe und Familie: Verfassungsentscheidung für die vitale Gesellschaft, NJW 2003, 1993 ff.; *Franz/Günther*, Grundfälle zu Art. 6 GG, JuS 2007, 626 u. 716; *Papier*, Ehe und Familie in der neueren Rechtsprechung des BVerfG, NJW 2002, 2129; *Peuckert*, Familienformen im sozialen Wandel, 7. Aufl. (2008); *Schwab*, Zur Geschichte des verfassungsrechtlichen Schutzes von Ehe und Familie, FS Bosch (1976), 893; *Steiner*, Schutz von Ehe und Familie, HdbGr. IV, § 108; speziell zum **Elternrecht** (Art. 6 II GG): *Burgi*, Elterliches Erziehungsrecht, HdbGr. IV, § 109; *Höfling*, Elternrecht, Hdb StaatsR, 3. Aufl. (2009), VII, § 155.

§ 17 Brief-, Post- und Fernmeldegeheimnis (Art. 10 GG)

I. Allgemeines

1 **1. Entstehung und geschichtliche Entwicklung.** Dieses Grundrecht spiegelt eine uralte Sorge der Menschen wieder: Die Angst vor Durchbrechung persönlicher Geheimnisse, die durch Briefe und andere Nachrichten mitgeteilt werden. An diese Angst lässt sich eine ganze Kulturgeschichte der Briefsiegel, der Bestrafung des Siegelbruchs, des Verrats von Geheimnissen ableiten. Kaum ein klassisches Drama oder eine klassische Oper, die nicht in irgendeiner Form mit diesem Geheimnis zu tun hätte. Gleichwohl findet sich das Briefgeheimnis weder in der Virginia Bill of Rights noch in der französischen Deklaration von 1789. Erste Kodifizierungen enthalten die Verfassungsurkunde des Kurfürstentums Hessen und die belgische Verfassung von 1831. Deren Formulierung wird fast inhaltsgleich in die **Paulskirchenverfassung** und in die Verfassungsurkunde für den preußischen Staat von 1850 übernommen. Nach 1871 war es vor allem der Reichsgesetzgeber, der im Gesetz über das Postwesen des Deutschen Reiches aus dem Jahre 1871 die Unverletzlichkeit des Briefgeheimnisses garantierte. Art. 117 WRV schützte dann Brief- und Postgeheimnis – also neben den durch die offizielle Post übermittelten Briefen auch die auf andere Weise übermittelten Briefe.

Der Parlamentarische Rat knüpfte an Art. 117 WRV an und formulierte das Brief-, Post- und Fernmeldegeheimnis in Art. 10 I GG im Sinne eines klassischen Abwehrrechts mit einfachem Gesetzesvorbehalt. Erst im Zusammenhang mit der „Notstandsverfassung" von 1968 wurde Art. 10 II 2 GG angefügt, der dazu diente, Überwachungsmaßnahmen des Verfassungsschutzes geheim zu halten und sogar von der rechtlichen Kontrolle auszunehmen.

2 **2. Aktuelle Bedeutung.** Bis auf die genannte Änderung aus dem Jahre 1968 ist das Grundrecht dem Wortlaut nach unverändert geblieben. Gleichwohl ist der Schutzbereich von umfassenden technischen und rechtlichen Änderungen erfasst worden. Zum einen haben sich in **technischer** Hinsicht die Bedingungen des Grundrechts vollkommen verändert. Hierfür sollen der Hinweis auf die Entwicklung zur „Informationsgesellschaft" und zur umfassenden multimedialen, immer

schnelleren und weitere Nutzerkreise erschließenden virtuellen Kommunikation sowie die Stichworte Digitalisierung, Satellitensysteme, Mobilfunk, e-mail und Internet mit „Twitter" und „Facebook" genügen. Schon sie belegen den tiefgreifenden Bedeutungswandel vom Schutz des „Briefgeheimnisses" im traditionellen Sinne zum **Schutz der übermittelten Kommunikation,** in welcher Form auch immer.

Zum anderen haben sich die Strukturen des Schutzbereichs verändert und zum nahezu völligen Austausch des **rechtlichen Rahmens** und der **Grundrechtsadressaten geführt.** Die traditionelle Post ist durch die Postreform von 1994 nicht nur privatisiert, sondern auch in ihren Grundstrukturen neu gegliedert worden. Traditionell hoheitliche Grundrechtsadressaten wurden durch private Träger (insbesondere Post AG, Deutsche Telekom) ersetzt. Eine große Rolle spielten fortan private, nationale und internationale Kommunikationsunternehmen. Das hat naturgemäß Auswirkungen auf das Postgeheimnis, das heute ein umfassendes auch private Übermittler als Adressaten und ggf. Grundrechtsinhaber betreffendes Grundrecht ist (näher dazu *Hermes,* in: Dreier, GG, Art. 10, Rn. 19 ff.).

II. Schutzbereich

1. Allgemeines. Schutzgut des Art. 10 GG ist die **Vertraulichkeit** 3 **individueller postalischer Kommunikation,** in welcher Form diese auch immer stattfindet (BVerfGE 85, 386, 396 – Fangschaltung). Das Grundrecht wird hier zwar in engem Zusammenhang zum allgemeinen Persönlichkeitsrecht dargestellt; geschützt sind aber nicht nur die persönlichen, sondern auch die geschäftlichen Geheimnisse. Eine besondere Nähe zum Grundrecht auf informationelle Selbstbestimmung ist gleichfalls offenkundig, denn auch dieses schützt das Recht, selbst über Preisgabe und Verwendung von persönlichen Informationen zu bestimmen (BVerfGE 65, 1, 43 – Volkszählung). Die verfassungsrechtlichen Anforderungen zur Rechtfertigung von Eingriffen in das allgemeine Persönlichkeitsrecht und die informationelle Selbstbestimmung müssen daher auch im Rahmen der Schranke des Art. 10 GG ergänzend herangezogen werden (BVerfGE 100, 313, 349 – Telekommunikationsüberwachung I).

Art. 10 I GG nennt mit Briefen, Post und Fernmeldeverkehr zwar 4 drei Übermittlungsformen menschlicher Kommunikation, formuliert aber **keine drei unterschiedlichen Grundrechte.** Brief-, Post- und Fernmeldegeheimnis sind vielmehr drei Teilbereiche eines **einheitli-**

chen Grundrechts (wie hier *Jarass/Pieroth*, GG, Art. 10, Rn. 1; a. A. *Hermes* in: Dreier, GG, Art. 10, Rn. 25). Vertretbar ist es aber auch, Brief- und Postgeheimnis zusammenzufassen und das Fernmeldegeheimnis gesondert zu behandeln. E-mail und andere neuartige Formen des Informationstransfers zeigen aber, dass die Bereiche sich immer mehr überschneiden.

5   **2. Schutzbereich des Briefgeheimnisses.** Das Briefgeheimnis i. e. S. schützt verschlossene Nachrichten und Briefe einschließlich Pakete im klassischen Sinne, nicht aber offene Warenproben, Infopost, e-mail und Telefax. Diese fallen vielmehr unter den allgemeineren Begriff der „Post". Der Schutz beginnt mit der Absendung und endet mit dem tatsächlichen Eingang des Briefes beim Berechtigten. Auch in dessen Briefkasten kann das Briefgeheimnis also noch verletzt werden. Wie bei anderen Grundrechten lässt sich also auch im Schutzbereich von Art. 10 GG ein „Ablauf" zwischen Entsendung und Rezeption verfolgen.

6   **3. Postgeheimnis.** Über den Brief i. e. S. hinaus schützt das Postgeheimnis die Kommunikation durch Posteinrichtungen einschließlich privater Überbringer, und zwar auch offene Sendungen wie Warenproben, Pakete usw. von der Einlieferung bis zur Entgegennahme. Eine Beschränkung auf die traditionelle staatliche Post oder deren Nachfolger ist nicht mehr haltbar (so aber noch BVerwG, NVwZ 1998, 1083).

7   **4. Fernmeldegeheimnis.** Von den drei Gewährleistungen des Art. 10 I GG ist naturgemäß das Fernmeldegeheimnis am meisten von technischen Entwicklungen und Gefährdungen betroffen. In den sachlichen Schutzbereich fallen heute nicht mehr nur das traditionelle Telefon, sondern auch sämtliche modernen Formen der Telekommunikation. Geschützt sind nicht nur der Inhalt der Gespräche, sondern auch die äußeren Daten (BVerfG, Kammer, NJW 2006, 3197 – „Anruferliste"). Auch die Sicherstellung und Beschlagnahme von e-mails auf dem Mailserver des Providers ist am Grundrecht des Fernmeldegeheimnisses nach Art. 10 GG zu messen (BVerfGE 124, 43, 53). Dieser ist ein für technische Neuentwicklungen besonders offenes Grundrecht. Auf die Art des Übertragungsvorgangs kommt es beim Fernmeldegeheimnis nicht an (BVerfGE 106, 28, 36 – Mithörvorrichtung). Geschützt ist also auch der von „Hackern" oder durch das „Phishing" des Kennworts bedrohte Kommunikationsvorgang

über e-mail, SMS, Internet usw. Dass die Kommunikation über Internet und Mobiltelefon besonders gefährdet ist, schließt sie nicht aus dem Schutzbereich aus – im Gegenteil; es mobilisiert in besonderer Weise die staatliche Schutzpflicht. Geschützt ist auch der Standort des jeweils eingeschalteten Mobiltelefons gegen die GPS-Ortung durch den Staat oder durch Dritte (BGH, NJW 2001, 1587) oder gegen die unberechtigte „Fangschaltung". Die Berechtigung zur Nutzung der Übermittlungsanlage ist nicht Frage des Schutzbereichs, sondern wird erst bei den Schranken geprüft. So steht auch der ein fremdes Telefon widerrechtlich benutzende „Teilnehmer" unter dem Schutz des Grundrechts.

5. Träger und Adressaten des Grundrechts. Träger des Grundrechts aus Art. 10 GG sind alle an dem brieflich oder fernmeldetechnisch vermittelten Kommunikationsvorgang beteiligten **natürlichen Personen** (BVerfGE 100, 313, 356 – Telekommunikationsüberwachung I). Geschützt werden auch **juristische Personen** (BVerfGE 106, 28, 35 – Recht am gesprochenen Wort). Das gilt auch für **Rundfunkanstalten** im Hinblick auf den Schutz der Vertraulichkeit brieflicher und fernmündlicher Informationen (BVerfGE 107, 299, 312 – Handy-Überwachung). Umstritten ist, ob auch die **Post selbst** oder andere Betreiber von Kommunikationsanlagen unter dem Schutz des Grundrechts stehen. Das ist nicht der Fall, weil Art. 10 GG nicht den Wirtschaftsbetrieb Post, sondern die übermittelten Geheimnisse schützt und der Betreiber nicht Träger dieser Geheimnisse ist. Für ihn kommt der Grundrechtsschutz aus Art. 12 GG oder Art. 2 I GG, ggf. auch aus Art. 14 GG in Betracht.

Grundrechtsadressaten sind nur staatliche Stellen, nicht private Unternehmen (so auch *Hermes,* in: Dreier, GG, Art. 10, Rn. 48). Post und Telekom sind auch nicht beliehene Unternehmer sondern private Vertragspartner. Sehr wohl aber wirkt das Postgeheimnis mittelbar über die zwischen Benutzern und Deutscher Post AG geschlossenen Verträge. Auf Grund dieser muss die Post weiterhin sicherstellen, dass der Schutz des Brief- und Postgeheimnisses gewahrt bleibt. Das Briefgeheimnis ist außerdem Schutzgut im Rahmen von §§ 823, 826 BGB. Der Schutz des Fernmeldegeheimnisses des Bürgers erstreckt sich mittelbar auch auf die von Privaten betriebenen Telekommunikationsanlagen. Hier muss der Staat besonders dem Geheimnisschutz im Rahmen seiner objektiven Schutzpflicht Rechnung tragen (BVerfGE 106, 28, 35 – Mithörvorrichtung).

10 **6. Verhältnis zu anderen Grundrechten.** Art. 10 GG schützt besondere Formen der Kommunikation und deren Geheimnis, ist also im Hinblick auf den Kommunikations**vorgang** selbst das speziellere Grundrecht im Verhältnis zur informationellen Selbstbestimmung und zum allgemeinen Persönlichkeitsrecht. Aufgezeichnete Kommunikationsdaten, Telefonnummern und die bloße Ortung eines Mobiltelefons fallen dagegen nur unter die informationelle Selbstbestimmung (BVerfGE 115, 166, 181 – Wohnungsdurchsuchung bei Richterin) bzw. die Gewährleistung der „Vertraulichkeit und Integrität informationstechnischer Systeme".

Da nur das Geheimnis, nicht aber der Schutz vor Aufdrängen von Briefen, **unerwünschten Anrufen,** Spam-mails usw. durch Art. 10 GG gemeint ist, kommt gegenüber solchen Belästigungen nur das allgemeine Persönlichkeitsrecht (Art. 2 I i. V. m. Art. 1 GG) in Betracht. Der Lauschangriff auf eine Wohnung, der auch Formen der Telekommunikation des Betroffenen umfasst, berührt den Schutzbereich von Art. 13 GG. Art. 10 GG tritt hier zurück.

III. Eingriffe

11 Jede staatliche Durchbrechung des Brief-, Post- und Fernmeldegeheimnisses stellt einen Eingriff in das Grundrecht dar. Dabei sind die Ermittlung, die Kenntnisnahme, die Speicherung und die Weitergabe jeweils eigenständige Eingriffe. Wurde das Postgeheimnis gezielt gebrochen, so ist die möglicherweise unbeabsichtigte Weitergabe von erlangten Informationen unabhängig von einer entsprechenden Absicht ein weiterer Eingriff (BVerfGE 100, 313, 358 – Telekommunikationsüberwachung I). Das gilt gleichfalls für alle Formen der Verarbeitung und Weitergabe, die sich an eine an sich zulässige Kenntnisnahme anschließen.

Beispiel: Ist eine Beobachtung mit nachrichtendienstlichen Mitteln durch Verfassungsschutzorgane nach den einschlägigen Gesetzen gerechtfertigt, so ist eine unbefugte Weitergabe der erlangten Daten an die Polizei ein erneuter, rechtfertigungsbedürftiger Eingriff (BVerfGE 100, 313, 358 – Telekommunikationsüberwachung I). Hier setzt das BVerfG also die Linie des Volkszählungsurteils (BVerfGE 65, 1, 42 ff.) konsequent fort. Das Verwertungsverbot gilt auch im **Steuerverfahren** (BFH, NJW 2001, 2118) und im **Zivilprozess** (BGH, NJW 2003, 1721).

Auch die bloße Fixierung von Übertragungsdaten („Anruferliste") kann ein Eingriff sein (BVerfGE 85, 386, 396 – Fangschaltung). Der

Eingriff in das Fernmeldegeheimnis setzt nicht voraus, dass er während eines laufenden Gesprächs geschieht. So ist etwa die Beschlagnahme eines Mobiltelefons mit dem Ziel der Kenntnisnahme der darauf aufgezeichneten Telefonate und SMS ein Eingriff in Art. 10 GG (BVerfG, Kammer, NJW 2005, 1637).

IV. Verfassungsrechtliche Rechtfertigung – Schranken

Wie bei Art. 13 GG bedeutet auch bei Art. 10 I GG die Formulierung „unverletzlich" nicht, dass Eingriffe grundsätzlich nicht gerechtfertigt werden könnten. Das folgt schon aus Art. 10 II GG, der für Beschränkungen eine gesetzliche Grundlage verlangt. 12

1. Einwilligung. Der Eingriff in das Briefgeheimnis ist durch die Einwilligung des Betroffenen gerechtfertigt, doch reicht die Einwilligung des jeweiligen Adressaten nicht aus. Da bei der Kommunikation immer mehrere Seiten beteiligt sind, bleibt es beim Eingriff in das Recht des nicht einwilligenden Kommunikationspartners (BVerfGE 85, 386, 396, 398 – Fangschaltung), es sei denn, dieser würde gleichfalls einwilligen.

2. Eingriff auf Grund eines Gesetzes. Art. 10 I GG steht unter einem allgemeinen Gesetzesvorbehalt (Art. 10 II 1 GG). Die exakten Voraussetzungen des Eingriffs müssen gesetzlich geregelt sein. Solche Gesetze unterliegen dem Zitiergebot des Art. 19 I 2 GG. Schon daraus ergibt sich, dass die polizeirechtliche Generalklausel hoheitliche Eingriffe in Art. 10 GG allein nicht rechtfertigen kann. Bei diesem Grundrecht bestehen auch im Übrigen besonders strenge Anforderungen an die Bestimmtheit und die Normenklarheit (BVerfGE 110, 31, 53 ff. – Verbotenes Abhören durch Zollbehörden nach Außenwirtschaftsgesetz). Die gesetzliche Grundlage muss nicht nur das eigentliche Abhören, sondern auch jede Form der Speicherung, Verwertung und Weitergabe erfassen. 13

In der Praxis besonders wichtig sind die §§ 100 a–b StPO, die die Überwachung und Aufzeichnung der Telekommunikation und geheime Ermittlungen wegen des Verdachts besonders schwerwiegender Straftaten vorsehen. Grundsätzlich ausgeschlossen ist dabei aber die Überwachung des Telefonanschlusses eines Strafverteidigers, wenn sie auf die Überwachung der Kommunikation mit dem einer „Katalogtat" beschuldigten Mandanten abzielt (BVerfG, Kammer, NJW 2007, 2749 – Geldwäsche; BVerfG, Kammer, NJW 2007, 2752 – Anwalt von Al Masri). Kommt der **Schutz der freiheitlich demokratischen Grundordnung** ins Spiel, so ist das „G 10", das Gesetz zu Art. 10 GG

i. d. F. vom 26.6.2001 – BGBl. I, 1254, zu beachten. Das Ende des besonderen Gewaltverhältnisses für Eingriffe war für Art. 10 GG besonders wichtig. So sind Brief-, Post- und Fernmeldeüberwachung bei Strafgefangenen, Beamten und Soldaten nur auf besonderer gesetzlicher Grundlage zulässig (BVerfGE 33, 1 – Strafgefangene). Eine solche gesetzliche Grundlage wurde in Gestalt von § 29 III StVollzG geschaffen. Probleme bestehen im Hinblick auf Untersuchungshäftlinge, bei denen die bisher herangezogene Vorschrift des § 119 III StPO den Anforderungen des Bestimmtheitsgebots nicht gerecht wird. Für Eingriffe in das Briefgeheimnis zum Zwecke der Strafverfolgung gilt § 99 StPO. Neuerdings hat das BVerfG (BVerfGE 116, 69, 80) eine exaktere gesetzliche Grundlage für den Jugendstrafvollzug verlangt, die auch Eingriffe in Art. 10 GG erfassen dürfte.

14 **3. Richtervorbehalt.** Die nach Art. 10 II 1 GG nur auf Grund eines Gesetzes möglichen Eingriffe dürfen im Einzelfall nur durch den Richter – bei Gefahr im Verzug auch durch den Staatsanwalt – angeordnet werden (§ 100b StPO). Auch nach Beendigung des unmittelbaren Eingriffs muss dem Betroffenen jedenfalls eine gerichtliche Kontrolle – z. B. im Wege der verwaltungsprozessualen Fortsetzungsfeststellungsklage – möglich sein (BVerfG, Kammer, NJW 2005, 1855).

Dient der Eingriff aber dem Schutz der freiheitlichen demokratischen Grundordnung oder der Bestandssicherung des Bundes oder eines Landes, dann kann ein Gesetz bestimmen, dass dem Betroffenen der Eingriff nicht mitgeteilt wird und dass auch die gerichtliche Kontrolle entfällt und nur ein durch die Volksvertretung bestelltes Organ tätig wird (sog. „G 10-Ausschuss" des Bundestages).

Das BVerfG sah in dieser Regelung weder die Menschenwürde noch das Rechtsstaatsgebot verletzt und sprach von einer „systemimmanenten Modifikation", die durch die streitbare Demokratie gerechtfertigt sei (BVerfGE 30, 1, 21 – Abhörurteil; zuletzt auch BVerfGE 100, 313, 361 – Telekommunikationsüberwachung I). Allerdings muss die parlamentarische Kontrolle der gerichtlichen gleichwertig sein.

Wie freilich ein politisch besetzter Ausschuss die Kontrolle durch ein unabhängiges Gericht ersetzen soll, bleibt unerfindlich. Hinzuweisen ist darauf, dass in einer vergleichbaren Problemlage Art. 99 II VwGO mit dem „in camera-Verfahren" ein tragfähiges Instrument der Verbindung rechtsstaatlicher Kontrolle und notwendigem Geheimnisschutz entwickelt hat. Dieses Modell wäre auch auf die Telefonkontrolle durch den Verfassungsschutz übertragbar (krit. auch *Hesse,* Grundzüge, Rn. 378; *Hermes,* in: Dreier, GG, Art. 10, Rn. 64).

4. Verfassungsimmanente Schranken. Schon wegen der Bedeu- 15
tung des Brief-, Post und Fernmeldegeheimnisses und der Notwendigkeit einer exakten Festlegung der Eingriffsvoraussetzungen sind Eingriffe allein auf Grund verfassungsimmanenter Schranken bei Art. 10 GG ausgeschlossen. Notwendig ist vielmehr stets eine hinreichend bestimmte und ihrerseits verfassungskonforme gesetzliche Grundlage.

5. Verhältnismäßigkeit. Kaum erwähnungsbedürftig ist, dass Ein- 16
griffe in das Brief- und Fernmeldegeheimnis schon wegen ihrer besonderen Nähe zum Persönlichkeitskern nicht unverhältnismäßig sein dürfen (vgl. zuletzt BVerfG, Kammer NJW 2010, 2937 – Briefbeschlagnahme beim Mandanten in einem Strafverfahren gegen Verteidiger). Abhörmaßnahmen zur Aufklärung geringfügiger Straftaten sind unverhältnismäßig. Der Grundsatz der Verhältnismäßigkeit gilt sowohl gegenüber dem Eingriff als solchem als auch hinsichtlich der eingesetzten Mittel. So sind Speicherung und Weitergabe mit modernen Datenträgern nicht zulässig, wenn sich der Zweck bereits durch einfaches Sammeln allgemein zugänglicher Informationen erfüllen lässt.

V. Besondere Schutzfunktionen

1. Die **objektive Schutzpflicht** des Staates für Brief-, Post- und 17
Fernmeldegeheimnis ist durch die Privatisierung der Post nicht überholt, sondern eher besonders aktuell. War die Post früher als öffentlicher Träger unmittelbarer Grundrechtsadressat, so muss der Staat heute dafür sorgen, dass in den privatisierten Bereichen das Grundrecht des Art. 10 GG gleichwohl seine Schutzwirkung entfaltet. Das gilt umso mehr, als die geschilderten technischen Entwicklungen neue Gefährdungspotentiale schaffen (BVerfGE 106, 28, 35 – Mithörvorrichtung). Besonders aktuell ist die Schutzpflicht des Staates gegenüber Eingriffen durch die Geheimdienste – auch befreundeter – anderer Staaten. Die objektive Schutzpflicht schließt den Schutz mit den Mitteln des Strafrechts (vgl. § 202 StGB) ein. Eine Verletzung muss auch nach Beendigung des Eingriffs gerichtlich überprüfbar sein (BVerfG, Kammer, NJW 2005, 1855).

2. Aus Art. 10 GG ergeben sich **keine unmittelbar gegen den** 18
Staat gerichteten Leistungsrechte. Insbesondere folgt aus dem Grundrecht kein Anspruch auf Postbeförderung oder auf Anschluss an das Fernmeldenetz. Gegen den diskriminierenden Ausschluss von

Post- und Fernmeldeverkehr schützen aber ggf. Art. 5 I GG – Informationsfreiheit – und Art. 3 I GG.

19   3. Mit der Postreform und der Privatisierung weiter Bereiche des Telekommunikationsverkehrs ist die Frage verbunden, ob das Brief- und Fernmeldegeheimnis überhaupt noch einen hoheitlichen Adressaten hat. Immerhin ist die Deutsche Post kein Hoheitsträger mehr, sondern übt nach Art. 87f II 1 GG privatwirtschaftliche Tätigkeiten aus. So gesehen ist Art. 10 GG ein Grundrecht, dessen Wirkung zumindest teilweise „Drittwirkung" gegenüber einem privaten Träger ist. Dieser muss im Rahmen der zwischen ihm und dem Benutzer geschlossenen Verträge sicherstellen, dass der Schutz des Brief- und Postgeheimnisses gewahrt bleibt. Dabei handelt es sich auch um Schutzgüter i. S. v. §§ 823, 826 BGB. Mittelbare **Drittwirkung** entfaltet das Grundrecht auch im **privaten Arbeitsverhältnis.** So ist etwa die geheime Aufzeichnung von Ferngesprächen durch den Arbeitgeber zur Ermittlung von Privatgesprächen vom Schreibtisch aus ein Eingriff in Art. 10 GG (BVerfG, Kammer, NJW 1992, 815; BAG, NJW 1987, 674). Widerrechtlich abgehörte Telefongespräche dürfen im Zivilprozess nicht verwertet werden (BGH, NJW 2003, 1721).

VI. Die internationale und europäische Perspektive

20   Ausdrücklich geschützt ist das Postgeheimnis durch **Art. 12 AEMR** und wird dort in einen besonders engen Zusammenhang zu Privatleben, Familie und Wohnung gerückt. Zu nennen sind auch internationale Abkommen zum Schutz des Briefverkehrs sowie die Richtlinien der OECD für den Schutz der Privatsphäre und den grenzüberschreitenden Verkehr personenbezogener Daten.

21   Nach **Art. 8 EMRK** hat jedermann Anspruch auf Achtung seines Privatlebens und seines Briefverkehrs. Der EGMR hat klargestellt, dass damit auch die fernmeldetechnisch vermittelte Kommunikation privater und beruflicher Art gemeint ist (vgl. zuletzt EGMR, NJW 2010, 2111 – Telefongespräche; dort auch wichtige Ausführungen zur Verhältnismäßigkeit). Über Art. 10 GG hinaus schützt Art. 8 EMRK nicht nur Geheimnisschutz, sondern auch die Möglichkeit der brieflichen oder telefonischen Kontaktaufnahme. Besonderes Gewicht hat der EGMR auf die Fälle der Beschränkung des Grundrechts bei Strafgefangenen gelegt (EGMR, EuGRZ 1975, 91, 100 – Golder).

Für das **EU-Gemeinschaftsrecht** hat der EuGH den Schutz der 22
Vertraulichkeit individueller Kommunikationsvorgänge aus Art. 8
EMRK i. V. m. den gemeinsamen Verfassungsüberlieferungen der
Mitgliedstaaten abgeleitet und als allgemeinen Verfassungsgrundsatz
anerkannt, der alle Organe der Europäischen Gemeinschaft bindet.
Indirekt werden der Grundrechtsschutz und das reibungslose Funktionieren der Telekommunikation auf europäischer Ebene auch durch
mehrere Richtlinien und Harmonisierungsmaßnahmen gewährleistet.
Ob die von der Kommission angestrebte Privatisierung und Öffnung
der „Postmärkte" langfristig zu einem besseren Schutz des Brief- und
Telekommunikationsgeheimnisses führt, muss sich noch erweisen.

In der **EuGRCh** findet sich keine ausdrückliche Erwähnung des
Brief-, Post- oder Fernmeldegeheimnisses. Art. 7 formuliert vielmehr
einen übergreifenden Schutz der „Kommunikation". Einschlägig ist
auch Art. 8 (Recht auf Schutz personenbezogener Daten). Insgesamt
ist der Schutz des Brief- und Fernmeldegeheimnisses auf europäischer Ebene also durchaus noch entwicklungsfähig.

VII. Aktuelle Fälle und Probleme

1. Überwachung durch den Verfassungsschutz. Nach wie vor ak- 23
tuell ist das Problem der Überwachung von Fernmeldeeinrichtungen durch
die Verfassungsschutzbehörden des Bundes und der Länder und deren Verwertung auf verschiedenen Ebenen. Hier hat das BVerfG klargestellt, dass
der Gesetzgeber Vorkehrungen gegen den Missbrauch treffen muss (BVerfGE
85, 386). Missbrauch kann auch in der Weitergabe und in der Veröffentlichung
im Verfassungsschutzbericht vorliegen. Die „Vorratsspeicherung" und die
Übermittlung personenbezogener Daten an andere Behörden ist mit der Verfassung vereinbar, setzt aber das Vorliegen einer **konkreten Gefahr** und eine
strikte Verhältnismäßigkeitsprüfung voraus. Nach wie vor gilt auch das Prinzip der **Trennung von Verfassungsschutz und Polizei** (BVerfGE 100, 313,
358 – Telekommunikationsüberwachung I) wenn es auch starke Bestrebungen
zu einer Verbindung wenigstens bei der unmittelbaren Terrorprävention gibt.
Beides hat das BVerfG in seinen Urteilen zur **Vorratsdatenspeicherung**
(BVerfGE 125, 260, 307) und zur **„Antiterrordatei"** (BVerfG, NJW 2013,
1499) erneut klargestellt. Die uneingeschränkte Einbeziehung von Daten, die
durch Eingriffe in das Brief- und Fernmeldegeheimnis erlangt wurden, verletzt Art. 10 I und Art. 13 I GG. Auch ist weiterhin fragwürdig, ob die Kontrolle durch den G 10-Ausschuss zum Schutz privater Geheimnisse ausreicht
(*Glauben*, DÖV 2007, 140). Zur Rasterfahndung s. oben, § 12, Rn. 23.

2. Menschenwürdekern bei höchstpersönlicher Kommunika- 24
tion. Das Urteil zum „Großen Lauschangriff" (BVerfGE 109, 269, 309) legt

die Annahme nahe, dass der dort hervorgehobene absolut geschützte Kern der menschlichen Persönlichkeit nicht nur gegenüber Eingriffen in die Wohnungsfreiheit, sondern auch im Hinblick auf das Brief- und Fernmeldegeheimnis wirkt. Das hatte das BVerfG für die Briefüberwachung angenommen (zuletzt BVerfGE 90, 255, 260 – Briefüberwachung). Für das Fernmeldegeheimnis gibt es aber entscheidende Unterschiede: Art. 13 GG schützt das in der Wohnung liegende letzte Refugium der Persönlichkeit. Dieses ist mit jedem Telefonat nach außen bereits verlassen. Auch ist die Schutzbedürftigkeit nicht dieselbe, weil der Anrufende in der Regel weiß, dass das Telefon zum Schutz vor schweren Verbrechen und zur Strafverfolgung abgehört werden kann.

25 **3. Schutz von SMS, e-mails und Kommunikation im Internet.**
Immer mehr Menschen vertrauen oft auch sehr persönliche Nachrichten der ebenso bequemen wie schnellen Methode der e-mail an, obwohl bekannt ist, dass diese eine besonders unsichere und störanfällige Kommunikationsform ist. Anders als der Begriff „mail" oder „courrier électronique" besagt, handelt es sich hier **nicht um „Briefe"** im Sinne der ersten Alternative von Art. 10 GG. Es geht vielmehr – ebenso wie bei einer SMS – um eine moderne Form der Fernmeldekommunikation, also um das **Fernmeldegeheimnis.** Jedenfalls ist Art. 10 GG insofern einschlägig (*Jarass/Pieroth*, GG, 9. Aufl., Art. 10, Rn. 5). E-mails in der Mailbox unterliegen also dem Schutz des Fernmeldeheimnisses und können durch staatliche Stellen nur unter den entsprechenden gesetzlichen Voraussetzungen eingesehen und beschlagnahmt werden (BVerfGE 124, 43, 53). Dasselbe gilt natürlich auch für andere persönliche Kommunikationsformen im Internet (dazu *Sievers*, Der Schutz der Kommunikation im Internet durch Art. 10 des Grundgesetzes [2003].

Literatur zu § 17: *Funke/Lüdemann*, Grundfälle zu Art. 10 GG, JuS 2008, 780; *Groß*, Die Schutzwirkung des Brief-, Post- und Fernmeldegeheimnisses nach der Privatisierung der Post, JZ 1999, 326; *R.-P. Schenke*, Verfassungsrechtliche Probleme einer präventiven Überwachung der Telekommunikation, AöR 125 (2000), 1 ff.; *Sievers*, Der Schutz der Kommunikation im Internet durch Art. 10 des Grundgesetzes (2003); *Stettner*, Brief-, Post- und Fernmeldegeheimnis, HdbGr IV, § 92.

§ 18 Freizügigkeit (Art. 11 GG)

I. Allgemeines

1 **1. Entstehung und geschichtliche Entwicklung.** Die Freizügigkeit ist eines der ältesten Grundrechte überhaupt. Sie wurde bereits in der **Magna Charta** von 1215 ausdrücklich erwähnt und stand – wie unter anderem der **Augsbu,rger Religionsfriede** von 1555 dokumentiert – zunächst im Zusammenhang mit der Glaubens- und Ge-

wissensfreiheit. Andersgläubige konnten dem Verdikt des „*cuius regio, eius religio*" durch Ortswechsel entgehen. Im Zeitalter der **Restauration** spielte die Freizügigkeit zwischen besonders repressiven und liberaleren Staaten des Deutschen Bundes für Freigeister und Demokraten eine große Rolle. Schließlich ist die Nähe zur Berufsfreiheit deutlich, so etwa in § 133 I der **Paulskirchenverfassung:** *„Jeder Deutsche hat das Recht, an jedem Orte des Reichsgebiets seinen Aufenthalt und Wohnsitz zu nehmen, Liegenschaften jeder Art zu erwerben und darüber zu verfügen, jeden Nahrungszweig zu betreiben, das Gemeindebürgerrecht zu gewinnen".* Die **Reichsverfassung von 1871** übertrug wie bei den meisten Grundrechten dem Gesetzgeber die Regelung der Freizügigkeit, Heimat- und Niederlassungsverhältnisse. Art. 111 **WRV** kehrte dann im Wesentlichen zur Paulskirchenverfassung zurück.

Bei der Entstehung des Grundgesetzes schien es zunächst zweifelhaft, ob unter den Bedingungen der Nachkriegszeit mit den Problemen der Flüchtlingsströme und der Teilung Deutschlands die verfassungsrechtliche Gewährleistung eines Grundrechts auf Freizügigkeit überhaupt angemessen sei (*Wollenschläger*, in: Dreier, GG, Art. 11, Rn. 7) – Bedenken, die sich dann aber lediglich im qualifizierten Gesetzesvorbehalt des Art. 11 II GG niederschlugen. Im Zuge der Notstandsgesetze von 1968 meinte man, die Freizügigkeit zur Abwehr einer drohenden Gefahr für den Bestand und die freiheitlich demokratische Grundordnung des Bundes oder eines Landes sowie die Bekämpfung von Naturkatastrophen zusätzlich einschränken zu müssen. Im offenkundigen Widerspruch dazu wurde die Ausreisefreiheit in den „Mauerschützenfällen" als Menschenrecht bezeichnet, dessen Verletzung zur naturrechtlich begründeten Bestrafung der „Mauerschützen" beitrug (BVerfGE 95, 96, 130 und BVerfG, Kammer, NJW 1998, 2585; bestätigt durch EGMR, NJW 2001, 3035). 2

2. Aktuelle Bedeutung. Heute hat sich das Grundrecht der Freizügigkeit aus seinen religiösen und beruflichen Bezügen gelöst. Es umfasst auch das Recht zur Wahl eines Aufenthalts aus kulturellen, familiären oder sozialen Gründen. Zutreffend ist also die Kennzeichnung als **Recht auf räumliche Selbstbestimmung** (*Pernice*, in: Dreier, GG, 1./2. Aufl., Art. 11, Rn. 10). Vor dem Hintergrund einer europäisch erweiterten Niederlassungs- und Bewegungsfreiheit scheint das Grundrecht auf Freizügigkeit so selbstverständlich, dass seine traditionelle Bedeutung (aber auch ständige Gefährdung) fast aus dem 3

Blick geraten ist. Auch die Wiedervereinigung und eine erhebliche Ost-West-Wanderung innerhalb des Bundesgebietes haben bisher niemanden auf die Idee gebracht, die Freizügigkeit in Frage zu stellen (dazu unten, Rn. 19).

Trotz der traditionellen Nachbarschaft zur Berufsfreiheit steht das Grundrecht auf Freizügigkeit in diesem Lehrbuch im Abschnitt über die **Persönlichkeitsrechte.** Damit soll dokumentiert werden, dass die Freizügigkeit eben nicht nur ökonomische, sondern auch persönliche und soziale Komponenten hat und zum Kern der traditionellen Menschenrechte gehört.

II. Schutzbereich

4   1. **Sachlich.** Freizügigkeit bedeutet die **Möglichkeit, an jedem Ort innerhalb des Bundesgebietes Aufenthalt oder Wohnsitz zu nehmen.** Geschützt ist auch die **freie Einreise** von Deutschen in das Bundesgebiet. Die Formulierung „Freizügigkeit" sollte man in ihrer sprachlichen Verwandtheit mit „Umziehen" verstehen. Gemeint ist keinesfalls ein allgemeines Grundrecht auf Mobilität oder gar die Wahl eines bestimmten Verkehrsmittels (Motorrad, Pferd, Jeep; BVerfGE 80, 137, 150 – Reiten im Walde), sondern das Recht auf Wahl eines zumindest nicht nur vorübergehenden Aufenthalts oder Wohnsitzes, also die Schaffung eines **dauernden Lebensmittelpunktes.** Dem Wortlaut nach scheint „Freizügigkeit" sich nur auf den aktiven, den Aufenthalt wechselnden Menschen zu beziehen. Geschützt ist aber ebenso das **Verbleiben an einem einmal gewählten Ort.** Art. 11 GG ist also der richtige verfassungsrechtliche Ort für das **„Recht auf Heimat"** (offengelassen in BVerfG, Kammer, NVwZ 2008, 780).

5   Wegen der engen Formulierung des Art 11 GG war von Anfang an umstritten, ob das Grundrecht auch die **Ausreisefreiheit** schützt. Das BVerfG entschied sich in einem **„Klassiker", im „Fall Elfes"** (BVerfGE **6, 32, 36**) dagegen.

Wilhelm Elfes war Mitglied einer kommunistischen Organisation und wollte an einem Parteitreffen im damaligen Ostblock teilnehmen. Ihm wurde die Verlängerung seines Reisepasses verweigert. Elfes berief sich demgegenüber auf Art. 11 GG. Das BVerfG orientierte sich ausschließlich am Wortlaut „Freizügigkeit *im ganzen Bundesgebiet*" und löste den Fall über Art. 2 I GG – dort wichtige Voraussetzungen des Schutzbereichs und der Schrankenfrage klärend.

Kritik: Seither lernen Generationen von Studierenden: „Art. 11 GG schützt nicht die Freiheit zur Ausreise". Dabei war das Urteil von vornherein in diesem Punkt höchst problematisch. So schließt der Wortlaut keinesfalls die Freizügigkeit zum „Schritt über die Grenze" aus, und historisch gehört das „ius emigrandi" zum Kernbereich der Menschenrechte überhaupt. Freizügigkeit hat sich nie ausschließlich im Innenbereich von Staaten, sondern immer auch und gerade zwischen diesen vollzogen. Auch im Jahre 1957 – dem Jahr des Elfes-Urteils – war zudem nicht nur den Deutschen sehr wohl bewusst, dass die Möglichkeit des Reisens ins Ausland den Grundwerten einer freiheitlichen Gesellschaft entspricht. Gerade im Gegenmodell der 1961 eingemauerten, von Schießbefehlen und Reiseverboten drangsalierten Landsleute im Osten Deutschlands hätte eine solche Verengung der Freizügigkeit schon seinerzeit nicht geschehen dürfen. Kurz: Das BVerfG oder – besser noch – der verfassungsändernde Gesetzgeber sollte mit dem Mut aufbringen, den Fehler von 1957 zu korrigieren und die Freiheit der Ausreise zum Schutzbereich des Art. 11 GG zu rechnen (ebenso *Hesse,* Grundzüge, Rn. 371; *Pernice,* in: Dreier, GG, Art. 11, Rn. 15; *von Mangoldt/Klein,* Art. 11, Anm. III 2).

2. Personell: Träger des Grundrechts. Art. 11 GG gilt für **natür-** 6
liche Personen deutscher Staatsangehörigkeit (Art. 116 GG). Grundrechtsträger sind auch Minderjährige, deren Freizügigkeit aber durch das elterliche Sorgerecht eingeschränkt wird. Weder Staatsangehörigkeitsrechte noch Freizügigkeit gelten für das Kind im Mutterleib (OVG Bautzen, NJW 2009, 2839). An den persönlichkeitsbezogenen Garantien des Art. 11 GG haben **juristische Personen** nicht teil. Geht es aber um die wirtschaftliche Niederlassungsfreiheit, kommt eine Grundrechtsträgerschaft von Vereinigungen und Handelsgesellschaften durchaus in Betracht (Art. 19 III GG). Die Freizügigkeit von **Ausländern** fällt unter Art. 2 I GG, kann also durch mit der verfassungsmäßigen Ordnung übereinstimmende Gesetze eingeschränkt werden. Die Qualifizierung des Gesetzesvorbehalts in Art. 11 II GG gilt für sie nicht, doch sind Art. 20 und 21 AEUV zu beachten. Diese schließen jede Diskriminierung aus Gründen der Staatsangehörigkeit aus. Letztlich sind also zumindest EU-Bürger den Deutschen im Hinblick auf Art. 11 GG gleichgestellt (ausführlich dazu *Pernice,* in: Dreier, GG, Art. 11, Rn. 19 f.).

3. Verhältnis zu anderen Grundrechten. Als spezielles Freiheits- 7
recht geht Art. 11 GG der freien Entfaltung der Persönlichkeit (Art. 2 I GG) vor. Dasselbe gilt für die Freiheit der **beruflichen Niederlassung** im Verhältnis zu Art. 12 GG. Für sonstige Aspekte der Berufswahl oder der Berufsausübung steht Art. 12 GG aber neben Art. 11 GG. Die Grundrechte aus Art. 2 II 2 GG und 104 GG schützen vor **Freiheitsentzug,** also dem „Festgehaltenwerden", während Art. 11 GG gerade das **„Sichniederlassen"** schützt. Soweit der Freiheitsent-

zug am Fortbewegen hindert, sind Art. 2 II 2 GG und Art. 104 GG allerdings leges speciales zu Art. 11 GG. Auch **Residenzpflichten** (Pflicht zum Wohnsitz am Ort) aus beruflichen Gründen sind als Einschränkungen des Ortswechsels und der Niederlassungsfreiheit nicht an Art. 12 GG (oder hinsichtlich der Beamten an Art. 33 V GG), sondern an Art. 11 GG zu messen. Für die **Wohnungsverweisung** nach dem GewaltschutzG gilt Art. 13 GG; Art. 11 GG tritt zurück (dazu oben § 15, Rn. 10 und 26).

III. Eingriffe

8   Als typisches Freiheitsrecht schützt Art. 11 GG gegen jede Beeinträchtigung der Freizügigkeit. Das gilt nicht nur für direkte Gebote oder Verbote, Aufenthaltsverbote, Platzverweise usw., sondern auch für Genehmigungsvorbehalte, finanzielle und sonstige Sanktionen. Ein klassischer, nur durch erhebliche Gemeinwohlbelange zu rechtfertigender Eingriff ist auch die **Zwangsumsiedlung** – etwa zur Erweiterung eines Braunkohle-Tagebaus (dazu *Baer*, NVwZ 1997, 27 ff.). Keine Eingriffe sind allerdings die in höheren steuerlichen Belastungen begründeten Hemmnisse, wie etwa die Zweitwohnungssteuer oder unterschiedliche Gewerbesteuer-Hebesätze. Auch die in der Bundesstaatlichkeit begründeten Unterschiede im Schulsystem sind selbst dann kein Eingriff in Art. 11 GG, wenn sie für zahlreiche Familien das eigentliche Hindernis eines Ortswechsels darstellen. Ebenso wenig ist es ein Eingriff in Art. 11 GG, wenn jemand seine an einem bestimmten Ort erreichte Rechtsstellung nicht mitnehmen kann (öffentliches Amt, Beruf, Vetragsarztzulassung usw.) oder wenn eine ihm vorteilhafte Regelung in einem Bundesland oder einer Gemeinde nicht gilt, in die er wechseln möchte.

IV. Verfassungsrechtliche Rechtfertigung – Schranken

9   **1. Qualifizierte Gesetzesvorbehalte in Art. 17a II GG und Art. 11 II GG.** Die Freizügigkeit des Art. 11 I GG steht neben dem selbst bereits qualifizierten Gesetzesvorbehalt in Art. 11 II GG unter dem besonderen (und daher vorgehenden) Gesetzesvorbehalt des Art. 17a II GG, der sich auf Gesetze bezieht, die der **Verteidigung** einschließlich des Schutzes der Zivilbevölkerung dienen. Auf der Basis von Art. 17a GG schränken z. B. § 51 WehrPflG, das ZivilSchG und verschiedene Sicherstellungsgesetze die Freizügigkeit ein.

Auch Art. 11 II GG enthält einen **qualifizierten Gesetzesvorbe-** 10
halt, wobei die ausschließliche Gesetzgebungskompetenz des Bundes
zur Regelung der Freizügigkeit in Art. 73 I Nr. 3 GG nicht dahin
missverstanden werden darf, dass dieser Gesetzesvorbehalt sich ausschließlich auf Bundesgesetze bezieht. Vielmehr kommen auch polizeirechtliche Bestimmungen der Länder als Schranken der Freizügigkeit in Betracht. Die Begriffe der Freizügigkeit in Art. 73 I Nr. 3 GG
und Art. 11 GG sind also nicht identisch.

Inhaltlich sind die Gesetzesvorbehalte des Art. 11 II GG erkennbar von den Erfahrungen und Nöten der Nachkriegszeit und den Befürchtungen der Notstandsgesetzgebung geprägt: Sie sind deshalb heute restriktiv auszulegen. Reisebeschränkungen aus Seuchengefahr, zur Behebung der Folgen von Naturkatastrophen und schweren Unglücksfällen können allerdings traurige Aktualität erlangen. Die Vorbeugung vor strafbaren Handlungen kommt etwa in Betracht, wenn ein sportliches Großereignis vor reisenden Gewalttätern geschützt werden muss (dazu Rn. 16) oder eine Straftat von erheblicher Bedeutung droht. So etwa, wenn ein Täter die Ermordung von Politikern oder die Zerstörung eines historischen Bauwerks ankündigt.

2. **Verfassungsimmanente Schranken.** Verfassungsimmanente 11
Schranken der Freizügigkeit können sich etwa aus Art. 2 II GG gegenüber Gewalttätern, dem Schutz der freiheitlichen demokratischen
Grundordnung gegenüber verfassungsfeindlichen Gruppierungen
oder auch aus der aus Art. 6 II GG folgenden Elternpflicht ergeben.
In der Praxis kommen sie aber nur zur Anwendung, soweit sie durch
Gesetze konkretisiert sind.

3. **Verhältnismäßigkeit.** Schranken der Freizügigkeit müssen der 12
Bedeutung des Grundrechts gerecht werden. Sie kommen nur zur
Abwehr schwerwiegender Gefährdungen der in Art. 17a II GG und
11 II GG genannten Rechtsgüter und sonstiger Verfassungsgüter in
Betracht. Die Anordnung, sich von einem bestimmten Ort fernzuhalten, dürfte dabei in der Regel das mildere Mittel gegenüber einem
völligen Fortbewegungsverbot sein.

V. Besondere Schutzfunktionen

Da es sich bei Art. 11 GG um ein typisches Freiheitsgrundrecht 13
handelt, fällt die Annahme **objektiver Schutzpflichten** schwer. Insbesondere steht nicht jede faktische Verbesserung der Freizügigkeit
durch neue Verkehrswege in Bezug zu Art. 11 GG. Auch lässt sich
aus Art. 11 GG **kein Teilhaberecht** an den Bundesfernstraßen oder

gar ein subjektiver Anspruch auf neue Wege oder ein bestimmtes Beförderungsmittel ableiten (BVerfGE 80, 137, 150 – Reiten im Walde). Art. 11 GG erlangt aber durchaus mittelbare **Drittwirkung** im Zusammenhang mit unverhältnismäßigen privatrechtlichen Aufenthaltsverboten oder vertraglichen Residenzverpflichtungen (Festlegungen des Wohnorts).

VI. Die internationale und europäische Perspektive

14 Anders als Art. 11 GG formulieren **internationale** Garantien das Recht auf Freizügigkeit nicht nur als Bürgerrecht, sondern als Menschenrecht. Das entspricht der historischen Tradition. So schützt Art. 13 AEMR Freizügigkeit und freie Wahl des Wohnsitzes innerhalb eines Staates und explizit auch das Menschenrecht auf **Verlassen eines Landes** sowie das **Rückkehrrecht**, nicht aber die Einreisefreiheit in fremde Länder. Etwas ungenau ist der Schutz nach Art. 2 und 3 Prot. Nr. 4 EMRK. Hier ist auf den ersten Blick die Freizügigkeit für jedermann gewährleistet, der sich rechtmäßig im Hoheitsgebiet eines Staates aufhält, also für In- und Ausländer. In der Praxis werden allerdings Einschränkungen wie die räumliche Begrenzung der Freizügigkeit von Asylbewerbern hingenommen.

15 Im EU-Gemeinschaftsrecht gehört die Freizügigkeit der Arbeitnehmer, Freiberufler und Unternehmer zu den zentralen Grundfreiheiten und Gemeinschaftsgrundrechten (Art. 21/45 AEUV; zum früheren Art. 18 EGV: EuGH, EuZW 2002, 761, 765; *Scheuing*, EuR 2003, 744). Weil Art. 21/45 AEUV als Grundrechte der Unionsbürger nationalem Recht vorgehen, können Einschränkungen der Freizügigkeit nach Art. 17a II und Art. 11 II GG nur im Rahmen des nach Gemeinschaftsrecht Zulässigen erfolgen (EuGH, DVBl. 2003, 455 – Regelung von Wanderarbeitern – Fernhalten eines ETA-Angehörigen von spanischer Grenze). Auch in Art. 15 II der Europäischen Grundrechtecharta findet sich die Freizügigkeit: „*Alle Unionsbürgerinnen und Unionsbürger haben die Freiheit, in jedem Mitgliedstaat Arbeit zu suchen, zu arbeiten, **sich niederzulassen**, oder Dienstleistungen zu erbringen*". Flankiert wird die Freizügigkeit in der Praxis vor allem durch das „Schengener Abkommen", das zur Abschaffung der Personenkontrollen an den Grenzen innerhalb der EU geführt hat. Zu beachten ist aber, dass die EU-Freizügigkeit ist an eine Erwerbsaufnahme gebunden ist. Gleichwohl bedürfen die Probleme der „Armutseinwanderung" und der gerechteren Verteilung der Asylbewerber in Europa dringend einer Lösung (*Frenz*, NJW 2013, 1210).

Literatur zu § 18 VI: *Frenz,* „Armutseinwanderung". Zwischen EU-Freizügigkeit und Menschenwürde, NJW 2013, 1210; *Hailbronner,* Die Freizügigkeit von Unionsbürgern in der neueren Rechtsprechung, JZ 2010, 398; *Scheuing,* Freizügigkeit als Unionsbürgerrecht, EuR 2003, 744.

VII. Aktuelle Fälle und Probleme

1. Ausgangssperren und Reiseverbote für „Hooligans" und andere Randalierer. Gegen nächtliche Straßenschlachten, wie sie derzeit in zahlreichen europäischen Städten anscheinend immer mehr in Mode kommen, sind beschränkte Ausgangssperren für bekannte Randalierer und betroffene Straßenzüge auf polizeirechtlicher Grundlage mit Sicherheit verfassungsgemäß (*Herzmann,* DÖV 2006, 678). Auch wenn man die Ausreisefreiheit richtigerweise zu Art. 11 GG und nicht – wie das BVerfG – lediglich zum Schutzbereich von Art. 2 I GG rechnet, sind ferner solche Ausreisebeschränkungen durch Art. 11 II GG gedeckt und in der Regel verhältnismäßig, wenn sie Deutsche daran hindern sollen, im Ausland Straftaten zu begehen (dazu oben, § 14, Rn. 30). Was für Ausreiseverbote gilt, gilt erst recht für Einreiseverbote, Anreiseverbote und Meldeauflagen an bereits bekannte Randalierer innerhalb des Bundesgebiets zu Veranstaltungen wie „Chaostage", „Randale zum 1. Mai" usw. (OVG Lüneburg, NVwZ-RR 2006, 613). 16

2. Platzverweis, Aufenthaltsverbote, „Null Toleranz-Programme". Vorübergehende **Platzverweise** zum Schutz eines bestimmten Ereignisses oder zur **Bekämpfung der Drogenszene** können gerechtfertigt sein (OVG Bremen, NVwZ 1999, 314; VGH München, NVwZ 2000, 454; OVG Münster, NVwZ 2001, 459). Dagegen stellt ein dauerhaftes und anlassübergreifendes Aufenthaltsverbot für ganze Personengruppen, wie sie zahlreiche Gemeinden im Rahmen von „Null Toleranz-Programmen" versucht haben, um unerwünschte Personen, Obdachlose, Punker usw. von bestimmten Stellen im Stadtgebiet fernzuhalten, in der Regel einen unverhältnismäßigen Eingriff in die Freizügigkeit dar. Solche Gruppen im Stadtzentrum sind im Rechtsstaat als Elemente der Handlungsfreiheit und Freizügigkeit hinzunehmen, solange nicht konkrete Straftaten zu besorgen sind (VGH Mannheim, NVwZ 2003, 115; *Volkmann,* NVwZ 1999, 225). 17

Literatur: *Braun,* Freizügigkeit und Platzverweis (2000); *Leiterer,* „Zero tolerance" gegen soziale Randgruppen? (2007); *Volkmann,* Broken Windows, Zero Tolerance und das deutsche Ordnungsrecht, NVwZ 1999, 225 ff.; *ders.,* Die Rückeroberung der Allmende, NVwZ 2000, 361.

3. Beschränkung der Freizügigkeit zum Schutz strukturschwacher Regionen? Es ist beruhigend zu wissen, dass bisher eine Einschränkung der Freizügigkeit zur Verhinderung weiterer Wanderungsbewegungen aus strukturschwachen Regionen (vorwiegend Ostdeutschlands) nicht ernsthaft diskutiert wird. Solche Überlegungen wären weder verfassungsrechtlich 18 haltbar noch ökonomisch sinnvoll. In ökonomischer Sicht ist die Freizügigkeit – wie nicht immer hinreichend deutlich wird – ein besonders wichtiges Grundrecht. Gerade in Zeiten von Strukturproblemen und hoher regional unterschiedlicher Arbeitslosigkeit bildet sie im nationalen und europäischen Maßstab ein wichtiges Mittel des Wettbewerbs der Regionen, der Sicherung des gesamtwirtschaftlichen Gleichgewichts und damit letztlich des Gemeinwohls. Es ist also keinesfalls Sache dirigistischer Maßnahmen, Teile des Bundesgebiets vor „Entvölkerung" zu bewahren, sondern vielmehr Sache der Politik, durch Anreize zur Schaffung von Arbeitsplätzen und günstigen Lebensbedingungen die Menschen zu einer Ausübung ihres Grundrechts im Sinne des Verbleibens zu bewegen.

19 **4. Beschränkungen für Spätaussiedler.** Auch 60 Jahre nach Ende des Zweiten Weltkriegs sind die Folgen im Hinblick auf die Verteilung von Flüchtlingen und Spätaussiedlern noch nicht ganz behoben. So musste das BVerfG noch Anfang 2004 die Verfassungskonformität der Einschränkung der Freizügigkeit durch Verteilung der Spätaussiedler im Gebiet der Bundesrepublik Deutschland bestätigen (BVerfGE 110, 177, 188).

20 **5. Aufenthaltsbeschränkungen für Asylbewerber.** Auch Asylbewerber und Asylberechtigte werden durch die zuständigen Behörden nach einem bestimmten Schlüssel über die Bundesrepublik verteilt und dürfen bestimmte Städte, Landkreise oder Regionen nicht verlassen. Als Ausländer sind Asylbewerber nicht Träger des Grundrechts aus Art. 11 GG. Die genannten Eingriffe in die Freizügigkeit wären aber aus administrativen Gründen gerechtfertigt (BVerfGE 96, 10, 20 – Aufenthaltsbeschränkung). Zu beachten sind aber der Grundsatz der Verhältnismäßigkeit und der Schutz von Leben und Gesundheit – verboten ist etwa die Zuweisung in einen durch ausländerfeindliche und gewaltbereite Jugendbanden bekannt gewordenen Landkreis.

Literatur zu § 18 – Freizügigkeit: *Jürgen Bast,* Aufenthaltsrecht und Migrationssteuerung, 2011; *W. Berg,* Das Grundrecht der Freizügigkeit und die Grenzen der Staatsorganisation, FS Schenke (2011), 51; *Breucker,* Präventivmaßnahmen gegen reisende Hooligans, NJW 2004, 1631; *Frenzel,* Grundfälle zu Art. 11 GG. JuS 2011, 595; *Hailbronner,* Freizügigkeit, HdbStR VII, § 152; *ders.,* Bewegungsfreiheit, FS Kirchhof I, 2013, § 48, 525; *Herzmann,* Ausgangssperren auch in Deutschland?, DÖV 2006, 678; *Merten,* Freizügigkeit; Bewegungsfreiheit, HdbGr IV, §§ 94, 95; *Rossi,* Beschränkungen der Ausreisefreiheit im Lichte des Verfassungs- und Europarechts, AöR 127 (2002), 612.

§ 19 Schutz vor Ausbürgerung und Auslieferung (Art. 16 GG)

I. Allgemeines

1. Entstehung und geschichtliche Entwicklung. *a)* Schon in der 1
Antike gab es die mit dem Bürgerrecht verbundenen Privilegien – so
insbesondere mit der Eigenschaft des „civis romanus", buchstäblich
von Geburtsrechten bis zur Art der Vollstreckung der Todesstrafe.
Es gab aber noch keinen Staat im heutigen Sinne. So ist das Problem
der Verleihung und des Entzugs der Staatsangehörigkeit eine Frage
der Neuzeit. Um die Wende vom 18. zum 19. Jahrhundert vollzog
sich in Deutschland der Übergang vom reinen Territorialstaat zum
Staat als Personenverband (*Grawert*, Staat und Staatsangehörigkeit
[1973], 22 ff.). Seither hat das Thema Staatsangehörigkeit etwas mit
Integration in den und Ausschluss aus dem Personenverband von
Staat und Nation zu tun. Entziehung der Staatsangehörigkeit und
Ausweisung missliebiger Staatsbürger waren für alte und neue Diktaturen ein beliebtes Mittel der Disziplinierung und Bestrafung der
Opposition.

In Deutschland handelt es sich bei der Staatsangehörigkeit traditionell um
einen rein formalen, an die Geburt anknüpfenden Begriff (**ius sanguinis**), der
weder mit dem Selbstverständnis der Nation (wie in Frankreich) noch mit
dem Ort der Geburt (wie in Großbritannien und den USA – **ius soli**) zusammenhing. Die deutsche Staatsangehörigkeit kann durch Geburt (**Abstammungsprinzip**) oder durch besondere Verleihung (**Einbürgerung**) erworben
werden. Die Staatsangehörigkeit war weile alle Staatlichkeit selbst in Deutschland zunächst territorialstaatlich ausgerichtet. Ein einheitliches Reichsbürgerrecht sah erstmals die **Paulskirchenverfassung** von 1849 vor (§§ 131, 132). Im
Kaiserreich war die Staatsangehörigkeit durch Gesetz von 1870 geregelt, das
durch das bis 1999 fortgeltende Reichs- und Staatsangehörigkeitsgesetz
(RuStAG) vom 22.7.1913 abgelöst wurde, an das Art. 116 GG anknüpft und
das 1999 in „**Staatsangehörigkeitsgesetz**" umbenannt und – unter Beibehaltung der Grundkonzeption – in wesentlichen Teilen reformiert wurde.

Die Erfahrung der Verfassungsgeber von 1949 war in besonderer 2
Weise durch den Nationalsozialismus geprägt, der die formale Staatsangehörigkeit mit einer völkisch-rassischen Volkszugehörigkeit vermengte und außerdem in weitem Umfang den Entzug der Staatsangehörigkeit und die Ausbürgerung missliebiger Staatsangehöriger
ermöglichte. Juden verloren spätestens 1941 die deutsche Staatsbür-

gerschaft mit der Verlegung ihres gewöhnlichen Aufenthalts ins Ausland – eine eng mit der „Endlösung der Judenfrage" zusammenhängende Maßnahme. Präsent war auch bereits die Ausbürgerungspraxis in der damaligen sowjetischen Besatzungszone. Diese wurde in der späteren DDR in unrühmlicher Weise fortgesetzt (z. B. in der Ausbürgerung des Liedermachers Wolf *Biermann*).

3   b) **Der Auslieferungsschutz eigener Staatsangehöriger** hing gleichfalls eng mit der Herausbildung des modernen Nationalstaats zusammen. Das Auslieferungsverbot von Straftätern galt sowohl zwischen den Einzelstaaten in Deutschland als auch gegenüber dem nichtdeutschen Ausland. Er wurde für Angehörige des Norddeutschen Bundes und später des Deutschen Reiches in § 9 StGB einfachgesetzlich verankert. In einem Verfassungstext findet sich das Auslieferungsverbot erstmals in Art. 112 III WRV. Hintergrund der Geschichte des Auslieferungsverbots sind weniger menschenrechtliche Gedanken als das von allen Staaten hoch gehaltene Prinzip der Souveränität.

Im **Parlamentarischen Rat** standen die Beratungen zum Auslieferungsverbot im engen Zusammenhang mit dem Asylgrundrecht. Sie fußten gleichfalls auf der Erfahrung des Nationalsozialismus und dem angestrebten Auslieferungsschutz gegenüber der damaligen sowjetisch besetzten Zone.

4   c) Im weiteren Verlauf der Geschichte der Bundesrepublik wurde die einheitlich deutsche Staatsangehörigkeit zum wichtigen **Bindeglied zwischen den beiden deutschen Staaten** und zum Mittel der Aufrechterhaltung der staatlichen Einheit, über das die Bundesrepublik nicht allein verfügen konnte und die nach Auffassung des BVerfG auch durch vertragliche Bindungen mit der vormaligen DDR und anderen Staaten nicht in Frage gestellt werden durfte (BVerfGE 36, 1, 30 – Grundlagenvertrag; BVerfGE 40, 141, 161 – Ostverträge). Das ging sogar so weit, dass das BVerfG den deutschen Behörden auferlegte, eine durch Einbürgerung in die DDR erworbene DDR-Staatsangehörigkeit eines Italieners als deutsche Staatsangehörigkeit anzuerkennen (BVerfGE 77, 137, 148 ff. – Teso).

5   **2. Heutige Bedeutung.** In der ursprünglichen Fassung kam die Einheit von Asylrecht und Staatsangehörigkeit durch die Verbindung von Abs. 1 und 2, von Art. 16 I und II a. F. GG zum Ausdruck. Das Asylgrundrecht war zunächst in Art. 16 II GG geregelt und wurde erst 1993 in den neuen Art. 16a GG übernommen. Einen neuen zwei-

ten Satz bekam Art. 16 II GG durch die gemeinschaftsrechtlich bedingte Möglichkeit der Auslieferung Deutscher an die Mitgliedsstaaten der Europäischen Union oder an einen internationalen Gerichtshof (dazu *Uhle,* NJW 2001, 1889).

Das Staatsangehörigkeitsgesetz von 1999 (BGBl. I, 1618) ist insofern bedeutsam, als hier erstmals für in Deutschland geborene Kinder das ius soli vorgesehen ist. Das in Deutschland bei weitem überbetonte Dogma der Vermeidung doppelter Staatsangehörigkeit (krit. dazu *Göbel/Zimmermann/Masuch,* DÖV 2000, 95 ff.) führte allerdings hier zu einem **Optionsmodell**, d. h. nach Eintritt der Volljährigkeit muss sich der Betreffende für eine Staatsangehörigkeit (Abstammung oder Geburtsland) entscheiden. Das steht nur dann im Einklang mit Art. 16 I GG, wenn man den Verlust durch Nichtausübung der Option oder durch (Wieder-)Annahme einer zweiten Staatsangehörigkeit nicht als Entzug, sondern als selbst verursachten Verlust deutet (BVerfG, Kammer, NVwZ 2007, 441; skeptisch zum Optionsmodell *P.-M. Huber/ Butzke,* NJW 1999, 2769; *H.-P. Schneider,* NJW 2001, 3465; *Hailbronner,* NVwZ 2001, 1329). Umgekehrt kann die Aufgabe der bisherigen Staatsangehörigkeit nicht gefordert werden, wenn der Herkunftsstaat die Entlassung aus der eigenen Staatsangehörigkeit regelmäßig verweigert (BVerwG, NVwZ 2007, 1328).

Kennzeichnend für die gegenwärtige Entwicklung ist ferner die beginnende Überlagerung des Rechts der Staatsangehörigkeit und des Auslieferungsschutzes durch das **europäische Gemeinschaftsrecht** und die „Unionsbürgerschaft" (vgl. Art. 20 AEUV).

II. Entziehung und Verlust der deutschen Staatsangehörigkeit (Art. 16 I 1 GG)

1. **Schutzbereich.** Art. 16 I GG schützt gegen die Entziehung und den unfreiwilligen Verlust der deutschen Staatsangehörigkeit. In diesem Sinne handelt es sich um ein Abwehrrecht. Geschützt ist nur die Staatsangehörigkeit als solche, nicht aber einzelne Rechte, die daran anknüpfen wie die Freizügigkeit, das Wahlrecht usw. Ein Recht auf Einbürgerung folgt gleichfalls nicht aus Art. 16 GG (BVerwG, NVwZ 2012, 1254). **Träger** des Grundrechts ist, wer die deutsche Staatsangehörigkeit besitzt. Maßgeblich dafür ist Art. 116 I GG. Dieser bestimmt die Staatsangehörigkeit allerdings nur formell, regelt die Voraussetzungen also nicht selbst. Deutscher ist, wer die deutsche Staatsangehörigkeit besitzt oder wer als Vertriebener deutscher Volkszugehörigkeit usw. auf dem Gebiete des deutschen Reiches nach dem Stande vom 31. Dezember 1937 Aufnahme gefunden hat.

Die aktuellen Voraussetzungen der Staatsangehörigkeit sind nicht in der Verfassung (auch nicht in Art. 116 GG), sondern im StAG geregelt. Dessen Regelungen sind inhaltliche Ausgestaltungen des Grundrechts, also nicht Eingriffe.

7 **2. Eingriffe.** Als Eingriffe nennt Art. 16 I GG nur die **Entziehung**, also den durch einseitigen Staatsakt bewirkten Verlust der Staatsangehörigkeit gegen den Willen des Betroffenen (BVerfGE 14, 142, 150 – Heimatschein; BVerfG, Kammer, NVwZ 2001, 1393 – Erwerb der südafrikanischen Staatsangehörigkeit) und **sonstige Formen des Verlustes.** Wann eine Entziehung vorliegt und wie der Begriff vom allgemeinen Begriff des „Verlustes" abgegrenzt wird, ist umstritten. Nicht Entziehung in diesem Sinne ist der in § 29 III StAG vorgesehene Verlust durch Nichtausübung der Option, durch den beantragten Erwerb einer anderen Staatsangehörigkeit nach § 25 StAG und durch Verzicht nach § 26 StAG, weil hier der Betroffene den Verlust beeinflussen kann und insofern nicht gegen seinen Willen erfolgt. Das ist aber nur bei angemessener Information über die Folgen hinnehmbar (BVerfG, NVwZ 2006, 910 ff. – Erschlichene Einbürgerung; *Nettesheim*, Rücknahme und Widerruf von Einbürgerungen, DVBl. 2004, 1144). Auch europarechtlich ist die deutsche Optionspflicht nicht ohne Probleme (dazu *Lämmermann*, NVwZ 2012, 75).

8 **3. Rechtfertigung.** Eine gezielte Entziehung der Staatsangehörigkeit ist nach Art. 16 I GG ausgeschlossen (BVerfGE 14, 142, 150 – Heimatschein). Sie kann also auch nicht verfassungsrechtlich gerechtfertigt sein. Strikt davon zu unterscheiden ist der Verlust der Staatsangehörigkeit durch **Widerruf, Rücknahme** und durch **Nichtigkeit** der Einbürgerung (dazu *Engst,* JuS 2007, 225). Der wichtigste Fall ist die „erschlichene Einbürgerung" – etwa durch falsche Angaben im Einbürgerungsverfahren (BVerfG, NVwZ 2006, 910 ff. – erschlichene Einbürgerung; dazu *Nettesheim*, DVBl. 2004, 1144).

III. Verbot der Auslieferung von Deutschen an das Ausland (Art. 16 II 1 GG)

9 Die Botschaft des Art. 16 II 1 GG ist einfach: Kein deutscher Staatsangehöriger darf an das Ausland ausgeliefert werden. Das Grundrecht sichert unabhängig von förmlichen Auslieferungsverfahren das Verbleiben von Deutschen im Bundesgebiet. Auch die Verschleppung und Übergabe eines Deutschen an einen ausländischen Geheimdienst sind ausgeschlossen. Ebenso die „Durchlieferung" ei-

nes aus dem Ausland kommenden Deutschen an eine andere Macht (BVerfGE 10, 136, 139). Nicht erfasst ist aber die Auslieferung **nach Deutschland** (BVerfG, Kammer, NVwZ 2009, 1156 – Fall Demjanuk).

Auslieferung ist die auf ein entsprechendes Ersuchen bewirkte **zwangsweise Überstellung einer Person an eine ausländische Hoheitsgewalt** (*Jarass/Pieroth*, GG, Art. 16, Rn. 16). Auf den Zweck der Überstellung kommt es nicht an.

Grundsätzlich ist die Auslieferung eines Deutschen an das Ausland 10 durch Art. 16 II 1 GG ausgeschlossen, kann also auch nicht gerechtfertigt werden. Durch Gesetz zur Änderung des GG vom 29.11.2000 (BGBl. I, 1633) hat der Verfassungsgeber aber die **Auslieferung an Mitgliedstaaten der Europäischen Union oder an einen internationalen Gerichtshof** ermöglicht und damit den Weg freigemacht für die in der „dritten Säule" der Europäischen Union praktizierte Zusammenarbeit einer begrenzten gegenseitigen Anerkennung von Haftbefehlen und Strafverfahren. Damit wird erstmals die Auslieferung Deutscher an das Ausland unter bestimmten rechtsstaatlichen Voraussetzungen möglich. Kern der Regelung ist der „Europäische Haftbefehl" und das Übergabeverfahren zwischen den Mitgliedstaaten der Europäischen Union. Das entsprechende Gesetz vom 21. Juli 2004 (BGBl. I, 1748) wurde allerdings durch Urteil des BVerfG vom 18.7.2005 (BVerfGE 113, 273, 292 ff.) für nichtig erklärt und am 20. Juli 2006 geändert (BGBl. I, 1721) (dazu unten, Rn. 16).

In jedem Fall einer Auslieferung haben deutsche Behörden und Gerichte vor der Auslieferung die **Verhältnismäßigkeit** zu prüfen (BVerfGE 108, 129, 139). So besteht ein Verbot der Auslieferung bei zu erwartenden unverhältnismäßigen oder harten Strafen und bei fehlender Übereinstimmung mit den allgemeinen Regeln des Völkerrechts i. S. v. Art. 25 GG und unabdingbaren Verfassungsgrundsätzen. In einen für übermäßig harte Strafen oder gar Folter bekannten Staat darf überhaupt nicht ausgeliefert werden.

IV. Besondere Schutzfunktionen

Art. 16 I GG ist nicht nur Abwehrrecht, sondern umfasst auch eine 11 **objektive Schutzpflicht** des Staates gegenüber seinen Staatsangehörigen und nach überwiegender Auffassung eine institutionelle Garantie der deutschen Staatsangehörigkeit. Darin inbegriffen nach wohl h. L. ist der **Grundsatz der Eindeutigkeit**: Zweifelsfälle der Staatsangehörigkeit sollen nach Möglichkeit verhindert werden. Selbst zweifelhaft ist aber, ob das GG wirklich einen Grundsatz der Verhinderung doppelter Staatsangehörigkeit enthält.

Ein **Leistungsrecht** entsteht aus Art. 16 I GG nicht, wenn man einmal vom Anspruch auf die Ausstellung einer Staatsangehörigkeitsurkunde absieht. Im komplexen Geflecht der nationalen und internationalen Regeln über Staatsangehörigkeit und Auslieferung muss der Staat durch die Ausgestaltung der entsprechenden **Verfahrens**regeln und durch Information, Warnung und Beratung im Einzelnen dafür sorgen, dass es nicht zum unbeabsichtigten Verlust der Staatsangehörigkeit oder zur voreiligen Auslieferung kommt. Deshalb ist der ohne Berücksichtigung des Einzelfalls eintretende Verlust der deutschen Staatsangehörigkeit bei zwischenzeitlicher (Wieder-)Annahme einer anderen Staatsangehörigkeit auch in Fällen bloßer Unkenntnis oder falscher Beratung nicht zulässig (unten, Rn. 14).

Ebenso sorgfältig muss das **Verfahren** vor Auslieferung eines Deutschen an einen Mitgliedstaat der EU oder einen internationalen Gerichtshof ausgestaltet sein (BVerfGE 113, 273, 292 – Europäischer Haftbefehl). Ebenso sorgfältig muss die Behörde vor der Auslieferung eines Ausländers, der sich darauf beruft, Deutscher zu sein, die Staatsangehörigkeit prüfen (BVerfGE 8, 81, 84 – Wohnsitz i. S. von Art. 116 I GG).

V. Die internationale und europäische Perspektive

12 Das Recht auf eine Staatsangehörigkeit und das Verbot der willkürlichen Entziehung sowie das Recht auf Wechsel der Staatsangehörigkeit sind in **Art. 15 AEMR** gewährleistet. Daneben ist die Staatsangehörigkeit Gegenstand zahlreicher völkerrechtlicher Abkommen. Ob und inwieweit das Völkerrecht Regeln über die Entziehung oder den Verlust der Staatsangehörigkeit enthält, ist in den Details umstritten, jedoch verstoßen willkürliche Ausweisungen und Ausbürgerungen gegen Art. 15 II AEMR (dazu *Wittreck*, in: Dreier, GG, Art. 16, Rn. 16, 23). Völkerrechtliche Vereinbarungen dienen auch der Vermeidung und der Regelung von Staatenlosigkeit und der auf die Staatsangehörigkeit bezogenen Diskriminierungsverbote. In keinem Fall darf in einen Staat ausgeliefert werden, in dem dem Betroffenen Folter droht (EGMR, NVwZ 2008, 761 u. NVwZ 2013, 925).

13 Erstmals mit Art. 31 lit. b) EUV a. F. haben sich die Mitgliedstaaten der Europäischen Union zur **Erleichterung der Auslieferung** ent-

schlossen. Dem hat Art. 16 II 2 GG Rechnung getragen (zu den verfassungsrechtlichen Grenzen s. aber Rn. 16).

Art. 20 AEUV regelt die eigene **Unionsbürgerschaft**. Diese wird aber nicht selbstständig verliehen oder entzogen, sie knüpft vielmehr ausschließlich an die Staatsangehörigkeit eines Mitgliedstaates an. Deutsche Staatsbürger sind „automatisch" Unionsbürger – eine Diskrepanz ist nicht denkbar (VGH München, NVwZ 1999, 197). Die gleichfalls in den genannten Vorschriften gewährleisteten Auswirkungen der Unionsbürgerschaft insbesondere im Hinblick auf Wahlrechte, Freizügigkeit und Diskriminierungsverbote sind erheblich.

VI. Aktuelle Fälle und Probleme

1. Rücknahme der erschlichenen Einbürgerung. Angesichts des 14 klaren Wortlauts von Art. 16 I GG stellt sich die Frage, ob die Einbürgerung zurückgenommen werden darf, wenn der Betroffene dadurch staatenlos wird. Das hat das BVerfG im Falle eines Betroffenen bejaht, der die Einbürgerung durch falsche Angaben zu einem bestehenden Arbeitsverhältnis erreicht hatte (BVerfG, NVwZ 2006, 910 – Erschlichene Einbürgerung). Hierbei handelt es sich lt. BVerfG nicht um eine Entziehung i. S. von Art. 16 I GG, sondern um einen gesetzlich erlaubten, durch den Einzelnen beeinflussbaren Verlust. Auch ein Verstoß gegen Art. 18/20 AEUV liegt dann nicht vor (EuGH, NVwZ 2010, 509, 512;.BVerwG, NVwZ 2011, 760. Das Verfahren und die Gründe sind im Gesetz zur Änderung des StaatsangehörigkeitsG v. 05.02.2009 (BGBl. I 158; dazu *B. Huber*, NVwZ 2009, 201, 204) geregelt.

2. Verlust durch Annahme einer anderen Staatsangehörigkeit. 15 Nach § 17 Nr. 2 i. V. m. 25 I StAG tritt der Verlust der deutschen Staatsangehörigkeit automatisch durch Annahme einer fremden Staatsangehörigkeit ein. In Hunderten von Fällen war dies in der jüngsten Vergangenheit bei eingebürgerten Ausländern der Fall, die aus unterschiedlichen Gründen ihre alte (zumeist die türkische) Staatsangehörigkeit wieder angenommen hatten. Von der Rechtsprechung wird das nicht als Entziehung der Staatsangehörigkeit, sondern als durch eigenes Tun kraft Gesetzes eintretender Verlust behandelt (BVerfG, Kammer, NVwZ 2007, 441). Voraussetzung der Wirksamkeit des Verlustes ist aber eine grundrechtskonforme **Verfahrensgestaltung** und vor allem eine angemessene Information über Status und Folgen (BVerwG, NJW 2008, 2729).

3. Europa- und verfassungsrechtliche Anforderungen an den 16 **„Europäischen Haftbefehl".** Die durch Art 16 II 2 i. d. F. des Gesetzes zur Änderung des GG vom 29.11.2000 (BGBl. I, 1633) ermöglichte Auslieferung an Mitgliedstaaten der Europäischen Union oder an einen internationalen Gerichtshof hat das BVerfG in einer viel beachteten Entscheidung vom Juli 2005 stark eingeschränkt (BVerfGE 113, 273, 292 – Europäischer Haftbefehl –

Auslieferung eines syrischstämmigen Deutschen wegen Terrorismusverdachts an Spanien – krit. dazu *Masing*, NJW 2006, 264). Das Gericht hat das deutsche Umsetzungsgesetz für verfassungswidrig erklärt, weil der deutsche Gesetzgeber nicht die ihm durch das Europarecht belassenen Spielräume zum Schutz deutscher Staatsangehöriger gewahrt habe. Das gelte insbesondere für die nicht hinreichend zum Ausdruck gekommene Priorität deutscher Strafverfahren für Straftaten mit Inlandsbezug und den fehlenden Rechtsschutz. Inhaltlich ist in diesen Fällen eine Auslieferung nur gerechtfertigt, wenn die Straftat einen ausschließlich ausländischen Bezug hat, also im Ausland begangen wurde. Kein Deutscher soll eine „Überraschung" dadurch erleben, dass er für eine auch in Deutschland zu verfolgende oder gar bereits mit milderer Strafe verfolgte oder schon verjährte (dazu BGH, NJW 2008, 1968) Straftat an das europäische Ausland ausgeliefert wird. Außerdem muss ihm nach Art. 19 IV GG der Rechtsweg gegen die Auslieferung eröffnet sein.

Unabhängig davon müssen bei jeder Auslieferung die Kernstandards der Rechtstaatlichkeit im EU-Mitgliedstaat und beim Internationalen Gerichtshof gewahrt sein. Dazu gehört das **Verbot rückwirkender Strafen**, die **Unschuldsvermutung**, das **Gebot rechtlichen Gehörs**, der **nemo tenetur-Grundsatz** (Recht, nicht selbst gegen sich aussagen zu müssen) sowie eine **effektive Verteidigung** (dazu *Hufeld*, JuS 2005, 865; *Rosenthal*, ZRP 2006, 105). Damit hat das BVerfG nicht die europarechtlichen Regelungen zum „Europäischen Haftbefehl" insgesamt in Frage gestellt – wofür es keine Kompetenz gehabt hätte. Es macht aber sehr wohl deutlich, dass künftig eine „schärfere Gangart" bei der Kontrolle des europäisches Gemeinschaftsrecht umsetzenden deutschen Gesetzgebers erwartet werden kann – weit über den entschiedenen Fall hinaus (zu den Konsequenzen *Böhm*, Das neue Europäische HaftbefehlsG, NJW 2006, 2592).

Literatur zu § 19: *Engst*, Die Rücknahme rechtswidriger Verwaltungsakte am Beispiel der Einbürgerung, JuS 2007, 225; *Fortmann*, Mehrfache Staatsangehörigkeit (2005); *Grawert*, Deutsche und Ausländer: Das Staatsangehörigkeits-, Ausländer- und Asylrecht in der Rechtsprechung des Bundesverfassungsgerichts, FS 50 Jahre BVerfG (2001), II, 319 ff.; *Haack*, Staatsangehörigkeit – Unionsbürgerschaft – Völkerrechtssubjektivität, HdbStR X § 205; *Hailbronner/Renner/Maaßen*, Staatsangehörigkeitsrecht, Kommentar, 5. Aufl. 2010; *P.- M. Huber/Butzke*, Das neue Staatsangehörigkeitsrecht und sein verfassungsrechtliches Fundament, NJW 1999, 2769; *Lämmermann*, Unionsbürgerschaft und Optionspflicht – ein Widerspruch? NVwZ 2012, 75; *Leopold*, Einführung in das Staatsangehörigkeitsrecht, JuS 2006, 126; *Masing*, Wandel im Staatsangehörigkeitsrecht vor den Herausforderungen moderner Migration (2001); *v. Münch*, Die deutsche Staatsangehörigkeit (2007); *Schnapp/Neupert*, Grundfragen des Staatsangehörigkeitsrechts, Jura 2004, 167; *Uhle*, Auslieferung und Grundgesetz, NJW 2001, 1889; *Wallrabenstein*, Das Verfassungsrecht der Staatsangehörigkeit (1999); *Walter/Gärditz*, Der Bürgerstatus im Lichte von Migration und europäischer Integration, VVDStRL 72 (2013), 7/49; *Weiß*, Schutz vor Auslieferung, HdbStR X § 207;

Zimmermann, Die Auslieferung Deutscher an Staaten in der Europäischen Union und internationale Strafgerichtshöfe, JZ 2001, 233.

§ 20 Asylrecht (Art. 16a GG)

I. Allgemeines

1. Entstehung und geschichtliche Entwicklung. Das Asylrecht 1 ist ein Grundrecht, bei dem sich ohne Übertreibung sagen lässt, es sei ein **Kern der Menschenrechte.** „Asylon" bedeutet schon dem griechischen Ursprung nach *Heiligtum, wo man sicher vor Ergreifung ist (Masing,* in: Dreier, GG, 1./2. Aufl., Art. 16a, Rn. 2). Eine Parallele findet sich dann im Kirchenasyl des Mittelalters. *Kirche* und *Friedhof* galten als Ort der Sicherheit vor Verfolgung. Ähnliches galt unter bestimmten Voraussetzungen, wenn Unfreie in die Städte geflohen waren *(„Stadtluft macht frei").* Auch der Zusammenhang zur Menschenwürde war immer deutlich: Werden die Integrität der Person und ihre Würde gefährdet, dann bietet das Asylrecht Schutz vor Verfolgung und Auslieferung. In der Neuzeit wurde das Asylrecht sowohl zum Ausdruck als auch zur Begrenzung staatlicher Souveränität und stand naturgemäß im engen Zusammenhang zu den Prinzipien von Toleranz, körperlicher Integrität und Freiheit.

Spätestens mit den politischen Umbrüchen am Ende des 18. Jahrhunderts und den sich in den einzelnen Staaten mit verschiedener Geschwindigkeit durchsetzenden Menschenrechten wurde das Asyl zum Recht für **politische Freiheitskämpfer** und Dissidenten. Dies war die Geburtsstunde des heutigen „politischen" Asyls. Zu beachten ist aber auch, dass das Asylrecht seinen konfessionellen Kern nie verloren hat. Der Schutz geflüchteter Glaubensgenossen wurde in allen Staaten als Ehrenpflicht angesehen und führte zu großen Migrationsbewegungen – man denke nur an die Flucht von Juden und Protestanten aus dem Spanien der Inquisition, von Hugenotten aus Frankreich und von Puritanern aus England.

Eine besondere Herausforderung stellen die Massenfluchtbewegungen im Zusammenhang mit der rassischen Verfolgung und den Zerstörungen der beiden Weltkriege dar. Die 50 bis 60 Millionen Menschen, die allein in Europa in der ersten Hälfte des 20. Jahrhunderts ihre Heimat verlassen mussten, stehen sicherlich nicht alle im Zusammenhang mit dem Grundrecht auf Asyl. Sie zeigen aber, dass Massenflucht und Massenemigration zu den zentralen Problemen des modernen Verfassungsstaates gehören. Es ist also keineswegs so

– wie gegenwärtig häufig behauptet wird – dass den Verfassungsgebern von 1949 die Probleme der Massenflucht und einer denkbaren Überforderung des Grundrechts nicht bewusst gewesen wären.

Bei allem verwundert es, dass so gut wie keiner der klassischen Verfassungstexte das Asylrecht ausdrücklich erwähnt. Es war teils als Gewohnheitsrecht, teils als Gegenstand völkerrechtlicher Vereinbarungen anerkannt, während die Verfassungstexte sich auf innerstaatliche Gewährleistungen bezogen. So waren es erst die Exzesse des Nationalsozialismus und der stalinistischen Verfolgung, die das Asylrecht auch als verfassungsrechtliches Problem i. e. S. bestätigten und den Weg für die Aufnahme in das Grundgesetz frei machten.

2   Im **Parlamentarischen Rat** bestimmte die Erfahrung der politischen Verfolgung des Nationalsozialismus, aber auch die sich abzeichnende Verfolgung in den kommunistischen Diktaturen des Ostens das Bestreben nach einer weiten Fassung des Asylrechts. Auch die Exilerfahrungen vieler Mitglieder dürften eine Rolle gespielt haben. Trotz mancher Bedenken entschied man sich für den klaren Satz, der bis 1993 als Art. 16 GG galt: „*Politisch Verfolgte genießen Asylrecht*" – damals im unmittelbaren Zusammenhang mit dem Verbot des Entzugs der Staatsangehörigkeit und der Auslieferung Deutscher.

3   **2. Aktuelle Bedeutung.** Wenn es richtig ist, dass der Stellenwert des Asylrechts ein Zeichen für den Entwicklungsstand der Verfassungskultur eines Staates ist, dann hat die Verfassungskultur der Bundesrepublik in den Jahren 1993/1994 einen erheblichen Rückschlag erfahren. Zuzugeben ist, dass die damalige Entwicklung der Asylantenzahlen, der häufige Missbrauch des Asylrechts und die schiere Zahl der Verwaltung und Gerichte überfordernden Verfahren eine Änderung erforderlich werden ließen.

Konkreter Auslöser für die Änderung des alten Art. 16 GG und die Einführung des neuen Art. 16a GG – wie schon zuvor einer erheblichen Verschärfung des Asylverfahrens – war die stark ansteigende Zahl der Flüchtlinge auf Grund des Bürgerkriegs im ehemaligen Jugoslawien und des Kurdistankonflikts in der Türkei und im Irak. Immerhin konnte seinerzeit der von starken Kräften vorgetragene Vorschlag der Umwandlung des Asylgrundrechts vom Individualrecht zur lediglich institutionellen Garantie zurückgewiesen werden. Dieser Vorschlag ist aber bis heute nicht verstummt und würde bedeuten, dass Art. 16a GG im Grunde kein Grundrecht mehr wäre – eine für einen freiheitlichen Staat beschämende Vorstellung. Schon der drastische Rückgang der Zahlen der Asylanten bei keinesfalls zurückgehenden nationalen und internationalen Konflikten (und damit Asylgründen) zeigt aber, dass die Verfassungsänderungen von 1993 in ihren Auswirkungen weit über das Ziel der Bekämpfung des Asylmissbrauchs hinausgingen. Mit der heutigen Fassung des Art. 16a GG verlor das Asylgrundrecht des GG nicht nur seine exemplarische Klarheit, sondern auch einen erheblichen Teil seiner Substanz. Abgesehen von den zentralen Einschränkungen (Drittstaatenregelung, Regelvermutung nicht bestehender politischer Verfolgung, Einschränkung des Rechtsschutzes) kann Art. 16a GG neben Art. 10 und 13 GG auch zu den schon sprachlich und rechtstechnisch besonders überfrachteten Verfassungsnormen gezählt werden – Verfassungsänderungen, die zur Sicherung eines einmal erreichten Parteienkompromisses im Grunde bereits ihr eigenes Ausführungsgesetz zum Verfassungstext enthalten (*Grimm*, Wie man eine Verfassung verderben kann, in: *ders.*, Die Verfassung und die Politik [2001], S. 126 ff.). Unbestreitbar ist, dass die Regelung – insbesondere die „Drittstaatenregelung" – ihr Ziel, die drastische Reduzierung der Asylfälle, erreicht – allerdings auch nur auf die Mittelmeerstaaten verlagert hat.

Trotzdem zeigt sich aber mehr und mehr, dass die Bundesrepublik den aktuellen Fragen der Massenflucht nicht ausweichen kann. Die Flüchtlingsströme aus Asien und Afrika in den Süden und Osten der EU zeigen, dass es sich um ein nur noch im europäischen Rahmen lösbares Problem handelt, an dessen Lösung auch Deutschland mitwirken muss. Außerdem harrt noch das Uraltproblem der in Deutschland oft seit Jahrzehnten lebenden und teilweise bestens integrierten abgelehnten, aber „geduldeten" Asylbewerber einer menschlichen Lösung.

II. Schutzbereich

1. Allgemeines. Der Satz: „*Politisch Verfolgte genießen Asylrecht*" 4 ist in Tatbestand und Rechtsfolge der Prototyp einer an sich klaren Aussage. Das ist aber nur die eine Seite, denn die zentralen Begriffe sind in hohem Maße konkretisierungsbedürftig. Zu klären sind sowohl die Begriffe der **politischen Verfolgung** als auch der Schutzgehalt des „**genießen Asyl**". Den ebenso klaren wie weiten Begriffen des Art. 16a I GG stehen überdies seit 1993 die weitgehenden Einschränkungen des Schutzbereichs in Art. 16a II bis IV GG gegenüber, die u. a. den Grundsatz der Subsidiarität des Asylrechts in Deutschland bestimmen. Vorrangig vor dem Asylrecht in Deutschland sind das Asyl im sicheren Drittstaat und die innerstaatliche Fluchtalternative.

Gleichwohl hat das BVerfG die Regelungen als mit der Menschenwürde und dem Rechtsstaatsprinzip vereinbar angesehen (BVerfGE 94, 49, 85 – Sichere Drittstaaten; BVerfGE 94, 166 – Flughafenverfahren).

2. Politische Verfolgung. a) Die Privilegierung des Politischen. Inhaltlich steht das Asylrecht in engem Zusammenhang mit der Menschenwürde, doch zeigt schon der Wortlaut des Art. 16a GG, dass bei weitem nicht jede Verletzung oder Gefährdung der Menschenwürde den Schutz des Grundrechts mobilisiert. Menschenwürdeverletzungen durch Bürgerkrieg, Folter, Mangel an Ernährung und ärztlicher Versorgung, unmenschliche Strafen usw. spielen – was oft schwer zu verstehen ist – für Art. 16a GG kaum eine Rolle. Aus der Entstehungsgeschichte wird vielmehr deutlich, dass hier ganz bewusst Menschen privilegiert werden, die gerade auf Grund ihrer **politischen** Betätigung oder der staatlich-politischen Verhältnisse in ihrem Lande in eine ausweglose Situation geraten sind. Eher indirekt hat das BVerfG die politische Verfolgung in der Weise umschrieben, dass kein Staat das Recht hat, Leib, Leben oder die persönliche Freiheit des Einzelnen aus Gründen zu gefährden oder zu verletzen, die allein in seiner politischen Überzeugung, seiner religiösen Grundentscheidung oder in für ihn unverfügbaren Merkmalen liegen, die sein Anderssein prägen (**asylerhebliche Merkmale** – BVerfGE 80, 315, 333 – Tamilen). Vorbild war die Flüchtlingsdefinition in **Art. 1 Genfer Flüchtlingskonvention.** So schwer es zu begreifen ist: Unmenschliche Strafen, Folter „als solche", Strafverfolgung wegen Wehrdienstverweigerung oder Desertion, Bürgerkrieg und Verhungern stellen als solche keine asylerheblichen Merkmale dar. Einen „Grenzfall" bildet die **Verfolgung aus religiösen Gründen.** Diese soll zwar grundsätzlich der politischen Verfolgung gleichstehen (BVerfGE 54, 341, 357 – Wirtschaftsasyl). Das ist auch unabdingbar, weil sich die Grenze von Politik und Religion gerade in fundamentalistischen Gottesstaaten so gut wie nie ziehen lässt. Gleichwohl soll nur das religiöse Existenzminimum geschützt sein (BVerfGE 76, 143, 158 – Ahmadiyya-Glaubensgemeinschaft), das den häuslich privaten Bereich, den Gottesdienst und das nichtöffentliche Gebet umfasst.

Dagegen soll die Verfolgung wegen Religionsausübung oder religiöser Betätigung in der Öffentlichkeit nicht als asylrelevant angesehen werden (differenzierend je nach Bedeutung für die Reliegionsausüng aber BVerwG, NVwZ 2013, 936). Der politischen Verfolgung gleichgestellt werden in der Rechtsprechung eine Reihe weiterer Verfolgungsgründe, so die Bedrohung des Lebens wegen **Homosexualität** (BVerwGE 79, 143, 146), – unter engen Voraussetzungen – **Verheiratung mit einem Andersgläubigen** oder **Zwangsverheiratung** (VG Stuttgart, NVwZ 2007, 1355).

b) Staatlichkeit der Verfolgung. Politisch i. S. von Art. 16a GG ist 6 die Verfolgung nach der Rechtsprechung des BVerfG nur, wenn sie **vom Staat ausgeht** oder **der Staatlichkeit zuzurechnen** ist (st. Rspr. seit BVerfGE 9, 174, 180 – politisch Verfolgter; BVerfGE 76, 143, 169 – Ahmadiyya-Glaubensgemeinschaft). Die Verfolgung durch Terrorgruppen, einen politisch motivierten Mob oder Bürgerkriegsparteien reicht also nicht aus. Allerdings gehört nicht nur die vom Staat selbst verübte, sondern auch die systematisch durch den Staat geduldete oder geförderte Gewalt zur politischen Verfolgung (BVerfGE 9, 174, 180). Dasselbe gilt, wenn die Verfolgung von solchen staatsähnlichen Organisationen ausgeht, die den jeweiligen Staat verdrängt haben oder denen dieser das Feld überlassen hat (BVerfGE 80, 315, 334 – Tamilen). Das war z. B. bei den von Tamilen beherrschten Regionen von Sri Lanka und ist bei den arabischen Reitermilizen in der sudanesischen Provinz Darfour oder bei den eingesickerten Hutu-Rebellen im Osten des Kongo der Fall.

Zur Kritik: Es liegt auf der Hand, dass die in der Rechtsprechung angewandte Definition der politischen Verfolgung heute unzureichend ist. Sie stellt historisch bedingt auf die Verfolgung **durch den Staat** ab und ist damit heute nur auf einen Teil der Verfolgungstatbestände anwendbar. Folter, Tod und menschenunwürdige Behandlung stehen oft in engem Zusammenhang mit dem **Zerfall der Staatlichkeit** in den „failing states", mit Stammeskämpfen, dem Treiben von „warlords", religiösen und rassistischen Fanatikern, die durch Staatlichkeit weder motiviert noch gebunden werden. Abgemildert wird diese einseitige Rechtsprechung nur durch das Hilfsmittel der „quasi-staatlichen Verfolgung" durch staatsähnliche Organisationen, die den Staat verdrängt haben oder denen dieser das Feld überlassen hat und die ihn insoweit ersetzen. Ausgeschlossen ist damit aber immer noch die typische Bürgerkriegssituation, in der es gerade um den Kampf um die Staatlichkeit geht und ein Staatsverband als Zurechnungsobjekt des Asylrechts nicht in Betracht kommt. Erst wenn die staatlichen Kräfte den Kampf in einer Weise führen, die auf eine physische Vernichtung bestimmter Personen oder Personengruppen gerichtet ist, kommt das Merkmal der politischen Verfolgung (wieder) in Betracht (BVerfGE 80, 315, 340 – Tamilen).

Besonders problematisch, ja beschämend ist es, wenn in einzelnen Urteilen zwischen asylerheblicher und nicht asylrelevanter **Folter** unterschieden wird (so etwa BVerfGE 81, 142, 151). Folter stellt – unabhängig ob politisch oder nicht politisch motiviert – immer einen Eingriff in die Menschenwürde und einen Verstoß gegen allgemein anerkanntes Völkerrecht dar, ist also immer hochpolitisch. Nicht anders verhält es sich mit der Todesstrafe, und ein Satz wie: *„Die Androhung der Todesstrafe stellt für sich allein weder einen Asylgrund dar, noch gebietet sie die Gewährung von Schutz nach der Genfer Flüchtlingskonvention"* (BVerfGE 94, 115, 137, 138) ist zumindest dann zynisch, wenn in einem Land die Todesstrafe bewusst zur allgemeinen Abschreckung und politischen Verfolgung eingesetzt wird. Aber auch darüber hinaus stellt die Bedrohung mit dieser barbarischen Strafe heute schon als solche eine hochpolitische Frage dar. Es gibt also weder eine „unpolitische Folter" noch eine „unpolitische Todesstrafe".

7 **c) Intensität der Verfolgung.** Die politische Verfolgung muss so **intensiv** sein, dass sie den Betreffenden in seinem Heimatland in eine ausweglose Lage bringt, der er sich nur durch die Flucht entziehen kann (BVerfGE 74, 51, 64 – Nachflucht). Beispiele sind drohende Strafverfolgung, Angriffe auf Leib und Leben, Gefährdung der Menschenwürde. Dagegen reichen wirtschaftliche Nachteile und der gleichheitswidrige Entzug bestimmter Rechte allein nicht; es sei denn, die wirtschaftliche, soziale und kulturelle Existenz des Betroffenen wird aus politischen Gründen gefährdet.

8 **d) Drohende Verfolgung.** Die politische Verfolgung muss nicht bereits manifest sein, auch die **drohende Verfolgung** reicht aus. Der Maßstab der **drohenden** Verfolgung ist besonders schwierig zu bestimmen, verlangt er doch eine Prognoseentscheidung über das Verhalten einer fremden Staatsmacht. Hier hat die Rechtsprechung verschiedene Wahrscheinlichkeitsmaßstäbe entwickelt. Kriterien sind die bereits stattgefundene Verfolgung, konkrete Drohungen an bestimmte Personen, die Festsetzung und ähnliche Maßnahmen (*Wittreck* in: Dreier, GG, Art. 16a, Rn. 72 ff. m. w. N.).

9 **e) Individuelle und Gruppenverfolgung.** Die Verfolgung muss **individuell,** d. h. auf die Person selbst bezogen sein (BVerfGE 83, 216, 230 – Jeziden). Das Maß der Verfolgung muss also über das hinausgehen, was andere Mitglieder der Bevölkerung oder einer Bevölkerungsgruppe zu erdulden haben (BVerfGE 4, 341, 357 – Wirtschaftsasyl). Anderes gilt, wenn sich die Verfolgung so gegen eine Gruppe von Menschen einer Rasse, Religion oder politischer Überzeugung richtet, dass jedes einzelne Mitglied als verfolgt gelten kann (**Gruppenverfolgung** – BVerfGE 54, 341, 358). Die Übergänge sind hier fließend.

Familienangehörige sind nur selbst gefährdet, wenn sich die Verfolgung auch und gerade gegen sie richtet, oder sie der Verfolger in Sippenhaft nimmt. Unabhängig von der jeweils eigenen politischen Verfolgung sind in § 26 AsylVfG auf einfachgesetzlicher Ebene das so genannte „Familienasyl" und der Familienabschiebungsschutz gewährleistet.

f) Inländische Fluchtalternative. Kein Asylrecht besteht, wenn 10
eine „inländische Fluchtalternative" zur Verfügung steht, d. h. wenn
eine Person zwar in einem Teil eines Staates politischer Verfolgung
ausgesetzt ist, in einem anderen Teil aber in zumutbarer Weise Sicherheit finden kann (BVerfGE 80, 315, 342 – Tamilen). Anderes kann
gelten, wenn in dem jeweiligen Gebiet das „religiöse Existenzminimum" nicht gewährleistet ist (BVerfGE 81, 58, 64 – Jeziden).

g) Kausalität von politischer Verfolgung und Flucht – Beacht- 11
lichkeit und Unbeachtlichkeit der „Nachfluchtgründe". Die Anerkennung als Asylant setzt voraus, dass der Betroffene **gerade wegen der politischen Verfolgung** sein Land verlassen hat (BVerfGE 74, 51, 64 – Nachflucht). Problematisch ist das bei den so genannten „Nachfluchtgründen". Hat der Betroffene z. B. sein Land aus touristischen, wirtschaftlichen oder Gründen der Ausbildung verlassen und beruft er sich sodann auf politische Verfolgung, so kommt es auf die Frage der eigenen Verursachung dieser „Nachfluchtgründe" an. Wird der Betroffene z. B. durch einen Putsch oder ähnliche Ereignisse im Heimatland überrascht, dann kann er ohne eigenes Zutun zum Verfolgten geworden sein, und die Rückkehr ist im Allgemeinen unzumutbar (BVerfGE 74, 51, 65). Anders ist die Lage zu beurteilen, wenn sich ein Ausländer z. B. durch die Betätigung in einer Exilorganisation, durch unerlaubtes Fernbleiben vom Wehrdienst (vgl. BVerwG, NVwZ 1993, 789) oder der Vorbereitung eines Attentats selbst in die Gefahr der politischen Verfolgung begibt. Hier wird von **„selbst geschaffenen Nachfluchtgründen"** gesprochen. Diese werden nur anerkannt, wenn sie **Ausdruck und Fortführung** einer schon **vor** der Auslandsreise vorhandenen und erkennbar betätigten festen Überzeugung waren (§ 28 AsylVfG; BVerfGE 74, 51, 64 ff.). Der Nachfluchtgrund muss also in einer **„Vorfluchtüberzeugung"** und/oder Verfolgung wurzeln.

Kritikwürdig ist das insofern, als sich derjenige, der erst durch die Erfahrungen eines freiheitlichen Gemeinwesens zum Gegner des Regimes seines Heimatstaates geworden ist, politisch neutral verhalten muss, will er nicht seinen ausländer- und asylrechtlichen Status gefährden. Unbestritten besteht kein Schutz, wenn in Deutschland nur ein neuer Kampfplatz für terroristische Aktivitäten gegen den Heimatstaat gesucht wird, um den Kampf gegen die Heimatregierung hier fortzusetzen (BVerfGE 81, 142, 152 – PKK).

h) Einreise aus sicheren Drittstaaten (Art. 16a II GG). Das wohl 12
wirksamste Mittel zur Begrenzung des Schutzbereichs und der Zahl
der Asylberechtigten ist die **„Drittstaatenregelung"** in Art. 16a II
und III GG, die allerdings der schon zuvor geltenden Rechtsprechung nachgebildet ist.

Reist ein politisch Verfolgter aus einem sicheren Drittstaat in die Bundesrepublik ein, dann entfällt das Asylrecht, weil vermutet wird, er habe bereits in diesem Drittstaat Asyl beantragen und Schutz vor politischer Verfolgung erreichen können. Damit verweist die deutsche – und inzwischen auch die europäische – Regelung den Schutzsuchenden vorrangig an andere Staaten, wobei bei Mitgliedstaaten der Europäischen Gemeinschaft von Verfassungs wegen festgelegt ist, dass sie sichere Drittstaaten sind. Andere sichere Drittstaaten außerhalb der EG werden nach Art. 16a II 2 GG durch Gesetz bestimmt (geschehen z. B. für Norwegen und die Schweiz). Damit ist die Bundesrepublik nahezu „hermetisch" von sicheren Drittstaaten umgeben, denn selbst der Transit durch diesen Staat wird als Einreise aus dem sicheren Drittstaat verstanden (BVerfGE 94, 49, 94). Außerdem ist die Bundesrepublik infolge erheblicher Sanktionen gegen potentielle Asylbewerber transportierende Fluggesellschaften und die „Flughafenregelung" des § 18a AsylVfG auch auf dem Luftwege praktisch nicht mehr für Asylsuchende erreichbar. Beides hat besonders deshalb praktische Bedeutung, weil Asylsuchende oft den Staat nicht angeben, aus dem sie die Bundesrepublik erreicht haben. Das nützt den Betroffenen aber nach Art. 16a II 1 GG nichts mehr. Hier können aufenthaltsbeendende Maßnahmen sofort eingeleitet werden. Etwaige Rechtsbehelfe haben keine aufschiebende Wirkung.

Während der Gesetzgeber in Art. 16a II 2 GG die Gleichstellung von Staaten mit der EU bestimmen kann, dient Art. 16a III GG der Festlegung von **als sicher vermuteten** Herkunftsstaaten. Inhaltlich handelt es sich also um eine Umkehr der Argumentations- und Beweislast (vgl. § 29a AsylVfG). Für Asylanträge von Flüchtlingen aus sicheren Herkunftsstaaten ermöglicht Art. 16a III GG ein verkürztes Verfahren.

13 **i) Wegfall der Asylberechtigung – Rücknahme der Anerkennung.** Mit dem Ende der politischen Verfolgung endet grundsätzlich auch die Asylberechtigung. Der **Widerruf** der Asylanerkennung in § 73 I 1 AsylVfG ist nach h. L. also kein Eingriff, sondern nur eine Reaktion auf das „Verlassen des Schutzbereichs" und ist – bei Beachtung der entsprechenden Verfahrensvorschriften – verfassungskonform. Dasselbe gilt für die **Rücknahme** des (rechtswidrigen) Anerkennungsbescheids (§ 73 II AsylVfG), die in der Sache kein Eingriff, sondern nur die Feststellung der fehlenden Asylberechtigung ist. Auch bei Begehung einer gewichtigen strafbaren Handlung oder bei Wegfall des Asylgrundes kann die Anerkennung widerrufen werden, § 73 AsylVfG (BVerwG, NVwZ 2001, 335; OVG Münster, NVwZ 2004, 757). Insofern sind §§ 48, 49 VwVfG neben § 73 AsylVfG anwendbar (BVerwGE a. a. O.).

14 **3. Die Rechtsfolge: „genießen Asylrecht".** Bei der Interpretation des Schutzbereichs darf man sich nicht allein auf den Tatbestand der politischen Verfolgung und dessen unterschiedliche Einschränkungen in Art. 16a GG beziehen; es kommt vielmehr auch darauf an, die Rechtsfolge: *„genießen Asylrecht"*, also den eigentlichen Kern des

Grundrechts, zu bestimmen. In dieser Formulierung stellt Art. 16a GG zunächst den **Abwehrcharakter** des Grundrechts klar. Das Grundrecht schützt vor staatlichen Eingriffen in den besonderen Status politisch Verfolgter. Es richtet sich also gegen Einreiseverweigerung, asylbezogene Benachteiligungen und vor allem aufenthaltsbeendende Maßnahmen wie Abschiebung, Auslieferung usw. Die Anerkennung als Asylberechtigter ist nicht etwa eine staatliche Leistung, die den Schutzbereich des Grundrechts erst eröffnet (so aber *Masing*, in: Dreier, GG, 1./2. Aufl., Art. 16a, Rn. 91), sondern nur dessen staatliche **Bestätigung.** Wird sie auf Grund eines fehlerhaften Verfahrens oder sonstiger Fehler verweigert, so liegt darin ein Eingriff in das Grundrecht, nicht lediglich eine „Leistungsverweigerung", (wie hier *Davy*, in: AK zum GG, Art. 16a [2001], Rn. 13 ff.; *Gusy*, Asylrecht und Asylverfahren in der Bundesrepublik Deutschland [1980], S. 12, jeweils m. w. N.).

Dagegen beruht das gesamte „neue Asylrecht" auf der Annahme, dass der Schutzbereich des Grundrechts nicht schon durch den Tatbestand der politischen Verfolgung eröffnet **ist,** sondern erst durch die staatliche Anerkennung eröffnet **wird.** Andernfalls wären zahlreiche Bestimmungen des AsylVfG, aber auch des Textes des heutigen Art. 16a GG, insbesondere die „Flughafenregelung" nicht nachvollziehbar.

Kritik: Diese Lösung entspricht den Bedürfnissen der Verwaltung und scheint auf den ersten Blick auch die offenkundige Schwierigkeit der Überprüfung der Asylberechtigung zu entschärfen. In der Sache verkennt sie aber den Charakter des Asylrechts als **vorstaatliches Menschenrecht.** So sind es die politische Verfolgung und die Gefahr für Leib, Leben und Menschenwürde, die den Schutzbereich des Asylgrundrechts begründen – nicht die von zahllosen bürokratischen Hürden behinderte Anerkennung. Diese wirkt **nicht konstitutiv, sondern nur deklaratorisch.** Auch widerspricht die herrschende Auffassung schon dem eindeutigen Wortlaut des Art. 16a GG, der auf die politische Verfolgung, nicht erst auf die durch deutsche Behörden **anerkannte** politische Verfolgung abstellt. Konsequenter wäre es daher, die abwehrrechtliche Konzeption des Grundrechts beizubehalten und die Verweigerung der Einreise bei objektiv bestehender Asylberechtigung als das zu behandeln, was sie ist: Einen **Eingriff** in das Grundrecht. Dann bleibt es immer noch möglich, bei von vornherein aussichtslosen Asylanträgen den Schutzbereich als nicht eröffnet zu sehen. Auch hier besteht aber ein grundrechtsbegründeter Anspruch auf ein faires Verfahren der Feststellung, ob ein „von vornherein aussichtsloser Antrag" wirklich vorliegt.

4. Träger des Grundrechts. Träger des Grundrechts können nur **natürliche Personen** und – in diesem Fall – **nur Ausländer** sein.

Nur im Zusammenhang mit der Auslieferung von Deutschen an das europäische Ausland kommt theoretisch auch eine Asylberechtigung von Deutschen in Betracht, wobei schon wegen Art 16a II GG allerdings kaum Fälle denkbar sind, dass diese in einem europäischen Staat politisch verfolgt werden. Zu beachten sind in diesem Fall auch die Vorbehalte, die das BVerfG in seinem Urteil zum Europäischen Haftbefehl (BVerfGE 113, 273, 292) formuliert hat.

Für **Kinder und Jugendliche** gilt grundsätzlich, dass ihnen der Asylanspruch nur zusteht, wenn sie selbst politisch verfolgt sind. Es gibt aber – wie bei Ehegatten von Verfolgten – eine widerlegbare Vermutung dafür, dass bei minderjährigen Kindern eines politisch Verfolgten die Gefahr einer eigenen politischen Verfolgung besteht (BVerwG, NVwZ 1987, 505).

16   **5. Verhältnis zu anderen Grundrechten.** Die Aussage des Asylgrundrechts ist singulär. Der Schutz vor politischer Verfolgung in Art. 16a GG geht Grundrechten wie Meinungsfreiheit, Versammlungsfreiheit, Religionsfreiheit usw. vor. Diese sind aber selbstverständlich anwendbar, wenn ein Asylberechtigter in der Bundesrepublik eine Meinung äußert oder von seiner Gewissensfreiheit Gebrauch macht. Augenfällig ist der enge Zusammenhang zur Menschenwürde. Das heißt zwar nicht, dass das Asylgrundrecht seinem ganzen Inhalt nach von der Menschenwürde geschützt und insofern unabänderlich wäre (BVerfGE 94, 166, 200; allg. zum Verhältnis von Asylrecht und Menschenwürde auch bereits BVerfGE 54, 341, 357). Drohen dem Betroffenen im Verfolgerstaat aber Folter und Erniedrigung, dann schützt Art. 16a GG insofern auch die Menschenwürde. Problematisch ist es, dass die Einschränkungen der Art. 16a II bis IV GG insofern nicht nur das Asylrecht, sondern mittelbar auch die Menschenwürde betreffen. Sie sind deshalb so auszulegen, dass bei der Entscheidung über die Anerkennung als politisch Verfolgter oder über aufenthaltsbeendende Maßnahmen ein Eingriff in oder eine Gefährdung der Menschenwürde in jedem Fall ausgeschlossen werden können (BVerfGE 94, 49, 85 – Sichere Drittstaaten; BVerfGE 94, 166 – Flughafenverfahren).

III. Eingriffe

17   **1. Verweigerung der Einreise.** Die **Verweigerung der Einreise** bei bestehendem Asylanspruch ist ein Eingriff in das Asylgrundrecht, der nach dem Wortlaut des Grundrechts („genießen Asylrecht")

theoretisch nicht zu rechtfertigen ist. Das Problem besteht aber darin, dass vor Feststellung der Asylberechtigung Art. 16a II bis IV GG und das AsylVfG den Schutzbereich inhaltlich und auch geografisch so begrenzen, dass er faktisch nicht erreicht werden kann. Dasselbe gilt nach dem Wortlaut von Art. 16a I GG für alle Maßnahmen, die das grundrechtlich geschützte Asylrecht behindern. Auch das ist aber „graue Theorie", denn die Flughafenregelung, das Verbot an Luftverkehrsunternehmen, Asylsuchende ohne Sichtvermerk in die Bundesrepublik Deutschland zu befördern und die „sichere Drittstaaten"-Klausel verhindern praktisch, dass es zu einer Verwirklichung des Einreiserechts kommt. Das aber wäre seinerseits Voraussetzung zur Überprüfung der Asylberechtigung durch deutsche Behörden und Gerichte.

2. Aufenthaltsbeendende Maßnahmen. Ist der Schutzbereich des Grundrechts eröffnet, liegt also eine politische Verfolgung vor, dann liegt in jeder aufenthaltsbeendenden Maßnahme (Auslieferung, Ausweisung und Abschiebung) unbestritten ein Eingriff in das Grundrecht. Das gilt auch für die Abschiebung in Drittstaaten.

Liegt dagegen keine politische Verfolgung vor und ist der Asylantrag damit von vornherein ohne Aussicht auf Erfolg, dann sind weder Einreiseverweigerung noch aufenthaltsbeendende Maßnahmen echte Eingriffe in das Grundrecht. Insofern (aber nur insofern) ist die durch das BVerfG „abgesegnete" Konzeption des verfassungsändernden Gesetzgebers tragfähig.

3. Rücknahme und Widerruf der Anerkennung. Grundsätzlich sind auch Rücknahme und Widerruf der Anerkennung bei objektiv gegebener Asylberechtigung Eingriffe in das Grundrecht. Deshalb beschränkt § 73 AsylVfG Rücknahme und Widerruf von vornherein auf Fälle, in denen die Asylberechtigung nicht bestand, etwa durch falsche Angaben erschlichen wurde, oder durch politische Veränderungen im Heimatland nicht mehr besteht. Strenge Anforderungen bestehen beim Widerruf aus anderen Gründen. Hier reicht die Zugehörigkeit einer Person zu einer Organisation, die ihre Ziele auch mit terroristischen Mitteln zu erreichen versucht, nicht aus, es ist vielmehr im Einzelfall zu prüfen, ob der Betroffene z. B. schwere Straftaten begangen hat oder sein Aufenthalt eine Gefahr für die freiheitliche demokratische Grundordnung darstellt (BVerwG, NVwZ 2011, 1450).

4. Beschränkungen der Freizügigkeit und der Arbeitsaufnahme. Keine Eingriffe in Art. 16a GG sind zumindest nach h. M. weitere

Auflagen für Asylbewerber wie Arbeitsbeschränkungen und die Begrenzung auf bestimmte Orte (BVerfGE 96, 10, 20 – Räumliche Aufenthaltsbeschränkung). Hier handelt es sich um Maßnahmen, die einer gleichmäßigen Verteilung der Asylbewerber auf das Bundesgebiet und der Vermeidung von „Enklaven" dienen und diese sind deshalb auch als Eingriffe in Art. 2 I GG gerechtfertigt, wenn sie Verhältnismäßig und die Belange der Betroffenen in einem fairen Verfahren gewahrt sind. Zu bedenken ist aber, dass eine möglichst rasche Eingliederung in den Arbeitsprozess und die damit bestehende Möglichkeit, die eigene Existenz zu sichern, nicht nur die menschlichere, sondern auch die bei weitem wirtschaftlichere Lösung des Problems darstellt.

IV. Verfassungsrechtliche Rechtfertigung – Schranken

21   **1. Das Dilemma: Kein Schrankenvorbehalt.** Art. 16a GG hat keinen Gesetzesvorbehalt, bedarf aber vielfältiger staatlicher Konkretisierung. Dieses Dilemma zeigt sich auch bei der Rechtfertigung möglicher Eingriffe. Steht die politische Verfolgung fest, so ist ein Eingriff durch aufenthaltsbeendende Maßnahmen nicht zu rechtfertigen. Dazu könnte verfassungskonform auch kein Gesetz ermächtigen. Gesetzgeber und Rechtsprechung haben daher von Anfang an Zuflucht darin gesucht, das Grundrecht durch verfahrensmäßige Voraussetzungen und den faktischen Anerkennungsvorbehalt schon im Schutzbereich stark einzuschränken (BVerfGE 60, 253, 295).

22   **2. Verfassungsimmanente Schranken.** Obwohl das Grundrecht keinen Gesetzesvorbehalt enthält, sind verfassungsimmanente Schranken durchaus denkbar. So kann ein politisch Verfolgter abgeschoben werden, wenn seine Betätigung zugleich die **freiheitlich-demokratische Grundordnung** der Bundesrepublik gefährdet oder im Extremfall eine Gefahr für Leben und Gesundheit anderer Menschen darstellt. Keine verfassungsimmanente Schranke ist aber z. B. die „Leistungsfähigkeit oder Aufnahmefähigkeit des Gemeinwesens" oder die „Unwürdigkeit" des Bewerbers. Besteht ein Terrorismusverdacht, so ist das Problem bereits über das Kriterium der Asylberechtigung (keine politische Verfolgung bei begründetem Terrorismusverdacht) zu lösen.

23   **3. Absolute Abschiebungshindernisse.** Absolute Abschiebungshindernisse ergeben sich aus Art. 1 GG nach nationalem Recht und aus Art. 3 EMRK nach internationalem Recht, wenn dem Betroffenen

im Heimatstaat die Todesstrafe, Folter oder vergleichbar schwere Menschenrechtsverletzungen (Einkerkerung unter menschenunwürdigen Umständen, Zwangsbeschneidung, Versklavung usw.) drohen, oder der Kern der Religionsfreiheit berührt wird (BVerwGE 122, 271 ff. – Fall Kaplan; BVerwG, NVwZ 2000, 1302). Bestehen umgekehrt bei fortdauerndem Aufenthalt Gefahren für die freiheitlich-demokratische Grundordnung der Bundesrepublik – etwa durch fortbestehende Agitation eines „Hasspredigers" – so muss eine Lösung durch direkte Maßnahmen gegen diese Betätigung oder verbindliche Zusagen des „aufnehmenden" Staates gesucht werden. Höchst fraglich ist aber, ob schon die formale Abschaffung der Todesstrafe in der Türkei jeden Verdacht der Menschenwürdeverletzung in diesem Land ausschließt (BVerfG, Kammer, NVwZ 2008, 71).

V. Besondere Schutzfunktionen – insbesondere: Verfahren

In der traditionellen Funktion ist Art. 16a GG als Abwehrrecht gegen staatliche Eingriffe untrennbar mit einer **objektiven Schutzpflicht** verbunden. Der Staat muss politisch Verfolgte also nicht nur dulden und darf sie nicht ihren Verfolgern ausliefern, er muss ihnen auch aktiv Schutz gewähren. Dazu gehört z. B. die Hilfe gegen die Unterwanderung von Exil- und Asylantengruppen durch Agenten des Heimatstaates, die Bestrafung von deren Aktivitäten usw. In Extremfällen kann der Schutz bis zur Verschaffung einer neuen Identität gehen. 24

Ungeachtet der Frage, ob aus Art. 16a GG ein **Leistungsgrundrecht** folgt, hat der Staat nach Art. 1 GG i. V. m. dem Sozialstaatsprinzip jedenfalls dafür zu sorgen, dass der Asylberechtigte die Grundlagen einer menschenwürdigen Existenz erhält oder sich erarbeiten kann (BVerfGE 125, 175). Das umfasst auch Möglichkeit zur Pflege zwischenmenschlicher Beziehungen und ein Mindestmaß der Teilhabe am gesellschaftlichen, kulturellen und politischen Leben. Deshalb hat das BVerfG in einem Aufsehen erregenden Urteil (BVerfGE, NVwZ 2012, 1024) zentrale Normen des Asylbewerberleistungsgesetzes für verfassungswidrig erklärt und festgestellt, dass die Höhe der Geldleistungen nach dessen § 3 evident unzureichend sei, weil sie seit 1993 nicht verändert worden sei. Auch ist es ein Verstoß gegen den Gleichheitssatz, wenn Asylbewerber einen Schmerzensgeldanspruch für ihren Lebensunterhalt einsetzen müssen, bevor sie staatliche Leistungen erhalten (BVerfG, NVwZ 2007, 436).

Ob das Asylgrundrecht praktisch wahrgenommen werden kann, hängt entscheidend von einem **fairen Anerkennungsverfahren** und dem dazugehörigen Rechtsschutz ab. Das schließt auch ein etwaiges Verfahren über die **Abschiebehaft** ein (BVerfG, Kammer, NJW 2009, 2659). Art. 16a GG ist also eines der „verfahrenabhängigsten" Grundrechte überhaupt. Konkretisiert wird diese Funktion durch das AsylVfG vom 27.7.1993 (BGBl. I, 1361), das als Spezialgesetz zum VwVfG in vielen Bestimmungen hohe Grundrechtsrelevanz aufweist und nicht nur das Asylverfahren selbst, sondern auch die Aufenthaltsbeendigung, Unterbringung und Verteilung sowie das Gerichtsverfahren regelt. Wichtig ist aber auch, dass bei der Auslegung dieses Verfahrensgesetzes die Ausstrahlungswirkung des Grundrechts selbst beachtet wird.

Das gilt besonders für eine sorgfältige und umfassende Ermittlung des **Sachverhalts**. Anwendbar ist der Untersuchungsgrundsatz nach § 24 VwVfG. Dieser schließt es aus, dass die Behörde z. B. einfach Berichte des Auswärtigen Amtes über die Situation im Herkunftsland für „bare Münze" nimmt, die nicht selten von politischen Rücksichten gegenüber der jeweiligen Regierung geprägt sein dürften (*Kohnert*, NVwZ 1998, 136).

Wenig aussagekräftig, teilweise sogar gefährlich für das Asylrecht ist die Dimension der **„institutionellen Garantie"**. Soweit damit gemeint ist, dass der Staat das Institut des Asylrechts schützen und bewahren muss, ist diese Funktion in der objektiven Schutzpflicht und im Abwehrrecht enthalten. Soweit damit aber ein Gegensatz zum individuellen Anspruch auf Asyl gemeint sein sollte oder sogar gefordert wird, das Grundrecht durch eine institutionelle Garantie zu ersetzen, schafft sie ein traditionsreiches Menschenrecht praktisch ab.

VI. Die internationale und europäische Perspektive

25   Völkerrechtlich gesehen wird das Recht, Asyl zu gewähren, dem Souveränitätsprinzip zugerechnet. Dem entspricht aber keine für jeden einzelnen Staat verbindliche Verpflichtung. Etwas anderes lässt sich nach h. L. auch nicht aus **Art. 14 AEMR** ableiten: *„Jeder Mensch hat das Recht, in anderen Ländern vor Verfolgung Asyl zu suchen und zu genießen"*. Zu beachten ist aber die Genfer Flüchtlingskonvention von 1951 (BGBl. 1953 II, 559), die in Art. 33 I ein Auslieferungsverbot in Staaten enthält, in denen dem Flüchtling Verfolgung droht („non-refoulement-Prinzip"). Wie alles Völkerrecht bindet aber auch diese Konvention nur den Staat und verleiht dem Einzelnen kein subjektives Asylrecht.

26   Die **EMRK** kennt kein eigenständiges Asylgrundrecht (EGMR, NVwZ 2005, 1046). Ein Auslieferungs- und Ausweisungsverbot in Folterstaaten er-

gibt sich aber aus Art. 3 EMRK (EGMR, NVwZ 1997, 1093 – Chahal). Der EGMR hat bezeichnenderweise inzwischen aber auch Bedenken gegen eine Auslieferung von Al-Qaida oder Hamas-Verdächtigen in die USA. Das ist angesichts von Guantánamo und der von den USA offenbar akzeptierten Foltermethoden verständlich (EGMR, NVwZ 2008, 761). Zudem ist es durchaus fraglich, ob die deutsche Flughafenregelung europäischen Bestimmungen, insbesondere Art. 5 EMRK, gerecht wird (vgl. EGMR, NVwZ 1997, 1102 – Internationale Zone eines französischen Flughafens). Auch wirkt Art. 3 EMRK bei drohender Folter oder unmenschlicher oder erniedrigender Behandlung oder entsprechenden Haftbedingungen als absolutes Abschiebehindernis (EGMR, NVwZ 2011, 413 u. NVwZ 2012, 1233 – Griechenland; EGMR, NVwZ 2012, 809 – Lybien). Das gilt selbst dann, wenn es mangels Staatlichkeit im Heimatland keine im eigentlichen Sinne staatliche politische Verfolgung mehr gibt (EGMR, NVwZ 1997, 1093 – Chahal; EGMR, NVwZ 2012, 681 – Somalia) oder die Behandlung einer lebensbedrohenden Krankheit nicht gewährleistet ist (EGMR, NVwZ 1998, 161 – Aidskranker). Der EGMR legt auch großes Gewicht auf eine bestehende kulturelle Verwurzelung im abschiebenden Land und familiäre Beziehungen (EGMR, NVwZ 1998, 163).

Auf der Ebene des **europäischen Gemeinschaftsrechts** ist das Asylrecht erst mit dem Maastrichter Unionsvertrag von 1992 bestätigt worden. Seither besitzt die EU eine mittlerweile in Art. 78 AEUV geregelte Kompetenz zur Gestaltung einer europäischen Asylpolitik – ein erster und entscheidender Schritt zur Europäisierung des Asylproblems und angesichts des alle Mitglieder der Gemeinschaft betreffenden identischen Problems eine zwangsläufige Entwicklung. Auf dieser Basis hat die Europäische Gemeinschaft zahlreiche Richtlinien und Verordnungen u. a. über Mindestnormen über die Aufnahme von Asylbewerbern in den Mitgliedsstaaten, über Kriterien und Verfahren zur Bestimmung des Asyls und über Asylanträge seitens Staatsangehöriger von Mitgliedstaaten der Europäischen Union getroffen (Übersicht bei *Wittreck* in: Dreier, GG, Art. 16a, Rn. 35 ff). 27

In der EuGRCh proklamiert Art. 18 ein Recht auf Asyl nach Maßgabe der Genfer Flüchtlingskonvention und des EG-Vertrags. Mittlerweile gibt es auch erste EuGH-Entscheidungen zum EU-Asylrecht. So dürfen etwa die Eltern eines Kindes mit EU-Bürgerstatus nicht abgeschoben werden (EuGH, Große Kammer, NJW 2011, 2033 – Fall Zambrano). Auch betont der EuGH den **Grundrechtsschutz durch Verfahren** (EuGH, NVwZ 2013, 59 – zwingende persönliche Anhörung; zur **Verfolgung aus religiösen Gründen** s. auch EuGH, NVwZ 2012, 1612).

VII. Aktuelle Fälle und Probleme

28 1. Asylrecht und Terrorismusverdacht. Das Asylgrundrecht setzt voraus, dass der Betroffene selbst politisch **Verfolgter** und nicht etwa **Verfolger** politischer Gegner ist. Deshalb besteht bei Zugehörigkeit zu einer terroristischen Vereinigung kein Asylanspruch und die Abschiebung ist grundsätzlich unter den oben genannten Voraussetzungen möglich (BVerwG, DÖV 1999, 876 – PKK). Setzt der Angehörige einer Widerstandsgruppe in Deutschland den Kampf mit terroristischen Mitteln fort, dann hat er kein Asylrecht. Insofern ist es richtig vom **Terrorismusvorbehalt des Art. 16a GG** zu sprechen (BVerwG, NVwZ 1999, 1349 – PKK). Dasselbe gilt bei an sich Asylberechtigten, die andere schwere Straftaten begangen haben (OVG Münster, DVBl. 2011, 1166). Auch hier bleibt es aber bei den Abschiebehindernissen drohende Todesstrafe und Folter. Schiebt ein Staat einen Ausländer in einen Vertragsstaat der EMRK ab, so behält er die Verantwortung dafür, dass die Regeln der EMRK, insbesondere das Folter- und Erniedrigungsverbot, eingehalten werden (BVerwG, NVwZ 2005, 704 – Fall Kaplan).

29 2. Verfolgung aus religiösen Gründen. Wie oben dargelegt, versucht die Rechtsprechung die Verfolgung aus religiösen Gründen auf Fälle einzugrenzen, in denen die Religionsausübung in ihrem Kern betroffen ist. So sei eine Verpflichtung, eine Nationalflagge zu grüßen auch für Zeugen Jehovas zumutbar und daher nicht den Kern der Religionsfreiheit betreffend (BVerwG, NVwZ 1989, 744). Auch die Schulpflicht in religiös gebundenen staatlichen Schulen wird als noch hinnehmbar bezeichnet (BVerwG, NVwZ 1990, 80). Anders verhält es sich aber, wenn Angehörige einer Religion in regelrechte Umerziehungslager verbracht werden (BVerwG, NVwZ 1991, 792). Auch kulturelle Fragen können auf politische Verfolgung hindeuten, so etwa das Verbot der Nutzung einer eigenen Sprache (BVerfG, Kammer, NVwZ 1992, 559 – Albanische Sprache im früher jugoslawischen Kosovo).

Literatur zu § 20: *Dietz,* Grundlinien des deutschen Aysl- und europäischen Flüchtlingsrechts, BayVBl. 2012, 645; *Grawert,* Deutsche und Ausländer: Das Staatsangehörigkeits-, Ausländer- und Asylrecht in der Rechtsprechung des Bundesverfassungsgerichts, FS 50 Jahre BVerfG (2001) II, 319ff., 344; *Hailbronner,* Das Asylrecht nach den Entscheidungen des Bundesverfassungsgerichts, NVwZ 1996, 625; *Marx,* Ausländer- und Asylrecht (2008); *Meßmann/Kornblum,* Grundfälle zu Art. 16, 16a GG, JuS 2009, 810; *Rothkegel,* Verfassungsrechtliche Anforderungen an die Tatsachenfeststellung im Asylbereich außerhalb des Art. 16 II 2 GG, NVwZ 1992, 313; *Schenk,* Die Entwicklung des Asylrechts in der 50jährigen Rechtsprechung des BVerfG, NVwZ 2002, 801.

§ 21 Habeas corpus-Rechte und Justizgrundrechte (Art. 2 II 2 GG und Art. 101 I 2, 103, 104 GG)

I. Allgemeines

1. Entstehung und geschichtliche Entwicklung. Der Schutz vor willkürlicher Verhaftung („habeas corpus" – so lautete die Eingangsformel des mittelalterlichen Haftbefehls) wird bereits in **Art. 39 der Magna Charta von 1215** genannt und hat der **Habeas Corpus-Akte von 1679** den Namen gegeben. Auch die **Bill of Rights von 1689** und Art. 7 der **Déclaration von 1789** sind hier zu erwähnen. Von Frankreich aus fand der Schutz vor willkürlicher Verhaftung Eingang in die frühen süddeutschen Verfassungen und die **Paulskirchenverfassung** (§ 138 II, III – dort bereits mit Richtervorbehalt für Verhaftungen und polizeiliche Verwahrung). Dagegen war nach Art. 114 **WRV** die Verhaftung auf Grund eines Gesetzes ohne Richtervorbehalt möglich. Der Schutz vor ungesetzlicher Freiheitsentziehung wurde 1933 außer Kraft gesetzt: Mit der bekannten Folge vollkommen willkürlicher Verhaftungen und Freiheitsentziehungen in Gestapo-Kellern und Konzentrationslagern.

Bei der **Entstehung des GG** knüpfte man an die Tradition der Menschenrechte und der Paulskirche an. In der engen Verklammerung von körperlicher Unversehrtheit und physischer Freiheit innerhalb des Art. 2 II GG kommt eine historisch wohlbegründete Parallele von Freiheitsschutz und Schutz vor körperlichen Misshandlungen zum Ausdruck. Deshalb wurde der Schutz vor Freiheitsentziehung in Art. 2 II GG an prominenter Stelle platziert, die Einzelheiten aber in Art. 104 GG im Zusammenhang mit den übrigen Justizgrundrechten geregelt. Gleichwohl bilden beide Gewährleistungen eine Einheit.

2. Heutige Bedeutung. Freiheitsanspruch und Justizgrundrechte sind auch heute von größter praktischer Bedeutung. Wenn auch das Recht auf Freiheit der Person in Art. 2 II 2 GG scheinbar im Schatten des Grundrechts auf Leben und körperliche Unversehrtheit, also Satz 1 in Art. 2 II GG, steht, so bildet doch die Konkretisierung dieses Rechts in Art. 104 GG den Mittelpunkt der Justizgrundrechte. Auch gehören das rechtliche Gehör und der Grundsatz „nulla poena sine lege" (beide in Art. 103 GG verankert) zu den beim BVerfG am häufigsten gerügten Grundrechten. Auch das Gebot des gesetzlichen Richters (Art. 101 GG) stellt ein wichtiges Grundrecht und den verfassungsrechtlichen Hintergrund vieler Zuständigkeitsfragen dar. Alle können im Wege der Verfassungsbeschwerde gerügt werden.

Besonders wichtige Zusammenhänge bestehen naturgemäß zum **Strafprozessrecht.** Dieses wurde zu Recht als „geronnenes Verfassungsrecht" bezeichnet (*Jahn*, JuS 2005, 1057). Das Gebot des gesetzlichen Richters und das rechtliche Gehör stellen aber darüber hinaus in allen Gerichtsbarkeiten und Verfahrensordnungen selbstverständliche Verfassungsgrundlagen dar (zur Bedeutung im **Verwaltungsprozess** etwa *Hufen*, VwProzR, § 35, Rn. 3 ff.).

II. Der Schutz vor Freiheitsbeschränkung (Art. 2 II 2/Art. 104 GG)

4   1. **Allgemeines.** Mit großem Impetus formuliert Art. 2 II 2 GG: *„Die Freiheit der Person ist unverletzlich".* Die Formulierung ist dabei nicht zufällig an das „unantastbar" in Art. 1 I GG angenähert. Gleichwohl stellt schon Satz 3 klar, dass Unverletzlichkeit und Unantastbarkeit nicht dasselbe sind. Das Grundrecht steht vielmehr unter einfachem Gesetzesvorbehalt, der allerdings in Art. 104 GG durch einen praktisch viel bedeutsameren **Richtervorbehalt** ergänzt wird.

5   2. **Schutzbereich.** *a)* Der **sachliche Schutzbereich** des Art. 2 II 2 GG ist nicht im Sinne umfassender Entfaltungs- und Bewegungsfreiheit zu verstehen. Dieser aktive Teil der Freiheit wird vielmehr durch Art. 2 I GG erfasst. Bei Art. 2 II 2 GG geht es vielmehr um den Schutz persönlicher Freiheit gegen **Verhaftung und sonstige Festsetzung** – ganz im historischen Sinne. Deutlich ist damit der unmittelbare Zusammenhang zu Art. 104 GG, der grundrechtssystematisch die Schrankenbestimmung zu Art. 2 II 2 GG enthält.

6   *b)* **Träger** des Grundrechts ist jede **natürliche Person,** die sich allein oder mit Hilfsmitteln physisch frei bewegen kann. Das Grundrecht ist nicht nur Deutschen vorbehalten. Es gilt auch für Ausländer und Staatenlose. Auf die Geschäfts- oder Einsichtsfähigkeit kommt es nicht an. Geschützt sind auch Kinder, z. B. bei Unterbringung in einer Kinderpsychiatrie (BVerfG, Kammer, NJW 2007, 3560) und Geschäftsunfähige vor unangemessenen Freiheitsbeschränkungen – auch und gerade in der Psychiatrie. Auf **juristische Personen** ist dieses personenbezogene Freiheitsgrundrecht dagegen nicht anwendbar.

c) Im Hinblick auf das **Verhältnis zu anderen Grundrechten** gilt: 7
Art. 2 II und Art. 104 GG haben erkennbar denselben Schutzbereich
(BVerfGE 10, 302, 322 – Vormundschaft), wobei Art. 104 GG vor allem Freiheitsbeschränkung und Freiheitsentziehung im justizförmlichen Verfahren betrifft. Beide Grundrechte stehen zwar grundsätzlich nebeneinander (BVerfGE 9, 89, 100 – Haftbefehl), doch enthält
Art. 104 GG auch Spezialgarantien zum rechtlichen Gehör bei Freiheitsentzug. Während Art. 11 GG das Recht der **Freizügigkeit**, d. h. grundsätzlich auch das Recht, sich zu einem bestimmten Punkt **hinzubewegen und dort aufzuhalten**, gewährleistet, schützt Art. 2 II 2 GG die Freiheit, sich von einem bestimmten Ort **hinwegzubegeben**, also nicht festgesetzt zu werden. Art. 2 II 2 GG ist also nicht etwa lex generalis zu Art. 11 GG, sondern schützt zusammen mit Art. 104 GG sehr konkret vor Freiheitsentziehung. **Art. 2 I GG** schützt zwar gleichermaßen das „Hinbewegen" und „Wegbegeben", tritt aber als allgemeines Grundrecht sowohl hinter Art. 2 II 2/104 GG als auch hinter Art. 11 GG zurück.

3. Eingriffe. Eingriffe sind alle der öffentlichen Gewalt zuzurechn- 8
enden Maßnahmen, die die Bewegungsfreiheit gegen oder ohne den
Willen der Person beschränken, also förmliche **Freiheitsentziehungen, Haft, Freiheitsstrafen, Sicherheitsverwahrung, „elektronische Fußfessel"**, Unterbringung in der **geschlossenen Psychiatrie**, polizeilicher **Gewahrsam** und **Abschiebehaft**. Umstritten ist, ob die **Festsetzung von Flüchtlingen** im Transitbereich eines Flughafens unter das Grundrecht fällt. Auch wenn der Betroffene jederzeit ausreisen kann, liegt hier – unabhängig von Art. 16a GG – nach richtiger Auffassung eine rechtfertigungsbedürftige Freiheitsbeschränkung vor (anders aber BVerfGE 94, 166, 198).

Zu unterscheiden sind einfache **Freiheitsbeschränkungen** (Art. 104 I GG) und Freiheits**entziehungen** (Art. 104 II GG). Maßgeblich dafür sind die Dauer und die Intensität des Eingriffs (BVerfGE 105, 239, 248 – Richtervorbehalt). Freiheitsbeschränkung, aber nicht Freiheitsentziehung ist das kurze Festhalten zur Identifikation einer Person, die Vorführung zu einer ärztlichen Untersuchung oder die zum eigenen Schutz vorgenommene Unterbringung in einer Ausnüchterungszelle. Dasselbe gilt – unabhängig von der Frage der Rechtmäßigkeit – für das Abdrängen und auch das „Einkesseln" einer Demonstration durch die Polizei.

Eingriff ist auch schon die **Anordnung einer Freiheitsbeschränkung,** nicht erst deren Vollzug (BVerfGE 14, 174, 186 – Gesetzesvorbehalt). Eine besonders schwerwiegende Form der Freiheitsentziehung ist die **Sicherungsverwahrung** (dazu unten, Rn. 19).

Kein Eingriff in die Freiheit der Person liegt dagegen vor, wenn sich eine Person zu einem bestimmten Zeitpunkt oder nach Ablauf einer Frist an einen bestimmten Ort begeben muss (**Beispiele:** Einberufung zum Wehrdienst, Schulpflicht, Untersuchung beim Amtsarzt). Zum Eingriff kann die Situation in solchen Fällen aber werden, wenn sich der Betroffene sodann nicht mehr wegbegeben darf. **Platzverweis** und **Verweisung** aus der Wohnung sind Eingriffe in Art. 2 I GG und möglicherweise in Art. 11 und Art. 13 GG, nicht aber in Art. 2 II GG. Eine **Bewährungsauflage in Form einer Geldauflage** ist an Art. 2 I GG, gegebenenfalls auch Art. 14 GG, nicht aber an Art. 2 II 2 GG zu messen (BVerfG, Kammer, NJW 2011, 3508).

9 **4. Rechtfertigung des Eingriffs.** Art. 2 II 2 GG steht unter **einfachem Gesetzesvorbehalt.** Dieser wird aber im Hinblick auf Freiheits**entziehungen i. e. S.** durch Art. 104 II bis IV GG konkretisiert. Eingriffsgrundlage kann nur ein formell und materiell verfassungsgemäßes, **hinreichend bestimmtes** förmliches Gesetz sein. Es gibt also keine rechtmäßige Freiheitsentziehung auf Grund einer Rechtsverordnung, Satzung oder Gewohnheitsrechts (BVerfGE seit 14, 61, 64). Landesgesetze zur strafrechtlich begründeten Freiheitsentziehung hat das BVerfG wegen fehlender Gesetzgebungskompetenz (Art. 74 I Nr. 1 GG) für nichtig erklärt (BVerfGE 109, 190, 235 – Sicherungsverwahrung). Hinreichend **bestimmt** ist das Gesetz nur, wenn es die zur Freiheitsentziehung führenden Gründe und Tatbestände als vorhersehbar bezeichnet. Nach dem Ende des besonderen Gewaltverhältnisses müssen auch die grundrechtswesentlichen Maßnahmen während des Strafvollzugs exakt geregelt sein (BVerfGE 116, 69, 80 – Jugendstrafvollzug; *Ostendorf,* NJW 2006, 2073).

10 Über Zulässigkeit und die Fortdauer einer Freiheitsentziehung hat der Richter zu entscheiden. Dieser **Richtervorbehalt** ist der entscheidende Unterschied zur WRV und der **eigentliche Kern der Gewährleistung.** Die Entscheidung des Richters ist auch dann erforderlich, wenn die Ingewahrsamnahme vor dem Ablauf der Frist des Art. 104 II 3 GG endet (BVerfGE 105, 239, 247 – Richtervorbehalt).

Höchst **ausnahmsweise** kann nach Art. 104 II 2 bis 4 GG eine Freiheitsentziehung auch **ohne vorherige richterliche Anordnung** erfolgen. Das ist besonders bei Gefahr im Verzug und dann der Fall, wenn ein Richter nicht rechtzeitig erreichbar ist. An diese Ausnahme stellt das BVerfG (BVerfGE 105, 239, 248; BVerfG, Kammer, NVwZ 2007, 1044 – Abschiebehaft) aber strenge Anforderungen. Diese sind in ländlichen Regionen anders zu beurteilen (SaarlVerfGH, NJW 2010, 2037) als in Ballungsräumen mit hoher „Gerichtsdichte". Auch muss schon nach dem Wortlaut von Art. 104 II GG unverzüglich eine richterliche Entscheidung nachgeholt werden (BVerfG, Kammer, NVwZ 2006, 597). Die Polizei darf aus eigener Machtvollkommenheit niemanden länger als bis zum Ende des Tages nach dem Ergreifen in eigenem Gewahrsam halten. Bei Verhaftungen muss spätestens am Ende des Tages (24:00 Uhr) nach dem Ergreifen (absolute Zeitfrist – unabhängig vom Wochen- oder Feiertag) einer in Gewahrsam gehaltenen Person der Richter entscheiden. Die Formulierungen des Art. 104 III GG zeigen dabei unzweideutig, dass diese Entscheidung nur auf Grund einer **persönlichen Anhörung zur Sache** ergehen kann. Eine Heilung von Anhörungsfehlern kommt nicht in Betracht. Die unverzüglich zu treffende Entscheidung lautet auf Haftbefehl oder auf Anordnung der Freilassung (Art. 104 III 2 GG).

Schon auf Verfassungsebene gewährleistet Art. 104 IV GG die notwendige Benachrichtigung eines Angehörigen oder einer Person des Vertrauens. Festgehaltene Personen dürfen weder seelisch noch körperlich misshandelt werden. Darin zeigt sich die Nähe von Art. 104, Art. 2 II und Art. 1 GG.

Für alle Einschränkungen der persönlichen Freiheit gilt der Grundsatz der **Verhältnismäßigkeit** in besonderem Maße. Eingriffe in ein so elementares Grundrecht dürfen dem Einzelnen nur aus gewichtigen Gründen zugemutet werden (BVerfGE 70, 297, 307; BVerfG, NJW 2013, 3228 – Fall Mollath; BVerfG, Kammer, NJW 2007, 2319 – kein Haftbefehl bei irrtümlichem Ausbleiben des Angeklagten). Je länger die Freiheitsentziehung dauert, desto höher sind die Anforderungen an Erforderlichkeit und Zumutbarkeit. Das gilt besonders für die Dauer der Untersuchungshaft, bei der ja noch nicht feststeht, ob der Betroffene die ihm zur Last gelegte Tat wirklich begangen hat. **Freiheitsstrafen** und freiheitsentziehende **Maßregeln der Besserung und Sicherung** können grundsätzlich auch nebeneinander angeordnet werden. Härtefälle müssen aber berücksichtigt werden (BVerfGE 130, 372, 388). Nochmals strengere Voraussetzungen gelten – auch unabhängig von den Anforderungen der Menschenwürde (oben § 10, Rn. 67) – für den schwersten denkbaren Eingriff in die persönliche Freiheit, die **lebenslange Freiheitsstrafe.** Sie kommt nur für schwerste Straftaten in Betracht. Eine „Summierung" leichterer Straftaten im Sinne der „three strikes and you are out"- Doktrin wie in einigen Staaten der USA wäre unverhältnismäßig.

5. Besondere Schutzfunktionen. Art. 2 II 2 GG ist ein „klassisches Abwehrrecht", doch hat das Grundrecht – vor allem in seiner

Konkretisierung durch Art. 104 GG auch objektive und vor allem verfahrensrechtliche Gehalte.

So muss der Staat im Rahmen seiner **objektiven Schutzpflicht** seine Bürger auch vor Beeinträchtigungen der Freiheit durch Dritte (z. B. durch Freiheitsberaubungen, Entführungen usw.) schützen. Besonders wichtig ist der **Grundrechtsschutz durch Verfahren** bei Freiheitsentziehungen, der gleichfalls schon in Art. 104 II GG enthalten ist und der in der Strafprozessordnung, den Polizeigesetzen und im StVollzugsG genau geregelt wurde. Dieser Schutz wird z. B. durch die Beteiligung des Richters bei Verhaftungen, durch angemessene Sachaufklärung, durch Beteiligungsrechte des Betroffenen (zur Anhörung vor Unterbringung in einer psychiatrischen Einrichtung BVerfGE 66, 191, 196 f.), durch Akteneinsicht usw. gewährleistet. Auch eine schwere psychische Krankheit rechtfertigt keine Freiheitsbeschränkung ohne **persönliche Anhörung**. Ein Gutachten reicht insofern nicht aus (BVerfGE 58, 208, 220 – Unterbringung; BVerfG, Kammer, NJW 2007, 3560 – Kinderpsychiatrie; BVerfG, Kammer, NJW 2011, 1275 – Betreuungsverfahren; BVerfG, NJW 2013, 3228 – Fall Mollath). Die Pflicht zur Benachrichtigung der Angehörigen (Art. 104 IV GG) ist eine wichtige Verfahrensgarantie und zugleich ein subjektives Recht des Festgenommenen (BVerfGE 16, 119, 122 – Untersuchungshaft). Von besonderer Bedeutung ist der **Funktionsvorbehalt in Art. 33 IV GG**. Die Privatisierung im Maßregelvollzug muss die strikt begrenzte Ausnahme bleiben (BVerfG, NJW 2012, 1563).

13 Zivilrechtliche Normen sind im Lichte des Grundgesetzes auszulegen. Insofern entfaltet zumindest Art. 2 II 2 GG **mittelbare Drittwirkung**. Eingriffe in die persönliche Freiheit stellen wichtige Fälle von Rechtsverletzungen im Sinne von §§ 823/826 BGB dar und führen in der Regel zu individuellen Schadensersatzansprüchen. Vertragliche Verpflichtungen zur Aufgabe persönlicher Bewegungsfreiheit müssen mit großer Skepsis betrachtet werden.

14 **6. Die internationale und europäische Perspektive.** Die „habeas corpus-Rechte" gehören zum festen Bestand internationaler Menschenrechtspakte, so etwa Art. 9 AEMR, in dem der Schutz vor willkürlicher Festnahme und Haft niedergelegt ist. Art. 5 EMRK enthält das gleichbedeutende Menschenrecht auf Freiheit und Sicherheit sowie einen präzisen Katalog der Rechtfertigungsgründe für Freiheitsbeschränkungen sowie genaue Verfahrensbestimmungen. Nach und

nach präzisiert hier der EGMR seine Rechtsprechung: So ist die **Unterbringung in einer psychiatrischen Anstalt** als Freiheitsentziehung auch dann an strenge Voraussetzungen gebunden, es sich um eine private Anstalt handelt und wenn der Staat hier nur mitwirkt (EGMR, NJW 2006, 1577). Konventionswidrig war auch die **Präventivhaft** vor dem G8-Gipfel in Heililgendamm (EGMR, NVwZ 2012, 1089).

Ebenso streng wie die deutsche Rechtsprechung sieht der EGMR die **Höchstdauer der Untersuchungshaft**. Nach Ablauf einer gewissen Zeit reicht die Schwere einer zu erwartenden Strafe allein nicht mehr aus, um die Fortdauer der Haft wegen Fluchtgefahr zu rechtfertigen. Eine Untersuchungshaft von 4 Jahren und 9 Monaten hat der Gerichtshof als Verstoß gegen Art. 5 III und Art. 6 I EMRK gesehen (EGMR, NJW 2005, 3125; ähnl. streng zur Zwangsunterbringung eines uneinsichtigen HIV-Patienten EGMR, NJW 2006, 2313). Über Beschwerden gegen Freiheitsentziehungen (Art. 5 IV EMRK) muss zügig und wirksam entschieden werden (EGMR, NJW 2012, 2331). Eine besondere Herausforderung des internationalen Rechts stellt die **Terrorismusbekämpfung** dar (dazu *Tomuschat*, DÖV 2006, 357). Das gilt umso mehr, als selbst in Grundfragen gravierende Meinungsverschiedenheiten zwischen den USA und Europa bestehen (z. B. Guantanamo, Status von Taliban-Kämpfern, Datenschutz. 15

7. Aktuelle Anwendungsfälle. *a)* Die zwangsweise **Unterbringung in einem psychiatrischen Krankenhaus** ist ein schwerwiegender Eingriff in das Freiheitsgrundrecht des Art. 2 II 2 GG. Sie kommt auf der Grundlage von § 1 TherapieunterbringungsG nur bei einer hochgradigen Gefahr schwerster Gewalt- oder Sexualstraftaten durch den psychisch Kranken in Betracht (BVerfG, NJW 2013, 3151). Das wurde für strafbares Stalking verneint (BGH, NJW 2013, 3383). Unverhältnismäßig ist auch die zwangsweise Unterbringung eines Süchtigen in einer Entziehungsanstalt, wenn keine konkrete Aussicht auf Heilung besteht (BVerfGE 91, 1, 26). 16

b) Die **Fixierung unruhiger Patienten** darf nur zum Schutz gegen Selbst- oder Fremdgefährdung geschehen, wenn es keine weniger einschneidenden Maßnahmen gibt. Sie ist kein Instrument der Disziplinierung und zur Minimierung versicherungsrechtlicher Risiken (BGH, NJW 2005, 1937 – zur medizinischen Zwangsbehandlung oben § 10, Rn. 58).

c) Eine **elektronische Fußfessel** (§ 56c StGB), also die elektronische Meldung einer Standortveränderung, scheint auf den ersten Blick als milderes Mittel gegenüber Freiheitsstrafe und anderen Bewährungsauflagen, ist aber wegen denkbarer Einwirkungen auf die Privatsphäre nicht ohne Probleme (fraglich LG Frankfurt/Main, NJW 2001, 697). 17

18 d) Heikel sind nach wie vor die verfassungsrechtlichen Probleme der **Sicherungsverwahrung** (§ 66b StGB). Muss ein wegen eines Sexualdelikts bestrafter Täter, der nach wie vor eine Gefahr für die Öffentlichkeit darstellt, nach Ablauf der Haftstrafe entlassen werden, oder kann die Sicherungsverwahrung nachträglich angeordnet werden? Hier hatte der Gesetzgeber für besondere Fälle die frühere 10-Jahresgrenze aufgehoben und damit die weitere Sicherungsverwahrung für weiterhin besonders gefährliche Straftäter ermöglicht. Das BVerfG (BVerfGE 109, 133, 149) hatte zunächst eine Verletzung des Freiheitsgrundrechts verneint, wenn eine lang dauernde Unterbringung in der Sicherungsverwahrung auf Grund neuer Tatsachen wegen fortdauernder Gefährlichkeit des Untergebrachten notwendig ist. Noch 2010 entschied der BGH (NJW 2010, 1539), dass die erstmalige nachträgliche Anordnung der Sicherungsverwahrung selbst bei einem nach Jugendstrafrecht Verurteilten zulässig sei. Beides war nicht unproblematisch, weil zumindest in den Fällen „nachträglicher", also im ursprünglichen Urteil nicht angeordneter Sicherungsverwahrung mit dem **Rückwirkungsverbot** ein weiteres Grundprinzip des Rechtsstaats tangiert war, und sich die Sicherungsverwahrung in der Realität nach Art der Unterbringung und in den durchaus defizitären therapeutischen Angeboten kaum vom Strafvollzug unterschied. Gerade im Jugendstrafrecht ist „lebenslanges Wegsperren" zudem höchst problematisch und resozialisierungsfeindlich.

Es war dann der EGMR, (EGMR, NJW 2010, 2495 u. NJW 2011, 3423) der entschied, dass die rückwirkende Verlängerung der Sicherungsverwahrung sowohl gegen das Recht auf Freiheit nach Art. 5 EMRK als auch gegen das in Art. 7 EMRK normierte Rückwirkungsverbot verstößt (dazu *Ostendorf/Petersen*, NJW 2010, 2495). Das führte dazu, dass in Deutschland die ersten gefährlichen Triebtäter entlassen und unter erheblichem Polizeieinsatz rund um die Uhr bewacht werden mussten (zur Zulässigkeit dieser „Dauerobservierung" OVG Saarlouis, LKRZ 2011, 98; *Lorenz*, FS Schenke [2011], 415).

In mehreren Urteilen (BVerfGE, 128, 326, 365; bestätigend BVerfGE 131, 268, 285) hat das BVerfG dann die nachträgliche Anordnung der Sicherungsverwahrung und alle Vorschriften des StGB und des JGG zur Sicherungsverwahrung wegen Verstoßes gegen Art. 2 II GG und den rechtsstaatlichen Vertrauensgrundsatz (Rückwirkungsverbot) für verfassungswidrig erklärt. Für die „Altfälle" in denen die Unterbringung des Sicherungsverwahrten über die frühere Zehnjahresfrist andauert, hat das Gericht bestimmt, dass die Fortdauer nur noch angeordnet weden darf, wenn eine hochgradige Gefahr schwerster Gewalt- oder Sexualstraftaten aus konkreten Umständen in der Person oder dem Verhalten des Untergebrachten abzuleiten ist und dieser an einer psychischen Störung i. S. des § 1 Abs. 1 des Therapieunterbringungsgesetz leidet. Ob diese strengen Voraussetzungen vorliegen, müssen die Vollstreckungsgerichte unverzüglich prüfen und bei Verneinung der Voraussetzungen die Freilassung anordnen. Für alle Fälle der Sicherungsverwahrung verlangt das BVerfG eine deutliche Unterscheidung von Strafvollzug und Sicherungsverwahrung („**Abstandsgebot**" – krit. *Frisch*, FS Würtenberger [2013], 959) und die ebenso klare Ausrichtung der Sicherungsverwahrung an therapeutischen Zielen. Aus der Sicherungsverwahrung muss eine echte „Therapieunterbringung" werden. Mittlerweile wurden – teilweise in Kooperation mehrerer Bundesländer – einige derartige Spezialeinrichtungen geschaffen. Auch der EGMR hat die neuen Regelungen zwischenzeitlich bestätigt (EGMR, NJW 2012, 1707; NJW 2012, 2093 u. NJW 2013, 1791).

Literatur: *Frisch*, Das Bundesverfassungsgericht und die Sicherungsverwahrung, FS Würtenberger (2013), 959; *Grosse-Brömer/Klein*, Sicherungsverwahrung als Verfassungsauftrag, ZRP 2010, 172; *Kinzig*, Die Neuordnung des Rechts der Sicherungsverwahrung, NJW 2011, 177; *Linke*, Die längerfristige Observation von als gefährlich eingestuften Straftätern durch Polizeibeamte, DVBl. 2013, 559; *Lorenz*, Die polizeiliche Überwachung von entlassenen Straftätern, FS Schenke (2011), 415; *Mitsch*, Was ist Sicherungsverwahrung und was wird aus ihr? JuS 2011, 785; *Nußstein*, Das Therapieunterbringungsgesetz – Erste Erfahrungen aus der Praxis, NJW 2011, 1194; *Peglau*, Das BVerfG und die Sicherungsverwahrung – Konsequenzen für Praxis und Gesetzgebung, NJW 2011, 1924; *Volkmann*, Fremdbestimmung – Selbstbehauptung – Befreiung. Das BVerfG in der Frage der Sicherungsverwahrung, JZ 2011, 805.

e) Besondere Anforderungen stellt Art. 2 II 2 GG an die **Dauer der Festsetzung zur Identitätsfeststellung** (BVerfG, Kammer, NVwZ 2011, 743), die **Untersuchungshaft und an die Dauer des Strafverfahrens.** Eine Dauer der Untersuchungshaft von mehr als 6 Monaten muss die absolute Ausnahme sein (BVerfGE 20, 45 – Kommando 1005); überschritten ist die Grenze bei einer Untersuchungshaft von 2 Jahren und 8 Monaten (BVerfG, Kammer, NJW 2002, 207) oder bei einer Dauer des Strafverfahrens zwischen 6 und 9 Jahren – selbst bei schwersten Straftaten (BVerfG, Kammer, NJW 2005, 3485; noch schärfer BVerfG, Kammer, NJW 2006, 668 – Düsseldorfer Brandstifter; dazu *Jahn*, NJW 2006, 652).

f) Art. 2 II 2 GG schützt nicht nur einzelne Personen vor der Festsetzung. Auch die Abriegelung einer ganzen Ortschaft – etwa während eines Castor-Transports – kann gegen dieses Grundrecht verstoßen (OVG Lüneburg, NVwZ-RR 2007, 103).

Literatur zu Art. 2 II 2 und Art. 104 GG: *Gusy*, Freiheit der Person, HdbGr IV § 93; *Jahn*, Strafprozessrecht als „geronnenes Verfassungsrecht", JuS 2005, 1057; *Riedel*, Die Habeas Corpus-Akte, EuGRZ 1980, 182 ff.; *Wittreck*, Freiheit der Person, HdBStR. VII § 151.

III. Gesetzlicher Richter (Art. 101 I 2 GG)

1. Herkunft und aktuelle Bedeutung. Das Recht auf den gesetzlichen Richter ist ein sehr traditionsreiches Justizgrundrecht. Seine Wurzeln finden sich schon in der **Magna Charta von 1215** mit der Zusicherung, nur durch Standesgenossen als Richter abgeurteilt zu werden, in dem Verbot von Ausnahmegerichten in der **Petition of Rights 1628**, dem Ausschluss außerordentlicher Gerichte in der **Bill of Rights von 1689**. Die **französische Verfassung von 1791** brachte dann die klassische Formulierung: *„Niemand darf seinem gesetzlichen Richter entzogen werden"*. Auch in der deutschen Geschichte sind Abwehrrechte gegen das „An-Sich-Ziehen" einer bestimmten Streit- oder Strafsache durch Landesherrn oder Kaiser schon sehr früh präsent. Letztlich handelt es sich also um eine frühe Ausprägung der Gewaltenteilung. Als solche fand das Recht des gesetzlichen Richters Platz in den meisten Landesverfassungen des 19. Jahrhunderts und in der **Paulskirchenverfassung** von 1849 (§ 175). Eine gesetzliche Konkretisierung fand die Garantie dann in §§ 62, 63 des GVG von 1877.

22 In der Formulierung des **GG von 1949** zeigt Art. 101 I 2 GG, worauf es dem Verfassungsgeber vor allem ankam: Eine Abkehr vom vielfältigen Rechtsbruch und den Ausnahmegerichten des Dritten Reiches, nicht nur im berüchtigten Volksgerichtshof, sondern in zahlreichen lokalen Sondergerichten zur Verfolgung politischer Gegner und vermeintlicher Fahnenflüchtiger.

23 Art. 101 I 2 GG ist auch heute alles andere als ein „alter Zopf". Vielmehr handelt es sich um die zentrale **verfassungsrechtliche Grundlage der Gerichtsorganisation** und eine organisatorische Abstützung der richterlichen Unabhängigkeit. Seine Bedeutung liegt also heute weniger in dem *Verbot von Ausnahmegerichten* als in der „Vorentschiedenheit" der Gerichtszuständigkeiten und damit der Unabhängigkeit des Gerichts und des Richters. Die Zuteilung politisch heikler oder „schwieriger" Verfahren an bestimmte Richter oder die Wegnahme einer Sache von einem als zu „weich" empfundenen Spruchkörper kommen auch und gerade in Zeiten der Terrorismusbekämpfung oder auch der konfliktträchtigen verwaltungsgerichtlichen „Großverfahren" um Kernkraftwerke und Flughäfen nicht in Frage. Zugleich bedeutet die in der Formulierung *„Niemand darf seinem gesetzlichen Richter entzogen werden"* liegende Subjektivierung eine wichtige Brücke zwischen Gerichtsorganisation und individuellem Grundrecht. Trotz seiner Stellung im Funktionsteil der Verfassung sollte man daher nicht nur von „grundrechtsgleichem Recht", sondern von einem echten Grundrecht sprechen, das auch nach Art. 93 I Nr. 4a GG mit der Verfassungsbeschwerde geltend gemacht werden kann.

24 **2. Schutzbereich.** *a)* Art. 101 I 2 GG verlangt ausnahmslos eine durch Gesetz abstrakt generell, vom Einzelfall unabhängig festgelegte

Zuständigkeit von Gerichtsbarkeit, Gericht und entscheidungsbefugtem Spruchkörper. Änderungen dürfen nur auf die Zukunft gerichtet und einzelfallunabhängig sein. Werden einzelne Spruchkörper und Richter durch den Geschäftsverteilungsplan für bestimmte Sachgebiete und Fallgruppen eingeteilt, so muss sich diese „Detailarbeit" jedenfalls auf eine förmliche gesetzliche Regelung zurückführen lassen (BVerfGE 95, 322 – Spruchgruppen). Auch Vertretungsregeln müssen abstrakt und im Vorhinein festlegen, welcher Richter bei Verhinderung eines Anderen „gesetzlicher Richter" wird. Aus Art. 101 I 2 GG folgt aber nicht, dass der Gesetzgeber den gesetzlichen Richter stets selbst bestimmen muss. Einen begrenzten Spielraum bei der Richterbestimmung für den Einzelfall schließt Art. 101 I 2 GG nicht aus, wenn diese Einzelbestimmung ihrerseits in der Hand eines unabhängigen Richters liegt (BVerfG, Kammer, NJW 2009, 907). Bei **Laienrichtern** muss mindestens die Terminliste fixiert sein (BVerwG, NVwZ-RR 2000, 474; NVwZ-RR 2000, 646).

„Gesetzliche Richter" im Sinne von Art. 101 I 2 GG sind sowohl die Spruchkörper (Kammern, Senate) als auch der Einzelrichter. Deshalb darf ein Präsidiumsbeschluss die Geschäftsverteilung nur abstrakt verändern, nie aber zur „Umverteilung" bereits anhängiger konkreter Verfahren führen (BGH, NJW 2009, 1351). Gemeint ist in dieser Norm aber auch das Gericht als solches, dessen örtliche, sachliche und instanzielle Zuständigkeit gesetzlich bestimmt sein muss. Innerhalb der Spruchkörper muss die Zuständigkeit der einzelnen Richter nach objektiven Kriterien festgelegt sein (BVerfG, Kammer, NJW 2005, 2540).

„Gesetzlicher Richter" sind auch Berufungs- und Revisionsgericht, ja sogar der EuGH im Vorabentscheidungsverfahren nach Art. 267 AEUV (BVerfGE 73, 339, 366 – Solange II; BVerfGE 82, 159, 194 – Absatzfonds; dazu *Roth*, NVwZ 2009, 345). Wenn noch keine einschlägige Entscheidung zur Auslegung des Europarechts vorliegt, verletzt ein deutsches letztinstanzliches Hauptsachengericht Art. 101 GG, wenn es eine eigene Lösung entwickelt, die nicht auf die bestehende Rechtsprechung des EuGH zurückgeführt werden kann (BVerfG, Kammer, NJW 2010, 1268). In einer neuen Senatsentscheidung hat das BVerfG aber betont, dass nicht jede Verletzung der unionsrechtlichen Vorlagepflicht einen Verstoß gegen Art. 101 I 2 GG darstellt (BVerfG, NJW 2010, 3422 – Honeywell).

Wichtig: Das Gebot des gesetzlichen Richters bedeutet auch die strikte **Ausnahme- und Analogiefeindlichkeit** von gesetzlichen Zuständigkeitsregeln der Gerichtsbarkeit.

Beispiel: Die Zuständigkeit des OVG für die Normenkontrolle (§ 47 VwGO) gilt nicht für sog. Normerlassklagen in der Form der Leistungs- oder Feststellungsklage, und auch die Tatbestände des § 48 VwGO (Zuständigkeit des OVG) dürfen keineswegs auf vermeintlich gleichgelagerte Fälle erweitert werden.

Ausnahmslos verbotene **Ausnahmegerichte** sind abweichend von der normalen gesetzlichen Zuständigkeit gebildete öffentliche Sondergerichte. Nicht verwechselt werden dürfen sie mit den „Gerichtsbarkeiten" privater Verbände wie den Sportgerichten. Diese können wegen der Grundrechtsrelevanz ihrer Entscheidungen (z. B. langjährige Berufssperren) durchaus problematisch sein, haben aber nichts mit Art. 101 I GG zu tun.

25 *b)* **Träger des Grundrechts** ist jeder Verfahrensbeteiligte, also Prozessparteien, Beschuldigte im Strafverfahren usw. Damit kommen auch juristische Personen des Privatrechts und des öffentlichen Rechts (also auch z. B. Gemeinden), nicht aber der Staat selbst in Betracht. **Nicht** auf Art. 101 I GG kann sich der einzelne Richter berufen, dem z. B. ein wichtiges Verfahren entzogen wird. Insofern kann aber ein Eingriff in die richterliche Unabhängigkeit (Art. 97 GG) vorliegen. Auch kann der einzelne Richter kraft einfachen Rechts einen rechtswidrigen, ihn benachteiligenden Geschäftsverteilungsplan angreifen (BVerwG, NJW 1976, 1224).

26 **3. Eingriff.** Eingriffe in Art. 101 GG sind alle Abweichungen von der gesetzlich festgelegten Zuständigkeit durch Zuteilung einer Sache an gesetzlich nicht vorgesehene Richter, jede Entziehung eines Falles, jede Einrichtung eines nicht gesetzlich begründeten Sondergerichts – auch die rechtswidrige Nichtzulassung der Berufung (BerlVerfGH, NJW 2008, 3420). Ein Eingriff wäre auch die Errichtung eines Ausnahmegerichts. Da ein befangener Richter auszuschließen und damit kein gesetzlicher Richter mehr ist, verlangt Art. 101 GG, dass Befangenheitsanträge sorgfältig zu prüfen sind (BVerfG, Kammer, NJW 2012, 3228). Dagegen ist es kein Verstoß gegen Art. 101 I 2 GG, wenn Organisationsmaßnahmen der Verwaltung zur Änderung der Gerichtszuständigkeit führen (BVerfG, NVwZ-RR 2006, 667). Auch den „Doppelvorsitz" eines Vorsitzenden Richters im Zweiten und

Vierten Senat des BGH hat das BVerfG passieren lassen (BVerfG, Kammer, NJW 2012, 2334).

4. Keine Rechtfertigung – Folgen des Verstoßes. Art. 101 I 2 GG 27 ist kompromisslos. Verstöße gegen das Gebot des gesetzlichen Richters können weder gerechtfertigt noch geheilt werden. Entscheidungen des nicht gesetzlichen Richters leiden an einem nicht heilbaren Mangel. Sie sind durch die Berufungs- oder Revisionsinstanz aufzuheben. Auch eine Verfassungsbeschwerde gegen eine das Gebot des gesetzlichen Richters verletzende letztinstanzliche Entscheidung ist zulässig und begründet. Wie heikel Art. 101 I 2 GG für die Gerichtspraxis ist, zeigt sich auch, wenn wegen Nichtvorlage nach Art. 100 GG oder wegen fehlerhaft unterbliebener Zurückverweisung an die Ausgangsinstanz Art. 101 I 2 GG verletzt ist (BVerfG, Kammer, NJW 1991, 2893).

Zu differenzieren ist bei der **Richterwahl** und den entsprechenden Ausschüssen: Die vollen Konsequenzen treten hier nur bei der Wahl des Richters (einschließlich ehrenamtlicher Richter) ein, denn ein fehlerhaft besetztes Gericht ist nicht „gesetzlicher Richter". Dasselbe gilt, wenn ein Richterwahlausschuss keine echte Wahl trifft, sondern nur eine eingereichte Liste übernimmt (BGH, NJW 1988, 3164; zu besonders schweren Fehlern im Wahlverfahren auch BVerwG, NVwZ 1988, 728). Die fehlerhafte Auswahl der richterlichen Mitglieder eines **Richterwahlausschusses** führt aber nicht dazu, dass sämtliche durch diesen gewählte und ernannte Berufsrichter nicht gesetzliche Richter sein können (BGH, NJW 2005, 2317).

5. Die internationale und europäische Perspektive. Art. 8 I der 28 AEMR und Art. 6 der EMRK verlangen auf einem Gesetz beruhende Gerichte, deklinieren den gesetzlichen Richter also nicht auf die Ebene des einzelnen Richters hinunter.

Für das Europarecht präzisieren Art. 251 ff AEUV jedenfalls die Stellung des EuGH und dessen Richter. Eine weitergehende Garantie, insbesondere im Hinblick auf die Aufteilung der Geschäftsbereiche, gibt es bis jetzt nicht. Auch die Verankerungen in den gemeinsamen Verfassungstraditionen der Mitgliedsstaaten der EU sind eher gering ausgeprägt.

6. Aktuelle Fälle und Probleme. Vor nicht langer Zeit hatte das 29 BVerfG zur Frage zu entscheiden, wie in überbesetzten Spruchkörpern die „**Spruchgruppen**" zu verteilen sind (BVerfGE 95, 322, 327 – Spruchgruppen), und wer im Einzelfall „nachrückt" (BVerfG, Kammer, NJW 1998, 369 – Nachrücken von Richtern). Klargestellt wurde auch, dass die bloße Überlastung einer Kammer kein legitimer Grund zur Übertragung einer Sache auf eine andere Kammer ist (BVerfG, Kammer, NJW 2005, 2689). Bei **ehrenamt-**

lichen Richtern** muss die Reihenfolge der Kandidaten (z. B. auf der „Schöffenliste") und Termine von vornherein feststehen, und die Auswahl darf nicht dem Ermessen des Gerichts überlassen sein (BAG, NJW 1997, 2133). In Ausnahmefällen kann auch eine Änderung des Geschäftsverteilungsplans verfassungsrechtlich zulässig sein, wenn nur so dem verfassungsrechtlichen Beschleunigungsgebot, insbesondere in Haftsachen, angemessen Rechnung getragen werden kann. Notwendig ist in diesem Fall aber umfassende Dokumentation und Darlegung der Gründe (BVerfG, Kammer, NJW 2009, 1734).

Literatur zu § 21 III – gesetzlicher Richter: *Calliess*, Der EuGH als gesetzlicher Richter im Sinne des Grundgesetzes, NJW 2013, 1905; Otto, Grundfälle zu den Justizgrundrechten. Art. 101 I 2 GG – Recht auf gesetzlichen Richter, JuS 2012, 21; *Roth*, Das Grundrecht auf den gesetzlichen Richter (2000); *ders.*, Verfassungsgerichtliche Kontrolle der Vorlagepflicht an den EuGH, NVwZ 2009, 345; *Selder*, Das Bundesverfassungsgericht und der gesetzliche Richter, ZRP 2011, 164.

IV. Rechtliches Gehör (Art. 103 I GG)

30 **1. Allgemeines.** Auch der Grundsatz des rechtlichen Gehörs hat eine lange **Geschichte,** die bis in die Antike zurückreicht. Die Kernforderungen sind dabei immer dieselben geblieben: Chancengleichheit der Parteien, Anhörung auch des Prozessgegners *(„audiatur et altera pars"),* ordnungsgemäße Ladung, Schutz vor Überraschungsentscheidungen, angemessene Begründung usw. Augenfällig ist die enge Verbindung zum Naturrechtsdenken, denn vor allem vor Gericht sollte das Verhältnis zwischen Staat und Bürger nach rechtlich eindeutigen und vernünftigen Regeln verlaufen. In der französischen Verfassung von 1793 erstmals Verfassungssatz, wurde das Grundrecht im 19. Jahrhundert zum subjektiven Recht, wenn es auch in den deutschen Verfassungen überraschenderweise vor 1945 keine Erwähnung fand. Dafür wurde das Recht durch die Prozessgesetze auf einfachgesetzlicher Ebene gewährleistet.

31 Bei der Entstehung des Grundgesetzes war auch für Art. 103 I GG die Erfahrung mit dem Rechtsmissbrauch in der Zeit des Nationalsozialismus prägend. Vor allem ging es um Wiederherstellung einer gerechten Justiz und damit des Vertrauens der Bevölkerung in die Gerichte. Seit 1949 ist Art. 103 GG unverändert geblieben.

32 Die **aktuelle Bedeutung** von Art. 103 I GG wird bis heute vielfach unterschätzt. Dabei dürfte es sich um das am häufigsten durch die Verfassungsbeschwerde gerügte Grundrecht handeln. Das BVerfG hat mehrfach den unmittelbaren **Zusammenhang von Menschenwürde und rechtlichem Gehör** betont: Der Einzelne wird nur dann

nicht zum Objekt des Staates, wenn er rechtliches Gehör vor Gericht erhält (BVerfGE 9, 89, 95 – Gehör bei Haftbefehl; zuletzt BVerfGE 107, 394, 409 – Plenarentscheidung: Rechtliches Gehör auch gegen den Richter). Weil ein Staat ohne rechtliches Gehör kein Rechtsstaat wäre, ist das Grundrecht zumindest im Kern in Art. 20 GG verankert und könnte folglich nach Art. 79 III GG selbst durch Verfassungsänderung nicht beseitigt oder wesentlich eingeschränkt werden. Art. 103 I GG ist nicht nur selbst ein wichtiges Verfahrensgrundrecht, er steht auch im engen Bezug zum **Grundrechtsschutz durch Verfahren** und damit zur großen Tradition des „ex-ante-Rechtsschutzes". Es kommt also nicht nur auf den Rechtsschutz gegen die Ergebnisse, sondern auf Einwirkung auf das Verfahren an, bevor es zu Ergebnissen kommt.

Eine besondere Herausforderung der Gegenwart bedeutet die Welle der **Ökonomisierung, Budgetierung und der Sparmaßnahmen,** die auch die Gerichtsbarkeit erreicht hat. So richtig und wichtig es ist, dass auch die Gerichtsbarkeit ihre Reserven mobilisiert und unnötige Kosten vermeidet, so deutlich muss doch sein, dass das Grundrecht des rechtlichen Gehörs nicht durch rein ökonomische Erwägungen eingeschränkt werden kann und dass auch rechtliches Gehör gewährt werden muss, wenn das „Budget" eines Gerichts erschöpft sein sollte (zu den Grenzen auch *Groß,* DV 34 (2001), 342 ff.; *Papier,* NJW 2001, 1089; *Rossen-Stadtfeld,* NVwZ 2001, 361). Besonders problematisch ist die **Schließung eines Gerichts,** ohne daß hierfür wirklich überzeugende Gründe vorliegen.

2. Schutzbereich. *a)* Der sachliche Schutzbereich des Art. 103 I GG besteht aus einer Vielzahl einzelner Verfahrensgarantien, ist in hohem Grade von gesetzlicher Konkretisierung abhängig und lässt sich deshalb weder in einem „Klassiker" noch in wenigen Sätzen zusammenfassen. Als Leitentscheidung sei immerhin auf BVerfGE 9, 89, 95 – rechtliches Gehör bei Haftbefehl – hingewiesen, in der das BVerfG bereits den Bezug zum Rechtsstaat und zur Menschenwürde, den sowohl subjektiv- als auch objektivrechtlichen Charakter des Grundrechts, das Gebot einer noch in die Entscheidung eingehenden Anhörung und die notwendige Konkretisierung durch den Gesetzgeber betont hat. In der Folge hat das Gericht dann eine äußerst „feinnervige Kasuistik" entwickelt. Schon die Zahl der Entscheidungen ist unübersehbar (*Schulze-Fielitz,* in: Dreier, GG, Art. 103, Rn. 14). Das wiederum hat zu der Häufigkeit der Berufung auf das Grundrecht beigetragen, das oft als letzte „Sicherheitsreserve" angeführt wird, wenn andere Grundrechtsargumente nicht mehr tragen (zum rechtlichen Gehör im Verwaltungsprozess s. auch *Hufen,* VwProzR, § 35).

33

34 *b)* Schutzgüter des Art. 103 I GG sind zwar auch objektiv betrachtet die **Integrität der Gerichte** und ihrer Verfahren, die objektive und faire Verhandlungsführung, die Unvoreingenommenheit und die Gleichheit im Prozess. Vor allem aber gilt Art. 103 I GG als **subjektives Recht**. Auch der Zugang zum Gericht selbst ist Bestandteil der Gewährleistung.

35 *c)* Inhaltlich erstreckt sich der Schutzbereich auf **jedes gerichtliche Verfahren** und jede Instanz, auf Haupt- und Nebenentscheidungen, auf Urteile und Beschlüsse ebenso wie auf die gerichtliche Ermittlungstätigkeit, die verschiedenen Vorverfahren und die Freiwillige Gerichtsbarkeit.

36 *d)* Im Kern steht schon dem Wortlaut nach das „Gehör", d. h. die angemessene Möglichkeit zur Anrufung des Gerichts und zur **Anhörung vor Gericht**. Dabei geht es nicht nur um ein förmliches „Ritual". Der Einzelne muss vielmehr substantiiert beteiligt und die Anhörung muss in einer Weise vorgenommen werden, dass ihre Ergebnisse in die Entscheidung eingehen können (so bereits BVerfGE 9, 89, 95 – Haftbefehl; BVerfGE 49, 212, 215 – Rente). Das gilt für Rechtsargumente ebenso wie für die Sachaufklärung und wichtige Beweisanträge (BVerfGE 50, 32, 35 – Sachverständigengutachten). Deshalb hat das BVerfG immer wieder betont, dass die Gerichte verpflichtet sind, Stellungnahmen der Beteiligten zu berücksichtigen und dies auch in der Begründung erkennbar werden zu lassen (BVerfGE 6, 12, 14 – Zwangsversteigerung).

37 *e)* Rechtliches Gehör ist nicht nur einseitig, sondern ein **wechselseitiger Prozess** von angemessener und rechtzeitiger Information und Beratung einerseits und Argumentation des Betroffenen andererseits (BVerfGE 101, 106, 121). Deshalb gehört auch das Recht auf **Akteneinsicht** zum Schutzbereich von Art. 19 IV/103 I GG (BVerfG, Kammer, NVwZ 2010, 954; zum Umfang BVerfG, Kammer, NJW 2012, 141). Dasselbe gilt für das Verbot von Überraschungsentscheidungen (BVerfGE 65, 227, 234 – Wahlwerbung; BVerfGE 108, 341, 346 – Zwangsvollstreckung) und eine zutreffende Rechtsmittelbelehrung. Fehler bei letzterer machen die Entscheidung allerdings nicht fehlerhaft, sondern führen in der Regel nur dazu, dass die Fristen für die Einlegung des Rechtsmittels nicht zu laufen beginnen (vgl. § 58 II VwGO). Im Übrigen ist der Einzelne aber selbst für die Einhaltung von Fristen verantwortlich. Liegt der Fehler aber bei der Gerichtsorganisation oder beim (vor allem in Lehrbüchern vorkommenden) fehlerhaften Gerichtsbriefkasten, dann ist die Wieder-

einsetzung in den vorigen Stand durch das Grundrecht geboten (BVerfGE 110, 339, 341 – Fehlinformation).

f) Nur das **rechtzeitige Gehör** erfüllt das Gebot des rechtlichen 38 Gehörs. Kommt der Rechtsschutz zu spät, oder kann er die Schaffung vollendeter Tatsachen nicht verhindern, dann ist das Recht verletzt. Das ist bei einer überlangen Verfahrensdauer der Fall.

Beispiele: 6,5 Jahre für die Erste Instanz in einer Vormundschaftssache (BVerfG, Kammer, NJW 1997, 2811); 15 Jahre in einem Nachbarschaftsstreit (BVerfG, Kammer, NJW 2000, 797). Dabei kommt es aber auf den Einzelfall und die Schwierigkeit des Falles an (BVerfG, Kammer, NJW 2004, 3320 – Telekom-Börsengang).

g) Wegen der Gefahr vollendeter Tatsachen kommt auch dem **vor-** 39 **läufigen Rechtsschutz** zumindest im öffentlichen Recht Verfassungsrang zu (BVerfGE 35, 382, 402 – Ausweisung; BVerfG, Kammer, NVwZ 2005, 438). Das gilt umso mehr, je mehr der vorläufige Rechtsschutz praktisch an die Stelle des Hauptverfahrens tritt. Dann dürfen sich die Gerichte auch nicht auf eine oberflächliche summarische Prüfung beschränken (BVerfG, Kammer, LKRZ 2009, 453 – Schächten; BVerwG, NJW 2011, 695 – beamtenrechtlicher Konkurrentenstreit). Umgekehrt kann zum Schutzbereich auch der Anspruch auf nachträgliche Klärung gehören – etwa wenn Wiederholungsgefahr oder ein Rehabilitationsbedürfnis besteht (BVerfGE 96, 27 – Durchsuchungsanordnung; BVerfGE 110, 77, 85 – Versammlungsfreiheit).

h) **Nicht zum Schutzbereich** gehört nach der Rechtsprechung des 40 BVerfG ein **Anspruch auf mehrere Instanzen** – also Berufung und Revision (BVerfGE 74, 358, 377 – Unschuldsvermutung). Besteht aber eine solche Instanz, dann darf der Zugang nicht durch zu strenge Zulassungsvoraussetzungen unzumutbar erschwert werden (BVerfGE 96, 27, 38 – Durchsuchungsanordnung; BVerfG, Kammer, NVwZ 2000, 1163 und NVwZ 2001, 552; NVwZ 2011, 546 – Zulassungsberufung nach § 124a VwGO). Der Anspruch auf rechtliches Gehör bezieht sich grundsätzlich nur auf eigene Rechte, nicht auf die Rechte Dritter oder die Durchsetzung von Gemeinwohlbelangen. Auch kann niemand die Strafverfolgung eines Anderen aus Art. 103 I GG verlangen (BVerfG, Kammer, NJW 1993, 1577 – Erich Honecker).

i) Art. 103 I GG gibt in der Regel nur die **Gelegenheit** zum rechtlichen Ge- 41 hör. Schöpft der Einzelne seine damit gegebenen Möglichkeiten nicht aus, so liegt kein Eingriff in das Grundrecht vor (so bereits BVerfGE 5, 9, 10). Dies ist die Grundlage der heute in mehreren Gesetzen (§ 2 III UmweltRG und § 10 III BIMSchG) enthaltenen **Präklusion**. Der Einzelne wird vor Gericht nur gehört, wenn er seine Einwände rechtzeitig vorgetragen hat. Bei der so genannten materiellen Präklusion werden sogar künftige Rechtsbehelfe ausgeschlossen, wenn der Betroffene seine Rechte nicht im Verwaltungsverfahren rechtzeitig geltend gemacht hat. Das kann aber nur gelten, wenn der Betroffene rechtzeitig auf die Folgen der Versäumung von Prozesshandlungen hingewiesen wird (BVerfGE 75, 302, 318 – Präklusion; BVerwG, NVwZ 2011, 365 – Einwendungsausschluss und Europarecht; zum Problem *Siegel,* DÖV 2004, 589).

42 *j)* **Ausgestaltung durch Verfahrensgesetze.** Was rechtliches Gehör im Einzelnen bedeutet, obliegt der Konkretisierung durch den Gesetzgeber. Gleichwohl ist die Formulierung „nach Maßgabe oder im Rahmen des Gesetzes" nicht ganz richtig, weil auch der Gesetzgeber an Art. 103 I GG gebunden ist.

43 *k)* **Träger des Grundrechts** sind alle am Verfahren Beteiligten und auch jeder unmittelbar oder mittelbar in seinen Rechten Betroffene (BVerfGE 65, 227, 233 – Wahlwerbung). Das können natürliche Personen ebenso sein wie inländische und ausländische (BVerfGE 12, 6, 8 – société anonyme) juristische Personen des Privatrechts und – in diesem Fall sogar uneingeschränkt – des öffentlichen Rechts. So kann sich eine Gemeinde, die sonst nur ihr Selbstverwaltungsrecht geltend machen kann, immerhin auf ihr Recht auf rechtliches Gehör, nicht aber auf das in Art. 3 GG zum Ausdruck kommende Willkürverbot (BVerfG, Kammer, NVwZ 2007, 1420) berufen. Auch Minderjährigen steht – vertreten durch die Erziehungsberechtigten, im Konflikt mit diesen durch einen Pfleger – das Grundrecht zu.

44 *l)* **Grundrechtsadressaten** sind nur die **staatlichen Gerichte** im Sinne von Art. 92 GG einschließlich der Berufsgerichtsbarkeit, der Freiwilligen Gerichtsbarkeit, des Rechtspflegers, Haftrichters usw. Nicht erfasst sind Behörden, obwohl auch hier selbst das BVerfG gelegentlich von rechtlichem Gehör im Verwaltungsverfahren gesprochen hat. Auch private „Gerichtsbarkeit" wie Schiedsgerichte, Vereins- und Verbandsgerichte usw. können zwar kraft privatrechtlicher Satzung an Verfahrensprinzipien gebunden sein. Dies folgt dann aber nicht unmittelbar aus Art. 103 I GG. Sehr umstritten war lange Zeit, ob **auch die Gerichte selbst** an das rechtliche Gehör gebunden sind. Entgegen einem früher anscheinend unverrückbaren Dogma, wonach Art. 103 I GG „*rechtliches Gehör vor Gericht, nicht aber 'gegen das Gericht'*" gewähre, hat eine Plenarentscheidung des BVerfG mittler-

weile zu Recht klargestellt (BVerfGE 107, 395, 401), dass der Anspruch auf rechtliches Gehör **auch gegenüber dem Gericht** besteht. (*Dörr*, Jura 2004, 334; *Voßkuhle*, NJW 2003, 2193). Im Bereich des Verwaltungsprozesses hat der Gesetzgeber durch die Anhörungsrüge nach § 152a VwGO auf diese Entscheidung des BVerfG reagiert (dazu *Hufen*, VwProzR, § 42, Rn. 10). Eine bedenkliche Lücke besteht allerdings noch im Hinblick auf die fehlende „Untätigkeits-" oder „Verzögerungsrüge" (dazu auch EGMR, NJW 2006, 2389).

m) Im **Verhältnis zu anderen Grundrechten** gilt: Während 45 Art. 19 IV GG den grundsätzlichen Anspruch **auf** gerichtliche Kontrolle **hoheitlicher Gewalt** gewährleistet (dazu unten, § 44), geht es bei Art. 103 I GG um das rechtliche Gehör **im Gerichtsverfahren selbst.** Soweit rechtliches Gehör gerade als Anspruch auf prozessuale **Chancengleichheit** verstanden wird, ist Art. 103 I GG lex specialis zu Art. 3 I GG. Für einen Rückgriff auf den allgemeinen Gleichheitssatz bleibt insofern kein Raum. Das gilt auch hinsichtlich des Willkürverbots, das im Rahmen des Art. 103 I GG einen eigenen Stellenwert hat. Die besondere Nähe zum Gleichheitssatz wird deutlich im Gebot der **Verfahrensfairness** (BVerfGE 46, 202, 209 – Strafverfahren; BVerfGE 53, 30, 69 – KKW Mülheim-Kärlich) und in den Befangenheitsvorschriften (BVerfGE 89, 28, 35). Rechtliches Gehör und Gleichheitssatz verlangen möglicherweise die kompensatorische Herstellung von Verfahrensgleichheit durch Prozesskostenhilfe (BVerfGE 81, 347, 356 – PKH-Verfahren) oder durch Stellung eines Dolmetschers bei Sprachunkundigen (BVerfG, Kammer, NJW 2004, 50). Der in denselben Zusammenhang gehörende, aber in Art. 103 GG nicht ausdrücklich erwähnte Schutz vor Selbstbezichtigung (**nemo tenetur-Grundsatz**) wird allerdings von der Rechtsprechung als Ausdruck des allgemeinen Persönlichkeitsrechts behandelt. Das ist deshalb unbefriedigend, weil auf diese Weise juristische Personen nicht in den Schutz eines wichtigen Prozessgrundrechts gelangen können (BVerfGE 95, 220, 234 – Private Rundfunkveranstalter, dazu oben, § 11, Rn. 9). Rechtliches Gehör steht neben anderen Grundrechten und sichert diese als wesentliches Verfahrensgrundrecht (**Beispiel:** BVerfGE 46, 202 – Schutz des Eigentums in der Zwangsversteigerung).

3. Eingriff. Für die Definition des Eingriffs besteht das Problem, 46 dass nicht jeder Verfahrensverstoß zugleich ein Eingriff in Art. 103 I GG ist. Deshalb kommt es vor allem darauf an, den Verstoß gegen spezifisches Verfassungsrecht gegenüber dem einfachen „Prozessrecht" herauszuarbeiten. Begriffe wie „Offensichtlichkeit und Intensität des Grundrechtsverstoßes" bilden hierbei nur sehr ungenaue Kriterien. „Verkennung der Bedeutung und Tragweite des Grundrechts", Rechtsmissbrauch und Willkür kommen schon eher in Betracht (vgl. BVerfGE 60, 305, 310 – Gutachten; BVerfGE 69, 126, 139 – verfrühter Termin; BVerfGE 74, 228, 234 – Rechtsmittel per Fernschreiben).

Kein Eingriff liegt vor, wenn der Betroffene einwilligt. Das gilt auch bei einem „bezahlten" Verzicht auf ein aussichtsreiches Rechtsmittel (BGHZ, DÖV 1981, 382) – außer wenn eine Unreife oder Abhängigkeit des Einwilligenden ausgenutzt oder unangemessener Druck ausgeübt wird.

47 **4. Rechtfertigung des Eingriffs – Schranken.** Art. 103 I GG hat **keinen Gesetzesvorbehalt.** Deshalb wird das Grundrecht durch die verschiedenen Verfahrensordnungen nicht eingeschränkt, sondern nur konkretisiert. Auch hinsichtlich verfassungsimmanenter Schranken – z. B. in Gestalt der Verfahrensgrundrechte anderer Beteiligter – ist eher Zurückhaltung angebracht.

48 **5. Folgen der Verletzung des rechtlichen Gehörs.** Verletzungen des rechtlichen Gehörs bewirken in der Regel die Begründetheit eines Rechtsmittels. In der verwaltungsprozessualen Revision führt der Verfahrensfehler aber nur zur Aufhebung, wenn das Urteil auf dem Fehler beruht (st. Rspr.) und nicht aus anderen Gründen rechtmäßig ist (vgl. § 133 IV VwGO). Eine Heilung des Fehlers im Zuge des weiteren Verfahrens ist möglich (BVerfG, Kammer, NJW 2009, 1584), doch darf sie für das Verfahrensergebnis nicht zu spät kommen (**Grundsatz der realen Fehlerheilung**). Auch die Verfassungsbeschwerde ist zulässig und begründet, wenn die angefochtene Gerichtsentscheidung auf der Verletzung beruhen kann (BVerfGE 13, 132, 145; 28, 17, 19; 53, 219, 223). Bei Fristversäumnis auf Grund fehlender oder fehlerhafter Information und Beratung (einschließlich der Rechtsbehelfsbelehrung) besteht die Rechtsfolge vor allem in der **Wiedereinsetzung in den vorigen Stand** (BVerfGE 25, 158, 166; BVerfG, Kammer, NJW 2008, 2167).

49 **6. Besondere Schutzfunktionen.** Das Grundrecht auf rechtliches Gehör ist sowohl subjektives **Abwehrrecht** gegen unfaire Behandlung als auch **objektive Gewährleistung** eines rechtsstaatlichen Ver-

fahrens (BVerfGE 107, 394, 409). Es entfaltet auch **leistungsrechtliche Dimensionen:** Der Einzelne hat Anspruch auf Teilnahme an der „Staatsleistung Justiz". Fehlen ihm dazu die wirtschaftlichen Kräfte, so ist dies durch **Prozesskostenhilfe** auszugleichen. Deren unberechtigte Verweigerung ist eine Verletzung der rechtlichen Gehörs (BVerfG, Kammer, NJW 2008, 1060 – Fall Gäfgen; BVerfG, Kammer, NJW 2013, 1727 – Warteliste Organtransplantation; BVerfG, Kammer, NJW 2013, S. 2013 – Verweigerung wegen zu hoher Gutachterkosten). Sozusagen definitionsgemäß ist das Grundrecht **Verfahrensgrundrecht** und zwingt den Staat zu einer das rechtliche Gehör ermöglichenden **Gerichtsorganisation.** Auch als **institutionelle Gewährleistung** eines funktionierenden Justizwesens kann man das Grundrecht sehen.

Durchaus diskutabel ist die **mittelbare Drittwirkung** über die Generalklausel des § 242 BGB für private Schieds- und Verbandsgerichte. Verletzt z. B. das Sportgericht bei einer Entscheidung über die Sperre eines Dopingsünders elementare Grundsätze des rechtlichen Gehörs, so ist die Entscheidung rechtswidrig.

7. Die internationale und europäische Perspektive. Das rechtliche 50
Gehör wird heute in allen wichtigen Menschenrechtserklärungen erwähnt, so in **Art. 10 AEMR** und im immer wichtiger werdenden **Art. 6 EMRK.** Letzterer enthält zum Teil weitergehende Garantien als das nationale Recht und bot daher verschiedentlich Anlass zu einer Korrektur des deutschen Verfahrensrechts. So darf etwa das **Normenkontrollverfahren** nicht ohne **mündliche Verhandlung** entschieden werden, wenn ein Beteiligter durch einen Bebauungsplan unmittelbar in seinem Eigentum oder einem anderen Grundrecht betroffen ist (so – angestoßen durch den EGMR – BVerwGE 110, 203; BVerwG, NVwZ 2002, 87). Gegen Art. 6 EMRK verstoßen auch die **Verurteilung in Abwesenheit des Angeklagten** (EGMR, NJW 2001, 2387), die Verweigerung der **Akteneinsicht im Haftprüfungsverfahren** (EGMR, NJW 2002, 2013), „**Zeugen vom Hörensagen**" (EGMR, NJW 2006, 2753; NJW 2013, 3225), die Missachtung des „**nemo-tenetur**"-Grundsatzes (EGMR, NJW 2008, 3549), Mängel in der **Begründung richterlicher Entscheidungen** (EGMR, NJW 1999, 2429). Auch hat der EGMR in mehr als 40 Verfahren die Bundesrepublik wegen **überlanger Verfahrensdauer** gerügt (zuletzt etwa EGMR, NJW 2011, 1055 – 12 Jahre für Arzthaftungsprozess). Pikanterweise kam auch das BVerfG nicht ungeschoren davon (EGMR, NJW 2001, 211, 213; NJW 2005, 41). Der Forderung des EGMR

nach einer deutlichen Verbesserung des Schutzes gegen eine überlange Verfahresndauer (EGMR, NJW 2006, 2389; NJW 2010, 3355.; zur Entschädigungspflicht auch EGMR, NJW 2007, 1259) ist der deutsche Gesetzgeber mit dem *Gesetz über den Rechtsschutz bei überlangen Gerichtsverfahren und strafrechtlichen Ermittlungsverfahren* (BGBl. I 2011, 2302) bisher nur durch die Normierung eines Entschädigungsanspruchs, nicht dagegen mit der eigentlich erforderlichen präventiven **Untätigkeitsrüge** gefolgt.

Auch der EuGH hat die **Garantie des effektiven Rechtsschutzes** immer wieder zu den gemeinsamen Grundsätzen des europäischen Verfassungsrechts gerechnet (EuGH, NJW 2002, 2935); in Gestalt von Art. 47 EuGRCh ist sie jetzt auch Teil des kodifizierten Primärrechts; (s. auch Art. 67 IV AEUV – Zugang zum Recht als Teil des „Raums der Freiheit, der Sicherheit und des Rechts"). Das erhöht die Bedeutung der Kontrolle durch den EuGH selbst, schafft aber auch potentielle Kompetenzkonflikte zwischen EuGH, BVerfG und EGMR.

Literatur: *Althammer/Schäuble,* Effektiver Rechtsschutz bei überlanger Verfahrensdauer, NJW 2012, 1; *Baumeister,* Effektiver Individualrechtsschutz im Gemeinschaftsrecht, EuR 2005, 1; *Jarass,* Bedeutung der EU-Rechtsschutzgewährleistung für nationale und EU-Gerichte, NJW 2011, 1393; *Peglau,* Behandlung rechtsstaatswidriger Verfahrensverzögerung (Art. 6 I EMRK) in der Rechtsprechung, JuS 2006, 704; *W.-R. Schenke,* Rechtsschutz bei überlanger Dauer verwaltungsgerichtlicher Verfahren, NVwZ 2012, 257; *Steger,* Überlange Verfahrensdauer bei öffentlich-rechtlichen Streitigkeiten vor deutschen und europäischen Gerichten (2008)

8. Aktuelle Anwendungsfälle und Probleme. Angesichts der Fülle der Anwendungsfälle müssen hier wenige Stichworte genügen.

51 Angenommene Verstöße gegen das rechtliche Gehör: Unangemessene Zugangsvoraussetzungen zur Berufung (BVerfG, Kammer, NVwZ 2000, 1163 und NVwZ 2001, 552); Ablehnung einer Terminverlegung oder einer Fristverlängerung trotz wichtigen Grundes (BVerwG, NJW 1993, 80; BVerfG, NJW 2007, 3342); Ablehnung des Antrags auf Akteneinsicht (BVerfGE 63, 45, 60); Entscheidung nach zu kurzer Frist oder vor Ende einer Frist (BVerfGE 12, 110, 113); Ablehnung eines Antrags ohne Begründung (BVerfG, Kammer, NJW 1997, 2167); unkritische Übernahme von Gutachten (BVerfG, Kammer, NJW 1997, 122); Benutzung unerlaubter Beweismittel (BVerfG, Kammer, NJW 1996, 448 – „Zeugen vom Hörensagen"); Nichtberücksichtigung eines Beweisangebots (BVerfG, Kammer, NJW 2009, 1585). Eingriff in Vertrauensverhältnis zum Anwalt (BVerfG, Kammer, NVwZ 2001, 1261); Verurteilung ohne Anhörung aller Zeugen, wenn diese im ausländischem Staat oder aus Sicherheitsgründen im Inland nicht aussagen dürfen (BGH, NJW 2004, 1259); fehlende Weiterleitung eines Schriftsatzes durch das unzuständige Gericht an

das zuständige Gericht (BVerfG, Kammer, NJW 2006, 1579); Verfristung wegen fehlerhaften Aktenzeichens (BVerfG, Kammer, NJW 2013, 925); zur Verweigerung der Prozesskostenhilfe oben, Rn. 49 Einen typischen Kompromiss von rechtlichem Gehör und Geheimnisschutz stellt das **„in-camera-Verfahren"** in § 99 II VwGO dar. Hier hatte das BVerfG festgestellt, dass die grundlose Weigerung der Vorlage vorgeblich geheimhaltungsbedürftiger Akten durch die Behörde das rechtliche Gehör verletzt (BVerfGE 101, 106, 128). Deshalb hat der Gesetzgeber ein besonderes Verfahren eingeführt, bei dem das Gericht „in camera" – also unter Ausschluss der Öffentlichkeit und der anderen Partei – prüft, ob und inwieweit die verweigerten Akten für den Prozess wesentlich sind (Einzelheiten bei *Hufen*, VwProzR, § 36, Rn. 21).

Ein weiteres besonderes Problem stellen die **„Absprachen" zwischen Gericht, Staatsanwaltschaft und Angeklagten** im Strafverfahren dar (dazu *Altenhain/Dietmeier/May*, Die Praxis der Absprachen im Strafverfahren 2013). Insbesondere Geständnisse im Rahmen einer solchen Absprache sind nur zulässig, wenn sie hinreichend auf ihre Glaubwürdigkeit überprüft worden sind, die Gesetzesbindung des Gerichts nicht überschreiten und ohne jeden Druck auf den Betroffenen zustande gekommen sind (BGH, NJW 2005, 1440). Inzwischen versucht das neue Gesetz zur Regelung der Verständigung im Strafverfahren (BGBl. I 2009, 2353), die Praxis zu reglementieren und zugleich gesetzlich zu legitimieren (dazu: *Jahn/Müller*, NJW 2009, 2625). Das BVerfG (NJW 2013, 1058) hat die Regelung grundsätzlich gebilligt, solche Absprachen aber auch strikt an das gesetzliche Regelungskonzept gebunden.

Literatur zu § 21 IV – Rechtliches Gehör: *Degenhart*, Gerichtsverfahren, HdbStR, 3. Aufl., V, § 115; *Knemeyer*, Rechtliches Gehör im Gerichtsverfahren, HdbStR VIII, § 178 *Link/van Dorp*, Rechtsschutz bei überlangen Gerichtsverfahren (2012); *Otto*, Grundfälle zu den Justizgrundrechten. Art. 103 I GG, JuS 2012, 412; *Schulze-Fielitz/Schütz*, Justiz- und Justizverwaltung zwischen Ökonomisierungsdruck und Unabhängigkeit, DV Beiheft 5 (2002); *Uhle*, Das Recht auf wirkungsvollen Rechtsschutz, FS Würtenberger (2013), 935; *Voßkuhle*, Bruch mit einem Dogma: Die Verfassung garantiert Rechtsschutz gegen den Richter, NJW 2003, 2193.

V. Nulla poena sine lege – keine Strafe ohne Gesetz (Art. 103 II GG)

1. Entstehung und aktuelle Bedeutung. Der Grundsatz: „Keine Strafe ohne Gesetz" ist ein typisches „Gewächs der Aufklärung". Der Einzelne schuldet dem Staat nur das an Rechtstreue, wozu er sich im Gesellschaftsvertrag verpflichtet hat. Es ist also das allgemeine Gesetz, das vor Willkür, Überraschungsentscheidungen und rückwirkenden Strafen schützt. Erstmals kodifiziert wurde dieser naturrechtliche Grundsatz in **Art. 8 der französischen Menschenrechtserklärung von 1789,** die heute gebräuchliche lateinische Wendung „nulla poena sine lege" stammt nicht etwa aus der Antike, sondern wurde als Forderung durch den deutschen Rechtsphilosophen *Feuerbach* eingeführt (*P. J. A. von Feuerbach,* Lehrbuch des gemeinen in Deutschland gültigen Peinlichen Rechts, 3. Aufl. [1805] [20 I]). Der Sache nach stand der Grundsatz bei der Kodifizierung des Reichsstrafgesetzbuches von 1871 im Mittelpunkt. Erstmals Verfassungsinhalt in Deutschland wurde er in **Art. 116 WRV.** Der Parlamentarische Rat stand 1949 nicht nur unter dem Eindruck dieser historischen Entwicklung, sondern auch unter dem Trauma des Nationalsozialismus, der die Strafbarkeit u. a. am „gesunden Volksempfinden" und am Führerwillen orientiert hatte und damit die Schutzwirkung des Grundrechts negierte.

53 In der heutigen Zeit hat Art. 103 II GG weniger die klassische Bedeutung der Verhinderung von Machtmissbrauch der Exekutive. Er dient vielmehr der Konkretisierung des rechtsstaatlichen **Bestimmtheitsgebots.** Gerade im oft unübersichtlichen Feld des Umwelt-, Lebensmittel-, Steuerstrafrechts wird die Masse des Rechtsstoffs diszipliniert, werden Analogien und Verweisungen verhindert, soll dem Einzelnen deutlich werden, welches Verhalten strafbar ist. In den genannten komplexen Feldern ist die Regelungstechnik allerdings ihrerseits so problematisch, dass auch der Grundsatz: „Keine Strafe ohne Gesetz" nichts nützt. Im Gegenteil: Es ist gerade die Fülle und Komplexität der Gesetze, die zuweilen Verständlichkeit und Bestimmtheit in Frage stellt.

54 **2. Schutzbereich.** *a)* Zentrale Aussage des **sachlichen Schutzbereichs** des Art. 103 II GG ist, dass die Strafbarkeit einer Tat und die Art und Schwere der Strafe grundsätzlich in einem Parlamentsgesetz bestimmt sein müssen (BVerfGE 75, 329, 342 – Umweltstrafrecht). Dies ist eine „verschärfte Fassung" des Gesetzesvorbehalts für den strafrechtlichen Bereich. Analogien, unbestimmte Rechtsbegriffe, Abwägung u. ä. sind dem Strafrecht fremd. Ebenso verbietet Art. 103 II GG strafbegründendes oder strafverschärfendes Gewohnheitsrecht. Nicht verhindern soll die Norm allerdings ergänzendes Richterrecht durch Fortentwicklungen der Strafrechtsdogmatik und eine gewisse Offenheit technischer Gesetze und Verweisungen auf andere parlamentarische Gesetze und Verordnungen. Satzungen und Verwaltungsvorschriften können lediglich deklaratorische Wirkung haben, in keinem Fall aber die Strafbarkeit eines Tuns begründen (BVerfGE 32, 346, 361 – Strafbestimmung in Gemeindesatzung).

Je schwerer die angedrohte Strafe ist, desto höher sind die Anforderungen an Bestimmtheit und Klarheit der Norm. **Unbestimmte Rechtsbegriffe** und sog. „Blankettgesetze" sind zwar auch durch Art. 103 II GG nicht ausgeschlossen (exemplarisch BVerfGE 45, 363, 371 – strafrechtliche Regelbeispiele; BVerfG, Kammer, NVwZ 2012, 504 – Anforderung an Wertstoffsortierung), sie dürfen aber nicht in für den Einzelnen nicht absehbare Generalklauseln ausarten. Wenig streng ist das BVerfG mit Verweisungen auf andere Gesetze oder sogar auf Verwaltungsvorschriften (BVerfGE 129, 1, 17). Problematische Strafrechtstatbestände sind insofern § 240 StGB (Nötigung) oder Untreue § 266 StGB (weitere Beispiele bei *Schulze-Fielitz,* in: Dreier, GG, Art. 103 II, Rn. 36). Trotzdem hat das BVerfG den Gewalttatbestand und den Verwerflichkeitsmaßstab in § 240 StGB für hinreichend bestimmt gehalten – allerdings nur in einer 4:4 Entscheidung (BVerfGE 73, 206, 236; zuletzt BVerfGE 104, 92 101 – Sitzblockaden). Die mangelnde Bestimmtheit einer Strafnorm kann auch zu einem beachtlichen Verbotsirrtum führen. Der Grundsatz der Bestimmtheit der Strafnorm gilt auch für die **angedrohte Sanktion** (BVerfGE 105, 135, 152). So muss eine Vermögensbeschlagnahme für den Betroffenen ebenso vorhersehbar sein wie eine Strafe.

In **personeller** Hinsicht gilt Art. 103 II GG für jedermann, also für natürliche und juristische Personen – für letztere allerdings nur eingeschränkt, da das deutsche Strafrecht den Gedanken der Vereins- und Körperschaftsstrafe nicht kennt. Im **Ordnungswidrigkeitenrecht** kann auch eine juristische Person die hinreichende Bestimmtheit der Tatbestände verlangen.

Da Art. 103 II GG die Freiheit schützt, handelt es sich um ein **Spezialgrundrecht zum allgemeinen Freiheitsschutz** nach Art. 2 II 2 und Art. 104 GG. Parallel dazu existiert der Grundsatz: „Keine Strafe ohne Schuld" (nulla poena sine culpa), der die subjektive Seite der Strafbarkeit betont *(H. A. Wolff,* AöR 124 (1999), 55 f.*)*. Konkretisiert werden auch die rechtsstaatlichen Grundsätze der **Rechtssicherheit**, des **Vertrauensschutzes** und des **Rückwirkungsverbots.** Dem Bürger sollen die Grenzen des straffreien Raumes klar vor Augen gestellt werden, damit er sein Verhalten daran orientieren kann (BVerfGE 109, 133, 172). Starke Bezüge bestehen naturgemäß auch zum **Demokratieprinzip:** Es ist Sache des demokratisch legitimierten Gesetzgebers, über die Strafbarkeit des Handelns von Bürgern zu entscheiden.

57 **3. Eingriff.** Jede Verurteilung ohne Gesetz oder auf Grund eines nicht hinreichend bestimmten Gesetzes stellt einen Eingriff in das Grundrecht dar. Das gilt auch für Eingriffe der Polizei bei der Anwendung des Strafrechts i. V. mit der polizeirechtlichen Generalklausel und mittelbar für jeden Eingriff in Rechte des Bürgers auf Grund einer zu unbestimmten Rechtsnorm. In letzterem Fall folgt das allerdings nicht aus Art. 103 II GG, sondern aus dem allgemeinen rechtsstaatlichen Bestimmtheitsgrundsatz und dem jeweils betroffenen Grundrecht – mindestens aus Art. 2 I GG, denn ein unbestimmtes Gesetz entspricht nicht der „verfassungsmäßigen Ordnung".

58 **4. Keine Rechtfertigung des Eingriffs.** Die Freiheit vor ungesetzlicher Strafe wirkt absolut. Es gibt weder verfassungsimmanente Schranken (unmittelbare Bestrafung wegen Verletzung eines Grundrechts) noch die Bestrafung aus allgemeinen Rechtsgrundsätzen (zur Ausnahme bei Verbrechen gegen die Menschlichkeit, s. unten Rn. 64).

Anders als partiell im Verwaltungsrecht gilt im Strafrecht auch ein striktes **Rückwirkungsverbot** (BVerfGE 109, 133, 172 – Sicherungsverwahrung). Das gilt auch bei der „Nachbesserung" eines unwirksamen Gesetzes. Anders als bei „normalen" Fällen des Vertrauensschutzes – z. B. bei der unechten Rückwirkung im allgemeinen Verwaltungsrecht – ist hier auch keine Abwägung mit Gründen des Gemeinwohls und den Interessen Dritter möglich (zum Problem der Sicherungsverwahrung oben, Rn. 18).

59 **5. Besondere Schutzfunktionen.** Der Grundsatz nulla poena sine lege ist ein klassisches Abwehrrecht, hat aber auch **objektivrechtliche Bedeutung:** Es ist Pflicht des Staates, für ein überschaubares und vorhersehbares Strafrecht zu sorgen. Gerade hinsichtlich des Vertrauensschutzes und der Bestimmtheit ergeben sich auch **verfahrensrechtliche Komponenten:** Wo der Gesetzeswortlaut nicht ausreicht, um für den Einzelnen mit Sicherheit Klarheit über Strafbarkeit und ähnliche Sanktionen zu erreichen, ist es Aufgabe rechtsstaatlicher Verfahren und Beratung, den Bürger entsprechend zu informieren. Obwohl der Grundsatz unmittelbar nur im Verhältnis von strafendem Staat und Bürger gilt, hat er zumindest **mittelbare Drittwirkung** auch auf privatrechtliche Verträge – wenn diese Sanktionen, Vertragsstrafen usw. vorsehen, müssen diese in hinreichend bestimmter Form im Vertrag selbst fixiert sein.

60 **6. Bestimmtheitsgebot und Rückwirkungsverbot im internationalen und europäischen Recht.** Im internationalen Recht enthält

Art. 11 Nr. 2 AEMR ein Verbot rückwirkender Strafbarkeit und Straferhöhung auf Grund nationalen oder internationalen Rechts. Auch aus Art. 7 EMRK folgt ein Verbot rückwirkender Strafgesetze, das in seinen Anforderungen aber nicht über Art. 103 II GG hinausgeht (BVerfGE 92, 277, 323 – DDR). Art. 7 II EMRK enthält aber eine Ausnahme vom Rückwirkungsverbot für solche Straftäter, deren Tat nach den allgemeinen von den zivilisierten Völkern anerkannten Rechtsgrundsätzen strafbar war – eine Reminiszenz an die Nürnberger Prozesse. Im EU-Recht gilt der Grundsatz als Teil allgemein anerkannter Rechtsgrundsätze.

Außerhalb des engen Kerns des Strafrechts ergeben sich **gemein-** 61 **schaftsrechtlich** besondere Probleme bei der hinreichenden Bestimmtheit von unmittelbar geltendem Gemeinschaftsrecht (BVerwG, NVwZ 2005, 373 – Referenzmenge Milch; OVG Koblenz, ZLR 1996, 614 – „Scheinsekt"). Im EU-Recht sind auch dynamische Verweisungen auf andere Vorschriften besonders häufig. Da der Bestimmtheitsgrundsatz aber auch zu den allgemein anerkannten Verfassungsgrundsätzen der EU gehört, sind hier strenge Voraussetzungen angebracht (*Klindt*, Die Zulässigkeit dynamischer Verweisungen auf EG-Recht aus verfassungs- und europarechtlicher Sicht, DVBl. 1998, 373).

7. Aktuelle Anwendungsfälle. Zum Problem der **Sicherungsverwah-** 62 **rung** s. oben, Rn. 18

a) Anders als beim gleichfalls höchst ungenauen Nötigungstatbestand war dem BVerfG die **Vermögensstrafe nach § 43a StGB** wegen der Unbestimmtheit der Strafandrohung zu unpräzise (BVerfGE 105, 135, 152 – Bestimmtheit von Vermögensstrafen).

b) Hinreichend bestimmt ist die Strafbarkeit von **verdeckten Parteispenden** 63 (BVerfG, Kammer, NJW 1992, 35); das Verbot von bestimmten **Exporten nach dem AußenwirtschaftsG** (BVerfG, Kammer, NJW 1993, 1909), die Bestrafung eines „Dränglers" wegen **Nötigung** auch im Stadtverkehr (BVerfG, Kammer, NJW 2007, 1669), nicht aber die fehlende Präzisierung von Verleitbedingungen im FernmeldeanlagenG (BVerfGE 78, 374, 381) oder die Strafbarkeit der „**fahrlässigen Unfallflucht**" (BVerfG, Kammer, NJW 2007, 1666). Dagegen ist es ein Verstoß gegen das aus Art. 103 II StGB folgende **Analogieverbot,** wenn ein Gericht ein Auto als „Waffe" i. S. des StGB wertet (BVerfG, Kammer, NJW 2008, 3627). Die Strafbarkeit eines Anwalts wegen **Geldwäsche** kommt nur in Betracht, wenn dieser positiv weiß, dass sein Honorar aus dunklen Quellen stammt (BVerfGE 110, 226, 245). Den in der Praxis immer ausufernder angewandten **Untreuetatbestand** (§ 266 StGB) hat das BVerfG in einer neuen Entscheidung zwar entgegen manchen Erwartungen nochmals hingenommen (BVerfGE 126, 170, 194)). Die Rechtsprechung ist aber gehalten, Unklarheiten über den Anwendungsbereich durch Präzisierung und Konkretisierung auszuräumen.

64 *c)* Nach der Wiedervereinigung musste sich das BVerfG mit der Frage befassen, ob Art. 103 II GG und das Rechtsstaatsprinzip in Fällen der staatlichen Missachtung der in der Völkerrechtsgemeinschaft anerkannten Menschenrechte die Bestrafung einer Tat auch dann ermöglichen, wenn diese nach dem Recht des jeweiligen Staates nicht strafbar war („**Mauerschützen-Prozesse**"). In diesem extrem Ausnahmefall hat die Rechtsprechung aus naturrechtlichen Evidenzmaßstäben die Strafbarkeit abgeleitet, soweit es um unerträgliche Verstöße gegen elementare Gebote der Gerechtigkeit und gegen völkerrechtlich geschützte Menschenrechte geht (BVerfGE 95, 96, 130f. und BVerfG, Kammer, NJW 1998, 2585; bestätigt durch EGMR, NJW 2001 3035). Diese Rechtsprechung geht zurück auf die so genannte „**Radbruch'sche Formel**", die in der Nachkriegszeit die Bestrafung von NS-Verbrechern ermöglichen sollte (dazu *H. Dreier,* JZ 1997, 421, 423f.; krit. *Schulze-Fielitz,* in: Dreier, GG, Art. 103 II, Rn. 47ff.).

Literatur zu § 21 V: *Appel/Dreier,* Gustav Radbruch und die Mauerschützen, JZ 1997, 421; *Brodowski,* Grundfälle zu den Justizgrundrechten. Art. 103 II, III GG – nulla poena sine lege, ne bis in idem, JuS 2012, 892; *Krahl,* Die Rechtsprechung des Bundesverfassungsgerichts und des Bundesgerichtshofs zum Bestimmtheitsgrundsatz im Strafrecht (Art. 103 Abs. 2 GG) (1986); *Papier/Möller,* Das Bestimmtheitsgebot und seine Durchsetzung, AöR 122 (1997), 178ff.; *Schroeder,* Der Bundesgerichtshof und der Grundsatz „nulla poena sine lege", NJW 1999, 89ff.; *Wolff,* Der Grundsatz „nulla poena sine culpa" als Verfassungsrechtsgrundsatz, AöR 124 (1999), 55ff.

VI. Ne bis in idem – Verbot der Doppelbestrafung

65 Der Grundsatz „**ne bis in idem**" (Art. 103 III GG) verbietet eine mehrmalige Bestrafung wegen derselben Tat. Auch diese Regel lässt sich bis in das römische Recht zurückverfolgen. Erstmals in der französischen Verfassung von 1791 wurde sie in den Katalog der Grundfreiheiten aufgenommen. In Deutschland dauerte dies freilich bis zum GG. Das Verbot wurde aber bereits auf Grund der StPO von 1877 für selbstverständlich gehalten. Vom Nationalsozialismus wurde auch dieses Grundrecht allerdings zu Gunsten des „gesunden Volksempfindens" und im Wege willkürlicher „Urteilsergänzungen" pervertiert.

Art. 103 III GG ist eine wichtige Begrenzung des staatlichen Strafanspruchs. Sowohl rechtskräftig Freigesprochene als auch Bestrafte sollen sich darauf verlassen können, nicht wegen derselben Tat nochmals belangt zu werden. Insofern handelt es sich um ein individuelles, verfassungsgerichtlich durchsetzbares Grundrecht. Rechtskräftige gerichtliche Entscheidungen entfalten insofern eine Sperrwirkung gegenüber weiteren Strafverfolgungen. Das gilt aber nicht für die Einstellung des Verfahrens und ähnliche Prozessurteile, die nicht zur Sache selbst entscheiden.

Ausgeschlossen ist nur eine Doppelbestrafung auf Grund der **allgemeinen Strafgesetze**. Keine unerlaubte Doppelbestrafung stellen die neben oder nach der Kriminalstrafe erfolgte Disziplinarstrafe des Beamten oder eine Berufsstrafe dar (BVerfGE 21, 378, 384, st. Rspr.).

Ein **Eingriff** liegt nicht erst dann vor, wenn wegen derselben Tat mehrmals bestraft wird, sondern auch, wenn mehrfach eine Strafverfolgung eingeleitet wird.

Keine Rechtfertigung: Art. 103 III GG schließt jede Doppelbestrafung aus. Eine solche kann also auch weder durch Gesetz noch durch verfassungsimmanente Schranken gerechtfertigt werden.

Im **Völkerrecht** ist der Grundsatz anerkannt, nicht aber in der EMRK kodifiziert. Daneben ist er Gegenstand zahlreicher internationaler Abkommen. Inzwischen hat der EuGH den Grundsatz „ne bis in idem" auch auf die Strafverfolgung in der Gemeinschaft ausgedehnt und die Bestrafung in mehreren Mitgliedstaaten wegen ein und desselben Delikts verboten (EuGH NJW, 2003, 1173; NJW 2006, 1781) – auch wenn es zu einem Freispruch wegen Verjährung gekommen ist (EuGH, NJW 2006, 3403). Das Verbot der Mehrfachbestrafung ist in **Art. 50 EuGRCh** explizit ausformuliert. In der Praxis stellt es auch ein wichtiges Hindernis für die Vollstreckung eines europäischen Haftbefehls und die an sich mögliche Auslieferung innerhalb der EU dar (EuGH, NJW 2011, 983; BVerfGE 113, 273 ff.).

Literatur zu § 21 VI: *Fliedner,* Die verfassungsrechtlichen Grenzen mehrfacher staatlicher Bestrafungen auf Grund desselben Verhaltens, AöR 99 (1974), 242; *M. Mayer:* Ne-bis-in-idem – Wirkung europäischer Strafentscheidungen (1992); *Schomburg/Suominen-Picht,* Verbot der mehrfachen Strafverfolgung, Kompetenzkonflikte und Verfahrensfehler, NJW 2012, 1190; *Schroeder,* Die Rechtsnatur des Grundsatzes „ne bis in idem", JuS 1997, 227; *Vogel/Norouzi,* Europäisches „ne bis in idem" – EuGH, NJW, 2003, 1173, Jus 2003, 1059.

3. Abschnitt. Religions- und Gewissensfreiheit/Kirche und Staat

§ 22 Religionsfreiheit/Glaubensfreiheit (Art. 4 I und II GG)

I. Allgemeines

1   **1. Entstehung und geschichtliche Entwicklung.** Die Religions- und Glaubensfreiheit gehört zu den traditionsreichsten Grundrechten. Im engen Zusammenhang mit der individuellen Gewissensfreiheit richtete sie sich gegen jeden absoluten Herrschaftsanspruch – einer Religion ebenso wie gegen eine autoritäre Verbindung von weltlicher und religiöser Macht.

Seit der Anerkennung des Christentums durch *Kaiser Konstantin* bestand diese Verbindung, ja Einheit weltlicher und religiöser Herrschaft das ganze Mittelalter hinüber – symbolisiert durch die legendäre Kaiserkrönung *Karls des Großen* durch Papst *Leo III.* (800). Schon im Investiturstreit zeigten sich aber erste Risse und führten zum Anspruch auf wechselseitige Anerkennung eines Freiheitsspielraums. Eine Zuspitzung des Konfliktes um die Religionsfreiheit brachte die Reformation und die nachfolgenden Konfessionskriege.

Vertrat *Luther* selbst noch die Ansicht, dass Glaubensfragen nicht in die Kompetenz des Staates fielen, so begriffen sowohl das katholische Kaisertum als auch die protestantischen Territorialfürsten schnell die Bedeutung einer einheitlichen Religion zur Festigung ihrer durchaus irdischen Macht (**cuius regio eius religio**). Die Herausbildung des modernen Staates ist also insofern gerade nicht Folge der Säkularisation (so aber *Böckenförde,* Staat – Gesellschaft – Freiheit [1979], 42 ff.). Im Mittelpunkt stand vielmehr das staatliche Kirchenregiment und damit eine neue Welle der Identifikation von Staat und Religion (*Dreier,* Kanonistik und Konfessionalisierung – Marksteine auf dem Weg zum Staat, JZ 2002, 1 ff.). So bedeutete auch der **Augsburger Religionsfriede** von 1555 zwar eine gegenseitige Anerkennung und Toleranz der Religionen als solcher, keineswegs aber individuelle Religionsfreiheit. Für Dissidenten blieb nur das Recht des Auswanderns (ius emigrandi). Eine Neutralisierung des Konflikts wurde im **Westfälischen Frieden von 1648** erreicht. Landesfürsten mussten auch Untertanen anderer Glaubensrichtung tolerieren.

Außerhalb Deutschlands vertraten alle absolutistischen Könige und Fürsten das Prinzip der Einheit von Staatsgewalt und Religion und setzten diese in teilweise höchst blutigen Bürgerkriegen durch. Das gilt für die **französischen,** spanischen und auch für die **englischen Könige**. Teilweise konnte das Problem religiöser Minderheiten durch Auswanderung in die neue Welt oder (im Falle der französischen Hugenotten) u. a. ins damals tolerante Preußen gelöst werden. Aber selbst in den amerikanischen Kolonien entstanden zunächst noch konfessionell homogene Einzelstaaten. Die Verbürgung der Glaubensfreiheit findet sich allerdings sowohl in einzelnen Verfassungen als auch in der **Bill of Rights** zur US-Bundesverfassung von 1791 – dort zwangsläufig als Interventionsverbot des Staates in die individuelle Glaubensfreiheit interpretiert. Insgesamt ist die Religions- und Glaubensfreiheit also ein herausragend wichtiges Grundrecht, nicht aber – wie behauptet worden ist – geradezu die Quelle moderner Menschenrechte (*Jellinek*, Die Erklärung der Menschen- und Bürgerrechte [4. Aufl. 1927]). Den **amerikanischen Verfassungsvätern** des späten 18. Jahrhunderts ging es nicht vordringlich um Religionsfreiheit, sondern vor allem um Schutz der individuellen Entfaltung und vor allem des Eigentums. In der **französischen Revolution** schlug die Abkehr von der monarchischen Staatskirche rasch um in eine die Religionsfreiheit bekämpfende neue Staatsreligion der Vernunft.

Erwähnenswert ist vor diesem Hintergrund die Tradition der Gleichbehandlung der Konfessionen, der Toleranz gegenüber religiösen Minderheiten, der Judenemanzipation und der Politik der Neutralität gegenüber den verschiedenen Konfessionen, wie sie den **aufgeklärten Absolutismus im Preußen** des 18. Jahrhunderts kennzeichnete und im ALR von 1794 sogar kodifiziert wurde. In der **Paulskirchenverfassung** waren die freie Bildung von Religionsgemeinschaften und die freie öffentliche Religionsausübung erstmals verfassungsrechtlich gewährleistet (§§ 144 ff.). Ähnliches galt für die **Preußische Verfassung** von 1850 und gesetzliche Garantien zur Zeit des Kaiserreichs. Im ganzen 19. Jahrhundert wurde die Religionsfreiheit aber im heutigen Sinne eher kollektiv (als Freiheit der Religionsgemeinschaft), nicht individuell begriffen. Letzteres geschah erst mit **Art. 135 II WRV**. Obwohl dieser formal während der nationalsozialistischen Zeit nicht angetastet wurde, belegen schon die Verfolgung der Bekennenden Kirche, der Konflikt zwischen Kirche und Staat um die „Vernichtung unwerten Lebens" und die Ermordung zahlreicher Priester und Ordensfrauen in den Konzentrationslagern, dass sich der Nationalsozialismus auch gegen dieses traditionsreiche Grundrecht richtete.

Es war daher 1948 im **Parlamentarischen Rat** selbstverständlich, 2 dass die Religions- und Glaubensfreiheit zusammen mit der Gewissensfreiheit an prominenter Stelle im GG Aufnahme fand. Auch die Aufnahme des Gottesbezugs in die **Präambel** bewies, dass man mit der Religionsfreiheit keineswegs die als weitgehend unbelastet empfundenen religiösen Kräfte aus der politischen und kulturellen Öffentlichkeit verbannen und Staat und Kirche im strikten Sinne trennen wollte. Wenig umstritten war dabei die Formulierung von Art. 4 GG selbst. Die Probleme der Regelung des Verhältnisses von **Kirche und Staat** wurden durch die Inkorporation der so genannten Weimarer Kirchenartikel, Art. 136 bis 140 WRV gelöst, teilweise auch verdrängt (dazu unten § 23).

Trotz dieser historisch bedingten Sonderrolle von Religion und Kirchen im Nachkriegsdeutschland waren die ersten Jahrzehnte der Geltung des Grundrechts keineswegs nur von Harmonie gekennzeichnet. Erwähnt seien nur die Streitigkeiten um die christliche Gemeinschaftsschule, Schulgebet, Abtreibung und Kruzifix. Die „Klassiker" der Religionsfreiheit aber wurden durchweg unter dem Stichwort „Religionsfreiheit für religiöse Minderheiten" entschieden.

3   **2. Aktuelle Bedeutung.** In neuer Zeit steht das Zusammenleben der Religionsgemeinschaften unter dem GG in einer erneut multikonfessionellen, ja multikulturellen Gesellschaft im Mittelpunkt, und es ist vor allem der Islam, der als drittgrößte Religion teils bekannte, teils aber auch ganz neue grundrechtliche Fragestellungen aufwirft. Hier müssen die Verfassung im Allgemeinen und die Religionsfreiheit im Besonderen dazu beitragen, dass Menschen unterschiedlicher Kultur und Religion in Deutschland friedlich zusammenleben und es nicht zu einem „Kampf der Kulturen" (*Samuel Huntington* [1996, TB-Ausg. 2002]) kommt. Unzulässig ist hier jedes „Gegenseitigkeitsargument". So rechtfertigt die Unterdrückung des Christentums in bestimmten muslimischen Staaten keineswegs einen geringeren Grundrechtsstandard für Muslime unter der Geltung des Grundgesetzes. Umgekehrt aber hat der Islam wie alle anderen Religionen die Grundlagen der verfassungsmäßigen Ordnung, insbesondere das Verbot des Gottesstaates, die Gleichberechtigung der Religionen, eine säkulare Rechtsordnung, die Gleichberechtigung der Frauen, den Tierschutz und die kulturellen Freiheiten der Menschen zu beachten.

Der Rückkehr zum (nicht nur islamischen) Fundamentalismus und den damit verbundenen verfassungsrechtlichen Problemen (*Hufen*, Fundamentalismus als Herausforderung des Verfassungsrechts und der Rechtsphilosophie, Staatswissenschaften und Staatspraxis 1992, 455) stehen europaweit und in Deutschland besonders nach der Wiedervereinigung Tendenzen der wachsenden Bedeutungslosigkeit der Religion, des Mitgliederverlustes der Kirchen und der Säkularisation des öffentlichen Lebens und der Individualisierung der Glaubensinhalte gegenüber. So scheinen Gefährdungen der Glaubensfreiheit heute weniger vom Staat als von der Gleichgültigkeit einer religionsfernen Gesellschaft auszugehen. Sie münden auch für Deutschland in immer neu vorgetragenen Forderungen nach einer grundsätzlichen **Trennung von Religion und Staat,** die aber in der deutschen Verfassungstradition und in der Geschichte des Grundrechts in dieser allgemeinen Form keine Stütze findet (unten, Rn. 16/17).

Literatur: *Bock*, Der Islam in der aktuellen Entscheidungspraxis des öffentlichen Rechts, NVwZ 2007, 1250; *ders.*, Islam, islamisches Recht und Demokratie, JZ 2012, 60; *Bohlrab-Sahr/Tezkan*, Konfliktfeld Islam in Europa (2007); *Fischer/Diab*, Islam und Menschenrechte, NJW 2007, 2972; *Hafez, Freiheit, Gleichheit und Intoleranz. Der Islam in der liberalen Gesellschaft Deutschlands und Europas* (2013); *Kloepfer*, Der Islam in Deutschland als Verfassungsfrage, DÖV, 2006, 45; *Lemmen*, Muslime in Deutschland (2002); *Muckel*, Der Islam im öffentlichen Recht des säkularen Verfassungsstaats (2007); *Sacksofsky/Möllers*, Religiöse Freiheit als Gefahr? VVDStRL 68 (2009), S. 7; 49 ff.; *Waldhoff*, Neue Religionskonflikte und staatliche Neutralität. Erfordern weltanschauliche und religiöse Entwicklungen Antworten des Staates? Gutachten D zum 68. DJT (2010); *Walter*, Religiöse Freiheit als Gefahr? Eine Gegenrede, DVBl. 2008, 1073; *Wick*, Islam und Verfassungsstaat. (2009).

3. Art. 4 GG: Ein oder mehrere Grundrechte? Auf den ersten Blick enthält Art. 4 GG mehrere Grundrechte. So garantiert Art. 4 I GG die **Freiheit des Glaubens,** des **Gewissens** und des religiösen und weltanschaulichen **Bekenntnisses.** In Art. 4 II GG wird die ungestörte **Religionsausübung** gewährleistet. Daraus wird geschlossen, dass es sich um mehrere Grundrechte handle (*Morlok*, in: Dreier, GG, Art. 4, Rn. 53). Bei näherem Hinsehen lassen sich alle Teile des Artikels, die sich mit Religion und Glauben befassen, als **einheitliches Grundrecht** der (individuellen und kollektiven) **Religionsfreiheit** verstehen, während die **Gewissensfreiheit** religiös motiviert sein kann, aber nicht muss, also eine gewisse Sonderstellung einnimmt. Insofern lassen sich zwei Grundrechte erkennen. Deshalb werden hier Gewissensfreiheit und Recht auf Kriegsdienstverweigerung als zusammenhängende eigene Grundrechte behandelt (§ 24). 4

Lange Zeit wenig ausgelotet waren die genaue Bedeutung und der Schutzbereich der **Weltanschauungsfreiheit** – insbesondere im Verhältnis zur Religionsfreiheit. Die allgemeine Definition („*Gesamtheit persönlicher Wertungen zur Deutung der Welt*" o. ä.) gibt für die Lösung der verfassungsrechtlichen Fragen wenig her. Auch die Weltanschaungsfreiheit ist als Freiheit des weltanschaulichen Bekenntnisses in Art. 4 I GG gewährleistet und genießt auf den ersten Blick dieselben Freiheiten und Privilegien (u. a. fehlender Gesetzesvorbehalt). Bei genauem Hinsehen bestehen aber erhebliche Unterschiede. So ist Religion zwar immer auch Weltanschauung, aber nicht jede Weltanschauung ist Religion. Deshalb passen die Vorgaben der Religionsfreiheit keineswegs uneingeschränkt für die Weltanschauungsfreiheit. 5

Literatur: *P. Hoffmann*, Die Weltanschauungsfreiheit – Analyse eines Grundrechts (2011); *Mertesdorf*, Weltanschauungsgemeinschaften (2007); *Wilms*, Glaube und Weltanschauung – ein Abgrenzungsproblem, FS Maurer 2001, 493).

II. Schutzbereich

6 **1. Sachlich. a) Probleme der Definition: Was ist Religion?** Religion im allgemeinen Sinne ist die Deutung der Welt aus einer im Jenseitigen (Transzendenz) liegenden, zumeist in Gott oder einem sonstigen höheren Wesen begründeten ganzheitlichen Sicht. Abgesehen von einer solchen – hochabstrakten – Formulierung gehören Religions- und Glaubensfreiheit zu den schwer definierbaren Grundrechten, weil sie in hohem Maße von subjektiven Vorstellungen und vom Selbstverständnis der jeweiligen Religionsgemeinschaft und darüber hinaus vom Gewissen des Individuums abhängen. Deshalb dürfen weder der Staat noch der Richter versuchen, Glauben und Religion nach objektiven Merkmalen zu bestimmen. Andererseits muss es Kriterien geben, nach denen die Zugehörigkeit einer Lebensäußerung zum Schutzbereich der Religionsfreiheit festgestellt wird. In allen entsprechenden Definitionsversuchen geht es um die Stellung des Menschen in der Welt und darüber hinaus – besonders wichtig – seine Beziehung zu einer **höheren Macht**. Das klingt banal, sagt aber aus grundrechtlicher Sicht in zweierlei Hinsicht etwas sehr Wichtiges: Der **transzendentale Bezug** als **objektives Element** jeder Religion und die **Individualität des Glaubens und Bekenntnisses** als subjektives Element gehören zu den Kernelementen der Religion.

7 **b) Objektives Element: Transzendentaler Bezug.** Im Mittelpunkt der Religions- und Glaubensfreiheit steht der **transzendentale Bezug** *(transzendent = übergreifend)* vom Menschen zu einem über der Welt stehenden „höheren Wesen". Damit ist nicht eine Privilegierung monotheistischer Religionen gemeint: Es kommt nicht auf *ein* „höheres Wesen" an, Gottesbezug und Transzendenz können sich z.B. auch in mehreren Göttern oder einer Naturreligion äußern. Auch diese finden ihren Bezug nicht allein in der Natur, sondern in deren göttlicher „Beseelung" oder mindestens Beeinflussung.

Allerdings reicht es nicht aus, wenn nur behauptet wird, eine bestimmte Verhaltensweise habe religiösen Charakter. Dieser muss sich vielmehr nach dem geistigen Gehalt und äußerem Erscheinungsbild auf eine Handlung beziehen, mit der der Einzelne einen Bezug zu höheren Mächten herstellen will (BVerfGE 83, 341, 353 – Baha'i). Das gilt für die individuelle wie für die kollektive Glaubensfreiheit: Die Selbstdefinition als „Kirche" ohne Bezug zu einem höheren Wesen reicht nicht. Diesseitig definierte und aktive, insbesondere wirtschaftliche Vereinigungen fallen nicht in den Schutzbereich der Religionsfreiheit, sondern allenfalls unter die Weltanschauungsfreiheit.

c) Nicht Religionsgemeinschaft ist deshalb eine Gruppe – auch wenn sie sich „Kirche" nennt – deren zentraler Bezugspunkt die Kräftigung der im Menschen selbst liegenden geistigen Kräfte ist. So ist die **Scientology-Organisation keine Religionsgemeinschaft** im Sinne von Art. 4 GG. Im Mittelpunkt derer Lehre steht die Dianetik, definiert als Lehre vom Wissen, und nicht der Bezug zu einem höheren Wesen. Es fehlt also der transzendentale Bezug. Scientology ist eine **Weltanschauungsgemeinschaft**, nicht aber Religionsgemeinschaft – dies unabhängig davon, ob es zum Kennzeichnen der Organisation gehört, dass und wie viel Geld sie mit ihren Tätigkeiten gewinnt (BAG, NJW 1996, 123; VGH Mannheim, NVwZ 1998, 91; anders aber anscheinend das Schweizerische Bundesgericht [EuGRZ 2000, 59] und wohl auch BVerwG, NJW 2006, 1303).

Literatur: *Diringer,* Scientology (2001); *Masuch,* Ist Scientology eine Religions- oder Weltanschauungsgemeinschaft? Staatswissenschaften und Staatspraxis 1998, 623; *Thüsing,* Was ist eine Religionsgemeinschaft?, GS Krüger, 2001, 350.

d) Subjektives Element. Die Religionsfreiheit ist eines der Grundrechte, bei denen in besonderer Weise die Individualität und Subjektivität der Grundrechtsträger im Mittelpunkt stehen. Das Grundrecht schützt nicht nur die „offiziellen" Glaubensbekundungen bestimmter Kirchen oder religiöser Gruppen, sondern auch **subjektive Glaubensüberzeugungen und die Auffassung religiöser Minderheiten.** Nicht nur der durch eine Amtskirche, eine theologische Fakultät oder gar den Richter definierte Inhalt gehört zum Schutzbereich des Grundrechts, sondern auch das individuelle religiöse Empfinden und das Bestreben, sein Leben nach selbst interpretierten religiösen Gesichtspunkten zu definieren. Insofern bedeutet Religionsfreiheit auf der Ebene des Schutzbereichs (aber auch nur dort!) ein Definitionsverbot und auch ein „Rationalisierungsverbot" (*Wittreck,* DS 42 [2003], 519 ff.). 8

Zum subjektiven Element der Religionsfreiheit gehört die Möglichkeit, sein **persönliches Leben** nach bestimmten Glaubensüberzeugungen zu gestalten (BVerfGE 32, 98, 106 – Gesundbeter). Geschützt sind also das Tragen bestimmter Kleidungsstücke (Kopftuch, Turban) 9 oder der Haar- bzw. Barttracht ebenso wie die Einhaltung bestimmter Lebens- und Ernährungsregeln (Fastengebot, Fleischverbot an Freitagen, Genuss nur koscherer Nahrung). Handlungen, die an sich nicht in den Schutzbereich eines Sondergrundrechts fallen (sich Kleiden, Essen, Fasten), können dadurch zum Inhalt der Religionsfreiheit werden, dass sie religiös motiviert sind. Auch hierfür ist nicht eine Interpretation „von außen", sondern das Selbstverständnis der jeweiligen Religionsgemeinschaft und des einzelnen Grundrechtsträgers maßgeblich (BVerfGE 24, 236, 247 – Aktion Rumpelkammer).

Auch insofern reicht aber die subjektive Behauptung des Betroffenen, eine bestimmte Handlung werde durch seine Religion gefordert, nicht aus. Er muss vielmehr darlegen und begründen, warum er sich insofern religiös gebunden fühlt. So gehört der Genuss von Marihuana auch bei großzügigster Interpretation nicht zum Schutzbereich von Art. 4 GG (BVerwG, NJW 2001, 136).

10   e) „Werk- und Wirkbereiche" der Religionsfreiheit. Die Religionsfreiheit schützt die **Bildung** und das **Besitzen des Glaubens** (forum internum), das **Ausüben der Religion** und das **religiöse Bekenntnis, also das Äußern und Verbreiten des Glaubens** und der Religion (forum externum). Der Gedanke des „Werk- und Wirkbereichs" ist also auf das Grundrecht übertragbar. Religionsfreiheit kann auf allen Stufen individuell und in der Gemeinschaft ausgeübt werden. Auch die Ausübung ist nicht nur kollektiv zu verstehen (BVerfGE 32, 98, 106 – Gesundbeter; BVerfGE 69, 1, 33 – Kriegsdienstverweigerung).

Die **Glaubensfreiheit** schützt also nicht nur den Glauben in der eigenen Gebetskapelle oder in der Gemeinschaft der Kirche, sondern auch das nach außen getragene Bekenntnis, die religiöse Versammlung, die Überzeugung anderer (Mission), den Bau einer Kirche oder Moschee (BVerwG, NVwZ 2011, 748 – Kirche im Industriegebiet), die Segnung der Felder, das liturgische Glockengeläut und die Prozession. Gleichwohl bleibt zu betonen, dass der Kernbereich der Religionsfreiheit: Gebet, Gottesdienst, Sakrament, besonders wichtig ist. Deshalb kommt u. a. dem **Beichtgeheimnis** und dessen Schutz durch das **Zeugnisverweigerungsrecht** eine besondere Rolle zu (BVerfG, Kammer, NJW 2007, 1865; *Fischedick*, Das Beicht- und Seelsorgegeheimnis, DÖV 2008, 584; *de Wall*, Der Schutz des Seelsorgegeheimnisses (nicht nur) im Strafverfahren, NJW 2007, 1856). Eher problematisch ist aber die Zuordnung des Feiertagsschutzes aus dem Bereich des Art. 139 WRV zum subjektiven Schutzbereich des Art. 4 GG (BVerfGE 125, 39, 77 – Berliner Adventssonntage- dazu unten § 23, Rn. 16)

11   f) **Religiöse Kindeserziehung.** Zur religiösen Lebensgestaltung gehört auch die in Verbindung mit Art. 6 II 1 GG besonders geschützte

Erziehung der Kinder zu den religiösen Überzeugungen, die die Eltern für richtig halten (BVerfGE 41, 29, 44 – Simultanschule). Das gilt grundsätzlich auch für die Teilnahme am Religionsunterricht und anderen religionsbedeutsamen Schulveranstaltungen, Unterrichtsinhalten usw. Allerdings ist das religiöse Erziehungsrecht in der Schule durch den Erziehungsauftrag des Staates (Art. 7 I GG) und andere verfassungsimmanente Schranken beschränkt. Dazu gehört auch der Auftrag zur kulturellen Integration (dazu unten § 32, Rn. 1 u. 37).

g) Kult und Caritas. Religiöse Überzeugungen äußern sich nicht nur im Gottesdienst, sondern in nahezu allen Religionen auch in „gottgefälligen Werken", in Nächstenliebe und Caritas. Diese bezieht das BVerfG in den Schutzbereich der Religionsfreiheit ein, und zwar im **„Klassiker" BVerfGE 24, 236, 247 – Aktion Rumpelkammer:**

Ein katholischer Jugendverein sammelt für religiöse Zwecke und setzt dafür eine Altkleidersammlung *(„Aktion Rumpelkammer")* ein. Gegen diese unliebsame Konkurrenz wandten sich professionelle Altkleiderhändler und gewannen in allen Instanzen. Das BVerfG hatte zu entscheiden, ob diese karitativ motivierte, auch von anderen Altkleiderhändlern wahrgenommene Tätigkeit unter Umständen unter die Religionsfreiheit fallen kann.

Der *Senat* nahm den Fall zum Anlass, die Religionsfreiheit denkbar weit zu interpretieren und entschied, dass auch die karitative Tätigkeit der Religionsgemeinschaften grundsätzlich unter die Religionsfreiheit fällt. Ein etwaiger wirtschaftlicher Erfolg als solcher schließt die Religionsfreiheit dabei nicht aus, es sein denn, die religiöse Tätigkeit ist nebensächlich und lediglich vorgeschoben, um Gewinn zu erzielen (BVerfGE 105, 279, 293 – Osho).

Umstritten ist, ob die Unterbringung von durch die Abschiebung bedrohten Ausländern in kirchlichen Räumen („Kirchenasyl") zum Schutzbereich von Art. 4 I GG gehört (dazu *Geis*, JZ 1997, 53; *Görisch*, Kirchenasyl und staatliches Recht [2000]). Diese ist als Teil karitativer Tätigkeit zwar als solche geschützt, begründet aber keineswegs ein eigenes kirchliches Asylrecht über Art. 16a GG hinaus. Die religiöse Motivation muss aber bei der Auslegung des einfachen Rechts berücksichtigt werden.

h) Religionsfreiheit und wirtschaftliche Betätigung. Mit dem Urteil zur „Aktion Rumpelkammer" ist auch klargestellt, dass die wirtschaftliche Betätigung einer Religionsgemeinschaft diese nicht aus dem Schutzbereich von Art. 4 GG verdrängt. Entscheidend ist, ob die wirtschaftliche Tätigkeit als solche im Mittelpunkt steht und die Religion nur „Mittel zum Zweck" ist (dann nur Art. 12 GG), oder ob sie von religiösen oder weltanschaulichen Motiven bestimmt wird (dann Art. 4 GG). Auch erhebliche wirtschaftliche Gewinne für Religionsstifter oder arrivierte Gruppenmitglieder schließen als solche die Religionsfreiheit noch nicht aus. Allerdings kann gerade in diesem wirtschaftlichen Sektor des Schutzbereichs die Religionsfreiheit sehr wohl durch entgegenstehende Grundrechte Anderer eingeschränkt werden (**Beispiel:** Schutz Unerfahrener vor betrügerischen oder erpresserischen „Spenden"; Schutz Austrittswilliger auch in vermögensrechtlicher Hinsicht usw.).

14 **i) Negative Religionsfreiheit – „sich nicht bekennen müssen" als Ausdruck des Grundrechts.** Geschützt ist mit der Religionsfreiheit seit jeher nicht nur die „positive" Religionsfreiheit, also glauben, bekennen usw., sondern auch die negative, also das „Nichthaben" oder Verschweigen eines Bekenntnisses oder der Zugehörigkeit zu einer Religionsgemeinschaft. „Negativ" ist hier nicht abwertend gemeint – aus der Sicht des Grundrechts handelt es sich auch beim „nicht Beten" des Atheisten um eine Äußerung seiner ebenso „positiven" Religionsfreiheit (so zu Recht *Morlok,* in: Dreier, GG, Art. 4, Rn. 70).

Negative Religionsfreiheit heißt vor allem, dass niemand zu einer **Identifikation mit einer Religionsäußerung,** z. B. zur Teilnahme am Schulgebet oder zu religiöser „Beflaggung" zur Fronleichnamsprozession gezwungen werden darf. Hinzuweisen ist in diesem Zusammenhang auch auf Art. 136 IV WRV, nach dem niemand zu einer kirchlichen Handlung oder Feierlichkeit oder zur Teilnahme an religiösen Übungen oder zur Benutzung einer religiösen Eidesformel gezwungen werden kann (interessantes Beispiel: Großer Zapfenstreich, dazu *Morlok,* in: Dreier, GG, Art. 4, Rn. 88).

Auch das Recht zum **Austritt aus einer Religionsgemeinschaft** gehört zur „negativen" Religionsfreiheit. Dieses Recht kann und muss ggf. sogar durch den Staat gegen die Religionsgemeinschaft durchgesetzt, nicht aber gebührenfrei ausgestaltet (BVerfG, Kammer, NJW 2008, 2978; *Stuhlfauth*, DÖV 2009, 225) werden.

15 Dagegen gehört es **nicht** zum Schutzbereich der Religionsfreiheit, nicht mit den Symbolen anderer Religionen – ob Kopftuch oder Krutzifix – konfrontiert zu werden. So kann der nichtchristliche Bergsteiger eben nicht die Beseitigung des Gipfelkreuzes, der Zeuge im Gerichtssaal nicht die Verhängung des Kruzifixes und der Passant kein

Verbot des islamischen Kopftuchs im öffentlichen Straßenraum, der Rundfunkgebührenzahler kein Verbot des Kirchenfunks verlangen (zum Kruzifix in der Schule Rn. 46), weil in allen diesen Fällen keine Zwangsidentifikation mit einer nicht geteilten Religion vorliegt. Insofern ist gerade die religiöse Toleranz keine „Einbahnstraße". Sie verlangt von demjenigen, der seine negative Religionsfreiheit in Anspruch nimmt, Toleranz gegenüber der Religionsfreiheit der Anderen, die sich zu diesen Symbolen bekennen.

j) Anspruch auf Trennung von Kirche und Staat aus der negativen Religionsfreiheit? Als „Kernstück der geistigen Freiheit" (*Hesse*, Grundzüge, Rn. 379) ist auch die Religionsfreiheit zunächst ein gegen den Staat gerichtetes Grundrecht. Auch die Präambel mit ihrem Gottesbezug bedeutet nicht, dass der Staat als solches eine bestimmte Religion favorisiert (*Dreier*, GG, Präambel, Rn. 32). Daraus wird teilweise abgeleitet, Art. 4 GG als negative Religionsfreiheit enthalte ein im „amerikanisch/französischen" Sinne verstandenes Gebot zur völligen **Trennung von Staat und Kirche** (*Czermak/Hilgendorf*, Religions- und Weltanschauungsrecht [2008]; *Fischer*, Volkskirche ade! Trennung von Staat und Kirche, 4. Aufl. 1993; *Holzke*, NVwZ 2002, 904; *Renck*, NVwZ 2000, 868). 16

Schon die geschichtliche Einführung hat aber gezeigt, dass weder das USA-Modell der „non interference" noch die französische „laicité" auf das deutsche Verfassungsrecht übertragbar sind. Von der Präambel über die Gewährleistung des Religionsunterrichts als ordentliches Lehrfach (Art. 7 III GG) bis zur Gewährleistung kirchlicher Feiertage in Art. 139 WRV geht das Grundgesetz vielmehr von der Existenz **gemeinsamer** Aufgaben und Zielsetzungen von Staat und Religion aus. Auch aus Art. 4 GG selbst lässt sich keineswegs ableiten, dass aus Gründen der Religionsfreiheit der öffentliche Bereich „religionsfrei" zu sein hat.

In ähnlicher Weise ist der **Grundsatz der „religiösen Neutralität"** im Grundgesetz zu verstehen (BVerfGE 10, 59, 85 – elterliche Gewalt). Als solcher spielt der Begriff in den Verfahren um die Gemeinschaftsschule (BVerfGE 41, 29, 40) und das Schulgebet (BVerfGE 52, 223, 241) eine Rolle. Im Kruzifix-Beschluss (BVerfGE 93, 1, 19) rückt die Neutralität dann in einen engen Zusammenhang zur negativen Religionsfreiheit. Mit „Neutralität" sind aber nicht das Herausdrängen der Religion aus der Öffentlichkeit oder gar die Erhebung des Atheismus zur Staatsreligion gemeint, sondern es geht letztlich 17 um staatlich ermöglichte **Pluralität, Offenheit und Gleichbehandlung** (so auch *Ladeur/Augsberg*, JZ 2007, 12).

Auch das Hinzutreten des Islam zwingt nicht zu einer Lösung der Probleme durch strikte Trennung von Staat und Religion (in diesem Sinne aber *Janz/Rademacher*, NVwZ 1999, 706). Solange islamische Religionsgesellschaften und einzelne Muslime die Grundregeln der Verfassung einhalten, haben sie selbstverständlich an der privilegierten Stellung der Religionsgemeinschaften in Deutschland teil. Tun sie dies nicht, sind ihre Rechte ebenso verfassungsimmanent einschränkbar wie dies bei anderen verfassungsfeindlichen Organisationen der Fall ist.

Literatur: *Britz*, Der Einfluss christlicher Traditionen auf die Rechtsauslegung als verfassungsrechtliches Gleichheitsproblem? Zu den praktischen Grenzen religiöser Neutralität im säkularen Staat, JZ 2000, 1127; *Gromitsaris*, Laizität und Neutralität in der Schule, AöR 121 (1996), 359; *Häberle*, Verfassung als öffentlicher Prozess, 3. Aufl. (1998); *L. Häberle/J. Hattler*, Islam – Säkularismus – Religionsrecht. Aspekte und Gefährdungen der Religionsfreiheit (2012); *Holzke*, Die „Neutralität" des Staates in Fragen der Religion und Weltanschauung, NVwZ 2002, 904; *Huster*, Die ethische Neutralität des Staates Tübingen (2002); *Ladeur/Augsberg*, Der Mythos vom neutralen Staat, JZ 2007, 12; *Schaefer*, Die religiöse Neutralität des Staates im öffentlichen Raum, VerwArch 103 (2012), 136; *Schlaich*, Neutralität als verfassungsrechtlicher Begriff (1972); *Volkmann*, Grund und Grenzen der Toleranz, DS 39 (2000), 325.

18   **2. Personell – Grundrechtsträger.** Träger der **individuellen Glaubens- und Religionsfreiheit** sind natürliche Personen ungeachtet ihrer Staatsangehörigkeit. Träger sind auch beschränkt Geschäftsfähige und Kinder, doch ist die Grundrechtsmündigkeit bei Kindern und Jugendlichen im **Gesetz über die religiöse Kindererziehung** (RGBl. 1921, 939) besonders geregelt. Sie können vom 14. Lebensjahr an selbständig über ihre Religion und die Teilnahme am Religionsunterricht entscheiden. Vorher wird die Selbstbestimmung der Kinder durch das Erziehungsrecht der Eltern beschränkt.

19   Träger der **kollektiven Religionsfreiheit** sind die Religionsgemeinschaften selbst. Das sind nicht nur die traditionellen Kirchen, sondern auch andere – nicht aber ausländische (BVerfG, NVwZ 2008, 670) – Vereinigungen, wenn sie eine auf eine gewisse Dauer gerichtete eigene Organisation, verantwortliche Organe und Personen, die Befugnis zur Setzung von für die Mitglieder verbindliche Normen und eine gewisse religiöse Grundauffassung aufweisen. Auch ein nichtrechtsfähiger kirchlicher Jugendverein kann für beschränkte Bereiche Träger

der Religionsfreiheit sein (BVerfGE 24, 236, 247 – Aktion Rumpelkammer).

Interessanterweise können Religionsgemeinschaften **sowohl Träger als auch Adressat** des Grundrechts sein. Träger des Grundrechts sind sie im Verhältnis zum Staat. Soweit sie als Körperschaft des öffentlichen Rechts organisiert sind, können sie Adressat gegenüber den Mitgliedern sein, wenn es z. B. um das Recht auf Kirchenaustritt und die individuelle Gewissensfreiheit innerhalb einer als Körperschaft organisierten Religionsgemeinschaft geht.

3. Verhältnis zu anderen Grundrechten. Als besondere Lebensäußerung geht die Religionsfreiheit anderen Grundrechten in der Regel vor, kann aber auch parallel zu anderen Grundrechten stehen. So ist Art. 4 GG in Bezug auf religiöse Äußerungen lex specialis zur **Meinungsfreiheit** (Art. 5 I GG). Theologische Lehrmeinungen sind aber sowohl durch die **Wissenschaftsfreiheit** (Art. 5 III GG) als auch durch Art. 4 GG geschützt. Ähnliches gilt für die Kirchenmusik – sie fällt sowohl unter Art. 5 III GG (**Kunstfreiheit**) als auch unter Art. 4 GG – und den Kirchenfunk und die Kirchenzeitung, die parallel durch die **Rundfunk- bzw. Pressefreiheit** geschützt sind. Religiöse Versammlungen fallen als Ausdruck kollektiver Religionsfreiheit sowohl unter Art. 4 GG als auch unter die **Versammlungsfreiheit** (Art. 8 GG). **Kirchliche Berufe** sind durch Art. 4 GG im Hinblick auf die individuelle Stellung des Berufsinhabers, aber ggf. auch durch Art. 12 GG geschützt. Gegenüber der kollektiven Religionsfreiheit tritt die **Vereinigungsfreiheit** (Art. 9 I GG) zurück. Deshalb bedurfte es einer besonderen Klarstellung im Vereinsgesetz, dass auch religiöse Vereinigungen, die sich gegen die freiheitliche demokratische Grundordnung richten, entsprechend Art. 9 II GG verboten werden können. Zu beachten ist hier auch der über Art. 140 GG anwendbare Art. 137 II WRV, der die Vereinigungsfreiheit religiöser Organisationen als Spezialgrundrecht zu Art. 4 GG schützt. Das **Eigentum** von Religionsgemeinschaften fällt auch in den Schutzbereich von Art. 14 GG. Im Hinblick auf Körperschaften des öffentlichen Rechts folgt dieser Schutz aus Art. 137 WRV. Die heikle Frage, ob daneben Art. 14 GG zur Anwendung kommt (dies ist für Körperschaften des öffentlichen Rechts nach der Rechtsprechung des BVerfG bekanntlich nicht der Fall), ist daher praktisch nicht bedeutsam geworden.

Nebeneinander stehen im Hinblick auf die **religiöse Kindererziehung** Art. 4 GG und Art. 6 II GG (BVerfGE 41, 29, 47 – Simultanschule). Das gilt z. B. auch für die Zuordnung von Elternrecht und staatlichem Erziehungsauftrag in der Schule (dazu unten § 32). Für den **Religionsunterricht** stellen Art. 7 II und III GG Spezialvorschriften zu Art. 4 GG dar (BVerfGE 41, 29, 47 – Simultanschule). Obwohl Gleichheits- und Freiheitsrechte „normalerweise" nebeneinander stehen, dürfte die **Diskriminierung aus religiösen Gründen** in Art. 3 III GG und Art. 33 III GG als spezifisches Gleichheitsrecht erfasst sein, berührt aber auch Art. 4 GG. Die fälschliche Zuschreibung einer Mitgliedschaft in einer Religions- oder Weltanschauungsgemeinschaft wird als Eingriff in das **allgemeine Persönlichkeitsrecht** (Art. 2 I i. V. m. Art. 1 I GG), nicht als solcher in die negative Religionsfreiheit gesehen (BVerfGE, 99, 185, 193 – Helnwein, Scientology).

III. Eingriffe

22   1. **Unmittelbare gezielte Eingriffe.** Eingriffe in die Religionsfreiheit sind zunächst alle **Gebote und Verbote,** die sich unmittelbar auf die Religion oder eine religiöse Betätigung beziehen. Der schwerste Fall ist das **Verbot einer religiösen Vereinigung nach Art. 9 II GG/§ 3 VereinsG** zum Schutz der freiheitlich demokratischen Grundordnung (dazu *Stuhlfauth,* DVBl 2009, 416). Unmittelbare Eingriffe sind aber auch z. B. das Verbot einer karitativ bestimmten Straßensammlung, das Verbot, aus Glaubensgründen warmblütige Tiere zu schächten, das Verbot des Kopftuchtragens für eine Lehrerin oder des Turbantragens eines Sikh-Feuerwehrmanns, das Verbot eines Gottesdienstes im Freien usw. Auch jede Diskriminierung aus religiösen Gründen ist (abgesehen von Art. 3 III GG) auch ein Eingriff in Art. 4 GG. Wie bei anderen Grundrechten liegt ein Eingriff auch dann vor, wenn eine staatliche Stelle den religiösen Charakter einer Äußerung oder Lebensweise oder **die Reichweite und den Stellenwert des Grundrechts verkennt.**

> **Beispiel:** Eine religiöse Sammlung wird allein als kommerzielle Veranstaltung, ein aus religiösen Gründen getragenes Kopftuch allein als Kleidungsstück behandelt; beim Verbot einer „Baghwan Disco" nach dem GastG bleibt die Religionsfreiheit außer Betracht; ein Gemeinderatsmitglied verliert sein Mandat, weil er die Vereidigung aus religiösen Gründen verweigert (BVerfGE 79, 69 – Eidespflicht).

23   Ein direkter und gezielter Eingriff in die **„negative Glaubensfreiheit"** liegt vor, wenn jemand gegen seine Überzeugung zur Identifikation mit einer Religion oder zu einer religiösen Äußerung gezwun-

gen wird. Das ist z. B. beim Gebot der Fall, einen religiösen Eid zu leisten (BVerfGE 33, 23, 29 – Eidesverweigerung) – nicht aber, wenn der Einzelne nur mit einem religiösen Symbol „konfrontiert" wird, ohne sich damit identifizieren zu müssen (BVerwG, NVwZ 2012, 162 – Schülergebet; teilweise anders BVerfGE 93, 1, 13 ff. – Kruzifix [dazu unten, Rn. 46]). Ebenso wenig ist es ein Eingriff in die negative Religionsfreiheit, wenn der Einzelne verpflichtet wird, das Fehlen eines religiösen Bekenntnisses durch einen Strich auf der Lohnsteuerkarte kenntlich zu machen (BVerfG, Kammer, NVwZ 2001, 909).

2. Mittelbare Eingriffe. Dem direkten Eingriff stehen indirekte, 24 nur mittelbar wirkende Eingriffe gleich, die sich zwar nicht unmittelbar gegen die Religionsgemeinschaft oder einen einzelnen Gläubigen richten, diese aber in ihrer Religionsfreiheit beeinträchtigen. Zu nennen sind etwa die Baugenehmigung oder die immissionsschutzrechtliche Genehmigung für einen die Kirche oder einen Friedhof störenden Betrieb, die gaststättenrechtliche Genehmigung einer Diskothek unmittelbar neben der Kirche oder auch ein Einreiseverbot an einen Religionsgründer (dazu BVerwG, NJW 2001, 1365 – Mun-Sekte). Einen solchen Eingriff hat das BVerfG auch in der Ladenöffnung an Sonntagen gesehen (BVerfGE 125, 39, 77 ff. – Berliner Adventssonntage – dazu § 23, Rn. 16).

3. Informationen und Warnungen. Keine Regelungen, oft aber 25 umso spürbarer, sind **öffentliche Informationen** über und **Warnungen** vor bestimmten Religionsgemeinschaften. So nannte die Bundesregierung auf Grund einer parlamentarischen Anfrage die Osho-Bewegung eine „Psychosekte", die „pseudoreligiös" und „destruktiv" sei (dazu Rn. 51).

4. Beeinträchtigungen – Verfehlen des Schutzanspruchs. Eingriffen im rechtlichen Sinne stehen faktische Beeinträchtigungen 26 gleich, die selbst von staatlichen Stellen ausgehen oder vom Staat nicht in Erfüllung seiner objektiven Schutzpflicht verhindert werden. Hier sind etwa die Störung einer Fronleichnamsprozession durch eine Feuerwehrsirene oder militärische Tiefflüge zu nennen. Auch sind staatliche Behörden und Städte verpflichtet, von Privaten ausgehende Störungen zu unterbinden (schönes Beispiel: Beseitigung der „Klagemauer" vor der Hohen Domkirche zu Köln – OLG Köln, NJW 1995, 3319). In denselben Zusammenhang gehört die Verfolgung von Straftaten nach § 166 StGB (Störung des religiösen Friedens

– zur Störung durch blasphemische Theaterstücke und Karikaturen s. unten § 33, Rn. 51).

IV. Verfassungsrechtliche Rechtfertigung – Schranken

1. Kein Gesetzesvorbehalt. Die Religionsfreiheit in Art. 4 GG hat keinen Gesetzesvorbehalt. Dieser war zunächst vorgesehen, wurde im Parlamentarischen Rat aber bewusst gestrichen. Unzulässig ist es auch, die „Schranken des für alle geltenden Gesetzes" in Art. 140 GG i. V. m. Art. 137 WRV als allgemeinen Gesetzesvorbehalt in Art. 4 GG hineinzuinterpretieren (so aber *Pauly/Pagel*, NVwZ 2002, 441). Das ist wichtig, weil es ganz unvermutete Überschneidungsbereiche von Religionsfreiheit und einfachgesetzlich geregelten Materien gibt. Beim Bau einer Kirche oder einer Moschee geht es um die verfassungskonforme Auslegung des Bauplanungsrechts; bei der sprichwörtlichen Bagwhan-Diskothek um das Gaststättenrecht, beim liturgischen Glockengeläut um das Immissionsschutzrecht, beim religiösen Info-Stand um das Straßenrecht. Sie alle können – wenn nicht ihrerseits durch ein Verfassungsgut legitimiert – **als solche** die Religionsfreiheit nicht einschränken (OVG Koblenz, NVwZ 2001, 933 – Minarett; *Fischer/Groß*, DÖV 2003, 932).

2. Verfassungsimmanente Schranke. a) Allgemeines. Entgegen einem immer noch anzutreffenden Missverständnis ist die Religionsfreiheit durchaus an der Verfassung messbar, also auch durch entgegenstehende Verfassungsgüter einschränkbar (BVerfGE 32, 98, 100 – Gesundbeter; anders offenbar *P. Bahners*, FAZ 11.11.2006 zur Einreisefreiheit des Gründers der Mun-Sekte). Religionsgemeinschaften können also nur den Schutzbereich, nicht aber die Schranken des Grundrechts autonom bestimmen. Auch hier ist dann aber – wie der Kopftuchfall gezeigt hat – in der Regel zusätzlich eine gesetzliche Konkretisierung der verfassungsimmanenten Schranke erforderlich.

Beispiel: Verbot der Diskothek einer Jugendsekte nach GastG oder einer religiösen Versammlung nach VersG aus Gründen des Schutzes von Leben und körperlicher Unversehrtheit. Verbot einer religiösen Vereinigung oder Beobachtung durch den Verfassungsschutz zur Abwehr verfassungsfeindlicher Bestrebungen; Einschränkung des Glockengeläuts oder des Stundenläutens zur Nachtzeit zum Schutz der Gesundheit (BVerwG, NVwZ 1997, 390); Einschränkungen der Nutzung eines Betsaals aus Sicherheitsgründen (BVerwG, NJW 1992, 2170).

b) **Einzelne verfassungsimmanente Schranken.** Auch die Religionsausübung darf nicht in die **Menschenwürde** eingreifen. So ist auch die religiös motivierte Verstümmelung weiblicher Geschlechtsorgane ein klarer Verstoß gegen die Menschenwürde (Art. 1 I GG) und die körperliche Unversehrtheit (Art. 2 II GG) (dazu *Rosenke*, ZRP 2001, 377). Ähnliches gilt für Gehirnwäsche, religiöse Folterrituale und Körperstrafen, aber nach hier vertretener Auffassung auch für die die persönliche Identität von Frauen verbergende Burka. Ein Verbot zum Tragen der Gesichtsverschleierung in der Öffentlichkeit wäre also gerechtfertigt (a. A. *R. Gerhardt*, ZRP 2010, 232; *Barczak*, DÖV 2011, 54; einen Verstoß gegen die EMRK sieht *Finke*, NVwZ 2010, 1127; differenzierend *von Münch*, FS Schmidt-Jortzig 2011, S. 47 – Verbot nur bei Fremdbestimmung). Gefährdungen von Leben und Gesundheit aus religiösen Gründen – etwa durch übermäßiges Fasten, Selbstkasteiung, beschwerliche Pilgerwege – sind dagegen bei erwachsenen Menschen in der Regel hinzunehmen (dazu unten, Rn. 48). 29

Die Einschränkung des religiösen Erziehungsrechts durch Belange des **Kindeswohls oder den schulischen Erziehungsauftrag** ist ein besonders heikles Feld. So darf der Staat hier z. B. eingreifen, wenn die Eltern aus religiösen Gründen eine medizinisch indizierte Behandlung verweigern (unten Rn. 48) oder ihrerseits aus religiösen Gründen die körperliche oder seelische Gesundheit gefährden (zur Beschneidung unten, Rn. 52). Auch die **Durchsetzung der Schulpflicht** dient neben dem staatlichen Erziehungsauftrag letztlich dem Wohl des Kindes und dem staatlichen Erziehungs- und Integrationsauftrag (dazu § 32, Rn. 37). Andererseits ist zu beachten, dass die Mitgliedschaft eines Elternteils in einer Religionsgruppe allein nicht dazu führen kann, die Eignung zur Erziehung des Kindes zu verneinen (OLG Oldenburg, NJW 1997, 2692). Ausnahmen können aber bei konkreter Gefahr körperlicher oder seelischer Verletzungen im Falle der völligen Isolation des Kindes aus sozialen Beziehungen oder gar des kollektiven Selbstmords aus Weltuntergangserwartungen bestehen. Unter diesen Voraussetzungen darf der Staat auch vor jugendgefährdenden „Sekten" und Weltanschauungsgemeinschaften öffentlich warnen (unten, Rn. 49). 30

Beamte und andere Angehörige des öffentlichen Dienstes müssen sich im Dienst – anders als im privaten Bereich – diejenigen Einschränkungen ihrer Religionsfreiheit gefallen lassen, die sich aus der gebotenen Neutralität, Unparteilichkeit usw. gebieten. So hat der Beamte jedes religiöse Symbol zu vermeiden, das Zweifel an seiner religiösen oder sonstigen Unparteilichkeit weckt 31 und darf auch seine Funktion nicht für die Missionierung von Kollegen und Klienten missbrauchen. Das ist der Kern der „Kopftuchproblematik" hinsichtlich der Lehrerin (unten, Rn. 44). Das heißt aber nicht, dass die Beamten grundsätzlich im Dienst jedes religiöse Symbol oder jede religiöse Aussage zu vermeiden hätten. Es kommt vielmehr darauf an, ob dieses Symbol geeignet ist, Zweifel an der Unparteilichkeit oder Pflichttreue zu erwecken oder andere Verfassungsgüter zu gefährden.

32 Als verfassungsimmanente Schranke der Religionsfreiheit kommen auch die „neuen Staatszielbestimmungen" des **Art. 20a GG** in Betracht. Der bekannteste Fall ist die Einschränkung des Schächtens aus religiösen Gründen durch die **Tierschutzklausel des Art. 20a GG** (unten, Rn. 43). Hingewiesen sei auch auf den Fall: „kirchlicher Friedhof im Naturschutzgebiet" (BVerwG, NVwZ 1998, 852).

33 Der schwerste Eingriff, das Verbot einer religiösen Vereinigung, kommt nur in Betracht, wenn die Religionsgemeinschaft gegen die Menschenrechte oder die **freiheitlich demokratische Grundordnung** verstößt. Will eine religiöse Gruppe in Deutschland die Gewaltenteilung beseitigen, den Staat unterwandern oder einen Gottesstaat errichten, so kann sie durch die Verfassungsschutzbehörden beobachtet und letztlich auch verboten werden. Dafür hat eine Änderung des Vereinsgesetzes im Jahr 2001 (BGBl. I, 3319) durch Beseitigung des so genannten „Religionsprivilegs" die gesetzliche Grundlage geschaffen. Erste Anwendungsfälle im Bezug auf islamistische und antisemitische Gruppen liegen vor (BVerwG, NVwZ 2003, 986; BVerfG, Kammer, NJW 2004, 47 – „Kalif von Köln"; BVerwG, NVwZ 2006, 694; *Groh*, Selbstschutz der Verfassung gegen Religionsgemeinschaften [2004]); *Michael*, JZ 2002, 482; *Sacksofsky/Möllers*, VVDStRL 68 [2009], S. 7 ff.; 49 ff.; *Stuhlfauth*, DVBl 2009, 416).

V. Besondere Schutzfunktionen

34 Der Staat hat nicht nur ungerechtfertigte Eingriffe in die Religionsfreiheit zu unterlassen; er muss sich ggf. auch schützend vor die Religion stellen, wenn es gilt, Störungen der Religionsausübung oder des religiösen Friedens zu verhindern (BVerfG, Kammer, NVwZ 2001, 908 – Sektenwarnung durch eine Kirche OLG Köln, NJW 1995, 3319; NJW 1998, 1405 – Beseitigung der „Klagemauer" vor dem Kölner Dom). Das schafft aber kein subjektives Recht auf Tätigwerden der Behörden (VG Hamburg, NJW 2012, 2536 – blasphemisches Theaterstück). Als Fall der **Ausstrahlungswirkung** und der **objektiven Pflicht** zur Beachtung der Religionsfreiheit hat das BVerfG auch das

Problem des Schächtens behandelt – dies deshalb, weil im zu entscheidenden Fall der betroffene muslimische Metzger sich nicht auf die eigene Religionsfreiheit berief, sondern auf sein durch Art. 2 I GG auch für einen Ausländer geschütztes Recht, glaubenskonform gewonnenes Fleisch an seine Kunden zu verkaufen (BVerfGE 104, 337 ff.).

Grundsätzlich ist die Religionsfreiheit ein Freiheitsrecht, aus dem sich **keine Leistungsansprüche** gegen den Staat ableiten lassen. Bestehende Leistungsgesetze müssen aber im Lichte der Religionsfreiheit ausgelegt werden, wenn es z. B. um die Bemessung eines Sozialhilfebetrags geht (bedenklich dagegen: OVG Lüneburg, NJW 2003, 3290 – Sozialhilfe für die Durchführung einer Beschneidungsfeier). 35

Vielfältig sind die Fallkonstellationen, in denen es um den **verfahrensmäßigen Schutz** der Religionsfreiheit geht. Ganz allgemein ist bei der Ausgestaltung von Verwaltungsverfahren und Gerichtsverfahren auf die religiösen Belange Rücksicht zu nehmen. Im Rahmen des Möglichen sollten Verwaltungen und Gerichte auf ausdrücklichen Wunsch des Betroffenen z. B. nicht an hohen religiösen Feiertagen terminieren – so wie sie dies auch an christlichen Feiertagen nicht tun. Zwar muss eine Gruppe oder ein Einzelner belegen, warum eine bestimmte Handlung unter Art. 4 GG fällt, doch dürfen im Verfahren die Anforderungen an Darlegung und Begründung nicht überspannt werden. Bei der Sachaufklärung und der Bewertung von religionsrelevanten Tatsachen und Auffassungen dürfen Behörden und Gerichte ihre eigene Beurteilung nicht einfach an die Stelle des jeweiligen Grundrechtsträgers setzen. Ggf. müssen sie den Rat von Sachverständigen hinzuziehen. 36

Auch **organisatorisch** hat die Religionsfreiheit mehrere Aspekte. So gehört die Organisationshoheit der Religionsgemeinschaften zum Schutzbereich der Religionsfreiheit ebenso wie zum Selbstbestimmungsrecht im Sinne von Art. 137 III WRV (dazu unten § 23, Rn. 6). Dort, wo der Staat und die Religionsgemeinschaften zusammenarbeiten, müssen Organisation und Verfahren so gestaltet sein, dass das Grundrecht der Religionsfreiheit zum Tragen kommt. 37

Die Religionsfreiheit hat zahlreiche **Auswirkungen auf zivilrechtliche Rechtsbeziehungen.** So muss der Vermieter religiöse Äußerungen und Übungen in seinem Haus dulden, solange seine oder die Grundrechte anderer Mieter nicht unzumutbar beeinträchtigt werden (**Beispiel:** Kirchenfahne bei der Fronleichnamsprozession). Weitaus wichtiger ist die mittelbare Drittwirkung des Grundrechts aber im **Arbeitsrecht** (dazu unten, Rn. 45). 38

VI. Die internationale und europäische Perspektive

39 Die Religionsfreiheit gehört unbestritten zum Kern der Menschenrechte und wird entsprechend in allen internationalen Menschenrechtserklärungen gewährleistet. Nach **Art. 18 AEMR** hat jeder Mensch Anspruch auf Gedanken-, Gewissens- und Religionsfreiheit. Betont wird insbesondere die Freiheit, die Religion und Überzeugung zu wechseln und in verschiedenen Formen zu bekunden – eine für islamische Staaten nicht ganz unkomplizierte Regelung. Zu erwähnen ist ferner die UN-Erklärung über die Beseitigung aller Formen von Intoleranz und Diskriminierung auf Grund der Religion oder der Überzeugung (1981) und die KSZE-Schlussakte von Helsinki (1975).

40 **Art. 9 I EMRK** garantiert jedem einen „Anspruch auf Gedanken-, Gewissens- und Religionsfreiheit". Diese hat der EGMR als Grundpfeiler der demokratischen Gesellschaft. bezeichnet (EGMR, NVwZ 2011, 1506 – Verbot der Zeugen Jehovas). Bestätigt hat er auch die negative Religionsfreiheit (EGMR, NVwZ 2011, 863). Die Religionsfreiheit der EMRK steht freilich unter einem qualifizierten Gesetzesvorbehalt. Besonders wichtig ist der Zusammenhang zum Verbot der Diskriminierung aus religiösen Gründen: So hat es der EGMR als unvereinbar mit dem religiösen Diskriminierungsverbot (Art. 14 EMRK) und dem Gebot der Achtung der privaten Sphäre (Art. 8 EMRK) angesehen, wenn eine Mutter im Scheidungsverfahren das Sorgerecht für ihre Kinder allein deshalb nicht erhält, weil sie Angehörige der „Zeugen Jehovas" ist (EGMR, EuGRZ 1996, 648). Auch das Recht von Parlamentsabgeordneten, den Abgeordneteneid ohne religiöse Formel zu leisten, ist durch Art. 9 EMRK geschützt (EGMR, NJW 1999, 2957). Dasselbe gilt für die Befreiung von Geistlichen vom Wehrdienst (EGMR, NVwZ 2010, 823) und die Wehrdienstverweigerung aus religiösen Gründen (EGMR, Große Kammer, NVwZ 2012, 1603). Eingriffe sind auf gesetzlicher Grundlage möglich, wenn sie ein berechtigtes Ziel verfolgen, in einer demokratischen Gesellschaft notwendig und nicht unverhältnismäßig sind (EGMR, NJW 2001, 2871; dazu *Goerlich,* NJW 2001, 2862). Ähnlich wie nach deutschem Recht erlaubt der EGMR auch das **Verbot religiöser Vereinigungen,** wenn diese gegen wesentliche Grundsätze der Demokratie eintreten (EGMR, EuGRZ 2003, 533; dazu *Kugelmann,* EuGRZ 2003, 533). Auch die zu den Standardproblemen der Religionsfreiheit in Deutschland zählenden Themen „Kopftuch der Leh-

rerin" (unten, Rn. 44) und „Kruzifix in der Schule" (dazu unten, Rn. 46) haben den EGMR inzwischen erreicht. Das „Minarettverbot" in der Schweiz hatte wohl nur deshalb (vorläufig) Bestand, weil dem Beschwerdeführer die konkrete Bauabsicht und damit die Beschwerdebefugnis fehlte (EGMR, NVwZ 2012, 289).

Für das **EU-Recht** gilt die Religionsfreiheit als gemeineuropäisches Grundrecht und fester Bestandteil der gemeinsamen Verfassungsüberlieferungen. In Anlehnung an die Formulierung der EMRK wird auch in **Art. 10 EuGRCh** das Recht auf Gedanken-, Gewissens- und Religionsfreiheit geschützt. Wie andere Grundrechte enthält dieser keinen spezifischen Schrankenvorbehalt, sondern es gilt der allgemeine Gesetzesvorbehalt des Art. 52 I EuGRCh. Verfahrensmäßig wichtig ist das Fehlen jeder religionsrechtlichen Kompetenz der Gemeinschaft, was aber nicht heißt, dass durch einzelne Gemeinschaftsentscheidungen nicht auch religiöse Fragen berührt sein können. Vermehrt Aufmerksamkeit erregt das Problem, ob europäisches Antidiskriminierungsrecht (Art. 18 AEUV/Richtlinie 2000/78/EG) zur strikten Durchsetzung der Religionsfreiheit und des Verbots der Auswahl nach Religionszugehörigkeit in allen Arbeitsverhältnissen – z. B. auch in kirchennahen – führt (kritisch *Thüsing*, JZ 2004, 172). 41

Spannungen auf europäischer Ebene zeigen sich vor allem im durchaus unterschiedlichen Verständnis des **Verhältnisses von Religion und Staat** in einzelnen Mitgliedsstaaten. So gehören in Frankreich die Trennung von Staat und Kirche und der Grundsatz der Laicité zu den zentralen Verfassungsgeboten und sogar zu den Grundlagen der Republik (*Franzke,* ZRP 2003, 357), während es z. B. in Deutschland eine enge Kooperation von Staat und Kirche in zahlreichen Fragen gibt. Entsprechend unterschiedlich wird der Begriff der **Neutralität** interpretiert. Hier belegt schon die Auseinandersetzung um die **Präambel zur Europäischen Verfassung** schlagartig die Probleme, aber auch die Gefahren, wenn Neutralität und Trennung von Kirche und Staat aus den nationalen und historischen Bezügen herausgelöst werden und zu einem „kleinsten gemeinsamen Hauptnenner" gerade noch allseits akzeptierter Werte schrumpfen. Auch im europäischen Maßstab kommt es nicht auf eine ängstliche „Wertneutralität" oder eine zwanghafte Angleichung, sondern darauf an, den ganzen Reichtum der Traditionen von Christentum *und* Aufklärung einzubinden und miteinander und mit neuen Religionsgemeinschaften zu versöhnen, statt sie in heute nicht mehr adäquater 42

Schroffheit unter dem missverständlichen Begriff der Neutralität einander gegenüber zu stellen.

Literatur: *Bielefeldt,* Religionsfreiheit – „unteilbarer" Bestandteil der universalen Menschenrechte. FS Riedel, 2013, 131; *Goerlich,* Religionspolitische Distanz und kulturelle Vielfalt unter dem Regime des Art. 9 EMRK, NJW 2001, 2862; *Kadelbach/Parhisi,* Die Freiheit der Religion im europäischen Verfassungsrecht (2007); *Muckel,* Die Rechtsstellung der Kirchen und Religionsgemeinschaften nach dem Vertrag über eine Verfassung für Europa, DÖV 2005, 191; *Mückl,* Religions- und Weltanschauungsfreiheit im Europarecht (2002); *Robbers,* Religionsrechtliche Gehalte der europäischen Grundrechte-Charta, FS Maurer (2001), 425 ff.; *von Ungern/Sternberg,* Religionsfreiheit in Europa (2008); *H. Weber,* Religionsrecht und Religionspolitik der EU, NVwZ 2011, 1485.

VII. Aktuelle Fälle und Probleme

Hinweis: Zur Religionsfreiheit in der Schule s. auch unten § 32, Rn. 37, 45 f.

43 **1. Religiöses Schächten.** Mit Schächten wird eine Schlachtmethode bezeichnet, bei der den Tieren bei vollem Bewusstsein liegend oder mit dem Kopf nach unten hängend Halsschlagader, Luftröhre und zumeist auch der Kehlkopf durchtrennt werden. Ziel ist das möglichst umfassende Ausbluten, da der Genuss von Blut in großen Weltreligionen wie Judentum und Islam verboten ist. Der für die Tiere sehr qualvolle Todeskampf kann nach Aussage von Experten sehr lange dauern.

Rechtlich gesehen geht es hier um die verfassungskonforme Auslegung von § 4a II TierSchG, der einen Anspruch auf Erlaubnis zum betäubungslosen Schlachten warmblütiger Tiere dann gibt, wenn zwingende Vorschriften einer Religionsgemeinschaft dies erfordern. Den Aspekt der Religionsfreiheit hat das BVerfG in seinem viel diskutierten „Schächturteil" (BVerfGE 104, 337, 345) aber nur unter dem Aspekt des Einflusses der Religionsfreiheit auf Berufsfreiheit und freie Entfaltung des betroffenen Metzgers (der sich selbst nicht auf die Religionsfreiheit berufen hatte) gewürdigt (kritisch dazu *Hain/Unruh,* DÖV 2003, 147; *Volkmann,* DVBl. 2002, 332; grundsätzlich zustimmend aber *Wittreck,* DS 42 [2003], 519).

Für eine unmittelbar an Art. 4 GG und Art. 20a GG orientierte Lösung des Problems ist zunächst festzuhalten, dass es nicht Sache staatlicher Behörden oder staatlicher Gerichte ist, darüber zu befinden, ob das Schächten oder der Genuss koscheren Fleisches für die betreffende Religionsgemeinschaft verbindlich ist (so aber noch BVerwG, NVwZ 1996, 61 und NJW 2001, 1225). Unzulässig ist auch die Annahme, niemand sei zum Fleischverzehr gezwungen. Die Nichterteilung einer tierschutzrechtlichen Ausnahmegenehmigung ist und bleibt also ein Eingriff in die Religionsfreiheit, der auch angesichts des fehlenden Schrankenvorbehalts nicht allein durch das TierschutzG gerechtfertigt werden kann. Als verfassungsimmanente Schranke kommt aber die **Tierschutzklausel in Art. 20a GG** in Betracht. Diese ist nicht etwa grundsätzlich den Grundrechten nachrangig, sondern bezeichnet ein Verfassungsgut, das nach den Grundsätzen praktischer Konkordanz mit Religionsfreiheit, Wissenschaftsfreiheit, Kunstfreiheit usw. in Bezug zu setzen ist (teilw. anders aber BVerwG, NVwZ 2007, 461). Es scheint also wünschenswert, dass das BVerfG Gelegenheit erhält, nach Inkrafttreten des Art. 20a GG neu über diesen Grundrechtskonflikt zu entscheiden. Dabei ist auch zu beachten, dass es möglich ist, Schlachttiere **elektrisch zu betäuben** und damit die Qualen des betäubungslosen Durchtrennens des Halses zu vermeiden, gleichwohl aber zuverlässig sicherzustellen, dass es zu einem vollständigen Ausbluten kommt (so auch *Hirth/Maisack/Moritz*, TierschutzG, Kommentar [2. Aufl. 2007], § 4, Rn. 26). Unter dieser Voraussetzung besteht unter dem Grundgesetz heute **kein Anspruch mehr auf die Erlaubnis zum betäubungslosen Schlachten** aus religiösen Gründen. Das würde auch der Rechtslage in den Niederlanden und sogar in der Türkei entsprechen (*Köppernik*, ZRP 2011, 243). Das Thema: „Tierquälerei aus religiösen Gründen" ist also keinesfalls erledigt (in diesem Sinne aber *Sachs,* JuS 2007, 765; für neue Prüfung an Hand Art. 20a GG auch *Dietz,* DÖV 2007, 489; ausweichend BVerfG, Kammer, GewA 2009, 82).

Literatur: *Caspar/Köpernik*, Religiöses Schlachten in Deutschland, DVBl. 2009, 361; *Dietz*, Das Schächten im Spannungsfeld zwischen Religionsfreiheit und Tierschutz, DÖV 2007, 489; *Kluge*, Das Schächten als Testfall des Staatszieles Tierschutz, NVwZ 2006, 650; *Köppernik*, Die Rechtslage zum religiösen Schlachten in Deutschland, den Niederlanden und der Türkei, ZRP 2011, 243; *Neureither,* Schächten – BVerfGE 104, 337, JuS 2002, 1168; *Oebbecke*, Islamisches Schlachten und Tierschutz, NVwZ 2002, 302; *Volkmann*, Schächterlaubnis für muslimischen Metzger, DVBl. 2002, 332; *Wittreck,* Religionsfreiheit als Rationalisierungsverbot, DS 42 (2003), 519.

2. Das muslimische Kopftuch in der Schule. Bis heute äußerst umstritten ist die Frage, ob und ggf. unter welchen Voraussetzungen der Staat Lehrerinnen untersagen darf, im Unterricht ein religiös motiviertes Kopftuch zu tragen. Einige Bundesländer haben versucht, Trägerinnen des muslimischen Kopftuchs als Lehrerinnen nicht einzustellen oder aus dem Dienst zu entfernen. Das hatte das BVerwG (NJW 2002, 3344) im Fall Ludin für verfassungskonform gehalten. Das BVerfG (BVerfGE 108, 282) hat für das Verbot eine gesetzliche Grundlage verlangt, das grundsätzliche Recht des Staates, religiöse Symbole aus der Schule fernzuhalten, aber nicht verneint. Daraufhin wurden in vielen Bundesländern gesetzliche Verbote an Lehrer gegen das Tragen auffälliger religiöser Symbole erlassen, christliche Symbole – weil der kulturellen Tradition entsprechend – aber teilweise ausdrücklich ausgeklammert. Das erneut mit dem Fall befasste BVerwG hat betont, dass ein auf die Neutralität des Staates bauendes Verbot alle Religionsgemeinschaften gleich behandeln müsse (BVerwG, NJW 2004, 3581; ähnl. BayVerfGH, NVwZ 2008, 420; HessStGH, NVwZ 2008, 199). Eine konkrete Störung des Schulfriedens sei aber nicht erforderlich (BVerwG, NJW 2009, 1289). Nicht ausgeschlossen haben die Gerichte damit allerdings die Berufung auf andere verfassungsimmanente Schranken, wie z. B. die Gleichberechtigung von Mann und Frau (Art. 3 II GG) und den aus Art. 7 GG folgenden Integrationsauftrag der staatlichen Schulen.

„Schulmäßig" lässt sich der Kopftuchfall nach **hier vertretener Auffassung** wie folgt lösen: 1. **Schutzbereich:** Das aus religiösen Motiven getragene Kopftuch ist religiöse Äußerung und als solches geschützt. Das gilt nicht nur im privaten Bereich, sondern auch in der Schule. Ein besonderes Gewaltverhältnis existiert nicht mehr. 2. **Eingriff:** Die Nichteinstellung unter Berufung auf die fehlende Bereitschaft, das Kopftuch abzulegen, ist ein direkter Eingriff in die Religionsfreiheit. 3. **Schranke:** Dieser Eingriff bedarf der **gesetzlichen Grundlage** (BVerfGE 108, 282 ff.). Liegt diese vor, dann ist das Grundrecht **verfassungsimmanent einschränkbar.** Als Grund der verfassungsimmanenten Einschränkung kommt in Betracht, dass eine Lehrerin mit Kopftuch das Erziehungsziel der **Gleichberechtigung der Geschlechter** und der **Integration muslimischer Kinder** in die Gesellschaft nicht glaubhaft zu verkörpern vermag. Dieser Argumentation folgt im Wesentlichen auch der EMGR, (NJW 2001, 2871 – Fall Dahlab, betr. Kopftuch in der Schweiz; dazu *Goerlich,* NJW 2001, 2862; *Schöbener,* Jura 2003, 186 – lehrreich zur Frauenrolle und zur Rolle des Kopftuchs in diesem Zusammenhang: *Coumont,* Muslimische Schüler und Schülerinnen in der öffentlichen Schule [2008]; *Schirrmacher/ Spuler-Stegemann,* Frauen und die Scharia. Menschenrechte im Islam [2004]; *Bertrams,* Lehrerin mit Kopftuch? Islamismus und Menschenbild des Grundgesetzes, DVBl. 2003, 1225; *Hufen,* Der Regelungsspielraum des Landesgesetzgebers im „Kopftuchstreit", NVwZ 2004, 575; *Röper,* Frau mit Kopftuch ungeeignet als Lehrerin und Beamtin, VBlBW 2005, 81).

Die **Gegenauffassung** sieht im Kopftuchverbot für Lehrerinnen grundsätzlich einen unzulässigen Eingriff in die Religionsfreiheit (Art. 4 GG), das Diskriminierungsverbot aus religiösen Gründen (Art. 3 III GG) und das Gebot des chancengleichen Zugangs zum öffentlichen Dienst (Art. 33 II GG). Da das Verbot nur Frauen treffe, liege außerdem ein Verstoß gegen Art. 3 II GG vor. Inhaltlich wird argumentiert, gerade aufgeklärten und emanzipierten Musliminnen nehme das Kopftuchverbot die Chance zu einem selbstbestimmten und unabhängigen Leben und zurIntegration in die deutsche Gesellschaft und Verfassungsordnung (in diesem Sinne etwa: *Baer/Wrase,* Staatliche Neutralität und Toleranz in der „christlich-abendländischen Wertewelt", DÖV 2005, 243; *Britz,* Das verfassungsrechtliche Dilemma doppelter Fremdheit: Islamische Bekleidungsvorschriften für Frauen und Grundgesetz, KJ 2003, 95 ff.; *Sacksofsky,* Die Kopftuchentscheidung – von der religiösen zur föderalen Vielfalt, NJW 2003, 3297; *Öztürk,* Das Kopftuch. Rechtliche Hindernisse in der Berufswahl und -ausübung, DÖV 2007, 993; *Walter/von Ungern-Sternberg,* DÖV 2008, 488 u. DVBl. 2008, 880; *Wiese,* Lehrerinnen mit Kopftuch. Zur Zulässigkeit eines religiösen und geschlechtsspezifischen Symbols im Staatsdienst [2008]).

Vertreter einer **„mittleren Position"** halten ein Kopftuchverbot grundsätzlich für möglich, schließen aus den Geboten der Neutralität und Gleichbehandlung aber, dass der Staat dann konsequenterweise sämtliche religiösen

Symbole, also auch das Habit einer Nonne, die jüdische Kippa oder den Turban des Sikh, verbieten müsse (*Böckenförde*, JZ 2004, 1181; *Neureither,* ZRP 2003, 465; *Morlok/Krüper,* NVwZ 2003, 1020; ausf. *Rathke,* Öffentliches Schulwesen und religiöse Vielfalt [2006]). Übersehen wird dabei allerdings, dass diese Merkmale heute weder Symbol für eine bestimmte Frauenrolle sind, noch im Widerspruch zu konkreten Verfassungsgeboten stehen. Zu den Besonderheiten des Bad.-Württ. Falles auch *Bader,* NVwZ 2006, 1444.

Literatur allgemein: *H.Hofmann,* Religiöse Symbole in Schule und Öffentlichkeit. NVwZ 2009, 74; *Krüper,* Die grundrechtlichen Grenzen staatlicher Neutralität, JöR 53 (2005), 79 ff.; *Hummrich,* Das Kopftuchverbot – der Grundsatz der strikten Gleichbehandlung der Religionen – kein Raum für differenzierende Lösungen? LKRZ 2009, 361; *Pottmeyer,* Religiöse Kleidung in der öffentlichen Schule in Deutschland und England (2011); *Sydow,* Religiöse Symbole im öffentlichen Dienst, ZG 2004, 313; *Rademacher,* Das Kreuz mit dem Kopftuch. Wie viel religiöse Symbolik verträgt der neutrale Staat? (2005).

Das Problem des Kopftuchs aus religiösen Gründen stellt sich nicht nur für Lehrerinnen. Derzeit unverhältnismäßig wäre das Verbot des Kopftuchtragens für **Schülerinnen** – wie es in Frankreich geltendes Recht ist. Diesen kommt nicht dieselbe Nachahmungs- und Vorbildfunktion zu wie der Lehrerin. Grenzen aus dem Erziehungsauftrag und der Menschenwürde ergeben sich allerdings, wenn die Verschleierung dazu führt, dass die Schülerin ihre Identität hinter einer Burka verbirgt (dazu oben, Rn. 29 – allg. *Burgmann,* Bekleidungsvorschriften an öffentlichen Schulen in NRW [2009]; *Pottmeyer,* Religiöse Kleidung in der öffentlichen Schule in Deutschland und England [2011]. Der **EGMR** hat Kopftuchverbote für französische Schülerinnen (EGMR, NVwZ 2010, 693) und türkische Studentinnen (EGMR, NVwZ 2006, 1389) für gerechtfertigt gehalten.. Das Tragen des Kopftuchs durch Zeugen im Gerichtssaal darf im Allgemeinen nicht als Störung beanstandet werden (BVerfG, Kammer, NJW 2007, 56). Dagegen wäre eine **Richterin oder eine Schöffin** mit Kopftuch aus den genannten Gründen untragbar (zur „Schöffin mit Kopftuch" LG Dortmund, NJW 2007, 3013; *Groh,* NVwZ 2006, 1023). Einen bisher nicht entschiedenen „Grenzfall" stellt die **kopftuchtragende Anwältin** dar. Als Anghörige eines freien Berufs kann sie selbst über ihr Äußeres entscheiden; als Organ der Rechtspflege darf sie keine Zweifel an ihrer Neutralität und Unabhängigkeit aufkommen lassen. Eigene Wege geht auch in dieser Frage die **Arbeitsgerichtsbarkeit**, die es durchweg Arbeitgebern verwehrt, das Tragen des Kopftuchs zu beanstanden (BAG, NJW 2003, 1685 - Verkäuferin in einer Kosmetikabteilung; bestätigt BVerfG, Kammer, NJW 2003, 2815; krit. *Thüsing,* NJW 2003, 405); LAG Berlin, BeckRS 2013, 69819 – Zahnarzthelferin).

3. Religionsfreiheit im Arbeitsrecht – Anspruch auf Arbeitsruhe am Sabbat und am Freitag Nachmittag? Immer wieder kommt es zu interessanten Rechtsfällen, die die Frage der Religionsfreiheit im Arbeitsrecht aufwerfen. Grundsätzlich müssen Arbeitgeber im Rahmen des Zumutbaren auf religiös motiviertes Verhalten der Arbeitnehmer Rücksicht nehmen. So darf z. B. einem Arbeitnehmer nach Möglichkeit keine Tätigkeit zugewiesen werden, die er mit seiner Glaubensüberzeugung nicht vereinbaren kann (**Beispiele:** BAGE 47, 363, 376 – Berührung mit Schweineblut; BAG, NJW 2011, 3319 – Getränkelager mit alkoholischen Getränken). Es kommt aber jeweils auf die Betriebsabläufe und die Möglichkeit des Ausweichens an. Einem Automobilunternehmen nicht zuzumuten, dass das Band zur Einhaltung bestimmter Gebetszeiten angehalten wird, oder dass Arbeitnehmer wegen des religiösen Fastens in ihrer Leistungsfähigkeit eingeschränkt sind. Wer am Samstag nicht arbeiten oder als Zeuge Jehovas an der Vorbereitung einer Weihnachtsfeier nicht mitwirken will, muss sich ggf. eine Arbeitsstelle suchen, an der dies nicht erforderlich ist (zum Problem LAG Hamm, NJW 2002, 1970 – Gebetspausen; BAG, JZ 1985, 1108 – religiös bedingter Sonderurlaub; ArbG Freiburg, Az. 13/331/09 – Zeuge Jehovas; *Morlok*, in: Dreier GG, Art. 4, Rn. 171; allg. auch *Hoevels*, Islam und Arbeitsrecht [2003]; *Wege*, Religion im Arbeitsverhältnis [2007]).

46 **4. Das Kruzifix im Schulraum und im Gemeinderat.** Im Freistaat Bayern bestand die staatliche Anordnung, in sämtlichen Klassenzimmern öffentlicher Schulen ein Kruzifix aufzuhängen. Ein Schüler und sein Vater erhoben dagegen Verfassungsbeschwerde und machten die Verletzung der Neutralitätspflicht des Staates und der negativen Religionsfreiheit geltend. In einem „Klassiker" sah das **BVerfG (BVerfGE 93, 1, 13 ff.)** im Kruzifix in staatlichen Schulen einen Eingriff in die negative Religionsfreiheit, weil schulpflichtige Schülerinnen und Schüler gezwungen seien, „unter dem Kreuz zu lernen". Das Kruzifix sei nicht lediglich kulturelles Symbol, sondern nach wie vor besonderes Identifikationsmerkmal des Christentums.

Diese Entscheidung hat eine erhebliche Kontroverse ausgelöst. Während eine Seite die Entscheidung als Bestätigung der Trennung von Kirche und Staat und der Neutralitätspflicht des Staates begrüßte (*Czermak*, NJW 1995, 3348), wurde die Entscheidung schon in einem Minderheitenvotum dreier Richter (BVerfGE 93, 1, 25 ff.) kritisiert und vom größten Teil der Literatur – teilweise vehement – abgelehnt (*von Campenhausen*, AöR 121 [1996]; *Geis*, RdJB 1995, 373; *Isensee*, ZRP 1996, 11; *Link*, NJW 1995, 3353).

Diese Kritik besteht nach hiesiger Auffassung zu Recht: So ist schon fraglich, ob das Kruzifix im Klassenzimmer den Schutzbereich der negativen Religionsfreiheit berührt, denn diese schützt nur vor der erzwungenen Idenfikation mit einer Religion, nicht vor einer Konfrontation mit deren Symbolen. Auch hat das BVerfG die in der Bundesrepublik in den meisten Bundesländern bestehenden staatskirchenrechtlichen Bindungen und die teilweise ausdrücklich betonte Funktion der Schulen als christliche Gemeinschaftsschulen verkannt. Selbst wenn der Schutzbereich eröffnet und ein Eingriff in die negative Religionsfreiheit zu bejahen wäre, hätte nach dem Grundsatz **praktischer Konkordanz** hier eine Abwägung der unterschiedlichen Grundrechtspositionen, also positiver und negativer Religionsfreiheit, stattfinden müssen (vorbildlich verwirklicht etwa in der **Schulgebetsentscheidung,** BVerfGE 52,

223, 235, aber auch VGH Kassel, NJW 2003, 2846; bestätigt durch BVerfG, Kammer, NJW 2003, 3469 – **Tischgebet im kommunalen Kindergarten**, dazu *de Wall,* RdJB 2008, 458; ebenso ÖsterrVerfGH, NVwZ 2011, 1512 (LS) – Kreuz im Kindergarten).
In der Sache selbst ist es seit der Entscheidung des BVerfG still geworden. Die geänderte Regelung in Bayern und anderen Bundesländern sieht ein Kruzifixverbot nur dann vor, wenn Eltern oder Schüler widersprechen (verfassungsgemäß lt. BayVerfGH, NJW 1997, 3157). Nennenswerte Konflikte sind seither kaum noch bekannt geworden bzw. wurden durch zurückhaltende Formen des Kreuzes gelöst.
Umso heftiger entbrannte der Streit auf der Ebene der EMRK. Hier sah eine Sektion des EGMR zunächst die Religionsfreiheit i. S. von Art. 9 EMRK als verletzt an (EGMR, DÖV 2010, 144; krit. dazu *Augsberg/Engelbrecht,* JZ 2010, 450). Die Große Kammer hat diese Entscheidung aber inzwischen korrigiert, sodaß Kruzifixe in italienischen Klassenzimmern Sache des dortigen Gesetzgebers sind (EGMR, NVwZ 2011, 737).
Eine neue „Variante" des Kruzifixstreits betrifft den Beratungsraum eines hessischen Kreisrates, also das **Kommunalverfassungsrecht**. Auch hier wurde das Kruzifix auf Grund der Intervention eines einzelnen Kreistagsmitglieds untersagt (VGH Kassel, NJW 2003, 2471). Auch der Streit um die Kruzifixe im Trierer Landgericht gehört hierher. In beiden Fällen wurde freilich übersehen, dass auch die verpflichtende Teilnahme an Kreistagssitzungen und Gerichtsverhandlungen nicht dazu führt, dass ein Mitglied sich mit der Aussage des Kruzifix identifizieren muss. Richtiger wäre es, im Wege der „praktischen Konkordanz" nach Kompromissen zu suchen (Platz ohne Sicht auf das Kruzifix, bescheidenere Ausfertigung usw.). Geradezu absurd sind Forderungen nach einer Abschaffung von **Adventskränzen, St. Martins-Umzügen, Weihnachtsfeiern** und **Karnevalssitzungen** in Schulen und anderen öffentlichen Einrichtungen. Sie belegen die Gefahr, dass die negative Religionsfreiheit und ein überzogenes Neutralitätsverständnis zu „Kulturverhinderungsklauseln" werden (*Zacharias,* NVwZ 2006, 1329).

5. Religionsfreiheit in der Schule: Schulpflicht, koedukativer Sportunterricht, Klassenfahrt, Sexualkunde. Immer wieder versuchen religiös geprägte Eltern, unter Berufung auf das elterliche Erziehungsrecht und die Religionsfreiheit eine Befreiung ihrer Kinder von der **Schulpflicht** zu erreichen. Dem ist die Rechtsprechung bis zum BVerfG immer mit großer Konsequenz entgegen getreten (dazu unten § 32, Rn. 37).
Unter die Schulpflicht zählen grundsätzlich **alle Fächer und Schulveranstaltungen**. Das gilt – bei gebotener Zurückhaltung der Schule – auch für „wertbezogene Fächer" wie Sexualkunde, Ethik, Gesellschaftskunde usw. Es gilt selbstverständlich auch für den Sport- und Schwimmunterricht und für sonstige Schulveranstaltungen wie Klassenfahrten usw. Anders als bei der Schulpflicht als solcher hat die Rechtsprechung im Hinblick auf einzelne Fächer und Veranstaltungen vor allem auf Klagen muslimischer Kinder und ihrer Eltern Ausnahmen im Bereich des **koedukativen Sportunterrichts** zugelas-

sen. So sei einem muslimischem Mädchen nicht zumutbar, sich in einem engen Sport- oder Badeanzug mit gleichaltrigen Jungen zu zeigen (zuletzt BVerwGE 94, 82). Im Falle von **Klassenfahrten** sah das OVG Münster, NJW 2003, 1754, sogar eine seelische gesundheitliche Gefahr für ein muslimisches Mädchen (dazu die zu Recht scharfe Kritik von *Rixen*, NJW 2003, 1712).

Urteile wie diese sind – zurückhaltend formuliert – überprüfungsbedürftig. Gesundheitliche Gefahren drohen eher, wenn Kinder nicht schwimmen lernen. Der verfassungsrechtliche Integrationsauftrag unterschiedlicher Kulturen sowie das Einüben von Toleranz, Gleichberechtigung der Geschlechter und Offenheit (dazu etwa BVerfG, NJW 2003, 3111) fordern die **ausnahmslose Durchsetzung** gerade von integrationsfördernden Veranstaltungen wie Schulsport und Klassenfahrt – nicht selten die einzigen Veranstaltungen, an denen außerhalb des schulischen Alltags Kinder unterschiedlicher Kulturen zusammenkommen und Differenzen kennen – und tolerieren, aber auch überwinden lernen können. Dabei wird selbstverständlich vorausgesetzt, dass sich die Kinder (z. B. im Hinblick auf religiöse Waschungen, Einhaltung von Speisegeboten usw.) auch während solcher Veranstaltungen nach ihren religiösen Vorstellungen verhalten können. Unter diesen Voraussetzungen ist die Teilnahme am koedukativen Schwimmunterricht – ggf. in einer besonderen Schwimmkleidung („Burkini") – grundsätzlich zumutbar (VGH Kassel, NVwZ 2013, 159; BVerwG, 11.09. 2013, BeckRS 2013, 57977). Auch die **Sexualkunde** bietet – wenn mit gebotener Zurückhaltung gestaltet – keinen Grund für religiös motivierte Befreiungsansprüche (dazu unten § 32, 42).

Eine andere Frage ist es, ob Schüler ihrerseits einen Anspruch auf **Ausübung ihrer Religion in der Schule** haben. Hier hatte das VG Berlin einem Berliner Schüler sogar ein Recht auf einen eigenen Gebetsraum zugesprochen. Demgegenüber hat das OVG Berlin-Brandenburg (NVwZ 2010, 1310) den Anspruch auf rituelle Gebetshandlungen, die in einer Schule mit religiös und kulturell heterogener Schülerschaft den Schulfrieden gefährden, insgesamt verneint. Das BVerwG (NVwZ 2012, 162) hat dann auf den Einzelfall abgestellt und das Gebet erlaubt, soweit nicht eine konkrete Gefahr für den Schulfrieden zu besorgen ist (dazu *Hufen*, JuS 2012, 663; *Schaefer*, Die religiöse Neutralität des Staates im öffentlichen Raum. Dargestellt am Beispiel des Gebetsraums im Schulgebäude, VerwArch 103 [2012], 136).

48   **6. Verweigerung einer lebenserhaltenden medizinischen Behandlung.** Nicht selten kommt es vor, dass Patienten eine lebenserhaltende medizinische Behandlung aus religiösen Gründen verweigern. So verbieten mehrere Religionsgemeinschaften ihren Mitgliedern Bluttransfusionen. Grundsätzlich gilt hier, dass der Staat die in freier Selbstbestimmung getroffene religiöse Entscheidung **erwachsener und einwilligungsfähiger Menschen** zu respektieren hat (problematisch daher BVerfG, Kammer, NJW 2002, 206 – Betreuerbestellung zur Erzwingung von Blutübertragung bei einer erwachsenen Patientin). Das hat auch das BVerfG seit dem **„Klassiker",** dem **„Gesundbeterfall" (BVerfGE 32, 98, 106)**, immer wieder klargestellt (Dazu *Germann*, Der menschliche Körper als Gegenstand der Religionsfreiheit, FS G. Fischer [2011], S. 35). Anders verhält es sich aber, wenn es um ein **minderjähriges Kind** oder einen **nicht einwilligungsfähigen Patienten** geht. Bei Minderjährigen umfasst das elterliche Erziehungsrecht aus Art. 6 II 1 GG i. V. m. Art. 4 I GG zwar grundsätzlich auch die religiöse Kindererziehung und die Entscheidungsfreiheit über gewünschte und nicht gewünschte medizinische Behandlungen. Ist die Gefahr für Leben und körperliche Unversehrtheit des Kindes aber groß und stehen zur Abwendung der Gefahr hinreichend erforschte Heilmethoden zur Verfügung, so müssen Religionsfreiheit und elterliches Erziehungsrecht zurücktreten, und das Kindeswohl muss im Rahmen des Schutzauftrags durch den Staat durchgesetzt werden (BVerwG, NVwZ 2001, 924; OLG Celle, NJW 1995, 792 – Blutentnahme; *Lindner,* Verpflichtende Gesundheitsvorsorge für Kinder, ZRP 2006, 115).

7. Beschneidung aus religiösen Gründen Erhebliche Aufmerksamkeit hat in jüngster Vergangenheit die religiös motivierte Beschneidung von Knaben (Zirkumzision) erregt. Während die Beschneidung von Mädchen als Genitalverstümmlung gebrandmarkt und zu Recht als strafbare Verletzung der körperlichen Integrität und der Menschenwürde eingestuft wird (dazu oben § 10, Rn. 71), galt die Beschneidung bei Knaben über Jahrtausende als Ausdruck religiöser Selbstbestimmung im Judentum und Islam und schien weitgehend unumstritten (*Germann,* FS G. Fischer (2011), 35; *K. A. Schwarz,* JZ 2008, 1125). So ist es ist noch nicht lange her, dass ein deutsches Gericht einen Sozialhilfeanspruch für eine Beschneidungsfeier bejahte (OVG Lüneburg, NJW 2003, 3290). Erst in jüngster Zeit wurden Zweifel im Hinblick auf die körperliche Unversehrtheit, erhebliche Gesundheitsrisiken und Schmerz sowie die religiöse Selbstbestimmung laut (*Putzke,* NJW 2008, 1568). Diesen gab das LG Köln in einer alsbald heftig umstrittenen Entscheidung Ausdruck, in der es die Beschneidung als rechtswidrige Körperverletzung sah (LG Köln, NJW 2012, 2128). Die Entscheidung hat ihrerseits heftige Gegenreaktionen hervorgerufen – bis zum völlig überzogenen Vorwurf, mit ihr werde jüdisches und muslimisches Leben in Deutschland unmöglich. Im Kern geht es um die Herstellung von praktischer Konkordanz zwischen seelischer und körperlicher Unversehrtheit sowie religiöser Selbstbestimmung des noch nicht Entscheidungsfähigen einerseits und der Religionsfreiheit und dem elterlichen Erziehungsrecht andererseits. Zu berücksichtigen ist, dass es sich um einen keineswegs harmlosen Eingriff handelt, die frühe Beschneidung aber zum Kern der Identität des Judentums gehört und auch für einen gläubigen Muslim zwingend geboten ist. Einen aus verfassungsrechtlicher Sicht tragbaren Kompromiss (Beschneidung nur durch medizinisches

Fachpersonal und mit angemessener Betäubung, Vetorecht des einsichtsfähigen Kindes) hat der *DeutscheEthikrat* (Pressemitteilung v. 23.08.2012) vorgeschlagen. Im *Gesetz über den Umfang der Personensorge bei einer Beschneidung des männlichen Kindes* (§ 1631d II BGB n. F.) ist der Gesetzgeber diesem Vorschlag aber in wichtigen Punkten nicht gefolgt und hat die traditionelle Beschneidung gebilligt, ohne die Qualifikation der Handelnden und eine angemessene Betäubung sicherzustellen. Dem Schutzauftrag aus Art. 2 Abs. 2 GG ist er damit nach hier vertretener Aufassung nicht hinreichend gerecht geworden. Mit einer – zudem für Säuglinge und Kleinkinder ungeeigneten – schmerzlindernden Salbe und dem Vertrauen in die medizinischen Fähigkeiten religiöser Amtsträger ist es jedenfalls nicht getan. (krit. auch *Merkel*, FAZ, 26.11.2012; *Steinbach*, NVwZ 2013, 550). Für beide Seiten absolut unakzebtabel ist jeglicher Vergleich mit der Genitalverstümmlung von Mädchen und Frauen. Diese ist eine die Menschenwürde zutiefst verletzende archaische Form der Unterdrückung weiblicher Sexualität und Selbstbestimmung und als solche selbst dann nicht hinzunehmen, wenn sie im Einzelfall religiös motiviert sein sollte.

Literatur: *Fateh-Moghadam*, Religiöse Rechtfertigung? Die Beschneidung von Knaben zwischen Strafrecht, Religionsfreiheit und elterlichem Sorgerecht, RW 2010, 115 ff.; *Germann*, Der menschliche Körper als Gegenstand der Religionsfreiheit. FS G. Fischer (2011), S. 35 ff.; *Krebs/Bäcker*, Entstehung und Abänderbarkeit von Gewohnheitsrecht. JuS 2013, 97; *Putzke*, Juristische Positionen zur religiösen Beschneidung, NJW 2008, 1568; *Rixen*, Das Gesetz über den Umfang der Personensorge bei einer Beschneidung des männlichen Kindes. NJW 2013, 257; *K. A. Schwarz*, Verfassungsrechtliche Aspekte der religiösen Beschneidung, JZ 2008, 1125; *Steinbach*, Die gesetzliche Regelung zur Beschneidung von Jungen, NVwZ 2013, 550.

8. Religionsfreiheit und Nutzung öffentlicher Straßen und Einrichtungen. Religionsgemeinschaften versuchen in vielfältiger Weise, den öffentlichen Straßenraum und andere öffentliche Einrichtungen für die Verbreitung ihrer Botschaft zu nutzen. Das geht aufwändigen Gottesdienst und Informations – und Missionsständen bis zum bescheidenen und schweigenden Angebot des „Wachturms" der Zeugen Jehovas in der Fußgängerzone. Wie bei der Kunstfreiheit (dazu unten § 33, Rn. 59) zwingt auch Art. 4 GG nach h. L. nicht zur Einstufung derartiger Äußerungen als straßenrechtlicher Gemeingebrauch. Bei der Entscheidung über die Erteilung der Sondernutzungserlaubnis (BVerwG, NJW 1997, 406) und der etwaigen Erhebung von Gebühren (BVerwG, NVwZ 2009, 185) sind aber die Belange der Religionsfreiheit zu berücksichtigen. Ebenso müssen bei der Nutzung der öffentlichen Einrichtung Friedhof die Bestattungsriten religiöser Gemeinschaften beachtet werden. Das heißt z. B. dass die nach Mekka ausgerichtete sarglose Bestattung zugelassen werden muss, soweit nicht vorrangige Belange des Gesundheits- oder Umweltschutzes entgegen stehen (OVG Koblenz, LKRZ 2011, 464; *Lambrecht*, Neuere Entwicklungen und aktuelle Rechtsprechung im Friedhofs- und Bestattungsrecht, LKRZ 2011, 441; *Zacharias*, Religionsfreiheit und Bestattungsrecht. DÖV 2012, 48).

9. Öffentliche Informationen und Warnungen. Während das 51 BVerfG **wahrheitsgemäße Informationen** über Religionsgemeinschaften nicht als Eingriff sieht (BVerfGE 105, 279, 294 ff. – Osho; krit. *Kriele*, ZRP 2001, 495), sind **gezielte Warnungen** ("Sektenwarnungen") und negative Werturteile sehr wohl Eingriffe in die Religionsfreiheit. Sie sind nur dann gerechtfertigt, wenn sie im Rahmen der jeweiligen **Zuständigkeit** der warnenden Behörde liegen, auf **wahren Tatsachen** beruhen und dem Schutz eines **Verfassungsgutes** (Elternrecht, Jugendschutz, Menschenwürde, Schutz der Religionsfreiheit eines Austrittswilligen) dienen. Sie müssen ferner **verhältnismäßig** sein (VGH München, DVBl 2008, 1512 – Universelles Leben). Ist das nicht der Fall, dann muss der Staat sich nicht nur selbst zurückhalten, sondern auch „Sekten" und kleine Religionsgemeinschaften vor Warnungen Dritter – also z. B. den kirchlichen „Sektenbeauftragten" – schützen (BVerfG, Kammer, NVwZ 2001, 908; zur Amtshaftung der Kirchen in diesem Fall auch BGH, NJW 2003, 1308; *Wilms*, NJW 2003, 2070).

Literatur zu § 23: *Borowski*, Die Glaubens- und Gewissensfreiheit des Grundgesetzes (2005); *Britz*, Der Einfluss christlicher Traditionen auf die Rechtsauslegung als verfassungsrechtliches Gleichheitsproblem?, JZ 2000, 1127; *v. Campenhausen*, Religionsfreiheit, HdbStR VI § 157; *Coumont*, Muslimische Schüler und Schülerinnen in der öffentlichen Schule (2008); *Groh*, Selbstschutz der Verfassung gegen Religionsgemeinschaften. Vom Religionsprivileg des Vereinsgesetzes zum Vereinigungsverbot (2004); *L. Häberle/J. Hattler*, Islam – Säkularismus – Religionsrecht (2012); *Heckel*, Religionsfreiheit und Staatskirchenrecht in der Rechtsprechung des BVerfG, FS 50 Jahre BVerfG II (2001), 379; *Hofmann*, Recht, Politik und Religion, JZ 2003, 377; *Huster*, Die ethische Neutralität des Staates (2002); *Maurer*, Religionsfreiheit in der multikulturellen Gesellschaft, FS Brohm (2002); *Morlok*, Selbstverständnis als Rechtskriterium (1993); *Muckel*, Schutz von Religion und Weltanschauung, HdbGr IV, § 96; *Neureither*, Grundfälle zu Art. 4 I, II GG, JuS 2006, 1067; 2007, 20; *Sacksofsky/Möllers*, Religiöse Freiheit als Gefahr? VVDStRL 68 (2009), S. 7 ff.; 49 ff.; *Schwarz*, Die karitative Tätigkeit der Kirchen im Spannungsfeld von nationalem Recht und Gemeinschaftsrecht, EuR 2002, 192.

§ 23 Die Stellung der Kirchen und Religionsgesellschaften (Art. 140 GG i. V. m. 137 ff. WRV)

I. Allgemeines

1 1. **Historische Grundlagen.** Wie bei der Geschichte der Religionsfreiheit dargestellt, ist es in Deutschland auch nach der Reformation und den Konfessionskriegen nie zu einer mit der Entwicklung in Frankreich und den USA vergleichbaren völligen Trennung von Kirche und Staat gekommen. Auf Grund dieser besonderen historischen Entwicklung ist die Stellung der Kirchen und Religionsgesellschaften nicht allein durch die kollektive Religionsfreiheit des Art. 4 GG, sondern durch ein besonderes **„Staatskirchenrecht"** geprägt, das seinen Kern in dem durch Art. 140 GG in das Grundgesetz inkorporierten *„Weimarer Kirchenkompromiss"* der Art. 136–141 WRV findet und in das GG inkorporiert wurden.

2 2. **Heutige Bedeutung: Staatskirchenrecht und/oder Religionsverfassungsrecht?** Der Begriff des „Staatskirchenrechts", der aus dem 19. Jahrhundert stammt, besitzt zwar auch heute noch Aktualität. Was aber den **grundrechtlichen Status** der Kirchen angeht, zeigt schon der Vergleich von Art. 4 GG und Art. 136–141 WRV, dass die meisten Gewährleistungen heute unstreitig zum Schutzbereich von Art. 4 GG gehören. Das gilt sowohl für das Verbot der Staatskirche (Art. 137 I WRV) als auch die religiöse Vereinigungsfreiheit (Art. 137 II WRV) und das kirchliche Selbstverwaltungsrecht in Art. 137 III WRV. Die verfahrensrechtlichen und organisatorischen Schutzfunktionen des Art. 4 GG umgreifen heute auch die Personal- und Organisationshoheit der Kirche. Da zudem Art. 137 WRV nicht zu den in Art. 93 a I Nr. 4a GG hervorgehobenen, zur Verfassungsbeschwerde berechtigenden Grundrechten gehört, ist es insgesamt wohl richtiger, heute vom **„Religionsverfassungsrecht"** statt vom historisch befrachteten „Staatskirchenrecht" zu sprechen (ähnlich *Häberle,* Verfassung als öffentlicher Prozess, 3. Aufl. [1998], 329, 335; *Morlok,* in: Dreier, GG, Art. 140, Rn. 25; *Weber,* FS Maurer, 2001, 445; a.A: *Heckel,* AöR 134 (2009), 310; allg.: *Heinig/Walter,* Staatskirchenrecht oder Religionsverfassungsrecht? [2007]). Den Begriff des Religionsverfassungsrechts hat auch das BVerfG in jüngerer Zeit benutzt (BVerfGE 102, 370 – Zeugen Jehovas).

Das bezieht sich aber nur auf den **grundrechtlichen** Status der Kirchen. Besonderheiten bestehen auch weiterhin im Hinblick auf den Status der Religionsgesellschaften als **Körperschaften des öffentlichen Rechts** und den besonderen Bereich der **Kooperation von Kirche und Staat** („res mixtae"). Das ist z. B. im Bereich des Religionsunterrichts an öffentlichen Schulen (Art. 7 III GG), in den theologischen Fakultäten der Hochschulen, bei der Militärseelsorge und bei der Kirchensteuer der Fall. Hier müssen Kirchen und Staat auf die verfassungsrechtliche Stellung der jeweils anderen Seite Rücksicht nehmen (BVerwG, NJW 1996, 3287 – Verbot eines theologischen Studiengangs ohne Mitwirkung der Kirchen). Insgesamt steht das Staatskirchenrecht **nicht getrennt zur Religionsfreiheit.** Es wirkt vielmehr ergänzend zum „normalen" Religionsverfassungsrecht (*Hufen*, Stichwort „Religionsverfassungsrecht", in: Lexikon für Kirchen- und Staatskirchenrecht, Band III [2004], 424; *Unruh*, Religionsverfassungsrecht [2009]).

Unabhängig von allen dogmatischen Konstruktionen stellen sich 3 die Fragen von Religion und Staat heute in völlig neuer Weise: Hier entstehen zum einen insbesondere im Hinblick auf die **Begegnung mit dem Islam** Probleme, die von vornherein vom Staatskirchenrecht nicht erfasst werden, weil der Islam keine Kirche kennt und zumindest nach einer in der islamischen Welt weit verbreiteten Auffassung sogar die Einheit von Staat und Religion voraussetzt.

3. Kirchen und Religionsgemeinschaften als Körperschaften des 4 **öffentlichen Rechts.** Nach Art. 137 V WRV bleiben die Religionsgesellschaften Körperschaften des öffentlichen Rechtes, soweit sie solche bisher waren. Diese nur aus der Geschichte erklärbare Stellung macht die Religionsgesellschaften also zu Hoheitsträgern und hat für die Religionsgesellschaft große Vorteile (Hervorhebung gegenüber privatrechtlicher Religionsgemeinschaft, eigenes Steuerrecht, Dienstherreneigenschaft für Kirchenbeamte usw.). Da nach Art. 137 V 2 WRV der Körperschaftsstatus aber nicht nur der „Besitzstandswahrung" überkommener Religionsgesellschaften dient, sondern anderen Religionsgesellschaften auf Antrag gleiche Rechte zu gewähren sind, wenn sie durch ihre Verfassung und die Zahl ihrer Mitglieder die Gewähr der Dauer bieten, stellen sich bis heute Probleme bei der Verleihung des Körperschaftsstatus (dazu unten, Rn. 12).

4. Verträge zwischen Staat und Kirche (Konkordate). Staat und 5 Kirche können Angelegenheiten von gemeinsamem Interesse durch eine besondere Form öffentlichrechtlicher Verträge, der **Konkordate,** regeln. Solche Konkordate betreffen insbesondere die Ausbildung der

Theologen, den Religionsunterricht an staatlichen Schulen oder auch die Besetzung von Bischofsstühlen.

Literatur: Textsammlung der wichtigsten Verträge bei *Weber,* Staatskirchenverträge (1967); *Hollerbach,* Die vertragsrechtlichen Grundlagen des Staatskirchenrechts, HdbStaatskirchenR I (1994), 253 ff.; *Ehlers,* Die Bindungswirkungen von Staatskirchenverträgen, FS Maurer (2001), 332; *Hense,* Konkordate und Staatskirchenverträge, FS Kirchhof II (2013), 1437

II. Der Schutzbereich des kirchlichen Selbstbestimmungsrechts

6 Nach Art. 137 III WRV ordnet und verwaltet jede Religionsgesellschaft ihre Angelegenheiten selbstständig innerhalb der Schranken des für alle geltenden Gesetzes. Zum **sachlichen Schutzbereich** dieses Selbstbestimmungsrechts gehört zum einen die Bestimmung über die **innere Organisation** der Religionsgesellschaft (BVerfGE 83, 341, 357 – Bahá'i), zum anderen die **Personalhoheit** einschließlich der selbstständigen Gestaltung des kirchlichen Arbeits- und Dienstrechts (BVerfGE 70, 138, 165 – Leserbrief zu § 218 StGB) sowie die **Finanzhoheit.** Auch das Verhältnis zu den Mitgliedern, die kirchliche Gerichtsbarkeit, das Hausrecht über kirchliche Gebäude und Einrichtungen sowie die kirchliche Rundfunk- und Pressearbeit werden zum Selbstbestimmungsrecht gezählt. Zuordnungsprobleme gibt es im Bereich der gemeinsamen Aufgabe von Kirche und Staat (res mixtae) – z. B. im Hinblick auf Personalentscheidungen (dazu unten, Rn. 13) und der Wissenschaftsfreiheit von Theologen (dazu § 34, Rn. 44).

7 **Träger** des kirchlichen Selbstbestimmungsrechts sind grundsätzlich nur Kirchen und Religionsgesellschaften, also juristische Personen und ähnliche Vereinigungen. Natürliche Personen – auch Mitglieder der Kirchen – sind nicht Träger des Selbstbestimmungsrechts. Soweit die Kirchen Körperschaften des öffentlichen Rechts sind, können sie sowohl Grundrechtsträger im Verhältnis zum Staat als auch Grundrechtsadressat im Verhältnis zu ihren Mitgliedern sein.

III. Eingriffe in das kirchliche Selbstbestimmungsrecht

8 Eingriffe in das kirchliche Selbstbestimmungsrecht sind alle **Gebote und Verbote,** die Gegenstände des Selbstbestimmungsrechts betreffen. Auch **mittelbare Eingriffe** durch Gebote und Verbote an einen Dritten sind denkbar. Darüber hinaus sind alle Versuche des Staates, Entscheidungen des Selbstbestimmungsrechts direkt oder in-

direkt zu beeinflussen, als Eingriff einzuordnen. Auch die **Verweigerung des Körperschaftsstatus,** wenn dieser verfassungsrechtlich gewährleistet ist, ist ein Eingriff. Auch darf der Staat den Kirchen nicht bestimmte Aufgaben entziehen oder in Konkurrenz zu entsprechenden kirchlichen Einrichtungen eine Aufgabe übernehmen, die typischerweise den Kirchen zukommt (BVerwG, NJW 1996, 3287 – Verbot eines theologischen Studiengangs ohne Mitwirkung der Kirchen).

IV. Verfassungsrechtliche Rechtfertigung – Schranken

Nach Art. 137 III 1 WRV gilt das religiöse Selbstbestimmungsrecht 9 *„innerhalb der Schranken des für alle geltenden Gesetzes".* Die Bedeutung dieser Formel war schon zur Weimarer Zeit umstritten. Das BVerfG hat zeitweise darunter alle Gesetze verstanden, die für die Religions- und Weltanschauungsgemeinschaften dieselbe Bedeutung wie für jedermann entfalten (BVerfGE 66, 1, 20 – Konkursausfallgeld). Es ist sogar versucht worden, diese Definition auf Art. 4 GG insgesamt zu übertragen. Beides ist schon aus systematischen Gründen verfehlt: Die Schranken des kirchlichen Selbstbestimmungsrechts können nicht enger sein als diejenigen der Religionsfreiheit, deren Ausdruck das kirchliche Selbstbestimmungsrecht letztlich ist. Dieses kann (wie Art. 4 GG insgesamt) nicht unter einem allgemeinen Gesetzesvorbehalt stehen, sondern kann **nur durch verfassungsimmanente Schranken eingeschränkt** werden (so schon *Hesse,* Grundrechtsbindung der Kirchen, FS. W. Weber [1974], 447; allg. *Bock,* Das für alle geltende Gesetz und die kirchliche Selbstbestimmung [1995]). Andererseits schließen schon Art. 1 III GG und Art. 20 III GG aus, dass das kirchliche Selbstbestimmungsrecht selbst keine Schranken in den Grundrechten und anderen Verfassungsgütern findet. Insofern gelten also dieselben verfassungsimmanenten Schranken wie bei der Religionsfreiheit (dazu oben § 22, Rn. 27).

V. Besondere Schutzfunktionen

Ungeachtet aller Einzelgewährleistungen hat das kirchliche Selbst- 10 bestimmungsrecht auch **objektive Funktionen.** Das beginnt bereits mit einem wirksamen Namensschutz für die Begriffe „katholisch" und „römisch-katholisch" (BVerfG, Kammer, NJW 1994, 2346). Auch kann man das kirchliche Selbstbestimmungsrecht wie die Kirche insgesamt als **verfassungsrechtlich geschützte Institution** sehen. Allerdings ist der Staat nicht dafür verantwortlich, dass die materiellen Voraussetzungen für die Wahrnehmung des Selbstbestimmungsrechts bestehen. Art. 137 III WRV enthält also **kein Teilhaberecht**. Dort wo der Staat und die Kirchen zusammenarbeiten – etwa in den Hochschulen –, müssen **Organisation und Verfahren** so gestaltet sein, dass das Grundrecht der Religionsfreiheit und das kirchliche Selbstbestimmungsrecht zum Tragen kommen. Im Übrigen gelten dieselben objektiven Schutzfunktionen wie für Art. 4 GG.

VI. Die internationale und europäische Perspektive

11 Angesichts der historischen Eigenheiten des deutschen Staatskirchenrechts stellt sich die Frage, ob das Europarecht insofern gravierende Änderungen bedingen wird. Entsprechende Erwartungen wären aber zumindest verfrüht. So gewährleistet Art. 17 AEUV ausdrücklich den Rechtsstatus von Kirchen und Religionsgemeinschaften, den diese nach nationalem Recht genießen. Dazu gehört auch das in Deutschland besonders garantierte kirchliche Selbstbestimmungsrecht. Es ist also nicht zu erwarten, dass etwa die Gleichberechtigung von Mann und Frau beim Zugang zum Priesteramt nach den Grundsätzen der europäischen Antidiskriminierungsrichtlinie in der katholischen Kirche durch europarechtliche Entscheidungen durchgesetzt wird (*Waldhoff*, JZ 2004, 978), oder Pfarrer vor staatlichen Gerichten gegen ihre Entlassung aus dem Kirchendienst klagen können (ablehnend EGMR, NJW 1982, 2719 EGMR NVwZ 2009, 897). Immerhin hat der EGMR – ähnlich wie jetzt deutsche Gerichte (dazu unten, Rn. 12) – die Verweigerung des Körperschaftsstatus für die Zeugen Jehovas als Eingriff in Art. 9 i. V. m. Art. 11 EMRK gesehen (EGMR, NVwZ 2009, 509).

Literatur: *Hammer*, Das Verhältnis von Staat und Kirche in Europa, DÖV 2006, 542; *Heckel*, Zur Zukunftsfähigkeit des deutschen „Staatskirchenrechts" oder „Religionsverfassungsrechts"? AöR 134 (2009), 310; *Muckel*, Die Rechtsstellung der Kirchen und Religionsgemeinschaften nach dem Vertrag über eine Verfassung für Europa, DÖV 2005, 191; *Müller-Graff/Schneider*, Kirchen und Religionsgemeinschaften in der Europäischen Union (2003); *Robbers*, Staat und Kirchen in der Europäischen Union, 2. Aufl. 2005; *Waldhoff*, Kirchliche Selbstbestimmung und Europarecht, JZ 2004, 978; *H. Weber*, Die Rechtsprechung des EGMR zur religiösen Vereinigungsfreiheit und der Körperschaftsstatus der Religionsgemeinschaften in Deutschland, NVwZ 2009, 503.

VII. Aktuelle Fälle und Probleme

Hinweis: Zur Wissenschaftsfreiheit an theologischen Fakultäten s. § 34, Rn. 44.

12 **1. Der Reiz des Körperschaftsstatus: Der Fall „Zeugen Jehovas".** Nach Art. 137 V 2 WRV sind in Bezug auf die Stellung als Körperschaft des

Öffentlichen Rechts *"anderen Religionsgesellschaften auf ihren Antrag gleiche Rechte zu gewähren, wenn sie durch ihre Verfassung und die Zahl ihrer Mitglieder die Gewähr der Dauer bieten"*. Die Autoren dieser Bestimmung konnten kaum absehen, welche Probleme diese Norm bis heute deutschen Behörden und Gerichten bereiten würde. So sind dem Islam schon der Begriff einer „Religionsgesellschaft" sowie jede organisatorische Verfestigung fremd (*Uhle*, Die Integration des Islam in das Staatskirchenrecht der Gegenwart, in: *Heinig/Walter*, Staatskirchenrecht oder Religionsverfassungsrecht? (2007), 300). Dagegen stellten die „Zeugen Jehovas" den Antrag auf Anerkennung als Körperschaft des öffentlichen Rechts.. Dieser wurde zunächst verweigert. So hatte das BVerwG betont, der Körperschaftsstatus setze ein Mindestmaß an Loyalität zum Staat voraus. Diese sei bei Ablehnung demokratischer Wahlen nicht gewährleistet (BVerwG, NJW 1997, 2396). Das BVerfG hat die Entscheidung aufgehoben und betont, dass der Staat keine über fundamentale Verfassungsprinzipien hinausgehende Loyalitätspflicht erwarten könne, zumal das deutsche Verfassungsrecht keine Wahlpflicht kenne (BVerfGE 102, 370, 386). Auch der Versuch, den Antrag nunmehr aus anderen Gründen abzulehnen, ist mittlerweile fehlgeschlagen (BVerwG, NVwZ 2001, 924 – Verweigerung von Bluttransfusionen bei Kindern; OVG Berlin, NVwZ 2005, 1450), sodass dem Antrag auf Verleihung des Körperschaftsstatus stattgegeben werden musste (abschließend BVerwG, NJW 2006, 3156). Die Größe der Religionsgemeinschaft in Deutschland spielt keine Rolle (BVerwG, NVwZ 2013, 943 -Bahà'i).Auch eine besondere Gemeinwohlorientierung kann nicht verlangt werden (VG Mainz, LKRZ 2012, 185).

Literatur: *Lindner,* Entstehung und Untergang von Körperschaften des öffentlichen Rechts unter besonderer Berücksichtigung der Religions- und Weltanschauungsgemeinschaft (2002); *Magen,* Körperschaftsstatus und Religionsfreiheit (2004); *Sendler,* Glaubensgemeinschaften als Körperschaften des öffentlichen Rechts, DVBl. 2004, 8 ff.; *Wilms,* Glaubensgemeinschaften als Körperschaften des öffentlichen Rechts, NJW 2003, 1083; *Zacharias,* Zur Zweitverleihung der Körperschaftsrechte an eine Religionsgemeinschaft, NVwZ 2007, 1257.

2. Personalhoheit der Kirchen und Grundrechte der Mitarbeiter: Kirchliches Dienst- und Arbeitsrecht. Ein besonders umstrittenes Feld stellt das **kirchliche Arbeitsrecht** dar. Kirchen und kirchliche Einrichtungen können von ihren Mitarbeitern auf Grund ihres Selbstbestimmungsrechts die Einhaltung der wesentlichen Grundsätze ihrer Glaubens- und Sittenlehre verlangen und bei Verstoß das Arbeitsverhältnis kündigen (BVerfGE 70, 138 ff. – Leserbrief zu § 218 StGB; BAG, NJW 1985, 2781 – Klinikarzt). Das gilt bei katholischen Einrichtungen z. B. im Falle der Heirat mit einem Geschiedenen oder einem sexuellen Verhältnis mit einem Priester (BVerfG, Kammer, DVBl. 2001, 723). Auch der EGMR hat diese Rechtsprechung in zwei Entscheidungen erneut bestätigt (EGMR, NZA 2011, 277; 279 = NVwZ 2011, 482 (LS) – Kündigung des Angestellten einer katholischen Kirchengemeinde bzw. der Mormonenkirche wegen Ehebruchs und Bigamie).

Insgesamt kann sich in diesen Streitigkeiten aber nicht allein das kirchliche Selbstbestimmungsrecht durchsetzen; es geht vielmehr um **praktische Konkordanz** zwischen kirchlichem Selbstbestimmungsrecht und entgegenstehenden Grundrechtspositionen der Arbeitnehmer (so im Ansatz auch BVerfG, Kammer, NJW 2002, 2271 – Aktivität für andere Religionsgemeinschaft). Deshalb ist auch hier zu differenzieren: Je näher ein kirchlicher Arbeitnehmer der eigentlichen Glaubensvermittlung steht, desto mehr ist er gebunden. Für Priester muss hier etwas anderes gelten als für Kindergärtnerinnen und Ärzte in kirchlichen Krankenhäusern. Für diese wiederum Anderes als für eine Sekretärin oder einen Hausmeister (LAG Niedersachsen, NJW 1990, 534 – Schulbusfahrerin; OLG Düsseldorf, NVwZ 1992, 96 – Kindergärtnerin; differenzierend auch *Dütz*, NJW 1990, 2075, 2027). Auch verlangt der Grundrechtsschutz durch Verfahren, dass vor einer Kündigung ein klärendes Gespräch geführt werden muss (BAG, NZA 2000, 208). Hat die Kirche über einen langen Zeitraum die Wiederverheiratung eines geschiedenen Chefarztes geduldet, darf diese nicht mehr zum Kündigungsgrund gemacht werden (BAG, NJW 2012, 1099). Keinesfalls durch die kirchliche Personalhoheit geschützt sind Priester und andere Bedienstete, die sich des Missbrauchs von Kindern und Jugendlichen schuldig gemacht haben. Der staatliche Verfolgungsanspruch hat insofern Vorrang (*Germann/Kelle*, RdJB 2011, 172).

Literatur: *Dütz*, Kirchliche Festlegung arbeitsvertraglicher Kündigungsgründe? NJW 1990, 2025; *ders.*, Das aktuelle Verhältnis zwischen Kirche und Staat im Kirchenarbeitsrecht, GS *Kopp* (2007), 334; *Germann/Kelle*, Die Strafverfolgung kirchlicher Mitarbeiter in Mißbrauchsfällen und das Selbstbestimmungsrecht der Kirchen, RdJB 2011, 172; *Hufen*, Die Rechtstellung von Lehrern an Schulen und anderen Erziehungseinrichtungen in kirchlicher Trägerschaft, RdJB 2001, 345; *Kämper/Puttler*, Straßburg und das kirchliche Arbeitsrecht (2013); *Richardi*, Arbeitsrecht in der Kirche, 6. Aufl. (2012).

14 **3. Koalitionsfreiheit und Selbstbestimmungsrecht: ver.di in der Kirche?** Besonders umstritten war und ist die Frage der gewerkschaftlichen Betätigung im kirchlichen Bereich. Hier haben es die staatlichen Gerichte immer wieder als Ausdruck des kirchlichen Selbstbestimmungsrechts bezeichnet, dass die Kirchen Gewerkschaften und anderen Berufsverbänden die Betätigung im innerkirchlichen Bereich verbieten können. Art. 9 III GG wird also durch das kirchliche Selbstbestimmungsrecht eingeschränkt (BVerfGE 57, 220 – ÖTV). Das ist nicht unproblematisch, wird aber dadurch abgemildert, dass es heute innerhalb der großen Religionsgemeinschaften ein eigenes Personalvertretungssystem gibt.

Die richtige Lösung wäre allerdings auch insofern eine Abwägung zwischen den gleichermaßen verfassungsrechtlich geschützten Garantien des Art. 137 WRV und Art. 9 III GG (allgemein dazu *Kreß*, Aktuelle Probleme des kirchlichen Arbeitsrechts, ZRP 2012, 103; *Robbers*, Streikrecht in der Kirche (2010); *Waldhoff*, Kirche und Streikrecht – Streikrecht in der Kirche? GS Heintze [2004], 995). Auch steht zu erwarten, dass das deutsche Recht insofern vermehrt unter den Druck des EGMR und des EuGH geraten wird.

4. Die Kirchensteuer: Ärgernis oder gelungenes Beispiel der Kooperation von Kirche und Staat? Zu den Besonderheiten des deutschen Staatskirchenrechts gehört das Recht der als Körperschaften des öffentlichen Rechts verfassten Religionsgemeinschaften, mit Hilfe des Staates und an dessen Einkommensteuerrecht angelehnt Kirchensteuern zu erheben. Dieses Recht ist immer wieder als verfassungswidrig angegriffen worden (*Wasmuth/Schiller*, NVwZ 2001, 852, 858; *Spaenle/Dürr*, Pro und contra. Ist die staatliche Kirchenfinanzierung zeitgemäß? ZRP 2009, 63), ebenso regelmäßig aber durch die Rechtsprechung bestätigt worden (BVerfGE 19, 206, 217; BVerfG, NVwZ 2002, 1496; BVerfGE 73, 388, 398; BVerwG, NVwZ 2009, 533). Probleme ergaben sich allenfalls im Hinblick auf die Bewertung und die Voraussetzungen des Kirchenaustritts (BayVerfGH, NVwZ 2001, 916) und bei glaubensverschiedenen Ehegatten (dazu BVerfGE 19, 226, 239 – Kirchensteuerpflicht des Ehegatten; BFH, NVwZ-RR 2006, 750 – Zulässigkeit des Kirchgelds als Ausgleich für K.-Steuer; BVerfG, Kammer, NJW 2011, 365 – Ausrichtung am gemeinsamen Einkommen). Auch kann man sich nicht der Kirchensteuer entziehen, indem man aus der „Körperschaft Kirche" austritt, aber in der „Glaubensgemeinschaft Kirche" verbleibt (BVerwG, NVwZ 2013, 64; krit. *Löhnig/Preisner*, NVwZ 2013, 39; zust. *Muckel*, NVwZ 2013, 260).

Literatur: *Begrich/Haupt*, Pro & Contra Kirchensteuer, ZRP 2012, 255; *Birk/Ehlers*, Aktuelle Rechtsfragen der Kirchensteuer, 2012

5. Der Schutz kirchlicher Feiertage. Die Diskussionen um die Abschaffung kirchlicher Feiertage wie des Buß- und Bettags oder des Pfingstmontags sowie die Freigabe der Ladenöffnung an Sonn- und Feiertagen haben das Thema des Feiertagsschutzes aktuell werden lassen. Nach Art. 139 WRV bleiben der Sonntag und die staatlich anerkannten Feiertage als Tage der Arbeitsruhe und seelischen Erhebung „gesetzlich geschützt". Umstritten ist allerdings, ob daraus ein subjektives Recht der Kirchen auf alle Feiertage oder ein Anspruch auf Verbote für bestimmte Betätigungen an bestehenden Feiertagen folgt. Der Landesgesetzgeber darf also sowohl die Feiertage ändern als auch das Ladenschlussrecht auf Landesebene differenzieren (so zur Streichung des Buß- und Bettages, BVerfG, Kammer, NJW 1995, 3378; BayVerfGH, DÖV 1996, 558). Neuerdings rechnet dass BVerfG den Feiertagsschutz allerdings zum Schutzbereich von Art. 4 GG und hat eine Berliner Regelung, die die Ladenöffnung an allen 4 Adventssonntagen erlaubte, für verfassungswidrig erklärt (BVerfGE 125, 39, 77; krit. *Fuerst*, JuS 2010, 876). Das hat in der Praxis zu einer immer strengeren Rechtsprechung geführt, die sogar sonntägliche Flohmärkte (OVG Koblenz, LKRZ 2012, 65) und Kurorte erfasst (zust *Klotz*, NVwZ 2011, 1363). Wenig Erfolg dürfte daher Versuchen beschieden sein, das Tanz- und Sportveranstaltungsverbot an den sog. „stillen Feiertagen" wie Karfreitag und Volkstrauertag aufzuweichen (VG Gießen, LKRZ 2012, 232 – Tanzdemonstration am Karfreitag).

Literatur: *Häberle*, Der Sonntag als Verfassungsprinzip, 2. Aufl. 2006; *Klotz*, Verkaufstätigkeit an Sonn- und Feiertagen nach dem BVerfG-Urteil zum Berliner Ladenschlussgesetz, NVwZ 2011, 1363; *Mosbacher,* Sonntagsschutz und Ladenschluss (2007); *Schiepeck,* Der Sonntag und kirchlich gebotene Feiertage nach kirchlichem und weltlichem Recht, 2. Aufl. (2009); *Stollmann,* Der Sonn- und Feiertagsschutz nach dem Grundgesetz (2004).

17   6. Rechtsschutz vor staatlichen Gerichten in kirchlichen Angelegenheiten. Besonders umstritten ist nach wie vor die Eröffnung der staatlichen Gerichtsbarkeit in kirchlichen Angelegenheiten. Obwohl diese zumindest für die körperschaftlich verfassten Kirchen öffentlichrechtliche Streitigkeiten sind, ist der Verwaltungsrechtsweg im allgemeinen hier nicht eröffnet, weil der Staat auch durch seine Gerichte nicht in das kirchliche Selbstbestimmungsrecht eingreifen darf (BVerfG, Kammer, NJW 1999, 350 – Versicherung eines entlassenen Mitarbeiters; BVerwG, NVwZ 1993, 672). Die **Wahl eines Kirchenvorstands** kann z. B. nicht vor einem staatlichen Gericht angefochten werden (OLG Naumburg, NJW 1998, 30, 60; OVG Magdeburg, NJW 98, 3070). Auch bei **Status- und Besoldungsfragen von Pfarrern** besteht der Vorrang der innerkirchlichen Gerichtsbarkeit (BVerfG, Kammer, JZ 2004, 791 – abgelehnte VB eines entlassenen Pfarrers). Das hat selbst der EGMR nicht als Verstoß gegen Art. 6 EMRK beanstandet (zuletzt EGMR NVwZ 2009, 897 u. erneut 06.12.2011, BeckRS 2012 08044; dazu *Kirchberg,* NVwZ 2013, 612).

Andererseits erhebt sich vermehrt die Frage, ob nicht aus Artikel 19 IV GG und der Grundrechtsposition der betroffenen Kirchenbediensteten die zitierte Rechtsprechung auf eine zu weitgehende Freistellung der Kirche von gerichtlicher Kontrolle hinausläuft. So ist es durchaus Sache staatlicher Gerichte zu prüfen, ob z. B. die Entlassung eines Geistlichen gegen Grundprinzipien der Rechtsordnung wie das Willkürverbot, die guten Sitten oder den Kernbereich der Grundrechte des Betroffenen verstößt (zunächst bahnbrechend insoweit BGH, NJW 2000, 1555 – Tätigkeit des Vorstands und NJW 2003, 2097 – Entlassung eines Geistlichen; einschränkend aber wieder BVerfGE 111, 1; BVerfG, Kammer, NJW 2009, 1195). Jedenfalls die Frage der Mitgliedschaft zu einer Religionsgemeinschaft (so zu Recht VGH Kassel, NJW 2007, 457) und der Verstoß einer Maßnahme gegen das für alle geltende staatliche Recht (OVG Münster, DVBl. 2012, 1585) müssen gerichtlich zu klären sein. Denkbar ist auch eine Abwandlung der „solange"-Formel: Die Freistellung der Kirchen von staatlichem Rechtsschutz kann nur solange und in soweit gelten, als sie selbst eine angemessene Form internen Rechtsschutzes gewährleisten.

Literatur: *Kirchberg,* Staatlicher Rechtsschutz in Kirchensachen. NVwZ 2013, 612; *Kästner,* Staatliche Justizhoheit und religiöse Freiheit (1991); *Laubinger,* Der Rechtsschutz kirchlicher Bediensteter, FS Schenke (2011), 975; *L. Müller,* Rechtsschutz in der Kirche (2011); *Nolte,* Durchbruch auf dem Weg zu einem gleichwertigen staatlichen Rechtsschutz in „Kirchensachen"?!, NJW 2000, 1844; *Traulsen,* Rechtsstaatlichkeit und Kirchenordnung (2013); *H. Weber,* Der Rechtsschutz im kirchlichen Amtsrecht: Unrühmliches Ende einer unendlichen Geschichte?, NJW 2009, 1179.

Literatur zu Art. 140 GG/136–141 WRV allgemein: *v. Campenhausen/de Wall*, Staatskirchenrecht, 4. Aufl. (2006); *Classen*, Religionsfreiheit und Staatskirchenrecht in der Grundrechtsordnung (2003); *Czermak*, Das System der Religionsverfassung des Grundgesetzes, KritVj 33 (2000), 229 ff.; *Ehlers*, Staatskirchenrecht, FS Kirchhof II, 2013, 1417; *Heckel*, Religionsfreiheit und Staatskirchenrecht in der Rechtsprechung des Bundesverfassungsgerichts, FS 50 Jahre BVerfG II, 2001,379; *ders.*, Zur Zukunftsfähigkeit des deutschen „Staatskirchenrechts" oder „Religionsverfassungsrechts"? AöR 134 (2009), 310; *Hesse*, Das Selbstbestimmungsrecht der Kirchen und Religionsgemeinschaften, HdbStaatskirchenR I (1994), 544; *Heinig/Munsonius*, 100 Begriffe aus dem Staatskirchenrecht (2012); *Jeand'Heur/Korioth*, Grundzüge des Staatskirchenrechts (2000); *Kirchhof*, Die Kirchen- und Religionsgemeinschaften als Körperschaften des öffentlichen Rechts, HdbStKR I 2. Aufl. (1994), § 22; *Korioth*, Freiheit der Kirchen und Religionsgemeinschaften, HdbGrR IV, § 97; *Heinig*, Öffentlich-rechtliche Religionsgesellschaften (2003); *Kreß*, Religionsfreiheit als Leitbild. Staatskirchenrecht in Deutschland und Europa im Prozess der Reform (2006); *R. Marx*, Kirche und Staat, FS Kirchhof II, 2013, 1407; *Munsonius*, Quo Vadis „Staatskirchenrecht"?, DÖV 2013, 93; *Neureither*, Rechte und Freiheit im Staatskirchenrecht (2003); *ders.*, Die jüngere Rechtsprechung des BVerfG im Kontext von Recht und Religion, NVwZ 2011, 1492; *Papier*, Aktuelle Herausforderungen im Verhältnis zwischen Staat und Kirche unter besonderer Berücksichtigung der staatlichen Neutralitätspflicht, FS Scholz (2007), 1123; *Uhle*, Staat – Kirche – Kultur (2004); *Walter*, Religionsverfassungsrecht in vergleichender und internationaler Perspektive (2006); *Zippelius*, Staat und Kirche. Eine Geschichte von der Antike bis zur Gegenwart, 2. Aufl. (2009).

§ 24 Gewissensfreiheit (Art. 4 I 2. Alt. GG)/ Wehrdienstverweigerung (Art. 4 III GG)

I. Allgemeines

1. Entstehung und geschichtliche Entwicklung. Neben der Religionsfreiheit gehört die Gewissensfreiheit zu den traditionsreichsten Menschenrechten, die im Verlauf der langen Geschichte gegen staatliche Willkür, zuweilen auch gegenüber mächtigen kirchlichen und gesellschaftlichen Kräften erkämpft und verteidigt werden mussten. Dabei ging es von Anfang an auch, aber **nicht nur um religiöse Verhaltensweisen.** Das individuelle Gewissen ist also auch geschützt, wenn es nicht um einen religiösen Grund der Gewissensbetätigung geht. Besondere Bedeutung erlangte die Gewissensfreiheit immer wieder im Kampf gegen die Vereinnahmung des Menschen durch

Diktaturen und Terrorregime, wie etwa die Verbreitung des Volksliedes: *„Die Gedanken sind frei"* in den Konzentrationslagern belegt.

Der Vorrang des Gewissens kommt sowohl in der antiken Philosophie des **Sokrates** („daimonion" = das Göttliche) als auch in **Luthers** zentraler Aussage zum Ausdruck, das Gewissen sei dem Zugriff staatlicher Gewalt entzogen („Hier stehe ich und kann nicht anders ..."). **Spinoza** verbindet die Bedeutung des Gewissens mit der Forderung nach Rede- und Gedankenfreiheit. Im „kategorischen Imperativ" **Kants** („*handle so, dass die Maxime deines Willens jederzeit zugleich als Prinzip einer allgemeinen Gesetzgebung gelten könne*" – Kritik der praktischen Vernunft, Werke V, 35) wird allerdings auch deutlich, dass die Gewissensfreiheit keine Aufforderung zur Beliebigkeit ist, sondern dem Einzelnen eine hohe Verantwortung auferlegt.

2 **2. Aktuelle Bedeutung.** In der Gegenwart kommt es darauf an, die Gewissensfreiheit nicht gegenüber ihrem „übermächtigen Nachbarn", der Religionsfreiheit, zu vernachlässigen. Schließlich wird hier die innerste Instanz des Menschen, aber auch seine Verantwortung, geschützt. Das überträgt dem Einzelnen einen hohen Grad an Verantwortung und belegt, dass der freiheitliche Rechtsstaat „*von Voraussetzungen lebt, die er selbst nicht garantieren kann, ohne seine Freiheitlichkeit in Frage zu stellen*" (so das bekannte Zitat von *E.-W. Böckenförde*, Das Grundrecht der Gewissensfreiheit, abgedr. in *ders.*, Staat, Gesellschaft, Freiheit [1976], 253 ff.). Brennpunkte sind dabei heute weniger staatliche Eingriffe in die Gewissensfreiheit der Bürger als die vielfältigen Zumutungen, die sich für das Gewissen in Arbeitsverhältnissen, bei dienstlichen Weisungen usw. ergeben können.

II. Schutzbereich

3 **1. Sachlich.** Die Gewissensfreiheit ist definitionsgemäß ein besonders individuell geprägtes Grundrecht. Deshalb ist das zu Schützende besonders schwer zu definieren. Das BVerfG verlangt eine **ernstliche, sittliche und an den Kategorien von „Gut" und „Böse" orientierte Entscheidung, die der Einzelne als in einer bestimmten Lage für sich bindend und verpflichtend erfährt** (BVerfGE 12, 45, 55 – Kriegsdienstverweigerung I; BVerfGE 48, 127, 137 – Wehrpflicht). Damit ist allerdings **nicht nur die „innere Seite"** des Gewissens („forum internum"), also die eigene „Gewissenserforschung" und Gewissenshaltung, gemeint. Die Gewissensfreiheit erstreckt sich vielmehr auch auf das von der Gewissensentscheidung **geforderte oder verbotene Handeln** (*Kluth*, Das Grundrecht der Gewissensfreiheit, FS

Listl [1999], 214 ff., 225). Maßgeblich ist nur die Orientierung an der Gewissensentscheidung und damit die Ernsthaftigkeit der eigenen Positionsnahme (BVerwGE 75, 188, 189 – Zeugen Jehovas). Das muss von dem Grundrechtsträger glaubhaft gemacht werden.

Politische, soziale und ökologische Präferenzen und Einstellungen **können** den Charakter einer Gewissensentscheidung aufweisen, müssen es aber nicht. So ist etwa eine Haltung zum Embryonenschutz und zur Stammzellforschung geschützt, nicht aber eine bestimmte sozialpolitische Präferenz (z. B. für oder gegen die Bürgerversicherung). Die Entschließung, überhaupt kein Fleisch von Tieren zu essen, kann unabhängig von religiösen Gründen durch die Gewissensfreiheit gedeckt sein, nicht jedoch die Entscheidung, dies aus gesundheitlichen Gründen nicht zu tun.

Dagegen ist es unzulässig, neben der Ernsthaftigkeit und der Orientierung an „Gut und Böse" für den Schutz des Grundrechts eine besondere „Empfindsamkeit" oder einen abstrakten Durchschnittsmaßstab zu fordern. Wie bei anderen Grundrechten darf der Schutzbereich auch nicht durch ein Vorziehen der Schrankenfrage unangemessen verkürzt werden. So darf zwar im Ergebnis der Arzt keine medizinisch indizierte Behandlung oder keinen Abbruch einer künstlichen Ernährung verweigern, die tierversuchskritische Studentin setzt sich letztlich gegenüber der Wissenschaftsfreiheit nicht durch, und der Briefzusteller muss auch Post mit NPD-Werbung befördern und zustellen; dies alles aber nicht, weil das Grundrecht der Gewissensfreiheit schon vom Schutzbereich her nicht anwendbar wäre, sondern weil es verfassungsimmanente Schranken gibt, die sich gegenüber dem gewissensorientierten Handeln letztlich durchsetzen.

2. Personell. Träger der Gewissensfreiheit als höchstpersönliches 4 Grundrecht sind **nur natürliche Personen**. Das gilt auch für Kinder und Jugendliche. Deren Handeln nach eigenen Gewissensmaßstäben kann aber durch das elterliche Erziehungsrecht eingeschränkt sein. Juristische Personen und Vereinigungen werden grundsätzlich nicht durch die Gewissensfreiheit geschützt (BVerfG, Kammer, NJW 1990, 241 – Lohnfortzahlung nach Schwangerschaftsabbruch).

III. Eingriffe

Eingriffe in die Gewissensfreiheit sind alle hoheitlichen Gebote 5 und Verbote an den Grundrechtsträger, sich trotz Berufung auf eine Gewissensentscheidung in bestimmter Weise zu verhalten. Das bezieht sich nicht nur auf die „innere Seite" der Gewissensentscheidung, sondern auch auf das gewissensgeleitete äußere Verhalten, Tun oder Unterlassen. Eingriffe sind auch alle indirekten Reaktionen und Sanktionen, die auf eine bestimmte Gewissensentscheidung Bezug nehmen – auch z. B. eine schlechte Beurteilung oder Examensnote.

IV. Verfassungsrechtliche Rechtfertigung – Schranken

6   Die Gewissensfreiheit steht unter keinem Gesetzesvorbehalt. Grundsätzlich ist sie aber verfassungsimmanent einschränkbar. Hinsichtlich des „forum internum", also des Eingriffs in die innere Sphäre der persönlichen Gewissensentscheidung, sind gerechtfertigte staatliche Eingriffe kaum denkbar. Anderes gilt für das nach außen tretende **gewissensorientierte Handeln.** Hier kann es durchaus zu Konfliktsituationen kommen, die zugunsten eines „Gegenrechtsgutes" zu lösen sind.

7   Beispiele: Gewissensgeleiteter Eingriff in die **Privatsphäre eines** „**Abtreibungsarztes**" (BGH, NJW 2003, 2011; NJW 2005, 592); Verweigerung einer **medizinisch notwendigen Behandlung** durch einen Arzt aus individuellen ethischen Bedenken (zu Ausnahmen bei Abtreibungen und ethisch umstrittenen medizinischen Methoden s. oben § 10, Rn. 59); **lebensverlängernde invasive Behandlung** gegen den erklärten oder mutmaßlichen Willen des Patienten (BGH, NJW 2005 2385 – Traunsteiner Patient; anders noch OLG München, NJW 2003, 1743). Versuch der Durchsetzung eines „**tierversuchsfreien**" **Praktikums** gegen die Wissenschaftsfreiheit des Dozenten (unten, Rn. 10); **Verweigerung der Beförderung einer Scientology – Postwurfsendung** durch Briefzusteller (BVerwG, DVBl. 1999, 1441; ähnl. BVerwG, NJW 2000, 88 – DVU und Republikaner). Ebensowenig kann der Einzelne aus Gewissensgründen **Steuern und Gebühren verweigern,** weil damit seiner Auffassung nach Kriege und Umweltzerstörung gefördert werden (BVerfG, Kammer, NJW 1993, 455; NVwZ-RR 2007, 505 – Verteidigungshaushalt). Das gilt auch für Krankenkassenbeiträge, mit denen **legale Abtreibungen** finanziert werden (BVerfGE 67, 26, 36f.), oder die Lohnfortzahlung nach legaler Abtreibung (BVerfG, Kammer, NJW 1990, 241).

Probleme können entstehen, wenn das individuelle Gewissen von Kulturen und aus Traditionen geleitet ist, die sich mit grundlegenden Wertvorstellungen des Rechtsstaats nicht vereinbaren lassen. Folgt ein Mensch den Regeln der **Blutrache** oder bringt der Bruder seine Schwester um, weil er aus Gewissensgründen die Ehre der Familie wiederherstellen will (verharmlosend als „**Ehrenmord**" bezeichnet), so ist dies im deutschen Rechtskreis nicht etwa ein Strafmilderungsgrund. Gerade in einer Gesellschaft, in der mehrere Kulturen zusammenleben, ist es dem einzelnen Gewissensträger zumutbar, zu prüfen, ob seine Ehrvorstellungen mit der Verfassungsordnung vereinbar sind, in der er – durchaus freiwillig – lebt.

V. Besondere Schutzfunktionen

Im **objektiven Sinne** hat der Staat die Pflicht, Bedingungen zu schaffen, in denen die Berufung auf die eigene Gewissensentscheidung ohne Sanktionen möglich ist. Ein **Leistungsrecht** folgt aus Art. 4 GG nicht, doch ist sorgfältig zu prüfen, ob jemand von staatlichen Leistungen ausgeschlossen werden darf, weil er aus Gewissensgründen bestimmte Voraussetzungen nicht erfüllen will. Staatliche **Verfahren** müssen so ausgestaltet sein, dass die individuelle Gewissensentscheidung zu Gehör gelangt. Gerechtfertigte Eingriffe in die individuelle Gewissensentscheidung müssen angemessen **begründet** werden. **Drittwirkung** erlangt das Grundrecht insofern, als im Arbeitsrecht auf Gewissensbelange Rücksicht zu nehmen ist.

8

VI. Die internationale und europäische Perspektive

Wie das GG fasst auch **Art. 18 AEMR** die Gewissens- und die Religionsfreiheit zusammen. An dieser Parallele orientiert sich auch **Art. 9 I EMRK**. Beide Kodifikationen formulieren interessanterweise neben Gewissens- und Religionsfreiheit auch die Gedankenfreiheit als eigenständiges Menschenrecht. Der EGMR hebt deshalb die Gedanken- und Gewissensfreiheit neben der Religionsfreiheit als Grundpfeiler der demokratischen Gesellschaft hervor (EGMR, NVwZ 2011, 1503 – Religionszugehörigkeit auf Steuerkarte). Wichtig für das Verständnis ist auch der nach allgemeinem Bekunden gleichgewichtige Schutz des „forum internum", der Bildung des Gewissens und dem Recht auf gewissensgemäßes Handeln. Auch die EuGRCh hat in Art. 10 I die Formulierung der EMRK *(„Jede Person hat das Recht auf Gedanken-, Gewissens- und Religionsfreiheit")* übernommen.

9

VII. Aktuelle Fälle und Probleme

1. Anspruch auf tierversuchsfreies Praktikum? Eine Biologiestudentin verweigerte aus Gewissensgründen die Teilnahme an einem zoologischen Praktikum, in dem mit getöteten Tieren gearbeitet wurde. Sie ist der Auffassung, Computersimulationen könnten solche Versuche heute ersetzen. Ganz anderer Auffassung ist der veranstaltende Professor und verweigert die Erteilung des „Scheines". Der Schutzbereich der Gewissensfreiheit ist hier eröffnet, denn die Studentin orientiert sich an „Gut und Böse" und ihrem Verhalten zu Tieren. Das ist ein ethisches Problem, das Gewissensbezug aufweist. Die Verweigerung des Übungsscheines oder andere Sanktionen stellen einen

10

Eingriff in die Gewissensfreiheit dar. Dieser Eingriff bedarf, da Art. 4 GG keinen Gesetzesvorbehalt aufweist, einer verfassungsrechtlichen Rechtfertigung. Als solche kommt hier die Wissenschaftsfreiheit (Lehrfreiheit) des beteiligten Hochschullehrers (Art. 5 III 1 GG) in Betracht. Zu dieser gehört die Entscheidung über die Frage, mit welchen Lehrmethoden gearbeitet wird. Der Studentin ist es zuzumuten, auf eine andere Lehrveranstaltung oder sogar eine andere Universität auszuweichen, mehr jedenfalls als dem Hochschullehrer, gegen seine wissenschaftliche Auffassung auf bestimmte wissenschaftlich anerkannte Lehrmethoden zu verzichten (so im Ergebnis richtig BVerwG, NVwZ 1998, 853 u. 858; bestätigt durch BVerfG, Kammer, NVwZ 2000, 909).

11   **2. Die Gewissensnot des veganischen Waldbesitzers.** Ein Landesgesetz sieht die Zwangsmitgliedschaft aller Waldbesitzer in einer Jagdgenossenschaft und die Duldungspflicht für Hochsitze zur Jagdausübung vor. Das verweigert ein überzeugter Veganer. Weil hier kein gleichgewichtiges Grundrecht der Jagdgenossen entgegensteht, ist es sehr zweifelhaft, ob es einem Waldbesitzer und überzeugten Veganer zugemutet werden darf, Zwangsmitglied in einer Jagdgenossenschaft zu werden und Hochsitze zur Jagdausübung in seinem Wald zu dulden (so aber BGH, NJW 2006, 984 und BVerfG, Kammer, NVwZ 2007, 808). Diese Zweifel hat mittlerweile auch der EGMR bestätigt und dem Waldbesitzer Recht gegeben (EGMR, NJW 2012, 3629; zust. *Maierhöfer*, NVwZ 2012, 1521; diff. aber OVG Koblenz, LKRZ 2013, 429).

12   **3. Gewissensfreiheit des Arztes und des Pflegepersonals.** Schon im Abschnitt über die Menschenwürde wurde deutlich, dass die moderne Medizin mit ihren Möglichkeiten, aber auch Gefahren an Ärzte und Pflegepersonal große ethische Ansprüche stellt. Der Arzt und die Krankenpfleger waren und sind damit in besonderer Weise durch Art. 4 GG geschützt. So kann schon nach § 12 I Schwangerenberatungsgesetz ein Arzt nicht zur Mitwirkung an einer Abtreibung gezwungen werden. Es gibt aber auch viel kompliziertere Fälle: Darf ein Arzt oder eine Klinikleitung die künstliche Ernährung gegen den erklärten oder mutmaßlichen Willen eines Patienten fortsetzen, weil sie die Abschaltung der Geräte als passive Sterbehilfe mit dem eigenen Gewissen nicht vereinbaren können? Darf oder muss ein Arzt lebenserhaltende Organe und Körpersubstanzen übertragen, obwohl nach seiner persönlichen Gewissensentscheidung Hirntote sterbende Menschen und keine Toten sind? Darf ein Arzt einem Patienten gegenüber die Möglichkeit der Präimplantationsdiagnostik in anderen europäischen Ländern verschweigen, wenn dies für ein „Hochrisikopaar" die einzige Möglichkeit ist, ein gesundes Kind zu zeugen?

Für diesen ethischen Konflikt lassen sich erst ansatzweise Strukturen bei der Anwendung von Art. 4 GG finden. Einigkeit kann man leicht darüber erzielen, dass die Nichtabtreibung, Nichtbehandlung, Nichtberatung usw. jedenfalls in den Schutzbereich des Art. 4 GG fallen. Nicht zulässig aber ist die Verabsolutierung des jeweils eigenen Standpunkts. Es gilt auch hier: Die Gewissensfreiheit rechtfertigt nicht den Eingriff in fremde Grundrechte. Sie wird verfassungsimmanent eingeschränkt durch die Menschenwürde, das Selbstbestimmungsrecht und die körperliche Unversehrtheit des Patienten. Der Arzt ist deshalb grundsätzlich verpflichtet, alle nach dem Stand der Medizin möglichen Behandlungsmethoden und -mittel einzusetzen und nicht erwünschte Behandlungsmethoden zu unterlassen, auch wenn er insofern Gewissensbedenken geltend macht. Die „praktische Konkordanz durch Verfahren" verlangt in diesen Fällen allerdings, dass die Dienstpläne eines Krankenhauses so eingerichtet werden, dass die einzelnen Mediziner und Pfleger nach Möglichkeit nicht in den geschilderten Gewissenskonflikt geraten. In Grenzsituationen (kein anderer Arzt oder Klinik verfügbar) haben die Selbstbestimmung des Patienten und die körperliche Unversehrtheit allerdings Vorrang: So kann sich der Arzt z. B. nicht auf sein Gewissen berufen, wenn er einen Patienten gegen dessen erklärten Willen weiterbehandeln oder auch künstlich ernähren will (vgl. dazu BGH, Kostenbeschluss in Sachen „Traunsteiner Patient", NJW 2005, 2385; anders noch OLG München, NJW 2003, 1743; dazu oben auch § 10, Rn. 59; zur arbeitsrechtlichen Seite des Problems *Hergenröder*, FS Buchner (2009), 315).

4. Die Gewissensfreiheit der Beamten und Soldaten. Schwierig zu lösen sind auch die Fälle, in denen sich im Rahmen eines Beamten-, Arbeits- oder Soldatenverhältnisses ein Einzelner auf die Gewissensfreiheit beruft. Hier ist es seit Ende des besonderen Gewaltverhältnisses zwar selbstverständlich, dass die Gewissensfreiheit grundsätzlich zu beachten ist. Auch haben Arbeitgeber und Dienstherr im Rahmen des objektiven Schutzauftrags der Gewissensfreiheit dafür zu sorgen, dass der Einzelne möglichst nicht in Gewissenkonflikte gerät. Trotzdem darf z. B. ein Briefzusteller sich nicht aus Gewissensgründen weigern, Briefe einer rechtsextremistischen Partei zuzustellen (BVerwG, NJW 2000, 88; anders für einen Drucker im privaten Arbeitsverhältnis allerdings BAG, NJW 1986, 85; ähnl. zu Mitwirkung an med. Tests BAG NJW 1990, 203). Auch schützt die Gewissensfreiheit eine Polizeibeamtin nicht davor, ggf. eine Dienstwaffe tragen zu müssen (BVerwGE 56, 227).

Die beamtenrechtlichen Bestimmungen zur „Remonstration" sichern hier die Gewissensfreiheit verfahrensmäßig ab: Remonstriert ein Beamter und wird er angewiesen, eine bestimmte Handlung vorzunehmen, so trägt hierfür der Vorgesetzte die Verantwortung. In Fällen des Verstoßes gegen Strafgesetze und gegen die Menschenwürde kann er auch dann die Ausführung der Anweisung bzw. des Befehls verweigern. Problematisch wird es allerdings dann, wenn die Gewissensbetätigung von subjektiven Spekulationen über bestimmte Entwicklungen und Gefahren abhängt. So etwa, wenn ein Bundeswehrsoldat davon ausgeht, die Entwicklung einer bestimmten Computer-Software könne auch von ihm als Angriffskrieg empfundenen internationalen Auseinandersetzung dienen (BVerwG, NJW 2006, 77 – Irakkrieg; krit dazu *Kotzur*, JZ 2006 25; *Ladiges*, NJW 2006, 956).

Literatur zu § 24 – Gewissensfreiheit. *Bäumlin/Böckenförde*, Das Grundrecht der Gewissensfreiheit, VVDStRL 28 (1970), 3/33; *Bethge*, Gewissensfreiheit, HdBStaatsR, VII § 158; *Di Fabio*, Gewissen, Glaube, Religion.(2008); *Heinig*, Gewissensfreiheit, FS Kirchhof II (2013), § 134; *Herdegen*, Gewissensfreiheit, HdbGr IV, 3 98; *Kluth*, Der Preis der Gewissensfreiheit im weltanschaulichen pluralen Leistungsstaat, FS Rüfner (2003), 459 ff.; *Muckel*, Die Grenzen der Gewissensfreiheit, NJW 2000, 689; *Rupp*, Verfassungsprobleme der Gewissensfreiheit, NVwZ 1991, 1033; *Würtenberger*, Gewissen und Recht, FS Krause (2006), 426.

VIII. Wehrdienstverweigerung aus Gewissensgründen (Art. 4 III GG)

14   **1. Entstehung und heutige Bedeutung.** Einen Sonderfall der Gewissensfreiheit stellt die Kriegsdienstverweigerung aus Gewissensgründen (Art. 4 III GG) dar. Sie ist eine Ausnahme von der Wehrpflicht in Art. 12a GG und versucht einen uralten Konflikt zu lösen, der weit in die Zeit vor der allgemeinen Wehrpflicht zurückreicht.

Konflikte um die Wehrpflicht sind bis in die Geschichte des frühen Christentums im römischen Reich zurück verfolgbar. Schon im späten Mittelalter gab es christliche Gruppen wie die Katharer und Waldenser, die Krieg und Gewalt ablehnten. Später waren es z. B. Mennoniten und Quäker, die jede Form von Kriegsdienst verweigerten. Im staatsübergreifenden Bereich sprach sich *Hugo Grotius* 1625 für ein Recht auf Kriegsdienstverweigerung aus (*Morlok*, in: Dreier, GG, Art. 4, Rn. 15). Später verbreitete und individualisierte sich dann das Recht und erlangte besondere Bedeutung im Zusammenhang mit der Einführung der allgemeinen Wehrpflicht nach der französischen Revolution. Letzter Grund ist die von Soldaten abgeforderte Todes- wie auch Tötungsbereitschaft – also eine kaum zu übertreffende Gewissensproblematik. Auch die Aussetzung der Wehrpflicht zum 30. Juni 2011 macht das Grundrecht also keineswegs entbehrlich, zumal das „Gegenstück", die Verankerung der Wehrpflicht, in Art. 12a GG, erhalten bleibt.

15   **2. Schutzbereich.** Die Formulierung *„gegen sein Gewissen"* macht Grund und Grenzen des Schutzbereichs von Art. 4 III GG deutlich: Die Verweigerung des Kriegsdienstes mit der Waffe muss aus Gewissensgründen im Sinne von Art. 4 I GG erfolgen. Das heißt, es muss sich um eine ernste sittliche, an den Kategorien von „Gut" und „Böse" orientierte Entscheidung handeln. Damit muss sie eine gewisse Grundsätzlichkeit aufweisen: Die Verweigerung der Teilnahme an einem bestimmten Feldzug (situationsgebundene Kriegsdienstverweigerung) ist nur geschützt, wenn sie aus grundsätzlichen Erwägungen und nicht etwa nur wegen der Ablehnung einer bestimmten Regierungs- und Verteidigungspolitik erfolgt.

Als Teil der allgemeinen Gewissensfreiheit ist Art. 4 III GG ein 16 Menschenrecht, das **jedermann** zukommt. Das hat durchaus praktische Bedeutung, weil § 2 WPflG unter bestimmten Voraussetzungen die Wehrpflicht für Ausländer in Deutschland kennt. Das Grundrecht schützt dagegen nicht gegen die Wehrpflicht von Ausländern im Heimatland (BVerwG, NVwZ 2005, 464), ist aber bei der Beurteilung der Asylberechtigung oder der Entscheidung über eine Abschiebung zu berücksichtigen. **Träger** des Grundrechts sind alle Wehrpflichtigen und sonstige Soldaten, auch der bereits eingezogene Soldat, der Reservist und der Berufssoldat bzw. -soldatin. Damit trägt das Grundrecht der Tatsache Rechnung, dass sich ernsthafte Gewissensbedenken auch nach einer ursprünglich positiven Entscheidung für den Wehrdienst ergeben können.

3. Eingriffe. Eingriffe in das Grundrecht sind die Heranziehung 17 zum Wehrdienst gegen eine ausdrückliche Gewissensentscheidung und sonstige Sanktionen und Bestrafungen wegen der Verweigerung, aber auch eine die Dauer des Wehrdienstes übersteigende Ausgestaltung des Zivildienstes (Art. 12a II 2 GG).

4. Verfassungsrechtliche Rechtfertigung – Schranken. Wegen 18 der kategorischen Formulierung von Art. 4 III GG („Niemand darf gegen sein Gewissen...") kommt eine Rechtfertigung für eine Verpflichtung zum Wehrdienst gegen das Gewissen des Einzelnen nicht in Frage. Deshalb enthält das Grundrecht auch keinen Gesetzesvorbehalt, sondern nur einen Regelungsvorbehalt, der nicht zu Eingriffen ermächtigt (BVerfGE 28, 243, 259 – Dienstvergehen eines noch nicht anerkannten Verweigerers). Selbst wenn man die Grundentscheidung für die militärische Landesverteidigung als Verfassungsgut betrachtet (BVerfGE 69, 1, 21 – dagegen das Sondervotum von *Böckenförde* und *Mahrenholz*, 59 ff.), kann dieses die individuelle Gewissensfreiheit nicht einschränken. Deshalb kommt hier nur die Lösung über den Ersatzdienst (heute Zivildienst) in Betracht. Da dieser grundsätzlich zu keiner Benachteiligung der Kriegsdienstverweigerer gegenüber den einberufenen Wehrpflichtigen führen darf, ist jede unterschiedliche Dauer von Wehr- und Zivildienst verfassungsrechtlich höchst problematisch (anders aber BVerfGE 69, 1, 21 mit abweichender Meinung, 57 ff.).

Nie wirklich geklärt wurde in Deutschland das Problem der **„Totalverweigerer"** – also Verweigerer sowohl des Wehr- als auch des Zivildienstes. Sie machen sich nach BVerfG, Kammer, NJW 2000, 3269, nach wie vor strafbar. Segensreich hat hier wieder einmal der EGMR (Große Kammer, NVwZ 2012, 1603) gewirkt, der die Verurteilung eines Zeugen Jehovas in Armenien als Verstoß gegen die Gewissensfreiheit gesehen hat.

19 **5. Besondere Schutzfunktionen.** Da der erfolgreichen Verweigerung die Anerkennung als Kriegsdienstverweigerer aus Gewissensgründen vorangehen muss, ist das Grundrecht **in hohem Maße verfahrensabhängig.** Dem trug die Regelung des **KriegsdienstverweigerungsG** (KDVG) durch umfangreiche Verfahrensbestimmungen Rechnung. Dasselbe würde gelten, wenn die Aussetzung der Wehrpflicht einmal rückgängig gemacht werden sollte.

20 **6. Die internationale und europäische Perspektive.** Trotz seiner langen Geschichte wird das Menschenrecht der Kriegsdienstverweigerung in den internationalen Menschenrechtserklärungen nicht explizit benannt. Es kann aber davon ausgegangen werden, dass es überall dort „mitgewährleistet" ist, wo die Gewissensfreiheit als solche geschützt ist, also z. B. in Art. 18 AEMR und in der KSZE-Schlussakte von 1975 (*Morlok*, in: Dreier, GG Art. 4, Rn. 28).

Ähnliches gilt für die EMRK. Sie enthält ebenfalls kein explizites Recht auf Kriegsdienstverweigerung und auf Ableistung eines Ersatzdienstes. Auch insofern besteht aber die Möglichkeit einer Verweisung auf Art. 9 EMRK, also die allgemeine Religions- und Weltanschauungsfreiheit.

21 Die Europäische Union hat, abgesehen von der Bekämpfung religiöser Diskriminierung nach Art. 19 AEUV, keine religionsrechtlichen Kompetenzen, doch kann das Recht auf Kriegsdienstverweigerung als Teil der gemeinsamen Verfassungsüberlieferungen gesehen werden. Explizit aufgenommen ist das Recht auf Wehrdienstverweigerung in Art. 10 II der EuGRCh (*Jarass*, EU-Grundrechte, § 15 Rn. 20 ff.).

Literatur zu § 24 VIII: *Aldanmaz*, Kriegsdienstverweigerung als Menschenrecht (2006); *Eckertz*, Die Kriegsdienstverweigerung aus Gewissensgründen als Grenzproblem des Rechts (1986).

4. Abschnitt. Kommunikationsgrundrechte

Vorbemerkungen:

Die Grundrechte des Art. 5 GG, aber auch Art. 8 GG und Art. 9 GG werden im Allgemeinen als **Kommunikationsgrundrechte** (*„communcatio"* = *Mitteilung, Verbindung, Verkehr*) bezeichnet. In der Tat geht es um geistige Kommunikation, d. h. Mitteilung, Meinungsaustausch usw. Das heißt aber nicht, dass es nicht auch außerhalb des Art. 5 GG Kommunikationsgrundrechte gäbe. Auch Art. 4, 6 und 12 GG können sich auf Kommunikation im beschriebenen Sinne beziehen. Auch die gelegentliche Zuordnung zu den „politischen Freiheitsrechten" ist nicht immer gerechtfertigt: Das Grundgesetz schützt die Kommunikation unabhängig von ihrem Inhalt.

Im Mittelpunkt der – wie auch immer definierten – Kommunikationsgrundrechte steht Art. 5 GG. An kaum einem GG-Artikel lässt sich dabei so gut belegen, dass bei der Falllösung **nie die bloße Nennung des Artikels** ausreicht. Art. 5 GG allein enthält (je nach Zählweise) mit der **Informationsfreiheit, Meinungsfreiheit, Pressefreiheit, Rundfunkfreiheit, Filmfreiheit, dem Zensurverbot** und der **Kunst- und Wissenschaftsfreiheit** eine ganze Reihe unterschiedlicher Grundrechte und Eingriffsverbote. Wenn das BVerfG auch zumindest Meinungs- und Pressefreiheit nicht immer strikt auseinander hält, wird hier empfohlen, die einzelnen Schutzbereiche sorgfältig abzugrenzen. Da aber viele Probleme zumindest den Grundrechten in Art. 5 I GG gemeinsam sind, werden sie hier konzentriert bei der Meinungsfreiheit behandelt, die man als „Stammgrundrecht" bezeichnen kann. Bei den übrigen Grundrechten wird dann nur noch auf die Besonderheiten der Presse, des Rundfunks und des Filmes eingegangen. Eine schon im Aufbau von Art. 5 GG zum Ausdruck kommende Sonderstellung nehmen die **Kunst- und die Wissenschaftsfreiheit** ein, die erst im nächsten Abschnitt behandelt werden.

Literatur zu Kommunikationsgrundrechten allgemein: *Bullinger*, Freiheit von Presse, Rundfunk, Film, HdbStR VII § 163; *Hoffmann-Riem*, Kommunikationsfreiheiten (2002); *ders.*, Mediendemokratie als rechtliche Herausforderung, DS 42 (2003), 193.

§ 25 Meinungsfreiheit (Art. 5 I Satz 1, 1. Alt. GG)

I. Allgemeines

1 **1. Entstehung und geschichtliche Entwicklung.** Schon in der Antike gab es Konflikte um die Freiheit von Meinungen in öffentlichen Auseinandersetzungen. Militärherrscher, Eroberer und das viele Völker unterwerfende Römische Reich sahen sich immer veranlasst, „Aufrührer" zu verfolgen, Meinungen zu unterdrücken, Kritik im Keim zu ersticken. Das war im **Mittelalter** und im **Absolutismus** nicht anders. Hier ging es nicht nur um die wirkliche oder vermeintliche Souveränität der Obrigkeit und später um die Konsolidierung staatlicher Herrschaft, sondern auch um den geistigen Herrschaftsanspruch des Christentums und die Unterdrückung entgegenstehender Ansichten durch die kirchliche Inquisition. Gleichwohl bedurfte es erst eines geänderten Menschenbildes, um die Forderung nach Meinungs- und Gedankenfreiheit in den Mittelpunkt zunächst der politischen Philosophie und später der politischen Auseinandersetzung zu rücken. So gesehen sind die Kommunikationsgrundrechte insgesamt, vor allem aber die Meinungsfreiheit, **„Kinder der Aufklärung"** und zugleich deren wesentliches Lebenselement (*Brugger*, Kants System der Redefreiheit, DS 46 [2007], 515). Nicht vergessen sei aber, dass der Gedanke der Findung von Wahrheit durch den freien Austausch von Meinungen bereits auf die vorsokratische Philosophie im antiken Griechenland zurückgeht. Dass niemand im Besitz der vollen Wahrheit sein könne, Wahrheit vielmehr in einem freien Prozess zu vermitteln sei, ist die tragende Erfahrung aus den Jahrhunderten der Konfessionskriege und steht deshalb im Mittelpunkt früher Grundrechtskodifikationen, so in der **Virginia Bill of Rights** von 1776 und in der Freedom of Expression im ersten Zusatzartikel der **amerikanischen Verfassung** von 1787. Auch für die französische **Erklärung der Menschen- und Bürgerrechte von 1789** war die Meinungsfreiheit „eins der kostbarsten Menschenrechte". Im **19. Jahrhundert** konzentrierte sich die Stoßrichtung der Meinungsfreiheit auf Fragen der Demokratie, der Legitimität und der Einschränkung staatlicher Herrschaft. Daraus erklärt sich das bis heute noch anzutreffende Missverständnis, es handle sich bei der Meinungsfreiheit ausschließlich um ein „politisches Grundrecht".

Von Frankreich aus fand die Meinungsfreiheit Eingang in die Verfassungen des **süddeutschen Konstitutionalismus**. Zugleich aber war die Restaurationszeit mit den **Karlsbader Beschlüssen** von 1819 eine „dunkle Epoche" der Meinungsfreiheit in Deutschland. Umso mehr war sie für das Bürgertum des 19. Jahrhunderts stets ein besonders wichtiges Grundrecht, das in **§ 143 der Paulskirchenverfassung** zum Ausdruck kam. In der zweiten Hälfte des 19. Jahrhunderts war die Meinungsfreiheit – ungeachtet formeller Verfassungs- und Gesetzesgarantien – stets dann gefährdet, wenn es um Machtinteressen und die Ehre der Obrigkeit ging. Darüber geben die Geschichte der Presse und die Strafrechtsgeschichte beredt Auskunft. Die erste in Deutschland einheitlich geltende Garantie der Meinungsfreiheit war **Art. 118 WRV**, der an die Formulierung der Paulskirchenverfassung anknüpfte (dazu *Schultze-Fielitz*, in: Dreier, GG, Art. 5 I, II, Rn. 4). Waren Meinungs- und Pressefreiheit im 19. Jahrhundert stets parallel gedacht, so traten mit der technischen Entwicklung des 20. Jahrhunderts neue spezifische Garantien (Rundfunk, Film, neue Medien usw.) hinzu. Im **Nationalsozialismus** setzte die totalitäre Diktatur die Meinungsfreiheit wie die meisten anderen Grundrechte außer Kraft und verfolgte und ermordete ihre politischen Kritiker. Während des Zweiten Weltkriegs konnten schon Zweifel am „Endsieg" zur Todesstrafe wegen „Wehrkraftzersetzung" führen.

Auch die Entstehung des GG im **Parlamentarischen Rat** stand unter dem Eindruck dieser Erfahrung, und man hob neben der klassischen Meinungsfreiheit das Zensurverbot, die Informationsfreiheit, die Presse-, Rundfunk- und Filmfreiheit besonders hervor. Die längste Diskussion ergab sich hinsichtlich der Formulierung der Schranken von Art. 5 II GG (dazu Rn. 19).

2. Aktuelle Bedeutung. Obwohl sich der Wortlaut des Art. 5 I GG seit 1949 nicht verändert hat, war der Schutzbereich sowohl technischen Entwicklungen als auch erheblichen Wandlungsprozessen der „Öffentlichkeit" und des sozialen Umfelds ausgesetzt (lesenswert: *Habermas*, Strukturwandel der Öffentlichkeit [1962]). Gleichzeitig hob das BVerfG die Bedeutung der Meinungsfreiheit für die Demokratie hervor und betonte den politischen Charakter des Grundrechts. Gleichwohl wurde zumindest in Deutschland die Meinungsfreiheit nie als Freibrief für ein schrankenloses Eindringen in die Privatsphäre von Prominenten und anderen „Personen der Zeitgeschichte" missverstanden. Die vor allem im angelsächsischen Bereich vorherrschende Vorstellung, dass eine „public figure" letztlich keine Privatsphäre habe, konnte sich nicht durchsetzen und scheint durch die Rechtsprechung des EGMR europaweit auf dem Rückzug. Auch ist das Grundrecht des Art. 5 GG ein gutes Beispiel dafür, wie sehr das durch das *BVerfG* geprägte **„case law"** ein Grundrecht und seine Schranken im Sinne einer in diesem Fall besonders „liberalen" Rechtsprechung bestimmt haben. Später waren es dann **technische Wandlungsprozesse** und die Entwicklung neuer Formen der Meinungsbildung und der Meinungsverbreitung, die den Schutzbereich partiell veränderten. Stets aber gab es auch neue Gefahren. So wird die Meinungsfreiheit derzeit weniger durch die staatliche Obrigkeit bedroht als durch gewichtige Meinungsmonopole in der Öffentlichkeit. Auch scheint sie immer mehr vom Grundrecht des Bürgers zum Grundrecht für mächtige „non governmental organizations" (NGO) wie „greenpeace" und „amnesty international" zu werden. Umgekehrt führt eine überzogene „political correctness" zu einer subtilen, deshalb aber nicht weniger gefährlichen Einschränkung der Meinungsfreiheit.

II. Schutzbereich

4   1. **Die „Klassiker".** a) BVerfGE 7, 198, 204 ff. – Lüth. *Erich Lüth* war ein Opfer des Nationalsozialismus und ein Hamburger Publizist der 1950er Jahre, der sich in einer Ansprache vor Filmverleihern und Produzenten dagegen wandte, dass der nationalsozialistische Filmregisseur *Veith Harlan,* verantwortlich für den Film „Jud Süß", nach dem Krieg mit Filmen wie: „Unsterbliche Geliebte" wieder am öffentlichen Filmgeschäft teilnahm. Unter anderem bezeichnete er es als Pflicht jedes anständigen Deutschen, sich im Kampf gegen diesen unwürdigen Repräsentanten des deutschen Films auch zum Boykott bereitzuhalten. Die Zivilrechtsprechung verurteilte *Lüth* in allen Instanzen zur Unterlassung des Boykottaufrufs. Das BVerfG gab der dagegen gerichteten Verfassungsbeschwerde statt. Die wichtigsten Elemente der Urteilsbegründung seien hier zusammengefasst:
– Die Meinungsfreiheit ist eines der **vornehmsten Menschenrechte** überhaupt.
– Die Meinungsfreiheit ist **konstituierend für die freiheitlich-demokratische Grundordnung.**
– Die Meinungsfreiheit schützt den **Ablauf von der Informationsaufnahme über die Meinungsbildung bis zur Meinungsverbreitung.**
– Der Begriff ist weit zu fassen, auch ein **Boykottaufruf** kann „Meinung" sein.
– Gesetzliche Schranken der Meinungsfreiheit müssen ihrerseits im Lichte des Grundrechts gesehen werden (**Wechselwirkungstheorie**).

b) **BVerfGE 93, 266, 269 – Soldaten sind Mörder.** Hier ging es um Beschwerdeführer, die zur Zeit des 1. Golfkrieges Transparente, Leserbriefe oder Handzettel mit der Aufschrift bzw. dem Inhalt: „Soldaten sind Mörder!" oder „Soldaten sind potentielle Mörder!" erstellten. Mit diesem Zitat wurde auf *Kurt Tucholsky* verwiesen, der sich im Ersten Weltkrieg als Schriftleiter der Zeitschrift „Weltbühne" vor dem KG Berlin für einen Artikel verantworten musste, in dem sich die genannte Aussage fand. Die Beschwerdeführer wurden wegen Volksverhetzung und Beleidigung verurteilt. Das BVerfG hatte schon in einer Kammerentscheidung (BVerfG, NJW 1994, 2943) einer Verfassungsbeschwerde stattgegeben und wiederholte in dieser Senatsentscheidung vom 10.10.1995 die Kammerentscheidung mit ausführlicher Begründung. Dabei hat es keinesfalls – wie Kritiker behaupteten – die Ehre der Soldaten für alle Angriffe „freigegeben". Das Urteil muss vielmehr besonders genau gelesen werden:

– Das Gericht wiederholt seine Auffassung von der **konstitutiven Bedeutung der Meinungsfreiheit für die Demokratie,** insbesondere bei politisch und gesellschaftlich besonders umstrittenen Themen wie Krieg und Frieden.
– Im Interesse einer offenen Diskussion darf die freie Meinungsbildung nicht durch eine **zu enge Interpretation der Schranken** wie Ehre und Jugendschutz gefährdet werden.
– Von **mehreren möglichen Interpretationen** der Meinungsäußerung darf nicht diejenige durch ein Gericht bevorzugt werden, die zu einer stärkeren Einschränkung der Meinungsfreiheit führt.
– Die Kränkung einer **abstrakten Personengruppe** ist weniger streng zu beurteilen als die eines einzelnen Menschen.

2. Sachlicher Schutzbereich. a) Begriff der Meinung. Anders als das neutrale englische Wort „freedom of speech" hat sich der deutsche Verfassungsgeber traditionell auf die Freiheit der „Meinung" festgelegt. Dieser Begriff ist schon wegen der grundlegenden Bedeutung dieses Grundrechts weit auszulegen (BVerfGE 61, 1, 8 – „CSU = NPD Europas"). Meinung im ursprünglichen Sinne enthält ein Element der Stellungnahme, oder wie das BVerfG immer wieder sprachlich unschön sagt, **des „Dafürhaltens".** Kennzeichnend ist also zumindest ein **Element des Wertens,** wobei es nicht auf wertvolle oder wertlose, richtige oder falsche Meinungen ankommt. Das Grundrecht ist auch weit über seinen historischen Hintergrund der politischen Meinungsfreiheit hinausgewachsen. Auch unpolitische Meinungen fallen unter Art. 5 I GG. Da Meinungen stets subjektiv sind, sind sie nicht nach objektiven Kriterien beweisbar bzw. dem Gegenbeweis zugänglich.

7   **b) Das Problem Tatsachenbehauptung.** Eine zentrale Unterscheidung im Schutzbereich von Art. 5 I GG betrifft **Werturteil und Tatsachenbehauptung.** Ersteres hat stets ein normatives Element und ist nicht im strikten Sinne beweis- oder widerlegbar. Letztere bezieht sich auf die Realität (Empirie) und ist grundsätzlich beweisfähig oder widerlegbar. Ob auch Tatsachenbehauptungen unter Art. 5 GG fallen, war anfangs sehr umstritten. Seiner historischen Substanz nach war das Grundrecht ausschließlich auf Meinungen i. e. S., also Werturteile, ausgerichtet, und es hat einige Zeit gedauert, bis das BVerfG erkannte, dass sich Tatsachen und Meinungen häufig nicht trennen lassen. Zudem hat die moderne Erkenntnisforschung nachgewiesen, dass fast jede auch noch so „nüchterne" Tatsachenangabe stets ein Element subjektiven Auswählens und Wertens enthält. Gleichwohl macht das BVerfG Einschränkungen: So soll eine Tatsachenbehauptung nur dann unter die Meinungsfreiheit fallen, *„wenn und soweit sie Voraussetzung der Bildung von Meinungen ist"* (BVerfGE 61, 1, 8 – „CSU = NPD Europas"; BVerfGE 94, 1, 7 – Deutsche Gesellschaft für Humanes Sterben). Dagegen sollen Angaben rein statistischer Art nach wie vor keine Meinungsäußerung darstellen (BVerfGE 65, 1, 40 – Volkszählung).

Letztlich hat sich aber erwiesen, dass Tatsachenbehauptungen und Meinungen in der öffentlichen Auseinandersetzung kaum trennbar sind. So enthalten die meisten Tatsachenbehauptungen versteckte Wertungen. Umgekehrt können Wertungen versteckte Tatsachenbehauptungen enthalten (BVerfG, Kammer, NJW 2010, 3501 – „Gen-Milch"). Ähnliches gilt für so genannte Suggestivfragen, die in der Fragestellung eine bestimmte tatsächliche Schlussfolgerung verbergen (BVerfGE 85, 1, 14 – Bayer-Aktionäre; BVerfGE 85, 23 ff. – Rhetorische Frage).

So hat das BVerfG mehrfach die Instanzgerichte aufgefordert, bei einer vermeintlichen Tatsachenbehauptung die wertenden Elemente nicht zu verkennen (BVerfG, Kammer, NJW 2003, 277 – „Anwaltsranking"; jetzt auch BGH, NJW 2006, 2764; BVerfG, Kammer, NJW 1991, 3023 – **„Beschleunigungszuschlag";** BVerfG, NJW 2003, 277 – **Rangliste**). Zum anderen hat das Gericht die Nennung von Tatsachen für grundrechtlich bedeutsam erklärt, wenn die Tatsache wichtig für die eigene Persönlichkeit und deren Aussage ist (BVerfGE 97, 391, 400 – **Missbrauchsbezichtigung;** BVerfG, Kammer, NJW 2013, 217 – Vorwurf gegen „Focus" der Erstellung einer **Rangliste gegen Bezahlung**). Sind Tatsachenbehauptungen wichtig für den Meinungskampf, dann ist es nur konsequent, **keine überzogenen Anforderungen an den Wahrheitsbeweis** zu stellen (so bereits BVerfGE 54, 208, 219 – Böll; BVerfG

90, 241, 281 – Auschwitzlüge). Das gilt auch für „verdeckte Tatsachenbehauptungen" und Suggestivfragen (BVerfGE 85, 23 ff. – Rhetorische Frage; BVerfG, Kammer, NJW 2004, 1942 – Versteckte Tatsachenbehauptung).

c) Nicht geschützt: Bewusst unwahre Tatsachenbehauptungen. 8
Die Einbeziehung von Tatsachenbehauptungen in den Schutzbereich von Art. 5 I GG stellte die Gerichte immer wieder vor das Problem, wie mit objektiv oder sogar bewusst falschen Tatsachenbehauptungen umzugehen sei. Während das BVerfG im Interesse einer offenen politischen Auseinandersetzung die Anforderungen an die Beweisbarkeit und die subjektive Gewissheit stark herabgesetzt hat, hat es immer wieder betont, dass jedenfalls die bewusst falsche oder historisch als unwahr erwiesene Tatsachenbehauptung (Lüge) von vornherein nicht in den Schutzbereich des Grundrechts fällt (BVerfGE 54, 208, 219 – Böll; BVerfGE 90, 241, 249 – Auschwitzlüge). Ist die Tatsache zwar erwiesenermaßen falsch, hat sich der Äußernde aber nur geirrt, so liegt keine bewusste Lüge in diesem Sinne vor und die Meinungsäußerung bleibt grundsätzlich geschützt. Das gilt erst recht, wenn die Tatsache lediglich nicht beweisbar ist.

Kritik: Letztlich zeigt sich, dass diese Rechtsprechung schwierige Differenzierungen (wahr – unwahr, bewusst falsch – unbewusst falsch, beweisbar – nicht beweisbar, Wertung – Tatsache) unnötigerweise in den Schutzbereich vorzieht. Es spricht deshalb viel dafür, diese Fragen erst im Rahmen der Schranken, also z. B. bei der Auslegung des Begriffs der Verleumdung im Sinne von § 185 StGB zu klären (so auch *Schultze-Fielitz*, in: Dreier, GG, Art. 5 I, II, Rn. 64).

d) Meinungsfreiheit und Werbung. Sehr umstritten ist nach wie 9 vor, ob die **reine Wirtschaftswerbung** für Produkte und Dienstleistungen unter Art. 5 GG oder nur unter Art. 12 GG fällt. Diese Frage ist angesichts schon geltender oder diskutierter Werbebeschränkungen, z. B. für Tabak und Alkohol, von großer praktischer Bedeutung (dazu unten, Rn 54). Sie ist auch in der Rechtsprechung des BVerfG nicht abschließend geklärt.

Einerseits hat das Gericht betont, auf den Inhalt und den Zweck von Meinungsäußerungen komme es für den Schutz durch Art. 5 I GG nicht an. Jede Form gesellschaftlicher, ökonomischer und politischer Wertung und damit auch die Einwirkung auf die potentiellen Adressaten der Meinung sei geschützt (BVerfGE 30, 336, 352 – Sonnenfreunde; BVerfGE 82, 272, 281 – Zwangsdemokrat Strauß). Andererseits wurde die Meinungsfreiheit im 19. Jahrhundert vor allem als **politisches Grundrecht** erkämpft und auch heute noch scheint die Formel von der konstitutiven Bedeutung der Meinungsfreiheit für die Demokratie eine Bevorzugung politischer Meinungen zumindest nahezulegen. Rein ökonomische Werbeaussagen fallen aus dieser historischen Sicht nicht darunter. Soweit das BVerfG deshalb den Schutzbereich der Meinungsfreiheit auf Werbeaussagen erstreckt hat, handelte es sich stets um solche „Botschaften", bei denen neben der rein wirtschaftlichen Zielsetzung auch gesellschaftliche, umweltpolitische oder ähnliche Ziele angesprochen waren und die Werbung einen wertenden, meinungsbildenden Inhalt hatte (so bereits BVerfGE 71, 162, 175 – Autobiographie eines Chefarztes). Diese Position wird in den **„Benetton-Entscheidungen"** (BVerfGE 102, 347 und BVerfGE 107, 275) und im Kammerbeschluss (BVerfG, Kammer, NJW 2002, 1187 – **Pelztiere**) besonders deutlich. Die „normale" Wirtschaftswerbung ohne gesellschaftlichen Impetus falle daher nicht unter Art. 5 I 1 GG (BVerfGE 40, 371, 382 – **Werbefahrten**). Die in den vergangenen Jahrzehnten feststellbare Liberalisierung berufsbezogener Werbung hat sich deshalb auch nicht im Schutzbereich von Art. 5 GG, sondern bei Art. 12 GG abgespielt (dazu unten § 35, Rn. 49). Auch die gesetzliche Verpflichtung zum Aufdruck eines **Warnhinweises auf Zigarettenpackungen** hat das BVerfG nicht an der Meinungsfreiheit (Inanspruchnahme für fremde Meinung), sondern am Maßstab der Berufsfreiheit gemessen (BVerfGE 95, 173, 181).

Kritik: Die Verdrängung der „nur wirtschaftlichen" Werbung aus dem Schutzbereich von Art. 5 I GG kann heute **nicht mehr überzeugen** (ausf. dazu *Hufen*, FS R. Schmidt [2006], 347). Sie wurde schon früh durch die Literatur in Frage gestellt, die Werbeaussagen als Meinungsäußerungen charakterisierte (bahnbrechend *Wacke*, FS Schack [1966], 179 ff.; *Lerche*, Werbung und Verfassung [1967]; *Herzog*, in: Maunz/Dürig, GG, Art. 5 I und II, Rn. 55e) und widerspricht auch der international vorherrschenden Rechtsprechung zu Art. 10 EMRK zur *„freedom of commercial speech"*. Auch steht sie im Widerspruch zur durch das BVerfG immer wieder geäußerten **Zweckfreiheit der Meinungsäußerung** (exemplarisch BVerfGE 30, 336, 352 – Sonnenfreunde) und zur Rechtsprechung des Gerichts zur Presse-, Film- und sogar Kunstfreiheit, wonach Werbung durchaus durch das jeweilige „Stammgrundrecht" geschützt sei (so für die Pressefreiheit zuletzt BVerfGE 77, 346, 354 – Pressegrosso; für die Kunstfreiheit: BVerfGE 77, 240 – Herrnburger Bericht).

Außerdem besteht heute kein Anlass mehr, die politische Meinungsäußerung gegenüber anderen Motiven zu privilegieren (kritisch z. B. *Rupp*, JZ 2001, 271; *Flietsch*, Die Funktionalisierung der Kommunikationsgrundrechte [1998]) oder „wenigstens" einen Schuss Gesellschafts- oder Umweltkritik zu verlangen, um Werbung in den Schutzbereich von Art. 5 I GG einzubeziehen. So wichtig und konstitutiv politische Auseinandersetzung für die demokratische Willensbildung ist, so wichtig und konstitutiv ist Wirtschafts- und Produktwerbung für die freiheitliche Wirtschaftsordnung. Zudem lassen sich politische und wirtschaftliche Werbung heute nicht mehr trennen (so auch *Selmer,* FS Vogel [2001], 416, 417). In der wirtschaftlichen Anpreisung und in der Einwirkung auf einen potentiellen Kunden und die Öffentlichkeit liegt jedenfalls eine Wertung und damit eine Meinungsäußerung, die durch die kommerzielle Zielsetzung nicht eingeschränkt oder gar beseitigt wird (so im Ansatz auch BVerfG, Kammer, NJW 2001, 3403 – Therapeutische Äquivalenz eines Generikum-Präparats; ebenso *Schultze-Fielitz,* in: Dreier, GG, Art. 5 I, II, Rn. 62; *Starck,* in: von Mangoldt/Klein/Starck, GG, Art. 5, Rn. 25).

In vielen Bereichen berührt die Werbung heute zudem auch politisch höchst umstrittene Fragen des Verbraucherschutzes, der Gesundheitspolitik, der Umweltpolitik und der Produktsicherheit. Vielfalt und Pluralität der Informationen sind insofern Grundkoordinaten einer offenen Bürgergesellschaft. Hier wirken nicht nur wirtschaftliche, sondern auch staatliche Kräfte auf die Märkte ein. Der vorsorgende Staat kümmert sich mit politischen Mitteln und Informationen (Verbraucherschutz, Aufklärung, Produktwarnung usw.) um das wirkliche oder vermeintliche Wohl der Bürger. Werbung bildet hier ein völlig legitimes „Gegengewicht" zu den heutigen Erscheinungsformen der „Staatspädagogik" und kann als Teil eines Staat und Gesellschaft übergreifenden wirtschafts-, gesundheits- und verbraucherschutzpolitischen Diskurses gesehen werden (so auch *Ladeur,* NJW 2004, 393; ähnl. *Arens,* JZ 2004, 763; a. A. *Fassbender,* NJW 2006, 1463).

e) Meinung bilden und verbreiten. Die Meinungsfreiheit schützt 10 die **Vorbereitung der Meinungsbildung** durch die Information, die eigentliche **Bildung einer Meinung** und die **Verbreitung der Meinung**, also (wie bei der Kunstfreiheit entwickelt) „Werkbereich" und „Wirkbereich" der Kommunikation. Besonders wichtig ist naturgemäß die Verbreitung einer erlangten Information – unabhängig von der Rechtmäßigkeit ihrer Erlangung (BVerfGE 66, 116, 137 – Wallraff; zur Abgrenzung zur Informationsfreiheit BVerfGE 97, 391, 399 – Missbrauchsbezichtigung). Auf die **Form der Meinung** und die **Art der Verbreitung** kommt es nicht an. Schriftliche Äußerungen fallen ebenso darunter wie bloße Gesten, eine Plakette (BVerfGE 71, 108, 113 – Anti-Atomkraftplakette) oder auch einmal das Abladen eines Bergs genetisch veränderter Kartoffeln vor der Zentrale eines Chemie-Konzerns. Auch die **Wahl des Ortes und die Zeit** einer Meinungsäußerung im privaten oder im öffentlichen Straßenraum sind geschützt (BVerfGE 93, 266, 289 – Soldaten sind Mörder). Die Einrichtung eines Informationsstandes ist straßenrechtlich gesehen hierbei zwar eine Sondernutzung (BVerwGE 56, 63, 65 – Politische Straßenwerbung); bei der Ermessensbetätigung durch die zuständige Behörde ist aber die Meinungsfreiheit zu beachten

(BVerwGE 47, 208 – dort zur Kunstfreiheit). Schon seit dem Lüth-Urteil sind ferner auch der **Boykottaufruf** (BVerfGE 7, 198, 212 – Lüth; BVerfGE 25, 256, 265 – Blinkfüer; BVerfG, Kammer, NJW 2008, 1146 – Scientology-Werbung) und selbst der Aufruf zu einem vertragswidrigen Mietboykott (BVerfG, Kammer, NJW 1989, 381) geschützt. Zulässigkeit und Verhältnismäßigkeit der jeweiligen Maßnahmen sind erst unter dem Stichwort „Rechtfertigung des Eingriffs" (Schranken) zu prüfen.

11 **f) Unerlaubte Verkürzungen des Schutzbereichs.** Über die absichtlich unwahre Tatsachenbehauptung hinaus wird vielfach versucht, schon in den Schutzbereich einen Legalitätsvorbehalt einzubauen. So sollen die Ausübung von Druck, die Beeinträchtigung der Meinungsfreiheit anderer und die Nötigung nicht unter die Meinungsfreiheit fallen (BVerfGE 25, 256, 265 – Blinkfüer). So richtig hier im Einzelfall das Ergebnis sein kann, so wenig überzeugend ist die Lösung innerhalb der Prüfung des Schutzbereichs. Ob eine Äußerung sich letztlich als Beleidigung, Verleumdung, Nötigung oder Volksverhetzung erweist, ist vielmehr klassische Frage der Schranken und dort zu behandeln.

12 **3. Personeller Schutzbereich.** Träger der Meinungsfreiheit sind grundsätzlich alle natürlichen Personen, die eine Meinung äußern. Auf Alter, Geisteszustand usw. kommt es nicht an. **Minderjährige** sind Grundrechtsträger, jedenfalls soweit sie einsichtsfähig und dazu in der Lage sind, den Sinn einer Äußerung oder eines Einwirkens auf ihre Umwelt zu erkennen. Auch hier wird der Schutzbereich nicht von vornherein durch das Elternrecht bestimmt, dieses ist vielmehr eine je nach Altersstufe unterschiedlich wirkende Schranke. Die Meinungsfreiheit kann auch inländischen **juristischen Personen,** Personenvereinigungen und Teilen solcher Vereinigungen zustehen, **nicht aber juristischen Personen des öffentlichen Rechts.** So kann sich eine Gemeinde nicht auf die Meinungsfreiheit im Hinblick auf eine amtliche Mitteilung ihres Bürgermeisters berufen (BVerwGE 104, 323, 326). Dasselbe gilt für die Bundeszentrale für Politische Bildung (BVerfG, Kammer, NJW 2011, 511).

Sehr umstritten ist die Frage, ob sich Parlamentarier, Bürgermeister und Gemeinderatsmitglieder sowie weitere Organe und deren Teile selbst in amtlicher Funktion auf die Meinungsfreiheit berufen können. Die Rechtsstellung von Parlamentariern und Gemeinderatsmitgliedern bezieht sich im Wesentlichen auf ihre parlamentarischen und kommunalen **Mitwirkungsbefugnisse,** nicht auf Rechtspositionen, die ihnen als Bürger zukommen. Allerdings hat das BVerwG die Meinungsfreiheit bei Äußerungen von Gemeinderatsmitgliedern angewandt, den Ordnungsruf des Bürgermeisters als Eingriff und die Vorschriften des Kommunalverfassungsrechts als allgemeines Gesetz i. S. v. Art. 5 II GG gewertet (BVerwG, NVwZ 1988, 873; NVwZ 1998, 975).

4. Verhältnis zu anderen Grundrechten. Art. 5 I GG geht der freien Entfaltung der Persönlichkeit (Art. 2 I GG) als Spezialgrundrecht vor. Im Übrigen gilt: Alle spezielleren Formen der Kommunikation verdrängen das allgemeinere Grundrecht der Meinungsfreiheit. So fällt die **künstlerische (und wissenschaftliche) Kommunikation** nur unter Art. 5 III GG (BVerfGE 30, 173, 191 – Mephisto), auch wenn die Kunst als Medium einer Meinungsäußerung genutzt wird. Satire und Karikatur fallen also primär unter Art. 5 III GG, doch ist zu beachten: Satire kann Kunst sein, aber nicht jede Satire ist bereits durch ihre satirische Form Kunst (BVerfG, Kammer, NJW 2002, 3767 – Grenzen der Satire; BVerfGE 86, 1, 9 – Titanic). Dasselbe gilt für Karikaturen (BVerfGE 75, 369, 376 – Strauß-Karikatur). Religiöse Meinungen sind durch Art. 4 GG geschützt; für die gewerkschaftliche Verlautbarung geht Art. 9 III GG vor. Die Verwertung von geistigem Eigentum durch Verbreitung über die Medien ist nicht durch die Meinungsfreiheit, sondern durch die Eigentumsgarantie des Art. 14 GG geschützt (BVerfGE 78, 101, 102 – Eigentumsrechte von Rundfunkanstalten).

Der leicht zu merkende Grundsatz: „**Die speziellere Kommunikationsform verdrängt die Meinungsfreiheit**", wird durch das BVerfG im Hinblick auf die Versammlungsfreiheit und die Pressefreiheit nicht immer eingehalten. Obwohl man die Versammlung als Form kollektiver Meinungsäußerung und Art. 8 GG folglich als spezielleres Grundrecht sehen kann, wendet das BVerfG beide Grundrechte nebeneinander an, je nachdem, ob der Aspekt des „Versammelns" oder des „Meinens" im Vordergrund steht (BVerfGE 82, 236, 258 – Schubart). Berichte über eine Versammlung und Werbung für die Versammlung kann man gleichfalls dem Schutzbereich von Art. 8 GG zurechnen, doch tendiert das BVerfG insofern gleichfalls zur Meinungsfreiheit (BVerfGE 111, 147 ff. – NPD-Kundgebung). Auch die in Presse, Rundfunk und Film geäußerte Meinung fällt nach der Rechtsprechung des BVerfG nicht unter die spezielleren Grundrechte Presse-, Rundfunk- und Filmfreiheit, sondern unter die Meinungsfreiheit (BVerfGE 85, 1, 11 – Bayer-Aktionäre). Das gilt auch und besonders für Leserbriefe (BVerfGE 28, 55, 64). Diese Abweichungen vom Grundsatz der Spezialität sind im Ergebnis wegen der Identität des Schrankenvorbehalts in Art. 5 II GG nicht von Gewicht, aber methodisch inkonsequent.

III. Eingriffe

15 **1. Unmittelbarer gezielter Eingriff.** Jedes Verbot einer Meinungsäußerung und jede an die Äußerung gebundene Sanktion wie Bestrafung, Verurteilung zur Unterlassung, Schadensersatz, Widerruf usw. sind Eingriffe in die Meinungsfreiheit (BVerfGE 7, 198, 212 – Lüth). Auch Maßnahmen, die verhindern sollen, dass eine Meinungsäußerung den Empfänger erreicht, stellen einen Eingriff dar (BVerfGE 27, 71, 81 – Verhinderung der Briefzustellung). Grundsätzlich stellt auch die Verpflichtung, eine bestimmte Meinung zu äußern, einen Eingriff in die Meinungsfreiheit dar. Warnhinweise auf Produkten sollen aber – wie dargelegt – nur unter Art. 12 GG, nicht unter Art. 5 I GG fallen (BVerfGE 95, 173, 181 – Zigarettenpackung).

16 **2. Mittelbarer Eingriff und faktische Beeinträchtigung.** Nur schwer vorstellbar sind **mittelbare Eingriffe** in die Meinungsfreiheit. Zu denken wäre etwa an das gegen einen Verteiler eines Flugblatts gerichtete Verbot oder die Heranziehung zu den Straßenreinigungskosten, die zugleich den Autor treffen. Ähnliches gilt für **faktische Beeinträchtigungen.** Hier ist die Abgrenzung der Beeinträchtigung (Beispiel: Übertönen einer Meinungsäußerung durch Lautsprecher) von dem die Meinungsäußerung lediglich mittelbar beeinflussenden Situationsnachteil nur sehr schwer einzuhalten (vgl. BVerfGE 82, 272, 281 – Zwangsdemokrat Strauß).

17 **3. Eingriff durch Verkennung des Gewichts der Meinungsfreiheit.** Schon nach der „Wechselwirkungstheorie" des BVerfG stellt jede Nichtbeachtung des Gewichts der Meinungsfreiheit bei der Anwendung von Schranken des Grundrechts und bei der Lösung von Grundrechtskonflikten einen Eingriff in die Meinungsfreiheit dar. Dasselbe gilt für fehlerhafte, nicht nachvollziehbare Einordnungen und Bewertungen der Meinungsäußerung. Ist eine Äußerung **mehrdeutig,** so darf ein Gericht nicht die „mildere" oder nicht zur Verurteilung führende Deutung ausschließen, ohne dass dies nachvollziehbar begründet wird (BVerfGE 94, 1, 9 – Deutsche Gesellschaft für Humanes Sterben). Zu beachten ist aber, dass dies umgekehrt auch für das „Gegengrundrecht" des allgemeinen Persönlichkeitsrechts

gilt (BVerfGE 114, 339, 346 – Stolpe). Ein Eingriff durch fehlerhafte Deutung liegt auch vor, wenn einer Meinungsäußerung etwas untergeschoben wird, was so nicht gemeint war (BVerfG, Kammer, NJW 2001, 3613 – Pressekommentar; BVerfG, Kammer, NJW 2005, 2138 – Äußerung bei Parteiversammlung), oder wenn eine Meinungsäußerung sogar in ihr Gegenteil verkehrt wird.

Ein besonders häufiger „Eingriff durch Verkennen" betrifft die gerichtliche Behandlung einer **Wertung als (beweisbedürftige) Tatsachenbehauptung** und umgekehrt einer **Tatsachenbehauptung als Wertung**. Von dieser Einordnung hängt in zahlreichen Zivil- und Strafprozessen viel ab. So sind Tatsachenbehauptungen beweisbar bzw. widerlegbar und können zur Verurteilung zur Gegendarstellung führen, Wertungen hingegen nicht. Deshalb stellt das BVerfG hohe Anforderungen an die entsprechende Einordnung durch die Fachgerichte. Die Deutung muss „am Verständnis des Durchschnittsempfängers der Äußerung" ausgerichtet werden, dabei sind auch die Begleitumstände der Äußerung zu berücksichtigen. Kurz gefasst: Es kommt nicht auf die Sicht des Richters, sondern auf die Sicht eines unvoreingenommenen und verständigen Publikums an (BVerfGE 93, 266, 295 – Soldaten sind Mörder). Deshalb ist es ein Grundrechtseingriff, wenn eine Behörde oder ein Gericht eine wertende Äußerung als Tatsache einstuft – sei es auch als verdeckte Tatsachenbehauptung. 18

Beispiele: BVerfGE 94, 1 – Vorwurf der **Fälschung von Biographien** der Sterbenden; BVerfG, NJW 2003, 277 – **Anwaltsranking** als Wertung; ebenso zum Arztranking BGH, NJW 1997, 2679. **Ranglisten** werden jetzt durchweg als Wertungen, nicht als Tatsachenbehauptungen gesehen. Ähnliches gilt für **Produktanpreisungen** (BGH, NJW 2002, 3399 – „die Steinzeit ist vorbei" als Werbung für ein Holzprodukt).

Ein Eingriff liegt umgekehrt aber auch vor, wenn eine Äußerung als **Wertung** oder sogar als Schmähkritik behandelt wird, obwohl sie auf einer Tatsachenbehauptung beruht, und dadurch die Möglichkeit des Wahrheitsbeweises abgeschnitten wird (BVerfG, NJW 2003, 961 – Leichtfertige Rezepte; BVerfG, Kammer, NJW 2003, 1109 – Leihwagen).

IV. Verfassungsrechtliche Rechtfertigung – Schranken

1. Schranken des Art. 5 II GG. a) Die Beschränkung durch „die Vorschriften der allgemeinen Gesetze" (Art. 5 II GG). Gemäß 19

Art. 5 II GG steht neben den anderen in Art. 5 I GG enthaltenen Grundrechten auch die Meinungsfreiheit unter dem Vorbehalt „*der Vorschriften der allgemeinen Gesetze*".

Der Begriff des „allgemeinen Gesetzes" war schon zur Geltungszeit des gleichlautenden Art. 118 I 1 WRV umstritten. Während die „absolute Theorie" auf eine möglichst objektive, am Ideal *Kants* vom Zusammenleben der Menschen unter allgemeinen Gesetzen orientierte Definition abstellte, ging es den „relativen Theorien" mehr um eine Definition, die letztlich in Anwendung des Gleichheitssatzes den Angriff auf **bestimmte** Meinungsäußerungen verhindern wollte. Nach dem Lüth-Urteil ist ein allgemeines Gesetz eine Norm, die sich **weder gegen die Meinungsfreiheit an sich noch gegen eine bestimmte Meinung** richtet, sondern dem Schutz eines schlechthin, ohne Rücksicht auf eine bestimmte Meinung zu schützenden Rechtsgutes dient (BVerfGE 7, 198, 209 – Lüth; zuletzt etwa BVerfGE 97, 125, 146 – Caroline I). Die Formel vereinigt also Elemente der absoluten und der relativen Theorie in sich.

Für die Praxis ist die Formel allerdings nicht sehr aussagekräftig. Zahlreiche Gesetze richten sich sehr wohl „gegen die Meinungsfreiheit an sich". Das lässt sich an den einfachen Tatbeständen der Beleidigung, der Verleumdung, des unlauteren Wettbewerbs usw. ablesen. Es kommt also nicht auf die allgemeine Zielrichtung „Meinungsfreiheit als solche", sondern auf die Zielrichtung „Verbot eines bestimmten Meinungs**inhalts**" an. Gleichwohl gibt es auch gegen eine bestimmte Meinung gerichtete Verbote, so etwa das Verbot der Verbreitung von Propagandamitteln oder Kennzeichen verfassungswidriger Organisationen (§§ 86/86a StGB) oder der Auschwitzlüge in § 130 III StGB, das nur deshalb kein Verstoß gegen die Formel vom „allgemeinen Gesetz" ist, weil die Auschwitzlüge nach h. L. nicht in den Schutzbereich der Meinungsfreiheit fällt. Im Falle des § 130 IV StGB (Billigung oder Verherrlichung der nationalsozialistischen Gewaltherrschaft) musste das Gericht dann aber Farbe bekennen und die Strafbarkeit dieser besonderen Meinung trotz Art. 5 II GG bestätigen (BVerfGE, 124, 300, 320 – Wunsiedel; dazu unten, Rn. 51).

Weniger bekannt, aber durchaus gegen die Meinungsfreiheit gerichtet, sind der Geheimnisschutz nach § 353a StGB oder die verbotene Mitteilung bei einer Gerichtsverhandlung nach § 353d StGB (zur Verfassungsmäßigkeit BVerfGE 71, 206 – Anklageschriftveröffentlichung). Die wohl „allgemeinsten" Gesetze sind die Schadensersatzvorschriften des BGB (§§ 823, 826) sowie das Gegendarstellungsrecht im Sinne der Mediengesetze (BVerfG, NJW 1997, 2589 – Stern; BVerfG, NJW 2002, 356 – Gysi). Kein Verstoß gegen das Erfordernis des „allgemeinen Gesetzes" ist § 130 StGB in der Fassung des Gesetzes zur Änderung des Versammlungsgesetzes und des Strafgesetzbuchs (BGBl. I 2005, 969 – Verschärfung von Demonstrationsverboten um das Holocaust-Mahnmal). Hier geht es nicht nur um Art. 5 II GG, sondern auch um die Menschenwürde als verfassungsimmanente Schranke der Meinungs- und Versammlungsfreiheit.

Da sich allgemeine Gesetze zumindest theoretisch gerade nicht direkt gegen die Meinungsfreiheit richten dürfen, findet nach h. L. auch das **Zitiergebot des Art. 19 I 2 GG** keine Anwendung (BVerfGE 28, 282, 289 – Kriegsdienstgegner; BVerfGE 33, 52, 77 – Zensur).

b) Gesetzliche Bestimmungen zum Schutz der Jugend. Weniger bei der Meinungsfreiheit als bei der Presse-, Rundfunk- und Filmfreiheit spielt der Jugendschutz eine Rolle. Allgemein aber hat er einen hohen Stellenwert (BVerfGE 30, 336, 347 ff. – Sonnenfreunde), ist heute aber weitgehend in der Jugendschutzgesetzgebung als allgemeine Gesetze i. S. v. Art. 5 II GG aufgegangen.

c) Recht der persönlichen Ehre. Ausgelöst durch spektakuläre Fälle (insbesondere BVerfGE 86, 1, 9 – Titanic; BVerfGE 93, 266, 289 – Soldaten sind Mörder) wurde dem BVerfG zeitweilig vorgeworfen, es vernachlässige das Recht der persönlichen Ehre gegenüber der Meinungs- und Pressefreiheit (vgl. insbesondere *Tettinger*, Die Ehre – ein ungeschütztes Verfassungsgut [1995]; *Kiesel*, Die Liquidierung des Ehrenschutzes, NVwZ 1992, 1129; *Füglein*, Reduktion des Ehrenschutzes durch höchstrichterliche Rechtsprechung? [2012]). Dabei hatte das Gericht das Recht der persönlichen Ehre lange vor den genannten Einzelfällen nicht nur im dogmatisch unsicheren Bereich des Art. 5 II GG, sondern dort verankert, wohin es gehört: Beim allgemeinen Persönlichkeitsrecht (Art. 2 I i. V. m. Art. 1 GG). Selbst im politischen Meinungskampf bildet das allgemeine Persönlichkeitsrecht einen wirksamen Schutz vor Entstellung, Erniedrigung und Entwürdigung, ohne andererseits die politische Auseinandersetzung unangemessen zu behindern (zu den Grundlagen bereits BVerfGE 54, 148, 153 – Eppler; klärend *D. Grimm*, NJW 1995, 1967). Diese Fälle sind hier also im Abschnitt über die verfassungsimmanenten Schranken zu behandeln.

d) Verhältnismäßigkeit – Wechselwirkungstheorie. Auch allgemeine Gesetze i. S. v. Art. 5 II GG dürfen Meinungen nur soweit einschränken, wie dies zum Schutze anderer Rechte und Gemeinwohlbelange geeignet, erforderlich und zumutbar ist. Dies ist die praktische Bedeutung der **"Wechselwirkungstheorie"**, nach der Einschränkungen der Meinungsfreiheit ihrerseits im Lichte des eingeschränkten Grundrechts und dessen Stellenwert für eine freiheitliche Kommunikationsordnung zu interpretieren sind (unbestritten seit BVerfGE 7, 198, 204 – Lüth; siehe ferner BVerfGE 71, 206, 214 – Veröffentlichung einer Anklageschrift). Ob die Wechselwirkungstheorie im Sinne einer grundsätzlichen Vermutung für die Freiheit der Rede verstanden werden kann, sei angesichts der Vielfalt der Fallkonstellationen und der unbestreitbaren Gefahren für den Schutz der Persönlichkeit in der Informations- und Mediengesellschaft aber dahingestellt.

24 **2. Verfassungsimmanente Schranken. a) Allgemeines.** Die Meinungsfreiheit wird nicht nur durch allgemeine Gesetze i. S. v. Art. 5 II GG, sondern auch – durch diese konkretisiert – durch verfassungsimmanente Schranken begrenzt (BVerfGE 66, 116, 136 – Wallraff). Das ist zum einen deshalb wichtig, weil Normen wie § 185 StGB und §§ 823/826 BGB hinsichtlich der geschützten Rechtsgüter viel zu abstrakt sind, um den Anforderungen des Gesetzesvorbehalts und der "Wesentlichkeitstheorie" zu genügen. Verfassungsrechtlich geschützte Rechtsgüter bilden also das wichtigste Beispiel für den Prüfungspunkt "legitimer Gemeinwohlzweck" im Rahmen der Verhältnismäßigkeitsprüfung.

Auch die Wechselwirkungstheorie ist nicht nur bei der Einschränkung der Meinungsfreiheit durch Gesetz anwendbar. Bei der Zuordnung von Meinungsfreiheit und entgegenstehenden Verfassungsgütern wirkt sie im Sinne **praktischer Konkordanz**. Das Gewicht der Meinungsfreiheit ist dem Gewicht des entgegenstehenden Grundrechts und der Schwere des Eingriffs durch die Meinungsäußerung zuzuordnen. Grundsätzlich kommen alle Verfassungsgüter als Schranken der Meinungsfreiheit in Betracht, exemplarisch sei dies am Beispiel der Menschenwürde (Art. 1 GG) und des allgemeinen Persönlichkeitsrechts (Art. 2 I i. V. m. Art. 1 GG), des Grundrechts auf Leben und Gesundheit (Art. 2 II GG) und des (geistigen) Eigentums (Art. 14 GG) erörtert.

25 **b) Menschenwürde (Art. 1 GG).** Greift eine Meinungsäußerung in die Menschenwürde ein, so findet keine Abwägung statt (BVerfGE 75, 369, 380 – Strauß-Karikatur; BVerfG, Kammer, NJW 2009, 3503 – NPD-Plakat). In der Rechtsprechungspraxis ist dies auf der Stufe der "Schmähkritik" erreicht (dazu unten, Rn. 36). Denkbar sind aber

auch Fälle, in denen die Verbreitung einer Information einen Menschen an den Pranger stellt (Beispiel: Veröffentlichung von Namen und Adressen bestimmter Straftäter – in den USA legal bei Sexualstraftätern, in Deutschland allenfalls partiell und bei konkreter Gefahr, vgl. BVerfG, Kammer, NJW 2006, 1865 – Jugendtrainer). Wegen der Bedeutung der Meinungsfreiheit einerseits und der Menschenwürde andererseits sind echte Eingriffe in die Menschenwürde auf drastische Fälle reduziert. Sie kommen nur in Betracht, wenn es nicht um die sachliche Auseinandersetzung, sondern auf eine Erniedrigung, Schmähung, Zermürbung eines anderen Menschen ankommt (BVerfGE 102, 347, 359 – Benetton I; BVerfGE 107, 275, 280 – Benetton II). Dagegen ist es verfehlt, Geschmacklosigkeiten, Verstöße gegen die Wertvorstellungen von Gruppen oder auch der Allgemeinheit oder drastische und gefühlsbetonte Werbung wegen eines Verstoßes gegen die Menschenwürde zu verbieten (BVerfG, Kammer, NJW 2002, 1187 – Pelztiere; jetzt auch BGH, NJW 2006, 149).

c) **Allgemeines Persönlichkeitsrecht – informationelle Selbstbestimmung (Art. 2 I i. V. m. Art. 1 GG).** Die bekannteste, häufigste und zumeist schwierigste Fallgruppe betrifft das Verhältnis von Meinungsfreiheit und **allgemeinem Persönlichkeitsrecht.** Hier kann es sowohl um das Eindringen in die Privat- und Persönlichkeitssphäre zur Erlangung von Informationen als auch um deren Verbreitung in der Öffentlichkeit gehen. Auch die strafrechtlichen Tatbestände von Verleumdung und Beleidigung gehören letztlich in dieses Spannungsfeld. Für die Auflösung des Spannungsverhältnisses lauten die wesentlichen Koordinaten: 26

- Tatsachenbehauptung oder Wertung?
- Privatperson oder Person von öffentlichem Interesse?
- Privatsphäre oder Sozialsphäre/Öffentlichkeit?
- Bei Tatsachenbehauptungen: Wahr oder unwahr?
- Bei Wertungen: Kritik oder Schmähkritik?

Da die Fallkonstellationen bei der Meinungsfreiheit und der Pressefreiheit im Wesentlichen identisch sind, gelten die folgenden Ausführungen **auch für die Presse- und Rundfunkfreiheit.**

(1) **Schutz von Privatpersonen.** *(a) Privatsphäre.* Privatpersonen haben grundsätzlich ein **Recht auf Anonymität.** Dieses schützt vor der Verbreitung auch wahrer Tatsachen. Persönliche Bilder dürfen grundsätzlich nur mit Einwilligung an die Öffentlichkeit gebracht 27

werden (§ 22 KUG). An einer Mitteilung oder Veröffentlichung kann hier kaum ein berechtigtes Interesse bestehen. Das gilt allenfalls in extremen Ausnahmefällen, so etwa, wenn ein Bericht oder eine Veröffentlichung für die eigene Persönlichkeit von Bedeutung ist (BVerfGE 97, 391, 400 – Sexueller Missbrauch durch Vater) oder ein besonderes Interesse der Öffentlichkeit an der Information besteht. Ein solcher Ausnahmefall liegt aber keineswegs vor, wenn eine Wurstverkäuferin ein Liebesverhältnis mit dem Ehemann einer prominenten Schauspielerin eingeht (anders aber BVerfG, Kammer, NJW 2006, 3406 – „Promi-Partner") oder eine Privatperson nur mit einem Popstar in der Fußgängerzone spazieren geht (BGH, NJW 2007, 3440 – Grönemeyer). Gelangt eine Privatperson durch ein spektakuläres Ereignis wie eine Straftat oder ein schwerer Unfall vorübergehend in den Blickpunkt der Öffentlichkeit, dann kann eine Identifikation und ein Bericht über die Tat erlaubt sein – außer der Bericht gefährdet die Heilung oder Resozialisierung (BVerfGE 35, 202, 232 – Lebach). Das Recht auf Anonymität kann auch verletzt sein, wenn nur ein bestimmter Adressatenkreis der Meinungsäußerung eine Person erkennen kann. Auch bei gesellschaftlich relevanten Themen wird die Meinungsfreiheit durch die Privat- und Persönlichkeitssphäre begrenzt. Auch die **aufgedrängte Meinungsäußerung** gegenüber einer Schwangeren vor einer „Abtreibungsklinik" (BVerfG, Kammer, NJW 2011, 47) bzw. die „Gehsteigberatung" vor einer Konfliktberatungsstelle (VGH Mannheim, NJW 2011, 2532) können verboten werden.

Bei **Tatsachenberichten über Privatpersonen** außerhalb des Bereichs relevanter öffentlicher Auseinandersetzungen bestehen strenge Anforderungen an die Nachweisbarkeit. Wer eine Tatsachenbehauptung über seinen Nachbarn in die Welt setzt, ist grundsätzlich beweispflichtig für deren Inhalt. Er läuft Gefahr, zur Rechenschaft gezogen zu werden, wenn er seine Behauptung nicht beweisen kann. Das gilt verstärkt für Behauptungen, die den Privat- oder sogar Intimbereich einer Person betreffen.

28 *(b) Sozialbereich.* Auch wenn sich eine Privatperson in die Öffentlichkeit begibt, hat sie Anspruch auf Anonymität. Zwar kann sie in einer größeren Gruppe fotografiert, dargestellt und interviewt werden. Wichtig ist aber hier, dass die Verbreitung nur mit Einwilligung oder unter Anonymisierung erfolgt. Das ist der Grund für die Unkenntlichmachung von Kfz-Kennzeichen bei Unfallfotos in der Presse.

(c) Die Meinungsäußerungen im engeren Sinne – Wertungen. Der 29
besondere Schutz von Privatpersonen gilt grundsätzlich auch bei
Wertungen und Meinungsäußerungen. So darf eine Mitarbeiterin
auch dann nicht in der Presse als „faulste Mitarbeiterin Deutschlands" bezeichnet werden, wenn sie während 3 Monaten Krankheit
gleichwohl am Reitunterricht teilgenommen hat (BAG, NJW 1999,
1988). Die Unschuldsvermutung des Strafrechts gilt auch bei Verbreitung einer Vorverurteilung (*Soehring,* Vorverurteilung durch die
Presse [1999]). Im Verhältnis von Privaten untereinander schützt die
Meinungsfreiheit auch nicht vor der Verurteilung wegen Beleidigung.
Konkret: Auch in noch so heftigen politischen Auseinandersetzungen
sind die Bezeichnung des Nachbarn als „Idiot" oder der „Stinkefinger" nicht erlaubt.

(2) Prominente/Personen der Zeitgeschichte. *(a) Privatsphäre.* 30
Anders als im angelsächsischen Rechtskreis, wo eine „public figure"
grundsätzlich im privaten und im öffentlichen Sektor im Brennpunkt
des Meinungs- und Medieninteresses stehen kann, schützt sowohl die
deutsche als auch die Rechtsprechung des EGMR die Angehörigen
von Königs- und Fürstenhäusern, prominente Sportler und Politiker
vor Eingriffen in ihre Privatsphäre. Der Schutz der Privatsphäre gilt
erst Recht gegenüber unwahren Tatsachenbehauptungen. Lügen aus
der persönlichen Sphäre, bewusst erfundene Liebesgeschichten, Verlobungen und dergleichen fallen wie Lügen allgemein nicht in den
Schutzbereich des Art. 5 I GG.

Was die persönliche **Privatsphäre** angeht, bestehen auch für Prominente keine Besonderheiten im Vergleich zur Privatperson. Auch 31
sie dürfen nicht ungewollt in die Öffenlichkeit gezerrt, durch falsche
Tatsachen verleumdet oder geschmäht werden. Verboten sind auch
lautstarke Meinungsäußerungen vor dem Privathaus eines Politikers.
Der Schutz der Privatsphäre gilt aber umso weniger, je größer das berechtigte Interesse der Öffentlichkeit an einem bestimmten Vorgang
ist. So kann die Krankheit eines Politikers wegen der damit zusammenhängenden Frage der Amtsfähigkeit durchaus legitimer Gegenstand einer öffentlichen Berichterstattung sein. Ähnlich verhält es
sich mit einem groben Verkehrsverstoß eines Angehörigen eines europäischen Königshauses auf einer privaten Urlaubsreise (BVerfG,
Kammer, NJW 2006, 2835 – Ernst August von Hannover; bedenklich
dagegen BGH, NJW 2012, 3645 – Zulässige Berichterstattung über
die Erkrankung einer bekannten Entertainerin). Auch hängt der

Schutz der Privatsphäre davon ab, in wieweit der Betroffene selbst Teile daraus der Öffentlichkeit preisgibt.

32 Weder Privatpersonen noch Prominente dürfen durch eine Meinungsäußerung **„an den Pranger"** gestellt werden. Das gilt auch für freigelassene Straftäter nach Verbüßung einer Freiheitsstrafe und ggf. Sicherungsverwahrung (*Kinzig*, NJW, 2004, 911). „Pranger" bedeutet seit dem Mittelalter die Offenbarung privater Verfehlungen in einer breiten Öffentlichkeit. Die Nähe zur öffentlichen „Schmähung" ist gleichfalls schon aus historischer Sicht offenkundig. Trotzdem ist – zumal in Zeiten des Internet – die Abgrenzung von Pranger und erlaubter Kritik oft schwierig. So richtig es ist, den Einzelnen hier vor einer dem mittelalterlichen Pranger entsprechenden Situation zu bewahren, so falsch wäre es, jede Veröffentlichung eines Missstandes schon deshalb als Schmähkritik oder Verstoß gegen die Menschenwürde zu bezeichnen, weil sie vielen Menschen bekannt wird. So hat das BVerfG die Bezeichnung eines Unternehmers als FCKW-Produzent nicht als unerlaubtes Anprangern gesehen (BVerfG, Kammer, NJW 1999, 2359; anders zur Auslegung einer Stasi-Namensliste BVerfG, Kammer, NJW 2000, 2413).

33 *(b) Sozialbereich.* Ein geringerer Schutz gilt für Prominente, wenn sie sich aus der geschützten Persönlichkeitssphäre hinaus in die Öffentlichkeit begeben. Hier führt das öffentliche Interesse dazu, dass sie auch unter Identifizierung fotografiert, gefilmt, an in ihrem Aufenthaltsort beobachtet und mit Autogramm- und Interviewwünschen behelligt werden dürfen. Bilder, die im Bereich der Öffentlichkeit aufgenommen wurden, dürfen auch ohne Einwilligung veröffentlicht werden (§ 23 I KUG). Dies ist – wenn man so will – der Preis der Prominenz. Auch hier ziehen das BVerfG und vor allem der EGMR aber deutliche Schranken. Da diese Probleme vorwiegend bei der Pressefreiheit eine Rolle spielen, werden sie in diesem Buch dort gebündelt behandelt (unten § 27, Rn 22).

34 *(c) Prominente in der öffentlichen Auseinandersetzung.* Vollends verkehren sich die Gewichte von Meinungsfreiheit und Persönlichkeitsrecht, wenn es um die in der Demokratie unabdingbare öffentliche Auseinandersetzung um politische Fragen, Missstände usw. geht. Hier liegt die Betonung weniger auf der Prominenz des Betroffenen als auf der **öffentlichen** Auseinandersetzung. An dieser kann auch ein Polizeibeamter beteiligt sein, so dass die Bezeichnung eines Polizisten als „Wegelagerer" eine noch durch das Sachthema Verkehrskontrolle gerechtfertigte Meinungsäußerung sein kann (BayObLG, NJW 2005,

§ 25 Meinungsfreiheit

1201). Auch in diesem Bereich sind aber bewusste Lügen nicht geschützt, und auch eine noch so heftige und grundlegende politische Auseinandersetzung rechtfertigt nicht die Behauptung und Verbreitung schlicht falscher Tatsachen (BVerfG, Kammer, NJW 2000, 3485 – Bestechungsvorwurf im Parteienkampf).

Andererseits dürfen an den Wahrheitsgehalt einer Äußerung im politischen Meinungskampf nicht zu strenge Anforderungen gestellt werden (BVerfGE 85, 1, 21 – Bayer-Aktionäre). Es widerspräche dem Grundgedanken der Meinungsfreiheit, wenn öffentliche, auch scharfe Kritik in der Presse undifferenziert davon abhängig gemacht würde, dass sie jeweils durch Tatsachen belegt und überprüfbar gemacht werden müsste (BVerfGE 42, 163, 170 – Adenauer-Preis). Deshalb darf ein Privater z. B. Äußerungen weitergeben, die er einer allgemein zugänglichen und anerkannten Informationsquelle bzw. Presse und Rundfunk entnommen hat (BVerfGE 54, 208, 219 – Böll; BVerfGE 61, 1, 8 – „CSU = NPD Europas"; BVerfGE 82, 43 – „Strauß deckt Faschisten"). Das gilt zumal dann, wenn es um die Behebung von öffentlich diskutierten Missständen geht (BVerfG, Kammer, NJW 2000, 3413 – keine berufsgerichtliche Verurteilung für Bericht über Missstände im Krankenhaus; ähnl. BVerfG, Kammer, NJW 1991, 2339 – Veröffentlichung eines an den Bürgermeister gerichteten Chefarztbriefs). Belegbare Tatsachen dürfen nicht als Schmähkritik ausgelegt werden (BVerfG, Kammer, NJW 2003, 961 – Vorwurf der Erstellung leichtfertiger Atteste). Wertungen sind durch die Gerichte darauf zu prüfen, ob sie einen – ggf. beweispflichtigen – „Tatsachenkern" oder eine versteckte Tatsachenbehauptung enthalten (BVerfG, Kammer, NJW 2012, 1643 – Vorwurf der Korruption und der Geldwäsche gegen Vertreter der grünen Gentechnik). **Nicht mehr gedeckt** ist auch die **verzerrende Darstellung** einer Führungspersönlichkeit der Wirtschaft durch eine Fotomontage (BVerfG, NJW 2005, 3271 – Ron Sommer).

(d) Wertungen i. e. S. Noch freier ist die **Meinungsäußerung i. e. S.** 35 über Prominente und politische Führungskräfte. Hier ist die ggf. auch scharfe und personenbezogene Kritik unabdingbar für die Demokratie. Besonders für Politiker gilt der bekannte Satz Harry S. Trumans: *„Wer die Hitze nicht vertragen kann, soll nicht in der Küche arbeiten".* Dieser Satz ist besonders auf solche Politiker anwendbar, die ihrerseits mit ihren Gegnern nicht mit Samthandschuhen umgehen. Insofern kann man vom „Recht zum Gegenschlag" sprechen (BVerfGE 54, 129, 138 – Kunstkritik; BVerfGE 82, 272, 280 –

Zwangsdemokrat Strauß; *Starck*, in: von Mangoldt/Klein/Starck, GG, Art. 5 I, II, Rn. 214; zum Recht auf Gegenwehr auch BVerfGE 61, 1, 7 ff. – „CSU = NPD Europas"). Das gilt erst recht, wenn der Angriff nicht einer konkreten Person, sondern einer Personenmehrheit wie Kirchen, Religionsgemeinschaften oder auch der Bundeswehr gilt (BVerfGE 93, 266, 290 – Soldaten sind Mörder; wie hier auch *Grimm*, NJW 1995, 1697; *Soehring*, NJW 1997, 360).

36 Erst wenn die **Kritik keinerlei sachlichen Bezugspunkt** mehr hat und es nur noch um die **Diffamierung** oder **Erniedrigung** der Person als solcher geht **(Schmähkritik)**, muss die Meinungsfreiheit gegenüber dem Persönlichkeitsrecht zurücktreten (BVerfGE 86, 1, 10 – Peinlichste Person; BVerfGE 82, 272, 283 – Zwangsdemokrat Strauß; BVerfGE 94, 1, 7 – Deutsche Gesellschaft für Humanes Sterben; Überblick zur Rechtsprechung bei *Bull*, FS 50 Jahre BVerfG [2001] II, 163 ff.). Auch kommt es darauf an, ob es auf einen Angriff auf die Person als Individuum oder lediglich eine Personengruppe geht (BVerfGE 93, 266, 269 – Soldaten sind Mörder; BVerfG, Kammer NJW 2013, 3021 und NVwZ 2013, 1405 – Bezeichnung einer Anwaltsdkanzlei als „Winkeladvokatur"). Der Schmähkritik gleichgestellt werden muss der „öffentliche Pranger". Das ist etwa der Fall wenn – wie neuere Beispiele zeigen – Politiker oder andere Prominente durch sorgfältig gespeicherte und je nach Bedarf an die Öffentlichkeit gebrachte Informationen über wirkliche oder vermeintliche Skandale an den Pranger gestellt und durch gezielte Kampagnen nach allen Regeln der Kunst „zur Strecke gebracht" werden. Hier wird die Rechtsprechung vermehrt darauf zu achten haben, ob es nicht mehr um demokratische Kontrolle der Macht, sondern um Machtmissbrauch einflussreicher Meinungsträger geht (dazu *Hufen*, FS. Kirchhof, § 70).

37 Die Grenze von erlaubter Auseinandersetzung und „Schmähkritik" ist in der Theorie leicht abstrakt zu umschreiben, im Einzelfall aber sehr schwierig zu markieren. Deshalb sei sie an **Beispielen** demonstriert:

Erlaubte politische Auseinandersetzung: Vorwurf der Umweltzerstörung an FCKW-Produzent (BVerfG, Kammer, NJW 1999, 2359); Veröffentlichung des Bildes eines bekannten Neonazis in Form eines Steckbriefs (OLG Braunschweig, NJW 2001, 160); Bezeichnung eines politischen Gegners als „Dummschwätzer" (BVerfG, Kammer, NJW 2009, 749); Bezeichnung eines Sicherheitsdienstes als „private Schlägertruppe" (BVerfG, Kammer, NJW 2002, 3315); „Geschmierte Gewerkschaft" (BVerfG, NJW 2004, 277); „peinlichste Persönlichkeit" (BVerfGE 86, 1, 12 – Titanic); Warnung vor Milchprodukten als „Gen-Milch" (BVerfG, Kammer, NJW 2009, 749); Bezeichnung einer Anwaltskanzlei als „Winkeladvokatur" (BVerfG, Kammer, NJW 2013, 3021 und NVwZ 2013, 1405 (m. Anm. Steinbach) oder eines Anwalts als rechtsextrem und rechtsradikal, der die einschlägigen Argumentationsmuster in der Öffentlichkeit geäußert hatte (BVerfG, Kammer, NJW 2012, 3712); wer auf einem öffentlichen Platz „Heil Hitler" grölt, muss sich als Nazi bezeichnen lassen (BVerfG, NJW 1992, 2013).

Verbotene Schmähkritik: Diskriminierung eines verstorbenen Dichters (BVerfG, Kammer, NJW 1993, 1462 – Heinrich Böll); Bezeichnung eines gelähmten Reserveoffiziers als „Krüppel" (BVerfGE 86, 1, 12 – Titanic); Bezeichnung der Abschiebungspraxis einer Behörde als „Gestapomethoden" (BVerfG, Kammer, NJW 1992, 2815); Bezeichnung eines Arztes als „Mengele des DDR-Dopingsystems" (BVerfG, Kammer, NJW 2006, 3266); „Babycaust" gegenüber Abtreibungsarzt (BVerfG, NJW 2006, 3769 – krit. dazu *Hochhuth*, NJW 2007, 192). Überhaupt muss sich in der öffentlichen Auseinandersetzung niemand gefallen lassen, in die Nähe des Nationalsozialismus oder eines anderen menschenverachtenden Terrorregimes gerückt zu werden.

Insgesamt ist die die Kritik, das BVerfG vernachlässige den Schutz der Persönlichkeitsrechte, nicht berechtigt. Im Übrigen lassen sich in neuerer Zeit **behutsame Korrekturen** feststellen. So reicht es bei einer ehrenrührigen Tatsachenbehauptung nicht mehr aus, einen Verdacht ohne Rücksicht auf bereits in der Öffentlichkeit geäußerte Widerlegungen in den Raum zu stellen (BVerfGE 114, 339, 346 – Stolpe). Auch ist die Rechtsprechung im Hinblick auf Verzerrungen des tatsächlichen Erscheinungsbildes von Prominenten strenger geworden (BVerfG, NJW 2005, 3271 – Ron Sommer), und der Vorwurf rechtsradikaler Inhalte gegenüber einer Zeitung muss fundiert belegt werden, um Sanktionen zu vermeiden (BVerfGE 113, 63 – Junge Freiheit; weit überzogen aber BVerfG, Kammer, NJW 2011, 511 – Herabsetzende Kritik durch Bundeszentrale für Politische Bildung).

Das komplexe System der Zuordnung von Meinungsfreiheit und Persönlichkeitsschutz lässt sich stark vereinfachend zu folgendem Schema zusammenfassen:

	Privatpersonen		Prominente/Personen der Zeitgeschichte	
	Privatsphäre	Sozialsphäre	Privatsphäre	Sozialsphäre
Tatsachen und Bilder	– *	– *	– *	+
unwahre Behauptungen	–	–	–	bei angemessener Recherche: +

	Privatpersonen		Prominente/Personen der Zeitgeschichte	
	Privatsphäre	Sozialsphäre	Privatsphäre	Sozialsphäre
Wertungen/ Meinungsäußerungen	–	– / +, je nach Einzelfall	–	+
Schmähkritik/ Beleidigung/ Verleumdung	–	–	–	–

+ = Meinungsäußerung geht vor, Eingriff in Art. 5 I GG nicht gerechtfertigt
– = APR geht vor, Eingriff in Art. 5 I GG gerechtfertigt
* = Einwilligung des Betroffenen möglich

40   d) **Leben und körperliche Unversehrtheit (Art. 2 II GG).** Verfassungsimmanente Einschränkungen der Meinungsfreiheit durch Art. 2 II GG sind selten, aber durchaus denkbar. So muss eine öffentliche Auseinandersetzung beendet werden, wenn sie einen der Teilnehmer erkennbar der Gefahr eines körperlichen oder seelischen Zusammenbruchs aussetzt. Die Veröffentlichung der Privatadresse oder der täglichen Fahrwege eines Politikers verstößt nicht nur gegen dessen Persönlichkeitsrecht, sondern gefährdet möglicherweise auch sein Leben.

41   e) **Eigentum.** Unabhängig von strafrechtlichen und urheberrechtlichen Bestimmungen kann sich im Ergebnis derjenige nicht auf die Meinungsfreiheit berufen, der fremdes geistiges Eigentum verletzt (Plagiat). Dasselbe gilt für die Verbreitung und die missbräuchliche Verwendung von Schutzbereich des Art. 14 GG zählenden Mustern, Marken und Warenzeichen. Lehrreiche Beispiele bilden auch die Nutzung einer fremden Hauswand zur Propagierung einer eigenen Meinung oder einer Lichtreklame und die Nutzung einer Mietwohnung zur Anbringung politischer Werbung aus dem Haus heraus (BVerfGE 7, 230, 236 – Wahlplakat; OLG Dresden, NJW 2005, 1871).

42   f) **„Negative Meinungsfreiheit" als Schranke positiver Meinungsfreiheit?** Abzulehnen ist die Einschränkung der Meinungsfreiheit durch eine „negative Meinungsfreiheit". Zwar ist das Recht, eine bestimmte Meinung nicht zu äußern und zu verbreiten als „negative Meinungsfreiheit" zumindest durch Art. 2 I GG verfassungsrechtlich geschützt (BVerfGE 57, 170, 192 – Untersuchungshaft). Nicht geschützt ist aber das Recht, mit einer anderen Meinungsäußerung

nicht konfrontiert zu werden (in diesem Sinne aber wohl *Schmitt Glaeser*, NJW 1996, 873, 876). Hier würde die negative Meinungsfreiheit sehr schnell zu einer unangemessenen Schranke der positiven Meinungsfreiheit. Dasselbe gilt für ein **Verbot politischer Werbung in der Öffentlichkeit** (BVerfG, Kammer, NJW 2000, 1326 – Aufschrift „*Nazis ins Museum*" an Taxen). Das GG enthält keinen Anhaltspunkt für einen derartigen „Konfrontationsschutz" in der Öffentlichkeit. Andes kann es sich aber verhalten, wenn einem Anderen eine Meinungskundgabe gegen dessen Willen geradezu aufgedrängt wird (BVerfGE 25, 256, 264-Blinkfüer; BVerfG, Kammer, NJW 2011, 47 – Einreden auf Schwangere vor Abtreibungsklinik).

g) **Schranken der Meinungsfreiheit von Beamten und Soldaten** (Art. 33 V GG). Beamte und Soldaten können sich selbstverständlich auf die Meinungsfreiheit berufen. Das gilt nicht nur für „private" Meinungsäußerungen, sondern grundsätzlich auch für Meinungsäußerungen im Dienst (BVerfGE 28, 191, 202 – Fall Pätsch). Anderes gilt nur für solche dienstlichen Äußerungen, die der Beamte oder Soldat (z. B. als Pressesprecher) für seinen Dienstherrn abgibt. Für persönliche Meinungsäußerungen gelten wie für jeden Bürger die Schranken des Art. 5 II GG. Insofern stellen die Beamtengesetze „allgemeine Gesetze" im Sinne von Art. 5 II GG dar. In verfassungsrechtlich unbedenklicher Weise verpflichten sie den Beamten zur **Unparteilichkeit**, zur **Mäßigung** und **Zurückhaltung bei politischer Betätigung** und zur **Solidarität gegenüber Dienstherrn** und Vorgesetzten. Auch die **Amtsverschwiegenheit** ist eine Schranke der Meinungsäußerungsfreiheit. Vergleichbares gilt für Richter (einschließlich ehrenamtlicher Richter – BVerfG, Kammer, NJW 2008, 2568 – Mitgliedschaft in rechtsradikaler Band). Soldaten müssen auf die besonderen Verhältnisse des Zusammenlebens Rücksicht nehmen und dürfen ihre Kameraden nicht kränken oder mit sexuellen Anspielungen konfrontieren (BVerwG, NVwZ 2008, 92). Wie alle anderen allgemeinen Gesetze sind aber auch die Beamtengesetze im Lichte der Bedeutung der Meinungsfreiheit auszulegen. Keineswegs ist den Beamten jede Kritik am Staat im Allgemeinen oder seiner Behörde im Besonderen verboten. Das Mäßigungsgebot bei politischen Äußerungen gilt allerdings **innerhalb und außerhalb des Dienstes** (BVerwGE 73, 263, 284; 84, 292, 294). In schweren Fällen bilden auch die Disziplinargesetze Schranken für die Meinungsfreiheit. So schützt das Grundrecht nicht vor disziplinarischer Verfolgung oder Bestrafung wegen **rechtsextre-**

mistischer Äußerungen (BVerwG, NJW 1997, 1383 – Bezeichnung der Widerstandskämpfer des 20. Juli 1944 als „Verräter"; BVerwG, NJW 2000, 1433 – Leugnung der Judenverfolgung).

44 Überzogen und mit der Meinungsfreiheit unvereinbar sind aber solche Urteile, die den öffentlichen Dienst oder die Bundeswehr insgesamt zu einer Art Schutzzone gegen kritische Meinungsäußerungen erklären und dabei ebenso pauschal den Verteidigungsauftrag zur immanenten Schranke der Meinungsfreiheit erheben (so etwa BVerfGE 28, 282, 289 – Kriegsdienstgegner; BVerfGE 44, 197, 202 – Unterschriftensammlung auf Kasernengelände).

45 Die Meinungsfreiheit (ebenso wie die Versammlungsfreiheit) berechtigt allerdings nicht dazu, in einer öffentlichen Auseinandersetzung das Ansehen oder den besonderen Status des Amtes gleichsam als Verstärker für die private Meinungsäußerung in Anspruch zu nehmen (**„Amtsbonus"**). So kann es eine Dienstpflichtverletzung darstellen, wenn in einem Leserbrief die volle dienstliche Funktion erscheint oder Soldaten und Richter in Uniform bzw. Robe an einer Demonstration teilnehmen (BVerwG, NJW 1987, 82; BVerwG, NJW 1988, 1747, bestätigt durch BVerfG, Kammer, NJW 1989, 93 – Zeitungsanzeige von Richter und Staatsanwalt).

46 **h) Andere Verfassungsgüter.** Grundsätzlich kommen alle sonstigen Grundrechte und Verfassungsgüter als Schranken der Meinungsfreiheit in Betracht. So berechtigt die Meinungsfreiheit eines religiösen Dissidenten nicht zur Störung eines Gottesdienstes (§§ 166/167 StGB). Solche Beschränkungen der Meinungsfreiheit sind durch die verfassungsimmanente Schranke des Art. 4 GG zusätzlich gerechtfertigt. Gegenüber verfassungsfeindlichen Äußerungen und Symbolen wirkt der **Schutz der freiheitlichen demokratischen Grundordnung**, also letztlich Art. 1 und 20 GG (BGH, NJW 2009, 928 – Kennzeichen verfassungswidriger Organisationen; zum Schutz der Staatssymbole wie Hymne und Flagge unten § 33, Rn. 57). Das heißt aber nicht, dass dem Staat selbst eine Art Ehrenschutz zukommen würde. § 90a StGB (Verunglimpfung des Staates und seiner Symbole) ist also so auszulegen, dass eine Bestrafung erst in Betracht kommt, wenn der Staat dermaßen verunglimpft wird, dass dies geeignet erscheint, den Bestand der BRD, die Funktionsfähigkeit seiner staatlichen Einrichtungen oder die Friedlichkeit in der BRD zu gefährden (BVerfG, Kammer, NJW 2012, 1273). Damit hat § 90a StGB derzeit wohl keinen Anwendungsbereich.

V. Besondere Schutzfunktionen

Im Kern ist die Meinungsfreiheit ein **Abwehrrecht** gegen den Staat. Schon wegen der Bedeutung einer offenen politischen Auseinandersetzung muss der Staat aber im Sinne einer objektiven Schutzpflicht die Offenheit des Kommunikationsprozesses ggf. auch gegen private Meinungsmacht sichern und schützen (so zum Rundfunk bereits BVerfGE 12, 205, 262 – Fernsehurteil; BVerfGE 57, 295, 319 – Saarländisches RundfunkG). Die objektive Funktion der Meinungsfreiheit steht in einem engen Bezug zum Pluralismus und damit zum Demokratieprinzip. Dagegen enthält die Meinungsfreiheit **kein Teilhaberecht** im Sinne eines Anspruchs auf Mittel und Medien für die Verbreitung einer Äußerung. So hat niemand einen Anspruch darauf, dass ein Leserbrief veröffentlicht wird oder die Gemeinde eine im Gemeinderat geäußerte Kritik publiziert. 47

Die Meinungsfreiheit schützt auch vor unangemessenen Einschränkungen im Verhältnis zu Dritten **(mittelbare Drittwirkung)**. Fast alle oben zitierten Beispielsfälle betreffen die Wirkung der Meinungs- oder Pressefreiheit im Rahmen zivilrechtlicher Auseinandersetzungen. Schon das zeigt die Bedeutung dieser Grundrechtsfunktion. Bereits im Lüth-Urteil (BVerfGE 7, 198) ging es im Ausgangsfall um eine private Unterlassungs- und Schadensersatzklage, und es war die mittelbare Drittwirkung der Meinungsfreiheit, die zu der Erkenntnis führte, dass der Schutz eines prominenten Regisseurs mit NS-Vergangenheit gegenüber der Kritik in der Öffentlichkeit nicht überzogen werden darf. Ähnliche Beispiele betreffen etwa die Nichtübernahme eines kritikfreudigenLehrlings nach Ende der Ausbildung (BVerfGE 86, 122, 127 – KKW-Kritik) oder Sanktionen im privaten Arbeitsverhältnis. 48

VI. Die internationale und europäische Perspektive

Als Menschenrecht ist die Meinungsfreiheit in zahlreichen internationalen Abkommen gewährleistet. Die prominenteste Stelle ist **Art. 19 AEMR**. Von besonderer Bedeutung ist **Art. 10 I EMRK,** der die Rechte auf freie Meinungsäußerung und auf Information, aber auch auf Mitteilung von Nachrichten oder Ideen, gewährleistet. Diese Garantie hat nicht nur die Rechtsprechung des BVerfG beeinflusst. Die auf ihr basierende Rechtsprechung des EGMR erhält vor dem Hintergrund zunehmend internationalisierter und europäisierter Kommunikationsströme wachsende Bedeutung. Wie das BVerfG 49 rechnet auch der EGMR die Meinungsfreiheit zu den **grundlegenden Voraussetzungen einer freiheitlichen Demokratie** (EGMR, NJW 2008, 3412 – Veröffentlichung von Geheimdienst-Aktivitäten) und privilegiert die öffentliche Meinungsbildung und Kritik an Politikern und anderen Prominenten gegenüber der Kritik an Privatpersonen (so zuletzt etwa EGMR, NJW 2006, 591 – Kritik an mit führender Politikerin verheiratetem Rechtsanwalt in Finnland; EGMR, NJW 2006, 1645 – Beleidigung eines Polizeihauptkommissars in Dänemark). Über die Rechtsprechung des BVerfG hinaus rechnet der EGMR die **Freiheit der Werbung** – unabhängig von weitergehenden politischen und gesellschaftlichen Aussagen – zur Meinungsfreiheit (*„freedom of commercial speech"*), nicht nur zur Berufsfreiheit (EGMR, NJW 2003, 497 – Werbeverbot für Ärzte).

Betont wird gleichfalls, dass sich auch Amtsträger und Richter auf die Meinungsfreiheit berufen können (EGMR, NJW 2001, 1195 – Kritik am Fürstenhaus durch Gerichtspräsidenten Liechtensteins). Allerdings rechtfertigt auch nach dieser Rechtsprechung die Meinungsfreiheit nicht die Propagierung einer nationalsozialistischen Politik und die Leugnung des Holocaust (EGMR, NJW 2004, 3691 – Garaudy; EMRK, NVwZ 2011, 1119 [LS] – Le Pen)). Auch darf ein Konventionsstaat beleidigende Angriffe auf den Propheten Mohammed maßvoll bestrafen (EGMR, NJW 2006, 3263).

50 Eher strenger aber ist die Rechtsprechung des EGMR im Hinblick auf die **Privatsphäre von Prominenten.** Geschützt sind diese nicht nur in ihren vier Wänden, sondern auch vor unerwünschten Darstellungen und Fotos bei als privat deklarierten Besuchen in der Öffentlichkeit. Hier soll der Schutz des Privatlebens (Art. 8 EMRK) Vorrang haben (EGMR, NJW 2004, 2647 – Caroline von Monaco – dazu § 27, Rn. 22). Die Grenzen von erlaubter Kritik und Schmähkritik – ohne den Begriff zu benutzen – zieht der EGMR ganz ähnlich wie das BVerfG (EGMR, NJW 2011, 3353 – Beleidigung eines Abtreibungsarztes – *„damals Holocaust, heute Babycaust"*).

Weitergehend als die deutsche Rechtsprechung misst der EGMR der Meinungsfreiheit **objektivrechtliche und drittwirkende Dimensionen** zu. Deshalb muss die Möglichkeit der Prozesskostenhilfe bestehen, um bei der Auseinandersetzung mit einem mächtigen Schnellimbiss-Konzern die Chance zum gerichtlichen Wahrheitsbeweis einer Tatsachenbehauptung zu erhalten (EGMR, NJW 2006, 1255 – Greenpeace ./. McDonalds).

Auf Unionsebene ist auf den Schutz der Meinungs- und Informationsfreiheit in **Art. 11 EuGRCh** hinzuweisen, der bewusst Empfang und Weitergabe von Informationen und Ideen miterfasst.

Literatur zu § 25 VI: *Kühling,* Die Kommunikationsfreiheit als europäisches Gemeinschaftsgrundrecht (1999); *S. Weber,* Strafbarkeit der Holocaustleugnung in der europäischen Union, ZRP 2008, 21.

VII. Aktuelle Fälle und Probleme

Hinweis: Je nach Problemschwerpunkt weitere Fälle bei Presse- und Rundfunkfreiheit, Versammlungsfreiheit, Kunst- und Wissenschaftsfreiheit.

1. Neonazistische Äußerungen; Abwandlungen zur Auschwitzlüge.

Mehrere Strafrechtsnormen stellen die Nutzung verfassungsfeindlicher Kennzeichen und Symbole (§ 86a StGB) oder die Billigung oder Verherrlichung der nationalsozialistischen Gewaltherrschaft (§ 130 IV) unter Strafe. **Hakenkreuz** und **„Hitlergruß"** (BVerfG, Kammer, NJW 2006, 3052) sind also grundsätzlich ebenso verboten wie SS- und SA-Uniformen und menschenfeindliche und volksverhetzende Parolen aus dem Arsenal des Nationalsozialismus. Das gilt aber nicht, wenn die Verwendung eines NS-Symbols in offenkundig ablehnender, NS-kritischer Tendenz erfolgt (BGH, NJW 2007, 1602 – Verbotszeichen mit durchgestrichenem Hakenkreuz).

Wie dargelegt, fällt die Leugnung des Holocaust oder der Kriegsschuld Deutschlands als **erwiesen unwahre Tatsache** nicht in den Schutzbereich der Meinungsfreiheit. Die Verwendung solcher Behauptungen ist auch einem Strafverteidiger in einem Prozess gegen Rechtsextremisten verboten (BVerfG, Kammer, NJW 1993, 916 – Druckschriftbeschlagnahme; BGH, NJW 2002, 2115; zum Ganzen *Huster,* NJW 1996, 487 – ähnl. zur verfälschenden historischen **Darstellung zur Kriegsschuld** BVerfGE 90, 1, 18 – jugendgefährdende Schriften). Dagegen stellt das durch die Initiatoren des Holocaustdenkmals benutzte ironische Plakat *„den Holocaust hat es nie gegeben"* eine bewusste Aufklärung durch Verfremdung, bzw. eine indirekte Kritik an der geringen Kenntnis der Zusammenhänge in der Bevölkerung dar. Hier geht es nicht um eine Tatsachenbehauptung, sondern um eine versteckte Wertung, die im Rahmen einer Aufklärungskampagne zulässig ist (allg. dazu *Bertram,* NJW 2002, 111). Im Falle des § 130 IV StGB (Billigung oder Verherrlichung der nationalsozialistischen Gewaltherrschaft) handelt es sich aber nicht um verbotene Tatsachenbehauptungen, sondern um Meinungsäußerungen, die eigentlich nach Art. 5 II GG nicht explizit verboten werden dürfen. Wegen der singulären Verbrechen des Nationalsozialismus haben das BVerwG (NJW 2009, 98) und das BVerfG gleichwohl die Verfassungsmäßigkeit von § 130 IV StGB bestätigt. Das BVerfG hat aber ausdrücklich betont, dass es nicht um das Verbot der nationalsozialistischen Lehre als solcher gehe (BVerfGE, 124, 300, 320 = JuS 2010, 558 [*Hufen*] – Wunsiedel). Das wurde zu Recht als inkonsequent kritisiert (*Volkmann,* NJW 2010, 417). In anderen Fällen ist das BVerfG nicht der richtigen Erkenntnis der Einmaligkeit der nationalsozialistischen Verbrechen und des „Gegenmodells" Grundgesetz gefolgt, sondern hat eine eher unverständliche Nachsicht gegenüber neonazistischen Parolen an den Tag gelegt (so etwa BVerfG, Kammer, NJW 2009, 155 – Verunglimpfung der Bundesflagge „Schwarz-Rot-Senf"; BVerfG, Kammer, NJW 2010, 2193 – „Aktion Ausländerrückführung"; BVerfG, DÖV 2011, 281 – Aufhebung eines als Bewährungsauflage erteilten Publikationsverbots für die Verbreitung rechtsextremistischen oder nationalsozialistischen Gedankenguts; – zu Neonazi-Versammlungen unten § 30, Rn. 38). Dabei stände die Rechtsprechung des EGMR zu derartigen Äußerungen einer Bestrafung keineswegs entgegen (EGMR, NVwZ 2011, 1119 [LS] – Le Pen).

Literatur: *Enders*, Die Freiheit der Andersdenkenden vor den Schranken des Bundesverwaltungsgerichts, JZ 2008, 1092; *Höfling/Augsberg*, Grundrechtsdogmatik im Schatten der Vergangenheit – Zugleich zum Wunsiedel-Beschluss des BVerfG, JZ 2010, 1088; *Hufen*, Keine Freiheit den Feinden der Freiheit?, FS J. Falter (2009), S. 101; *Poscher*, Neue Rechtsgrundlagen gegen rechtsextremistische Versammlungen, NJW 2005, 1316; *Volkmann*, Die Geistesfreiheit und der Ungeist – der Wunsiedel-Beschluss des BVerfG, NJW 2010, 417.

52 2. Blogger, Whistleblower und Twitterer: Neue Formen und neue Probleme der Meinungsfreiheit? Schon historisch kam es für die Reichweite der Meinungsfreiheit nicht auf die Form und den Gegenstand der Meinungsäußerung an. Deshalb sind die neuen Formen und Medien der Meinungsäußerung wie Blogs und Internet-Foren selbstverständlich ebenso geschützt wie die traditionellen. Das gilt auch und besonders für Kritik an Produkten, Professoren, Politikern und das Aufdecken und Bekanntmachen von Missständen. Kommt solche Kritik von Mitarbeitern und anderen „Insidern", so hat sich hierfür heute der Begriff des „whistleblowers" eingebürgert. Dieser ist grundsätzlich ebenso durch die Meinungsfreiheit geschützt wie der traditionelle Leserbriefschreiber, wenn er z. B. illegale Praktiken und Verstöße an die Öffentlichkeit trägt. Insofern stellen die neuen Methoden und Erscheinungsformen der Kritik also keine neuen Probleme des Schutzbereichs und es bedarf keines neuen Gesetzes zum Schutz von „whistleblowern".

Nichts anderes gilt allerdings auch für die Schranken. So wurde schon darauf hingewiesen, dass das Internet kein rechtsfreier Raum ist (oben § 12, Rn. 30). Auch die Freiheit des Bloggens, Twitterns und „whistleblowings" wird durch die allgemeinen Gesetze eingeschränkt. Beleidigung, Verleumdung, Mobbing, Stalking, Urheberrechtsverletzung und Geheimnisverrat bleiben rechtswidrig, wenn sie im Internet verbreitet werden. Die rasche Verbreitung und Irreversibilität von Meinungen im Internet schafft sogar besondere Schutzbedürfnisse der von den Äußerungen Betroffenen. Auch entbindet die Meinungsfreiheit nicht grundsätzlich von arbeits- und dienstrechtlichen Verpflichtungen. So darf auch ein „whistleblower" keine falschen oder unzureichend recherchierten Tatsachen preisgeben. Schmähkritik bleibt Schmähkritik und Eingriffe in die Privatsphäre bleiben sanktionierbar. Im Einzelfall wird es dem „whistleblower" zumutbar sein, festgestellte Missstände zunächst seinem Arbeitgeber oder Vorgesetzten zu melden und auf interne Abhilfe zu dringen bevor er an die Öffentlichkeit geht. Ein Gesetz das hier die Belange der Arbeitgeberseite einseitig zurückstellt, wäre seinerseits verfassungswidrig. Nach Auffassung des EGMR kann eine fristlose Kündigung gleichwohl im Einzelfall unzulässig sein, wenn ein erhebliches öffentliches Interesse an der Behebung des Missstandes besteht und der Betroffene nicht erwarten konnte, dass eine interne Beschwerde zur Behebung der Missstände führen würde (EGMR, NJW 2011, 3501 – Strafanzeige durch Mitarbeiter wegen Missständen in der Altenpflege). Das gilt erst Recht, wenn der „whistleblower" dazu beiträgt, eine Straftat aufzuklären (BVerfG, Kammer, NJW 2001, 3474).

Literatur: *Forst,* Strafanzeige gegen den Arbeitgeber – Grund zur Kündigung des Arbeitsvertrages?, NJW 2011, 3477; *Király,* Der rechtliche Schutz von Whistleblowern, ZRP 2011, 146; *Ladeur/Gostomzyk,* Der Schutz von Persönlichkeitsrechten gegen Meinungsäußerungen in Blogs, NJW 2012, 710; *Leuchten,* Der gesetzliche Schutz für Whistleblower rückt näher, ZRP 2012, 142; *Söllner/Wecker,* Bewegung der Massen durch Facebook, ZRP 2011, 179.

3. Produktkritik – Warentest. Produkt-, Waren- und Gastronomie- 53
Tests und Literatur- und Kunstkritik erfüllen eine wichtige Funktion der Verbraucherinformation. Sie sind aus nahe liegenden Gründen bei Produzenten, Gastronomen und auch Künstlern in der Regel nur dann beliebt, wenn sie das Produkt, das Restaurant oder auch das künstlerische Werk nach Kräften loben. Fällt das Urteil aber negativ aus, dann wird sehr rasch auf Unterlassung oder sogar Schadensersatz geklagt. Solchen Ansprüchen gegenüber hat die Rechtsprechung bisher eine **sachgerechte und neutrale Produktinformation und -kritik** stets in Schutz genommen. Diese sind grundsätzlich durch Art. 5 I GG geschützt. Auch müssen sie sich in ihrem Urteil in der Öffentlichkeit nicht zurückhaltend zeigen (BGHZ 91, 117, 121; BVerfG, Kammer, NJW 2010, 3501 – Bezeichnung von Milchprodukten als „Gen-Milch"). Unzulässig sind lediglich die in einem Testbericht enthaltenen unwahren Tatsachenbehauptungen (OLG Karlsruhe, ZLR 2003, 77). Grenzen ergeben sich auch dann, wenn sich der Kritiker selbst als Teilnehmer am Wettbewerb erweist und die Kritik oder den Test benutzt, um einen unliebsamen Konkurrenten mit unfairen Methoden aus dem Markt zu drängen (BGH, NJW 1987, 1082 – „Gastro-Kritiker"; *Günther,* Rechtlicher Spielraum bei Gastronomiebewertungen – Zwischen Meinungsfreiheit und Schmähkritik, NJW 2013, 3275; zu den Voraussetzungen eines fairen Warentests auch BGH, NJW 1997, 2593 – PC-Drucker). Strikt von dieser „privaten" Produktkritik zu unterscheiden sind öffentliche Warnmitteilungen, Internet-Plattformen, „smileys" usw. Diese sind vielmehr ihrerseits möglicherweise Eingriffe in die Berufsfreiheit (dazu unten § 35, Rn. 58).

54   **4. Werbung, Wettbewerb und Verbraucherschutz.** Unabhängig von der Reichweite des Schutzes der Meinungsfreiheit für kommerzielle Werbung hat die Rechtsprechung in den vergangenen Jahren mit zahlreichen Einschränkungen der Meinungsfreiheit im Allgemeinen und berufsbezogener und kommerzieller Werbung im Besonderen aufgeräumt. Schon hingewiesen wurde auf die Auseinandersetzung um die so genannte **gefühlsbetonte Werbung**. Das bekannteste Beispiel ist die „Schockwerbung" der Firma Benetton, die mit aufreizenden Motiven auf das Elend der Umwelt und der Menschheit hinwies und sich dafür mit dem Vorwurf der Sittenwidrigkeit im Sinne von § 1 UWG a. F. (heute § 3 UWG) konfrontiert sah (BGH, NJW 1995, 686 und BGH, NJW 2002, 1200). Hier bedurfte es nicht nur eines, sondern zweier Urteile des BVerfG, um den behaupteten Eingriff in die Menschenwürde auf wirklich elementare Vorgänge wie Folter, Schmähung, Erniedrigung usw. zu begrenzen (BVerfGE 102, 347, 359 – Benetton I; BVerfGE 107, 275, 280 – Benetton II). Drastische Werbung mit zugleich gesellschaftskritischem Inhalt ist also oberhalb dieser Schwelle erlaubt. Das gilt auch für die gefühlsbetonte Einbeziehung von Naturschutzthemen (BVerfG, Kammer, NJW 2002, 1187 – Pelztiere). Dabei darf aber nicht übersehen werden, dass es sich bei diesen Themen heute sehr oft nicht mehr um einzelne ihre Meinung äußernde Bürger handelt, sondern um machtvolle Organisationen wie „greenpeace" und „foodwatch", die nicht nur auf durchaus kritikwürdige Zustände hinweisen, sondern gelegentlich auch mit Kampagnen gegen einzelne Produkte und Produktgruppen Ängste schüren und ihre ideologischen Positionen durchzusetzen versuchen (vgl. etwa BGH, NJW 2008, 2110 – BVerfG, Kammer, NJW 2010, 3501 = JuS 2011, 570 mit Anm. *Hufen* – Genmilch).

Umso wichtiger für eine faire und ausgewogene öffentliche Auseinandersetzung ist es, dass neben der Produktkritik die **Produktwerbung** nicht unangemessen eingeschränkt wird. Das gilt auch für die Neue Formen der Straßenwerbung durch Lichtprojektionen usw. (dazu *Smith*, NVwZ 2012, 1001). Soweit diese Sondernutzung an öffentlichen Räumen ist, muss das Ermessen bei der Erteilung entsprechender Erlaubnisse auch im Lichte der Meinungsfreiheit ausgeübt werden. Selbst die „heiligen Kühe" des Rechts des **lauteren Wettbewerbs** und der **Arzt- und Rechtsanwaltswerbung** werden durch Meinungs- und Berufsfreiheit verändert. (dazu unten § 50, Rn. 49). Zu diesem Wandel hat nicht zuletzt auch das geänderte Verbraucherbild in der deutschen Rechtsprechung beigetragen. Ging gerade die wettbewerbsrechtliche Rechtsprechung vielfach vom Bild eines unmündigen und flüchtigen Verbrauchers aus (BVerfGE 53, 135, 146 – KakaoVO; BGH, NJW 1996, 1759 – effektiver Jahreszins), so wird – teilweise unter deutlicher Einflussnahme des EuGH (EuGH, NJW 1995, 3243 – Marsriegel) – mittlerweile der informierte und mündige Verbraucher zum Maßstab. Im Bereich der so genannten vergleichenden Produktwerbung hat die Rechtsprechung des EuGH, (exemplarisch etwa EuGH, NJW 2000, 1173 – Lifting-Creme) und die EG-Richtlinie 97/55 EG in der deutschen Rechtsprechung zu § 1 UWG a. F. (heute § 3 UWG)

deutliche Änderungen herbeigeführt (zuletzt etwa BGH, NJW 1996, 2161 – Elektrorasierer; BGH, NJW 1999, 948 – „Vergleichen Sie").
Diese Rolle scheint der EuGH aber in jüngerer Zeit selbst in Frage zu stellen. So hat er nicht nur fragwürdige Werbeverbote für Tabak passieren lassen (EuGH, NVwZ 2007, 561), sondern auch bei einem Verbot der Alkoholwerbung weder einen Verstoß gegen die Meinungs- noch gegen die Warenverkehrsfreiheit gesehen (EuGH, NJW 2004, 2957). Während nationale Werbeverbote nach wie vor streng bekämpft werden, pflegt der EuGH eine ungewohnte Toleranz gegenüber unverhältnismäßigen Eingriffen in die Werbefreiheit, soweit diese von der europäischen Kommission selbst ausgehen. Das ist besonders bedenklich, weil der grassierende Paternalismus und der Versuch der Erziehung erwachsener Menschen inzwischen auf europäischer Ebene offenbar besondere Verbreitung findet. So sieht der Entwurf für eine verschärfte EU Tabakrichtlinie nicht nur noch drastischere Werbeverbote, einen noch höheren Anteil abschreckender Warnungen auf der Packung (*„Rauchen tötet – Hören Sie jetzt auf!"*), sondern es ist auch der eindeutig verfassungs- und europarechtswidrige Verlust der Markenidentität durch erzwungene Einheitsverpackungen („plain packaging") in der Diskussion (dazu *Schroeder*, ZLR 2012, 405). Weitere Schritte in Richtung Alkoholverbot, Zucker- und Adipositas-Bekämpfung sind bereits absehbar.

Literatur zu § 25 VII 4: *von Danwitz*, Produktwerbung in der Europäischen Union zwischen gemeinschaftlichen Kompetenzschranken und europäischem Grundrechtsschutz (1998); *Kilian*, Der Verbraucherbegriff in der Europäischen Union (1998); *Rademacher*, Das Tabakwerbeverbot im nationalen und internationalen Vergleich, ZRP 2001, 64; *Schroeder*, Plain Packaging und EU-Grundrechte. ZLR 2012, 405; *Schwarze*, Werbung und Werbeverbote im Lichte des europäischen Gemeinschaftsrechts (1999); *Smith*, Negativ-Graffiti, Sprühschablonen und Co. Offene Rechtsfragen moderner Straßenwerbung, NVwZ 2012, 1001.
Literatur zu § 25 – Meinungsfreiheit: *Ahrens*, Die Benetton-Rechtsprechung des BVerfG und die UWG-Fachgerichtsbarkeit, JZ 2004, 763; *Bethge*, Meinungsfreiheit, FS Kirchhof I, (2013), 535; *Bull*, Freiheit und Grenzen des politischen Meinungskampfes, FS 50 Jahre BVerfG (2001) II, 163 ff.; *Glaser*, Grundrechtlicher Schutz der Ehre im Internetzeitalter, NVwZ 2012, 1432; *Gosche*, Das Spannungsverhältnis zwischen Meinungsfreiheit und Ehrenschutz in der fragmentierten Öffentlichkeit (2008); *Grimm*, Die Meinungsfreiheit in der Rechtsprechung des Bundesverfassungsgerichts, NJW 1995, 1697; *Hochhuth*, Die Meinungsfreiheit im System des GG (2006); *Hufen*, Meinungsfreiheit als Grundrecht ökonomischer Kommunikation, FS R. Schmidt (2006), 347; *Jestaedt*, Meinungsfreiheit, HdbGR IV, § 102; *Ladeur/Gostomzyk*, Der Schutz von Persönlichkeitsrechten gegen Meinungsäußerungen in Blogs, NJW 2012, 710; *Lerche*, Die Meinungsfreiheit in der Rechtsprechung des Bundesverwaltungsgerichts, FG 50 Jahre BVerwG (2003), 979; *Lücke*, Die „allgemeinen Gesetze", Art. 5 Abs. 2 GG (1998); *Nolte/Tams*, Grundfälle zu Artikel 5 I 1 GG, JuS 2004, 111, 199, 294; *Schaub*, Äußerungsfreiheit und

Haftung, JZ 2007, 548; *Schertz,* Der Schutz des Individuums in der modernen Mediengesellschaft, NJW 2013, 721; *Schmitt Glaeser,* Die Meinungsfreiheit in der Rechtsprechung des Bundesverfassungsgerichts, AöR 113 (1988), 52.

§ 26 Informationsfreiheit (Art. 5 I Satz 1, 2. Alt. GG)

I. Allgemeines

1 **1. Entstehung und geschichtliche Entwicklung.** In der Geschichte der Kommunikationsgrundrechte war die Informationsfreiheit mit der Meinungsfreiheit immer „mitgedacht". Meinungsäußerung setzt auch die Freiheit zum Empfang von Meinungen und Informationen voraus. Deshalb findet sich in den klassischen Verfassungstexten auch kein besonderes Grundrecht der Informationsfreiheit. Insofern war der Text des Grundgesetzes von 1949 eine echte „Premiere".

2 **2. Aktuelle Bedeutung.** Mit Recht wird die moderne Gesellschaft auch als „Informationsgesellschaft" gekennzeichnet. Im Zeitalter von Internet und umfassender Kommunikation sind Informationen heute vielfach so wichtig wie materielle Güter. Der Einzelne bedarf buchstäblich zu seiner Existenz in einer komplex gewordenen Wirtschafts-, Kultur- und Sozialordnung der Information wie das „tägliche Brot". Umgekehrt können unbegrenzte Informationen aber auch die Persönlichkeit und die Selbstbestimmung auf das Schwerste gefährden. Besondere Bedeutung hat der „Faktor Information" auch für die demokratische Ordnung (so bereits BVerfGE 27, 71, 81 – Leipziger Volkszeitung; BVerfGE 35, 202, 221 – Lebach). Auch wird immer mehr erkannt, dass der „informierte Bürger" einen wichtigen Beitrag zum Schutz von Umwelt, Gesundheit und Transparenz des politischen Systems leisten kann.

3 In den vergangenen Jahrzehnten hat – teilweise angestoßen durch die europäische Entwicklung – der Gesetzgeber die Initiative zur Konkretisierung und Erweiterung der Informationsfreiheit übernommen. Die wichtigsten Beispiele sind:
- Das **Umweltinformationsgesetz** (UIG) v. 22.12.2004 (BGBl. I, 3704) öffnet den Zugang zu umweltrelevanten Informationen und setzt darauf, dass der Bürger in den Stand versetzt wird, seine natürlichen Lebensgrundlagen zu schützen und zu verteidigen.

- Die **Informationsfreiheitsgesetze** dienen dem Ziel der Transparenz der Verwaltung. Wie das Informationsfreiheitsgesetz des Bundes vom 3.6.2005 (BGBl. I 2005, 2722), sollen auch die Informationsfreiheitsgesetze der Länder die Information des Bürgers zu Behördenvorgängen sicherstellen.
- Das **Verbraucherinformationsgesetz** vom 5.11.2007 (BGBl. I, 2558), geändert m. Wirkung vom 01.09.2012 (BGBl. I 2166) soll der Information des Verbrauchers vor allem in gesundheitsrelevanten Bereichen wie Lebensmittel- und Gebrauchsgüterrecht dienen. Da diese Ziele offenbar bisher kaum erreicht wurden, ist derzeit ist ein Referentenentwurf zu einer Novelle in der Beratung.

Allen Informationsfreiheitsgesetzen ist gemeinsam, dass sie in einem Spannungsverhältnis zu Geheimhaltungsinteressen des Staates, aber auch zum Schutz der informationellen Selbstbestimmung und der Geschäftsgeheimnisse von betroffenen Unternehmen stehen (BVerwG, NVwZ 2009, 1113 – dazu unten § 35, Rn. 50).

II. Schutzbereich

1. Sachlicher Schutzbereich. Inhaltlich handelt es sich bei der Informationsfreiheit nicht nur um eine Vorstufe der Meinungs- oder Pressefreiheit, sondern um ein eigenes gleichwertiges Grundrecht (BVerfGE 27, 71, 81 – Leipziger Volkszeitung). Die Formulierung *„Recht auf Information"* scheint auf den ersten Blick darauf hinzudeuten, dass es sich um ein Teilhaberecht handeln könnte. Das ist aber nicht der Fall: Die Informationsfreiheit ist ein **klassisches Abwehrrecht** gegen die staatliche Beschränkung von Informationen.

Der Klassiker (BVerfGE 27, 71, 81 – Leipziger Volkszeitung): Auf dem Höhepunkt des „Kalten Krieges" hatten Behörden die Zusendung einer damaligen DDR-Zeitschrift an einen Adressaten in der Bundesrepublik unterbunden. Dagegen wandte sich der Empfänger mit der Verfassungsbeschwerde. Das BVerfG hob in seinem Urteil vom 3.10.1969 die Entscheidungen auf und arbeitete dabei die Bedeutung der Informationsfreiheit für die Demokratie und die Freiheit des Einzelnen heraus. Insbesondere stellte die Entscheidung klar, dass auch die Zeitungen aus der damaligen kommunistischen DDR zu den für den Bundesbürger allgemein zugänglichen Informationsquellen gehören. Beschränkungen des Freiheitsrechts wurden an strenge Voraussetzungen gebunden (ähnl. BVerfGE 33, 52, 67 – Zensur).

Beide Urteile waren in der damaligen aufgeregten Atmosphäre des Ost-West-Konflikts bemerkenswert.

6 Inhaltlich enthält der Schutzbereich zwei wesentliche Elemente. Das erste ist die **Zielsetzung der Information der Allgemeinheit**, also eines individuell nicht bestimmbaren Personenkreises (BVerfGE 27, 71, 83 – Leipziger Volkszeitung; BVerfGE 33, 52, 65 – Zensur). Das zweite Element ist die **allgemeine Zugänglichkeit**. Bestimmt und geeignet für Informationen sind alle öffentlich zugänglichen Medien, Zeitungen, auch die Amtsblätter der Behörden, der Rundfunk, das Internet und öffentliche Bibliotheken (im Rahmen der Widmung). Auf die Art der Informationsquelle (öffentlich/privat; Inland/Ausland; frei/oder nur mit besonderer technischer Einrichtung zu empfangen) kommt es nicht an (BVerfGE 15, 288, 295 – Rundfunkempfang in Untersuchungshaft). Die Zugänglichkeit muss nicht zu allen Zeiten, kostenfrei und unverändert bestehen. So kann der Autor oder der Berechtigte einer Information die Zugänglichkeit auch einschränken oder an besondere Bedingungen knüpfen. Das ist kein Eingriff in die Informationsfreiheit, sondern eine Bestimmung des Schutzbereichs (BVerfGE 103, 44, 60 – Fernsehaufnahmen im Gerichtssaal II).

7 Geschützt ist die **passive Entgegennahme von Informationen** ebenso wie die aktive Beschaffung und Speicherung. Das Grundrecht schützt die Informationsfreiheit auch auf dem **jeweiligen technischen Niveau.** Macht die Technik, wie z. B. Satelliten im Weltall, bisher nicht zugängliche Informationen allgemein zugänglich, so sind auch diese geschützt (BVerfGE 90, 27, 32 – Parabolantenne I).

8 **Nicht bestimmt für die Öffentlichkeit** sind Akten von Verfassungsschutzbehörden (BVerwG, NVwZ 2010, 706) sowie Informationen, die die innere und äußere Sicherheit und den Kernbereich der Regierungsarbeit betreffen (OVG Berlin-Brandenburg, NVwZ 2012, 1196 – Terminkalender der Bundeskanzlerin). Auch Akten der Staatsanwaltschaft, vorbereitende Rechtsgutachten (VG Düsseldorf, NVwZ 2012, 908), Gerichtsakten und die nicht der Öffentlichkeit zugänglichen Archive dürfen zurückgehalten werden. Erst recht keine allgemein zugänglichen Informationsquellen sind alle privaten Aufzeichnungen und überhaupt persönliche Informationen, Briefe, Erinnerungen usw.

9 Anders als bereits für eröffnete und damit allgemein zugängliche Informationen enthält Art. 5 I 1 Alt. 2 GG **kein Grundrecht auf „Zugänglichmachen".** Nicht oder nur einfachgesetzlich geschützt

ist also der Anspruch auf **Eröffnung einer Informationsquelle** oder die Erhaltung der Zugänglichkeit. So hat der Einzelne z. B. aus Art. 5 I 1 Alt. 2 GG keinen Anspruch auf die technische Erweiterung des Sendebereichs des digitalen Fernsehens oder Rundfunks; ebenso wenig kann er sich gegen das „Abschalten" eines Landessenders aus dem ARD-Gemeinschaftsprogramm wehren (VGH München, NJW 1992, 929 – Scheibenwischer).

Wichtig: Wenn der Gesetzgeber Informationsansprüche durch Gesetz, also z. B. das Umweltinformationsgesetz (UIG), die Informationsfreiheitsgesetze (IFG) oder das Verbraucherinformationsgesetz (VIG) eröffnet, dann sind diese zwar allgemein zugänglich. Das heißt aber noch nicht, dass der gesamte Gesetzesinhalt zugleich deckungsgleich Inhalt des Grundrechts geworden ist. Der Anspruch auf Eröffnung von Informationsquellen bleibt vielmehr einfachgesetzlich begründet (a. A. *Ibler*, Wie konkretisiert Verwaltungsrecht Verfassungsrecht? In: Konstanzer Symposium aus Anlass des 80. Geburtstages von H. Maurer (2012), 12).

Von vornherein **nicht geschützt** durch die Informationsfreiheit ist das Eindringen in nicht allgemein zugängliche Informationsquellen, also etwa das Bespitzeln, der Einbruch in ein der Öffentlichkeit verschlossenes Archiv und die unberechtigte Nutzung einer technischen Einrichtung zur Informationsgewinnung. In diesem Fall handelt es sich nicht um eine unzulässige Vorwegnahme der Grundrechtsschranke, weil nach dem Wortlaut das „allgemein zugänglich" schon zum Schutzbereich des Grundrechts gehört (BVerfGE 66, 116, 137 – Wallraff). Ist eine Information aber allgemein zugänglich, dann sind die entgegenstehenden Rechte Dritter und auch das Urheberrecht erst bei den Schranken zu prüfen (BVerfGE 90, 27, 32 – Parabolantenne I).

2. Personeller Schutzbereich. Träger der Informationsfreiheit sind **natürliche Personen** ungeachtet von Staatsangehörigkeit, Einsichtsfähigkeit, Alter usw. Kinder müssen nur begreifen können, dass sie eine Information erhalten. Auch Strafgefangene sind grundsätzlich Träger der Informationsfreiheit (BVerfGE 35, 307, 309 – Zeitschrift im Strafvollzug). Begrenzungen sind hier erst bei den Schranken zu prüfen (dazu unten Rn. 20). Auch **juristische Personen des Privatrechts** können Träger des Grundrechts sein. So wird das VIG heute vor allem von Verbraucherschutzorganisationen und NGO's wahrgenommen.

12 **3. Verhältnis zu anderen Grundrechten.** Die Informationsfreiheit geht der freien Entfaltung der Persönlichkeit (Art. 2 I GG) vor. Sofern die Information als Vorstufe anderer Kommunikationsrechte geschützt ist, sind diese spezieller. Das gilt auch, soweit ein einheitlicher Vorgang der Meinungsbildung geschützt ist. In diesem ist auch das Sammeln von Informationen erfasst und grundrechtlich geschützt. So fällt das Sammeln von Informationen durch die Presse oder den Rundfunk unter die Presse- bzw. Rundfunkfreiheit. Das Sammeln wissenschaftlicher Informationen ist primär nicht durch Art. 5 I 1 Alt. 2 GG, sondern durch Art. 5 III GG geschützt.

III. Eingriffe

13 Eingriffe in die Informationsfreiheit sind alle Informationsverbote, die Beschlagnahme, die Verweigerung der Aushändigung, bewusste technische Störungen („Störsender"), aber auch Internetsperren, erzwungene Löschungen usw. Auch die Beschränkung der Auswahl zwischen mehreren Informationsquellen ist ein Eingriff, selbst wenn der Betreffende eine Nachricht auf andere Weise erhalten kann (so bereits BVerfGE 15, 288, 295 – Rundfunkempfang in Untersuchungshaft). Ein Eingriff liegt auch im Verbot oder der Erschwerung der Anbringung technischer Hilfsmittel (Parabolantennen usw.). Werden unbefugt Daten über Informationsaufnahmen gespeichert (z. B. Registrierung der Internetnutzung), so liegt hierin sowohl ein Eingriff in das allgemeine Persönlichkeitsrecht (informationelle Selbstbestimmung) als auch in die Informationsfreiheit, soweit der Betroffene durch die Registrierung bei der Wahrnehmung der Informationsfreiheit eingeschüchtert wird. **Gebühren** für die Inanspruchnahme einer allgemein zugänglichen Informationsquelle sind grundsätzlich kein Eingriff, da das Grundrecht **keinen kostenfreien Zugang** zu Informationen gewährleistet. Wird aber eine ansonsten frei zugängliche Informationsquelle (wie der PC beim Zugang zum Internet) mit Gebühren nur deshalb belastet, weil auch gebührenpflichtige Informationen empfangen werden können, dann liegt darin durchaus ein Eingriff in die Informationsfreiheit (*Jutzi*, NVwZ 2008, 603), der aber nach BVerwG, (NJW 2011, 946) gerechtfertigt ist.

IV. Verfassungsrechtliche Rechtfertigung – Schranken

14 **1. Gesetzesvorbehalt.** Für die Informationsfreiheit gelten die Schranken des Art. 5 II GG. Gesetze im Sinne dieser Norm sind allgemein, wenn sie nicht gezielt gegen bestimmte Informationen gerichtet sind. Zu nennen sind hier etwa die Vorschriften über den Jugendschutz, den Schutz von Amtsgeheimnissen, das StrafvollzugsG, aber auch z. B. der gesetzliche Schutz des Urheber- und Patentrechts. Spezielle Beschränkungen enthalten z. B. § 3 VIG, § 5 IFG und § 9 UIG, die u. a. den Zugriff auf personenbezogene Daten sowie auf sonstige Betriebs- oder Geschäftsgeheimnisse untersagt.

2. Verfassungsimmanente Schranken. Gesetzlich zu konkretisierende Schranken der Informationsfreiheit sind z. B. das **allgemeine Persönlichkeitsrecht,** die **informationelle Selbstbestimmung** (Art. 2 I GG i. V. m. Art. 1 GG), **Geschäftsgeheimnisse** (geschützt mindestens durch Art. 12 GG), sowie das **geistige Eigentum** (Art. 14 GG). Bisher stellten sich diese Probleme selten auf der Schrankenebene, weil persönliche und geschäftliche Geheimnisse ohnehin nicht „allgemein zugängliche" Informationsquellen waren. Erst die neuen Informationsfreiheitsgesetze begründen einen Anspruch auf behörden – und mittelbar auch betriebsinterne Informationen und müssen schon deshalb die genannten verfassungsimmanenten Schranken schärfer akzentuieren (dazu unten, Rn. 22).

15

Als verfassungsimmanente Schranke schützt das Eigentum vor unberechtigter Veröffentlichung, Kenntnisnahme, Kopie und Speicherung eines urheberrechtlich geschützten Werkes oder eines Patents ohne Einwilligung des Betroffenen. Geschäftsgeheimnisse unterhalb der Schwelle geistigen Eigentums oder der Persönlichkeitsrechte sind in jedem Fall durch Art. 12 GG verfassungsrechtlich geschützt (BVerfGE 115, 205, 259 – Telekom). Im Konflikt zwischen Hauseigentümer und Informationsfreiheit des an einer Parabolantenne interessierten Mieters geht im Allgemeinen die Informationsfreiheit vor (BVerfGE 90, 27, 32 – Parabolantenne I), doch ist zu differenzieren (dazu unten, Rn. 19).

16

V. Besondere Schutzfunktionen

Obwohl das Grundrecht wie ein Teilhaberecht und „aktiv" formuliert ist, handelt es sich bei der Informationsfreiheit um ein klassisches Abwehrrecht gegen staatliche Eingriffe in die Information. Wie bei allen Grundrechten hat der Staat auch hier die **objektive Pflicht,** für eine Informationsordnung zu sorgen, in der das Grundrecht wirksam werden kann. Es besteht allerdings ein Ermessensspielraum, wie weit bisher verborgene Informationsquellen zugäng-

17

lich gemacht werden müssen und der Schutzbereich des Grundrechts damit erweitert wird.

Der Zugangsanspruch zu allgemein verfügbaren Informationsquellen bedeutet kein Teilhaberecht auf **kostenlosen** Zugang. Allenfalls unverhältnismäßig hohe Gebühren usw. können das Recht beeinträchtigen. **Verfahrensmäßig** schützt die Informationsfreiheit vor unangemessenen Behinderungen bei der Öffnung des Zugangs zu Informationen, vor unangemessenen und behindernden Zugangszeiten, Kosten und Verwaltungsabläufen. Beim Zugang zu öffentlichen Informationen besteht ein strikter Anspruch auf Gleichbehandlung (derivatives Teilhaberecht).

VI. Die internationale und europäische Perspektive

18 In den internationalen Menschenrechtskatalogen wird die Informationsfreiheit selten als eigenes Recht behandelt und zumeist zu einer Meinungs- und Unterrichtungsfreiheit zusammengefasst. Information und Meinung sind also „zwei Seiten derselben Medaille". Unabhängig davon gilt das Recht auf Unterrichtung aus allgemein zugänglichen Quellen ebenso als völkerrechtlich anerkanntes Menschenrecht wie die anderen Kommunikationsfreiheiten. In diesem Sinne ist sie auch in Art. 19 AEMR zusammen mit der Meinungsfreiheit kodifiziert. Dasselbe gilt für Art. 10 EMRK, der klar herausstellt, dass zur Freiheit der Meinungsäußerung auch die Freiheit zum Empfang von Nachrichten gehört. Art. 10 EMRK war auch Vorbild für die Formulierung der Meinungs- und Informationsfreiheit in Art. 11 I EuGRCh.

Noch wichtiger als die positiven Kodifizierungen ist das in der EU für besonders bedeutsam gehaltene **Transparenzprinzip**. Dieses gibt nicht nur hinsichtlich Dokumenten des Europäischen Parlamentes, des Rates und der Kommission einen Informationsanspruch (vgl. Verordnung 1049/2001; EuGH, DVBl. 2002, 326 – Recht der Öffentlichkeit auf Zugang zu den Dokumenten des Europäischen Rates), sondern verpflichtet **auch die Mitgliedstaaten** zur Öffnung umweltrelevanter Informationen (Umweltinformationsrichtlinien 90/313/EWG und 2003/4 EG), die durch das UmweltinformationsG (UIG) umgesetzt wurden. Interessant ist noch das Urteil des EuGH, EWS 2002, 83 = JuS 2002, 705, wonach Art. 50 und 55 EGV der Erhebung einer Abgabe auf Parabolantennen entgegenstanden. Erwähnenswert ist die so genannte **Aarhus-Konvention** vom 25.6.1998, die europaweite Informationsansprüche jedes Einzelnen hinsichtlich die Umwelt beeinflussender Sachverhalte normiert und erhebliche Einflüsse auf das nationale Verwaltungsverfahrens- und Umweltrecht gewonnen hat. Hinter allen Umweltinformationsansprüchen steht dabei nicht nur der Grundsatz der Transparenz, sondern auch das Bestreben, die Bürger für Belange des Umweltschutzes zu mobilisieren.

VII. Aktuelle Fälle und Probleme

Hinweis: Zur Informationsfreiheit im Gerichtssaal s. unten, § 28, Rn. 33; zum Recht auf **Kurzberichterstattung**, z. B. von Sportereignissen, s. unten § 28, Rn. 34; zur behördlichen Verbraucherinformation über Produkte s. unten § 35, Rn. 50.

1. Der Streit um die „Schüssel" auf dem Dach. Durch die Satellitentechnik ist die Reichweite allgemein zugänglicher Informationen beträchtlich erweitert worden. Alle Versuche, solche technischen Einrichtungen wie Kabel, Satellit und Internet zu beschränken, sind deshalb an Art. 5 I 1 Alt. 2 GG zu messen. So durfte etwa schon in den 1980er Jahren eine Stadt mit historischer Altstadt nach der „Verkabelung" kein allgemeines Antennenverbot aussprechen (BayVerfGH, BayVBl. 1986, 14). Später stellte sich dann die Frage, ob Vermieter oder Miteigentümer Parabolantennen („Schüsseln") dulden müssen, auch wenn sie eine Kabelanlage bereithalten. Das BVerfG hat dies in einem Aufsehen erregenden Fall bejaht, wenn der Mieter andernfalls kein Programm in seiner Heimatsprache empfangen könnte (BVerfGE 90, 27, 32 – Parabolantenne I; hier kann auch die Religionsfreiheit betroffen sein, s. dazu BGH, NJW 2008, 216 – Aleviten). Später ist diese Auffassung aber durch die Rechtsprechung relativiert worden. So ist eine Wohnungskündigung wegen unberechtigter Anbringung einer technischen Einrichtung rechtmäßig (BVerfGE 93, 381, 384 – Missachtung eines rechtskräftigen Urteils). Besteht die Möglichkeit des Empfangs eines Heimatsenders durch Kabel, dann ist der Informationsfreiheit dadurch Genüge getan (BVerfG, NJW 2005, 1709 – Parabolantenne II; einschränkend auch BGH, NJW-RR 2005, 596 – Kein Anspruch auf fünf russische Sender für Spätaussiedler; BGH, NJW 2006, 1062 – Polnisches Fernsehen; LG Kaiserslautern, NJW 2005, 2865 – Kein Anspruch auf Anbringung einer eigenen Antenne aus Gründen der Kostenersparnis). Anders verhält es sich, wenn es um den Empfang eines auf „offiziellen" Kanälen nicht empfangbaren Minderheitenprogramms und damit um die kulturelle Identität geht (BGH, NJW 2010, 436 – kurdisches Programm; BVerfG, Kammer, NJW 2013, 2180 – Minderheitensprache). Insgesamt ist es aber nicht richtig, von einem grundsätzlichen Vorrang der Informationsfreiheit vor den Belangen des Eigentümers zu sprechen. Nüchtern festzustellen ist auch, dass die durch die Rechtsprechung geförderte Empfangbarkeit von „Heimatsendern" in der Bundesrepublik wesentlich zur kulturellen Abkapselung und der Bildung von Parallelgesellschaften beigetragen hat (kritisch zur Ausuferung auch *Mehrings*, NJW 1997, 2273; *Hock*, Verfassungsrechtliche Aspekte des Empfangs ausländischer Satellitenprogramme [1994]; *Horst*, NJW 2005, 2654).

2. Informationsfreiheit im Strafvollzug? Immer wieder hat die Informationsfreiheit von Straf- und Untersuchungsgefangenen in der Rechtsprechung zu Art. 5 I GG eine Rolle gespielt. Schon im Strafgefangenenurteil vom 14.3.1972 (BVerfGE 33, 1 ff. – Briefkontrolle im Strafvollzug) ging es schließlich um den Zugang zu Informationen. Neben der Erforderlichkeit einer gesetzlichen Grundlage hat das BVerfG immer wieder die Notwendigkeit einer Abwägung von Zwecken des Strafprozesses und des Strafvollzugs einerseits und der Informationsfreiheit andererseits hervorgehoben. In neuerer Zeit wurde z. B. betont, dass eine Broschüre, die in sachlicher, vollständiger und juristisch zumindest vertretbarer Weise Strafgefangene über ihre Rechte informiert ebenso wie juristische Fachzeitschriften und Kommentare sowie eine Tageszeitung die Zwecke des Strafvollzugs im allgemeinen nicht gefährden (BVerfG, Kammer, NJW 2005, 1341 – Anhalten einer Broschüre „Positiv in Haft"). Dagegen kann der Besitz eines PC mit Internetzugang wegen der faktischen Unkontrollierbarkeit ebenso verboten werden (BVerfG, Kammer, NJW 2003, 2445) wie der SMS-Empfang (BVerfG, Kammer, NJW 2004, 2960).

21   **3. Das Internet zwischen „open access" und Zugangssperren.**
Ungeahnte Dimensionen allgemein zugänglicher Informationsquellen eröffnet das Internet. Selbst berechtigte Schranken sind hier oft im internationalen Maßstab kaum durchsetzbar. Grundsätzlich aber bleibt es beim Abwägungsproblem von Informationsfreiheit und entgegenstehenden Grundrechten. So verständlich deshalb der Wunsch nach „open access" für alle politischen, kulturellen und technischen Informationen ist, so deutlich muss doch sein, dass die Informationsfreiheit kein Recht gibt, urheberrechtlich geschützte Werke, Musikaufnahmen, Bücher usw. in das Internet zu stellen und kostenfrei herunterzuladen. Schon gar nicht gewährleistet die Informationsfreiheit ein Recht zum kostenlosen Zugang zu geschützten Werken. Das Grundrecht schützt auch nicht vor Bestrafung bzw. Schadensersatzforderungen wegen unberechtigten Herunterladens von urheberrechtlich geschützten Werken. Was für das geistige Eigentum gilt, gilt selbstverständlich auch für andere Grundrechte wie informationelle Selbstbestimmung (dazu oben § 11, Rn 30), für den Jugendschutz und den Schutz der freiheitlichen demokratischen Grundordnung. Das hat mit „Internet-Zensur" nichts zu tun. So ist in keiner Weise einzusehen, warum neonazistische Propaganda, Al-Kaida-Anleitungen zum Bombenbau, Kinderpornografie und Gewaltverherrlichung und Internetportale, deren erklärtes Ziel die Schmähung anderer Menschen ist (iShareGossip etc.), nur deshalb unbehelligt und frei zugänglich sein sollen, weil sie im Internet verbreitet werden.

Literatur: *Bäuerle*, Open Access zu Hochschulischen Forschungsergebnissen? (2013); *Bull*, Netzpolitik: Freiheit und Rechtsschutz im Internet (2013); *Herdegen*, „Open Access" im Verfassungsrecht: Zugang zu Netzwerken und zu geistigen Ressourcen, FS Maurer (2001), 137; *Hoffmann-Riem*, Neue Kollektivität im World Wide Web als Herausforderung für das Recht, JZ 2012, 1081; *Koreng*, Zensur im Internet. Der verfassungsrechtliche Schutz der digitalen Massenkommunikation (2010); *Kube*, Neue Medien – Internet,

HdbStR IV, 3. Aufl. [2006] § 91; *Marberth/Kubicki*, Der Beginn der Internet-Zensur, NJW 2009, 1792; *Sieber*, Sperrverpflichtungen gegen Kinderpornographie im Internet, JZ 2009, 653

4. Informationsanspruch und Geheimnisschutz
Die modernen Informationsfreiheitsgesetze haben die individuellen 22 Informationsansprüche auch auf solche Bereiche erweitert, die früher (wie alle Behördenakten) als ihrer Natur nach geheim galten oder als innerbetriebliche Informationen der Öffentlichkeit und damit dem Anspruch aus Art. 5 I S. 1 2. Alt. GG verschlossen blieben. Die durchaus erwünschte größere Transparenz lässt nunmehr aber das Problem des Schutzes persönlicher, betrieblicher Geheimnis und öffentlicher verstärkt hervortreten. Dieser ist in §§ 5/6 IFG angesprochen. Wichtig sind in diesem Zusammenhang auch § 30 VwVfG sowie § 99 VwGO, die während laufender Verfahren die Akteneinsicht begrenzen. Zu fragen ist hier, ob dies auch gilt, wenn die Behörde z. B. gegen einen Lebensmittelhersteller ein Verfahren eingeleitet hat und eine Verbraucherorganisation zeitgleich die Herausgabe wichtiger Informationen nach dem VIG verlangt.

Nicht verlangt werden kann die Herausgabe **personenbezogener Informationen**. Hier ist schon das Grundrecht auf informationelle Selbstbestimmung und der privaten Lebenssphäre Schranke aller Informationsansprüche. Geschützt sind auch **Geschäfts- und Betriebsgeheimnisse** – auch soweit sie nicht personenbezogene Informationen oder das geistige Eigentum betreffen. **Geschäftsgeheimnisse** sind nicht für die Öffentlichkeit bestimmte Informationen, die sich auf den Geschäftsablauf beziehen – z. Kundenlisten, Korrespondenz mit Lieferanten, Kontobewegungen. **Betriebsgeheimnisse** beziehen sich auf den Betriebsablauf, also etwa betriebsinterne Logistik, Informationstechnologie, Produktionsketten. Ob der Gesundheitsschutz im Einzelfall eine Abweichung verlangt, wenn es um Versöße gegen das Lebensmittelrecht geht, (vgl. § 40 Ia 2. LFMG), läßt sich nicht abstrakt erscheinen. Hier muss die Behörde ohnehin mit Hilfe der Lebensmittelüberwachung einschreiten und es ist eher kontraproduktiv, wenn während des laufenden Verfahrens interne Informationen an die Öffentlichkeit gelangen und der Betroffene dadurch an den Pranger gestellt wird.

Zum Schutz **öffentlicher Belange** können Informationen verweigert werden, die nur unter Inkaufnahme eines außerordentlich hohen Aufwandes zu ermitteln wären oder deren Offenlegung eine effektive

Beratung und Entscheidungsvorbereitung der Bundesregierung und die damit gebotene Informationstätigkeit als Element der Staatsleitung beeinträchtigen würde.

Auch der Geheimnisschutz während **laufender Verwaltungs- und Bußgeldverfahren** hat einen verfassungsrechtlich begründeten Sinn, denn er bewahrt vor Vorverurteilungen und unbeabsichtigten Selbstbezichtigungen (nemo tenetur-Grundsatz) und dient der Effizienz, angemessenen Sachaufklärung und Chancengleichheit im Verfahren. Dieser Schutz darf also nicht durch die Preisgabe von Informationen nach den IFG während eines laufenden Verfahrens gefährdet werden.

Beispiele für zu Recht verweigerte Informationen: Terminkalender der Bundeskanzlerin (dazu OVG Berlin-Brandenburg, NVwZ 2012, 1196); Dokumente über Jugendsekten und Psychogruppen, deren Herausgabe die „Scientology-Church" verlangt hatte (BVerwG, NVwZ 2011, 880); Gesetzesvorbereitung durch Bundesministerium (BVerwG, NVwZ 2012, 1619); noch nicht durch Patente geschützte Forschungsarbeiten (*Bretthauer*, NVwZ 2012, 1144); Sicherheitsbericht eines pharmazeutischen Unternehmens (OVG Koblenz, NVwZ 2013, 376); exklusives technisches oder geschäftliches Wissen, das auch für Konkurrenten interessant wäre (BVerwG, NVwZ 2010, 189); unbewiesene Verstöße gegen lebensmittelrechtliche Vorschriften (VGH Mannheim, NVwZ 2013, 1022).

Beispiele nicht schützenswert: Informationen über nicht gesundheitsschädliche, aber für den Verzehr ungeeignete Lebensmittel (EuGH, NJW 2013, 1725); Informationen über Agrarsubventionen (OVG Münster, DVBl. 2011, 698); Hygienemängel in einer Bäckerei – auch nach deren Behebung bei entsprechendem Hinweis (OVG Lüneburg, NJW 2013, 1252); Daten zur Trägerschaft und Handlungsfähigkeit einer öffentlich-rechtlichen Sparkasse (BVerwG, DVBl. 2011,1092).

Literatur zu VII 4: *Brammsen*, Wirtschaftsgeheimnisse als Verfassungseigentum, DÖV 2007, 10; *Bretthauer*, Schutz der Forschungsfreiheit nach dem Informationsfreiheitsgesetz (IFG), NVwZ 2012, 1144; *Fischer/Fluck*, Informationsfreiheit vs. Betriebs- und Geschäftsgeheimnis, NVwZ 2013, 337; *Peyerbach*, Die geheime Unternehmensinformation (2012); *S. Weber*, Informationsfreiheitsgesetze und prozessuales Akteneinsichtsrecht, NVwZ 2008, 1284.

Literatur zu § 26 – Informationsfreiheit: *Bräutigam*, Informationen werden freier: Auch in Deutschland?, DÖV 2005, 376; *Caspar*, Informationsfreiheit, Transparenz und Datenschutz. DÖV 2013, 371; *Dörr*, Informationsfreiheit, HdbGr IV, § 103; *Kloepfer/von Lewinski*, Das Informationsfreiheitsgesetz des Bundes (IFG), DVBl. 2005, 1227; *Kugelmann*, Das

Informationsfreiheitsgesetz des Bundes, NJW 2005, 3609; *Rossi*, Informationsfreiheitsgesetz. Handkommentar. 2. Aufl. (2012); *ders,*.Informationszugangsfreiheit und Verfassungsrecht (2004); *Schoch*, Informationsfreiheitsgesetz mit Verbraucherinformationsgesetz, Kommentar (2009); *Sitsen*, Das Informationsfreiheitsgesetz des Bundes (2009); *Tinnefeld*, Sapere aude! Über Informationsfreiheit, Privatheit und Raster, NJW 2007, 625; *Vesting*, Zur Entwicklung einer „Informationsordnung", FS 50 Jahre BVerfG (2001) II, 219ff..

§ 27 Pressefreiheit, Zensurverbot (Art. 5 I Satz 2, 1. Alt. GG)

I. Allgemeines

1. Entstehung und geschichtliche Entwicklung. Die Geschichte 1 der Pressefreiheit beginnt im Grunde mit der **Erfindung der Buchdruckerkunst** durch Johannes *Gutenberg* um 1450. Von da an war es möglich, mit vertretbarem Aufwand viele Menschen gleichzeitig mit Informationen zu erreichen. Gleichwohl dauerte es bis zum Erscheinen der ersten Zeitung i. e. S. noch bis zum Jahre 1605 (Straßburg). Fortan trat die Presse aber einen Siegeszug an. Die (lange unterschätzte) Lesefähigkeit des deutschen Volkes war in Bibelschulen hinreichend ausgeprägt, um bis in die Unterschicht hinein gemeinsame Leseerlebnisse zu ermöglichen. Nachgewiesen ist auch, dass die Aufklärungsphilosophen begeisterte Zeitungsleser waren – insbesondere *Immanuel Kant,* der bekanntlich Königsberg während seines gesamten Lebens nicht verlassen hat und seine frappierenden Kenntnisse der Verfassungsentwicklung in England und Amerika buchstäblich aus der Zeitung bezog. Bis zur französischen Revolution verstanden sich die zahllosen Presseerzeugnisse noch als relativ neutrale „Berichterstatter". Das änderte sich rapide nach der Revolution, als in der Presse immer mehr die bewusste und dezidierte Meinungsäußerung und Meinungsbeeinflussung in den Mittelpunkt rückte.

Spätestens jetzt wurde den Mächtigen aber auch bewusst, welche Gefahren aus ihrer Sicht mit den seinerzeit „neuen Medien" der Flugblätter, gedruckten Mitteilungen und ersten Zeitungen drohten. Deshalb ist die Geschichte der Pressefreiheit auch eine Geschichte der Zensur mit den unrühmlichen dunklen Phasen der **„Karlsbader Beschlüsse"** (1819). Es kann nicht verwundern, dass die Pressefreiheit auch im Mittelpunkt des Grundrechtskatalogs der **Paulskirchenverfassung** von 1848 stand (vgl.: § 143 II lautete: *„Die Preßfreiheit darf unter keinen Umständen und in keiner Weise durch vorbeugende Maßregeln, namentlich Censur, Conzessionen, Sicherheitsbestellungen, Staatsauflagen, Be-*

schränkungen der Druckereien oder des Buchhandels, Postverbote oder andere Hemmungen des freien Verkehrs beschränkt, suspendiert oder aufgehoben werden"). „Preßvergehen" wurden ausschließlich den in einem anderen Artikel besonders erwähnten Schwurgerichten zur Entscheidung überantwortet. Schon die Detailgenauigkeit des Textes zeigt hier, dass es sich bei vielen Verfassungsvätern von 1849 besonders im Hinblick auf die Pressefreiheit um „gebrannte Kinder" handelte. Nach 1871 hatte Bismarck zunächst vor allem die katholische und die sozialdemokratische Presse im Visier. Später im Kaiserreich diente der angebliche Schutz militärischer Geheimnisse bevorzugt zur Rechtfertigung von Eingriffen in die Grundrechte kritischer Journalisten und Presseorgane.

2   In der **WRV** (Art. 118 I) war die Pressefreiheit nur als besondere Form der Meinungsäußerung *(Wort, Schrift, Druck, Bild oder in sonstiger Weise)* geschützt. Das Misstrauen gegenüber den Gefahren von Literatur und „Lichtspielen" kam in Art. 118 II WRV zum Ausdruck, wo die Bekämpfung der „Schund- und Schmutzliteratur" und die „Lichtspiele" im Rahmen eines besonderen Gesetzesvorbehalts ausdrücklich erwähnt werden. Die Pressefreiheit gehörte auch zu den Grundrechten, die in der „Reichstagsbrandverordnung" vom 28. Februar 1933 „bis auf weiteres" außer Kraft gesetzt wurden. Im formalen Ausnahmezustand der nationalsozialistischen Diktatur waren kritische Journalisten bevorzugtes Objekt des Staatsterrors. Umso deutlicher wurde die Bedeutung einer freien Presse durch den Verfassungsgeber von 1949 gesehen.

3   **2. Aktuelle Bedeutung.** Während der Geltungszeit des Grundgesetzes hat die Pressefreiheit nichts von ihrer ursprünglichen Bedeutung verloren. Ihr auch durch das BVerfG immer wieder betonter fundamentaler Stellenwert für eine freiheitliche Demokratie wurde in den wenigen „Krisenfällen" wie der Durchsuchung der Spiegel-Redaktion 1962 erkennbar **(Klassiker: BVerfGE 20, 162, 175 – Spiegel).** Aus den Reaktionen in der Öffentlichkeit haben die Verantwortlichen in Politik und Staat aber schnell gelernt: Die traditionelle Abwehrfunktion der Pressefreiheit funktioniert heute ohne wesentliche Probleme.

Gleichfalls schon früh wurde aber eine **neue Gefahr** deutlich: Die Gefahr für die Pressefreiheit „von innen", d. h. durch übermäßige Konzentration der Presseorgane und durch Meinungsmonopole. Wenn es richtig ist, dass die Pressefreiheit das Vorhandensein möglichst vieler unabhängiger Träger voraussetzt, dann können der starke Konzentrationsprozess im Pressemarkt und das Überleben nur weniger großer Anbieter nicht ohne Folgen für den

Zustand dieses Grundrechts sein. Welche Gefahren hier drohen, zeigen nicht zuletzt die Beispiele des Berlusconi-Imperiums in Italien, aber auch die inzwischen medienübergreifende Konzentration in Deutschland. Sie erhellt zugleich die Bedeutung der verbleibenden regionalen Tagespresse. Gleichzeitig zeigen sich neue Probleme, durch die Verlagerung eines großen Teils der Massenkommunikation in das Internet und die „Konkurrenz" der dort immer ähnlicheren („konvergierenden") Medien. So lassen sich auch die Schutzbereiche innerhalb Art. 5 I GG immer weniger exakt voneinander trennen (dazu *Dörr*, Die Zukunft des umkämpften 'Medienmarkts'. Wie das Feld der Presse und des Rundfunks abgesteckt werden kann, ZRP 2008, 133). Unabhängig von der wirtschaftlichen Konzentration wird auch in Deutschland im Zuge gezielter Kampagnen für oder gegen bestimmte Politiken oder Politiker immer mehr deutlich, dass die Presse nicht mehr nur Kontrolle von Macht (Presse als „Vierte Gewalt"), sondern durchaus selbstbewusste und ihrerseits kontrollbedürftige Machtausübung ist.

II. Schutzbereich

1. Sachlicher Schutzbereich. Weit über den engeren Begriff der 4 „Presse" hinaus schützt die Pressefreiheit grundsätzlich **alle Druckerzeugnisse:** Bücher, Zeitungen, Flugblätter und mehrfach gedruckte Plakate. Sie öffnet sich auch modernen audiovisuellen und virtuellen Formen (Webseite der Zeitung, Zeitung auf Video, Buch auf CD). Entscheidend ist nur, dass das Medium an eine größere Leserschaft gerichtet ist. Das kann auch für eine Schülerzeitung oder eine Werkzeitung gelten (BVerfGE 95, 28, 35). Auf die Qualität kommt es nicht an. Die Pressefreiheit schützt das Boulevardblatt und das Pornoblättchen ebenso wie die seriöse „meinungstragende" Tagespresse (BVerfGE 34, 269, 283 – Soraya). Ebenso wenig kommt es auf die Quantität an. Geschützt wird auch die Fachzeitschrift mit Kleinstauflage. Die Pressefreiheit ist „differenzierungsfeindlich". So gibt es **keine Differenzierung zwischen Meinung und Tatsache:** Der Abdruck der Börsenwerte und der Bundesligatabelle ist genauso geschützt wie der hochintellektuelle Kommentar. Es muss sich hier auch nicht um die eigene Meinung oder eine selbst recherchierte Tatsache handeln, auch die Wiedergabe fremder Meinungen ist geschützt. Längst geklärt ist auch, dass der gesamte Inhalt einer Zeitung unter die Pressefreiheit fällt. Das gilt für den **redaktionellen Teil ebenso wie für die Werbung.** Diese wird zu Recht für besonders wichtig gehalten, da die Pressefreiheit zu einem großen Teil von ihr lebt (BVerfGE 21, 245, 278 – Führungskräfte der Wirtschaft; BVerfGE 21, 271, 278 – Südkurier; BVerfGE 102, 347, 359 – Benetton I; BGH, NJW 2002, 2317 – Marlene Dietrich). Das gilt sogar für die der Zeitung nur beigelegten Werbebeilagen. Sie fallen nicht nur (aus der Sicht des werbenden Unternehmens) unter Art. 12 GG, sondern (aus der Sicht der Zeitung) auch unter die Pressefreiheit des Art. 5 I GG. **Nicht geschützt** – wie bei der Meinungsfreiheit – ist nur die bewusst falsche Tatsachenbehauptung, also die absichtliche Lüge.

5 Für das Verständnis der Pressefreiheit besonders wichtig ist der schon bekannte Ablauf von **Werkbereich** und **Wirkbereich**. Gemeint ist damit, dass die Informationssammlung (Recherche), die redaktionelle Umsetzung und der Absatz der Presseerzeugnisse buchstäblich bis zum Kiosk geschützt sind.

Auf der Stufe der **Informationsbeschaffung** (BVerfGE 20, 162, 176 – Spiegel) ist das Vertrauensverhältnis zu Informanten besonders sensibel und darf deshalb – z. B. in der Strafverfolgung – nur in eng umrissenen Fällen gestört werden (BVerfGE 64, 108, 114 – Zeugnisverweigerungsrecht – dazu unten, Rn. 28). Gerade der sog. „investigative Journalismus" ist unentbehrlich für eine freiheitliche Demokratie und insofern besonders geschützt (*Eichhoff*, Investigativer Journalismus aus verfassungsrechtlicher Sicht [2010]). Ob die Informationsbeschaffung erlaubt oder als solche verboten ist, ist nicht Frage des Schutzbereichs, sondern eine Frage der Schranken. Deshalb fällt auch die Verbreitung einer ursprünglich rechtswidrig erlangten Information grundsätzlich in den Schutzbereich (BVerfGE 66, 116, 133 – Wallraff). Sie kann dann aber auf der Schrankenebene durch Persönlichkeitsrechte beschränkt sein. Die allgemein zugängliche Quelle gehört zum Schutzbereichsmerkmal der Informationsfreiheit, nicht aber der Pressefreiheit.

Auf der zweiten Stufe, dem **„Werkbereich" der Pressefreiheit**, ist das **Redaktionsgeheimnis** von besonderer Bedeutung (BVerfGE 10, 118, 121 – Berufsverbot I; BVerfGE 20, 162, 176 – Spiegel; BVerfGE 66, 116, 133 – Wallraff; zuletzt BVerfGE 107, 299 – Handy-Überwachung). **Durchsuchungen** sind hier nur unter extrem strengen Voraussetzungen zulässig. Ausgeschlossen sind sie, wenn es nur um die Ermittlung eines Informanten der Presse geht (BVerfGE 117, 244, 258 – Cicero). Dem Geheimnisschutz dienen auch das **Zeugnisverweigerungsrecht** und der **Schutz vor Beschlagnahme** im Strafprozess – und zwar nicht nur für die Zeitung als solche, sondern auch für die Arbeitsergebnisse des freien journalistischen Mitarbeiters (BGH, NJW 1999, 2051). Zusätzlichen Schutz soll das *Gesetz zur*

Stärkung der Pressefreiheit im Straf- und Strafprozessrecht (BGBl. 2012 I, 1374) bieten, das recherchierende Journalisten vom Vorwurf der Beihilfe zum Geheimnisverrat freistellt (*Schork*, NJW 2012, 2694). Auf der **dritten Stufe ("Wirkbereich")** schützt die Pressefreiheit auch die Tätigkeiten, bei denen die kommerzielle Verwertung der Druckerzeugnisse im Mittelpunkt steht, also den **Vertrieb bis zum Kiosk und zum Briefkasten.** Ein Erreichen der breiten Öffentlichkeit ist aber nicht erforderlich. Auch die "Wirkbereiche" der Vereins-, Werks- und Schülerzeitungen sind geschützt (BVerfGE 95, 28, 34 – Werkszeitung). Nur die von der Schule selbst getragene Schulzeitung fällt nicht unter das Grundrecht (zur Schülerzeitung *Schulze-Fielitz,* in: Dreier, GG, Art. 5 I, II, Rn. 92, 119; *Jarass,* Rechtliche Grundlagen der Schülerpresse und der Schulpresse, DÖV 1983, 609 ff.; BVerfGE 86, 122, 131 – Berufsschülerzeitung und unten § 32, Rn. 7).

2. Personeller Schutzbereich. Träger der Pressefreiheit können **natürliche Personen, juristische Personen** sowie auch **sonstige Vereinigungen** sein – z. B. eine Bürgerinitiative, die ein Flugblatt herausgibt. Träger der Pressefreiheit ist immer der Verlag – gleichgültig in welcher Rechtsform er organisiert ist (BVerfGE 21, 271, 277 – Südkurier). Im Vorfeld der Informationssammlung sind die ermittelnden Journalisten und Pressefotografen Träger des Grundrechts, wohl aber nicht der die Nachricht beibringende Informant (umstr.). Einzelne Redakteure, Fotografen und andere am Entstehen der Zeitung Beteiligte sind zumindest nach außen Träger der Pressefreiheit (BVerfGE 25, 296, 304 – Geib/Stern). Bei anderen Mitarbeitern ist zu differenzieren. Die Tätigkeit der Sekretärin, des Fahrers und auch des Druckers fällt wohl eher unter Art. 12 GG. Will die Polizei aber eine Druckmaschine stoppen, dann ist auch der Drucker Grundrechtsträger. 6

Die Grundrechtsträgerschaft der Redakteure wirft das Problem der so genannten **"inneren Pressefreiheit"** auf. Damit ist die Frage gemeint, ob sich in mittelbarer Drittwirkung die Redaktion gegen den Herausgeber, der einzelne Redakteur gegen den Chefredakteur auf die Pressefreiheit berufen darf. Das ist zu verneinen, denn die Presse ist ein "Tendenzbetrieb", d. h. die Ausrichtung wird durch die Herausgeber bestimmt (BVerfGE 52, 283, 292 – Tendenzbetrieb). 7

Die weite Fassung des "Wirkbereichs" führt dazu, dass auch der **Grossist,** also der Pressegroßhändler, als Träger der Pressefreiheit gesehen wurde (BVerfGE 77, 346, 354 – Pressegrosso). Das dürfte zu 8 weit gehen. Ähnlich wie bei der Kunstfreiheit sollte nur der selbst die Zeitung verbreitende Herausgeber auf dieser Stufe geschützt sein. Andererseits belegt die Schutzbedürftigkeit des **Zustellers** im Morgengrauen die Richtigkeit einer weiten Fassung des Schutzbereichs.

9   Umstritten ist die Frage, ob **juristische Personen des öffentlichen Rechts** durch die Pressefreiheit geschützt sind. Bei konsequenter Anwendung der (zu strengen) Rechtsprechung des BVerfG zu Art. 19 III GG dürfte das nicht der Fall sein (a. A. *Schulze-Fielitz*, in: Dreier, Art. 5 I, II, Rn. 119; *Bethge*, in: Sachs, GG Art. 5, Rn. 79; BVerfGE 61, 102 – Sasbach). Nicht geschützt ist also z. B. das Mitteilungsblatt der Gemeinde; die Hochschulzeitschrift fällt nur unter Art. 5 III GG, die Kirchenzeitung nur unter Art. 4 GG und Art. 140 GG i. V. m. Art. 137 WRV.

10   **3. Verhältnis zu anderen Grundrechten.** Betrachtet man das Verhältnis von **Meinungs- und Pressefreiheit,** so liegt es nahe, die Pressefreiheit als lex specialis grundsätzlich vorgehen zu lassen. Dem folgt das BVerfG – für viele überraschend – allerdings nicht. Es stellt die in der Presse veröffentlichte Meinung in ständiger Rechtsprechung unter den Schutz der Meinungsfreiheit, nicht unter die Pressefreiheit (BVerfGE 85, 1, 12 – Bayer-Aktionäre; BVerfGE 86, 122, 128 – Berufsschülerzeitung). Das gilt auch für Leserbriefe. Es gilt also die Faustregel: **Geht es um Meinung *in* der Presse, gilt die Meinungsfreiheit, geht es um das „Pressespezifische" im Vorgang der Kommunikation, dann gilt die Pressefreiheit.**

Kritik: Diese künstliche Aufteilung entspricht nicht der inneren Struktur des Art. 5 I GG und der Presse als besonderer Form der Meinung. Deshalb scheint es eher sachgerecht, das ganze Medium und den ganzen Inhalt der Zeitung dem Schutzbereich der Pressefreiheit als Spezialgrundrecht zur Meinungsfreiheit zuzuordnen.

Schwierig kann in Zeiten der Annäherung und Überschneidung der Medien („Medienkonvergenz") auch das Verhältnis von **Pressefreiheit zu Rundfunk- oder Filmfreiheit** sein. So fällt der elektronische Pressespiegel unter die Pressefreiheit, die Verbreitung der Videokassette als filmähnliches Medium dagegen unter die Filmfreiheit. Das Medium Videotext ist an das Fernsehen gebunden, fällt also unter die Rundfunk- und Fernsehfreiheit. Internetangebote von Presseunternehmen (Zeitung im Internet) sind heute ein besonders wichtiger Wirkbereich der Presse und deshalb durch die Pressefreiheit, nicht etwa die Rundfunkfreiheit geschützt. Das ist nicht unwichtig, da es im Schutzbereich beider Grundrechte große Unterschiede gibt (dazu unten § 28, Rn. 6). Einigkeit besteht darin, dass für alle in der Presse Berufstätigen die **Pressefreiheit als spezielles Grundrecht die Berufsfreiheit** verdrängt. Ähnlich verhält es sich bezüglich der Redaktionsräume im Verhältnis zur Wohnungsfreiheit (Art. 13 GG). Auch wenn man Geschäftsräume zum Schutzbereich der **Wohnungsfreiheit** rechnet, fallen die Redaktionsräume primär unter den Schutz von Art. 5 I GG. Deshalb ist – unabhängig von der Rechtsprechung zur behördlichen Nachschau bei Art. 13 GG – jedes Betreten der Redaktionsräume durch Behörden ohne Einwilligung der Berechtigten ein Eingriff in die Pressefreiheit (BVerfGE 20, 162, 176 – Spiegel; BVerfGE 107, 299, 330 – Handy-Überwachung; BVerfGE 117, 244, 258 – Cicero). **Kunst- und Wissenschaftsfreiheit** können Spezialgrundrechte zur Pressefreiheit sein. So sind die wissenschaftliche Fachzeitschrift durch die Wissenschaftsfreiheit und der Roman durch die Kunstfreiheit als leges speciales zur Pressefreiheit geschützt, auch wenn Letzterer zuerst in einer Tageszeitung veröffentlicht wird.

III. Eingriffe

Eingriffe in die Pressefreiheit sind zunächst alle **unmittelbar wirkenden Gebote und Verbote** von der Behinderung der Informationsbeschaffung, der Beschlagnahme von Informationen, Filmen und Bildern, über das Eindringen in die Redaktion und die Beschlagnahme der fertigen Zeitung (BVerfGE 56, 247, 248 – Beschlagnahme von Bildmaterial) oder Teilen daraus bis zum Vertriebsverbot und zum Verbot der Auslieferung an die Leser.

Mit „Zensur" i. S. von Art. 5 I 3 GG ist die historisch besonders belastete Vorlagepflicht von Presseerzeugnissen **vor deren Veröffentlichung** gemeint. Das **Zensurverbot** ist also kein eigenständiges Grundrecht, sondern eine explizit ausgeschlossene – und auch nicht zu rechtfertigende – Form des Eingriffs, auch wenn sie nicht zu einem Verbot oder einer Beschlagnahme führt. Zensur in diesem Sinne ist also immer Vorzensur (BVerfGE 33, 52, 71 – Zensur; BVerfGE 47, 198, 236 – Wahlwerbesendung). Andere Formen des Eingriffs mögen im Sprachgebrauch wie eine Zensur wirken, sind es im rechtlichen Sinne aber nicht. Das gilt erst recht für die Eigenkontrolle der Sender- und Presseunternehmen. Zensur ist also **nur der Eingriff durch den Staat** (dazu *Pfeifer*, Zensurbehütete Demokratie – Das Zensurverbot des Art. 5 I 3 GG [2003]).

Nachträgliche Eingriffe sind die Beschlagnahme, die Strafe, die Verurteilung zum Schadensersatz oder zu einer Gegendarstellung (BVerfG, Kammer, NJW 2002, 3388 – Focus-Bericht; NJW 2008, 1654 – Entschädigung f. NS-Opfer). Auch die Einstufung des Verteilens von Presseerzeugnissen auf öffentlichen Straßen als erlaubnispflichtige Sondernutzung wurde – anders als bei der Kunstfreiheit (dazu § 33, Rn. 59) – als Eingriff in die Pressefreiheit gewertet (BVerfG, Kammer, NVwZ 2007, 1306). Die wohl härteste Sanktion ist das **Berufsverbot** für einen Journalisten (BVerfGE 10, 118, 121 – Berufsverbot I). Wie ein unmittelbarer Eingriff zu behandeln sind die **Verkennung des Schutzbereichs** und die **Versagung von Informationen,** z. B. die willkürliche Ausladung aus einer staatlichen Pressekonferenz oder die Versagung von Informationen nach den Landespressegesetzen (BVerfGE 50, 234, 238 – Ausschluss aus öffentlicher Sitzung; BVerwGE 47, 247, 253 – Informationsfahrten der Bundesbahn).

13 Ein **mittelbarer Eingriff** ist die Subvention einer Konkurrenzzeitschrift z. B. aus politischen Gründen (BVerfGE 80, 124, 131 – Postzeitungsdienst). Die Erwähnung einer Zeitung im Verfassungsschutzbericht ist ein **Grundrechtseingriff** durch tatsächliches Handeln (Realakt) (BVerfGE 113, 63, 74 – Junge Freiheit).

Nicht unerwähnt bleiben soll, dass die Presse selbst **Instrumente der Selbstkontrolle** – insbesondere durch den Deutschen Presserat – entwickelt hat, der zwar keine echten Sanktionen aussprechen kann, dessen Rügen aber auch nicht unwirksam sind (dazu *Schwetzler*, Persönlichkeitsschutz durch Presseselbstkontrolle [2005]; *Wallenhorst*, Medienpersönlichkeitsrecht und Selbstkontrolle der Presse [2007]).

IV. Verfassungsrechtliche Rechtfertigung – Schranken

14 **1. Einschränkungen auf Grund Art. 5 II GG.** Für die Pressefreiheit gelten die Schranken der allgemeinen Gesetze im Sinne von Art. 5 II GG. Insofern kann größtenteils auf die Meinungsfreiheit (oben § 25, Rn. 19 ff.) verwiesen werden. Einige besondere Probleme der Schranken der Pressefreiheit seien gleichwohl vermerkt:

Grundsätzlich nicht zu rechtfertigen ist die **Zensur im engeren Sinne,** d. h. die Verpflichtung an die Presse, Beiträge vor der Veröffentlichung einer staatlichen Behörde zur Genehmigung oder auch Ablehnung vorzulegen. Diese wäre auch durch Gesetz wegen Art. 5 I 3 GG nicht verfassungskonform durchsetzbar.

Legitime Schranken sind z. B. die presserechtlichen Bestimmungen zum Recht auf **Gegendarstellung**. Diese müssen aber verhältnismäßig angewandt werden und dürfen nicht Missstandskritik und politische Auseinandersetzungen verhindern (so zu Recht *Benda,* NJW 1994, 2266 zum SaarlPresseG).

Ein wichtiges Themenfeld bildet die Beschränkung der Pressefreiheit durch die **StPO** sowie das **Polizei- und Sicherheitsrecht**. Die Pflicht jedes Bürgers, nach Möglichkeit zur Wahrheitsermittlung im Strafverfahren und zur Verhinderung von Gefährdungen der öffentlichen Sicherheit und Ordnung beizutragen, gilt auch für die Presse (BVerfGE 77, 65, 75 – Beschlagnahme von Filmmaterial). Andererseits lebt die freie Presse von der Vertraulichkeit ihrer Informationsquellen (zum Parallelproblem bei der Rundfunkfreiheit § 28, Rn. 32). Dieser Konflikt ist nach den Grundsätzen verhältnismäßiger Zuordnung zu lösen. So kann z. B. bei einem schweren Verbrechen ein „Bekennerschreiben" in den Räumen eines Presseunternehmens beschlagnahmt werden. Ausgeschlossen ist das aber zur Durchsetzung des Rechts am eigenen Bilde eines Polizeibeamten (so aber VGH Mannheim, NVwZ 2001, 1292) oder zur Ermittlung einer „undichten Stelle" bei den Nachrichtendiensten (BVerfGE 117, 244, 258 – Cicero).

Stehen Presseunternehmen im Wettbewerb, so gelten die Regeln des Gesetzes gegen den Unlauterer Wettbewerb (UWG), die aber ihrerseits im Lichte der Pressefreiheit zu sehen sind. So verstößt der Gratisvertrieb einer durch Anzeigen finanzierten Tageszeitung nicht gegen das Wettbewerbsrecht (BGH, NJW 2004, 2083). Dagegen folgt aus § 3 UWG i. V. mit § 4 Nr. 3 UWG eine strikte Trennung von Werbung und redaktionellen Beiträgen. Verboten ist also „getarnte Werbung" (BVerfG, Kammer, NJW 2005, 3201).

Das **Rechtsdienstleistungsgesetz** (früher Rechtsberatungsgesetz) verbietet Presse (und Rundfunk) konkrete Rechtsberatung. Das schließt aber allgemein gehaltene Ratschläge zu allen Lebenslagen auch aus juristischer Sicht nicht aus (BGH, NJW 2002, 2877 – dazu § 28, Rn. 35). Eingeschränkt wird die Pressefreiheit ferner durch das **Urheberrechtsgesetz**. So berechtigt die Pressefreiheit nicht zum unbefugten Abdruck urheberrechtlich geschützter Werke (BGHZ 28, 234, 238), und der Geschädigte hat einen Auskunftsanspruch hinsichtlich der Verursacher.

2. Verfassungsimmanente Schranken. Die sich aus dem **allgemeinen Persönlichkeitsrecht** sowie dem Grundrecht auf **informationelle Selbstbestimmung** ergebenden Schranken wurden gleichfalls schon bei der Meinungsfreiheit behandelt. Hier soll es also nur noch um wenige pressespezifische Aspekte – also vor allem Aspekte der Veröffentlichung gehen.

Das **allgemeine Persönlichkeitsrecht** schützt auch Politiker und andere Prominente gegen die Veröffentlichung von Daten und Fotografien aus dem Bereich **persönlicher Lebensgestaltung** (dazu ausf. § 25, Rn 27 ff.). So muss es ein Prominenter z. B. nicht dulden, dass eine Zeitung Einsicht in das Grundbuch nimmt, um Angaben über den Verschuldungsgrad und die Gründe des Auszugs der Ehefrau aus einer gemeinsamen Wohnung zu erfahren (KG, NJW 2002, 223). Die **Einwilligung des Betroffenen** rechtfertigt grundsätzlich aber auch die Wiedergabe intimer Informationen (dazu *Frömming/Peters*, NJW 1996, 958). Äußerste Grenze ist hier wie stets die Menschenwürde.

Der **Persönlichkeitsschutz** der am Strafverfahren Beteiligten und der Schutz einer **funktionierenden Strafrechtspflege** bilden durch § 169 S. 2 GVG konkretisierte verfassungsimmanente Schranken für die Presse-, Informations- und Rundfunkfreiheit. Gerade die Wirkung von Massenmedien kann einen besonderen Schutz und damit die Einschränkung der Medienfreiheit z. B. gegen die Veröffentlichung von Fotografien von Straftätern im Verfahren rechtfertigen (BVerfGE 103, 44, 59 – Fernsehaufnahmen im Gerichtssaal II). Prangerwirkung und Stigmatisierung des Täters sind zu vermeiden. Der Grundsatz der Unschuldsvermutung („in dubio pro reo") gilt auch gegenüber Vorverurteilungen durch die Presse (BVerfG, Kammer, NJW 2009, 350 – „Holzklotz-Fall'). Das gilt auch, wenn es sich – wie im „Fall Kachelmann" – um einen prominenten Angeklagten handelt (Einzelheiten zu Parallelproblemen im Rundfunk unten § 28, Rn. 33).

V. Besondere Schutzfunktionen

18 Die Pressefreiheit ist auch heute noch primär ein **Abwehrrecht** gegen den Staat. Entsprechend der Bedeutung der Presse für die Demokratie hat das BVerfG aber immer wieder betont, dass das Grundrecht nicht nur ein subjektives Recht für die hier tätigen Personen, sondern auch eine **objektive Grundsatznorm** ist, die dem Staat eine **Schutzpflicht für die freie Presse** auferlegt (BVerfGE 80, 124, 133 – Postzeitungsdienst). Diese Schutzpflicht kann sich auch darin äußern, dass der Staat Pressemonopole und übermäßige Pressekonzentration verhindern und faire Wettbewerbschancen für kleine und regionale Anbieter im Pressemarkt offen halten muss (Zahlen zur Konzentration bei *Schulze-Fielitz*, in: Dreier GG, Art. 5 I, II, Rn. 49 ff.). Ebenso

hat das BVerfG die Bedeutung der Pressefreiheit als **„institutionelle Garantie"** hervorgehoben (BVerfGE 20, 162, 186 – Spiegel). Dabei geht es aber weniger um den Schutz einer „Institution" als vielmehr um den Schutz von Offenheit, Pluralität und Vielfalt innerhalb eines von immer weniger Monopolisten beherrschten Medienmarktes.

Die Pressefreiheit selbst enthält **kein Teilhaberecht** auf staatliche Leistungen oder Subventionen. Hinzuweisen ist in diesem Zusammenhang aber auf die **Informationsansprüche nach Landespresse- und Mediengesetzen** (dazu Rn. 23).

Unumstritten ist die Bedeutung der Pressefreiheit im Rahmen **öffentlicher Verfahren**. Wichtig sind auch insofern die Transparenz und die rechtzeitige Information. Zu erwähnen ist auch die gleichberechtigte Beteiligung der Presse an Presse- und Medienräten.

Die Frage der **Drittwirkung** ist im Bereich der Presse besonders 19 interessant für die Ausgestaltung des Arbeitsrechts der Redakteure und Mitarbeiter. Hier muss sich der „Tendenzschutz" auch im Inneren durchsetzen und führt zur weitgehenden Weisungsabhängigkeit der einzelnen Redakteure. Auch ein Streik gegen die Tendenz der Zeitschrift oder ein „Richtungsstreik" sind ausgeschlossen. Insofern ist auch die Tätigkeit des Betriebsrats eingeschränkt (BVerfG, Kammer, NJW 2000, 2339 – Tendenzschutz; vgl. auch § 118 BetrVG). Auch die Wechselwirkung bei der Auslegung der Generalklauseln der §§ 823 und 826 BGB ist im Grunde ein Fall der mittelbaren Drittwirkung. Hier müssen die Zivilgerichte – wie schon im Lüth-Urteil (BVerfGE 7, 198, 204) betont – die Bedeutung der Pressefreiheit beachten. So würde eine ruinöse Schadensersatzsumme im Rahmen von § 823 BGB der Pressefreiheit widersprechen.

VI. Die internationale und europäische Perspektive

Obwohl die Pressefreiheit in der AEMR nicht explizit als eigenes 20 Recht erwähnt ist, besteht Einigkeit darin, dass es sich hier um ein allgemeingültiges Menschenrecht handelt, dass implizit in anderen Gewährleistungen – insbesondere in Art. 19 *(„Medien jeder Art")* – miterfasst ist. Entsprechendes gilt für Art 19 IPBR, der explizit von der Freiheit von Informationen und Gedankengut in *„Wort, Schrift oder Druck"* spricht.

In ähnlicher Verbindung von Meinungs-, Informations- und Me- 21 dienfreiheit sind in Art. 10 EMRK Presse-, Rundfunk- und Filmfreiheit – obwohl nicht explizit erwähnt – anerkannt. Auch der EGMR hat diese Menschenrechte als Bestandteile in zahlreichen wichtigen Entscheidungen immer wieder hervorgehoben (vgl. etwa EGMR, NJW 1999, 1315 – Veröffentlichung von Steuerdokumenten; EGMR, NJW 2000, 1015 – Seehundjagd; EGMR, NJW 2008, 3412 – Geheimdienstaktivitäten). Anders als der Schutz von Prominenten (dazu Rn. 22) ist der Schutz von Privatpersonen gegen die Bekanntgabe des Namens ähnlich ausgestaltet wie in der deutschen Rechtsprechung – es sei denn es handelt sich um einen besonders „prominenten Fall" wie die Milliardenspekulation durch einen Bankangestellten (EGMR, NJW 2013, 768). Wie das BVerfG hat auch der EGMR in jüngster Zeit mehrfach die Bedeutung des Schutzes der **Informationsquellen** hervorgehoben und insbesondere die Durchsuchung von Redaktionsräumen und Wohnungen von Journalisten auf Fälle der Aufklärung besonders schwerer Verbrechen beschränkt (EGMR, NJW 2008, 2563 u. 2565 – Waffenhandel einerseits und Unregelmäßigkeiten der Polizei andererseits).

Literatur zu § 27 VI: *Engels/Jürgens,* Auswirkungen der EGMR-Rechtsprechung zum Privatsphärenschutz, NJW 2007, 2517; *Heldrich,* Persönlichkeitsschutz und Pressefreiheit nach der europäischen Menschenrechtskonvention, NJW 2004, 2634; *Holoubek,* Medienfreiheit in der europäischen Menschenrechtskonvention, AfP 2003, 193; *Kühling,* Die Kommunikationsfreiheit als europäisches Gemeinschaftsgrundrecht (1999); *Schwarze,* Medienfreiheit und Medienvielfalt im europäischen Gemeinschaftsrecht, ZUM 2000, 797.

VII. Aktuelle Fälle und Probleme

22   **1. Die Privatsphäre von Prominenten – Caroline und kein Ende.** Anders als bei Privatpersonen hat die Rechtsprechung in Deutschland stets das Recht der Presse anerkannt, dem allgemeinen Informationsbedürfnis der Öffentlichkeit durch Verbreitung wahrheitsgemäßer oder jedenfalls angemessen recherchierter Informationen und Bilder über Prominente Rechnung zu tragen. Im Unterschied zum angelsächsischen Raum haben aber auch **Personen der Zeitgeschichte** einen Anspruch auf Wahrung ihrer Privatsphäre. Umstritten ist naturgemäß, wie weit die Privatsphäre in diesem Sinne reicht. Die Fallgruppe **„Presseberichte über Prominente"** wird wie keine andere von dem ständigen Streit zwischen der Regenbogenpresse und der monegassischen Fürstenfamilie bestimmt – bis zur Ebene der EMRK und deren Auswirkung auf das deutsche Recht.

Hier lassen sich folgende **Fallgruppen** benennen:

a) Grundsätzlich nicht von der Pressefreiheit gedeckt sind **von vornherein unwahre Tatsachen** (**Beispiele:** erfundenes Interview, falsche Hochzeit, gefälschtes Photo usw.). Hier besteht ein Anspruch auf Gegendarstellung und

Schadensersatz. Der oder die Betroffene kann sogar, wenn die Nachricht auf der Titelseite erschien, seinerseits eine Gegendarstellung auf der Titelseite verlangen (BVerfGE 97, 125, 144 – Caroline I).

b) Auch bei nicht von vornherein falschen, aber **nicht bewiesenen Tatsachenbehauptungen** ist die Rechtsprechung in den vergangenen Jahren strenger geworden. Während es früher so schien, als reiche schon die Vorveröffentlichung durch ein anderes Organ oder die oberflächliche Recherche, so bedingt die Sorgfaltspflicht der Presse jetzt, dass zumindest bei öffentlich bestrittenen Behauptungen sorgfältig recherchiert und auf Gegendarstellungen eingegangen wird (BVerfG, Kammer, NJW 2004, 569 – Haarfarbe des Kanzlers; BVerfG, NJW 2006, 207 – Stolpe). Auch muss ein Presseorgan sich die veröffentlichte fremde Tatsachenbehauptung zurechnen lassen (BVerfG, Kammer, NJW 2004, 592) und darf insbesondere Verdachtbehauptungen eines Dritten nicht einfach übernehmen (BVerfG, Kammer, NJW 2007, 2686). Umgekehrt verleiht das allgemeine Persönlichkeitsrecht keinen Anspruch darauf, dass tatsächlich gefallene Äußerungen in bestimmter Weise interpretiert werden (BVerfG, Kammer, NJW 2008, 747).

c) Eine absolute Grenze auch wahrheitsgemäßer Berichterstattung ist die **innere Persönlichkeits-, insbesondere die Familien- und Intimsphäre** (BVerfGE 99, 185, 196 – Scientology). Heimlich aufgenommene Fotografien in diesem Bereich dürfen nicht veröffentlicht werden. Auch die Abbildung des Privathauses eines bekannten Fernsehmoderators mit Namensnennung ist zu Recht als Eingriff in das allgemeine Persönlichkeitsrecht gewertet worden (KG, NJW 2005, 2320). Der Tatsachenbehauptung steht ein unerlaubtes Foto aus der Privatsphäre gleich (§ 23 II KUG). Die deutsche Rechtsprechung ist also berechtigterweise „Paparazzi-feindlich" (vgl. LG Bonn, NJW-RR 2005, 1067; LG Berlin, ZUM 2004, 578; OLG Frankfurt, ZUM-RD 2004, 417). Das gilt sogar unabhängig davon, ob die jeweilige Person sich im Brennpunkt einer öffentlichen Auseinandersetzung befindet. Die Voraussetzungen eines berechtigten Interesses einer Mitteilung aus diesem Bereich sind sehr streng (BVerfGE 34, 269, 281 – Soraya). Umso schwerer verständlich ist es, dass die Schilderung sexueller Vorlieben eines in einen Vergewaltigungsprozess verwickelten bekannten Fernsehmoderators trotz der geltenden Unschuldsvermutung zulässig sein soll (BGH, NJW 2013, 1681). Der Schutz der Persönlichkeit gilt im Prinzip auch nach dem Tode – allerdings in abgeschwächter Form. Das **postmortale Persönlichkeitsrecht** (dazu oben § 11, Rn. 16) ist nicht dazu da, es den Erben zu ermöglichen, die öffentliche Auseinandersetzung mit Leben und Werk eines Verstorbenen zu kontrollieren (BGH, NJW 2007, 684).

d) Umstritten ist der Spielraum der Medien bei **Prominenten in der Öffentlichkeit oder in der Sozialsphäre.** Anders als „normale Sterbliche" dürfen diese, wenn sie sich an öffentlich zugänglichen Orten oder auf publizitätsträchtigen Veranstaltungen bewegen oder verweilen, fotografiert, ihre Fotos dürfen verwendet und über ihre

Handlungen in der Öffentlichkeit darf berichtet werden (BVerfG, Kammer, NJW 2001, 1921 – Bildberichterstattung über Ernst August von Hannover; BGH, NJW 2011, 746 – Rosenball in Monaco; BVerfG, Kammer, NJW 2012, 756 – Abbildung in Bericht über Skiregion). Das kann – mit Einschränkungen – sogar für Begleitpersonen von Prominenten gelten („relative Personen der Zeitgeschichte"). Auch ein wahrheitsgemäßer Bericht über einen Verkehrsverstoß mit Namensnennung ist erlaubt (BGH, NJW 2006, 599 – Ernst August von Hannover), und es darf unter Verwendung eines Bildes für einen Zeitungsbericht über diese Person geworben werden (BGH, NJW 2002, 2317). „Prominent" i.d. S. sind auch ein Terrorist, der also die Veröffentlichung eines Photos dulden muss (BGH, 7.6.2011, Beck RS 2011, 16685) und der Vereinsvorstand, über dessen Parteizugehörigkeit berichtet wird (BGH, NJW 2012, 771)

Auch im öffentlichen Sektor sind Prominente aber nicht „vogelfrei". Eine Veröffentlichung darf nicht erfolgen, wenn die Abbildung berechtigte Interessen der abgebildeten Person verletzt (§ 23 II KUG). Deshalb sind Bilder strenger zu beurteilen als Wortberichte (BVerfG, Kammer, NJW 2011, 740). Auch hat die Rechtsprechung immer mehr erkannt, dass die Privatsphäre von Prominenten nicht geometrisch abgrenzbar ist und nur im eigenen Haus gilt, sondern möglicherweise auch in an sich frei zugänglichen Bereichen außerhalb des Hauses. Auch an den Strand, zu einer Geburtstagsfeier und in ein an sich frei zugängliches Restaurant nehmen Prominente einen Kern persönlicher Individualität und Privatheit mit, in dem sie selbst bestimmen können, ob und inwieweit sie abgelichtet, interviewt und angesprochen werden wollen. Auch hier müssen sie sich frei bewegen können, ohne ständig von Fotografen verfolgt zu werden (BVerfGE 101, 361 – Caroline II; BVerfGE 120, 180, 199 – Caroline III; BGH, NJW 2005, 56 – Reitturnier; BGH, NJW 2009, 1502 – neuer Partner Sabine Christiansen). Das gilt umso mehr, wenn es um den Schutz von Kindern geht (BVerfGE 101, 361, 379 – Caroline II; BVerfG, Kammer, NJW 2005, 1857 – Caroline III; anders bei einem allgemeinen Bericht über das Freizeitverhalten von jungen Prominenten (BGH, NJW 2012, 762) oder anderer Begleitpersonen geht (BGH, NJW 2007, 3440 – Freundin von H. Grönemeyer; ähnl. BGH, NJW 2013, 2890 – Tochter von Caroline als „Eisprinzessin"). Auch ist nicht ersichtlich, warum ein berechtigtes Interesse der Öffentlichkeit am abendlichen Shoppen einer soeben abgewählten Politikerin bestehen soll (so aber BGH NJW 2008, 3134). Ebenso ist zu fragen, warum die Eskapaden der pubertierenden Söhne eines bekannten Schauspielers, die selbst einige Male in Talkshows aufgetreten sind, die Öffentlichkeit etwas angehen sollen (anders BVerfG, Kammer, NJW 2012, 1500 – Ochsenknecht-Söhne). Was Begleitpersonen angeht, so hat der BGH ein neues abgestuftes Schutzkonzept entwickelt und die früheren wesentlich starreren Modelle der „absoluten" und der „relativen" Personen der Zeitgeschichte weitgehend aufgegeben (BGH, NJW 2007, 1977 – Carolines Skiurlaub; lesenswert dazu *Teichmann*, NJW 2007, 1917; BGH, NJW 2012, 763 – zulässige Berichterstattung über Politiker als Lebensgefährte einer Schauspielerin).

Noch einen Schritt weiter geht der **EGMR** seit seiner ersten „Caroline-Entscheidung" (EGMR, NJW 2004, 3647). Er unterscheidet im Grad der Schutzbedürftigkeit zwischen Politikern einerseits und Prominenten ohne öffentliches Amt andererseits und räumt letzteren auch ein faktisch uneingeschränktes Selbstbestimmungsrecht über nicht konsentierte Fotos und Tatsachenberichte auch außerhalb der Privatsphäre ein (auch EGMR, NJW 2012, 747 – Max Mosley; diff. EGMR, NJW 2012, 1053 – Caroline). Die Abwägung zwischen Art. 10 EMRK und Art. 8 EMRK geht in der Entscheidung des EGMR also eindeutig zugunsten der Selbstbestimmung aus. Der Schutz des guten Rufs nach Art. 8 EMRK kann aber zurücktreten, wenn es sich um ein zurechenbares Fehlverhalten handelt (EGMR, NJW 2012, 1058 – Pressebericht über Drogendelikt eines bekannten Schauspielers). Das BVerfG ist in seiner nächsten „Caroline-Entscheidung" den Vorgaben des EGMR weitgehend gefolgt (BVerfGE 120, 180; bestätigt durch EGMR, NJW 2012, 1053). Das gilt auch für die Rechtsprechung des BGH, in der inzwischen die Unterscheidung zwischen „absoluter" und „relativer" Person der Zeitgeschichte keine Rolle mehr spielt. So geht im Allgemeinen auch eine schwere Krankheit in der Familie eines Prominenten die Öffentlichkeit nichts an (BGH, NJW 2009, 754). Anderes kann aber gelten, wenn es sich um eine satirisch kritische Darstellung des Verhaltens eines Prominenten handelt (BGH, NJW 2008, 3782 – Ernst–August von Hannover)

Insgesamt ist die neuere Rechtsprechung auch **angemessen**. Kritiker sollten bedenken, dass nicht nur die Pressefreiheit, sondern auch der Schutz der Privatsphäre ein Teil der europäischen Rechtskultur ist und es in vielen Fällen zumindest bei der Gruppe der „Nicht-Politiker" nicht nur um ein berechtigte Informationsinteressen, sondern oft um die rücksichtslose Befriedigung einer unerträglichen „Klatsch-und-Tratsch-Kultur" geht. Umgekehrt sind Prominente weniger schutzwürdig, wenn es ihnen nicht um den Schutz der Persönlichkeitsrechte und der Privatheit, sondern um **rein wirtschaftliche Interessen** am Verkauf und an der Bewahrung von Exklusivrechten an Fotos geht.

2. Der Informationsanspruch der Presse gegenüber Behörden und Gerichten. Nach den Landespresse- bzw. Mediengesetzen haben Presse und Rundfunk gegen die (Landes)Behörden einen Anspruch auf die zur Erfüllung ihrer Aufgaben **notwendigen Informationen**. Umstritten sind hier in der Praxis sowohl **Träger** als auch **Umfang** des Informationsanspruchs. Auch die Frage des **Adressaten** spielt angesichts der Privatisierung wesentlicher öffentlicher Aufgaben eine immer größere Rolle.

Der **Anspruch** umfasst zum einen Informationen zu allen die Öffentlichkeit interessierenden Behördenvorgängen, besteht also unabhängig vom Informationsanspruch des Bürgers nach den Informationsfreiheitsgesetzen (VGH Mannheim, NVwZ 2011, 958). Auch öffentliche Datensammlungen, Register, das Grundbuch, Archive usw. sind erfasst (zum Grundbuch BVerfG, Kammer, NJW 2001, 503). **Adressat** des Anspruchs sind auch die von der öffentlichen Hand beherrschten Unternehmen – jedenfalls soweit diese öffentliche Belange wahrnehmen oder berühren (BGH, NJW 2005, 1720), nicht aber Rundfunkanstalten (OVG Münster, NVwZ 2012, 902). Den Ländern fehlt die Gesetzgebungskompetenz zur Begründung von Informationspflichten von Bundesbehörden, insbesondere des Bundesnachrichtendienstes (BVerwG, NVwZ 2013, 1008). **Berechtigt** in diesem Sinne sind nur „Medien", nicht selbstberufene Teilnehmer einer geistigen Auseinandersetzung in der Öffentlichkeit (VGH Mannheim, DVBl. 1996, 110). Auch gibt es keinen Auskunftsanspruch von Medien untereinander – z. B. einer Zeitung gegen eine Rundfunkanstalt (BVerwG, NJW 1985, 1655).

Schranken des Auskunftsanspruchs bestehen im Hinblick auf schwebende Verwaltungs- und Gerichtsverfahren, die Tätigkeit der Nachrichtendienste, öffentliche und private Geheimnisse und die Arbeitsfähigkeit der jeweiligen Behörde. Insbesondere gelten für den Schutz der Privatsphäre für die Auskunft der Behörde keine anderen Maßstäbe als für die Veröffentlichung selbst (interessanter Fall: VGH Kassel, LKRZ 2012, 206 – kein Anspruch auf Identifizierung des für Fehler in einer Abituraufgabe verantwortlichen Beamten).

Unabhängig vom gesetzlichen Informationsanspruch müssen die Behörden bei allen **sonstigen Informationen und Leistungen** an die Presse deren Freiheit und die Gleichberechtigung aller Grundrechtsträger beachten. Eröffnet die Behörde Informationen, z. B. durch Pressekonferenzen, öffentlich zugängige Sitzungen usw., dann muss sie alle Medien gleich behandeln und darf z. B. nicht nach „wohlwollenden" und „kritischen Journalisten" differenzieren.

Im Zusammenhang mit Strafverfahren gegen neonazistische Gewalttäter, insbesondere dem sog. „NSU-Prozess" vor dem OLG München rückten **Informations- und Anwesenheitsansprüche der Presse gegenüber Gerichten** besonders in den Mittelpunkt des Interesses. Diese folgen aus Art. 5 Abs. 1 GG i. V. mit Art. 3 Abs. 1 GG. Grundsätzlich obliegt die Organisation aber dem Ermessen des Vorsitzenden. Übersteigt das Interesse die Zahl der Plätze, so muss ggf. durch Verlegung in einen größeren Saal und die Bereitstellung weiterer Plätze diesem Interesse Rechnung getragen werden. Die Zuteilung knapper Plätze in Gerichtsverfahren kann zwar allgemein nach dem Prinzip „first comes first" erfolgen (BVerfG, NJW 2003, 500 – Al-Kaida-Prozess), doch muss das Verfahren so ausgestaltet sein, dass alle Presseorgane gleiche Chancen haben. In besonderen Fällen muss sichergestellt werden, dass Presseorgane aus den Heimatländern von Opfern vertreten sind (BVerfG NJW 2013, 1293 – einstw. Anordnung im NSU-Verfahren). Bei der **Veröffentlichung von Urteilsabschriften durch die Gerichte** dürfen nicht nur wissenschaftlich anspruchsvolle Fachzeitschriften bedacht werden (BVerwG, NJW 1997, 2694).

Teilweise enger ist die Interpretation des **EGMR** zum Informationsanspruch der Presse. Nach dieser folgt aus Art. 10 EMRK kein Recht der Presse auf Zugang zu bestimmten Informationsquellen, sehr wohl aber ein Schutz gegen einen Ausschluss von Journalisten vom Sitzungssaal und i. V. m. Art. 14 EMRK ein Diskriminierungsverbot (EGMR, N JW 2013, 521).

Literatur: *Groß*, Zum presserechtlichen Informationsanspruch, DÖV 1997, 133.

Literatur zu § 27 – Pressefreiheit: *Bruns*, Persönlichkeitsschutz und Pressefreiheit auf dem Marktplatz der Ideen, JZ 2005, 428; *Bullinger*, Medien, Pressefreiheit, Rundfunkverfassung, FS 50 Jahre BVerfG (2001) II, 193 ff.; *Dörr/Schwartmann*, Medienrecht, 4. Aufl. (2012); *Fechner*, Medienrecht, 7. Aufl. (2011); *Gröpl*, Fälle zum Presse- und Rundfunkrecht (2014); *Hufen*, Presse, FS Kirchhof II, § 70; *Lessel*, Das grundgesetzliche Zensurverbot (2004); *Löffler/Ricker*, Handbuch des Presserechts, 5. Aufl. (2005); *Pfeifer*, Zensurbehütete Demokratie. Das Zensurverbot des Artikel 5 I 3 GG (2003); *Soehring*, Presserecht, 7. Aufl. 2011; *Teichmann*, Abschied von der absoluten Person der Zeitgeschichte, NJW 2007, 1917; *Trute*, Freiheit von Presse und Film, HdbGr IV § 104.

§ 28 Rundfunkfreiheit (Art. 5 I Satz 2, 2. Alt. GG)

I. Allgemeines

1. Entstehung und geschichtliche Entwicklung. Die **Geschichte der Rundfunk- und Fernsehfreiheit** als solche ist nicht lang, lässt sich aber nicht ohne die bereits dargestellte allgemeine Geschichte der Meinungs- und Pressefreiheit verstehen. Entsprechend der technischen Entwicklung standen der Rundfunk und damit auch die Rundfunkfreiheit in enger Verbindung, aber auch ständigem Kontrast zum ursprünglichen Post- und Sendemonopol des Staates. Eine nachhaltig wirksame Belastung betrifft den **Missbrauch des Rundfunks in der NS-Zeit** durch den Reichspropagandaminister *Goebbels*.

Nach dem **Zweiten Weltkrieg** konnte zunächst von Rundfunkfreiheit keine Rede sein: Der Rundfunk wie die Presse sind vielmehr auf Grund von **Lizenzen der Besatzungsmächte** wiedererstanden. Neben den historischen Erfahrungen spielte dabei schlicht die Begrenzung der technischen Kapazitäten und Frequenzen eine Rolle, die zunächst die Entwicklung zu einem „normalen Freiheitsrecht" verhinderte, aber im Verlauf der Geschichte der Bundesrepublik mehr und mehr an Bedeutung verlor.

3 2. **Aktuelle Bedeutung.** Technischer Wandel, aber auch das besonders ausgeprägte Fallrecht des BVerfG haben in Deutschland die Rundfunkfreiheit in besonderer Weise geprägt. Schon die Frage, ob es sich hier um ein „**Grundrecht wie jedes andere**", also ein Abwehrrecht privater Grundrechtsträger gegenüber dem Staat, oder um eine vom Staat geprägte und gewährleistete „**Rundfunkordnung**" handelt, ist umstritten. Einigkeit besteht nur im Hinblick auf die technische Entwicklung, die zunächst (zusammen mit den Vorgaben der Besatzungsmächte) ein Sendemonopol öffentlicher Anstalten begünstigte, dann aber mehr und mehr alle technischen Restriktionen und damit auch die rechtliche Bewältigung des technischen Fortschritts buchstäblich hinter sich ließ.

So wurde es immer mehr erforderlich, das zunächst bestehende Rundfunkmonopol des Staates und die spätere „duale Rundfunkordnung" statt mit technischen mit sozialen, kulturellen und politischen Aspekten zu begründen (Übersicht bei *Schultze-Fielitz*, FS 50 Jahre BVerfG [2001] II, 385 ff.). Ausgangspunkt ist neben der individuellen Freiheit vor allem die **überragende Bedeutung, die Rundfunk und Fernsehen für Gesellschaft und Politik** und damit für die demokratische Ordnung haben (*Kübler*, Rundfunk und Demokratie, FS Bryde, 2013, 199). Bis hinein in die Rechtsprechung des BVerfG ist daher immer wieder von der öffentlichen Funktion des Rundfunks, einer Rundfunk*ordnung* oder auch ganz allgemein vom „öffentlichen Diskurs" die Rede (vgl. besonders BVerfGE 57, 295, 319 – Saarl. RundfunkG; BVerfGE 59, 231, 257 – Freie Mitarbeiter).

4 Etwas vereinfacht lassen sich bei den Interpreten der Rundfunkfreiheit zwei Gruppen ausmachen: Eine Gruppe betont vorwiegend die **öffentliche Verantwortung des Rundfunks** und vertritt die Meinung, Rundfunk und Fernsehen seien zu wichtig, um sie alleine dem privaten Wettbewerb zu überlassen (*Schulze-Fielitz*, in: Dreier, GG, Art. 5 I, II, Rn. 53 ff.; exemplarisch auch BVerfGE 90, 60, 87 – Kabelgroschen). Die Rundfunkfreiheit in diesem Sinne wird als „**dienende Freiheit**" begriffen. Vertreter der Gegenauffassung betonen, dass schon aufgrund der technischen Entwicklung wie der bestehenden Medienvielfalt die Rundfunkfreiheit heute wie die Pressefreiheit als **individuelles Grundrecht** behandelt und staatliche Eingriffe auf das unbedingt nötige Ausmaß reduziert werden müssten (exemplarisch *Bethge*, DÖV 2002, 673; *Bullinger*, FS BVerfG [2001] II, 123; *Herzog*, in: Maunz/Düring, GG, Art. 5 I, II, Rn. 211; *R. Scholz*, AfP 1995, 357).

5 Die **aktuelle Situation der Rundfunkfreiheit** ist ungeachtet der jeweiligen Positionen durch eine zuweilen prekäre Koexistenz öffentlicher und privater Träger gekennzeichnet. Im Wettbewerb um die

Einschaltquoten scheint dabei vielfach an die Stelle der traditionellen „Schere im Kopf" die **Einschaltquote im Kopf** getreten zu sein. Unter den Bedingungen dieses Wettbewerbs besteht immer die Gefahr, dass der informatorische und kulturelle Auftrag des Rundfunks vernachlässigt wird. Auch auf den nach Auffassung vieler Beobachter zu weitgehenden Einfluss politischer Parteien auf die Rundfunkgremien sei hingewiesen (dazu unten, Rn 36).

II. Schutzbereich – duale Rundfunkordnung

1. Sachlicher Schutzbereich – kein Schutzbereich wie alle anderen. a) Die technische Entgrenzung und die „Medienkonvergenz". 6
Schon im Begriff des „Rundfunks" kommen die Besonderheit und Technikabhängigkeit dieses Grundrechts zum Ausdruck. Dieser wird definiert als *Kommunikation durch elektromagnetische Wellen einschließlich Kabel, Fernsehen, Videotext – gleichgültig, ob analog oder digital und wohl auch durch Internet* (umstritten, weil auch Aspekte der „elektronischen Post" enthaltend, allg. zum Rundfunkbegriff *Schulze-Fielitz*, in: Dreier, Art. 5 I, II, Rn. 100 ff.). Der Schutzbereich ist also neuen Techniken und Vertriebsformen gegenüber offen, ja praktisch uneingrenzbar. Rundfunk und Fernsehen sind nicht mehr reine „Massenmedien", sie können über Internet und Satellit auch höchst individuell empfangen werden. Auch das traditionelle Merkmal: „Unbestimmter Adressatenkreis des Rundfunks" stimmt nicht mehr. Im interaktiven Rundfunk, im „video on demand" und beim Herunterladen auf das UMTS-taugliche Handy entstehen durchaus auch individuelle Kommunikationsbeziehungen. In ein und demselben Medium Internet können Online-Pressemitteilungen (geschützt durch die Pressefreiheit), Rundfunksendungen (geschützt durch die Rundfunkfreiheit) und e-mails (geschützt durch die Brieffreiheit) heruntergeladen werden. Das bezeichnet man mit dem Begriff der **„Medienkonvergenz"**. Konvergent sind aber nur die Medien, nicht der Schutzbereich des jeweiligen Grundrechts. Zwar haben Presse- und Rundfunkfreiheit dieselben Schranken nach Art. 5 II GG. Im Schutzbereich der Rundfunkfreiheit aber herrscht mit der „dualen Rundfunkordnung" ein gänzlich verschiedenes Regime im Vergleich zur Pressefreiheit.

b) Programmfreiheit. Unabhängig von der Art des Mediums ist 7
durch Art. 5 I GG jedenfalls die **Programmfreiheit** geschützt. Dabei kommt es weder auf den Inhalt noch auf den Bezug zu politischen

und gesellschaftlich relevanten Themen an. Wie bei der Presse ist **auch die Werbung** geschützt und der Schutzbereich reicht von der **Informationssammlung** mit Kamera und Mikrofon über die **Umsetzung** in der Redaktion bis zur **Verbreitung** im Wohnzimmer des Fernsehkunden (BVerfGE 77, 65, 74 – Beschlagnahme von Filmmaterial; BVerfGE 91, 125, 135 – Fernsehaufnahmen im Gerichtssaal). Auch die Rundfunkfreiheit hat also einen „Werk-" und einen „Wirkbereich".

Damit sind die Gemeinsamkeiten von Presse- und Rundfunkfreiheit auch bereits erschöpft. Auf Grund der geschilderten technischen und politischen Bedingungen ist der Schutzbereich der Rundfunkfreiheit ein „besonderer Schutzbereich", den man nur versteht, wenn man die Geschichte der verschiedenen „Rundfunkurteile" des BVerfG und deren weiten Weg vom rein öffentlichen Rundfunk (BVerfGE 12, 205, 260 – Adenauer-Fernsehen) bis zur limitierten Zugangsfreiheit (BVerfGE 97, 298, 310 – „Extra-Radio") kennt.

8   **c) Die Rundfunkfreiheit im Spiegel der Rechtsprechung des BVerfG.** Kaum ein Grundrecht wurde inhaltlich so von der Rechtsprechung des BVerfG geprägt wie die Rundfunkfreiheit. Es gibt deshalb nicht nur einen „Klassiker", sondern – je nach Zählweise – deren 6 oder 7 (Zusammenstellung aller wesentlichen Entscheidungen bei *A. Hesse,* Rundfunkrecht, 3. Aufl. [2003], 359 f.), und weitere „Klassiker" stehen an:

Die erste Rundfunkentscheidung: BVerfGE 12, 205, 260 – Adenauer-Fernsehen (1961).

9   Im Jahre 1961 plante die Bundesregierung unter dem damaligen Kanzler *Adenauer* die Einrichtung eines „Deutschland-Fernsehen" als Bundesfernsehen. Die dagegen gerichteten Verfassungsklagen einiger Länder hatten Erfolg. In seiner Entscheidung stellte das BVerfG klar, dass die **Gesetzgebungskompetenz** des Bundes für das Postwesen allenfalls technische Einrichtungen, nicht aber den Rundfunk als Medium umfasse. Rundfunk sei grundsätzlich vielmehr **Ländersache.** Zum Zweiten betonte das Gericht zum Einen die Distanz von Staat und Rundfunk **(Verbot des Staatsrundfunks)**, aber zugleich die demokratische Verantwortung des Staates für den Rundfunk und damit die notwendige plurale Besetzung der Gremien und die **Ausgewogenheit der Programme** klar. Technische Gegebenheiten und demokratische Verantwortung schlossen für das BVerfG seinerzeit einen **privaten Rundfunk aus.**

Die zweite Rundfunkentscheidung: BVerfGE 31, 314 – Umsatzsteuer (1971).

10   In dieser Entscheidung ging es nur vordergründig um die Frage der Umsatzsteuerpflicht der Rundfunkanstalten. Inhaltlich betont das BVerfG erneut

den Grundsatz der **Staatsferne des Rundfunks**. Die eigentliche Bedeutung des Urteils aber besteht in der Feststellung der **Grundrechtsfähigkeit der Rundfunkanstalten** und in der Möglichkeit der Berufung auf eine Verletzung des Art. 5 I 1 GG – also ein Fall der Grundrechtsträgerschaft juristischer Personen des öffentlichen Rechts.
Die dritte Rundfunkentscheidung: BVerfGE 57, 295, 319 – Saarländisches Rundfunkgesetz (1981).

Nach 1970 nahm die Rundfunktechnik in Deutschland und Europa eine geradezu stürmische Entwicklung. Kabel- und Satellitenfunk, aber auch Verbesserungen in der analogen Rundfunktechnik führten zu einer starken Vermehrung der Frequenzen. Das erhöhte den von einigen Bundesländern ausgehenden politischen Druck auf Freigabe des Rundfunks für private Interessenten. Auf Grund der Landeskompetenz war dies auch möglich; und so wurden erstmals im Saarland die gesetzlichen Voraussetzungen für einen privaten Sender geschaffen. Das führte zu einem erneuten grundlegenden Rundfunkurteil.

In ihm bestätigte das BVerfG den größten Teil der Regeln von 1961 und betonte vor dem Hintergrund der Wesentlichkeitstheorie, dass der **Gesetzgeber die wesentlichen Aspekte des Rundfunks selbst regeln** müsse. Im Hinblick auf den Privatrundfunk deutete das Urteil bereits den Kompromiss der „**dualen Rundfunkordnung**" an. Einerseits ließ das BVerfG erstmals privaten Rundfunk zu, betonte aber die Bedeutung der Rundfunkfreiheit als „**dienende Freiheit**". Ausgewogenheit und Meinungsvielfalt müssen demnach nicht nur die Rundfunklandschaft insgesamt prägen („**Außenpluralismus**"). Sie stellen auch Anforderungen an die innere Struktur des Privatfunks („**Binnenpluralismus**"). Insbesondere sollen einseitige Marktmacht, Monopole und Missbräuche der Rundfunkfreiheit verhindert werden. Deshalb müsse der Landesgesetzgeber eine begrenzte, aber wirksame Staatsaufsicht schaffen. Fortan existierten private und öffentliche Rundfunkveranstalter nebeneinander.

Die vierte Rundfunkentscheidung: BVerfGE 73, 118, 181 – Niedersächsisches Rundfunkgesetz (1986).

Als der niedersächsische Gesetzgeber versuchte, die Bedingungen für Privatanbieter auf Kosten der öffentlichen Anstalten zu verbessern, war dies für das BVerfG Anlass zu einem Urteil, das bis heute der Rechtsprechung ihr maßgebliches Gepräge gab: Diese sehr komplexe Entscheidung lässt sich nur schwer auf wenige Sätze zusammenführen. Sie brachte wohl endgültig die **Absegnung der dualen Rundfunkordnung** öffentlicher und privater Anbieter, aber auch die erneute Betonung der **demokratischen Funktion des Rundfunks**, an deren Erfüllung „Öffentliche" und „Private" gemeinsam Anteil haben. Beide sind also verantwortlich für die Meinungsvielfalt in der Demokratie. Das heißt aber nicht, dass beide im Programm und in der inneren Ordnung dasselbe bieten müssen. So sind die öffentlichen Anstalten verantwortlich für die unerlässliche **politische und kulturelle „Grundversorgung der Bevölkerung"**. Das ist die eigentliche Legitimation für gewisse Vorteile gegenüber den Privaten (insbesondere die Gebührenfinanzierung). Private

Veranstalter sind dafür freier in der Wahrnehmung ihrer Informationsaufgaben. Bei ihnen reicht ein Grundstandard an Ausgewogenheit. Die Aufgabe der **Verhinderung einseitiger Meinungsmacht** bleibt aber für beide Aspekte als Aufgabe der Landesmedienanstalten erhalten.

13 In **weiteren Entscheidungen** sind die Interpreten sich schon in der Zählweise (5.–8. Rundfunkurteil) nicht mehr einig. In der Folge kam es zunächst – wie erwartet – zu einer großen Fülle von Anbietern, die sich dann aber – wie gleichfalls erwartet – auf wenige Großanbieter und Medienkonzerne konzentrierten. Auch entwickelten sich die wirtschaftlichen Gegebenheiten anders als prognostiziert, was teilweise der gebührenfinanzierten „Konkurrenz" der „Öffentlichen" zugerechnet wurde. Das gab dem BVerfG mehrfach Gelegenheit, das **Verhältnis von privaten und öffentlichen Anbietern** zu klären (BVerfGE 83, 238, 330 – Westdeutscher Rundfunk). Diese Entscheidungen bringen im Wesentlichen Konkretisierungen der in den drei zitierten „Klassikern" gezeichneten Grundlinien. So hat das BVerfG mehrfach die Grundzüge der dualen Rundfunkordnung bestätigt und zugleich umfangreiche Anforderungen an die Zusammensetzung der Aufsichtsgremien öffentlicher Rundfunkanstalten formuliert.

In der Entscheidung **BVerfGE 87, 181, 200 – Fernsehwerbung**, hatte das Gericht erneut mit einem Angriff privater Veranstalter auf die **Anzahl der öffentlichen Rundfunkprogramme** zu tun. Es betonte aber, dass die inhaltliche Freiheit und die Anzahl der Programme nicht unterscheidbar und deshalb Sache der Rundfunkanstalten sei. In BVerfGE 90, 60, 87 – Kabelgroschen, wurde dann allerdings dem Gesetzgeber die Möglichkeit eingeräumt, in ein Überangebot der Programme öffentlicher Träger regelnd einzugreifen.

Besonders den privaten Veranstaltern gilt das Urteil **BVerfGE 97, 228, 266 – „Extra-Radio"**. Der Gesetzgeber darf bei privaten Veranstaltern Vorkehrungen gegen Konzentration und Meinungsmacht ergreifen. Letztgenanntes Urteil enthielt auch eine wichtige Aussage zum Recht auf ungehinderte Information und zumindest **Kurzberichterstattung** über gesellschaftlich relevante Themen, auch wenn sie im Rahmen privater Ereignisse (Sportveranstaltungen usw.) stattfinden (dazu unten, Rn. 34). Der großen Vielfalt und Lokalisierung des privaten Bereichs trug dann zuletzt **BVerfGE 114, 371, 387 – bayerisches Teilnehmerentgelt**, Rechnung, in dem das BVerfG feststellte, dass alle Grundsätze der Rechtsprechung zur Rundfunkfreiheit im Prinzip auch für lokale Rundfunk- und Kabelangebote gelten, und dass insbesondere die Meinungsvielfalt gesichert sein muss.

In den jüngsten Rundfunkentscheidungen knüpft das BVerfG nahtlos an seine bisherige Rechtsprechung an und betont die Unabhängigkeit des Rundfunks auch gegenüber dem die Gebühren festsetzenden Gesetzgeber (BVerfG, NVwZ 2007, 1287 – dazu unten, Rn. 36). Einen „klassischen" Teil des Schutzbereichs betrifft die Abwehr von **Durchsuchungen von Redaktionsräumen** aus unzureichendem Grund (BVerfG, 10.12.2010, Beck Rs 2011, 45462 – Suche nach „undichter Stelle" im Polizeiapparat).

2. Personeller Schutzbereich. Die lange umstrittene Frage, ob 14
überhaupt Privatpersonen Träger der Rundfunkfreiheit sein können,
ist heute im Sinn der „Privaten" geklärt, wenn die Rundfunkfreiheit
auch nach wie vor unter dem Vorbehalt der „dienenden Freiheit"
steht (BVerfGE 57, 295, 320 – Saarl. RundfunkG; exemplarisch auch
BVerfGE 97, 298, 310 – „Extra-Radio"). Auch wenn die Freiheit
durch die Rundfunkgesetze ausgestaltet ist, bleibt sie doch individuelle Freiheit, so dass es private Veranstalter und Redakteure gibt,
die grundsätzlich als Träger der Rundfunkfreiheit in Betracht kommen (*Bethge*, DÖV 2002, 673). In diesem Sinne können Träger des
Grundrechts sowohl **natürliche** als auch **juristische Personen des
Privatrechts** sein. Sie sind Träger der Zugangsfreiheit wie auch der
Betätigungsfreiheit im Feld des Rundfunks, wenn sie entsprechende
Anforderungen erfüllen (BVerfGE 95, 220, 234 – Aufzeichnungspflicht; BVerfGE 97, 298 ff. – „Extra-Radio", dazu auch *E. Rudolf*,
Das Recht auf Netzzugang in der Telekommunikation [2001]). Für
politische Parteien gilt die Rundfunkfreiheit nur eingeschränkt. Sie
dürfen aber auch nicht gänzlich von einer Beteiligung an privaten
Rundfunkveranstaltern ausgeschlossen werden (BVerfGE 121, 30,
46; näher dazu unten § 41, Rn. 4).

Träger des Grundrechts sind nach Art. 19 III GG auch die Rundfunk- und Medienanstalten als **juristische Personen des öffentlichen
Rechts** (BVerfGE 31, 314, 322 – Umsatzsteuer; BVerfGE 59, 231, 154
– Freie Mitarbeiter; zur Grundrechtsträgerschaft einer Hochschule
BVerfG, Kammer, NVwZ 2007, 1304 – Uni-TV). Auch eine **Landesmedienanstalt** kann Träger des Grundrechts sein, wenn unzulässiger
Staatseinfluss abgewehrt werden soll. Sie ist zugleich **Adressatin** der
Freiheit, wenn es um einzelne Anbieter und Redakteure geht (SächsVerfGH, NJW 1997, 3015).

Nicht Träger der Rundfunkfreiheit sind die **Zuschauer und Hörer.** So folgt aus Art. 5 I GG kein Anspruch auf bestimmte Sendungen oder gar auf Teilhabe an den Entscheidungen des Rundfunkrats 15
(BVerfG, Kammer, NJW 1990, 311 – WDR-Gesetz; BayVerfGH,
BayVBl. 1991, 689 – Absetzung der Sendung „Scheibenwischer" in
Bayern).

3. Verhältnis zu anderen Grundrechten. Die Rundfunkfreiheit 16
geht allen anderen Kommunikationsgrundrechten als **lex specialis**
vor. Dasselbe gilt im Verhältnis zur **Berufsfreiheit** der im Rundfunk
Tätigen. Für den **Kirchenfunk** gelten Art. 4 GG, Art. 140 GG i. V. m.

Art. 137 WRV und die Rundfunkfreiheit parallel. Entsprechendes gilt für den **künstlerischen Fernsehbeitrag** oder die Publikation von **Forschungsergebnissen** im Funk in Bezug auf Art. 5 III GG. Im Rundfunk veröffentlichte Meinung wird (anders als im Parallelfall Pressefreiheit) offenbar auch durch das BVerfG eher der Rundfunk- als der Meinungsfreiheit zugerechnet (BVerfGE 73, 118, 152 – Niedersächsisches Rundfunkgesetz). Gezielte Informationssammlung durch den Rundfunk fällt unter die Rundfunkfreiheit, nicht unter die Informationsfreiheit. Bezieht der Rundfunk seine Informationen allerdings aus für jedermann geöffneten **allgemein zugänglichen Informationsquellen,** dann wird der Zugang auch durch die Informationsfreiheit des Art. 5 I 1 GG geschützt (BVerfGE 103, 44, 59 f. – Fernsehaufnahmen im Gerichtssaal II). **Rundfunk- und Fernsehzeitschriften** fallen grundsätzlich unter die Presse-, nicht unter die Rundfunkfreiheit. Anderes gilt aber, wenn die Rundfunkanstalten selbst Druckwerke mit vorwiegend programmbezogenem Inhalt veröffentlichen, die dem Aufgabenkreis des Rundfunks als unterstützende Randbetätigung zugeordnet werden können (BVerfGE 83, 238, 312 – Westdeutscher Rundfunk).

Für das **Redaktionsgeheimnis** im räumlichen Sinne geht Art. 5 I GG Art. 13 GG vor. Im Hinblick auf das Geheimnis der Informationsbeschaffung per **Post oder Telefon** sieht das BVerfG gleichfalls Art. 10 GG als spezielleres Grundrecht an (BVerfGE 107, 299, 312 – Handy-Überwachung).

III. Eingriffe

17 **Direkte und gezielte Eingriffe** des Staates sind administrative oder auch gerichtliche Verbote bestimmter Sendungen oder Teile daraus, der Zugriff auf durch den Rundfunk ermittelte Informationen und erst Recht die Durchsuchung einer Rundfunkredaktion (BVerfG, Kammer, NJW 2011, 1859). Auch das Gerichtsurteil, das den Rundfunk zu bestimmten Sendungen oder Mitteilungen zwingt (z. B. Verpflichtung zur Sendung der Wahlwerbung einer extremistischen Partei), ist ein Eingriff. Als Eingriff wirken auch das präventive Verbot mit Erlaubnisvorbehalt für private Rundfunkveranstalter und die Nichtzulassung oder Abschaltung privater Veranstalter. Ebenso ein Eingriff in die Rundfunkfreiheit öffentlicher Veranstalter ist es, wenn dem Rundfunk zusätzliche Programme oder Teile daraus verboten werden, um dadurch dem Privatrundfunk bessere Chancen zu

geben (BVerfGE 74, 297, 322 – LandesmedienG Baden-Württemberg) oder wenn einem Veranstalter die Frequenz entzogen wird (BVerwG, NVwZ 1997, 61).

Mittelbare Eingriffe kommen sowohl durch Erlaubnisse als auch durch Verbote gegenüber Dritten in Betracht; so etwa durch die Sendefrequenzen beeinträchtigende immissionsrechtliche Genehmigung oder das Verbot der Einreise gegenüber einem für eine Sendung vorgesehenen Künstler. Auch arbeitsgerichtliche Entscheidungen, die den Bedingungen der Medien nicht gerecht werden, können in die Rundfunkfreiheit eingreifen (BVerfGE 59, 231, 261 – Freie Mitarbeiter). Dasselbe gilt für einen unzulässigen Einfluss des Personalrats auf ein Programm (BVerfG, Kammer, NJW 2000, 1711). Ein zumindest mittelbarer Eingriff in das Grundrecht liegt vor, wenn die **Finanzierungsentscheidung** des öffentlichen Rundfunks von der Einsparung bestimmter Programme oder gar vom Eingehen auf inhaltliche Vorstellungen der Politik abhängig gemacht wird (BVerfGE 90, 60 – Kabelgroschen; BVerfG, NVwZ 2007, 1289 – Rundfunkgebühren; dazu unten, Rn. 36). 18

Im Einzelfall schwierig kann die **Abgrenzung von Eingriff und Inhaltsbestimmung (Konkretisierung)** sein. So sind die Regeln der Rundfunkgesetze und des Staatsvertrags im Allgemeinen nicht Eingriff, sondern inhaltliche Konkretisierung. Werden sie aber im Sinne eines größeren Staatseinflusses oder erweiterter Einflussmöglichkeiten auf die Programminhalte geändert, so kann darin durchaus ein Eingriff liegen. Wie bei anderen Kommunikationsgrundrechten stellt auch die **Verkennung der Bedeutung** der Rundfunkfreiheit, z. B. bei der Abwägung mit Persönlichkeitsrechten Dritter, einen Grundrechtseingriff dar. 19

Kein Eingriff liegt dagegen in der Zulassung privater oder auch öffentlicher „Konkurrenz" für öffentliche Veranstalter (BVerfG, Kammer, NJW 1991, 1943; BVerfG, Kammer, NVwZ 2007, 1304 – Uni-TV) oder umgekehrt in der Gebührenfinanzierung des öffentlichen Rundfunks zu Lasten der privaten Veranstalter (BVerwG, NJW 1998, 1578). Auch die Verweigerung eines Verbots kommerzieller „Werbeblocker" (Geräte, die bei Werbung abschalten) ist kein Eingriff in die Rundfunkfreiheit (OLG Frankfurt/M, NJW 2000, 2029). 20

IV. Verfassungsrechtliche Rechtfertigung – Schranken

21 **1. Einschränkung durch Gesetz – Gesetzesvorbehalt.** Mehrfach hat das BVerfG entschieden, dass die Regelung der für die Rundfunkfreiheit **wesentlichen** inhaltlichen, organisatorischen und verfahrensrechtlichen Fragen Sache des Gesetzgebers ist. Der Gesetzesvorbehalt gibt also nicht nur die Möglichkeit zu Eingriffen, er verpflichtet auch zur Regelung grundrechtswesentlicher Fragen (BVerfGE 57, 295, 320 – Saarl. Rundfunkgesetz).

Als Schranken im eigentlichen Sinne gelten die **allgemeinen Gesetze nach Art. 5 II GG.** Dabei ist sowohl auf die Besonderheiten des Rundfunks als auch auf die durch die weite Verbreitung möglicherweise intensive Verletzung der gesetzlich geschützten Rechte Dritter zu achten. Normen wie § 823 II BGB oder § 185 StGB sind also **im Lichte der Rundfunkfreiheit wie auch des allgemeinen Persönlichkeitsrechts** zu interpretieren.

Eine praktisch besonders wichtige Schranke der Rundfunkfreiheit bilden die Normen der StPO zur Sicherung der Strafverfolgung (vgl. etwa § 94 StPO hinsichtlich des Eingriffs in das Redaktionsgeheimnis; dazu unten, Rn. 32).

22 **2. Verfassungsimmanente Schranken.** Als verfassungsimmanente Schranken der Rundfunkfreiheit kommen z. B. die **Menschenwürde**, das **allgemeine Persönlichkeitsrecht** und Belange der Rechtspflege in Betracht. Gegen Eingriffe in das geistige **Eigentum** oder Geschäftsgeheimnisse schützt Art. 14 GG, gegen Störungen des religiösen Friedens durch Beschimpfung einer **Religionsgemeinschaft** Art. 4 GG (konkretisiert durch § 166 StGB).

Bei der Menschenwürde ist zu beachten, dass nicht jede Geschmacklosigkeit im öffentlichen Fernsehen eine menschenunwürdige Erniedrigung darstellt. Das gilt auch für umstrittene Sendungen wie „Big Brother" und vergleichbare Formate (dazu unten, Rn. 31).

23 **Klassiker: BVerfGE 35, 202, 219 ff. – Lebach.** In diesem Fall ging es um den „Soldatenmord von Lebach", der seinerzeit große Aufmerksamkeit in der Öffentlichkeit erregte. Das ZDF hatte dazu einen Dokumentarfilm hergestellt, in dem u. a. auf das homosexuelle Verhältnis der beiden Haupttäter eingegangen worden war. Nach dem Urteil schützt das **allgemeine Persönlichkeitsrecht** auch die Täter schwerster Straftaten vor Veröffentlichungen aus dem Bereich ihrer Intimsphäre im Rahmen einer Fernsehdokumentation, und vor der damit verbundenen Erschwerung der Resozialisierung. Dagegen haben die Täter nach der Strafverbüßung keinen Anspruch auf Unterlassung jeder erinnernden Berichterstattung über das zurückliegende Verbrechen, können aber weiterhin die Namensnennung verhindern (BVerfG, Kammer, NJW 2000, 1859 – Lebach II; zust. *Cole,* NJW 2001, 795).

Auch im Übrigen kann die Wirkung der Massenmedien einen besonderen Schutz des Persönlichkeitsrechts am eigenen Bilde oder vor Nennung eines Namens in der weiten Öffentlichkeit bewirken (BVerfGE 103, 44, 59 – Fernsehaufnahmen im Gerichtssaal II, dazu unten, Rn. 33).

Auch der **Jugendschutz** ist ein Wert von Verfassungsrang, der durch die 24 entsprechenden Gesetze konkretisiert wird und die Rundfunkfreiheit einschränken kann. Das gilt vor allem hinsichtlich pornographischer und gewaltverherrlichender Darstellungen. Hier müssen die Anstalten Vorkehrungen treffen, damit Jugendliche keinen Zugang zu entsprechenden „Angeboten" erhalten (BVerwG, NJW 2002, 2966). Die allgemeine Verschlüsselung im Rahmen des „Pay-TV" reicht hierfür nicht aus.

Literatur dazu: *Dörr/Schwartmann,* Medienrecht, S. 133 ff.; *Hopf,* Jugendschutz im Fernsehen (2005); *Isensee/Axer,* Jugendschutz im Fernsehen (1998); *Landmann,* Die Ausstrahlung jugendgefährdender Fernsehsendungen – strafbar?, NJW 1996, 3309.

V. Besondere Schutzfunktionen

Die Funktion der Rundfunkfreiheit als **objektive Gewährleistung** 25 ist besonders ausgeprägt (BVerfGE 57, 295, 320 – Saarl. Rundfunkgesetz; BVerfGE 73, 118, 153 – Niedersächsisches Rundfunkgesetz; BVerfGE 83, 238, 296 – Westdeutscher Rundfunk). Die objektive Schutzpflicht beschränkt sich nicht auf den öffentlichen Rundfunk sondern erstreckt sich auch auf Gewährleistung von **Pluralität und Vielfalt** im Bereich des Privatrundfunks und auf die Wahrung der Chancengleichheit zwischen öffentlichem und privatem Rundfunk.

Auch für die **Teilhabedimension** der Grundrechte bildet die Rund- 26 funkfreiheit ein gutes Beispiel. Zwar folgt aus der Rundfunkfreiheit kein subjektives Recht auf Finanzierung von Programmen. Überträgt der Staat dem öffentlichen Rundfunk aber die Erfüllung wichtiger Aufgaben, insbesondere die soziale und kulturelle Grundversorgung, dann muss er grundsätzlich die erforderlichen technischen, organisatorischen, personellen und finanziellen Voraussetzungen dafür sicherstellen (BVerfGE 83, 238, 298 – Westdeutscher Rundfunk; BVerfGE 87, 181, 198 – Fernsehwerbung). Insbesondere darf die Programmautonomie nicht durch die Abhängigkeit von privaten Geldgebern oder durch die Finanzierung durch Werbung gefährdet werden. Ebenso wenig darf die Abhängigkeit der öffentlichen Anstalten von staatlicher Finanzierung zur Durchsetzung eines organisatorischen oder sogar inhaltlichen Einflusses auf Rundfunk und Fernsehen missbraucht werden (BVerfGE 90, 60, 87 – Kabelgroschen; BVerfG, NVwZ 2007, 1289 – Rundfunkgebühren; dazu unten, Rn. 36).

Aus Art. 5 I GG folgt aber weder für den einzelnen Autor ein Anspruch darauf, im Rundfunk gesendet zu werden (BVerfGE 87, 270, 274 – Fernsehwerbung), noch auf kostenlosen Zugang zu privat veranstalteten Sportereignissen (so zuletzt BGH, NJW 2006, 377 – Bundesliga; zum Recht auf Kurzberichterstattung aber unten, Rn. 34). **Private Sender** haben keinen Anspruch auf öffentliche Finanzierung. Selbst die Erhebung eines „Teilnehmerentgelts" zu ihren Gunsten ist für verfassungswidrig erklärt worden (BVerfGE 114, 371, 383 – Bayerisches Teilnehmerentgelt).

27 Neben der Wissenschaftsfreiheit ist die Rundfunkfreiheit das Grundrecht, bei dem die **organisatorische Bedeutung** des Grundrechtsschutzes am meisten zum Ausdruck kommt. So muss der Staat durch eine **adäquate Rundfunkverfassung** sicherstellen, dass die Ziele der **Staatsferne**, der Funktionsfähigkeit, der inneren und äußeren Pluralität sowie der inhaltlichen Sicherung der Grundversorgung möglichst erreicht werden. Insbesondere muss sich die **Binnenpluralität** in der Zusammensetzung der Gremien niederschlagen (so im Ansatz bereits BVerfGE 12, 205, 262 – Adenauer-Fernsehen; besonders ausführlich BVerfGE 73, 118, 153 – Niedersächsisches Rundfunkgesetz). Gegenwärtig ist dies im Hinblick auf die Zusammensetzung der Gremien des ZDF besonders umstritten (dazu unten, Rn. 36). Andererseits hat das BVerfG aber die Gestaltungsfreiheit des Landesgesetzgebers betont (BVerfGE 83, 238, 335 – Westdeutscher Rundfunk).

In der Frage des Zugangs und der Zusammensetzung der Gremien überschneiden sich die **organisatorischen und verfahrensmäßigen Funktionen** der Rundfunkfreiheit. So müssen auch verfahrensmäßig Pluralität, Offenheit und Chancengleichheit der unterschiedlichen Gruppen sichergestellt sein. Das verleiht allerdings keinen subjektiven Anspruch auf Sitze im Rundfunkrat für gesellschaftliche Gruppen (BVerfGE 60, 53, 63 – Rundfunkrat; BVerfG, Kammer, NVwZ 1999, 175 – Sinti und Roma).

28 Interessant ist die Bedeutung des Begriffs der **institutionellen Garantie** in diesem Zusammenhang. Dem Trend der Zeit entsprechend

hat das BVerfG 1961 die Rundfunkfreiheit als „institutionelle Garantie" bezeichnet (BVerfGE 12, 205, 260 – Adenauer-Fernsehen). Später ist dann nur noch von „institutioneller Eigenständigkeit" die Rede (BVerfGE 77, 65, 74 ff. – Beschlagnahme von Filmmaterial). Auch in der mehrfach betonten Bestandsgarantie für die Grundversorgung der Bevölkerung kommt ein institutioneller Bezug zum Tragen (BVerfGE 83, 238, 296 – Westdeutscher Rundfunk).

VI. Die internationale und europäische Perspektive

Die Rundfunkfreiheit ist als selbstverständlicher Bestandteil der Meinungsfreiheit anerkannt (z. B. in **Art. 19 AEMR**) und Gegenstand internationaler Vereinbarungen. Daneben stellen sich gegenwärtig sowohl aus europa- als auch aus völkerrechtlicher Perspektive interessante Fragen, die von größter Bedeutung für das sehr spezifisch geprägte deutsche Rundfunkrecht werden können. Das gilt schon für die Frage, ob und inwieweit die Liberalisierung des Welthandels im Rahmen der WTO auch Mediendienstleistungen erfasst. Die technische Entwicklung und damit der Fortfall aller Grenzen durch Satelliten, Internet usw. ruft naturgemäß eine immer stärkere Europäisierung und Internationalisierung des Rundfunkrechts hervor. Nationale Einschränkungen sind immer weniger durchsetzbar, Maßstäbe und Grenzen müssen sich daher aus internationalen und europarechtlichen Rechtsquellen ergeben. 29

Auch auf der Ebene der **EMRK** ist der Rundfunk Teil der Meinungsfreiheit (Art. 10), kann aber unter Genehmigungsvorbehalt gestellt werden. Großen Wert legt der EGMR auf das Informationsinteresse der Öffentlichkeit und hat sogar im Einzelfall einen Anspruch auf ein Rundfunkinterview mit einer verurteilten Mörderin in einer Strafanstalt bejaht (EGMR, NJW 2013, 765).

Auf der Ebene des europäischen Gemeinschaftsrechts hat die Rundfunkfreiheit im Rahmen der Medienfreiheit in **Art. 11 II EuGRCh** einen eigenständigen Platz in Nachbarschaft zur Freiheit der Meinungsäußerung und Informationsfreiheit erhalten (*Jarass*, EU-Grundrechte, § 16 Rn. 27 ff.; *Schwarze*, Die Medien in der europäischen Verfassungsreform, AfP 2003, 209). Gesichert wird auch die Pluralität des Rundfunks, nicht aber die Besonderheit der dualen Rundfunkordnung in Deutschland. 30

Um so deutlicher werden die auf europäischer Ebene stärker betonten **wirtschaftlichen Seiten der Medienfreiheit,** die auch den Rundfunk als Gegenstand der Warenverkehrsfreiheit nach Art. 29 AEUV und der Dienstleistungsfreiheit nach Art. 56 ff. AEUV begreifen. Demgegenüber wird die politische und kulturelle Bedeutung des Rundfunks stark vernachlässigt. Als brisant tritt immer mehr die Frage der Vereinbarkeit des deutschen, partiell gebührenfinanzierten öffentlichen Rundfunks mit der Dienstleistungsfreiheit und der Freiheit des Wettbewerbs in Europa in den Vordergrund.

Literatur zu § 28 VI: *Gundel,* Das Verbot der ideellen Rundfunkwerbung auf dem Prüfstand der EMRK, ZUM 2005, 345; *Krausnick,* Das deutsche Rundfunksystem unter dem Einfluss des Europarechts (2005); *Stern,* Kultur und Medienpolitik im Kontext des Entwurfs einer europäischen Verfassung (2005); *Thum,* Das Grundrecht der Rundfunkfreiheit nach deutschem und europäischem Recht, DÖV 2008, 653.

VII. Aktuelle Fälle und Probleme

31   **1. Die Selbstaufopferung der Privatsphäre: „Big Brother" und ähnliche Zeitgenossen.** In der Fernsehreihe „Big Brother", „Dschungelcamp" und ähnlichen Formaten werden Menschen einem durchaus voyeuristisch gestimmten Publikum vorgeführt und zur „Abstimmung freigegeben". Zumindest ebenso geschmacklos ist das offene Austragen von Familienkonflikten vor großem Publikum. Besonders „skandalträchtige" Sendungen haben ihre Anziehungskraft nicht nur für Zuschauer, sondern auch für Verfassungsjuristen. So unbestritten es weder vom Qualitätsbewusstsein der Sender noch vom guten Geschmack des Publikums zeugt, so fraglich ist, ob solche „Produkte" deshalb sogleich mit dem Vorwurf des Eingriffs in die Menschenwürde belegt werden und wegen Verstoßes gegen den Staatsvertrag (§ 3 I Nr. 5) verboten werden müssen. Befürworter eines Verbots sehen hier eine Kommerzialisierung des Intimlebens und eine Verletzung der Objektformel (etwa *Hinrichs,* NJW 2000, 2173; *Schmitt Glaeser,* ZRP 2000, 395). Andere betonen die Rolle der Selbstbestimmung und sehen im Hinblick auf die Selbstaufopferung der Intimsphäre die Schranken der zweiten Benetton-Entscheidung des BVerfG (BVerfGE 107, 275, 280) als nicht erreicht an (*Dörr,* Big Brother und die Menschenwürde [2000]; *Fink,* Programmfreiheit und Menschenwürde, AfP 2001, 189). Nicht zufällig spiegelt dieser Streit das Grundsatzproblem der Interpretation der Menschenwürde, wie es oben im Hinblick auf „Begabungstheorie" und „Selbstbestimmungstheorie" dargestellt wurde. Wer die Selbstbestimmung und damit auch den eigenbestimmten Verzicht auf die Menschenwürde für möglich hält, wird auch gegen diese Sendungen nicht mit verfassungsrechtlichen oder strafrechtlichen Mitteln vorgehen. Wer aber im Sinne der Begabungstheorien davon ausgeht, dass der Mensch nicht selbst über die Würde verfügen darf, wird möglicherweise zum entgegengesetzten Ergebnis kommen. Insgesamt dürfte, wenn Freiwilligkeit und Jugendschutz gesichert sind und echte Quälerei und Erniedrigung vermieden werden, der auch durch die Menschenwürde geschützten Selbstbestimmung der Vorrang

zukommen. Immerhin wird niemand zur Kenntnisnahme derartiger Geschmacklosigkeiten gezwungen.

2. Der Rundfunk als „Hilfsorgan der Staatsanwaltschaft"? Nicht 32 selten kommt es vor, dass der Rundfunk wie auch Presseorgane aufgefordert werden, Bildaufnahmen oder andere Rechercheergebnisse für strafrechtliche Ermittlungen von Polizei und Staatsanwaltschaft freizugeben. Im Extremfall kann es zur Durchsuchung von Redaktionen oder Beschlagnahmen kommen. Derartige Eingriffe, insbesondere die Beschlagnahme von Bildmaterial, kommen aber nur bei Straftaten von erheblicher Bedeutung und unter Beachtung der Abhängigkeit des Rundfunks von vertraulichen Informationen in Betracht (BVerfGE 107, 299, 312 – Handy-Überwachung, dort allerdings in Bezug auf den Rundfunk als Träger des Grundrechts aus Art. 10 GG). Schon gar nicht darf die Durchsuchung der Aufdeckung einer „undichten Stelle" im Polizeiapparat dienen (BVerfGE 117, 244, 258 – Cicero; BVerfG, Kammer, NJW 2011, 1859 – Rundfunkredaktion). Zu bedenken ist dabei, dass schon die Möglichkeit der Beschlagnahme zu einer Gefährdung von Reportern und Kamerateams führen kann (teilweise anders hinsichtlich gewalttätiger Demonstrationen allerdings BVerfGE 77, 65, 74 – Beschlagnahme von Bildmaterial). Die früher mögliche Verfolgung von Journalisten wegen Anstiftung oder Beihilfe zum Geheimnisverrat wurde mittlerweile durch Gesetz beseitigt (dazu oben § 27, Rn. 5).

3. Rundfunk- und Fernsehaufnahmen im Gerichtssaal. Der 33 Grundsatz der Öffentlichkeit der Gerichtsverfahren bedeutet keine uneingeschränkte Medienöffentlichkeit. Auch besteht kein allgemeiner Anspruch auf Information durch Rundfunk und Fernsehen aus den Gerichtssälen. Im Gegenteil: § 169 GVG schließt Ton-, Fernseh- und Filmaufnahmen zum Zwecke der öffentlichen Vorführung oder Veröffentlichung grundsätzlich aus. Gründe dafür sind die **funktionierende Rechtspflege**, die durch Fernseh- und Rundfunkaufnahmen nicht gestört werden soll, sowie der **Schutz der Beteiligten** und der Unschuldsvermutung bzw. die Resozialisierung der Straftäter (BVerfGE 91, 125, 133 – Honecker; BVerfG, Kammer, NJW 2012, 2178 – schuldunfähiger Angeklagter). Auch die Sicherheit – z. B. in Terroristenprozessen – spielt eine wichtige Rolle (BVerfG, Kammer, NJW 1996, 310 – Kurdenprozess).

Auf die Verfassungsbeschwerde eines Nachrichtensenders hin hat das BVerfG zwar betont, dass Art. 5 I 1 und 2 GG keinen Anspruch auf Eröffnung einer Informationsquelle geben und dass der Gesetzgebers im Hinblick auf die öffentliche Zugänglichkeit von Gerichtsverfahren einen Ermessensspielraum hat (BVerfGE 103, 44, 59 – Fernsehaufnahmen im Gerichtssaal II; großzügiger noch BVerfGE 91, 125, 133 – Honecker und BVerfG, Kammer, NJW 2002, 2021 – Al Kaida-Prozess). Die Entscheidung war allerdings auch innerhalb des Senats umstritten, wie das dissenting vote dreier Richter bezeugt (BVerfGE 103, 44, 79 ff.; *Müller,* Probleme der Gerichtsberichterstattung, NJW 2007, 1617; skeptisch aber *Eckertz-Höfer,* DVBl. 2012, 389; allg. *von*

Coelln, Zur Medienöffentlichkeit der Dritten Gewalt [2005]; zum **Fotografierverbot** BVerfG, Kammer, NJW 2003, 2671). Als „Trostpflaster" hat das BVerfG das Recht der Sender zu Aufnahmen von Anfang und Ende der Gerichtsverfahren in Anwesenheit der Prozessbeteiligten bestätigt (BVerfG, NJW 2008, 977 – deutlicher: BVerfG, Kammer, NJW 2009, 2117). Die Erkennbarkeit und „Filmbarkeit" von Zeugen und Angeklagten kann aber selbstverständlich nicht erzwungen werden. Für das **BVerfG selbst** lässt § 17a BVerfGG Aufnahmen vom Anfang der Verhandlung und bei der Verkündung ausdrücklich zu. Immer zulässig ist die gewöhnliche Gerichtsberichterstattung ohne Kamera, außer wenn die Öffentlichkeit gesetzlich ausgeschlossen ist (BVerfG, Kammer, NJW 2010, 1739). Macht ein Gericht hiervon aber Ausnahmen, dann darf es nicht einzelne Medienvertreter diskriminieren. Für die Zuteilung knapper Plätze im Gerichtssaal gelten dieselben Grundsätze wie für die Pressefreiheit (oben § 27, Rn. 23).

Gegenüber dem **Persönlichkeitsrecht eines Richters**, der sich während eines Gerichtsverfahrens nicht filmen lassen will, haben Informations- und Rundfunkfreiheit zwar den Vorrang (BVerfG, Kammer, NJW 2000, 2890 – Gerichtsfernsehen). Etwas anderes muss im Hinblick auf Art. 2 II GG aber gelten, wenn Gefahr für Leben und körperliche Unversehrtheit des Richters oder seiner Familie droht. Das dürfte heute in allen Terroristenprozessen und in Strafverfahren gegen die organisierte Kriminalität der Fall sein.

4. Das Recht auf Kurzberichterstattung. Die umfassende Berichterstattung durch Rundfunk und Fernsehen ist nicht auf politische Begebenheiten beschränkt, sondern erfasst grundsätzlich auch wichtige Sportereignisse (BVerfGE 97, 228, 257 – Kurzberichterstattung). Probleme entstehen aber dann, wenn diese Sportereignisse privat veranstaltet und „vermarktet" werden. Sportvereine erzielen inzwischen den größten Teil ihrer Einnahmen nicht mehr durch Eintrittsgelder, sondern durch die Exklusivität der von ihnen verkauften Fernsehrechte. Das Recht auf umfassende Berichterstattung ist aber dann gefährdet, wenn wichtige Sportereignisse im „Pay-TV" verschwinden oder durch Exklusivverträge von der Öffentlichkeit ferngehalten werden. Hier muss die Rechtsprechung zwischen den Rechten der Veranstalter (Berufsfreiheit i. S. v. Art. 12 GG, ggf. auch geistiges Eigentum i. S. v. Art. 14 GG) und der Rundfunk- und Informationsfreiheit einen Kompromiss finden. In diesem Sinne scheint inzwischen geklärt, dass Rundfunk und Fernsehen auf der Basis eines Landesgesetzes auch bei bestehenden Exklusivverträgen gegen angemessene Entschädigung eine nachrichtenmäßige Kurzberichterstattung aufzeichnen und verbreiten dürfen (BVerfGE 97, 228, 252 – Kurzberichterstattung; krit. dazu *Zuck*, Ist Fußball ein Menschenrecht?, NJW 1998, 2190; einschränkend BGH, NJW 1998, 750; BGH, NJW 2006, 269 – Berichterstattung nur gegen Entgelt; allg. *v. Coelln*, Hörfunkberichterstattung aus dem Stadion [2006]; *Dittl*, Die unentgeltliche Kurzberichterstattung im Fernsehen [2013]; *Lenz*, Das Recht auf Kurzberichterstattung, NJW 1999, 757; *Strauß*, Hörfunkrechte des Sportveranstalters [2006]). Für viele überraschend hat auch der EuGH diese Position bestätigt: Sportereignisse von großem öffentlichen

Interesse dürfen in bis zu 90 sekündigen Ausschnitten in allgemeinen Nachrichtensendungen gezeigt werden (EuGH, EuZW 2013, 347 – Sky Österreich.

5. Staatsferne und Parteiennähe: Der Streit um den ZDF-Staatsvertrag. Schon seit dem 1. Rundfunkurteil hat das BVerfG immer wieder das unmittelbar aus Art. 5 I GG folgende Gebot der **Staatsferne** betont (BVerfGE 12, 205, 260; 31, 314, 325; 73, 118, 153). Diese müsse sich nicht nur im Verbot der direkten Einwirkung auf die Programme des öffentlichen Rundfunks, sondern auch in der inneren Rundfunkverfassung niederschlagen. Das bedeutet auch, dass die Gremien des Rundfunks in sich plural und ausgewogen organisiert sein müssen und der Staat keinen ausschlaggebenden Einfluss gewinnen darf. Gleichwohl hat es immer wieder berechtigte Kritik an der Einflussnahme der Politik und insbesondere an der parteipolitischen Besetzung von führenden Stellen wie Intendant, Chefredakteur und Programmdirektor gegeben. Dabei geht es wohl weniger um den Einfluss des Staates als solchem, sondern um den Einfluss der Parteien, um Ämterpatronage und Proporz in den Gremien.

Dieser Konflikt brach schlagartig auf, als der ZDF-Verwaltungsrat gegen den Vorschlag des Intendanten die Verlängerung des Vertrags für den fachlich völlig unbestrittenen Programmdirektor verweigerte. Dies bewirkte nicht nur eine dezidierte Stellungnahme von zahlreichen deutschen Staatsrechtslehrern, sondern auch eine Normenkontrollklage des Landes Rheinland-Pfalz zum BVerfG gegen die einschlägigen Bestimmungen des ZDF-Staatsvertrags. Kritikpunkte sind vor allem der Einfluss des Verwaltungsrats auf die Bestellung von Intendant und Chefredakteur, obwohl die politische Kontrollkompetenz beim ohnehin weitgehend nach Parteienproporz besetzten Fernsehrat liegt und der Verwaltungsrat der Intention des Vertrags entsprechend eher für die wirtschaftliche und organisaorische Ebene zuständig ist. Im Kern aber wird die Zusammensetzung der Gremien gerügt, die sich direkt oder indirekt zu einem zu großen Anteil aus parteipolitisch und damit aus den Parteizentralen oder Staatskanzleien bestimmten Vertretern zusammensetzen. Damit sei – so die Klagebegründung – das Prinzip der Staatsferne verletzt (*Dörr*, Der Grundsatz der Staatsferne und die Zusammensetzung der Rundfunkgremien (2010); teilw. a. A. *Degenhart*, NVwZ 2010, 877). Es lässt lässt sich unschwer voraussagen, dass das Urteil keine geringere Bedeutung als die bisherigen massgeblichen „Rundfunkurteile" des Gerichts haben wird.

Literatur: *Cornils*, Rundfunk und Parteien, in: Dörr, Die Macht der Medien. Kolloquium zum 75. Geburtstag von H. Schiedermair (2011), S. 41; *Degenhart*, Verfassungswidrige Zusammensetzung der Gremien des ZDF? NVwZ 2010, 877; *Dörr*, Der Grundsatz der Staatsferne und die Zusammensetzung der Rundfunkgremien (2010); *ders.* Die Mitwirkung des Verwaltungsrats bei der Bestellung des ZDF-Chefredakteurs und das Problem der Gremienzusammensetzung, KuR 2009, 555 ff.

6. Staatseinfluss durch Einsatz der „Gebührenkeule"? Die öffentlichen Rundfunkanstalten haben keinen Anspruch auf die selbständige Festsetzung der Gebühren. Das ist vielmehr Sache der Ministerpräsidenten der Länder. Auch diese sind freilich in der Zuweisung von Finanzmitteln an die Anstalten nicht frei. Da der Staat dem Rundfunk öffentliche Aufgaben überträgt, haben die Rundfunkanstalten einen Anspruch auf angemessene Ausstattung, die die Ziele der Pluralität, der Grundversorgung und der Ausgewogenheit der Programme ermöglicht (BVerfGE 90, 60, 92 – Kabelgroschen). Streitig ist, ob und in welchem Umfang die Ministerpräsidenten den Rundfunk zu Sparmaßnahmen zwingen dürfen. Das klingt unverfänglich, ist es aber nicht, weil in dieser Forderung zumeist eine Kritik an der Vielfalt der Programme und eine Aufforderung zur Zurückhaltung bei der Konkurrenz zu privaten Anbietern liegt. Schon in früheren Entscheidungen hatte das BVerfG betont, dass die staatliche Kompetenz zur Festlegung der Gebühren nicht zu einem Einfluss auf die inhaltliche Ausgestaltung der Rundfunkfreiheit führen darf. Insbesondere kann es nicht um „Sparauflagen" bezüglich unerwünschter Konkurrenz zu privaten Anbietern gehen (BVerfGE 90, 60, 94 – Kabelgroschen). Es war deshalb keine Überraschung, dass das BVerfG im Jahre 2007 erneut das Verbot des Einflusses des Staates auf die Programme durch die „Gebührenkeule" bestätigt hat (BVerfGE 119, 181, 214). Die Länder dürfen deshalb nur in Ausnahmefällen von den Vorschlägen der Kommission zur Festlegung der Rundfunkgebühren (KEF) abweichen. Eher war es schon eine Überraschung, dass das BVerfG die Entscheidung nutzte, um auch im Zeitalter der Medienkonvergenz und neuer Kommunikationstechnologien die tradierten Grundsätze der dualen Rundfunkordnung nahezu unverändert zu bestätigen (dazu *K. Fassbender,* NVwZ 2007, 1265; *Hain,* JZ 2008, 128; *Gounalakis/Wege,* NJW 2008, 800). Neue Diskussionen gibt es derzeit um den neuen Berechnungsmodus des Rundfunkbeitrags, durch die sich u. a. Unternehmen und Leihwagenfirmen benachteiligt sehen und gegen die zahlreiche Verfassungsbeschwerden anhängig sind (dazu *Séché,* NVwZ 2013, 683).

Literatur: *Bethge,* Funktionsgerechte Finanzierung der Rundfunkanstalten durch den Staat, AöR 116 (1991), 521; *Dörr,* Programmvielfalt im öffentlichen Rundfunk durch funktionsgerechte Ausstattung (1997); *K. Fassbender,* Das jüngste Rundfunkgebührenurteil des BVerfG, NVwZ 2007, 1265; *Größl,* GE-Zetert, GEZankt, GEZwungen: Rundfunkfinanzierung zwischen Anstaltsautonomie und politischer Einflussnahme, DÖV 2006, 105; *Hain,* Die zweite Gebührenentscheidung des Bundesverfassungsgerichts – Kontinuität in den Zeiten der Konvergenz, JZ 2008, 128; *Scheel,* Die staatliche Festsetzung der Rundfunkgebühr (2007).

7. Rundfunkfreiheit im Internet. So sehr die Literatur und Rechtsprechung zur Rundfunkfreiheit von den technischen Möglichkeiten und Risiken des Rundfunks und Fernsehens geprägt sind, so geradezu idyllisch scheinen diese Probleme gemessen an den Chancen, aber auch Risiken des **Internets.** Aus der Sicht der Rundfunkfreiheit besonders interessant ist das immer mehr umkämpfte Feld der Online-Angebote. Wie in kaum einem anderen Bereich wird im Internet deutlich, dass sich die Trennlinien zwischen den Medien und zwischen Inhalten und Übertragungssystemen und damit auch der Schutzbereiche der jeweiligen Grundrechte kaum noch ausmachen lassen. **Digitalisierung** und **Medienkonvergenz** sind auch hier die Hauptstichworte. Immer deutlicher wird auch die Konkurrenz zwischen den unterschiedlichen Anbietern: Während die Vertreter der Presse das Internet als ihre Domäne und als Kompensation für einen schrumpfenden Markt der Printmedien sehen, hat sich der öffentliche Rundfunk auch in diesem Bereich mit eigenen Angeboten ausgebreitet. Der Streit hat neben europarechtlichen auch verfassungsrechtliche Dimensionen: So sieht eine Ergänzung des Rundfunkstaatsvertrags seit 2009 ein neuartiges dreistufiges Genehmigungsverfahren („Drei-Stufen-Test") vor, in dem geprüft wird, ob das Angebot dem politischen und kulturellen Auftrag des Rundfunks entspricht, wie es auf den Wettbewerb der verschiedenen Medien einwirkt und welcher finanzielle Aufwand (insbesondere aus Gebühren) erforderlich ist. Inhaltlich dürfte es dabei weniger um (ohnehin aussichtslose) Versuche einer Abgrenzung von Rundfunk und Internet als um die Sicherung der Wettbewerbsgleichheit gehen: So dürfen insbesondere Rundfunkanstalten im Internet keinen Vorteil aus ihrer Position als gebührenfinanzierte Einrichtungen ziehen. Gescheitert ist vorerst der Versuch von Pressverlagen, der ARD und dem ZDF das Angebot von Tagesschau und Heute „Apps" zu verbieten (zum Problem *Lenski*, DV 45 (2012), S. 465; LG Köln, 27.09.2012, ZUM-Rspr.Dienst, 2012, 613).

Literatur: *Dörr,* Die Zukunft des umkämpften „Medienmarkts", ZRP 2008, 133; *Eberle,* Medien. FS Kirchhof I (2013), 729; *C. Hahn,* Der Online-Auftrag des öffentlich-rechtlichen Rundfunks, ZRP 2008, 217; *Martini*, Auch im Internet in der ersten Reihe? Online-Aktivitäten öffentlich-rechtlicher Rundfunkanstalten im Spannungsfeld zwischen Funktionsauftrag und europäischem Wirtschaftsrecht, DVBl 2008, 1477; *Sokoll,* Der neue 3-Stufen-Test für Telemedienangebote öffentlich-rechtlicher Rundfunkanstalten, NJW 2009, 885); *Lenski*, Die Tagesschau App am Scheideweg des Medienwettbewerbs; DV 45 (2012), S. 465.

Literatur zu § 28 – Rundfunkfreiheit: *Bethge*, Die Freiheit des privaten Rundfunks, DÖV 2002, 673; *Bullinger,* Medien, Pressefreiheit, Rundfunkverfassung, FS 50 Jahre BVerfG (2001) II, 193 ff.; *v. Coelln,* Die Rundfunkrechtsordnung Deutschlands – eine entwicklungsoffene Ordnung, AfP 2008, 433; *Degenhart,* Rundfunkfreiheit, HdbGr IV, § 105; *Dörr,* Der Einfluss der Judikatur des Bundesverfassungsgerichts auf das Medienrecht, VerwArch 92 (2001), 149 ff.; *ders.* Rundfunk, FS Kirchhof I, 2013, 741; *Dörr/Kreile/Cole,* Handbuch Medienrecht (2008); *Dörr/Schwartmann*, Medienrecht, 3. Aufl. (2010); *Hain,* Rundfunkfreiheit als „dienende Freiheit" – Ein Relikt?, Bitburger Gespräche 2007, 21 ff.; *A. Hesse,* Rundfunkrecht 3. Aufl. (2003); *Kübler,* Rundfunk und Demokratie, FS Bryde (2013), 199; *Ladeur/Gostomzyk,* Rundfunkfreiheit und Rechtsdogmatik – Zum Doppelcharakter des Art. 5 I 2 GG in der Rechtsprechung des BVerfG, JuS 2002, 1145.

§ 29 Filmfreiheit (Art. 5 I Satz 2, 3. Alt. GG)

I. Allgemeines

1 Da es sich beim Film um ein vergleichsweise junges Medium handelt, ist auch die Geschichte der Filmfreiheit als Grundrecht nicht lang. Die kurze Geschichte ist aber auch eine sehr kontroverse Geschichte: So muss schon in den Tagen des Stummfilms die besondere Suggestivkraft den Gesetz- und Verfassungsvätern bewusst gewesen sein, denn Art. 118 II WRV sah einzig für „Lichtspiele" eine mögliche gesetzliche Ausnahme vom Verbot der Zensur vor, das sich im Übrigen in auffälliger Nähe zur „Bekämpfung der Schund- und Schmutzliteratur" befand.

II. Schutzbereich

2 **Sachlich** bezieht sich der Schutzbereich auf die klassische Form der „bewegten Bilder", also Stumm- und Tonfilm. Film ist ein *Kommunikationsmedium, bei dem ein chemisch-optischer Bildträger – zumeist verbunden mit einer Tonspur – in der Öffentlichkeit vorgeführt wird (Schulze-Fielitz,* in: Dreier, GG, Art. 5 I, II Rn. 111).
Der Inhalt ist gleichgültig. Unabhängig vom Wert sind alle in der Formensprache des Films verfassten Äußerungen geschützt. Inhaltlich kommt es weder auf den Unterschied von Meinung und Tatsache noch auf die Qualität des Filmes an. Ob und inwieweit das für gewalttätige oder pornografische Produkte gilt, ist keine Frage des Schutzbereichs sondern der Schranken. Naturgemäß hat auch die Filmfreiheit einen **„Werk- und Wirkbereich".** Dieser reicht von der Erstellung des Drehbuchs über die Recherche und die Herstellung bis zur Verbreitung zum Filmverleih und zur Vorführung. Der Schutzbereich erfasst auch die Werbung für den Film (Einzelheiten bei *Reupert,* NVwZ 1994, 1155).

3 **Träger** der Filmfreiheit können sowohl natürliche Personen (Produzent, Regisseur, Filmschauspieler, wohl auch Filmverleiher) als auch juristische Personen sein. Auch eine öffentlichrechtlich organisierte Filmakademie oder Kunsthochschule ist insofern Trägerin des Grundrechts.

4 **Das Verhältnis zu anderen Grundrechten** war ursprünglich dadurch gekennzeichnet, dass der Film – wie schon die eigenständige

Formulierung in Art. 5 I GG zeigt – durchaus als selbständiges und besonders geschütztes Medium verstanden wurde. Dass die Filmfreiheit heute aber nahezu vollständig in anderen Grundrechten aufgegangen ist, hat rechtliche und tatsächliche Gründe. Einerseits ist der Schutzbereich der insoweit vorgehenden Spezialgrundrechte (Kunst- bzw. Rundfunk- und Fernsehfreiheit) stark ausgedehnt worden. Zum anderen ist aus technischer Sicht zu bemerken, dass die Kommunikationsformen des Filmes sich heute nicht mehr von anderen Medien und Ebenen der Massenkommunikation wie Internet, digitalem Fernsehen usw. unterscheiden. Allenfalls der direkte Eingriff in Dreharbeiten bzw. in die Vorführung lässt sich noch als Eingriff in einen besonderen, durch Art. 5 I 2 3. Alt. GG geschützten Bereich behandeln. Insgesamt dürfte es richtig sein, zunächst zu fragen, ob der Film unter die Definition der Kunst fällt. Das ist auch für den Grundrechtsträger „komfortabler", weil die Schranke des Art. 5 III GG für die Freiheit des künstlerischen Films günstiger ist (bekanntestes **Beispiel** aus jüngerer Zeit: BVerfG, NJW 2007, 3197 – Contergan-Film). Sodann ist zu fragen, ob der Film im konkreten Fall unter die Rundfunkfreiheit fällt, soweit er im Fernsehen angeboten wird oder für dieses bestimmt ist. Zuschauer sind nicht durch die Filmfreiheit, sondern durch die Informationsfreiheit geschützt.

III. Sonstiges

Für den geschilderten „Restbestand" des Grundrechts ergeben sich 5 keine Besonderheiten im Verhältnis zu den übrigen Kommunikationsgrundrechten des Art. 5 I GG. Auch das Zensurverbot (keine Vorlagepflicht und vorgezogene Kontrolle) gilt.

Heikel und aktuell ist allerdings die besondere Fallgruppe **„Eingriff durch Nichtleistung"**. So existiert in der Bundesrepublik ein ausgeprägtes System der staatlichen **Filmförderung**, dessen Maßstäbe zumeist zwischen Prämierung des rein künstlerischen (und damit nicht immer erfolgreichen) und des beim Publikum erfolgreichen (dafür aber nicht unbedingt künstlerisch wertvollen) Filmes schwanken. Für die Beurteilung gilt dasselbe wie für die Kunstförderung allgemein: Das Grundrecht enthält **keinen Anspruch auf Filmförderung**. Gleichwohl ist es ein Eingriff, wenn die Filmförderung zur Disziplinierung eingesetzt wird. Das wäre etwa der Fall, wenn eine Förderungsrate nur dann ausgezahlt wird, wenn eine bestimmte Szene des Films zuvor gestrichen wird. Ein **mittelbarer Eingriff** kann darin liegen, daß konkurrierende Filme oder Filmtheater gefördert werden. Kein Eingriff ist in jedem Fall die Einteilung in wertvolle oder weniger wertvolle Filme. Dagegen ist es sehr wohl ein Eingriff, wenn ein Film für bestimmte Altersstufen nicht zugelassen wird. Eingriffsgrundlage ist hier das Jugendschutzgesetz (JuSchG).

Hinweis: Zu verfassungsrechtlicher Rechtfertigung – Schranken, europäischer und internationaler Perspektive sowie aktuellen Fällen und Problemen vgl. § 33, Rn. 27 ff.

Literatur: *P. Bär,* Die verfassungsrechtliche Filmfreiheit und ihre Grenzen: Filmzensur und Filmförderung (1984); *Erdemier,* Filmzensur und Filmverbot: Eine Untersuchung zu den verfassungsrechtlichen Anforderungen an die strafrechtliche Filmkontrolle im Erwachsenenbereich (2000); *Reupert,* Die Filmfreiheit, NVwZ 1994, 1155; *Trute,* Freiheit von Presse und Film HdbGrR IV, § 104, Rn. 71.

§ 30 Versammlungsfreiheit (Art. 8 GG)

I. Allgemeines

1 **1. Entstehung und geschichtliche Entwicklung.** Für die Versammlungsfreiheit gibt es verschiedene historische Wurzeln. Ursprünglich stand sie in engem Zusammenhang mit dem **Petitionsrecht,** d. h. dem Recht, den Herrschenden gegenüber Gemeinwohlangelegenheiten und eigene Belange geltend zu machen (dazu unten § 43). Erst während der **Französischen Revolution** wird die Versammlung zum gegen den etablierten Staat gerichteten unmittelbaren Ausdruck des Volkswillens und in der Verfassung von 1791 garantiert. Ob in der deutschen Tradition das seit langem garantierte Selbstversammlungsrecht der Reichsstände etwas mit der Versammlungsfreiheit im heutigen Sinne zu tun hat, sei dahingestellt. Bei der ersten Kodifikation in Deutschland in § 161 der **Paulskirchenverfassung** steht die Versammlungsfreiheit zwischen der Petitionsfreiheit (§ 159) und der Vereinigungsfreiheit (§ 162) und vermeidet damit die Nähe zur revolutionären französischen Tradition. Typisches Beispiel für die Behandlung der Versammlungsfreiheit in der Zeit nach 1849 ist **Art. 29 der revidierten Preußischen Verfassung von 1850** (Beschränkung der Versammlung auf geschlossene Räume, Verbot mit Erlaubnisvorbehalt usw.). Die **WRV** (Art. 123) knüpfte dann wieder an die Paulskirchenverfassung an und betonte die Erlaubnisfreiheit von Versammlungen sowie die gesetzliche Einschränkbarkeit von Versammlungen unter freiem Himmel. Das kam nicht grundlos, weil die Novemberrevolution von 1918 und die Ausrufung der Republik sozusagen auf politische Versammlungen zurückgingen. Nichts mit der Versammlungsfreiheit zu tun hatten die inszenierten Aufmärsche sowohl im Nationalsozialismus als auch unter dem DDR-Regime. Der **Grundgesetzgeber** von 1949 ließ sich durch die teilweise gewaltsamen Demonstrationen der Weimarer Zeit nicht von einer sehr liberalen Fassung des Art. 8 GG abschrecken.

2 **2. Aktuelle Bedeutung.** In der Bundesrepublik kommt es nicht von ungefähr, dass der „Klassiker", die **Brokdorf-Entscheidung**

(BVerfGE 69, 315, 343), erst relativ spät angefallen ist. Während es in den ersten Jahrzehnten kaum Streitfälle um Art. 8 GG gab, hat seit 1970 die Auseinandersetzung um Kernkraftwerke, Raketenstationierung, Flughafenerweiterung usw. dieses Grundrecht mehr und mehr in den Mittelpunkt der Aufmerksamkeit gerückt. Dabei hat das BVerfG durchweg den liberalen Ansatz von 1949 bestätigt. Angesichts der Konzentration der Meinungsmacht im Bereich der Medien erhielt die Versammlungsfreiheit dabei immer mehr kompensatorische Bedeutung: Wenn die Pressefreiheit nach einem berühmten Zitat von *Paul Sethe* die „Freiheit einer Handvoll reicher Leute, ihre Meinung öffentlich zu äußern" ist, dann ist die Versammlungsfreiheit vor allem ein Grundrecht des „kleinen Mannes" zur Verstärkung seiner individuellen Meinung. Diesem Aspekt misst auch das BVerfG große Bedeutung zu (BVerfGE 69, 315, 342 – Brokdorf). Die besondere Kraft und Bedeutung des Grundrechts zeigte sich dann auch bei der Überwindung der SED-Herrschaft durch die großen Demonstrationen in Leipzig und Ostberlin *(„Wir sind das Volk!")*.

Heute ist die Versammlungsfreiheit auch im Zeitalter der „Massenkommunikation" ein **für die Demokratie besonders wichtiges Grundrecht.** Sie ergänzt nicht nur den Schutz der Minderheiten und die Ausübung einer Opposition. Weitere Stichworte sind auch die „Ventilfunktion" bei vernachlässigten Minderheiten und die Stabilisierungsfunktion im Hinblick auf die Integration von Minderheiten in das Meinungsspektrum (ähnlich *Geis,* in: Friauf/Höfling, Berliner Kommentar zum GG, Art. 8, Rn. 12).

Eine durchaus zwiespältige Entwicklung hat sich aber im Hinblick auf die **Versammlungsfreiheit von Rechtsextremisten** ergeben. Hier hält sich das BVerfG in ständiger Rechtsprechung strikt daran, dass auch solche Parteien und Gruppen ihre Aussagen in die Öffentlichkeit tragen dürfen, die verfassungsfeindliche Ziele verfolgen, aber nicht verboten sind (Einzelheiten unten, Rn. 38). Ein interessanter Nebenaspekt für die Versammlungsfreiheit ist aus der **Föderalismusreform** entstanden, die die Kompetenz zur Regelung des Versammlungsrechts vom Bund auf die Länder übertragen hat. Alsbald machten einzelne Landesregierungen mit dem Versprechen strengerer Versammlungsgesetze von sich reden. In der Praxis dürfte es aber schon wegen der vereinheitlichenden Wirkung der Rechtsprechung des BVerfG kaum zu größeren Abweichungen kommen. Dieses hat bereits durch einstweilige Anordnung ein neues Bayerisches Versammlungsgesetz in wichtigen Punkten gestoppt (BVerfGE 122, 342; *Scheidler,* ZRP 2008, 151). Auch die Landesverfassungsgerichte setzen allzu forschen Einschränkungen des Grundrechts Grenzen (so etwa der VerfGH Sachsen NVwZ 2011, 936; dazu *Scheidler,* NVwZ 2011, 924).; konstruktiv *Enders/Hoffmann-Riem/Kniesel/Poscher/Schulze-Fielitz,* Musterentwurf eines Versammlungsgesetzes [2011]).

II. Schutzbereich

3 **1. Zwei Grundrechte?** Art. 8 GG schützt Versammlungen unter **freiem Himmel** und Versammlungen **in geschlossenen Räumen.** Damit handelt es sich aber nicht um zwei besondere Grundrechte; es werden vielmehr nur unterschiedliche Schranken formuliert. Für Versammlungen unter freiem Himmel gilt ein allgemeiner Gesetzesvorbehalt; für Versammlungen in geschlossenen Räumen kommen gesetzliche Schranken nur zum Schutz anderer Verfassungsgüter in Betracht.

2. Sachlicher Schutzbereich.

4 **Der Klassiker: BVerfGE 69, 315, 342 – Brokdorf.** Im Zusammenhang mit dem geplanten Kernkraftwerk Brokdorf an der Unterelbe kam es in den Jahren 1976 – 1980 immer wieder zu Großdemonstrationen. Die zuständigen Behörden gingen mit Verboten dagegen vor – unter anderem, weil es zu Schäden im Bereich der angrenzenden Landwirtschaft gekommen war. Das BVerfG klärte an Hand dieses Falles wesentliche Elemente von Schutzbereich und Schranken der Versammlungsfreiheit:

- Die Versammlungsfreiheit ist als „kollektive Meinungsfreiheit" **unentbehrlich für die demokratische Ordnung,** deshalb kommen Auflösung und Verbot nur als ultima ratio und zum Schutz gleichwertiger Rechtsgüter bei unmittelbaren Gefährdungen durch die Versammlung selbst in Betracht.
- **Ausschreitungen Einzelner** dürfen nicht zum Anlass genommen werden, gegen die Demonstration als Ganzes vorzugehen.
- Hinsichtlich der Schranken gilt die **Wechselwirkungstheorie:** Das Versammlungsgesetz ist im Lichte des Grundrechts aus Art. 8 GG auszulegen.
- Es gilt der **Grundsatz des versammlungsfreundlichen Verhaltens** für die staatlichen Behörden und die Polizei. Eine Kooperation mit den Veranstaltern ist anzustreben.
- Ferner betont das BVerfG die **Bedeutung des vorläufigen Rechtsschutzes** gegenüber Verboten und Auflagen.

5 **3. Einzelne Elemente des sachlichen Schutzbereichs.** Versammlung ist die **aus zwei oder mehreren Personen** bestehende Gruppe, die durch **ihr Zusammentreffen** einen **gemeinsamen Zweck** verfolgt, der sie **innerlich verbindet** (*Schulze-Fielitz*, in: Dreier, GG, Art. 8, Rn. 25).

a) Voraussetzung der Versammlungsfreiheit ist zunächst, dass es 6 sich um **„mehrere Personen"** handelt (BVerfGE 104, 92, 104 – Sitzblockaden III). Die „Einpersonen-Demonstration" fällt unter Art. 5 I, nicht unter Art. 8 GG. Ob die Mindestzahl der Teilnehmer zwei oder drei ist, sollte nur erörtert werden, wenn es darauf ankommt. Richtig dürfte die Mindestzahl zwei sein (so explizit VGH Kassel, NJW 2013, 555 LS), weil jede andere Lösung dazu verleiten könnte, Demonstrationen durch Aufsplitterung in Kleinstgruppen zu zerschlagen.

b) Wichtigstes Merkmal der Versammlung ist die Verbindung 7 durch einen **gemeinsamen Zweck,** der auf eine Kommunikation nach außen angelegt ist (BVerfGE 69, 315, 343 – Brokdorf). Dieser Zweck kann, muss aber nicht ausschließlich politisch sein. Teilhabe an **öffentlicher** Meinungsbildung ist entscheidend. Eine selbsthilfeähnliche Durchsetzung eigener Forderung soll nicht darunter fallen. Hier dürfte allerdings die Abgrenzung schwierig sein, denn auch **eigennützige Demonstrationen** von Landwirten, Ärzten, Hartz IV-Betroffenen oder Anliegern einer Autobahntrasse dienen insgesamt der öffentlichen Meinungsbildung und fallen unter Art. 8 GG. Gruppen ohne einen solchen gemeinsamen Zweck bezeichnet man als **Ansammlung:** So können sich etwa die Gaffer bei einem Unfall nicht auf Art. 8 GG berufen.

Ebenso wenig fallen **rein wirtschaftliche Veranstaltungen** ohne eine außerhalb der Veranstaltung selbst liegende politische, soziale oder kulturelle Zielsetzung unter Art. 8 GG (BVerfGE 104, 92 – Sitzblockaden III). So sind Fußballspiele, Open-Air-Konzerte und Marathon-Läufe keine Versammlung. Hier geht es nicht um die gemeinsame Kundgebung einer Meinung, sondern um Sport, Musik und Tanz (dazu unten, Rn. 37).

c) Geschützt ist nicht nur die klassische Versammlung, sondern 8 auch die **Mahnwache,** der **Schweigemarsch,** die **Menschenkette,** das demonstrative **Zeltlager.** Auch die Wahl von **Zeitpunkt und Ort** der Versammlung gehört zum Grundrecht (BVerfGE 69, 315, 343). Interessant ist bei Art. 8 GG der „**örtliche Schutzbereich"** des Grundrechts. Dieser umfasst nach der Rechtsprechung nicht nur den im Gemeingebrauch stehenden öffentlichen Straßenraum, sondern alle Bereiche, in denen ein öffentlicher kommunikativer Verkehr eröffnet ist. Umstritten ist allerdings allerdings, ob das auch auf Privatgrund, also z. B. in einem der Öffentlichkeit zugänglichen Einkaufszentrum, der Fall ist. Ist der Eigentümer mehrheitlich öffentlich, gilt das

Grundrecht – ggf. mit besonderen aus dem Widmungszweck und dem Sicherheitsbedürfnis folgenden Einschränkungen – unmittelbar (BVerfGE 128, 226, 250 – Fraport). Selbst eine Autobahn ist nicht von vornherein dem Schutzbereich entzogen (VGH Kassel, NJW 2009, 312 – Fahrrad-Demo auf Autobahn). Bei der Wahl des Ortes dürfen allerdings Sicherheitsbelange und der Schutz eines ausländischen Staatsgastes sowie ein angemessener Abstand von Demonstranten und Gegendemonstranten berücksichtigt werden. Nicht geschützt ist aber das Aufstellen eines Zeltes im öffentlichen Straßenraum für einen Hungerstreik (VG Berlin, NVwZ 2004, 761) oder eine Motorraddemonstration auf einer gesperrten Straße gegen ebendiese Sperrung der Straße (VGH Mannheim, NVwZ-RR 1992, 481).

9 *d)* Geschützt ist der gesamte **Ablauf der Versammlung** von der Planung, der Werbung für die Teilnahme und der Anfahrt bis zum Ende der Veranstaltung. Insofern hat auch die Demonstrationsfreiheit eine Art „Werkbereich und Wirkbereich" (zur Vorbereitungsphase etwa BVerfGE 84, 203, 209 – Republikaner). Ist eine Demonstration aber bereits verboten, so kann die Anreise nach polizeirechtlichen Grundsätzen verhindert werden (s. dazu unten, Rn. 22). Problematisch sind sog. „Vorfeldmaßnahmen" wie z. B. Kontrollen während der Anfahrt. Rechnet man auch die Anfahrt zum Schutzbereich, dann reichen die allgemeinen Polizeigesetze nicht aus, um hier Eingriffe zu legitimieren (*Trurnit*, NVwZ 2012, 1079). Während der Demonstration sind geschützt: Die Verteilung von **Handzetteln,** die Nutzung eines **Megaphons,** meinungsäußernde **Transparente,** grundsätzlich auch die **gemeinsame Kleidung,** Kostümierung, das Tragen von Mützen usw. (zu möglichen Auflagen in diesem Zusammenhang s. unten, Rn. 25). Die Versammlungsfreiheit wirkt auch noch nach der Demonstration – so gegenüber Sanktionen und überzogenen Reinigungspflichten (bedenklich insofern BVerwG, NJW 1989, 52 – Anwendung straßenrechtlicher Reinigungspflicht). Ist die Versammlung wirksam aufgelöst, gilt für die Gefahrenbekämpfung wieder schlicht das Polizeirecht (dazu Rn. 22).

10 *e)* Die Versammlungsfreiheit erfasst grundsätzlich auch das **Recht zur Gegendemonstration.** Hinsichtlich des Orts gilt aber strikte Neutralität. Die zuerst angemeldete „Hauptdemonstration" hat den Vorrang. Nicht geschützt sind das „Sprengen der Versammlung", das Hineinmischen zur Verhinderung oder sonstige unfriedliche Angriffe auf die „Hauptdemonstration". Dann ist es grundsätzlich Aufgabe der Polizei, eine Demonstration auch vor ihren Gegnern zu

schützen (unabhängig von möglicherweise radikalen Inhalten) und ggf. die beiden Gruppen zu trennen (Einzelheiten bei *Ullrich*, DVBl. 2012, 666).

f) Lange umstritten war der Schutz so genannter **Eil- oder Spontanversammlungen,** also Versammlungen zu hochaktuellen Anlässen und plötzlichen Ereignissen. Diese sind dadurch gekennzeichnet, dass sie die Anmeldepflicht nach § 14 I VersG nicht einhalten können. Indem das BVerfG Spontanversammlungen dem Schutzbereich von Art. 8 GG zugerechnet hat (BVerfGE 69, 315, 350 – Brokdorf), hat es eine Ausnahme von der allgemeinen Anmeldepflicht zugelassen. Zu dieser Fallgruppe gehören auch die sog. **„flashmobs",** zu denen sich oft zahlreiche Teilnehmer spontan im Internet verabreden. Diese sind Spontanversammlungen und fallen in den Schutzbereich von Art. 8 GG, soweit sie einen über die Versammlung hinausgehenden Zweck verfolgen. Aus der schieren Anzahl und der beabsichtigten Spontaneität und geringen Planung können sich aber durchaus konkrete Gefahren für die öffentliche Sicherheit ergeben, die Verbote und Auflagen rechtfertigen. Insofern bedarf es keiner besonderen gesetzlichen Regelung (*Ernst,* DÖV 2011, 537).

g) Eine **„negative Versammlungsfreiheit",** z. B. gegen eine staatlich angeordnete Teilnahme an einer Demonstration, existiert nicht (anders wohl BVerfGE 69, 315, 343 – Brokdorf). Gegen eine solche Maßnahme schützt aber selbstverständlich Art. 2 I GG. Inhaltlich wäre eine solche Anordnung – ebenso selbstverständlich – kaum zu rechtfertigen.

h) Mit den Merkmalen **„friedlich"** und **„ohne Waffen"** enthält Art. 8 GG im Text Merkmale, die eigentlich zu den Schranken gehören, dem Wortlaut nach aber eindeutig als Schutzbereichselemente formuliert sind. Deshalb muss die Definition der Unfriedlichkeit im Lichte des Grundrechts denkbar eng gefasst sein (BVerfGE 73, 206, 248 – Sitzblockade I). Nur Handlungen von einiger Gefährlichkeit, wie etwa aggressive Ausschreitungen gegen Personen oder Sachen oder sonstige Gewalttätigkeiten, fallen darunter, nicht schon einfache Behinderungen (BVerfGE 104, 92, 105 – Sitzblockade III). Auch reine Sitzblockaden sind nicht unfriedlich (BVerfGE 87, 399, 406 – Versammlungsauflösung). Das gilt – solange nicht weitere Unfriedlichkeit vorliegt – auch für Versammlungen, die schon im Begriff bestimmte Wirtschaftsabläufe stören wollen (**„Blockupy"**).

Unfriedlich ist eine Versammlung, wenn sie einen gewalttätigen Verlauf nimmt oder sich von vornherein auf die Begehung von Straftaten richtet. Beispiele sind etwa körperliche Angriffe auf Umstehende, Wurfgeschosse, das Umwerfen oder gar Anzünden von Kraftfahrzeugen, sonstige Sachbeschädigungen usw. Grundsätzlich unfriedlich ist auch eine Demonstration, die mit Gewalt eine andere Demonstration verhindern oder sprengen will (BVerfGE 84, 203, 209 – Republikaner; BVerwG, NJW 1991, 2694).

Auch die **bewaffnete Demonstration** fällt von vornherein nicht in den Schutzbereich. Waffen sind dabei nicht nur traditionelle Waffen wie Stichwaffen, Schusswaffen usw., sondern alle Gegenstände, die mitgeführt werden, um damit Menschen zu verletzen (Baseballschläger, Eisenstangen, Glasflaschen, Benzin zur Anfertigung von „Molotowcocktails") oder zu bedrohen (z. B. „Scheinwaffen"). Keine Bewaffnung ist die so genannte „passive Bewaffnung" durch Vermummung, Gasmasken und Sturzhelme. Solche „Requisiten" können aber sehr wohl Zeichen für die Unfriedlichkeit sein.

Durch eine extensive Interpretation des Gewaltbegriffs in § 240 StGB hat der BGH lange die Versammlungsfreiheit unter eine Art „Nötigungsvorbehalt" gestellt. Das hat das BVerfG inzwischen korrigiert (dazu unten, Rn. 34).

14   **4. Personeller Schutzbereich – Träger und Adressaten des Grundrechts.** Träger des Grundrechts sind dem Wortlaut nach zunächst nur **Deutsche im Sinne von Art. 116 GG.** Nur diese können also Verfassungsbeschwerde unter Berufung auf Art. 8 GG erheben. Für Ausländer bleibt es bei Art. 2 I GG. Durch § 1 I VersG *(„Jedermann")* ist dies aber heute praktisch unwichtig. Hinsichtlich der Bürger der EU darf bei europarechtskonformer Auslegung kein Unterschied in der Grundrechtsträgerschaft gemacht werden. Träger des Grundrechts können auch **Minderjährige** sein, wenn sie im Hinblick auf den Inhalt der Versammlung einsichtsfähig sind. Die Kinderdemonstration für den Erhalt eines Kinderspielplatzes ist also geschützt. Nicht verfassungsrechtlich geschützt, sondern ein bedenkliches Zeichen politischer Unkultur sind „gemietete Demonstranten" (dazu *Bredt,* NVwZ 2007, 1358), die nur gegen Entgelt Transparente präsentieren.

15   Auch **juristische Personen** des Privatrechts kommen als Träger der Versammlungsfreiheit in Betracht. Nicht immer erforderlich ist die Rechtsfähigkeit. Personenvereinigungen, die keine juristischen Personen sind, sind hinsichtlich der Versammlungsfreiheit beschwerdefähig, sofern sie eine festgefügte Struktur haben und auf eine gewisse

Dauer angelegt sind (BVerfG, NVwZ 2009, 441 – BayVersG). **Nicht anwendbar ist das Grundrecht nach h. L. für juristische Personen des öffentlichen Rechts.** Die Demonstration einer Universität gegen die Schließung eines Fachbereichs kann also allenfalls unter Art. 5 III GG bzw. unter die Versammlungsfreiheit der einzelnen Hochschulmitglieder fallen.

Adressaten sind Träger der öffentlichen Gewalt, aber auch Unternehmen, die mehrheitlich im Eigentum des Staates oder anderer öffentlicher Körperschaften stehen (BVerfGE 128, 226, 250 – Fraport). Kommt es zu einer Ausweitung des „örtlichen Schutzbereichs" auf Einkaufszentren usw., wäre insofern auch der private Eigentümer Adressat des Grundrechts.

5. Verhältnis zu anderen Grundrechten. Nach der Systematik der Kommunikationsgrundrechte ist es an sich völlig klar, dass Art. 8 GG als kollektive Form der Meinungsäußerung der allgemeinen Meinungsfreiheit (Art. 5 I GG) vorgeht. Trotzdem betont das BVerfG, dass **Art. 5 und Art. 8 GG hier nebeneinander anwendbar** seien (BVerfGE 82, 236, 258 – Schubart; BVerfGE 90, 241, 246 – Auschwitzlüge). So soll der Inhalt einer Versammlung nach Art. 5 I GG zu beurteilen sein. Die Versammlungsfreiheit biete dabei keinen über Artikel 5 I GG hinausgehenden Schutz von Meinungsäußerungen. Das Gleiche gilt für die Werbung für die Versammlungen und den Bericht über die Versammlung (BVerfGE 111, 147, 152 – Synagogenbau).

Das ist aber allenfalls hinsichtlich des Berichts über die bereits abgeschlossene Versammlung einleuchtend. Die Vorbereitung und die Versammlung selbst fallen unter Art. 8 GG. Die geäußerte kollektive Meinung steht im Mittelpunkt des Versammlungszweckes und damit des Schutzbereichs des spezielleren Grundrechts. Zudem divergieren die Schrankenbestimmungen von Art. 5 und Art. 8 GG. Der Frage kommt (anders als im Verhältnis von Presse- und Meinungsfreiheit) also durchaus praktische Relevanz zu. In jedem Fall ist Art. 8 GG Spezialgrundrecht gegenüber **Art. 2 I GG**. Anders als die Versammlung ist die bloße Menschenansammlung durch Art. 2 I GG geschützt.

Für **religiöse, künstlerische** oder **wissenschaftliche** Versammlungen treten Art. 4 GG bzw. Art. 5 III GG neben die Versammlungsfreiheit (Art. 8 GG). Letztere schützt die Form der Versammlung, Art. 4 bzw. 5 III GG schützen den Inhalt (VGH Kassel, DVBl. 2011, 707 – Recht zur Benutzung von „Anscheinswaffen" aus künstlerischen Gründen). Dasselbe gilt für eine durch die Gewerkschaft anlässlich eines Streiks veranstaltete Demonstration (Art. 9 III GG) und für eine Parteiversammlung hinsichtlich Art. 21 I GG.

Wichtig: Bei der Interpretation der Schranken der Versammlungsfreiheit ist in diesem Fall zusätzlich auf die Bedeutung der Kunstbzw. Religionsfreiheit Rücksicht zu nehmen, d. h. Verbot und Auflagen sind nur möglich, wenn sie (BVerfGE 67, 213, 224 – Anachronistischer Zug) durch verfassungsimmanente Schranken gerechtfertigt sind.

III. Eingriffe

18 Direkte Eingriffe in die Versammlungsfreiheit sind **Verbot, Auflösung** und einschränkende belastende **Auflagen** (§ 15 VersG) sowie die örtliche und zeitliche **Verlegung** (z. B. von einem Gedenktag – BVerfG, Kammer, NVwZ 2012, 749). Unmittelbare Eingriffe sind auch die „Einkesselung" (VG Hamburg, NVwZ 1987, 829) oder die „Begleitung in martialischer Aufmachung" durch Polizisten. Dasselbe gilt für den Abtransport von Teilnehmern an einen weit entfernten Ort (VG Bremen, NVwZ 1986, 862). Ein mittelbarer oder auch faktischer Eingriff liegt in unverhältnismäßigen oder absichtlich verschleppten Kontrollen (BVerfGE 69, 315, 349 – Brokdorf) oder in der Abschreckung potentieller Teilnehmer durch Registrierung, Durchsuchung oder Videoaufnahmen (dazu unten, Rn. 26).

19 Ein Schreiben der Polizei, in dem einem Adressaten nahe gelegt wird, sich nicht an einer Demonstration zu beteiligen, ist, obwohl selbst keine Regelung enthaltend, ein **Eingriff** durch Realakt (OVG Lüneburg, NJW 2006, 391 – **Gefährderanschreiben**). Nach wohl richtiger Auffassung ist auch die **Anmeldepflicht** nach § 14 VersG nicht nur Inhaltsbestimmung, sondern ein Eingriff, der aber durch Art. 8 II GG gedeckt ist. Sie darf aber nicht im Sinne eines verfassungsrechtlich nicht zulässigen Erlaubnisvorbehalts interpretiert werden. Ein gezielter Eingriff ist auch die Auferlegung der **Kosten für die Straßenreinigung** (fragwürdig BVerwG, NJW 1989, 52). Diese kommt allenfalls bei einer gänzlich unverhältnismäßigen Verschmutzung der Straße durch die Demonstranten, nicht aber im Hinblick auf die normale Verschmutzung durch verteilte Flugblätter in Betracht.

20 Einen zumindest **faktischen Eingriff** stellt auch das **Verdecken von mitgeführten Plakaten** oder das akustische Übertönen kritischer Sprechchöre dar (VG München, NVwZ 2000, 461).

IV. Verfassungsrechtliche Rechtfertigung – Schranken

1. Versammlungen in geschlossenen Räumen. Da Art. 8 II GG 21 nur hinsichtlich der Versammlungen unter freiem Himmel einen Gesetzesvorbehalt enthält, unterliegen Versammlungen in geschlossenen Räumen **nur verfassungsimmanenten Schranken.** Eine Einschränkung auf Grund des allgemeinen Polizeirechts kommt hier also noch weniger in Betracht als für Versammlungen unter freiem Himmel (VGH Mannheim, NVwZ 1998, 761). Soweit die Vorschriften des VersG für Versammlungen in geschlossenen Räumen anwendbar sind, können diese nur als Inhaltsbestimmungen des Schutzbereichs oder als Konkretisierung verfassungsimmanenter Schranken interpretiert werden. Darüber hinaus sind zum Schutz von Leben und Gesundheit (Art. 2 II GG) oder des Eigentümers des Gebäudes z. B. die Feuerschutzbestimmungen anwendbar.

Für die **Definition des „geschlossenen Raumes"** kommt es nicht auf die Abdeckung, sondern auf die beschränkte Zugänglichkeit an (*Jarass/Pieroth*, GG, Art. 8, Rn. 17). Die Versammlung in einem Innenhof oder auch in einem Fußballstadion, die nur durch bestimmte und kontrollierbare Eingänge zugänglich sind, ist also so gesehen noch eine Versammlung in einem „geschlossenen Raum". Dagegen ist der überdachte Flughafenterminal – da ohne besondere Kontrolle zugänglich – „freier Himmel" i. S. des Art. 8 II GG (BVerfGE 128, 226, 250 – Fraport AG).

2. Versammlungen unter freiem Himmel. Für Versammlungen 22 unter freiem Himmel enthält Art. 8 II GG einen **einfachen Gesetzesvorbehalt.** Auf dessen Grundlage regelt bisher das VersG die wichtigsten gesetzlichen Schranken. **Wichtig:** Wegen der geänderten Gesetzgebungskompetenz im Zuge der Föderalismusreform gilt dieses Bundesgesetz nur noch kraft Art. 125a I GG in den Bundesländern, die über kein eigenes VersG verfügen. Schranken sind auch die dem Schutz der Verfassungsorgane dienenden „Bannmeilengesetze" der Länder und das Gesetz über befriedete Bezirke für Verfassungsorgane des Bundes v. 08.12.2008 (BGBl. I 2366 – dazu *Dietrich*, DÖV 2010, 683). Andere Gesetze sind möglich, doch ist das **Zitiergebot** zu beachten.

Anwendbar sind auch die nicht direkt gegen die Demonstrationsfreiheit gerichteten allgemeinen Gesetze wie das StGB und die Schadensersatznormen des BGB. Auch das einfachgesetzliche **Hausrecht** (§ 903 BGB) wurde durch das BVerfG als gesetzliche Schranke anerkannt (BVerfGE 128, 226, 250 ff. – Fraport AG). **Nicht anwendbar** für die Dauer der Demonstration ist aber das allgemeine Polizei- und Gefahrenabwehrrecht. Das ist der Kern der so genannten „Polizeifestigkeit des Versammlungsrechts". Diese ist nicht etwa „Polizeifestigkeit", sondern allenfalls „Polizei**gesetz**festigkeit". Für Vorgänge vor der Versammlung und nach Beendigung oder Auflösung einer Versammlung kann allerdings wieder auf das allgemeine Polizeirecht zurückgegriffen werden. Erst die Auflösung macht also den Weg zum Polizeigesetz frei (BVerwG, NVwZ 1980, 250; allg. *Meßmann*, JuS 2007, 524). Nicht anwendbar sind auch die Beschränkungen des Straßen- und Wegerechts hinsichtlich der erlaubnispflichtigen Sondernutzung sowie die meisten Teile der StVO. Demonstranten dürfen also die Fahrbahn betreten, sie brauchen sich nicht auf geschützten Übergängen bewegen und sie dürfen i. d. R. entgegen § 33 I StVO Megaphone benutzen. Überquert die Demonstration aber eine viel befahrene Straße, so müssen sich die Teilnehmer an die Fußgängerampel halten – es sei denn, die Polizei hätte die Straße gesperrt oder den Überweg besonders abgesichert.

23   Für alle Eingriffe auf gesetzlicher Grundlage gilt die **Wechselwirkungstheorie:** Das Versammlungsgesetz und andere einschränkende Gesetze sind im Lichte des Art. 8 GG auszulegen. Konkret bedeutet dies eine strenge Anwendung des **Verhältnismäßigkeitsgrundsatzes.** Der Grad der von einer Versammlung ausgehenden Gefahr und einschränkende Maßnahmen müssen im angemessenen Verhältnis zueinander stehen. Gegenüber Verbot und Auflösung sind Auflagen, freiwillige Kooperation und Kontrolle die milderen Mittel (BVerfGE 69, 315, 349 – Brokdorf; BVerfGE 87, 399, 407 – Versammlungsauflösung). Als Zweck der Beschränkung kommt nur die Gefahrenabwehr, nicht aber die Verhinderung von Belastungen für Verkehrsteilnehmer, Umsatzeinbußen für Ladenbesitzer und Marktbeschicker oder die Möglichkeit zum Aufenthalt auf einer für die Demonstration benötigten Wiese in Betracht. Kein Grund für die Einschränkung der Versammlungsfreiheit ist die Kritikempfindlichkeit inländischer oder ausländischer Politiker oder die Beeinträchtigung des „politischen Klimas". Deshalb hat das *BVerfG* zu Recht entschieden, dass ein Demonstrationsverbot im Umkreis von 5 × 8 km um einen Konferenzort unverhältnismäßig sein kann (BVerfG, Kammer, NJW 2007, 2167 – Heiligendamm).

(Zum Konflikt mit Gegendemonstranten siehe unten, Rn. 39).

Das **Verbot der Versammlung** nach § 15 I VersG kommt nur als 24 letztes Mittel zur Anwendung, und zwar nur bei unmittelbaren, **schweren Gefährdungen für die öffentliche Sicherheit** und zum Schutz gleichrangiger Rechtsgüter, wenn andere Maßnahmen nicht ausreichen. Dasselbe gilt für die **Auflösung** nach § 15 II VersG. Zu beachten ist insbesondere, dass Verbot und Auflösung einer ganzen Versammlung wegen Unfriedlichkeit einiger Teilnehmer in der Regel unverhältnismäßig sind. Eine Gefahr für die öffentliche Sicherheit und Ordnung liegt auch bei einem zu erwartenden Verstoß gegen die Strafgesetze, bei Verwendung von Kennzeichen verfassungswidriger Organisationen (§ 86a StGB), bei Verunglimpfung des Staates und seiner Symbole (§ 90a, § 90b StGB) oder bei Volksverhetzung (§ 130 StGB) vor.

Der hohe Rang der Versammlungsfreiheit schließt ein Verbot oder eine Auflösung wegen Verstoßes gegen die **öffentliche Ordnung** in der Regel aus (BVerfGE 69, 315, 352 – Brokdorf; BVerfGE 111, 147, 152 – Synagogenbau; grundlegend *Baudewin*, Der Schutz der öffentlichen Ordnung im Versammlungsrecht [2007]).

Einschränkende Auflagen sind nach § 15 I VersG und im Hin- 25 blick auf die Durchsetzung des Uniformverbots nach § 3 VersG möglich, aber gleichfalls im Lichte des Grundrechts zu betrachten und am Verhältnismäßigkeitsgrundsatz zu messen. Zulässig sind grundsätzlich das Verbot des Mitführens verfassungsfeindlicher Fahnen und Symbole nach §§ 86, 86a StGB sowie das Verbot der Vermummung oder Passivbewaffnung. Dasselbe gilt für Springerstiefel, die Fortbewegung in uniformierten „Marschblöcken" und NS-ähnliche Symbole. Die Rechtsgrundlage für entsprechende Auflagen ist § 3 VersG (OVG Bautzen, NVwZ-RR 2001, 443; dazu *Leist*, NVwZ 2003, 1300; OVG Lüneburg, DVBl. 2011, 1301). Im Übrigen dürfen Auflagen den Zweck der Versammlung nach Möglichkeit nicht gefährden (BVerfG, Kammer, NJW 2001, 1409 – Holocaust-Gedenktag). Ein undifferenziertes Redeverbot für bestimmte Personen ist unverhältnismäßig, es sei denn, es gäbe konkrete Anhaltspunkte für ein strafbares Verhalten (BVerfG, Kammer, NVwZ-RR 2002, 500) Dasselbe gilt für die örtliche oder zeitliche **Verlegung**. Selbst das problematische Zusammentreffen mit einem Gedenktag lässt das BVerfG als solches nicht ausreichen. Vielmehr sei die Feststellung erforderlich, dass von der konkreten Art und Weise der Durchführung der Versammlung Provokationen ausgehen, die das sittliche Empfinden der Bürgerinnen und Bürger erheblich beeinträchtigen (BVerfG, Kammer,

NVwZ 2012, 749 – Auschwitz-Gedenktag). Für den Schutz historisch bedeutsamer Orte bietet § 15 II VersG jetzt eine Rechtsgrundlage (dazu Rn. 38). Eine besondere Verwaltungsgebühr für eine Auflage ist zumindest dann verfassungswidrig, wenn sie die Versammlung erschwert (BVerfG, Kammer, NVwZ 2008, 414).

26 Strikt verhältnismäßig sein müssen auch einschüchternde **polizeiliche Sicherungsmaßnahmen** wie Observation, Registrierung, Videoaufnahmen usw. Dasselbe gilt für die übertrieben „martialische Polizeiausrüstung" (OVG Bremen, NVwZ 1990, 1188, 1191). Das Fotografieren von Versammlungsteilnehmern und **Videoaufnahmen** oder der Einsatz von „**Drohnen**" bedürfen nicht nur einer gesetzlicher Grundlage (§ 19 a/§ 12a VersG), sondern müssen auch verhältnismäßig sein, kommen also im Allgemeinen nur bei Vorliegen einer konkreten Gefahr in Betracht (BVerwG, NVwZ 2012, 750; dazu *Siegel*, NVwZ 2012, 738; BVerfG, NJW 2009, 1481 – einstw. Anordnung gegen BayVersG; zum Drohneneinsatz: *Roggan*, NVwZ 2011, 590.). Übertrieben ist aber ein allgemeines Verbot der Aufzeichnung friedlicher Demonstrationen (VG Berlin, DVBl. 2010, 1245; zu Recht krit. *Söllner*, DVBl. 2010, 1248; zust. *Roggan*, NVwZ 2010, 1402). Auch eine friedliche Demonstration kann in eine unfriedliche umschlagen oder selbst angegriffen werden, sodaß der Einsatz von Videotechnik gerade zum Schutz der Beteiligten erforderlich sein kann.

27 Grundsätzlich verhältnismäßig ist die **Anmeldungspflicht nach § 14 VersG**. Diese ist nicht etwa ein Verbot mit Erlaubnisvorbehalt. Für die Versammlung gilt nämlich der Grundsatz der „**Erlaubnis mit Verbotsvorbehalt**". Die Rechtfertigung der Anmeldungspflicht liegt – zumindest teilweise – im eigenen Interesse der Teilnehmer an notwendiger Vorbereitung und im Schutz durch Behörden und Polizei, sowie in der für den Anmeldenden bestehenden Priorität gegenüber anderen Demonstrationen und Veranstaltungen.

28 **3. Verfassungsimmanente Schranken.** Wie für jedes Grundrecht gelten verfassungsimmanente Schranken auch für die Versammlungsfreiheit. Diese sind aber in den Versammlungsgesetzen und den weiteren oben genannten allgemeinen Gesetzen abschließend konkretisiert. So ist es z. B. nicht zulässig, allein unter Berufung auf Art. 139 WRV und Art. 4 GG jede Art von Versammlung an Sonn- und Feiertagen zu verbieten (anders zum Volkstrauertag aber BVerfG, Kammer, NVwZ 2003, 601). Das gilt im Prinzip auch für den **Schutz der**

Privatsphäre, wenn z. B. eine Demonstration vor dem Privathaus eines Politikers bzw. seiner Schwester stattfinden soll (BVerfG, Kammer, NJW 1987, 3245 – Privathaus Familie Honecker; BVerfG, Kammer, NVwZ 2002, 339 – „Keine Ruhe für Nazis und Rassisten – NPD-Politiker"; OVG Magdeburg, NJW 2012, 2535 – ehem. Strafgefangene) oder wenn es gilt, Patientinnen einer „Abtreibungsklinik" vor der Demonstration von Abtreibungsgegnern zu schützen (so zum Schutz der Patientinnen [nicht aber des Arztes] auch BVerfG, Kammer, NJW 2011, 47).

Kaum noch besondere Einschränkungen gibt es hinsichtlich der **Versammlungsfreiheit von Beamten und Soldaten.** Diese betreffen z. B. die Einhaltung von Dienstzeiten, die Beantragung von Sonderurlaub und die allgemeine Zurückhaltungspflicht bei politischer Betätigung. Umgekehrt dürfen aber Beamte und Soldaten ihre Uniform und den „Amtsbonus" nicht zur Verstärkung der Wirkungen einer Demonstration einsetzen (BVerfGE 57, 29 – Uniformverbot für Soldaten). Auch die gesetzliche Schulpflicht ist eine verfassungsimmanente Schranke der Versammlungsfreiheit. So ist es **Schülern** (und nach Art. 33 V GG erst recht **Lehrern**) im Allgemeinen zumutbar, außerhalb der Schulzeit zu demonstrieren. Ausnahmen können bestehen, wenn es z. B. um eine Demonstration gegen ein nur kurz andauerndes Ereignis (Gegendemonstration, Staatsbesuch) geht. 29

V. Besondere Schutzfunktionen

1. Für die Versammlungsfreiheit trifft den Staat grundsätzlich eine **objektive Schutzpflicht,** d. h. alle staatlichen Behörden müssen das Ihre tun, um den Bürgern die Ausübung des Grundrechts und die störungsfreie Veranstaltung von Versammlungen zu ermöglichen. Man kann das auch als **„Grundsatz der Versammlungsfreundlichkeit"** bezeichnen. Die Schutzpflicht besteht auch gegenüber der Störung durch Dritte (z. B. gewalttätige Gegendemonstranten, Übertönung durch Lautsprecher usw.). 30

2. Dagegen folgt aus Art. 8 I GG **kein Teilhabe- oder Leistungsrecht.** Der Einzelne hat also – überspitzt formuliert – keinen Anspruch auf die Erstattung von Reisekosten für eine Versammlung unter freiem Himmel oder die kostenlose Bereitstellung einer Stadthalle zur Durchführung einer Versammlung im geschlossenen Raum. 31

Keine Ausprägung des Teilhaberechts ist **die Nutzung der öffentlichen Straßen und Plätze.** Die Versammlungsfreiheit besteht schon definitionsgemäß in der Regel für öffentliche Straßen und Plätze (VGH Kassel, NJW 1988, 2125); es bedarf aus Grundrechtssicht also keines Teilhaberechts „an der Straße", das nach leistungsrechtlichen Kriterien zu beurteilen wäre. Deshalb kommt auch die Forderung nach einer Sondernutzungserlaubnis oder einer Benutzungsgebühr nicht in Betracht (zu anderen öffentlichen Flächen s. unten, Rn. 41).

32   3. Besonders wichtig ist der Aspekt des **Grundrechtsschutzes durch Verfahren.** So müssen Behörden und Veranstalter in jeder Phase der Vorbereitung, Durchführung und Beendigung der Demonstration versammlungsfreundlich zusammenarbeiten (BVerfGE 69, 315, 342 – Brokdorf). Soweit möglich, müssen die Betroffenen vor Verboten und Auflagen **angehört** werden (OVG Weimar, DVBl. 1996, 1447). Der **Sachverhalt** muss im Lichte des Grundrechts aufgeklärt werden. Es besteht Anspruch auf **Beratung** und auf die **Begründung** von einschränkenden Entscheidungen. Selbst Bußgeldbestimmungen müssen im Lichte des Grundrechts ausgelegt werden (BVerfGE 87, 399, 411 – Versammlungsauflösung). Zum Grundrechtsschutz durch Verfahren gehört auch der **angemessene vorläufige Rechtsschutz.** Dieser ist sogar von besonderer Bedeutung, da der Anlass zu Versammlungen unter freiem Himmel in der Regel zeitgebunden ist und der Rechtsschutz in der Hauptsache oft zu spät käme (BVerfGE 69, 315, 363 – Brokdorf; zuletzt etwa (BVerfG, Kammer, NVwZ 2002, 983 – Trauerfahnenverbot). Überdies muss der Betroffene die Möglichkeit haben, die Rechtmäßigkeit einer versammlungsrechtlichen Maßnahme nach Ende der Versammlung gerichtlich im Rahmen einer Fortsetzungsfeststellungsklage überprüfen zu lassen (BVerfGE 110, 77 – „Herren im eigenen Land" II).

33   4. Der Versammlungsfreiheit kommt in der Regel **keine Drittwirkung** zu. So existiert im Allgemeinen kein Anspruch auf Teilnahme an einer Demonstration während der Arbeitszeit. Art. 8 GG verleiht auch kein Recht zur Versammlung auf fremden Grundstücken (auch wenn diese neben einem bekämpften Kernkraftwerk liegen – zu Versammlungen in Bahnhöfen und auf Flughäfen s. unten, Rn. 41).

VI. Die internationale und europäische Perspektive

34   In den wichtigsten **internationalen Menschenrechtspakten** ist die Versammlungsfreiheit heute als Menschenrecht verankert (z. B. Art. 20 I AEMR). Dasselbe gilt für den auch auf Ausländer anwendbaren Art. 11 I EMRK, der allerdings unter Gesetzesvorbehalt und

unter dem Vorbehalt des Schutzes der Rechte und Freiheiten anderer steht und nach Art. 16 EMRK für die politische Betätigung von Ausländern eingeschränkt werden kann, wenn dies notwendig ist.

Auch der EGMR hat den sachlichen Schutzbereich des **Art. 11 EMRK** ähnlich weit gefasst wie das BVerfG und insbesondere eine Beschränkung auf bestimmte Inhalte nicht gelten lassen. Dasselbe gilt für die nahezu übereinstimmenden Merkmale „ohne Waffen" in Art. 8 GG und „friedlich" in Art. 11 I EMRK. Das besondere Augenmerk gilt dem Minderheitenschutz (EGMR, NVwZ 2011, 1375 – unzulässiges Verbot von Gay Pride-Parade in Moskau). Versammlungsverbote sind nur ausnahmsweise notwendig; auch das Verhältnismäßigkeitsprinzip wird durch den EGMR durchweg angewandt. Das gilt erst recht für eine Präventivhaft vor einer besonders heiklen Veranstaltung (EGMR, NVwZ 2012, 1089 – Präventivhaft vor G8-Gipfel in Rostock). Die Möglichkeiten für die Einschränkung der Versammlungsfreiheit von Ausländern sind innerhalb der EU für EU-Bürger restriktiv auszulegen, so dass praktisch heute eine europaweite allgemeine Versammlungsfreiheit besteht. Interessant ist, dass der EGMR auch die objektive Schutzfunktion und die verfahrensrechtliche Dimension der Versammlungsfreiheit ausdrücklich anerkannt hat (EGMR, EuGRZ 1989, 522, 524). Allerdings umfasst das Grundrecht nicht das Recht zur Blockade wesentlicher Verkehrswege und damit zur Beeinträchtigung der Freizügigkeit in Europa (EGMR, NVwZ 2010, 1139). Die Notwehr von Polizeibeamten gegen gewalttätige Demonstranten – auch mit der Waffe – bleibt möglich (EGMR, NVwZ 2011, 1441). 35

Auf der Ebene der EU war die Versammlungsfreiheit bis jetzt noch nicht Gegenstand der Rechtsprechung des EuGH. Gleichwohl ist davon auszugehen, dass das Grundrecht zu den allgemein anerkannten Grundsätzen des EU-Verfassungsrechts damit zum **gemeineuropäischen Grundrechtsstandard** gehört. Zwangsläufig findet die Versammlungsfreiheit in enger Nachbarschaft zur Vereinigungs- und Koalitionsfreiheit in **Art. 12 der EuGRCh** ihren Platz. Auch der EuGH hat aber betont, dass die Freizügigkeit in der EU nicht durch die Blockade von Verkehrswegen beeinträchtigt werden darf (EuGH, NJW 1998, 1931). 36

Literatur: *Gaßner*, Die Rechtsprechung zur Versammlungsfreiheit im internationalen Vergleich (2012); *Ripke,* Europäische Versammlungsfreiheit (2012)

VII. Aktuelle Fälle und Probleme

1. Abgrenzung von Versammlung und „Event" – „Love-Parade" und andere. Nach der furchtbaren Katastrophe von Duisburg ist das Thema der versammlungsrechtlichen Einstufung der „Love-Parade" nicht 37 mehr aktuell. Sehr wohl noch aktuell ist dagegen die Grenze zwischen musikalischem, sportlichem und gesellschaftlichem „Event" einerseits und der durch Art. 8 GG geschützten Versammlung andererseits. Ansammlungen zum Ausdruck eines gemeinsamen Lebensgefühls, zum Tanzen, Hören und gemeinsamen Feiern fehlt es am für Art. 8 GG erforderlichen, über das Zusammensein hinausgehenden gemeinsamen Zweck. Deshalb war es konsequent, dass das BVerfG im Fall „Love-Parade" den Schutzbereich der Versammlungsfreiheit verneint hat (BVerfG, Kammer, NJW 2001, 2459). Dasselbe gilt für Sportveranstaltungen oder auch das „gesellige Beisammensein" von Rechtsradikalen (OVG Weimar, DÖV 1998, 123). Erst recht fallen so genannte **Chaostage** und **Technoparaden** nicht unter die Versammlungsfreiheit, es sei denn, sie seien nicht nur Ausdruck eines allgemeinen Lebensgefühls, sondern dienten auch der Kundgabe eines besonderen Zweckes.

Beispiele: Parade zum „Christopher Street Day" (zugleich Demonstration zur Gleichstellung Homosexueller); „Fuck-Parade" als Ausdruck politischen Protestes [BVerwG, NVwZ 2007, 1431]; oder Stadtlauf von Inline-Skatern mit dem Ziel einer Änderung des Straßenverkehrsrechts zu ihren Gunsten [OVG Münster, NVwZ 2001, 1316]). Bei sog. „flashmobs" oder „smartmobs", also spontan (zumeist im Internet) einberufenen Zusammenkünften, ist zu differenzieren: Verfolgen diese eine gemeinsame Aussage (z.B: „Freiheit für das Internet"), dann handelt es sich um eine Versammlung i. S. von Art. 8 GG. Wollen aber nur Tausende sich in einem Verkehrskreisel oder am Strand von Sylt treffen oder einer vermeintlichen Geburtstagseinladung einer Sechzehnjährigen folgen, dann ist der Schutzbereich der Versammlungsfreiheit nicht eröffnet.

Literatur: *Tschentscher*, Versammlungsfreiheit und Eventkultur, NVwZ 2001, 1243; *Söllner/Wecker*, Bewegung der Massen durch Facebook, ZRP 2011, 179.

38 **2. Neonazi-Demonstrationen.** Einen offenen Grundsatzstreit hat es in Bezug auf das Verbot neonazistischer Demonstrationen zwischen einigen OVG und dem Ersten Senat des BVerfG gegeben. Während erstere im offen bekundeten Bekenntnis zum Nationalsozialismus, zu Fremdenfeindlichkeit und Rassismus einen stets verbotenen Angriff auf die Menschenwürde sahen (vgl. OVG Münster, NJW 2001, 2111; 2113; 2986), hält das BVerfG – auch unter Heranziehung der Rechtsprechung zu Art. 21 I GG – BVerfG, Kammer, NVwZ 2000, 3051; NVwZ 2002, 713; NJW 2001, 2076 – zuletzt Senatsentscheidung BVerfGE 111, 147, 152 – Synagogenbau) ein Verbot erst dann für gerechtfertigt, wenn die **konkrete Gefahr der Begehung strafbarer Handlungen** einschließlich Auschwitzlüge oder Leugnung des Holocaust vorliegt (zuletzt etwa BVerfG, NVwZ 2006, 815). Ansonsten hat es wegen Art. 8 und Art. 21 GG weder örtliche noch inhaltliche Begrenzungen und Verbote hinsichtlich nicht verbotener politischer Parteien zugelassen (BVerfGE 84, 203, 209 – Republikaner; BVerfG, Kammer, NJW 2000, 3053 – Rudolf Heß-Gedenkfeier; BVerfG, Kammer, NJW 2001, 1407 und 1409 – Holocaustgedenk-

tag; BVerfG, Kammer, NJW 2001, 2072 – „Herren im eigenen Land" I). Ein Verbot wegen Verletzung der öffentlichen Ordnung wird erst anerkannt, wenn ein Aufzug von Rechtsextremisten an speziell der Erinnerung an den Holocaust dienenden Feiertagen stattfindet (BVerfGE 111, 147, 157 – Synagogenbau), dgl. bei einschüchterndem Charakter und Verbreitung von Angst für die Bürger oder Minderheiten.
Eigene Auffassung: Diese Rechtsprechung des BVerfG unterliegt **berechtigter Kritik.** Die Propagierung von Rassenhass oder Nazi-Parolen ist mehr als ein Verstoß gegen die öffentliche Ordnung. Sie ist schon per definitionem eine Beleidigung der Opfer des Nationalsozialismus und der Menschen anderer Hautfarbe und damit – unabhängig von der Erfüllung konkreter Straftatbestände – eine Gefahr für die öffentliche Sicherheit und die Grundlagen des Gemeinwesens. Es geht auch nicht um grundsätzlich erlaubte Meinungsäußerungen oder die Ermöglichung von Kundgebungen auch verfassungswidrigen Inhalts, sondern um den **Angriff auf die Menschenwürde als Basis der Verfassung schlechthin.** Verbote solcher Versammlungen sind nicht die Verweigerung einer innergesellschaftlichen politischen Auseinandersetzung mit dem Rechtsextremismus, sondern deren einzig angemessen Form. Um so mehr ist es zu begrüßen, dass nach § 15 II 2 VersG n. F. wenigstens die Möglichkeit der Verhinderung einer NPD-Demonstration am Holocaust-Mahnmal und anderen überregional bedeutsamen Gedenkstätten ermöglicht wurde. Das ist auch durch das BVerfG, (Kammer, NVwZ 2005, 1055), gebilligt worden Dasselbe muss auch für besonders sensible Gedenktage gelten (teilw. anders aber – ausgerechnet zum Auschwitz-Befreiungstag – BVerfG, Kammer, NVwZ 2012, 749). **Hinweis:** Zum Problem „Neonazismus und Meinungsfreiheit" sowie „allgemeine Gesetze" in diesem Zusammenhang (BVerfGE, 124, 300, 320 – Wunsiedel) oben § 25, Rn. 51)

Literatur: Für Verbote: *Bertrams,* Demonstrationsfreiheit für Neonazis?, FS für C. Arndt (2002), 19 ff.; *Röger,* Demonstrationsfreiheit für Neonazis? (2004); *Soiné/Mende,* Das Gesetz zur Neuregelung des Schutzes von Verfassungsorganen des Bundes – ein Bestandsaufnahme, DVBl. 2000, 1500; zur **Gegenauffassung** *Hoffmann-Riem,* Neuere Rechtsprechung des BVerfG zur Versammlungsfreiheit, NVwZ 2002, 157; *ders.,* Demonstrationsfreiheit für Rechtsextremisten, NJW 2004, 2777; *Tölle,* Polizei- und ordnungsbehördliche Maßnahmen bei rechtsextremistischen Versammlungen, NVwZ 2001, 153. **Allgemein** *Dörr,* Keine Versammlungsfreiheit der Neonazis?, VerwArch. 93 (2002), 485; *Leist,* Versammlungsrecht und Rechtsextremismus (2003); *Lehmann,* Der Schutz symbolträchtiger Orte vor extremistischen Versammlungen (2012); *Poscher,* Neue Rechtsgrundlagen gegen rechtsextremistische Versammlungen, NJW 2005, 1316; *Stohrer,* Die Bekämpfung rechtsextremistischer Versammlungen durch den neuen § 15 II VersG, JuS 2006, 15.

3. Demonstration und Gegendemonstration. Durch Art. 8 GG grundsätzlich geschützt ist auch die „Gegendemonstration" zu einer Demonstration (BVerfG Kammer, NvWZ 2011, 422). Das gilt aber nur, solange sie friedlich ist und nicht ihr einziger Zweck in der gewalttätigen Verhinderung einer Ausgangsdemonstration besteht. Letztere darf auch ihrerseits nicht wegen einer zu erwartenden gewalttätigen Gegendemonstration oder zu erwartender „Gegengewalt" verboten werden. Die **zuerst angemeldete Demonstration** hat grundsätzlich den Vorrang vor der Gegendemonstration. Das gilt auch dann, wenn sie von einer radikalen, aber nicht verbotenen politischen Partei veranstaltet wird (BVerfG, Kammer, NVwZ 1998, 834 – Versammlungsauflagen). Eine Ausnahme kommt allenfalls dann in Betracht, wenn ein Auseinanderhalten der beiden Demonstrationen durch die einsetzbaren Polizeikräfte nicht mehr möglich und das Verbot beider Demonstrationen die einzige Möglichkeit ist, um schwerwiegende Gefahren von allen abzuwenden. Es muss also faktisch die Situation des polizeilichen Notstands bestehen. Der oft gehörte Vorwurf: „Polizisten schützen die Faschisten" ist also – zumindest aus verfassungsrechtlicher Sicht – unvermeidbar. Auch hier liegt die Grenze m. E. aber bei gegen die Menschenwürde verstoßenden neonazistischen Aussagen, die jeder Bürger gewaltfrei (!) verhindern darf. Hier gilt dasselbe wie in dem Fall, dass auf Grund der Erfahrungen erwartet werden kann, dass es zu Gewalttätigkeiten der Teilnehmer selbst kommt (zuletzt BVerfG, Kammer, NVwZ 2005, 1055 – Wegstreckenauflage; allg. *Ullrich*, DVBl. 2012, 666).

40 **4. Sitzblockaden.** Seit der Auseinandersetzung um die Raketenstationierung in Deutschland und um die Transporte nuklearer Abfälle gehören Sitzblockaden vor Kaserneneinfahrten und auf Bahnstrecken zum „Arsenal" politischer Aktivisten. Der BGH hatte in langjähriger Rechtsprechung Sitzblockaden als psychische Gewalt und damit als Nötigung behandelt (exemplarisch BGHSt 23, 46, 54 – Läpple). Das BVerfG hat nach anfänglichem Zögern auch **Sitzblockaden zum Schutzbereich von Art. 8 I GG** gerechnet (BVerfGE 73, 206, 249 – Sitzblockade I; BVerfGE 92, 1, 11 ff. – Mutlangen/Sitzblockade II) und ist damit dem weiten Gewaltbegriff der strafrechtlichen Nötigungsrechtsprechung nicht gefolgt (zuletzt BVerfGE 104, 92, 106 – Sitzblockade III). Umgekehrt hat es allerdings auch § 240 StGB nicht wegen Unbestimmtheit für verfassungswidrig erklärt. Das ist entgegen mancher Kritik folgerichtig: Auch die Sitzblockade fällt unter Art. 8 I GG. Ob sie zu einer strafbaren Nötigung wird, ist eine Schrankenfrage. Das zusätzliche Erfordernis der Verwerflichkeit hat das BVerfG – wiederum von vielen kritisiert – auch an die „**Fernziele**" der Blockade gebunden (BVerfGE 76, 211, 215 – General Bastian; BVerfGE 104, 92, 109 f. – Sitzblockade III). Verfolgen die Teilnehmer also als Ziel die Erhaltung des Friedens, so kann dies im Hinblick auf den Nötigungstatbestand anders zu beurteilen sein als bei eigennützigen Zielen. Der BGH will das allerdings nur bei der Strafzumessung, nicht beim inneren Tatbestand oder bei der Rechtswidrigkeit berücksichtigen (BGH, NJW 1988, 1739). Das alles gilt aber nur für die „einfache" und passive Sitzblockade. Das Anketten oder gar Einbetonieren einer Person stellt eine nicht mehr „friedliche" Tätigkeit dar und kann wegen Nötigung bestraft werden (BVerfG, Kammer, NJW 2006, 136). Das gilt erst recht für die LKW-Blockade

einer Autobahn (EGMR, NVwZ 2010, 1139 – „Aktion Schneckentempo"; OLG Karlsruhe, NJW 1996, 1551), die Sperrung einer Innenstadt mit Traktoren oder die Hafenblockade mit Fischkuttern (allg. *Rusteberg*, Die Verhinderungsblockade, NJW 2011, 2999).

5. Demonstrationen in Flughäfen, auf Bahnhöfen und in Einkaufszentren? Bis vor kurzem galt es als ausgemacht, dass der „örtliche Schutzbereich" der Versammlungsfreiheit nur im dem Gemeingebrauch geöffneten öffentlichen Raum gilt. Öffentliche Zugänglichkeit und Kommunikation bestehen vielfach aber auch in privaten Einkaufszentren, Foren und vor allem in Bahnhofshallen und Flughafenterminals („quasi öffentliche Räume"). Letztere sind wegen hoher Medienaufmerksamkeit und starkem Publikumsverkehr für Versammlungen überdies besonders reizvoll. Auch bietet z. B. bei Demonstrationen gegen einen Atommülltransport auf einem Bahnhof oder gegen die über einen Flughafen erfolgende Abschiebung die Örtlichkeit die Gewähr für eine große Resonanz in der Öffentlichkeit und eine Nähe zum jeweiligen „Demonstrationsthema". Zudem stehen sie trotz der privaten Organisationsform vielfach im (Teil-) Eigentum der öffentlichen Hand. Deshalb mehrten sich in der Literatur Stimmen, die zumindest bei öffentlichem Eigentum eine Grundrechtsbindung bejahten (*Fischer-Lescano/Maurer*, NJW 2006, 1395; *Kersten/Meinel*, JZ 2007, 1127 – Demonstrationsfreiheit am Flughafen Frankfurt). Gleichwohl hatten die Gerichte bis jetzt private Hausverbote gegenüber Demonstranten bestätigt (BVerfG, Kammer, NJW 1998, 3113 – Demonstration gegen „Castor-Transport" auf Bahngelände; BGH, NJW 2006, 1054 – Flughafen Frankfurt/M). Eine Wende bedeutet aber das Urteil des BVerfG vom 22.2. 2011 zur Meinungs- und Versammlungsfreiheit für eine Abschiebungsgegnerin im allgemein zugänglichen Teil des **Frankfurter Flughafen-Terminals** (BVerfGE 128, 226, 250 m. abw. Meinung *Schluckebier*, Rn 111 ff.). In diesem betont das BVerfG zunächst allgemein, dass von der öffentlichen Hand beherrschte, gemischtwirtschaftliche Unternehmen in Privatrechtsform ebenso wie im Alleineigentum des Staates stehende öffentliche Unternehmen einer unmittelbaren Grundrechtsbindung unterliegen. Das gelte besonders, wenn ein von einem solchen Unternehmen betriebener Flughafen nicht nur dem Verkehrszweck, sondern auch anderen kommerziellen und kulturellen Zwecken diene. Die besondere Störanfälligkeit eines Flughafens rechtfertige aber nach Maßgabe der Verhältnismäßigkeit weitergehende Einschränkungen der Versammlungsfreiheit, als sie im öffentlichen Straßenraum zulässig sind. Dafür biete auch das **Hausrecht** – was bisher höchst umstritten war – eine gesetzliche Grundlage. So kann der Betreiber (und nicht allein die Versammlungsbehörde) Räume besonderer Sensibilität ausweisen, Höchstzahlen festlegen und alle Maßnahmen verbieten, die die Hörbarkeit offizieller Durchsagen oder die Kenntnisnahme von Anzeigetafeln behindern. Ein generelles Hausverbot für alle Träger von Meinungskundgaben und Versammlungen ist aber nach dieser Entscheidung unverhältnismäßig.

Ausdrücklich offen gelassen hat das Gericht die Frage, ob die Versammlungsfreiheit auch in öffentlich zugänglichen Räumen im Privateigentum (also z. B. einem privaten **Einkaufszentrum**, einem **Vergnügungspark** oder dgl.) gilt.

Literatur: *Masing*, Grundrechtsschutz trotz Privatisierung, FS. Bryde 2013, 409; *Sachs*, Grundrechte: Versammlungs- und Meinungsäußerungsfreiheit, JuS 2011, 665; *Wendt*, Recht zur Versammlung auf fremdem Eigentum?, NVwZ 2012, 606;

Literatur zu § 30 – Versammlungsfreiheit: *Baudewin*, Der Schutz der öffentlichen Ordnung im Versammlungsrecht (2007); *Dietl/Gintzel/Kniesel*, Demonstrations- und Versammlungsfreiheit, 16. Aufl. (2010); *Enders*, Der Schutz der Versammlungsfreiheit, Jura 2003, 34, 103; *ders.*, Grundrechtseingriffe durch Datenerhebung? Am Beispiel der Videobeobachtung insbesondere von Versammlungen. FS Würtenberger 2013, 655; *Enders/Hoffmann-Riem/Kniesel/Poscher/Schulze-Fielitz*, Musterentwurf eines Versammlungsgesetzes (2010); *Höfling/Augsberg*, Versammlungsfreiheit. Versammlungsrechtsprechung und Versammlungsgesetzgebung, ZG 2006, 151; *Hoffmann-Riem*, Versammlungsfreiheit, HdbGr, § 106; *ders.* Neue Rechtsprechung des BVerfG zur Versammlungsfreiheit, NVwZ 2002, 257; *Kloepfer*, Versammlungsfreiheit, HdBStR VII, § 164; *Lembke*, Grundfälle zu Art. 8 GG, JuS 2005, 984, 1081; *Meßmann*, Das Zusammenspiel von Versammlungsgesetz und allgemeinem Polizeirecht, JuS 2007, 524; *W.-R. Schenke*, Der Schutzbereich des Art. 8 GG, FS Riedel (2013), 473; *Ullrich*, Typische Rechtsfragen bei Demonstration und Gegendemonstration/Gegenreaktion, DVBl. 2012, 666.

§ 31 Vereinigungsfreiheit (Art. 9 I GG)

I. Allgemeines

1 **1. Entstehung und geschichtliche Entwicklung.** Nach Art. 9 I GG haben alle Deutschen das Recht, Vereine und Gesellschaften zu bilden. Obwohl es Vereinigungen, Zünfte und Bruderschaften mit besonderen Rechten und Privilegien schon seit dem Mittelalter gab, ist die Vereinigungsfreiheit im Sinne eines freien Zusammenschlusses zu Vereinigungen erst ein **Gedanke der Aufklärung.** In den frühen Menschenrechtserklärungen der USA und Frankreich ist sie nicht explizit enthalten. In Deutschland entstand das Grundrecht erst in der Mitte des 19. Jahrhunderts, genauer in der als „Vormärz" bezeichneten Zeit der nationalen und demokratischen Bewegung und des Erwachens des politischen Bürgertums vor 1848 (*F. Müller*, Korporation und Assoziation [1965]). In der **Paulskirchenverfassung** war die Vereinigungsfreiheit erstmals als Grundrecht formuliert (§ 162), blieb aber unverwirklicht. Kennzeichnend für die Zeit nach 1871 sind Vereinsverbote etwa in Bezug auf Jesuiten und Sozialisten.

Hingewiesen sei in diesem Zusammenhang auf die besondere Rolle, die die Staatstheorie ***Otto von Gierkes (1841–1921)*** den Vereinigungen zumaß. Er ging davon aus, dass der Staat aus verschiedenen aufeinander aufbauenden und sich verdichtenden Korporationen (Vereinigungen) bestehe. Diese Vorstellung hat sich bis heute im Begriff der „öffentlich-rechtlichen Körperschaft" erhalten.

Die **WRV** kannte keinen Vereinigungs- und Koalitionsfreiheit zusammenfassenden Artikel wie Art. 9 GG, sondern ordnete die Vereinigungsfreiheit – wie übrigens auch dieses Lehrbuch – in Nachbarschaft zur Versammlungsfreiheit ein (Art. 159 WRV), während die Koalitionsfreiheit im Abschnitt über das Wirtschaftsleben erfasst war (Art. 165 WRV). Kaum nötig zu erwähnen, dass die Vereinigungsfreiheit eines der ersten durch die berüchtigte ReichstagsbrandVO vom Februar 1933 „vorläufig" außer Kraft gesetzten Grundrechte war. Bei der **Entstehung des GG** war die Vereinigungsfreiheit unumstritten, Diskussionen gab es nur über das Verhältnis von Vereinigungs- und Koalitionsfreiheit und deren Zusammenfassung in einem Artikel. In der Tat gehört Art. 9 III GG eher zu den wirtschaftlich orientierten Grundrechten wie Art. 12 und 14 GG, während Art. 9 I GG alle – auch die nicht wirtschaftlichen – Vereinigungen erfasst.

2. Aktuelle Bedeutung. Weit über seine Bedeutung als Gründungsfreiheit für Vereinigungen hinaus ist die Vereinigungsfreiheit heute eine wichtige Gewährleistung der **pluralistischen Demokratie,** die – jenseits aller Kritik am „Korporatismus" und an der „Macht der Verbände" – ohne dieses Grundrecht nicht vorstellbar wäre. Sie ist aber auch ein Grundelement der freien Entfaltung des Einzelnen. Verbände sind auch – dies sei in einem juristischen Lehrbuch nicht verschwiegen – ein Ort vielfältiger Berufschancen für junge Juristinnen und Juristen. Erkennbar ist im Übrigen bereits eine weitgehende **Internationalisierung der Verbände** und die Herausbildung machtvoller „NGOs" (Non Governmental Organizations), die in ihrer Wirkung die Ebene der Nationalstaaten mühelos hinter sich lassen und als Gegenspieler zu den ebenso international tätigen Konzernen auftreten.

II. Schutzbereich

1. Sachlich. *a)* Die Vereinigungsfreiheit hat eine individuelle und eine kollektive Komponente. Hintergrund der **individuellen Komponente** ist das Menschenbild des Grundgesetzes, das den Einzelnen nicht als isoliertes Individuum begreift, sondern als eine gemeinschaftsbezogene und gemeinschaftsgebundene Person, die zu ihrer Entfaltung auf vielfältige zwischenmenschliche Bezüge angewiesen ist (BVerfGE 4, 7, 15 – Investitionshilfe; BVerfGE 50, 290, 353 – Mitbestimmung). Zudem ist die Vereinigungsfreiheit neben der Versammlungsfreiheit das wohl wichtigste kollektiv wahrzunehmende

Grundrecht, das sowohl die **Gründungsfreiheit** als auch einen **Kernbestand der eigentlichen Vereinstätigkeit** schützt. Auch der **Vereinsname** fällt in den Schutzbereich (BVerfGE 30, 227 – Sozialversicherungswahl; BVerfGE 80, 244, 253 – Vereinsverbot).

4   *b)* Der **Begriff der Vereinigung** ist weit auszulegen: Es handelt sich um einen Sammelbegriff für alle denkbaren Formen von Zusammenschlüssen natürlicher oder juristischer Personen. Notwendige Merkmale sind: **Personenmehrheit, Freiwilligkeit, zeitliche und organisatorische Stabilität und gemeinsamer Zweck.** Auf die Rechtsform und die Art des Zweckes kommt es nicht an (BVerfGE 38, 281, 303 – Arbeitnehmerkammern; BVerfGE 80, 244, 253 – Vereinsverbot). Wirtschaftliche, kulturelle und sportliche Vereinigungen sind nicht weniger geschützt als politische. Deshalb ist es auch verfehlt, dieses Grundrecht als Ganzes vorschnell den „politischen Freiheiten" zuzuschlagen.

5   *c)* Geschützt sind das **Entstehen und das Bestehen** der Vereinigung, also neben der eigentlichen Gründung (Gründungsfreiheit) und dem Beitritt zu einer bestehenden Vereinigung auch die Grundbedingungen der Existenz, Funktionsfähigkeit und kollektiver Selbstbestimmung (so bereits BVerfGE 13, 174, 175 – Demokratischer Frauenbund; BVerfGE 50, 290, 354 – Mitbestimmung). Zur Existenzsicherung gehören auch die **Freiheit zur Mitgliederwerbung** und die – aber durch das Sammlungsrecht einschränkbare – Werbung um Spenden (BVerwG, NJW 1991, 2037). Geschützt ist auch die **Selbstdarstellung eines Vereins** in der Öffentlichkeit (insofern ist Art. 9 I GG Spezialgrundrecht zur Meinungsfreiheit).

6   *d)* Besonders umstritten ist, ob neben den geschilderten elementaren Freiheiten der Gründung und der Existenzsicherung auch **sonstige Tätigkeiten des Vereins** geschützt sind. Das BVerfG will jedenfalls einen „Kernbereich der Vereinstätigkeit" zum Schutzbereich rechnen (BVerfGE 30, 227, 241 – Vereinsname). Für die gewöhnlichen Vereinstätigkeiten kann dies aber nicht gelten, denn andernfalls würde jede im Verein wahrgenommene Betätigung gleichsam einen „doppelten" Grundrechtsschutz genießen, und jede menschliche Handlung – vereinsmäßig ausgeübt – würde in den Schutzbereich von Art. 9 I GG fallen. So gehört zwar die Möglichkeit der Tätigkeit, nicht aber die Tätigkeit selbst zum Schutzbereich von Art. 9 I GG: Der Pilzsammelverein ist beim Pilzesammeln nicht durch Art. 9 GG, sondern allenfalls durch Art. 2 I GG, die Aktiengesellschaft nur durch Art. 12 bzw. 14 GG, die Bürgerinitiative bei einer Demonstra-

tion durch Art. 8 GG geschützt. Aus dem gleichen Grund greift die Anerkennungs- und Genehmigungspflicht im Rahmen des Waffenrechts nicht in die Vereinigungsfreiheit von Schießsportvereinen ein (BVerfG, Kammer, NVwZ 2003, 855).

e) Grundsätzlich enthält Art. 9 I GG als **negative Vereinigungsfreiheit** auch die Freiheit, einer Vereinigung fernzubleiben (BVerfGE 10, 89, 102 – Erftverband; BVerfGE 107, 59, 102 – Emschergenossenschaft).

Die **Zwangsmitgliedschaft in einer öffentlichrechtlichen Körperschaft** (z. B. Handwerkskammern, Industrie- und Handelskammern) sieht das BVerfG gleichwohl nicht als Anwendungsfall der negativen Vereinigungsfreiheit, sondern nur der **allgemeinen Handlungsfreiheit** des Art. 2 I GG (BVerfGE 10, 89, 102 – Erftverband; zuletzt BVerfG, Kammer, NVwZ 2002, 335). Richtiger wäre es, die negative Vereinigungsfreiheit in beiden Fällen an Art. 9 I GG zu messen (dazu § 14, Rn. 11).

2. Personell – Träger des Grundrechts. Grundrechtsträger sind nach Art. 9 I GG **nur Deutsche** und **inländische juristische Personen.** Träger der kollektiven Vereinigungsfreiheit kann auch die Vereinigung selbst sein (BVerfGE 13, 174, 175 – Demokratischer Frauenbund; BVerfGE 84, 372, 378 – Lohnsteuerhilfeverein). Diese erlangt damit einen von den Mitgliedern unabhängigen eigenen Grundrechtsstatus, eigene Klagerechte usw. Hier handelt es sich nicht etwa um ein „Doppelgrundrecht", sondern – ähnlich wie bei der Religionsfreiheit – um die kollektive Seite ein und desselben Grundrechts.

Für **Ausländer und ausländische juristische Personen** gilt Art. 9 I GG nicht, aber die allgemeine Handlungsfreiheit (Art. 2 I GG) und § 1 I VereinsG gewährleisten auch für sie das Recht, Vereinigungen zu bilden. Für **Ausländervereine** gelten besondere gesetzliche Bestimmungen (§ 14 VereinsG). Gehören einem Verein sowohl Ausländer als auch Inländer an, kommt es auf den beherrschenden Einfluss, z. B. durch die Organe des Vereins, an (BVerfG, Kammer, NVwZ 2000, 1281 – Kurdistankomitee). **EU-Ausländer** sind den deutschen Staatsangehörigen zumindest im Hinblick auf die wirtschaftliche Vereinigungsfreiheit gleichzustellen. Träger sind grundsätzlich auch **Minderjährige,** soweit sie einsichtsfähig zur Bildung von Vereinigungen sind. Konkretisiert und damit auch in bestimmtem Sinne erst eröffnet wird das Grundrecht insoweit allerdings durch das BGB und die Beschränkungen der Geschäftsfähigkeit.

10 Nicht erfasst werden nach (durchaus umstrittener) Auffassung des BVerfG (BVerfGE 10, 89, 102 – Erftverband) **öffentlichrechtliche Vereinigungen.** Das wird mit der fehlenden Freiwilligkeit des Zusammenschlusses begründet, ist aber zumindest im Hinblick auf Kammern und Innungen und die Studierendenschaften der Hochschulen nicht plausibel. Hier muss der ggf. bestehenden Pflicht zur Mitgliedschaft auch ein positives Recht auf Gründung und Beitritt entsprechen. Die Freiwilligkeit ist insofern nicht taugliches Definitionsmerkmal, sondern Schrankenproblem.

11 **Grundrechtsadressaten** sind der Staat und andere öffentlichrechtliche Träger, nicht aber der Verein selbst im Verhältnis zu seinen Mitgliedern.

12 **3. Verhältnis zu anderen Grundrechten.** Art. 9 I GG ist lex specialis zur **allgemeinen Handlungsfreiheit** und (im Hinblick auf berufliche Vereinigungen) zu Art. 12 GG. Die Vereinigungsfreiheit geht aber jedenfalls nicht weiter als die Berufsfreiheit selbst (BVerfGE 54, 237, 251 – Sozietätenverbot). Art. 9 III GG ist lex specialis zu Art. 9 I GG – beide zusammen im Hinblick auf die Mitgliederwerbung leges speciales zu Art. 5 I GG (BVerfGE 28, 295, 310).

Die Vereinigungsfreiheit ist subsidiär gegenüber spezielleren Grundrechten und grundrechtsähnlichen Rechten, die gleichfalls die Vereinigung schützen. Für religiöse und weltanschauliche Vereinigungen sind Art. 4 GG und Art. 140 GG i. V. mit Art. 137 WRV einschlägig (BVerfGE 83, 341, 354 – Bahá'í); sie können aber nach Art. 9 II GG verboten werden – dies allerdings wegen Art. 4 GG nur zum Schutz von Rechtsgütern von Verfassungsrang (dazu unten, Rn. 25). Wissenschaftliche und künstlerische Vereinigungen und Akademien sind durch Art. 5 III GG geschützt. Art. 21 GG ist im Hinblick auf politische Parteien Spezialnorm zu Art. 9 I (BVerfGE 25, 69, 78 – Mitgliedschaft in verbotener Partei). Die wichtigste Konsequenz: Politische Parteien sind zwar auch Vereinigungen, dürfen aber nicht nach Art. 9 I GG behandelt und nach Art. 9 II GG verboten werden. Maßgeblich ist vielmehr allein Art. 21 GG, wobei die Abgrenzung von politischer Partei gemäß § 2 PartG einerseits und bloßer politischer Vereinigung ebenso schwierig wie – im Hinblick auf das Parteienprivileg des Art. 21 II GG und die Rechte und Pflichten des PartG – wichtig ist.

III. Eingriffe

13 Eingriffe in die Vereinigungsfreiheit sind alle **unmittelbaren und gezielten** Beeinträchtigungen der Gründung, des Bestands und des

Kerns der Betätigung des Vereins. Auch gezielte Erschwerungen und Behinderungen der Vereinsgründung sind Eingriffe in die Vereinigungsfreiheit. Dasselbe gilt für die nachrichtendienstliche Ausforschung und die Nennung des Vereins unter den extremistischen Vereinigungen im Verfassungsschutzbericht sowie direkte Warnungen vor der Tätigkeit eines Vereins. Kein Eingriff ist die **allgemeine** Information über Vereine, auch wenn sie für einen konkreten Verein nicht positiv ausfällt. Die härtesten Eingriffe sind das **Vereinsverbot** nach Art. 9 II GG und die **Auflösung** des Vereins, aber auch etwa die **Entziehung der Rechtsfähigkeit** nach § 43 BGB sowie Nebensanktionen des Verbots wie Beschlagnahme des Vereinsvermögens, Verbot der Gründung einer Ersatzorganisation usw.

Indirekte Eingriffe sind die Erschwerung der Mitgliederwerbung und die Subvention von „Konkurrenzvereinigungen". Dagegen verleiht Art. 9 I GG keinen Grundrechtsschutz gegen parallele öffentlichrechtliche Verbände mit Zwangsmitgliedschaft, auch wenn das der Vereinigung das Betätigungsfeld nimmt (BVerfGE 38, 281, 302 – Arbeitnehmerkammern). Richtiger dürfte sein: Es handelt sich hier um einen indirekten Eingriff in die Vereinigungsfreiheit, der auf gesetzlicher Grundlage aber durch Gemeinwohlbelange gerechtfertigt sein kann.

Keine Eingriffe, sondern **Grundrechtskonkretisierungen** sind die Rechtsnormen des Vereins- und Gesellschaftsrechts, die lediglich die Modalitäten der Vereinsgründung, der Entscheidungsbildung sowie der Kontrolle der Vereinstätigkeit regeln (z. B. §§ 21 ff. BGB). Jedoch dürfen solche Regelungen die Gründung und den Fortbestand der Vereinigung nicht gefährden (BVerfGE 50, 290, 355 – Mitbestimmung).

IV. Verfassungsrechtliche Rechtfertigung – Schranken

Art. 9 I GG hat **keinen Gesetzesvorbehalt.** Greifen Gesetze in die Vereinigungsfreiheit ein, so sind sie daher nur gerechtfertigt, wenn und soweit dies erforderlich ist, um ein Rechtsgut von Verfassungsrang zu schützen (BVerfG, Kammer, NJW 2001, 2617). Beispiele sind etwa die Verfassungsschutzgesetze, soweit sie die Beobachtung eines Vereins mit nachrichtendienstlichen Mitteln und seine Nennung im Verfassungsschutzbericht ermöglichen, das Strafvollzugsgesetz zur Beschränkung der Vereinigungsfreiheit von Gefangenen oder aber die Zurückhaltungspflicht von Beamten (§ 53 BBG). 14

15 Eine besondere verfassungsimmanente Schranke und zugleich Zeichen der „streitbaren Demokratie" ist Art. 9 II GG, der ein **Vereinsverbot** ermöglicht. Nach diesem sind Vereinigungen, deren Zwecke oder deren Tätigkeit den Strafgesetzen zuwider laufen oder die sich gegen die verfassungsmäßige Ordnung oder den Gedanken der Völkerverständigung richten, verboten. Die hier genannten Vereinigungen sind aber nicht schon kraft Verfassung verboten, sondern müssen durch ein konstitutiv wirkendes Vereinigungsverbot der zuständigen Behörden (Innenminister des Bundes oder eines Landes) verboten und aufgelöst werden (st. Rspr. seit BVerwGE 4, 188, 189). Mit „verfassungsmäßiger Ordnung" sind nicht etwa alle formell und materiell verfassungsgemäßen Gesetze im Sinne des Art. 2 I GG gemeint. Auch die Kritik an einzelnen Verfassungsbestimmungen rechtfertigt keinesfalls ein Verbot. Gemeint ist hier **die freiheitliche demokratische Grundordnung** i. S. v. Art. 21 II GG (BVerwGE 47, 330, 352), zu der das BVerfG nicht alle Verfassungsnormen, sondern nur die buchstäblich konstitutiven Garantien der demokratischen und rechtsstaatlichen Ordnung sowie den Schutz der im GG konkretisierten Menschenrechten gerechnet hat (dazu *Maurer*, Staatsrecht I, § 23, Rn. 5 ff.). Darüber hinaus ist für ein Verbot erforderlich, dass die Vereinigung sich aktiv und aggressiv kämpferisch gegen die verfassungsmäßige Ordnung richtet (BVerwGE 37, 344, 358; 61, 218, 220). Das Handeln einzelner Mitglieder reicht nicht aus.

Ähnliche Einschränkungen gelten für das Merkmal: *„deren Zweck oder deren Tätigkeit den Strafgesetzen zuwiderlaufen"*. Gemeint ist hier nicht etwa jeder Verstoß gegen die Strafgesetze, den Vereinsvorstände oder Mitglieder begehen, sondern nur die von vornherein „kriminelle Ausrichtung" des Vereins oder seiner Betätigung. Scharfe Kritik an anderen Staaten und Völkern rechtfertigt nicht das Verbot wegen eines **Verstoßes gegen den Gedanken der Völkerverständigung.** Dies ist etwa erst der Fall bei der propagandistischen Vorbereitung eines Angriffskriegs oder der systematischen Unterstützung terroristischer Vereinigungen (BVerwG, NVwZ 2005, 1435 – „Hamas"). Ein weiteres Beispiel wäre der Aufruf zum Kampf gegen die Existenz eines bestimmten Staates oder das „Weltjudentum" (vgl. § 80a und §§ 102 bis 104 StGB).

Einzelheiten zu den Tatbeständen und zum Verbotsverfahren sind in §§ 3 ff. VereinsG geregelt. Zuständig sind je nach Tätigkeitsbereich die obersten Landesbehörden oder der Bundesinnenminister. Im letztgenannten Fall wird das Verbot nach § 50 I Nr. 2 VwGO erst- und letztinstanzlich durch das BVerwG überprüft. Erfasst der Vorwurf der Verfassungswidrigkeit nur einen Teil des Vereins, kann auch eine Teilorganisation verboten werden (BVerwG, NVwZ 1998, 174). Nebenfolgen der Entscheidung sind das Verbot von Ersatzorganisationen (§ 8 VereinsG; dazu BVerwG, NVwZ 1997, 68 – Kurdistan-Komitee), das Verbot von Kennzeichen der Vereinigung (§ 9 VereinsG) und die Vermögensbeschlagnahme in § 10 VereinsG. Ist eine Vereinigung verboten, so kann dies nach § 20 VereinsG strafrechtliche Konsequenzen für Personen haben, die bestimmte unterstützende Tätigkeiten fortsetzen. Das ist durch dieselben Gründe verfassungsrechtlich gerechtfertigt, die auch ein Vereinsverbot rechtfertigen (BVerfGE, 80, 244, 250 – Nationalsozialistisches Gedankengut).

Das Vereinsverbot hatte in der Geschichte der Bundesrepublik durchaus wichtige **Anwendungsfälle** (*Gerlach*, Die Vereinsverbotspraxis der streitbaren Demokratie, 2012 *Baudewin*, Das Vereinsverbot. NVwZ 2013, 1049). Genannt seien z. B. das Verbot der rechtsradikalen Wiking-Jugend (BVerwG, NJW 1995, 2505), das Verbot der PKK (BVerwG, NVwZ 1995, 587), das Verbot des „Kalifatstaates" (BVerwG, NVwZ 2003, 986, bestätigt in BVerfG, NJW 2004, 47) sowie zuletzt der neonazistischen „Hilfsorganisation für nationale politische Gefangene", (BVerwG, NVwZ 2013, 870). 16

Wichtig: Auf **politische Parteien** ist Art. 9 II GG **nicht anwendbar.** Diese können nur nach Art. 21 II GG in einem besonderen Verfahren durch das BVerfG verboten werden. Maßgeblich für die Abgrenzung ist der Parteibegriff des § 2 PartG. Die Kriterien sind objektiv zu bestimmen. Eine Selbstdefinition reicht nicht. So waren weder die „Deutsche Alternative" (BVerwG, NVwZ 1997, 66) noch die PKK (militante Kurdenvereinigung) politische Partei (BVerwG, NVwZ 1995, 587), und beide durften nach Art. 9 II GG verboten werden. 17

V. Besondere Schutzfunktionen

Wie bei anderen Grundrechten trifft den Staat eine **objektive Schutzpflicht** für die Realisierbarkeit der Vereinigungsfreiheit. Im Rahmen seiner Rechtsordnung muss er dafür sorgen, dass das Grundrecht sich entfalten kann und die Gründung von Vereinen nicht durch übermäßig komplizierte und strenge Regelungen auf andere Weise erschwert wird. Übertrieben wäre es aber, die Vereinigungsfreiheit in dem Sinne als **institutionelle Garantie** zu begreifen, dass der Staat ein funktionierendes „Vereinswesen" zu gewährleisten habe. Wie alle anderen Äußerungen menschlicher Freiheit ist das „Funktionieren des Vereinswesens" vielmehr zunächst einmal Sache 18 der Gesellschaft und der Individuen – ein Aspekt, der freilich im geradezu „vereinsseligen Deutschland" keine Sorgen bereitet.

19 Art. 9 I GG ist **kein Leistungsgrundrecht.** Derivative Teilhabeansprüche können sich aber ergeben, wenn Staat und Gemeinden allgemein Vereine fördern oder ihre öffentlichen Einrichtungen für die Betätigung von Vereinen öffnen.

Beispiel: Stellt eine Gemeinde den Gemeindesaal für Veranstaltungen von Vereinigungen zur Verfügung, dann darf sie nicht einzelne Vereine willkürlich ausschließen (vgl. die Nutzungsansprüche hinsichtlich kommunaler Einrichtungen in den Gemeindeordnungen sowie Art. 3 GG i. V. m. dem Grundsatz der Selbstbindung der Verwaltung).

20 Bei der Ausgestaltung des Vereinsrechts, besonders im Verfahren zur Gründung und zum Verbot einer Vereinigung, muss der Staat den **Grundrechtsschutz durch Verfahren** beachten. Das heißt insbesondere, dass die Verantwortlichen eines betroffenen Vereins vor einem Verbot angehört werden müssen – es sei denn, dass durch die Anhörung der Zweck des Verbots oder der Zugriff auf das Vereinsvermögen gefährdet würden (BVerwGE 80, 300 ff.). Die Verpflichtung zur verfahrensrechtlichen Absicherung der Vereinigungsfreiheit heißt aber nicht, dass alle gesetzlichen und sonstigen Bestimmungen, die den Einfluss von Vereinigungen auf den demokratischen Willensbildungsprozess sichern, damit bereits Bestandteil des Grundrechts wären. Insbesondere die Verbandsklage (§ 2 URG/§ 64 BNatSchG) dient letztlich dem Schutz der Natur, nicht aber den subjektiven Rechten des jeweiligen Verbands und gehört deshalb nicht in den grundrechtlichen Zusammenhang.

21 Anders als Art. 9 III GG entfaltet Art. 9 I GG **keine unmittelbare Drittwirkung.** Deshalb gibt es kein subjektives Recht auf Beitritt zu einer Vereinigung.

Schwieriger zu beurteilen sind die Fälle, in denen private Verbände eine wirtschaftliche oder soziale Macht – oder sogar Monopolstellung – haben, und der Einzelne zur Ausübung seiner Vereinigungsfreiheit oder anderer Grundrechte auf die Mitgliedschaft angewiesen ist. Diese Konstellation führt nach der zivilrechtlichen Rechtsprechung zu § 826 BGB, § 20 IV GWB auch ohne Rückgriff auf Art. 9 I GG in bestimmten Fällen zum **Kontrahierungszwang** (BGH, NJW 1999, 1326 – DFB). Auch ein Mindestmaß an pluraler Binnenorganisation mit Minderheitenschutz kann hier verlangt werden, ohne dass es auf die mittelbare Drittwirkung von Art. 9 I GG ankommt.

VI. Die internationale und europäische Perspektive

22 International ist die Vereinigungsfreiheit durch Art. 20 AEMR und durch Art. 11 EMRK garantiert (dazu etwa EGMR, NVwZ 2006, 65 – Verweigerung der Eintragung eines schlesischen Vereins in Polen),

wobei auch hier der Zusammenhang zur Koalitionsfreiheit besteht. Träger der Vereinigungsfreiheit nach Art. 11 EMRK sind nicht nur die jeweiligen Staatsangehörigen, sondern alle Menschen. Erfasst werden auch politische Parteien und wirtschaftliche Koalitionen (*Grabenwarter*, EMRK, § 23, Rn. 82 ff.)

Die **EuGRCh** enthält in Art. 12 die Vereinigungsfreiheit – wiederum in Verbindung mit der Versammlungsfreiheit, gleichfalls unter Einschluss der politischen Parteien und wirtschaftlichen Koalitionen. Unabhängig davon gehört die Vereinigungsfreiheit wohl eindeutig zu den gemeinsamen Verfassungsüberlieferungen der Mitgliedsstaaten. Der EuGH nimmt aber eine unmittelbare Drittwirkung einzelner Grundfreiheiten an und überspielt dabei die Vereinigungsfreiheit – so im berühmten Fall des Fußballers *Bosmann* (EuGH, NJW 1996, 505). Das führt nicht nur im Hinblick auf die Drittwirkung, sondern auch im Hinblick auf die Beschränkung des Art. 9 I GG auf Deutsche zu Spannungen (dazu *Bauer*, in Dreier, GG, Art. 9, Rn. 17; *Schwarze/Hetzel*, Der Sport im Lichte des europäischen Wettbewerbsrechts, EuR 2005, 581). 23

VII. Aktuelle Fälle und Probleme

1. Die Vereinigungsfreiheit als „Grundrecht des Sports". In Deutschland ist der Sport trotz aller Kommerzialisierung und früher nie gekannter Größenordnungen immer noch vorwiegend in Vereinen organisiert. Deshalb ist die Vereinigungsfreiheit das eigentliche **„Grundrecht des Sports".** Damit ist ein Staatsziel „Sport" im Grundgesetz entbehrlich. Fallen alle übrigen sportlichen Aktivitäten nach dem „Reiten im Walde-Muster" unter Art. 2 I GG, so bietet die Vereinigungsfreiheit einen festen verfassungsrechtlichen Rahmen für Gründung, Bestand und den Kern der Betätigung der Sportvereine. Geschützt ist insbesondere die Verbandsautonomie, die auch das Recht umfasst, im bestimmten Rahmen über die Auslegung von Regeln für die Mitglieder zu entscheiden. Dies ist der Hintergrund der so genannten „Sportsgerichtsbarkeit", die natürlich keine „Gerichtsbarkeit" ist, sondern lediglich der internen Konfliktschlichtung dient. Langjährige oder gar lebenslange „Startverbote" und Sperren sind auf dieser Basis aber nicht zu rechtfertigen. Auch gibt es Probleme, die weder Sportvereine noch Sportgerichtsbarkeit ohne Hilfe des Staates meistern können. Genannt seien das Dopingproblem (dazu das Gesetz zur Verbesserung der Bekämpfung des Dopings im Sport vom 31.10.2007, BGBl. I, 2510), der Rassismus in manchen Stadien oder auch die Gewalt der „Hooligans". 24

Literatur: *Asmuth/Binkelmann*, Entgrenzung des Machbaren? Doping zwischen Recht und Moral (2012); *Fritzweiler/Pfister/Summerer*, Praxishandbuch Sportrecht (1998); *Haas,* Sport. ARD-Ratgeber Recht (2005); *Krogmann,* Grundrechte im Sport (1998); *Nolte,* Staatliche Verantwortung im Bereich Sport (2004); *Steiner,* Von den Grundrechten im Sport zur Staatszielbestimmung „Sportförderung", FS Stern (1997), 509; *Streinz,* Deutschland als „Sportstaat" – gegenseitige Erwartungen von Sport und Verfassung, FS Scholz (2007), 355; *Vieweg,* Perspektiven des Sportrechts (2005).

25 **2. Verbot religiöser Vereinigungen.** Unter dem Eindruck des 11. September 2001 und der Tätigkeit fanatischer religiöser Gruppierungen hat der Gesetzgeber im Terrorismusbekämpfungsgesetz v. 9.1.2002 (BGBl. I, 61) das sog. **Religionsprivileg aufgehoben.** Seither können auch religiöse Vereinigungen nach Art. 9 II GG, §§ 3 ff. VereinsG verboten werden. Der Schutzbereich von Art. 4 GG ist hier neben Art. 9 I GG zwar eröffnet, der Eingriff aber gerechtfertigt, da auch die Vereinigungsfreiheit einer religiösen Vereinigung und deren Religionsfreiheit verfassungsimmanent durch den Schutz der freiheitlichen demokratischen Grundordnung eingeschränkt werden können. In jedem Fall zu beachten sind das Verhältnismäßigkeitsprinzip und die Wechselwirkungstheorie (BVerfG, Kammer, NJW 2004, 47 – Kalifatstaat).

Literatur: *Pieroth/Kingreen,* Das Verbot von Religions- und Weltanschauungsgemeinschaften, NVwZ 2001, 841; *Stuhlfauth,* Verfassungsrechtliche Fragen des Verbots von Religionsgemeinschaften, DVBl 2009, 416.

Literatur zu § 30 – Vereinigungsfreiheit: *Baudewin,* Das Vereinsverbot. NVwZ 2013, 1049; *Cornils,* Kommentierung zu Art. 9, in: Epping/Hillgruber, Kommentar zum Grundgesetz (2009); *Grimm,* Verbände, in: HdbVerfR I, § 15; *Günther/Franz,* Grundfälle zu Artikel 9 GG, JuS 2006, 788, 873; *Heinrich,* Vereinigungsfreiheit und Vereinsverbot – Dogmatik und Praxis des Art. 9 II GG (2005); *Hufen,* StW. Vereinigungsfreiheit, Lexikon für Kirchen- und StaatskirchenR III, (2004), 760 ff.; *Merten,* Vereinsfreiheit, in: HdBStR, 3. Aufl. (2009), VII, § 165; *F. Müller,* Kooperation und Assoziation (1965); *Rixen,* Art. 9, Vereinigungsfreiheit, in: Stern/Becker, Grundrechtekommentar (2009); *Ziekow,* Vereinigungsfreiheit, HdbGr IV, § 107.

5. Abschnitt. Kultur und Erziehung

Vorbemerkung: Kultur – Kulturstaat – kulturelle Freiheit

I. Probleme der Definition

1 „Kultur" gehört zu den Begriffen, von denen jeder meint zu wissen, was damit gemeint ist, bei denen aber jeder in Verlegenheit gerät, wenn er sie wirklich definieren soll. Auch verbinden sich mit dem Kulturbegriff Vorverständnisse, die nicht ohne Einfluss auf die Grundrechtsprobleme im Lebensbereich „Kultur" sind.

Der **sprachliche Ursprung** liegt beim lateinischen Verb *colere* und bedeutet das **Betreiben von Landanbau.** Dieser hat sich bis heute im Begriff der Agrikultur gehalten und scheint auf einen ersten Gegensatz von „Kultur" und „Natur" zu deuten, der sich durch die gesamte Kulturgeschichte zieht. Das ist zumindest dann nicht unbedenklich, wenn Natur und Kultur gegeneinander ausgespielt werden. So wurden „Naturvölker" als unkultiviert diskriminiert, obwohl sie über eine große aber eben nicht der Natur entgegengesetzte „Kultur" verfügten. Die zweite Bedeutung des lateinischen Verbs colere bedeutet: **Veredeln, pflegen.** In diesem Sinne meinen wir mit „kultiviert" einen Menschen mit Bildung, Anstand und gehobenem sozialem Verhalten. Diese Deutung des Begriffs kommt dem heute mit Kultur verstandenen gewiss sehr nahe, aber sie ist auch die Quelle eines weiteren Missverständnisses: Kultur als etwas Edles, um nicht zu sagen: Elitäres. Auswirkungen finden sich bis heute in der Differenzierung von „U" und „E", also Unterhaltungsmusik und ernster Musik. In einer dritten Bedeutung hat Kultur mit „Kult" und damit dem **Kern religiöser Verhaltensweisen** zu tun. Wenn von der Freiheit des Kultes die Rede ist, ist zumeist diese Bedeutung gemeint, und sie kennzeichnet dann den Schutz einer ganz bestimmten religiösen Gruppe. Selbst in der Umgangssprache wird heute mit „kultig" eine besonders abgegrenzte, hervorgehobene Gewohnheit, Tradition oder Verhaltensweise bezeichnet.

Einem Lehrbuch der Grundrechte kann nicht daran gelegen sein, mit abstrakten Definitionen kulturelle und nicht kulturelle Handlungen voneinander abzugrenzen. Die folgende Darstellung konzentriert sich folglich auf Kernbereiche, die unbestritten der wie auch immer definierten Kultur zugewiesen sind: **Schule, Kunst und Wissenschaft.** Der vierte ebenso unbestrittene Kernbereich **Religion** gehört selbstverständlich auch in diesen Zusammenhang, wurde aber – weil besonders nah bei den Persönlichkeitsrechten – bereits im ersten Abschnitt des besonderen Teils behandelt.

II. Kultur und Staat – Kulturstaat?

Nicht nur in zahlreichen Festreden wird der Begriff des „Kulturstaats" beschworen: Er gilt auch als positiv besetzt. Als solches findet er sich nicht nur in mehreren Landesverfassungen, auch das BVerfG geht davon aus, *„dass sich die Bundesrepublik im Sinne einer Staatszielbestimmung auch als Kulturstaat versteht, dem sich die Aufgabe stellt, ein freiheitliches Kulturleben zu erhalten und zu fördern"* (BVerfGE 36, 321, 331 – Kunstförderung; BVerfGE 81, 108, 116 – Steuerliche Absetzbarkeit).

Dagegen ist wenig einzuwenden, solange es wirklich nur darum geht, „ein freiheitliches Kulturleben zu erhalten und zu fördern".

Als allgemeine Staatszielbestimmung sollte die Förderung der Kultur neben Sozialstaat, Tierschutz, Umweltschutz usw. durchaus auch in das Grundgesetz aufgenommen werden, wie dies eine Enquête-Kommission des Deutschen Bundestages empfohlen hat (Schlussbericht der Enquête-Kommission „Kultur in Deutschland": Kultur als Staatsziel, BT-Drucks. 16/7000).

Andererseits muss man aber auch wissen, dass sich mit dem „Kulturstaat" ein Begriff in der Diskussion hält, der – zumal wenn er sich mit einer behaupteten **„Leitkultur"** oder **„Nationalkultur"** verbindet – leicht gegenüber anderen Kulturen ausgrenzend wirkt und der notwendigen Vielfalt der Kultur dem Verfassungsstaat nicht gerecht wird. Im Zusammenhang mit dem „Kulturstaat" wird zudem immer wieder eine Monographie von *Ernst-Rudolf Huber* (Zur Problematik des Kulturstaats [1958]) zitiert und weitergegeben, die als Begriffsmerkmal dieses Kulturstaats u. a. die *„Kulturgestaltungsmacht des Staates"* und die *„Staatsgestaltungsmacht der Kultur"* beschwört. Beide Elemente wurzeln zutiefst im Staats- und Kulturverständnis des 19. Jahrhunderts und werden der heutigen kulturellen und föderativen Vielfalt ebenso wenig gerecht wie den Freiheitsansprüchen der Kultur, wie sie heute in Art. 4 und 5 III GG geltendes Verfassungsrecht sind (kritisch dazu *Geis*, Kulturstaat und kulturelle Freiheit [1990]; allg. auch *Grimm*, Kulturauftrag im staatlichen Gemeinwesen, VVDStRL 42 [1984], 46; *Häberle*, Kulturverfassungsrecht im Bundesstaat [1982], 14, 35). So lässt sich festhalten: Im „Kulturstaat" der Gegenwart geht es nicht mehr um die Herstellung staatlicher oder nationaler Einheit durch eine Nationalkultur und erst recht nicht um die Gestaltung „der" Kultur durch den Staat, sondern allenfalls um die **staatliche Förderung und den Schutz kultureller Vielfalt.** Insbesondere hat der Staat **keine Definitionsmacht über die Kultur.** Kunst und Wissenschaft, Literatur und Musik entfalten sich vielmehr eigengesetzlich. Einwirkungs- und Vermittlungsbefugnisse ergeben sich für den Staat freilich in den Bereichen Schule und (eingegrenzt) auch Vorschule. Nur in der kulturellen Vielfalt kann auch die Integration unterschiedlicher Kulturen und kultureller Minderheiten gelingen. In der Schule freilich tritt neben die allgemeine Förderung der Kultur heute auch die Verhinderung von „Parallel- und Gegenkulturen" in den Mittelpunkt der Aufmerksamkeit. Im Übrigen bedeutet Kulturstaatlichkeit heute **nicht Gestaltung der Kultur durch den Staat,** sondern allenfalls staatliche **Förderung und Schutz kultureller Freiheit.**

III. Neue Herausforderungen: Kultur im Zeichen von Internationalisierung und Ökonomisierung

3   Der kurze Blick auf die „alten Fronten" der Kulturstaatsdebatte darf nicht verdrängen, dass es heute teilweise viel dramatischere neue Entwicklungen gibt, die die Kultur beeinflussen und teilweise gefährden. So groß der Gewinn durch die universelle Verfügbarkeit

und Austauschbarkeit von Kultur über die neuen Medien wie das Internet, Satellitenrundfunk usw. ist, so bedenklich wäre es, wenn die Globalisierung und Internationalisierung der Kultur zur Preisgabe kultureller Vielfalt und Verschiedenheit führen würden. In einem sehr ursprünglichen Sinne hat „Kultur" heute also wieder etwas mit Pflege, Bewahren und Schutz zu tun. Das gilt für kulturelle Bräuche, Eigenheiten, Kunst und Musik nicht weniger als für die **Sprache** als wesentliches „Kultur- und Rechtsgut" (dazu *Schweizer/Kahl*, Sprache als Kultur und Rechtsgut, VVDStRL 65 [2006], 346, 386).

Auch auf **europäischer Ebene** gilt es hier, der Behandlung der Kultur als reines „Wirtschaftsgut" die Eigengesetzlichkeit der Kultur entgegenzuhalten. Werden Film, Rundfunk, Fernsehen und Literatur als reine Wirtschaftsgüter behandelt, und wird die Freiheit der hier Tätigen nur als Dienstleistungsfreiheit interpretiert, so wird mit Sicherheit die Eigengesetzlichkeit der Kultur nicht weniger verkannt, als dies bei der Inanspruchnahme der Kultur für den Nationalstaat in früheren Zeiten der Fall war.

Literatur: *Enquête-Kommission des Deutschen Bundestages: „Kultur in Deutschland"*, Kultur als Staatsziel, BTDrucks 16/7000; *Geis*, Kulturstaat und kulturelle Freiheit (1990); *Germelmann*, Kultur und staatliches Handeln (2013); *Häberle*, Kulturverfassungsrecht im Bundesstaat (1982); *E. R. Huber*, Zur Problematik des Kulturstaats (1958); *Hufen*, Kulturauftrag als Selbstverwaltungsgarantie, NVwZ 1983, 516 ff.; *Lenski*, Öffentliches Kulturrecht, materielle und immaterielle Kulturwerke zwischen Schutz, Förderung und Wertschöpfung (2012); *Sommermann/Huster*, Kultur im Verfassungsstaat, VVDStRL 65, (2006) 7, 51; *Steiner/Grimm*, Kulturauftrag im staatlichen Gemeinwesen, VVDStRL 42 (1984), 7, 46; *Stern*, Kultur- und Medienpolitik im Kontext des Entwurfs einer europäischen Verfassung (2005); *ders.*, Kulturstaatlichkeit – ein verfassungsrechtliches Ziel, FS Hans-Peter Schneider (2007), 111; *Volkmann*, Kultur im Verfassungsstaat, DVBl. 2005, 1061.

§ 32 Erziehung und Schule

I. Allgemeines

1. Historische Entwicklung. Die Geschichte des Schulwesens in Deutschland ist eine Geschichte des Kampfes um die Übernahme staatlicher Verantwortung für Bildung und Erziehung. Bis weit in die Neuzeit hinein war die außerfamiliäre Bildung der Kinder Sache der kirchlichen, insbesondere klösterlichen Schulen (nicht umsonst erhielt schon der Begriff der „schola" seit dem Mittelalter die Bedeutung der Klosterschule). Im **Westfälischen Frieden von 1648** war die Besetzung der Schulämter ausdrücklich konfessionelle Angelegenheit (zum Ganzen *Thiel,* Der Erziehungsauftrag des Staates in der Schule [2000], S. 25; *von Unruh,* Das Schulwesen, Deutsche Verwaltungsgeschichte I, S. 383). In Preußen bestimmte erst § 1 II Ziffer 12 des **Allgemeinen Landrechts von 1794,** dass die Schulen Veranstaltungen des Staates seien. Praktisch änderte sich aber nicht viel, bis zu Beginn des 19. Jahrhunderts zumindest für den Bereich des höheren Schulwesens die Reformen *Wilhelm von Humboldts* und ein gegliedertes Prüfungs- und Berechtigungswesen mit dem Abitur als „bürgerlichem Adelstitel" den staatlichen Einfluss wenigstens in diesem Bereich durchsetzten.

Der Streit um die **Volksschule** als Schule für das ganze Volk dauerte bis ins 20. Jahrhundert hinein. Diese musste sowohl gegen die Adligen als auch gegen die Kirchen als Träger kirchlicher Grundschulen durchgesetzt werden. Die historischen Kompromisse (staatliche Schulaufsicht einerseits, Garantie des konfessionellen Religionsunterrichts andererseits) sind auch der Hintergrund für die von außen manchmal schwer zu verstehende Kooperation von Staat und Kirche in diesem Bereich, die nicht mit einer oberflächlichen „religiösen Neutralität" oder gar strikten Trennung von Religion und Schule nach französischem Modell verwechselt werden darf.

Die Forderung des § 153 der **Paulskirchenverfassung** nach einer **Oberaufsicht des Staates über die Schule** war seinerzeit ein „fortschrittliches" Programm. Formal war die staatliche Schulaufsicht seit der Preußischen Verfassung von 1850 durchgesetzt. **Art. 144 WRV** lautete bereits wie der heutige Art. 7 I GG: *„Das gesamte Schulwesen steht unter der Aufsicht des Staates".* Zugleich ging es um die **allgemeine Schulpflicht,** die in einigen Territorialstaaten schon seit dem 17. Jahrhundert bestand, aber erst in Art. 145 S. 1 WRV Gegenstand einer förmlichen Verfassungsbestimmung wurde.

2   In der Zeit des **Nationalsozialismus** wurde die Schule missbraucht, um die „Bildungs- und Erziehungsarbeit des völkischen Staates" mit Entfremdung der Kinder von Familie und Kirche, mit Rassenhass und Kriegsvorbereitung durchzusetzen. Es war nicht zuletzt dieser krasse Missbrauch des staatlichen Erziehungswesens, der **nach 1945** zunächst eine starke Betonung der christlichen Schule, der familiären Erziehungstradition und des Subsidiaritätsprinzips im Erziehungsbereich bewirkte. Der eher formal klingende Artikel 7 I GG war – wie schon zu Weimarer Zeiten – ein Kompromiss. Weitergehende Verankerungen des Christentums einerseits oder Säkularisation andererseits blieben den Ländern überlassen. Sie führten zu einem stärkeren Einfluss der Kirchen im westlichen und südlichen Bereich Deutschlands, zu einer größeren Säkularisation im Norden und im Osten. Im Gebiet der vormaligen DDR wurde die Staatsaufsicht über die Schulen ohnehin zur Durchsetzung eines sozialistischen Erziehungsziels missbraucht.

2. Gegenwärtige Bedeutung. Heute ist die Schule und mit ihr die 3 grundsätzliche staatliche Verantwortung ein unverzichtbares **Element sozialstaatlicher Daseinsvorsorge, Bedingung individueller Freiheitsentfaltung und demokratischer Integration der Gesellschaft.** Freiheitliche wie sozialstaatliche Bezüge der Schule wurden in zwei Phasen der Entwicklung der Bundesrepublik besonders hervorgehoben. Standen in den beiden ersten Jahrzehnten noch eher die traditionellen Auseinandersetzungen um Religionsunterricht und christliche Gemeinschaftsschule im Vordergrund, so geriet die Schule Ende der 1960er Jahre zunächst in den Sog der gesellschaftspolitischen Umwälzungen der Zeit und wurde für die Durchsetzung gesellschaftlicher Reformmodelle instrumentalisiert. Das verschaffte dem staatlichen Bildungswesen allgemeine Aufmerksamkeit, ist aber weder Schülern noch Lehrern insgesamt gut bekommen. Gerade die Bildungsstreitigkeiten der genannten Zeit führten überdies zu einem ungeahnten Schub der **Verrechtlichung der Schule.** Die Verantwortung des Staates wurde nunmehr weitgehend zur Verantwortung des Gesetzgebers, detaillierte Regelungen zur schulischen Disziplinargewalt, zur Versetzung, zum Prüfungsrecht usw. erschwerten aber nicht selten die Alltagsarbeit in der Schule.

In neuester Zeit erlangte die Schule wieder Aufmerksamkeit durch negative OECD-Bewertungen (Pisa I und II). Diese riefen Stimmen auf den Plan, die das Heil vor allem in einer größeren Zentralisierung des Bildungswesens finden wollten. Andere sehen die Stunde der „autonomen Schule" mit weitgehendem Abbau der staatlichen Schulaufsicht für gekommen. Besonnenere Kritiker weisen auf die mutmaßlich wirklichen Ursachen hin: Den viel zu späten Einsatz der staatlichen Schule einerseits und das Bestehen eines sozialen und kulturellen Bildungsgefälles in den Familien andererseits. Dies sind die Herausforderungen, denen sich – jenseits aller „Schulfälle" – die staatliche Schulverantwortung bis heute stellen muss. Eher noch dramatischer scheint die Diskussion um den sozialen und kulturellen Integrationsauftrag der Schule gegenüber sozialen Ungleichgewichten vor dem Hintergrund der Migrationsgesellschaft. In dieser wird die gemeinsame Basis der Schulpflicht heute nicht nur von gläubigen Muslimen, sondern auch mehr und mehr von christlichen Fundamentalisten und anderen „Schulverweigern" in Frage gestellt (dazu unten, Rn. 37).

II. Grundrechte in der Schule

1. Allgemeines. Art. 7 I GG selbst ist **kein Grundrecht,** sondern 4 eine Kompetenznorm für das „Schule halten": Erziehung und Schule als primär gesellschaftliche Tätigkeiten werden in die besondere Verantwortung des Staates genommen. Auch geht es nicht nur um „Aufsicht" im Sinne von Kontrolle über eine als solche selbstständige Schule. Man sollte deshalb eher von umfassender **„Schulverantwortung"** reden (so zu Recht *Gröschner*, in: Dreier, GG, 2. Aufl., Art. 7, Rn. 23). In diesem Sinne ist Schulaufsicht die Gesamtheit der staatlichen Befugnisse zur Organisation, Planung, Leitung und Beaufsichtigung des Schulwesens (BVerwGE 47, 201, 204 – 5-Tage-Woche).

Maßgeblich für den **Begriff der „Schule"** ist in der Praxis die Definition *Hans Heckels*: „Schulen sind auf gewisse Dauer berechnete, an fester Stätte bestehende Einrichtungen der Erziehung und des Unterrichts" (Deutsches Privatschulrecht (1955), 218; *ders.*, Schulrecht und Schulpolitik [1967], 137). Darunter fallen alle öffentlichen Schulen einschließlich der Berufsschulen und alle privaten Schulen. Nicht gemeint sind Kindertagesstätten, Volkshochschulen und Hochschulen. Letztere sind nicht von Art. 7 I GG erfasst, sondern fallen unter Art. 5 III GG (dazu *Brosius-Gersdorf*, in Dreier: GG, Art. 7, Rn 31).

Dabei ist Art. 7 I GG stets im Zusammenhang mit den auf die Schule bezogenen Grundrechten zu sehen. Diese werden hier deshalb kurz zusammengefasst, auch wenn sie als solche im anderen systematischen Zusammenhang behandelt werden. Es geht um Grundrechte der **Schüler, Eltern** und **Lehrer,** für die schulische Regelung und die Schulaufsicht „wesentlich" sind.

5 **2. Grundrechte der Schüler.** Im Mittelpunkt der Schule und des staatlichen Bildungsauftrags steht der Schüler. Im freiheitlichen Verfassungsstaat ist er nicht „Objekt" staatlicher Schulaufsicht, sondern ein Subjekt mit eigenen Rechten, aber auch eigenen Pflichten. Wichtigstes Grundrecht ist also die **freie Entfaltung der Persönlichkeit** und zwar nicht im Sinne eines „Entfaltetwerdens", sondern im Sinne gleicher Chancen zur persönlichen Selbstentfaltung (BVerfGE 58, 257, 272 – Schulentlassung). Weiterhin zu nennen sind die Religionsfreiheit (Art. 4 GG, dazu oben, § 22 Rn. 44), die Meinungsfreiheit (Art. 5 I GG), das Recht auf freie Wahl der Ausbildungsstätte (Art. 12 I GG) und – vor allem in seiner Funktion als Chancengleichheit – der allgemeine Gleichheitssatz (Art. 3 I GG). Die Landesverfassungen enthalten weitere Grundrechte und Schutzaufträge. (Besonders gelungen: Art. 24 der LV Rhl.-Pf. *„Jedes Kind hat ein Recht auf Entwicklung und Entfaltung. Die staatliche Gemeinschaft schützt und fördert die Rechte des Kindes".*)

6 Nach dem Ende des „besonderen Gewaltverhältnisses" ist die Schule auch für die Schüler **kein „grundrechtsfreier Raum"** und

ihre Rechte können nur nach den allgemeinen Grundsätzen eingeschränkt werden, soweit dies zur Erhaltung eines geordneten Schulbetriebs und der Aufrechterhaltung des Schulfriedens dient. Insofern sind die Schul- und Erziehungsgesetze für die **Meinungsfreiheit** „allgemeine Gesetze" im Sinne von Art. 5 II GG. Diese müssen ihrerseits im Lichte der Grundrechte ausgelegt werden. So kann die Meinungsfreiheit nicht bereits bei äußerlich provokanten politischen Parolen, Plaketten usw., sondern erst dann eingeschränkt werden, wenn dies zur Erhaltung eines geordneten Schulbetriebs oder zur Aufrechterhaltung des Schulfriedens erforderlich ist.

Als Herausgeber oder Redakteure einer Schülerzeitung können Schüler auch Träger der **Pressefreiheit** sein (BVerfGE 86, 122, 127 – Lehrling als Redakteur; *Avenarius/Füssel,* Schulrecht, 8. Aufl. [2010], 484 ff.). Auch das Zensurverbot des Art. 5 I 3 GG gilt grundsätzlich. Besonders wichtig ist hier die Kooperation zwischen Schule und Redaktion. Gesetzliche Schranken finden sich auch insofern in den Schulgesetzen. Schüler sind ferner Träger der Grundrechte aus Art. 12 I GG, also der **freien Wahl der Ausbildungsstätte** und, da die Schule wichtige Berufszugangsbedingungen setzt, der **Freiheit der Berufswahl.** Das ist vor allem für die Ausgestaltung des Prüfungs- und Berechtigungssystems in der Schule von Bedeutung (allgemein zu den Grundsätzen des Prüfungsrechts s. § 35, Rn. 48). Besonders im Bereich der Prüfung, aber auch darüber hinaus, ist ferner Art. 3 GG zu beachten. Das gilt sogar bis zur Frage der zu erstattenden Beförderungskosten (VerfGH Rh.-Pf., LKRZ 2011, 56). 7

In den schulischen Verfahren wie in den Inhalten müssen die **Chancengleichheit der Schüler,** die Förderung schwächerer Schüler, die **Gleichberechtigung** der Geschlechter und auch die Förderung behinderter Schüler **(Art. 3 III GG)** im Mittelpunkt stehen. **Behinderte Schüler** haben aus Art. 3 III 2 GG grundsätzlich einen Anspruch darauf, soweit wie möglich nicht getrennt, sondern zusammen mit ihren Altersgefährten unterrichtet zu werden („Inklusion" – dazu Rn. 39). 8

3. Grundrechte der Eltern (Art. 6 II GG). Die Erziehung der Kinder ist schon nach Art. 6 II GG natürliche Aufgabe der Eltern un die „zuvörderst" ihnen obliegende Pflicht. Deshalb gehört an den Anfang dieses 5. Abschnitts: „Kultur und Erziehung" eigentlich die Grundlage jeder Kultur, nämlich die **Erziehung durch Eltern und Familie.** Das elterliche Erziehungsrecht wurde in diesem Buch, 9 weil besonders persönlichkeitsnah, bereits bei den Persönlichkeitsrechten behandelt, es betrifft aber nicht nur den Bereich häuslicher Erziehung, sondern überschneidet sich heute in vielfacher Weise mit dem Bildungs- und Erziehungsauftrag der Schule. So ist der staatliche Erziehungsauftrag dem elterlichen Erziehungsrecht nicht vor- sondern gleichgeordnet und dient der Bildung und Erziehung der einen Persönlichkeit des Kindes (BVerfGE 34, 165, 182 – Förderstufe).

Zwar endet das Elternrecht heute nicht mehr – wie früher wohl h. L. – am Schultor, aber das Grundrecht unterliegt in der Schule besonderen Konkretisierungen und Einschränkungen, die sich aus der Verantwortung des Staates für die Schule (Art. 7 I GG) und der **gemeinsamen Erziehungsaufgabe von Eltern und Schule** ergeben (BVerfGE 34, 165, 182 – Förderstufe; BVerfGE 47, 46, 71 – Sexualkunde; BVerfGE 96, 288, 304 – Gemeinsame Beschulung). Bei Fragen religiöser Kindererziehung kommt neben Art. 6 II auch Art. 4 I GG zur Geltung (BVerfGE 93, 1, 17 – Kruzifix). Eine historisch und aktuell bedeutsame Einschränkung des Elternrechts ist die (heute in den Schulgesetzen gesetzlich abgesicherte) **allgemeine Schulpflicht** (dazu unten, Rn. 37).

10 In der Schule selbst gibt es – bildhaft verstanden – Bereiche, über die die **Eltern allein zu entscheiden** haben, wie etwa die positive **Wahl der Bildungsgänge**. So kann z. B. gegen den Willen der Eltern auch dann ein Kind nicht einem „höherwertigen" Bildungsgang zugeordnet werden, wenn es hierfür die notwendige Begabung mitbringt. Ist Letzteres nicht der Fall, dann können die Eltern zwar nicht die Einschulung in einer „höherwertigen" Schule erzwingen (anders aber *Meinel*, DÖV 2007, 66), verbindliche Schullaufbahnempfehlungen müssen aber gerichtlich überprüfbar sein (*Beaucamp*, NVwZ 2009, 280; *Huster/Kirsch*, RdJB 2010, 212.). Es gibt sich **überschneidende Bereiche**, in denen Elternhaus und Schule aufeinander Rücksicht nehmen müssen, wie etwa die **Sexualkunde** und andere „wertsensible" Fächer (BVerfGE 47, 46, 71). In diesen kommt in besonderem Maße der Grundrechtsschutz durch Verfahren und rechtzeitige Information zum Tragen. Schließlich gibt es Bereiche, in denen das Elternrecht überhaupt nicht berührt ist, wie etwa bei Fragen der **Schulorganisation** (z. B. Nachmittagsunterricht und der „5-Tage-Woche"). Die Abgrenzung im Einzelnen ist Sache des Gesetzgebers.

Weder in Rechte der Eltern noch der Schüler greift die Einführung der **Rechtschreibreform** ein (BVerfGE 98, 218, 244, 251; BVerfG, Kammer, NVwZ 2006, 924). Ebenso wenig existiert ein „Elternrecht auf Englisch als erste Fremdsprache" (anders aber VGH Mannheim, DÖV 2007, 1059).

Auch wenn das Elternrecht in der Schule mit der Volljährigkeit des Kindes endet, hat die Rechtsprechung zu Recht eine „**Kriseninformation**" über volljährige Schüler für rechtmäßig gehalten – dies allerdings nicht mit Rücksicht auf das Elternrecht, sondern aus Gründen der Schulsicherheit (VerfGH Rh.-Pf., NJW 2005, 410; BayVerfGH, DVBl. 2005, 523).

Literatur: *Geis,* Berliner Kommentar zum GG, Art. 7, Rn. 34 ff.; *Avenarius/Füssel,* Schulrecht, 8. Aufl. (2010), 333 ff.; *Hufen,* Erziehung und Bildung, RdJB Sonderheft 2013, 16; *Meinel,* Lebensentscheidungen auf ungewisser Grundlage. Zur Verfassungswidrigkeit verbindlicher Schulwahlempfehlungen, DÖV 2007, 66; *Orth,* Verfassungsrechtliche Anforderungen an die Schulstruktur, NvwZ 2011, 14.

4. Grundrechte der Lehrer. Auch die Grundrechte der Lehrer enden nicht am Schultor. Abgesehen von der sich aus Art. 33 V GG ergebenden beamtenrechtlichen Fürsorgepflicht (dazu unten § 36, Rn. 16) sind die Lehrer auch in der Schule Träger ihrer individuellen Grundrechte, z. B. der **Meinungsfreiheit, Religionsfreiheit, Gleichberechtigung, Koalitionsfreiheit usw.** Wie für alle übrigen öffentlichen Bediensteten ergeben sich aber aus den Schul- und Beamtengesetzen Schranken, die ihrerseits in den Rechten der Schüler, der Eltern und in der staatlichen Schulaufsicht begründet sind. So haben Lehrer wie alle anderen Beamten den Weisungen der Vorgesetzten und den Beschlüssen der zuständigen Schulgremien zu folgen. Zum Schutz von Nichtrauchern und wegen der Vorbildfunktion des Lehrers sind auch **Rauchverbote** für Lehrer auf dem Schulgelände zulässige Einschränkungen von deren Grundrecht der freien Entfaltung der Persönlichkeit (VerfGH Rh.-Pf., LKRZ 2009, S. 18). Auch sind sie in der Schule **nicht Träger der Wissenschaftsfreiheit** (Art. 5 III GG), auch wenn sie wissenschaftlich begründeten Unterricht zu erteilen haben (wie in der Oberstufe des Gymnasiums) oder daheim als Privatgelehrte tätig sind (BVerfG, NJW 1996, 2221). Vermittelt also etwa ein Geschichtslehrer eine wissenschaftlich widerlegte Behauptung (Zweifel an Judenvernichtung, Leugnung der Deutschen Kriegsschuld im Zweiten Weltkrieg), so kann er sich gegen etwaige disziplinarrechtliche Maßnahmen nicht auf Art. 5 III GG berufen. Eher harmlos dagegen die (zu Recht) gescheiterte Klage eines Lehrers auf Halten von Astronomieunterricht (BbgVerfG, NVwZ – RR 2011, 665).

5. Gesetzesvorbehalt – Schranken. Eingriffe in Grundrechte der Schüler, Eltern und Lehrer in der Schule können weder allein durch die staatliche Schulverantwortung (Art. 7 I GG), noch durch einen „Sonderstatus" oder einen abstrakt formulierten staatlichen Erziehungsauftrag gerechtfertigt werden. In den 1970er Jahren hat das BVerfG vielmehr klargestellt, dass die für die Grundrechte wesentlichen Fragen auch in der Schule einer gesetzlichen Grundlage bedürfen.

Diese Rechtsprechung baute auf der **Strafgefangenenentscheidung** (BVerfGE 33, 1) auf, bezog zunächst die **grundsätzliche Organisationsstruktur** der Schule ein (BVerfGE 34, 165, 192 – Förderstufe; BVerfGE 41, 251, 259 – Speyer-Kolleg; BVerfGE 45, 400, 417 – Oberstufenreform) und betraf dann besonders heikle Aspekte der **Lehrinhalte** (BVerfGE 47, 46, 78 – Sexualkunde). Wegen der besonderen Bedeutung des **Prüfungswesens** wurden auch dessen grundsätzliche Strukturen dem Gesetzesvorbehalt übertragen. Auch und insbesondere das schulische **Ordnungsrecht** mit der Schulentlassung als härteste Sanktion wurden dem Gesetzesvorbehalt unterstellt (BVerfGE 58, 257, 268). Hinsichtlich der Grundrechtsstellung der **Lehrer** gehört das „Kopftuchurteil" in diesen Zusammenhang (BVerfGE 108, 282).

13   **6. Besondere Schutzfunktionen der Grundrechte im Schulbereich.** *a)* Grundrechte stellen aus der Sicht der Schüler, Eltern und Lehrer nicht nur subjektive, nur durch Gesetz einschränkbare Rechte dar; sie sind auch die **objektive verfassungsrechtliche Leitlinie für Erziehungsziele** und sonstige Bildungsinhalte. Nach dem Vorbild eines durch die *Schulrechtskommission des Deutschen Juristentages* 1981 vorgelegten Gesetzesentwurfs regeln zahlreiche Landesgesetze heute solche Erziehungsziele. Sie sind ihrerseits Ausdruck von objektiven Verfassungsprinzipien wie die **Erziehung zur religiösen Toleranz, Gleichberechtigung der Geschlechter, demokratische Mitwirkung, Autonomie und freie Entfaltung der Persönlichkeit.** Sie sind damit zugleich verfassungsimmanente Schranken der Grundrechte der übrigen am Schulwesen Beteiligten: Schüler, Eltern und Lehrer müssen sich gefallen lassen, dass sie auf verfassungsrechtlich gegründete Erziehungsziele festgelegt sind.

14   *b)* Sehr umstritten ist es, ob es ein **„Recht auf Bildung"** im Sinne eines grundrechtlich gesicherten Teilhaberechts gibt (so etwa pauschal BVerwGE, 47, 201, 206 – 5-Tage-Woche). **Teilhaberechte** im Schulbereich sind grundsätzlich **derivativ,** d. h. sie sind auf gleichberechtigte Teilhabe am Vorhandenen ausgerichtet und bieten **keinen originären Anspruch** auf Erweiterung oder auch nur Erhaltung des Angebots. So können Eltern jedenfalls gerichtlich nicht verlangen, dass während der gesamten Unterrichtsstunde von 45 Minuten die

Anwesenheit einer Lehrkraft gewährleistet ist. Des Weiteren besteht kein Anspruch auf das Anstreichen von Klassenzimmern (interessant VG Trier, LKRZ 2010, 354). Auch kann ein Bundesland beim Zugang zur öffentlichen Schule „Landeskinder" bevorzugen (OVG Koblenz, NVwZ 2008, 1251).

c) Von besonderem Gewicht in der Schule ist der **Grundrechtsschutz** 15 **durch Verfahren.** Ganz allgemein sind die Verfahren des Schulverhältnisses so zu gestalten, dass in ihnen die Grundrechte der Beteiligten wirksam werden können. Das gilt z. B. für die Anhörung vor Disziplinarmaßnahmen, die Transparenz und die angemessene Beratung vor Versetzungsentscheidungen und die angemessene Information der Erziehungsberechtigten. Besonders wichtig ist der Grundsatz des fairen und chancengleichen Verfahrens im Bereich des **Prüfungsrechts.** Hier hat das BVerfG immer wieder klargestellt, dass berufszugangsrelevante Prüfungen einen verfassungsrechtlichen Hintergrund in Art. 12, Art. 7 I und Art. 3 GG haben (exemplarisch BVerfGE 52, 380, 388 – Schweigender Prüfling). Einzelheiten des Prüfungsrechts bei § 35, Rn. 48.

III. Die Bestimmung über die Teilnahme am Religionsunterricht (Art. 7 II GG)

Nach Art. 7 II GG haben die Erziehungsberechtigten das Recht, 16 über die Teilnahme des Kindes am Religionsunterricht zu bestimmen. Hier handelt es sich um ein Spezialgrundrecht sowohl im Verhältnis zu Art. 6 II GG als auch zu Art. 4 GG. Während das elterliche Erziehungsrecht als solches im „Schularartikel" des GG nicht erwähnt wird, schien dem Grundgesetzgeber die Frage des Religionsunterrichts so wichtig, dass er sogar zwei volle Absätze dieser Frage widmete. Inhaltlich ist Art. 7 II GG im Zusammenhang mit Art. 7 III GG zu sehen. Nach letzterem ist der Religionsunterricht zwar **ordentliches Lehrfach.** Niemand darf aber zur Teilnahme gezwungen werden.

Grundrechtsträger sind die Erziehungsberechtigten. Das Recht 17 des religionsmündigen und/oder volljährigen Schülers selbst ergibt sich nicht aus Art. 7 II GG, sondern unmittelbar aus Art. 4 GG. Art. 7 II GG gilt nur für den in Kooperation mit dem Religionsgemeinschaften erteilten „wertbezogenen" Religionsunterricht im Sinne von Art. 7 III GG.

Auf einen wertebezogenen **Ethikunterricht** findet Art. 7 II GG 18 keine Anwendung. Die Berechtigung zu dessen Einführung ergibt sich bereits aus Art. 7 I GG und dem staatlichen Erziehungsauftrag, der nicht lediglich der Vermittlung von Wissen, sondern auch in wertegebundener Erziehung besteht. Es gilt die allgemeine Schulpflicht, und Eltern und Schüler haben kein Wahlrecht (BVerwGE 107, 75 – zum den Religionsunterricht ersetzenden und ergänzenden Ethikunterricht auch unten, Rn. 45), jedenfalls so lange der Ethikunterricht die gebotene weltanschauliche Neutralität und Zurückhaltung wahrt und sich jedes Versuchs der Missionierung enthält.

IV. Gewährleistung des Religionsunterrichts (Art. 7 III GG)

19   1. **Allgemeines.** Die Gewährleistung des Religionsunterrichts in Art. 7 III GG ist Teil des bereits in Art. 149 I WRV enthaltenen Religionskompromisses. Zum Ausgleich der Zurückdrängung konfessioneller Volksschulen und der Durchsetzung der staatlichen Schulaufsicht wird den Religionsgemeinschaften in Kooperation mit dem Staat ein selbstbestimmter Religionsunterricht innerhalb des staatlichen Schulwesens ermöglicht. Staatskirchenrechtlich gesehen handelt es sich um eine gemeinsame Aufgabe (res mixta – dazu oben § 22, Rn. 16). Laut Art. 141 GG gilt die Bestimmung nicht in Bremen und Berlin. Umstritten war ihre Geltung in den neuen Bundesländern (dazu *Schlink*, NJW 1992, 1008). Meistdiskutiertes Problem der Gegenwart ist die Frage des islamischen Religionsunterrichts (dazu unten, Rn. 45)

20   2. **Schutzbereich – Inhalt der Garantie.** Inhaltlich enthält Art. 7 III GG sowohl eine **institutionelle Garantie des Religionsunterrichts** als ordentliches Lehrfach an öffentlichen Schulen und als gemeinsame Aufgabe von Religionsgemeinschaften und Staat als auch ein **individuelles Grundrecht** auf die Erteilung von Religionsunterricht in der öffentlichen Schule (so zu Recht *Hildebrandt*, Das Grundrecht auf Religionsunterricht [2000]). Der Religionsunterricht darf also durch einen überkonfessionellen Ethikunterricht oder eine neutrale Religionskunde nur ergänzt, nicht aber ersetzt werden (BVerfGE 74, 244, 252 – Evangelische Religionslehre). Darüber hinaus gewährleistet die Norm ein **Abwehrrecht der Religionsgemeinschaften** gegen eine Einmischung des Staates in die Lehrinhalte. Auch die konfessionelle Homogenität der Teilnehmer ist verfassungsrechtlich gewährleistet. Die Religionsgemeinschaften können also selbst entscheiden, ob sie konfessionslose oder zu anderen Religionsgemeinschaften gehörende Schüler teilnehmen lassen (BVerfGE 74, 244, 251 – Evangelische Religionslehre). Dagegen können sie aus Art. 7 III GG kein Abwehrrecht gegen überkonfessionelle Veranstal-

tungen wie gemeinsame Weihnachtsfeiern oder einen verbindlichen Ethikunterricht ableiten. Schon die Formulierung „als ordentliches Lehrfach" zeigt die Gleichberechtigung mit anderen Fächern. Religionsunterricht darf also bei Versetzungsentscheidungen und bei der Bildung der Gesamtnote im Abschlusszeugnis berücksichtigt werden (BVerwGE 42, 346, 349 – Versetzungserheblichkeit in NRW).

Grundrechts**träger** sind die **Religionsgemeinschaften,** aber auch **Schüler** und **Eltern,** nicht dagegen Lehrer. Ihnen kommt aber Art. 7 III 3 GG (keine Verpflichtung zur Erteilung von Religionsunterricht) zugute. 21

3. Eingriffe. Da Art. 7 III GG eine institutionelle Gewährleistung und in diesem Umfang auch ein Leistungsrecht enthält, sind die Streichung oder Erschwerung des Religionsunterrichts Eingriffe in das Grundrecht. Dasselbe gilt für die Ersetzung des Religionsunterrichts durch eine weltanschaulich neutrale und daher nicht in Übereinstimmung mit den Grundsätzen der Religionsgemeinschaften erteilte Religionskunde oder Ethik. Eingriffe sind ferner inhaltlich oder personelle Einflussnahmen sowie organisatorische Maßnahmen, die den Religionsunterricht so sehr an den Rand drängen, dass er nicht mehr wahrgenommen wird. Keine Eingriffe dagegen sind die nach Art. 7 II GG gebotene Befreiung vom Religionsunterricht sowie das **zusätzliche** Angebot eines neutralen Ethikunterrichts (BVerfG, Kammer, NVwZ 2008, 72. Eine andere Frage ist es, ob ein Bundesland **anstelle** des Religionsunterrichts mit dem ausdrücklichen Ziel der überkulturellen Wertevermittlung ein Fach Religionskunde oder Ethik verbindlich einführen darf. Das war in Brandenburg mit dem Fach „LER" (Lebensgestaltung, Ethik, Religionskunde) der Fall. Im Verfahren vor dem BVerfG kam es zu einem in dieser Weise sicherlich einmaligen „Vergleich", so dass der Grundsatzstreit letztlich nicht entschieden wurde. Das Land berief sich auf die „Bremer Klausel" des Art. 141 GG. Inhaltlich dürfte Art. 7 III GG aber auch für Brandenburg anwendbar sein. Die Streichung des Religionsunterrichts verstieß somit gegen die Rechte der Religionsgemeinschaften und der betroffenen Schüler und Eltern (dazu *de Wall*, NVwZ 1997, 465; *Heckel*, Religionsunterricht in Brandenburg [1998]; *Poscher*, RdJB 2002, 380). 22

4. Rechtfertigung von Eingriffen – Schranken. Art. 7 III GG schließt **nicht** jede staatliche Aufsicht über den Religionsunterricht aus. Das ergibt sich schon aus Art. 7 I GG, wonach das gesamte 23

Schulwesen unter der Aufsicht des Staates steht. Inhaltlich kann es sich beim Religionsunterricht aber nur um eine **Rechtsaufsicht** handeln. Der Staat darf rechtswidrigen oder verfassungswidrigen Unterricht verhindern. Das gilt etwa für einen Religionsunterricht, der sich gegen die Gleichberechtigung der Frau, die Trennung von Staat und Kirche, die Gleichberechtigung der Religionen und die Verneinung der negativen Religionsfreiheit richtet.

24 **5. Besondere Schutzfunktionen.** Neben der schon beschriebenen institutionellen Garantie enthält Art. 7 III GG auch ein **Leistungsrecht**, denn der Unterricht muss auch faktisch gewährleistet sein. **Verfahrensmäßig** lässt sich aus Art. 7 III GG eine Pflicht zur wechselseitigen Abstimmung von Staat und Religionsgemeinschaft sowie ein grundrechtskonformes Verfahren vor Eingriffen der Schulaufsicht ableiten.

Literatur zu § 32 III u. IV: *Heckel*, Der Rechtsstatus des Religionsunterrichts im pluralistischen Verfassungssystem (2002); *Hildebrandt*, Das Grundrecht auf Religionsunterricht (2000); *Knab*, Religionskunde statt Religionsunterricht? RdJB, Sonderheft 2013, 35; *Meckel*, Religionsunterricht im Recht (2011); *Schlink/Poscher*, Der Verfassungskompromiss zum Religionsunterricht (2000); grundsätzlich **kritisch** *Renck*, Rechtsfragen des Religionsunterrichts im bekenntnisneutralen Staat, DÖV 1994, 27 ff.

V. Privatschulfreiheit (Art. 7 IV GG)

25 **1. Herkunft und aktuelle Bedeutung.** Schon die Ausführlichkeit von Art. 7 IV GG deutet darauf hin, dass es sich auch hier um einen historischen Kompromiss handelt. Die Vorschrift geht auf Art. 147 I WRV zurück, der private Schulen unter staatliche Aufsicht stellte, aber auch Fortbestand und das Recht auf Neugründung der Privatschulen gewährleistete. Diesen Kompromiss hat Art. 7 IV GG übernommen und dabei einen ausdrücklichen Gründungsanspruch (mit Ausnahme privater Volksschulen) in den Text der Verfassung aufgenommen, zugleich aber besondere Voraussetzungen im Hinblick auf das soziale Sonderungsverbot und die wirtschaftliche und rechtliche Stellung der Lehrkräfte formuliert.

In Deutschland gab es nach den Angaben des Verbands der Träger Freier Schulen 2011/2012 5467 Privatschulen. Die Anzahl der Schüler an den allgemeinbildenden Privatschulen betrug 725898 also etwa 8 %. Sie nennen sich durchweg „**Schulen in freier Trägerschaft**", was den latenten Sonderungsverdacht beseitigen soll, der im Begriff der „Privatschule" gesehen wird, obwohl es nur um den Gegensatz zu „öffentlich-rechtlich" geht. Die größte Gruppe der Schulträger sind nach wie vor Kirchen und Religionsgemeinschaften; bekannt und besonders aktiv sind Schulen mit anthroposophischer Prägung (insbesondere Freie Waldorfschulen) und sonstige Schulen mit besonderem pädagogischem Profil wie die Montessori-Schulen. Alle drei Gruppen haben die Rechtsprechung zu Art. 7 IV GG stark beeinflusst. Gänzlich neu, aber keineswegs aus dem Schutzbereich des Art. 7 IV GG herausfallend, ist der Typus einer **gewinnorientierten Privatschule**.

Zu unterscheiden sind **Ersatzschulen, anerkannte Ersatzschulen** 26 und **Ergänzungsschulen**. **Ersatzschulen** sind Schulen, die nach dem schulischen Gesamtzweck Ersatz für eine im Land vorhandene oder grundsätzlich vorgesehene öffentliche Schule (Realschule, Gymnasium, Berufsschule) sind (BVerfGE 27, 195, 201 – Ingenieurschule; BVerfGE 75, 40, 76 – Privatschulfinanzierung). Sie unterliegen nach Art. 7 IV 2 bis 4 GG einem Genehmigungsvorbehalt und müssen die dort genannten Voraussetzungen erfüllen. **Anerkannte Ersatzschulen** sind berechtigt, schulpflichtige Schüler zu unterrichten und staatlich anerkannte Abschlüsse zu verleihen. Sie sind insofern Beliehene. Auch der Anspruch auf eine gesetzliche Entschädigung (dazu Rn. 32) hängt in der Regel von der Anerkennung ab. Probleme ergeben sich daraus, dass die Anerkennung von inhaltlichen Voraussetzungen abhängig ist, die zumindest mittelbar den Kern der Gründungsfreiheit und der Schulvielfalt tangieren können. Alle übrigen Schulen in freier Trägerschaft sind **Ergänzungsschulen**.

2. Schutzbereich. *a)* In **sachlicher** Hinsicht gewährleistet Art. 7 IV 27 GG zunächst das **Recht auf Gründung** von Schulen in freier Trägerschaft. Darüber hinaus enthält das Grundrecht auch einen Anspruch auf personelle, finanzielle und inhaltliche Unabhängigkeit. Insofern handelt es sich um ein klassisches Abwehrrecht gegen staatliche Einflussnahme. Im Zusammenwirken mit Art. 6 II, Art. 4 I und Art. 12 GG sichert Art. 7 IV GG auch die individuelle **Wahlfreiheit** von Eltern und Schülern. Im objektiven Sinne ist das Grundrecht Ausdruck der verfassungsrechtlich gewollten und geschützten **Schulvielfalt** (BVerfGE 75, 40, 62 ff. – Privatschulfinanzierung).

b) **Träger** des Grundrechts aus Art. 7 IV GG können **natürliche** 28 **oder juristische Personen,** nach richtiger Auffassung auch **Kirchen** als juristische Personen des öffentlichen Rechtes sein. Träger der Gründungsfreiheit sind auch einzelne **Eltern** („Gründungseltern"), die sich mit dem Ziel der Gründung einer Schule in freier Trägerschaft zusammenschließen.

29 **3. Eingriff.** Eingriffe in die Freiheit nach Art. 7 IV GG sind staatliche Gebote oder Verbote, die die Gründung einer Privatschule verhindern, beeinträchtigen oder die Arbeit einer bestehenden Schule erschweren. Auch Anordnungen der staatlichen Schulaufsicht (Art. 7 I GG) sind insofern Eingriffe. Einen zumindest mittelbaren Eingriff stellt der Zwang zur übermäßigen Anpassung an öffentliche Schulen dar. Wie andere präventive Verbote mit Erlaubnisvorbehalt enthält auch Art. 7 IV 2 GG bereits den Vorbehalt eines Grundrechtseingriffs (Genehmigungsvorbehalt). Die Genehmigung ist aber zu erteilen, wenn die Voraussetzungen des Art. 7 IV 3 GG erfüllt sind. Deren Verweigerung ist dann ein (nicht gerechtfertigter) Eingriff in das Grundrecht aus Art. 7 IV GG.

Kein Eingriff ist die nur faktische Beeinflussung der Wettbewerbschancen wie etwa die Eröffnung einer öffentlichen Schule in der Nähe einer bereits existierenden Privatschule, auch wenn damit deren wirtschaftliche Grundlage beeinträchtigt wird. Auch darf der Staat eine staatliche Schule in den Hochschulbereich überführen, auch wenn sich eine bisher anerkannte Privatschule diesem Ausbildungszweig gewidmet hat und Gefahr läuft, die Anerkennung als Ersatzschule zu verlieren (BVerfGE 37, 314, 319 – Gründung von Fachhochschulen). Anders kann es sich aber verhalten, wenn eine öffentliche Schule nur deshalb geschlossen wird, um eine parallel dazu bestehende Ersatzschule nicht mehr finanzieren zu müssen. Insofern muss der Staat bei seiner Schulplanung die Belange privater Ersatzschulen berücksichtigen (anders aber BVerwG, NVwZ 2007, 958).

30 **4. Schranke.** Art. 7 IV GG hat keinen Gesetzes-, sondern nur einen Verfassungsvorbehalt (Einschränkungsvorbehalt im Grundrecht selbst). Gesetzliche Bestimmungen können die Privatschulfreiheit nur insofern einschränken, als dies der Verwirklichung der in Art. 7 IV 3 GG enthaltenen Ziele dient. Diese sind also nicht nur Genehmigungsvoraussetzungen, sondern auch ständige inhaltliche Anforderungen an die Schulen in freier Trägerschaft. So ist die Prüfung der Gleichwertigkeit durch externe Leistungsprüfungen in den Hauptfächern zulässig, wenn dabei die pädagogischen Besonderheiten der Schule beachtet werden (BVerfG, Kammer, NVwZ 2011, 1384). Nicht zu rechtfertigen ist die Versagung der Genehmigung aus anderen als in Art. 7 IV 3 GG aufgeführten Gründen (*Vogel*, DÖV 2008, 895). Noch weniger ist selbst bei sinkenden Schülerzahlen die „Konkurrenz" zu staatlichen Schulen ein Grund für Einschränkungen. Der Begriff des „nicht Zurückstehens" ist verfassungskonform zu interpretieren: Er bedeutet keinesfalls, dass die Schulen gleich**artig** sein

müssen; vorausgesetzt wird nur die Gleich**wertigkeit.** Auch der Betrieb in der Form einer AG mit Gewinnerzielungsabsicht ist als solcher kein Versagungsgrund. Private Ersatzschulen können nicht gezwungen werden, einen Religionsunterricht anzubieten. Art. 7 III GG gilt nur für öffentliche Schulen (*Seel*, Religionsunterricht an bekenntnisfreien Ersatzschulen [2009]). Auch ein reines Jungengymnasium ist lt. BVerwG, DVBl. 2013, 724 (LS) genehmigungsfähig.

5. Besondere Schutzfunktionen. Schon früh wurde erkannt, dass 31 Art. 7 IV 1 GG leer läuft, d. h. freie Schulen nicht gegründet und betrieben werden können, wenn sich der Staat nicht schützend vor sie stellt. Insofern enthält Art. 7 IV GG eine **objektive Schutzpflicht.** Da diese sich auf die „Institution Privatschule" bezieht, wurde sie auch bereits früh als **institutionelle Garantie** bezeichnet, woraus sich eine Handlungspflicht des Staates ergibt, wenn der Bestand der Institution gefährdet ist (BVerfGE 75, 40, 62 – Privatschulfinanzierung).

Der Schutz der Institution ist wiederum nicht möglich, ohne dass 32 private Schulen auch **finanziell gefördert** werden. Art. 7 IV GG enthält insofern die Dimension eines **Leistungsgrundrechts.** Das wurde zunächst damit begründet, dass anerkannte Ersatzschulen eigentlich staatliche Aufgaben erfüllen (BVerwGE 23, 347; 27, 360). Das BVerfG hat dagegen von Anfang an mehr auf die institutionelle Sicherung verwiesen (erstmals BVerfGE 27, 195, 200 – Ingenieurschule) und später die Gründungsfreiheit und die Schulvielfalt als eigentliche Gründe einer Unterstützung der Privatschulen benannt (BVerfGE 75, 40, 62 – Privatschulfinanzierung; BVerfGE 90, 107, 114 – Waldorfschule). Der eigentliche Grund für eine finanzielle Unterstützung aber findet sich in Art. 7 IV 3 GG selbst. Privatschulen ist es verwehrt, sich durch angemessene Schulgelder wirtschaftlich selbst abzusichern, da der Staat ihnen eine Sonderung der Schüler nach den Besitzverhältnissen der Eltern verbietet. Dies muss gerade im Hinblick auf den Wettbewerb mit öffentlichen Schulen durch den Staat ausgeglichen werden (BVerfGE 90, 107, 114 – Waldorfschule). Damit war die Grenze von der institutionellen Garantie zum Teilhaberecht überschritten: Art. 7 IV GG ist heute das vielleicht einzige Beispiel für eine fortbestehende originäre Leistungsfunktion der Grundrechte.

Mit dem Rückgang der Schülerzahlen und der Knappheit der Mittel der Landeshaushalte ist seit einigen Jahren aber ein deutlicher Rückzug aus der Förderungspflicht zu bemerken. Dazu dienen einzelne Argumente aus den zitierten Urteilen des BVerfG, die aber zumeist aus ihrem Zusammenhang gerissen und verselbständigt werden, so die „Gestaltungsfreiheit des Haushaltsgesetzgebers" (BVerfGE 75, 40, 66; BVerfGE 90, 107, 116; BVerfGE 112, 74, 83) und der „Vorbehalt des Möglichen", unter dem die Existenzgarantie der freien Schulen stehe. In neueren Entscheidungen hat das BVerfG dann betont, der Staat sei erst dann zum Handeln verpflichtet, wenn andernfalls das „Existenzminimum" und der „Bestand des Ersatzschulwesens als Institution" evident gefährdet wären (BVerfGE 90, 107, 116) und verfassungsunmittelbare Leistungsansprüche aus Art. 7 IV GG verneint. Mit derselben Begründung haben BVerfG und Landesverfassungsgerichte freien Schulen bis zu dreijährige Wartezeiten zwischen Neugründung und finanzieller Förderung zugemutet, vorausgesetzt, der „Privatschulunternehmer" könne weitgehend eigene Mittel einsetzen; die Länder seien berechtigt die Zahlung von Fördermitteln auf „Landeskinder" zu beschränken (BVerfGE 112, 74, 83 – Bremer Landeskinder-Klausel; dezidiert anders jetzt aber SächsVerfGH, 17.11.2013).

Kritik: Diese Rechtsprechung verkennt den untrennbaren Zusammenhang von individuellem Förderungsanspruch und institutioneller Garantie. So ist die Existenz eines freien „Ersatzschulwesens" eben nicht erst dann gefährdet, wenn auch die letzte Privatschule aus finanziellen Gründen schließen muss, sondern bereits dann, wenn die Gründungsfreiheit wegen hoher Kosten einerseits und begrenzter Eigenfinanzierbarkeit andererseits nicht mehr gewährleistet ist (*Hufen/Vogel*, Keine Zukunftsperspektiven für Schulen in freier Trägerschaft? [2006]).

Weitgehend unbestritten ist, dass Art. 7 IV GG auch eine **verfahrensrechtliche Komponente** enthält: Das gilt insbesondere für die Ausgestaltung des Genehmigungs- und des Anerkennungsverfahrens, aber auch bei allen übrigen die Privatschulen betreffenden Verfahren, insbesondere für die Bildungsplanung im Lande, die Entscheidung über Aufbau, Fortentwicklung und Einstellung von Bildungsgängen sowie die Formulierung von Prüfungs- und Abschlusskriterien, die auch für die anerkannten Ersatzschulen gelten sollen.

6. Sonderfall private Volksschule. Art. 7 V GG enthält ein repressiv formuliertes Verbot mit Genehmigungsvorbehalt für private Volksschulen. Traditionell umfasste die Volksschule die heutige Grund- und Hauptschule. Das Verbot kann nur **richtig** verstanden werden, wenn man sich die historische Bedeutung der „Schule für das ganze Volk" verdeutlicht. Private Volksschulen sollen nur zugelassen werden, wenn sie eine sinnvolle Alternative zum öffentlichen und sonstigen privaten Schulangebot sind. Besteht ein solches besonderes pädagogisches Interesse, dazu dürfte der Anspruch allerdings nicht zu verneinen sein (BVerfGE 88, 40, 51 – Freie Schule Kreuzberg; BVerwG, NJW 2000, 1280, 1283 – Montessori-Pädagogik). Umstritten ist, ob den Schulbehörden bei der Auslegung des Begriffs „besonderes pädagogisches Interesse" ein gerichtlich nicht voll überprüfbarer Beurteilungsspielraum zukommt (dazu *Geis*, DÖV 1993, 22). Als weniger problematisch und letztlich durch Art. 4 GG geboten sah der Grundgesetzgeber ferner die Privilegierung der Bekenntnis- oder Weltanschauungsschulen an. Gerade diese können heute aber problematisch sein. Insbesondere ist Art. 7 V GG kein Freibrief für fundamentalistische Religionsgemeinschaften zur Fernhaltung der Kinder von öffentlichen Schulen (*Günther*, Zur Zulässigkeit der Errichtung privater Volksschulen als Bekenntnisschulen religiös-ethnischer Minderheiten nach Art. 7 V GG [2006]).

7. Die Aufhebung von Vorschulen (Art. 7 VI GG). Nur historisch zu verstehen ist auch Art. 7 VI GG, der bereits auf Art. 147 III WRV zurückgeht und sich auf besondere „Drillanstalten" vor dem Gymnasium bezog. Das BVerfG hat insofern von „Standesschulen mit elitärem Anspruch" gesprochen (BVerfGE 88, 40, 55). Gegen heutige von den meisten Pädagogen geforderte Formen öffentlicher Früherziehung in einem Alter, in dem Kinder besonders lernfähig sind, lässt sich aber Art. 7 VI GG nicht mobilisieren. Im Gegenteil: Eine möglichst verbindliche Früherziehung ist zur Beseitigung von Nachteilen für Kinder aus Problemfamilien im Hinblick auf Art. 3 I GG verfassungsrechtlich sogar besonders erwünscht (dazu Rn. 37 und 38).

34

Literatur zu Art. 7 IV bis VI: *Avenarius u. Pieroth/Barczak*, Die Herausforderung des öffentlichen Schulwesens durch private Schulen – Eine Kontroverse (2012); *Avenarius/Füssel*, Schulrecht, 8. Aufl. (2010), 288 ff.; *Brosius-Gersdorf*, Privatschulen zwischen Autonomie und staatlicher Aufsicht, DV 45 (2012), 389; *Geis*, Die Anerkennung des „besonderen pädagogischen Interesses" in Art. 7 Abs. 5 GG, DÖV 1993, 22; *Hufen/Vogel*, Keine Zukunftsperspektiven für Schulen in freier Trägerschaft? (2006); *Keller/Krampen*, Das Recht der Schulen in freier Trägerschaft (2013); *Vogel*, Zur Genehmigung von Ersatzschulen, DÖV 2008, 895.

VI. Die internationale und europäische Perspektive

Sowohl auf internationaler als auch auf europarechtlicher Ebene gibt es wichtige Normen, die die Schule betreffen. So wird in Art. 26 AEMR für jeden Menschen ein „Recht auf Bildung" und un-

35

entgeltlichen und obligatorischen Unterricht wenigstens in den Elementar- und Grundschulen verlangt. Inhaltlich ist auf Art. 7 des Internationalen Übereinkommens zur Beseitigung jeder Form von Rassendiskriminierung (BGBl. II 1969, 962) und auf Art. 29 des Übereinkommens über die Rechte des Kindes (BGBl. II 1992, 122) hinzuweisen. Von großer praktischer Bedeutung ist auch die **UN-Behindertenkonvention,** die die Mitgliedstaaten zur weitestmöglichen Integration behinderter Schüler in die öffentlichen Regelschulen verpflichtet (dazu *Faber/ Roth*, DVBl. 2010, 1193 u. unten, Rn. 39).

In **Art. 2 des Ersten Zusatzprotokolls zur EMRK** heißt es: *„Das Recht auf Bildung darf niemandem verwehrt werden. Der Staat hat bei Ausübung der von ihm auf dem Gebiete der Erziehung und des Unterrichts übernommenen Aufgaben das Recht der Eltern zu achten, die Erziehung und den Unterricht entsprechend ihren eigenen religiösen und weltanschaulichen Überzeugungen sicherzustellen."* Im Hinblick auf die Gewährleistung eines Rechts auf Bildung und die Vielfalt der Träger geht die EMRK also weiter als das GG (EGMR, NVwZ 2008, 1217; allg. dazu *Langenfeld*, RdJB 2007, 412; *Poscher/ Rux/Langer*, Das Recht auf Bildung. Völkerrechtliche Grundlagen und innerstaatliche Umsetzung [2009]). Einen besonderen Merkposten der schulbezogenen Rechtsprechung des EGMR bildet ferner die gleichberechtigte mögliche Befreiung der Angehörigen aller Religionsgemeinschaften vom öffentlichen Religionsunterricht (EGMR, NVwZ 2008, 1327 – Aleviten). Auch hat der EGMR den Grundsatz weltanschaulicher Offenheit und Pluralität und das Indoktrinationsverbot außerhalb des Religionsunterrichts betont (EGMR, NVwZ 2008, 1217).

36 Auf der Ebene der **Europäischen Union** wurde zwar immer wieder betont, dass Bildung und Erziehung weitgehend Sache der Mitgliedsstaaten sind, doch garantiert Art. 14 EuGRCh u. a. die Privatschulfreiheit und das Elternrecht. Von besonderer Bedeutung für die Schule ist auch die Garantie der **Vielfalt der Kulturen, Religionen und Sprachen** in Art. 22 EuGRCh. Angesichts eines weithin feststellbaren Trends zur Ökonomisierung der Kultur durch die EU-Kommission ist darauf hinzuweisen, dass Schulen primär Einrichtungen der Kultur, nicht der Wirtschaft und keine Dienstleistungen wie alle anderen sind. Forderung einer weitgehenden Freigabe des „Bildungsmarktes" im Sinne der Dienstleistungsfreiheit stehen also unter einem „Kulturvorbehalt" (zum Problem *Poscher/Neupert*, RdJB 2005, 244). Allerdings gibt es auch Anzeichen, dass zumindest die

Privatschulfreiheit als Anwendungsfall der wirtschaftlichen Grundfreiheiten gesehen wird (EuGH, NJW 2008, 351 – Pflicht zur Erstreckung der steuerlichen Absetzbarkeit der Schulgelder von Privatschulen im Inland und im europäischen Ausland).

VII. Aktuelle Fälle und Probleme

Hinweis: Fälle zur **Religionsfreiheit in der Schule** s. § 22, Rn 44 u. 47.

1. Die Allgemeine Schulpflicht. Die allgemeine Schulpflicht ist für das 37 Wohl des Kindes wie auch für die staatliche Schulverantwortung und das Interesse des Gemeinwesens an einer möglichst gleichmäßigen und verbreiteten Bildung und Erziehung von größter Bedeutung (BVerwGE 94, 82, 84 – Befreiung vom Sportunterricht). Gleichgültig ist dabei, ob man die Schulpflicht als Grundpflicht sieht (*H. Hofmann*, HdbStR, 1./2. Aufl. § 114, Rn. 119) oder als Schranke des Elternrechts.

Gleichwohl wird sie auch gegenwärtig immer wieder in Frage gestellt: Vorwiegend religiös geprägte Eltern möchten ihren Kindern den Besuch der vermeintlich die moralische und persönliche Entwicklung gefährdenden öffentlichen Schulen und deren ebenso vermeintlich verderblichen Einflüsse ersparen (zur Verweigerung der Schulpflicht aus religiösen Gründen s. oben § 22, Rn. 47). Auch wenn man die Schulpflicht als Eingriff in Grundrechte der Schüler und der Eltern sieht, sind diese jedoch wegen des **Integrationsauftrags der Schule** und der Notwendigkeit einer wenigstens zeitweilig alle Kinder ungeachtet sozialer, religiöser und kultureller Hintergründe erfassenden Gemeinschaft gerechtfertigt, ja gerade in einer modernen, kulturübergreifenden Gesellschaft unabdingbar. Auch ein noch so hochwertiger Heimunterricht könnte das soziale und kulturelle Lernen in der schulischen Gemeinschaft nicht ersetzen. Schon deshalb dürfte kein Bundesland die Schulpflicht einfach abschaffen (teilw. anders aber *Beaucamp*, DVBl 2009, 220). Außerdem ist es legitim, im Interesse der Entfaltungschancen des Kindes einen Ausgleich gegenüber einer möglicherweise einseitigen Indoktrination durch die eigenen Eltern zu schaffen. Auch die Rechtssprechung hat die allgemeine Schulpflicht immer wieder gegen alle Versuche des „home-schooling" und des Privatunterrichts durchgesetzt, auch wenn die Eltern religiöse Gründe für entsprechende Befreiungsanträge anführten (BVerfG, Kammer, NJW 1987, 180; BVerfG, Kammer, NVwZ 2003, 1113; NJW 2009, 3151; NJW 2013, 2813; BVerwGE 94, 82, 84; BVerwG, NVwZ 2010, 525; *Achilles*, RdJB 2004, 222; *Hufen*, RdJB 1993, 156; teilw. anders jetzt *Hanschmann*, FS Bryde [2013], 381; allg. *Thurn/Reimer*, NVwZ 2008, 718) oder sogar in den USA Asyl beantragten (FAZ 28.1.2010, S. 5). Sanktionen bei Verweigerung der Schulpflicht können bis zur Entziehung des Sorgerechts gehen (BGH, NJW 2008, 369). Die Schulpflicht erstreckt sich auch auf besonders gemeinschaftsfördernde Veranstaltungen wie Sportunterricht und Klassenfahrt (dazu oben § 22, Rn. 47). Auch Europarecht steht der strikten Durchsetzung der allgemeinen

Schulpflicht nicht entgegen (BVerwG, NVwZ 2010, 525). Umstritten ist, ob die obligatorische Einführung einer **Ganztagsschule oder einer Vorschule** zur Behebung augenfälliger Bildungs- und Sprachschwächen sowie zur frühzeitigen kulturellen Integration und Herstellung von Chancengleichheit zulässig wäre. Das ist im Hinblick auf die Bedeutung der genannten Ziele gerade im frühkindlichen Alter m. E. zu bejahen (dazu *Bumke,* NVwZ 2005, 519; *Edelstein,* RdJB 2006, 3 ff.; krit. *Bader,* NVwZ 2007, 537: wohl auch *Ennuschat,* RdJB 2007, 271; *Guckelberger,* RdJB 2006, 11 u. RdJB 2012, 5 ff).

Literatur: *Handschell,* Die Schulpflicht vor dem Grundgesetz (2012); *Hanschmann,* „Homeschooling" – rigides Verfassungsrecht auf unsicherem Grund, FS Bryde 2013, 381; *Schwanke,* Die verfassungsrechtliche Entwicklung des staatlichen Erziehungsrechts und der allgemeinen Schulpflicht im Spannungsfeld zur Glaubensfreiheit in der Schule (2010).

38 **2. Gemeinsame Schule für alle?** Grundsätzlich ist davon auszugehen, dass die Schule ihrem Bildungs-, Erziehungs- und Integrationsauftrag am besten gerecht wird, alle Kinder ungeachtet ihrer Herkunft, Geschlecht, Religion, sozialem Status gemeinsam unterrichtet werden. Gleichwohl gibt es in Deutschland ein **gegliedertes Schulsystem**, das teilweise bereits nach der 4. Klasse eine Trennung in Haupt-, Real-, sonstige Sekundarschulen und Gymnasien vorsieht. Dieses steht deshalb schon seit langem in der durch internationale Berichte der OECD und durch die „Pisa-Studien" verstärkten Kritik *(Institut für Bildungsforschung und Bildungsrecht,* Selektion und Gerechtigkeit in der Schule [2012]). Die frühe Trennung hat dabei den Nachteil, dass gerade bildungsschwache Schüler die bestehenden Nachteile kaum noch aufholen können. Zu den Forderungen von Reformpolitikern gehört daher neben der Abschaffung der als diskriminierend empfundenen Hauptschule seit langem, die Schüler möglichst lange gemeinsam zu unterrichten – sei es in einer die Bildungsgänge integrierenden Gesamtschule, sei es zumindest in einer verlängerten gemeinsamen Grund- oder auch Hauptschule. Hier hat der Landesgesetzgeber weitgehende Gestaltungsfreiheit (*Orth,* NVwZ 2011, 14). Andererseits hat das BVerfG bereits früh betont, dass es dem Staat verwehrt sei, die Kinder übermäßig lange in einer Schule mit undifferenziertem Unterricht festzuhalten (BVerfGE 34, 165, 186 – Förderstufe). Hier wird die bessere Förderung bildungsschwacher Schüler durch die „geringere Förderung" leistungsstarker Schüler erkauft. Die in einigen Bundesländern bestehende sechsjährige Grundschule dürfte daher das Äußerste sein, was noch mit Art. 3 I GG, dem Entfaltungsanspruch des Kindes sowie wie mit dem Elternrecht (Art. 6 II

GG) vereinbar ist. Pädagogisch weit sinnvoller und auch förderlicher für die Chancengleichheit wäre eine frühere gemeinsame Bildung durch eine obligatorische Vorschule für alle Kinder nach dem Vorbild der französischen „école maternelle" (Rn. 37).

Ein Problem der „gemeinsamen Schule" stellt sich auch im Hinblick auf **behinderte Schüler.** Diese dürfen nach Art. 3 III 2 GG auch in der Schule nicht benachteiligt werden und haben daher einen Anspruch auf gemeinsamen Unterricht mit anderen Schülern (**Inklusion**), so weit wie nach den Umständen des Einzelfalls möglich. Seit 2009 fordert Art. 24 I der durch die Bundesrepublik ratifizierten UN-Behindertenkonvention (UN-BRK = BGBl 2008 II, 1419; dazu *Faber/Roth*, DVBl. 2010, 1193) gleichfalls ein **integratives Bildungssystem auf allen Ebenen**. Andererseits müssen auch die Rechte der nicht behinderten Mitschüler und die Notwendigkeit beachtet werden, bestimmte Fördermaßnahmen und -einrichtungen an besonderen Schulen zu konzentrieren. Deshalb dürfen die Länder Schwerpunktschulen einrichten, an denen behinderte und nicht behinderte Kinder gemeinsam unterrichtet werden und besondere Einrichtungen für Kinder mit Förderbedarf bestehen (OVG Koblenz, LKRZ 2009, 274). Ist dagegen eine Teilnahme eines behinderten Kindes am allgemeinen Schulunterricht mit vertretbarem Aufwand möglich, dann kann in der Überweisung an eine Förderschule sehr wohl eine verbotene Benachteiligung liegen (BVerfGE 96, 288, 301 ff. – Niedersächsisches Schulgesetz; ähnl. f. Kindergärten auch BVerfG, Kammer, NVwZ 2006, 679; *Reichenbach*, Der Anspruch behinderter Schülerinnen und Schüler auf Unterricht in der Regelschule, [2001]). 39

3. **„Schulautonomie".** Eine gleichfalls sehr häufige Forderung und Antwort auf die Kritik der Pisa-Studien ist die Forderung nach einer **„autonomen Schule".** Die berechtigte Grundidee dabei ist, dass eine über sich selbst bestimmende Schulgemeinschaft eher motiviert ist als eine zentral geleitete Schule und insofern besser ihre Erziehungsziele erreichen kann. Deshalb haben einige Bundesländer größere pädagogische, finanzielle und personelle Unabhängigkeit in den Schulgesetzen verankert (vgl. etwa § 23 Rh.-Pf. SchulG). Verfassungsrechtliche **Schranken** für solche Vorstellungen ergeben sich aber sowohl aus den Grundrechten der Beteiligten (Schüler, Eltern, Lehrer) als auch dem Demokratieprinzip: So bedarf jeder Eingriff in die Grundrechte der Beteiligten einer demokratischen Legitimation; besonders Eingriffe in Grundrechte können weder durch Selbstverwaltungsorgane noch durch gemeinsame Schulentscheidungen getroffen werden (BVerfGE 33, 125 – Facharzt). Art. 7 I GG verhindert zusammen mit dem Demokratiegebot also den Abbau staatlicher Verantwortung und eine von der parlamentarischen Verant- 40

wortung gänzlich losgelöste Schulautonomie (BVerfGE 93, 37, 68 – Personalvertretung Schl.-Holstein). Auch die Fachaufsicht über öffentliche Schulen ist grundsätzlich verfassungsrechtlich geboten (Art. 7 I GG). Schließlich dürfen im öffentlichen Schulwesen Aspekte der Gleichbehandlung mit Schülern anderer Schulen nicht von der Hand gewiesen werden. Pluralität kann also eher durch „Außenpluralität", d. h. konkret: Herstellung von Schulvielfalt durch Förderung möglichst vielfältiger Schulen in freier Trägerschaft, als durch „Binnenpluralität" innerhalb des staatlich verantworteten Schulwesens erreicht werden (*Hufen*, in: FS J.P. Vogel, [1998], 51, 73; *F. Müller,*, DVBl. 2006, 878; *J. Müller,* Schulische Eigenverantwortung und staatliche Aufsicht. [2006]).

41 **4. Ansätze zur „inneren Integration": Gemeinsame Schulkleidung, Verpflichtung zur Nutzung der deutschen Sprache.** Der Lösung von Problemen der sozialen Sonderung der Schüler, Verweigerung von Integration und verbesserter Identitätsbildung der Schule gelten Vorschläge zur Einführung einer einheitlichen **Schulkleidung** und zur obligatorischen **Benutzung der deutschen Sprache** sowohl im Unterricht als auch auf dem Pausenhof. Auf freiwilliger Basis ist die Verwirklichung solcher Vorschläge völlig unproblematisch. Sollen sie verpflichtend eingeführt werden, so ist allerdings daran zu erinnern, dass die freie Wahl der Kleidung und die Nutzung der eigenen Muttersprache außerhalb des eigentlichen Unterrichts auch in der Schule grundsätzlich zum Schutzbereich des **allgemeinen Persönlichkeitsrechts** gehören. Die obligatorische Einführung einer gemeinsamen Schulkleidung (*Brugmann,* Bekleidungsvorschriften an öffentlichen Schulen in NRW [2009]) und die Verpflichtung zur Nutzung der deutschen Sprache außerhalb des eigentlichen Unterrichts bedürfen also einer gesetzlichen Grundlage (übertrieben in diesem Sinne selbst für die erste Fremdsprache VGH Mannheim, DÖV 2007, 1059). Liegt diese vor, dann bestehen keine verfassungsrechtlichen Bedenken, da beide Maßnahmen wichtige Gemeinwohlziele der Integration und der Gleichbehandlung der Schüler verfolgen und auch im Hinblick auf den Verhältnismäßigkeitsgrundsatz unbedenklich sind.

42 **5. Wertbezogener Unterricht.** Schule vermittelt nicht nur Wissen und kognitive Fertigkeiten, sondern auch Werthaltungen. Die Berechtigung dazu hat das BVerfG schon sehr früh betont. Am Beispiel des **Sexualkundeunterrichts** hat es aber auch entschieden, dass die Schule nicht einseitig bestimmte Werthaltungen in den Mittelpunkt stellen oder die Kinder gar indoktrinieren darf (BVerfGE 47, 48 – Sexualkunde). Da grundsätzlich angenommen werden kann, dass diese Grundsätze in deutschen Schulen beachtet werden, gilt die Schulpflicht uneingeschränkt auch für dieses Fach (BVerwG, NVwZ 2009, 56). Dasselbe dürfte für alle ähnlich wertbezogenen und damit „sensiblen" Inhalte gelten. Sie müssen nicht ausgeklammert werden, müssen aber der Vielfalt der in der Gesellschaft vorhandenen Auffassungen gerecht werden und dürfen die Schüler nicht einseitig beeinflussen (so auch EGMR, NVwZ 2008, 1217). Beispiele sind neben der **Sexualkunde** der **Ethikunterricht** (dazu EGMR,

§ 32 Erziehung und Schule 541

NVwZ 2010, 1353) oder auch eine **Wehrkunde,** in der Belange der Landesverteidigung dargestellt werden sollen.
Gegen das Gebot weltanschaulicher Neutralität außerhalb des Religionsunterrichts würde z. B. auch die Darstellung der Entstehung der Erde als göttliche Schöpfung („intelligent design") statt als Ergebnis der **Evolution** verstoßen, wie sie von religiösen Fundamentalisten in einigen Bundesstaaten der USA inzwischen durchgesetzt worden ist und auch in Deutschland diskutiert wird. Die Lehre der sog. „Kreationisten" hat außerhalb des Religionsunterrichts also an deutschen Schulen **keinen Platz.**

6. Gewalt an der Schule und andere Ordnungsprobleme. Immer 43
wieder haben in der Vergangenheit Meldungen über massive Gewalt an Schulen die Öffentlichkeit erschreckt. Lehrer, Eltern und Mitschüler beklagen diese und andere Verstöße gegen die Schulordnung, von Braunhemden und Springerstiefeln über aufreizende Bauchnabel bis zu Rauschgiftgenuss, ja Rauschgifthandel in der Schule. Zu Recht als Verstoß gegen die Schulordnung gesehen wurde der Versuch zweier muslimischer Schülerinnen, in einer Vollverschleierung am Unterricht teilzunehmen. Beklagt wurde auch, dass die rechtlichen Grundlagen in den Schulordnungen und Schulgesetzen nicht ausreichen, um dieser Probleme Herr zu werden. Neue Probleme stellen sich im Hinblick auf die Nutzung technischer Möglichkeiten beim „Cybermobbing" gegenüber Mitschülern und Lehrern im Internet. Diese können im Einzelfall bis zur die Menschenwürde gefährdenden sozialen Ächtung führen. Auch wenn Verstöße streng genommen im außerschulischen Bereich liegen (dazu *Hanschmann*, NVwZ 2008, 1295), muss die Schule ggf. durch strenge Ordnungsmaßnahmen ihrer Schutzpflicht gerecht werden (VGH Mannheim, 12.05.2011, BeckRS 2011, 50852).
Über die pädagogischen und sozialen Probleme, die mit den geschilderten Phänomenen zusammenhängen, ist hier nicht zu befinden. Juristische Lösungen reichen hier keineswegs aus. Andererseits lässt das Schulrecht die Lehrer auch nicht im Stich. Die Schulgesetze der Länder enthalten nämlich sehr wohl Rechtsgrundlagen, um im Einzelfall Ordnungsverstöße wirksam zu bekämpfen. Maßgeblich ist stets, ob ein Verhalten den Schulfrieden, den Schulzweck oder sogar Leben und Gesundheit von Mitschülern und Lehrern gefährdet. So befand sich die Schulleitung mit dem zeitweiligen Ausschluss der „Burka-Trägerinnen" auf sicherem rechtlichen Grund, denn die Vollverschleierung verhindert die Identifikation und die Kommunikation, die für die Erfüllung des Schulzwecks unerlässlich sind. Skinhead- und Nazisymbole dürfen ebenso verboten werden (VG Berlin, NVwZ-RR 2002, 33) wie eine anstößige Kleidung. Bei einer Störung des Klassenfriedens durch Gewalt oder Gewaltandrohung kommen immer Disziplinarmaßnahmen in Betracht. Wichtig sind nur die ordnungsgemäße Anhörung des Betroffenen und die Androhung bei erstmaliger Begehung (OVG Münster, NVwZ-RR 2006, 615). Disziplinarmaßnahmen reichen vom Ausschluss von einer Klassenfahrt (OVG Greifswald, NJW 1997, 1721) über die Versetzung in eine Parallelklasse bis hin zum zeitweiligen oder sogar endgültigen Ausschluss von der Schule – Letzterer ge-

rechtfertigt etwa beim Handeln mit Rauschgift (OVG Koblenz, NJW 1996, 1690) oder schweren Gewalttätigkeiten gegen Mitschüler (VG Mainz, NVwZ 1998, 876). Gewalt gegen Lehrer ist auch schon beim ersten Fall immer ein Entlassungsgrund (VGH Mannheim, NJW 2004, 89). Ebenso streng zu beurteilen sind die Androhung von Gewalt (VGH Mannheim, NJW 2004, 1058) oder die schwere Beleidigung eines Lehrers im Internet (VGH München, NJW 2002, 3044). Umgekehrt ist es ein schwerwiegendes Disziplinarvergehen, wenn eine Lehrerin der Probleme dadurch Herr zu werden versucht, dass sie Schülern zur Disziplinierungszwecken die Münder mit Tesafilm verklebt (BAG, NJW 2012, 3674).

44 **7. Informationelle Selbstbestimmung in der Schule – Lehrerbewertung im Internet.** Zu Recht fordern Schulleiter, Lehrer und Eltern, dass die informationelle Selbstbestimmung nicht zum Hindernis des Unterrichts und der Kommunikation in der Schule werden darf. Gleichwohl gibt es Problemgruppen, in denen das Grundrecht nicht mit der gebotenen Sensibilität gehandhabt wird. So lässt sich in den Berichten der Datenschutzbeauftragten nachlesen, dass Schulen nicht nur intern und extern Entscheidungen über Versetzungen und Noten allgemein bekannt geben, dass Schülerdaten an Krankenkassen und andere Stellen weitervermittelt werden usw. (dazu *Walter*, RdJB 2005, 268; *Zilkens/Kuhfuß*, DÖV 2001, 940). Nach Auffassung des BVerfG, Kammer, NJW 2008, 281, ist die Speicherung eines genetischen Fingerabdrucks selbst bei einer gefährlichen Körperverletzung im Zuge einer Prügelei auf dem Schulhof unverhältnismäßig. Zu Recht keine Bedenken haben dagegen der VerfGH Rh.-Pf., NJW 2005, 410 und der BayVerfGH, DVBl. 2005, 523 gegen die Information der Eltern volljähriger Schüler über bestimmte gravierende Probleme und Verhaltensweisen. **Lehrerbewertungen** – selbst anonyme – im Internet („spickmich.de") sind dann durch die Meinungsfreiheit gedeckt, wenn sie berufsbezogen sind, also nicht die Privatsphäre von Lehrern und Mitschülern betreffen. Das gilt nicht bei falschen Tatsachenbehauptungen und bei Schmähkritik (BGH, NJW 2009, 2888; *C.M. Köhler*, Persönlichkeitsrechte im Social Web. Verlorene Grundrechte? Der Lehrer am Pranger in der virtuellen Welt [2011]; *Paal*, Personenbezogene Bewertungsportale im Internet. Spickmich.de und die Folgen, RdJB 2010, 459).

45 **8. Islamischer Religionsunterricht an öffentlichen Schulen?** Nicht abzusehen war 1949 und bei der Entstehung der meisten Landesverfassungen, dass sich im Zusammenhang mit Art. 7 III GG einmal die Frage des **islamischen Religionsunterrichts** stellen würde. Obwohl es gewiss wünschenswert ist, dass an staatlichen Schulen und unter entsprechender staatlicher Kontrolle auf der Basis eines „aufgeklärten Islam" ein Religionsunterricht als Gegengewicht zu Koranschulen und Hasspredigern stattfindet, so gab es bisher schwierig zu lösende faktische Probleme. So besteht innerhalb in Deutschland bisher nach eigenem Selbstverständnis keine festgefügte „Religionsgemeinschaft" oder gar „Kirche" und damit auch noch kein des Islam legitimer Partner zur bei Art. 7 III GG unabdingbar vorausgesetzten staatskirchenrechtlichen Kooperation (so zu Recht OVG Münster, NVwZ-RR 2004, 492). Gleichwohl hat das BVerwG für Berlin, wo Art. 7 III GG wegen Art. 141 GG nicht gilt, für einen Berliner Spitzenverband islamischer Organisationen einen subjektiven Anspruch gegen den Staat auf Einführung eines seinen Glaubensinhalten entsprechenden muslimischen Religionsunterrichts bejaht (BVerwG, NJW 2005, 2101). Auch in Hessen wurde zum Schuljahr 2013/14 an zunächst 27 Schulen ein islamischer Religionsunterricht eingeführt. Vorausgesetzt wurde aber, dass die Religionsgemeinschaft unter staatlicher Aufsicht mit ihrem Unterricht die Gewähr für die Einhaltung der in Art. 79 III GG umschriebenen fundamentalen Verfassungsprinzipien bieten muss. (Zur Frage, ob ein einzelner Schüler ein Recht auf „Beten in der Schule" hat, s. oben § 22, Rn. 47).

Literatur: *Anger,* Islam in der Schule (2003); *Bock,* Islamischer Religionsunterricht? 2. Aufl. (2007); *Fechner,* Islamischer Religionsunterricht an öffentlichen Schulen, NVwZ 1999, 786; *Heckel,* Religionsunterricht für Muslime? JZ 1999, 741; *Korioth,* Islamischer Religionsunterricht und Art. 7 III GG, NVwZ 1997, 1041; *Kreß,* Islamischer Religionsunterricht zwischen Grundsatzproblemen und neuen Rechtsunsicherheiten, ZRP 2010, 14; *Muckel,* Islamischer Religionsunterricht und Islamkunde an öffentlichen Schulen in Deutschland, JZ 2001, 58; *Stock,* Einige Schwierigkeiten mit islamischem Religionsunterricht, NVwZ 2004, 1399.

Literatur zu § 32 – Erziehung und Schule: *Avenarius/Füssel,* Schulrecht, 8. Aufl. (2010); *dies.,* Schulrecht im Überblick (2008); *Bothe/Dittmann,* Erziehungsauftrag und Erziehungsmaßstab der Schule im freiheitlichen Verfassungsstaat, VVDStRL 54 (1995), 7/47; *Deutscher Juristentag,* Schule im Rechtsstaat. Entwurf für ein Landesschulgesetz (1981); *Kramer,* Grundfälle zu Art. 7 GG, JuS 2009, 1090; *Langenfeld,* Das Recht auf Bildung in der Europäischen Menschenrechtskonvention, RdJB 2007, 412; *Loschelder,* Schulische Grundrechte und Privatschulfreiheit, HdbGr IV, § 110; *Luthe,* Schulrecht (2003); *Niehues/Rux,* Schul- und Prüfungsrecht, Band I, Schulrecht, 4. Aufl. (2006); *Orth,* Verfassungsrechtliche Anforderungen an die Schulstruktur, NVwZ 2011, 14; *Poscher/Rux/Langer,* Das Recht auf Bildung. Völkerrechtliche Grundlagen und innerstaatliche Umsetzung (2009); *I. Richter,* Das Grundgesetz – eine gute Verfassung für Familie, Kultur und Bildung? (2009).

§ 33 Kunstfreiheit (Art. 5 III 1, 1. Alt. GG)

I. Allgemeines

1. Entstehung und geschichtliche Entwicklung. Die Geschichte der Kunstfreiheit ist sehr viel älter als die Geschichte des ausformulierten Grundrechts selbst, das sich in Deutschland erst in der WRV findet. Neben der Abwehr gegen staatliche oder kirchliche Zensur standen im Verlauf dieser Geschichte stets auch die Chancen, aber auch Abhängigkeiten der Kunst im Verhältnis zu den jeweiligen staatlichen oder privaten Auftraggebern im Mittelpunkt.

Die ersten Kunstprozesse fanden bereits im **antiken Rom** statt (*Beisel*, Die Kunstfreiheitsgarantie des Grundgesetzes und ihre strafrechtlichen Grenzen [1997], S. 9). In der Welt des **Mittelalters** war die Kunst wie alles geistige Leben eng in die religiösen Bezüge eingebunden, die geradezu zu einer **Einheit von Kunst und Religion** bis in die Farbgestaltung der Sakralgemälde und die Tonarten der Kirchenmusik hinein führten. Im **Absolutismus** geriet die Kunst in den Bannkreis der **Staatsverherrlichung** in den Residenzen der Könige und Fürsten – letztere zugleich eine Quelle des heute noch geltenden Kulturföderalismus.

Die **Wende vom 18. zum 19. Jahrhundert** und die Folgen der Französischen Revolution brachten eine Tendenz zur **Privatisierung und „Verbürgerlichung"** der Kunst. Vor dem Hintergrund der Philosophie des Idealismus – *Immanuel Kant* hatte die Kunst mit „interessenlosem Gefallen" in Verbindung gebracht – erlangten die zuvor eher nebensächlichen Aspekte der Originalität, Individualität und Emotionalität Bedeutung und bestimmten zugleich den Freiheitsanspruch der Kunst. Die Befreiung von höfischen und ständischen Bindungen führte aber auch – bis auf wenige Ausnahmen – zur sozialen Unsicherheit und wirtschaftlichen Verarmung der Künstler. Die Zeit der Romantik und des „Biedermeier" war für die meisten Künstler selbst also alles andere als „romantisch". In der Zeit der **Restauration** wurden dann der Aspekt des demokratischen und damals revolutionären Potentials der Kunst und die künstlerische Meinungsfreiheit immer gewichtiger und brisanter. Die staatliche Zensur der *Metternich*-Zeit betraf alle Kunstarten, vornehmlich aber die politisch engagierte Literatur. Betroffen waren nahezu alle führenden deutschen Literaten von *Heinrich von Kleist* über *Clemens von Brentano* bis zu *Georg Büchner* und zumal *Heinrich Heine*. So nimmt es nicht Wunder, dass in der **Paulskirchenverfassung** von 1848/1849 eine ganz und gar politisch formulierte „künstlerische Meinungsfreiheit" im Mittelpunkt stand (§ 143). Das Scheitern der Paulskirchenverfassung führte zur Rückverlagerung der Grundrechtsprobleme auf die Verfassungen der Einzelstaaten. Deren Grundrechtskataloge konnten nicht verhindern, dass die **Kaiserzeit** zu neuen Höhepunkten der Zensur gegenüber einer kritischen und/oder als unsittlich empfundenen Kunst führte. Berühmt-berüchtigt ist der Satz des Berliner Polizeipräsidenten *von Richthofen* zum Verbot des Theaterstücks „Sodoms Ende": *„Die janze Richtung passt mir nicht"* (zitiert nach *Beisel*, Kunstfreiheitsgarantie [1997], S. 13).

Art. 142 WRV enthielt die erste deutschlandweite und eigenständige Kunstfreiheitsgarantie: *„Die Kunst, die Wissenschaft und ihre Lehre sind frei. Der Staat gewährt ihnen Schutz und nimmt an ihrer Pflege teil"* – also nicht nur das klassische Freiheitsrecht, sondern auch einen Schutz- und Förderungsauftrag. Beide schützten aber weder vor gesetzlichen Einschränkungen noch vor exzessiven Anwendungen des Strafrechts – insbesondere der Beleidigungs-

oder Unzuchtparagraphen. So war die Kunstfreiheit nach dem führenden Kommentar zur Reichsverfassung ein weitgehend „leerlaufendes Grundrecht" (*Anschütz*, WRV, Art. 142, Neudruck 1968, S. 659). Kennzeichnend war, dass besonders viele bekannte Künstler der nur scheinbar „Goldenen Zwanziger Jahre" Bekanntschaft mit Polizei und Staatsanwalt machten: *George Grosz* mit seinem Bild „Christus mit der Gasmaske" (dazu *v. Becker*, NJW 2005, 559) und *Arthur Schnitzlers* „Der Reigen" sind nur die bekanntesten Beispiele. Eine subtilere Form der Beschränkung künstlerischer Freiheit bestand in der etwa durch *Kitzinger* im Grundrechtskommentar zu Art. 142 WRV ausgedrückten damals herrschenden Meinung, dass die Kunstfreiheit des Art. 142 WRV nur die schöne und erhabene Kunst, nicht aber etwa Jazz und Unterhaltungskunst schütze (*Friedrich Kitzinger*, in: Hans Carl Nipperdey, Die Grundrechte und Grundpflichten der Reichsverfassung, Kommentar zum zweiten Teil der Reichsverfassung, 1930, Art. 142, S. 469).

In der Zeit des **Nationalsozialismus** hatte die Verfolgung der Kunst ein ganz besonderes persönliches Motiv: *Hitler* selbst sah sich als Künstler und hasste alle von ihm als „entartet" bezeichneten Konkurrenten. Bücherverbrennungen, Zerstörung von Kunstwerken und Verschleuderung ins Ausland bestimmten das Bild. Am perfidesten waren die neben den aus der Geschichte bekannten Verbreitungsverboten tretenden Malverbote, also – in heutiger Terminologie – unmittelbare Eingriffe in den Werkbereich des Künstlers.

In den Landesverfassungen der **Nachkriegszeit** sowie im Grundgesetz für die Bundesrepublik Deutschland war die Kunstfreiheit – zumeist in der klassischen Formulierung: „*Die Kunst ist frei*" – nicht umstritten. Gleichwohl lassen die wirklichen Konfliktfälle der 1950er und 1960er Jahre das Verhältnis der jungen Republik zur Kunst eher als erneute Restaurationszeit erscheinen. Das mag mit der damals verbreiteten Sehnsucht nach einer „heilen Welt" zusammenhängen. Stichworte waren jetzt weniger die politische Repression als vielmehr das Sexualstrafrecht und ein extensiv interpretierter Jugendschutz. So bildete der Skandal um den Film „*Die Sünderin*" bei Weitem nicht das einzige Beispiel eines unvermuteten Rückfalls in längst überwunden geglaubte Zeiten. Neue Provokationen entstanden in der Folge der „68er Zeit". Unausgewogene Versuche, Staatssymbole und die Ehre von Prominenten gegenüber Spott und Satire in Schutz zu nehmen, scheiterten letztlich erst an der seit den 1970er Jahren insofern immer „progressiveren" Rechtsprechung des BVerfG.

2. Aktuelle Bedeutung. Kaum ein anderes Grundrecht hat eine ähnliche **Signalfunktion für den Grad der Freiheitlichkeit bzw. Repressivität einer Gesellschaft** wie die Kunstfreiheit. Deshalb legt dieses Lehrbuch – nicht nur wegen der zahlreichen „klausurträchtigen" und einprägsamen Beispiele – einen Schwerpunkt gerade bei diesem Grundrecht.

Fasst man die heutige Lage zusammen, so lässt sich feststellen, dass – wohl vor allem wegen der insgesamt kunstfreundlichen Rechtsprechung des BVerfG – die „alten Fronten" zwischen Kunst und Staat aufgehoben, dass

Eingriffe durch Polizei und Staatsanwalt eher selten geworden sind. Wie für andere traditionelle Freiheitsrechte treten aber auch für die Freiheit der Kunst **neue Gefahren** hervor. In den überregulierten, politisierten, subventionsabhängigen Lebensräumen der Kultur gerät auch Kunst in alte und neue Abhängigkeiten, verliert an Spontaneität und leidet an mangelnder Wahrnehmung – jedenfalls solange sie das Spiel der medienträchtigen Überskandalisierung nicht mitspielt. Immer neu auszutarieren ist ferner das Verhältnis zwischen Kunstfreiheit und Persönlichkeitsrecht (Fallbeispiele unten, Rn. 48–50).

II. Schutzbereich

4   **1. Sachlich: Die Abhängigkeit vom Kunstbegriff.** Bei der Kunstfreiheit stellt sich ein schon mehrfach benanntes Problem in besonderer Schärfe: Die Bestimmung des Schutzbereichs setzt eine Bestimmung des Kunstbegriffs voraus, die den Verfassungsinterpreten aber selbst nicht zusteht (*Zöbeley,* Warum lässt sich Kunst nicht definieren?, NJW 1998, 1372). Juristen dürfen eben nicht „Kunst von Nichtkunst scheiden", und die Kunst hat sich gerade in den umstrittenen „Randzonen" schon immer abstrakten oder „objektiven" Definitionen entzogen (*Lerche,* HdbStR V, 1.–2. Aufl., § 121, Rn. 21).

Heute ist selbst mit Hilfe von Sachverständigen nicht möglich, allgemeingültige und abschließende Maßstäbe „der" Kunst zu definieren. Das liegt ganz einfach daran, dass es solche Maßstäbe oder gar eine allgemein akzeptierte Definition der Kunst nicht gibt. Auch Hilfskonstruktionen wie das Urteil von Kunstexperten oder der *„für Kunst empfängliche und mit Kunstdingen einigermaßen vertraute Durchschnittsbetrachter"* (BGHZ 27, 351, 356) müssen hier versagen. Nur vermeintlich näher an der Kunst waren Versuche, das Urteil auf eine fiktive Künstlergemeinschaft oder die Anerkennung im künstlerischen Umfeld zu übertragen (BSG, NJW 1999, 1990). Schon der Begriff hängt vielmehr von Vorgaben ab, die sich sozusagen zwischen „radikal objektiv" und „radikal subjektiv" bewegen.

5   Dazu **zwei Beispiele:** Bewusst oder unbewusst mitgeführt werden bis in die Gegenwart **idealistisch geprägte** Kunstbegriffe, die der Kunst vor allem den Dienst an der Erbauung oder der „interesselosen Freude am Schönen" zuweisen (exemplarisch noch BVerwGE 23, 104, 111 – „Sünderin"). Es liegt auf der Hand, dass diese Gleichsetzung von Kunst und Wohlgefallen einen großen Teil der modernen und gerade der schutzbedürftigen Kunst nicht erfasst. Das Hässliche, Unsittliche, Schockierende, Rohe und der Tabubruch sind seit langem Gegenstand der künstlerischen Äußerung. Deshalb hat das BVerfG zu Recht solchen Versuchen der Idealisierung und (Schein-)Objektivierung von Kunst eine Absage erteilt (BVerfGE 82, 1, 5 – Hitler-Satiren).

Auf der anderen Seite des Spektrums steht der Anspruch: *„Alles ist Kunst, jeder ist Künstler",* wie ihn *Joseph Beuys* (Bitburger Gespräche [1978], 135) erhoben hat. Wenn es unmöglich ist, Kunst generell und objektiv zu definieren und ihr ein festes Profil zu geben (BVerfGE 67, 213, 225 – Anachronistischer Zug), dann ist es letztlich die Selbstdefinition des Künstlers, die den Kunstbegriff bestimmt und die Kunstfreiheit zum Definitionsverbot für den Staat werden lässt.

Andererseits muss gerade in Zweifelsfällen entschieden werden, wer als Grundrechtsträger bei welchen Handlungen in Betracht kommt, ob z. B. das Klavierstimmen oder die Dessousshow „Kunst" sind, ob schon der simple rassistische Knittelvers den Schutz von Art. 5 III GG genießt. Lassen sich Form und Inhalt der Freiheit überhaupt nicht definieren, dann lässt sich auch nicht bestimmen, was verfassungsrechtlich besonders (im Verhältnis von Art. 5 III GG zu Art. 5 I oder 2 I GG) geschützt ist. Deshalb bleibt es letztlich doch Aufgabe des Verfassungsjuristen, bei aller Offenheit anhand von **Zielen, Formen und Handlungsweisen** zu bestimmen, was konkret in den Schutzbereich der Kunstfreiheit fällt. Die „Offenheit" ist also ein Appell an den Verfassungsinterpreten, nicht den jeweils eigenen Kunstbegriff zum Inhalt des Grundrechts werden zu lassen. In diesem – und *nur* in diesem – Sinne, ist es richtig, wenn der Kunstbegriff des BVerfG als „offen" bezeichnet wird (*Starck,* in: von Mangoldt/Klein/Starck, GG, 5. Aufl. 2005, Art. 5 III GG, Rn. 301).

Deshalb zählt die Kunstfreiheit (neben der Religions- und der Gewissensfreiheit) zu denjenigen Grundrechten, bei denen sich die Auslegungsprobleme wegen der Offenheit und Weite des Schutzbereichs weitgehend auf die „Schrankenfrage" verlagert haben.

2. Der Klassiker: Das „Mephisto-Urteil" (BVerfGE 30, 173, 188 ff.). Das BVerfG hat vergleichsweise lange gebraucht, bevor es erstmals zur Kunstfreiheit Stellung genommen hat. Dies geschah dann sogleich in einem nahezu exemplarischen „leading case", dessen Leitsätze bis heute nur noch ergänzt wurden. Gegenstand des Verfahrens war das von den Erben des berühmten Schauspielers *Gustaf Gründgens* erreichte Verbot des Romans „Mephisto" von *Klaus Mann.* Jedenfalls ist es bemerkenswert, dass das BVerfG zu einem Zeitpunkt, als sich die Instanzgerichte noch mit der Kunstdefinition des Großen Brockhaus (BVerwGE 23, 204, 107), mit dem schon zitierten gebildeten Durchschnittsbetrachter (BGHZ 27, 351, 356) oder dem Urteil von Sachverständigen behalfen, eine in den einzelnen Elementen durchaus tragfähige und praxistaugliche verfassungsrechtliche Definition der Kunst erarbeitete:

> *„Der Lebensbereich 'Kunst' ist durch die vom Wesen der Kunst geprägten, ihr allein eigenen Strukturmerkmale zu bestimmen. Von ihnen hat die Auslegung des Kunstbegriffs der Verfassung auszugehen. Das Wesentliche der künstlerischen Betätigung ist die freie schöpferische Gestaltung, in der Eindrücke, Erfahrungen und Erlebnisse des Künstlers durch das Medium einer bestimmten Formensprache zu unmittelbarer Anschauung gebracht werden. Alle künstlerische Tätigkeit ist ein Ineinander von bewussten und unbewussten Vorgängen, die rational nicht aufzulösen sind. Beim künstlerischen Schaffen wirken Intuition, Phantasie und Kunstverstand zusammen: Es ist primär nicht Mitteilung, sondern Ausdruck, und zwar unmittelbarster Ausdruck der individuellen Persönlichkeit des Künstlers."*

In dieser auf den ersten Blick paraphrasierenden und „blumigen" Definition sind wesentliche Teilelemente enthalten, die jedes für sich wichtige Bestimmungsmerkmale des Schutzbereichs erfassen:

8   a) **Nach eigenen Strukturmerkmalen zu bestimmen.** In dieser Formulierung liegt bereits der Ansatz zum späteren „offenen Kunstbegriff", denn wenn der Lebensbereich Kunst nach seinen eigenen Strukturmerkmalen zu bestimmen ist, dann ist das eine klare Absage an jeden von außen an die Kunst herangetragenen Kunstbegriff. Die Autonomie der Kunst in der Bestimmung ihres eigenen Gegenstands wird ausdrücklich betont. Im Mittelpunkt stehen also nicht Ideale, Inhalte, Werte, Sachverständigenurteile oder gar Pseudoplebiszite über Kunst. Den Kern der Formel bildet schlicht die **künstlerische Eigengesetzlichkeit.**

9   b) **Freie schöpferische Gestaltung.** Das Merkmal der *freien schöpferischen Gestaltung* kann man auch einfach mit „kreativer Eigenleistung" übersetzen. Diese ist in der Praxis wegen der Abgrenzung zur bloßen Reproduktion oder handwerklichen bzw. gewerblichen Produktion besonders bedeutsam. So soll das Handwerk so lange nicht als Kunst qualifizierbar sein, wie es sich auf die bloße Reproduktion des Erlernten beschränkt. Die Restauration antiker Möbel ist somit nicht Kunst (BayObLG, DÖV 1987, 548), die in der Fußgängerzone verkauften Scherenschnitte sind es dagegen schon (VGH Mannheim, DÖV 1989, 128).

10 c) **Medium einer Formensprache.** Auch hierin liegen wichtige Elemente des Kunstbegriffs, doch ist nicht gesagt, dass es sich dabei

um eine *herkömmliche* und bereits erprobte Formensprache handelt. Geschützt ist vielmehr auch die Entwicklung einer *neuen* Formensprache. So gehört es gerade zur Eigengesetzlichkeit der Avantgarde, dass sie ungewohnte, neuartige Formensprachen vom Bohrloch auf der „Documenta" bis zur *Beuys'schen* „Fettecke" entwickelt oder alte Formsprachen gleichsam auf den Kopf stellt.

Gleichwohl reicht die Formensprache allein nicht aus. So ist nicht jede Notenfolge Kunst, ein ausländerfeindlicher Knittelvers nicht schon deshalb vom Schutzbereich von Art. 5 III GG erfasst, weil die Hasstiraden in Reimen daherkommen (BayObLG, NJW 1994, 952; ebenso *Soiné*, Rechtsextremistische Musik unter Grundrechtsschutz?, JuS 2004, 382; zur Einstufung einer rechtsextremistischen Musikband als kriminelle Vereinigung BGH, NJW 2005, 1668). Graffiti können Kunst sein, die bloße Benutzung von Farbe aber macht Vandalismus und Sachbeschädigung noch nicht zur Kunst (dazu Rn. 53). Satire kann Kunst sein, nicht alles was der Form der Satire entspricht, ist aber schon deshalb Kunst (BVerfGE 86, 1, 9 – Titanic; BVerfG, Kammer, NJW 2002, 3767 – Glosse im Stern; unten, Rn. 49).

d) **Ausdruck der Individualität.** Originalität, Individualität und – in gewissem Umfang – Einmaligkeit sind seit dem 19. Jahrhundert wesentliche Elemente des Kunstbegriffs. So hebt auch das BVerfG hervor, dass die künstlerische Tätigkeit primär nicht simple Mitteilung, sondern *persönlicher Ausdruck des Künstlers* ist, der sich erst in einem zweiten Schritt als eine nach außen wirkende Mitteilung artikuliert (BVerfGE 30, 173, 188 f. – Mephisto). 11

e) **Werkbereich und Wirkbereich.** Keine Definitionsmerkmale im eigentlichen Sinne bilden im Mephisto-Urteil die auf *Friedrich Müller*, Freiheit der Kunst als Problem der Grundrechtsdogmatik (1969), 65, 97, zurückgehenden Begriffe „**Werkbereich**" und „**Wirkbereich**", die ihre Karriere weit über die Kunstfreiheit hinaus auch im Bereich anderer Kommunikationsgrundrechte gemacht haben. 12

Der **Werkbereich** umfasst den Gesamtvorgang künstlerischer Betätigung von der Idee, über die Vorbereitung bis zum eigentlichen Entstehen des Kunstwerks als Objektivation des künstlerischen Impulses. Trotz der Gleichwertigkeit des Schutzes von Werkbereich und Wirkbereich liegt es auf der Hand, dass Eingriffe in den künstlerischen Werkbereich – wie etwa das berüchtigte Malverbot der Nationalsozialisten – besonders gravierend sind.

Der **Wirkbereich** umfasst die Vervielfältigung, Verbreitung und Veröffentlichung des Werkes sowie die Kommunikationsmittel, die eine zwischen Künstler und Publikum unentbehrliche Mittlerfunktion ausüben (BVerfGE 36, 321, 331 – Kunstförderung; BVerfGE 81, 298, 305 – Deutschlandlied; BVerfG, Kammer, NJW 2001, 596, 597 – Punkerlied).

13 Werkbereich und Wirkbereich bilden für das BVerfG **eine unauflösbare Einheit** (BVerfGE 30, 173, 189 – Mephisto; BVerfGE 77, 240, 253 – Herrnburger Bericht). Dabei ist das BVerfG erkennbar bemüht, den heutigen Bedingungen künstlerischer „Wirkbereiche" und Realitäten der Mediengesellschaft Rechnung zu tragen und interpretiert die „unentbehrliche Mittlerfunktion" sehr weit. So soll selbst die **Werbung für das Kunstwerk** in den Schutzbereich der Kunstfreiheit fallen, weil Kunst als Kommunikationsgrundrecht öffentlichkeitsbezogen und damit auf öffentliche Wahrnehmung angewiesen sei (BVerfGE 77, 240, 253 – Herrnburger Bericht).

Kritik: Das ist richtig, soweit es um die Tätigkeit des Künstlers selbst geht. Übertrieben ist es aber, Verlegern, Produzenten, Herstellern und Verkäufern oder gar dem Buchclub bei der Verteilung belletristischer Werke als Clubausgaben (BAG, NJW 1990, 2021) oder auch einer Werbeagentur einen eigenen Schutzanspruch aus Art. 5 III GG zuzusprechen. Erst recht darf sich die vermeintliche Kunstfreiheit des Produzenten oder der Agentur nicht gegen den Künstler selbst richten (so zu Recht BVerfG, Kammer, NJW 2006, 96 – Xavier Naidoo). Für die Bereiche **Verkauf, Ausstellung und Galerie** wird gleichfalls nur der Künstler selbst durch Art. 5 III GG geschützt. Für den „normalen Kunsthandel" bleibt es beim Schutz von Art. 12 GG, ggf. auch Art. 14 GG. Dasselbe gilt, wenn der Künstler neben eigenen Werken (OVG Münster, NVwZ 1988, 1147 – keine Anwendung des Gewerbebegriffs auf Verkauf eigener Kunst) auch fremde Kunstwerke verkauft (VG Freiburg, NJW 2002, 1285 – Ikonen).

14 **3. Weitere Merkmale des Schutzbereichs in der Rechtsprechung des BVerfG.** In der weiteren Rechtsprechung hat das BVerfG seinen Kunstbegriff weiter geöffnet. Insbesondere im Urteil zum „Anachronistischen Zug" (BVerfGE 67, 213 ff.) hat es die Unmöglichkeit einer absolut geltenden Kunstdefinition und die Gefahren einer zu engen Definition gerade für die avantgardistische Kunst betont. Gerade diese zielen auf den Bruch mit den konventionellen Regeln und blockiere damit eine feste Profilgebung der Kunstfreiheitsgarantie. Die Definition wird dadurch eher formal oder typologisch: Für die Kunstdefinition genügt bei bloßer formaler Betrachtungsweise die Gattungsanforderung eines bestimmten Werktyps (Malen, Dichten,

Bildhauern). Deshalb kann man den neueren Kunstbegriff des BVerfG auch als „formal" bezeichnen.

4. Unzulässige Verkürzungen des Schutzbereichs. Trotz der an sich klaren Aussagen des BVerfG zum Kunstbegriff fehlt es nach wie vor nicht an Versuchen, die Kunstfreiheit schon vom Schutzbereich her einzuschränken.

a) Pornographie und Blasphemie als Fragen des Schutzbereichs? Ausgeschlossen ist heute jede Verengung des Kunstbegriffs auf Merkmale wie „schön", „wertvoll", „erbaulich" usw. Dasselbe gilt für das im Jugendschutzrecht noch lange geläufige Merkmal: „*Mindestmaß an künstlerischem Niveau*" (BVerwGE 39, 197, 207). Diese führen samt und sonders zu einem staatlichen Kunstrichtertum, zur Entscheidung über Kunst oder Nichtkunst, die dem Staat nicht zusteht (BVerfGE 75, 369, 377 – Strauß-Karikatur; BVerfGE 81, 278, 299 – Bundesflagge; BVerfG, Kammer, NJW 2001, 596 – Punkerlied).

Die Probe auf Exempel bildet dabei seit jeher **pornographische** oder **blasphemische** Kunst. In den USA wird bekanntlich „obszöne" Kunst aus dem ansonsten weiten Schutzbereich der „freedom of expression" ausgeklammert (dazu *Wiegandt*, NJW 1997, 1352). Das hat zu einer teilweise die Grenzen der Absurdität überschreitenden Zensur gegenüber auch harmlosesten Formen erotischer Kunst und zu einer ausgeprägten „Schere im Kopf" in Filmen und Galerien geführt. In Deutschland waren es dagegen wohl die Erfahrungen mit der Kaiser- und der Weimarer Zeit, die zeigten, dass auch die Darstellung von Sexualität oder schlichte Blasphemie Kunst sein kann (BVerfGE 83, 130, 139 – Mutzenbacher – dazu Rn. 50 u. 51).

b) Ausschluss politischer und engagierter Kunst? Während noch *Immanuel Kant* die Kunst mit „*interessenlosen Wohlgefallen*" in Verbindung brachte, ist heute unbestritten, dass **auch die engagierte und kritische Kunst** vom Kunstbegriff des Grundgesetzes umfasst ist. Kunst ist also nicht nur geschützt, wenn sie buchstäblich „l'art pour l'art" ist, sondern will oft gerade als (gesellschafts-)kritische Aussage verstanden werden (BVerfGE 30, 173, 190 – Mephisto; BVerfGE 67, 213, 227 – Anachronistischer Zug). Das schließt Provokation und Tabubruch ein – ja, es ist für die offene demokratische Auseinandersetzung ebenso konstitutiv wie die Freiheit der Meinungsäußerung. Umgekehrt steht auch der nicht kritische, nur der „interessenlosen Freude am Schönen" verpflichtete Künstler selbstverständlich ebenso unter dem Schutz der Kunstfreiheit wie der „künstlerische Rebell".

18 c) **Kein Schutz für die künstlerische Unwahrheit?** Auch bei der Kunst stellt sich die Frage: Darf ein Roman die Wirklichkeit verfälscht darstellen? Darf ein historisches Denkmal lügen – zumal dann, wenn ansonsten unfreiwillig „mitspielende" Personen klar erkennbar sind? (VG Sigmaringen, NJW 2001, 629 – Marktplatzbrunnen). Die unter Rn. 48 dargestellten Probleme zeigen, dass es unzulässig wäre, einem möglicherweise Unwahrheiten enthaltenden Werk – ähnlich wie bei der Meinungsfreiheit – von vornherein die Kunsteigenschaft abzusprechen und damit erst gar nicht zur Schrankenfrage (Kunstfreiheit vs. Persönlichkeitsrecht) vorzustoßen.

19 d) **„Schrankentransplantation"** – Vorwegnahme der Schranken. Es gehört zu den größten Verdiensten des Mephisto-Urteils, dass es klargestellt hat, dass weder die Schranken des Art. 5 II GG noch diejenigen des Art. 2 I GG auf die Kunstfreiheit übertragbar sind (BVerfGE 30, 173, 189). Auch der Übergriff eines Künstlers auf fremde Grundrechte ist eine Schrankenfrage und darf den Weg zur Abwägung nicht von vornherein versperren. Das ist in der Rechtsprechung bisher auch immer beachtet worden. Eine Ausnahme bildete lediglich die Entscheidung eines Vorprüfungsausschusses des BVerfG zum **Fall „Nägeli"** (NJW 1984, 1293): Der „Züricher Sprayer" *Nägeli* könne sich deshalb nicht auf die Kunstfreiheit berufen, weil diese an der Eigentumsgarantie der Hauseigentümer ende. Auch über den Fall hinaus gibt es immer wieder Versuche, die Kunstfreiheit von vornherein auf „grundsätzlich erlaubtes Verhalten" zu beschränken und Gewaltdarstellung, Beleidigung oder auch die Anmaßung fremder Rechtspositionen von vornherein aus dem Schutzbereich des Grundrechts auszuklammern (*Muckel*, FS Schiedermair, 2001, 347 ff.; Ansätze aber auch bei *Pieroth/Schlink*, Grundrechte, Rn. 665 f.; besonders exponiert *Ritter*, NVwZ 2008, 960 – keine Kunstfreiheit für Musikwerke, die auf Grund ihrer Lautstärke zu Gehörschäden bei Musikern führen).

Gegenüber solchen Versuchen ist daran festzuhalten, dass sich die Reichweite der Kunstfreiheit zunächst allein nach künstlerischen Merkmalen bestimmt. Der Übergriff auf fremde Rechtspositionen oder das „Unerlaubte" ist erst bei der Schrankenfrage im Rahmen der Abwägung zu klären. Immer wieder angeführte Extrembeispiele wie der „Mord auf offener Bühne" können hier Grundsätze der Grundrechtsdogmatik nicht erschüttern; sie sind vielmehr (wie im Übrigen auch der „Sprayer-Fall") auf der Schrankenebene leicht lösbar.

e) Kunstfreiheit – aber nicht überall? In eine ähnliche Richtung zielen Ansätze eines nur gestuften Schutzes von Werkbereich und Wirkbereich. Demnach solle der Grundsatz, dass die Kunstfreiheit allein verfassungsimmanenten Schranken unterliege, nur für den Werkbereich gelten; im Wirkbereich aber gelte das jeweils einschlägige einfache Recht, also das Polizeirecht, Straßenrecht, Baurecht, Gewerberecht usw. (*Starck*, in: von Mangoldt/Klein/Starck, GG Kommentar, Art. 5 III GG, Rn. 330 ff.).

Diese Auffassung hat nicht nur keinerlei Stütze in Wortlaut oder Systematik der Grundrechte und deren Auslegung durch das BVerfG; sie verkennt auch die Bedeutung der Kunstfreiheit gerade, wenn es nicht um die zurückgezogene Entstehung der Kunst im „stillen Kämmerlein", sondern um den verfassungsrechtlich geschützten Anspruch des Künstlers auf Wahrnehmung und Wirkung geht. Gerade in der Öffentlichkeit der Straßen, Plätze, Bühnen und Ausstellungen entscheidet sich, ob die Kunstfreiheit zur Wirksamkeit gelangt. Deshalb kann es auch keine „besonderen Kunstbegriffe" etwa des Gewerberechts, Steuerrechts, Friedhofsrechts, Baurechts oder auch Sozialrechts geben.

5. Beispiele für nicht geschützte Tätigkeiten. Auch nach der „offenen" Definition des BVerfG **ist nicht alles Kunst, nicht jeder ein Künstler**. Die oben genannten Merkmale, insbesondere die eigene schöpferische Tätigkeit und die künstlerische Formensprache fehlen bei einigen, als solchen durchaus anerkannten und teilweise auch kunstnahen Tätigkeiten, die deshalb aber noch nicht selbst „Kunst" und nur durch andere Grundrechte geschützt sind.

Beispiele: So klammert die Rechtsprechung wohl zu recht den **Klavierstimmer** (BAG, NZA 1996, 720), den **Tonmeister** einer Rundfunkanstalt (BGH, NJW 1984, 1110), den **Restaurator** (BayObLG, NVwZ 1987, 837) oder **Büttenredner** (BFH, NJW 1988, 380), **Zauberkünstler** (BFH, NJW 1990, 2024), **Feuerschlucker** (FG Düsseldorf, NJW 1993, 1496), **Tätowierer** (BSG, NZS 2007, 594) aus dem Schutzbereich von Art. 5 III GG aus. Dass rechtlich gesehen ein nackter Körper Kunst sein kann, nicht jede Nacktheit aber Kunst ist, erfuhr der „**Freiburger Nacktgeher**" ebenso (VGH Mannheim, NJW 2003, 234) wie ein „Kollege" in Nordrhein-Westfalen (OVG Münster, NJW 1997, 1180). Ebenso erging es dem die Aufnahme in die Künstlersozialversicherung begehrenden „**Münchner Fahrbahngeher**" (SG München, NJW 1997, 1185) im Bezug auf das Bescheiten falsch geparkter Kraftfahrzeuge. Ähnliches gilt für **Satire** und **Graffiti**: Beide *können* Kunst sein, sind aber nicht schon deshalb Kunst, weil sie sich einer bestimmten Form bedienen (BVerfGE 86, 1, 9 – Titanic; BVerfG, Kammer, NJW 2002, 3767 – Glosse im Stern).

6. Personeller Schutzbereich: Träger der Kunstfreiheit. Art. 5 III GG schützt primär **natürliche Personen**, also insbesondere den

Künstler in seinem Werk- und Wirkbereich. Auch Kinder und Geschäftsunfähige können Träger der Kunstfreiheit sein, wenn die allgemeinen Kriterien der Kunst erfüllt sind. Dagegen kommen Tiere, (auch der hoch bezahlte „Kunstwerke" herstellende Londoner Schimpanse), nicht als Grundrechtsträger in Betracht.

Nicht geteilt wird hier die Auffassung, dass auch Verleger, Produzenten, Schallplattenhersteller (BVerfGE 36, 321, 331) oder Veranstalter einer Theateraufführung Träger der Kunstfreiheit seien – jedenfalls soweit sie nicht Teil an einer eigenen künstlerischen Leistung haben. Nicht geschützt sind auch Personen, die **Hilfsfunktionen** ohne eigene gestaltende Einflussnahme auf die Umsetzung oder Verbreitung des Kunstwerks haben, so etwa Souffleur, Tontechniker oder Beleuchter (anders aber natürlich der Bühnenbildner). Nicht als Träger der Kunstfreiheit in Betracht kommen auch **Kunstkritiker** (BVerfGE 54, 129 – Kunstkritik; BVerfG, Kammer, NJW 1993, 1462) und alle **Adressaten** der Kunst, also Betrachter, Zuhörer oder Eigentümer von Kunstwerken (BVerfG, Kammer, NJW 1985, 263). Nur durch die Meinungsfreiheit, nicht durch die Kunstfreiheit ist auch geschützt, wer eine Reproduktion eines Kunstwerks benutzt, um eine eigene Meinung auszudrücken (AG Hamburg, NJW 1989, 410 – Benutzung einer Staeck-Postkarte mit entblößtem Hinterteil zur Beleidigung eines Polizisten nach einer Verwarnung).

23   Träger der Kunstfreiheit können auch **juristische Personen des Privatrechts** (Bühnen, Galerien) und des **öffentlichen Rechts** (Kunst- und Musikhochschulen, Akademien, Theater, Museen, künstlerisch tätige Fachbereiche von Universitäten) sein, sofern sie selbst an Gestaltung und Präsentation der Kunst Anteil haben. Insofern gilt das Gleiche wie bei der Wissenschaftsfreiheit für die wissenschaftlichen Hochschulen (BVerfGE 35, 79, 122 – Hochschulgesetz Niedersachsen; *Hufen*, Die Freiheit der Kunst in staatlichen Institutionen [1982], 404 ff.). Das gilt bei Sendungen mit künstlerischem Anspruch auch für **Rundfunkanstalten und Kirchen** (z. B. im Hinblick auf die Kirchenmusik). **Gemeinden** und andere Gebietskörperschaften können sich dagegen grundsätzlich nicht auf die Kunstfreiheit berufen, auch wenn sie Kunst verbreiten und ausstellen (VG Sigmaringen, NJW 2001, 629 – Marktplatzbrunnen). Grundrechtsträger sind auch **sonstige Vereinigungen,** denen ein Grundrecht zustehen kann, so z. B. eine Bürgerinitiative bei der Veranstaltung eines Straßentheaters, ein Orchester oder ein in Form einer GbR organisiertes Streichquartett.

24   **7. Verhältnis zu anderen Grundrechten.** Als spezielleres Grundrecht geht die Kunstfreiheit anderen Kommunikationsgrundrechten

und Art. 2 I GG vor. Das gilt insbesondere gegenüber der Meinungsfreiheit und der Presse-, Film- oder Rundfunkfreiheit (BVerfGE 30, 173, 200 – Mephisto; BVerfGE 75, 369, 377 – Strauß-Karikaturen; BVerfGE 81, 278, 291 – Bundesflagge). Damit sind auch die **Schranken der Art. 5 II und Art. 2 I GG nicht anwendbar.** Für die Zuordnung zur Kunstfreiheit kommt es ausschließlich auf die beschriebenen Definitionsmerkmale der Kunst an. Auch engagierte Kunst, Karikatur und Satire fallen nicht unter Art. 5 I GG sondern unter Art. 5 III GG. Maßgeblich ist weder der Schwerpunkt noch die Sachnähe, sondern nur die Formensprache der Kunst.

Kunstfreiheit und **Wissenschaftsfreiheit** sind in Art. 5 III GG auf gleichem Niveau geschützt. Sie stehen nicht im Verhältnis der Subsidiarität sondern nebeneinander. Ist die Kunst durch den schöpferischen Gestaltungswillen, die Formensprache usw. gekennzeichnet, so soll die Wissenschaft gerade durch die planvolle Suche nach Wahrheit geprägt sein (BVerfGE 35, 79, 112 – Hochschulgesetz Niedersachsen). Seit jeher gibt es aber auch Überschneidungen. So sind die anatomischen Zeichnungen eines *Leonardo da Vinci* auch aus heutiger Sicht sowohl Kunst als auch Wissenschaft.

Die **Versammlungsfreiheit** tritt bei Versammlungen mit künstlerischen Auftritten (z. B. dem „Anachronistischen Zug" mit Motiven Bert Brechts – BVerfGE 67, 213, 228) nicht einfach zurück. Kommen ein über die bloße Aufführung der Kunst hinausgehender Zweck und die Form einer künstlerischen Aussage zusammen, dann sind Art. 8 GG und Art. 5 III GG **parallel anwendbar.** Es gelten die Privilegien der Versammlungsfreiheit (nur Anmeldepflicht - keine Sondernutzungserlaubnis). Umgekehrt sind die Schranken des Versammlungsgesetzes nicht nur im Lichte des Art. 8 GG, sondern auch des Art. 5 III GG auszulegen (*Berkemann*, Politisches Straßentheater – ohne Kunst?, NVwZ 1982, 85, 87).

Wird die Kunst berufsmäßig ausgeübt, so bleibt es beim Vorrang von Art. 5 III GG gegenüber der **Berufsfreiheit** des Art. 12 GG. Das gilt zumindest hinsichtlich des Künstlers auch für Werbung und Vermarktung der Kunst (BVerfGE 77, 240, 251 – Herrnburger Bericht). Produzenten und Händler sind insofern allerdings nach hier vertretener Auffassung nur durch Art. 12 GG geschützt.

Für das Urheberrecht und damit das Verhältnis von Kunstfreiheit und **Eigentum** (Art. 14 GG) ist zu differenzieren: Geht es vor allem um die wirtschaftliche Verwertung und Verarbeitung, so ist auch der Künstler vorrangig durch Art. 14 GG geschützt. Geht es um den Schutz des künstlerischen Persönlichkeitsrechts, dann tritt Art. 5 III GG in den Vordergrund. Auch das BVerfG neigte lange Zeit zu einer Zuordnung zu Art. 14 GG (BVerfGE 31, 229, 238 f. – Urheberrecht als Nutzungsrecht), räumt aber Art. 5 III GG jedenfalls dann den Vorrang ein, wenn es um Identität und Originalität des Kunstwerks selbst geht – z. B. im Konflikt zwischen einem Urheber und einem Regisseur (BVerfG, Kammer, NJW 2001, 598).

III. Eingriff

25 **1. Unmittelbare Eingriffe.** Als **unmittelbare** und **direkte Eingriffe** in die Kunstfreiheit sind zunächst alle staatlichen Gebote und Verbote einschließlich strafrechtlicher oder zivilrechtlicher Sanktionen (Schadensersatz, Gegendarstellung, Schwärzungsauflagen usw.) zu nennen. Einen Eingriff stellt es auch dar, wenn der Kunstcharakter einer Handlung bzw. die Reichweite der Kunstfreiheit verkannt wird oder eine werkgerechte Auslegung unterbleibt (BVerfGE 30, 173, 197 – Mephisto; BVerfGE 67, 213, 223 – Anachronistischer Zug; BVerfGE 81, 278, 290 – Bundesflagge; BVerfG, Kammer, NJW 2001, 596 – Punkerlied). Ebenso ist es ein Eingriff in die Kunstfreiheit, wenn der Schutzbereich verkürzt wird oder wenn nur einzelne Elemente oder die äußere Form gewürdigt, das künstlerische Gesamtkonzept und die inhaltliche Aussage aber nicht beachtet werden (BVerfGE 67, 213, 228 – Anachronistischer Zug). Das kommt besonders in der Fallgruppe „Satire und Karikatur" vor, wenn einseitig auf die verzerrende und verfremdende äußere Form der Darstellung abgestellt wird und der Aussagekern des Kunstwerks nicht beachtet wird (BVerfGE 75, 369, 378 – Strauß-Karikaturen – dazu Rn 49). Auch die Rückforderung einer Subvention wegen religionskritischer Äußerungen in einem geförderten Film ist ein direkter Eingriff (OVG Münster, NVwZ 1993, 76 – Achternbuschs „Das Gespenst"). Ebenso Eingriffe sind konkrete staatliche Warnungen vor einem Film oder einem anderen Kunstwerk.

26 **2. Mittelbare Eingriffe und faktische Beeinträchtigungen.** Neben den unmittelbaren Eingriffen sind es mittelbare oder indirekte Eingriffe, die in vielfältiger Form auf die Kunst einwirken. Die kunstfördernde, zugleich aber auch die Kunst steuernde Wirkung der öffentlichen Kulturpolitik, die Eingriffe, die vom Arbeitsrecht, Steuerrecht, Baurecht, Gewerberecht, Straßenrecht und weiteren, oft auf den ersten Blick kaum kunstrelevanten Rechtsgebieten ausgehen, stellen heute vielfach eine größere Bedrohung künstlerischer Freiheit dar als die unmittelbaren Eingriffe (dazu unten, Rn. 59).

Faktisch beeinträchtigt werden kann die Kunstfreiheit z. B. durch Lärm und störende Bauten im Wirkbereich eines Kunstwerks oder einer Aufführung (vgl. VG Berlin, NJW 1995, 2650 – „Trittbrettfahrer" bei der Reichstagsverhüllung durch den Künstler Christo).

IV. Verfassungsrechtliche Rechtfertigung – Schranken

1. Kein Gesetzesvorbehalt. Art. 5 III GG enthält keinen Gesetzesvorbehalt. Allein durch einfache Gesetze ist die Kunstfreiheit also nicht einschränkbar. Auf die Kunstfreiheit sind die Schranken anderer Grundrechte, insbesondere Art. 5 II GG und Art. 2 I GG nicht anwendbar (BVerfGE 30, 173, 193 – Mephisto). Ebenso unzulässig ist es, aus abstrakten „Wertvorstellungen der Gemeinschaft", „Grenzen des guten Geschmacks", einem allgemeinen „Toleranzvorbehalt" oder aus nicht näher bezeichneten „Gemeinwohlbelangen" oder „Gemeinschaftsgütern" Schranken für die Kunstfreiheit abzuleiten.

2. Verfassungsimmanente Schranken. Die Kunstfreiheit ist **nur durch die Verfassung selbst,** also in der Verfassungsordnung des Grundgesetzes ebenfalls geschützte Rechtsgüter, einschränkbar. Konkretisiert werden müssen diese durch ein Gesetz.

Die Wirkung der Kunstfreiheit kann bei solchen Konflikten zum einen dazu führen, dass das „Gegengrundrecht" vollkommen zurückzutreten hat (zum Beispiel bei lautstarken Meinungsäußerungen während einer Theateraufführung). Umgekehrt kann aber auch das „Gegenrecht" sich so durchsetzen, dass von der Kunstfreiheit nicht viel übrig bleibt (so z. B. bei der Bestrafung eines „Spraykünstlers" wegen Sachbeschädigung). Gerade bei der Kunstfreiheit lässt sich die Vielfalt der Fälle, die in praktischer Konkordanz einander zuzuordnen sind, nicht generalisieren. Die eigentlichen Probleme und ihre Lösungen zeigen sich dann in den bei diesem Grundrecht besonders ausführlichen **Fallgruppen.**

a) Unstreitig bildet die Garantie der **Menschenwürde** eine Schranke für die Kunstfreiheit. Greift eine Skinhead-Band im Verlauf von der Form nach künstlerischen Darbietungen mit menschenverachtenden, rassistischen Parolen in diesen unantastbaren Kern staatlich zu schützender Würde ein, so findet auch keine Abwägung statt, denn die Menschenwürde ist – auch für die Kunst – unantastbar (*Soiné,* Rechtsextremistische Musik unter Grundrechtsschutz?, JuS 2004, 382; *Scheidler,* Behördliches Vorgehen gegen Skin-Head Konzerte in Bayern, NVwZ 2013, 1449; unverständlich deshalb BVerfG, Kammer, NJW 2008, 2907 – Hetzlied gegen „Fremdvölker").

Andererseits darf der vorschnelle Rückgriff auf die Menschenwürde und deren Unverzichtbarkeit nicht zur vorschnellen Blockade jeder Verhältnismäßigkeitsprüfung werden. Erinnert sei daran, dass auch die Selbstbestimmung des Menschen zum Kern der Würde gehört. Was den Menschen zum bloßen Objekt eines erniedrigenden Eingriffs macht, hat das BVerfG in der zweiten „Benetton"-Entscheidung (BVerfGE 107, 275, 280) geklärt: Es geht also nicht um die Verhinderung von Geschmacklosigkeiten und Horrorgeschichten, sondern um so grundlegende Eingriffe wie Erniedrigung, Brandmarkung, Verfolgung, Ächtung (dazu Rn. 47).

30 *b)* In enger Nachbarschaft zur Menschenwürde kommt das **allgemeine Persönlichkeitsrecht** (Art. 2 I GG i. V. m. Art. 1 I GG) als Schranke der Kunstfreiheit – genauer: als Legitimationsgrundlage eines einschränkenden Gesetzes – in Betracht *(Kitzberger,* Persönlichkeitsrechte in Kunst, Kultur und Werbung [2013]; *Siegele,* Das Spannungsverhältnis von Kunstfreiheit und Persönlichkeitsrecht [2012]). Das gilt etwa für die „künstlerische Lüge" bei der Darstellung einer Person und bei einem Roman, der in die Intimsphäre einer identifizierbaren Person eingreift (Rn. 48), es gilt immer wieder für das Thema „Satire und Karikatur" (Rn. 49) und den postmortalen Persönlichkeitsschutz (Rn. 50).

31 *c)* Das Recht auf Leben und **körperliche Unversehrtheit** (Art. 2 II 1 GG) kann weit unterhalb des immer wieder zitierten theoretischen Falles *„Mord auf offener Bühne"* die Kunstfreiheit einschränken, ohne dass eine verkürzende Interpretation des Schutzbereichs notwendig wäre. Ähnlich verhält es sich beim Einsatz gesundheitsschädigender Stoffe und einer Missachtung der Sicherheitsvorschriften.

32 *d)* Historisch besonders konfliktträchtig ist die Einschränkung der Kunstfreiheit durch die **Religionsfreiheit (Art. 4 GG)**. Unstreitig darf ein Straßenkünstler eine Fronleichnamsprozession nicht stören. Schon die viel diskutierten Fälle „Mohamed-Karikaturen" und „Popetown-Videos" oder auch das durchaus blasphemische Theaterstück „Das Maria-Syndrom" (dazu OVG Koblenz, NJW 1997, 1174; BVerwG, NJW 1999, 304; krit. zu beiden *Hufen,* JuS 1999, 911) oder ein nicht erlaubtes „Happening im Dom" zeigen, – soweit es sich hier überhaupt um Kunst handelt – dass auch das uralte Thema „Kunstfreiheit und Religion" nach wie vor aktuell ist (dazu Rn. 51).

33 *e)* Auch die **Kunstfreiheit** selbst kommt als verfassungsimmanente Schranke der Kunstfreiheit in Betracht. Leicht zu lösen ist der Fall, dass ein Künstler sich als „Überkünstler" versteht und im Rahmen einer Performance die Kunstwerke anderer aus einer Ausstellung entfernt oder gar übermalt. Ein im Umkreis eines Kunstwerks zusätzlich errichtetes „Trittbrettkunstwerk" kann die Kunstfreiheit des zuerst präsenten Künstlers verletzen (VG Berlin, NJW 1995, 2650 –

Christo). Besonders schwierig zu lösen sind Konflikte im Verhältnis von Autor (bzw. dessen Erben) und Interpreten (Rn. 58).

f) Der **Schutz der Jugend und das Elternrecht** (Art. 6 II 1 GG 34 und Art. 1 I GG i. V. m. Art. 2 I GG) sind verfassungsrechtlich verankert, kommen also als verfassungsimmanente Schranken jugendgefährdender Kunstwerke in Betracht. Diese Probleme werden unten in Rn. 52 erörtert.

g) Konflikte zwischen **Kunstfreiheit und Eigentum** sind in viel- 35 fältiger Weise denkbar. So meinen einige Künstler, fremdes Eigentum in Anspruch nehmen zu können. Ähnliche Probleme stellen sich aber auch bei der Wegnahme von Papier, Leinwand, Film oder Farbe. Auch diese Fälle lassen sich leicht durch die allgemeine Schrankensystematik lösen (dazu unten Rn. 53). In denselben Zusammenhang gehören die Probleme des „Künstlers als Mieter", bei denen es inhaltlich um die Zuordnung von Eigentum und Kunstfreiheit geht und die in der Fallgruppe Kunst und Zivilrecht (unten Rn. 56) eingeordnet sind.

h) Durch die Einfügung der „neuen Staatszielbestimmungen" zum 36 Schutz der **natürlichen Lebensgrundlagen und der Tiere (Art. 20a GG)** sind früher schwer lösbare Konflikte zwischen Kunstfreiheit und Umwelt/Tierschutz lösbar geworden. Sie werden in Rn. 55 behandelt.

i) Grundsätzlich ist die **freiheitlich demokratische Grundord-** 37 **nung** der Bundesrepublik Deutschland auch gegenüber Angriffen durch die Kunst geschützt (BVerfGE 33, 52, 71 – Zensur). Art. 20 GG i. V. m. Art. 79 III GG sind insofern verfassungsimmanente Schranken der Kunstfreiheit. Die Behandlung „verfassungsfeindlicher Kunst" ist im Einzelfall aber nicht immer einfach (dazu Rn. 54).

j) Versinnbildlicht wird die freiheitlich demokratische Grundord- 38 nung in den **Staatssymbolen wie Bundesflagge oder Nationalhymne.** Wie andere Symbole auch, werden solche Merkmale daher nicht selten zum Objekt künstlerischer Kritik, Verfremdung, Persiflage, ja Verächtlichmachung. Die damit zusammenhängenden Probleme beginnen schon damit, dass nur die Bundesflagge allgemein in Art. 22 GG, Nationalhymne und andere Staatssymbole („Bundesadler") auf Verfassungsebene gar nicht verankert sind. Diese Fragen werden hier daher im Rahmen der Fallgruppe **Kunst und Strafrecht** (unten Rn. 57) behandelt.

k) Kunstförderung und Einrichtungen der Kunst werden heute zu 39 einem großen Anteil von den Kommunen getragen. Im Umfeld von

Förderungsentscheidungen und des Zugangs zu Ausstellungen kann es dabei zu Konflikten zwischen der künstlerischen Eigengesetzlichkeit und der **kommunalen Selbstverwaltung** (Art. 28 II GG) kommen. Diesem Problem wird unten in Rn. 60 nachgegangen.

V. Besondere Schutzfunktionen

40   1. **Objektive Funktion.** Die Kunstfreiheit ist ihrer Tradition nach vornehmlich ein **individuelles Abwehrrecht gegen staatliche Eingriffe,** wurde aber schon im „Mephisto-Urteil" als eine *„objektive, das Verhältnis des Bereiches zum Staat regelnde wertentscheidende Grundsatznorm"* bezeichnet (BVerfGE 30, 173, 188). Im „Schallplattenurteil" hat das Gericht diesen Gedanken dann präzisiert und betont, dass der *„Staat, der sich im Sinne einer Staatszielbestimmung auch als Kulturstaat versteht, die Aufgabe hat, ein freiheitliches Kunst- und Wissenschaftsleben zu erhalten und zu fördern"* (BVerfGE 36, 321, 331). Der Staat muss sich also schützend vor die Kunst stellen und das Grundrecht vor innerer Aushöhlung bewahren (so für die Wissenschaftsfreiheit BVerfGE 35, 97, 112 – Hochschulgesetz Niedersachsen).

41   2. **Institutionelle Garantie.** Zurückhaltung ist allerdings angebracht, wenn es um die Funktion der Kunstfreiheit als **institutionelle Garantie** oder als Institutsgarantie geht. So ist es schon fraglich, ob es „die" Kunst als Institution geben kann, der der staatliche Schutz gilt. Kunst ist nichts „Eingerichtetes"; der Schutz kann nicht nur Gewachsenem gelten. Es geht vielmehr um den „Schutz des Wachsens", um einen eigengesetzlichen Lebensprozess, für den der Staat einen schützenden Rahmen bereitstellen und garantieren kann, dem aber alles „Institutionelle" eher fremd ist.

42   3. **Kunstfreiheit als Leistungsgrundrecht?** Die objektive Schutzpflicht zugunsten der Kunst schafft als solche keinen konkreten und individuellen Leistungs- oder Subventionsanspruch (*Wittreck*, in: Dreier, GG, Art. 5 III, Rn. 72) und bewahrt auch nicht vor Etatkürzungen. So führt in Zeiten chronischer Haushaltsnot von Staat und Kommunen auch eine Jahrzehnte dauernde Kunstförderung nicht zur Verpflichtung des Subventionsgebers, die Förderung auch in Zukunft fortzusetzen (VGH Mannheim, NJW 2004, 624). Ebensowenig hat ein Künstler Anspruch auf Aufführung seiner Kompositionen im öffentlichen Hörfunkprogramm (OVG Münster, NJW 2004, 625; BVerfG, Kammer, NVwZ 2004, 472) oder einen originären Anspruch

auf Nutzung öffentlicher Räume oder gar des Reichstagsgebäudes für eine Kunstaktion (BVerfG, Kammer, NJW 2005, 2843).

Soweit der Staat aber Leistungen für die Kunst zur Verfügung stellt, ist aus Grundrechtssicht zweierlei zu beachten: Zum einen folgt aus Art. 5 III GG i. V. m. Art. 3 GG ein zumindest mittelbarer **(derivativer) Teilhabeanspruch** des Künstlers an Leistungen und Einrichtungen (chancengleiche Teilnahme an Wettbewerben und Ausschreibungen; Schutz vor Diskriminierung und Willkür beim Zugang zu repräsentativen Ausstellungen – so auch BVerfG, Kammer, NVwZ 2004, 472). Zum anderen muss der Staat auch bei fördernden Maßnahmen die Eigengesetzlichkeit der Kunst wahren. Auch bei staatlichen Leistungen hat er kein „Kunstrichteramt" oder gar die Kompetenz, „Kunst von Nichtkunst" zu trennen (teilw. a. A. *U. Steiner*, VVDStRL 42 [1984], 7 ff.). Diesen Fragen wird hier anhand der kommunalen Kunstförderung und des Zugangs zur „Documenta" nachgegangen (unten, Rn. 60).

4. Organisation und Verfahren. Die Freiheit der Kunst ist heute nicht nur Freiheit vor Eingriffen; sie ist vielmehr auch durch ungeeignete Organisationsstrukturen und Verfahren gefährdet. Der Staat institutionisiert in vielfältiger Form künstlerische Werk- und Wirkbereiche in Ausstellungen, im Theater, in Wettbewerben und Ausschreibungen, in Museen und Hochschulen usw. Kunstrelevante öffentliche **Verfahren** betreffen die Vergabe von Kunstpreisen und Aufträgen, die Zulassung zu Ausstellungen, die Aufnahme in eine Kunsthochschule und – als das in der Rechtsprechung wohl ausgefeilteste Beispiel – das **Indizierungsverfahren hinsichtlich jugendgefährdender Werke** nach dem JuSchG. In allen diesen Fällen würde die Kunstfreiheit leer laufen, wenn die betroffenen Künstler nicht schon vor der eigentlichen Entscheidung informiert und angehört, die kunstrelevanten Aspekte im Rahmen der Sachaufklärung durch Einbeziehung künstlerischen und wissenschaftlichen Sachverstands nicht ordnungsgemäß ermittelt, wenn Befangenheiten nicht vermieden und sachgerechte Begründungen nicht gegeben würden. Deshalb müssen hier Organisation und Verfahren so ausgestaltet sein, dass es nicht zu Eingriffen in die Eigengesetzlichkeit der Kunst kommt. Insofern sind die Ausführungen zur Verfassung der wissenschaftlichen Hochschulen (§ 34, Rn. 41) auf **Kunst- und Musikhochschulen** zu übertragen (zum Begriff des Theaters BVerwG, NJW 2009, 793.; zur Struktur von Orchestern *Bastuck*, NJW 2009, 719).

44 **5. Drittwirkung.** Wie andere Grundrechte hat die Kunstfreiheit auch eine Ausstrahlungswirkung auf private Rechtsverhältnisse. So darf der Besteller eines Kunstwerks nicht mit dem Werk nach Belieben verfahren, sondern muss das Urheberrecht und das Interesse des Künstlers an einem unverfälschten Kunstwerk achten (exemplarisch LG Berlin, NZBau 2007, 324 – Berliner Hauptbahnhof). Ähnliches gilt bei der Zubilligung von Schadensersatz- und Abwehransprüchen wegen Verletzung des Persönlichkeitsrechts nach §§ 823/826 BGB. Private Eingriffe in die Kunstfreiheit sind aber grundsätzlich anders zu beurteilen als staatliche (BVerfGE 66, 116 – Wallraff). Insgesamt wirkt die Kunstfreiheit hier nicht unmittelbar, sondern im Wege der *„mittelbaren Drittwirkung"*, d. h. die Generalklauseln des Zivilrechts sind im Lichte des Grundrechts auszulegen. Verfehlt ein staatliches Gericht diese Bedeutung des Grundrechts, dann liegt hierin ein Eingriff (Einzelfälle dazu in Rn. 56 u. 58).

VI. Die internationale und europäische Perspektive

45 Im internationalen und europäischen Kontext gibt es zwei Modelle der Gewährleistung der Kunstfreiheit: Zum einen (wie schon in der Paulskirchenverfassung) die enge **Verbindung zur Meinungsfreiheit** (Kunst als symbolische Rede); zum anderen als eigenständige Garantie der Kunst wie in Art. 5 III 1 GG.

Art. 27 AEMR hebt das Recht jedes Menschen hervor, *„am kulturellen Leben der Gemeinschaft frei teilzunehmen, sich der Künste zu erfreuen und am wissenschaftlichen Fortschritt und dessen Wohltaten teilzuhaben."* Da hier zumindest auf den ersten Blick mehr Teilnahme als aktive künstlerische Tätigkeit gemeint ist, ist für die Künstler selbst auch auf **Art. 19 (Meinungs- und Informationsfreiheit)** zu rekurrieren. Der **IPBR** schließt laut Art. 19 bei der freien Meinungsäußerung die Freiheit der Kunst ein. Ohne Rücksicht auf Staatsgrenzen u. a. wird die Freiheit gewährleistet, sich Kunstwerke oder andere Mittel eigener Wahl zu beschaffen, zu empfangen und weiterzugeben. Geschützt ist hier also sozusagen der „internationale Wirkbereich" der Kunst.

Die **EMRK** enthält keine spezifische Kunstfreiheitsgarantie, doch hat der EGMR von Anfang an klar gestellt, dass in **Art. 10 EMRK** (Recht der freien Meinungsäußerung) künstlerische Ausdrucksformen besonders geschützt sind – u. a. im Fall des „Sprayers von Zürich", *Nägeli* (EKMR, NJW 1984, 2753; vgl. auch EGMR, EuGRZ

1988, 543). Dabei lehnt er sich weitgehend an die dem Schutzbereich nationaler Grundrechte entsprechenden Inhalte an. Persönlichkeitsrechte und Jugendschutz kommen aber auch hier als Schranken in Betracht (EGMR, NJW 2012, 745 – Ausstellung eines Kunstwerkes mit Kinderpornographie).

Auf der Ebene der **europäischen Gemeinschaft** ist unbestritten, dass die Kunstfreiheit Bestandteil der allgemeinen Rechtsgrundsätze ist. Auch **Art. 13 der EuGRCh** entspricht dem deutschen Modell: *„Kunst und Forschung sind frei"*. Allerdings gibt es Anzeichen, dass im Rahmen der europäischen Kulturpolitik Kunst eher als Wirtschaftsfaktor, Handelsware oder Dienstleistung, denn als eine auch gegenüber der Ökonomie eigengesetzliche Kulturform gesehen wird. Diesen Tendenzen gegenüber gilt es die Eigenständigkeit der Kunst und ihrer Maßstäbe zu verteidigen. 46

Literatur: *Britz*, Die Freiheit der Kunst in der europäischen Kulturpolitik, EuR 2004, 1 ff.

VII. Aktuelle Fälle und Probleme

1. Blut und Exkremente auf der Bühne – Verletzung der Menschenwürde? Wer die Feuilleton-Seiten deutscher Tageszeitungen verfolgt, der weiß, dass es auf deutschen Bühnen zuweilen sehr drastisch zugeht: Da werden niedrige menschliche Instinkte und Aggressionen in aller Deutlichkeit vorgeführt; Blut und Exkremente sind längst kein Tabu mehr. Der Ruf nach Absetzung der Inszenierung oder gar nach dem Staatsanwalt ist in solchen Fällen nicht weit. Unter Berufung auf die Menschenwürde und die Objektformel des BVerfG werden insofern Schranken für die Kunstfreiheit gefordert. 47

Dabei ist aber aus der Sicht der Kunstfreiheit zu beachten, dass gerade in der Kunst der Mensch in vielfältigen Zusammenhängen durchaus zum Objekt des Betrachtens, der Darstellung, ja sogar der Verspottung und Verachtung wird. Auch Beschimpfung und Schockierung des Publikums gehören heute nicht nur in der Werbung, sondern auch und gerade in der Kunst zum geschützten Aussagegehalt und zur auf die drastische Darstellung von Missständen, ja sogar auf Visionen und Obsessionen des Künstlers gerichteten Formensprache. Solange dies auf Seiten der Mitwirkenden und der Zuhörer freiwillig geschieht, müssen schon weitere Gründe – benannt etwa in den Benetton-Entscheidungen (BVerfGE 107, 275, 280; vgl auch BGH, NJW 2009, 3576 – Kannibale von Rotenburg) hinzukommen, um von einem Eingriff in die Menschenwürde zu sprechen.

2. Freiheit und Fiktion: Der Fall „Esra" und seine vielen Nachfolger Ob eine Tatsachenbehauptung wahr oder unwahr ist, spielt bei der Meinungs- und der Pressefreiheit eine ausschlaggebende Rolle. Die bewusst 48 unwahre Tatsachenbehauptung (Lüge) fällt nach ständiger Rechtsprechung nicht unter die Meinungsfreiheit (BVerfGE 85, 1, 15 – Bayer; BVerfGE 90, 241, 247 – Auschwitzlüge; BVerfGE 99, 185, 197 – Helnwein). Auch bei der Kunst stellt sich die Frage: Darf ein Roman die Wirklichkeit verfälscht darstellen? Darf ein historisches Denkmal lügen – zumal dann, wenn ansonsten unfreiwillig „mitspielende" Personen klar erkennbar sind? (*VG Sigmaringen*, NJW 2001, 629 – Marktplatzbrunnen).

An „künstlerische Tatsachenbehauptungen" dürfen nicht die gleichen strengen Maßstäbe angelegt werden wie an Meinungsäußerungen im Allgemeinen. So gehört es oft gerade zum Wesen der Kunst, die Sachverhalte zu verfremden und „umzudrehen". Schon deshalb wäre es grundsätzlich verfehlt, die „künstlerische Unwahrheit" von vornherein aus dem Schutzbereich von Art. 5 III GG auszuklammern. Die Konflikte sind hier grundsätzlich auf der Ebene der Schranken zu lösen. Je mehr der Künstler aber selbst das Stilmittel der Dokumentation, des realen Abbilds von Vorgängen usw. reklamiert, desto strenger sind auch die Anforderungen an die Richtigkeit, zumindest die angemessene Recherche.

Andererseits dürfen bei der Kunst nicht **allein** die Kriterien Erkennbarkeit, Wahrheit und Privatheit dargestellter Begebenheiten den Ausschlag geben. Der Künstler ist vielmehr berechtigt, auch eine dargestellte Person zum Symbol und zur „Figur" einer Fiktion oder eines Spieles zu objektivieren (BVerfGE 30, 173, 195). Roman, Theaterstück und historisch bezogene Plastik dürfen also reale Persönlichkeiten darstellen und ggf. verfremden und in Grenzen auch als Symbol eines historischen Vorgangs darstellen. Die Freiheit geht aber nicht so weit, dass in künstlerischer Form ein belastender Vorgang schlicht erfunden bzw. erlogen wird. So konnten die Erben eines stadtbekannten Fabrikanten im „Markplatzbrunnenfall" die Unkenntlichmachung des Gesichts ihres Vaters erzwingen, weil dieser als Anführer der im Jahre 1938 die jüdische Bevölkerung aus der Stadt treibenden Volksmenge dargestellt war (VG Sigmaringen, NJW 2001, 629). Das gilt erst recht, wenn die Darstellung den inneren Bereich der Persönlichkeitssphäre berührt. Wird etwa in einem Roman oder in einem Film wahrheitswidrig die Homosexualität eines lebenden oder verstorbenen Politikers behauptet, wird ihm ein Verhältnis mit einer TV-Moderatorin angedichtet, vermittelt eine Rockband in einem Song den unbewiesenen Eindruck, zwischen einer bekannten Tennisspielerin und ihrem Vater bestehe eine inzestuöse Beziehung (OLG Karlsruhe, NJW 1994, 1963), so sind angemessene Maßnahmen zum Schutz der Persönlichkeit auch gegenüber dem Künstler gerechtfertigt, und es kann zum Schadensersatz, Gegendarstellung oder sogar einer strafrechtlichen Verurteilung wegen Verleumdung kommen.

Umgekehrt gibt es aber auch Fälle, in denen der Künstler geradezu gezwungen ist, sein Werk durch Fiktionalisierung von der Wirklichkeit zu entfernen, „Urbild" und „Abbild" deutlich voneinander zu trennen. Berührt ein Werk die **Intimsphäre** oder gar die **Menschenwürde** eines Dargestellten, so ist es Aufgabe des Künstlers, die Wiedererkennbarkeit durch hinreichende Verfremdung auszuschließen.

Exakt dies war die Konstellation im Fall des **Romans „Esra"** von *Maxim Biller*, in dem dieser in autobiographischer Darstellung Intimitäten aus dem Zusammenleben mit einer nur wenig verfremdeten ehemaligen Geliebten ausbreitete und auch deren Mutter in wenig vorteilhaftem Licht erscheinen ließ. In diesem Fall haben sowohl der BGH (NJW 2005, 2844) als auch – für viele überraschend – das BVerfG (BVerfGE 119, 1 ff. = JuS 2008, 363 m. krit. Anm. *Hufen*) das Verbot des Romans bestätigt und dem Persönlichkeitsrecht der Tochter den Vorrang vor der Kunstfreiheit des Schriftstellers eingeräumt. Unter Einbeziehung der alten „Urbild-Abbild"-Formel aus dem Mephisto-Urteil (BVerfGE 30, 173, 195) heben beide Urteile hervor, dass Vorgänge aus der Intimsphäre einer Person nur dargestellt werden dürfen, wenn diese hinreichend verfremdet wird. Der Künstler genießt also umso größere Freiheit, je mehr er sich von der Wirklichkeit entfernt und durch Fiktionalisierung die handelnden Personen möglichst unerkennbar werden lässt (*Grimm*, ZRP 2008, 29; *Frey*, Die Romanfigur wider Willen [2008]).

Die Entscheidungen sind überwiegend auf **Kritik** gestoßen. So werfen schon die drei dissentierenden Richter (BVerfGE 119, 1, 37 ff.) der Senatsmehrheit vor, diese habe es an der erforderlichen kunstspezifischen Betrachtungsweise fehlen lassen (in diesem Sinne auch *Lenski*, NVwZ 2008, 288; *Gostomzyk*, NJW 2008, 737; *Enders*, JZ 2008, 581; *Vosgerau*, DS 48 (2009), 107; dem Urteil **zustimmend** *Schröder*, DVBl. 2008, 146; *Wittreck*, JURA 2009, 128; *Bünnigmann*, Die „ESRA" Entscheidung als Ausgleich zwischen Persönlichkeitsschutz und Kunstfreiheit [2013]; allg. dazu *Bülow*, Persönlichkeitsrechtsverletzungen durch künstlerische Werke [2013]; *Siegle*, Das Spannungsverhältnis von Kunstfreiheit und Persönlichkeitsrecht [2012]). In der Tat hat die „Esra-Formel" gerade für Roman und Schauspiel unabsehbare Folgen. Zumal beim historischen Roman oder bei der künstlerischen Dokumentation lässt sich das Verfremdungsgebot bei bekannten Persönlichkeiten schon der Natur der Sache nach nicht einhalten. Auch hätten bei Anlegen dieser Maßstäbe zahlreiche große Werke der Weltliteratur wie *Thomas Manns* Buddenbrooks oder *Fontanes* „Effi Briest" nicht erscheinen können – von den Romanen eines *Henry Miller* einmal ganz abgesehen (dazu BGH, NJW 1990, 3026 – opus pistorum). Es bleibt also auch nach der Entscheidung des BVerfG für den Künstler bei der Notwendigkeit, tunlichst schon vor Abfassung des Werkes juristische Risikoanalyse zu betreiben und im Zweifel auf die Darstellung einer lebenden Person lieber zu verzichten. In diesem Konflikt ist also das letzte Wort noch nicht gesprochen. Auch der BGH hat zwischenzeitlich die Klage der Mutter der Romanfigur Esra auf Unterlassung (BGH, NJW 2008, 2582) und Schadensersatz (BGH, NJW 2010, 763) zurückgewiesen, und das BVerfG hat im Fall der Fernsehdokumentation der Contergan-Katastrophe („Nur eine einzige Tablette" – BVerfG; NJW 2007, 3197; OLG Hamburg, NJW 2009, 1510), sowie zum Theaterstück „Ehrensache" (BVerfG, Kammer, NVwZ 2008, 549; BGH, NJW 2009, 751) der Kunstfreiheit den Vorrang gegenüber dem Persönlichkeitsrecht eingeräumt.

3. Grenzen für Karikatur und Satire. Schon *Kurt Tucholsky* fragte am Anfang der Weimarer Republik „Was darf Satire?" Die Antwort des GG und des BVerfG lautete: Satire darf (fast) alles. Jedenfalls darf bei künstlerischen Karikaturen, kritischen Filmbeiträgen und Satire – so die Formel des BVerfG – bei der Beurteilung **nicht allein auf die äußere Form** abgestellt werden, sondern es muss die „innere Aussage", etwa die Kritik an einer bestimmten Politik, die Aufdeckung eines Missstands oder allgemein der Beitrag zur demokratischen Willensbildung mitberücksichtigt werden (BVerfGE 67, 213, 227 – Anachronistischer Zug). Erst wenn jenseits solcher Aussagen der **Angriff auf die Persönlichkeit als solche** im Mittelpunkt steht, wenn es nur um **Erniedrigung und Schmähung** geht, ist der Eingriff in die Kunstfreiheit gerechtfertigt (BVerfGE 75, 369, 379 – Strauß-Karikatur). Dasselbe gilt, wenn – auch mit künstlerischen Mitteln – ein Behinderter als „Krüppel" verhöhnt wird (so zur Pressefreiheit BVerfGE 86, 1, 12 – Titanic; BVerfG, Kammer NJW 2002, 3767 – Grenzen der Satire). Zu berücksichtigen ist auch gegenüber der Kunstfreiheit, ob der dargestellte oder karikierte Politiker selbst Anlass zu scharfer Kritik gegeben hat. Die **„Theorie des Gegenschlages"** gilt auch zu Gunsten des Künstlers. In einer reizüberfluteten Medienwelt sind also auch **Übertreibung und Schock** in bestimmten Grenzen legitim, um Aufmerksamkeit zu erlangen. Die Zeichnung der Dresdner Oberbürgermeisterin nackt mit „Strapsen" – einem Symbol der Prostitution – dürfte dagegen auch im Zeichen der Auseinandersetzung um die „Waldschlösschen-Brücke" ein unzulässiger Eingriff in das allgemeine Persönlichkeitsrecht sein (anders aber OLG Dresden, NJW-RR 2010, 1490). Heikel – und ggf. strafbar – sind auch Fälle der **Aktionskunst**, bei der es zu Werksbesetzungen, Übergriffen auf fremdes Eigentum, Aufforderungen zum „Cyber-Mobbing" oder fiktiven „Steckbriefen" kommt – so etwa in Aktionen des „*Zentrums für politische Schönheit*" gegen „Rüstungsfirmen" (WELT Kompakt, 15.08.2012, S. 9).

Literatur: *Beisel*, Die Kunstfreiheitsgarantie des Grundgesetzes und ihre strafrechtlichen Grenzen (1997), 268 ff.; *Gounalakis*, Freiräume und Grenzen politischer Karikatur und Satire, NJW 1995, 809; *Gärtner*, Was die Satire darf (2009); *Siegele*, Das Spannungsverhältnis von Kunstfreiheit und Persönlichkeitsrecht (2012).

4. Die Ehre der Toten – postmortaler Persönlichkeitsschutz. Keine grundsätzlich anderen Maßstäbe gelten auch für den postmortalen Persönlichkeitsschutz (dazu § 11, Rn. 16). So richtig es ist, dass der Schutz der personalen Identität und Integrität des Menschen auch über den Tod hinaus gilt (so schon BVerfGE 30, 173, 193 – Mephisto), so wenig liegt schon in jedem Angriff auf einen Toten ein Eingriff in dessen Menschenwürde und das allgemeine Persönlichkeitsrecht. Postmortal geschützt wird hier nur der allgemeine Achtungsanspruch, der dem Menschen kraft seiner Person zusteht, sowie der sittliche, personale und soziale Geltungswert, den die Person durch ihre Lebensleistung erworben hat (BVerfG, Kammer, NVwZ 2008, 549; BGH, NJW 2009, 751– Ehrensache). Das schließt eine zeitgeschichtliche Kritik an der Rolle einer Person im Nationalsozialismus oder die postmortale Aufdeckung von Missständen und Skandalen nicht aus. Erst die grobe Entstellung der Lebensleistung eines Toten, absichtliche Falschdarstellungen, der postmortale „Pranger" (so im Fall „Marktbrunnen" – VG Sigmaringen, NJW 2001, 628) oder auch der rückwirkende Eingriff in die persönliche Intimsphäre können hier Sanktionen legitimieren.

Literatur: *Mitsch*, Postmortales Persönlichkeitsrecht verstorbener Straftäter, NJW 2010, 3479; *Pabst*, Der postmortale Persönlichkeitsschutz, NJW 2002, 999.

5. Grenzen blasphemischer Kunst. Kunst und Religionsfreiheit. 51
Besonders spektakulär sind von alters her die Fälle **blasphemischer Kunst.** Schon aus der Reformationszeit sind Karikaturen protestantischer Fürsten, die in der Hölle schmoren, oder von Teufeln und Schlangen mit der Tiara des Papstes überliefert. Aus der Weimarer Zeit wird immer wieder der bekannte Fall „*Christus mit der Gasmaske*" von *George Grosz* erwähnt. In jüngerer Vergangenheit waren es Filme wie „*Corpus Christi*" und das Theaterstück „*Maria-Syndrom*" (dazu OVG Koblenz, NJW 1997, 1174; BVerwG, NJW 1999, 304), in denen Kernaussagen der christlichen Religion wie Jungfrauengeburt und Christus als Gottessohn verhöhnt und verfremdet wurden. In der Zuschauergunst wenig erfolgreiche Sender versuchten durch Übernahme geschmacklosester „*Popetown-Trickfilme*" Aufmerksamkeit zu erregen; eine Pop-Diva meint, das Kruzifix und sich selbst an diesem in ihre Show einbauen zu müssen. Selbst der Kölner Dom war einem „Happening-Künstler" nicht heilig genug, um in ihm entblößte Models als angebliche Kunstwerke zu präsentieren. Eine neue und geradezu kulturkämpferische Dimension erreichte das Problem im Fall der **Mohamed-Karikaturen**, bei denen Zeichner den Propheten mit Bombengürtel oder in sexuell verfänglichen Situationen darstellten oder im unsäglich geschmacklosen Video „Unschuld der Muslime".

In all diesen Fällen ist es nicht hilfreich, wenn die genannten Erscheinungsformen als Zeichen des Verfalls westlicher Kultur oder als Kampfsymbole der Religionen und Kulturen überzeichnet werden. Den Weg zu einer verfassungskonformen Lösung des Problems weist vielmehr die heutige Fassung von **§§ 166 und 167 StGB**, die nicht mehr auf den rein intellektuellen Angriff, die Blasphemie und das Empfinden der Angehörigen einer bestimmten Religionsgemeinschaft abstellt, sondern selbst eine Beschimpfung nur dann mit Strafe bedroht, wenn der **öffentliche Friede** gestört sein kann. Aus dem „Verbot der Gotteslästerung" ist also ein **Verbot der Störung des religiösen Friedens durch erniedrigende Beschimpfung** geworden. Daraus folgt, dass Provokationen im geschützten Kirchenraum („Happening im Dom") oder in der Öffentlichkeit anders zu beurteilen sind als eine Aufführung im Theater. Hier wird niemand zur Kenntnisnahme gezwungen, und es steht der entsprechenden Religionsgemeinschaft frei, sich auf gleichfalls kommunikativem Weg gegen die Aufführung zu wehren. Verbote von Theateraufführungen sind also in solchen Fällen in der Regel verfassungswidrig (*Hufen*, JuS 1999, 911).

Zu beachten ist ferner, dass es nicht allein auf die „Störung des religiösen Friedens" und damit auf die unterschiedliche „Reizschwelle" bestimmter Religionsgemeinschaften ankommen kann. Bedeutsam ist vielmehr auch das zweite Tatbestandsmerkmal: „Beschimpfung". In Analogie zur persönlichen Beleidigung ist dieses erst dann erfüllt, wenn die **Grenzen der Schmähkritik** an der Religion überschritten sind, d. h. wenn die Religion, der Religionsstifter oder wesentliche Repräsentanten der Religionsgemeinschaft erniedrigt und ohne jeden sachlichen Grund gedemütigt bzw. buchstäblich in den „Dreck gezogen" werden. Das ist etwa bei dem Video „*Unschuld der Muslime*" der Fall, in dem der Prophet Mohamed als debiler und pädophiler Sonderling dargestellt wird. Dasselbe gilt für die Darstellung des Papstes als inkontinenten Greises auf dem Titelblatt der Zeitschrift „Titanic". Auch dann besteht aber kein subjektiver Anspruch des Mitglieds einer Religionsgemeinschaft auf Einschreiten der Behörden (VG Hamburg, NJW 2012, 2536 – Theaterstück „Golgotha-Picknick"). Liegt die Darstellung aber im Rahmen einer sachlichen Auseinandersetzung oder übt sie z. B. Kritik an bestimmten Erscheinungsformen eines gewalttätigen Islam, der Intoleranz der katholischen Kirche gegenüber Homosexuellen (VGH München, NJW 2011, 793 – Satirische Darstellung des Papstes anlässlich des Christopher Street Day), dann kann von Beschimpfung in diesem Sinne keine Rede sein. Schon gar nicht rechtfertigt eine Karikatur oder ein Fernsehstück den Aufruf zur Gewalt.

Literatur: *Angenedt*, Religionsbeschimpfung (2000); *Cornils*, Gefühlsschutz, Negative Informationsfreiheit oder Staatliche Toleranzpflege: Blasphemieverbote in rechtlicher Begründungsnot. AfP 2013, 199; *Hörnle*, Strafbarkeit antiislamischer Propaganda als Bekenntnisbeschimpfung, NJW 2012, 3415; *Isensee*, Religionsbeschimpfung. Der rechtliche Schutz des Heiligen (2007); *ders.,* Blasphemie: Gegenstand oder Schranke grundrechtlicher Freiheit, FS Scholz (2007), 252; *Leggewie*, Anmerkungen zur Meinungs-, Religions- und Wissenschaftsfreiheit im multikulturellen Europa, FS. Bryde (2013), 95; *Rox*, Schutz religiöser Gefühle im freiheitlichen Verfassungsstaat (2012).

52 **6. Kunst und Jugendschutz.** Wie dargelegt können auch Pornographie und die äußerst freizügige Darstellung sexueller Handlungen Kunst sein, gehören deshalb aber noch nicht in die Hände von Kindern und Jugendlichen. Maßnahmen des Jugendschutzes sind dann zwar Eingriffe in die Kunstfreiheit, die aber durch den aus dem Sozialstaat abzuleitenden Jugendschutz und das Elternrecht verfassungsimmanent gerechtfertigt sein können (Art. 20, 6 II 1 und 2 GG).

Es hat lange gedauert, bis sich diese einfach klingenden Grundsätze in Deutschland durchgesetzt haben. Entsprechend dem US-amerikanischen Vorbild schien es hier zunächst, als würde pornographische Kunst von vornherein aus dem Schutzbereich der Kunstfreiheit ausgeklammert: „Was jugendgefährdend ist, kann nicht Kunst sein" (mit dieser Tendenz etwa noch BVerwGE 39, 197, 207). Auch hielt sich lange die Vorstellung, der Staat sei im Jugendschutz zu einer Niveaukontrolle der Kunst befugt (BVerwGE 39, 197, 207).

Letztlich waren es erst die im Roman „*Josefine Mutzenbacher*" von *Felix Salten* enthaltenen Erinnerungen und Phantasien einer Wiener Prostituierten, an deren Beispiel das BVerfG nicht nur die richtige Reihenfolge der Prüfung zwischen Schutzbereich und Schranke klar stellte, sondern auch betonte, dass schwer jugendgefährdende Werke zunächst einmal auf ihren Kunstgehalt zu untersuchen sind und sodann erst die Frage der Schranken zu beantworten ist (**BVerfGE 83, 130, 139 – Mutzenbacher**; dazu *Geis,* NVwZ 1992, 25). Für den Schutzbereich ist jeder Vorwurf von Obszönität, Pornographie oder Blasphemie damit unerheblich geworden.

Auch auf der Schrankenebene kann es nicht um eine pauschale Entgegensetzung von Jugendschutz und Kunstfreiheit gehen, es ist vielmehr im Einzelfall die Bedeutung der Kunstfreiheit und der konkreten Gefährdung zu prüfen (BGH, NJW 1990, 3026 – opus pistorun). Hinsichtlich der drohenden Gefahren und der Beurteilung als jugendgefährdend verfügen die zuständigen Behörden zwar über eine Einschätzungsprärogative (BVerfGE 83, 130, 140 – Mutzenbacher); verlangt ist aber eine umfassende Ermittlung der Belange beider Seiten und eine grundrechtskonforme Ausgestaltung des Indizierungsverfahrens. So müssen in der Regel diejenigen Personen angehört werden, die an der Herstellung des Kunstwerks mitgewirkt haben (BVerwG, NJW 1999, 76). Mit wachsendem Alter der jeweils betroffenen Jugendlichen treten die Belange des Jugendschutzes gegenüber der Kunstfreiheit zurück: Volljährige können und sollen selbst entscheiden, ob sie Werke der Pornographie zur Kenntnis nehmen. Anders zu beurteilen sind möglicherweise – soweit hier die Kunstfreiheit überhaupt einschlägig ist – **gewaltverherrlichende Spiele und Darstellungen.** Wird hier ein kausaler Zusammenhang von Spiel und Straftaten von Jugendlichen auch nur ansatzweise belegbar, dann rechtfertigt schon der Lebensschutz potentieller Opfer den Eingriff in die Grundrechte der Autoren.

7. Nägeli und seine ungebetenen Nachfolger: Graffiti und Eigentum. Durfte der „Vater aller Graffiti-Sprayer", der Schweizer *Nägeli,* wegen Sachbeschädigung bestraft werden, auch wenn sein „Werk" nach den oben genannten Merkmalen unzweifelhaft „Kunst" war? Kann sich möglicherweise einer seiner mehr oder weniger vandalisierenden Nachfolger auf die Kunstfreiheit berufen?

Die Lösung ist im Grunde einfach: Der Schutzbereich der Kunstfreiheit ist eröffnet (OVG Koblenz, NJW 1998, 1422; anders noch BVerfG, Vorprüfungsausschuss, NJW 1984, 1293), aber das Eigentum des Hausbesitzers bzw. der Deutschen Bahn ist insofern verfassungsimmanente Schranke gegenüber den Entfaltungsbedürfnissen auch des noch so begabten Graffiti-Künstlers. Eine Bestrafung wegen Sachbeschädigung oder eine schulische Ordnungsmaßnahme (OVG Lüneburg, NVwZ-RR 2007, 529) sind ebensowenig ausgeschlossen wie die Vernichtung des Kunstwerks im Wege der Wiederherstellung des Anstrichs. Sehr wohl aber kann sich aus der Kunstfreiheit ein Anspruch ergeben, das aufgebrachte Kunstwerk zu dokumentieren. Auch bietet die Kunstfreiheit selbst in diesen Fällen Schutz vor Verfälschung, Verletzungen des Urheberrechts und kommerzieller Verwertung ohne Mitwirkung des Urhebers. Die Fallgruppe „Kunstwerk auf fremdem Papier" ist schließlich in den BGB-Bestimmungen über die Verarbeitung (§ 950 BGB) angemessen gelöst. Hier erwirbt der Künstler Eigentum an der Zeichnung oder dem Gemälde, weil diese gegenüber dem bloßen Papier eine neue Sache darstellen. Kein Künstler hat aber einen Anspruch, ein fest installiertes Kunstwerk auf fremdem oder öffentlichem Eigentum zu positionieren; tut er es doch, verstoßen die Durchsetzung von Beseitigungsansprüchen, Schadensersatz und ggf. die Bestrafung wegen Hausfriedensbruch nicht gegen die Kunstfreiheit (OLG Köln, NJW 1998, 1405 – Klagemauer vor dem Kölner Dom).

Literatur: *Smith*, Negativ-Graffiti, Sprühschablonen und Co. Offene Rechtsfragen moderner Straßenwerbung, NVwZ 2012, 1001; *Wesel*, Nachdenken über Graffiti, NJW 1997, 1965.

54 **8. Der Künstler als Verfassungsfeind – Schutz der freiheitlich demokratischen Grundordnung.** Zwar kann die Kunst heute kaum noch Revolutionen und Straßenkämpfe auslösen wie in Brüssel 1830 die Oper „*Die Stumme von Portici*" von *Aubert*, aber Konflikte zwischen Kunstfreiheit und freiheitlich demokratischer Grundordnung sind gleichwohl denkbar. Kunst kann in ihren eindringlichen oder auch subtilen Formen Gedankengut verbreiten, das mit der freiheitlich demokratischen Grundordnung nicht vereinbar, ja für diese gefährlich ist. Verschafft sich eine Skinhead-Band Aufmerksamkeit für ausländerfeindliche Parolen, bestehen bei einer Künstlergruppe Anhaltspunkte für verfassungsfeindliche Bestrebungen, ruft ein Theaterstück zur Abschaffung eines der Rechtsgüter des Art. 79 III GG auf, so kommen nicht nur vorbeugende Maßnahmen des Verfassungsschutzes, sondern ggf. auch – unter Beachtung der Verhältnismäßigkeit – Verbote in Betracht (vgl. auch BVerfG, Kammer, NJW 2008, 2568 – Abberufung eines ehrenamtlichen Richters wegen Mitgliedschaft einer rechtsextremistischen Skinhead-Band). Ähnlich wie bei den politischen Parteien kann aber nicht jede „verfassungsfeindliche" Kunst sogleich dem staatlichen Verbot anheim fallen. Voraussetzung ist vielmehr zusätzlich eine aktiv kämpferische, aggressive Haltung gegen die Grundwerte der Verfassungsordnung des GG (BVerfGE 5, 85, 141 – KPD-Verbot). Die „streitbare Demokratie" bietet also keinen legitimen Ansatz für die Einschränkung auch extrem systemkritischer Kunst. Noch weniger kommen Eingriffe in Betracht, wenn der Künstler derartige Bestrebungen oder deren Symbole nur darstellt, paraphrasiert oder persifliert, ohne sich die entsprechende Auffassung zu Eigen zu machen. Das kann sogar die Persiflierung an sich verbotener NS-Symbole (§ 86a StGB) rechtfertigen (BGH, NJW 2007, 1605 – durchgestrichenes Hakenkreuz). Nach alledem dürften Maßnahmen gegen die Kunst unter dem Aspekt des Schutzes der freiheitlich demokratischen Grundordnung nur in Extremfällen in Betracht kommen (etwa Aufforderung auf offener Bühne zur Ausrufung eines Führerstaates oder einer Religionsdiktatur). Vollends unerheblich für die Kunstfreiheit ist es, ob ein im Reichstagsgebäude ausgestelltes Kunstwerk die Staatsgewalt von der „Bevölkerung" oder nach korrekter staatsrechtlicher

Lesart vom „Volk im Sinne von Art. 20 GG" ausgehen lässt (anders aber *Murswieck*, FS Schiedermair, 2001, 211).

9. Tierquälerei auf der Bühne? Monumentalfiguren in der offenen Landschaft? Kunstfreiheit und Art. 20a GG. Konflikte zwischen Tier- und Umweltschutz und Kunstfreiheit sind nicht so lebensfern, wie sie auf den ersten Blick klingen: So kann eine Freiluftaufführung eines Theaterstücks auf einer historischen Burg die Nistplätze seltener Vogelarten oder Fledermäuse stören. Kunstwerke im Außenbereich können das Landschaftsbild beeinträchtigen, Künstler sahen sich veranlasst, ihren Obsessionen durch das Schlachten lebendiger Tiere auf der Bühne Ausdruck zu verleihen. Sind der Schutz der natürlichen Lebensgrundlagen und der Tiere durch Art. 20a GG auf Verfassungsebene gehoben, so kommen sie grundsätzlich als verfassungsimmanente Schranken in Betracht. Auch insofern gibt es keine prinzipielle Nachrangigkeit der Staatszielbestimmung gegenüber dem konkreten Grundrecht aus Art. 5 III GG.

Unter Berufung auf diese Formel hat das BVerwG in zwei viel beachteten Entscheidungen das Verbot des Aufstellens von Monumentalfiguren des historisch belasteten Bildhauers *Breker* im Außenbereich und das Vermarktungsverbot für Elfenbein auch für künstlerische Elfenbeinschnitzereien unter Berufung auf Art. 20a GG bestätigt (BVerwG, NJW 1995, 2648 – Breker; BVerwG, NJW 1996, 1173 – Elfenbeinfiguren).

In beiden Fällen aber ist zu fragen, ob der Grundsatz der verhältnismäßigen Zuordnung beider Rechtsgüter eingehalten wurde. Warum Monumentalfiguren in der Landschaft die natürlichen Lebensgrundlagen mehr gefährden als z. B. Windenergieanlagen, Versorgungsleitungen und landwirtschaftliche Gerätehallen, wäre jedenfalls ausdrücklich zu begründen. Ebenso ist zu fragen, ob der Schutz der Elefanten durch den Handel mit vorhandenen Elfenbeinschnitzereien wirklich beeinträchtigt wird. Jedenfalls können künftig die Fälle von Tiertötungen auf offener Bühne (LG Köln, NuR 1991, 42), Tierquälereien bei Filmaufnahmen und die Performance mit einem lebenden Wellensittich (OLG Frankfurt, NJW 1992, 1693) ohne dogmatische Verrenkungen gelöst werden. Hier geht der Tierschutz in der Regel den Wünschen des Künstlers vor.

10. Konflikte um die Kunst im Privatrecht. Auch die Auslegung von Standardnormen des Zivilrechts muss der Kunstfreiheit Rechnung tragen. Die durch Art. 2 II GG geschützte Nachtruhe kann z. B. Beschränkungen eines Konzerts in einem Hotel rechtfertigen (BayObLG, NVwZ 1996, 1246). In Mietshäusern und Eigentumswohnungen kann auch für Künstler das Musizieren auf bestimmte Zeiten begrenzt werden; jedoch kann das Musizieren in einer Mietwohnung nicht allgemein verboten oder auf Nichthörbarkeit beschränkt werden (BayObLG, NJW 2001, 3635). Im Vertragsrecht und bei Versteigerungen muss es einem Künstler möglich sein zu verhindern, dass ein Fanatiker z. B. ein Kunstwerk nur aufkauft, um es zu vernichten. Im Konflikt zwischen Eigentümer und Architekten verwehren Kunstfreiheit und Urheberrecht eine eigenmächtige Änderung eines Kunstwerks der Architektur. Stärker ist die Eigentumsposition allerdings zu gewichten, wenn der Eigentümer selbst das Kunstwerk nutzt. Hier kann es ihm in der Regel nicht verwehrt werden, auch ein Kunstwerk der Architektur umzugestalten, wenn dies seinen Bedürfnissen entspricht (BVerfG, Kammer, NJW 2005, 590; BGH, NJW 1999, 790; LG München, NJW 1983, 1205 – *Hayek* gegen ADAC). Das gilt erst Recht, wenn es sich um einen durch Art. 4 GG und Art. 137 WRV geschützten Kirchenraum handelt (BGH, NJW 2008, 3784). Die verhältnismäßige Zuordnung der Grundrechte und der Grundrechtsschutz durch Verfahren setzen aber auch hier den Versuch einer einvernehmlichen Lösung mit dem Künstler und eine umfassende Dokumentation des ursprünglichen Zustands voraus (*Neumeister/v. Gamm*, Ein Phoenix: Das Urheberrecht des Architekten, NJW 2008, 2678).

57 **11. Kunstfreiheit und Strafrecht.** So richtig es ist, dass auch durch künstlerische Handlungen und in künstlerischer Formensprache Straftaten wie Beleidigung, Sachbeschädigung, Tierquälerei, Verunglimpfung von Verfassungsorganen und Staatssymbolen usw. begangen werden können, so wenig hinzunehmen ist aber die Behauptung, dass das Strafrecht insofern Vorrang hat und ein „Kernbestand des Kriminalstrafrechts" sich auch gegenüber der Kunstfreiheit grundsätzlich durchsetzen müsse (LG Mainz, NJW 2000, 2220). Eine Bestrafung kommt vielmehr nur dann in Betracht, wenn die anwendbare Strafrechtsnorm ihrerseits dem Schutz von Verfassungsgütern dient. Auch der Fall „Aufforderung zum Diebstahl von der Bühne" (LG Mainz, NJW 2000, 2220), wäre unter Hinweis auf die Schranke des Art. 14 GG leicht zu lösen gewesen.

In diese Fallgruppe gehört auch die **Verunglimpfung des Staates und seiner Symbole,** die grundsätzlich nach § 90a StGB strafbar ist. Probleme stellen sich aber, wenn die Handlung in Form eines Kunstwerks geschieht. Bekannt geworden sind die Fälle „Urinieren auf die Bundesflagge" (BVerfGE 81, 278) und zahlreiche Verfremdungen des Deutschlandliedes. Aus den Erfahrungen in der Weimarer Republik, in der das Reichsgericht auch grobe Schmähungen der Reichsfarben („*schwarz – rot – mostrich*") duldete, erschien der Schutz der Symbole der jungen Bundesrepublik für viele auch gegenüber der Kunst unabdingbar (*Sendler*, NJW 1993, 1257; problematisch BVerfG, Kammer, NJW 2009, 908 – „schwarz – rot – senf"; weniger kritisch *Preisner*, NJW 2009, 897).

Trotzdem ist dem BVerfG zuzustimmen, wenn es eine eher zurückhaltende Beurteilung künstlerischer Verunglimpfung der Bundesflagge und der Nationalhymne für richtig hält (BVerfGE 81, 278, 293). Es geht hier nicht um den Schutz der Symbole als solchen, sondern um das, was symbolisiert wird (*Mahrenholz*, HdbVerfR II, 1327).

Der Unterschied zur Weimarer Zeit besteht zum einen darin, dass in der Rechtsprechung des Reichsgerichts selbst eine Distanz zu den Symbolfarben der Republik zum Ausdruck kam; zum anderen ist die Bundesrepublik heute ein so stabiles politisches System, dass sie durch Angriffe auf ihre Symbole nicht mehr gefährdet werden kann. Auch kommt dem Staat und seinen Symbolen kein Ehrenschutz und kein Schutz von Persönlichkeitsrechten zu

(BVerfG, Kammer, NJW 2012, 1273). Es ist vielmehr gerade Kennzeichen der durch Nationalflagge und Dritte Strophe des Deutschlandliedes symbolisierten Republik, dass sie durch künstlerische Angriffe nicht zu gefährden ist, sondern sich gerade in der Toleranz diesen Angriffen gegenüber bewährt. Keineswegs angebracht ist diese Toleranz aber gegenüber künstlerisch verbrämten Angriffen auf die Menschenwürde. So bleibt die menschenverachtende rassistische Parole der Neonazi-Band ebenso wegen Volksverhetzung (§ 130 StGB) strafbar wie ein rassistisches Gedicht oder ein explizit antisemitisches Theaterstück.

12. Absoluter Vorrang der Kunstfreiheit des Urhebers und seiner Erben gegenüber der Kunstfreiheit des Interpreten? Immer wieder kommt es vor, dass Autoren und Komponisten – oder häufiger: deren Erben – gegen Regisseure und andere Interpreten vorgehen, weil sie die Werktreue und das künstlerische Persönlichkeitsrecht schützen wollen. Besonders aktiv sind insofern die Erben von *Berthold Brecht*, die schon ganze Spielpläne durcheinander gebracht haben.

Aus verfassungsrechtlicher Sicht stellt ein Aufführungsverbot stets einen Eingriff in die Kunstfreiheit des Regisseurs oder Interpreten dar, der aber durch das Urheberrecht des Autors gerechtfertigt sein kann. Dieser schützt auch vor der Verfremdung des Kunstwerks. Verfehlt wäre es hier aber, grundsätzlich dem Recht des Autors als „älterem Recht" den Vorrang einzuräumen. Schließlich haben auch Regisseure und Interpreten mit eigenem schöpferischen Gestaltungswillen an der endgültigen Realisierung des Kunstwerks Anteil. *Dünnwald/Gerlach*, Schutz des ausübenden Künstlers. Kommentar zu §§ 73 – 83 UrhG [2008]).

Im Rechtsstreit zwischen Erben des Autors und Regisseur müssen die Gerichte daher einen Ausgleich finden. Verbietbar sind nur solche Abweichungen, die dem Werk ein völlig anderes, erkennbar vom Autor nicht gewünschtes Gepräge geben, die es verfälschen oder verstümmeln. Dagegen sind Regisseure sehr wohl berechtigt, ein Werk für die Aufführung in angemessenem Umfang zu kürzen, ihm ein zeitgemäßes Gepräge zu geben und mit eigenen künstlerischen Impulsen zu versehen. Für die angemessene Lösung kommt es auf den Einzelfall an (BVerfG, Kammer, NJW 2001, 598 – Germania III). Dass durch die Kunstfreiheit geschützte Persönlichkeitsrecht des Künstlers enthält auch kein Verbot von geringfügigen Zitaten, Verfremdungen und Parodien. So können künstlerische Zitate als Stilmittel eingesetzt werden, wodurch sie als integraler Bestandteil eines neuen Kunstwerks fungieren können (**Beispiel:** Nutzung der Figur des Asterix für eine politische Persiflage – BGH, NJW-RR 1993, 1002; BGH, NJW 2005, 2856 – Lila Postkarte).

13. Kunstfreiheit auf der Straße und in öffentlichen Einrichtungen. In den Fußgängerzonen der Städte gehören **Straßenkünstler** seit langem zum gewohnten Bild und werden zumeist als willkommene Belebung empfunden. Aber es gibt auch Konflikte mit Anliegern, Geschäftsleuten und um die Plätze rivalisierenden anderen Künstlern und Meinungsträgern. Aus straßenrechtlicher Sicht stellt sich hier zunächst die Frage, ob der Wandel der Fußgängerzone von reinen Verkehrsflächen zu Zonen von Kommerz und Kommunikation bedingt, dass Straßenkunst wie auch andere Formen der Kommunikation zum „**kommunikativen Gemeingebrauch**" gehören (hierzu *Hufen,* DÖV 1983, 353; *M. Stock,* Straßenkommunikation als Gemeingebrauch [1979]).

Diesen Schritt hat die Rechtsprechung des BVerwG allerdings nicht nachvollzogen. Insbesondere das BVerwG sieht Straßenkunst und ähnliche Kommunikationsformen nach wie vor als grundsätzlich **genehmigungsbedürftige Sondernutzung** an und begründet dies mit den notwendigen Kontroll- und Abstimmungsverfahren der unterschiedlichen, teilweise grundrechtsgeschützten Nutzungsarten an der Straße (BVerwGE 84, 71, 76; BVerwG, NJW 1987, 1837; anders zum Verteilen von Presseerzeugnissen BVerfG, Kammer, NVwZ 2007, 1306; zum Widerruf einer Sondernutzungserlaubnis OVG Münster, NVwZ 2012, 1054). Den Belangen der Künstler wird aber dadurch Rechnung getragen, dass die Kunstfreiheit bei der Ermessensentscheidung über die Erteilung der Sondernutzungserlaubnis zu berücksichtigen ist und ein Anspruch besteht, wenn nicht Belange der Anlieger oder anderer Straßennutzer Vorrang haben. Außerdem ist die Sondernutzungserlaubnis gebührenfrei zu erteilen (BVerwGE 84, 71, 78). Auch spontane Straßenkunst (z. B. durch einen Pantomimen) muss ähnlich wie bei der Spontanversammlung möglich sein (BVerwG, NJW 1990, 2012). Diese Rechtsprechung dürfte allerdings nach dem „Fraport-Urteil" (BVerfGE 128, 226, 250) überprüfungsbedürftig sein. Wenn selbst im Terminal eines Flughafens kommunikativer Gemeingebauch für Meinungsäußerungen angenommen wird, ist nicht mehr begründbar, warum das für die Kunst im öffentlichen Straßenraum nicht der Fall sein sollte.

Auch bei der Nutzung anderer öffentlicher Einrichtungen kann es zum Konflikt kommen. Weitgehend unausgelotet ist z. B. die Frage der **Kunstfreiheit bei der Gestaltung von Grabmalen** auf öffentlichen Friedhöfen (dazu *Lambrecht,* LKRZ 2011, 441). Hier kann das Bedürfnis nach Einheitlichkeit aktive Bildhauer jedenfalls nicht auf auf jede Kreativität ausschließende „Einheitsmodelle" festlegen. Auch die Frage der Rechtsgrundlage für etwaige Eingriffe in die „Kunstfreiheit auf dem Friedhof" ist ungelöst.

60 **14. Kunstfreiheit und Kunstförderung – Der Zugang zur „Documenta".** Dass Kunstfreiheit heute nicht nur gegen staatliche Eingriffe schützen muss, sondern auch bei öffentlich geförderter Kunst Anforderungen stellt, belegen immer wieder Konflikte um **Kunstförderung, „Kunst am Bau"** und den **Zugang zu öffentlichen Ausstellungen.** Besonders bei Skulpturen und „Kunst am Bau"-Projekten entstehen nicht selten Konflikte zwischen Künstlern, einer Jury, politischen Entscheidungsträgern und Bürgerinitiativen.

Aus der Sicht der Kunstfreiheit ist zu diesen Fällen anzumerken: Aus Art. 5 III GG lassen sich subjektive Ansprüche des einzelnen Künstlers auf Förderung oder Berücksichtigung in öffentlichen Wettbewerben nicht ableiten (BVerfGE 46, 321, 330 – Kunstförderung). Andererseits können sich aus der

Funktion der Kunstfreiheit als derivatives Teilhaberecht Ansprüche des Künstlers auf ein sach-, d. h. „kunstgerechtes" Verfahren ergeben, das insbesondere die Eigengesetzlichkeit der Kunst gegenüber politischen Zielsetzungen und Einflussnahmen schützt. Dies schließt – auch bei Berücksichtigung der parlamentarischen Verantwortung oder des kommunalen Selbstverwaltungsrechts – einen „Durchgriff" politischer Gremien auf künstlerische Entscheidungen aus. Beiden Seiten gerecht werden dürfte hier eine Art **„Zweistufenmodell"**. Es ist Sache der demokratisch legitimierten Organe, über Ort, äußeren Umfang, Kosten und allgemeine Vergabekriterien zu entscheiden. Für die eigentliche kunstbezogene Auswahlentscheidung muss dann aber ein Beurteilungsspielraum für den Künstler und die fachlich besetzte Jury bestehen, der auch von politischen Gremien zu achten ist (umstr. *Hufen*, NVwZ 1983, 516; *Mahrenholz*, HdbVerfR, 1335). Aus der Sicht des einzelnen Künstlers begründet Art. 5 III GG i. V. m. Art. 3 I GG jedenfalls einen Anspruch darauf, nicht aus willkürlichen Gründen von der öffentlichen Kunstförderung oder von einem bestimmten Projekt ausgeschlossen zu werden (VG Kassel, NJW 1997, 1177). Das gilt erst recht, wenn es um die Entfernung eines bereits bestehenden Kunstwerks geht. – so wie im Streit um eine Papstskulptur von *Peter Lenk* im Konstanzer Hafen.

Das Problems des Zugangs zu öffentlichen Ausstellungen kann sich auch dann stellen, wenn ein öffentlicher Entscheidungsträger die Entscheidung ganz auf einen Künstler oder ein künstlerisches Gremium delegiert hat. Dies ist etwa beim **Zugang zur „Documenta" in Kassel** der Fall, bei der der jeweilige Leiter eine nahezu monopolartige Stellung für den Zugang zu dieser wohl wichtigsten Gesamtschau der deutschen Gegenwartskunst hat. Auch hier müssen gleichqualifizierte Künstler jedenfalls eine Chance zur Ausstellung eigener Werke haben und dürfen nicht von vornherein ausgeschlossen werden – z. B. weil sie einen bestimmten vom Leiter bevorzugten „Kunstrichtung" nicht angehören (zusammenfassend *Hufen*, NJW 1997, 1172; teilweise anders aber OLG Frankfurt, NJW 1993, 1472; *U. Steiner*, Kulturauftrag im staatlichen Gemeinwesen, VVDStRL 42 [1984], 7).

Literatur zu § 33 – Kunstfreiheit: *v. Arnauld*, Freiheit der Kunst, HdbStR VII, § 167; *ders.*, Kunst, FS Kirchhof I (2013), 569; *Beisel*, Die Kunstfreiheitsgarantie des Grundgesetzes und ihre strafrechtlichen Grenzen (1997); *Beuys*, Kunst und Staat, Bitburger Gespräche 1977/78, 135; *Braun*, Kunstprozesse von Menzel bis Beuys (1995); *Ebling/Schulze*, Kunstrecht (2007); *Frankenberg*, Bilderverbot. Recht, Ethik und Ästhetik der öffentlichen Darstellung (2004); *Hufen*, Die Freiheit der Kunst in staatlichen Institutionen (1982); *ders.* HdbGr, Kunstfreiheit § 101; *Lynen*, Kunstrecht I: Grundlagen des Kunstrechts (2012); Kunstrecht II: Schwerpunkte des Kunstgewährleistungsrechts Kunstrecht III: Schwerpunkte des Kunstwirtschaftsrechts (2013); *Mahrenholz*, Freiheit der Kunst, HdbVerfR § 26, 1289; *Müller*, Freiheit der Kunst als Problem der Grundrechtsdogmatik (1969); *Schack*, Kunst und Recht, 2. Aufl. (2009); *H. Weber*, Prozesse und Rechtsstreitigkeiten um Recht, Literatur und Kunst (2002).

§ 34 Wissenschaftsfreiheit (Art. 5 III 1, 2. Alt. GG)

I. Allgemeines

1   1. **Entstehung und geschichtliche Entwicklung.** Wie auch andere Grundrechte entstand die Wissenschaftsfreiheit zunächst aus dem Spannungsverhältnis zwischen freier Philosophie und Naturwissenschaften und dem geschlossenen Weltbild des katholischen Glaubens. Diesem war die Vorstellung einer freien auf Wahrheitssuche gerichteten Tätigkeit noch fremd. Immerhin existierten neben der Theologie schon früh als klassische Kernbereiche der Wissenschaft die Rechtswissenschaft, die Medizin und die Philosophie. Ihre eigentliche Stoßkraft entfaltete die Wissenschaft dann aber aus den Naturwissenschaften, deren prominente Vertreter das traditionelle Weltbild ins Wanken brachten und dafür – wie die Beispiele *Giordano Bruno* und *Galilei* zeigten – auf dem Scheiterhaufen bezahlten oder sich der Inquisition murrend *(„und sie bewegt sich doch")* beugen mussten. Es waren die Naturwissenschaften und die Entdeckung wichtiger mathematischer Gesetze *(Leibniz, Newton)*, die als Modell vorführten, dass es neben der göttlichen Wahrheit eine rational begründete weltliche Wahrheit gab. Dies hob die Bedeutung der Freiheit der Philosophie, der **„libertas philosophandi"** *(Spinoza)*, umso deutlicher hervor.

In Deutschland waren es dann zunächst aufgeklärte Landesfürsten, die mit der Gründung weltlich orientierter Universitäten, z. B. in Halle und Göttingen, diesem wissenschaftlichen Anspruch Raum gaben (ausführlich zur Geschichte der Wissenschaft *Zwirner,* AöR 98 [1973], 313 ff.). Die „Freiheit von oben" erfuhr eine bis heute wirksame Gestalt in der Bildungs- und Hochschulreform **Wilhelm von Humboldts,** der zu Beginn des 19. Jahrhundert das Bildungswesen und insbesondere die preußische Universität reformierte. Grundgedanken waren die **unabhängige Suche nach Wahrheit,** die sich am besten in der Person des in **„Einsamkeit und Freiheit"** forschenden Wissenschaftlers äußerte, die **Einheit von Forschung und Lehre,** die auch die Studierenden nicht als Objekt betrachtete, sondern sie in die **Gemeinschaft von Lehrenden und Lernenden** und damit in den lebendigen Prozess der Wissenschaft einbezog. Auch das Prinzip der **akademischen Selbstverwaltung** in der Wissenschaft mit einem gewählten Rektor an der Spitze, der staatlichen Anstalt für den organisatorischen Rahmen sowie der Finanzen unter der Leitung des Kurators (später Kanzlers), entstand bereits zu Anfang des 19. Jahrhunderts. Ein wissenschaftliches Studium wurde zugleich zur Voraussetzung bürgerlicher Karrieren, die zuvor dem Adel vorbehalten waren.

Die Ideale der „Humboldt'schen Universität" werden heute zwar vielfach in Frage gestellt; die Unabhängigkeit des Wissenschaftlers, die Einheit von Forschung und Lehre und die Bedeutung der Grundlagenfächer aber bleiben ein auch verfassungsrechtlich wesentliches Element des Schutzbereichs der wissenschaftlichen Freiheit. Im Übrigen werden nicht zuletzt die viel beschworenen amerikanischen Spitzenuniversitäten wie *Harvard*, *Princeton* und *Stanford* gerade von diesen für viele deutsche Bildungspolitiker von heute veralteten Idealen bestimmt.

Nach 1815 gerieten vor allem die Geisteswissenschaften rasch in den (berechtigten) Verdacht, der wiederhergestellten alten Ordnung gefährlich zu werden. Die Universitäten und dort insbesondere freidenkerische Professoren und Burschenschaftler wurden daher zum Objekt repressiver Regelungen, insbesondere in den berüchtigten „Karlsbader Beschlüssen".

Ein berühmtes Beispiel für die Unterdrückung der Wissenschaft ist die Amtsenthebung der **„Göttinger Sieben"** (u. a. der *Gebrüder Grimm*), die gegen die einseitige Aufhebung der Verfassung im Königreich Hannover remonstrierten und dafür von der Göttinger Universität verwiesen wurden. Dass sie sogleich an preußischen und süddeutschen Universitäten bereitwillige Aufnahme fanden, ist ein frühzeitiger Beleg für die Vorteile des Kulturföderalismus.

Diesen Erfahrungen und dem maßgeblichen Einfluss von Hochschullehrern in der Nationalversammlung verdankte die Wissenschaftsfreiheit dann ihre erstmalige bundesweite Kodifikation in § 152 der **Paulskirchenverfassung**: *„Die Wissenschaft und ihre Lehre ist frei"*. Derselbe Text fand sich in der revidierten preußischen Verfassung von 1850 und – praktisch unverändert – in Art. 142 WRV – dort erstmals in der auch heute bekannten Kombination mit der Kunstfreiheit. Die Interpretation von Art. 142 WRV reichte seinerzeit von der Formel vom „leerlaufenden Grundrecht" über die Betonung der institutionellen Deutung bis zu *Rudolf Smends* bekannter Formulierung des „Grundrechts der deutschen Universität" (*Smend*, Das Recht der freien Meinungsäußerung, VVDStRL 4 [1928], 44, 64 ff.). In der **nationalsozialistischen Zeit** wurden vor allem jüdische und kritische Wissenschaftler gnadenlos verfolgt oder zur Emigration gezwungen. Realistisch scheint die Annahme, dass sich die um 1930 blühende deutsche Wissenschaft von dem damaligen „braindrain" nie wieder vollends erholt hat. Diejenigen Wissenschaftler, die in ihren Funktionen blieben, gingen teilweise in die innere Emigration, zum Teil aber machten auch bekannte Hochschullehrer sich mitschuldig an den Verbrechen des Nationalsozialismus – von den nicht mehr auch nur annähernd als „Wissenschaftler" zu bezeichnenden Vertretern menschenunwürdiger und menschenvernichtender Forschung einmal ganz abgesehen (eindrucksvoll zur Geschichte des Staatsrechts in dieser Zeit etwa *Dreier* und *Pauly*, Die deutsche Staatsrechtslehre in der Zeit des Nationalsozialismus, VVDStRL 60 [2001], 9 ff., 73 ff.).

2 Der Parlamentarische Rat übernahm 1949 praktisch unverändert den Text der WRV. In Satz 2 von Art. 5 III GG: „*Die Freiheit der Lehre entbindet nicht von der Treue zur Verfassung*" kamen aber sowohl Weimarer Erfahrungen als auch die Erkenntnis zum Ausdruck, dass Teile der deutschen Wissenschaft sich im Nationalsozialismus mitschuldig gemacht hatten.

3 **2. Aktuelle Bedeutung.** Die gegenwärtigen Probleme der Wissenschaftsfreiheit und mit ihnen der wissenschaftlichen Hochschulen seien hier – stark vereinfacht – mit den Stichworten **Internationalisierung, Ökonomisierung** und **Hierarchisierung** gekennzeichnet.

Internationalisierung äußert sich z. B. in der Einpassung der wissenschaftlichen Abschlüsse in ein europäisches, seinerseits am amerikanischen Modell ausgerichteten System von „Bachelor" und „Master", sowie in der Öffnung der Hochschulen für alle entsprechend berechtigten Studierenden der EU-Mitgliedsstaaten (dazu unten, Rn. 50).

Ökonomisierung äußert sich in stark an betriebswirtschaftlichen Modellen und den Organisations- und Entscheidungsformen der Wirtschaft geprägten Zielsetzungen und dem Einsatz von Wettbewerbsmodellen, „Kundenorientierung" und in dem Versuch möglichst mathematisch genauer Berechnung wissenschaftlicher Erfolge und individueller Leistungen (dazu *Steinberg*, Zur „Ökonomisierung" der Universität, FS. Wahl (2011), 609 u. unten, Rn. 48).

Beide Entwicklungen gehen Hand in Hand mit einer **Hierarchisierung**. Die Hochschulen werden vom Staat zwar in eine vordergründige Autonomie entlassen, die modernen Hochschulgesetze favorisieren aber eine straffe interne Struktur mit einem starken Präsidenten oder Rektor an der Spitze und einer weitgehenden „Entmachtung" der traditionellen Fachbereiche (dazu unten, Rn. 49). Die in vielem missverstandenen „Exzellenzinitiativen" führen darüber hinaus zu einer „externen Hierarchisierung" der Universitäten – und dies weit über die Bereiche hinaus, die wegen besonderer Leistungen prämiert wurden (dazu v. *Coelln*, DVBl 2009, 190; *Geis/Bumke*, VVDStRL 69 [2010], 364, 407).

II. Schutzbereich

1. Allgemeines. In der Formulierung des Art. 5 III GG (Freiheit 4 von Wissenschaft, Forschung und Lehre) liegen nicht etwa drei getrennte Grundrechtsgarantien: Forschung und Lehre sind vielmehr wesentliche Bestandteile eines **einheitlichen geschützten Schutzbereichs der Wissenschaft.**

2. Sachlicher Schutzbereich. Wie alle Kommunikationsgrund- 5 rechte lebt die Wissenschaftsfreiheit davon, dass sie sich jeder Fremddefinition entzieht. Gleichwohl ist es legitim und erforderlich, wenigstens einige **Strukturmerkmale** der Wissenschaft und damit des Schutzbereichs zu definieren.

Der „Klassiker": BVerfGE 35, 79, 109 – Hochschulgesetz Niedersachsen. 6
Im Jahre 1971 erließ der niedersächsische Gesetzgeber ein „Vorschaltgesetz zu einem Hochschulgesetz", in dem die Hochschulen nach dem Modell der so genannten „Gruppenuniversität" umgestaltet werden sollten. Erkennbarer Hintergrund war die basisdemokratische Mitbestimmung der an der Universität tätigen Hochschullehrer, wissenschaftlichen Assistenten, Studierenden und sonstigen Mitarbeiter. Zur Überwindung der so genannten „Ordinarienuniversität" sollten vor allem die drei erstgenannten Gruppen paritätisch an allen Entscheidungen in Forschung und Lehre mitwirken (**„Drittelparität"**). Die dagegen erhobene Verfassungsbeschwerde vieler Hochschullehrer hatte im wesentlichen Erfolg. Das BVerfG entschied in diesem Fall aber nicht nur über die „Drittelparität", sondern holte auch gerade in Bezug auf die Grundlagen weit aus und definierte die zum Kernbereich der Wissenschaftsfreiheit gehörenden Angelegenheiten.

Unter **Wissenschaft** versteht das Gericht die **„auf wissenschaftlicher Eigengesetzlichkeit beruhenden Prozesse, Verhaltensweisen und Entscheidungen beim Auffinden von Erkenntnissen, ihrer Deutung und ihrer Weitergabe".**
Unter **Forschung** versteht das Gericht den **„nach Inhalt und Form ernsthaften und planmäßigen Versuch zur Ermittlung der Wahrheit, und zwar in einem methodisch geordneten Verfahren**

mit einem Kenntnisstand, der in der Regel auf einem wissenschaftlichen Studium beruht (BVerfGE 35, 79, 112).

Daraus ist festzuhalten:
- Im Mittelpunkt des verfassungsrechtlichen Schutzes steht die **Eigengesetzlichkeit der Wissenschaft**. „Gegenprinzipien" sind die Weisungsabhängigkeit und sonstige Abhängigkeiten von ökonomischen, religiösen oder auch sonstigen Bindungen.
- Steht bei der Kunst die freie und schöpferische Gestaltung im Mittelpunkt, die ansonsten voraussetzungslos ist, so sind es bei der Wissenschaft **Ernsthaftigkeit und Planmäßigkeit**, das **methodisch geordnete Verfahren** und damit eine **Vorbildung**, die i. d. R. selbst auf einem wissenschaftlichen Studium und weiterer wissenschaftlicher Qualifikation beruht.
- Das BVerfG zielt mit seiner Beschreibung von Wissenschaft nicht auf Inhalte oder gar auf die „herrschende Lehre" in etablierten Fächern und Kommunikationszusammenhängen. Wissenschaftsfreiheit ist immer primär Gewährleistung der **Selbstbestimmung über Gegenstand und Methode**. Auch abweichende Meinungen, Mindermeinungen und grundsätzliche Kritik an etablierten Schulen werden umfasst. Voraussetzung ist aber stets die Ernsthaftigkeit und Planmäßigkeit. Methodische Fehler führen nicht zum Verlust des Schutzes der Wissenschaftsfreiheit; sie sind vielmehr innerwissenschaftlich aufzuklären; wie es überhaupt Sinn von Wissenschaft ist, gefundene Ergebnisse in Frage zu stellen und neue Wahrheiten zu formulieren.
- Obwohl das BVerfG die Begriffe hier nicht verwendet, hat auch die Wissenschaftsfreiheit ihren „**Werkbereich**" und ihren „**Wirkbereich**". Geschützt ist der gesamte Ablauf vom Sammeln der Informationen und Kenntnissen, die Umsetzung zu wissenschaftlichen Forschungsergebnissen und die Verbreitung in Lehre, Publikation, wissenschaftlicher Weiterbildung und der sonstigen Formen, in denen sich Wissenschaft abspielt.

Dazu gehören nicht nur die klassischen Formen, sondern auch die Bereiche Wissenschaft in den Medien, Wissenschaft im Internet, Wissenschaft in besonderen Ausstellungen und Vermittlungsformen usw. (zur Wissenschaftsfreiheit einer Rundfunkäußerung etwa VG Berlin, NJW 1989, 1688). Auch die „Popularisierung" von Wissenschaft in besonderen Ausstellungen ist geschützt, solange sie nur auf wissenschaftlichem Vorgehen beruht. Deshalb ist die Ausstellung von in einem besonderen wissenschaftlichen Verfahren plastinierten Leichen durch Art. 5 Abs. 3 GG geschützt (VGH München, NJW 2003,

1618 – „Körperwelten"). Liegt hier das Einverständnis der Dargestellten vor, so käme ein Eingriff in die Menschenwürde allenfalls dann in Betracht, wenn die Plastinate in erniedrigender, verhöhnender oder den Menschen in seiner Subjektqualität in Frage stellender Weise dargeboten würden (*Hufen*, DÖV 2004, 611; a. A. *Benda*, NJW 2000, 1770; *Thiele*, NVwZ 2000, 405, 407).

– Die praktisch wichtigsten Aussagen des Urteils beziehen sich auf die **Hochschulverfassung,** also die „Gruppenuniversität", die Gremien und Entscheidungsprozesse der Hochschulen. Es ist Aufgabe des Staates, die staatlichen Hochschulen so zu organisieren, dass Eigengesetzlichkeit in diesem Sinne möglich und geschützt ist. Sie werden also unter dem Stichwort „besondere Schutzfunktionen – Schutz der Wissenschaftsfreiheit durch Organisation und Verfahren" (Rn. 41 u. 49) dargestellt.

3. Einzelheiten zum sachlichen Schutzbereich. *a)* Die **Forschungsfreiheit** bezieht sich nicht nur auf die Hochschulforschung. Auch die außeruniversitäre Forschung in Instituten, ja sogar in der Privatindustrie – dort freilich unter bestimmten Vorbehalten – ist grundsätzlich geschützt. Eine gleichzeitig verfolgte wirtschaftliche Zielsetzung schließt die Wissenschaftsfreiheit nicht aus (*Dähne*, Forschung zwischen Wissenschaftsfreiheit und Wirtschaftsfreiheit [2007]; *Kamp*, Forschungsfreiheit und Kommerz [2004]). 7

Nicht vom Schutzbereich der Wissenschaftsfreiheit erfasst sind dagegen solche Tätigkeiten, die keine eigenständige wissenschaftliche Betätigung im oben genannten Sinne enthalten, so etwa der Druck oder die Restauration wissenschaftlicher Werke. 8

Nicht vom Schutzbereich der Wissenschaft umfasst sind auch **nachweisbare Fälschungen** und die nicht dokumentierte Übernahme fremder Ergebnisse unter eigenem Namen (**Plagiat**). Auch eine Aussage, die weit über methodische Mängel hinaus den Anspruch von Wissenschaftlichkeit nicht nur vereinzelt oder nach der Sicht bestimmter Schulen systematisch verfehlt (BVerfGE 90, 1 – Jugendgefährdende Schriften), ist allenfalls Meinungsäußerung, nicht aber Wissenschaft. Unter dieses Verdikt fallen auch alle Arten von Scharlatanen, etwa „Wunderheiler", „Astrologen", „Kreationisten" und „Historiker", die erwiesene historische Tatsachen wie Holocaust und Kriegsschuld anzweifeln (BVerfGE 90, 1, 11 – Jugendgefährdende Schriften).

b) Nicht Ausdruck „negativer" Wissenschaftsfreiheit, sondern Element höchst positiver Wissenschaftsfreiheit ist die Freiheit, in Eigenverantwortung bestimmte Wahrheiten **nicht** zu suchen, bestimmte Methoden nicht anzuwenden, bestimmte Ergebnisse nicht zu publi- 9 zieren. Ein „Publikationszwang" gegen den Willen eines Forschers wäre ein Eingriff in diese Facette der Freiheit.

10   *c)* Ein besonders wichtiger Teil des Schutzbereichs betrifft die **wissenschaftliche Lehre.** Diese ist durch den grundsätzlichen Zusammenhang mit der Forschung gekennzeichnet. Damit ist aber nicht nur die auf **eigener** Forschung beruhende Lehre gemeint. Auch die Wiedergabe fremder Forschungsergebnisse im Rahmen von universitären Lehrveranstaltungen gehört dazu. Ähnlich wie bei der Interpretation fremder Kunstwerke muss aber auch hier eine eigene systematische Leistung in der Umsetzung wissenschaftlicher Erkenntnisse in die Lehre vorliegen. Zur Freiheit der Lehre gehört auch die **Wahl der Methodik:** So ist die klassische Vorlesung ebenso geschützt wie die Exkursion der Geographen, das medizinische Praktikum ebenso wie der im Rahmen des Biologiestudiums für notwendig gehaltene Tierversuch (BVerwGE 105, 73 f.; bestätigt durch BVerfG, Kammer, NVwZ 2000, 909 – dazu oben § 24, Rn. 10).

Dagegen ist die Festlegung der Voraussetzungen, unter denen ein Leistungsnachweis erteilt wird oder eine Prüfung als bestanden zu werten ist, i. d. R. nicht Sache des einzelnen Hochschullehrers und seiner Lehrfreiheit; sie kann vielmehr durch Prüfungsordnungen vorgegeben sein (BVerwG, NVwZ 1991, 1082; NVwZ-RR 2006, 36). **Literatur:** *Kaufhold,* Die Lehrfreiheit – ein verlorenes Grundrecht? (2006).

11   Parallel zur Lehrfreiheit ist die **Lern- bzw. Studierfreiheit** durch Art. 5 III GG geschützt. Sie steht im Kontext der Einheit von Forschung und Lehre ebenso wie der Gemeinschaft von Lehrenden und Lernenden und war ursprünglich als „akademische Freizügigkeit" mit der Wahl des Studienortes verbunden. Letztgenannten Aspekt behandelt das BVerfG heute ausschließlich im Hinblick auf Art. 12 GG. Voraussetzung ist, dass es sich um ein wissenschaftliches Lernen handelt, das grundsätzlich die Kriterien der Planmäßigkeit, Ernsthaftigkeit und der Wahrheitssuche erfüllt (**Literatur:** *Glaser,* Die Studierfreiheit, DS 47 [2008], 212). Das schließt allerdings eine **Anwesenheitspflicht** in bestimmten Lehrveranstaltungen nicht aus (*Epping,* Präsenz als Leistungskriterium, FuL 2012, 458). Auch bedeutet Lernfreiheit nicht die Freiheit zum gebührenfreien Studium (dazu Rn. 39).

12   *d)* Art. 5 III GG schützt grundsätzlich auch das Recht auf **akademische Selbstverwaltung** der Hochschule als Körperschaft. Teil dieses Rechtes ist die **Satzungsautonomie,** die es der Hochschule ermöglicht, im Bereich von Lehre und Forschung eigenständige Rechtsnormen zu erlassen. Das Recht auf Selbstverwaltung ist aber auch ein Individualgrundrecht insofern, als der einzelne Grund-

rechtsträger berechtigt ist, im Rahmen der Hochschulverfassung an den Entscheidungen der Hochschulorgane mitzuwirken. Teil der Gewährleistung ist auch, dass dies in derjenigen Gruppe geschieht, deren Kriterien der jeweilige Grundrechtsträger erfüllt (Einzelheiten zur Hochschulverfassung unten, Rn. 41).

Literatur: *Geis,* Das Selbstbestimmungsrecht der Universitäten, WissR 2004, 2 ff.; *Groß,* Die Selbstverwaltungsrechte der Universität, DVBl. 2006, 721.

4. Unzulässige Verkürzungen des Schutzbereichs. Die Wissenschaftsfreiheit schützt grundsätzlich auch die **Methode,** die **Wahl des Gegenstandes** und den **Ort** der Forschung. Gefahren und Risiken sind keine Frage des Schutzbereichs, sondern der zulässigen Schranken. Angesichts verbreiteter Wissenschaftsskepsis und Technikangst ist die Gefahr des unzulässigen „Vorziehens" der Schrankenfrage bei der Wissenschaftsfreiheit besonders groß. Bereiche wie Stammzellforschung, Forschung an nicht Einwilligungsfähigen, Forschung an Tieren, menschlichen Körperteilen und Leichen sowie die empirische Erforschung von menschlichen Tätigkeiten und Meinungen stellen möglicherweise komplizierte Abwägungsprobleme auf der Schrankenebene dar; verfehlt ist es aber, sie von vornherein als Angriff auf fremde Verfassungsgüter aus dem Schutzbereich auszuklammern (*Lorenz,* FS Lerche 1993, 267; dagegen *Fehling,* BK, Art. 5 III Rn. 147) oder die Wissenschaftsfreiheit auf „erlaubtes Verhalten" (*Pieroth/Schlink,* Grundrechte, Rn. 676) oder sie gar auf risikofreie Forschung zu beschränken und es dadurch erst gar nicht zur Abwägung kommen zu lassen. 13

Keineswegs Element des Schutzbereichs ist die „Zweckfreiheit" der Forschung. Auch angewandte Forschung und Auftragsforschung gegen Bezahlung sind grundsätzlich geschützt (*Kamp,* Forschungsfreiheit und Kommerz, [2004]), wenn es hier auch besondere Gefahren für die für das Grundrecht unabdingbare Unabhängigkeit gibt (*Schulte,* VVDStRL 65 [2006], 110, 130).

5. Personeller Schutzbereich – Träger der Wissenschaftsfreiheit. Träger der Wissenschaftsfreiheit ist grundsätzlich jeder, der eigenverantwortlich und in wissenschaftlicher Weise tätig ist oder tätig werden will (BVerfGE 35, 79, 112 – Hochschulgesetz Niedersachsen). Im Rahmen der Universität sind dies vor allem entsprechend qualifizierte Hochschullehrer, Privatdozenten und Lehrbeauftragte, aber auch wissenschaftliche Mitarbeiter im Rahmen eigener Forschungen und – soweit ihnen übertragen – eigenverantwortlicher Lehre. Der 14

Grad der Trägerschaft richtet sich auch nach Qualifikation, Funktion und Verantwortlichkeit in der Hochschule (BVerfGE 61, 210, 240 – Hochschulgesetz NRW). Als Individualgrundrecht schützt die Wissenschaftsfreiheit zunächst den **einzelnen Wissenschaftler** – auch gegenüber der Hochschule. Als Hochschullehrer kann er aber auch **Adressat** der Grundrechte anderer sein – etwa der Gewissensfreiheit der Studentin, die keine Tierversuche im Praktikum will (dazu oben § 24, Rn. 10; BVerwGE 105, 73 f.; bestätigt durch BVerfG, Kammer, NVwZ 2000, 909 – Tierversuche im Studium). Hier ist nicht der Staat Grundrechtsträger der Wissenschaftsfreiheit gegen den Bürger (so aber *Cirsovius*, NVwZ 2002, 39), sondern der Hochschullehrer gegenüber dem staatlichen Verwaltungsgericht, das die Studentin angerufen hatte. Anders als der Kunstkritiker (dazu oben § 33, Rn. 22) ist auch der wissenschaftliche **Rezensent** in einer Fachzeitschrift wissenschaftlich tätig und darf – abgesehen von falschen Tatsachenbehauptungen und Schmähkritik – wegen einer kritischen Buchbesprechung nicht mit Schadensersatzansprüchen belangt werden (so im *Fall Weiler./.Calvo-Goller* vor einem [überdies unzuständigen] Pariser Gericht – dazu *Horstkotte*, Legal Tribune online, 05. 03. 2011).

15 Träger der Wissenschaftsfreiheit sind auch die **außerhalb der Hochschulen tätigen Forscher,** dies zumindest gegenüber Eingriffen durch den Staat. Eingriffe und Vorgaben eines Arbeitgebers müssen sich z. B. aber Naturwissenschaftler in den Forschungslabors der Industrie gefallen lassen. Die Problematik ist hier ähnlich wie bei den „Tendenzbetrieben" in Rundfunk, Presse und Kirche. Für solche Wissenschaftseinrichtungen, an denen der Bund beteiligt ist, wurde versucht, die Wissenschaftsfreiheit zu sichern (*Jauch*, NVwZ 2013, 32).

Studierende sind durch ihre Einbeziehung in den Vorgang der Wissenschaft selbst Träger des Grundrechts. Dieses gilt vor allem im Hinblick auf die Lernfreiheit; es kann aber auch im Hinblick auf die eigenen Forschungsprojekte fortgeschrittener Studierender und die eigenständige Erarbeitung von Diplom- und Seminararbeiten gelten. Unzweifelhaft gilt es für den sogar zum Kernbereich der Wissenschaftsfreiheit gehörenden Bereich wissenschaftlicher Dissertationen und Habilitationsschriften.

16 Träger der Wissenschaftsfreiheit können auch **juristische Personen des Privatrechts,** also z. B. Privathochschulen, wissenschaftliche Vereinigungen und Institute sein. Auch die Gründungsfreiheit ist insofern geschützt.

Literatur: *Becker,* Rechtsfragen zur Gründung und zum Betrieb privater Universitäten, DVBl. 2002, 92; *Jauch,* Das Wissenschaftsfreiheitsgesetz des Bundes, NVwZ 2013, 32; *Steinkemper,* Die verfassungsrechtliche Stellung der Privathochschule und ihre staatliche Förderung (2002).

Die Wissenschaftsfreiheit gehört auch zu den Grundrechten, die für **juristische Personen des öffentlichen Rechts** anwendbar sind. Das gilt insbesondere für die auch heute noch in der Regel als Körperschaften organisierten **Universitäten,** die **Fachbereiche** und die rechtlich verselbstständigten **Institute** an der Universität. Es gilt auch für den Forschungsbereich der heute teilweise getrennt organisierten **Universitätsklinika** und – soweit sie an eigenständigen Lehraufgaben beteiligt sind – die körperschaftlich organisierte **Studierendenschaft** (BerlinVerfGH, NVwZ 2001, 426 – Verfassungsbeschwerde der Studierendenschaft). 17

Auch **Fachhochschulen** und die an ihnen Tätigen können Träger der Wissenschaftsfreiheit sein, soweit sie selbstständig Forschung im oben genannten Sinne betreiben. Das gilt auch für anwendungsbezogene Formen der Forschung und die **Lehre,** die allerdings stärker am Zweck der Ausbildung ausgerichtet sein kann (BVerfGE 61, 210, 244; 64, 323, 359). Immerhin kann auch ein Fachhochschulprofessor nicht zu fachfremder Lehre gezwungen werden (BVerfG, BVerfGE 126, 1, 18; dazu *Waldeyer,* NVwZ 2010, 1279). Dagegen kommt den Fachhochschulen **kein eigenständiges Promotionsrecht** zu, was natürlich nicht ausschließt, dass besonders geeignete Absolventen korrespondierender Fächer an wissenschaftlichen Hochschulen promovieren können *(Hufen/Geis,* FS. Thieme [1993], 621; a. A. *Pautsch,* Promotionsrecht für Fachhochschulen: Nunmehr verfassungsgemäß?, NVwZ 2012, 674). 18

6. Verhältnis zu anderen Grundrechten. Art. 5 III GG geht als Spezialgrundrecht anderen Kommunikationsgrundrechten vor. Dasselbe gilt für den beruflich tätigen Wissenschaftler im Verhältnis zu **Art. 12 GG.** Für den Theologen können die Religionsfreiheit **(Art. 4 GG)** und Art. 5 III GG parallel nebeneinander stehen, ebenso das **kirchliche Selbstbestimmungsrecht** und die Wissenschaftsfreiheit für die theologischen Fakultäten. Beide Rechte können aber auch miteinander in Konflikt geraten (dazu unten, Rn. 44). Auch Wissenschaftsfreiheit und Kunstfreiheit stehen in der Regel selbstständig nebeneinander, können sich aber auch gegenseitig verstärken, so etwa für die künstlerisch ambitionierte anatomische Zeichnung, die Edition historischer Texte oder die Selbstverwaltung einer Kunst- oder Musikhochschule mit wissenschaftlichen Fächern. 19

Interessant ist das Verhältnis zu **Art. 33 V GG (hergebrachte Grundsätze des Berufsbeamtentums).** Für beamtete Hochschullehrer hat das BVerfG aus dieser Norm in Verbindung mit der Wissenschaftsfreiheit einen Anspruch auf angemessene Amtsbezeichnung abgeleitet und postuliert, dass sich der Unterschied zwischen Professoren an Universitäten einerseits und an Fachhochschulen andererseits auch im Titel niederschlagen muss (BVerfGE 64, 323, 352 – Professortitel). Das kommt in dem von vielen Professoren geführten Titel „Univ.-Prof." zum Ausdruck. Auch die Unangemessenheit der Besoldung von Hochschullehrern der Besoldungsgruppe W2 in Hessen hat das BVerfG nicht am Maßstab der Wissenschaftsfreiheit, sondern des Art. 33 V GG festgestellt (BVerfGE 130, 263, 291).

III. Eingriffe

20 Die Frage des Grundrechtseingriffs ist bei der Wissenschaftsfreiheit besonders schwer zu beantworten, weil der **Schutzbereich in weitem Umfang staatlich institutionalisiert** ist. So ist im Verhältnis von Staat und Hochschulen die Unterscheidung von organisatorischer Ausgestaltung, finanzieller Zweckbindung, Qualitätssicherung und entsprechender Vorgaben einerseits und echter Eingriffe in die Wissenschaftsfreiheit andererseits problematisch.

21 **Gezielte und unmittelbare Eingriffe** in die Wissenschaftsfreiheit sind Forschungsverbote (z. B. im Embryonenschutz- und im Stammzellengesetz). Eingriffe liegen auch vor, wenn nicht ein Forschungsgegenstand als solcher, sondern bestimmte Methoden, Erhebungs- und Verbreitungsformen verboten oder auf andere Weise sanktioniert werden. Mittelbare Eingriffe in die Forschungsfreiheit liegen vor, wenn Staat oder Hochschulen Anreize oder die Androhung von Nachteilen einsetzen, um bestimmte Forschungen zu verhindern oder der Forschung eine erwünschte Richtung zu geben.

22 Eingriffe in die **Lehrfreiheit** sind festzustellen, wenn Gebote oder Verbote sich unmittelbar auf den Inhalt der Lehre beziehen (OVG Koblenz, DVBl. 1997, 1242) oder ein Hochschullehrer für bestimmte Äußerungen gemaßregelt bzw. ein Fehlverhalten sanktioniert wird (dazu Rn. 47), wenn bestimmte Gegenstände explizit ausgeschlossen oder Methoden wie Tierversuche oder empirische Untersuchungen mit Studierenden verboten werden.

23 Im Verhältnis von **Staat und Hochschule** bedeutet es einen Grundrechtseingriff, wenn sich die staatliche Aufsicht nicht auf Rechtsfragen beschränkt, sondern unmittelbar versucht, in Kernbereiche von Forschung und Lehre einzugreifen. Die Grenzen sind hier fließend, da der Eingriff durchaus auch durch Vorenthaltung von Mitteln geschehen kann.

Im Bereich des **Zusammenwirkens von Hochschule und Staat** kommt es auf die verfahrensmäßige Ausgestaltung an. Das gilt vor allem bei Berufungsentscheidungen: Soweit dem Staat als Dienstherrn hier ein Letztentscheidungsrecht zukommt, wird das Abweichen von einer so genannten Vorschlagsliste in der Regel nicht als Eingriff in die Wissenschaftsfreiheit gesehen (BVerfGE 15, 256, 264 – Universitäre Selbstverwaltung). Anders verhält es sich aber, wenn ein Minister an der Hochschule vorbei einen nach eigenen Kriterien für qualifiziert gehaltenen Dritten beruft oder sein eigenes wissenschaftliches Urteil an die Stelle der Berufungskommission und des Fachbereichs setzt.

Dagegen sind Aktivitäten der **Kooperation und Koordination im Rahmen der Selbstverwaltung** i. d. R. keine Eingriffe in die Wissenschaftsfreiheit. In der Hochschule wirken viele Grundrechtsträger zusammen. In den Gremien werden dabei zahlreiche wissenschaftsrelevante Entscheidungen getroffen, die keine Kette von Eingriffen, sondern eher gemeinsam wahrgenommene Wissenschaftsfreiheit sind. Keine Eingriffe in die Lehrfreiheit oder auch die Lernfreiheit sind etwa gemeinsam verabschiedete Studien- oder Prüfungsordnungen (BVerwG, NVwZ-RR 2006, 36). Ebenso wenig ist es ein Eingriff, wenn ein Hochschullehrer zur Übernahme einer bestimmten Lehrveranstaltung im Rahmen des Studienplans und seines Fachgebiets verpflichtet wird. Das gilt erst recht für die Einteilung der Teilnehmer einer Lehrveranstaltung in Gruppen nach dem Alphabet. In keinem Fall aber darf die Lehrtätigkeit eines Hochschullehrers unter eine Art Fachaufsicht – also eine inhaltliche Kontrolle durch den Staat – gestellt werden (dazu *Kutscha*, NVwZ 2011, 1178).

Kein Eingriff aus der Sicht des einzelnen Forschers ist selbst die **Auflösung von Forschungseinheiten**, die Schließung von Fachbereichen oder die Zusammenlegung von Fachbereichen und Universitäten. Schon der Schutzbereich kennt keinen subjektiven Anspruch auf Fortbestehen bestimmter Einrichtungen (BVerfGE 85, 360, 384 – Akademieauflösung). Solche Entscheidungen setzen aber die fundierte Information und Mitwirkung der betroffenen Einrichtungen voraus, zum anderen dürfen sie nicht als „Bestrafung" unliebsamer Forscher und Forschungsinstitute missbraucht werden.

In der Schließung eines ganzen Fachbereichs kann **aus der Sicht der betroffenen Hochschule** aber sehr wohl ein Eingriff liegen, der eine Mitwirkung erforderlich macht (dazu unten, Rn. 41).

IV. Verfassungsrechtliche Rechtfertigung – Schranken

26   **1. Kein Gesetzesvorbehalt.** Die Wissenschaftsfreiheit steht ebenso wie die Kunst- und die Religionsfreiheit unter keinem Gesetzesvorbehalt. Gesetzliche Regelungen, die die Wissenschaftsfreiheit berühren, sind also aus verfassungsrechtlicher Sicht entweder Konkretisierungen des Schutzbereichs (Hochschulgesetze, Beamtengesetze usw.), oder sie konkretisieren ihrerseits die anschließend genannten verfassungsimmanenten Schranken (BVerfGE 47, 327, 369 – Hessisches Universitätsgesetz).

27   Nur vom zuständigen Gesetzgeber erlassene Gesetze können die Wissenschaftsfreiheit einschränken. Sehr selten zuständig ist insofern der Bund. Schon vor Inkrafttreten der „Föderalismusreform" hatte das BVerfG in einer ganzen Reihe spektakulärer Fälle die Erforderlichkeit einer bundeseinheitlichen Regelung verneint (exemplarisch BVerfGE 111, 226 – Juniorprofessor; BVerfGE 112, 226, 242 – Verbot von Studiengebühren). Nach der Neufassung von Art. 73/74 GG bleibt für den Bund im Bereich der Wissenschaft jetzt nur noch die Kompetenz zur Regelung der Ausbildungsbeihilfen und die Förderung der wissenschaftlichen Forschung (Art. 74 I Ziffer 13 GG) sowie für die Hochschulzulassung und die Hochschulabschlüsse (Art. 74 I Ziffer 33 GG).

28   **2. Treue zur Verfassung (Art. 5 III 2 GG).** Kein Element des Schutzbereichs ist die in Art. 5 III 2 GG angesprochene „**Treue zur Verfassung**". Diese konkretisiert lediglich die ohnehin bestehende verfassungsimmanente Schranke des Schutzes der freiheitlich-demokratischen Grundordnung. Schon gar nicht schließt sie z. B. den Marxismus als Philosophie oder wissenschaftlich fundierte Kritik an der bestehenden demokratischen Ordnung aus. Versuche zur Disziplinierung kritischer Wissenschaftler mit Hilfe dieser Formel sind deshalb auch vereinzelt geblieben.

29   **3. Verfassungsimmanente Schranken.** Die Wissenschaftsfreiheit kann durch die Grundrechte und andere Verfassungsgüter eingeschränkt werden, soweit Forschung und Lehre selbst diese Grundrechte berühren. Notwendig ist dann der verhältnismäßige Ausgleich zwischen der Wissenschaftsfreiheit und den betroffenen Rechtsgütern.

30   *a)* Selbstverständlich ist, dass die Wissenschaftsfreiheit durch die **Menschenwürde** eingeschränkt wird. Auch der Wissenschaftler darf

den Menschen nicht zum bloßen Objekt seiner Forschung machen und den Wert jedes einzelnen Individuums grundsätzlich in Frage stellen. Ob das bei der Forschung an embryonalen Stammzellen oder Körpersubstanzen bzw. an nicht einwilligungsfähigen Patienten generell zu bejahen ist, ist allerdings fraglich. Wegen der entscheidenden Bedeutung der Menschenwürde in diesem Zusammenhangs wurden diese Beispiele bereits bei § 10, Rn. 48 ff. behandelt.

b) Auch das **allgemeine Persönlichkeitsrecht und das in ihm enthaltene Grundrecht auf informationelle Selbstbestimmung (Art. 2 I i. V. m. Art. 1 GG)** können legitime Schranken für die Forschungsfreiheit sein. Fallbeispiele werden unten (Rn. 45) erläutert. 31

c) Eine wichtige verfassungsimmanente Schranke der Wissenschaftsfreiheit ist auch die **Wissenschaftsfreiheit Anderer.** So darf ein Hochschullehrer etwa unter Berufung auf die eigene Wissenschaft nicht die Forschungsarbeiten eines Mitarbeiters beeinträchtigen oder gar verbieten; die Universität als Trägerin der Wissenschaftsfreiheit hat die Freiheit ihrer Mitglieder zu wahren; die Lernfreiheit der Studenten schränkt eine allzu individualistisch verstandene Lehrfreiheit ein. 32

d) Ebenso schützt **Art. 14 GG** vor Eingriffen in das Eigentum durch Wissenschaft – auch in das geistige Eigentum. So kann ein bestehendes Patent durchaus die Forschungsfreiheit beschränken. Die Publikation von Forschungsergebnissen darf keine Geschäftsgeheimnisse preisgeben. Probleme und ein Schutzbedürfnis für den betroffenen Forscher entstehen aber, wenn private Auftraggeber die wissenschaftlichen Forschungsergebnisse blockieren oder in der „Schublade verschwinden lassen". 33

e) Interessant ist die Frage, ob und ggf. welche verfassungsrechtlichen Folgen sich durch die Aufnahme des **Tierschutzes in Art. 20a GG** ergeben. Unstreitig handelt es sich bei Art. 20a GG n. F. um eine Staatszielbestimmung, die sehr wohl als verfassungsimmanente Schranke in Betracht kommt (dazu Rn. 46). 34

f) Keine besonderen Schranken ergeben sich aus den **hergebrachten Grundsätzen des Berufsbeamtentums (Art. 33 V GG).** Fest steht jedenfalls, dass der Inhalt wissenschaftlicher Ämter durch Art. 5 III GG geprägt wird (*Fink*, DÖV 1999, 980), nicht umgekehrt die Wissenschaftsfreiheit durch die jeweilige beamtenrechtliche Stellung (so aber wohl *Waldeyer*, NVwZ 2008, 266). Soweit der Schutzbereich der Wissenschaftsfreiheit eröffnet ist, ist der Grundrechtsträger weder der beamtenrechtlichen Gehorsamspflicht unterworfen, 35 noch ergeben sich Schranken aus den beamtenrechtlichen Geboten der Neutralität und Zurückhaltung. Umgekehrt haben sie jedenfalls einen Anspruch auf eine dienstrechtliche Absicherung ihrer Unabhängigkeit.

36 *g)* Besondere Schranken können sich für Grundrechtsträger im Bereich der Theologie aus dem **kirchlichen Selbstbestimmungsrecht** ergeben (Art. 140 GG i. V. m. Art. 137 III WRV; dazu Rn. 44).

V. Besondere Schutzfunktionen

37 **1. Objektive Bedeutung.** Schon im Urteil zum Niedersächsischen Hochschulgesetz hat das BVerfG die Wissenschaftsfreiheit über die individuelle Freiheit hinaus als eine objektive, das Verhältnis von Wissenschaft, Forschung und Lehre zum Staat regelnde **wertentscheidende Grundsatznorm** bezeichnet (BVerfGE 35, 79, 121). Die objektive Schutzpflicht ist also der dogmatische Ausgangspunkt für weitere überindividuelle Schutzfunktionen wie Organisation, Verfahren und Teilhabe.

38 **2. Institutionelle Garantie.** Die Sichtweise der Wissenschaftsfreiheit als institutionelle Garantie der Hochschule stand in der Weimarer Zeit im Mittelpunkt der Interpretation von Art. 142 WRV. Gemeint war vor allem der Schutz der herkömmlichen universitären Strukturen gegenüber dem Reformgesetzgeber. Da diese in organisations- und verfahrensrechtlichen Bestimmungen liegen, ist die institutionelle Garantie für die Interpretation von Art. 5 III GG heute in anderen Schutzfunktionen aufgegangen und praktisch bedeutungslos (*Groß*, DVBl. 2006, 721, 727).

39 **3. Wissenschaftsfreiheit als Teilhaberecht.** Forschung und Lehre in öffentlichen Institutionen können ohne staatliche Leistungen nicht existieren. Das Grundrecht läuft also leer, wenn der Staat nicht jedenfalls eine „Grundausstattung" für die Hochschulmitglieder zur Verfügung stellt, die ihrerseits von der Qualifikation und dem Fach abhängen kann (so schon BVerfGE 35, 79, 119 – Hochschulgesetz Niedersachsen). Art. 5 III GG schafft kein **originäres Teilhaberecht** im Sinne von Leistungsansprüchen gegen den Gesetzgeber. In Verbindung mit Art. 3 GG steht den Betroffenen aber durchaus ein **derivatives Teilhaberecht** an den der Hochschule zur Verfügung gestellten Mitteln zu. Dafür maßgeblich ist aber nicht der selbst eingeschätzte Bedarf (VGH Mannheim, NVwZ-RR 1999, 636). Das

BVerfG lässt dem Gesetzgeber vielmehr einen weiten Einschätzungsspielraum, der erst dann unterschritten ist, wenn freie wissenschaftliche Betätigung praktisch nicht mehr möglich ist (BVerfG, Kammer, NVwZ-RR 2000, 22).

Für die Studierenden hat das BVerfG bereits aus Art. 12 GG einen derivativen Teilhabeanspruch und einen Anspruch auf Ausnutzung vorhandener Hochschulkapazitäten aus Art. 12 GG abgeleitet (BVerfGE 33, 303 – Numerus Clausus). Die durch Art. 5 III GG geschützte Lernfreiheit schafft dann aber keinen Anspruch auf eine bestimmte Ausstattung eines Studienplatzes oder auf kostenloses Lehrmaterial (BVerwG, NJW 1997, 2465 – Übungsbesteck eines Zahnmediziners). Auch gibt es keinen Anspruch auf die Beibehaltung eines bestehenden Lehrangebots (VGH Mannheim, NVwZ-RR 2004, 660). Die Förderung für sozialbedürftige Studenten ist zwar sozialstaatlich erwünscht, folgt aber nicht aus der Lernfreiheit nach Art. 5 III GG. Deshalb durften die BAföG-Förderungssätze auch auf Darlehen umgestellt werden (BVerfGE 96, 330, 339). Schließlich folgt aus Art. 5 III GG auch kein Recht auf ein gebührenfreies Studium. Die politisch umstrittenen allgemeinen **Studiengebühren** sind deshalb verfassungsrechtlich nicht zu beanstanden (BVerwG, NVwZ 2011, 1272; BVerfG, NJW 2013, 2498). Das galt schon vorher für „Langzeitstudenten" (BVerwG, NVwZ 2002, 206) und für „Seniorenstudenten" (VerfGH Rh.-Pf., NVwZ-RR 2005, 369). Allgemein aber gilt das strikte Äquivalenzprinzip, d. h. ein angemessenes Verhältnis von Gebühr und angebotener Leistung. Überzogene Rückmeldegebühren sind bei fehlender gesetzlicher Grundlage für „echte" Studiengebühren jedenfalls verfassungswidrig (BVerfGE 108, 1 – Rückmeldegebühr Bad.-Württ.). 40

4. Schutz der Wissenschaftsfreiheit durch Organisation und Verfahren. Die wichtigsten Konsequenzen, die das BVerfG im Hochschulurteil aus der objektiven Schutzpflicht des Staates für eine funktionsfähige Wissenschaft zog, betrafen die **Organisation** der Hochschulen (Hochschulverfassung) und die **Verfahren** der Entscheidungsfindung im Rahmen der Selbstverwaltung (BVerfGE 35, 79, 125 – Hochschulgesetz Niedersachsen; s. ferner BVerfGE 47, 327, 367 ff. – Hessisches Universitätsgesetz; BVerfGE 61, 260, 280 – Hochschulgesetz NRW). Im Mittelpunkt stand dabei die wissenschaftliche Eigengesetzlichkeit, die nicht nur vor Fremdeinflüssen und staatlicher Steuerung, sondern auch vor unangemessenem Ein- 41 fluss der Hochschulleitung auf den Kern der Wissenschaftsfreiheit und vor Mehrheitsentscheidungen in den Gremien geschützt werden müsse. Der maßgebliche Einfluss der Hochschullehrer auf den Kern der Wissenschaft, also etwa Berufung von Hochschullehrern, Promotion, Habilitation usw. müsse gewährleistet bleiben. Deshalb hat das Gericht damals die so genannte „Drittelparität" von Hochschullehrern, Assistenten und Studenten in den Fachbereichsräten und Senaten der niedersächsischen und hessischen Universitäten für verfassungswidrig erklärt und überdies verlangt, dass die maßgebliche Gruppe der Hochschullehrer in sich einheitlich und nach bestimmten Merkmalen (Habilitation oder habilitationsadäquate Leistung) **homogen** sein müsse. Auch sonstige organisatorische Maßnahmen dürfen die Wissenschaftsfreiheit nicht übermäßig beeinträchtigen (BVerfGE 85, 360, 384 – Akademieauflösung; BVerfGE 93, 85, 94 ff. – Universitätsgesetz NRW). Die Gruppenuniversität als solche habe der Gesetzgeber aber im Rahmen seines weiten organisatorischen Ermessens einführen dürfen.

Gerade diese organisatorische und verfahrensrechtliche Dimension der Grundrechte ist im Zeichen einer neuen Welle der Hochschulreformen und der eingangs geschilderten Entwicklungen der Internationalisierung, Ökonomisierung und Hierarchisierung der Wissenschaft derzeit wieder sehr aktuell. Die Probleme werden deshalb in den Rn. 48–50 ausführlich dargestellt.

Der **Grundrechtschutz durch Verfahren** gilt aber auch im Verhältnis von Hochschule und Staat. So ist aus Art. 5 III GG bzw. aus einer parallelen Gewährleistung des Landesverfassungsrechts abgeleitet worden, dass die Hochschulen selbst im Gesetzgebungsverfahren angemessen beteiligt sein müssen, wenn es um die Schließung eines Studiengangs oder Fachbereichs geht (BerlVerfGH, NVwZ 1997, 790 – Zahnmedizin). Will ein Ministerium vom Berufungsvorschlag einer Hochschule abweichen, so erfordert dies eine besonders intensive kritische Prüfung und eine Abwägung der für diese wichtige Personalentscheidung erheblichen Belange. Insbesondere darf die Universität bei der Berufung eines Hochschullehrers nicht übergangen werden (VGH München, NJW 2003, 1682). In der **Schließung eines ganzen Fachbereichs** kann aus der Sicht der betroffenen Hochschule ein Eingriff liegen, der eine Mitwirkung erforderlich macht (BerlVerfGH, NVwZ 1997, 790 – Zahnmedizin; BVerfG, Kammer, NVwZ-RR 2005, 442 – Dresdener Juristenfakultät; dazu *Hufeld*, Rechtsfragen zur Schließung von Studiengängen und Fakultäten, DÖV 1997, 1025). **Aktueller Fall:** Gegen die **Zusammenlegung** der Bradenburgischen Technischen Universität Cottbus mit der Fachhochschule Lausitz sind derzeit mehrere Verfassungsbeschwerden anhängig. Eine einstweilige Anordnung hat das BVerfG allerdings abgelehnt (B. v. 27.06.2013 – 1 BvR 1501/13).

VI. Die internationale und europäische Perspektive

Ähnlich wie die Kunstfreiheit wird auch die Wissenschaftsfreiheit in vielen internationalen und supranationalen Menschenrechtskatalogen nicht explizit benannt, aber implizit als Teil der Meinungs- bzw. Geistesfreiheit miterfasst. Im **internationalen Pakt über die wirtschaftlichen, sozialen und kulturellen Rechte** vom 19.12.1966 (BGBl. 1973 II, 1570) garantiert Art. 15 I dem Einzelnen den Schutz der geistigen und materiellen Interessen, die ihm als Urheber von Werken der Wissenschaft erwachsen. Die **EMRK** enthält keine ausdrückliche Gewährleistung der Wissenschaftsfreiheit, diese ist aber als Form der Meinungsfreiheit in Art. 10 EMRK miterfasst (EGMR, NVwZ 2011, 153; EGMR, NJW 2012, 1197).

Bis jetzt unklar ist die Situation auf EU-Ebene. Immerhin lautet Art. 13 der EuGRCh: *„Kunst und Forschung sind frei. Die akademische Freiheit wird geachtet"*. Wichtig ist aber, dass die EG im Bereich des Hochschulrechts keine Kompetenz hat, und damit auch europarechtlich die nationalen Grundrechte Vorrang genießen. Positiv zu vermerken ist, dass Institutionen der EU heute in vielfältiger Weise Wissenschaft und Studium in Programmen wie *Science, Sokrates, Erasmus* usw. fördern und damit dem europäischen Grundrechtsschutz eine leistungsrechtliche Komponente verleihen. Weniger um die Grundrechte des Einzelnen als um Stärkung der wissenschaftlichen und technologischen Grundlagen der Gemeinschaft geht es in Art. 179 ff. AEUV, in denen Forschung und technologische Entwicklung ein ganzer Titel gewidmet ist. In der Rechtsprechung des EuGH hat die Wissenschaftsfreiheit bis jetzt keine Rolle gespielt. Es dürfte sich aber auf Grund der Vorgaben in Art. 10 EMRK um einen allgemeinen Grundsatz des europäischen Verfassungsrechts handeln.

Literatur zu § 33 VI: *Badura,* Die Universität in Europa, FS Schiedermair (2001), 465; *Fink,* Gewährt das Recht der Europäischen Gemeinschaften den wissenschaftlichen Hochschulen grundrechtliche Freiheit?, EuGRZ 2001, 193; *Grabenwarter,* EMRK, § 23, Rn. 12; *Jarass,* EU-Grundrechte, § 18; *Tettinger,* Die Charta der Grundrechte der Europäischen Union, NJW 2001, 1010, 1013.

VII. Aktuelle Fälle und Probleme

Zu allen Fragen der Wissenschaftsfreiheit und Bioethik (**Stammzellforschung, Präimplantationsdiagnostik, Forschung am nicht einwilligungsfähigen Patienten** usw.), s. auch § 10, Rn. 49 ff.; zum Fall „Biologiepraktikum und **Gewissensfreiheit** der Studentin", s. § 24, Rn. 10).

1. Wissenschaftsfreiheit an theologischen Fakultäten und kirchliches Selbstbestimmungsrecht. Besondere Probleme bestehen im Zusammenhang mit der **Wissenschaftsfreiheit der Theologen** an staatlichen Hochschulen. Einerseits ist Theologie wissenschaftliche Suche nach Wahrheit, für die uneingeschränkt Art. 5 III GG gilt. Andererseits ist sie auf das kirchliche Lehramt bezogen, das sich zu einem guten Teil im Besitz der göttlich vermittelten Wahrheit weiß. Art. 5 III und Art. 140 GG i. V. m. 137 III 1 WRV stehen also in einem Spannungsverhältnis, das durch mehrere bekannte Konfliktfälle verdeutlicht wird. Probleme bestehen hier schon bei der Berufung von Hochschullehrern, die zumeist durch Kirchenverträge (Konkordate) geregelt ist, die für die katholische Theologie in der Regel eine Berufung ausschließen, wenn das „nihil obstat" des zuständigen Bischofs fehlt. Das dürfte aber nur noch für theologische Professuren verfassungsrechtlich hinnehmbar sein. Bei allen anderen darf weder das Votum des Bischofs noch die Konfessionszugehörigkeit eines Bewerbers eine Rolle spielen. Ist ein Hochschullehrer einmal ernannt, dann stellt sich die Frage, ob und inwieweit er in seiner Forschung, aber vor allem im Bereich der Lehre von den offiziellen Lehrmeinungen seiner Kirche abweichen oder sich sogar innerlich von seiner Kirche lossagen darf.

Diese Fälle können weder im Sinne eines grundsätzlichen Vorrangs der Wissenschaftsfreiheit noch durch einen abstrakten Vorrang des Staatskirchenrechts gelöst werden. Das **kirchliche Selbstbestimmungsrecht** ist vielmehr eine ganz gewöhnliche **verfassungsimmanente Schranke** gegenüber der Wissenschaftsfreiheit – und umgekehrt – und verlangt nach differenzierten und verhältnismäßigen Lösungen. So dürfte es allenfalls in Extremfällen gerechtfertigt sein, in die **Forschungsfreiheit** des jeweiligen Hochschullehrers disziplinierend einzugreifen und ihm wegen bestimmter Forschungen oder der Veröffentlichung von Forschungsergebnissen eine Professur in der Theologischen Fakultät zu entziehen (so aber im „Fall Küng", d. h. der durchaus im Rahmen des wissenschaftlichen Diskurses verbleibenden Auseinandersetzung des bekannten Tübinger Theologen mit der Lehre der Römischen Glaubenskongregation – dazu *Böckenförde*, NJW 1981, 2101). Weitergehend sind die Eingriffsbefugnisse dagegen im Bereich der **Lehre,** in der eine besondere Verantwortung gegenüber dem kirchlichen Nachwuchs besteht. Noch deutlicher liegt der Fall, wenn der Betreffende sich explizit von seiner Kirche lossagt (BVerfGE 122, 89, 105 – Fall Lüdemann) oder in seiner Lebensführung grundlegende Prinzipien seiner Kirche missachtet. Wie der Fall eines Münsteraner Islamwissenschaftlers zeigt, der die historische Existenz des Propheten Mohamed leugnet, hat das Problem inzwischen auch den Islam erreicht (allgemein zur islamischen Theologie an deutschen Hochschulen *Nolte*, DÖV 2008, 129).

Literatur: *Bäcker*, Ausschluss aus Theologenausbildung – Fall Lüdemann, NVwZ 2009, 827; *Böckenförde*, Der Fall Küng und das Staatskirchenrecht, NJW 1981, 2101; *Hufen*, Wissenschaftsfreiheit und kirchliches Selbstbestimmungsrecht an theologischen Fakultäten staatlicher Hochschulen, FS Schiedermair (2001), S. 623 ff.; *Mahrenholz,* Staat und staatliches katholisch-theologisches Lehramt, DS 25 (1986), 79 ff.; *Mainusch,* Lehrmäßige Beanstandung eines evangelischen Theologieprofessors, DÖV 1999, 677; *Nolte,* Islamische Theologie an deutschen Hochschulen?, DÖV 2008, 129; *Steinhauer,* Die Lehrfreiheit katholischer Theologen an den staatlichen Hochschulen in Deutschland (2006); *Weber,* Theologische Fakultäten und Professoren im weltanschaulich neutralen Staat, NVwZ 2000, 848.

2. **Empirische Forschung und informationelle Selbstbestimmung.** Mediziner und Sozialwissenschaftler sammeln eine Fülle von empirischen (wirklichkeitsbezogenen) Daten und verbreiten diese durch Veröffentlichungen. Ähnlich wie bei der Kunstfreiheit kann die Veröffentlichung von Forschungsergebnissen in die **Privatsphäre und das Grundrecht auf informationelle Selbstbestimmung** eingreifen. Hier besteht durchaus die Gefahr einer Durchbrechung der Anonymität durch Bildung und Weitergabe grundrechtswidriger Persönlichkeitsprofile. Andererseits darf die wissenschaftliche Forschung durch den Datenschutz nicht übermäßig behindert werden. Datenschutzgesetze enthalten daher „Wissenschaftsklauseln", die zur praktischen Konkordanz der betroffenen Grundrechte beitragen. So können Forschungsergebnisse auch in anonymisierter Form vorgelegt werden, und es ist für den Erfolg einer Dissertation und einer Habilitation nicht unbedingt erforderlich, Probanden und von der Forschung erfasste Privatpersonen namentlich zu benennen (OLG Hamm, NJW 1996, 940). Dagegen haben Personen der Zeitgeschichte, soweit nicht ihre Privatsphäre berührt ist, keinen Anspruch darauf, nicht in einer zeitgeschichtlichen, medienwissenschaftlichen oder soziologischen Untersuchung erwähnt zu werden. 45

Eher unverständlich ist die zurückhaltende Rechtsprechung im Hinblick auf den Zugang zu **öffentlichen Archiven.** Hier wurde teilweise sogar ein Anspruch aus Art. 5 III GG auf Zugang der Forscher verneint (BVerfG, Kammer, NJW 1986, 1243) oder die „Unerlässlichkeit" bestimmter Informationen für die Forschung verlangt (OVG Koblenz, NJW 1984, 1135). Heute dürfte geklärt sein, dass die Forschung mit vorhandenen historischen Archivdaten sehr wohl zum Schutzbereich der Wissenschaftsfreiheit gehört und Eingriffe nur gerechtfertigt sind, wenn dies zum Schutz des allgemeinen Persönlichkeitsrechts und der informationellen Selbstbestimmung der „archivierten" Personen erforderlich ist. Je größer der zeitliche Abstand dabei ist, desto größer die Anforderungen der Verhältnismäßigkeit von Forschungsverboten. Auch hier sind Daten aus der Privatsphäre anders zu behandeln als die öffentliche Tätigkeit von Personen der Zeitgeschichte.

Literatur: *Hamm/Möller,* Datenschutz und Forschung (1999).

3. **Tierversuche und Gentechnik zwischen Wissenschaftsfreiheit und Art. 20a GG (Schutz der natürlichen Lebensgrundlagen und der Tiere).** Beim Inkrafttreten der Staatszielbestimmung Tierschutz in Art. 20a GG befürchteten viele Forscher, dass dadurch Tierversuche unange- 46

messen behindert werden könnten und betonten den Vorrang der Wissenschaftsfreiheit. Das scheint nicht der Fall zu sein, denn in Deutschland steigt die Zahl der Tierversuche weiterhin. Deshalb drängen Tierschützer auf schärfere Bestimmungen zur Genehmigung von Tierversuchen. Die entsprechende Richtlinie der EU (2010/63 EU) wird insofern als nicht ausreichend angesehen.

Grundsätzlich gibt es hier **keine Rangordnung** zwischen Wissenschaftsfreiheit und grundsätzlich Tierschutz; GG Normen sind vielmehr dem Staatsziel gleichrangig (anders *Spranger,* Forschung und Lehre 2002, 696). Tierschutzrechtliche Bestimmungen sind also sowohl im Lichte der Wissenschaftsfreiheit als auch im Lichte des Tierschutzes zu interpretieren und im Sinne praktischer Konkordanz einander zuzuordnen. So fallen weiterhin Tierversuche in den Schutzbereich der Wissenschaftsfreiheit und es gelten die Verbote bzw. der Erlaubnisvorbehalt von §§ 7 und 8 TierSchG. Soweit diese Eingriffe in die Wissenschaftsfreiheit ermöglichen, können sie im Einzelfall durch den Tierschutz gerechtfertigt sein.

Das kann aber nicht dazu führen, dass eine Behörde darüber entscheidet, ob ein bestimmter Tierversuch für ein wissenschaftliches Vorhaben „unerlässlich" ist. Die Wissenschaftsfreiheit verlangt hier vielmehr, dass die Unerlässlichkeit durch eine mit entsprechend qualifizierten Wissenschaftlern besetzte Kommission beurteilt wird. Deshalb ist die Nichtgenehmigung eines Tierversuchs durch ein hessisches Regierungspräsidium wegen „Fehlens eines wissenschaftlichen Grundkonzepts" verfassungswidrig. Die Genehmigungsbehörde darf allenfalls eine Plausibilitätskontrolle durchführen (VGH Kassel, NVwZ 2003, 861). So wurde kürzlich einem Bremer Gehirnforscher die Fortsetzung seiner langfristig angelegten Forschung an Makaken untersagt. Zwischenzeitlich wurde das Verbot aber durch das VG Bremen (DVBl. 2010, 1044 m. Bespr. *Gärditz*) aufgehoben. Das OVG Bremen, DVBl. 2012, 669 hat die Entscheidung bestätigt.

Ähnlich verhält es sich mit der Forschung im Bereich der „grünen Gentechnik". Diese ist ein Beispiel dafür, dass sich naturwissenschaftliche Forschung oft auch mit den **natürlichen Lebensgrundlagen** im Sinne von Art. 20a GG befasst. **Eigener Standpunkt dazu:** Gentechnik betrifft ohne Zweifel den Kern dieser Lebensgrundlagen. Gleichwohl darf die Forschung nur so weit eingeschränkt, behindert oder verdrängt werden, wie dies unerläßlich ist, um Gefahren für die natürlichen Lebensgrundlagen auszuschließen. Im Fall der versuchsweisen Aussaat gentechnisch veränderter Organismen bestand das Problem, dass das im Jahre 2008 wesentlich verschärfte Gentechnikgesetz sowohl die kommerzielle Anwendung als auch die Forschung betraf und in Deutschland praktisch unmöglich gemacht hat, weil es unkalkulierbare Schadensersatzgefahren eröffnet und unter dem Stichwort „Transparenz" zur Offenlegung von Anwendungsfeldern zwingt, die unter heutigen Verhältnissen unweigerlich zur Zerstörung von Feldern für Freilandversuche führen. Gleichwohl hat das BVerfG dieses Gesetz und damit eine erhebliche Schädigung nicht nur des Industriestandorts, sondern auch des Forschungsstandorts Deutschland gebilligt (BVerfGE 128, 1, 35). Kaum geeignet und deshalb unverhältnismäßig wären **Publikationsverbote** für risikoträchtige Forschungsergebnisse.

Literatur: *Britz (Hg.)*, Forschung in Freiheit und Risiko (2012); *Helmschrott*, Das neue Gentechnikgesetz vom 1.4.2008 – ein effektiver Beitrag zur Beförderung der Anwendung der Gentechnik in Deutschland? DVBl 2009, 348; *Kluth*, Wissenschaftsfreiheit vs. Sicherheitsinteressen. Wann ist ein Publikationsverbot zulässig? FuL 2012, 378; *Löwer*, Tierversuche im Verfassungs- und Verwaltungsrecht, WissR Beih. 16 (2006); *ders.*, Tierversuchsrichtlinie und nationales Recht (2012); *Schubert*, 20 Jahre Gentechnikgesetz – eine Erfolgsgeschichte?, NVwZ 2010, 871; *Sinn/Groß*, Schwerpunktbereich: Einführung in das Gentechnikrecht, JuS 2011, 797; *Spranger*, Tierschutz contra Forschungsfreiheit, Forschung und Lehre 2002, 696.

4. Wissenschaftsfreiheit und Sanktionierung wissenschaftlichen Fehlverhaltens. In den vergangenen Jahren haben immer wieder Meldungen über Plagiate und Skandale um gefälschte Forschungsergebnisse Aufmerksamkeit erregt. Während die Öffentlichkeit vor allem von spektakulären Plagiaten in Dissertationen prominenter Politiker Kenntnis nahm, reichen die Probleme im eigentlichen Bereich der Forschung tiefer. Unter dem Druck der Konkurrenz um Drittmittel und Patente wird in bedauerlichen Einzelfällen gegen Grundregeln der Kollegialität und nicht selten auch der wissenschaftlichen Ethik verstoßen. Die Beispiele reichen vom gewöhnlichen Plagiat, d. h. der Übernahme fremder Forschungsergebnisse ohne konkrete Angabe der Fundstelle, bis zur bewussten Fälschung von Forschungsergebnissen mit Hilfe moderner Informationstechnologie. Abgesehen von strafrechtlichen Konsequenzen und Schadensersatzanforderungen wird in solchen Fällen auch an die „**Selbstreinigung**" **der Wissenschaft** appelliert. Gefordert werden Ethik- und andere Kontrollkommissionen zur inneren Aufsicht.

Bei näherem Hinsehen sind vor dem Hintergrund der Wissenschaftsfreiheit die Befugnisse solcher Kommissionen aber eher begrenzt. Ihnen fehlen nicht nur die Aufklärungsmöglichkeiten staatlicher Behörden und Gerichte, sie haben in der Regel auch keine förmlichen Sanktionsbefugnisse. Schon im Ansatz geht es auch nicht um die Zuordnung einer Art kollektiver Wissenschaftsfreiheit zur individuellen Wissenschaftsfreiheit (BVerfG, Kammer, NJW 2000, 3635). Deshalb können solche Kommissionen und „Ombudspersonen" im Grunde nur gegenüber Handlungen eingreifen, die selbst nicht unter die Wissenschaftsfreiheit fallen, also sich als eklatante Missbräuche erweisen (BVerwGE 102, 304; zur Befugnis zur Veröffentlichung eines Abschlussberichts zum Fehlverhalten eines Hochschullehrers: OVG Berlin-Brandenburg, NVwZ 2012, 1491). Die Befugnis zum **Widerruf oder zur Rücknahme eines rechtswidrig erworbenen Titels** folgt schon aus §§ 48/49 VwVfG und kann den Universitäten auch nicht verwehrt werden (VG Darmstadt, LKRZ 2011, 319; VGH Mannheim, DVBl 2009, 135 [LS]). Bei strafbarem Verhalten i. e. S. gibt es aber keine Lösungen im Wege der Selbstverwaltung, sondern Staatsanwaltschaften und Gerichte haben alle notwendigen Befugnisse zur Klärung von Vorwürfen.

Literatur zu Fallgruppe 4: *v. Coelln,* Der Entzug des Doktorgrades aus der Perspektive des Wissenschaftsrechts, FuL 2011, 278; *Laubinger,* Die Untersuchung von Vorwürfen wissenschaftlichen Fehlverhaltens, FS P. Krause (2006), 379; *Lorenz,* Die Entziehung des Doktorgrades – Ein altes Instrument in neuer Funktion. DVBl. 2005, 1242; *Schmidt-Aßmann,* Fehlverhalten in der Forschung – Reaktionen des Rechts, NVwZ 1998, 1225; *Tiedemann,* Entzug des Doktorgrades bei wissenschaftlicher Unlauterkeit, ZRP 2010, 53.

48 **5. Die Evaluation wissenschaftlicher Leistungen und ihre Grenzen.** Wichtige Stichworte der aktuellen hochschulpolitischen Diskussion stellen **Qualitätssicherung** und interne oder externe „**Evaluation**" dar. Sie werden vor allem im Zusammenhang mit der angestrebten „stärkeren Leistungsorientierung" der Professoren, vor allem aus dem Bereich der Politik, gefordert und direkt oder indirekt durch Leistungsanreize durchgesetzt. Eine Form der inhaltlichen Kontrolle bedeutet auch die Überprüfung und **Akkreditierung von Studiengängen** und die Bewertung ganzer Fachbereiche oder Universitäten im Rahmen von „Exzellenzinitiativen" oder des „Hochschulrankings".

Zwei Probleme stellen sich aber auch aus verfassungsrechtlicher Sicht: Evaluation und Akkreditierung dürfen die grundsätzliche Unabhängigkeit der Wissenschaft nicht gefährden und zu keiner Inhaltskontrolle werden (BVerfGE 111, 333 – Brandenburg; *Bagner,* DÖV 2011, 427; *Thieme,* FS Schiedermair [2001], 595). Richten sich der persönliche Erfolg eines Hochschullehrers oder die Genehmigung von Studiengängen aber nach einer „bestandenen" Akkreditierung, wird eine solche externe Aufsicht indirekt eingeführt. Das ist nur auf konkreter gesetzlicher Grundlage und nach einem transparenten und wissenschaftsgerechten Verfahren möglich. Zudem muss sichergestellt sein, dass die Träger der Evaluation und Akkreditierung selbst die Qualifikation haben, um Forschungs- und Lehrleistungen zu bewerten. Insofern ist es ein nicht zu rechtfertigender Eingriff in die Wissenschaftsfreiheit der Hochschulen, wenn eine fachlich nicht legitimierte und öffentlich nicht kontrollierte private Akkreditierungsagentur als Beliehene über die von den Hochschulen selbst entwickelten Studiengänge entscheidet (so zu Recht *Lege,* JZ 2005, 698; *Mager,* VBlBW 2009, 9; *Merschmann,* NVwZ 2011, 847; *Quapp,* DÖV 2011, 68). Dazu ist auf Vorlage des VG Arnsberg (B. v. 16. 04. 2010) Beck RS 2010 49801; dazu *S. Meyer,* NVwZ 2010, 1010) ein Verfahren vor dem BVerfG anhängig. Ähnliche Legitimations- und Methodenprobleme tauchen beim externen „Ranking" von Hochschulen und Fakultäten auf (*Ipsen,* JZ 2005, 424). Diese sind nur solange unbedenklich, wie sie bloße Informationsquelle im Wettbewerb sind. Konsequenzen – etwa in der Mittelverteilung oder sogar in der persönlichen Besoldung der Hochschullehrer – dürfen aus ihnen nicht gezogen werden. Das zentrale Gegenargument liegt aber darin, dass es fächerübergreifend kaum valide Maßstäbe der Evaluation gibt. So stellt die Drittmittelforschung in den Naturwissenschaften gewiss ein wichtiges Kriterium dar, kann aber auch bedenkliche Abhängigkeiten erzeugen. In den Geisteswissenschaften sind andere Kriterien oft viel wichtiger für den Nachweis des Erfolgs.

Literatur: *Wilhelm*, Verfassungs- und verwaltungsrechtliche Fragen der Akkreditierung von Studiengängen (2009); *Geis/Bumke,* Universitäten im Wettbewerb, VVDStRL 69 (2010), 364, 407; *Merschmann*, Die Rechtsnatur der Akkreditierung von Studiengängen, NVwZ 2011, 847.

6. Interne und externe Hierarchisierung: Der Einfluss des Hochschulrats und der „starke Präsident". Eine der Grundtendenzen der derzeitigen Hochschulgesetzgebung ist die Entmachtung der dezentralen Entscheidungsgremien zugunsten eines **„starken Präsidenten"** und/oder **Dekans** und die Installierung von Hochschulräten mit Aufsichts- und Grundlagenkompetenzen. Diese folgen rein betriebswirtschaftlichen Modellen von „Vorstand" und „Aufsichtsrat".

Nimmt man die Eigengesetzlichkeit und Individualität der Wissenschaft ernst, so wird schon daraus deutlich, dass Hierarchie und Wissenschaft zwei gänzlich unverträgliche Erscheinungen sind. Weisungen zwischen Dekan und Hochschullehrer, Präsident und Fachbereich sowie zwischen Minister und Universität können daher allenfalls auf die äußeren Rahmenbedingungen von Forschung und Lehre bezogen sein, sie dürfen aber nicht den eigentlichen Inhalt der Wissenschaft betreffen. (Grundlegende Kritik deshalb bei *Uhlig*, Weisungsrechte von Hochschulleitung und Dekan gegenüber Hochschullehrern [2004]; *Geis*, DV 33, 2000, 563; *Schenke*, FS Mußgnug (2005, 439); zur klinischen Forschung ebenso *Epping/Lenz*, DÖV 2004, 1). Auch die Privatisierung und organisatorische Verselbständigung wurden als unzulässige Zurücknahme der staatlichen Verantwortung für die Wissenschaft kritisiert (*Frank*, Die öffentlichen Hochschulen zwischen Hochschulautonomie und staatlicher Verantwortung [2006]). Nicht aus Gründen der Wissenschaftsfreiheit, aber zum Schutz bestehender Dienstverhältnisse hat das BVerfG kürzlich die Überführung der Arbeitsverhältnisse ins Privatrecht an hessischen Hochschulkliniken für verfassungswidrig erklärt (BVerfG, NJW 2011, 1427). Auf eine verfassungsrechtlich bedenkliche Fremdbestimmung der Wissenschaft von außen kann auch das Modell des „Hochschulrats" hinauslaufen, wenn dieser sich nicht auf „Rat" beschränkt Jedenfalls dürfen dessen Entscheidungen nicht den Kernbereich der akademischen Selbstverwaltung berühren (BayVerfGH, BayVBl. 2008, 592; *Kahl*, AöR 130 (2005), 225 f.). Entgegen manchen Hoffnungen hat das BVerfG solche Bedenken allerdings immer weniger geteilt. Ausgehend von der Formel vom weiten Organisationsermessen des Gesetzgebers (bereits in BVerfGE 35, 79, 124 – Hochschulgesetz Niedersachsen; BVerfGE 47, 327, 387 – Hessisches Hochschulgesetz) hat es gegen den monokratisch „regierenden" Dekan zunächst keine Einwände erhoben (BVerfGE 93, 85, 94 – Universitätsgesetz NRW). Selbst ein Aufsichtsgremium über Universitätskliniken ohne jede Beteiligung der wissenschaftlich verantwortlichen Hochschullehrer wurde hingenommen (BVerfG, Kammer, NVwZ 2003, 600). Dass bei allen wissenschaftsrelevanten Entscheidungen die entsprechend qualifizierten Hochschullehrer ausschlaggebenden Einfluss haben müssen, galt nicht mehr für die Wahl der Hochschulspitze (BVerfG, Kammer, NVwZ-RR 2001, 587). Im Urteil zum brandenburgischen Hochschulgesetz (BVerfGE 111, 333) hat das BVerfG dem Gesetzgeber dann praktisch völlig freie Hand für die Einführung monokratischer Leitungsorgane, externer Hochschulräte mit Entscheidungskompetenzen und der externen „Evaluation" von Hochschullehrern gegeben. Deshalb war es eine Überraschung, dass das BVerfG in seiner Entscheidung zum HambHG die Kompetenzen des Dekans beschnitten und ein Gegengewicht durch den Fachbereichsrat verlangt hat (BVerfGE 127, 87, 114).

Literatur zu Fallgruppe 6: *Burgi/Gräf,* Das (Verwaltungs-)organisationsrecht der Hochschulen im Spiegel der neueren Gesetzgebung und Verfassungsrechtsprechung, DVBl. 2010, 1125; *Fehling,* Neue Herausforderungen an die Selbstverwaltung in Hochschule und Wissenschaft, DV 35 (2002), 399; *Gärditz,* Hochschulorganisation und verwaltungsrechtliche Systembildung (2009); *Geis,* Akademische Selbstverwaltung im Reformzeitalter, DV 33 (2000), 564 ff.; *Kahl,* Hochschulräte – Demokratie – Selbstverwaltung, AöR 130 (2005), 225 f.; *Kutscha,* Hochschullehrer unter Fachaufsicht? NVwZ 2011, 1178; *Mager,* Wissenschaft, FS Kirchhof I, 2013, 559; *Schenke,* Neue Fragen an die Wissenschaftsfreiheit, NVwZ 2005, 1001 ff.; *Uhlig,* Weisungsrechte von Hochschulleitung und Dekan gegenüber Hochschullehrern (2004).

50 **7. Internationalisierung durch Umstellung auf „Bachelor" und „Master".** Seit den 1990er Jahren bemühen sich die Bildungsminister europäischer Staaten um eine europaweite Harmonisierung des Hochschulwesens. Die Hauptziele eines solchen Prozesses beschreiben sie in einer Erklärung, die sie gemeinsam am 19. Juni 1999 in Bologna abgegeben haben; die Vorbereitung und die Umsetzung dieser in der „Bologna-Erklärung" genannten Ziele werden als **„Bologna-Prozess"** bezeichnet. Dabei geht es insbesondere um die Einrichtung eines Systems leicht verständlicher und vergleichbarer Abschlüsse und eines zweistufigen Systems von Studienabschlüssen (undergraduate/graduate), die Einführung eines Leistungspunktsystems (nach dem europäischen Kreditransfer-System), um die Beseitigung von Mobilitätshemmnissen, die Förderung der europäischen Zusammenarbeit durch Qualitätssicherung und um die Förderung der europäischen Dimension in der Hochschulausbildung (dazu *Kilian,* JZ 2006, 209).

Nicht hinreichend zum Ausdruck kamen bei diesem Prozess nach dem Eindruck zahlreicher Hochschullehrer aber die Besonderheiten der Fächer und deren Einbindung in staatliche Ausbildungsgänge – so insbesondere in der Medizin, Lehrerausbildung und Juristenausbildung. Deshalb gibt es bisher wenige „Bologna-Studiengänge" in der Medizin und den Rechtswissenschaften. Insgesamt hätte es nahe gelegen, bewährte Studiengänge neben den „neuen" Studiengängen bestehen zu lassen und durch ein System gegenseitiger Anerkennung für eine „Europakompatibilität" zu sorgen.

Gleichwohl hat eine Kammer des BVerfG die Verfassungsbeschwerde einer wirtschaftswissenschaftlichen Fakultät gegen die zwangsweise Einführung von „Bachelor" und „Master"-Studiengängen kurz und knapp abgewiesen und dabei die wissenschaftliche Ausbildung als vom Staat lediglich auf die Universitäten delegierte Staatsaufgabe bezeichnet (BVerfG, NVwZ-RR 2008, 33 = JuS 2008, 639 mit Besprechung von *Hufen*). Das steht nicht nur in eklatantem Widerspruch zu den Grundsätzen der früheren Rechtsprechung des BVerfG zum Kernbereich der Selbstverwaltungsgarantie, sondern zeigt auch ein bedenkliches Unverständnis für die Eigengesetzlichkeit der wissenschaftlichen Lehre. Zwischenzeitlich gehen einige Bundesländer dazu über, den Fakultäten zumindest die parallele Verleihung der traditionellen Titel wie „Dipl.-Ing." wieder zu ermöglichen.

Literatur zu § 34 – Wissenschaftsfreiheit: *Baldus/Finkenauer/Rüfner*, Bologna und das Rechtsstudium (2011); *Gärditz*, Hochschulorganisation und verwaltungsrechtliche Systembildung (2009); *Geis*, Akademische Selbstverwaltung im Reformzeitalter, DV 33 (2000), 563 ff.; *ders.*, Das Selbstbestimmungsrecht der Universitäten, WissR 2004, 2 ff.; *ders.*, Zwischen „Entfesselung" und neuen Restriktionen. Rechtsprechungsbericht zum Hochschulrecht 2002 bis 2007, DV 41 (2008), 77; *ders.* Autonomie der UniversitätenHdbGr IV, § 100; *Glaser*, Die Studierfreiheit, DS 47 (2008), 213; *Hendler/Mager*, Die Universität im Zeichen von Ökonomisierung und Internationalisierung, VVDStRL 65 (2006), 238, 274; *Kempen*, Die Universität im Zeichen der Ökonomisierung und Internationalisierung, DVBl. 2005, 1082; *Kobor*, Grundfälle zu Art. 5 III, JuS 2006, 695; *Löwer*, Freiheit von Forschung und Lehre, HdbGr § 99; *Schulte/Ruffert*, Grund und Grenzen der Wissenschaftsfreiheit, VVDStRL 65 (2006), 110, 146; *Thieme*, Deutsches Hochschulrecht, 3. Aufl. (2004); *Trute*, Die Forschung zwischen grundrechtlicher Freiheit und staatlicher Institutionalisierung (1994); *Zwirner*, Zum Grundrecht der Wissenschaftsfreiheit, in: AöR 98 (1973), 313.

6. Abschnitt. Die Freiheit beruflicher und wirtschaftlicher Betätigung

Vorbemerkung: Die Grundrechte als Teil einer „Wirtschaftsverfassung des GG"? Das GG enthält – anders als die WRV – keinen eigenen Abschnitt über „das Wirtschaftsleben". Umso größer ist die Gefahr, dass in die Interpretation der wirtschaftlichen Grundrechte bestimmte wirtschaftspolitische Konzepte hineingelesen und dann gleichsam wieder „herausinterpretiert" werden. So ist schon gegenüber der Behauptung Skepsis angebracht, das Grundgesetz enthalte eine bestimmte „Wirtschaftsverfassung". Darüber ist in der Gründungszeit der Bundesrepublik und teilweise auch nach der Wiedervereinigung eine umfangreiche Diskussion geführt worden, die aber hier nur kurz wiedergegeben werden kann (*Badura*, Staatsziele und Garantien der Wirtschaftsverfassung in Deutschland und Europa, FS Stern [1997], 409 ff.; *Schmidt*, HdBStR 3. Aufl., Bd. III § 83; *Tettinger*, Verfassungsrecht und Wirtschaftsordnung, DVBl. 1999, 679).

2 Wie groß die Bandbreite denkbarer Antworten auf diese Frage ist, wurde bereits in den 1950er Jahren deutlich, in denen sich die Anhänger einer strikt marktwirtschaftlichen Konzeption und diejenigen gegenüberstanden, die aus der Abkehr des Grundgesetzes vom Nationalsozialismus auch eine Abkehr vom „Kapitalismus" ableiten wollten und mehr oder weniger deutlich für eine sozialistische Planwirtschaft eintraten (dazu etwa *Abendroth*, Zur Begründung des demokratischen und sozialen Rechtsstaates im Grundgesetz der Bundesrepublik Deutschland, FS Bergstraesser [1954], 279).

3 Angesichts der Unterschiedlichkeit dieser Positionen kann es nicht verwundern, dass das BVerfG zeitweise die These vertrat, das GG sei schlicht „wirtschaftspolitisch neutral" (BVerfGE 4, 7, 17 – Investitionshilfe; BVerfGE 50, 290, 336 – Mitbestimmung). Auch das konnte aber letztlich nicht befriedigen, denn das GG enthielt sich mit den wirtschaftlichen Grundrechten und deren Schranken keinesfalls jeder wirtschaftspolitischen Aussage, war also im Spektrum der Gegenpositionen von Marktwirtschaft und Planwirtschaft keineswegs „neutral". Deshalb schien es für viele ein tragfähiger Kompromiss, das wirtschaftspolitische Schlagwort von der „sozialen Marktwirtschaft" verfassungsrechtlich zu veredeln und kurzerhand zur Wirtschaftsverfassung des GG zu erklären (so vor allem *Nipperdey*, Soziale Marktwirtschaft und GG, 3. Aufl. [1965], 24, 44).

4 Kam es aber zum „Schwur" wie etwa bei den Verfassungsstreitigkeiten um die Handwerksordnung oder die betriebliche Mitbestimmung, so erwies sich auch diese Formel als wenig tragfähig, zumal sie die beiden gegensätzlichen Wirtschaftstheorien allenfalls verbal miteinander versöhnen konnte. Mehr und mehr wurde daher erkannt, dass es statt abstrakter Formeln von „der Wirtschaftsverfassung" auf eine **konkrete und an den einzelnen Grundrechten und deren Schranken orientierte Interpretation** ankommt. Auch dabei zeigt sich, dass das GG eben nicht „wirtschaftspolitisch neutral" ist, sondern zunächst wesentliche Argumente für den Vorrang von Selbstbestimmung, Vertragsfreiheit und Wettbewerb gegenüber staatlicher Lenkung enthält. Diese freiheitliche Grundkomponente des GG beginnt schon mit dem aus der **Menschenwürde** abzuleitenden Autonomieprinzip und setzt sich fort über den Grundsatz der Freiheit bis zu den Grenzen der Freiheit des Anderen, die **Vertragsfreiheit** in Art. 2 I GG, die aus Art. 9 III GG abzuleitende **Tarifautono-**

mie, die **Freizügigkeit** in Art. 11 GG und mündet in den klassischen ökonomischen Freiheitsrechten der **Berufsfreiheit** (Art. 12 GG) und der Gewährleistung des **Eigentums** (Art. 14 GG). Insofern ist es richtig, aus dem Grundgesetz starke Aussagen für einen **Vorrang von Selbstbestimmung und Freiheit** abzuleiten (*Sodan*, Vorrang der Privatheit als Prinzip der Wirtschaftsverfassung, DÖV 2000, 361; *Meyer*, Vorrang der privaten Wirtschafts- und Sozialgestaltung als Rechtsprinzip [2006]).

Damit ist aber **keine Garantie eines uneingeschränkten „laissez-faire Ka-** 5 **pitalismus"** oder einer völligen Überantwortung des Schicksals der Menschen an die Marktkräfte gemeint. Das hatten im Übrigen auch die klassischen „Neoliberalen" und die „Klassiker" der „Freiburger Schule der Nationalökonomie" (*Eucken, Böhm, von Hayek*) nie gewollt, die nach der Gründung der Bundesrepublik maßgeblichen Einfluss auf die reale Wirtschaftspolitik erlangten und von einer **staatlich gemäßigten wirtschaftlichen Freiheit (Ordo-Prinzip)** ausgingen. Schließlich lassen sich für eine solche Begrenzung auch im GG wesentliche Aussagen finden: So muss der Staat die Menschenwürde eben nicht nur achten, sondern auch schützen (Art. 1 GG). Seine verfassungsmäßige Ordnung muss der Freiheit Schranken setzen (Art. 2 I GG), er muss Diskriminierung und Chancenungleichheit bekämpfen (Art. 3 GG), Freizügigkeit und Berufsausübung können durch staatliche Gesetze geregelt und eingeschränkt werden. Das Eigentum wird zwar gewährleistet, inhaltlich aber durch den Gesetzgeber konkretisiert und sozial gebunden. Für die als besonders wichtig verstandenen Produktionsmittel wurde die Möglichkeit der Sozialisierung geschaffen (Art. 15 GG). Das GG enthält zwar keine sozialen Grundrechte, gleichzeitig wird aber mit dem **Sozialstaatsprinzip** die soziale Verantwortung des Staates festgeschrieben. Schließlich wurde in Art. 109 GG die Bedeutung der staatlichen Haushaltswirtschaft für den Verlauf der Konjunktur verfassungsrechtlich verankert.

Das sich daraus ergebene fruchtbare Spannungsverhältnis von 6 wirtschaftlicher Freiheit und sozialer Verantwortung hat das BVerfG schon in einem sehr frühen **„Klassiker"** (BVerfGE 4, 7, 17 – Investitionshilfe) zum **Menschenbild des Grundgesetzes** verdichtet und auf den Punkt gebracht. Dieses geht nicht von einem isolierten Individuum aus, das wie „Robinson auf der Insel" lebt und sich zum Überleben im übertragenen Sinne seiner Ellbogen bedient; der Mensch ist vielmehr auch sozial gebunden, solidarisch und für das Schicksal Schwächerer mitverantwortlich.

Auch auf **europäischer Ebene** wird die hier nur kurz geschilderte Diskus- 7 sion seit einiger Zeit mit ganz ähnlichen Argumenten geführt. Hier scheinen derzeit Kritiker die Oberhand zu haben, die vor allem der EU vorwerfen, sie konzentriere sich auf die Marktfreiheit und vernachlässige die sozialen Ziele. Dabei betont die Präambel des AEUV ausdrücklich *„die stetige Besserung der Lebens- und Beschäftigungsbedingungen der Völker der Mitgliedstaaten"* als wesentliches Ziel. Insofern zwischen den Mitgliedstaaten zweifellos noch bestehende erhebliche Unterschiede der sozialen und kulturellen Lebensbedingungen dürfen eine einseitige Ausrichtung des Binnenmarkts nicht noch vertieft; sie müssen im Gegenteil kontinuierlich ausgeglichen werden. Dem dient auch die 1989 von elf Staats- und Regierungschefs (ohne das Vereinigte Königreich) angenommene **Gemeinschaftscharta der sozialen Grundrechte der Arbeitnehmer.** Auch im Übrigen hat die EU schon zahlreiche weitere Initiativen zur sozialen Begrenzung der Marktkräfte eingeleitet, so etwa die die Antidiskriminierungsrichtlinie oder die vielfältigen Initiativen zum Verbraucherschutz (zu diesem Aspekt *Kämmerer*, Daseinsvorsorge als Gemeinschaftsziel oder: Europas „soziales Gewissen", NVwZ 2002, 1039; *Pitschas*, Soziale Sicherungssysteme im „europäisierten Sozialstaat", FS 50 Jahre BVerfG [2001] II, 827; *Streinz*, EuropaR, Rn. 1122 ff.).

§ 35 Freiheit von Beruf und Ausbildungsstätte/ Schutz vor Zwangsarbeit (Art. 12 GG)

I. Allgemeines

1 **1. Entstehung und geschichtliche Entwicklung.** Die Berufs- und Gewerbefreiheit war schon für die Philosophen der Aufklärung ein wesentliches Mittel zur Selbstverwirklichung des Menschen und für die großen Nationalökonomen wie *Adam Smith* Grundbedingung der Wirtschaft und der Gemeinwohlverwirklichung. Erstmals ausformuliert wurde sie in Art. 17 der **Französischen Verfassung von 1793.**

In Deutschland richtete sich das Grundrecht nicht nur gegen den Staat, sondern auch gegen gesellschaftliche Kräfte in Zünften, Gilden und anderen Berufsmonopolen. So gehört die Gewerbefreiheit zu den Grundrechten, die als „Freiheit von oben" durch die **Stein/Hardenbergschen Reformen von 1810** eingeführt wurden. Blickt man auf die Geschichte des Grundrechts in Deutschland seitdem zurück, fällt eine eigentümliche „Wellenbewegung" auf. Phasen der Befreiung wurden durch Gegenbewegungen der Freiheitsbeschränkung abgelöst. So folgten der Einführung der Gewerbefreiheit von 1810 neue Beschränkungen während der Restaurationszeit; der Aufnahme der Gewerbefreiheit und der Freizügigkeit in die **Verfassung der Paulskirche (§ 158)** folgte gleichfalls eine Zeit angstvoller Restauration. Immer deutlicher wurde allerdings, dass Freizügigkeit und Gewerbefreiheit zum Wirtschaftswachstum der „Gründerjahre" beitrugen. Das hinderte allerdings nicht daran, dass die gesetzliche Betonung der **Gewerbefreiheit in § 1 der GewO von 1869** durch zahlreiche Vorbehalte und Einschränkungen während der späteren Kaiserzeit teilweise wieder zurückgenommen wurde. In der **WRV** war explizit nur die Freizügigkeit (Art. 111 WRV) gewährleistet, die eigentliche Berufsfreiheit musste aus anderen Grundrechten abgeleitet werden. Dafür erhielt die WRV im Gegensatz zum GG besondere Garantien der Arbeit, der Arbeitskraft und einen ganzen Abschnitt über das Wirtschaftsleben. Die Zeit des **Nationalsozialismus** bedeutete dann nicht nur für große Gruppen der Bevölkerung, insbesondere für Juden, politische Gegner, aber auch Frauen das Ende der Berufsfreiheit, sondern eine Abkehr von der Philosophie des Wirtschaftsliberalismus. Zunft- und Gildeideen des Mittelalters wurden verherrlicht und eine „Verkammerung" der Wirtschaft durchgesetzt, die zusätzlich zu deren Disziplinierung diente, bevor dann in der Kriegswirtschaft weitgehend planwirtschaftliche Elemente überwogen.

Unter dem Eindruck des Nationalsozialismus, aber auch der beginnenden 2 kommunistischen Planwirtschaft wurde **nach 1945** die Bedeutung der Berufsfreiheit für die menschliche Freiheit und Selbstverwirklichung wieder erkannt (*H.-P. Schneider*, VVDStRL 43 [1985], 7, 15), und der **Parlamentarische Rat** formulierte in Art. 12 GG nicht nur die Freiheit der Berufswahl und der Berufsausübung, sondern auch ein explizites Verbot der Zwangsarbeit. Nach 1949 wurde Art. 12 GG selbst nur noch durch die Wehrpflichtnovelle von 1956 geringfügig verändert. Wie bei kaum einem anderen Grundrecht aber wurden Schutzbereich und Schranken durch die Rechtsprechung des BVerfG und die berufs- und wirtschaftslenkende Tätigkeit des Gesetzgebers geprägt.

2. Weitere Entwicklung und derzeitige Bedeutung. Nach In- 3 krafttreten des Grundgesetzes schien es gleichfalls zunächst so, als trüge das BVerfG zur Liberalisierung der Märkte und zur Durchsetzung der Berufsfreiheit bei. Trotz der Betonung der Flexibilität der Berufsfreiheit orientiert sich die Rechtsprechung von vornherein stark am freien (und handwerklichen) Beruf; dass die große Mehrheit der Bevölkerung ihre Berufsfreiheit in abhängigen Beschäftigungsverhältnissen ausübt, wurde erst sehr viel später deutlich (BVerfGE 50, 290, 363 – Mitbestimmung). Die frühe Liberalisierungstendenz galt insbesondere für den **„Klassiker", das Apothekenurteil von 1955 (BVerfGE 7, 377)**. Später hat das Gericht die traditionellen Verkrustungen der Berufswelt dann wieder sehr viel bereitwilliger hingenommen (exemplarisch BVerfGE 13, 97, 106 – Handwerksordnung; BVerfGE 13, 230 – Ladenschluss). So schien es lange Zeit, als sei es um die Berufsfreiheit – immerhin eines der traditionsreichsten Grundrechte überhaupt – still geworden (*Hufen*, NJW 1994, 2913). Liberalisierungstendenzen zeigen sich aber in jüngerer Zeit im Hinblick auf die Beseitigung berufsständischer Einschränkungen, die Durchsetzung des Gesetzesvorbehalts und der Verwerfung zahlreicher ständischer und zum Teil auch gesetzlicher **Werbeverbote** für Anwälte, Ärzte, Apotheker usw. (dazu unten, Rn. 49).

Im Übrigen ist die Entwicklung der Berufsfreiheit in Deutschland von ei- 4 nem eigentümlichen **Widerspruch** gekennzeichnet: Einerseits verliert der Staat beachtliche Teile seiner traditionellen Steuerungsfunktion an supranationale Entscheidungsträger, internationale Konzerne und Anlagefonds und zieht sich auch im nationalen Bereich unter den Stichworten Deregulierung und Privatisierung immer mehr aus traditionsreichen Ordnungsfunktionen zurück (*Stober*, Rückzug des Staates im Wirtschaftsverwaltungsrecht [1997]). Andererseits werden in den Bereichen der sozialen Sicherung bestehende Monopole erweitert und teilweise sogar der totale Versorgungsstaat proklamiert. Das gilt vor allem in der **Gesundheitsversorgung,** wo heute die eigentlichen Brennpunkte, nämlich Eingriffe in die Berufsfreiheit der Ärzte, Apotheker und privater Versicherungsunternehmen liegen (Rn. 51). Auch wird das **Leitbild des mündigen Verbrauchers** und damit die Berufsfreiheit der Anbieter von Waren und Dienstleistungen oft zur bloßen Theorie, wenn es darum geht, erwachsene Menschen vor allen möglichen Gefahren des Alkohols, des Tabaks, der Spielsucht, missverständlicher Werbung usw. zu bewahren.

Literatur: *Basedow,* Mehr Freiheit wagen. Über Deregulierung und Wettbewerb (2002).

II. Schutzbereich

5   **1. Ein oder mehrere Grundrechte?** Die Formulierung von Art. 12 GG macht nicht ganz deutlich, ob ein oder mehrere Grundrechte gemeint sind. So ist zum einen von Berufsausübung und Berufswahl, zum anderen von Beruf, Arbeitsplatz und Ausbildungsstätte die Rede. Ein Gesetzesvorbehalt ist dem Wortlaut nach nur für die Berufsausübung vorgesehen. Die Auffassung, Art. 12 GG enthalte mehrere Grundrechte, hat das BVerfG aber rasch korrigiert (BVerfGE 7, 377, 400 – Apothekenurteil). Nur die in Abs. 2 und 3 erwähnte Freiheit von Arbeitszwang und Zwangsarbeit nimmt nach wie vor eine Sonderstellung ein (dazu unten, Rn. 57). In der Sache geht es also um ein **einheitliches Grundrecht der Berufsfreiheit.**

Daraus folgt für den Klausuraufbau: Der Unterschied zwischen Berufswahl und Berufsausübung wird nicht mehr auf der **Schutzbereichsebene,** sondern bei den unterschiedlichen **Eingriffen** und deren Rechtfertigung geprüft (zum Fallaufbau *Kimms,* JuS 2001, 664).

2. Sachlicher Schutzbereich.

6   **a) Der Klassiker: BVerfGE 7, 377, 397 – Apothekenurteil.** Ein bayerisches Gesetz sah die strikte Beschränkung der Zahl von Apotheken vor. Das wurde mit der Notwendigkeit der gleichmäßigen Versorgung der Bevölkerung mit Arzneimitteln begründet. Die Überprüfung dieser Regelung nahm das BVerfG zum Anlass, sowohl den Schutzbereich der Berufsfreiheit als auch die Schrankensystematik umfassend richterrechtlich zu konkretisieren.

Der Schwerpunkt des Urteils, die **„Dreistufenlehre"**, ist nach heutiger Terminologie der Prüfung des Eingriffs und dessen verfassungsrechtlicher Rechtfertigung zuzuordnen. Das Urteil und seine Nachfolgeentscheidungen enthalten aber auch die bis heute prägenden Merkmale der Schutzbereichs des Berufs. Diese lassen sich wie folgt zusammenfassen:

(1) Beruf ist jede Tätigkeit, die der Schaffung und Erhaltung einer Lebensgrundlage dient oder dazu beiträgt.

Nicht erfasst werden also jede Art von Freizeitbetätigungen („Hobbygärtner", „Freizeitkapitän"). Auch die heute so bedeutsame ehrenamtliche Tätigkeit wird man wohl nur unter Art. 2 I GG, nicht aber unter Art. 12 GG subsumieren können, weil sie in der Regel nicht zur Lebensgrundlage beiträgt und allenfalls Aufwandsentschädigungen gezahlt werden. Dagegen fällt die nebenberufliche Tätigkeit, weil zur Lebensgrundlage beitragend, in den Schutzbereich.

(2) Nötig ist eine gewisse Dauerhaftigkeit.

Gelegenheitsjobs sind noch kein Beruf i. S. v. Art. 12 I GG. Auf Selbstständigkeit oder Unselbstständigkeit kommt es dagegen nicht an.

(3) Art. 12 GG schützt nicht nur die klassische Gewerbefreiheit und gewachsene Berufsbilder, sondern jede (erlaubte) berufliche Tätigkeit.

Der Schutzbereich erstreckt sich also **auch auf atypische und neue Betätigungen**. Diese Loslösung von den traditionellen Berufsbildern des Arztes, Rechtsanwalts, Ingenieurs usw. war in den 1950er Jahren durchaus eine unerwartete, aber wichtige Klarstellung. In diesen Jahren entwickelten sich nämlich zahlreiche neue Berufsfelder, die von den traditionell geschützten und gesetzlich fixierten Berufen unabhängig waren und die das BVerfG uneingeschränkt dem Schutzbereich des traditionsreichen Grundrechts zuordnete. Es gibt also ein **„Berufserfindungsrecht des Bürgers"**, und die Rechtsprechung ist seither voller Beispiele für die Lebendigkeit, gelegentlich auch die Skurrilität der Tätigkeiten, mit denen Grundrechtsinhaber ihren Lebensunterhalt verdienen (BVerfGE 14, 19, 22 – Automatenaufsteller). In neuerer Zeit machten Heiratsvermittler, Rentenberater und sogar „Erbenauffinder" auf sich aufmerksam. Offen hat der VGH Kassel die Frage gelassen, ob ein Pornovideokabinenbetreiber sich auf die Berufsfreiheit berufen kann (VGH Kassel, Gew-Arch. 1996, 104); und ob die bei google immerhin mit 300 000 Eintragungen versehene „Ehegattentreuetesterin" wirklich den Schutz von Art. 12 GG genießen sollte, sei dahingestellt. Auch können sich aus einem traditionell geschützten Beruf neue, eine geringere oder andersartige Qualifikation erfordernde Berufe entwickeln (BVerfGE 97, 12, 25 – Patentüberwachung; BVerfGE 119, 59, 77 ff. – Hufpflege und Huftechnik).

Praktisch hat der Gesetzgeber aber immer die Möglichkeit gehabt, Berufe zu **typisieren und zu fixieren.** Auch ist er nicht gezwungen, einander ähnliche Berufe auf Dauer nebeneinander bestehen zu lassen (BVerfGE 75, 246, 264 – Rechtsbeistand/Rechtsanwalt) oder in ihren grundlegenden Strukturen unverändert zu lassen (BVerfGE 106, 62, 104 – Altenpflege). Im Umfeld solchermaßen fixierter Berufsbilder wie Handwerksmeister, Rechtsanwalt, Schornsteinfeger oder Taxifahrer gibt es für den Bürger nicht viel Neues zu erfinden, und wenn er es dennoch tut, stößt er auf die unerbittlichen Schranken der HwO der BRAO oder auch der BOKraft.

(4) Art. 12 GG gilt nicht nur für die sich entwickelnden „neuen Berufe", sondern auch für die traditionsreichen und für die „staatlich gebundenen" Berufe.

Beispiele: Notar (BVerfGE 16, 6, 22); **Schornsteinfeger** (BVerfGE 1, 264, 271); amtlich bestellter **Sachverständiger** (BVerfGE 86, 28, 37).

(5) Der Schutzbereich des Grundrechts beschränkt sich nicht auf den Hauptberuf.

Geschützt sind auch der Zweitberuf und die Nebentätigkeit. Die Freiheit zur Ausübung einer Nebentätigkeit kann aber durch Vertrag oder die Nebentätigkeitsvorschriften des Beamtenrechts eingeschränkt werden. So sind hier Genehmigungspflicht und Vergütungsgrenzen im Allgemeinen gerechtfertigt (BVerwG, NJW 2006, 1538).

(6) Als eine Art **„negative Berufsfreiheit"** hat das BVerfG auch das Recht betont, keinen Beruf zu ergreifen (BVerfGE 58, 358, 364 – Bewährungsauflage).

Ob sich daraus freilich ein „Grundrecht auf Faulheit" ableiten lässt, sei dahingestellt (nachdenklich machend: *Mühleisen*, Vom 'Recht auf Faulheit' in Zeiten des Rankings [2008]). Die Konzentration auf Familie, Kultur, Ehrenamt oder Freizeit dürfte eher durch Art. 6 GG. Art. 5 III GG oder Art. 2 I GG als durch eine „negative Berufsfreiheit" geschützt sein.

7   b) **Nur „erlaubte" oder erwünschte Berufe im Schutzbereich?** Seit dem Apothekenurteil (BVerfGE 7, 377, 397) geht das BVerfG davon aus, dass **nur von der Rechtsordnung erlaubte Tätigkeiten** in den Schutzbereich des Grundrechts fallen.

Das ist plausibel, soweit es den Ausschluss des „berufsmäßigen" Rauschgifthandels, Taschendiebstahls oder der Tätigkeit des Berufskillers betrifft. Im Übrigen aber muss man sich davor hüten, unter dem Stichwort „erlaubter Beruf" die Schrankenfrage in die Definition des Schutzbereichs vorzuziehen.

Historisch ist in diesem Zusammenhang bemerkenswert, dass an der Auffassung, die Berufsfreiheit dürfe nicht zum Überspielen gesetzlicher Verbote führen, schon die Aufnahme des Grundrechts in die WRV gescheitert ist. Abgesehen von den zitierten eklatanten Beispielen ist deshalb die Frage des Erlaubtseins eine Schranken- nicht aber eine Schutzbereichsfrage. Auch wer bei der Berufsausübung Steuern hinterzieht, Sozialabgaben nicht abführt, dem Wein ungesetzliche Zusätze beifügt, verstößt gegen gesetzliche Schranken, fällt dabei aber noch nicht grundsätzlich aus dem Schutzbereich des Grundrechts heraus (*Suerbaum*, DVBl. 1999, 1690; anders teilweise aber BVerwG, DÖV 1991, 552 – „Weinpanscher"). Erst recht sind berufliche Tätigkeiten geschützt, für die zunächst eine Erlaubnis oder eine bestimmte Ausbildung erforderlich ist (präventives Verbot mit Erlaubnisvorbehalt). Schließlich hat das BVerfG selbst die Vornahme von Schwangerschaftsabbrüchen im Rahmen der sozialen Indikation (BVerfGE 98, 265, 298) und das Betreiben einer Spielbank (BVerfGE 102, 197, 217) als grundsätzlich geschützte Tätigkeiten angesehen. Im Ergebnis fallen nur solche Berufe nicht in den Schutzbereich von Art. 12 GG, die schon **auf Grund ihrer Sozial- und Gemeinschaftsschädlichkeit von vornherein schlechthin nicht am Schutz des Grundrechts teilhaben können** (BVerfGE 115, 276, 301).

Zu den interessantesten Fragen in diesem Zusammenhang gehört das Problem, ob auch die **Prostitution** heute als geschützter Beruf i. S. v. Art. 12 I GG anzusehen sei. Diese galt früher geradezu als Musterbeispiel für eine jedenfalls sittlich „nicht erlaubte" und damit nicht in den Schutzbereich von Art. 12 I GG fallende Tätigkeit. Heute ist sie ein Beispiel für eine Veränderung des Normprogramms eines Grundrechts auf Grund des gesellschaftlichen Wandels. Gerade um die Prostitution aus dem kriminellen Umfeld des Menschenhandels und der Zwangsprostitution herauszulösen, versucht man heute zu Recht, freiwilliger Prostitution eine rechtliche Anerkennung zu verschaffen (vgl. § 1 ProstitutionsG und VG Berlin, NJW 2001, 983 – Gaststättenrechtliche Erlaubnis trotz freiwilliger Prostitution; BVerwG, NVwZ 2009, 909, dazu *Lehmann*, NVwZ 2009, 888). Deshalb wird man bei immer vorausgesetzter Freiwilligkeit und unter Ausklammerung menschenunwürdiger „Flatrate-Angebote" (dazu oben § 10, Rn. 71) heute davon ausgehen können, dass Art. 12 I GG diese „Dienstleistung" schützt (dazu auch EuGH, DVBl. 2002, 321; BGH, NJW 2008, 140 – Telefonsex; eher skeptisch BVerfG, Kammer, NVwZ 2009, 905). Da erste Erfahrungen mit der neuen Rechtslage aber eher negativ zu sein scheinen, wird man weiterhin strikt zu prüfen haben, ob sich die Grenze von „Prostitution als Beruf" und „Prostitution als Menschenhandel" zuverlässig ziehen lässt und erstere nicht die Bekämpfung von zweiterer erschwert.

Literatur: *Gräfin von Galen,* Rechtsfragen der Prostitution (2004); *Gurlit,* Das Verwaltungsrecht im Lichte des Prostitutionsgesetzes, VerwArch. 97 (2006), 609; *Malkmus,* Prostitution in Recht und Gesellschaft (2005); *Mäurer,* Regulierungsbedarf der Prostitution: Wege zur Bekämpfung von Menschenhandel und Zwangsprostitution, ZRP 2010, 253; *Rautenberg,* Prostitution: Das Ende der Heuchelei ist gekommen, NJW 2002, 650; *Schmidbauer,* Das Prostitutionsgesetz zwischen Anspruch und Wirklichkeit aus polizeilicher Sicht, NJW 2005, 871; *Wohlfarth,* Erste Erfahrungen mit dem Prostitutionsgesetz, LKRZ 2007, 176.

9 c) **Arbeitsplatz.** Neben Beruf und Ausbildungsstätte enthält Art. 12 I GG auch ausdrücklich die **Garantie der freien Wahl des Arbeitsplatzes.** Dieser ist die nicht nur räumlich verstandene Stelle, an der der Beruf ausgeübt wird. Zumeist ist der „Arbeitsplatz" die durch einen Dritten, nämlich den Arbeitgeber, geschaffene konkrete Möglichkeit zur beruflichen Tätigkeit. Die freie Wahl des Arbeitsplatzes hängt also vom Vorhandensein eines solchen ab und kommt nur zum Tragen, wenn der Grundrechtsträger unter mehreren freien Arbeitsplätzen wählen kann. Jedenfalls wäre es verfehlt, aus der Erwähnung des Arbeitsplatzes in Art. 12 I GG zu schließen, das Grundrecht enthalte ein „Recht auf Arbeit" im Sinne eines Rechts auf Schaffung von Arbeitsplätzen. Deshalb hat die freie Wahl des Arbeitsplatzes kaum eine über die Berufsfreiheit hinausgehende Bedeutung.

10 d) **Freie Wahl der Ausbildungsstätte.** Anders als beim Arbeitsplatz kommt der besonderen Gewährleistung der freien Wahl der **Ausbildungsstätte** in Art. 12 I GG durchaus eigenständige Bedeutung zu. Das ist vor allem dann der Fall, wenn dem Grundrechtsträger der Zugang zu einer berufsbezogenen Ausbildungsstätte verweigert oder erschwert wird, oder wenn ein Eingriff dazu führt, dass er die Ausbildungsstätte wieder verlassen muss.

Ausbildungsstätte ist jede Einrichtung, die oberhalb der allgemeinen Schulbildung Kenntnisse und Fähigkeiten für einen oder mehrere Berufe vermittelt, also z. B. Berufsschule, Weiterbildungseinrichtung, der staatliche Vorbereitungsdienst für Lehrer und Juristen und selbstverständlich auch die Hochschule. Grundsätzlich ist der Zugang zu den Ausbildungsstätten durch Art. 12 I GG geschützt, beschränkt sich aber auf vorhandene Ausbildungsstätten. Art. 12 GG schafft also kein Recht auf Schaffung von Ausbildungskapazitäten **(derivatives Teilhaberecht).** Für den Hochschulbereich stellt sich hier das Problem des „numerus clausus" – dazu ausf. Rn. 49.

3. Personell – Träger der Berufsfreiheit. Art. 12 I GG gilt dem 11 Wortlaut nach nur für Deutsche i. S. v. Art. 116 GG. Ausländer können sich also im Hinblick auf ihre berufliche Tätigkeit im Allgemeinen nur auf Art. 2 I GG berufen, der wegen der Privilegierung der Deutschen in Art. 12 I GG keineswegs von vornherein eng zu interpretieren ist (dazu oben § 14, Rn. 15). Die Beschränkung des Schutzbereichs der Berufsfreiheit auf Deutsche ist aber durch das Europarecht stark relativiert. Zu beachten sind hier insbesondere die **Grundfreiheiten**: Freizügigkeit der Arbeitnehmer (Art. 45 AEUV), Niederlassungsfreiheit für Selbstständige (Art. 49 AEUV), Dienstleistungsfreiheit (Art. 56 AEUV) und Freiheit des Kapital- und Zahlungsverkehrs (Art. 63 AEUV).

Literatur: *Bauer/Kahl*, Europäische Unionsbürger als Träger von Deutschen-Grundrechten?, JZ 1995, 107; *Wernsmann*, Die Deutschengrundrechte des Grundgesetzes im Lichte des Europarechts, JURA 2000, 657.

Träger des Grundrechts können auch **inländische juristische Personen** sein (BVerfGE 50, 290, 363 – Mitbestimmung). Auch diese 12 können Gewerbe ausüben, unternehmerisch tätig sein, am Markt teilnehmen und sind insofern nach Art. 19 III GG in vollem Umfang geschützt. Ausländische juristische Personen fallen nicht darunter, doch ist diese Regel durch das EU Recht und zahlreiche Gegenseitigkeitsabkommen längst zur Ausnahme geworden (dazu oben § 6, Rn. 36). Nach umstrittener, aber richtiger Auffassung können auch **gemischtwirtschaftliche Unternehmen** und **juristische Personen des öffentlichen Rechts** Träger der Berufsfreiheit sein. Das gilt vor allem für körperschaftlich organisierte Kammern, Prüfungsverbände und Innungen, soweit diese sich am Wirtschaftsleben beteiligen.

Literatur: *Tettinger*, Kammerrecht (1997); *ders.*, Freie Berufe und Kammerrechte im Wandel der Staatsaufgaben, DÖV 2000, 534.

4. Verhältnis zu anderen Grundrechten. Für deutsche Staatsangehörige ist Art. 12 I GG Spezialgrundrecht zur allgemeinen Handlungsfreiheit (Art. 2 I GG), tritt aber gegenüber **spezielleren** berufsbezogenen Grundrechten (Kunstfreiheit, Wissenschaftsfreiheit, Pressefreiheit, Religionsfreiheit des Pfarrers usw.) zurück. Spezialgrundrechte zu Art. 12 I GG enthalten auch Art. 33 II GG (gleicher Berufszugang für Beamte) und die hergebrachten Grundsätze des Berufsbeamtentums (Art. 33 V GG, dazu unten, § 36, Rn. 15). Für das Verhältnis zu Art. 14 GG gilt der einfache Merksatz: **Art. 12 I GG schützt den Erwerb; Art. 14 GG schützt das Erworbene.** Bei Geschäfts- oder Betriebsgeheimnissen ist zu differenzieren. Soweit diese geistiges Eigentum umfassen, gilt Art. 14 GG; bei personenbezogenen Daten Art. 2 I i. V. m. Art. 1 GG. Normale Geschäftsgeheimnisse wie Kundenlisten, Rezepte usw. fallen unter Art. 12 GG, nicht lediglich unter Art. 2 I GG (BVerfGE 115, 205, 229 – Telekom Betriebsgeheimnis). Steht die berufliche Tätigkeit unter einer besonderen Gewährleistung (Wissenschaft, Kunst, Presse, Religion), so geht das jeweils speziellere Grundrecht vor. (Interessant zum Verhältnis zur Wissenschaftsfreiheit BVerfG, NVwZ 2011, 94 – Gentechnik).

14 Kompliziert ist die Zuordnung **berufsbezogener Abgaben** (oben § 14, Rn. 35) und der **Zwangsmitgliedschaft in Kammern und Verbänden** (oben § 14, Rn 11). Beide berühren nach h. L. grundsätzlich nicht die Berufsfreiheit, sondern nur die allgemeine Handlungsfreiheit (Art. 2 I GG). Anderes gilt aber für explizit berufsregelnde Abgaben und die Gebühren der Ausbildungsstätten. Art. 12 GG muss auch einschlägig sein, wenn die Mitgliedschaft in einer Kammer Voraussetzung für den Berufszugang ist.

15 Wie zu Art. 5 I GG ausgeführt, ist die Rechtsprechung zum Grundrechtsschutz der **Werbung** gespalten. Berufsbezogene Werbung fällt nach noch h. L. nicht unter Art. 5 I GG, sondern unter Art. 12 I GG (zuletzt etwa BVerfG, Kammer, NJW 2003, 3470 – „Gelbe Seiten"; BVerfGE 106, 181 – Recht zum Hinweis auf berufliche Qualifikationen). Richtiger dürfte es sein, die berufsbezogene Werbung als Ganzes den Kommunikationsgrundrechten, also Art. 5 I GG, zuzuweisen. Das ist nach der Rechtsprechung des BVerfG bis jetzt nur dann der Fall, wenn die Werbung neben ihrem rein kommerziellen Inhalt auch meinungsbildenden oder gesellschaftskritischen Inhalt hat (ausf. dazu oben § 25, Rn 9 ff.). Es liegt auf der Hand, dass sich diese beiden Formen der Werbung aber selten trennen lassen. So hat z. B. gesundheitsbezogene Werbung immer sowohl meinungsbildenden als auch kommerziellen Inhalt und auch die gesellschaftskritische Werbung verfolgt letztlich primär einen wirtschaftlichen Zweck.

16 Der **Gleichheitssatz** ist grundsätzlich neben der Berufsfreiheit anzuwenden. Im Prüfungsrecht hat er sogar besondere Bedeutung: Bei Prüfungen, die für den Berufszugang oder für die Aufnahme in eine Ausbildungsstätte von Bedeutung sind, steht aber Art. 12 GG im Vordergrund (dazu unten Rn. 48).

III. Eingriffe

1. Unmittelbare gezielte Eingriffe. Art. 12 GG schützt zunächst vor jedem unmittelbaren und gezielten Eingriff in die Berufstätigkeit, also allen auf die berufliche Betätigung gerichteten Geboten, Verboten und Sanktionen. Nach dem Wortlaut des Grundrechts zu unterscheiden sind Eingriffe in die **Berufswahl** und die **Berufsausübung**.

Diese Unterscheidung hat das BVerfG im Apothekenurteil (BVerfGE 7, 377, 397) zur „**Dreistufentheorie**" erweitert und unterschieden:

– Berufsausübungsregelungen,
– Berufswahlregelung nach subjektiven Kriterien,
– Berufswahlregelung nach objektiven Kriterien.

Während die Rechtsfolgenseite (unterschiedliche Rechtfertigung von Eingriffen) heute im Wesentlichen in der Verhältnismäßigkeitsprüfung aufgegangen ist, sind die genannten „drei Stufen" als solche heute durchaus noch von Bedeutung.

a) Regelungen der Berufsausübung. Die Berufsausübung betrifft die **Art und Weise** der Berufstätigkeit, also das „Wie" des Berufs. Der weitaus größte Teil der staatlichen Eingriffe in die Berufsfreiheit betrifft heute diesen Bereich. Obwohl das BVerfG sie als „leichteste" und damit am wenigsten rechtfertigungsbedürftige Variante der Eingriffe in die Berufsfreiheit bezeichnet hat, dürfen auch diese Regelungen nicht verharmlost werden. Schon einmalige Eingriffe in die Berufsausübung können besonders gravierend sein (so etwa die Beschlagnahme von Daten beim Träger eines Berufsgeheimnisses – BVerfGE 110, 226, 245 – Verdacht der Geldwäsche durch Rechtsanwalt).

Das gilt erst recht für **dauerhaft wirkende** Berufsausübungsregelungen. Während der Einzelne eine Berufswahlregelung in der Regel nur einmal, d. h. bei der Aufnahme oder Nichtaufnahme eines Berufes, erlebt, können mehrere Berufsausübungsregelungen – zumal wenn sie als „kumulativer" Grundrechtseingriff geballt wirken – ein ganzes Berufsleben erschweren. Typische Berufsausübungsregelungen sind z. B. Werbebeschränkungen, Zeitregelungen wie Ladenschlussgesetz und Sperrzeiten im Gaststättenrecht, Schutzvorschriften zugunsten der Arbeitnehmer. Auch die zahllosen Bestimmungen des Umwelt-, Chemikalien- und Lebensmittelrechts betreffen samt und sonders die Berufsausübung. Da sie zumeist vernünftige Gründe des Gemeinwohls verfolgen, liegen die verfassungsrechtlichen Probleme nahezu immer bei der Verhältnismäßigkeit.

Beispiele: Unstreitig Berufsausübungsregelungen sind der Erlaubnisvorbehalt für das Unterhalten einer **Rezeptsammelstelle** (BVerwGE 45, 331, 334), alle Regelungen des **Wettbewerbs**, insbesondere das Verbot unlauterer Werbung und die Regelungen über die **Apothekenpflicht** bestimmter Produkte. Auch das Verbot, **Schwangerschaftsabbrüche** durchzuführen, stellt nach der Rechtsprechung eine Regelung der Berufsausübung dar (BVerfGE 98, 265). Berufsausübungsregelungen sind ferner alle Vorschriften zur **Amtstracht** (Robe für Rechtsanwälte, Uniform für Beamte), Regelungen zur **Titelführung** und **Befangenheitsvorschriften** – ein Anwalt darf z. B. eine Gemeinde nicht vertreten, in deren Gemeinderat er sitzt (BVerfGE 52, 42, 54). Die Berufsausübung betreffen auch alle Regelungen des (Umsatz-)**Steuerrechts** und des **Sozialversicherungsrechts**, die den Unternehmen Melde- und Abführungspflichten auferlegen.

19 Die Unterscheidung zwischen bloßer Berufsausübung und Berufswahl unterstellt eine Sicherheit der Abgrenzung, wie sie aber gerade in Zweifelsfällen selten vorhanden ist. So hat das BVerfG z. B. die für den Arztberuf schlechthin erforderliche **Zulassung als Kassenarzt** zunächst als Berufsausübungsregelung behandelt, aber immerhin betont, dass sie in ihrer Intensität einer Berufszulassungsschranke nahe komme (BVerfGE 11, 30 – Kassenarzt). Das Verbot der leihweisen **Überlassung von Arbeitnehmern** im Baugewerbe wurde als Berufsausübungsregelung behandelt, obwohl es faktisch den heute besonders wichtigen Beruf des Leiharbeitsunternehmers verschloss (BVerfGE 77, 84, 106). Dagegen soll die Zulassung zum **Rettungsdienst** zumindest dann eine Berufswahlregelung sein, wenn die Entscheidung Ermessensentscheidung ist (BVerwG NJW 1996, 1608). Auch im Übrigen betont das Gericht durchaus realitätsnah, dass Berufsausübungsregelungen für den Einzelnen ein solches Gewicht erhalten können, dass die Freiheit der Berufswahl tangiert ist (seit BVerfGE 30, 292, 313 – Erdölbevorratung). Dasselbe gilt, wenn Berufsausübungsregeln dazu dienen, einen Beruf einzudämmen (aktuelles **Beispiel:** Spielhallen und Glücksspiele).

20 Als Eingriffe in die Berufsausübungsfreiheit zu behandeln sind grundsätzlich auch staatliche **Regelungen von Preisen, Honoraren, Mieten** usw. Das gilt auch für **kostendämpfende Maßnahmen** bei so genannten staatlich gebundenen Berufen wie Notar, öffentlicher Sachverständiger usw. Dagegen hat das BVerfG die Einführung von Festbeträgen für die erstattungsfähigen Kosten in der gesetzlichen Krankenversicherung (Brillen, Arzneimittel usw.) überhaupt nicht als Eingriffe in die Berufsfreiheit der Hersteller und Lieferanten gesehen (BVerfGE 106, 275, 298; anders aber zu Erfolgshonoraren der Anwälte BVerfGE 117, 163).

b) Subjektive Berufswahlregelungen. Berufswahlregelungen sind 21 allgemein dadurch definiert, dass sie nicht nur das „Wie", sondern das „Ob" des Berufs betreffen. Subjektive Berufswahlregelung meint dabei eine Regelung, mit der der Zugang zum Beruf von bestimmten, **in der Person selbst liegenden und von dieser selbst beeinflussbaren** Voraussetzungen abhängig gemacht wird (BVerfGE 7, 377, 406 – Apothekenurteil). Hierzu zählen insbesondere durch **Ausbildung und Prüfung** erworbene Fähigkeiten, Abschlüsse, Berechtigungen usw., aber auch die körperliche Leistungsfähigkeit. Subjektive Berufszulassungsvoraussetzungen sind auch Regelungen, die das Ende eines Berufs bewirken, wie z. B. Straftatbestände, die zu Berufsverboten oder zur Entlassung führen und die Unzuverlässigkeit eines Gewerbetreibenden gemäß § 35 GewO.

Auch **Altersgrenzen** (Mindestalter und Höchstalter für die Auf- 22 nahme eines Berufs bzw. dessen Ende) rechnet das BVerfG zu den subjektiven Berufszugangsregelungen (st. Rspr. seit BVerfGE 9, 338, 345 – Altersgrenze für Hebammen). Da das Alter aber vom Einzelnen nicht beeinflusst werden kann, ist es richtiger, es als objektives Kriterium zu behandeln (ausführlich unten, Rn. 57)

c) Objektive Berufswahlregelungen. Eine objektive Berufswahl- 23 regelung liegt dann vor, wenn der Zugang zu einem Beruf von Voraussetzungen abhängig gemacht wird, die objektiv („dem Einzelnen gegenüberliegend") sind, auf die er also in der Regel **keinen Einfluss** hat. Typisches Beispiel ist die Bedarfsregelung, der Schutz vor Konkurrenz oder die Einrichtung und Erhaltung von Monopolen (zu Letzteren unten, Rn. 54). Als objektive Berufswahlregelung sieht das BVerfG offenbar auch den vom Einzelnen nicht beeinflussbaren Wechsel vom öffentlichen zu einem privaten Arbeitgeber an (BVerfGE 128, 157, 175 – Privatisierung der Universitätskliniken Gießen und Marburg). Objektive Berufszulassungsregelungen beeinträchtigen die Berufsfreiheit nach Auffassung des BVerfG in besonders gravierender Weise und brauchen deshalb auch besondere Rechtfertigungsgründe („überragend wichtiges Gemeinschaftsgut").

2. Mittelbare Eingriffe. Ein mittelbarer Eingriff in die Berufsfrei- 24 heit liegt vor, wenn sich eine Regelung zwar nicht gezielt gegen einen bestimmten Grundrechtsträger richtet, sich bei diesem aber gleichwohl als Eingriff auswirkt. So wirkt sich etwa das Verbot oder die Schließung einer Ausbildungsstätte zugleich als Eingriff in die freie Wahl der Ausbildungsstätte der Schüler und Bewerber aus. Die Gewerbeuntersagung gegenüber einem Gesellschafter kann auch die Berufsfreiheit eines anderen berühren. Selbst Einzelmaßnahmen und gesetzliche Regelungen, deren Ziel nicht primär auf die Berufstätigkeit gerichtet ist, können in den Schutzbereich des Grundrechts eingreifen. Hier lässt sich von „objektiv berufsregelnden Tendenzen" sprechen (BVerfGE 70, 191, 214 – Fischereibezirke), doch sind die Kriterien der Rechtsprechung insofern sehr ungenau.

Ein mittelbarer Eingriff kann auch die Begünstigung eines direkten Konkurrenten (z. B. durch eine Marktregulierung oder Subvention) sein. Das gilt aber nur, wenn die Maßnahme bewusst eingesetzt wird, um das berufliche Handeln oder den Markt zu beeinflussen (BVerwGE 65, 167). Als Eingriff in die Berufsfreiheit hat das BVerfG (Kammer, NJW 2008, 358) auch die gerichtliche Nichtbeanstandung einer berufsschädigenden Behauptung eines Dritten eingeordnet. Dagegen beeinträchtigt z. B. die Vergabe des Umweltzeichens „Blauer Engel" an einen Konkurrenten nicht die Berufsfreiheit eines nicht Ausgezeichneten (OVG Münster, NVwZ 2001, 824).

25   **3. Faktische Beeinträchtigungen.** Noch schwieriger abzugrenzen sind aus der Fülle der „irgendwie" die Berufstätigkeit von Menschen beeinflussenden Regelungen und Maßnahmen diejenigen, die als **faktische Beeinträchtigungen** dem Eingriff in die Berufsfreiheit gleichgestellt werden müssen. Nahezu jede wirtschaftliche und soziale Maßnahme des Staates beeinflusst in irgendeiner Weise die Berufstätigkeit einer unabsehbaren Zahl von Menschen und Unternehmen. Vorteile und Marktchancen entstehen, andere werden gefährdet. Es würde viel zu weit führen, hier bei allen faktischen Nachteilen von einem Grundrechtseingriff zu reden. Deshalb hat das BVerfG weitere **Erwerbsmöglichkeiten** sowie **bloße Markt- und Wettbewerbschancen** nicht dem Schutzbereich von Art. 12 I GG zugerechnet (BVerfGE 34, 252, 256 – Steuerberatung). Deren Beeinträchtigung kann also auch nicht Grundrechtseingriff sein. Anders kann es sich aber verhalten, wenn durch faktische Beeinträchtigungen (z. B. durch Lärm oder Gestank) die Tätigkeit eines benachbarten Unternehmens erheblich beeinträchtigt oder sogar unmöglich gemacht wird.

Die **Konkurrenz** durch private Handlungen stellt grundsätzlich keinen Eingriff in Art. 12 GG dar. Die früher herrschende Auffassung, dass dies auch für „öffentliche Konkurrenz" gelte (BVerwGE 39, 329 – Kommunales Bestattungsunternehmen), hat sich aber gewandelt. So dürfte es sich bei der Wirtschaftstätigkeit der Gemeinden um einen faktischen Eingriff in Art. 12 I GG handeln, gegen den sich private Wettbewerber vor dem Verwaltungsgericht wehren können (dazu *Hufen,* VwProzR. § 14, Rn. 78). Das gilt ohnehin, wenn es zu einer Gefährdung oder Vernichtung der beruflichen Existenzgrundlage kommt. Echte negative Auswahlentscheidungen (z. B. bei um Aufnahme in einen Bedarfsplan konkurrierenden Krankenhäusern oder beim Streit um eine beamtenrechtliche Ernennung) greifen immer in die Berufsfreiheit des unterlegenen Bewerbers ein (BVerfG, Kammer, NVwZ 2009, 977; BVerwG, NJW 2011, 695).

IV. Verfassungsrechtliche Rechtfertigung – Schranken: Von der Drei-Stufen-Theorie zur Verhältnismäßigkeit

1. Gesetzesvorbehalt. Nach dem Wortlaut von Art. 12 I GG steht 26 nur die Freiheit der Berufs**ausübung** unter Gesetzesvorbehalt. Es scheint also auf den ersten Blick, als seien gesetzliche Berufs**wahl**regelungen nicht möglich. Um dieses Ergebnis zu vermeiden, hat das BVerfG schon im Apothekenurteil (BVerfGE 7, 377, 397) festgestellt, dass Berufswahl und Berufsausübung ein **einheitliches Grundrecht** darstellen, das auf allen Stufen durch oder auf Grund eines Gesetzes eingeschränkt werden könne.

Diese Auffassung des BVerfG scheint plausibel und auch praxisgerecht, ist aber weder dogmatisch noch aus der Entstehungsgeschichte zwingend. So handelt es sich bei der fehlenden Schranke zur Berufsfreiheit im Wortlaut zu Art. 12 I GG keineswegs um ein „Redaktionsversehen". Im *Parlamentarischen Rat* scheint man vielmehr Zulassungskriterien wie Ausbildung oder Eingangsprüfung als ohnehin bestehende Voraussetzungen jedes Berufs gesehen zu haben. Deshalb kann man sehr wohl der Auffassung sein, dass der Grundgesetzgeber die Vorbehaltlosigkeit der Berufswahlfreiheit so ernst gemeint hat, wie sie im GG enthalten ist. Dann müsste man entgegen der heute herrschenden Lehre subjektive Kriterien wie Ausbildung, Prüfungen und persönliche Eignung allerdings nicht als Schranke, sondern als Inhaltsbestimmung des Grundrechts begreifen. Den Beruf des Rechtsanwalts kann eben nur der fertige Volljurist ergreifen. Objektive Zugangsbeschränkungen wären nur zum Schutz anderer Verfassungsgüter (verfassungsimmanente Schranke) möglich (zum Ganzen *Hufen,* NJW 1994, 1293; *Lücke,* Die Berufsfreiheit [1994], S. 29 ff.).

Nach der Mehrheitsmeinung in Literatur und Rechtsprechung 27 stehen aber sowohl die Berufswahlfreiheit als auch die Berufsausübungsfreiheit unter Gesetzesvorbehalt. Eingriffe sind also auf gesetzlicher Grundlage möglich. Diese muss aber **ihrerseits verfassungsgemäß** sein; ein kompetenzwidrig durch den Bund erlassenes (BVerfGE 106, 62, 104 – Altenpflege) oder ein ohne notwendige Zustimmung des Bundesrates zustande gekommenes Gesetz reicht nicht. Rechtsverordnungen können nur eine Eingriffsgrundlage bilden, wenn sie Art. 80 GG genügen. Die eigentliche Eingriffsgrundlage liegt dann in der gesetzlichen Ermächtigung an den Verordnungsgeber. Der Gesetzgeber muss die wesentlichen, insbesondere die statusbildenden Regelungen selbst treffen und darf dem Verordnungsgeber nur Details von Berufswahlregelungen überlassen (BVerfGE 46, 120, 139 – Direktruf). Auch hat das BVerwG klargestellt, dass die **polizeirechtliche Generalklausel** nicht als Grundlage für Eingriffe in die Berufsausübung ausreicht, wenn es um die spezifische Bewertung einer neuen Form der Berufsausübung und eine entsprechende Interessenabwägung geht. Diese kann dann nur gewerberechtlich erfolgen (BVerwG, NVwZ 2002, 598 – Laserdrome).

28 Schon sehr früh hat das BVerfG entschieden, dass Eingriffe in die Berufsfreiheit auf Grund bloßen **Gewohnheitsrechts** nicht möglich sind (BVerfGE 22, 114, 122 – Entziehung der Verteidigungsbefugnis). Lange umstritten war aber, ob **Satzungen** der Gemeinden und anderer Körperschaften Eingriffe in die Berufsfreiheit rechtfertigen können. Solche Regelungen enthält neben dem Ortsrecht der Gemeinden vor allem das zumeist in Satzungen niedergelegte **Standesrecht** der Ärzte, Rechtsanwälte und Architekten. Dem hat das BVerfG aber eine strenge Absage erteilt.

Klassiker: BVerfGE 33, 125 – Facharzt. In diesem Fall ging es um die Frage, ob einem Facharzt die Zulassung auf Grund ärztlichen Berufsrechts entzogen werden kann. Das hat das BVerfG verneint und für alle statusbestimmenden, d. h. die Berufswahl betreffenden Regelungen, grundsätzlich eine gesetzliche Grundlage verlangt.

Diese Entscheidung ist von größter Bedeutung – weit über die Berufsfreiheit hinaus. Sie hat z. B. bewirkt, dass auch in anderen Bereichen für Eingriffe in Freiheit und Eigentum des Bürgers satzungsrechtliche Regelungen nicht ausreichen, dass vielmehr stets eine gesetzliche Befugnisnorm hinzutreten muss, so z. B. im Kommunalabgabenrecht, bei der Einführung des Anschluss- und Benutzungszwang, sowie im gesamten Prüfungsrecht. Die Facharztentscheidung war auch Ausgangspunkt für eine ganze Kette von Urteilen des BVerfG, die den Spielraum des Standesrechts im berufsrelevanten Bereich erheblich eingeschränkt haben. Für grundrechtswesentliche Fragen ist der Gesetzgeber selbst verantwortlich. Später hat das Gericht dann konsequent seine Rechtsprechung auf satzungsrechtliche Rechtsgrundlagen der Anwaltschaft ausgedehnt und immer wieder betont, dass Satzungen keine Berufszulassungsschranken oder auch Werbeverbote für Anwälte enthalten dürfen (insbesondere BVerfGE 76, 171, 184 – Standesrichtlinien; zuletzt BVerfGE 111, 191,

213 – unzulässige Delegation von Rechtssetzungsbefugnissen an die Notarkasse).

2. Abgestufte Eingriffsbefugnisse des Gesetzgebers. Das Erfordernis einer gesetzlichen Grundlage für Eingriffe in die Berufsfreiheit sagt noch nichts über die Reichweite der Eingriffsbefugnisse und deren Gründe. Schon im Apothekenurteil stand das BVerfG vor der schwierigen Frage, ob und wie weit der Gesetzgeber berechtigt sein sollte, in die Berufsfreiheit einzugreifen. Dafür stand im Normtext nur die Unterscheidung zwischen Berufswahl und Berufsausübung zur Verfügung. Auch muss man sich verdeutlichen, dass 1955 der heute jedem Studierenden geläufige Grundsatz der Verhältnismäßigkeit noch nicht vom Polizeirecht in die Grundrechtsinterpretation übernommen worden war.

Vor diesem Hintergrund knüpfte das Gericht an die schon bezeichneten „drei Stufen" der Eingriffe an und entwickelte gestufte Eingriffsbegründungen. Wenn auch diese Seite der „Dreistufentheorie" heute an praktischer Bedeutung verloren hat, muss sie in den Grundbegriffen jedem Studierenden weiterhin geläufig sein.

a) Erste Stufe: Berufsausübungsregelungen. Für bloße Berufsausübungsregelungen sah das BVerfG seit dem Apothekenurteil (BVerfGE 7, 377, 405) **„vernünftige Erwägungen des Gemeinwohls"** als ausreichende Grundlage einer Grundrechtsbeschränkung an. Das läuft auf eine weitgehende Gestaltungsfreiheit des Gesetzgebers hinaus, denn es sind kaum Gesetze denkbar, in denen nicht irgendein plausibles Gemeinwohlziel von der Volksgesundheit über die Risikovorsorge, den Tierschutz, die Energiebevorratung, den Verbraucherschutz, den Schutz des Wettbewerbs usw. herangezogen werden könnte. Zumindest war immer klar, dass die konkrete Maßnahme einen Bezug zum angegebenen Ziel haben musste. Damit war die Begründung schon auf dem Weg zur Verhältnismäßigkeitsprüfung.

b) Zweite Stufe: Berufswahlregelung nach subjektiven Kriterien. Ohne klare Definitionen im Einzelfall hielt das BVerfG von Anfang an für subjektive Berufswahlregelungen (Vorbildung, Examen, Eignung usw.) nicht jedes beliebige Gemeinwohlziel, sondern je nach Fall „wichtige", ggf. auch einmal „besonders wichtige" oder sogar „überragend wichtige" Gemeinwohlgüter für hinreichend (BVerfGE 13, 97, 107 – Handwerk; BVerfGE 69, 209, 218 – Steuerberater).

Besondere Anforderungen bestehen, wenn der Gesetzgeber **neue, strengere subjektive** Zulassungskriterien für bereits bestehende Berufe formuliert oder gar einen vorhandenen Beruf so an die Anforderungen eines bestehenden qualifizierten Berufes bindet, dass es praktisch zu einer „**Berufsschließung**" kommt. Hier muss der Gesetzgeber zwar nicht den Beruf in seinem bisherigen Umfang bestehen lassen, aber in der Regel eine angemessene Übergangsfrist gewähren (BVerfGE 25, 236 – Dentist; BVerfGE 75, 284, 291 – Rechtsbeistand; BVerfG, Kammer, NJW 2000, 3416 – Vertragsarztzulassung für psychologische Psychotherapeuten). Sind die Berufszulassungsregelungen des neuen Berufs für Angehörige des alten Berufs unzumutbar und auch objektiv nicht erforderlich, so kann die ganze Regelung verfassungswidrig sein (BVerfGE 119, 59, 77 – Hufschmiedprüfung für Hufpfleger und Huftechniker).

32 **c) Dritte Stufe: Berufswahlregelung nach objektiven Kriterien.** Für Zulassungskriterien, auf die der Einzelne keinen Einfluss hat, hat das BVerfG seit dem Apothekenurteil besonders gravierende Gründe gefordert. Dafür benutzte es meistens die Formel: „**Überragend wichtige Gemeinschaftsgüter**". Die Zuordnung zu dieser Kategorie im Einzelnen war dagegen schon von Anfang eher zufällig. Einheitlich bildeten der **Gesundheitsschutz** und die **Versorgung der Bevölkerung mit wichtigen Gütern** überragend wichtige Gemeinschaftsgüter. Dagegen sollte der Schutz öffentlicher Unternehmen vor Konkurrenz in der Regel kein überragend wichtiges Gemeinschaftsgut sein. Das hinderte das BVerfG aber von Anfang an nicht daran, staatliche Monopole und staatliche sowie sogar private Unternehmen sehr wohl im weiten Umfang vor Konkurrenz zu schützen (BVerfGE 40, 196, 218 – Güterfernverkehr; BVerfGE 21, 150 – Schutz des Winzerstandes; BVerfGE 39, 210 – Schutz für Kleinbetriebe; BVerfGE 40, 196 – Schutz der Bundesbahn; BVerfGE 65, 237 – Werbeverbot für Mietwagen).

33 **d) Lösung auf der jeweils geringeren Belastungsstufe.** Die Vorstellung der „gestuften" Schwere der drei Eingriffsarten zeigt sich auch an der im Apothekenurteil enthaltenen Formulierung: Der Gesetzgeber müsse zur Erreichung seiner Ziele jeweils auf der „niedrigeren" Stufe ansetzen. So dürfe er die subjektiven Zulassungskriterien erst anwenden, wenn bloße Berufsausübungsregelungen nicht ausreichen; objektive Kriterien erst dann, wenn subjektive nicht ausreichen. Auch dies war bereits ein erster Ansatz der Verhältnismäßigkeitsprüfung, verkannte aber, dass subjektive Berufszulassungskriterien keineswegs immer weniger gravierend als objektive, bzw. Berufsaus-

übungsregelungen nicht stets weniger gravierend als Zulassungsregelungen sind.

3. Übergang zur Verhältnismäßigkeitsprüfung. In den meisten Anwendungsfällen der Dreistufentheorie wurde deutlich, dass es nicht nur um die Ziele des Gesetzgebers, sondern auch um die Relation von Eingriffsschwere und Gewicht des mit der Regelung verfolgten Gemeinwohlbelangs ging. Mehr und mehr ging das BVerfG deshalb zur **Verhältnismäßigkeitsprüfung** mit den bekannten Stufen Eignung, Erforderlichkeit und Zumutbarkeit (bzw. Verhältnismäßigkeit im engeren Sinne) über (spätestens seit der Entscheidung BVerfGE 30, 292, 315 – Erdölbevorratung; vgl. zuletzt BVerfG, NJW 2007, 51 – Berliner Vergabegesetz). 34

a) Ziele. Formulierungen wie „vernünftige Gründe des Gemeinwohls" oder „überragend wichtige Gemeinschaftsgüter" finden sich zwar auch heute noch in vielen Entscheidungen. Einigkeit besteht aber darin, dass grundsätzlich alle Gemeinwohlbelange zumindest auf der Zielebene in der Lage sind, Einschränkungen der Berufsfreiheit zu begründen. Auch werden gelegentlich Gründe benannt, die im Allgemeinen jedenfalls **nicht** als Gemeinwohlziele anerkannt werden, so etwa die bloße Kontrollierbarkeit oder Überwachung als Grund einer bestimmten Berufsausübungsregelung (BVerfGE 65, 116, 129 – Residenzpflicht für Patentanwälte). Besonders häufige Gemeinwohlbelange betreffen den Verbraucherschutz, Umwelt (exemplarisch BVerfGE 128, 1, 35 – Gentechnik) und Energie sowie den Tierschutz. 35

b) Eignung – Einschätzungsprärogative des Gesetzgebers. Grundsätzlich müssen alle Eingriffe in die Berufsfreiheit – gleich auf welcher Stufe – für die Erreichung des angegebenen Zieles **geeignet** sein. In der Praxis kommt es aber selten vor, dass ein Gesetz an der fehlenden Eignung scheitert. Das liegt auch daran, dass das BVerfG dem Gesetzgeber bei wirtschaftslenkenden und sozialpolitischen Maßnahmen, die die Berufsfreiheit berühren, eine weitgehende **Einschätzungsprärogative** einräumt, d. h. das Gericht überlässt dem Gesetzgeber die Beurteilung der Eignung weitgehend selbst. 36

Diese schon im Handwerksurteil auftauchende Denkfigur (BVerfGE 13, 97, 105 – Handwerksordnung) wurde dann in mehreren Entscheidungen zu einer regelrechten Doktrin fortentwickelt (BVerfGE 16, 147, 181 – Sonderbesteuerung des Werkfernverkehrs; BVerfGE 53, 135, 155 – KakaoVO; BVerfGE 77,

84, 106 – ArbeitnehmerüberlassungsG). Sie dient seither dazu, gerade in komplexen Fällen die Kontrolldichte der Entscheidungen des BVerfG erheblich zurückzunehmen. Die eigentliche Begründung liegt darin, dass das BVerfG sich nicht in wirtschafts- und sozialpolitische Lenkungsmaßnahmen einmischen will, die ihrerseits von bestimmten wirtschaftspolitischen Prognosen abhängen, für die der Gesetzgeber einen deutlichen Kompetenzvorsprung gegenüber den Gerichten besitzt. Ein weiterer Grund ist die angenommene Fähigkeit des Gesetzgebers zur Zuordnung gegenläufiger gesellschaftlicher Interessen, die sich in einem verfassungsgerichtlichen Verfahren nicht immer vollständig widerspiegeln.

Kritik: Zu dieser Theorie der „Einschätzungsprärogative des Gesetzgebers" ist zweierlei anzumerken: **Zum Einen** dient das Argument nicht selten dazu, dass das BVerfG die ihm originär zustehende Verhältnismäßigkeitsprüfung als Ganzes umgeht und das Kalkül des Gesetzgebers voreilig außerhalb verfassungsgerichtlicher Kontrolle stellt. Insofern ist das Argument „zirkelschlussverdächtig". Gefragt ist nach der Verhältnismäßigkeit einer Maßnahme des Gesetzgebers. Verhältnismäßig ist das, was der Gesetzgeber auf Grund seiner Einschätzungsprärogative selbst für verhältnismäßig hält. Dabei muss auch die Eignungsprüfung selbstverständliche Voraussetzung der Rechtmäßigkeit einer Maßnahme sein. Kann der Gesetzgeber schon diese nicht konkret nachweisen, dann kann ein Gesetz nicht verhältnismäßig sein. **Zum Zweiten** wird die Einschätzungsprärogative heute weit über das ursprüngliche Anwendungsfeld der wirtschafts- und sozialpolitischen Lenkungsmaßnahmen bei durchaus konkreten und personenbezogenen Eingriffen angewandt. Ein solcher „Missbrauch der Einschätzungsprärogative" lag etwa bei Entscheidungen zur Altersgrenze der Vertragsärzte und anderen Entscheidungen zu der sogenannten „Gesundheitsreform" vor (dazu unten, Rn. 52). Auch darf der Gesetzgeber nicht von unzureichend ermittelten oder schlicht unzutreffenden Tatsachen ausgehen. Vollends bedenklich wird es, wenn das BVerfG die Denkfigur der Einschätzungsprärogative sogar auf die weiteren Stufen der Verhältnismäßigkeitsprüfung wie Erforderlichkeit und Zumutbarkeit ausdehnt (so etwa BVerfGE 77, 84, 112 – ArbeitnehmerüberlassungsG – ausf. *Bickenbach*, Die Einschätzungsprärogative des Gesetzgebers [2014]).

37 Auch ohne die Einräumung einer Einschätzungsprärogative hat das Gericht vor allem bei gesundheitsbezogenen und für die Rechtsordnung wichtigen Berufen Qualifikationsanforderungen selten für ungeeignet gehalten. Das gilt – um hier nur wenige Beispiele zu nennen – für die Ablegung der Zweiten Staatsprüfung bei juristischen Berufen (BVerfG, Kammer, NJW 2002, 1412), beim Zugang zum Beruf des Notars (BVerfGE 110, 304, 320) und ebenso für praktisch alle gesundheitsbezogenen Berufe.

38 **c) Erforderlichkeit.** Sehr selten hat sich das BVerfG überzeugen lassen, dass es für bloße **Berufsausübungsregelungen** mildere Alter-

nativen gibt. So besteht keine Verpflichtung zur Niederlegung von Mandaten beim **Sozietätswechsel eines Anwalts** (BVerfGE 108, 150, 158); ebenso hat das Gericht die Anwendung von § 261 StGB – **Geldwäsche** – **auf Verteidigerhonorare** deutlich beschnitten. Nur bei konkretem Verdacht, dass die als Honorar gezahlte Summe aus kriminellen oder vergleichbaren Quellen stammt, ist der Anwalt insofern verantwortlich (BVerfGE 110, 226, 245). Auch die die Verwechslungsgefahr eines Brotaufstrichs mit Schokolade hat für ein Verbot im Vergleich zu einer angemessenen Kennzeichnung dann doch nicht ausgereicht (BVerfGE 53, 135 – KakaoVO).

Etwas strenger hat die Rechtsprechung die Erforderlichkeit von **subjektiven Zulassungsvoraussetzungen** für einen Beruf gehandhabt. So sind **Ausbildungs- und Prüfungsanforderungen** nur dann erforderlich, wenn sie für die Berufstätigkeit auch wirklich benötigt werden. Sie dürfen also nicht außer Verhältnis zu dem angestrebten Zweck der ordnungsgemäßen Erfüllung der Berufstätigkeit stehen (so zuletzt BVerfGE 119, 59, 77 – Hufbeschlag).

Beispiele für zulässige Berufszulassungsregelungen: BGH, NJW 2004, 1455 – Erfordernis einer fünfjährigen Berufserfahrung als Anwalt für OLG-Zulassung; BVerfGE 106, 216, 231 – restriktive Auswahl der beim BGH zugelassenen Rechtsanwälte.

Erneut in die Diskussion gekommen sind allerdings das allgemeine **Rechtsberatungsmonopol der Anwälte** und vergleichbare Begrenzungen (dazu, Rn. 53). Fragwürdig im Hinblick auf die Erforderlichkeit ist heute ferner in vielen Berufen der verbissen verteidigte „**Meisterzwang**" (dazu unten, Rn. 54). Ähnliches gilt für ein weiteres „Dogma" des Berufszulassungsrechts, die **allgemeinen Altersgrenzen** (unten, Rn. 56).

Besonders streng wird der Nachweis der Erforderlichkeit bei **objektiven Zulassungsschranken** gehandhabt. Das gilt besonders für reine Bedarfsargumente. Hier muss der Gesetzgeber im Einzelnen dartun, welche konkreten Gefahren mit Sicherheit oder hoher Wahrscheinlichkeit für ein überragend wichtiges Gemeinschaftsgut eintreten werden, wenn die Regelung unterbleibt (BVerfGE 11, 168, 185 – Taxi). So soll der Schutz vor Konkurrenz schon kein überragend wichtiges Gemeinschaftsgut sein, das Einschränkungen der Berufswahl rechtfertigen könnte (BVerfGE 7, 377, 408 – Apothekenurteil). Trotz dieser Absichtserklärungen haben BVerfG und BVerwG im Einzelfall immer wieder Zulassungsbeschränkungen und gravierende Ausübungsregeln gerade in begehrten Berufen zugelassen, auch wenn diese dem Schutz vor unerwünschter Konkurrenz dienten.

Beispiele: BVerfGE 1, 264, 266 – **Schornsteinfeger;** BVerfGE 40, 196, 218 – **Güterfernverkehr;** BVerfGE 21, 150 – **Winzerstand;** BVerfGE 39, 210 – **Kleinbetriebe;** BVerfGE 40, 196 – **Bundesbahn;** BVerfGE 65, 237 – Werbeverbot für **Mietwagen;** BVerfGE 86, 28, 39 – Öffentlich bestellte **Sachverständige;** BVerwG, NVwZ-RR 2000, 213 – Qualifizierter **Krankentransport;** BVerfG, NVwZ 2010, 1212 – Eingliederung eines privaten in den öffentlichen **Rettungsdienst.**

Literatur: *Zuck,* Auswahl- und Verteilungsentscheidungen beim Bewerberüberhang am Beispiel des Gewerbe-, Schornsteinfeger-, Personenbeförderungs-, Güterfernverkehrs-, Außenwirtschafts- und Privatfunkrechts (1994).

39 **d) Verhältnismäßigkeit im engeren Sinne – Zumutbarkeit.** Auch auf der Zumutbarkeitsstufe werden reine Berufsausübungsregelungen durch die Gerichtsbarkeit relativ selten beanstandet. Das gilt vor allem, wenn sie durch sozialstaatliche oder wirtschaftspolitische Ziele bedingt sind. Sind Eignung und Erforderlichkeit noch weitgehend objektivierbar, so fordert die Zumutbarkeit in der Regel eine subjektbezogene Wertung der im Einzelfall bestehenden Härte. Auch hier ist das Gericht allerdings bei reinen Berufsausübungsregelungen „großzügig".

Beispiele: BVerfGE 57, 139 – Pflicht zu Beschäftigung schwerbehinderter Menschen; BVerfG, Kammer, NJW 1998, 2811 – Pflicht eines Großhandelsunternehmens (Metro), wettbewerbswidrige Käufe von Endverbrauchern durch geeignete Kontrollmaßnahmen zu verhindern; BVerfG, Kammer, NJW 2010, 2501 – Verpflichtung von Juwelieren zur Preisauszeichnung auch hochwertiger Schmuckstücke.

Auch bei Berufsausübungsregeln ist aber der Aspekt des Vertrauensschutz zu beachten (BVerfGE 125, 104 – Einsparungen bei Schülerbeförderung).

Etwas strenger ist das BVerfG mit der Frage der Zumutbarkeit von **subjektiven Berufszulassungsregeln.** So hat es immer wieder festgestellt, dass eine **unzumutbare Überqualifikation** oder eine geforderte, aber nicht zur Berufsfähigkeit beitragende Qualifikation Art. 12 I GG verletzt (BVerfGE 34, 71, 78 – Großer Sachkundenachweis für Lebensmitteleinzelhandel; BVerfGE 119, 59, 77 ff. – Hufschmiedeprüfung für Hufpfleger und Huftechniker). Verschärfungen subjektiver Zulassungsvoraussetzungen müssen im angemessenen Verhältnis zur bekämpften Gefahr stehen (BVerfGE 64, 72, 83 – Altersgrenze für Prüfingenieure) und außerdem eine **angemessene Übergangsregelung** einhalten (BVerfGE 75, 284, 291 – Rechtsbeistand). Das gilt umso mehr, wenn verschärfte Qualifikationsanforderungen praktisch zur Schließung oder Teilschließung eines Berufs führen. Bei begehrten Berufen im öffentlichen Dienst muss auch der „Quereinsteiger" aus anderen Bundesländern eine Chance haben (BVerfG, Kammer, NJW 2002, 3090 – Zulassung zum Notariat).

Der **lebenslange Ausschluss aus einem Beruf** ist der wohl schwerste denkbare Eingriff in die Berufsfreiheit und kommt nur bei besonders schwerwiegenden Verfehlungen in Betracht.

Beispiele: BVerfG, Kammer, NJW 2008, 1369; BVerfG, Kammer, NJW 2010, 2268 – Entziehung einer Approbation; BVerfGE 72, 51, 64 – Lebenslanges Berufsverbot für einen Rechtsanwalt; VGH Mannheim, NJW 2009, 458 – Heilpraktiker.

Die Zumutbarkeitsprüfung ist auch die Stufe, auf der die Schwere des Eingriffs und das mit diesem verfolgten Ziel miteinander in Einklang gebracht und zu anderen öffentlichen Belangen in Bezug gesetzt werden.

e) **Rechtfertigung kumulativer Eingriffe.** Bei der Beurteilung der Zumutbarkeit ist auch zu beachten, ob es sich um einen einzelnen Grundrechtseingriff handelt, oder ob der Betroffene bereits durch andere im Zusammenhang mit der Maßnahme stehende Eingriffe belastet ist (kumulativer Eingriff – dazu *Klement*, AöR 134 [2009], 35 ff). Während hier einzelne Eingriffe noch verfassungsgemäß sein können, kann gerade die kumulative Wirkung zur Unverhältnismäßigkeit einer Maßnahme führen (allg. dazu oben § 8, Rn 19). 40

V. Besondere Schutzfunktionen

1. **Objektive Schutzfunktion.** Wie oben dargelegt, verwirklichte sich die Berufsfreiheit in ihrer Geschichte nicht nur gegen den Staat, sondern stets auch mit Hilfe des Staates, der die Gewerbe- und Berufsfreiheit gegen Beschränkungen durch gesellschaftliche Kräfte einsetzen musste. Das ist auch heute noch so. Die staatliche Schutzpflicht des Art. 12 I GG verhilft insofern zu einem Freiheitsschutz gegenüber gesellschaftlichen Kräften, z. B. bei überzogenen zivilrechtlichen Bindungen des Grundrechtsträgers im Hinblick auf Konkurrenzschutz und Verkehrsverbote (exemplarisch BVerfGE 81, 242, 252 – Handelsvertreter). Auch Verwaltung und Rechtsprechung sind bei der Auslegung der Generalklauseln des Zivilrechts an die besondere Bedeutung der Berufsfreiheit gebunden. Das gilt vor allem, wenn der Richter eine deutlich gestörte Vertragsparität feststellt (BVerfGE 81, 242, 255). 41

42 **2. Teilhaberechte aus Art. 12 I GG?** Art. 12 I GG ist primär ein Abwehrrecht gegen den Staat und vermittelt weder Ansprüche auf einen konkreten Ausbildungsplatz noch auf einen Arbeitsplatz (BVerfGE 84, 133 – Abwicklung von Dienstverhältnissen der früheren DDR). Deshalb kann auch die Lockerung des Kündigungsschutzes kein Eingriff in die Berufsfreiheit der Arbeitnehmer sein (BVerfGE 97, 169, 175 – Arbeitspflicht). Überdies kann der Staat als solcher die praktische Verfügbarkeit von Arbeitsplätzen nur sehr bedingt beeinflussen. Deshalb sind auch alle in den Landesverfassungen enthaltenen Gewährleistungen eines Rechtes auf Arbeit praktisch folgenlos geblieben (Übersicht bei *Wieland,* in: Dreier, GG, Art. 12, Rn. 18).

Zwei Aspekte sind im Hinblick auf die Teilhabefunktion von Art. 12 GG allerdings zu beachten: Zum Einen folgt aus dem Recht auf die freie Wahl des Ausbildungsplatzes zwar **kein originärer Teilhabeanspruch** auf Bereitstellung zusätzlicher Ausbildungs- und Studienkapazitäten, aber sehr wohl ein **derivatives Teilhaberecht** an der zur Verfügung stehenden Ausbildungskapazität (BVerfGE 33, 303 – numerus clausus, dazu unten, Rn. 49). Zum Anderen folgt aus Art. 12 I GG zwar **kein Anspruch auf die Übertragung öffentlicher Aufgaben,** z. B. als Sachverständiger, Notar, Notfallretter (BVerwG, NJW 1995, 3067) oder Insolvenzverwalter. Trotzdem muss das entsprechende Auswahlverfahren so ausgestaltet sein, dass es jedem Bewerber eine Chance bietet (BVerfGE 116, 1 – Insolvenzverwalter).

Ist der Einzelne zudem erst einmal mit öffentlichen Aufgaben betraut, dann ist es ein Verstoß gegen die Berufsfreiheit, wenn er seine Vergütung nicht selbst aushandeln kann oder für seine Beteiligung an öffentlichen Aufgaben keine kostendeckende Vergütung erhält (BVerfGE 47, 285, 318 – Gebühren für Notare; BVerfG, Kammer, NJW 2002, 2091 – Vereinsbetreuer; BVerfG, Kammer, NJW 2005, 3132 – Treuhänder; ähnl. BGH, NVwZ-RR 2001, 700 – Tierkörperbeseitigung; BVerfG, Kammer, NJW 2008, 1083 – Vergütungssätze bei Prozesskostenhilfe). Für die Ärzte im Rahmen der gesetzlichen Krankenversicherung steht diese Erkenntnis allerdings noch aus (dazu Rn. 52).

43 **3. Organisation und Verfahren.** Während die verfahrensrechtlichen und organisatorischen Voraussetzungen der Berufsfreiheit in der Privatwirtschaft naturgemäß privatrechtlich ausgestaltet sind, gibt es im öffentlichen Sektor zahlreiche Konstellationen, in denen die Grundrechtsverwirklichung von der grundrechtskonformen Gestaltung von **Verfahren** abhängt. Das wichtigste Beispiel ist das Verfahren bei **berufsbezogenen Prüfungen** (BVerfGE 52, 380, 388 –

Schweigender Prüfling – dazu unten, Rn. 48). Informations-, Beratungs-, Überprüfungs- und Begründungsrechte können sich aus Art. 12 I GG aber auch im Zusammenhang mit anderen berufsbezogenen Entscheidungen ergeben. Das gilt insbesondere für die Verfahren der Berufszulassung, der Auftragsvergabe (BVerwG, NJW 2003, 2696) und der Gewerbeuntersagung.

4. Drittwirkung. Wie die meisten anderen Grundrechte entfaltet auch Art. 12 I GG nur mittelbare Drittwirkung; so etwa, wenn ein vertragliches Wettbewerbsverbot übermäßig in die Berufsfreiheit eingreift (BGH, NJW 1997, 799 – Wettbewerbsverbot für Ärzte; BVerfGE 81, 242, 252 – Handelsvertreter). Ähnliches gilt für die Berufsfreiheit des Sportlers gegenüber unverhältnismäßigen Sperren (*Krogmann,* Grundrechte im Sport [1998]). 44

VI. Die internationale und europäische Perspektive

Die Berufsfreiheit ist in mehreren völkerrechtlichen Vereinbarungen und Erklärungen geschützt. In der **AEMR** findet sich freilich nur in Art. 23 Nr. 1 als politische Absichtserklärung die „free choice of employment". Präziser garantieren Art. 6 und 7 des IPWSKR das Recht auf Arbeit und dabei zugleich ein Recht auf gerechte und günstige Arbeitsbedingungen und angemessenen Lohn. 45

In der **EMRK** ist die Berufsfreiheit als solche nicht erwähnt. Art. 4 I und II EMRK verbieten aber Sklaverei, Leibeigenschaft und Zwangs- oder Pflichtarbeiten. Auch sieht der EGMR Berufszulassungsschranken als Eingriffe in das berufliche und soziale Privatleben i. S. von Art. 8 EMRK (EGMR, NJW 2010, 3419). Probleme berufsbezogener Werbung behandelt der EGMR – anders als das BVerfG – zu Recht als Fragen der Meinungsfreiheit (Art. 10 – vgl. etwa EGMR, NJW 2003, 497 – Werbeverbot für Ärzte).

Im **europäischen Gemeinschaftsrecht** selbst zählt die Berufsfreiheit zu den gemeinsamen Verfassungstraditionen der Mitgliedstaaten. So hat der EuGH bereits 1974 festgestellt, dass die Verfassungsordnungen aller Mitgliedstaaten in ähnlicher Weise die Freiheit der Arbeit, des Handelns und anderer Berufstätigkeiten gewährleisten (EuGH, Slg. 1974, 491, 507 – Nold). Die **EuGRCh** enthält in **Art. 14 bis 16** erstmals Gemeinschaftsgrundrechte der Berufsfreiheit, der Unternehmerfreiheit und des Eigentums, die im Hinblick auf die Gewährleistung angemessener Arbeitsbedingungen sogar über den strikt abwehrrechtlich formulierten Artikel 12 I GG hinausgehen. 46

47 Die europäische Seite der Berufsfreiheit wird mehr und mehr durch die in Art. 45 ff. AEUV gewährleisteten **Grundfreiheiten** bestimmt: Freizügigkeit der Arbeitnehmer (Art. 45 AEUV), Niederlassungsfreiheit für Selbstständige (Art. 49 AEUV) Dienstleistungsfreiheit (Art. 56 AEUV) und Freiheit des Kapital- und Zahlungsverkehrs (Art. 63 AEUV). Zwar verbietet das europäische Gemeinschaftsrecht nach der so genannten „Keck-Formel" nicht nationalstaatliche Berufsausübungsregeln zum Schutz der Verbraucher, die für alle Marktteilnehmer gemeinsam gelten (EuGH, NJW 1994, 121 – Keck; EuGH, NJW 1994, 2141 – Ladenschluss; EuGH, NJW 2008, 1225 – Apotheke). In diesem Zusammenhang spielt das Gebot der Kohärenz oder auch Konsequenz eine zunehmende Rolle (EuGH, NVwZ 2012, 1162; NVwZ 2013, 785 – Zugang zum Glücksspielmarkt – dazu auch unten, Rn. 56). Gleichwohl hat die Rechtsprechung des EuGH zu den europäischen Grundfreiheiten in vielen Bereichen zur Lockerung traditioneller Beschränkungen des nationalen Berufsrechts geführt. Überdies misst der EuGH den Grundfreiheiten sogar unmittelbare Drittwirkung zu.

Beispiele: EuGH, NJW 2000, 3634 – Angonese; EuGH, EuZW 2006, 145 – Leiharbeit. Der bekannteste Fall dürfte der „Fall Bosmann" (EuGH, NJW 1996, 505) sein, der praktisch zum Ende zumindest aller „EU-Ausländerklauseln" im Berufssport geführt hat. Im Arbeitsrecht sind vor allem die Entscheidungen zum eingeschränkten Verbot der „Frauenquote" (EuGH, NJW 1995, 3109 – Kalanke) und zur Anrechnung des Bereitschaftsdienstes der Klinikärzte als Arbeitszeit (EuGH, NJW 2003, 2971) von Bedeutung. Spannungsgeladen ist auch die zunehmend strenge Rechtsprechung des EuGH zur Altersdiskriminierung (EuGH, NJW 2005, 3695 – Fall Mangold; EuGH, NJW 2007, 3339 – Palacios, dazu *M. Böhm*, JZ 2008, 324 und unten, Rn. 56 eher wieder unklar EuGH, NJW 2008, 3417 – Bartsch). Das deutsche **„Dosenpfand"** ist nur dann mit Europarecht vereinbar, wenn es nicht zu einer Behinderung ausländischer Wettbewerber führt (EuGH, DVBl. 2005, 171). Ein nationales Verbot eines „Tötungsspiels" wegen Verletzung der Menschenwürde hat der EuGH zugelassen (EuGH, NVwZ 2004, 1471 – Laserdrome); Beschränkungen der Fußballübertragung aus anderen Mitgliedststaaten dagegen nicht (EuGH, NJW 2012, 213).

In anderen Bereichen haben die traditionsgeprägten Besonderheiten des deutschen Berufsrechts allerdings zumindest vorübergehend noch „gehalten". Sie stehen aber unter zunehmendem „europäischen Druck", so etwa der **Meisterzwang** und die **Zwangsmitgliedschaft** in der Handwerks- oder Industrie- und Handelskammer (EuGH, EuR 2004, 603 – **Handwerksrolle**; EuGH, NVwZ 2001, 182 –

Pflichtmitgliedschaft in Kammer), oder auch das deutsche Fremdbesitzverbot für **Apotheken** (EuGH, NJW 2009, 2112 – „Doc Morris"). Besondere Bedingungen gelten im Berufsrecht der **Rechtsanwälte** (hierzu bereits EuGH, NJW 1991, 2073 und EuGH, NJW 2001, 137 BGH, NJW 2009, 1822 und der **Notare** (dazu unten, Rn. 53). Während eine im EU-Ausland erworbene ärztliche Approbation im Inland anerkannt werden muss (BVerwG, NJW 1997, 1650), können in den rechtsberatenden Berufen zusätzliche Anforderungen im Hinblick auf Sprachkenntnisse und Kenntnisse des jeweiligen nationalen Rechtsystems vorausgesetzt werden (zum Problem der so genannten „Umkehr-" oder „Inländerdiskriminierung" unten, § 39, Rn. 24).

Auffallend ist, dass der EuGH zwar seit „Cassis" und „Dassonville" die Warenverkehrsfreiheit ebenso wie die Grundfreiheiten der Gemeinschaft vor Eingriffen der Mitgliedsstaaten schützt (klassisch EuGH, NJW 1995, 3243 – Marsriegel; EuGH NJW 2001, 3767 – Arbeitnehmerüberlassung und [leider] EuGH, NVwZ 1999, 1327 – Tiertransporte) und diese sogar verpflichtet, Beeinträchtigungen des freien Warenverkehrs durch Streiks, Unruhen usw. zu verhindern (EuGH, NJW 1998, 1931 – Fernfahrerblockaden). Andererseits lässt der Gerichtshof große Zurückhaltung bei **Eingriffen durch die Gemeinschaft selbst** walten. Das gilt für die Bananenmarktordnung (EuGH NJW 1995, 945; *Rabe,* NJW 1996, 1321) nicht weniger als für das leidige Werbeverbot für Tabakerzeugnisse (nur aus Kompetenzgründen aufgehoben in EuGH NJW 2000, 3701; krit. *Schneider,* NJW 1998, 576) und gesundheitsbezogener Werbung. Es kann daher nicht verwundern, wenn immer wieder der Ruf laut wird, die nationale Gerichtsbarkeit müsse hier in die Bresche springen (BVerfGE 102, 147, 161 – Bananen). Besser wäre es, wenn der EuGH seine eigenen strengen Maßstäbe auch gegenüber der EU selbst anwenden würde.

Literatur: *Frenz/Wübbenhorst,* Rechtsanwaltstätigkeit in anderen EU-Staaten, NJW 2011, 1262; *Glos,* Die deutsche Berufsfreiheit und die europäischen Grundfreiheiten. Ein Strukturvergleich (2003); *Koch,* Die europäische Niederlassungsfreiheit als Herausforderung für das deutsche Gesellschaftsrecht, JuS 2004, 755; *Henssler/Kilian,* Das deutsche Notariat im Europarecht. NJW 2012, 481 ff.; *Krieger,* Europäische Grundfreiheiten und deutsches Ordnungsrecht am Beispiel des staatlichen Glücksspielmonopols, JZ 2005, 1021; *Ruffert,* Die Grundfreiheiten im Recht der Europäischen Union, JuS 2009, 97; *Rengeling,* Die wirtschaftsbezogenen Grundrechte in der Europäischen Grundrechtscharta, DVBl. 2004, 453; *Streinz,* EuropaR., Rn. 784, 911.

VII. Aktuelle Fälle und Probleme

1. Berufsbezogene Prüfungen. Berufsbezogene Prüfungen berühren den Schutzbereich der Ausbildungs- und der Berufswahlfreiheit. Die hier geltenden Regeln sind daher ein geradezu exemplarisches Beispiel für den **Grundrechtsschutz durch Verfahren**. Neben Art. 12 I GG ist hier i. d. R. Art. 3 I GG (Chancengleichheit) einschlägig. Grundsätzlich muss das Prüfungsverfahren so ausgestaltet sein, dass der jeweilige Grundrechtsinhaber angemessen informiert, fair behandelt, vor Befangenheiten bewahrt wird, und dass der Prüfungsinhalt dem Prüfungszweck entspricht, die Entscheidungen begründet und in einem rechtsstaatlichen nachvollziehbaren Verfahren überprüfbar sind. Das ist der Kern des „**Klassikers**" **BVerfGE 52, 380, 388 – „Schweigender Prüfling"**. In diesem Fall konnte ein Kandidat der Ersten Juristischen Staatsprüfung nach dem schriftlichen Teil der Prüfung rechnerisch nicht mehr scheitern. Weil nach seiner Auffassung keine vernünftigen Fragen gestellt worden seien, entschloss er sich, in der Prüfung zu schweigen. Ohne den Kandidaten entsprechend vorzuwarnen, erklärte die Prüfungskommission ihn für nicht anwesend und die gesamte Prüfung für nicht bestanden. Dagegen erhob er erfolgreich Verfassungsbeschwerde. Das BVerfG befand, der Grundrechtsschutz durch Verfahren sei verletzt, weil der Kandidat auf die Folgen seines Schweigens in angemessener Weise hätte hingewiesen werden müssen.

Auch im Übrigen sind alle Prüfungen im Lichte des Grundrechts durchzuführen und zu bewerten. So müssen die **wesentlichen Grundlagen im Gesetz** oder auf gesetzlicher Grundlage in einer Rechtsverordnung geregelt sein, und der **Prüfungsinhalt** muss einen angemessenen Bezug zum Prüfungszweck haben. Erkennbar sinnlose oder in keinem Zusammenhang zum erstrebten Beruf stehende Fragen sind verboten (BVerwGE 78, 55 – Frage nach der Hauptstadt von Mali in juristischer Prüfung). Prüfer dürfen nicht **befangen** oder dem Kandidaten gegenüber **voreingenommen** sein. Grundsätzlich muss der Prüfer fachlich ausgewiesen sein und selbst mindestens die **Qualifikation** besitzen, die er abprüft (BVerwGE 45, 39, 48). Im Prüfungsverfahren selbst muss **Chancengleichheit** herrschen. Dazu gehört auch, dass Erschwerungen durch Behinderung nach Möglichkeit ausgeglichen werden (vgl. VGH Kassel, NJW 2006, 1608 – Legastheniker). Bei **Krankheiten** und in **Härtefällen** wie dem Tod eines nahen Angehörigen (OVG Berlin/Bbg., NJW 2010 1015) muss ein Rücktritt möglich sein. Prüfungsangst und Denkblockaden sind aber in diesem Sinne keine Krankheit (OVG Münster, NJW 2011, 1094). Auch die **äußeren Bedingungen** der Prüfung müssen zumutbar sein (Vermeidung von Lärm, Zigarettenrauch, zu großer Enge, ungeheiztem Raum – BVerwG, NJW 1986, 2439; NJW 1991, 442). **Verfahrensmäßige Ausgestaltung und Dauer der Prüfung** sind gleichfalls im Lichte des Grundrechts zu sehen. So ist eine Wartefrist von 4 Jahren für die Dolmetscherprüfung verfassungswidrig (BVerfG, Kammer, NVwZ 1999, 1102).

Die **Bewertung** muss allgemein anerkannten Maßstäben genügen, d. h. sie muss objektiv nachvollziehbar und in sich widerspruchsfrei sein (BVerwG, NVwZ 2001, 922). Die Entscheidung muss angemessen **begründet** werden (BVerwG, NJW 1996, 2671). Eine mit vertretbaren und gewichtigen Argumenten folgerichtig begründete oder in der Literatur oder einer Gerichtsentscheidung vertretene Lösung darf nicht als falsch bezeichnet und gewertet werden (BVerwG, NJW 1997, 3104; BVerfGE 84, 34, 55).

Wichtig: Fehler im Prüfungsverfahren und Benachteiligung durch Krankheit usw. müssen unverzüglich, spätestens aber vor Bekanntgabe des Prüfungs-(teil-)ergebnisses **gerügt** bzw. bekanntgegeben werden (BVerwG, NJW 1998, 2340).
Nach der eigentlichen Prüfungsentscheidung muss der Prüfer auf Remonstration des Prüflings bereit zum **„Überdenken" seiner Bewertung** sein (BVerfGE 84, 34, 47; BVerwG, NJW 1998, 323). Eine „reformatio in peius" ist dabei – vor allem bei einem zusätzlichen entdeckten Fehler – grundsätzlich möglich, darf aber nicht auf beliebig nachgeschobenen Gründen oder gar einer Änderung des Bewertungssystems beruhen (BVerwG, NJW 2000, 1955). Bei Nichtbestehen hat der Kandidat nach inzwischen gefestigter Auffassung einen Anspruch auf eine einmalige Wiederholungsprüfung (VerfGH BW, NVwZ-RR 1990, 30); nicht zwingend ist aber die Möglichkeit zur Wiederholung einer bereits bestandenen Prüfung zur Notenverbesserung (OVG Lüneburg, NJW 2007, 3657; krit. *Lindner*, RdJB 2008, 218). Der Grundrechtsschutz durch Verfahren in Verbindung mit Art. 19 IV GG führt auch zu einem Anspruch auf **substanzielle gerichtliche Kontrolle** von Prüfungsentscheidungen. Hier hat das BVerfG der Anwendung der Lehre vom Beurteilungsspielraum bei berufsbezogenen Prüfungen deutliche Grenzen gesetzt (BVerfGE 84, 34; 84, 49, 55). Allerdings kann nach wie vor das Ergebnis nur in Ausnahmefällen durch das Gericht selbst korrigiert werden (BVerwG, NVwZ 1999, 74), da hierin eine Verletzung der Chancengleichheit zwischen „klagendem" und „nicht klagendem" Prüfling läge. Im Zweifel führt selbst eine erfolgreiche Klage also nur zur Wiederholung der Prüfung bzw. des Prüfungsteils (zur verwaltungsprozessualen Seite des Problems *Hufen*, VwProzR, § 25, Rn. 34).

Literatur: *Kingreen*, Die Zulässigkeit der reformatio in peius im Prüfungsrecht, DÖV 2003, 1 ff.; *Müller-Franken*, Die Begründung von Prüfungsentscheidungen bei Berufszugangsprüfungen, VerwArch. 92 (2001), 507 ff.; *Niehues/Rux*, Schul- und Prüfungsrecht I, 4. Aufl. (2006); *Zimmerling/Brehm*, Prüfungsrecht, Verfahren, vermeidbare Fehler, Rechtsschutz, 3. Aufl. (2007).

2. Zulassungsbeschränkungen (numerus clausus) im Hochschulrecht. Wie oben dargelegt (Rn. 42), umfasst das Recht auf freie Wahl der Ausbildungsstätte grundsätzlich auch das Recht auf Zugang zur Hochschule bei entsprechender Qualifikation. Seit Langem gab es aber in besonders begehrten Studiengängen und an besonders attraktiven Studienorten Kapazitätsprobleme, und die Hochschulen waren zu fächerbezogenen oder sogar flächendeckenden Zulassungsbeschränkungen gezwungen. Wer keinen der begehrten Studienplätze erhielt, dessen Grundrecht auf freie Wahl der Ausbildungsstätte lief praktisch leer. Im „Klassiker" numerus-clausus-Urteil (BVerfGE 33, 303) hat das BVerfG klargestellt, dass es zwar kein originäres Teilhaberecht, also auf Schaffung neuer Studienplätze gibt, dass aber die vorhandenen Kapazitäten umfassend ausgenutzt und gerecht verteilt werden müssen (derivatives Teilhaberecht). Eine Bevorzugung bestimmter Gruppen, insbesondere von „Landeskindern" wurde ausgeschlossen. Allein Qualifikation, Wartezeit und ggf. besondere Härten dürfen berücksichtigt werden. Dieses und entsprechende Folgeurteile führten zu einer Fülle von Klagen wegen nicht ausgenutzte Kapazitäten, wobei die Rechtsprechung klarstellte, dass erfolgreiche Kläger und nicht etwa die vor diesen auf der Warteliste stehenden Bewerber festgestellte freie Studienplätze erhielten. Die Kapazitäten wurden nach komplizierten Methoden errechnet, was für die Hochschulen eine erhebliche Einschränkung in der Verteilung ihrer personellen und sachlichen Mittel bedeutete. Ein bundesweites Verteilungsverfahren bei einer Zentralstelle für die Verteilung von Studienplätzen (ZVS) wurde eingerichtet, das Verfahren im früheren Hochschulrahmengesetz minutiös geregelt. Später erhielten die Hochschulen dann in den meisten Fächern selbst wieder die Möglichkeit zur Auswahl der Studierenden nach selbstgesetzten Qualitätsmaßstäben. Das löste aber die Probleme nicht, zumal sich Studierende jetzt an allen in Betracht kommenden Hochschulen bewerben und diese zu Beginn des Semesters nicht wissen, wie viele Studierende vorhanden sind. Nur noch die Studiengänge Medizin, Pharmazie, Tiermedizin und Zahnmedizin sind in das zentrale Vergabeverfahren bei der (inzwischen an die Stelle der ZVS getretenen) Stiftung für Hochschulzulassung einbezogen. Dort wird seit 2012 auch versucht, die Probleme der örtlichen Studienplatzvergabe zu koordinieren. In den begehrten Fächern und an begehrten Standorten sind die Verwaltungsgerichte nach wie vor mit Zulassungsklagen überhäuft. Hauptprobleme sind die Eingabewerte für die Berechnung der Kapazität (BerlVerfGH, NVwZ 2012, 821; BVerwG, NVwZ 2011, 1135) und die Berücksichtigung von Wartezeiten (BVerfG, Kammer, NVwZ 2013, 61; dazu *J. Müller*, NVwZ 2013, 35). Eine neue Variante des alten Problems stellt der Kampf erfolgreicher Absolventen von „Bachelor" – Studiengängen um die knapperen „Master"-Studienplätze nach dem „Bologna-Modell" dar (OVG Münster, NVwZ 2012, 1419; OVG Koblenz, LKRZ 2010, 386; allg. § 34, Rn. 50). Auch der EuGH hat sich des Problems unter dem Aspekt der europäischen Grundfreiheiten und Diskriminierungsverbote angenommen und es den Universitäten verboten, Studienbewerber aus anderen EU-Ländern allein aus diesem Grund abzulehnen (EuGH, NVwZ 2010, 1141 – Medizinstudium in Belgien).

Literatur: *Bahro/Berlin*, Das Hochschulzulassungsrecht der Bundesrepublik Deutschland, 4. Aufl. 2003; *Hillemann/Naumann*, Folgen einer fehlenden Rechtsgrundlage bei der Studienplatzvergabe, NVwZ 2012, 801; *Schemmer*, Überbuchung und Schaffung weiterer Studienplatzkapazitäten, DVBl. 2012, 1338; *Selbmann*, „Verwirrende Vielfalt" oderwie das Recht auf die freie Wahl eines Studienplatzes ausgehebelt wird; NVwZ 2012, 1373; *Wollenschläger*, Verteilungsverfahren. Die staatliche Verteilung knapper Güter (2010); Rechtsstaatliche Aspekte des Kapazitätsprozesses, DÖV 2009, 239.

3. Berufsbezogene Werbung. Die berufsbezogene Werbung ist vielleicht das Feld, das in den vergangenen Jahrzehnten am deutlichsten durch die Rechtsprechung des BVerfG verändert worden ist. Berufsbezogene Werbung fällt nach dieser Rechtsprechung größtenteils in den Schutzbereich von Art. 12 I GG (nicht Art. 5 I GG, dazu oben § 25, Rn. 9). Werbeverbote und -beschränkungen stellen Eingriffe in die Berufsausübungsfreiheit dar. Mit solchen Verboten, die früher insbesondere für Rechtsanwälte, Ärzte und Apotheker allein im Standesrecht niedergelegt waren und teilweise recht pauschal mit Gründen des Ansehens des Berufes, aber auch der Volksgesundheit und Belangen der Rechtspflege begründet worden waren, hat das BVerfG in den vergangenen Jahren gründlich „aufgeräumt" (exemplarisch BVerfGE 94, 372, 388 – Apotheker; BVerfGE 106, 181, 191 – Facharztbezeichnung). So sind heute wahrheitsgemäße Informationen über Tätigkeitsschwerpunkte und besondere Qualifikationen bei Rechtsanwälten und Ärzten grundsätzlich erlaubt (BVerfG, Kammer, NJW 2001, 2461 – Rechtsanwalt; BVerfG, Kammer, NJW 2001, 2788 und NJW 2011, 2636 – Zahnarzt; BVerwG, NJW 2001, 3425 – Hinweis auf Akupunktur; ÄrzteGHSaarland, NJW 2002, 839 – „Wunschkind-Fest"; Anwaltsgerichtshof Hamburg, NJW 2002, 3184 – „All you need is law"; BVerfG, Kammer, NJW 2007, 2391 – „Anti-Strafzettel" mit Angebot einer Rechtsberatung; BGH, NJW 2008, 2850 – Gewerbliche Ernährungsberatung in Arztpraxis; BVerfG, Kammer, NJW 2011, 665 – Preisvergleich durch Zahnarzt). Nur beim Beruf des Notars sind die Bedingungen noch etwas strenger (BVerfG, Kammer, NJW 1997, 2510). Allerdings darf sich eine Kanzlei mit einem Fachhochschulabsolventen nicht ohne den Zusatz „FH" als „Wirtschaftsjuristenkanzlei" bezeichnen (OLG Hamm, NJW 2007, 2191). Sämtliche Einschränkungen sind nur dann gerechtfertigt, wenn sie durch oder auf Grund eines förmlichen Gesetzes erfolgen und verhältnismäßig sind. Standesrechtliche Regelungen und Satzungen reichen also nicht mehr aus.

Ein weit häufigeres Problem stellen heute solche **Werbebeschränkungen** dar, die dem **Verbraucherschutz** dienen sollen. Auch hier lassen sich sowohl in Deutschland wie auch in der EU die Abkehr vom Leitbild des mündigen Verbrauchers und eine Tendenz zur paternalistischen Bevormundung erwachsener Menschen feststellen. So berechtigt Beschränkungen der Werbung gegenüber Kindern und Jugendlichen sind, so überzogen sind die meisten der allgemeinen Werbeverbote für Tabak, Alkohol und „Dickmacker". Geradezu unerträglich sind erzwungene drastische „Abschreckungsbilder" auf Zigarettenpackungen oder gar das Gebot des „plain packaging", also der „neutralen", die Marke verleugnenden Packung, wie sie teilweise für die Novelle der EU-Tabakrichtlinie vorgesehen sind.

Literatur: *Bahner,* Das neue Werberecht für Ärzte, 3 Aufl. (2013); *Kleine-Cosack,* Wettbewerbsrecht und Verfassungsrecht contra antiquierte Berufsbilder, NJW 2013, 272; freiberufsspezifische Werbeverbote vor dem Aus, NJW 2010, 1921; *Ruess,* Neues zur rechtlichen Regelung der Werbung gegenüber Kindern, ZLR 2013, 262; *W.Schroeder,* Plain Packaging und EU-Grundrechte. ZLR 2012, 405; *Kerstin Wolf,* Anwaltliche Werbung. Zulässigkeit und Grenzen (2011).

51 **4. Verbraucherinformation als Eingriff? „Smileys", „Pankower Pranger" und Forum „Klarheit und Wahrheit" im Internet.** Sehr umstritten ist die Frage, ob staatliche Informationen und Warnmitteilungen zu Produkten, Firmen und Gaststätten Grundrechtseingriffe in Art. 12 I GG sind. Das hat das BVerfG im „Glykolweinfall" verneint (BVerfGE 105, 252). Unabhängig von der dagegen erhobenen Kritik dürften aber jedenfalls solche Warnmitteilungen Eingriffe in die Berufsfreiheit sein, die einen bestimmten Hersteller und ein bestimmtes Produkt nennen und dadurch den Wettbewerb beeinflussen. Die Frage ist umso wichtiger, als die Verwaltung immer mehr dazu übergeht, traditionelle Handlungsinstrumente durch verschiedene Formen der Verbraucherinformation zu ersetzen, die in Voraussetzungen und Folgen für die Betroffenen, insbesondere für Hersteller und Inverkehrbringer, höchst unklar sind. Neben direkten Produktinformationen erregten in der jüngsten Vergangenheit vor allem die Veröffentlichung von – positiv oder negativ gestimmten – „smileys" und Negativlisten im Internet sowie die Einrichtung von Internetforen wie „Klarheit und Wahrheit im Lebensmittelrecht" Aufmerksamkeit. So stellte eine Berliner Bezirksverwaltung Kontrollmitteilungen über Restaurants ins Internet („Pankower Pranger"). Verfassungsrechtliche und verwaltungsrechtliche Maßstäbe und Grenzen solcher Aktivitäten sind derzeit noch weitgehend unausgelotet. So unbestritten der Wert einer adäquaten Verbraucherinformation, allgemeiner Ernährungshinweise oder auch Warnungen vor gesundheitsgefährdenden Lebensmitteln und Ernährungsweisen ist, so deutlich muss doch sein, dass es sich bei diesen harmlos klingenden Informationen – unabhängig von möglicherweise verletzten Persönlichkeitsrechten und Geschäftsgeheimnissen – zumindest dann um Eingriffe in die Berufsfreiheit handelt, die weitaus gravierender sein können als z. B. ein Bußgeldbescheid der Lebensmittelbehörde, und es gelten die allgemeinen Voraussetzungen des Grundrechtseingriffs. Es muss also eine hinreichend konkrete gesetzliche Grundlage (z. B. Art. 16 LFGB; Art. 16 EU BasisVO LebensmittelR) vorliegen, die zuständige Behörde (und nicht ein Bundesministerium) muss handeln, der Sachverhalt muß angemessen aufgeklärt und die Angaben müssen verhältnismäßig sein und korrigiert werden, wenn sich eine Mitteilung als gegenstandslos oder überholt erweist (VGH Mannheim, NVwZ 2013, 1022; anders aber OVG Saarlouis, NVwZ 2011, 632). Das gilt auch für Einträge auf öffentlichen „Internetforen". Diese stehen dabei grundsätzlich in der Verantwortung des einrichtenden staatlichen Trä-

gers. Bei schuldhaft rechtswidrigen Warnungen kommen **Amthaftungsansprüche** des Betroffenen in Betracht. Gerechtfertigt sind nach einer neueren EuGH Entscheidung nicht nur Warnungen vor gesundheitsschädlichen, sondern auch vor allgemein nicht zum Verzehr geeigneten Lebensmitteln (EuGH, NVwZ 2013, 1002; dazu *Gurlit*, NVwZ 2013, 1267).

Literatur: *Becker/Blackstein,* Der transparente Staat – Staatliche Verbraucherinformation über das Internet, NJW 2011, 490; *Frevert/Wagner,* Rechtliche Rahmenbedingungen behördlicher Internetauftritte, NVwZ 2011, 76; *Elsing/Rosenow,* Mehr Transparenz bei Lebensmittelverstößen – § 40 Abs. 1a LFGB ist verfassungs- und europarechtskonform! ZLR 2013, 240; *Kloepfer/Greve,* Das Informationsfreiheitsgesetz und der Schutz von Betriebs- und Geschäftsgeheimnissen, NVwZ 2011, 577; *Ossenbühl,* Verbaucherschutz durch Information, NVwZ 2011, 1357; *Schink,* Smileys in der Lebensmittelkontrolle – Verfassungsrechtliche Zulässigkeit einer amtlichen Information der Öffentlichkeit über die Ergebnisse der amtlichen Lebensmittelkontrolle. DVBl. 2011, 253; *Tremml/Luber,* Amtshaftungsansprüche wegen rechtswidriger Produkwarnungen, NJW 2013, 262; *Wallau,* Die Negativ-Liste von Pankow – ein Kommentar, ZLR 2010, 382; *Wilkat,* Bewertungsportale im Internet (2013); *Wollenschläger,* Staatliche Verbraucherinformation als neues Instrument des Verbraucherschutzes, VerwArch 2011, 20.

5. Berufsfreiheit der Ärzte, Apotheker und privaten Versicherungen im Gesundheitsbereich. Einen besonders spürbaren Wandel im Schutzbereich von Art. 12 I GG erleben seit einigen Jahren diejenigen Inhaber freier Berufe, die als sog. „Leistungserbringer" an der **öffentlichen Gesundheitsversorgung** beteiligt sind, also Ärzte, Apotheker und Physiotherapeuten. Betroffen sind aber auch die Pharmaindustrie und die private Versicherungswirtschaft. In Deutschland ist fast die gesamte Bevölkerung (91 %) in die gesetzliche Krankenversicherung eingebunden (GKV). Seit langem versucht der Gesetzgeber, die Probleme der Kostensteigerung und die Folgen des demografischen Wandels in den Griff zu bekommen. Neben direkten Leistungskürzungen und -kontingentierungen (dazu oben § 13, Rn. 28) sind hier zu nennen: Niederlassungs-(Gebiets-)sperren, inzwischen teilweise wieder aufgehobene Altersgrenzen für Beginn (55 Jahre) und Ende der Zulassung (68 Jahre) zum Vertragsarzt, das Verbot der gleichzeitigen Zulassung als Hausarzt und als Facharzt, sog. „Transparenzlisten" und Preisbindungen für Medikamente, das Verbot der Praxisführung in Gestalt einer JP des Zivilrechts sowie neuerdings Pläne für eine Herabsetzung der Einkommensgrenze für die Pflichtversicherung und eine Zwangsversicherung aller Bürger unter dem harmlos klingenden Begriff der „Bürgerversicherung", die für die privaten Krankenversicherungen (PKV) den Berufsmarkt praktisch verschließen würde. Die privaten Krankenversicherungen wurden überdies gesetzlich gezwungen, einen „Basistarif" für alle Versicherungsnehmer einzuführen und den Versicherungsnehmern bei Austritt aus der Versicherung die Mitnahme der Altersrückstellungen (sog. **„Portabilität"**) zu ermöglichen. Private Rettungsdienste können aus Kostengründen in ein öffentliches System eingegliedert werden (BVerfGE 126, 112, 135).

Bei den genannten Reformmaßnahmen handelt es sich um **gravierende Eingriffe**, die teilweise die Berufswahlfreiheit betreffen, mindestens aber einschneidende Berufsausübungsregelungen sind. Ein großer Teil der verfassungsrechtlichen Literatur hält einige der Maßnahmen – zumindest in ihrer kumulativen Wirkung – für unverhältnismäßig. Insbesondere wird geltend gemacht, es verstoße gegen Art. 12 I GG, dass die Ärzte und Apotheker teilweise zu nicht mehr kostendeckendem Einsatz zur Erfüllung öffentlicher Aufgaben gezwungen werden (BVerfGE 47, 285, 321 – Gebühren für Notare). Auch die Meinung zur so genannten „Bürgerversicherung" ist weitgehend einheitlich: Es würde sich um eine verfassungswidrige Einführung eines Staatsmonopols handeln (*Axer,* GS Heinze [2004]; *Isensee,* NZS 2004, 393; *Sodan,* ZRP 2004, 217; *J. Schröder,* Bürgerversicherung und Grundgesetz [2008]). Ganz im Gegensatz zu der in anderen Bereichen feststellbaren größeren Strenge gegenüber dem Gesetzgeber hat das BVerfG alle diese Einschränkungen bisher nahezu unbeanstandet hingenommen. Zwar ist es der Auffassung nicht gefolgt, Vertragsärzte der GKV seien nicht mehr Angehörige freier Berufe (BVerfGE 11, 30, 41 – Kassenarzt). Die **Kostenstabilität der gesetzlichen Krankenversicherung** wird aber zum „überragend wichtigen Gemeinschaftsgut", das sogar eine konkrete Verhältnismäßigkeitsprüfung entbehrlich zu machen scheint und dem Gesetzgeber weitgehend freie Hand lässt (BVerfGE 68, 193, 218 – Zahntechnische Leistungen; BVerfG, Kammer, NVwZ 1999, 2730 – Verbot der gleichzeitigen Zulassung als Hausarzt und als Facharzt). Die Altersgrenzen der Vertragsarztzulassung werden dabei als „nur" subjektive und durch die Kostenstabilität gerechtfertigte Zulassungsschranken behandelt (BVerfGE 103, 172, 184; BVerfG, Kammer, NJW 1998, 1776; krit. *Hufen,* NJW 2004, 14), obwohl sie erklärtermaßen der Bedarfslenkung dienen und der Einzelne keinen Einfluss auf sie hat. Ob und an welcher Stelle das BVerfG die Grenze des Zumutbaren als überschritten ansieht, lässt sich nicht absehen. Die genannten Änderungen des Rechts der PKV hat das BVerfG zwar gebilligt, dabei aber auch deutlich werden lassen, dass es das „Zwei- Säulen-Modell" der Gesundheitsversicherung durch GKV und PKV für verfassungsrechtlich gewährleistet sieht und einer völligen Verdrängung der PKV nicht den Segen erteilen würde (BVerfGE 123, 186, 234; dazu *Hufen,* NZS 2009, 649).

Literatur: *Hufen,* Das Urteil des Bundesverfassungsgerichts zur privaten Krankenversicherung – ein Freibrief für den Gesetzgeber?, NZS 2009, 649; *Lege,* Knappheit und Verteilungsgerechtigkeit im Gesundheitswesen, VVDStRL, 70 (2011), S. 142; *Musil,* Die Auswirkungen der Gesundheitsreform auf die Grundrechte der privaten Krankenversicherungsunternehmen, NZS 2008, 113; *Reuther,* Die Vergütung des Vertragsarztes und die Stabilität des Beitragssatzes (2006); *Riedel,* Das Teilhabegrundrecht auf Zulassung zur vertragsärztlichen Versorgung, NZS 2009, 260; *Schmidt-Aßmann,* Verfassungsfragen der Gesundheitsreform, NJW 2004, 1689; *Schräder,* Bürgerversicherung und Grundgesetz (2008); *Sodan,* Finanzielle Stabilität der gesetzlichen Krankenversicherung und Grundrechte der Leistungserbringer (2004); *Wenner,* Vertragsarztrecht nach der Gesundheitsreform (2008).

6. Berufsbilder im Wandel: Rechtsanwalt, Steuerberater und Notar. Neben den Ärzten sind die **Rechtsanwälte** derzeit gravierenden Veränderungen in ihrem Berufsbild und damit im Schutzbereich des Art. 12 GG ausgesetzt. Hier wurde der alte Streit, ob es sich bei Anwälten primär um „Organe der Rechtspflege" oder um Angehörige eines freien Berufes handelt, im Grunde nie wirklich ausdiskutiert (*Hassemer,* FAZ vom 8.5.2008, S. 8). Immerhin hat das BVerfG in einer ganzen Reihe von Entscheidungen das besondere Vertrauensverhältnis und die Vertraulichkeit der Informationen zwischen Mandant und Anwalt hervorgehoben und damit dessen Unabhängigkeit weiterhin geschützt, und das „Ethos des Anwalts" wird intensiv diskutiert (*Ignor,* NJW 2011, 1537). Auch der EGMR hat die anwaltliche Unabhängigkeit in jüngster Zeit erneut betont (EGMR, NJW 2007, 3409; NJW 2008, 2317; NJW 2008, 3409), und der EuGH (NJW 2011, 1199) hat die deutsche Regelung einer Unvereinbarkeit von Anwaltsberuf und Teilzeitbeschäftigung im öffentlichen Dienst bestätigt. Subjektive Zugangsbeschränkungen sind möglich, aber begründungsbedürftig. Der Zugang zu entsprechenden Weiterbildungsangeboten darf nicht verschlossen werden (EuGH, NJW 2011, 833). Eher auf dem Rückzug befindet sich aber weiterhin das Monopol der Rechtsberatung. So wurde im **Rechtsdienstleistungsgesetz** (RDG – BGBl. I 2007, S. 2840) das noch aus der nationalsozialistischen Zeit stammende strenge Rechtsberatungsgesetz abgelöst und u. a. die Möglichkeit der unentgeltlichen caritativen Rechtsberatung geschaffen. Zwar ist zum Schutz für die Rechtsuchenden im Allgemeinen eine hohe Qualität rechtlicher Beratung erforderlich (so zuletzt BVerfG, Kammer, NJW 2010, 3291); ein allgemeines Beratungsmonopol der Rechtsanwälte oder gar eine grundrechtliche Gewährleistung eines solchen Monopols werden aber immer weniger anerkannt (BVerfG, Kammer, NJW 2002, 3387; BVerfG, NJW 2009, 209 – kostenlose Rechtsberatung auch im Steuerrecht erlaubt; BVerfG, Kammer, NJW 2013, 3357 – Steuerberatungsgesellschaft). Während Verbote der Kombination des Anwaltsdberufs mit bestimmten Dienstleistungen in einer Bürogemeinschaft unbedenklich sind und deshalb weitgehend aufgehoben wurden (anders aber zur Kombination Anwalt/Architekt BVerfG, Kammer, NJW 2011, 2782), scheint die Finanzierung von Großkanzleien durch Fremdkapital (private equity) nach wie vor problematisch. Besondere **Qualifikationsanforderungen** dürfen nach wie vor an Anwälte vor deren Zulassung zum BGH (BVerfG, Kammer, NJW 2008, 1293) und zum (Anwalts-)Notariat (BVerfG, Kammer, NJW 2003, 1108; NJW 2005, 3057; BGHZ 124, 327; *Grziwotz,* DVBl 2008, 1159; *Stern,* FS. Rudolf [2001], 367) gestellt werden. Unter erheblichen verfassungsrechtlichen und europarechtlichen Druck geraten sind erneut das Vertretungsmonopol weniger Rechtsanwälte vor dem BGH und das entsprechende Zulassungsverfahren. Erhebliche Änderungen bahnen sich im Hinblick auf das **Honorar** der Anwälte an. So hat das BVerfG einerseits die

Begrenzung der gesetzlichen Gebühren bei Streitigkeiten mit besonders hohem Gegenstandswert für mit Art. 12 und Art. 3 GG vereinbar gehalten (BVerfGE 118, 1, 14), andererseits aber das Recht auf zumutbare Gebühren eines Pflichtverteidigers (BVerfG, Kammer, NJW 2007, 3420) hervorgehoben und deren Aufrechenbarkeit verneint (BVerfG, Kammer, NJW 2009, 2735). Besonders brisant ist die Frage der **Erfolgshonorare**. Wer die Verhältnisse in den USA kennt, weiß, dass hier größte Zurückhaltung angebracht ist. Gleichwohl hat das BVerfG das völlige gesetzliche Verbot von Erfolgshonoraren auch in atypischen Fällen (BVerfGE 117, 163, 181 – Durchsetzung von Restitutionsansprüchen bei einem Grundstück in der vormaligen DDR) für verfassungswidrig erklärt. Im Gesetz zur Neuregelung des Verbots der Vereinbarung von Erfolgshonoraren (BGBl. I 2008, 1000 – § 49b II BRAO) hat der Gesetzgeber dann aber – nicht zuletzt aufgrund von Bedenken aus der Anwaltschaft selbst – eine eher vorsichtige Öffnung vorgenommen (dazu *Kilian*, NJW 2008, 1905). Gegen „gedeckelte Anwaltshonorare" bestehen auch aus der Sicht der Marktzugangsfreiheit der EU keine Bedenken (EuGH, NJW 2011, 1575).

In einer eigentümlichen Gemengelage zwischen öffentlich rechtlicher Funktion und privater Organisation befindet sich nach wie vor das **Recht der Notare**, das in Deutschland von strikten Zulassungsbeschränkungen, einer (verfassungskonformen) eigenen Dienstaufsicht (BVerfGE 131, 138) und einer (ebenso verfassungskonformen) eigenen Altergrenze (BVerfG, Kammer, NJW 2011, 1131) bestimmt ist und zudem regionale Unterschiede aufweist. Hier stellt der EuGH neuerdings die besondere Staatsnähe und das bisherige Monopol sowie die obligatorische deutsche Staatsangehörigkeit in Frage (EuGH, NJW 2011, 2941; dazu *Henssler/Kilian*, NJW 2012, 481). Ob dies zu gravierenden Änderungen der Strukturen oder gar einem „Wandernotariat" führen wird, scheint aber fraglich.

Literatur: *Bälz/Moelle/Zeidler*, Rechtsberatung pro bono publico in Deutschland – eine Bestandsaufnahme, NJW 2008, 3383; *Filges*, Die Zukunft des anwaltlichen Berufsrechts, NJW 2010, 2619; *Henssler/Kilian*, Das deutsche Notariat im Europarecht. Zeitenwende durch den EuGH oder „business as usual"? NJW 2012, 481; *Kilian*, Brennpunkte des anwältlichen Berufsrechts, NJW 2011, 3413; v. *Lewinski*, Grundriss des anwältlichen Berufsrechts, 3. Aufl. (2012); *Lorz*, Verfassungs- und Europafestigkeit der deutschen Notariatsverfassung, NJW 2012, 3406; *Schmied/Pinkel*, Grundfreiheitskonforme Reformierung der nationalen Notariatsverfassung, NJW 2011, 2928.

54   **7. Ladenschluss.** Dank neuer Gesetzgebung fast schon Rechtsgeschichte und dennoch das vielleicht typischste Beispiel für die spezifisch deutsche Sicht der Berufsfreiheit ist das Thema **„Ladenschluss"**. Es zeigt, dass einmal eingeführte Verbote von Betroffenen und anderen nicht immer als Eingriffe, sondern zuweilen als soziale Errungenschaften verstanden werden.

Beschränkte Ladenöffnungszeiten gab es zunächst in Notzeiten, um den Konsum einzuschränken. Später erlangte das Verbot dann Bedeutung zum Arbeitsschutz, um die Bediensteten vor überlangen Arbeitszeiten und Arbeitszeiten am Abend zu schützen. Auch sollten große personalintensive Betriebe keine Wettbewerbsnachteile gegenüber kleinen Ladenbesitzern erleiden, die selbst nicht an Arbeitszeiten gebunden waren. Mit diesen Gründen wurde im Jahr 1956 das LadenschlussG mit knapper Mehrheit verabschiedet, das dann – noch ohne Verhältnismäßigkeitsprüfung – in einer der kürzesten und dogmatisch unbefriedigendsten Entscheidungen des BVerfG als mit Art. 12 I GG vereinbar angesehen wurde (BVerfGE, 13, 230, 235). Noch im Jahre 2004 hat das BVerfG (BVerfGE 111, 10, 28 ff.) in einer der seltenen 4:4-Entscheidungen den Ladenschluss zur Arbeitszeitverteilung für inhaltlich noch verfassungsgemäß gehalten, das Erfordernis einer weiteren grundlegenden Regelung durch den Bund nach Art. 72 II a. F. GG aber verneint. Im Zuge der Föderalismusreform wurde die Kompetenz zur Regelung des Ladenschlusses auf die Länder übertragen, die durchweg eine völlige Freigabe zumindest bis 22:00 Uhr an Werktagen praktizieren. Nach Auffassung des BVerfG zu weit ging der Berliner Gesetzgeber, der die Ladenöffnung an allen 4 Adventssonntagen ermöglichen wollte und damit gegen Art. 4 und Art. 140 GG i.V. m.Art. 139 WRV verstieß (BVerfGE 125, 39 77; dazu § 23, Rn. 16). Neu und nach – durchaus bestreitbarer – Auffassung des BVerfG, (Kammer, DÖV 2010, 782), verfassungskonform ist der Einsatz des Ladenschlussrechts zur Bekämpfung des abendlichen Alkoholverkaufs an Tankstellen. Nachhutgefechte kämpfen einige Behörden und Gerichte, die offenbar nichts Wichtigeres zu tun haben, als **Flohmärkte** an Sonntagen zu verbieten (OVG Koblenz, LKRZ 2012, 65).

Literatur: *Froschhäuser/Rommelfanger,* Ladenöffnungszeiten in Bund und Ländern (2009); *Frotscher,* Unbeschränkte Ladenöffnung – grenzenlose Freiheit?, in: FS f. Olaf Werner (2009), 657; *Haebeler/Schäfer,* Die rechtliche Zulässigkeit von Alkoholverboten im öffentlichen Raum, DVBl 2009, 1424; *Heckmann,* Ladenschlussrecht, in: Achterberg/Püttner/Würtenberger, Besonderes Verwaltungsrecht I, 2. Aufl. (2000), S. 219; *Hufen,* Ladenschluss: Zum verfassungsrechtlichen Kern eines politischen Dauerthemas, NJW 1986, 1291 ff.; *Schunder,* Das Ladenschlussgesetz – heute (1994).

8. Meisterprüfung und Eintragung in die Handwerksrolle. Nach 55 § 1 HwO ist in Deutschland die selbstständige Aufnahme vieler handwerklicher Berufe nur nach Ablegen eines „großen Befähigungsnachweises" (Meisterprüfung) und Eintragung in die Handwerksrolle möglich. Die abgeschlossene Berufsausbildung mit der Gesellenprüfung reicht also nicht aus, um sich niederzulassen und den Beruf selbstständig auszuüben. Das stand von Anfang an unter wachsender verfassungsrechtlicher Kritik. Beginnend mit der „Handwerksentscheidung" aus dem Jahre 1961 (BVerfGE 13, 97) hat das BVerfG diese Einschränkung aber stets für verhältnismäßig gehalten und nur im Bereich des Einzelhandels korrigiert (BVerfGE 34, 71, 78). Lockerungen haben sich zwischenzeitlich durch die Niederlassungsfreiheit gemäß Art. 49 AEUV (dazu oben, Rn. 47) und durch den Gesetzgeber ergeben. Nach der Novelle der Handwerksordnung im Jahr 2004 sind jetzt nur noch die Niederlassung von besonders gefahrenträchtigen Berufen und die selbstständige Berufsausbildung an die Meisterprüfung gebunden. In einer neueren Entscheidung hat auch das BVerfG deutliche Zweifel an der Verfassungsmäßigkeit des „Meisterzwangs" erkennen lassen (BVerfG, Kammer, NVwZ 2006, 328).

Literatur: *Beaucamp,* Meister ade. Zur Novelle der Handwerksordnung, DVBl. 2004, 1458; *Bulla,* Freiheit der Berufswahl. Verfassungs- und gemeinschaftsrechtliche Determinanten des Berufszugangs am Beispiel des Handwerksrechts (2009); *Mirbach,* Anfang vom Ende des Meisterzwangs?, NVwZ 2001, 1161.

56   **9. Staatliche Monopole. Insbesondere: Lotterie, Sportwette und Glückspiel zwischen Berufsfreiheit, öffentlichen Zusatzeinnahmen und „Bekämpfung der Spielsucht".** Monopol ist die alleinige Ausübung einer wirtschaftlichen Tätigkeit durch einen bestimmten Träger unter Ausschluss aller anderen Träger von dieser Tätigkeit. Monopole entstehen durch wirtschaftliche Konzentration oder staatliche Regelung. Sie gehörten zum klassischen Regelungsinstrumentarium des Merkantilismus, wo sie entweder an besondere Günstlinge vergeben wurden oder sogleich in staatlicher Hand blieben. In letzterem Fall sprechen wir von **Staats- oder Verwaltungsmonopolen.**

Angesichts dieses geschichtlichen Hintergrunds kann man sich nur wundern, wie viele Staatsmonopole noch bis in die Geltungszeit des GG fortbestanden haben. So gab es **Versicherungsmonopole** mit Kontrahierungszwang bei der Gebäudeversicherung, es gab aber auch handfeste, allein der Erzielung von Einnahmen dienende Monopole wie das **Branntweinmonopol** und das **Zündwarenmonopol.** Erst vor kurzer Zeit wurden das **Personenbeförderungsmonopol** im Fernverkehr (§ 13 II 3 PersBefG) und das Monopol der früheren Bundesanstalt für Arbeit in der **Arbeitsvermittlung** – letzteres nur teilweise – beseitigt. Kurz vor dem (wohlverdienten) Ende steht das **Briefbeförderungsmonopol** (anders noch für eine Übergangszeit: BVerfGE 108, 370, 388). Unter dem Druck der EU schon früher abgeschafft wurden Monopole in der **Energie- und Wasserversorgung.** Das BVerfG hat sich im Verlauf seiner Rechtsprechung zu Art. 12 I GG aber eher als „monopolfreundlich" erwiesen. Ohne weitere Beachtung der Einträglichkeit solcher Staatsmonopole und des Subsidiaritätsprinzips wurden dabei zumeist auf die Herkömmlichkeit des Monopols, die Notwendigkeit einer gleichmäßigen Versorgung der Bevölkerung oder auch auf die Gefahren entsprechender Produkte hingewiesen. Beispiele: BVerfGE 14, 105, 110 – Branntweinmonopol; BVerfGE 18, 315, 327 – Milchwirtschaft; BVerfGE 21, 245, 249 – Arbeitsvermittlung; BVerfGE 41, 205, 218 – Gebäudeversicherung; BVerfGE 46, 120, 136 – Postmonopol. Immerhin hat das BVerfG das kaum noch zu rechtfertigende **Spielbanken-Monopol** gelockert (BVerfGE 102, 197, 206).

In einem bedenklichen Rückfall in paternalistische Traditionen hat das BVerfG neuerdings aber wieder die „Bekämpfung der Spielsucht" als legitimen Grund für eine Monopolisierung von Lotterien und Sportwetten bei staatlichen Trägern gesehen und diesen – insofern wenigstens folgerichtig – aber Beschränkungen der Werbung und die Mitwirkung an der Bekämpfung der Spielsucht auferlegt (BVerfGE 115, 276, 300 ff.; ebenso BVerfG, Kammer, NVwZ 2008, 302 und NVwZ 2009, 295 und (zur Internetvermittlung von Lotterieprodukten BVerfG, Kammer, NVwZ 2008, 1338). Diese Rechtsprechung bietet insofern ein Beispiel für die bedenkliche Tendenz, die strikte Prüfung der Verhältnismäßigkeit durch eine Prüfung der Folgerichtigkeit zu ersetzen (oben § 9, Rn 21). Zwischenzeitlich haben die Bundesländer versucht, in einem Glücksspielstaatsvertrag das Urteil umzusetzen. In der Praxis sind daraus vor allem Regelungen zur Bekämpfung privater Konkurrenz geworden, die die Rechtsprechung durchweg hingenommen hat (BVerwG, NVwZ 2011, 549; NVwZ 2013, 1481 – Sportwetten; OVG Koblenz, LKRZ 2008, 381; OVG Lüneburg, NJW 2009, 538; VGH München, NVwZ 2008, 1252). Wie nicht anders zu erwarten, ist diese Rechtslage zwischenzeitlich ins Visier des EuGH geraten. Dieser hat – wie das BVerfG – in mehreren Entscheidungen von der Bundesrepublik verlangt, entweder den Lotterie- und Sportwettenbereich auch privaten Anbietern zu öffnen, oder die Spielsucht bei allen Formen des Glücks- und Gewinnspiels konsequent zu bekämpfen (EuGH, NVwZ 2010, 1081; NVwZ 2010, 1409; 1419; 1422; EuGH, NVwZ 2011, 1119 – Pferdewetten; EuGH, NVwZ 2012, 1162; NVwZ 2012, 1165 – Spielbank).

Diese Rechtsprechung interpretieren die deutschen Ministerpräsidenten mehrheitlich so, dass sie die zwischenzeitlich durch die Föderalismusreform gewonnene Gesetzgebungskompetenz nutzen, um den im Dezember 2011 ausgelaufenen „Glücksspielstaatsvertrag" in der Weise fortzuschreiben, dass wenige private Lotterieanbieter gegen hohe Gebühren eine Lizenz erhalten. Dafür sollen private Hersteller und Aufsteller von **Geldgewinnspielautomaten** und vor allem Betreiber von **Spielhallen** mit einem ganzen Bündel von Maßnahmen bekämpft werden. Bestehende Konzessionen sollen nach maximal 5 Jahren auslaufen.

Eigener Standpunkt: Gegen solche Vorhaben ergeben sich bereits kompetenzrechtliche Bedenken (*H.-P. Schneider*, GewArch 2013, 137). Zu fragen ist aber auch, ob der Staat überhaupt befugt ist, den „natürlichen Spieltrieb des Menschen in geordnete Bahnen zu lenken" (so die offzielle Zielsetzung des Staatsvertrag) und erwachsene Menschen vor Spielsucht oder irgendeiner der sonstigen zahlreichen Suchtverhalten zu bewahren. Auch scheint die besondere Suchtgefahr von Glücksspielautomaten bei weitem nicht hinreichend erwiesen, und Verbote provozieren nur ein Ausweichen in nicht kontrollierbare Bereiche der Internet-Wetten oder gar des der illegalen oder kriminellen Glücksspiels. Überdies liefe der Eingriff in bestehende Konzessionen auf eine unverhältnismäßige Sozialbindung des Eigentums, wenn nicht sogar auf eine entschädigungslose Enteignung hinaus.

Literatur: *Brüning,* Die Regulierung des Glücksspiels aus verfassungs- und europarechtlicher Perspektive, DVBl. 2011, 1126; *Bumke,* Die Pflicht zur konsistenten Gesetzgebung. Am Beispiel des Ausschlusses der privaten Vermittlung staatlicher Lotterien und ihrer bundesverfassungsgerichtlichen Kontrolle, DS 49 (2010), 77; *Bungenberg,* Das Sportwettenmonopol zwischen deutschem und europäischem Wirtschaftsverfassungsrecht, DVBl. 2007, 1405; *Dietlein/Hecker/Ruttig*, Glücksspielrecht. Kommentar, 2. Aufl. (2013); *O. Dörr*, Das Verbot gewerblicher Internetvermittlung von Lotto auf dem Prüfstand der EG-Grundfreiheiten, DVBl 2010, 69; *Hartmann/Pieroth*, Spielbanken und Spielhallen zwischen Landes- Bundes und Unionsrecht (2013); *Heseler*, Der Einfluss des Europarechts auf mitgliedstaatliche Glücksspielregulierung (2012); *Hufen*, Die Einschränkung des gewerblichen Geld-Gewinnspiels (2012); *Müller-Franken*, Sportwettenkonzessionsabgabe und Grundgesetz VerwArch 103 (2012), 315; *Otto*, Die Zulassung von Spielhallen, DVBl. 2011, 1330; *Pagenkopf*, Glücksspielrechtliche Variationen. Urteil des BVerwG vom 24.11.2010, NVwZ 2011, 513; *Papier/Krönke*, Sportwetten und Verfassungsrecht (2012); *H.-P. Schneider*, Ultra Vires? Kompetenzprobleme im neuen Spielhallenrecht der Länder, GewArch 2013, 137; *Schorkopf*, Wahrhaftigkeit im Recht der Grundfreiheiten. Zu Maßstab und Rechtsfolgen der Glücksspielurteile des Europäischen Gerichtshofs. DÖV 2011, 260; *Streinz/ Liesching/Hambach*, Glücks- und Gewinnspielrecht in den Medien (2013); *Weidemann/Krappel*, Das Recht der Automatenaufstellung nach der Föderalismusreform, NVwZ 2013, 673 ff.

57 10. Berufsfreiheit und Altersgrenzen. Seit langem ist umstritten, ob die starren Altersgrenzen des Arbeitsrechts, des Rechts des Öffentlichen Dienstes, der Vertragsärzte, Notare und kommunalen Wahlbeamten unter heutigen Voraussetzungen noch mit Art. 12 GG und Art. 3 GG vereinbar sind (dazu *Hufen*, NJW 1994, 2913; *Tettinger*, DVBl. 2005, 1397). Größerer Druck auf eine Änderung geht von der demographischen Entwicklung, der Situation der Rentenkassen und – wieder einmal – von Europa aus. Allerdings ist die Rechtsprechung des EuGH nicht einheitlich. Einerseits wurden der Bundesrepublik Regelungen zum Vorruhestand als altersdiskriminierend verboten (EuGH, NJW 2005, 3695 – Mangold). Auch der EuGH ist nach diesem beeindruckenden Auftakt aber eher wieder „zurückgerudert" (EuGH, NJW 2007, 3339 – Palacios; krit. *Bauer/Krieger*, NJW 2007, 3672; *Böhm*, JZ 2008, 324; unklar auch EuGH, NJW 2008, 3417 – Bartsch; krit. *Arnold/Bauer*, NJW 2008, 3777; EuGH, NJW 2011, 39 – Kleist; EuGH, NJW 2011, 42 – Georgiev; dagegen EuGH, NJW 2011, 3209 vorzeitige Altersgrenze für Piloten; EuGH, NJW 2013, 587 – Altersdiskriminierung durch Sozialplanabfindung für rentennahe Arbeitnehmer). In Deutschland hat die Rechtsprechung in den verschiedenen Fallgruppen aber ungeachtet der Unterschiede persönlicher Leistungsfähigkeit und der körperlichen Anforderungen einzelner Berufe allgemeine Altersgrenzen bisher zumeist „gehalten" und dabei recht pauschal mit der „erfahrungsgemäß abnehmenden Leistungsfähigkeit" (BVerfGE 71, 255, 270 – Lehrer; BVerfG, Kammer, NVwZ 1997, 1207 – kommunaler Wahlbeamter; BVerfG, Kammer, NJW 1993, 1575, NJW 2011, 1131– Notar; BVerfGE 64, 72, 82 – Prüfingenieur; zuletzt BVerwG, NVwZ 2011, 569 – vereidigter Sachverständiger; BVerwG, NVwZ 2012, 1052 – Fachhochschulprofessor) oder dem erwünschten Altersaufbau im öffentlichen Dienst argumentiert (OVG Koblenz, LKRZ 2011, 269; differenzierend aber BVerfG,

Kammer, NVwZ 2007, 327 – einstweilige Anordnung zugunsten eines 57 Jahre alten Fluglotsen; BAG, NJW 2012, 3465 – Diskriminierung durch nach Altersstufen gestaffelte Urlaubsdauer; BVerwG, NJW 2012, 1018 – Sachverständiger in wenig körperliche Leistungsfähigkeit erfordernden Bereichen). Immerhin hat das BVerwG (NVwZ 2009, 840) entschieden, dass Altersgrenzen einer gesetzlichen Grundlage bedürfen. Insgesamt aber besteht eine Tendenz, die Lebensarbeitszeit pauschal zu erhöhen, an solchermaßen hinausgeschobenen ebenso pauschalen Altersgrenzen aber grundsätzlich festzuhalten.

Kritik: Alle Ergebnisse der Altersforschung belegen, dass sich die Leistungsfähigkeit mit der gesteigerten Lebenserwartung gleichfalls erhöht hat und schlicht nicht pauschal beurteilt werden kann. So werden Altersgrenzen mehr und mehr zur **Altersdiskriminierung.** Es ist deshalb **Beruf für Beruf** zu differenzieren, ob körperliche und geistige Anforderungen ein früheres oder späteres Ausscheiden erfordern. Zu bevorzugen sind überall dort, wo es möglich ist, Optionsmodelle, d. h. die Möglichkeit eines freiwilligen Unter- oder Überschreitens der Altersgrenze. Auch bei den immer wieder genannten verantwortungsvollen, von körperlicher und geistiger Leistungsfähigkeit abhängigen Berufen wie Busfahrer, Pilot, Lokführer kann die Leistungsfähigkeit individuell festgestellt und muss nicht ab einem bestimmten Alter als abnehmend unterstellt werden (BVerwGE 98, 221, 225 – Busfahrer [besondere Tests nach Vollendung des 50. Lebensjahres erlaubt]). Vollends problematisch ist der Einsatz des Altersarguments, wenn es überhaupt nicht um subjektive Elemente wie Eignung und Leistung, sondern um nichts anderes als um Bedarfslenkung geht. So etwa bei der Altersgrenze für Vertragsärzte in der gesetzlichen Krankversicherung (BVerfGE 103, 172, 182). Zusätzlich gegen das passive Wahlrecht verstößt es, wenn ein gewählter Oberbürgermeister zwei Jahre vor Ablauf seiner Amtszeit wegen Erreichens einer beamtenrechtlichen Altergrenze sein Amt aufgeben muss (anders aber VerfGH Rhld.-Pf., NVwZ 2007, 1052; ähnl. BayVerfGH, NVwZ 2013, 792 – Altersgrenze für berufsmäßige Erste Bürgermeister und Landräte).

Literatur: *Arnold/Bauer,* Verbot der Altersdriskriminierung, NJW 2008, 3777; *Bahnsen,* Altersgrenzen im Arbeitsrecht, NJW 2008, 407; *Bauer/Krieger,* Das Orakel von Luxemburg: Altersgrenzen für Arbeitsverhältnisse zulässig – oder doch nicht?, NJW 2007, 3672; *F. Bayreuther,* Altersgrenzen, Altersgruppenbildung und der Ausschluss rentennaher Arbeitnehmer aus Sozialplänen, NJW 2011, 19; *Böhm,* Umfang und Grenzen eines europäischen Verbots der Altersdiskriminierung im deutschen Recht, JZ 2008, 324; *Hug,* Rechtsschutz gegen den Ruhestand, FS. Schenke (2011), 813; *Polloczek,* Altersdiskriminierung im Lichte des Europarechts (2008).

11. Berufsfreiheit und Rauch- und Alkoholverbote Nach der Föderalismusreform 2006 sind die Länder für das Gaststättenrecht zuständig. Sie erließen in der Folge fast ausnahmslos Nichtraucherschutzgesetze, die (im Freistaat Bayern letztlich durch Volksentscheid erzwungen oder im Saarland Konzession an den Partner der „schwarz-grünen Koalition") ein Totalverbot des Rauchens in allen Gaststätten oder differenzierte Regelungen, insbesondere zur Ermöglichung inhabergeführter „Einraumkneipen" oder abgetrennter „Raucherzimmer" vorsahen. Während das BVerfG zunächst Verfassungsbeschwerden betroffener Gastwirte und Raucher keine Aufmerksamkeit schenkte (BVerfG, Kammer, NJW 2008, 301 und 638), erklärten einzelne Landesverfassungsgerichte undifferenzierte Regelungen für verfassungswidrig (VerfGH Rhl.-Pf, LKRZ 2008, 454). In seinem Urteil vom 30.7.2008 (BVerfGE 121,317, 357) bemängelte auch das BVerfG die Inkonsequenz bestimmter landesrechtlicher Teilverbote, hielt aber ein totales Rauchverbot für alle Gaststätten für verfassungsrechtlich möglich. Inzwischen wurden auch in anderen Fällen „Totalverbote" bestätigt (BVerfG, Kammer, NVwZ 2010, 38 – Bayern; BVerfG, Kammer, NvWZ 2011, 294 – Rauchverbot in Shisha-Lokalen für Wasserpfeifen; VerfGH Saarland, LKRZ 2011, 275; SächsVerfGH NVwZ 2009, 245; differenzierend aber wieder BVerfGE 130, 131, 140 – Ungleichbehandlung von Gaststätten mit und ohne Raucherzimmer in Hamburg).

Eigener Standpunkt: Rauchverbote sind grundsätzlich nur zum Schutz von Nichtrauchern und Arbeitnehmern vor Passivrauchen verfassungsgemäß. Werden inhabergeführte Einraumkneipen und nur von Rauchern betretene Raucherzimmer miterfasst, dann ist das zwar konsequent, aber unverhältnismäßig (so auch *Zimmermann,* NVwZ 2008, 705; *Michael,* JZ 2008, 875). Die Rauchverbote sind ein Beispiel dafür, dass die Rechtsprechung zur „Folgerichtigkeit" den konsequent und hart in die Freiheitsrechte der Bürger eingreifende Gesetzgeber prämiert, während differenzierende Kompromisslösungen stets den Vorwurf der Inkonsequenz gegenwärtigen müssen (so auch das Sondervotum *Bryde,* BVerfG, NJW 2008, 2409, 2420). Auch hat der Staat kein Mandat, erwachsene Menschen vor sich selbst zu schützen. Noch weniger geht es den Staat etwas an, ob in einer Raucherkneipe nur Frikadellen oder auch Pfefferlendchen serviert werden (anders aber OLG Koblenz, NJW 2010, 1299).

Ähnlich wie bei den Rauchverboten hat die Rechtsprechung auch bei **Verkaufsverboten für Alkohol** konsequente und flächendeckende Verbote für den Verkauf (z. B. an Tankstellen) zwischen 22 Uhr und 5 Uhr (BVerfG, Kammer, NVwZ 2011, 355; BVerwG, NVwZ 2011, 1142; OVG Koblenz, LKRZ 2013, 149) oder für ganze Innenstadtbereiche passieren lassen. Auch hier ist die Lage bei genauerem Hinsehen aber viel differenzierter zu beurteilen: Unbestritten verhältnismäßig sind Regelungen, die das „Komasaufen" oder „Flatrate-Angebote" für **Jugendliche** (VGH München, NVwZ-RR 2008, 26) verbieten. Im Übrigen aber ist zu beachten, dass es – anders als bei Rauchverboten – keinen Schutz vor „Passivtrinken" gibt und der Alkoholmissbrauch von Einzelnen nur in besonderen Fällen (Schutz von Großveranstaltungen, erwiesene „Problemzonen" in Innenstädten) den Eingriff in die Berufsfreiheit und die Freie Entfaltung der Persönlichkeit aller rechtfertigen kann. „Totalverbote" für ganze Innenstadtbereiche oder Zeiträume sind deshalb – entgegen der Auffassung der zuständigen Kammer des BVerfG – unverhältnismäßig (a. A. *K. Faßbender*, NVwZ 2009, 563).

Literatur: *Corell/Wagner*, Die Nichtraucherschutzgesetze der Länder in der Novellierung, DÖV 2009, 698; *K. Faßbender*, Alkoholverbote durch Polizeiverordnung: per se rechtswidrig?, NVwZ 2009, 563; *Haebeler/Schäfer*, Die rechtliche Zulässigkeit von Alkoholverboten im öffentlichen Raum, DVBl 2009, 1424; *Köppert*, Alkoholverbotsverordnungen in der Rechtspraxis (2011); *Michael*, Folgerichtigkeit als Wettbewerbsgleichheit. Zur Verwerfung von Rauchverboten in Gaststätten durch das BVerfG, JZ 2008, 875; *Wohlfarth*, Nichtraucherschutz im Südwesten – Ein Werkstattbericht, LKRZ 2008, 281; *ders.*, Über Feuchtgebiete zwischen Schluck und Suff – Der Kampf der Gemeinden gegen Alkoholmissbrauch, LKRZ 2009, 47; *Zimmermann*, Landesrechtliche Rauchverbote in Gaststätten und die Grundrechte der Betreiber von (Klein-)Gaststätten, NVwZ 2008, 705.

VIII. Freiheit von Arbeitszwang und Zwangsarbeit

1. Arbeitszwang. Recht geringe praktische Bedeutung hat die in Art. 12 II GG besonders aufgeführte Freiheit von Arbeitszwang und Zwangsarbeit erlangt. Inhaltlich handelt es sich um besondere Gewährleistungen der Berufsfreiheit (BVerfGE 74, 102, 115). Vertreten wird aber auch, dass es sich um eigenständige Gewährleistungen handelt (*Wieland*, in: Dreier, GG, Art. 12, Rn. 77).

Arbeitszwang ist die an den Grundrechtsinhaber gerichtete hoheitliche Anordnung einer bestimmten Arbeit. Es muss sich also nicht um einen Beruf handeln. Arbeitszwang in diesem Sinne ist heute nicht so fern liegend wie es auf den ersten Blick erscheint. Auch heute gibt es noch die so genannten „Hand- und Spanndienste" (z. B. die Reinigungspflicht des Anliegers einer Straße, die Pflicht zur Deichhilfe und die Feuerwehrpflicht – BVerfGE 22, 380, 383). Auch Art. 12a GG (Wehr- und Ersatzdienstpflicht) ist in systematischer Hinsicht eine verfassungsrechtlich ermöglichte Pflicht zum „Arbeitszwang". Hier handelt es sich weder um ein eigenständiges Grundrecht noch eine eigenständige Grundpflicht, sondern um nichts anderes als eine Grundrechtsschranke, die es ermöglicht, in die Berufsfreiheit auf gesetzlicher Grundlage einzugreifen. Ein allgemein verpflichtendes soziales Jahr wäre ebenso zulässig wie die allgemeine Wehrpflicht.

Dagegen ist die Pflicht zur **ehrenamtlichen Tätigkeit** (z. B. Wahlhelfer) kein Arbeitszwang und allenfalls im Hinblick auf Art. 2 I GG rechtfertigungsbedürftig. Dasselbe gilt für den Entzug sozialrechtlicher Begünstigungen wie Arbeitslosengeld und Sozialhilfe bei der Verweigerung von Arbeiten.

60   **2. Zwangsarbeit.** Ganz anders zu beurteilen ist die **Zwangsarbeit** (Art. 12 III GG). Hier geht es um den erzwungenen Einsatz der gesamten Arbeitskraft des Betroffenen. Zwangsarbeit ist nur im Rahmen einer gerichtlich angeordneten Freiheitsentziehung oder als Arbeit bei Jugendstraftaten zulässig (BVerfGE 74, 102, 115). Eine gesteigerte Form der Zwangsarbeit wäre die Einweisung in ein Arbeitslager oder geschlossene Arbeitseinheiten. Sie ist schon auf Grund historischer Erfahrungen in Art. 12 II GG ausgeschlossen.

Literatur zu § 35: *Breuer,* Freiheit des Berufs, HdbStaatsR VIII, § 170; *Depenheuer,* Freiheit des Berufs und Grundfreiheiten der Arbeit, FS BVerfG II, (2001), 241; *Hufen,* Berufsfreiheit – Erinnerung an ein Grundrecht, NJW 1994, 2913; *Kämmerer,* Die Zukunft der freien Berufe zwischen Deregulierung und Neuordnung. Gutachten H. zum 68. DJT (2010); *Lücke,* Die Berufsfreiheit (1994), S. 29 ff.; *Mann/Worthmann,* Berufsfreiheit (Art. 12 GG) – Strukturen und Problemkonstellationen, JuS 2013, 385; *Ruffert,* Grundrecht der Berufsfreiheit, in: Ehlers (Hg.), Europäische Grundrechte und Grundfreiheiten (2003), § 15, 364; *H.-P. Schneider/Lecheler,* Art. 12 – Freiheit des Berufs und Grundrecht der Arbeit, VVDStRL 43 (1985), 7/48; *H.-P. Schneider,* Berufsfreiheit, HdbGr V, § 113; *Ziekow,* Freiheit und Bindung des Gewerbes (1992).

§ 36 Die Grundrechte der Beamten (Art. 33 II und V GG)

I. Allgemeines

1   **1. Stellung im Grundgesetz.** Im 2. Abschnitt des GG finden sich unter der Überschrift: „Der Bund und die Länder" nicht nur die grundlegenden Strukturprinzipien und allgemeine Bestimmungen zum Verhältnis von Bund und Ländern, sondern auch grundrechtsähnliche Garantien wie Art. 21 GG (Recht der Parteien), die kommunale Selbstverwaltung (Art. 28 II GG) und Art. 34 GG (Haftung bei Amtspflichtverletzungen). Nicht zu vergessen ist das Widerstandsrecht in Art. 20 IV GG. Von diesen können die Rechte aus Art. 33 GG und das Widerstandsrecht nach Art. 93 I Nr. 4a GG mit der Verfassungsbeschwerde, die kommunale Selbstverwaltung durch die kommunale Verfassungsbeschwerde nach Art. 93 I Nr. 4b GG verfolgt werden. Das macht sie also nicht nur – wie zumeist zu lesen – zu „grundrechtsgleichen Rechten", sondern zu echten Grundrechten.

Auch Art. 33 GG selbst enthält mehrere nach Struktur, Trägern und Inhalt unterschiedliche Gewährleistungen, die sich bei weitem nicht nur unter dem Stichwort „Grundrechte der Beamten" zusammenfassen lassen. So ist Art. 33 I GG ein besonderer Gleichheitssatz, der die gleichen staatsbürgerlichen Rechte in den Ländern gewährleistet, und Art. 33 III GG greift nochmals die im Parlamentarischen Rat besonders betonte Gleichbehandlung unabhängig vom religiösen Bekenntnis und der Weltanschauung auf. Art. 33 IV GG regelt den so genannten „Funktionsvorbehalt" für Beamte im Hinblick auf die Ausübung hoheitsrechtlicher Befugnisse, ist aber kein subjektives Grundrecht. Das trifft nur für Art. 33 II GG und – nach der Rechtsprechung des Bundesverfassungsgerichts – zumindest teilweise für Art. 33 V GG zu. Dabei ist auch Art. 33 II GG ein auf den öffentlichen Dienst bezogener besonderer Gleichheitssatz, wird aber wegen des erkennbaren Sachzusammenhangs zum Beruf des Beamten hier mitbehandelt.

Die folgende Darstellung beschränkt sich auf Art. 33 GG. Sonstige Grundrechtsprobleme des Beamten finden sich beim jeweiligen Einzelgrundrecht.

2. Historische Grundlagen und aktuelle Bedeutung. Bedienstete der Republik und des Kaiserreichs gab es bereits im **antiken Rom**. Eine weitere Wurzel dürfte im Gefolgschaftswesen des **Mittelalters** liegen. Beamtenrecht im heutigen Sinne aber gibt es erst seit der **absolutistischen Zeit**, als neben dem „stehenden Heer" des Militärs das „sitzende Heer" der Beamten die – in Deutschland vor allem territorialstaatliche – Hoheitsgewalt sicherte. Auch hier sind Rechte und Pflichten der Beamten zunächst noch personell auf den Herrscher bezogen, was bis heute in der Idee der „Treuepflicht" zum Ausdruck kommt. Bis zum Ende des 18. Jahrhunderts aber hatte sich die Idee des Staates und des auf diesen bezogenen Beamten so konsolidiert, dass im **ALR von 1794 von „Staatsdienern"** die Rede ist. Wichtig für die heutige Gestalt des Berufsbeamtentums waren die Verwaltungsreformen in Preußen, die den Status der Beamten – eingeordnet in eine strikte Hierarchie der Ämter und Funktionen und die amtbezogene Besoldung – zum Gegenstand hatten. Sie prägten zusammen mit den Vorstellungen der konstitutionellen Monarchie im Wesentlichen den Kern des **Berufsbeamtentums im 19. Jahrhundert**. Nach der Reichsgründung von 1871 wurde ein Reichsbeamtengesetz für die Beamten des Reiches geschaffen (1873 – dazu *Günther*, DÖV 2007, 357). Das Berufsbeamtentum überstand den Wechsel vom Kaiserreich zur Republik, wobei zumindest auf Reichsebene die unmittelbare Zuordnung zum Reichspräsidenten und der „Anti-Parteien-Affekt" in Art. 130 I WRV eine sehr problematische Rolle spielten. Die WRV gewährleistete in Art. 129 u. a. die Anstellung auf Lebenszeit und *"die wohlerworbenen Rechte der Beam-*

ten" als unverletzlich. Die **nationalsozialistische Diktatur** beließ es zwar beim traditionellen Beamtenapparat und dessen Rechten, baute aber eine parteigesteuerte „Nebenbürokratie" auf und entfernte Juden und kritische Mitarbeiter alsbald aus dem Dienst (Gesetz zur Wiederherstellung des Berufsbeamtentums vom 7.4.1933 – RGBl. I, 175).

4   Nach dem **2. Weltkrieg** entstanden Beamtenrecht und Beamtenverhältnisse zunächst auf Länder- und kommunaler Ebene neu. Art. 33 GG ist deshalb zunächst von dem Bestreben gekennzeichnet, bestimmte Grundlagen im Verhältnis von Bund und Ländern zu fixieren. Nicht von ungefähr knüpfte man dabei an die Tradition *(„hergebrachte Grundsätze des Berufsbeamtentums")* an, nahm aber die Formulierung der WRV von den „wohlerworbenen Rechten" bewusst nicht auf. In der weiteren Entwicklung haben das BBG von 1953 und das BRRG von 1957 zur Rechtsvereinheitlichung des Beamtenrechts beigetragen. Die für die Eigenständigkeit der Bundesländer höchst schädliche Vereinheitlichung des Besoldungsrechts von 1971 wurde durch die Föderalismusreform von 2006 mittlerweile partiell rückgängig gemacht. Auch wurde das BRRG durch das BeamtStG ersetzt.

5   In Art. 33 V GG in der Fassung der Föderalismusreform ist 2006 neben die Formulierung *„Das Recht des öffentlichen Dienstes ist unter Berücksichtigung der hergebrachten Grundsätze des Berufsbeamtentums zu regeln"* nunmehr auch das Wort *„und fortzuentwickeln"* getreten. Daraus wird teilweise ein Auftrag zu einer umfassenden „Reform des öffentlichen Dienstes" abgeleitet (zu den Grenzen unten, Rn. 26).

II. Gleicher Zugang zu öffentlichen Ämtern (Art. 33 II GG)

6   **1. Allgemeines.** Art. 33 II GG hat eine lang zurück reichende Tradition, sollte der Grundsatz des gleichen Zugangs zu öffentlichen Ämtern doch bereits im 19. Jahrhundert die Gleichberechtigung des Bürgertums gegenüber dem Adel sicherstellen. Heute spielt er vor allem im Hinblick auf den Schutz vor Diskriminierungen nach Religion, Herkunft, Geschlecht usw. eine Rolle. Maßgebliche Kriterien sollen nur **Eignung, Befähigung** und **fachliche Leistung** sein, was den Gesetzgeber und die Einstellungsbehörden aber nicht hindert, auch andere – z. B. soziale – Kriterien zu berücksichtigen.

7   **2. Schutzbereich.** *a)* Als Ausprägung des Gleichbehandlungsgebots schützt Art. 33 II GG gegen die **Ungleichbehandlung von gleichen** und die **Gleichbehandlung von ungleichen Tatbeständen** beim Zugang zu öffentlichen Ämtern. Der **sachliche Schutzbereich** umfasst also den gesamten öffentlichen Dienst des Staates, der Kommunen und anderer juristischer Personen des öffentlichen Rechts (mit Ausnahmen der Kirchen), nicht aber staatlich gebundene Berufe wie Notare, öffentliche Sachverständige usw. Anwendbar ist das Grund-

recht sowohl bei Beamtenstellen als auch bei Angestellten und Arbeitern.

Von den drei Kriterien „**Eignung**", „**Befähigung**" und „**fachliche 8 Leistung**" sind Eignung und Befähigung „prospektiv", d. h. auf die Zukunft gerichtet, während sich die fachliche Leistung auf bereits erbrachte Gesichtspunkte, also auf die fachliche Bewährung bezieht. Das Merkmal Befähigung bezieht sich auf die subjektiven Eigenschaften und erfasst vor allem die durch Ausbildung, aber auch durch berufliche Erfahrung erworbenen fachlichen Kenntnisse und Fertigkeiten. Auch der Begriff der Eignung nimmt subjektive Elemente auf, bezieht aber die Anforderungen des jeweils zu bekleidenden Amtes in die Bewertung mit ein. Maßgeblich sind dienstliche Beurteilungen, die aber auch nicht isoliert herangezogen werden dürfen (VGH Kassel, LKRZ 2010, 307). **Höchstaltersgrenzen** am Anfang (BVerwG, 23.02.2012) und am Ende des Dienstverhältnisses (BVerwG, NVwZ 2012, 1052) sind verfassungsrechtlich zulässig; **Mindestaltersgrenzen** für eine Beförderung allerdings nicht (BVerwG, NVwZ 2013, 80 – zu Altersgrenzen allg s. auch s. § 35, Rn. 56).

b) **Träger** des Grundrechts aus Art. 33 II GG sind **nur Deutsche** 9 i. S. v. Art. 116 I GG, doch sind die Vorgaben des Gemeinschaftsrechts für Angehörige anderer EG-Mitgliedstaaten zu beachten.

c) Indem Art. 33 II GG Eignung, Befähigung und fachliche Leis- 10 tung zu maßgeblichen Kriterien macht, schließt es gleichzeitig die in **anderen Verfassungsnormen,** insbesondere in Art. 3 III GG sowie im AGG erwähnten Kriterien und Diskriminierungsverbote aus, ist also insofern ein „spezieller Gleichheitssatz". Gleichwohl sind diese Kriterien bei der Entscheidung über den gleichen Zugang zu öffentlichen Ämtern als Diskriminierungsverbote zu beachten. Auch **Art. 33 III GG** enthält entsprechende spezielle Diskriminierungsverbote, ist aber kein eigenständiges Grundrecht, sondern bezweckt nur den Ausschluss bestimmter Merkmale bei der Stellenbesetzung (religiöse und weltanschauliche Gründe). Auch diese wirken aber nicht absolut. So kann die Eignung z. B. beeinträchtigt sein, wenn der Bewerber nicht bereit ist, den Grundsatz religiöser Neutralität bei der Amtsführung zu beachten oder ein gegen die Gleichberechtigung der Frau gerichtetes religiöses Symbol abzulegen. Als Zugangsrechte stehen Art. 33 II und III GG parallel zur Berufswahlfreiheit. Mittelbar schützt Art. 33 II GG auch andere Grundrechte, denn eine Einstellung darf z. B. nicht wegen einer bestimmten Meinungsäußerung, der Teilnahme an einer Versammlung oder einer religiösen Äußerung versagt werden (zum Problem „Beamtin mit Kopftuch oben § 22, Rn. 44).

11   **3. Erlaubte Differenzierungen – Abweichungen vom Gleichheitsprinzip.** Abweichungen vom strikten Gleichbehandlungsprinzip sind nur ausnahmsweise und aus ihrerseits verfassungsrechtlich legitimierten Gründen möglich. Zusätzlich zur Eignung, Befähigung und Leistung darf z. B. auf die berufliche Erfahrung, auf soziale Gesichtspunkte und (bei Bundesbeamten) auf die regionale Ausgewogenheit der Besetzung von Stellen (vgl. Art. 36 GG) Rücksicht genommen werden.

Auf nationaler wie auf europäischer Ebene höchst umstritten ist die Frage, ob es zulässig ist, bei einer bereichsspezifischen **Unterrepräsentation von Frauen** in Beförderungspositionen, diese bei gleicher Qualifikation solange zu bevorzugen, bis ein gleicher Anteil an entsprechenden Führungspositionen hergestellt ist. Das wird solange für zulässig gehalten, wie es sich nicht um eine starre „Quote" handelt, die praktisch auf Jahre hinaus Männern überhaupt keine Chance auf Beförderung mehr bietet (vgl. etwa OVG Münster, NVwZ 1991, 501, 503). Ähnliches formulierte auch der EuGH (EuGH, NJW 1995, 3109 – Fall Kalanke; EuGH, NJW 1997, 3429 – Fall Marschall – dazu auch Rn. 24).

12   Keine Durchbrechung des Leistungsprinzips ist die von so genannten **„politischen Beamten"** (also z. B. Staatssekretären, Abteilungsleitern in Ministerien, Regierungs- und Polizeipräsidenten) geforderte Übereinstimmung mit der politischen Grundlinie des Ministers. Dies ist vielmehr ein in der Richtlinienkompetenz bzw. dem Ressortprinzip begründetes Merkmal der Übereinstimmung mit der jeweiligen politischen Führung und damit der Eignung für (allerdings nur begrenzt zulässige) Positionen.

13   **4. Sonstige Schutzfunktionen.** Die Institution des Berufsbeamtentums im Allgemeinen und das in Art. 33 II GG geschützte Leistungsprinzip gehören zu den traditionsreichen **institutionellen Garantien**. Sie sind allerdings kein Selbstzweck, sondern im öffentlichen Interesse an einer neutralen und unabhängigen Ausübung hoheitlicher Befugnisse begründet. Insofern hat der Staat auch eine **objektive Schutzpflicht** zugunsten dieser Institutionen.

14   Besonders bedeutsam ist die **verfahrensrechtliche Komponente des Grundrechtsschutzes,** da dem jeweiligen Dienstherrn für die Anwendung der Qualifikationsmerkmale des Art. 33 II GG ein weit-

gehender Beurteilungsspielraum zugestanden wird (BVerfGE 39, 334, 354 – „Radikalenerlass"). Wichtig sind hier Transparenz und Chancengleichheit (BVerwG, NVwZ 2012, 884 – Verbot eines „Nebenverfahrens" für ausgesuchte Bewerber). Hinzu kam bis vor kurzem, dass wegen des Grundsatzes der Ämterstabilität eine einmal erfolgte Ernennung eines Konkurrenten selbst dann nicht mehr gerichtlich überprüfbar war, wenn ein Verstoß gegen Art. 33 II GG vorlag (BVerwGE 80, 127; bestätigt durch BVerfG, Kammer, NJW 1990, 501). Inzwischen hat es in diesem Punkt aber ein nahezu vollständige „Zeitenwende" gegeben. So hat das BVerwG nach einem deutlichen „Fingerzeig aus Karlsruhe" (BVerfG, Kammer, NVwZ 2008, 70) den unverrückbar erscheinenden Grundsatz der Ämterstabilität relativiert und die nachträgliche Aufhebung der Ernennung für die Fälle angeordnet, in denen dem unterlegenen Bewerber die Rechte aus Art. 33 II GG und Art. 19 IV GG abgeschnitten worden waren (BVerwG, NJW 2011, 695). Künftig werden die Gerichte im Verfahren vor der Ernennung also noch sorgfältiger auf die Einhaltung von Art. 33 II GG zu achten haben, und die ernennende Behörde muß praktisch mit der Ernennung bis zur Entscheidung der Kammer im Verfahren der Verfassungsbeschwerde abwarten (*Herrmann*, NJW 2011, 695; *Schenke*, NVwZ 2011, 321). Kein Verstoß gegen Art. 33 II GG ist dagegen der **Abbruch des Auswahlverfahrens** (BVerwG, NVwZ 2011, 1528; NVwZ 2012, 1477).

III. Hergebrachte Grundsätze des Berufsbeamtentums (Art. 33 V GG)

1. Allgemeines. Gemäß Art. 33 V GG ist das *„Recht des öffent-* 15 *lichen Dienstes* **unter Berücksichtigung der hergebrachten Grundsätze des Berufsbeamtentums** *zu regeln und fortzuentwickeln"*. Nach dem Wortlaut klingt dies zunächst eher wie ein Auftrag an den Gesetzgeber und allenfalls wie eine institutionelle Garantie. Wie schon in Art. 93 I Nr. 4a GG vorgezeichnet, handelt es sich hierbei aber auch um mit der Verfassungsbeschwerde **durchsetzbare subjektive Rechte** des Beamten, die das BVerfG (BVerfGE 8, 1, 17 – Teuerungszulage) interessanterweise von vornherein als eine Art Kompensation für die fehlende Tarifautonomie und das Streikrecht gesehen hat. Der Inhalt steht nicht zu Unrecht im Verdacht der Leerformel: So soll es sich laut BVerfG um *„jenen Kernbestand von Strukturprinzipien"* handeln, *„die allgemein oder doch ganz überwiegend und während* *eines längeren, traditionsbildenden Zeitraums, mindestens unter der Reichsverfassung von Weimar als verbindlich anerkannt und gewahrt worden sind"* (BVerfGE 8, 332, 343 – Versetzung eines Oberkreisdirektors; zuletzt BVerfGE 106, 225, 232 – Beihilfefähigkeit von Wahlleistungen). Es geht also nicht um den jeweils erreichten „Bestand" des Berufsbeamtentums, sondern nur um bestimmte historisch gewachsene und bestätigte „Grundsätze".

16 **2. Schutzbereich.** Was zu den „hergebrachten Grundsätzen" gehört, ist im Einzelnen umstritten (hierzu und zum Folgenden: *Masing,* in: Dreier, GG, Art. 33, Rn. 82 ff.). Genannt werden neben dem schon in Art. 33 II GG verankerten Leistungsgrundsatz: die **grundsätzlich öffentlichrechtliche Struktur**, die Ausgestaltung als **Treueverhältnis**, die **Fürsorgepflicht** des Dienstherrn, das **Alimentationsprinzip** (angemessene Besoldung und Versorgung), das **Lebenszeitprinzip**, die **Hauptberuflichkeit** und – je nach Vollständigkeit der Aufzählung – auch das **Laufbahnprinzip**. Dabei handelt es sich erkennbar nur zum Teil um Grundrechte. Andere Merkmale sind allenfalls objektive Prinzipien; einige sind sogar eindeutig als **Grundrechtsschranken** einzuordnen. Andererseits kann nicht verkannt werden, dass die „hergebrachten Grundsätze" auch und gerade unter heutigen Voraussetzungen die nötige Unabhängigkeit und Unparteilichkeit des öffentlichen Dienstes und damit einen Kernbereich der Rechtsstaatlichkeit schützen (BVerfGE 39, 196, 201 – „Radikale"; BVerfGE 99, 300, 315 – Beamtenkinder). Zur Bestimmung des „historischen Kerns" greift das BVerfG dabei oft in sehr wörtlichem Sinne auf das bereits zur Weimarer Zeit oder davor Gewährleistete zurück (vgl. zuletzt BVerfGE 106, 225, 232 – Beihilfeansprüche).

In diesem Sinne **nicht subjektive Rechte** sind z. B. das Lebenszeitprinzip, die öffentlichrechtliche Ausgestaltung, die **Hauptberuflichkeit** und das **Laufbahnprinzip**. Unter die Rubrik „Grundrechtsschranken" dürften die **Treuepflicht** gegenüber dem Dienstherrn, das **Streikverbot** und weitere verfassungsrechtlich verankerte Pflichten wie das **Gebot der Zurückhaltung in politischen Auseinandersetzungen** und der **Neutralität** fallen. Als grundrechtlich verankerte „hergebrachte Grundsätze" schälen sich damit heraus: das **Treueverhältnis** vom Dienstherrn zum Bediensteten, das Recht auf **amtsangemessene Beschäftigung**, das **Alimentationsprinzip**, die **Fürsorgepflicht** des Dienstherrn. Grundrechtsadressaten sind nicht nur sämtliche öffentliche Dienstherren, sondern auch die Nachfolgeunternehmen der Deutschen Bundespost und der Bundesbahn, soweit diese noch übergangsweise Beamte beschäftigen (BVerwG, NVwZ 2007, 101).

§ 36 Die Grundrechte der Beamten 653

a) Das Beamtenverhältnis als beiderseitiges Treueverhältnis. Zum Kernbereich der hergebrachten Grundsätze gehört weiter die Ausgestaltung des Beamtenverhältnisses als **wechselseitiges Treueverhältnis zwischen Beamten und Dienstherrn**. Daraus folgen Pflichten und Rechte des Beamten. Als Pflicht die jederzeitige Orientierung an den Grundsätzen der freiheitlich demokratischen Grundordnung und an der Unterstützung des Dienstherrn; als Recht der Anspruch auf das grundsätzliche Einstehen des Dienstherrn für die Belange des Beamten (BVerfGE 9, 268, 286 – Bremer Personalvertretung; BVerfGE 39, 334 – „Radikalenerlass"). 17

b) Amtsangemessene Beschäftigung. Für den Zugang zu öffentlichen Ämtern gilt der in Art. 33 II GG besonders niedergelegte **Leistungsgrundsatz**. Dieser ist also ein besonders normierter „hergebrachter Grundsatz" des Berufsbeamtentums. Die subjektivrechtliche Seite des Leistungsprinzips ist der Anspruch auf leistungsgerechte und **amtsangemessene Betätigung** oder, umgekehrt formuliert, ein **Abwehranspruch gegen unterwertige Beschäftigung**. Dieser Anspruch setzt Umsetzungen und Versetzungen in nicht gleichrangige Ämter eine Grenze. Zwar kann auch der Inhaber eines sog. funktionsgebundenen Amtes bei dienstlichem Bedürfnis versetzt werden; das aber nur dann, wenn ihm eine angemessene anderweitige Beschäftigung angeboten wird (BVerwGE, 109, 283 – Universitätskanzler; BVerwG, NVwZ 1997, 22 – Oberarzt an einer Universitätsklinik; BVerwG, DÖV 2005, 738 – Unzumutbarkeit der Pflicht zum Grobreinigen eines Eisenbahnzuges für beamteten Lokomotivführer; BVerwG, NVwZ 2009, 187 – ehemalige Beamte der Bundespost in Diensten der Deutschen Telekom AG). 18

Dem Grundsatz auf amtsangemessene Beschäftigung folgt auch der Grundsatz auf einen **amtsangemessenen Titel** (BVerfGE 38, 1, 12 – Richteramtsbezeichnung; BVerfGE 64, 323 – Universitätsprofessor).

c) Amtsangemessene Besoldung und Versorgung. Der **Grundsatz der amtsangemessenen Besoldung** ist die Parallelgewährleistung zur amtsangemessenen Beschäftigung und zum Leistungsprinzip. Auch der Zusammenhang zur wechselseitigen Treuepflicht ist deutlich: Der Dienstherr schuldet dem Beamten für dessen Pflichterfüllung nicht eine handlungsbezogene „Gegenleistung", sondern er ist verpflichtet, den Beamten und seine Familie zu „alimentieren", d. h. zu unterhalten und damit die rechtliche und wirtschaftliche Unabhängigkeit des Beamten zu sichern. Das ist die Gegenleistung dafür, dass der Beamte sich mit seiner ganzen Person seinen Pflichten widmet (BVerfGE 16, 94, 116 – Versorgungsanspruch; BVerfGE 44, 249, 264 – Beamte mit Kindern). Der Grundsatz amtsangemessener Besoldung wird daher auch mit „**Alimentationsprinzip**" bezeichnet. Daraus folgt allerdings im allgemeinen kein subjektiver Anspruch auf eine höhere Besoldung, doch hat das BVerfG die W2 – Besoldung für Hochschullehrer in Hessen für verfassungswidrig erklärt (BVerfGE 130, 263, 291). Dagegen haben Beamte in Ballungsräumen mit hohen Lebenshaltungskosten (BVerfGE, 117, 330, 344) keinen Anspruch auf eine Zulage. 19

Ein besonderes Schwergewicht legt das BVerfG dabei auf die Stellung von **Beamten mit Kindern**. So hat es mehrmals Verbesserungen, sei es im Besoldungsrecht, sei es im Kindergeld oder hinsichtlich der steuerrechtlichen Berücksichtigung, angemahnt und ist auch nicht vor der Formulierung zurückgeschreckt, ein Beamter mit Kindern solle sich „annähernd das Gleiche leisten können" wie ein Beamter ohne Kinder (BVerfGE 81, 363, 376 – „Beamtenbaby").

Zur amtsangemessenen Besoldung gehört auch die **angemessene Versorgung**. Diese bedeutet, dass der Beamte als Gegenleistung für lebenslange Pflichterfüllung Anspruch auf angemessene Versorgung im Alter für sich und seinen Ehepartner und unversorgte Kinder hat. Konkretisiert wird dieses Grundrecht in den Beamtenversorgungsgesetzen (st. Rspr. seit BVerfGE 3, 58, 160 – Beamtenversorgung). Im Vergleich zur gesetzlichen Rentenversicherung handelt es sich auch hier um ein völlig eigenständiges und damit mit dem Rentenrecht nicht vergleichbares Versorgungssystem. Deshalb richtet sich die Höhe der Versorgung auch nicht nach dem Durchschnitt der Lebensleistung, sondern ausschließlich nach dem letzten erreichten Amt (BVerfGE 117, 372, 377). Unter dem Druck der Rechtsprechung des EuGH haben BVerfG und BVerwG die Grundsätze der Versorgung des Ehepartners und der Familie auch auf gleichgeschlechtliche Lebenspartnerschaften übertragen (dazu oben § 16, Rn 45).

20 *d) Fürsorgepflicht.* Nach allgemeiner Auffassung folgt aus Art. 33 V GG auch ein Kern von Pflichten des Dienstherrn, die sich unter dem Stichwort „Fürsorgepflicht" zusammenfassen lassen (anerkannt seit BVerfGE 3, 58, 157 – Beamtenversorgung). Gemeint ist damit der Schutz des Beamten gegen Lebensrisiken wie Krankheit, Unfall usw. Konkretisiert wird diese Pflicht durch Beihilfen im Krankheitsfall, die also weder nach der Herkunft noch nach der rechtlichen Konstruktion mit der gesetzlichen Krankenversicherung der Nichtbeamten vergleichbar sind. In einem weit umfassenderen Sinn umfasst die Fürsorgepflicht auch einen Anspruch auf Schutz des Beamten gegenüber Angriffen und Anfeindungen in der Öffentlichkeit, Herabsetzungen durch Vorgesetzte usw.

Beispiel: Werden in der Öffentlichkeit Vorwürfe gegen einen bestimmten Beamten erhoben, so müssen die Vorgesetzten sich **schützend vor den Beamten stellen** und darauf dringen, dass die Vorwürfe in einem angemessenen Verfahren aufgeklärt werden (BVerfGE 43, 154, 165 – Datenzentrale). Dienstrechtliche Entscheidungen wie die **Entziehung eines Aufgabenbereichs**, die **Umsetzung** oder gar die **Versetzung** sind zwar nach gesetzlichen Bestimmungen und dienstlichen Bedürfnissen möglich, dürfen aber nicht missbraucht werden, um das Verhalten eines Beamten zu „bestrafen" und ein förmliches Disziplinarverfahren zu umgehen (BVerwGE 75, 138, 140 – Versetzung eines Beamten). Sind Versetzungen unvermeidlich, so müssen persönliche Lebensumstände beachtet werden (BVerwG, NVwZ 2013, 797) Auch kann die Fürsorgepflicht zum **Widerruf einer ehrenrührigen Behauptung** durch den Vorgesetzten (BVerwGE 99, 56 – Fürsorgepflicht) oder zum Unterlassen fortwährender nicht berechtigter Kritik des Vorgesetzten verpflichten (OVG Koblenz, NVwZ-RR 1996, 52). Ausdruck der Fürsorgepflicht sind auch **Schutzmaßnahmen** für gefährdete Beamten oder einen mit Schwerstkriminalität befassten Staatsanwalt (OVG Koblenz, NJW 2006, 1830).

Literatur: *Schnellenbach,* Die Fürsorgepflicht des Dienstherrn in der Rechtsprechung des Bundesverfassungsgerichts, VerwArch. 92 (2001), 2.

3. Eingriffe. Eingriffe in die Rechte aus Art. 33 V GG sind Verbote, Gebote und Verletzungen der Fürsorgepflicht. Diese müssen nicht gezielt und absichtlich sein; sie können auch mittelbar und unbeabsichtigt geschehen. Auch die Überleitung eines Beamtenverhältnisses auf einen privaten Träger dürfte als Eingriff zu qualifizieren sein (so zu betroffenen Angestellten im Hinblick auf Art. 12 GG BVerfGE 128, 157, 175 – Universitätsklinikum). 21

4. Rechtfertigung. Die Positionen aus Art. 33 V GG stehen unter Vorbehalt der Beamten- und Besoldungsgesetze sowie der allgemeinen Gesetze. Der Gesetzgeber hat bei ihrer Konkretisierung traditionell einen großen Ermessensspielraum, muss aber den historisch gewachsenen Kern der Grundsätze auch bei Reformen achten (Fälle in Rn. 25 u. 26). 22

IV. Die internationale und europäische Perspektive

Spezifische beamtenrechtliche Gewährleistungen sind dem internationalen Recht fremd. Selbstverständlich ist aber, dass die allgemeinen Menschenrechte der AEMR und der EMRK auch im öffentlichen Dienst Anwendung finden. So hat der EGMR die Entlassung von Beamten wegen mangelnder Verfassungstreue auf den Prüfstand von Art. 10 und 11 EMRK (Meinungs- und Vereinigungsfreiheit) gestellt (EGMR, EuGRZ 1995, 590, 595). Für das öffentliche Dienstrecht wichtig sind auch die europäische Sozialcharta und verschiedene internationale Übereinkommen zum Schutz von Arbeitskräften. Das Recht auf gleichen Zugang zu öffentlichen Ämtern findet sich sowohl in Art. 21 Nr. 2 AEMR als auch in Art. 25c IPBPR. 23

Nach dem **europäischen Gemeinschaftsrecht** fällt der öffentliche Dienst in den den Mitgliedsstaaten vorbehaltenen Regelungsbereich. Auch die Freizügigkeit der Arbeitnehmer nach Art. 45 AEUV klammert die Beschäftigung in der öffentlichen Verwaltung weitgehend aus. Das wird aber durch eine zunehmend enge Interpretation der „öffentlichen Verwaltung" i. S. v. Art. 45 AEUV kompensiert. Einschränkungen des freien Zugangs zu Stellen im öffentlichen Dienst müssen also zunehmend europarechtlich besonders begründet sein. 24

Menschenrechtlich wie europarechtlich besonders bedeutsam ist die Frage der Gleichstellung von **Frauen im öffentlichen Dienst,** für die neben Art. 157 AEUV insbesondere die **Gleichbehandlungsrichtlinie** (76/207/ EWG) und die **Antidiskriminierungsrichtlinie** von Bedeutung sind. Beide verlangen, dass solche Regelungen durch eine Klausel abgemildert werden, die die Berücksichtigung von in der Person des männlichen Mitbewerbers liegenden überwiegenden Gründen zu dessen Gunsten vorsieht (EuGH, NJW 1995, 3109 – Kalanke; EuGH, NJW 1997, 3429 – Fall Marschall).

Literatur: *Voßkuhle,* Europäisierung des öffentlichen Dienstes, FS Scholz (2007), 189; *Werres,* Der Einfluss der Menschenrechtskonvention auf das Beamtenrecht, DÖV 2011, 873.

V. Aktuelle Fälle und Probleme

25 **1. Art. 33 V GG als Grenze für Sparmaßnahmen?** Die Probleme der demographischen Entwicklung und der Gesundheitskosten haben längst auch den öffentlichen Dienst erreicht. Dieser war daher in der unmittelbaren Vergangenheit zahlreichen **Sparmaßnahmen** wie Kürzung der Beihilfen im Krankheitsfall, Einfrieren von Zulagen, Absenkung von Versorgungsbezügen usw. gekennzeichnet. Gegen solche Maßnahmen ist immer wieder versucht worden, Art. 33 V GG zu mobilisieren. Die Rechtsprechung von BVerwG und BVerfG ist dem aber nur sehr eingeschränkt gefolgt. Zwar wurden immer wieder der Kern der amtsangemessenen Besoldung und Versorgung und die Fürsorgepflicht zitiert; es folgte aber jeweils in unterschiedlichen Formulierungen der Satz, Art. 33 V GG gewährleiste **keinen grundrechtlich gesicherten Anspruch auf Beibehaltung des Besitzstandes** des Besoldungsrechts, der Beamtenversorgung oder der Krankenversorgung (BVerfGE 44, 249, 253 – kinderreiche Beamte; BVerfG, NVwZ 2005, 677 – Streckung der Beförderungsstufen). Deshalb hat das Gericht sowohl die Kürzungen der Beihilfe im Krankheitsfall (BVerfGE 106, 225, 232; zuletzt BVerfG, Kammer, NJW 2008, 66; 137; 1004; BVerwG, NVwZ 2009, 1037; sowie die Verlängerung der regelmäßigen Arbeitszeit (BVerfG, Kammer, NVwZ 2008, 668) und die Streichung von Stellenzulagen (BVerfG, Kammer, NVwZ 2009, 447) passieren lassen. Auch die Absenkung von Versorgungsbezügen unter 75% – und dies mit dem ausdrücklichen Grund der Anpassung an die Rentenentwicklung(!) – wurde für verfassungskonform gehalten (BVerfGE 114, 258, 281). Eine Ausnahme bildet lediglich das Urteil zur Unzulässigkeit einer mehr als zweijährigen „Karenzzeit" für die Versorgung aus dem letzten Amt (BVerfGE 117, 372, 379). Unschwer ist deshalb vorauszusagen, dass das BVerfG die verfassungsrechtliche „Schmerzgrenze" für Sparmaßnahmen im öffentlichen Dienst vor dem Hintergrund der Lage öffentlicher Haushalte noch nicht als erreicht ansieht. Auch weitere Maßnahmen wie etwa die Verlängerung der Lebensarbeitszeit usw. dürften daher kaum auf verfassungsrechtliche Bedenken stoßen (im gleichen Sinne auch EGMR, NVwZ 2013, 201). **Literatur:** *Linke,* Alimentation in Zeiten knapper öffentlicher Kassen, NVwZ 2007, 902.

§ 36 Die Grundrechte der Beamten

2. Nicht „fort zu entwickeln": Lebenszeit – und Vollzeitprinzip. 26
Die klassischen Regeln des Berufsbeamtentums gelten für manche Politiker offenbar als lästige Hindernisse für die Entwicklung eines „modernen" öffentlichen Dienstes. Bestärkt sahen sie sich durch die Neuformulierung *„und fortzuentwickeln"* in Art. 33 V GG. Dabei wurde allerdings vielfach übersehen, dass die hergebrachten Grundsätze des Berufsbeamtentums nicht etwa verstaubte Relikte einer bürokratischen Vergangenheit oder gar zum Verfassungsgebot emporstilisierter Standesdünkel sind (in diesem Sinne aber wohl *Bull*, DÖV 2007, 1029; zur Gegenposition *Landau/Steinkühler*, DVBl. 2007, 133). Diese Prinzipien haben vielmehr ihren durchaus aktuellen Sinn in der Sicherung der Unabhängigkeit gegenüber parteipolitischer Ämterpatronage, Vetternwirtschaft und politischen Seilschaften im öffentlichen Dienst. Deshalb haben BVerwG und BVerfG die Übertragung eines Führungsamtes für die Dauer von zehn Jahren im Beamtenverhältnis auf Zeit als mit dem hergebrachten Grundsatz des Lebenszeitprinzips für nicht vereinbar gehalten (BVerwG, NVwZ 2008, 318; BVerfGE 121, 205, 219). Lebenszeit – und Vollzeitprinzip sowie den Alimentationsgrundsatz sah das BVerfG auch bei der gesetzlichen Ermöglichung einer erzwungenen Teilzeitbeschäftigung als verletzt an (BVerfGE 119, 247, 259; BVerwG, NVwZ 2013, 953). Teilzeitbeamte seien möglicherweise zur Aufnahme weiterer Beschäftigungsverhältnisse und damit zu möglichen Interessenkonflikten genötigt. Auch dürfen fiskalische Gründe nicht der Rückkehr einer Teilzeitbeamtin in eine Vollzeit-Stelle entgegen stehen (BVerwG, NVwZ 2009, 468). Für den Kerngehalt der Hergebrachten Grundsätze des Berufsbeamtentums sieht das Gericht *„den Weg zu tiefgreifenden strukturellen Veränderungen durch den einfachen Gesetzgeber"* versperrt (BVerfGE 117, 372, 380; BVerfGE 119, 247, 262).

Literatur zu § 36 – Grundrechte der Beamten: *Bull*, Beamte – die vernachlässigten Hüter des Gemeinwohls?, DÖV 2007, 1029; *Dorf*, Führungspositionen auf Zeit, DÖV 2009, 14; *Hattenhauer*, Geschichte des Beamtentums, 2. Aufl. (1993); *Kunig*, Das Recht des öffentlichen Dienstes, in: Schmidt-Aßmann/Schoch (Hrsg.), Besonderes Verwaltungsrecht, 14. Aufl. (2008), 775 ff.; *Landau/Steinkühler*, Zur Zukunft des Berufsbeamtentums in Deutschland, DVBl. 2007, 133; *Laubinger*, Zur Reform des Beamtenrechts, in: Forschungssymposium anlässlich des 100. Geburtstags von C.H. Ule (2009), S. 73; *Merten*, Berufsfreiheit der Beamten und Berufsbeamtentum, HdBGr V, § 209; *Panzer*, Die aktuelle Rechtsprechung des Bundesverfassungsgerichts zum öffentlichen Dienstrecht zwischen Bewahrung und Fortentwicklung, DÖV 2008, 707; *Rudolf/Wagener*, Der öffentliche Dienst im Staat der Gegenwart, VVDStRL 37 (1979), 175 und 215 ff.

§ 37 Koalitionsfreiheit (Art. 9 III GG)

I. Allgemeines

1   Während die allgemeine **Vereinigungsfreiheit** im Zusammenhang mit den Kommunikationsgrundrechten (§ 31) behandelt wurde, wird die Koalitionsfreiheit des Art. 9 III GG hier schon wegen ihrer wirtschaftlichen Bedeutung in den Kontext beruflicher und wirtschaftlicher Betätigung gerückt.

2   **1. Entstehung und geschichtliche Entwicklung.** Den Stellenwert von Art. 9 III GG (Koalitionsfreiheit) wird nur derjenige richtig verstehen, der die Bedeutung der Koalitionen im Zusammenhang mit den **sozialen Problemen des 19. Jahrhunderts** betrachtet. Für die Lösung dieser Probleme (Massenarbeitslosigkeit, Ausbeutung, Verelendung) bot sich neben der radikal-revolutionären des Marxismus die traditionelle etatistische Lösung des autoritären Wohlfahrtsstaates an. Die wachsenden Industriestaaten des Westens versuchten im Wesentlichen den „goldenen Mittelweg", d. h. Lösung der Probleme durch solidarische Koalitionen der Arbeiterschaft. Auch diese standen zunächst unter erheblichem Druck, aber immerhin hob schon die später für ganz Deutschland geltende Gewerbeordnung für den Norddeutschen Bund von 1869 alle Verbote und Strafbestimmungen gegen *„Vereinigungen zum Berufe der Erlangung günstiger Lohn- und Arbeitsbedingungen"* auf. Praktisch dauerte es aber noch lange, bevor die Koalitionsfreiheit im heutigen Sinne durchgesetzt war. Ganz im Sinne der Subsidiaritätslehre bildeten die Arbeitnehmer Vereinigungen, die mit dem **Streik** ein zwar zunächst verbotenes und strafrechtlich verfolgtes, dann aber immer mehr durchgesetztes Instrument zur kollektiven Interessenwahrnehmung gewannen. Entsprechend bildeten sich auf der Arbeitgeberseite Vereinigungen, die nunmehr als Gegengewicht tätig wurden. Dem Staat wurde es damit möglich, sich aus dem wesentlichen Verteilungskampf der Löhne zurückzuziehen. Dies war die Geburtsstunde der **„Tarifautonomie".**

Die **WRV** nahm die Vereinigungs- und die Koalitionsfreiheit in den Katalog der Grundrechte und Grundpflichten der Deutschen auf. Die Vereinigungsfreiheit fand sich dabei in Nachbarschaft zur Versammlungsfreiheit. Die Koalitionsfreiheit war dem Wirtschaftsleben zugeordnet. Zu den ersten grundrechtseinschränkenden Maßnahmen der **Nationalsozialisten** gehörte schon im Mai 1933 die Auflösung der Gewerkschaften und die totale Unterordnung der Arbeitskräfte unter die Ziele des nationalsozialistischen Staates im *„Gesetz zur Ordnung der nationalen Arbeit"* vom 20.1.1934 (RGBl. 1934 I, 45).

3   Als einzige konkret auf das Arbeitsleben bezogene Norm fand die Koalitionsfreiheit dann **1949 Eingang in das GG.** Der Verfassungstext von Art. 9 III GG ist seit 1949 unverändert geblieben, wurde

aber bei der Einfügung der Notstandsverfassung ergänzt: Auch im Notstandsfall darf das Grundrecht der Koalitionsfreiheit nicht eingeschränkt werden. Dies war der Preis für die Zustimmung des Gewerkschaftsflügels in der SPD zu den Verfassungsänderungen von 1968.

2. Entwicklung seither und aktuelle Bedeutung. Aus der Sicht der Gegenwart fällt das Urteil über die Bewährung der Koalitionsfreiheit im Allgemeinen und der Tarifautonomie im Besonderen zwiespältig aus. Während in den Aufbaujahren der Bundesrepublik das „deutsche Modell" der Tarifautonomie und die damit verbundene relative Harmonie der Tarifparteien für die wirtschaftliche Entwicklung segensreich waren, hat die Rechtsprechung zu Art. 9 III GG dazu beigetragen, dass sich Koalitionsfreiheit und Tarifautonomie nicht mit hinreichender Flexibilität auf die Entwicklungen der Globalisierung und die damit verbundene Konkurrenz des Auslandes, aber auch auf die immensen Unterschiede zwischen den Tarifbezirken in Deutschland und zwischen Großindustrie und mittelständischen Unternehmen einstellen konnten. Neuere Herausforderungen stellen sich in jüngerer Zeit durch die sich verschärfenden Verteilungskonflikte und die Auswirkungen der Globalisierung, die auch den Arbeitsmarkt erfasst haben. Eine durchaus reale Bedrohung stellt auch das Auseinanderfallen traditioneller Gewerkschaften und die Neubildung hoch spezialisierter „Spartengewerkschaften" dar, die mit der Tarifeinheit einen Kernbereich der Tarifautonomie gefährden (dazu unten, Rn. 28).

II. Schutzbereich

1. Sachlicher Schutzbereich.

a) „Der Klassiker": BVerfGE 50, 290 – Mitbestimmung. In diesem Fall ging es um die Einschränkung des Unternehmereigentums durch die erweiterte Mitbestimmung der Arbeitnehmer in den Aufsichtsgremien der Unternehmen. In seinem Urteil begründete und bestätigte das BVerfG neben den noch zu behandelnden Eigentumsfragen (§ 38, Rn. 11) die wesentlichen inhaltlichen Aussagen des Schutzbereichs der Koalitionsfreiheit, also die **Freiheit zur Bildung** und **freien Betätigung** von unabhängigen Koalitionen, also Arbeitgeber- und Arbeitnehmervereinigungen. Die **Betätigungsfreiheit** umfasst die Förderung der Arbeits- und Wirtschaftsbedingungen und die Freiheit der gemeinsamen Verfolgung eines Zweckes (so bereits BVerfGE 4, 96, 106 – Koalitionsfreiheit). Zum Schutzbereich zählt auch die **Tarifautonomie,** also die Freiheit zum Abschluss von Tarifverträgen und zur Vereinbarung sonstiger Lohn- und Arbeitsbedingungen ohne staatlichen Einfluss. Auf dieser Grundlage kommt das Gericht zu dem Ergebnis, dass die erweiterte Mitbestimmung weder das Eigentum noch die Koalitionsfreiheit der Arbeitgeber unzulässig einschränke.

6 *b)* In einem Punkt hat das BVerfG sich allerdings seit 1979 korrigiert. Ging es im Mitbestimmungsurteil noch davon aus, dass Art. 9 III GG die Koalitionsfreiheit nur in ihrem „Kernbereich" schütze, so betont das Gericht jetzt den **umfassenden Schutz der Koalitionsfreiheit,** die allerdings durch Gesetz und verfassungsimmanente Schranken einschränkbar ist (seit BVerfGE 93, 352 – Mitgliederwerbung).

7 *c)* Eine Koalition ist eine **Vereinigung, die den Zweck hat, Arbeits- und Wirtschaftsbedingungen zu fördern.** Das trifft unstreitig auf Gewerkschaften und Arbeitgeberverbände zu; schwierig ist aber die Abgrenzung zu sonstigen Wirtschaftsverbänden, Kartellen oder Verbrauchervereinigungen.

8 *d)* Das BVerfG hat wichtige **weitere Voraussetzungen** für den sachlichen Schutzbereich formuliert: Die Koalition muss **von der Gegenseite unabhängig sein,** und es darf sich nicht um eine „Hausgewerkschaft" eines Konzerns handeln (**Überbetrieblichkeit;** BVerfGE 4, 96, 106 – Hutfabrik; BVerfGE 50; 290, 368 – Mitbestimmung). Wichtig ist auch die **Homogenität:** Die Interessen müssen einheitlich organisiert werden (Prinzip der **„Gegnerfreiheit";** BVerfGE 50, 290, 373 – Mitbestimmung; BVerfGE 58, 233, 249 – Deutscher Arbeitnehmerverband). Die **Tariffähigkeit** dagegen ist Ergebnis, nicht aber Voraussetzung der Koalitionsfähigkeit (BVerfGE 19, 303, 312 – Dortmunder Hbf).

9 *e)* Als **Individualrecht** schützt die Koalitionsfreiheit das Recht, eine Koalition zu bilden, einer vorhandenen Koalition beizutreten, in ihr zu verbleiben und tätig zu werden oder auch nicht beizutreten bzw. auszutreten. Geschützt ist also auch die **negative Koalitionsfreiheit** (BVerfGE 10, 89, 102 – Erftverband; BVerfGE 50, 290, 354, 367 – Mitbestimmung).

10 *f)* Als **kollektive Koalitionsfreiheit** schützt das Grundrecht aus der Sicht des jeweiligen Verbandes die Gründung und solche Tätigkeiten, die für den Erhalt und die Sicherung der Koalition unerlässlich sind (BVerfGE 57, 220, 246 – Bethel). Koalitionen verfügen über **Organisationshoheit, Personalhoheit** und **Satzungsautonomie.** Zum Kern der Koalitionsfreiheit gehören auch der Schutz von **Gewerkschaftsräumen** und die **Vertraulichkeit von Gewerkschaftsunterlagen** –

beide freilich durch die gesetzlichen Bestimmungen zur Strafverfolgung und das Recht von Untersuchungsausschüssen im Rahmen der Verhältnismäßigkeit einschränkbar (BVerfG, Kammer, NJW 1998, 893 – Beschlagnahme; BVerfGE 74, 7 – Untersuchungsausschuss „Neue Heimat"). Geschützt ist auch das Recht, zur Durchsetzung der Gegnerfreiheit Mitglieder auszuschließen, die sich in einen grundsätzlichen Gegensatz zu den Zielen der Koalition setzen (BVerfGE 100, 214, 221 – Ausschluss wegen Kandidatur auf einer „Gegenliste"). Zu den geschützten wesensmäßigen Haupttätigkeiten gehört die **Mitgliederwerbung** – auch im Betrieb und während der Arbeitszeit (BVerfGE 93, 352, 357) und unter Nutzung der betrieblichen e-mail Anschlüsse (BAG, NJW 2009, 1990), sowie der Einsatz für die Verbesserung der Arbeits- und Wirtschaftsbedingungen der Mitglieder und der Abschluss von Tarifverträgen. Nicht geschützt sind aber die Mitgliederwerbung in Uniform (VGH Kassel, LKRZ 2011, 471), (partei)politische Werbung im Betrieb (BVerfGE 42, 133, 138 – Wahlwerbung) und allgemeinpolitische Kampagnen (abzulehnen deshalb BAG, NJW 2010, 3322 – erlaubter Antikriegsaufruf des Betriebsrats in Rüstungsfirma).

g) Art. 9 III GG schützt – obwohl im Text nicht enthalten – als 11 Kernaussage der Koalitionsfreiheit auch die **Tarifautonomie.** Diese ist das Recht, Löhne und andere Arbeitsbedingungen durch freie Vereinbarung der Arbeitgeber und Arbeitnehmer zu regeln. (BVerfGE 20, 312, 317 – Tariffähigkeit von Handwerksinnungen). Dazu gehört nach h. L. auch die **Allgemeinverbindlicherklärung,** also die Übertragung auf nicht tarifgebundene Arbeitgeber und Arbeitnehmer (dazu Rn. 18 u. 21).

h) Aus verfassungsrechtlicher Sicht umfasst die Tarifautonomie 12 aber **keine Verbindlichkeit der Tarifergebnisse gegenüber dem Gesetzgeber.** Diese werden also keineswegs selbst Inhalt von Art. 9 III GG. Deshalb ist der Schutzbereich durch gesetzliche Bestimmungen zum Mindestlohn, zur Arbeitszeit und durch „Öffnungsklauseln" zugunsten betrieblicher Vereinbarungen nicht berührt (dazu Rn. 28).

i) Obwohl das **Streikrecht** und das **Recht zur Aussperrung** 13 (ebenso wie die Tarifautonomie) in Art. 9 III GG nicht ausdrücklich genannt sind, gehören auch sie unstreitig zum Schutzbereich des Grundrechts (BVerfGE 88, 103, 114 – Streikeinsatz von Beamten). Ebenso geschützt ist die **Aussperrung** als gleichberechtigtes „Gegengewicht" zum Streikrecht. Als „suspendierende" Aussperrung bedeutet sie die ggf. vorübergehende Aufhebung von Arbeitsverhältnissen auch nichtstreikender Arbeitnehmer (BVerfGE 84, 212, 255 – Arbeitskampf). Geschützt sind alle auf den Abschluss von Tarifverträgen gerichteten **Arbeitskampfmaßnahmen,** die erforderlich sind, um eine funktionierende Tarifautonomie sicherzustellen. Das gilt unter bestimmten Voraussetzungen auch für so genannte **„Warnstreiks",** mit denen eine Gewerkschaft den Eintritt in Tarifverhandlungen oder die Abgabe eines Angebots erzwingen will (BAG, NJW 1989, 57 – Warnstreik) – dies allerdings nur im Rahmen der Verhältnismäßigkeit. Unzulässig sind „flächendeckende" und solche Warnstreiks, die unter Umgehung der Urabstimmung den eigentlichen Arbeitskampf vorwegnehmen. Noch problematischer sind sogenannte „Unterstützungs- oder Sympathiestreiks", die räumlich, branchenmäßig oder wirtschaftlich vom Hauptarbeitskampf entfernt sind. Diese sind im Rahmen der Verhältnismäßigkeit nach der Rechtsprechung des BAG (NZA 2007, 1055) zulässig. Diese Auffassung ist abzulehnen, da sie dazu führt, dass am Tarifkonflikt unbeteiligte Arbeitgeber belastet werden. Nicht in den Schutzbereich fallen auch unfriedliche Betriebsstörungen, Blockaden und sog. „flashmobs" (dazu Rn. 29).

14   *j)* **Nicht zum Schutzbereich** gehört auch der so genannte **„politische Streik".** Hier ist der Gegner nicht der Tarifpartner, und das Ziel ist nicht die Verbesserung der Arbeits- und Wirtschaftsbedingungen, sondern es geht darum, durch den Streik Druck auf den Gesetzgeber – z. B. bei der Gesundheitsreform oder gegen die Reform des Kündigungsschutzes – zu erzeugen.

15   **2. Personeller Schutzbereich.** Träger der **individuellen Koalitionsfreiheit** sind alle Arbeitnehmer und Arbeitgeber (BVerfGE 84, 212, 244 – Arbeitskampf) – auch Ausländer und Minderjährige. Voraussetzung ist also die Ausübung eines Berufs. Träger der **kollektiven Koalitionsfreiheit** ist die Koalition selbst, also vor allem Gewerkschaften und Unternehmerverbände; für den Bereich seiner Tätigkeit auch der einzelne Betriebsrat (*Ellenbeck,* Die Grundrechtsfähigkeit des Betriebsrats [1996]). Voraussetzung sind aber Dauer und ein Mindestmaß an Durchsetzungsfähigkeit (BVerfGE 58, 233 – Tariffähigkeit; BAG NJW 2011, 1386). Auch **juristische Personen** können – auf Arbeitgeber- wie auf Arbeitnehmerseite – Träger des Grundrechts sein. Träger kann auch eine Koalition von Beschäftigten der Gewerkschaften selbst („Gewerkschaft in der Gewerkschaft") sein (BAG, NJW 1999, 2691).

Träger der individuellen Koalitionsfreiheit sind **auch Beamte**. Sie können selbstverständlich einer Gewerkschaft beitreten und gewerkschaftliche Arbeit im Rahmen ihrer dienstlichen Verpflichtungen unterstützen. Der Schutzbereich ihres Grundrechts umfasst lediglich **nicht das Streikrecht**. Dies ist durch die hoheitliche Funktion und die hergebrachten Grundsätze des Beamtenverhältnisses (Art. 33 V GG) gerechtfertigt. Die von vielen erwartete Korrektur durch den EGMR ist bisher ausgeblieben (EGMR, NVwZ 2000, 421; OVG Münster, NVwZ 2012, 890; OVG Lüneburg, NVwZ 2012, 1272 (LS); *Werres*, DÖV 2011, 873; *Lindner*, DÖV 2011, 305; a. A. *Polakiewicz/Kessler*, NVwZ 2012, 841). Da sich Streiks im öffentlichen Dienst auch bei Nichtbeamten immer gegen die Öffentlichkeit, also z. B. gegen Gesundheit und Wohlergehen aller Bürger, richten, kommen sie auch im Übrigen nur als ultima ratio in Betracht.

3. Grundrechtsadressat. Grundrechtsadressat ist wie bei allen anderen Grundrechten zunächst der Staat. Dieser darf die Koalitionsfreiheit nicht unangemessen behindern. Grundrechtsadressaten können aber auch Arbeitgeber- und Arbeitnehmerverbände selbst sein, wenn es um die negative Koalitionsfreiheit der Mitglieder geht. Das ist der durch Art. 9 III GG ausdrücklich geregelte einzige Fall der **unmittelbaren Drittwirkung** eines Grundrechts. 16

4. Verhältnis zu anderen Grundrechten. Die Koalitionsfreiheit ist Spezialgrundrecht zur allgemeinen Vereinigungsfreiheit des Art. 9 I GG und – im Hinblick auf die geschützten Koalitionstätigkeiten – auch zu Art. 5 GG und Art. 8 GG. So fällt die Kundgebung der Gewerkschaft im Betrieb in den Schutzbereich von Art. 9 III GG; Art. 8 GG und Art. 5 I 1 GG treten zurück. Kommt es zu öffentlichen Versammlungen, so steht allerdings Art. 8 GG neben Art. 9 III GG. Für die hauptberufliche Tätigkeit der Verbandsfunktionäre gilt Art. 12 GG – ggf. neben Art. 9 III GG. Ähnliches gilt für den Schutz des Gewerkschaftseigentums (zusätzlich geschützt durch Art. 14 GG). 17

III. Eingriffe

Direkte und unmittelbare Eingriffe in die Koalitionsfreiheit liegen vor, wenn die geschützte Tätigkeit der Koalitionen einschließlich der Ausübung des Streikrechts verboten oder beeinträchtigt wird, bzw. wenn staatliche Gerichte das entsprechende Verhalten nicht sanktionieren. Auch der Einsatz von **Beamten** auf bestreikten Ar- 18 beitsplätzen wurde durch das BVerfG als in der Regel nicht gerechtfertigter Eingriff in das Streikrecht gewertet (BVerfGE 88, 103, 113). Ebenso stellen das Verbot von Streiks oder Aussperrungen, die Zwangsschlichtung von Arbeitskämpfen und andere Formen der staatlichen Einflussnahme auf den Arbeitskampf Eingriffe in Art. 9 III GG dar. Auch das Aussperrungsverbot in Art. 29 V der Hessischen Landesverfassung ist ein Eingriff, der aber nach dem Grundsatz „Bundesrecht bricht Landesrecht" – Art. 31 GG – zur Unwirksamkeit des Landesrechts führt (BVerfGE 84, 212, 225 – Aussperrung; BAG, NJW 1989, 186).

Umstritten ist die Einordnung der **Allgemeinverbindlicherklärung von Tarifverträgen.** Sie soll nach BVerfGE 44, 322, 352 kein Eingriff in die Koalitionsfreiheit derjenigen Arbeitgeber und Arbeitnehmer sein, die am Abschluss des Tarifvertrags nicht beteiligt waren. Richtiger dürfte es sein, hier von einem Grundrechtseingriff zu sprechen, der aber zur Durchsetzung der Tarifautonomie insgesamt und aus Gründen der Gleichbehandlung gerechtfertigt sein kann.

19   Die Koalitionsfreiheit gehört zu den Grundrechten, die in besonderer Weise **gesetzlicher Ausgestaltung** bedürfen. Diese ist Konkretisierung, nicht Eingriff in das Grundrecht. Die Koalitionsfreiheit wird nur ausgestaltet, wenn gesetzliche Regeln ihre Institutionen und Verfahren konkretisieren. Das wäre etwa bei einem (in Deutschland nicht vorhandenen) Arbeitskampfgesetz der Fall, aber auch bei Teilen des Betriebsverfassungs- bzw. Personalvertretungsgesetzes.

IV. Verfassungsrechtliche Rechtfertigung – Schranken

20   **1. Kein Gesetzesvorbehalt, aber Verfassungsauftrag zu mehr Gesetzgebung.** Art. 9 III GG enthält keinen Gesetzesvorbehalt. Der Gesetzgeber darf also nur zum Schutz verfassungsimmanenter Schranken in die Koalitionsfreiheit eingreifen (BVerfGE 84, 212, 223 – Aussperrung).

Gleichwohl muss der Gesetzgeber auch bei diesem Grundrecht die für die Ausübung des Grundrechts **wesentlichen** Bestimmungen selbst treffen und darf sie weder der Exekutive noch dem Richterrecht überlassen. Deshalb ist es verfassungsrechtlich bedenklich, dass in der Bundesrepublik die zentralen Fragen der Koalitionsfreiheit, nämlich Streik, Arbeitskampf, Tarifvertrag usw., aus politischen Gründen bisher keine gesetzliche Regelung gefunden haben. Allerdings hat die Rechtsprechung dies insofern hingenommen, als sie in solchen Maßnahmen keinen Grundrechtseingriff sieht und die Ausgestaltung durch Richterrecht (insbesondere des BAG) als ausreichend ansieht (BVerfGE

84, 212, 226 – Aussperrung; BVerfGE 88, 103, 115 – Beamteneinsatz bei Streiks). Das ändert aber nichts an der Bedenklichkeit des bestehenden Zustands (*Engels*, Verfassung und Arbeitskampfrecht. Verfassungsrechtliche Grenzen arbeitsgerichtlicher Arbeitskampfjudikatur [2008]).

2. Verfassungsimmanente Schranken. Es gehört zu den unausweichlichen Folgen des Arbeitskampfes, dass durch Streik und Aussperrung Druck auf die „Gegenseite" ausgeübt und diese möglicherweise geschädigt wird. Ebenso gehört es zu den nahezu unvermeidbaren Besonderheiten des Streikrechts, dass bei dessen Ausübung auch Dritte (Kunden, Fahrgäste, Lieferanten usw.) geschädigt werden können. Deren Rechte dürfen nicht einfach als verfassungsimmanente Schranken des Streikrechts in Stellung gebracht werden (*Fastrich*, FS Richardi [2007], 127 ff.). Rechte Dritter spielen aber eine Rolle bei der Frage, ob ein Streik verhältnismäßig ist, so z. B., wenn ein Streik im Bereich der Müllabfuhr zu Gesundheitsgefahren für die Bevölkerung führt. Zulässige Einschränkungen der Koalitionsfreiheit können sich ferner aus der Wissenschaftsfreiheit für die Universitäten (BVerfGE 94, 268 – Befristete Arbeitsverhältnisse für wissenschaftliche Mitarbeiter) und aus der Presse- und Rundfunkfreiheit ergeben. So muss jeder Einfluss des Personalrats auf wissenschaftliche Entscheidungen im Hochschulbereich (einschließlich der Auswahl des wissenschaftlichen Personals) und auf den Inhalt von Rundfunksendungen ausgeschlossen sein (BVerfG, Kammer, NJW 2000, 1711). Ähnliche Schranken ergeben sich aus dem kirchlichen Selbstbestimmungsrecht (Art. 140 GG i. V. m. Art. 137 WRV; dazu BVerfGE 57, 220, 224 und oben § 23, Rn. 14). Beschränkungen der Koalitionsfreiheit für Beamte können aus Art. 33 V GG gerechtfertigt sein. Auch für die kollektive Koalitionsfreiheit ergeben sich hier Schranken (BVerfGE 19, 303, 322 – Dortmunder Hbf).

Eine verfassungsimmanente Schranke kann auch die **Koalitionsfreiheit selbst** darstellen. So dürfen Arbeitskampfmaßnahmen mit dem Ziel der Herstellung des Verhandlungsgleichgewichts bei Tarifauseinandersetzungen beschränkt werden. Auch dürfen Lohnersatzleistungen gekürzt oder gestrichen werden (§ 116 III AFG), wenn sie dazu führen, dass die Waffengleichheit im Arbeitskampf beeinträchtigt wird (BVerfGE 92, 365, 393 ff. – Kurzarbeitergeld). Interessanterweise mobilisiert hier die Rechtsprechung den **Verhältnismäßigkeitsgrundsatz** als Schranke für Arbeitskampfmaßnahmen. **Tariföffnungsklauseln** in Gesetzen sind zwar ein Eingriff in die Tarifautonomie, können aber zum Schutz kleinerer Betriebe und nicht organisierter Arbeitgeber und Arbeitnehmer gerechtfertigt sein (*Hromadka*, NJW 2003, 1273). Um eine Tariföffnungsklausel im weiteren Sinne ging es auch beim Streit um das

"Zweitregister für die Hochseeschifffahrt". Dieses sollte deutschen Reedern ermöglichen, deutsche Seeleute tarifunabhängig zu beschäftigen und damit Anreize zum "Ausflaggen" der Schiffe in Billigländer beseitigen. Das BVerfG hat diese Regelung gebilligt (BVerfGE 92, 26, 38). Bei ihrer grundsätzlich geschützten **Mitgliederwerbung** muss eine Gewerkschaft die Grenzen der Fairness achten und darf nicht auf die Existenzvernichtung einer anderen Koalition zielen (BAG, NJW 2005, 3019 – Mitgliederwerbung). Auch die Allgemeinverbindlicherklärung von Tarifverträgen ist nach Auffassung des BVerfG durch die Tarifautonomie selbst gerechtfertigt (BVerfGE 44, 322, 352 – Allgemeinverbindlichkeitserklärung).

V. Besondere Schutzfunktionen

22   Im objektivrechtlichen Sinne ist der Staat verpflichtet, die Koalitionsfreiheit zu schützen und solche Regelungen zu schaffen, die die Grundrechtsträger in die Lage versetzen, die verfassungsrechtlich gewährleistete Koalitionsfreiheit auch real ausüben zu können.

Dagegen macht es wenig Sinn, die Koalitionsfreiheit als **institutionelle Garantie** zu bezeichnen (anders *Kersten*, Neues Arbeitskampfrecht [2012]). Auch **leistungsrechtliche Dimensionen** lassen sich aus der Koalitionsfreiheit nicht ableiten. So muss der Staat nicht dafür Sorge tragen, dass Gewerkschaften und Arbeitgeberverbände über hinreichende Mittel in ihrer "Streikkasse" verfügen. Leistungs- und Freistellungsansprüche der Arbeitnehmervertreter sind nicht verfassungsrechtlich gewährleistet, sondern Gegenstand von gesetzlichen Regelungen und Tarifvereinbarungen. Diese konkretisieren auch den **Grundrechtsschutz durch Verfahren** im Sinne von Chancengleichheit, Offenheit und Transparenz. Zum verfahrensrechtlichen Schutz dürfte auch die gerichtliche Durchsetzbarkeit von Unterlassungsansprüchen gegenüber tarifwidrigen betrieblichen Regelungen gehören (BAG, NJW 1999, 3281).

23   Die Koalitionsfreiheit prägt auch im Wesentlichen die zivilrechtlichen Bedingungen der Arbeitsverhältnisse und entfaltet insofern **mittelbare Drittwirkung.** Zivilrechtliche Vereinbarungen, die die Koalitionsfreiheit beschränken, sind schon nach dem Wortlaut von Art. 9 III 2 GG nichtig. Das ist der einzige durch die Verfassung selbst angeordnete Fall **unmittelbarer Drittwirkung.** So können Arbeitgeber und Arbeitnehmer keine Vereinbarung treffen, nach der in einem Betrieb nur die Mitglieder einer bestimmten Gewerkschaft Arbeit finden ("closed shop"). Ebenso ausgeschlossen ist es, die Einstellung vom vorherigen Austritt aus einer Gewerkschaft abhängig zu machen (BAG, NJW 1987, 2893).

VI. Die internationale und europäische Perspektive

Im internationalen Kontext genießt die Koalitionsfreiheit einen hohen Stellenwert. So gewährleistet **Art. 23 Nr. 4 AEMR** das Recht eines jeden Menschen, *„zum Schutz seiner Interessen, Berufsvereinigungen zu bilden und solchen beizutreten"*. Dazu rechnet der UN-Ausschuss für Menschenrechte (NJW 1987, 3065) allerdings nicht das Streikrecht. **Art. 22 I IPBPR** gewährleistet neben der allgemeinen Vereinigungsfreiheit auch das Recht, Gewerkschaften zu bilden und diesen beizutreten. Einschränkungen werden allerdings den Mitgliedsstaaten überlassen. Der traditionelle Zusammenhang von Vereinigungs- und Koalitionsfreiheit wird auch in der EMRK gewahrt. So gewährleistet **Art. 11 EMRK** allen Menschen das Recht, sich frei mit anderen zusammenzuschließen, *„einschließlich des Rechts, zum Schutz ihrer Interessen Gewerkschaften zu bilden und diesen beizutreten"*. Der EGMR hat zu diesem Menschenrecht mehrfach entschieden, insbesondere „closed-shop-Regelungen" ausgeschlossen (EGMR, NJW 1982, 2717). 24

Im **europäischen Gemeinschaftsrecht** ist die **Europäische Sozialcharta** zu beachten, die für Arbeitgeber und Arbeitnehmer die Koalitionsfreiheit gewährleistet, aber auch gewisse Einschränkungen zulässt. Im Übrigen erfasst das Europarecht die Koalitionsfreiheit als Teil der Vereinigungsfreiheit – in der EuGRCh in enger Nachbarschaft zur Versammlungsfreiheit (Art. 12). 25

Besonders heikel ist das Verhältnis von Arbeitskampfrecht und **Grundfreiheiten**. Der EuGH schien zunächst der Dienstleistungsfreiheit (Art. 56 AEUV) größeres Gewicht einzuräumen als der Tarifautonomie. So hat er die Ausrichtung von öffentlichen Vergabeentscheidungen an der Tariftreue der Bewerber für unzulässig erklärt (EuGH, NJW 2008, 3485 – Ruffert). In den Entscheidungen „Viking" (NZA 2008, 124) und „Laval" (NZA 2008, 159) hat der EuGH dann zwar erstmals das Recht auf kollektive Arbeitskampfmaßnahmen als europäisches Grundrecht anerkannt, aber gleichzeitig die Bindung der Gewerkschaften an die Grundfreiheiten betont. Insbesondere hat er Streiks und Blockademaßnahmen zur Verhinderung von Standortverlagerungen oder zur Durchsetzung von über das europäische Recht hinausgehenden Mindestarbeitsbedingungen teilweise verboten. (Eher unbestimmt auch EuGH, NJW 2010, 2563). Diese Entscheidungen bedeuten praktisch eine Überlagerung des deutschen Arbeitskampfrechts durch Europarecht und sind damit auch für die deutsche Entwicklung von größter Bedeutung (dazu *Schubert,* RdA 2008, 289). **Literatur:** *Sagan,* Das Gemeinschaftsgrundrecht auf Kollektivmaßnahmen – eine dogmatische Analyse des Art. 28 der EuGRCh (2008).

VII. Aktuelle Fälle und Probleme

26 **1. Gesetzliche Mindestlöhne?** Das Thema „Gesetzlicher Mindestlohn" ist als sozialpolitische Forderung weiterhin hochaktuell. Anders als im Normalfall der Koalitionsfreiheit werden die Löhne hier nicht durch Tarifvereinbarungen, sondern durch den Gesetzgeber bestimmt. Während die Befürworter anführen, Mindestlöhne müssten Lohndumping verhindern und sicherstellen, dass Menschen von ihrer Vollzeitarbeitsstelle leben können, halten die Gegner Mindestlöhne für wirtschaftspolitisch schädlich und sehen in ihnen teilweise auch einen Verstoß gegen die Tarifautonomie. Verfassungsrechtliche Bedenken ergeben sich aber weniger aus Art. 9 III GG – der Gesetzgeber kann Tarife und Lohnersatzleistungen regeln – als vielmehr aus Art. 12, Art. 14 GG und Art. 3 GG, weil undifferenzierte Mindestlöhne zu Lohnzahlungen zwingen, die nicht der Produktivität entsprechen, den Wettbewerb massiv beeinträchtigen können und auf regionale und strukturelle Unterschiede nicht hinreichend Rücksicht nehmen. Deshalb hat sich der Gesetzgeber bisher zu Recht mit flächendeckenden Mindestlöhnen zurückgehalten und mit der Neufassung des Arbeitnehmer-Entsendegesetz (AEntG) und der Änderung des Mindestarbeitsbedingungengesetzes (MiArbG) die Möglichkeit geschaffen, in einigen Branchen „tarifvertragsähnliche" Mindestlöhne durch paritätisch besetzte Kommissionen auszuarbeiten und diese durch RVO für allgemeinverbindlich zu erklären. Das scheint auch aus verfassungsrechtlicher Sicht vorzugswürdig.

Literatur: *Engels,* Verfassungsrechtliche Determinanten staatlicher Lohnpolitik, JZ 2008, 490; *M. E. Fischer,* Gesetzlicher Mindestlohn – Verstoß gegen die Koalitionsfreiheit? ZRP 2007, 20 (Verstoß gegen Koalitionsfreiheit wird bejaht); *Forkel,* Ein gesetzlicher Mindestlohn ist mit dem Grundgesetz nicht vereinbar, ZRP 2010, 115; *Klebeck,* Grenzen staatlicher Mindestlohntarifstreckung, NZA 2008, 446; *Waltermann/Löwisch,* Pro und Contra zum gesetzlichen Mindestlohn, ZRP 2011, 95.

27 **2. Tarifautonomie zwischen Tarifeinheit und Spartenstreiks von Ärzten, Piloten, Lokführern.** Tarifautonomie ist die kollektive Ausübung der Koalitionsfreiheit. Im Idealfall stehen sich Arbeitgeber und Arbeitnehmer als geschlossene Gruppen gegenüber und handeln am Ende eines Tarifkonflikts einen neuen Tarifvertrag aus, der dann zuverlässig alle Beteiligten für einen bestimmten Zeitraum bindet und für seine Laufzeit Arbeitgeber sowie unbeteiligte Dritte vor Streiks und anderen Kampfmaßnahmen bewahrt. Deshalb hatte das BAG den **Grundsatz der Tarifeinheit** entwickelt, nach dem in einem Betrieb immer nur ein Tarifvertrag Geltung beanspruchen kann und

Streikmaßnahmen kleinerer Gewerkschaften schon deshalb unverhältnismäßig sind, weil ihr Ergebnis letztlich nicht verbindlich werden könnte (BAG, NZA 1991, 202, 204; BAG, NZA 1991, 736; BAG, AP Nr. 28 zu § 4 TVG Tarifkonkurrenz; allg. auch *Meyer,* DB 2006, 1271).

Als Kehrseite des Prinzips zeigte sich dann aber, dass einheitliche Tarifverträge auf Arbeitgeber- wie auf Arbeitnehmerseite immer weniger den Interessen einzelner spezialisierter Gruppen gerecht wurden. Deshalb scherten auf Arbeitgeberseite kleinere Unternehmen und ganze Branchen aus den Einheitstarifverträgen aus, und auf Arbeitnehmerseite setzten zuerst die Ärzte mit dem „Marburger Bund" und die Piloten mit ihrer eigenen Spartengewerkschaft „Cockpit" deutlich höhere Tarifabschlüsse durch. Das war aus der Sicht der Tarifautonomie noch hinnehmbar, weil es sich hier zum einen um hoch spezialisierte und hoch qualifizierte Gruppen handelt, die von anderen Gruppen in denselben Unternehmen klar abgrenzbar sind und deshalb das Tarifgefüge als solches nicht gefährdeten. Der Konflikt eskalierte 2007 im monatelang dauernden Arbeitskampf der Gewerkschaft der Lokführer (GdL) mit der Deutschen Bahn, der explizit auf einen „eigenständigen Tarifvertrag" gerichtet war und einen mit den damaligen Mehrheitsgewerkschaften ausgehandelten Tarifvertrag nicht anerkannte. Im Kern ging es um die Konkurrenz zu den übrigen Gewerkschaften. Außerdem war die Gruppe der Lokführer nicht herausgehoben qualifiziert und auch nicht abgrenzbar, denn die GdL erhob den Anspruch, auch andere Gruppen des fahrenden Bahnpersonals zu vertreten. Inzwischen hat das BAG den Grundsatz der Tarifeinheit verabschiedet und damit die Wahrung einer funktionierenden Tarifautonomie dem Gesetzgeber übertragen (BAG, NZA 2010, 645; dazu *Boemke,* JuS 2010, 1112). Ob dieser diese Aufgabe erfüllen wird, ist derzeit offen. Zwischenzeitlich haben sich die Befürchtungen bestätigt, dass kleine, aber hochspezialisierte und deshalb mit hohem Störpotential versehene Gruppen wie die Vorfeldlotsen am Frankfurter Flughafen, die Schleusenwärter an Wasserstraßen und die Flugbegleiter der Lufthansa ein Unternehmen unverhältnismäßig schädigen und die Infrastruktur in wichtigen Bereichen lahmlegen können. Deshalb erklingt der Ruf an den Gesetzgeber umso deutlicher, die Tarifeinheit auf gesetzlichem Weg wiederherzustellen.

Eigener Standpunkt: Gerade die geschilderten Auseinandersetzungen zeigen, dass das Prinzip der Tarifeinheit keineswegs überholt, sondern sogar **unentbehrlich für das Funktionieren der Tarifautonomie** ist. Die Forderung nach „eigenständigen Tarifverträgen" zielt letztlich auf eine nach Art. 9 III 2 GG explizit ausgeschlossene Abrede zur Besserstellung der eigenen Gewerkschaftsmitglieder gegenüber Mitgliedern anderer Gewerkschaften und damit auf eine Ungleichbehandlung der Arbeitnehmer je nach Gewerkschaftszugehörigkeit. Auch zerstört sie zu Lasten der Arbeitgeber die Parität der „Kampfmittel" und die Verlässlichkeit einmal geschlossener Tarifverträge, weil jeder Tarifabschluss mit der Minderheitengewerkschaft neuen Zündstoff und neue Auseinandersetzungen schafft und letztlich diejenigen Gruppen prämiert, die auf Grund ihrer Spezialisierung mit dem höchsten Störpotential versehen sind. Gerade im Bereich der öffentlichen Infrastruktur hätten es damit solche Gruppen in der Hand, erhebliche Gemeinwohlbelange und den in Art. 87e und in Art. 87f GG ausdrücklich hervorgehobenen Sicherstellungsauftrag für die Eisenbahnen und das Postwesen zur Durchsetzung rein gruppenegoistischer Ziele zu gefährden. Unvorstellbar wäre ein „Spartenstreik" durch die inzwischen auch in einer eigenen Spezialgewerkschaft organisierten Feuerwehrleute.

Eine gesetzliche Regelung sollte deshalb den Grundsatz der Tarifeinheit nicht abschaffen, sondern neu fassen und mit neuen Gründen versehen. Bestehen mehrere Gewerkschaften in einem Betrieb, so müssen sich diese vor einem Arbeitskampf abstimmen, und im Ergebnis muss es zumindest zu einem einheitlichen „Dachvertrag" kommen, unter dem gruppenbezogene Einzelvereinbarungen möglich bleiben könnten. Insofern bilden die Tarifautonomie selbst und Art. 9 III 2 GG verfassungsimmanente Schranken des individuellen Streikrechts.

Der ganze Streit zeigt im Übrigen, dass zumindest im Bereich der öffentlichen Infrastruktur dringend über neue Formen der Konfliktlösung wie ein besonderes Mediationsverfahren nachgedacht werden muss, die an die Stelle der archaischen Kampfrituale treten und auch die bedrohten Gemeinwohlbelange einbeziehen müssen.

Literatur: *Franzen/Thüsing/Waldhoff*, Arbeitskampf in der Daseinsvorsorge (2012); *Fritz*, Der verpasste Königsweg im Bahnkonflikt: Mediation, NJW 2008, 2312; *Höfling/Engels*, Der „Bahnstreik" – oder: Offenbarungseid des Arbeitskampfrichterrechts?, NJW 2007, 3102; *Konzen*, Die Kodifikation der Tarifeinheit im Betrieb, JZ 2010, 1036; *Koop*, Das Tarifvertragssystem zwischen Koalitionsmonopolismus und Koalitionspluralismus (2009); *Schliemann*, Streik in der Daseinsvorsorge, RdA 2012, 14; *Wolf/Jacobs*, Pro und Contra: Tarifeinheit gesetzlich regeln?, ZRP 2010, 199

28 **3. „Flashmobs" und andere außergewöhnliche Arbeitskampfmaßnahmen.** Arbeitskampfmassnahmen beschränken sich nicht mehr auf traditionelle Mittel wie Streik und Aussperrung. Gerade in Branchen mit geringem Organisationsgrad und folglich geringer Schlagkraft der Gewerkschaften nutzen diese das Internet, um spontan Sympathisanten in einen Betrieb zu rufen, die durch Scheinkäufe und die Blockade von Kassen denselben lahm legen. Wer solche „Aktionen" – zutreffend – schlicht als Hausfriedensbruch betrachtete, wurde zwischenzeitlich durch ein Urteil des BAG, NZA 2009, 1347, überrascht, dass „flashmobs" zulässige und durch Art. 9 Abs. 3 GG geschützte Arbeitskampfmaßnahmen seien. Aus verfassungsrechtlicher Sicht ist das nicht nachvollziehbar, denn solche Aktionen sind weder Streik noch eine sonstige Form des Arbeitskampfes. Selbst wenn sie vom Schutzbereich erfasst wären, stände ihnen der Schutz des Eigentums und die Grundsätze der Kampfparität und der Ver-

hältnismäßigkeit entgegen (So auch *Säcker/Mohr,* JZ 2010, 440; teilw. anders *Greiner,* NJW 2010, 2977). Deshalb ist es zu begrüßen, dass gegen das BAG-Urteil eine Verfassungsbeschwerde anhängig ist.

Literatur zu § 37 – Koalitionsfreiheit: *Britz/Volkmann,* Tarifautonomie in Deutschland und Europa (2003); *von Danwitz,* Koalitionsfreiheit, HdbGr V, § 116; *Döttger,* Der Schutz tariflicher Normsetzung (2003); *A. Engels,* Verfassung und Arbeitskampfrecht. Verfassungsrechtliche Grenzen arbeitsgerichtlicher Arbeitskampfjudikatur (2008); *Hergenröder,* Kommentierung zu Art. 9 in: Henssler u. a., Arbeitsrechtskommentar, 5. Aufl. (2012), Rn. 258 ff.; *Kittner,* Arbeitskampf. Geschichte, Recht, Gegenwart (2005); *Pieroth,* Koalitionsfreiheit, Tarifautonomie und Mitbestimmung, FS 50 Jahre BVerfG (2001) II, 293; *Richardi,* Das Grundrecht der Koalitionsfreiheit im Wandel der Zeit, FS. R. Scholz (2007), 337; *R. Scholz,* Koalitionsfreiheit, HdbStR VIII, § 175.

§ 38 Der Schutz des Eigentums und des Erbrechts (Art. 14 GG)

I. Allgemeines

1. Entstehung und geschichtliche Entwicklung. Das Eigentum ist 1 eins der ältesten Rechte des Menschen überhaupt. Im **Mittelalter** stellte es nicht nur die Grundlage zivilrechtlicher Ansprüche im heutigen Sinne, sondern die Basis aller „öffentlichen" Macht dar. Für die Philosophen der Aufklärung von *Thomas Hobbes* über *John Locke* bis zu *Immanuel Kant* diente die Staatsgründung der Sicherung und dem Schutz der persönlichen Freiheit **und** des Eigentums. Es war also **nicht** der Staat, der das Eigentum schuf; es waren die in ihrem Eigentum gefährdeten Bürger, die sich im Staat zum Schutz von *„liberty and property"* zusammenschlossen. Freiheit und Eigentum wurden in gewissem Sinne sogar als identisch betrachtet. So erlangte das Eigentum in der Verfassungsgeschichte einen der Freiheit der Religion gleichgewichtigen Stellenwert – so in der **Bill of Rights von Virginia** und in der **Déclaration von 1789** *(„inviolable et sacré").* Aber auch die Kritik am Eigentum als Grund menschlicher Entfremdung vom paradiesischen Urzustand in der Philosophie *Rousseaus* ist eine Idee der Aufklärung. Schon in den klassischen Verfassungstexten wurde das Problem von Enteignung und Entschädigung gesehen und geregelt – so auch in § 164 I der **Paulskirchenverfassung,** die das Eigentum als unverletzlich bezeichnete und damit dessen traditionelle naturrechtliche Begründung aufnahm. Eine Enteignung wurde *„aus Rücksicht des gemeinen Besten"* auf gesetzlicher Grundlage und gegen eine gerechte Entschädigung zugelassen. Insofern haben sich die Grundvoraussetzungen der Enteignung bis heute nicht geändert.

In **Art. 153 WRV** wurden dann nicht nur die klassische Eigentumsgewährleistung und die Voraussetzungen der Enteignung aufgenommen, sondern die

Notwendigkeit einer angemessenen Entschädigung nur unter den Vorbehalt gestellt „*soweit nicht ein Reichsgesetz etwas anderes bestimmt*" (Art. 153 II 2 WRV). Das Erbrecht wurde in Art. 154 WRV von vornherein nur nach Maßgabe des bürgerlichen Rechtes gewährleistet, also faktisch unter Vorbehalt der Inhaltsbestimmung gestellt. Im Hinblick auf das Eigentum in der Zeit des **Nationalsozialismus** ist noch immer zu hören, der Nationalsozialismus habe zwar andere Freiheitsrechte beseitigt, das bürgerliche Eigentum aber unangetastet gelassen. Das ist schlicht falsch. Schon in der Reichstagsbrandverordnung vom 28.2.1933 wurde neben anderen Verfassungsbestimmungen auch Art. 153 WRV außer Kraft gesetzt und der Zugriff des Staates, vor allem auf das Eigentum von Minderheiten, Regimegegnern und Emigranten, ermöglicht (dazu *von Brünneck*, KritJ 12 [1979], 151 ff.). Die völkisch-rassistische Eigentumslehre kam u. a. im Reichserbhofgesetz zum Ausdruck, das große Teile der Landwirtschaft der freien Verfügung der Eigentümer entzog. Auch im Übrigen machten die Nationalsozialisten Front gegen das individualistische Rechtsdenken und propagierten das von der Gemeinschaft zugeteilte Eigentum (Näheres bei *Wieland*, in: Dreier, GG, Art. 14, Rn. 9 ff.).

2   Der **Parlamentarische Rat** nahm die Formulierung von Art. 153 WRV auf und fasste Eigentum und Erbrecht in einem Artikel zusammen. In den Diskussionen spielte der Unterschied zwischen dem der persönlichen Lebenshaltung und der eigenen Arbeit dienenden Eigentum und dem Anteilseigentum bereits eine große Rolle. Zugleich gab es Stimmen, die – wie der Sozialdemokrat *Carlo Schmid* – die aus der Natur fließende Definition des Eigentumsinhalts ablehnten und das Eigentum grundsätzlich in die Konkretisierungsbefugnis des Gesetzgebers stellen wollten. Deshalb war auch die Frage der entschädigungslosen Enteignung durchaus in der Diskussion. In der Formulierung „angemessene Entschädigung" kamen sowohl das Bestreben, auch grundlegende Umstrukturierungen der Wirtschaft und Bodenreformen zu ermöglichen, als auch die traditionelle Entschädigungspflicht zum Ausdruck.

3   **2. Aktuelle Bedeutung.** In der Entwicklung seit 1949 spiegeln sich die beiden Grundlinien des verfassungsrechtlichen Eigentumsschutzes. Soweit das auf eigener Leistung begründete, der individuellen Lebensführung dienende Eigentum angesprochen war, klang die naturrechtliche Begründung des Eigentums als Freiheitsvoraussetzung nach und wurde im Wesentlichen auch ganz im klassisch-liberalen Sinne interpretiert. Ging es aber um Anteilseigentum an wirtschaftlichen Unternehmen, um Bodenschätze und um die wirtschaftliche Nutzung des Eigentums, dann stand oft die traditionelle Eigentumskritik im Mittelpunkt und dem Staat wurde eine sehr viel weitergehende Einwirkungsbefugnis eingeräumt. Sinnfällig wurde die „je-desto"-Formel aus dem Urteil des BVerfG zur paritätischen **Mitbestimmung (BVerfGE 50, 290, 322):** Je mehr das Eigentum in seinem wirtschaftlichen und sozialen Bezügen steht, desto größer wird der

Anspruch des Staates auf inhaltliche Konkretisierung und Sozialbindung.

Die durchaus bestehenden politischen und sozialen Spannungen im Hinblick auf Art. 14 GG werden auch bis in die Gegenwart immer wieder deutlich: Während die Einen beklagen, angesichts einer ausufernden Gesetzgebung sei vom Kern des Eigentums nicht viel übrig geblieben, bedauern die Anderen, der sozial gestaltende und das Eigentum in die Pflicht der Gemeinschaft nehmende Kern des Art. 14 GG sei durch die neoliberale Entwicklung der Bundesrepublik zurückgedrängt worden.

Unabhängig davon ist jedenfalls zu konstatieren, dass sich das klassische Bild vom Eigentum als Grundlage individueller Freiheit (so etwa noch BGH 6, 270 ff.; *Leisner*, Eigentum – Grundlage der Freiheit [1994]), also sozusagen des *„Eigentümers auf seiner Scholle"*, gewandelt hat. Außerhalb der Landwirtschaft, des Handwerks und der mittelständischen Unternehmen leben Menschen heute zumeist nicht mehr von ihrem Eigentum. In der arbeitsteiligen Wirtschaft sind es vielmehr Ausbildung, Arbeitsplatz, Ansprüche an die sozialen Sicherungssysteme, die zur materiellen Grundlage individueller Freiheit geworden sind. Aktien- und Investmentfonds sind für viele an die Stelle des klassischen Eigentums am Unternehmen getreten. Angestellte Manager haben die Verwaltung des Anteilseigentums übernommen. Selbst der „Schrebergarten" dient heute mehr der Freizeitgestaltung als der Sicherung der persönlichen Existenz (BVerfGE 52, 1, 29). Auch hat das BVerfG den Begriff der Enteignung immer enger gefasst (dazu Rn. 20).

Das alles heißt aber keineswegs, dass das Eigentum als wichtiges Freiheitsrecht vernachlässigt werden dürfte. Auch die erkennbaren Probleme der sozialen Sicherungssysteme zeigen, dass selbst die klassische Funktion des Eigentums als Existenzsicherung nicht überholt ist. Nicht umsonst wird vom „eigenen Haus als Alterssicherung" gesprochen und die Teilhabe an der Rentenversicherung wird mit Art. 14 GG in Verbindung gebracht. Schon gar nicht steht das Eigentum uneingeschränkt zur Disposition des Gesetzgebers. So ist spätestens seit dem Urteil zum rheinland-pfälzischen Denkmalschutzgesetz (BVerfGE 100, 226) auch in der Rechtsprechung des BVerfG eine deutliche Trendwende zum verstärkten Schutz der Substanz des Eigentums jedenfalls gegen entschädigungslose Belastungen erkennbar.

II. Schutzbereich

1. Sachlich. Neben die klassischen Garantien des Eigentums an **beweglichem** und **unbeweglichem Vermögen** ist heute eine Vielfalt

von rechtlich geschützten Positionen getreten, deren Zuordnung zum Eigentum schwierig ist. Deshalb seien eingangs die durch die Rechtsprechung herausgearbeiteten **allgemeinen Kriterien** für eine Zuordnung zum Schutzbereich von Art. 14 GG erwähnt:
- Es muss sich um einen **durch Leistung erworbenen** Vermögenswert und nicht nur um eine bloße Erwerbschance handeln;
- das Recht muss in der (ggf. auch anteiligen) **alleinigen Verfügungsmacht** seines Trägers stehen und
- im Rechtsverkehr **als Eigentum anerkannt** sein.

Nicht erheblich ist dagegen der **Zweck des Eigentums**. So spielt es heute keine Rolle mehr, ob und inwieweit das Eigentum der Existenzsicherung des Inhabers zu dienen bestimmt ist.

6   **Die Klassiker:** Der Bedeutung und der Vielfalt des Eigentums entsprechend, gibt es zu Art. 14 GG nicht nur einen, sondern mehrere „Klassiker". Zu nennen ist vor allem das Urteil zum **Hamburgischen Deichordnungsgesetz (BVerfGE 24, 367)**, in dem es um die Einbeziehung privater Grundstücke in die nach der Flutkatastrophe von 1962 notwendige Erhöhung und Erweiterung der Deichanlagen ging. Die wohl wichtigste Entscheidung ist das **Mitbestimmungsurteil (BVerfGE 50, 290)**, in dem das BVerfG nicht nur den Stellenwert des Anteilseigentums beleuchtete, sondern auch zu vorsichtigen Abstufungen der Bedeutung des Grundrechts je nach Nähe zum individuellen Kernbereich der Freiheitsentfaltung kam. So ist das Anteilseigentum zwar geschützt, kann aber besonderen Bindungen unterworfen werden, die Unternehmensmitbestimmung ist daher verfassungsgemäß. Der **Kleingartenbeschluss (BVerfGE 52, 1 ff.)** umschreibt den Funktionswandel des Eigentums am Schrebergarten zwischen Existenzsicherung und Freizeitgestaltung. In der Entscheidung zur **Abgabe von Pflichtexemplaren (BVerfGE 58, 137)** ging es um die Zumutbarkeit der entschädigungslosen Ablieferung von Literatur, die bei besonders wertvollen Liebhaberausgaben nicht mehr gegeben war. Das **Boxbergurteil (BVerfGE 74, 264)** betraf eine geplante Daimler-Benz-Teststrecke, die als Grund für die Enteignung von Grundeigentümern nicht anerkannt wurde. Die für die Praxis des Entschädigungsrechts wichtigste Entscheidung war der **Nassauskiesungsbeschluss (BVerfGE 58, 300)**, in dem das Gericht den Wildwuchs im Bereich des Enteignungsbegriffs und der richterrechtlich begründeten Entschädigungsleistungen korrigierte.

7   **Inhaltsbestimmung durch den Gesetzgeber:** Art. 14 I 1 GG enthält mit der Formulierung: *„Eigentum und Erbrecht werden gewährleistet"* zunächst ein klassisches liberales Grundrecht. Dann folgt aber nur bei diesem Grundrecht der Satz: *„Inhalt und Schranken werden durch Gesetze bestimmt"*. In Absatz 2 wird für die Nutzung des Eigentums die Privatnützigkeit von vornherein relativiert: *„Sein Ge-*

§ 38 Der Schutz des Eigentums und des Erbrechts

brauch soll zugleich dem Wohle der Allgemeinheit dienen". In der Systematik des Grundrechtsschutzes bedeutet dies also, dass der Gesetzgeber das Grundrecht nicht nur einschränken, sondern bereits den Schutzbereich bestimmen kann. Auch andere Grundrechte sind zwar konkretisierungsfähig und -bedürftig oder enthalten Regelungsvorbehalte. Beim Eigentum aber wollte der Verfassungsgeber ganz offensichtlich den Gesetzgeber in besonderer Weise ermächtigen, Elemente des Schutzbereichs festzulegen und vor allem die Grenzen von zumutbarer und nicht zumutbarer Belastung sowie von Enteignung und Inhaltsbestimmung zu markieren.

Immer wieder kann man lesen, das Eigentum sei heute **ausschließlich** 8 „normgeprägt", die Freiheit des Eigentümers sei nur rechtlich konstituierte Freiheit. Es gebe also kein Eigentum ohne die Gesetze, der Gesetzgeber findet das Eigentum nicht vor, es wird erst durch das Gesetz „geschaffen" (*Wieland*, in: Dreier, GG, Art. 14, Rn. 27; *Berg*, JuS 2005, 961). Daran ist richtig, dass der staatliche Gesetzgeber in zahlreichen Normen den Inhalt des Eigentums konkretisiert und im bürgerlichen Recht auch der Erwerb des Eigentums durch Private geregelt ist, doch ändert das nichts daran, dass das Eigentum wie andere grundrechtliche Rechtsgüter im gesellschaftlichen Raum entsteht, also gerade nicht durch den Staat normativ geschaffen wird. Andernfalls hätte Art. 14 I 1 GG und mit ihm der Satz *„Eigentum und Erbrecht werden gewährleistet"* keinen Sinn. **Es gibt also sehr wohl „Eigentum unabhängig vom Gesetz".**

a) **Grundeigentum.** Durch Art. 14 GG geschützt ist zunächst das 9 **Grundeigentum.** In diesem kommt auch am sinnfälligsten die klassische Art der Funktion (*„nach Belieben verfahren, andere von der Benutzung ausschließen"*) zum Ausdruck. Dem Grundeigentum steht das **Wohnungseigentum** als Sondereigentum gleich (vgl. § 1 II Wohnungseigentumsgesetz), bei dem aber bereits das Zusammenleben mit anderen Eigentümern besondere Bedingungen schafft. Dem Eigentum stehen gleich sonstige **dingliche Rechte am Grundstück** (BVerfGE 79, 174 – Erbbaurecht; BVerfGE 24, 367, 384 – Grundschuld und Hypothek; BVerfGE 83, 201, 210 – Vorkaufsrecht).

Wie bei jedem Eigentum ist auch die **Nutzung des Grundeigentums** durch Art. 14 GG geschützt. Das ist auch die verfassungsrechtliche Fundierung der Baufreiheit einschließlich des Bestandsschutzes für vorhandene Bauten (BVerfGE 35, 263, 276 – baurechtliche Nachbarklage; BVerfG, Kammer, NVwZ 2001, 424). Diese verfassungsrechtlich begründete Freiheit wird zwar durch das materielle gesetzliche Baurecht konkretisiert und ggf. eingeschränkt; der Gesetzgeber selbst hat aber den auch ihm vorgegebenen Stellenwert des Eigentums zu berücksichtigen (wie hier *Sieckmann*, NVwZ 1997, 853). Auch das Recht zur urheberrechtlichen Verwertung von auf dem Grundstück enstandenen Photos gehört dazu (BGH, NJW 2011, 749; dazu *Wanckel*, NJW 2011, 1779).

Abzulehnen ist die Auffassung, die Baufreiheit werde nicht durch das Grundrecht, sondern erst durch planungs- und bauordnungsrechtliche Regelungen des Gesetzgebers vermittelt (BVerwG NVwZ 1998, 842; BVerwG, NVwZ 1998, 735 – Abstandflächen nach LBO). Diese Rechtsprechung hätte u. a. die prozessuale Konsequenz, dass der Einzelne sich bei einer Klage auf Erteilung der Baugenehmigung nicht unmittelbar auf Art. 14 GG, sondern nur auf entsprechende gesetzliche Konkretisierungen berufen könnte (*Ortloff*, NVwZ 1994, 234; *Enders/Armbruster*, SächsVBl. 2001, 281). Das verfehlt den in Art. 1 III GG begründeten Vorrang des Grundrechts als zwar inhaltlich konkretisierbare, aber dem Gesetzgeber auch vorgegebene Garantie und stellt die Normenhierarchie zwischen Verfassung und Gesetz auf den Kopf. Auch die Berufung auf das Grundrecht im Rahmen der Prüfung des § 42 II VwGO bleibt also unbenommen.

Ebenso wie die Baufreiheit wird auch deren „Kehrseite", das **Abwehrrecht des Nachbarn**, selbst gegenüber einer Bebauung durch Art. 14 GG grundrechtlich geschützt. Auch dieses folgt nicht nur aus nachbarschützenden Gesetzesnormen, sondern schon aus der Verfassung. So richtig es ist, bei der baunachbarrechtlichen Klausur nicht sogleich mit Art. 14 GG zu beginnen, sondern die Konfliktlösung über die nachbarschützenden Normen zu suchen (dazu *Hufen*, VwProzR § 14, Rn. 72 ff.), so deutlich muss doch sein, dass auch die baurechtlichen Normen nichts anderes konkretisieren als das Eigentum im Sinne von Art. 14 GG. Letztlich berufen sich also beide Seiten auf ihr Eigentum und nicht nur auf das Gesetz.

Inhalt des Eigentums am Grundstück ist auch dessen Zugänglichkeit. Deshalb ist der sog. **Anliegergebrauch** grundsätzlich durch Art. 14 GG geschützt. Die private Nutzbarkeit des Grundeigentums hängt wesentlich davon ab, dass das Grundstück zugänglich ist (BVerfGE 70, 35, 57 – anders aber BVerwG NVwZ 1999, 1341). Hier gilt aber nichts anderes als beim Verhältnis von grundrechtlich geschützter Baufreiheit und baurechtlichen Normen: Die Straßengesetze konkretisieren den Anliegergebrauch, sind aber zugleich an Art. 14 GG gebunden. Zwar hat der Anlieger keinen Anspruch darauf, dass die Straße nicht geändert oder eingezogen wird; er hat aber sehr wohl einen Anspruch darauf, dass der Zugang und die ungestörte Nutzung seines Grundstücks erhalten bleiben. Insofern fällt der Anliegergebrauch in den Schutzbereich des Art. 14 GG. Auch die Klagebefugnis folgt – unabhängig von gesetzlichen Bestimmungen – jedenfalls subsidiär auch aus Art. 14 GG.

Literatur: *Hobe*, Die dogmatische Verortung des Anliegergebrauchs als eigenständiges Rechtsinstitut zwischen Gemeingebrauch und Sondernutzung, DÖV 1997, 323; *Sauthoff*, Straße und Anlieger (2002).

§ 38 Der Schutz des Eigentums und des Erbrechts

Nicht nur zivilrechtlich, sondern auch grundrechtlich gehört der über dem Grundstück befindliche **Luftraum** zum Eigentum i. S. v. Art. 14 GG. Deshalb hat der Eigentümer ein Abwehrrecht gegen die öffentliche Ermöglichung von Einsichten oder gegen die entschädigungslose „Überkabelung" des Grundstücks. Berühmt geworden ist der **Dürkheimer Gondelbahnfall**, in dem ein Eigentümer eine über sein Grundstück führende Seilbahn letztlich erfolgreich verhinderte (BVerfGE 56, 249).

Grundsätzlich erstreckt sich das verfassungsrechtlich geschützte Eigentum auch auf die auf dem Grundstück liegenden **Bodenschätze** einschließlich Sand und Gestein, nicht aber auf das Grundwasser (BVerwG, NVwZ 2012, 573). Zu beachten sind aber Sonderregelungen zum Bergwerkeigentum, zur Gewässerbenutzung und zu Steinbrüchen. Naturschutz- und andere gesetzliche Regelungen sind als Beschränkungen der Nutzung zwar „nur" Inhaltsbestimmung, haben aber gleichwohl die Bedeutung des Grundeigentums zu beachten. Nach deutscher Tradition gehören auch **Jagd- und Fischereirechte** grundsätzlich zum Eigentum, werden aber nach besonderen gesetzlichen Regelungen ausgeübt (BGH, NJW 1992, 2078). Es kann aber auch Spannungen zwischen Waldeigentümern und Jagdberechtigten geben, die bis zum EGMR geführt haben (EGMR 1999, 3695 – Duldungspflicht als Menschenrechtsverstoß; ebenso zur Zwangsmitgliedschaft in einer Jagdgenossenschaft EGMR, NJW 2012, 3629, und oben § 24, Rn. 11).

b) **Eigentum an beweglichen Sachen.** Zwischen dem Grundeigentum einerseits und dem Anteilseigentum andererseits wird oft vergessen, dass der millionenfache „Normalfall" des Art. 14 GG das **Eigentum an beweglichen Sachen,** also etwa Büchern, Kraftfahrzeugen, Kleidungsstücken usw. ist. Auch für diese gelten § 903 BGB und das Recht des Eigentümers, mit der Sache nach Belieben zu verfahren und andere von jeder Einwirkung auszuschließen, soweit nicht das Gesetz und Rechte Dritter entgegenstehen. Der letztgenannte Halbsatz lässt sich sowohl als Konkretisierung als auch als Schranke des Eigentums interpretieren. Freie Verfügbarkeit und Privatnützigkeit stehen im Übrigen auch hier im Mittelpunkt der grundrechtlichen Gewährleistung.

c) **Private Vermögensrechte – Anteilseigentum:** Anders als bei § 903 BGB hat sich im Verfassungsrecht schon seit der Weimarer Zeit die Auffassung durchgesetzt, dass sich der verfassungsrechtliche Eigentumsschutz auch auf private Vermögensrechte erstreckt, wenn diese dem Berechtigten ebenso ausschließlich wie das Sacheigentum zur Nutzung und eigenen Verfügung zugeordnet sind. Das einfachste Beispiel ist die konkrete Geldsumme, die rechtlich nur einen Anspruch gegen die Notenbank darstellt, aber selbstverständlich durch Art. 14 GG erfasst ist (a. A. *Lepsius,* JZ 2002, 313). Ein weiteres Beispiel ist das **Anteilseigentum am Unternehmen.** So ist unbestritten, dass z. B. das **Eigentum der Aktionäre** eines Unternehmens in den

Schutzbereich von Art. 14 GG fällt (BVerfGE 50, 290 – Mitbestimmung; zuletzt BVerfGE 102, 197, 211 – Spielbankengesetz; a. A. *Leuschner,* NJW 2007, 3248). Gleichfalls seit dem Mitbestimmungsurteil werden allerdings die größere Distanz von Eigentum und Eigentümer und damit die gesteigerte soziale Funktion des Eigentums betont, die zur Rechtfertigung der Mitbestimmung geführt haben. Wenn das Eigentum insofern auch durch das Gesellschafts- und das Betriebsverfassungsrecht inhaltlich konkretisiert wird, so bleibt doch deutlich, dass auch der Gesetzgeber im Hinblick auf Sozialpflichtigkeit und Belastungen des Eigentums das Grundrecht zu beachten hat.

Ob das Vermögen grundsätzlich gegen die Auferlegung staatlicher Abgaben geschützt ist („Eigentum schützt nicht vor Steuern"), ist keine Frage des Schutzbereichs, sondern eine solche des Eingriffs und der Schranken (BVerfGE 4, 7, 17 – Investitionshilfe; zuletzt etwa BVerfGE 95, 267, 300 – Altschulden; dazu unten, Rn. 56).

12   d) **Obligatorische Rechte. Nicht** in den Schutzbereich von Art. 14 GG fallen dagegen **rein obligatorische Ansprüche** aus Miet-, Pacht- oder Kaufverträgen. Die Tatsache, dass insbesondere der Besitz an der Mietwohnung für viele Personen heute Funktionen des früheren Grund- oder Wohnungseigentums erfüllt, rechtfertigt noch keine Gleichstellung von Miete und Eigentum (teilweise anders aber BVerfGE 89, 1 ff.). Die genannte Entscheidung ist daher zu Recht auf Kritik gestoßen. Sie führt dazu, dass Eigentum und obligatorische Rechte vielfach kaum noch abgrenzbar sind. Auch gibt man Eigentümer und Mieter im konkreten Rechtsstreit „Steine statt Brot", wenn auf beiden Seiten unterschiedlich begründete Eigentumspositionen stehen. Nachvollziehbar scheint dagegen die Gleichstellung eines langjährigen Pächters mit dem Eigentümer im Verfahren der Umlegung (BVerwGE 105, 178, 180; BVerwG, NVwZ 2009, 1047).

13   e) **Wirtschaftliche Chancen.** Einigkeit besteht darin, dass **rein wirtschaftliche und geschäftliche Gewinnchancen und Situationsvorteile** nicht in den Schutzbereich von Art. 14 GG fallen – auch wenn sie einen wirtschaftlichen Wert verkörpern (BVerfGE 28, 119, 142 – Spielbank; BVerfGE 74, 129, 148 – betriebliche Altersversorgung). Das gilt etwa für die günstige Lage einer Tankstelle an einem Autobahnzubringer und die „1A-Lage" eines Kaufhauses in der Fußgängerzone.

Deshalb ist es kein Eingriff in das Eigentum, wenn die Situationsvorteile eingeschränkt oder beseitigt werden (**Beispiel:** BGH, NJW 1986, 991 – Neubau einer Brücke neben einer Rheinfähre). Hängt die Ausübung des Eigentums von einer öffentlichen Erlaubnis (z. B. Gaststättenerlaubnis usw.) ab, so gilt der schon genannte Grundsatz: „**Artikel 14 GG schützt das Erworbene,**

Art. 12 GG den Erwerb". Der Schutzbereich von Art. 14 GG ist in diesen Fällen also nicht eröffnet. Dagegen können materialisierte **Entschädigungs- und Schadensersatzansprüche** in den Schutzbereich des Grundrechts fallen. Hier ist es aber zulässig, die Ansprüche im Interesse einer Gemeinschaft von Geschädigten in eine Stiftung einzubringen (vgl. BVerfGE 112, 93, 107 – Entschädigung für Zwangsarbeiter; BVerfGE 42, 263 – Contergan). Die Anpassung an geänderte Verhältnisse ist Sache des Gesetzgebers (BVerfG, Kammer, NJW 2010, 1943 – Umfang und Höhe der Leistungen für Contergangeschädigte).

f) **"Eingerichteter und ausgeübter Gewerbebetrieb".** Nicht aus dem Verfassungsrecht, sondern aus der Zivilrechtsprechung zu § 823 I und II BGB stammt das **"Recht am eingerichteten und ausgeübten Gewerbebetrieb"** (so bereits RGZ 48, 114). Der BGH (BGHZ 23, 157, 162), später auch das BVerwG (BVerwGE 62, 224, 226) sahen hierin – über das Grund- und Sacheigentum an einem Gewerbebetrieb hinaus – den **Inbegriff der wirtschaftlichen Grundlagen des Gewerbebetriebs** geschützt. Das BVerfG aber hat es bisher sorgfältig vermieden, sich auf diese „Vorgaben" der Instanzgerichte einzulassen und hält die Frage des Schutzes des eingerichteten und ausgeübten Gewerbebetriebs offen (BVerfGE 66, 116, 145 – Wallraff; zuletzt BVerfG, Kammer, NJW 2010, 3501 – Genmilch). 14

Im Ergebnis ist es nicht wichtig, ob man das „Recht am eingerichteten und ausgeübten Gewerbebetrieb" als **eigenständiges** Schutzgut des Art. 14 GG sieht. Auch ohne diese Rechtsfigur sind Grundeigentum, bewegliches und unbewegliches Vermögen, geistiges Eigentum des Unternehmens durch Art. 14 GG geschützt. Ebenso ist klar, dass die rein wirtschaftlichen Chancen wie Geschäftsverbindungen, Kundenstamm, Marktstellung usw. nur in den Schutz von Art. 12 GG, nicht aber Art. 14 GG fallen. Deshalb scheint es wünschenswert, dass auch das BVerfG – vielleicht unter Fortentwicklung des etwas altertümlichen Begriffs *"Recht am eingerichteten und ausgeübten Gewerbebetrieb"* – den Schutz des **Unternehmens als solchen** anerkennt (so auch *Depenheuer*, HdbGr V § 111, Rn. 63)).

Literatur: *Axer*, Eigentumsschutz für wirtschaftliche Betätigung, FS Isensee (2002), 121; *Sack*, Das Recht am Gewerbebetrieb (2007); *R. Schmidt*, Eigentumsschutz für Gewerbebetriebe (2001);

g) **Geistiges Eigentum.** Anders als das Grundeigentum ist der Schutz des **geistigen Eigentums** erst ein Kind des die Originalität und die Individualität geistigen Schaffens mehr in den Vordergrund rückenden 19. Jahrhunderts. Es ist Folge der Erkenntnis, dass Künstler und Schriftsteller gegen die Ausbeutung durch Dritte geschützt werden müssen, weil sie zumeist von ihren geistigen Werken leben. Heute ist es unbestritten, dass geistiges Eigentum (Urheberrecht, Pa- 15 tentrecht, Marken, Warenzeichen) in den Schutzbereich des Art. 14 GG fällt (BVerfGE 31, 229, 238 – Schulbuchprivileg; BVerfGE 36, 281, 291 – Patentrecht).

Der Schutz geistigen Eigentums steht in einem besonderen Spannungsfeld von Privatnützigkeit und Gemeinwohl. Während die geistig-persönliche Beziehung eines Künstlers zu seinem Werk im Wesentlichen durch Art. 5 III GG geschützt ist, kommt für Art. 14 GG gerade die wirtschaftliche Substanz des jeweiligen Werkes in Betracht. Deren Schutz hat der Gesetzgeber in **Urheberrecht, Patentrecht, Markenrecht** usw. sicherzustellen. Ähnliches gilt für **Erfindungen,** die durch ein komplexes Patentierungsverfahren gesichert sind – ein Verfahren, das nur dadurch seinen Sinn erhält, dass das Patent zugleich den Schutzbereich von Art. 14 GG und die wirtschaftliche Verwertung des Patents eröffnet. Auch das **Marken- und Warenzeichenrecht** stellt ein mit dem Unternehmen eng verbundenes Vermögensrecht dar, das alle Kriterien des Eigentums (Privatnützigkeit, Abwehr fremder Nutzungen usw.) erfüllt. Marken und Ausstattungen sind also nicht lediglich eine Gewinnchance, sondern geistiges Eigentum, dessen Schutz das BVerfG sogar auf die markenmäßige Ausstattung eines Produkts erweitert hat (BVerfGE 51, 193, 216 – Schloßberg). Insofern sind auch die sonst nur unter Art. 12 GG fallenden Betriebs- und Geschäftsgeheimnisse durch Art. 14 GG geschützt (*Brammsen*, DÖV 2007, 10 ff.). Neue Variationen des alten Themas bildet der Eigentumsschutz für die Internet-Domain (BVerfG, Kammer, NJW 2005, 589). Besonders gefährdet ist das geistige Eigentum, wenn es erst einmal mit „open access" im Internet verbreitet ist und von jedermann kostenlos heruntergeladen werden kann. Im nationalen und im internationalen Bereich wird die Schutzpflicht des Staates insofern immer bedeutsamer (zum Spannungsverhältnis zur Informationsfreiheit oben § 26, Rn. 21). Andererseits darf das geistige Eigentum nicht zum Hemmnis für Innovationen werden *(Eifert/Hoffmann-Riem,* Geistiges Eigentum und Innovation [2008]).

Geistiges Eigentum ist auch **vererbbar.** Erben können sich also z. B. gegen die Ausbeutung der geistigen Lebensleistung eines Schriftstellers oder anderen Künstlers wehren (BGH, NJW 2000, 2195, 2201; BGHZ 143, 214 – Marlene Dietrich). Richtiger Bezugspunkt ist hier nicht das (unvererbbare) künstlerische Persönlichkeitsrecht, sondern das geistige Eigentum in seiner wirtschaftlichen Substanz.

Literatur: *Brammsen,* Wirtschaftsgeheimnisse als Verfassungseigentum – Der Schutz der Betriebs- und Geschäftsgeheimnisse gemäß Art. 14 GG, DÖV 2007, 10; *Mächtel/Uhrich/Förster,* Geistiges Eigentum, 3. Aufl. (2011); *J. Schneider,* Menschenrechtlicher Schutz geistigen Eigentums (2006); *Pahlow/Eisfeld,* Grundlagen und Grundfragen des geistigen Eigentums (2008); *Rauda,* Recht der Computerspiele (2013); *Timmann,* Das Patentrecht im Lichte von Art. 14 GG (2008).

16 **h) Eigentum an Versicherungsansprüchen?** Ansprüche aus Arbeitslosen-, Renten- und Lebensversicherungen erfüllen heute vielfach die Funktion der Sicherung der persönlichen Existenz, die früher dem Grundeigentum und dem Anlagevermögen zukam. Viele von ihnen sind privatnützig zugeordnet, sie beruhen auf eigener Leistung und weisen insofern keinen erheblichen Unterschied zur Altersversicherung in Form von Anlagevermögen, Fonds usw. auf. Das gilt z. B. für die **Kapitallebensversicherung,** die auch eine wichtige Form der Vermögensanlage ist und bei der sogar eine staatliche Schutzpflicht aus Art. 14 GG gegen eine einseitige Vertragsgestaltung besteht (BVerfGE 114, 1, 33 – Übertragung von Lebensversicherung bei Unternehmensübergang). Auch die **Rentenversicherung** und die **Arbeitslosenversicherung** sind in diesem Sinne privatnützig und auf eigenen Leistungen beruhend, lassen sich aber nicht als angesparte Kapitalmenge verstehen (BSG, NJW 2008, 2548). Ihre Leistungen werden vielmehr im Umlagensystem durch die Generation der derzeitigen Arbeitnehmer finanziert.

Gleichwohl hat das BVerfG zunächst grundsätzlich anerkannt, dass Rentenversicherungsansprüche (BVerfGE 53, 257 – Versorgungsausgleich I) und – nach Erfüllung der Anwartschaftszeit – auch Ansprüche aus der Arbeitslosenversicherung (BVerfGE 72, 9, 18 – Arbeitslosengeld) in den Schutzbereich von Art. 14 GG fallen. Das gilt aber nicht für die Minderung der rentenrechtlichen Bewertung von Berufsjahren (BVerfGE 117, 272, 292 – zu den praktischen Problemen siehe auch unten, Rn. 53). **Nicht** zum Eigentum gehören Ansprüche aus „Risikoversicherungen", die beim Eintritt bestimmter Ereignisse, z. B. Krankheit, Naturkatastrophen, Arbeitsunfähigkeit, Tod des Ehegatten usw. unabhängig vom eingezahlten Kapital einspringen (BVerfGE 97, 271, 285 – Hinterbliebenenrente). Etwas anderes dürfte aber für die Altersrückstellungen der privaten Krankenversicherung gelten: Sie sind i. e. S. „angespart", also Eigentum i. S. v. Art. 14 GG (*Knab*, Eigentumsschutz in der privaten Krankenversicherung unter besonderer Berücksichtigung der Altersrückstellungen [2009]).Kein Eigentumsschutz besteht an sonstigen Sozialleistungen wie dem gesetzlichen Kindergeld (BSG, NJW 1987, 463); der früheren Arbeitslosenhilfe (BVerfGE 128, 90, 101) und der an deren Stelle getretenen „Hartz IV" – Leistungen oder auch der Sozialhilfe.

i) **Die Nutzung des Eigentums.** Art. 14 GG schützt nicht nur die Substanz, sondern auch die **Nutzung des Eigentums.** Darunter fällt z. B. das Recht, in der eigenen Wohnung auch zu wohnen, im Eigentum stehende persönliche Gegenstände zu gebrauchen und Früchte und andere Vorteile aus dem Grundeigentum zu ziehen. Dass Art. 14 GG den Gebrauch des Eigentums unter Gemeinwohlvorbehalt stellt, sagt insofern zum Schutzbereich noch nichts aus. Eigentum wäre inhaltsleer, wenn es nicht auch nutzbar wäre. Unterschiede ergeben sich allerdings im Hinblick auf Sozialpflichtigkeit und die Rechtfertigung von Eingriffen.

18 **2. Personeller Schutzbereich – Träger des Eigentums.** Träger der Eigentumsgarantie können sowohl **natürliche Personen** als auch **inländische juristische Personen des Privatrechts** sein (zu letzteren BVerfGE 4, 7, 17 – Investitionshilfe). Auf die Geschäftsfähigkeit natürlicher Personen kommt es nicht an. **Ausländische juristische Personen,** (entscheidend ist insofern der Sitz), sind zwar nach dem Wortlaut nicht einbezogen (BVerfGE 21, 207, 208). Diese Auffassung ist im Zeitalter der globalisierten Wirtschaft mit ihren vielfältigen Kapitalverflechtungen allerdings veraltet. Zu beachten sind insofern auch das europäische Gemeinschaftsrecht und das Zusatzprotokoll der EMRK (dazu Rn. 51).

Nach der Rechtsprechung des BVerfG können sich **juristische Personen des öffentlichen Rechts,** also Gemeinden, Hochschulen, Kammern, aber auch Sparkassen und öffentlichrechtliche Rundfunkanstalten, nicht auf Art. 14 GG berufen (BVerfGE 61, 82, 100 – Weinberg von Sasbach). Das wurde damit begründet, das Eigentum schütze nicht das „Privateigentum des Staates", sondern das „Eigentum Privater gegen den Staat". Insofern stehe das Eigentum der Gemeinde nicht in einer spezifischen Gefährdungslage, und zwar auch dann, wenn es nicht um die Erfüllung öffentlicher Aufgaben gehe.

Kritik: Abgesehen davon, dass diese Entgegensetzung nicht gerade originell und die Zuordnung der Gemeinden zum „Staat" historisch und dogmatisch sogar falsch ist, ist es problematisch, den Gemeinden und anderen Körperschaften den Schutz des Eigentums auf verfassungsrechtlicher Ebene zu versagen, obwohl sie nach den Regeln des Privatrechts sehr wohl Eigentum erwerben und verteidigen können. Schließlich kann das Eigentum von Gemeinden durchaus in typischer Gefährdungslage der Hoheitsgewalt des Staates im engeren Sinne ausgesetzt sein, so z. B. wenn ein Gemeindegrundstück durch staatliche Fachplanung in Anspruch genommen wird.

Noch problematischer wird diese Rechtsprechung, wenn in so genannten **gemischtwirtschaftlichen Unternehmen** schon ein öffentlicher Anteil ausreicht, um den Eigentumsschutz zu verneinen. Auch ist nicht einzusehen, warum eine öffentliche Rundfunkanstalt zwar Art. 5 I GG geltend machen, sich für die von ihr erworbenen oft sehr viel kostspieligeren Urheberrechte aber nicht auf den Schutz von Art. 14 GG berufen können soll. Die Rechtsprechung des BVerfG ist also überprüfungsbedürftig (krit. auch *Wieland,* in: Dreier, GG, Art. 14, Rn. 86).

19 **3. Verhältnis zu anderen Grundrechten.** Art. 14 GG ist als Freiheitsgrundrecht **lex specialis zu Art. 2 I GG.** Dort, wo die Nutzung

§ 38 Der Schutz des Eigentums und des Erbrechts 683

des Eigentums aber nicht oder nur eingeschränkt durch Art. 14 GG geschützt ist, bleibt es beim Schutz der freien Entfaltung der Persönlichkeit (**Beispiel:** Der Eigentümer eines PKW kann sich im Hinblick auf die Nutzung seines Eigentums mit Tempo 200 nicht auf Art. 14 GG, im Rahmen von dessen Schranken aber auf Art. 2 I GG berufen). Ähnliches gilt im Verhältnis zu Art. 12 GG. Hier bleibt es beim einfachen Leitsatz: **Art. 12 GG schützt den Erwerb, Art. 14 GG schützt das Erworbene** (BVerfGE 30, 292, 334; 81, 29, 31 ff. – Krankenhausfinanzierung). Chancen und Verdienstmöglichkeiten werden also nicht durch Art. 14 GG, sondern durch die Berufsfreiheit geschützt (ständige Rechtsprechung seit BVerfGE 28, 119, 142). Soweit **Art. 33 V GG** vermögenswerte Rechte des Beamten schützt, ist diese Norm lex specialis zu Art. 14 GG. Eine Spezialregelung zum Schutz des Eigentums von **Religionsgemeinschaften** *("res sacrae")* enthält Art. 140 GG i. V. m. Art. 138 II WRV.

III. Eingriffe

1. Direkter und unmittelbarer Eingriff – Enteignung. Wie jedes 20 andere Grundrecht schützt Art. 14 GG vor direkten und unmittelbaren Eingriffen, also vor jeder beabsichtigten Entziehung der Substanz oder der Verfügungsgewalt über das Eigentum. Die klassische Form ist die **Enteignung.**

Die Enteignung ist die *vollständige oder teilweise Entziehung des Eigentums zur Erfüllung bestimmter öffentlicher Aufgaben.* Diese Definition geht schon auf *Otto Mayer* (Dt. VerwaltungsR II, 3. Aufl., 1924, 1) zurück und wurde durch das BVerfG nahezu unverändert übernommen (vgl. etwa BVerfGE 104, 1, 9 – Baulandumlegung). War der ursprüngliche Begriff nur auf die Enteignung durch die Verwaltung bezogen (**Administrativenteignung**), so wurde später anerkannt, dass auch der Gesetzgeber eine Enteignung aussprechen kann (**Legalenteignung** – BVerfGE 24, 367 – Hamburger Deichordnung). Der Enteignung steht die **Belastung mit einem dinglichen Recht** (z. B. einem Grundpfandrecht – BVerfGE 56, 256, 260) gleich.

Kernelement ist die **gezielte Entziehung** des Eigentums einschließlich einer Maßnahme der **Vollstreckung** oder Räumung (BVerfG, Kammer, NJW 2009, 1259). Das Merkmal *„Güterbeschaffung zur Erfüllung bestimmter öffentlicher Aufgaben"* betrifft aus heutiger Sicht bereits die Rechtfertigungsebene. Das BVerfG begreift es aber schon als Element des Eingriffs und verlangt neuerdings sogar für das Vorliegen einer Enteignung, dass die entzogenen Werte der Güterbeschaffung für ein konkretes öffentliches Vorhaben dienen (BVerfGE 104, 1, 10; 112, 93, 109; 114, 1, 59). Das widerspricht allerdings schon dem Wortlaut des Art. 14 III GG, denn dort ist nicht von einer **Zu**eignung an den Staat, sondern von einer **Ent**eignung die Rede Auch dürfte es dem betroffenen Eigentümer relativ gleichgültig sein, ob sein Eigentum nur entzogen oder dem Staat zugeführt wird.

Zumindest nach der klassischen Eingriffsdefinition kann es weder eine mittelbare noch eine *faktische Enteignung* geben. Realakte, auch wenn sie das Eigentum noch so sehr betreffen, erfüllen schon deshalb nicht den Begriff der Enteignung (BVerwGE 77, 295, 297). Dasselbe gilt für Lärm, Emissionen und andere Umweltbelastungen. Auch Einwirkungen von einem Nachbargrundstück können niemals Enteignung sein.

21   **2. Mittelbare Eingriffe und faktische Beeinträchtigungen.** *a) Allgemeines.* Die Strenge des klassischen Enteignungsbegriffs, insbesondere das Merkmal „gezielte Entziehung", machen die dogmatische Einordnung mittelbarer Eingriffe und faktischer Beeinträchtigungen besonders schwierig. Sie sind aber beim Eigentum wie bei jedem anderen Grundrecht durchaus vorstellbar. So kann einem Planfeststellungsbeschluss, der die Enteignungsbehörde bindet, enteignende Wirkung hinsichtlich eines betroffenen Grundstücks zukommen (BVerfG, Kammer, NVwZ 2008, 780). Die Erlaubnis zur Bebauung eines Grundstücks kann die Nutzbarkeit eines Nachbargrundstücks durch Lärm oder durch die Eröffnung von Einblicken erheblich beeinträchtigen. Dasselbe gilt vor allem für Beschränkungen der Nutzung und faktische Belastungen, die unterhalb der „Enteignungsschwelle" liegen, das Eigentum aber in seiner Substanz entwerten können.

22   *b) Die Ausdehnung des Eingriffsbegriffs durch den BGH und das BVerwG – „dulde und liquidiere" durch Richterrecht.* Angesichts dieser unsicheren grundrechtsdogmatischen Basis konnte es nicht verwundern, dass die Rechtsprechung vor allem des BGH, aber auch des BVerwG für eine Vielzahl mittelbarer Eingriffe und faktischer Beeinträchtigungen – getreu dem klassischen Grundsatz: *„Dulde und liquidiere"* – Eigentümern Entschädigungsansprüche für Beeinträchtigungen zusprach, wenn diese **besonders schwer** oder unter Inkaufnahme eines **Sonderopfers** in ihrem Eigentum zugunsten

des Gemeinwohls beeinträchtigt wurden. Unterhalb der Schwelle der wirklichen Enteignung entwickelten sich so die Institute des „**enteignenden**" und des „**enteignungsgleichen**" **Eingriffs** (Überblick bei *Hufen*, FS. Bothe [2008], 929; *Ossenbühl/Cornils*, Staatshaftungsrecht, 6. Aufl. [2013] 153 ff.),

- Mit „**enteignendem Eingriff**" wurde durch den BGH die atypische oder nicht vorgesehene Nebenfolge einer rechtmäßigen Maßnahme bezeichnet, die zur Beeinträchtigung einer Eigentumsposition nach Art. 14 GG führt und dem Einzelnen ein **Sonderopfer** gegenüber Anderen auferlegt. Anknüpfungspunkt war also die im Verhältnis zu Anderen ungleiche Belastung (st. Rspr. seit BGHZ 6, 270 ff.).
- **Enteignungsgleicher Eingriff** war demgegenüber die gezielte **rechtswidrige Beeinträchtigung des Eigentums**, die gleichfalls unterhalb der Schwelle der Enteignung lag, und dem Einzelnen ein Sonderopfer auferlegte. Mit dem enteignungsgleichen Eingriff füllte die Rechtsprechung die Lücke, die zwischen dem rechtswidrigen schuldhaften Eingriff nach § 839 BGB/Art. 34 GG einerseits und der rechtmäßigen Enteignung andererseits bestand. So wurden auch für rechtswidrige, aber schuldlose Eingriffe richterrechtliche Entschädigungsgrundlagen geschaffen. Später wurde dann mit einem einfachen „erst recht-Schluss" der enteignungsgleiche Eingriff auch auf **rechtswidrig schuldhafte** Eingriffe ausgedehnt (BGHZ 7, 296), wodurch ein eigentümliches Nebeneinander mit Ansprüchen aus § 839 BGB/ Art. 34 GG entstand.
- Mit Ansprüchen aus **Aufopferung** und „**aufopferungsgleichem Eingriff**" schloss die Rechtsprechung schließlich eine Lücke im Hinblick auf solche Eingriffe, die dem Einzelnen zwar ein Sonderopfer auferlegten, aber gerade nicht das Eigentum betrafen, also z. B. **Leben** und **Gesundheit, persönliche Ehre** usw. Da es auch hierfür keine gesetzliche Grundlage gab, griff die Rechtsprechung zugunsten der Betroffenen auf eine gewohnheitsrechtliche Grundlage und auf §§ 74/75 der Einleitung zum ALR von 1794(!) zurück.

Insgesamt entstand so ein komplexes Geflecht von Anspruchsgrundlagen für Eingriffe unterschiedlicher Stufen in unterschiedliche Rechtsgüter, das nicht nur für Studierende kaum noch überschaubar war. Die Rechtsprechung war auch deshalb unbefriedigend, weil sie das alte Problem der Abgrenzung von entschädigungspflichtigem Eingriff und entschädigungsloser Sozialbindung nicht löste, sondern auf die Entschädigungsebene verschob. Zyniker sprachen sogar davon, fordere ein Vorhaben hohe Entschädigungssummen, so sei es in der Regel Sozialbindung (exemplarisch das „Waldsterben-Urteil" des BGH, NJW 1988, 478; bestätigt durch BVerfG, Kammer, NJW 1998, 3264), werde es für den Staat aber billig, komme ein (entschädigungspflichtiger) enteignungsgleicher Eingriff in Betracht.

Auch das BVerwG folgte im Wesentlichen dieser Systematik, mit dem geringfügigen Unterschied, dass der Anknüpfungspunkt für Entschädigungsleistungen nicht das „Sonderopfer", sondern die **Schwere des Eingriffs** war. Generationen von Studierenden mussten den Unterschied zwischen der „**Sonderopfertheorie**" des BGH und der „**Schweretheorie**" des BVerwG in der Prüfung präsent haben.

24 **c) Die Klarstellung durch den „Klassiker" BVerfGE 58, 300 – Nassauskiesung.** In diesem Fall ging es darum, ob ein Kiesunternehmer, dem die „Nassauskiesung" – also die Kiesgewinnung mit Eingriff in das Grundwasser – aus naturschutzrechtlichen Gründen untersagt worden war, dafür eine Entschädigung nach Enteignungsgesichtspunkten verlangen konnte. Das BVerfG nahm diese Entscheidung zum Anlass, um gründlich mit der Vielfalt – nach Auffassung vieler auch dem Wildwuchs – der Rechtsprechung zum „enteignenden Eingriff" aufzuräumen. Die wesentlichen Aussagen lassen sich wie folgt zusammenfassen:

– **Eingriff in Art. 14 GG ist nur die auf gesetzlicher Grundlage erfolgende Entziehung des Eigentums**, also die **echte Enteignung**. Sie ist ohne gesetzliche Grundlage und ohne gesetzliche Entschädigungsregelung verfassungswidrig und kann auch nicht durch Ansprüche aus enteignendem oder enteignungsgleichem Eingriff ausgeglichen werden (Art. 14 III GG). Die Zivilgerichte sind nach Art. 14 III GG nur für die „echte Enteignungsentschädigung" zuständig.
– Alle sonstigen Beeinträchtigungen sind nicht Eingriff, sondern Bestimmung von **Inhalt und Schranken**; sie können aber unverhältnismäßig sein (übermäßige Sozialbindung).
– Der Bürger kann wegen sonstiger Eingriffe Entschädigung nur verlangen, wenn dies **im Gesetz vorgesehen** ist.
– Ist die Maßnahme eine unverhältnismäßige Belastung und sieht das Gesetz gleichwohl keine Entschädigung vor, dann kann der Betroffene nicht nach dem alten Grundsatz „dulde und liquidiere" vor dem Zivilgericht Entschädigung verlangen, sondern er muss – auch im Hinblick auf seine Schadensminderungspflicht – **vor den Verwaltungsgerichten gegen den Eingriff vorgehen**, wobei die fehlende Entschädigungsregelung ein Indiz für die Rechtswidrigkeit der Maßnahme sein kann.

Die zentrale „Botschaft" dieses Urteils lautete also: Der **Gesetzgeber soll selbst über Inhalt und Schranken des Eigentums sowie über etwaige Entschädigungsansprüche bestimmen.** Sache der Gerichte ist es, über die Rechtmäßigkeit von Eingriffen zu befinden, nicht aber im Gesetz nicht vorgesehene Entschädigungsansprüche zuzusprechen.

d) Das eigentümliche Weiterleben von enteignendem und ent- 25
eignungsgleichem Eingriff sowie der Aufopferung. Wer erwartet
hatte, die Nassauskiesungsentscheidung werde zu einem Ende der
richterrechtlichen Zubilligung von Entschädigungsansprüchen unterhalb der Enteignungsschwelle führen, sah sich allerdings alsbald enttäuscht.

– Anscheinend unbeeindruckt von den klaren Grenzziehungen des BVerfG setzte insbesondere der BGH die Instrumente des **enteignenden und enteignungsgleichen Eingriffs** für Fälle der nicht gezielten Eigentumsbeeinträchtigung weiter ein (**Beispielsfälle:** BGH, NJW 1995, 964 – bay. Landschaftsschutzverordnung; BGHZ 129, 124, 134 – Hausbau im Lärmschutzbereich). Auch die Unterscheidung zwischen enteignendem, d. h. rechtmäßigem Eingriff und enteignungsgleichem rechtswidrigen bzw. sogar rechtswidrig schuldhaftem Eingriff wurde beibehalten.
– Die vom Nassauskiesungs-Urteil nicht betroffene Rechtsprechung zur **Aufopferung und zum aufopferungsgleichen Eingriff**, die zuvor nur für solche Ansprüche in Betracht kam, die gerade nicht „Eigentum" i. S. v. Art. 14 GG sind, wurde zudem auf Eigentumsbeeinträchtigungen ausgedehnt (vgl. etwa BGHZ 111, 349 – Kakaoverordnung). Nicht zu Unrecht wurde dabei vermutet, dass der BGH sich mit dieser nicht dem „Zugriff" des BVerfG unterliegenden „Anspruchsgrundlage" eine fortbestehende Möglichkeit der richterrechtlichen Entschädigungsrechtsprechung offen halten wollte.

Literatur zu dieser Entwicklung: *Hufen,* Schneisen im Dickicht: Enteignung, enteignungsgleicher Eingriff, Aufopferung – einst und jetzt, in: FS Bothe (2008), 929; *Jaschinsky,* Der Fortbestand des Anspruchs aus enteignendem Eingriff (1997); *Külpmann,* Enteignende Eingriffe? (2000); *Ossenbühl/Cornils,* Staatshaftungsrecht, 6. Aufl. 2013, 153 ff.; *Schlick,* Die Rechtsprechung des BGH zu den öffentlich-rechtlichen Ersatzleistungen, NJW 2008, 31.

Kritik: Solchen Versuchen der „Wiederbelebung von enteignen- 26
dem und enteignungsgleichem Eingriff" (*F. Schoch,* Jura 1989, 529, 534) ist mit großer Skepsis zu begegnen. Zwar achtet diese Rechtsprechung den Vorrang des Primärrechtsschutzes, in dem sie Entschädigungsansprüche verweigert, sofern der Einzelne nicht zuvor versucht hat, auf dem Verwaltungsrechtsweg die Maßnahme als solche zu verhindern; sie unterläuft aber trotzdem den Vorrang des Gesetzgebers bei der Zubilligung von Entschädigungsansprüchen jeglicher Art und perpetuiert die Unübersichtlichkeit der öffentlich-rechtlichen Ersatzleistungen. Bei „enteignendem" und „enteignungsgleichem" Eingriff geht es in Wirklichkeit um unverhältnismäßige Inhaltsbestimmungen, die, wenn der Gesetzgeber keine Entschädigungsregelung vorsieht, schon deshalb rechtswidrig und von der Ver-

waltungsgerichtsbarkeit aufzuheben sind. Auch bei schweren Eingriffen und Eingriffen, die ein Sonderopfer abverlangen, ist der Einzelne also auf den Primärrechtsschutz vor den Verwaltungsgerichten verwiesen. Besteht die Unzumutbarkeit des Eingriffs im Fehlen einer Entschädigung, so ist die Maßnahme oder Belastung als solche rechtswidrig. Jedenfalls sind weder die Zivilgerichte noch die Verwaltungsgerichte befugt, ohne gesetzliche Grundlage von sich aus auf richterrechtlicher Basis Entschädigungen zuzusprechen.

27 Noch weniger überzeugen kann die Heranziehung des gewohnheitsrechtlichen **Aufopferungsanspruchs** für Eigentumsbelastungen unterhalb der Enteignungsschwelle. Durch die Enteignungsentschädigung für gezielte Eingriffe einerseits und die unverhältnismäßige Inhaltsbestimmung andererseits besteht für andere Beeinträchtigungen des Eigentums keine verfassungsrechtliche Lücke mehr, die eine Anwendung des nur gewohnheitsrechtlich geltenden Aufopferungsanspruchs erfordern würde. Deshalb kommt der Aufopferungsanspruch nach wie vor nur bei einem Eingriff in nicht vermögenswerte Rechtsgüter wie etwa Leben, Gesundheit und persönliche Freiheit (dazu BGHZ 65, 196, 206) in Betracht (wie hier *Hösch*, DÖV 1999, 192).

Insgesamt empfiehlt es sich also, sich unter dem Stichwort „Eingriffe in Art. 14 GG" auf die direkte Eigentumsentziehung (Enteignung) und deren Abgrenzung von Inhaltsbestimmung und Sozialbindung zu konzentrieren. Maßgeblich ist ferner der Grundsatz der Verhältnismäßigkeit, der nach der Rechtsprechung des BVerfG auch für Inhaltsbestimmung und Festlegung der Sozialbindung gilt.

28 **3. Inhaltsbestimmung und Sozialbindung.** Alle mittelbaren Eingriffe und sonstigen Beeinträchtigungen in Bezug auf das Eigentum sind nach der Rechtsprechung des BVerfG nicht Eingriff, sondern Inhaltsbestimmung und Konkretisierung der Sozialbindung. Dogmatisch geht es also um die gesetzliche Festlegung von Rechten und Pflichten des Eigentümers durch den Gesetzgeber. Da der Eigentümer auch bei schwerwiegenden Beeinträchtigungen Eigentümer bleibt, ist er nicht von einer Enteignung betroffen. Auch schwere Beeinträchtigungen können also nicht enteignend wirken und Grundlage eines entsprechenden Entschädigungsanspruchs sein. Diese „Inhalts- und Schrankenbestimmung" hat das Gericht als **generelle und abstrakte Festlegung von Rechten und Pflichten durch den Gesetzgeber hinsichtlich solcher Rechtsgüter verstanden, die als Ei-**

gentum zu verstehen sind (BVerfGE 72, 66, 76 – Flughafen Salzburg).

Keine Enteignungen sind auch die zahlreichen **Nutzungsbeschränkungen,** die dem Eigentümer auf umwelt-, naturschutz- oder denkmalschutzrechtlicher Grundlage auferlegt werden. Ihre verfassungsrechtliche Basis ist Art. 14 II 2 GG: *„Sein Gebrauch soll zugleich dem Wohle der Allgemeinheit dienen".* Inhaltsbestimmungen können – entgegen der Auffassung des BGH – nicht in enteignende oder enteignungsgleiche Eingriffe umgedeutet werden (BVerfG, Kammer, NJW 1998, 367 – Landschaftsschutzgebiet „Untere Isar").

Beispiele, bei denen das BVerfG und andere Gerichte **keine Enteignung** (bzw. enteignenden Eingriff), sondern Inhaltsbestimmung bzw. Sozialbindung angenommen hat: BVerfGE 49, 382; 79, 29, 38 – **Wiedergabe urheberrechtlich geschützter Musik** im Gottesdienst und für Strafgefangene; BVerfGE 50, 290 – Einführung der **paritätischen Mitbestimmung** in Unternehmen; BVerfGE 97, 228, 252 – **Kurzberichterstattung** im öffentlichen Fernsehen; BVerfG, Kammer, NVwZ 2005, 1413 – **Ausweisung eines Wasserschutzgebiets;** BVerfG, NJW 1998, 3704 – Beschränktes Patent an **Arbeitnehmererfindung;** BVerfG, Kammer, NVwZ 1998, 725 – **Bepflanzungsverbot** zum Schutz von Deichen; BVerwG, NJW 1996, 409 – **Nutzungsbeschränkung** aus Gründen des Naturschutzes; BVerfG, Kammer, NVwZ 2010, 771 – **Verschärfung des Tierschutzes** für „Legehennen-Altanlage"; BVerwG, NJW 1996, 2807 – Auflagen wegen **städtebaulicher Sanierung;** BVerfGE 100, 226, 239 – Auflagen des **Denkmalschutzes;** OLG Hamm, NVwZ 2004, 1148 – Beeinträchtigung durch **Bauarbeiten;** BGHZ 97, 114 und NVwZ 1989, 285 – **Verkehrslärm;** BGH, DVBl. 1996, 671 – Verweigerung einer **Abbaugenehmigung für Bimsstein;** BVerfG, Kammer, NVwZ 2007, 808 – **Zwangsmitgliedschaft in einer Jagdgenossenschaft** (zum möglichen Verstoß gegen die Gewissensfreiheit s. aber § 24, Rn. 11 ; BVerfG, Kammer, NVwZ 2009, 1158 – **Nutzung eines über ein Grundstück führenden öffentlichen Wegs.**

Selbst bei einer klaren Entziehung der Substanz des Eigentums hat das BVerfG zuweilen nicht die Regeln der Enteignung herangezogen, sondern ist von Inhaltsbestimmungen ausgegangen. Das gilt nicht nur für den Entzug von Vermögensvorteilen, die durch eine schwere Straftat erlangt worden sind (BVerfGE 110, 1, 13), sondern auch für die Entziehung von Grundstücken im Rahmen der **Baulandumlegung,** die das BVerfG nur als Maßnahme der Vermögensverteilung, nicht der Entziehung begriffen hat (BVerfGE 104, 1, 8). 29

Kritik: Diese Argumentation überzeugt nicht. Das BVerfG gibt hier ohne Not die an sich sehr klare Definition der Enteignung im Hinblick auf bestimmte Zielsetzungen auf. Bezogen auf den einzelnen Gegenstand wird bei der Umlegung sehr wohl Eigentum entzogen und einem neuen Eigentümer zugeteilt. Das ist ein im vertikalen Verhältnis von Staat und Individuum ablaufender gezielter Vorgang der Eigentumsentziehung, also Enteignung, der nicht zur Inhaltsbestimmung verharmlost werden darf.

Weitere Beispiele: BVerfG, Kammer, NJW 1990, 1229 – **Beschlagnahme von Elfenbeinschmuck** aus artenschutzrechtlichen Gründen; BVerfG, Kammer, NVwZ 1997, 159 – **Beschlagnahme von geschützten Tieren;** BVerfG, Kammer, NJW 2000, 798 – **Telekommunikationsanlage auf Privatgrundstück.**

30 Keine Enteignung, sondern Ausprägungen der Sozialbindung sind grundsätzlich **staatliche Abgaben.** Insofern gilt der Satz: „Eigentum schützt vor Steuern nicht" (BVerfGE 50, 57, 104 – Zinsbesteuerung; BVerfGE 95, 267, 300 – Altschulden).

Bei näherem Hinsehen kann dieser Grundsatz aber nicht uneingeschränkt gelten. So gibt es eine Grenze, von der an die Besteuerung „konfiskatorisch" im Sinne des Enteignungsbegriffs sein kann (so bereits BVerfGE 2, 237, 261). Zum anderen richten sich bestimmte Steuern, wie die Erbschafts- und die Vermögenssteuer durchaus gezielt auf die Entziehung von Vermögen. Auf die daraus entstehenden Probleme wird unten in Rn. 56 eingegangen.

31 Insgesamt zeigt sich, dass die Zurückdrängung der enteignenden Eingriffe und mit ihr der Enteignungsentschädigung zwar den Vorteil dogmatischer Klarheit hat und die Position des Gesetzgebers stärkt, aber nicht alle Probleme löst. Sie vermeidet zwar die auch aus Gewaltenteilungsaspekten problematische direkte Ableitung von Entschädigungsansprüchen und den „Wildwuchs" der enteignenden, enteignungsgleichen und Aufopferungsansprüche, kann aber nicht dem Problem übermäßiger Belastungen des Eigentums entgehen. Schon in der Nassauskiesungsentscheidung selbst hat das BVerfG deshalb darauf hingewiesen, dass auch Inhaltsbestimmungen und Konkretisierungen der Sozialpflicht verhältnismäßig sein müssen. Die Probleme der „Schwere" des Eingriffs und des „Sonderopfers" sind also nur auf die Rechtfertigungsebene verschoben (dazu unten, Rn. 40 ff.).

32 **4. Vergesellschaftung (Art. 15 GG).** Nach Art. 15 GG können Grund und Boden, Naturschätze und Produktionsmittel zum Zwecke der Vergesellschaftung durch ein Gesetz, das Art und Ausmaß der Entschädigung regelt, in **Gemeineigentum** oder in andere Formen der Gemeinwirtschaft **überführt** werden. Dogmatisch handelt es sich hier natürlich nicht um ein eigenes Grundrecht, sondern um eine besondere Eingriffsermächtigung, die nur historisch erklärbar

ist. Sie wurde als Konzession an Sozialdemokraten und Kommunisten in einem eigenen Artikel in das GG aufgenommen und stellte aus seinerzeitiger Sicht ein Mittel zur „Überwindung des Kapitalismus" dar. Historisches Vorbild waren Art. 155 und Art. 156 WRV.

Einer sehr umfangreichen Diskussion im Parlamentarischen Rat stand allerdings von vornherein eine sehr **geringe praktische Bedeutung** des Art. 15 GG gegenüber. Einerseits hat sich erwiesen, dass die Vorschrift bei Weitem zu abstrakt ist, um die konkreten Probleme der Überführung in Gemeineigentum zu lösen. Andererseits konnten streitige Fälle im Rahmen von Art. 14 GG gelöst werden. Immerhin verdeutlicht Art. 15 GG eine Option des Gesetzgebers, stellt aber auch klar, dass selbst die Vergesellschaftung wesentlicher Produktionsmittel nur gegen Entschädigung erfolgen kann. Gleichwohl besteht heute nahezu Einigkeit, dass dieser von vornherein missglückte Artikel heute **obsolet** geworden ist (a. A. früher *H. Ridder*, Enteignung und Sozialisierung, VVDStRL 10 [1952], 124; wohl auch *Hummel*, Grundfälle zu Art. 15 GG, JuS 2008, 1065.; allg. *Winter*, Sozialisierung von Unternehmen [1976]).

IV. Verfassungsrechtliche Rechtfertigung – Schranken

1. Enteignung i. e. S. *a)* Die Enteignung ist der „klassische Anwendungsfall" des **Gesetzesvorbehalts.** Schon im 19. Jahrhundert war sie nur durch Verwaltungsakt auf gesetzlicher Grundlage möglich. Das Gesetz muss hinreichend bestimmt sein und sowohl den Tatbestand der Enteignung als auch die Gemeinwohlziele exakt bezeichnen, für deren Verwirklichung die Enteignung erfolgt. Eine Satzung oder Standesrecht reichen für eine Enteignung ebenso wenig aus wie das Gewohnheitsrecht oder verfassungsimmanente Schranken.

Beispiel: Keine Verpflichtung zur Beseitigung einer eigenen Wasser- oder Energiequelle in einer Satzung über den Anschluss- und Benutzungszwang. Ein Sonderfall ist die **Enteignung durch das Gesetz** selbst (Legalenteignung). Sie ist zwar grundsätzlich zulässig (BVerfGE 24, 367 – Hamburger Deichordnung), muss aber schon wegen des erschwerten Rechtsschutzes auf Ausnahmefälle beschränkt sein. Insbesondere darf sie nicht eingesetzt werden, um den Rechtsschutz zu verkürzen oder die Verantwortung der Verwaltung zu überspielen (BVerfGE 45, 297, 332 – öffentliche Last; BVerfGE 95, 1, 22 – Südumfahrung Stendal). Auch kann von den Belangen des einzelnen Eigentümers in einem korrekten Verwaltungsverfahren mit Anhörung, Erörterung, Begründungs- und Informationspflichten besser Rechnung getragen werden als im Gesetzgebungsverfahren (teilweise anders BVerfGE 74, 264, 297 – Boxberg). Im Übrigen muss auch bei Legalenteignungen eine gerichtliche Überprüfung der Verhältnismäßigkeit und der Gemeinwohlorientierung möglich sein.

34 **Besonders wichtig:** Nach Art. 14 III GG muss die gesetzliche Grundlage zugleich eine Regelung über die Höhe der Entschädigung enthalten (**"Junktim-Klausel"**). Fehlt diese, so ist eine auch an sich rechtmäßige Enteignungsregelung verfassungswidrig und nichtig (BVerfGE 4, 219 – Junktim-Klausel). Auch hier reichen satzungsrechtliche Bestimmungen über die Entschädigungen bzw. Härtefallregelungen nicht aus.

Grund dieser Strenge ist nicht nur der Schutz des Einzelnen, sondern auch die **Gewaltenteilung:** Der Gesetzgeber selbst soll sich im Vorgriff auf seine Budgethoheit über die Höhe der zu leistenden Entschädigungen klar werden. Die Strenge des Gesetzesvorbehalts zeigt auch, dass allein verfassungsimmanente Schranken für eine Enteignung als Rechtsgrundlage nicht ausreichen. Verfassungsrechtlich geschützte Rechtsgüter sind aber sehr wohl als legitime Gemeinwohlziele der Enteignung von Belang.

35 *b)* Einzig legitimes Ziel der Enteignung ist die **Verwirklichung des Gemeinwohls** durch Beschaffung des Eigentums. Die bloße Vermehrung staatlichen Vermögens reicht nicht aus. Auch rein fiskalische Interessen haben außer Betracht zu bleiben (BVerfGE 38, 175, 180 – Rückenteignung). Grundsätzlich ist die Enteignung auch kein angemessenes Mittel, um einen Träger öffentlicher Verwaltung aus einem unliebsamen Pachtvertrag zu befreien (BVerfG, Kammer, NJW 1999, 1176). Als Gemeinwohlziele kommen nicht nur die Verwirklichung von Verfassungsgütern, sondern grundsätzlich alle legitimen Aufgaben des Staates in Betracht. Klassische Ziele sind die Verwirklichung von Infrastrukturprojekten wie Straßen, Häfen, Flughäfen usw., aber auch die Bereitstellung wichtiger Einrichtungen der Daseinsvorsorge wie Schulen, Krankenhäuser, Abfallbeseitigungsanlagen usw. Besonders häufig ist die Enteignung zur **Verwirklichung eines Bebauungsplanes** einschließlich der Ersatzlandbeschaffung oder zur Verwirklichung der Flurbereinigung und der Umlegung.

Nicht unbedingt erforderlich ist es, dass der Staat durch die Enteignung das Gemeinwohl **selbst** verwirklichen will. Sie kann auch **zugunsten eines Privaten** erfolgen, der öffentliche Aufgaben wahrnimmt.

Beispiele: BVerfG, NJW 2003, 196 – Telekommunikationsunternehmen; BVerwG, NJW 2003, 230 – Energieversorgungsunternehmen; BGH, NJW 1989, 217 – private Ersatzschule.

Bei der Enteignung zugunsten Privater muss das Gemeinwohlziel gegenüber dem privaten Gewinnzweck eindeutig den Vorrang haben und durch eine staatliche Regulierung dauerhaft gesichert werden. Stehen wirtschaftliche

Ziele im Vordergrund, so reicht auch der Hinweis auf mit einem Projekt gesicherte Arbeitsplätze für das Gemeinwohlziel nicht aus (BVerfGE 74, 264, 286 – Boxberg; OVG Hamburg, NVwZ 2005, 105 – Airbus).

c) Für die Enteignung gilt der Grundsatz der **Verhältnismäßigkeit** 36 – und dies in besonders strenger Weise. Das heißt die Enteignung muss zur Erreichung des Gemeinwohlzwecks objektiv geeignet, erforderlich und zumutbar sein. „Erforderlichkeit" heißt in diesem Fall Unumgänglichkeit, die Enteignung muss also **„ultima ratio"** sein. Es darf keine andere rechtlich und wirtschaftlich vertretbare Lösung geben, die weniger schwer in das Eigentum des Einzelnen eingreift (BVerfGE 24, 367, 404 – Hamburger Deichordnung). Verfügt die öffentliche Hand selbst über geeignete Grundstücke, dann ist die vorherige Enteignung eines privaten Eigentümers grundsätzlich unverhältnismäßig. Dasselbe gilt, wenn das Ziel auch auf anderem Wege, z. B. durch einen langfristigen Pachtvertrag, erreicht werden kann. Reicht die Teilbelastung eines Grundstücks oder eine Teilenteignung aus, dann ist eine Gesamtenteignung gleichfalls unzulässig (BVerfGE 38, 175, 180 – Rückenteignung). Bei mehreren in Betracht kommenden Eigentümern ist der Gleichheitssatz zu beachten (BVerfGE 87, 114, 139 – Kleingartenpachtvertrag).

d) Nach Art. 14 III 2 und 3 GG ist die (schon im Gesetz zu bestimmende) **angemessene Entschädigung** Voraussetzung der Rechtmäßigkeit der Enteignung. 37

Entschädigung nach Art. 14 III 3 GG bedeutet **nicht immer vollen Ersatz des Verkehrswerts.** Die angemessene Entschädigung ist vielmehr in gerechter Abwägung der Interessen der Allgemeinheit und der Beteiligten zu bestimmen. Das heißt nach der Rechtsprechung des BVerfG, dass der Gesetzgeber auch eine unter dem Verkehrswert liegende Entschädigung bestimmen kann (BVerfGE 24, 367, 421 – Hamburger Deichordnung; anders noch BGHZ 6, 270). Zu beachten ist aber: Beruht die Eigentumsposition auf eigenen Leistungen des Eigentümers, muss in der Regel voll entschädigt werden; beruht sie aber z. B. auf einer Wertsteigerung durch staatliche Planung, dann kann der angemessene Interessenausgleich sogar verlangen, dass ein Teil des Planungsgewinns nicht in die Entschädigung einbezogen bzw. abgeschöpft wird (BVerwG, NVwZ 1999, 407). Umgekehrt kann der Verlust der Vermietbarkeit eines Hauses auf Grund einer bevorstehenden Enteignung zur Entschädigung berechtigen (BGH, NVwZ 2008, 348). In keinem Fall darf die Höhe der Entschädigung vom Vorhandensein öffentlicher Haushaltsmittel abhängig gemacht werden.

e) Sowohl gegen die Enteignung selbst als auch gegen die Entscheidung über die Entschädigung muss den Betroffenen nach Art. 14 38

i. V. m. Art. 19 IV GG der **Rechtsweg offen stehen.** Hinsichtlich der Art des Rechtswegs ist nach der Entscheidung über die Enteignung und über die Entschädigung zu unterscheiden. Für die Überprüfung der Rechtmäßigkeit **der Enteignung selbst** ist stets und ohne Ausnahme der Verwaltungsrechtsweg eröffnet. Dazu gehört auch die Prüfung der Frage, ob das Gesetz die Voraussetzungen der „Junktim-Klausel" in Art. 14 III GG erfüllt. Schon im Hinblick auf Art. 101 GG (Gebot des gesetzlichen Richters) ist es ausgeschlossen, die Enteignungsfrage selbst sozusagen zum Annex der Entschädigungsregelung zu erklären und die Zivilgerichte über die Rechtmäßigkeit der Enteignung mitentscheiden zu lassen. Es gibt also **kein Wahlrecht des Bürgers**, sich wegen fehlender Entschädigungsklausel oder unangemessener Entschädigung an das Verwaltungsgericht zu wenden oder sogleich Entschädigung vor der Zivilgerichtsbarkeit zu erlangen. Nur Streitigkeiten, die sich auf die **Höhe der Entschädigung** beziehen, sind nach Art. 14 III 4 GG noch vor den ordentlichen Gerichten geltend zu machen. Diese Norm gehört zu den veralteten Vorschriften des Grundgesetzes und beruht auf einem heute nicht mehr angemessenen Misstrauen gegenüber der Verwaltungsgerichtsbarkeit. Sie sollte (ähnlich wie Art. 34 GG) geändert werden, um die lebensfremde Trennung von Überprüfung der Enteignungs- und der Entschädigungsregelung zu vermeiden.

Die Rechtsschutzgewähr gilt heute grundsätzlich auch für so genannte „**Legalenteignungen**". Erfolgt die Enteignung durch den Gesetz- oder Verordnungsgeber, so kann und muss der Betroffene sich im Wege der Feststellungsklage gegen die Folgen der Rechtsnorm wehren. Hat das Gericht Zweifel an deren Verfassungsmäßigkeit, so hat es nach Art. 100 GG das Verfahren auszusetzen und dem BVerfG zur Entscheidung vorzulegen. Insofern bestehen heute jedenfalls aus Sicht von Art. 19 IV GG keine grundsätzlichen Bedenken gegen die Legalenteignung mehr (BVerfGE 24, 367, 401 – Hamburger Deichordnung; BVerfGE 95, 1 – Südumfahrung Stendal).

39 *f)* Wird die enteignete Sache nicht oder nicht mehr benötigt, so hat der frühere Eigentümer oder auch dessen Erbe einen **Anspruch auf Rückübertragung** (BVerfGE 38, 175, 180; 97, 89, 97 – „Rückübereignung"; BVerwG NJW 1999, 1272 – Aufgabe militärischer Nutzung). Interessant daran ist, dass das Eigentum offenbar trotz Enteignung gleichsam im Verborgenen weiter- und wiederauflebt, wenn der Enteignungszweck nicht erreicht wurde oder abschließend erfüllt wurde. Das gilt aber nur, wenn das enteignete Grundstück nicht erheblich verändert worden ist (BVerwG, NVwZ 1987, 49 – Haus des

§ 38 Der Schutz des Eigentums und des Erbrechts

Architekten; BVerfG, Kammer, NVwZ 1998, 724 – Rückübertragung). Auch muss ein angemessener zeitlicher Zusammenhang zwischen Enteignung und Rückübertragung bestehen. So können frühere Eigentümer von vor über 100 Jahren enteigneten und nicht mehr benötigten oder untertunnelten Eisenbahngrundstücken heute in der Regel keine Rückübertragung oder nachgezogene Entschädigung mehr verlangen.

2. **Rechtfertigung belastender Inhaltsbestimmungen.** *a)* Die strikte Zurückdrängung des Eingriffs auf „klassische Enteignungen" und die Verortung aller sonstigen mittelbaren und faktischen Beeinträchtigungen des Eigentums bei der Inhaltsbestimmung führen zu der paradoxen Situation, dass bei Art. 14 GG in vielen Fällen der „echte" Grundrechtseingriff verneint werden muss, es aber gleichwohl zur Prüfung der Rechtfertigung belastender Inhaltsbestimmungen kommt. Auch das BVerfG konnte nämlich nicht darüber hinwegsehen, dass Inhaltsbestimmungen und Konkretisierungen der Sozialbindung das Eigentum durchaus in grundrechtsrelevanter Weise belasten können. Das führt zu einer Prüfung, die nicht weit von der „gewöhnlichen" Rechtfertigung von Grundrechtseingriffen entfernt ist. 40

b) Da es sich zumindest formell nicht um einen Grundrechtseingriff handelt, ist die Inhaltsbestimmung **kein Fall für den klassischen Gesetzesvorbehalt.** Gleichwohl folgt aus dem Wortlaut des Art. 14 I 2 GG, dass auch die belastende Inhaltsbestimmung nur durch den Gesetzgeber erfolgen darf. Auch sind viele Maßnahmen zur Belastung des Eigentums und dessen Nutzung ohne Zweifel „wesentlich" für die Ausübung des Grundrechts, müssen also nach allgemeinen Grundsätzen gesetzlich geregelt sein. Anders als bei „echten" Grundrechtseingriffen kann die eigentliche Inhaltsbestimmung aber auf gesetzlicher Grundlage auch durch Rechtsverordnung oder Satzung erfolgen. Das ist besonders wichtig für kommunale Satzungen über den Anschluss- und Benutzungszwang sowie für Bebauungspläne. Rechtsstaatliche Grundlage sind dann die entsprechenden Normen der Gemeindeordnung bzw. des BauGB. 41

c) Nach heute unbestrittener Auffassung ist der **Grundsatz der Verhältnismäßigkeit** auch auf belastende Inhaltsbestimmungen anwendbar. Auch solche Belastungen müssen der Erfüllung eines Gemeinwohlziels dienen und dazu geeignet, erforderlich und zumutbar sein (BVerfGE 100, 226 – Nutzungsbeschränkung durch Denkmal- 42 schutz; BVerfGE 117, 272, 294 – BeschäftigungsförderungsG). Ist das nicht der Fall, so ist die entsprechende Maßnahme rechtswidrig und durch das Verwaltungsgericht aufzuheben.

Beispiele: BVerfGE 102, 1 ff. – die behördlich angeordnete Sanierung eines Grundstücks kostet mehr als dieses wert ist; BVerfGE 100, 226 – Auflagen des Denkmalschutzes machen ein Haus praktisch unbenutzbar; BGH, NJW 1994, 3283 – Die Unterstellung eines Grundstücks unter Naturschutz schließt jede gewerbliche Nutzung aus. Umstritten ist es, ob die obligatorische „Quotenregelung" bei Besetzung des Aufsichtsrats eine zulässige Inhaltsbestimmung des Eigentums wäre *(Wieland,* NJW 2010, 2408; *Brandt,* Gleichstellungsquote im Aufsichtsrat der Aktiengesellschaft (2012); *Sachs,* Quotenregelungen für Frauen im staatlichen und gesellschaftlichen Bereich, insbesondere für die Wirtschaft, ZG 2012, 52).

Im materiellen Sinne handelt es sich bei Entscheidungen über Inhaltsbestimmung und Sozialbindung des Eigentums zumeist um **Abwägungsentscheidungen.** Das heißt, Gesetzgeber und Verwaltung müssen die Bestandsgarantie des Eigentums und dessen Nutzbarkeit durch den Berechtigten in Bezug zu den Gründen der Sozialbindung und der jeweils präsenten Gemeinwohlbelange setzen (so bereits BVerfGE 25, 112, 118 – 2. Deichentscheidung). Die Gestaltungsbefugnis ist um so geringer, je mehr das Eigentum der persönlichen Existenzsicherung dient; sie ist im Allgemeinen um so größer, je mehr der soziale Bezug hervortritt (BVerfGE 50, 290, 340 – Mitbestimmung; BVerfGE 101, 54, 76 – Schuldrechtsanpassungsgesetz). Als zusätzliches verfassungsrechtliches „Gegengewicht" zu Art. 14 GG wirkt auch die Staatszielbestimmung zum Schutz der natürlichen Lebensgrundlagen und der Tiere in Art. 20a GG. Die Offenheit des „Inhalts- und Abwägungsprogramms" lässt die Bedeutung des Grundrechtsschutzes durch Verfahren hier besonders hervortreten (dazu unten, Rn. 46).

Auch bei an sich unverhältnismäßigen Inhaltsbestimmungen kann der Nachteil aber durch Entschädigungen auf gesetzlicher Grundlage ausgeglichen werden. Dafür hat sich der Begriff der **„ausgleichspflichtigen Inhaltsbestimmung"** eingebürgert oder umgekehrt: Eine Inhaltsbestimmung ist nur dann verhältnismäßig, wenn dem Betroffenen eine Entschädigung gewährt wird (so bereits BVerfGE 57, 107, 117 – Entschädigungsregelung BSeuchG; BVerfGE 58, 137, 150 – Pflichtexemplar).

In der Praxis wird die ausgleichspflichtige Inhaltsbestimmung immer wichtiger, weil es sich hier um eine im **Natur-, Denkmal- und Umweltrecht** sehr häufige Fallkonstellation handelt. Insofern ist die ausgleichspflichtige Inhaltsbestimmung auch ein rechtsstaatlich wichtiges „Ventil" für die Vermeidung von Härtefällen durch die strikte Zurückdrängung des Enteignungsbegriffs seit dem Nassauskiesungsbeschluss. Das ist nach den vom BVerfG selbst entwickelten Grundsätzen zur Inhaltsbestimmung zwar dogmatisch nicht unbedingt befriedigend, aber im Ergebnis geradezu unvermeidlich. Wichtig ist aber auch, dass die Entschädigung nicht auf der Basis von Richterrecht, sondern nur auf gesetzlicher Grundlage erfolgt (BVerfGE 100, 226; BVerfG, Kammer, NVwZ 2010, 957– Denkmalschutz).

d) Da auch die Inhaltsbestimmung „öffentliche Gewalt" i. S. von Art. 19 IV GG ist, muss dem Betroffenen der Rechtsweg offen stehen. Grundsätzlich ist der **Verwaltungsrechtsweg eröffnet.** Der Betroffene kann also nicht vor dem Zivilgericht auf Entschädigung klagen. Das gilt besonders dann, wenn das Gesetz nicht die Möglichkeit der Entschädigung zur Verfügung stellt. Dann ist die Maßnahme bzw. ihre Rechtsgrundlage rechtswidrig und muss als solche verwaltungsgerichtlich angegriffen und aufgehoben werden. Bei Planfeststellungsentscheidungen muss die Frage der Entschädigung in die Abwägung eingestellt werden (vgl. § 75 II 4 VwVfG). Ähnliches gilt für die Entschädigung nach Rücknahme eines rechtswidrigen VA. In allen diesen Fällen gilt nicht Art. 14 III GG, da es sich nicht um eine Enteignungsentschädigung handelt (anders aber bei § 49 VwVfG – beim Widerruf eines rechtmäßigen VA wird die enteignende Wirkung unterstellt). 43

Als „**Faustregeln**" lassen sich also festhalten:
- Entschädigung für „echte" Enteignungen: Ordentlicher Rechtsweg nach Art. 14 III GG.
- Entschädigungen für belastende Inhaltsbestimmungen „unterhalb der Enteignungsschwelle": Verwaltungsrechtsweg.
- Entschädigungen werden in beiden Fällen nur auf gesetzlicher Grundlage gewährt, sonst Rechtswidrigkeit der Entscheidung festzustellen durch die Verwaltungsgerichtsbarkeit.

V. Besondere Schutzfunktionen

Der Staat ist nicht nur zu Inhalts- und Schrankenbestimmung des Eigentums befugt, er ist auch verpflichtet, das Eigentum seiner Bürger zu schützen. Das gilt für den Schutz gegen Eingriffe durch Dritte ebenso wie gegen Beschlagnahme und ungerechtfertigte Enteignungen im Ausland. Konkretisierungen dieser **objektiven Schutzpflicht** sind die eigentumsschützenden Bestimmungen des **BGB**, z. B. §§ 823 I, 903 und 1004 BGB und des **Strafrechts**, z. B. §§ 242, 303, StGB. Dem Schutz des geistigen Eigentums dienen das **Urheberrechtsgesetz**, das **Patentgesetz** und das **Markengesetz**. 44

45 Dagegen folgt aus Art. 14 GG **kein Leistungsgrundrecht** im Sinne eines „Anspruchs auf die Bildung von Eigentum". Der Staat kann die Vermögensbildung und Vermögensverteilung zwar fördern; dem entspricht jedoch keine unmittelbar aus Art. 14 GG fließende Verpflichtung oder gar ein subjektiver Anspruch.

46 Besonders wichtig ist der **Schutz des Eigentums durch Verfahren.** So kommt es nicht von ungefähr, dass einige „Klassiker" des Grundrechtsschutzes durch Verfahren in der Rechtsprechung des BVerfG sich auf das Eigentum beziehen (BVerfGE 42, 64, 72 – Zwangsversteigerung I; BVerfGE 49, 220, 225; 51, 150, 156 – Zwangsversteigerung; BVerfG, Kammer, NJW 2005, 3630 – Dinglicher Arrest). Vor einer Enteignung oder einem sonstigen Verlust des Eigentums muss durch ein hinreichend offenes Verfahren der Abwägung privater und öffentlicher Belange der Stellenwert des Eigentums in seinem Verhältnis zur Gemeinwohlbindung geklärt werden.

47 Nimmt man die objektive Schutzpflicht und den Grundrechtsschutz durch Verfahren sowie den Grundsatz der Verhältnismäßigkeit ernst, dann ist die **institutionelle Deutung des Grundrechts** heute entbehrlich geworden. Diese richtete sich in der Weimarer Zeit gegen eine überzogene Einschränkung durch den Gesetzgeber und wurde auch durch das BVerfG immer wieder betont (BVerfGE 37, 132, 140 – Vergleichsmiete I; zuletzt noch BVerfGE 102, 1, 15 – Altlasten). Auch gegenüber dem inhaltsbestimmenden Gesetzgeber ist die Institution des Eigentums heute durch den Verhältnismäßigkeitsgrundsatz zuverlässlicher geschützt als durch die abstrakte Formel von der „institutionellen Garantie".

48 Selbstverständlich entfaltet das Eigentum auch **Drittwirkung** im Verhältnis der Bürger untereinander. Das folgt schon aus §§ 903 ff. BGB. Auch in den typischen rechtlichen Auseinandersetzungen zwischen **Eigentümer und Mieter** ist das Gewicht des Eigentums und des daraus folgenden eigenen Nutzungsrechts zu beachten. Gerade deshalb ist es problematisch, dem Mieter ein gleichrangiges Eigentumsrecht zuzusprechen und dann gleichsam bei jedem gewöhnlichen Mietprozess „Eigentum gegen Eigentum" abwägen zu müssen (so aber BVerfGE 89, 1, 8 ff. – Mieter als Eigentümer).

49 Art. 14 II 1 GG wird gelegentlich genannt, wenn von „**Grundpflichten**" die Rede ist (allgemein dazu oben § 5, Rn. 24). Da Art. 14 II 1 GG aber nicht an die Stellung des Bürgers als solche, sondern an das Eigentum anknüpft, ist es richtiger, hier nicht von einer Grundpflicht, sondern von einer gewöhnlichen Inhalts- bzw. Schrankenbestimmung zu sprechen.

VI. Die internationale und europäische Perspektive

Entsprechend seinen naturrechtlichen Ursprüngen ist das Eigentum in nahezu allen **Erklärungen und Konventionen der Menschenrechte** gewährleistet. Die **AEMR** garantiert in Art. 17 I für jedermann das Recht, allein oder in Gemeinschaft mit Anderen über Eigentum zu verfügen und betont, dass niemand willkürlich seines Eigentums beraubt werden solle. Andere internationale Abkommen sind allerdings vorsichtiger und sprechen nicht von einem absoluten Eigentumsschutz, sondern vom durch das nationale Recht zu definierenden „wohlerworbenen Recht". Art. 46 Haager Landkriegsordnung gewährt ein – wenn auch schwer durchsetzbares – Recht gegen Konfiskation privaten Eigentums im Krieg. Besonders erwähnt sei das Abkommen über den Schutz von Urheberrechten im Rahmen der WTO (so genanntes **TRIPS-Übereinkommen** – Trade Related Aspects of Intellectual Property Rights vom 15.4.1994 – BGBl 1994 II, 1730), das sich in durchaus moderner Weise u. a. auch auf Computerprogramme, Warenzeichen, Patente und Herkunftsangaben bezieht. Klargestellt ist auch, dass der **Schutz des Eigentums im internationalen Rechtsverkehr** zur objektiven Schutzpflicht des Staates zählt (*Ohler*, JZ 2006, 875).

Bei der Entstehung der **EMRK** war die Gewährleistung eines Menschenrechts auf Eigentum umstrittener als man annehmen sollte. Dieses wurde daher erst in **Art. 1 des Ersten Zusatzprotokolls zur EMRK** gewährleistet – dort allerdings mit einem weitgehenden Gesetzesvorbehalt zugunsten des wirtschaftslenkenden und Abgaben erhebenden Staates. Die Rechtsprechung des EGMR geht ähnlich wie das BVerfG von einer Sozialbindung des Eigentums aus und achtet zumeist die Entscheidungen des nationalen Gesetzgebers. Das gilt besonders, wenn es um die Reaktion auf historische Umwälzungen oder um den Schutz national bedeutsamer Kunstwerke geht (lehrreich EGMR, NJW 2002, 45ff.; NJW 2003, 1721 – Enteignung des früheren Königs von Griechenland; EGMR, NJW 2012, 743 – Vorkaufsrecht für Goya-Gemälde; interessant auch EGMR, NVwZ 2012, 353 – Bauverbot auf früherem jüdischem Friedhof). Immerhin hat der EGMR, (NJW 2009, 489) – ähnlich wie das BVerfG – Entschädigungsansprüche als Eigentum anerkannt.

Sowohl die **Rechtsprechung des EuGH** als auch die **EuGRCh** lehnen sich an Art. 1 des Ersten Zusatzprotokolls zur EMRK an. In diesem spiegeln sich nach Auffassung des Gerichtshofs gemeinsame Verfassungsgrundsätze der Mitgliedstaaten wieder, so dass das Eigentum Maßstab der Rechtsprechung des EuGH geworden ist. Deutlich wird in der Rechtsprechung aber auch der weite Regelungsspielraum, den der EuGH den Institutionen der Gemeinschaft und den Nationalstaaten im Hinblick auf Produktionsbeschränkungen, Kontingente und andere Maßnahmen der Wirtschafts- und Marktlenkung zugesteht. Auch eine Abgabenerhebung hält der Gerichtshof sogar dann für mit dem Eigentum vereinbar, wenn ein Unternehmen derartige Abgaben nicht mehr aus dem im betreffenden Wirtschaftsjahr erwirtschafteten Gewinn finanzieren kann (EuGH, NVwZ 1991, 460 – Zuckerfabrik Süderdithmarschen). Ebensowenig sah der EuGH im Grundrecht auf Eigentum ein gemeinschaftsrechtliches Hindernis für die Einführung der Bananenmarktordnung – selbst wenn diese die wirtschaftliche Existenz von Importeuren in Frage stellte (EuGH, NJW 1997, 1225). Insgesamt zeigt sich, dass die Beschränkbarkeit des Eigentums im Europarecht eher derjenigen der Berufsausübung im deutschen Recht entspricht, während das BVerfG bei Art. 14 GG immerhin noch einen „harten Kern" naturrechtlich begründeten, individuellen Eigentumsschutzes anerkennt. Hier lassen sich künftige Konflikte erahnen.

Begrüßenswert ist es allerdings, dass sich die Eigentumsgarantie weder nach nationalem noch nach europäischem Recht als taugliches Bollwerk gegen die Einführung des „Euro" (BVerfGE 97, 350, 370) oder den Europäischen Stabilitätsmechanismus ESM, BVerfG, NJW 2013, 29.

Literatur zu VI: *Dolzer,* Eigentum, Enteignung und Entschädigung im geltenden Völkerrecht (1985); *Grabenwarter,* Europäische Menschenrechtskonvention § 25, 213 ff.; *Ohler,* Der Schutz privaten Eigentums als Grundlage der internationalen Wirtschaftsordnung, JZ 2006, 875.

VII. Aktuelle Fälle und Probleme

53 1. **„Hartz IV" und die Begrenzung des Arbeitslosengeldes.** Grundsätzlich ist bei der Einbeziehung von Versicherungsansprüchen in das Eigentum **Zurückhaltung angebracht.** Das gilt besonders für Versicherungen, die von steigenden Leistungsansprüchen und sinkenden Einnahmen infolge der demographischen Entwicklung betroffen sind, also Rentenversicherung und Arbeitslosenversicherung. Deshalb kann es auch keinen durch Art. 14 GG geschützten Anpassungs- oder Erhöhungsanspruch der Renten geben (BSG, NJW 2003, 1475), und im Zeichen der „Hartz IV" kann Art. 14 GG allenfalls den Kern erworbener Leistungsansprüche, nicht aber den jeweils erreichten Lebensstandard schützen (*Bauer,* DÖV 2004, 1017; *Bred,* DVBl. 2006, 871; differenzierend *Gurlit,* VSSR 2005, 45; *Lenze,* NJW 2003, 1427).

Fraglich war das aber für Arbeitnehmer, die nach Jahrzehnte währender Beitragszahlung sich mit dem Arbeitslosengeld II fast auf Sozialhilfeniveau wiederfanden und nach den Regeln des SGB II sogar anderweitige Existenzsicherungen wie Lebensversicherungen und Immobilieneigentum anrechnen lassen müssen. Gleichwohl hat das BVerfG entschieden, dass die Arbeitslosenhilfe kein Eigentum im Sinne von Art. 14 I GG ist, ihre Abschaffung also verfassungsgemäß war (BVerfGE 128, 90, 101).

2. Der „Ausstieg" aus der Kernenergie. An kaum einem Beispiel lässt 54 sich die Notwendigkeit der stabilisierenden und rationalisierenden Funktion der Verfassung (*Konrad Hesse*, Grundzüge, S. 14) deutlicher belegen als in der Beurteilung der Kernenergie. Insbesondere werfen Ereignisse wie der „Ausstieg", der nachfolgende „Ausstieg aus dem Ausstieg" und die erneute Kehrtwende nach der Katastrophe von Fukushima Fragen des Eigentumsschutzes einerseits und des Schutzes von Leben und körperlicher Unversehrtheit andererseits auf. Jenseits aller ideologischen und tagespolitischen Kontroversen ergibt sich bei nüchterner Betrachtung: Die Nutzbarkeit der erheblichen Investitionen in Kernkraftwerke und die gesetzlich zugewiesenen Reststrommengen sind „Eigentum" i. S. von Art. 14 GG. Sowohl das Moratorium als auch die gesetzlich erzwungene Stilllegung sind zwar keine Enteignung, sondern Ausdruck der Sozialbindung, weil das Eigentum bei den Betreibern verbleibt, reduzieren die Nutzbarkeit aber praktisch auf Null. Jedenfalls bot § 17 Abs. 3 AtG keine gesetzliche Grundlage für ein „sofortiges Abschalten" ohne konkret unter **hiesigen** geologischen und meteorologischen Verhältnissen zu beurteilende Gefahr (VGH Kassel, NVwZ 2013, 888 – KKW Biblis). Auch im Übrigen werfen die überstürzte Energiewende einschließlich der EEG-Umlage und des Netzausbaus ungeklärte verfassungsrechtliche Fragen auf, wovon nicht zuletzt zahlreiche derzeit anhängige Verfassungsbeschwerden zeugen.

Literatur: *Battis/Ruttloff*, Vom Moratorium zur Energiewende – und wieder zurück, NVwZ 2013, 817; *Bruch/Greve*, Atomausstieg 2011 als Verletzung der Grundrechte der Kernkraftwerksbetreiber? DÖV 2011, 794; *Ewer/Behnsen*, Das „Atom-Moratorium" der Bundesregierung und das geltende Atomrecht, NJW 2011, 1182; *Kloepfer*, 13. Atomgesetznovelle und Grundrechte. DVBl. 2012, 1437; *Moench/Ruttloff*, Netzausbau in Beschleunigung, NVwZ 2011, 1040; *Ossenbühl*, Eigentumsschutz von Reststrommengen beim Atomausstieg, DÖV 2012, 697; *ders.*, Verfassungsrechtliche Fragen eines beschleunigten Ausstiegs aus der Kernenergie (2012); *Rebentisch*, „Kernkraftwerks-Moratorium" vs. Rechtsstaat, NVwZ 2011, 533; *Schmidt-Preuß*, Atomausstieg und Eigentum, NJW 2000, 1524; *Sellner/Fellenberg*, Atomausstieg und Energiewende 2011, NVwZ 2011, 1025.

3. Fragen des Verhältnisses von Eigentümer und Mieter. Immer 55 wieder haben die Zivilgerichte über buchstäblich „spannende" Konfliktfälle zwischen Hauseigentümer und Wohnungsmieter zu entscheiden. Obwohl die Fülle der täglichen Gerichtspraxis hier auf Grund bürgerrechtlicher Bestimmungen abläuft, bilden auf beiden Seiten Grundrechtspositionen einen wichtigen verfassungsrechtlichen Rahmen. Insbesondere die Stichworte „Kündigungsschutz" und „Eigenbedarf" sind hier zu nennen. Bei beiden hat sich in den vergangenen Jahren eine nicht unerhebliche Akzentverschiebung in der Rechtsprechung des BVerfG ergeben.

In der Entscheidung BVerfGE 89, 1, 6 (Mieter als Eigentümer) hat das BVerfG die gemietete Wohnung als elementares Lebensbedürfnis und den Mieterschutz als eine Art Eigentumsschutz anerkannt. In späteren Entscheidungen wurde dann aber betont, dass auch die Selbstbestimmung über das Wohneigentum und die eigene Nutzung durch den Eigentümer besonderen verfassungsrechtlichen Stellenwert genießen. Auch hier gilt der Grundsatz: Je unmittelbarer der Eigentümer bei seiner eigenen Lebensgestaltung auf das Eigentum angewiesen ist, desto stärker ist seine Position in etwaigen Abwägungsprozessen mit Rechten des Mieters. Die anonyme Wohnbaugesellschaft mit einer Vielzahl von Wohnungen wird also anders gestellt als der Eigentümer des sprichwörtlichen 2-Familien-Hauses. Auch dieser ist freilich nicht geschützt, wenn er nur **vorgeschobenen Eigenbedarf** geltend macht (BVerfG, Kammer, NJW 1979, 2377). Auch muss der Eigentümer den grundsätzlichen **Kündigungsschutz** einschließlich der Wohnraumbindung hinnehmen (BVerfGE 95, 64, 82) und eine Fortsetzung des Mietverhältnisses beim Übergang der Wohnung auf den Partner einer Lebensgemeinschaft im Rahmen der Sozialbindung dulden (BVerfGE 82, 6, 16). Dasselbe gilt für den **Treppenlift für eine behinderte Lebensgefährtin** eines Mieters (BVerfG, Kammer, NJW 2000, 2658). Umgekehrt ist der Vorrang der Selbstbestimmung des Eigentümers zu beachten, wenn er selbst oder seine Kinder die Wohnung nutzen wollen **(Eigenbedarf)**. Dann muss seine Entscheidung letztlich Vorrang haben (BVerfGE 79, 283), und er muss sich nicht auf eine anderweitig gewerblich genutzte Alternative verweisen lassen (BVerfGE 81, 29 – Eigenbedarf).

Einen Sonderfall bietet der **Zwangsvollstreckungs- und Räumungsschutz bei besonders gefährdeten Mietern.** So muss der Eigentümer oder Erwerber im Rahmen der Sozialbindung nach mehreren Entscheidungen das Anhalten der Zwangsversteigerung oder Räumung hinnehmen, wenn eine Suizidgefährdung nicht von der Hand gewiesen werden kann (BVerfGE 51, 324, 347; BVerfG, Kammer, NJW 2004, 49; zuletzt NJW 2013, 290; BGH, NJW 2011, 2807). In diesen Fällen kommt letztlich also Art. 2 II GG als verfassungsimmanente Schranke des Eigentums zum Zuge.

56 **4. Eigentum schützt vor Steuern nicht?** Jeder Steuerzahler ahnt auch ohne vertiefte Grundrechtskenntnisse: „Eigentum schützt vor Steuern nicht". Andererseits: Wenn Art. 14 GG erworbenes Vermögen schützt, dann ist jede vermögensbezogene staatliche Abgabe zumindest tatbestandsmäßiger Eingriff in das Eigentum. Gleichwohl werden Steuern und andere Abgaben weithin nicht als Eingriffe sondern als Ausprägung der Sozialbindung gesehen (BVerfGE 50, 57, 104 – Zinsbesteuerung; BVerfGE 95, 267, 300 – Altschulden).

Zu beachten bleibt aber zweierlei: **Zum einen** hat auch das BVerfG schon seit BVerfGE 2, 237, 261 – Hypothekensicherungsgesetz, immer wieder darauf hingewiesen, dass eine „**erdrosselnde**", konfiskatorische Geldleistungspflicht sehr wohl einen unverhältnismäßigen Eingriff in Art. 14 GG darstellen kann (BVerfGE 63, 343, 368 – Rechtshilfevertrag; BVerfGE 78, 232 – landwirtschaftliche Altershilfe). **Zum anderen** sind bestimmte Steuern wie die Vermögens- und die Erbschaftssteuer nicht nur auf den Vermögenszuwachs, sondern auf die Substanz des Eigentums gerichtet, haben also – ob man das will oder nicht – enteignenden Charakter und bedürfen deshalb besonderer Rechtfertigung und strikter Gleichbehandlung der Betroffenen. Das hat dazu geführt, dass das BVerfG hinsichtlich der Verfassungsmäßigkeit der **Vermögenssteuer** erhebliche Zweifel angemeldet hat (BVerfGE 93, 121, 136 – Einheitswerte) und dass die Bemessungsgrundlagen der **Erbschaftssteuer** deutlich in Zweifel gezogen werden (BVerfGE 93, 165, 172; 117, 1, 30 – Verfassungswidrigkeit des Erbschaftssteuergesetzes). Auch die Rechtsprechung zur notwendigen **Steuerfreiheit des Existenzminimums** wird letztlich nur verständlich, wenn man den Schutz des erworbenen Vermögens gegen Steuerlasten zu Art. 14 GG rechnet (BVerfGE 87, 153, 169 – Grundfreibetrag; BVerfGE 120, 125, 143 – Beiträge zur Kranken- und Pflegeversicherung).

Im Zusammenhang mit der „konfiskatorischen Steuer" ist auch die Frage diskutiert worden, ob es einen ungerechtfertigten Eingriff in das Eigentum darstellt, wenn der Staat mehr als die Hälfte des vom Bürger Erwirtschafteten durch Steuern und Abgaben einzieht (**„Halbteilungsgrundsatz").** Dieser in einem obiter dictum des *Zweiten Senats* des BVerfG (BVerfGE 93, 121, 138 – Einheitswert II) enthaltene Satz ist an sich selbstverständlich. Es ist für den Bürger schlechthin unzumutbar, wenn ihm von seinem erworbenen Eigentum nicht wenigstens die Hälfte verbleibt. Gleichwohl hat sich das BVerfG in neuerer Zeit deutlich wieder vom Halbteilungsgrundsatz distanziert (BVerfGE 115, 97, 107 – Einkommens- und Gewerbesteuer; BVerfG, Kammer, NJW 2009, 1868 – Grundsteuer). Auch im Übrigen rückt das BVerfG bei der Beurteilung von steuerrechtlichen Regelungen immer weniger Art. 14 GG und dafür eher Art. 3 Abs. 1 (Steuergleichheit) sowie der Vertrauensschutz in den Mittelpunkt (dazu unten § 39, Rn. 25).

Literatur: *Elicker,* Der Grundsatz der Verhältnismäßigkeit in der Besteuerung, DVBl. 2006, 480; *Helwig,* Der steuerverfassungsrechtliche Halbteilungsgrundsatz (2002); *Klawonn,* Die Eigentumsgewährleistung als Grenze der Besteuerung (2007); *Pausenberger,* Eigentum und Steuern in der Republik (2008); *Wernsmann,* Die Steuer als Einkommensbeeinträchtigung? NJW 2006, 1169; *P. Kirchhof/von Arnim,* Besteuerung und Eigentum, VVDStRL 39 (1981), 213/286.

5. Squeeze out – bail out – Rettungsschirm: Anteilseigentum in Krisenzeiten. Wie das Eigentum an Atomkraftwerken, so kennt auch das Eigentum an Banken und Staatsanleihen seinen „Tsunami": Den Zusammenbruch von „Lehman Brothers" und den drohenden Zusammenbruch der griechischen Staatsfinanzen. Anders als in anderen Wirtschaftsbereichen kann hier der Bankrott eines „systemrelevanten" Unternehmens oder einer „Euro-relevanten" Volkswirtschaft ungeahnte Folgewirkungen bis hin zu einer Weltwirtschaftskrise oder zum Zusammenbruch der gemeinsamen europäischen Währung haben. Die notwendige Schnelligkeit und Flexibilität der Reaktion und die Schaffung unabhängiger Instrumente wie des Europäischen Stabilitätsmechanismus (ESM) und eine ihre ihr durch die Europäischen Verträge zugedachte Rolle sprengende Europäische Zentralbank (EZB) bedrohen überdies das Budgetrecht des Parlaments und zumindest mittelbar den Einfluss des Wählers auf Entscheidungen von großer Tragweite. Auch die Folgen für die Akzeptanz europäischer Institutionen und des Euro sind unabsehbar. Internationale und nationale Rettungsmaßnahmen und „Rettungsschirme" verlangen hier nicht nur den Einsatz geradezu schwindelerregender Bürgschaftssummen, sondern auch ein Übergehen oder sogar Hinausdrängen privater Anteilseigentümer bis hin zur „Rettungsübernahme" und den harmlos als „Beteiligung Privater am Rettungsschirm" bezeichneten Verzicht auf Schuldentilgung. Beide führen zweifellos zur Entziehung von Eigentum, dürften aber durch das BVerfG als Maßnahmen im Rahmen der Sozialbindung eingeordnet werden (a. A. [Enteignung] *Th. Böckenförde*, NJW 2009, 2484; *Gurlit*, NZG 2009, 601). Droht ein Bank- oder Versicherungsunternehmen als ganzes mit unabsehbaren Folgen für die Wirtschaftsentwicklung unterzugehen, dann scheint es zumutbar, einzelne Anteilseigentümer zurückzudrängen oder an den Verlusten zu beteiligen. Dasselbe gilt für die Eigentümer von Staatsanleihen sog. „Problemstaaten". Weit gravierender ist das Problem der Bedrohung des Eigentums durch die Verpflichtungen, die die Bundesrepublik im Rahmen des ESM eingegangen ist. In seinem ersten Urteil zur „Griechenlandhilfe" vom 07.09.2011 (BVerfGE 129, 124, 167) hat das BVerfG zwar eine Verletzung von Art. 14 GG (und auch von Art. 38 GG und des Budgetrechts) verneint, aber eine volle parlamentarische Kontrolle der Maßnahmen verlangt und damit das weitgehend unkontrollierte Wirken des ESM und der EZB sowie die Befugnisse der Bundesregierung zum Eingehen weiterer finanzieller Verpflichtungen in Frage gestellt. Dieser Linie ist es auch bei der Zurückweisung von Anträgen auf Erlass einer einstweiligen Anordnung gegen das Inkrafttreten des ESM (BVerfG, NJW 2012, 3145) und der Zypernhilfe (BVerfG, Kammer, NVwZ 2013, 858) treu geblieben und hat damit jedenfalls vorläufig die unabsehbaren Folgen eines erzwungenen „Ausstiegs" der Bundesrepublik vermieden. Das Verfahren in der Hauptsache ist allerdings noch anhängig und die mündliche Verhandlung hat gezeigt, dass das Gericht die verfassungsrechtlichen Fragen vor allem im Hinblick auf die Verantwortung des Parlaments und den drohenden Substanzverlust des Wahlrechts auch im Zusammenhang komplexer Entscheidungen zur Rettung des Euro durchaus ernst nimmt. Deshalb wurde die Konzentration parlamentarischer Mitwirkungsbefugnisse auf ein kleines spezialisiertes Gremium bereits für verfassungswidrig erklärt (BVerfGE 131, 152, 194). Zwischenzeitlich hat das Plenum des EuGH die Vereinbarkeit des ESM mit EU Recht festgestellt (EuGH, NJW 2013, 29) und damit erneut das Problem des „Verhältnisses von Luxemburg und Karlsruhe" aufgeworfen. Jedenfalls dürfte das BVerfG gehindert sein, seinerseits nunmehr von einer Verletzung des „bail-out Verbots" in Art. 125 AEUV auszugehen.

Literatur: *Appel/Rossi,* Finanzmarktkrise und Enteignung (2009); *Th. Böckenförde,* Die getarnte Enteignung, NJW 2009, 2484; *Calliess,* Der Kampf um den Euro: Eine „Angelegenheit der Europäischen Union" zwischen Regierung, Parlament und Volk, NVwZ 2012, 1; *ders.,* Der ESM zwischen Luxemburg und Karlsruhe, NVwZ 2013, 97; *Calliess/Schorkopf,* Finanzkrisen als Herausforderung der internationalen, europäischen und nationalen Rechtsetzung. VVDSTRL 71 (2012), 113, 183. *Elicker/Heintz,* Zum verfassungsrechtlichen Schutz des Geldwertes – zugleich eine Besprechung der Entscheidung zur Griechenlandhilfe, DVBl. 2012, 141; *K. Faßbender,* Der europäische „Stabilisierungsmechanismus" im Lichte von Unionsrecht und deutschem Verfassungsrecht, NVwZ 2010, 799; *Forkel,* Euro-Rettung. Demokratie und Rechtsstaat, ZRP 2012, 240; *Gurlit,* Finanzmarktstabilisierung und Eigentumsgarantie, NZG 2009, 601; *Hofmann,* Das Rettungsübernahmegesetz im Spiegel des Art. 14 III GG, NVwZ 2009, 673; *P. Kirchhof,* Stabilität von Recht und Geldwert in der Europäischen Union, NJW 2013, 1; *Knopp,* Griechenland-Nothilfe auf dem verfassungsrechtlichen Prüfstand, NJW 2010, 1777; *Martini,* Zur Kasse bitte! Die Bankenabgabe als Antwort auf die Finanzkrise – Placebo, Heilmittel oder Gift?, NJW 2010, 2019.

VIII. Besonderheiten des Erbrechts als Grundrecht

Nicht selten wird übersehen, dass Art. 14 I GG neben dem Eigentum auch das **Erbrecht** gewährleistet. Inhaltlich handelt es sich bei der Verfügung von Todes wegen um eine besondere Form der Vermögensverfügung. Das Grundrecht gehört aber nicht nur in den Zusammenhang von Art. 14 GG, sondern ist auch elementarer Ausdruck des allgemeinen Persönlichkeitsrechts – sozusagen die Gewährleistung der persönlichen Selbstbestimmung über den Tod hinaus.

58 **1. Entstehung und aktuelle Bedeutung.** Die Geschichte des Erbrechts und der Testierfreiheit ist wild bewegt. In der Lehensverfassung des Mittelalters fiel das Eigentum mit dem Tode des Lehensnehmers an den Lehensgeber zurück. Der Kampf um ein Fortbestehen und damit die Vererbbarkeit ist über Jahrhunderte geführt worden. Erbfolgestreitigkeiten haben zu Kriegen und Intrigen von europäischem Format geführt. Die **Paulskirchenverfassung** gewährleistete die Verfügung von Todes wegen über den Grundbesitz (§ 165). Dasselbe galt für **Art. 154 WRV**, der das Erbrecht allerdings nur „nach Maßgabe des bürgerlichen Rechts" gewährleistete und überdies den „Anteil des Staates am Erbgut" nach den Gesetzen bestimmen ließ. Bei der **Entstehung des GG** war die Einfügung des Erbrechts in Art. 14 GG selbst nicht zweifelhaft, doch wurde es wie das Eigentum unter den Konkretisierungsvorbehalt durch den Gesetzgeber gestellt. Erben und Vererben sind tief im Bewusstsein der Menschen verankert. Auch ist das Erbrecht – etwa im Hinblick auf die Stellung von unehelichen Kindern – ein Spiegel gravierender gesellschaftlicher Wandlungsprozesse.

Ebenso alt wie das Erbrecht selbst ist aber auch die Kritik am Erbe als „**unverdientem Eigentum**". Seit langer Zeit gilt die Besteuerung des Erbes deshalb auch als ein gesellschaftlicher Ausgleich für das in der Tat nicht durch den Erben selbst Erarbeitete. Deshalb wächst der Druck, in Zeiten knapper öffentlicher Kassen die Probleme durch schärfere Besteuerung von Erbschaften zu lösen. So ist das Grundrecht nach wie vor von großer Bedeutung.

59 **2. Schutzbereich.** Auch das Erbrecht ist primär als Individualgrundrecht geschützt (BVerfGE 58, 377, 398 – vorzeitiger Erbausgleich). Hauptaussage des Erbrechts ist die **Testierfreiheit**, also die Freiheit zur Bestimmung über Eigentum und Vermögen über den Tod hinaus. Teil des individuellen Erbrechts ist auch das **passive Erbrecht**, also das Recht des Verwandten (insbesondere des Ehegatten und der Kinder). Träger der Testierfreiheit selbst sind nur **natürliche Personen**. Bedacht werden können auch **juristische Personen**, nicht aber **Tiere** (häufiges Problem in der Praxis). Nicht gehindert an der Ausübung des Grundrechts sind Behinderte, im Gegenteil: Der Ausschluss sprech- und schreibunfähiger Behinderter von der Testierfreiheit ist verfassungswidrig (BVerfGE 99, 341, 350 – Taubstumme).

60 **3. Eingriffe.** Ein Eingriff in das Erbrecht als Grundrecht ist gegeben, wenn der Staat sich über die in Ausübung der Testierfreiheit getroffenen Festlegungen hinwegsetzt oder auf andere Weise das Recht von Erblasser und Erben missachtet. Nicht Eingriff, sondern letztlich Konkretisierungen sind die teilweise strengen formellen Voraussetzungen der Ausübung des Erbrechts, die neben der rechtsstaatlichen Klarheit auch dem Erbrecht selbst dienen. Kein Eingriff in Eigentum oder Erbrecht ist auch die **Erbschaftssteuer** (BVerfGE 97, 1, 6), die allerdings auch nicht konfiskatorische Züge annehmen und die Testierfreiheit aushöhlen darf (BVerfG, NJW 2011, 366) und den Gleichheitssatz beachten muss. Deshalb hat das BVerfG 2007 Teile des Erbschaftssteuergesetzes für verfassungswidrig erklärt (BVerfGE 117, 1, 30– dazu auch § 39, Rn 25).

4. **Verfassungsrechtliche Rechtfertigung – Schranken.** Eingriffe 61 in die Testierfreiheit bedürfen grundsätzlich der gesetzlichen Grundlage. Das wichtigste praktische Beispiel ist das **Pflichtteilsrecht** der Ehegatten und Kinder, das seinerseits in Art. 6 GG verfassungsrechtlich geschützt ist (BVerfG, Kammer, NJW 2005, 1561); auch der Schutz von **Adoptivkindern** rechtfertigt einen Eingriff in die Testierfreiheit (BVerfG, Kammer, NJW 2003, 2600). Auch andere Grundrechte können den Eingriff in die Testierfreiheit verfassungsimmanent rechtfertigen. So hat das BVerfG z. B. die **Eheschließungsfreiheit** (Art. 6 GG) eines Hohenzollern-Erben höher bewertet als die Testierfreiheit des auf „ebenbürtige Verheiratung" bestehenden Hausrechts der Familie (BVerfG, Kammer, NJW 2004, 2008; anders noch BGH, NJW 1999, 566). Unterhalb der Ebene des Verfassungsrechts hat das Gericht die Erhaltung leistungsfähiger Strukturen in der Landwirtschaft als Schranke der Testierfreiheit anerkannt, wenn es in der **Höfeordnung** darum geht, ein landwirtschaftliches Anwesen einheitlich auf einen der Erben übergehen zu lassen (BVerfGE 67, 329, 340). In seltenen Fällen kann das Verbot der Verfügung zugunsten eines Dritten auch dem Schutz des Erblassers selbst dienen – so z. B. das Verbot in § 14 HeimG, dem Heim oder einem Pfleger geldwerte Leistungen zukommen zu lassen. Dies dient erkennbar der Verhinderung von Abhängigkeiten eines pflegebedürftigen Erblassers (BVerfG, Kammer, NJW 1998, 2964).

5. **Besondere Schutzfunktionen.** Wie das Eigentum hat der Staat 62 auch das Erbrecht durch ein funktionierendes Rechtssystem wirksam zu schützen. Das gilt auch für die verfahrensmäßige Ausgestaltung der Testierfreiheit und z. B. für die rechtzeitige Information und die Transparenz gegenüber den Erben. Unergiebig ist heute die Bezeichnung des Erbrechts als „institutionelle Garantie".

6. **Die internationale und europäische Perspektive.** Trotz der lan- 63 gen menschenrechtlichen Tradition des Erbrechts sind die internationalen Menschenrechtskonventionen eher zurückhaltend. So werden weder das Erb-

recht noch die Testierfreiheit in der AEMR oder in Art. 1 des Ersten Zusatzprotokolls zur EMRK erwähnt. Immerhin besteht Einigkeit darin, dass Art. 17 EuGRCh auch das Recht umfasst, Eigentumspositionen zu vererben (*Jarass*, EU-Grundrechte, § 22, Rn. 14). Auch der **EGMR** ist in Fragen des Erbrechts eher zurückhaltend – so etwa zur Frage der Gleichbehandlung adoptierter und nichtehelicher Kinder im Erbrecht – EGMR, NJW 2005, 875.

Literatur zu § 38 VIII. – **Erbrecht:** *Beckert*, Unverdientes Vermögen (2004); *Jochum/Durner*, Grundfälle zu Art. 14 GG – Teil 2, JuS 2005, 320; *Kroppenberg*, Privatautonomie von Todes wegen (2008); *Pabst*, Vererben und Verschenken aus grundrechtlicher Sicht, JuS 2001, 1145.

Literatur zu § 38 – Eigentum: *Appel*, Entstehungsschwäche und Bestandsstärke des verfassungsrechtlichen Eigentums (2004); *Berg*, Entwicklung und Grundstrukturen der Eigentumsgarantie, JuS 2005, 961; *Blasberg*, Inhalts- und Schrankenbestimmungen des Grundeigentums zum Schutz der natürlichen Lebensgrundlagen (2008); *Depenheuer*, Eigentum und Erbrecht, FS Kirchhof I (2013), 601; *Fehling/Faust/Rönnau*, Grund und Grenzen des Eigentums- und Vermögensschutzes, JuS 2006, 18; *Herdegen*, Garantie von Eigentum und Erbrecht, FS 50 Jahre BVerfG II (2001), 273; *Hummel*, Grundfälle zu Art. 15 GG, JuS 2008, 1065; *Jarass*, Inhalt- und Schrankenbestimmung oder Enteignung?, NJW 2000, 2841; *Kischel*, Entschädigungsansprüche für Eigentumsbeeinträchtigungen, VerwArch. 97 (2006), 450; *Jochum/Durner*, Grundfälle zu Art. 14 GG, JuS 2005, 220, 320, 412; *Leisner*, Eigentum als Verfassungsproblem (1975); *Leisner*, Eigentum: Grundlage der Freiheit (1994); *Papier*, Die Weiterentwicklung der Rechtsprechung zur Eigentumsgarantie des Art. 14 GG, DVBl. 2000, 1398; *Sellmann*, Die eigentumsrechtliche Inhalts- und Schrankenbestimmung – Entwicklungstendenzen, NVwZ 2003, 1417.

7. Abschnitt. Gleichheitsrechte

1   **Vorbemerkung** Der übliche Fallaufbau, der die Prüfung der Freiheitsrechte vor den Gleichheitsrechten vorsieht, führt dazu, dass in den meisten Gesamtdarstellungen der Grundrechte die Gleichheitsrechte erst nach den Freiheitsrechten behandelt werden. Das darf aber keineswegs im Sinne eines inhaltlichen Vorrangs verstanden werden Im Gegenteil: Wie alle Umfragen zeigen, hat der Aspekt der Gerechtigkeit gerade im modernen Sozialstaat für viele Menschen einen besonderen Stellenwert, und auch rein praktisch gehören Art. 3 I GG und die besonderen Gleichheitssätze neben dem rechtlichen Gehör zu den am häufigsten vor dem BVerfG gerügten Grundrechten.

2   Auch im Übrigen sind die Gleichheitsrechte sowohl aus historischer als auch aus methodischer Sicht besonders interessant. Schien

es hier zunächst, als seien der Fallaufbau und die Argumentationsweise bei Freiheits- und bei Gleichheitsrechten gänzlich verschieden, so lässt sich gerade in den letzten Jahrzehnten eine allmähliche Annäherung der einzelnen Prüfungsschritte besonders im Hinblick auf die Rechtfertigung von Ungleichbehandlungen feststellen. Es bestehen also viele Gründe, dem Studium dieses Abschnitts dieselbe Aufmerksamkeit zu widmen wie den anderen.

§ 39 Der allgemeine Gleichheitssatz (Art. 3 I GG)

I. Allgemeines

1. Herkunft und geschichtliche Entwicklung. Die Interpretation des Gleichheitssatzes (Art. 3 I GG) ist in besonderem Maße von ethischen und sozialphilosophischen Vorgaben abhängig.

Schon *Aristoteles* unterschied zwischen **austeilender und ausgleichender Gerechtigkeit**, sah letztere aber nicht etwa für die Güterverteilung, sondern – in heutiger Terminologie – für das Verfahren und die Tauschhandlungen im Verkehr der Bürger untereinander vor. In der **römischen Antike** wurde die Unterscheidung von justitia distributiva (**verteilende Gerechtigkeit**) von der justitia commutativa (**ausgleichende Gerechtigkeit**) übernommen. Die Grundprobleme: „Jedem das Seine", also differenzierte Gleichbehandlung nach vorhandenen Unterschieden, und „jedem das Gleiche", spiegeln sich bis heute nicht nur in der Interpretation des Grundrechts, sondern auch in der Politik, wenn es um Aspekte wie „soziale Gerechtigkeit", „Chancengleichheit" und „formale Gleichbehandlung" geht.

Im **Mittelalter** beruhte die Gesellschaft auf einem strikt hierarchisch gegliederten System der irdischen Ungleichheit, der unterschiedlich verteilten Güter und Privilegien und der strikt gewahrten Trennung der Stände der Geistlichkeit, des Adels, der gemeinen Bürger und der „Unfreien". Gleichheit war erst im Jenseits vorgesehen: Nicht vor den Menschen, wohl aber vor Gott waren alle Menschen gleich.

Erst die **Aufklärungsphilosophie**, die ihren Ausgangspunkt in der vorstaatlichen und nicht begründungsbedürftigen Würde aller Menschen nahm, musste folgerichtig das Thema der Gleichheit aufnehmen und zumindest für alle Menschen die gleiche Freiheit fordern. Dass die Freiheitschancen unterschiedlich verteilt waren, wurde hierbei jedoch weitgehend ausgeklammert – ebenso das Problem der Sklaverei als schlimmste Form der menschlichen Ungleichheit. Sehr wohl erkannt wurde aber, dass die Verwirklichung der Freiheit die Probleme der Gleichheit nicht automatisch löst, sondern im Gegenteil zu erneuten gesellschaftlichen Ungleichheiten führen kann. Die Lösung formulierte (sinngemäß) *Kant: Die Menschen sind gleich in der Unterwerfung unter die für alle geltenden Gesetze. Das Gesetz muss in gleicher Weise auf die Men-*

1

schen angewendet werden; es ist aber nicht Aufgabe der Politik und des Gesetzgebers, reale Gleichheit unter den Menschen herzustellen. In diesen Gedanken gründet das Prinzip der formalen Gleichheit, das sich bis heute im Wortlaut von Art. 3 I GG wiederfindet („alle Menschen sind **vor dem Gesetz** gleich", also nicht: „alle Menschen werden **durch das Gesetz** gleich").

In der **französischen Revolution** mit ihren Hauptforderungen *„Freiheit, Gleichheit, Brüderlichkeit"* war die Gleichheit zunächst durchaus noch in einem formalen Sinne gemeint. Unter Abschaffung der Vorrechte des ersten (Geistlichkeit) und des zweiten (Adel) Standes sollten die Rechte des dritten Standes (Bürgertum) gleichgewichtig zur Freiheit betont werden. Erst in der Verschärfung und Übertreibung durch das Jakobinertum nahm die Revolution dann eine Wende in Richtung auf die Durchsetzung eines radikalen Gleichheitskonzepts. Jede Individualität war buchstäblich als Abweichung von dem Ziel der Revolution lebensgefährlich – eine Entwicklung in die Tyrannei, die danach noch jede „gleichheitsgesteuerte" Revolution genommen hat.

Im **Deutschland des 19. Jahrhunderts** wandte man sich weitgehend von den radikalen Forderungen der französischen Revolution ab und kehrte zum Prinzip der **formalen bürgerlichen Gleichheit vor dem Gesetz** zurück. Das schloss allerdings Forderungen nach Beseitigung traditioneller Privilegien des Adels und der Zünfte nicht aus und führte zur partiellen Herstellung bürgerlicher Gleichheit in den preußischen Reformen. Zugleich aber produzierte das 19. Jahrhundert durch die völlige Freisetzung der ökonomischen Kräfte die „soziale Frage" und damit gravierende Probleme der Ungleichheit im neuen Proletariat der Industriearbeiter und kleinen Landwirte. Die Gegenreaktion bestand wieder in einem Konzept realer Gleichheit in der Diktatur des Proletariats, wie *Karl Marx* und seine Nachfolger es vorschlugen. Dieser Situation nahm das Kaiserreich durch die sozialstaatliche Absicherung zumindest teilweise den Wind aus den Segeln.

2   Die **WRV** setzte den Gleichheitssatz in Art. 109 an die Spitze des Katalogs der Grundrechte und Grundpflichten, blieb aber inhaltlich beim Prinzip formaler Gleichheit. Offen blieb die Frage der Bindung des Gesetzgebers an den Gleichheitssatz. Diese versuchte G. *Leibholz* bereits zur Weimarer Zeit mit dem Gedanken des „Willkürverbots" zu lösen (Die Gleichheit vor dem Gesetz, 1. Aufl. [1929]). Die **nationalsozialistische Zeit** begriff Gleichheit als „Artengleichheit" und schloss alle nicht in dieses Konzept Passenden aus – bis hin zur physischen Vernichtung. Im **Parlamentarischen Rat** einigte man sich nach langen Diskussionen auf die traditionelle Formulierung des *„Alle Menschen sind vor dem Gesetz gleich"*, ergänzte diese aber durch besondere Diskriminierungsverbote nach Geschlecht, Rasse, Herkunft, Religion usw., die auch als Antwort auf den Nationalsozialismus verstanden werden können.

3   **2. Aktuelle Bedeutung.** Das Spannungsverhältnis zwischen nur formaler und materieller Gleichheit hat die Rechtsordnung seither nie verlassen. Als Chancengleichheit in der Bildung, als Gebot sozia-

ler Gerechtigkeit (dazu *Kluth,* Facetten der Gerechtigkeit [2010]; krit. *Rüthers,* Das Ungerechte an der Gerechtigkeit, 3. Aufl. [2009]) und als Antidiskriminierung beeinflussen diese der Antike bekannten Konzepte nach wie vor nicht nur die Politik, sondern auch die konkrete Auslegung des Gleichheitssatzes. Wenn hierbei auch soziale Gleichheit keine subjektiven Rechte auf konkrete Leistungen erzeugt, so wird – jenseits aller Polemik und „Neiddebatten" – doch immer mehr deutlich, dass eine zu ausgeprägte „Schere zwischen Arm und Reich" in modernen Gesellschaften Probleme der Legitimität und Integration erzeugt, die auch das Verfassungsrecht nicht unberührt lassen können. Immer deutlicher stellen sich angesichts der demographischen Entwicklung auch die Probleme der **Gleichheit zwischen den Generationen**. So ist es gerade bei Rente und Gesundheit der jüngeren Generation kaum zumutbar, im Umlagesystem die Lasten für immer mehr und immer länger lebende Empfänger zu tragen (dazu *Kluth/Baer,* Demographischer Wandel und Generationengerechtigkeit, VVDStRL 68 [2009], S. 246 und 290). Diese und ähnliche Fragen muss man immer im Auge haben, wenn man sich den nicht minder schwierigen dogmatischen Problemen dieses Grundrechts widmet.

II. Schutzaussagen der Gleichheit

1. Sachlich: Bildung von Vergleichsgruppen. *a)* Die erste dogmatische Besonderheit des allgemeinen Gleichheitssatzes liegt darin, dass es hier keinen „Schutzbereich" und keine geschützte Handlung im Sinne eines Eingriffsverbots gibt. Auch die Grundsetzung des Schemas mit Eingriff und Schranke passt nicht auf dieses Grundrecht. Man muss den Schutzbereich gleichsam selbst konstruieren. Das geschieht durch die **Bildung von Vergleichsgruppen.** Konturen erlangen diese erst, wenn ein Vergleichsmaßstab (tertium comparationis) hinzutritt, also gefragt wird, **„gleich oder ungleich in Bezug worauf"?**

4

Das BVerfG umschreibt das „Programm" des Gleichheitssatzes mit der Formel: **„Art. 3 I GG gebietet es, Gleiches gleich, Ungleiches entsprechend seiner Eigenart ungleich zu behandeln"** (BVerfGE 42, 64, 72 – Zwangsversteigerung).

5

Oder umgekehrt formuliert: Es ist verboten,
– **wesensmäßig gleiche Tatbestände ungleich zu behandeln,**
– **wesensmäßig ungleiche Tatbestände gleich zu behandeln.**

Mit dieser Doppelformel ist die Interpretation des allgemeinen Gleichheitssatzes schon einen Schritt weiter, es bleibt aber die schwierige Aufgabe der Bestimmung des „wesensmäßigen Gleichen" bzw. „Ungleichen". Schon in der Formulierung „wesensmäßig gleich" zeigt sich, dass der Gesetzgeber nicht allen faktischen Unterschieden Rechnung tragen kann. Er ist vielmehr auch am Maßstab des Gleichheitssatzes berechtigt, nach Fallgruppen zu **typisieren** und Regelungen an einem **Stichtag** wirksam werden zu lassen (dazu Rn. 9).

6 *b)* Die Ungleichbehandlung muss **von der gleichen staatlichen Stelle** ausgehen. Keine Ungleichbehandlung ist die Regelung durch unterschiedliche Gesetzgeber der Länder. Wenn sich etwa Länder im Rahmen ihrer Gesetzgebungskompetenz unterschiedlich entscheiden (z. B. für eine 4- oder 6jährige Grundschule), dann ist nicht erst bei der Rechtfertigung auf das Bundesstaatsprinzip zu verweisen; es liegt vielmehr keine Ungleichbehandlung durch **einen** Träger der Staatsgewalt vor. Ebenso wenig ist eine Ungleichbehandlung durch die Handlung einer Behörde schon damit belegt, eine **andere** Behörde habe anders entschieden. Es muss vielmehr stets ein Hinweis auf eine inhaltliche Ungleichbehandlung – z. B. die unterschiedliche Anwendung eines bestimmten Gesetzes oder auch einer Verwaltungsvorschrift – hinzukommen. **Im Bundesstaat sind die Bürger eben nur innerhalb der gleichen Verfassungsgemeinschaft wesensmäßig gleich** (BVerfGE 17, 319, 331 – Bayerische Bereitschaftspolizei). Ähnliches gilt bei der unterschiedlichen Ausübung der Selbstverwaltungskompetenz der Gemeinden.

Das gilt natürlich nicht, wenn ein **Bundes- oder Landesgesetzgeber Bürger aus unterschiedlichen Bundesländern** ungleich behandelt. Das ist in der Regel schon durch Art. 33 I GG ausgeschlossen. Auch Differenzierungen nach „alten und neuen Bundesländern" sind in der Regel nicht mehr haltbar (etwas anderes kann nur gelten, wenn die Regelung dazu dient, Strukturnachteile auszugleichen – BVerfGE 107, 133, 141 – Rechtsanwaltsgebühren).

Literatur: *Boysen*, Gleichheit im Bundesstaat (2005); *Engels*, Chancengleichheit und Bundesstaatsprinzip (2001); *Pleyer*, Föderative Gleichheit (2005).

7 **2. Träger des Grundrechts.** Träger des Grundrechts aus Art. 3 I GG sind grundsätzlich **alle Menschen**. Auch auf **juristische Personen des Privatrechts** ist das Grundrecht anwendbar – jedenfalls solange es nicht um spezifisch auf den Menschen bezogene Merkmale

geht (BVerfGE 35, 348, 357 – Armenrecht I). Umstritten ist die Anwendbarkeit auf **juristische Personen des Öffentlichen Rechts.** Hier betont das BVerfG einerseits, dass der Gleichheitssatz auch im Verhältnis unterschiedlicher Hoheitsträger zueinander anwendbar sei, verneint aber die Konstruktion eines Grundrechts der betreffenden juristischen Person (BVerfGE 21, 362, 372 – Sozialversicherungsträger) und teilweise bereits die Beschwerdebefugnis im Hinblick auf Art. 3 GG (BVerfG, Kammer, NVwZ 2007, 1420). Auf die Gleichheit im Gerichtsverfahren als Teil des rechtlichen Gehörs können sich die beteiligten Körperschaften dagegen berufen (BVerfGE 76, 130, 139 – Gebührenregelung im sozialgerichtlichen Verfahren).

3. Adressaten des Grundrechts. Art. 3 GG richtet sich gegen **alle** 8 **Träger hoheitlicher Gewalt.** Für die **Verwaltung** bedeutet das vor allem Bindung an das Gesetz. Allenfalls die Gleichbehandlung im Rahmen von Ermessens- und Beurteilungsspielräumen bereitet Probleme (*Boden*, Gleichheit und Verwaltung [2007]). Der **Gesetzgeber** gibt in der Regel selbst Maßstäbe für die Vergleichsgruppen und Begründungselemente für ungleiche Regelungen vor. Es geht also im Grunde nur um Rechtsanwendungsgleichheit. Je offener das Normprogramm ist, desto mehr muss dies allerdings durch eine strikte **Gleichbehandlung im Verfahren** ausgeglichen werden.

Viel schwerer hat sich das BVerfG naturgemäß von Anfang an mit 9 der Bindung des **Gesetzgebers selbst** getan. In der Frühphase seiner Rechtsprechung hat das Gericht – einer schon in der Weimarer Zeit durch *Gerhard Leibholz* entwickelten Formel folgend – den Gleichheitssatz zum **Willkürverbot** uminterpretiert und zugleich verengt (BVerfGE 1, 14, 52 – Südweststaat; BVerfGE 1, 418, 420 – Ahndungsgesetz). Gefordert war demnach keine völlige Gleichbehandlung, sondern nur das Verbot einer willkürlich ungleichen, d. h. **durch keinerlei sachlichen Grund gerechtfertigten** Ungleichbehandlung. Hier wurden praktisch nur krasse Fehlentscheidungen des Gesetzgebers erfasst. Später wurden dann auch vom Gesetzgeber bei Ungleichbehandlungen sachgerechte bzw. angemessene Gründe verlangt.

Die Probleme der Bindung des Gesetzgebers an den Gleichheitssatz liegen nicht nur in den geschilderten unterschiedlichen philosophischen Konzepten der Gleichheit, sondern auch in der Struktur moderner Gesetze, die neben ihren unmittelbaren Adressaten eine Vielzahl von Betroffenen tangieren, oft unbeabsichtigt bei bestimmten Gruppen oder Individuen Ungleichheiten und

Diskriminierungen erzeugen und durch die Beseitigung der einen Ungleichheit neue Ungleichheiten schaffen. Das ist das auffällige Problem der Sozialgesetzgebung, insbesondere aber auch der Steuergesetzgebung. Hier kommt der Gesetzgeber nicht ohne **Typisierungen, Gruppierungen** und **vorübergehende Differenzierungen** aus, die zwar tatbestandsmäßig immer auf eine Ungleichbehandlung hinauslaufen, aber nur verfassungswidrig sind, wenn sie **nicht sachlich begründet** werden können (**Beispiele:** BVerfGE 26, 265, 275 – Unterhaltspflicht; BVerfGE 33, 240, 247 – Sachverständigenvergütung. **Literatur:** *Britz*, Einzelfallgerechtigkeit versus Generalisierung [2008]; *Weyreuther*, Gleichbehandlung und Typisierung, DÖV 1997, 521).

Dasselbe gilt für die „datumsmäßige Typisierung", also die Setzung von **Stichtagen** (BVerfGE 46, 299 – Allgemeines Kriegsfolgengesetz; BVerfGE 82, 126, 151 – Quellensteuer; BVerfGE 96, 1, 7 – Weihnachtsfreibetrag; BVerfGE 97, 103, 114 – Kindererziehungszeiten; BVerfGE 101, 239, 258 – Restitutionsausschluss ostdeutsche Grundstücke; BVerfGE 102, 41, 54 – Kriegsbeschädigtenrente; BVerfGE 118, 1, 14 – Deckelung der Rechtsanwaltsgebühren).

10 **4. Verhältnis zu anderen Grundrechten.** Als „allgemeiner Gleichheitssatz" ist Art. 3 I GG gegenüber allen besonderen Gleichheitssätzen, also Art. 3 II und III, Art. 33 I und II und Art. 38 GG, subsidiär und kommt, wenn diese einschlägig sind, nicht zur Anwendung (st. Rspr. seit BVerfGE 1, 208, 237 – Sperrklausel im Wahlrecht; zuletzt BVerfGE 99, 1, 8 – Bayerische Kommunalwahlen). Auch Art. 6 I GG hat das Gericht in seiner Bedeutung als Diskriminierungsverbot für Ehe und Familie zumeist als lex specialis zu Art. 3 I GG behandelt (BVerfGE 99, 216, 236 – Familienlastenausgleich).

Für den **Fallaufbau** ergibt sich damit: Obwohl es sich bei den „besonderen Gleichheitssätzen" nicht um eigenständige Grundrechte, sondern nur um **Verbote bestimmter Differenzierungen** handelt, ist der Rückgriff auf den allgemeinen Gleichheitssatz erst dann möglich, wenn der jeweilige besondere Gleichheitssatz zuvor behandelt und ausgeschlossen wurde.

11 Für das Verhältnis zu den übrigen Grundrechten gilt: Grundsätzlich bestehen Gleichheitsrechte und Freiheitsrechte **nebeneinander.** Gelegentlich verstärkt das Freiheitsrecht den Gleichheitssatz – und umgekehrt. So hat die Parallelanwendung von Art. 12 I GG und Art. 3 I GG zur Anerkennung eines Rechts auf gleichmäßige Nutzung der Hochschulkapazitäten in den numerus-clausus-Fächern geführt (BVerfGE 33, 303 – numerus clausus). Das BVerfG pflegt das mit der Formel „*in Verbindung mit Art. 3 I GG*" auszudrücken. Besonders häufig ist diese Kombination auch im Hinblick auf die Gleichbehandlung der Familie (Art. 6 GG i. V. m. Art. 3 I GG).

Beispiele: BVerfGE 37, 342, 353 – Angleichung des Notensystems; BVerfGE 60, 123, 134 – Transsexuelle I; BVerfGE 68, 143, 152 – Schlechterstellung von Alleinerziehenden; BVerfGE 98, 49, 62 – Verbot einer Sozietät zwischen Anwälten, Notaren und Wirtschaftsprüfern; BVerfGE 107, 27, 45 – Abzugsfähigkeit von Trennungsaufwendungen.

III. Die Ungleichbehandlung

Bei der Prüfung des allgemeinen Gleichheitssatzes ist auch die „Eingriffsstufe", besser: Die Feststellung der Ungleichbehandlung, besonders schwierig. Entsprechend der in Rn. 5 genannten Formel liegt eine tatbestandsmäßige Ungleichbehandlung vor, wenn **wesensmäßig gleiche Tatbestände ungleich oder wesensmäßig ungleiche Tatbestände gleich behandelt** werden. Ähnlich wie bei anderen Grundrechten gibt es nicht nur Fälle direkter und unmittelbarer Ungleichbehandlung – z. B. durch ein Gesetz, das mit einem bestimmten Stichtag die Gruppen klar voneinander trennt –, sondern auch Fälle mittelbarer Beeinträchtigung der Gleichheit. Hier geht es um die Ebene der oft unbeabsichtigten und weit ab vom eigentlichen geregelten Gegenstand entstehenden faktischen Benachteiligung einer Gruppe oder eines Dritten. 12

Solche Benachteiligungen entstehen praktisch bei jedem Gesetz und sind durch den Gesetzgeber selbst kaum beeinflussbar. Versucht der Gesetzgeber „nachzubessern", entstehen wieder andere Benachteiligungen. Deshalb muss man sich vor einer uferlosen Ausweitung von Fällen der Diskriminierung und der Ungleichbehandlung hüten. Der Gleichheitsverstoß sollte auf gezielte und besonders offensichtliche, bzw. eine einzelne Gruppe besonders hart treffende Beeinträchtigungen beschränkt werden.

In diesem Zusammenhang ist die Stellung der **besonderen Gleichheitssätze** (dazu § 40) interessant. Sie werden hier – wie inzwischen üblich geworden – als spezielle, in der Falllösung also von vornherein vorzuziehende Grundrechte vorgestellt. Der Sache nach geht es aber nur um den Ausschluss bestimmter Begründungsmuster. Das heißt: Ungleichbehandlungen wegen des Geschlechts, der Religion, der Herkunft, der Rasse usw. stellen keine zugelassenen Rechtfertigungs- und Begründungsmuster für tatbestandsmäßige Ungleichbehandlungen dar. 13

IV. Verfassungsrechtliche Rechtfertigung der Ungleichbehandlung

1. Willkürverbot und sachliche Gründe. Liegt eine tatbestandsmäßige Ungleichbehandlung in einer der beiden Varianten vor, so heißt das noch nicht, dass ein Verstoß gegen den allgemeinen Gleich- 14 heitssatz gegeben ist. Die Frage ist – wie bei jedem anderen Grundrecht – vielmehr, ob die Ungleichbehandlung **verfassungsrechtlich gerechtfertigt** ist, ob der Träger öffentlicher Gewalt also berechtigt war, in bestimmter Weise zwischen Adressaten seiner Regelung zu differenzieren (Differenzierungsverbot oder Differenzierungsgebot).

Unanwendbar sind hier allerdings die normale „Schrankensystematik" und der Gesetzesvorbehalt. Deshalb ist es auch verfehlt, von *„Eingriff in die Gleichheit"* oder von *„Schranken der Gleichheit"* zu sprechen. Wie bei den Freiheitsrechten geht es aber auch beim allgemeinen Gleichheitssatz um die Rechtfertigung einer für den Einzelnen nachteiligen Maßnahme. Welche Gründe hier im Einzelfall ausreichend sind, war und ist aber umstritten. Wie dargelegt, hat sich das BVerfG hier von der ursprünglichen Verengung des Willkürverbots bzw. der „schlechthin kein sachlicher Grund"-Formel (BVerfGE 1, 14, 52 – Südweststaat) allmählich entfernt und das Gebot einer sachlichen Begründung von Ungleichbehandlungen entwickelt (so noch bis BVerfGE 80, 109, 118 – Kostenhaftung des Kfz-Halters). Auch hier blieb der Bezugspunkt der Sachlichkeit aber ungeklärt, so dass der Gesetzgeber letztlich selbst über die Zweckmäßigkeit bestimmter Differenzierungen entschied und das Gebot der Gleichbehandlung zu einem bloßen Begründungsgebot für Ungleichbehandlungen verharmlost wurde.

15 **2. „Die neue Formel".** Im Hinblick auf die Rechtfertigung von Ungleichbehandlungen gibt es keine starren Regeln, es kommt vielmehr auf den jeweiligen Sachverhalt an (BVerfGE 129, 49, 67 – BaföG). Zumal für den Gesetzgeber gelten unterschiedliche Grenzen, die stufenlos von gelockerten, auf das Willkürverbot beschränkten Gründen bis hin zu einer strengen Verhältnismäßigkeitsprüfung reichen können. Nach und nach haben das BVerfG und die Literatur aber erkannt, dass die „Willkürformel" allenfalls besonders krasse Fälle von Ungleichbehandlung und Diskriminierung erfasst, aber nicht geeignet ist, das Gewicht des Rechts auf Gleichbehandlung einerseits und etwaiger Differenzierungsgründe andererseits zu erfassen und einander zuzuordnen. Damit war die Dogmatik des Gleichheitssatzes praktisch bei der Verhältnismäßigkeitsprüfung angekommen (*Albers*, Gleichheit und Verhältnismäßigkeit, JuS 2008, 945).

16 Seit einiger Zeit sieht das BVerfG den Gleichheitssatz verletzt, wenn der Staat eine Gruppe von Normadressaten im Vergleich zu anderen Normadressaten anders behandelt, obwohl zwischen beiden

Gruppen **keine Unterschiede von solcher Art und solchem Gewicht bestehen, dass sie die ungleiche Behandlung rechtfertigen können** (BVerfGE 55, 72, 88 – Öffentlicher Dienst; BVerfGE 82, 60, 86 – Kindergeld; zuletzt BVerfGE 107, 27, 46 – doppelte Haushaltsführung; – gute Übersicht auch bei *Pieroth/Schlink*, Grundrechte, Rn. 470). Entscheidend soll neben der **Intensität** der Ungleichbehandlung ferner sein, ob die Ungleichbehandlung an **personen-** oder **situationsbezogenen** Merkmalen ansetzt. Das wurde in der Literatur sogleich mit dem Prädikat „neue Formel" belegt (*Huster*, JZ 1994 541; eher skeptisch *Dreier*, in: Dreier, GG, Vorb.vor Art. 1, Rn. 152; grundlegend *Hesse*, FS Lerche [1993], 121). Zu prüfen sind also Eignung, Erforderlichkeit, Zumutbarkeit – hier freilich nicht bezogen auf einen Eingriff in eine Grundrechtsposition als Abwehrrecht, sondern bezogen auf eine zuvor festgestellte tatbestandsmäßige Ungleichbehandlung. Auf der Stufe der **legitimen Zielsetzung** scheiden hierbei wiederum die in Art. 3 II und III GG genannten Merkmale aus. Eine Ungleichbehandlung ist geeignet, wenn sie den vom Gesetzgeber angestrebten Zweck fördert. Ferner darf es **kein milderes Mittel** geben, mit dem sich gleichermaßen effektiv der genannte Zweck erreichen ließe. Auch muss zwischen der Bedeutung der Ungleichbehandlung einerseits und dem angestrebten Zweck andererseits abgewogen werden.

Inzwischen scheint das BVerfG wieder eine zu starke Annäherung an die Verhältnismäßigkeit zu vermeiden und prüft eigenständige Kriterien wie Beeinflussbarkeit durch den Normadressaten, Einfluss auf Freiheitsrechte, Nähe zu den besonderen Differenzierungsverboten usw. (BVerfGE 88, 87, 96 – Transsexuelle II). Letztlich aber sind dies alles Ausformungen der Verhältnismäßigkeit, und es bleibt zu empfehlen, deren ständig fortentwickelte Stufen auch auf die Begründung der Ungleichbehandlung anzuwenden.

Für die Studierenden in den Klausuren aber ist **Vorsicht** geboten. Sie sollten die unbegründete Übernahme des Begriffs der Verhältnismäßigkeit ebenso vermeiden wie die Bezeichnung „Eingriff", und auf die Angemessenheit der Differenzierung in Bezug auf das angegebene Ziel und die Zumutbarkeit der Ungleichbehandlung im Hinblick auf das Ziel verweisen (dazu *Albers*, JuS 2008, 945).

Auch bei der Übertragung des Gedankens der **verfassungsimmanenten Schranken** auf die Rechtfertigung von Ungleichbehandlungen ist Zurückhaltung angebracht. So rechtfertigt allein der Schutz eines anderen Grundrechts in der Regel noch keine Ungleichbehandlung, sondern stellt allenfalls ein legitimes Ziel im Rahmen der Verhältnismäßigkeitsprüfung dar. Allerdings haben sich das Sozialstaatsgebot und das Gleichheitsziel selbst in der Praxis als wichtiger Grund tatbestandsmäßiger Ungleichbehandlungen erwiesen. So sollen Regelungen grundsätzlich zulässig sein, die dazu dienen, soziale Benachteiligungen auszugleichen (BVerfGE 29, 402, 412 – Konjunkturzuschlag; BVerfGE 32, 333, 339 – Ergänzungsabgabe). Das ändert aber nichts daran, dass auch solche Regelungen im Einzelfall unverhältnismäßig und damit verfassungswidrig sein können.

V. Folgen bei festgestelltem Gleichheitsverstoß

18 Verstößt ein Gesetz gegen den allgemeinen Gleichheitssatz, dann ist es **verfassungswidrig**. Ebenso führen die gleichheitswidrige Anwendung eines Gesetzes durch die Verwaltung oder die Justiz zur Rechtswidrigkeit der jeweiligen Maßnahme. Bei ungleichen Begünstigungen heißt das aber nicht in jedem Fall, dass der Staat die jeweilige Begünstigung auch auf den Kläger oder Beschwerdeführer oder gar jeden dieselben Voraussetzungen aufweisenden Dritten erstrecken müsste. In der Regel kann der Gleichheitsverstoß auch dadurch beseitigt werden, dass die gleichheitswidrige Begünstigung – sofern rechtlich möglich – den bisher Begünstigten entzogen wird, also nicht nur durch Erstreckung der Begünstigung auf andere.

Auch das BVerfG lässt größte Zurückhaltung walten, wenn es um die Ausdehnung einer für verfassungswidrig erklärten Begünstigung geht. In der Regel begnügt sich das Gericht hier mit der Feststellung der Verfassungswidrigkeit und überträgt die Wiederherstellung der Gleichheit dem Gesetzgeber – gelegentlich unter Nennung einer Frist zur Bereinigung der verfassungswidrigen Rechtslage (BVerfGE 82, 126, 155 – Kündigungsfristen; BVerfGE 117, 1, 30 – Erbschaftssteuer – in diesem Fall sogar mit der Anordnung des „automatischen Außerkrafttretens", wenn der Gesetzgeber zwischenzeitlich keine verfassungskonforme Lösung findet). Ähnlich wie bei einem Bescheidungsurteil im Verwaltungsprozess kommt eine Ausdehnung der Begünstigung auf Dritte nur dann in Betracht, wenn die Begünstigung die einzige verfassungskonforme Lösung ist (etwa bei willkürlicher Auslassung einer klar umgrenzbaren Gruppe). Im Übrigen hat der Gesetzgeber aber selbst die Möglichkeit, den Gleichheitsverstoß auf die eine oder andere Weise zu korrigieren.

Beispiel: BVerfGE 52, 369 – Hausarbeitstaggesetz NRW: Ein Mann hatte geklagt, weil nur Frauen begünstigt waren. Hier konnte die Ungleichbehandlung auch durch Streichen des Hausarbeitstags für alle beseitigt werden.

VI. Besondere Schutzfunktionen

Schwierig zu bestimmen ist die objektive Funktion des allgemeinen Gleichheitssatzes. Dass der Staat im **objektiven Sinne** für soziale Gerechtigkeit zu sorgen hat, ist eher auf politischer als auf verfassungsrechtlicher Ebene handhabbar (dazu *Nußberger,* Soziale Gleichheit – Voraussetzung oder Aufgabe des Staates?, DVBl. 2008, 1081). Abgesehen von Art. 3 II 2 GG (Beseitigung von Benachteiligungen für Frauen) lässt sich aus Art. 3 GG auch **kein Teilhaberecht** ableiten. Wichtig ist aber die „derivative" Funktion des Gleichheitssatzes. Dort, wo der Staat Leistungen bietet, besteht Anspruch auf **gleiche Teilhabe.** Besonders wichtig ist der Gleichheitssatz in allen grundrechtsrelevanten **Verfahren,** insbesondere im Prüfungsverfahren und vor Gericht.

Immer gewichtiger wird das Problem der **Drittwirkung.** Spätestens mit Inkrafttreten des allgemeinen Gleichbehandlungsgesetzes (AGG) ist klargestellt, dass sich dessen Diskriminierungsverbote nicht nur an staatliche Gerichte, sondern auch an private Arbeitgeber und andere Vertragspartner richten. Das ist allerdings nicht so neu, wie es auf den ersten Blick scheint. Schon früher hatte das BVerfG immer wieder hervorgehoben, dass z. B. Arbeiter und Angestellte, Männer und Frauen, Behinderte und Nichtbehinderte im Arbeitsrecht nicht ungleich behandelt werden dürfen (zum Gleichbehandlungsgebot von Arbeitern und Angestellten etwa BVerfGE 82, 126 – Kündigungsfristen). Im AGG geht die unmittelbare Drittwirkung des Diskriminierungsverbots so weit, dass wohl nicht zu Unrecht ein zu großer Verlust an der gleichfalls verfassungsrechtlich geschützten Vertragsfreiheit beklagt wird. Ausf. dazu oben § 14, Rn. 10. Kaum noch umstritten ist dagegen die **Fiskalgeltung** des allgemeinen Gleichheitssatzes. So dürfen der Staat und andere öffentliche Träger bei der Vergabe öffentlicher Aufträge nicht diskriminieren (BVerfGE 116, 135, 149).

VII. Die internationale und europäische Perspektive

Schon seit der französischen Revolution gehört die Gleichheit zu den zentralen Bestandteilen aller Menschenrechtskataloge. Die **AEMR** enthält schon in der Präambel die Anerkennung der gleichen und unveräußerlichen Rechte aller Mitglieder der Gemeinschaft der Menschen, betont in Art. 1, dass alle Menschen frei und gleich an Würde und Rechten geboren sind, und enthält in Art. 7 neben dem allgemeinen Gleichheitssatz auch ein allgemeines Diskriminierungsverbot. Daneben enthalten mehrere internationale Konventionen den Grundsatz der **Gleichberechtigung von Mann und Frau,** das Verbot der **Rassendiskriminierung** sowie eine Reihe spezieller Diskriminierungsverbote. In Europa besonders wichtig ist das Diskriminierungsverbot in **Art. 14 EMRK,** in dessen Anwendung der EGMR eine ganze Reihe wichtiger Entscheidungen getroffen hat. So sah er etwa in der Entlassung eines Homosexuellen aus den Streitkräften einen Verstoß gegen Art. 14 EMRK (EGMR, NJW 2001, 809). In der Entscheidung EGMR (NVwZ 2008, 533 – Aufnahme von Sinti- und Roma-Kindern in Sonderschulen) hat der Gerichtshof eine eigenständige Formel für die Auslegung von Art. 14 EMRK entwickelt *(unterschiedliche Behandlung von Personen in wesentlicher gleicher Lage ohne sachliche und vernünftige Rechtfertigung)* und gleichzeitig die kompensatorische Bedeutung der Gleichheit hervorgehoben (*„Es ist ein Eingriff, wenn ohne sachliche und vernünftige Begründung unterlassen wird zu versuchen, Ungleichheiten zu beseitigen"*.

22 Die Gleichbehandlung aller Unionsbürger ungeachtet der Staatsangehörigkeit (Art. 18 AEUV) steht neben den Grundfreiheiten im Mittelpunkt des gesamten Europarechts. Deshalb hat der **EuGH** das Diskriminierungsverbot immer zu den tragenden gemeinsamen Verfassungsüberlieferungen gerechnet. Selbstverständlich ist die Gleichheitsgarantie auch in **Art. 20 EuGRCh** enthalten.

Zu den häufigsten Problemen des EuGH zählt die Abgrenzung von erlaubten und unerlaubten Differenzierungen und tatbestandsmäßigen Ungleichbehandlungen zwischen eigenen Staatsbürgern und EU-Bürgern. Bei diesen bezieht der EuGH eine durchaus strenge Position. Grundsätzlich sind den Mitgliedstaaten Privilegien für die eigenen Staatsangehörigen untersagt. Das steht in einer gewissen Spannung zur Rechtsprechung des BVerfG, die bisher noch davon ausgeht, dass der Staat bei Vorliegen entsprechender Sachgründe auch nach der Staatsangehörigkeit differenzieren darf (BVerfG, NJW 2012, 1711 – Bayerisches Landeserziehungsgeld).

Beispiele: EuGH, NJW 1996, 3199 – Zugang zum öffentlichen Dienst in Luxemburg; EuGH, NJW 1999, 2355 – Bootsanliegeplätze nur für Einheimische; EuGH, NVwZ 2003, 459 – Eintrittspreise für Museen; EuGH, NJW 2005, 2055 – Stipendien für Studenten.

23 Mit besonderer Intensität gehen die Kommission und der EuGH gegen Diskriminierungen nach Rasse, Geschlecht, Religion und Herkunft vor. Be-

sonders die Gleichberechtigung von Mann und Frau steht weit oben auf der Agenda des EU-Rechts. Berühmt geworden ist die Rechtsprechung zu **Quotenregelungen** zugunsten weiblicher Bewerber in der Nachfolge der „Kalanke-Entscheidung" (EuGH, NJW 1995, 3109). Hier und für den **Hochschulzugang** (EuGH, NJW 2000, 2653) hat der EuGH entschieden, dass Regelungen gegen das Diskriminierungsverbot verstoßen, wenn sie ausschließlich der Förderung von Frauen dienen. Auch andere Aspekte wie Leistung, soziale Bedürftigkeit usw. können und müssen eine Rolle spielen (EuGH, NJW 2007, 3625 – Rentenversicherung; vgl. auch BAG, NJW 1996, 2529). Der EuGH hat die **Beschränkung der Wehrpflicht auf Männer** zwar für mit Europarecht vereinbar gehalten (EuGH, NJW 2003, 1379), den grundsätzlichen **Ausschluss des Dienstes an der Waffe für Frauen** aber für europarechtswidrig erklärt (EuGH, NJW 2000, 497). Eine Befristungsregelung für **ältere Arbeitnehmer** in Deutschland war europarechtswidrig (EuGHZ, NJW 2005, 3695 – Mangold), doch ist der EuGH in Fragen der Altersdiskriminierung inzwischen deutlich wieder „zurückgerudert" (dazu oben, § 35 Rn. 55). Besondere Aufmerksamkeit (und Kritik) hat neuerdings das Urteil zu **geschlechtsneutralen Versicherungstarifen** („Unisex-Tarife") erregt (EuGH, NJW 2011, 709).

Literatur: *Lindner,* Die Ausweitung des Diskriminierungsschutzes durch den EuGH, NJW 2008, 2750; *Lüderitz,* Altersdiskriminierung durch Altersgrenzen – Auswirkungen der Antidiskriminierungsrichtlinie 2000/78/EG auf das deutsche Arbeitsrecht (2005).

Weder der EuGH noch das BVerfG haben bisher eine befriedigende Antwort auf das Problem der sogenannten „**Umkehr-**" oder „**Inländerdiskriminierung**" gefunden. Dieses entsteht dadurch, dass die Mitgliedstaaten durch das Gemeinschaftsrecht und die Grundfreiheiten vielfach gezwungen sind, Angehörigen und Produkten anderer EU-Mitgliedstaaten den Zugang zu den deutschen Märkten zu eröffnen, obwohl diese die für Inländer geltenden Voraussetzungen nicht erfüllen. Das typische Beispiel ist das Anbieten von handwerklichen Leistungen in Deutschland durch einen nicht in die Handwerksrolle eingetragenen Handwerker. Dieser kann im deutschen Markt seine Produkte in der Regel preiswerter anbieten, weil er nicht dieselben Voraussetzungen wie der deutsche Konkurrent erfüllen muss. Letzterer wird also zumindest mittelbar ungleich behandelt.

Literatur: *Epiney,* Umgekehrte Diskriminierungen (1995); *Gundel,* Die Inländerdiskriminierung zwischen Verfassungs- und Europarecht, DVBl. 2007, 269; *Rieger,* Ist die Inländerdiskriminierung noch mit dem GG vereinbar?, DÖV 2006, 685; *Riese/Noll,* Europarechtliche und verfassungsrechtliche Aspekte der Inländerdiskriminierung, NVwZ 2007, 516.

Literatur zu § 39 VII: *Altwicker*, Menschenrechtlicher Gleichheitsschutz (2011); *Kischel*, Zur Dogmatik des Gleichheitssatzes in der Europäischen Union, EuGRZ 1997, 1 ff.; *Störmer*, Gemeinschaftsrechtliche Diskriminierungsverbote versus nationale Grundrechte?, AöR 123 (1998), 541; *Wolfrum*, Gleichheit und Nichtdiskriminierung im nationalen und internationalen Menschenrechtsschutz (2003).

VIII. Aktuelle Fälle und Probleme

Hinweis: Zur **Gleichheit im öffentlichen Dienst** s. § 36, Rn. 6 ff.; zum Problem **Vertragsfreiheit und AGG** s. § 14, Rn. 10.

25   1. **Gleichheit im Steuerrecht.** Besonders heikel und schwierig zu lösen sind Fälle der Ungleichbehandlung im Steuerrecht. Zwar betont das BVerfG immer wieder den Grundsatz der Steuergerechtigkeit und der gleichen Zuteilung steuerlicher Lasten (BVerfGE 110, 274, 292 und 120, 1, 44). Gleichwohl sind die gesetzlichen Regelungen so komplex geworden, dass sich die Merkmale sachlicher Grund, Eignung, Erforderlichkeit und Zumutbarkeit der Differenzierung kaum exakt bejahen oder verneinen lassen (*Elicker*, DVBl. 2006, 480). Das liegt nicht nur daran, dass die geringste Änderung im Regelungssystem, die bestehende Ungleichheiten beseitigt, sogleich wieder neue Ungleichheiten schafft. Der tiefere Grund der Probleme dürfte darin liegen, dass im Hinblick auf die „Steuergerechtigkeit" zwischen der überproportionalen Belastung der „Besserverdienenden" und der formalen Gleichheit im Rahmen einer „25 %-Steuer für alle"-Regelung Welten liegen. Dem Gesetzgeber kommt hier also ein großer Beurteilungs- und Gestaltungsspielraum zu. Besondere Bedeutung hat im Steuerrecht auch die Befugnis des Gesetzgebers zur **Typisierung** (Beispiel: BVerfG, NVwZ 2010, S. 1022 – **Zweitwohnungssteuer für Studierende**; BVerfGE 120, 1, 24 – **keine Gewerbesteuer für Freie Berufe**) und zur Regelung von **Stichtagen**. Auch hat das BVerfG dem Gesetzgeber erlaubt, mehr und mehr „außersteuerliche" Ziele, wie z. B. ein bestimmtes Umwelt- oder Energieverbrauchsver halten, durch steuerliche Anreize zu verfolgen (z. B. BVerfG, Kammer, NVwZ 2010, 831 – **Wasserentnahme**). Innerhalb dieses Rahmens muss die Besteuerung bzw. der Rückzug sozialer Fehlleistungen dann aber konsequent sein (BVerfGE 99, 88, 95 – **Verlustabzug**; BVerfGE 105, 73, 112 – **Rentenbesteuerung**; BVerfGE 125, 1, 16 – **Körperschaftssteuer-Halbeinkünfte-Verfahren**), und Steuergesetze müssen konsequent durchgesetzt werden (BVerfGE 84, 239, 268 – **Zinseinkünfte**; BVerfGE 110, 94, 116 – **Spekulationsgewinne**; BVerfGE 122, 210, 230 – **fehlerhafte Abgrenzung von Erwerbsaufwendungen im Einkommensteuerrecht.**
Literatur: *Eckhoff*, Gleichmäßigkeit der Besteuerung, FS Kirchhof II, § 148, S. 1601; *Di Fabio*, Steuer und Gerechtigkeit, JZ 2007, 749).
Beispiele zur **Verfassungswidrigkeit von Steuergesetzen**: BVerfGE 54, 11, 86; 105, 73, 110 – Unterschiedliche Besteuerung von **Beamtenpensionen und Renten**; BVerfGE 84, 239 – Ungleichmäßige Besteuerung von **Zinseinkünften**; BVerfGE 112, 268, 278 – Diskriminierung von **Eltern** gegenüber Kinder-

losen; BVerfGE 84, 348 – Ungleichbehandlung von **Lohnsteuer- und Einkommensteuerzahler;** BVerfGE 123, 1, 14 – Bemessung der **Spielautomatensteuer** nach Gerätezahl statt nach Umsatz; BVerfGE 121, 108, 118 – Ungleichbehandlung von **Spenden für politische Parteien und Freie Wählergemeinschaften;** BVerfGE 126, 268, 280 – Nichtberücksichtigung **häusliches Arbeitszimmers**. Gravierende Probleme bestehen immer dann, wenn die Steuertatbestände nicht sauber abzugrenzen sind, so insbesondere bei der (aus diesem Grunde verfassungswidrigen) **Vermögenssteuer** (BVerfGE 93, 121, 133 ff.) und der **Erbschaftssteuer** (BVerfGE 117, 1, 30). Letztere musste im Hinblick auf die Gleichbehandlung von beweglichem und unbeweglichem Vermögen bis zum 31.12.2008 durch den Gesetzgeber neu geregelt werden (BGBl. I 2010, 1768). Sogar mit Rückwirkung hat das BVerfG die Streichung der „**Kilometerpauschale**" für Berufspendler bis zu 20 km als gleichheitswidrig verworfen, dem Gesetzgeber aber für die Neuregelung weite Spielräume – bis hin zur völligen Streichung – belassen (BVerfGE 122, 210). Auch die **Ungleichbehandlung von Ehe und eingetragener Lebenspartnerschaft** im Steuerrecht gehört bereits weitgehend der Vergangenheit an (dazu oben § 16, Rn. 45). Durchweg für verfassungsgemäß hat das BVerfG allerdings die unterschiedlichen Sätze der **Umsatzsteuer** gehalten, soweit diese sachgerecht begründet waren (BVerfGE 85, 238 – Taxi/Mietwagen).

Besonders streng ist die Geltung des Gleichheitssatzes im **sonstigen Abgabenrecht**. Insbesondere bei Gebühren und Beiträgen muss zwischen der Abgabe und der erbrachten Verwaltungsleistung eine strikte Äquivalenz (oder auch Reziprozität von erbrachten Leistungen und Gebühren) bestehen (BVerfGE 108, 1, 12 – Einschreibungsgebühren als „verkappte" Studiengebühren; BVerwG, NVwZ 2012, 1407 – Verfassungswidrigkeit der „**Bettensteuer**"). Das wichtige Problem der **Sonderabgaben** behandelt das BVerfG am Maßstab der finanziellen Dispositionsfreiheit, also Art. 2 I GG (dazu oben § 14, Rn. 35).

Eine Durchbrechung des Aquivalenzprinzips bedeutet die „Staffelung" von **Kindergartengebühren** nach dem Einkommen der Eltern oder der Kinderzahl (§ 90 SGB VIII). Diese haben BVerwG und BVerfG allerdings hingenommen, weil die Träger nicht zur einkommensunabhängigen Subventionierung solcher Einrichtungen verpflichtet seien (BVerfGE 97, 332, 340; krit. *Kempen*, NVwZ 1995, 163; *Jestaedt*, DVBl. 2000, 1820). Da die Abhängigkeit von Subventionen auch bei nahezu allen anderen Einrichtungen der Daseinsvorsorge besteht, ist das ein **überaus bedenklicher Präzedenzfall**.

2. Gleichheit im Sozialrecht. Ebenso schwierig wie im Steuerrecht ist die Interpretation des allgemeinen Gleichheitssatzes im **Sozialrecht**. Auch hier gilt, dass jede Beseitigung sozialer Ungerechtigkeiten sogleich zahlreiche neue Ungleichheiten an anderer Stelle schafft, und auch hier stoßen die seit der Antike bekannten Konzeptionen austeilender und ausgleichender Gerechtigkeit nahezu unerbittlich aufeinander. Das BVerfG musste sich daher immer wieder mit der Betonung der weitgehenden Gestaltungsfreiheit des Gesetzgebers und mit der Korrektur von besonders eklatanten Fällen sozialer Ungleichheit begnügen.

Beispiele der Verfassungswidrigkeit: BVerfGE 92, 53, 68 – Heranziehung von **Weihnachtsgeld** zur Sozialversicherung ohne entsprechende Wirkung bei Leistungen; BVerfGE 94, 241, 260 – Unterschiedliche Bewertung von **Kindererziehungszeiten** in der Rentenversicherung; BVerfGE 102, 41, 53 – Unterschiedliche **Kriegsopferrente** in alten und neuen Bundesländern.

Beispiele für durch das BVerfG hingenommene Ungleichbehandlungen: BVerfGE 107, 205 – **Familienversicherung**; BVerfGE 103, 271 – Ungleichbehandlung von **kinderlosen und kinderreichen Familien**; BVerfGE 122, 151, 173 – **Begünstigung von Versicherten mit 45 Pflichtbeitragsjahren**. Besonders tolerant ist das BVerfG hier wie überall, wenn es um die Aufrechterhaltung des Systems der gesetzlichen Krankenversicherung geht (BVerfGE 113, 167, 194 – **Risikostrukturausgleich** in der GKV) Buchstäblich um Leben und Tod kann es bei der Frage der Gleichbehandlung oder „Priorisierung" im Bereich der gesetzlichen Krankversicherung gehen (dazu oben § 13, Rn 28).

27   **3. Keine Gleichheit im Unrecht?** Mit großer Vorsicht ist der bekannte Satz: „Keine Gleichheit im Unrecht" zu behandeln. Zwar ist es richtig, dass niemand die Ausdehnung einer rechtswidrigen Regelung auf sich selbst verlangen kann, doch gibt es durchaus Fallgruppen, in denen der Staat rechtswidrige Begünstigungen und Zustände mit großer Konsequenz und insofern unter „Gleichbehandlung im Unrecht" beseitigen muss. So etwa bei der **Rückforderung rechtswidriger Subventionen** (BVerfGE 78, 249, 287 – Fehlbelegungsabgabe), bei der **Beseitigung von Schwarzbauten** (BVerfG, Kammer, NVwZ 2005, 203; BVerwG, NVwZ 1988, 144; kritisch auch *Kölbel*, Gleichheit „im Unrecht" [1998]; *Ullrich*, Das Verfassungsphänomen der Gleichheit contra legem [2000]).

28   **4. Die sogenannte Selbstbindung der Verwaltung.** Eine nicht immer unproblematische Rolle spielt der Gleichheitssatz bei **Ermessensentscheidungen**. Hier kann sich die Behörde durch Präzedenzfälle und auch durch interne Anweisungen und Verwaltungsvorschriften in einer Weise binden, die den gesetzlich gewollten Entscheidungsspielraum geradezu in sein Gegenteil verkehrt – so etwa bei der Vergabe von Subventionen (BVerwG, NVwZ 1998, 273) oder der Zulassung von Veranstaltungen in öffentlichen Einrichtungen, die über den eigentlichen Widmungszweck hinausgehen. Das gilt erst recht für eine zu starke Bindung des Gesetzgebers.

Literatur zu § 39 VIII 4: *Kischel*, Systembindung des Gesetzgebers und Gleichheitssatz, AöR 124 [1999], 174; *D. Schroeder*, Zur Dogmatik der Bindungswirkung von Verwaltungsakten, DÖV 2009, 217.

Literatur zu § 39: *Albers*, Gleichheit und Verhältnismäßigkeit, JuS 2008, 945; *Brüning*, Gleichheitsrechtliche Verhältnismäßigkeit, JZ 2001, 669; *K. Hesse*, Der Gleichheitsgrundsatz im Staatsrecht, AöR 77 (1951/52), 167; *ders.*, Der Gleichheitssatz in der neueren deutschen Verfassungsentwicklung,

AöR 109 (1984), 174; *Huster,* Rechte und Ziele. Zur Dogmatik des allgemeinen Gleichheitssatzes (1993); *ders.,* Gleichheit und Verhältnismäßigkeit, JZ 1994, 541 ff.; *Kallina,* Willkürverbot und neue Formel: Der Wandel der Rechtsprechung des BVerfG zu Art. 3 I GG (2001); *P. Kirchhof,* Der allgemeine Gleichheitssatz, HdBStR VIII, § 181; *Kluth,* Facetten der Gerechtigkeit (2010); *Kokott,* Gleichheitssatz und Diskriminierungsverbote in der Rechtsprechung des BVerfG, FS 50 Jahre BVerfG (2001) II, 127 ff.; *Leibholz,* Die Gleichheit vor dem Gesetz, 2. Aufl. (1959); *Möckel,* Der Gleichheitsgrundsatz – Vorschlag für eine dogmatische Weiterentwicklung, DVBl. 2003, 488; *Osterloh,* Gleichheit, FS Kirchhof I (2013), § 20, 217; *K. A Schwarz,* Grundfälle zu Art. 3 GG, JuS 2009, 315 und 417.

§ 40 Besondere Gleichheitssätze und Differenzierungsverbote (Art. 3 II und III; Art. 33 I–III; 38 I GG)

I. Allgemeines

In Art. 3 II und III sowie in Art. 33 I–III und 38 I enthält das GG so genannte **besondere Gleichheitssätze.** Diese Formulierung ist eigentlich irreführend, denn zumindest bei Art. 3 II und III GG handelt es sich nicht „besondere Gleichheitssätze", sondern um **besondere Differenzierungsverbote,** d. h. sie schließen bestimmte Begründungen für die Ungleichbehandlung aus oder schränken sie zusätzlich ein. Art. 33 I–III und Art. 38 I GG dagegen heben als echte Spezialgrundrechte das Gebot der Gleichbehandlung in bestimmten Lebensbereichen (Berufsbeamtentum, Wahl) hervor. Sie werden entsprechend in § 36 II und § 42 dieses Buches behandelt.

II. Gleichberechtigung von Männern und Frauen (Art. 3 II GG)

Bei Art. 3 II GG sind zwei in unterschiedlichen Epochen entstandene Verfassungsgebote zu unterscheiden: **Satz 1** normiert (gegenüber Art. 3 III GG nochmals besonders hervorgehoben) ein Differenzierungsverbot im Verhältnis von Männern und Frauen. **Satz 2** kam 1994 als Staatszielbestimmung hinzu und betrifft die reale Verwirklichung der Gleichstellung von Männern und Frauen – also ein interessantes Element kompensatorischer Gleichheit im GG. In der Praxis der Rechtsprechung hat sich vor allem Art. 3 II 1 GG als wichtig erwiesen. Satz 2 aber will mehr: Er gibt dem Gesetzgeber die Möglichkeit, durch begünstigende Regelungen Nachteile auszugleichen, die ganz oder überwiegend Frauen treffen (BVerfGE 92, 91 – Feuerwehrabgabe). Auffällig ist dabei, dass es anscheinend häufiger Männer sind, die gegen Gleichstellungsregeln und Bevorzugungen von Frauen klagen, als umgekehrt.

Betrachtet man das BGB der 1950er Jahre und die damalige Rechtsprechung bis hin zum BGH und BVerfG (vgl. noch BVerfGE 3, 225, 242 – „Funktionale Unterschiede"), wundert man sich, wie viele heute unvorstellbare Benachteiligungen der Frau noch unter dem GG geltendes Recht waren. Erst später hat das BVerfG klargestellt, dass Regeln des Familienrechts, die die überkommene Rollenverteilung in den Familien verfestigen, keinen Bestand haben konnten (BVerfGE 10, 59, 67 – Elterliche Gewalt; BVerfGE 37, 217, 249 – Staatsangehörigkeit von Kindern). Die wichtigsten Änderungen geschahen aber durch den Gesetzgeber in der Phase nach 1969.

Heute gilt: Verfassungswidrig und nicht zu rechtfertigen sind im Familienrecht und darüber hinaus alle Regelungen, die einen Vorrang des Mannes statuieren oder ein nicht mehr zeitgemäßes Familienbild fortschreiben (BVerfGE 68, 143, 384 – **Internationales Scheidungsrecht**; BVerfGE 84, 9, 18 – **Ehenamen**; BVerfGE 113, 1 – Verfassungswidrigkeit der **Beitragspflicht für Rechtsanwältinnen** während der Zeit ausschließlicher Kindererziehung; BVerfG, Kammer, NJW 2009, 661 – Verbot der Ungleichbehandlung von **männlichen und weiblichen Strafgefangenen**; einschlägig auch EuGH, NJW 2011, 709 – **Verbot von unterschiedlichen Versicherungstarifen für Frauen und Männern**; BAG, NJW 2011, 2535 – **Anspruch auf betriebliche Vorruhestandsleistungen**).

Gerechtfertigt sind dagegen Vorschriften, die dem Gesundheitsschutz der Frau während der Schwangerschaft und nach der Geburt dienen oder soziale Nachteile ausgleichen sollen (BVerfGE 3, 225, 242 – Gleichberechtigung; BVerfGE 74, 163, 173 – Früheres Altersruhegeld; einleuchtend auch BAG, NJW 2009, 3672 – Ablehnung eines männlichen Bewerbers auf Stelle im Mädcheninternat mit Nachtdiensten); skeptisch zu betrachten sind allerdings alle Berufszugangsregeln, die auf die vermeintlich geringere **körperliche Leistungsfähigkeit** abstellen (BVerfGE 89, 276, 285 – Maschinenschlosserin; BVerfGE 92, 91, 100 – Feuerwehr). Nicht mehr zeitgemäß, wenn auch durch die Aussetzung der Wehrpflicht ab 1.7.2011 nicht mehr brisant, ist auch die in der Rechtsprechung auf Grund der Tradition und sozialer Belastungen immer noch „gehaltene" ausschließlich für junge Männer geltende **allgemeine Wehrpflicht in Art. 12a I GG** (zuletzt BVerfG, NJW 2006, 2871).

Literatur: *Di Fabio*, Die Gleichberechtigung von Mann und Frau, AöR 122 (1997), 404; *Döhring*, Frauenquoten und Verfassungsrecht (1996); *Ebsen*, Gleichberechtigung von Männern und Frauen, HdBVerfR, § 8, 263 ff.; *C. Langenfeld*, Die Gleichheit von Mann und Frau im europäischen Gemeinschaftsrecht (1990); *Laubinger*, Die Frauenquote im öffentlichen Dienst,

VerwArch. 87 (1996), 305; *Ossenbühl*, Frauenquoten für Leitungsorgane von Privatunternehmen, NJW 2012, 417; T. *Richter*, Das Geschlecht als Kriterium im deutschen Recht, NVwZ 2005, 636; *Sachs*, Besondere Gleichheitsgarantien, in: HdBStR VIII, § 182; *Sacksofsky*, Das Grundrecht auf Gleichbehandlung, 2. Aufl. (1996); *Welti*, Rechtsgleichheit und Gleichstellung von Frauen und Männern, JA 2004, 310.

III. Die besonderen Diskriminierungsverbote des Art. 3 III GG

1. Die Merkmale in Art. 3 III 1 GG. *a)* **Geschlecht** wiederholt die 3 Gleichberechtigung von Mann und Frau im Rahmen eines besonderen Diskriminierungsverbots. Nicht erfasst wird hier das Merkmal „sexuelle Orientierung". Dieses ist nicht in Art. 3 III GG, sondern in Art. 3 I GG, im AGG und in der Antidiskriminierungsrichtlinie enthalten.

b) **Abstammung** ist die natürliche biologische Beziehung eines 4 Menschen zu seinen Vorfahren (BVerfGE 9, 124, 128 – Armenrecht I) und die Zugehörigkeit zu einer genetisch bestimmten Gruppe. Eine entsprechende Ungleichbehandlung wird ebenso traditionell wie problematisch mit „**Rassendiskriminierung**" bezeichnet. Dass dieses Thema nicht überholt ist, zeigt der Fall des OLG Stuttgart, NJW 2012, 1085 – Rassendiskriminierung beim Zugang zu einer Diskothek). Da die Rassendiskriminierung eine besonders infame Verletzung der Menschenwürde und des Allgemeinen Persönlichkeitsrechts darstellt (dazu *Streibel*, Rassendiskriminierung als Eingriff in das allgemeine Persönlichkeitsrecht [2010]), ist der gut gemeinte Vorschlag des *Deutschen Instituts für Menschenrechte,* den Begriff der Rasse aus Art. 3 III GG zu streichen, schon wegen der Warnfunktion der bisherigen Regelung abzulehnen.

c) **Heimat** bezieht sich auf den lang dauernden Aufenthalt nach 5 Geburt oder Ansässigkeit: Auf die Emotionalität der Bindung zu einem geographisch begrenzten Raum kann es kaum ankommen (BVerfGE 48, 281, 288 – Versorgungsansprüche nach BVG). Nicht jeder Wohnsitz ist „Abstammung" oder „Heimat".

d) Mit **Sprache** ist die Muttersprache gemeint. Die Benutzung der 6 Sprache gehört zum Allgemeinen Persönlichkeitsrecht – das Diskriminierungsverbot des Art. 3 III GG verstärkt dieses Grundrecht. Es handelt sich hier um die wichtigste Form des Verbots ethnisch-kultureller Diskriminierung (*Kälin*, Das Verbot ethnisch-kultureller Diskriminierung [1999]; *Schweizer/Kahl*, Sprache als Kultur- und Rechtsgut, VVDStRL 65 [2006], 346, 386). Kaum abzuleiten aus

Art. 3 III GG ist aber ein Leistungsgrundrecht von Kindern auf muttersprachlichen Unterricht – zumal dieser die Integration eher behindert als fördert. Ebensowenig ist es eine Diskriminierung, wenn ein Arbeitgeber seinen fremdsprachigen Arbeitnehmer auffordert, an einem Deutschkurs teilzunehmen (BAG, NJW 2012, 171).

7 *e)* **Glaube und religiöse Anschauung** bezieht sich auf Religionen im Sinne von Art. 4 GG und verstärkt diese im Sinne eines religiösen Diskriminierungsverbots.

8 *f)* Das Kriterium „**politische Anschauung**" ist weit zu interpretieren. Geschützt ist sowohl das Haben als auch das Äußern einer Anschauung (*Jarass/Pieroth*, GG, Art. 3 Rn. 129). Damit liegt die Nähe zur Meinungsfreiheit und zur Parteienfreiheit auf der Hand, wo auch die Mehrzahl der Fälle zu entscheiden war. Für den besonders wichtigen Bereich des Zugangs zu öffentlichen Ämtern geht Art. 33 II GG vor.

9 **2. Das Verbot der Benachteilung wegen einer Behinderung (Art. 3 III 2 GG).** Dieser besondere Gleichheitssatz gehört zu den Verfassungsänderungen von 1994. Mit ihm wollte der Gesetzgeber über ein formales Gleichbehandlungsgebot hinaus die Lage behinderter Menschen in Staat und Gesellschaft verbessern. Konkretisiert wird diese Verfassungsbestimmung in einem eigenen Buch des SGB (IX).

a) **Behinderung** ist die „Auswirkung einer nicht nur vorübergehenden Funktionsbeeinträchtigung, die auf einem regelwidrigen körperlichen, geistigen oder seelischen Zustand beruht" (BVerfGE 96, 288, 301 – Gemeinsamer Schulunterricht). Schon das Merkmal der „Regelwidrigkeit" ist aber ebenso umstritten wie schwierig zu definieren.

b) **Grundrechtsträger** des Art. 3 III 2 GG sind nur behinderte Menschen. Sowohl aus der Entstehungsgeschichte als auch aus dem Zweck des Art. 3 III 2 GG lässt sich entnehmen, dass das Grundrecht nicht bereits für „behinderte Embryonen", sondern nur für geborene Menschen gelten soll. Andernfalls wäre auch jede Abtreibung eines schwerstbehinderten Fötus mit Rücksicht auf die medizinische Indikation zugleich ein Verstoß gegen Art. 3 III 2 GG. Schon vom Schutzbereich her lässt sich das Grundrecht also nicht gegen PID und Pränataluntersuchungen in Stellung bringen (dazu oben § 10, Rn. 50).

c) Auch die Definition der **Benachteiligung**, also der ungerechtfertigten Ungleichbehandlung von **Behinderten und Nichtbehinder-**

ten, ist schwierig. Zahlreiche Regelungen behandeln Behinderte gerade mit dem Ziel einer Verbesserung ihrer Lebensbedingungen im Vergleich zu Nichtbehinderten ungleich. Auch kann es umstritten sein, ob eine bestimmte besondere Behandlung eine Förderung oder eine Benachteiligung ist. **Beispiel:** BVerfGE 96, 288 – Gemeinsamer Schulunterricht: Hier ging es um die Umschulung eines Kindes von einer Gesamtschule auf eine sonderpädagogische Schule mit besseren Förderungsmöglichkeiten; dazu § 32, Rn. 39.

d) Die Ungleichbehandlung von Behinderten und Nichtbehinderten bedarf stets einer **besonderen Rechtfertigung.** Der wichtigste Grund ist der Schutz von Behinderten selbst oder Dritten vor Folgen der Behinderung. So ist es gerechtfertigt, Behinderte von Berufen auszuschließen, die eine besondere körperliche Leistungsfähigkeit voraussetzen und von denen die Gesundheit Dritter abhängen kann (Busfahrer, Pilot, Taxifahrer; anders hins. blindem Heilpraktiker BVerwG, NJW 2013, 1320). Auch ist es gerechtfertigt, bestimmte Ausgleichsmaßnahmen technischer Art vorzuschreiben (z. B. besondere Instrumente zum Führen eines Kfz). Auch die Streichung eines Blinden aus der Schöffenliste hat das BVerfG unter Hinweis auf den strafprozessualen Unmittelbarkeitsgrundsatz hingenommen (BVerfG, Kammer, NJW 2004, 2150).

Bei sonstigen Ungleichbehandlungen kommt es auch auf die Nähe zur Verwirklichung anderer Grundrechte an. So ist der Ausschluss von Sprech- und Schreibunfähigen von der Errichtung eines Testaments in jedem Fall verfassungswidrig (BVerfGE 99, 341, 355).

Ebenso stellt es einen nicht gerechtfertigten Eingriff dar, Lebensäußerungen von behinderten Menschen als unzumutbare Belästigung im Sinne von § 15 BaunutzungsVO zu definieren (VGH Mannheim, NJW 2006, 2344) oder als Rücktrittsgrund von einer Ferienreise anzusehen. Hier ist auch die Menschenwürde betroffen. Dagegen ist es behinderten Menschen zumutbar, einem Nachbarn wenige Stunden am Tag Ruhe zuzugestehen und sich im Hause aufzuhalten (OLG Köln, NJW 2000, 1822).

e) **Sonstige Schutzfunktionen des Art. 3 III 2 GG:** Wie eine objektive Schutzpflicht wirkt das Benachteiligungsverbot im Hinblick auf soziale Leistungen. Ein originäres Teilhaberecht ist daraus nicht abzuleiten. Andererseits lässt sich aus der objektiven Funktion des Art. 3 III 2 GG durchaus ein Gebot weitestmöglicher **Barrierefreiheit** für öffentliche Einrichtungen entwickeln (*Welti,* NVwZ 2012, 725). Dem Grundrechtsschutz durch Verfahren dient die **Verbandsklage,** mit der anerkannte Behindertenverbände Belange der Gleichberechtigung in mehreren Bundesländern geltend machen können. In vielfältiger Weise entfaltet das Benachteiligungsverbot **Drittwirkung** im Privatrecht. Das gilt sowohl im Mietrecht als auch im Recht der Betreuung, im Heimgesetz, beim Diskriminierungsschutz gegenüber ungerechten Vertragsabschlüssen usw. Durch die Behinderten-Konvention der UN, die Antidiskriminierungsrichtlinie der EU und das AGG ist diese Drittwirkung nunmehr auch gesetzlich festgeschrieben (allgemein *Neuner*, Die Stellung Körperbehinderter im Privatrecht, NJW 2000, 1822).

Zu den **internationalen und europäischen** Bezügen s. oben § 39, Rn. 23

Beispiel: BVerfG, Kammer, NVwZ 2000, 2658 – Duldungspflicht eines **Treppenhausliftes** zugunsten der behinderten Lebensgefährtin eines Mieters. Schon früher hatte das BVerfG entschieden, dass die Pflicht der Arbeitgeber zur **Beschäftigung** schwerbehinderter Menschen bzw. zur Zahlung einer **Ausgleichsabgabe** verfassungsgemäß ist (BVerfGE 57, 139 – Schwerbehindertenabgabe; zuletzt BVerfG, Kammer, NJW 2005, 737).

Literatur: *Beaucamp*, Das Behindertengrundrecht (Art. 3 Abs. 3 Satz 2 GG) im System der Grundrechtsdogmatik, DVBl. 2002, 997; *Buch*, Das Grundrecht der Behinderten (Art. 3 Abs. 3 Satz 2 GG) (2001); *Castendiek/G. Hoffmann*, Das Recht der behinderten Menschen, 3. Aufl. 2009; *Leder*, Das Diskriminierungsverbot wegen einer Behinderung (2006); *V. Neumann*, Rehabilitation und Teilhabe behinderter Menschen, Handbuch SGB IX (2003); *Reichenbach*, Der Anspruch behinderter Schülerinnen und Schüler auf Unterricht in der Regelschule (2001); *T. M. Spranger*, Behindertenrecht (2004); *Straßmair*, Der besondere Gleichheitssatz aus Art. 3 III 2 GG (2002); *Welti*, Das neue SGB IX – Recht der Rehabilitation und Teilhabe behinderter Menschen, NJW 2001, 2210; *ders.*, Behinderungen und Rehabilitation im sozialen Rechtsstaat (2005); *ders.*, Rechtliche Voraussetzungen von Barrierefreiheit, NVwZ 2012, 725.

11 *f)* Nicht in Art. 3 III GG, wohl aber im AGG enthalten ist das **Lebensalter** als Diskriminierungsgrund (dazu oben § 35, Rn. 22 u. 55).

IV. Die besonderen Gleichheitssätze des Art. 33 I–III GG

12 Da Art. 33 II GG bereits bei den Grundrechten der Beamten (§ 36 II) mitbehandelt wurde, und Art. 33 III GG nur eine besondere Ausprägung des Verbots religiöser Diskriminierung (Art. 4 und Art. 3 III GG) ist, soll hier nur noch kurz auf Art. 33 I GG hingewiesen werden.

Art. 33 I GG, der die gleichen staatsbürgerlichen Rechte und Pflichten der Deutschen in den Bundesländern betont, wird heute wenig diskutiert, hat aber durchaus seinen Stellenwert. Dieser besondere Gleichheitssatz ist eine Art **Gegengewicht zum Bundesstaatsprinzip** und ein Grundrecht auf „**innerföderale Gleichbehandlung**" (*Masing*, in: Dreier, GG, Art. 33 Rn. 24). Träger des Grundrechts sind die deutschen Staatsangehörigen in den verschiedenen Bundesländern. Wie der allgemeine Gleichheitssatz schließt aber auch Art. 33 I GG keineswegs die in der bundesstaatlichen Gesetzgebungskompetenz liegenden Differenzierungen aus. So bleiben etwa unterschiedliche schulgesetzliche Bestimmungen in den Ländern möglich. Gemeint sind in Art. 33 I GG also nur staatsbürgerliche Rechte im engeren Sinn, die sich unmittelbar auf die deutsche Staatsangehörigkeit beziehen. Trotzdem darf z. B. das Wahlrecht bei Landtags- und Kommunalwahlen auf Bürger des jeweiligen Landes bzw. der Kommune beschränkt werden.

In Erfüllung gleicher Pflichten müssen Bürger eines Landes auch vor Untersuchungsausschüssen eines anderen Landes aussagen (BVerwG, DÖV 1989, 76). Wenn es um die Zulässigkeit so genannter Landeskinderklauseln ging, etwa beim Hochschulzugang (BVerfGE 33, 303 – Numerus clausus) oder bei der Privatschulfinanzierung (BVerfGE 112, 74 ff.) hat Art. 33 I GG bisher keine Rolle gespielt. Auch im Hinblick auf die Fragen unterschiedlicher Studiengebühren zwischen den Ländern dürfte die Bundesstaatlichkeit hier den Vorrang haben (allgemein dazu *Pfütze*, Die Verfassungsmäßigkeit von Landeskinderklauseln: Eine Untersuchung zu Art. 33 I GG unter Berücksichtigung der verfassungshistorischen Entwicklung und veranschaulicht an Anwendungsbeispielen [1998]). Sehr wohl einschlägig wäre Art. 33 I GG aber, wenn etwa ein Bundesland Studiengebühren nur für Studierende aus anderen Bundesländern erheben würde.

8. Abschnitt. Politische Beteiligungsrechte

I. Die demokratische Funktion der Grundrechte

In der demokratischen Verfassungsordnung kommt es nicht nur darauf an, für den Bürger Freiräume individueller Entfaltung zu gewährleisten. Die Bundesrepublik ist mehr als ein „Nachtwächterstaat", in dem der Staat und seine Institutionen persönliche Freiräume achten und allenfalls in besonderen Fällen Schutzpflichten für Grundrechte des Einzelnen zu erfüllen haben. Im Zusammenwirken mit dem Demokratieprinzip wollen Grundrechte auch die Möglichkeit der Teilhabe an der politischen Willensbildung eröffnen. Schon *Georg Jellinek* sprach in seiner bekannten Statuslehre neben den Grundrechten als Abwehrrechten (status negativus) und den Grundrechten als Leistungsrechten (status positivus) von den Grundrechten im **status activus,** also der Teilhabe an der staatlichen Willensbildung. Die Bedeutung vor allem der Kommunikationsrechte wie Meinungs-, Presse-, Versammlungsfreiheit für die demokratische Ordnung hat das BVerfG immer wieder hervorgehoben. Darüber wurde hier bei den jeweiligen Grundrechten berichtet. In der Folge geht es nur noch um Verfassungsnormen, deren voller grundrechtlicher Stellenwert sich erst auf den zweiten Blick erschließt.

Literatur: *Kube,* Grundrechte und Demokratie, FS Kirchhof I, 2013, § 17, 181; *Rupp,* Ungeschriebene Grundrechte unter dem Grundgesetz, JZ 2005, 157; *Starck,* Grundrechtliche und demokratische Freiheitsidee, HdBStR III, § 33; *Schmitt Glaeser,* Die grundrechtliche Freiheit des Bürgers zur Mitwirkung an der Willensbildung, HdBStR III, § 38.

II. Selbstverwaltung: Das „vergessene Grundrecht"

2 Mit der so genannten „kommunalen Verfassungsbeschwerde" (§ 91 BVerfGG) können sich bis heute Gemeinden und Gemeindeverbände gegen die Verletzung des Selbestverwaltungsrechts aus Art. 28 II GG wehren. Der damit angesprochene Prüfungsmaßstab hat freilich heute nichts mehr mit der großen **Grundrechtstradition der Selbstverwaltung** zu tun, die nicht nur den Gemeinden, sondern in diesen dem „sich selbst verwaltenden" Bürger zustand. Diese Selbstverwaltung war als **ursprüngliche Freiheit** konzipiert. Sie geht bereits auf die mittelalterlichen Stadtverfassungen („Stadtluft macht frei") zurück, wurde dann aber nach und nach durch die absolutistischen Landesherren beseitigt (mit Ausnahme der Freien Reichsstädte). Die viel beschworene Selbstverwaltungskonzeption der preußischen Städteordnung des *Freiherrn vom Stein* von 1808 meinte eher Teilhabe des Bürgers an den Staatsgeschäften im örtlichen Bereich (Selbstverwaltung „von oben"), nicht Selbstverwaltung „von unten".

Erst für die Väter der **Paulskirchenverfassung** von 1849 war es wieder selbstverständlich, die Selbstverwaltung (Art. 184) im Abschnitt über die **Grundrechte der Deutschen** unterzubringen, und ebenso selbstverständlich findet sich das Recht der Selbstverwaltung in Art. 127 WRV im zweiten Hauptteil: „Grundrechte und Grundpflichten der Deutschen", und zwar in nicht zufälliger Nähe zur Versammlungsfreiheit (Art. 123), Vereinigungsfreiheit (Art. 124) und zum Ehrenamt (Art. 132). Nach dem Krieg ging die **Verfassung für Rheinland-Pfalz** von 1947 gleichfalls von dieser Tradition aus, gewährleistete die Selbstverwaltung der Gemeinden in Art. 49 innerhalb des Ersten Hauptteils „Grundrechte und Grundpflichten" und bezeichnete sie als natürliches Recht.

3 Im Grundgesetz von 1949 wanderte die Selbstverwaltung aus dem Grundrechtsteil in den Abschnitt: „Der Bund und die Länder" und

wurde zur bloßen institutionellen Garantie und zum Organisationsgrundsatz. Der Gedanke der alten Selbstverwaltungstradition ging damit weitgehend verloren. Das BVerfG hat sich gegen eine „grundrechtliche" Konzeption der kommunalen Selbstverwaltung entschieden (vgl. BVerfGE 8, 256, 259 – Kriegsgefangenenentschädigungsgesetz). Auch in der Literatur ist es teilweise üblich geworden, die Garantie der kommunalen Selbstverwaltung als überholte Ideologie zu begreifen (exemplarisch *Bull*, DVBl. 2008, 1). Es soll aber hier in Erinnerung gerufen werden, dass Selbstverwaltung im besonders bürgernahen Bereich der Gemeinde einmal grundrechtlich verbürgt war und bei richtiger Betrachtungsweise bis heute ein wesentliches Element bürgerlicher Freiheit darstellt.

Heute findet sich der Gedanke der Selbstverwaltung außerhalb des kommunalen Bereichs noch als eine der Schutzfunktionen der Wissenschaftsfreiheit (Art. 5 III GG – oben § 34, Rn. 12) sowie – unterhalb der Verfassungsebene – im Bereich der Kammern, Verbände und der Sozialversicherungsträgern. 4

Literatur: *Bull*, Kommunale Selbstverwaltung heute – Idee, Ideologie und Wirklichkeit, DVBl. 2008, 1 ff.; *Hendler*, Selbstverwaltung als Ordnungsprinzip (1984), 5 ff.; *Hufen*, Die Zukunft der kommunalen Selbstverwaltung, FS Maurer (2001), 1177; *Katz/Ritgen*, Bedeutung und Gew icht der kommunalen Selbstverwaltungsgarantie, DVBl 2008, 1525.

§ 41 Parteienfreiheit und Chancengleichheit der Parteien als Grundrechte

I. Parteienfreiheit (Art. 21 GG)

1. Allgemeines. Die Existenz der modernen parlamentarischen Demokratie ist ohne politische Parteien nicht denkbar. Diese sind ein wichtiges Bindeglied zwischen der freiheitlichen Willensbildung des Volkes und der Umsetzung zum demokratischen Willen. In Letzterem unterscheiden sie sich von rein privaten Interessengruppen und Verbänden, tragen aber gemeinsam mit diesen zum notwendigen Pluralismus der Gesellschaft bei. 1

Die historische Wurzel des Parteiwesens liegt in den politischen **„Clubs"** und **„Fraktionen"**, die sich in den Parlamenten des 19. Jahrhunderts herausbildeten. Insofern ist das Parteiwesen eng mit dem Parlamentarismus verbunden – ein Aspekt, der aber für die spezifisch grundrechtliche Seite der Parteienfreiheit eher von geringerer Bedeutung ist. Für die Parteien sind es bereits im **vorparlamentarischen Bereich** vor allem die Freiheit zur Parteigründung und zur Parteimitgliedschaft einerseits und die Chancengleichheit andererseits, die den grundrechtlichen Kern der verfassungsrechtlichen Gewährleistung ausmachen.

2 **2. Schutzbereich der Parteienfreiheit.** *a)* Nach Art. 21 I GG wirken die politischen Parteien bei der politischen Willensbildung mit. Diese Bestimmung findet sich im Abschnitt: „Der Bund und die Länder" und war ursprünglich nicht als Grundrecht gemeint. Auch in Art. 93 I Nr. 4a GG ist Art. 21 GG nicht als durch die Verfassungsbeschwerde einklagbares Recht genannt. Gleichwohl hat der Artikel zumindest teilweise eine grundrechtsähnliche Struktur. Das gilt vor allem für die Gründungsfreiheit (Art. 21 I 2 GG) und das Gebot der Staatsfreiheit als zumindest **grundrechtsähnliche Rechte**, die im Zusammenhang mit den Teilhaberechten des Bürgers nicht fehlen dürfen. Das gilt auch für das Recht auf Mitwirkung an der politischen Willensbildung, das in Art. 21 I GG ausdrücklich gewährleistet ist. Offenkundig ist auch der enge Zusammenhang zu allen sonstigen politischen und kommunikativen Grundrechten. Der Kernbereich der Parteienfreiheit besteht darin, dass **Parteien keine Staatsorgane** sind, sondern Gruppierungen, die sich in einem offenen System frei bilden, aus eigener Kraft entwickeln und im Rahmen der freiheitlich-demokratischen Grundordnung an der politischen Willensbildung mitwirken (BVerfGE 73, 40, 85 – Parteispenden; BVerfGE 104, 14, 19 – Gründungsfreiheit).

3 *b)* **Träger** der Parteienfreiheit (Art. 21 GG) sind zunächst die Parteien selbst. Wichtig ist hier insbesondere die **Gründungsfreiheit**, aber auch die Freiheit (in den Grenzen von Art. 21 II GG) der **politischen Betätigung** und der Setzung eigener Ziele und Prioritäten. Eine darüber hinausgehende Festlegung der Inhalte oder eine allgemeine Verpflichtung auf das Gemeinwohl wäre mit der Parteienfreiheit nicht vereinbar. Die Schranken werden lediglich durch die freiheitlich demokratische Grundordnung i. S. v. Art. 21 II GG markiert (so auch *Morlok*, in: Dreier, GG, Art. 21, Rn. 38). Auch die „Staatsfreiheit" (BVerfGE 20, 56, 99 – Parteienfinanzierung I) der politischen Parteien dient nicht nur im objektiven Sinne der demokratischen Ordnung, sondern auch der grundrechtlichen Freiheit der Partei und ihrer Mitglieder. Die Parteien können aber auch Träger von anderen Grundrechten sein – etwa, wenn sie eine Versammlung organisieren, wenn es um die Wahlrechtsgleichheit oder um das rechtliche Gehör geht.

Auch **einzelne Bürger** als **Parteigründer** und **Parteimitglieder** sind neben Art. 3 III GG durch Art. 21 GG geschützt. Das gilt sogar ggf. gegenüber der Partei selbst. So darf ein Parteimitglied nicht grundlos aus einer Partei ausgeschlossen, einem „noch nicht Parteimitglied" nicht grundlos der Beitritt zu einer politischen Partei verweigert werden.

Literatur: *Ortmann,* Verfassungsrechtliche Probleme von Parteizugang und Parteiausschluss (2001).

3. Eingriff. Eingriffe in die Parteienfreiheit sind das **Verbot (Art. 21 II GG)**, die Behinderung der **Parteigründung**, die Beschlagnahme des **Parteivermögens**, die Behinderung der Werbung für die Partei und der **Ausschluss von der Nutzung öffentlicher Einrichtungen**. Mittelbare Eingriffe lägen z. B. in Sanktionen gegen Beamte, die allein auf Grund der Parteimitgliedschaft ergriffen werden. Keinen Eingriff in die Parteienfreiheit stellt dagegen die **wahrheitsgemäße Information** über eine rechtsextremistische Partei und deren Nennung in einem Leitfaden „Kommunen gegen Rechtsextremismus" dar (Rhl.-Pf.VerfGH, NVwZ 2008, 897). Ähnliches gilt für die Beobachtung einer nicht verbotenen aber verfassungsfeindlichen Partei durch den Verfassungsschutz und die Nennung objektiv wahrer Tatsachen im Verfassungsschutzbericht, obwohl von beiden durchaus eine abschreckende Wirkung für potentielle Mitglieder ausgehen kann (BVerwG, NVwZ 2008, 1371; teilw. anders noch OVG Berlin-Brandenburg, NVwZ 2006, 839). Wie bei anderen Fragen des Verfassungsschutzes gibt es hier auch keinen Auskunftsanspruch (BVerwG, NVwZ 2010, 844 – Fraktion „DIE LINKE"). Höchst umstritten ist die Frage, ob und inwieweit sich politische Parteien an **privaten Rundfunkunternehmen beteiligen** dürfen. Während wohl die Mehrzahl der Stimmen in der Literatur in entsprechenden Verboten eine notwendige Konsequenz aus der Staatsferne des Rundfunks sahen, hat das BVerfG in einer Aufsehen erregenden Entscheidung dem Gesetzgeber zwar aufgegeben, Vorkehrungen gegen einen bestimmenden Einfluss der Parteien auf die Programmgestaltung zu ergreifen, gleichzeitig aber ein absolutes Verbot als nicht gerechtfertigten Eingriff in die Parteienfreiheit verstanden (BVerfGE 121, 30, 46; dazu *Reffken,* NVwZ 2008, 658; *Cordes,* Medienbeteiligungen politischer Parteien. [2009]; *Cornils,* Rundfunk und Parteien, in: Dörr, Die Macht der Medien. Kolloquium zum 75. Geburtstag von H. Schiedermair (2011), S. 41; *N.Paul,* Die Rundfunkbeteiligungen politischer Parteien [2010]).

5 **4. Verfassungsrechtliche Rechtfertigung.** Echte Eingriffe in die Parteienfreiheit können – abgesehen vom begründeten Verbot nach Art. 21 II GG – als solche nicht gerechtfertigt werden. Insbesondere ist es nicht zulässig, eine nicht verbotene Partei an der Teilnahme an der öffentlichen Diskussion und politischen Willensbildung zu hindern, ihr Konto zu beschlagnahmen oder sie von der Nutzung öffentlicher Einrichtungen auszuschließen. Hier werden die entsprechenden Freiheitsrechte durch Art. 21 GG verstärkt. Unberührt bleibt die Bindung an die Strafgesetze; insbesondere §§ 86, 86a, 130 StGB. Eingriffe in die Betätigungsfreiheit der Parteien sind also gerechtfertigt, wenn sie dazu dienen, rechtsextremistische Straftaten und Gefährdungen der Menschenwürde zu verhindern oder zu bestrafen (OVG Koblenz, LKRZ 2013, 255 – Ausschluss eines vorbestraften NPD-Funktionärs aus dem Gemeinderat).

6 **5. Objektive Schutzpflicht.** Im objektiven Sinne gewährleisten Art. 21 GG und Art. 3 I GG die Schutzpflicht des Staates für die Freiheit, Offenheit und Chancengleichheit der politischen Willensbildung. Dagegen lässt sich die **Parteienfinanzierung** nicht als leistungsrechtliche Dimension der Parteienfreiheit verankern. Sie steht zwar unter dem Maßstab der Chancengleichheit, schafft aber kein grundrechtlich gesichertes individuelles Teilhaberecht der Partei oder ihrer Mitglieder. Ausdruck des Gleichbehandlungsprinzips ist § 5 PartG, der einen Anspruch auf Nutzung öffentlicher Einrichtungen enthält und Differenzierungen hinsichtlich nicht verbotener Parteien verbietet (zuletzt etwa VGH München, NJW 2012, 1095). Als „Drittwirkung" der Parteienfreiheit mag man das Verbot der politischen Diskriminierung und der Parteizugehörigkeit im **Arbeitsrecht** bezeichnen. Die Drittwirkung geht aber nicht so weit, dass die parteipolitische Betätigung in Betrieben erlaubt werden müsste. Sie ist im Gegenteil durch § 74 II 3 BetrVG ausdrücklich ausgeschlossen. Auch nach der Privatisierung muss die Deutsche Post Drucksachen und Zeitschriften der NPD zustellen (BGH, NVwZ 2013, 72). Die Parteifreiheit des NPD Vorsitzenden schafft allerdings keinen Kontrahierungszwang für den Eigentümer eines Fitnesshotels. Nur ein schon geschlossener Vertrag muss eingehalten werden (BGH, NJW 2012, 1725).

7 **6. Die internationale und europäische Perspektive.** In den internationalen Menschenrechtspakten sind die Parteien allenfalls indirekt durch die Vereinigungs- und Meinungsfreiheit sowie die sonstigen

politischen Grundrechte gewährleistet. Immerhin hat der EGMR ein Totalverbot der Parteienwerbung im Fernsehen gerade für kleinere Parteien als unverhältnismäßig angesehen (EGMR, NVwZ 2010, 241). Auch gibt es Anzeichen, dass der EGMR Parteiverbote nur akzeptiert, wenn eine konkrete Gefahr für zentrale verfassungsrechtliche Werte droht. Das würde auch ein deutsches NPD-Verbot betreffen. Im Europäischen Gemeinschaftsrecht ist auf Art. 224 AEUV und die darin enthaltene Anerkennung der politischen Parteien hinzuweisen.

Literatur zu § 41: *Bechler/Neidhardt*, Verfassungsgerichtlicher Rechtsschutz für Parteien vor der Bundestagswahl: Die Nichtanerkennungsbeschwerde zum BVerfG, NVwZ 2013, 1438; *J. Becker*, Wahlwerbung politischer Parteien im Rundfunk (1990); *Grimm*, Die politischen Parteien, HdBVerfR § 14, 599 ff.; *Kumpf*, Verbot politischer Parteien und Europäische Menschenrechtskonvention, DVBl. 2012, 1344; *Kunig*, Parteien, HdBStR III, § 40; *Shirvani*, Das Parteienrecht und der Strukturwandel im Parteiensystem (2010); *Volkmann*, Parteien zwischen verfassungsrechtlichem Anspruch und politischer Wirklichkeit, in: J. Ipsen (HG), 40 Jahre Parteiengesetz. (2010).

II. Chancengleichheit (Art. 3 I GG)

Neben der Parteienfreiheit ist die durch das BVerfG weder bei Art. 21 GG noch bei Art. 38 I GG, sondern ausschließlich bei Art. 3 I GG verortete Chancengleichheit im Wahlkampf von großer Bedeutung (BVerfGE 99, 69, 79 – Kommunale Wählervereinigungen). Wird die Chancengleichheit verletzt, dann haben die Parteien die Möglichkeit der Verfassungsbeschwerde. Das Organstreitverfahren nach Art. 93 I Nr. 1 GG ist auf Auseinandersetzungen mit anderen Verfassungsorganen beschränkt (BVerfGE 84, 290, 298 – DDR-Parteivermögen).

Trotz der formalen Parteiengleichheit sind Ungleichbehandlungen verfassungsrechtlich zulässig, wenn hierfür besonders wichtige Gründe sprechen (so bereits BVerfGE 1, 208, 247). So wurde die 5 % Klausel bei Bundestags- und Landtagswahlen immer wieder durch das BVerfG mit der Stabilität der Regierungsbildung und der Verhinderung von Splitterparteien begründet (z. B. BVerfGE 55, 222; 82, 322), in Verkennung von dessen Bedeutung aber für die Wahl des Europäischen Parlaments verneint (BVerfGE 129, 300, 316). Erlaubt sind auch Differenzierungen nach dem Erfolg bei vorhergehenden Wahlen, insbesondere bei der Parteienfinanzierung und der Beteiligung an Sendezeiten im Wahlkampf.

§ 42 Das aktive und passive Wahlrecht (Art. 38 GG)

I. Herkunft und heutige Bedeutung

1   Wichtigste Form der politischen Beteiligung der Bürger ist in der Demokratie seit jeher das aktive und das passive Wahlrecht. Erkämpft wurde es in Jahrhunderten gegen die Vorstellung alleiniger gottgewollter Herrschaft der Fürsten und Könige; erste Teilhabeformen finden sich – wenn auch nicht mit heutiger Demokratie vergleichbar – im Steuerbewilligungsrecht der Stände, im frühen Parlamentarismus Englands und der Vereinigten Staaten („no taxation without representation"). Im 19. Jahrhundert wirkte in Deutschland das Wahlrecht **nicht herrschaftsbegründend, sondern nur herrschaftsmäßigend;** wie der Gesetzesvorbehalt diente es der Beteiligung der Bürger an Entscheidungen des als solchen vorausgesetzten Staates und der zusätzlichen Absicherung grundrechtlicher Freiräume.

Heute ist die demokratische Teilhabe der Bürger durch Wahlen auf allen Ebenen politischer Herrschaftsausübung (Europa, Bund, Land, Kommunen) und in verschiedenen Selbstverwaltungsbereichen selbstverständlich geworden. Sinkende Wahlbeteiligung ist allerdings ein Zeichen für ein abnehmendes Bewusstsein dieser grundlegenden demokratischen Zusammenhänge, stellt die Legitimität der freiheitlichen Demokratie als solche aber nicht in Frage.

II. Schutzbereich

2   **1. Sachlich.** Aus der Vielfalt grundrechtlich gesicherter Wahlrechte greift Art. 38 I 1 nur für die Wahl zum Bundestag mit dem **aktiven Wahlrecht** (dem Beteiligungsrecht an der Wahl) und dem **passiven Wahlrecht** (dem Recht darauf, sich zur Wahl zu stellen) nur einen Teilbereich heraus. Für die Landtags- und Kommunalwahlen ergeben sich entsprechende Rechte aus den Landesverfassungen und den Gemeindeordnungen. Die Wahlrechtsgrundsätze wirken zwar über das Homogenitätsgebot des Art. 28 I GG auch auf die Länder und Gemeinden, können aber insoweit am Maßstab des Art. 38 GG vor dem BVerfG nicht geltend gemacht werden (BVerfG, Kammer, NVwZ 2009, 776).

3   Wesentliche Elemente des Schutzbereichs enthalten die in Art. 38 I GG selbst genannten Grundsätze der **Unmittelbarkeit, Freiheit,**

Gleichheit, **Allgemeinheit** und des **Wahlgeheimnisses**. Diese bilden also nicht jeweils eigene Grundrechte; sie sind lediglich Ausprägungen eines einheitlichen Grundrechtes freier und gleicher Wahl.
- **Allgemeinheit der Wahl** bedeutet als besonderer Ausdruck des Gleichheitssatzes die Erstreckung des Wahlrechts auf alle Deutschen.
- **Unmittelbarkeit der Wahl** bedeutet, dass jede Stimme auf einen Abgeordneten entfällt, ohne dass eine Zwischeninstanz dazwischen tritt (Gegenbeispiel: Das Wahlmännergremium bei der Wahl des amerikanischen Präsidenten). Der Wähler selbst hat also das erste und das letzte Wort über die Gewählten (BVerfGE 7, 63, 68 – Listenwahl).

Die **Listenwahl** nach § 1 II BWahlG ist keine Durchbrechung dieses Grundsatzes, weil der Bürger durch die Wahl der Liste jedenfalls die in einer bestimmten Reihenfolge genannten Kandidaten direkt und unmittelbar wählt (BVerfGE 7, 63, 69 – Listenwahl). Ebenso bestehen gegen das „Nachrücken" beim Ausscheiden eines Abgeordneten jedenfalls unter dem Aspekt der Unmittelbarkeit der Wahl keine Bedenken.

Freiheit der Wahl bedeutet zum einen Freiheit von jeglichem Zwang und unzulässigem Druck (BVerfGE 44, 125, 139 – Öffentlichkeitsarbeit der Bundesregierung). Dazu zählt nicht nur die physische Behinderung des Wahlaktes, sondern auch die psychische Beeinflussung, Drohung, Stimmenkauf usw. Kein Verstoß gegen die Wahlfreiheit wäre die Einführung einer **Wahlpflicht** (*Labrenz*, ZRP 2011, 214).

Nicht durchbrochen wird die Freiheit der Wahl allerdings durch den legitimen „Wahlkampf", der immer auch mit der Verheißung von Vorteilen und der Warnung vor Nachteilen bei bestimmten Wahlentscheidungen verbunden ist. Die Grenze ist hier wiederum erreicht, wenn die Wähler durch Wahlempfehlungen oder -warnungen einflussreicher Gruppen unter Druck gesetzt werden.

- **Gleichheit der Wahl** bedeutet aus der Sicht des Wählers, dass seine Stimme den gleichen **Zählwert** („one man – one vote") und den gleichen **Erfolgswert** hat (jede Stimme muss bei der Umsetzung in ein Wahlergebnis gleiche Berücksichtigung finden). Dem muss die Einteilung der Wahlkreise Rechnung tragen. Aus der Sicht des Trägers des **passiven Wahlrechts** bedeutet der Grundsatz der Gleichheit vor allem Chancengleichheit aller Wahlbewerber (BVerfGE 71, 81, 94 – Wahl zur Vollversammlung der Arbeitnehmerkammer). Insofern ist der Grundsatz der Gleichheit der Wahl Spezialgrundrecht zu Art. 3 I GG, der neben Art. 38 I nicht mehr anwendbar ist (BVerfGE 99, 1, 10 – Bayerische Kommunalwahlen).

– Das **Wahlgeheimnis** dient letztlich der Freiheit der Wahl und schützt die individuelle Wahlentscheidung vor unbefugter Kenntnisnahme durch Dritte. Das gilt sowohl für den eigentlichen Wahlakt als auch für Bekundungen im Vorfeld der Wahl.

Über die genannten Wahlrechtsgrundsätze hinaus hat das BVerfG aus Art. 38 I GG in Verbindung mit Demokratie und Rechtsstaat (Art. 20 GG) den **Grundsatz der Öffentlichkeit der Wahl** besonders betont. Dieser gebietet, dass alle wesentlichen Schritte der Wahl öffentlicher Überprüfbarkeit und Transparenz für den Wähler unterliegen. Das hat das BVerfG für die im Einsatz befindlichen elektronischen Wahlgeräte (**„Wahlcomputer"**) ausdrücklich verneint (BVerfGE 123, 39, 81; dazu *Will*, NVwZ 2009, 700).

2. Träger des Wahlrechts. Träger des Wahlrechts aus Art. 38 GG sind **nur Deutsche** als Träger der Volkssouveränität i. S. von Art. 20 II GG. Nach der Entscheidung BVerfGE 83, 37, 50 – Ausländerwahlrecht, darf dieser Kreis auch nicht auf Ausländer erweitert werden. Auch das Wahlrecht der EU-Bürger gilt nur für die Kommunalwahlen. Größtenteils verfassungswidrig war aber der Ausschluss von im Ausland lebenden Deutschen von der Wahl (BVerfG, NVwZ 2012, 1167). Naturgemäß ist das Grundrecht auch auf **juristische Personen** nicht anwendbar. **Politische Parteien** können Träger der Chancengleichheit, aber nicht der Wahlrechtsgleichheit aus Art. 38 I GG sein.

Durch das Wahlgesetz festgelegt ist die **Volljährigkeit als Beginn des Wahlrechts.** Nicht wahlberechtigt sind Kinder. Die gelegentlich im politischen Raum auftauchende Idee, das aktive „Wahlrecht der Kinder" durch die Eltern ausüben zu lassen (*Peschel-Gutzeit*, NJW 1997, 2861), ist gewiss gut gemeint, aber wegen der Höchstpersönlichkeit und strikten Gleichheit der Wahl verfassungskonform nicht zu verwirklichen (so auch *I. von Münch*, NJW 1995, 3165; *Klein*, FS Scholz [2007], 278; *Müller-Franken*, Familienwahlrecht und Verfassung [2013]; a. A. wohl *Rolfsen*, DÖV 2009, 348; allg. *Rupprecht*, Das Wahlrecht für Kinder [2012]). Zulässig wäre dagegen wohl ein Vorziehen des aktiven Wahlrechts auf das 16. Lebensjahr (so in einigen Bundesländern schon Wirklichkeit; *Langheid*, ZRP 1996, 131).

4 **3. Verhältnis zu anderen Grundrechten.** Als Grundsatz der Gleichheit und Allgemeinheit der Wahl geht Art. 38 I GG dem allgemeinen Gleichheitssatz (Art. 3 I GG) vor (BVerfGE 99, 1, 8 – Bayerische Kommunalwahlen). Hinsichtlich der Chancengleichheit der politischen Parteien bleibt es aber bei der Anwendbarkeit von Art. 3 I GG. Diese können sich also auch hinsichtlich der Verletzung ihrer Rechte bei Landtagswahlen an das BVerfG wenden.

III. Eingriffe

Eingriffe in die Wahlrechtsgrundsätze sind alle unmittelbaren Einwirkungen auf die Allgemeinheit, Gleichheit usw. Das gilt sowohl für eine etwaige Einführung von „Mittelsmännern" (Verstoß gegen die Unmittelbarkeit der Wahl), als auch für jeden unzulässigen Druck auf die Wahlentscheidung des Bürgers (Verstoß gegen die Freiheit der Wahl). Es gilt erst recht für Eingriffe in das Wahlgeheimnis. Eine Abweichung vom Grundsatz der Gleichheit der Wahl ist die 5%-Sperrklausel (§ 6 VI BWahlG), weil die für kleinere Parteien abgegebenen Stimmen vom gleichen Erfolgswert ausgeschlossen werden. Dasselbe gilt im Grunde für die etwaige Einführung eines Mehrheitswahlsystems, bei dem bis zu 49 % der Stimmen für den unterlegenen Wahlkreiskandidaten praktisch nicht zählen würden. Auch das so genannte Überhangmandat und die Grundmandatsklausel sind „tatbestandsmäßige" Verstöße gegen die formale Wahlrechtsgleichheit (dazu Rn. 6). 5

Die unzulässige **Öffentlichkeitsarbeit der Regierung** während des Wahlkampfes (BVerfGE 44, 125) ist zwar möglicherweise ein Verstoß gegen die Rechte der politischen Opposition und der Chancengleichheit der Parteien, verletzt aber nicht Grundrechte der Bürger (zum Problem *Studenroth,* AöR 125 [2000], 257 – Kein Anspruch auf „Staatsfreiheit des Wahlkampfes"). **Eingriffe in das Wahlgeheimnis** können in einer nicht hinreichenden Abdeckung der Wahlkabinen, einer nicht hinreichenden Versiegelung der Wahlurnen oder auch im Abhören und der Weitergabe geäußerter Wahlabsichten liegen. Dagegen bestehen gegen die – auch begründungslose – Briefwahl keine verfassungsrechtlichen Bedenken (BVerfG, NVwZ 2013, 1272).

IV. Verfassungsrechtliche Rechtfertigung – Schranken

Wegen der Bedeutung der Wahl für die demokratische Grundordnung und die Freiheit des Einzelnen sind echte Eingriffe in das Wahlrecht nur in engen Ausnahmefällen zu rechtfertigen (BVerfGE 82, 322 – 5%-Klausel II). Insbesondere steht Art. 38 GG **nicht unter Gesetzesvorbehalt,** denn Art. 38 III GG ist ein klassischer Rege- 6 lungsvorbehalt, der nicht zu Eingriffen ermächtigt. Rechtfertigungsgründe sind dabei letztlich die Stabilität des politischen Systems und die vom GG gewünschte Erleichterung zur Bildung stabiler Regierungen. Dagegen hat das BVerfG die 5% Klausel bei der Wahl zum Europäischen Parlament (BVerfGE 126, 300, 316 – zu Recht krit. *Geerlings/Hamacher*, DÖV 2012, 671) und bei Kommunalwahlen (BVerfG, NVwZ 2008, 407) für verfassungswidrig erklärt. Ausnahmen vom strikten Gleichheitsprinzip können ferner durch den völkerrechtlich vereinbarten Schutz nationaler Minderheiten gerechtfertigt sein (BVerfG, NVwZ 2005, 568 – Südschleswigscher Wählerverband).

Die in den **Überhangmandaten**, im **Grundmandatsprinzip** und in der **5%-Klausel** liegenden Abweichungen von der formalen Gleichheit hat das BVerfG früher mit jeweils unterschiedlicher Begründung für gerechtfertigt gehalten (BVerfGE 95, 335 – Überhangmandate; BVerfGE 95, 408 – Grundmandatsklausel; BVerfGE 55, 222 – 5%-Klausel; krit. dazu *Lenz*, NJW 1997, 1553). Dagegen hat das Gericht das sog. „negative Stimmgewicht" (mehr Stimmen können durch Länderausgleich zu geringerer Mandatszahl führen) für verfassungswidrig erklärt (BVerfGE 121, 266, 289). Nachdem ein weiterer „Versuch" des Gesetzgebers wiederum für verfassungswidrig erklärt wurde (BVerfGE 131, 316, 334), kann die jetzt gefundene Ausgleichsregelung tendenziell zu einer starken Vermehrung der Mandate führen. Auch die **Wahlkreiseinteilung** musste teilweise geändert werden, weil sie bisher nicht den Anteil der Minderjährigen an der Gesamtbevölkerung berücksichtigte (BVerfG, NVwZ 2012, 622). Die Kenntnis des Gesamtergebnisses durch einen Teil der Wähler bei einer Nachwahl hat das Gericht aber hingenommen (BVerfGE 124, 1, 14). Selbst gegenüber einer **Mehrheitswahl** mit ihren zweifelhaften Auswirkungen auf das Prinzip der Gleichheit der Wahl scheint das BVerfG keine Bedenken zu haben und hat dem Gesetzgeber die Entscheidung zwischen Mehrheits- und Verhältniswahlsystem grundsätzlich freigestellt (BVerfGE 95, 335 ff. – Überhangmandate).

V. Besondere Schutzfunktionen

7 Das Wahlrecht ist ein geradezu klassisches **Verfahrensgrundrecht**. Auch ist der Staat im objektiven Sinne verpflichtet, die Wahlen so zu gestalten, dass die Bürger von ihrem aktiven und passiven Wahlrecht Gebrauch machen können. Daraus folgt aber **weder** ein **Leistungsrecht**, noch eine **institutionelle Garantie**.

Alle auf die Wahl bezogenen Grundrechte richten sich primär gegen den Staat. Sie entfalten aber insofern **Drittwirkung,** als ein privater Arbeitgeber nicht gegen die Freiheit und Gleichheit der Wahl verstoßen darf. Das wäre etwa der Fall, wenn er Arbeitnehmer wegen einer bestimmten Wahlentscheidung bevorzugen oder benachteiligen würde. Keine Beeinflussungen in diesem Sinne sind aber Stellungnahmen nichtstaatlicher Stellen und auch kirchliche Aufrufe zur Wahl (so genannte Hirtenbriefe). Zu beachten sind die §§ 108 bis 108b StGB, die Wählernötigung, Wählertäuschung und Wählerbestechung strafbar machen.

VI. Die internationale und europäische Perspektive

Obwohl es sich bei den Wahlrechtsgrundsätzen nicht nur um politische Prinzipien, sondern auch um in langen Auseinandersetzungen erkämpfte **Grundrechte** handelt, sind die internationalen Menschenrechtskataloge insofern eher unergiebig. Abgesehen von den allgemeinen Verbürgungen der Gleichheit (Art. 1 AEMR) enthält Art. 21 III AEMR immerhin die geläufigen Wahlrechtsgrundsätze. 8

Das Primärrecht der EU konzentriert sich im Wesentlichen auf die **Wahlen zum Europäischen Parlament.** Die Wahlrechtsgrundsätze nach Art. 223 AEUV sind auf die Allgemeinheit und die Unmittelbarkeit begrenzt. Formale Gleichheit bei der Wahl ist derzeit nicht hergestellt, weil die Erfolgswerte ungleich zwischen den Mitgliedstaaten verteilt sind. (*Nohlen/Stöver*, Elections in Europe [2010]).

Teilweise wird allerdings gefragt, ob das demokratische Wahlrecht mit dem Wachsen hoheitlicher Machtausübung durch die Organe der EU Schritt hält. Deshalb hat das BVerfG Art. 38 GG als subjektives Recht gegen Substanzverlust des Wahlrechts und auf Kontrolle von EU – Zuständigkeiten und auf Einhaltung der Maßstäbe des Art. 79 III GG aufgefasst (BVerfGE 89, 155 – Maastricht; BVerfGE 97, 350 – Euro; BVerfGE 129, 124, 167 – Griechenlandhilfe). Im sog. Lissabon-Urteil (BVerfGE 123, 267, 358) hat es aus Art. 38 i. V. m. Art. 79 Abs. 3 – obwohl in diesem von „Staat" nicht die Rede ist – sogar zu einer Art Recht auf Fortbestand der deutschen souveränen Staatlichkeit und einem Abwehrrecht gegen einen europäischen Bundesstaat abgeleitet. Auch in der aktuellen Diskussion zum „Euro-Rettungsschirm" steht das aktive Wahlrecht hinter der Forderung nach parlamentarischer Kontrolle finanzpolitischer Grundlagenentscheidungen (dazu oben § 38, Rn. 57).

Literatur (zustimmend): *Grimm,* Das Grundgesetz als Riegel vor einer Verstaatlichung der Europäischen Union, DS 48 (2009), 475; *Isensee,* Integrationswille und Integrationsresistenz des Grundgesetzes, ZRP 2010, 33; *Murswiek,* Art. 38 GG als Grundlage eines Rechts auf Achtung des unabänderlichen Verfassungskerns, JZ 2010, 702; **kritisch:** *Denninger,* Identität vs. Integration? JZ 2010, 969; *Jestaedt,* Warum in die Ferne schweifen, wenn der Maßstab liegt so nah? DS 48 (2009), 497; *Schönberger,* Der introvertierte Rechtsstaat als Krönung der Demokratie? Zur Entgrenzung von Art. 38 GG im Europaverfassungsrecht. JZ 2010, 1160; *Ruffert,* An den Grenzen des Integrationsverfassungsrechts: Das Urteil des Bundesverfassungsgerichts zum Vertrag von Lissabon, DVBl 2009, 1197; *Thym,* Europäische Integration im Schatten souveräner Staatlichkeit, DS 48 (2009), S. 559 ff. *A. Weber,* Die Europäische Union unter Richtervorbehalt? JZ 2010, 157 ff. allg. *Mayer,* Der Vertrag von Lissabon im Überblick, JuS 2010, 189 ff;

Literatur zu § 42: *Holste,* Die Reform des Bundestagswahlrechts, NVwZ 2012, 8; *J. Ipsen,* Wahlrecht im Umbruch, JZ 2002, 469; *Klein,* Generationenkonflikt am Beispiel des Kinderwahlrechts, FS Scholz (2007), 278 ff.; *Lampert,* Die wahlrechtlichen Gleichheitssätze, JuS 2011, 884; *Laufs,* Das Recht auf freie Wahlen nach Deutschem und Europäischem Recht, JuS 2013, 788; *Morlok,* Demokratie und Wahlen, FS 50 Jahre BVerfG (2001) II, 559 ff.; *ders.,* Kleines Kompendium des Wahlrechts, NVwZ 2012, 913; *Nohlen,* Wahlrecht und Parteiensystem, 7. Aufl. 2013; *Pünder/Cancic,* Wahlrecht und Parlamentsrecht als Gelingensbedingung repräsentativer Demokratie, VVDStRl 72 (2013), S. 191; *268; Schreiber,* Handbuch des Wahlrechts zum Deutschen Bundestag, 7. Aufl. 2002; *M. Wild,* Die Gleichheit der Wahl (2003).

§ 43 Das Petitionsrecht (Art. 17 GG)

I. Historische Herkunft und aktuelle Bedeutung

1   Die Geschichte des Petitionsrechts reicht bis in die **Antike** zurück. Die Petition *(lat. petitio = Bitte)* hatte dabei von Anfang an die Bedeutung einer direkt beim Monarchen eingebrachten Bitte. Sie diente damit sowohl dem Einzelnen, als auch dem Monarchen selbst, der ohne Einschaltung seines „Apparats" über denkbare Missstände informiert wurde. Im **Mittelalter** durften die Landstände gegenüber den Landesherren auf Landtagen ihre Beschwerden *(gravamina)* und Wünsche *(desideria)* anbringen. Das **preußische Allgemeine Landrecht von 1794** stellte Eingaben an den Monarchen ausdrücklich straffrei und verpflichtete die Adressaten zu deren Prüfung mit erforderlicher Aufmerksamkeit. In England hatte das Petitionsrecht seit 1689 Eingang in die Bill of Rights gefunden. Ähnliches galt für das First Amendment zur **Verfassung der USA von 1791** und die **französischen Verfassungen von 1791 und 1793**. In der **Paulskirchenverfassung** wurde das Petitionsrecht dann als Grundrecht verankert (§ 159). Dasselbe galt für die **preußische Verfassung von 1850**. Die Bedeutung des Petitionsrechts nahm dann aber mit dem Ausbau des gerichtlichen Rechtsschutzes ab. Gleichwohl enthielt **Art. 126 WRV** das Petitionsrecht für Deutsche. Nachdem der **Nationalsozialismus** die Petition als mit dem nationalsozialistischen Führerstaat unvereinbar abgelehnt und Petenten verfolgt hatte, war es dem Verfassungsgeber von 1949 selbstverständlich, dieses traditionsreiche Grundrecht wieder als Menschenrecht in den Grundrechtskatalog aufzunehmen. Heute belegen schon die Statistiken über Petitionen an die Parlamente die große praktische Bedeutung, wenn auch die Erfolgsaussichten unterschiedlich beurteilt werden. Zu Recht wird über die Nutzung moderner Kommunikationsformen wie Internet

und E-Mail nachgedacht (*Guckelberger*, Aktuelle Entwicklungen des Parlamentarischen Petitionswesens [2011]). Die verschiedenen Funktionen lassen sich mit dem Schutz des Einzelnen (Rechtsschutzfunktion), aber auch mit der Integration und der Information über bestehende Missstände umschreiben.

II. Schutzbereich

1. Art. 17 GG umschreibt den **sachlichen Schutzbereich** selbst. Das Petitionsrecht ist das Recht, sich einzeln oder in Gemeinschaft mit anderen schriftlich mit Bitten oder Beschwerden an die zuständigen Stellen und an die Volksvertretung zu wenden. Schon die Formulierung zeigt, dass es ein Missverständnis ist, das Petitionsrecht ausschließlich mit der **parlamentarischen Petition** zu identifizieren. Gemeint sind auch Bitten und Beschwerden an die „zuständigen Stellen", also vor allem die Verwaltung. In dieser spielen Gegenvorstellung und Beschwerde als nichtförmliche Rechtsbehelfe gleichfalls eine große Rolle (dazu *Hufen*, VProzR. § 1, Rn. 45 ff.).

Art. 17 GG verlangt selbst bereits die **Schriftform.** Dazu gehören Verständlichkeit und Erkennbarkeit des Urhebers. An die Petition dürfen nicht zu strenge Anforderungen gestellt werden. So dürfte die Einlegung durch E-Mail zulässig sein (*Schmitz*, NVwZ 2003, 1437). Nicht geschützt werden dagegen anonyme Beschwerden oder gar Beschuldigungen. Eine Abfassung in **deutscher Sprache** ist nicht erforderlich und würde im Hinblick auf den Minderheitenschutz auch dem Zweck der Petition widersprechen. Immerhin wird man verlangen können, dass die annehmende Stelle den Inhalt der Petition verstehen bzw. unter vertretbarem Aufwand ermitteln kann. Nicht erforderlich ist, dass die Petition sich auf den Petenten selbst bezieht: Eine „Petitionsbefugnis" im Sinne einer notwendigen Geltendmachung **eigener** Rechte und Beschwerden kann nicht gefordert werden. Der Einzelne kann sein Grundrecht also auch im Interesse Dritter oder der Allgemeinheit ausüben. Ähnlich wie bei anderen Grundrechten ist das „Erlaubtsein" des Inhalts bzw. des Gewünschten kein Element des Schutzbereichs, sondern eine Frage der Schranken. Das gilt auch für Petitionen mit beleidigendem Inhalt oder strafbaren Zielen.

Art. 17 GG vermittelt selbstverständlich keinen Anspruch auf inhaltliche Abhilfe, sehr wohl aber einen **subjektiven Anspruch auf Prüfung und Bescheidung.** Das Petitionsrecht eröffnet aber **keinen zweiten Rechtsweg.** Neben der Entscheidung über die „Hauptsache" kann der Betroffene den Adressaten einer Petition also nicht auf weitergehende Aufklärung des Sachverhalts, bestimmte Beweiserhebungen usw. verklagen (BayVerfGH, NVwZ 2000, 548; ähnlich VerfGH NRW, DÖV 2003, 30 – keine Klage gegen abschlägige Bescheidung einer Petition, mit der eine politische Partei die Änderung einer wahlrechtlichen Bestimmung erstrebt).

3   **2. Träger des Grundrechts** aus Art. 17 GG sind – anders als teilweise in der Geschichte – nicht nur Deutsche, sondern auch Ausländer. **Minderjährige** sind jedenfalls dann zur selbstständigen Geltendmachung des Petitionsrechts befugt, wenn Einsichtsfähigkeit in die Deutung der Bitte bzw. Beschwerde besteht. Art. 17 GG gewährleistet überdies ausdrücklich auch die „Sammelpetition" mehrerer Personen. Auch **juristische Personen des Privatrechts** können nach Art. 19 III GG Petitionen erheben. Für juristische Personen des öffentlichen Rechts kommt dies grundsätzlich nur in Betracht, wenn sie selbst eigenständige Grundrechtspositionen wahrnehmen (z. B. Universitäten usw.).

4   **3.** Als Recht zur Eingabe von Beschwerden und Bitten ist Art. 17 GG mit **anderen Grundrechten** nicht vergleichbar und auch nicht Spezialgrundrecht zu anderen Kommunikationsgrundrechten. Wird z. B. eine Petition in Verbindung mit einer Versammlung eingereicht, so stehen Art. 8 GG im Hinblick auf diese und Art. 17 GG im Hinblick auf das Ansprechen des Parlaments oder anderer Stellen nebeneinander. Selbstständig steht das Grundrecht auch neben der Gewährleistung förmlicher Rechtsmittel in Art. 19 IV GG. Hinzuweisen ist schließlich noch auf die Funktion des **Wehrbeauftragten** in Art. 45b GG, der für den Bereich der Bundeswehr ein wichtiger Adressat des Petitionsrechts ist.

III. Eingriffe

5   Eingriffe in das Grundrecht sind die (nur in der Vergangenheit geregelten) direkten Petitionsverbote, aber auch Behinderungen bei Vorbereitungshandlungen (Unterschriftensammlungen usw.), die Nichtentgegennahme, Diskriminierung und Sanktionierung der Autoren einer Petition. Wenn man richtigerweise den Anspruch auf Bescheidung zum Inhalt des Grundrechts rechnet, dann sind auch die Nichtbehandlung, Nichtbescheidung und Nichtbekanntgabe der Antwort auf die Petition Eingriffe. Auch die Bestrafung oder Verurteilung zum Schadensersatz wegen des Inhalts einer Petition sind Grundrechtseingriffe, die zumindest rechtfertigungsbedürftig sind.

IV. Verfassungsrechtliche Rechtfertigung – Schranken

Art. 17 GG selbst enthält **keinen Gesetzesvorbehalt**. Nur für gemeinsame Petitionen von Soldaten und Zivildienstleistenden ist in Art. 17a I GG eine Einschränkungsmöglichkeit ausformuliert. Die Schranken von Art. 5 II GG oder gar 2 I GG sind nicht anwendbar. Unbenommen ist aber die **verfassungsimmanente Schranke**. So dürfen Petitionen weder die Menschenwürde, das allgemeine Persönlichkeitsrecht und das Grundrecht auf informationelle Selbstbestimmung verletzen, noch in das Geschäftsgeheimnis eingreifen. Beleidigende Petitionen müssen nicht nur nicht beantwortet werden, sie können auch strafbar sein. Petitionen von Strafgefangenen sind grundsätzlich gleichfalls geschützt, doch können sie aus Gründen eingeschränkt werden, die sich aus dem Haftzweck zwingend ergeben und den Gehalt des Rechts im Kern unangetastet lassen (BVerfG 49, 24, 57 – Petition). Einschränkungen können sich auch aus den hergebrachten Grundsätzen des Berufsbeamtentums ergeben. Hier sind die Beschwerde- und Remonstrationsmöglichkeiten gesetzlich geregelt, und der Beamte darf nicht unter Durchbrechung seiner Geheimhaltungspflichten einen behördeninternen Vorgang durch eine Petition an die Öffentlichkeit bringen.

6

Gelöst ist damit auch das Problem, ob Art. 17 GG vor einer Bestrafung z. B. wegen **Geheimnisverrat** oder **Beleidigung** schützt bzw. den Petenten vor zivilrechtlichen **Schadensersatzansprüchen** bewahrt. Das ist nicht der Fall, wenn die Petition ihrerseits die Grundrechte Dritter oder andere Verfassungsgüter verletzt. Jedenfalls ist es nicht erforderlich, der Problematik des fehlenden Schrankenvorbehalts dadurch auszuweichen, dass nur der Zugang der Petition, nicht aber der Inhalt unter den Schutz des Grundrechts gestellt wird (so *Hoffmann-Riem*, FS Selmer [2004], 98). Richtig dürfte sein: Auch der Inhalt der Petition steht unter dem Schutz des Artikel 17 GG und kann auch nicht durch die allgemeinen Gesetze i. S. v. Art. 5 II GG eingeschränkt werden. Diese konkretisieren aber ihrerseits verfassungsimmanente Schranken wie das allgemeine Persönlichkeitsrecht des durch eine Petition angegriffenen Dritten oder das Geschäftsgeheimnis einer Firma, das durch eine Petition verraten wird. Das Grundrecht darf aber nicht von vornherein verkürzt werden. Der Verstoß des Grundrechtsträgers gegen Gesetze ist Frage der Schranke und dort lösbar.

V. Besondere Schutzfunktionen

Die **Funktion** des Petitionsrechts liegt nicht nur im subjektiven Schutz des Einzelnen, sondern auch in der objektiven Funktion der

7

Aufdeckung von Missständen im Interesse des Gemeinwohls. Darüber hinaus aber enthält Art. 17 GG **kein Leistungsgrundrecht** – schon gar nicht auf die mit der Petition erbetene Begünstigung. Ansprüche auf Entgegennahme, Prüfung und Bescheidung lassen sich daher nicht als Ausprägung einer Leistungsdimension des Grundrechts kennzeichnen, sie sind vielmehr unmittelbarer Inhalt des Grundrechts als Abwehrrecht. Da das Grundrecht wesentlich von **organisations- und verfahrensrechtlichen** Ausgestaltungen abhängt, muss – z. B. durch die Regelungen über die Petitionen im Bundestag (Gesetz über die Befugnisse des Petitionsausschusses und §§ 108 ff. GO-BT) – verfahrensmäßig sichergestellt werden, dass das Petitionsrecht wahrgenommen werden kann. Auch die in Art. 45c GG enthaltene Verpflichtung des Bundestages, für die an ihn gerichteten Bitten und Beschwerden einen Petitionsausschuss zu errichten, dient letztlich der verfahrensmäßigen Absicherung des Grundrechts.

VI. Die internationale und europäische Perspektive

8   Trotz der langen grundrechtlichen Tradition enthält die AEMR kein allgemeines Petitionsrecht. Dasselbe gilt für die EMRK. Dagegen hat das europäische Gemeinschaftsrecht das Petitionsrecht zu einem **Unionsbürgerrecht** aufgewertet (Art. 44 EuGRCh). Dieses bezieht sich aber nur auf den Tätigkeitsbereich der Gemeinschaft. Hinzuweisen ist auch auf das **Ombudsmannsystem** (Anrufung des Europäischen Parlaments bzw. Bürgerbeauftragten nach Art. 24 II u. III AEUV; dazu *Guckelberger,* Das Petitionsrecht zum Europäischen Parlament sowie das Recht zur Anrufung des Bürgerbeauftragten im Europa der Bürger, DÖV 2003, 829).

Literatur zu § 43 – Petitionsrecht: *Bauer,* Demokratisch inspirierte Petitionsrechtsmodernisierungen. Zugleich ein Beitrag zur Elektronisierung des Petitionswesens, FS Würtenberger (2013), 639; *Burkiczak,* Rechtsfragen der Behandlung von Petitionen mit rechtswidrigem Inhalt oder rechtswidriger Intention durch den deutschen Bundestag, NVwZ 2005, 1391; *Guckelberger,* Neue Erscheinungen des Petitionsrechts: E-Petitionen und öffentliche Petitionen, DÖV 2008, 85; *dies.,* Aktuelle Entwicklungen des Parlamentarischen Petitionswesens (2011); *Hoffmann-Riem,* Zum Gewährleistungsgehalt der Petitionsfreiheit, FS Selmer (2004), 93; *Hornig,* Die Petitionsfreiheit als Element der Staatskommunikation (2001); *Langenfeld,* Das Petitionsrecht, HdBStR III, § 39; *Rühl,* Der Umfang der Begründungspflicht von Petitionsbescheiden, DVBl. 1993, 14.

§ 44 Der Rechtsschutz gegen die öffentliche Gewalt (Art. 19 IV GG)

I. Historische Herkunft und aktuelle Bedeutung

Während Art. 103 I GG das rechtliche Gehör (oben § 21 III) im Gerichts**verfahren** selbst sichert, ist Art. 19 IV GG eine „Gerichts**zugangs**garantie". Der Rechtsweg steht offen, wenn jemand durch die **öffentliche Gewalt** in seinen Rechten verletzt wird. Aus dem Zusammenhang mit den übrigen in Art. 19 GG enthaltenen Gewährleistungen wird dabei deutlich, dass der Verfassungsgeber von 1949 vor allem die grundrechtsgefährdende Wirkung rechtswidriger hoheitlicher Gewalt im Auge hatte.

Aus historischer Sicht ist auch dieses Grundrecht allerdings viel älter. So reicht der Kampf um die Einführung eines gerichtlichen Schutzes gegen die hoheitliche Gewalt bis in die Zeit des **Absolutismus** zurück. Die dem Staat angehörende „Administrativjustiz" konnte die Bedürfnisse des Bürgers auf Rechtsschutz auch gegen hoheitliches Handeln nicht befriedigen. Das Ergebnis ist die Einführung der Verwaltungsgerichtsbarkeit in der zweiten Hälfte des 19. Jahrhunderts (dazu *Hufen*, VProzR, § 2). Während für die Verfassungsväter der **Paulskirche** und auch noch den **Parlamentarischen Rat** von 1949 der Vorrang der ordentlichen Gerichtsbarkeit vor einer besonderen Verwaltungsgerichtsbarkeit im Mittelpunkt stand, lässt sich heute ein solcher Vorrang weder aus Art. 19 IV noch aus Art. 1 III GG ableiten. Die Verwaltungsgerichtsbarkeit ist zur Wahrung der Freiheitsrechte genauso berufen, wie die ordentliche Gerichtsbarkeit.

II. Schutzbereich

Art. 19 IV GG ist selbst ein Grundrecht. Seine eigentliche Wirksamkeit besteht aber im Schutz der übrigen Grundrechte. Diese werden durch den Zugang zur Gerichtsbarkeit flankiert. Auch der Zusammenhang zu Art. 1 III GG ist offenkundig. Inhaltlich schützt Art. 19 IV GG das Recht jedes Einzelnen, die Gerichte gegen Rechtsverletzungen durch die öffentliche Gewalt anzurufen. Art. 19 IV GG ist damit **sowohl Grundrecht als auch Ausprägung des Rechtsstaatsprinzips.** Zu Recht ist diese Norm als „Schlußstein im Gewölbe des Rechtsstaats" bezeichnet worden (*R. Thoma*, Recht, Staat, Wirtschaft 3 [1951], S. 9).

Schon die Formulierung: „Wird jemand in *seinen* Rechten verletzt", zeigt aber, dass das GG hier **keine objektive Rechtmäßig-**

keitskontrolle wollte, sondern den **Schutz subjektiver Rechte** meinte. Dieser soll allerdings **durch die Gerichtsbarkeit** gewahrt sein. Die verwaltungsinterne Kontrolle – so wichtig sie ist – kann die rechtsförmliche Kontrolle durch Gerichte nicht ersetzen.

4   Inhaltlich wird das Grundrecht durch die verschiedenen Prozessordnungen konkretisiert. Es wäre aber ein Missverständnis anzunehmen, dass das Grundrecht nur *„im Rahmen der jeweils geltenden Prozessordnung gilt"*. Umgekehrt müssen vielmehr die „jeweils geltenden Prozessordnungen" die Realisierbarkeit des Grundrechts aus Art. 19 IV GG sicherstellen. Der Schutzbereich umfasst nach der Rechtsprechung des BVerfG aber nicht mehrere Instanzen (st. Rspr. seit BVerfGE 4, 74, 95 – Ärztliches Berufsgericht).

Zum Schutzbereich gehört die Gewährleistung der **Wirksamkeit des Rechtsschutzes.** Der Rechtsweg darf nicht nur formell eröffnet sein, er muss auch die Chance zur Korrektur hoheitlicher Entscheidungen zugunsten des Einzelnen bieten **(Grundsatz der Effektivität des Rechtsschutzes).** Einzelaspekte von Art. 19 IV GG sind die Möglichkeit der **vollständigen richterlichen Nachprüfung** in tatsächlicher und rechtlicher Hinsicht (nicht aber ein Berufungsverfahren), eine **angemessene Verfahrensdauer,** die **Durchsetzbarkeit** einer gerichtlichen Entscheidung und auch der wirksame Schutz vor vollendeten Tatsachen durch den **vorläufigen Rechtsschutz.**

Art. 19 IV GG stellt auch eine Grenze für alle nicht durch die Verfassung selbst legitimierten, gerichtlich nicht oder nicht vollständig kontrollierbaren **Ermessens-, Beurteilungs- und Abwägungsspielräume** dar. Das gilt umso mehr, wenn diese in Grundrechte wie Art. 12 I GG eingreifen. Das hat das BVerfG nicht zuletzt im Hinblick auf das **Prüfungsrecht** betont (BVerfGE 84, 34, 50 – Neubewertung von Prüfungsleistungen).

5   **Träger** des Grundrechts aus Art. 19 IV GG sind alle natürlichen und juristischen Personen. „Jemand" im Sinne dieses Grundrechts kann jeder Grundrechtsträger i. S. v. 19 III GG sein.

6   **Adressat** ist die „öffentliche Gewalt" in allen Erscheinungsformen. Dazu gehören im Grundsatz alle drei Gewalten, und es kann nur verwundern, dass das BVerfG erst in seinem Plenarbeschluss vom 30.4.2003 (BVerfGE 107, 395, 404 ff. – fachgerichtlicher Rechtsschutz) klargestellt hat, dass Art. 19 IV GG ebenso wie Art. 103 GG auch gegen Verletzungen des rechtlichen Gehörs durch **die Rechtsprechung selbst** schützt.

Adressat von Art. 19 IV GG sind allerdings **nicht Organe und Behörden der Europäischen Gemeinschaft.** Die Durchsetzung des Rechtsschutzes im europäischen Rahmen obliegt grundsätzlich der europäischen Gerichtsbarkeit (dazu unten, Rn. 10).

Besondere Probleme stellen sich im Hinblick auf die **Privatisierung** von hoheitlichen Aufgaben. Formal gilt Art. 19 IV GG nur gegenüber der öffentlichen Gewalt. Weicht diese allerdings in das Privatrecht aus, so muss zumindest durch eine grundrechtskonforme Interpretation zivilrechtlicher Generalklauseln sichergestellt werden, dass im Hinblick auf den Grundrechtsschutz des Einzelnen keine Defizite entstehen.

III. Eingriffe

Auf Art. 19 IV GG ist das normale „Eingriffsschema" der Grundrechtsprüfung nicht anwendbar. Insbesondere wäre es verfehlt, jeden Verfahrensfehler der Gerichte sogleich als Eingriff in das Grundrecht zu interpretieren. Auch die heute zahlreichen Regeln über formale und inhaltliche Voraussetzungen an eine Klageschrift, die Sachentscheidungsvoraussetzungen der VwGO und die Vorschriften über Fristen, Klagebefugnis, Beteiligtenstellung, Rechtsschutzbedürfnis, Beiladung, Präklusion usw. sind Konkretisierungen, aber nicht Eingriffe in das Grundrecht. Das gilt erst recht, wenn man Art. 19 IV GG „Vorwirkungen" auf das Verwaltungsverfahren zumisst. Einen echten Eingriff stellt daher nur der Ausschluss oder die wesentliche Beeinträchtigung oder Erschwerung des Zugangs zur Gerichtsbarkeit dar. Ein Eingriff kann dann aber sehr wohl in einer der Rechtsschutzgarantie nicht angemessenen Auslegung des Verfahrensrechts liegen. 7

IV. Verfassungsrechtliche Rechtfertigung – Schranken

Art. 19 IV GG enthält **keinen Gesetzesvorbehalt.** Besonders wichtig ist hier die Abgrenzung von Eingriff und Konkretisierung. Das Grundrecht selbst ist nur verfassungsimmanent einschränkbar. Da Art. 19 IV GG auch ein wesentliches Element des Rechtsstaatsprinzips ist, stellt sich bei gesetzgeberischen Eingriffen auch die Frage einer Vereinbarkeit mit Art. 20 GG und damit Art. 79 III GG. So darf Art. 19 IV GG selbst durch den Verfassungsgeber nicht so weit eingeschränkt werden, dass die durch Art. 20 GG selbst gewährleistete rechtsstaatliche Kontrolle nicht mehr gesichert ist. Problematisch sind deshalb Regelungen, die den Rechtsschutz explizit ausschließen oder beschränken, wie etwa Art. 10 II 2 GG oder Art. 16a IV GG. Sie sind auch durch die Entlastung der Verwaltungsgerichtsbarkeit nicht zu rechtfertigen, wurden aber durch das BVerfG „abgesegnet" (BVerfGE 30, 1 – Abhörurteil; BVerfGE 94, 166, 206 – Flughafenverfahren). 8

V. Besondere Schutzfunktionen

9   Art. 19 IV GG stellt eine **objektive Schutzpflicht** des Staates zugunsten der Rechtsschutzmöglichkeiten des Einzelnen dar. Seine wesentliche objektive Bedeutung liegt aber im Charakter des **Verfahrensgrundrechts**. Auch insofern besteht ein enger Zusammenhang zu den einzelnen durch das Verfahren und durch Art. 19 IV GG geschützten Grundrechten. So hat der Staat stets dafür zu sorgen, dass auch in Zeiten knapper Kassen der wirksame und rechtzeitige Rechtsschutz immer gewährleistet bleibt.

VI. Die internationale und europäische Perspektive

10   Da sich Art. 19 IV GG gegen die interne Hoheitsgewalt des Staates richtet, existiert in den internationalen Menschenrechtspakten keine dieser Norm genau entsprechende Gewährleistung. Hinzuweisen ist aber auf die bereits beim Grundrecht aus Art. 103 GG (rechtliches Gehör – oben § 21 III) behandelten Garantien des Zugangs zu den Gerichten. Insbesondere der in der Praxis immer wichtigere **Art. 6 EMRK** und die umfangreiche Rechtsprechung des EGMR dazu (exemplarisch EGMR, NJW 2010, 3145 – Kindesmörder Gäfgen; EGMR, NJW 2012, 3502 – Lockspitzel) gelten auch für den Rechtsschutz gegen die öffentliche Gewalt. EU-Bürger, die von Akten der Gemeinschaft unmittelbar und individuell betroffen sind, können gem. Art. 264 AEUV die **Nichtigkeitsklage** zum EuGH erheben. Auch die **Vorlagepflicht** nationaler Gerichte zum EuGH und das **Vorabentscheidungsverfahren** (Art. 267 AEUV) spielen eine große Rolle und dienen zumindest mittelbar auch dem Schutz der Grundrechte. Unabweisbar aber bleibt der Ausbau des EuGH und des EuG zu einer echten europäischen Verwaltungsgerichtsbarkeit einschließlich einer wirksamen incidenter-Kontrolle von EU-Verordnungen und Richtlinien.

Literatur zu VI: *von Danwitz,* Die Garantie effektiven Rechtsschutzes im Recht der europäischen Gemeinschaft, NJW 1993, 1108; *O. Dörr,* Der europäische Rechtsschutzauftrag deutscher Gerichte (2003); *Gärditz,* Europäisches Verwaltungsprozessrecht, JuS 2009, 385; *Jarass,* Bedeutung der EU-Rechtsschutzgewährleistung für nationale und EU-Gerichte, NJW 2011, 1393; *Pache,* Das europäische Grundrecht auf einen fairen Prozess, NVwZ 2001, 1342; *Wölker,* Rechtsschutz Privater gegenüber dem europäischen Gesetzgeber, DÖV 2003, 570.

Literatur zu Art. 19 IV GG: *Bickenbach,* Grundfälle zu Art. 19 IV GG, JuS 2007, 813 ff., 910 ff.; *Höfling,* Primär- und Sekundärrechtsschutz im öffentlichen Recht, VVDStRL 61, (2002), 260; *Knemeyer,* Rechtliches Gehör. FS Kirchhof I, 2013, 797*Lorenz,* Das Gebot effektiven Rechtsschutzes des Art. 19 Abs. 4 GG, Jura 1983, 393; *Papier,* Rechtsschutz. FS Kirchhof I, 2013, 923; *Uhle,* Das Recht auf wirkungsvollen Rechtsschutz, FS Würtenberger (2013), 935.

§ 45 Das Widerstandsrecht (Art. 20 IV GG)

I. Historische Herkunft und aktuelle Bedeutung

Das Widerstandsrecht wurde zwar erst 1968 in das GG aufgenommen; es hat aber weit zurückreichende historische Wurzeln. Das Recht zum Widerstand gegen usurpierte oder despotische Herrschaft geht bereits auf die **Antike** zurück. Es ist sowohl in der Fundamentalkritik eines *Sokrates,* als auch im *christlichen* Gedanken der Durchsetzung des göttlichen Rechts gegen entartete irdische Gewalt präsent. Auch die **Magna Charta Libertatum** von 1215 lässt sich durchaus als Akt des Widerstandes der Stände gegen den zentralistischen Monarchen begreifen. Im **Naturrechtsdenken** lässt sich das Widerstandsrecht trefflich begründen: Es ist sozusagen das „Kündigungsrecht" der Bürger gegenüber dem ungerechten Herrscher, der den Gesellschaftsvertrag bricht (so etwa bei *John Locke* – Two Treatises on Government §§ 197 ff.). „Sternstunde des Widerstandsrechts" war die **amerikanische Unabhängigkeitserklärung** von 1776, die in weiten Teilen vom gerechten Widerstand gegen die Tyrannei handelt. In den deutschen Verfassungen des 18. und 19. Jahrhunderts und in der WRV findet sich allerdings keine Erwähnung dieses Rechts. Auch bei der **Entstehung des Grundgesetzes** fand das Widerstandsrecht zunächst keine Aufnahme, obwohl der Widerstand gegen die nationalsozialistische Tyrannei ein Zentralmotiv der jungen Republik darstellte. Zu sehr befürchtete man offensichtlich die Interpretation des Widerstandsrechts als „Aufruf zum Bürgerkrieg" (dazu *Gröschner,* in: Dreier, GG, Art. 20 IV, Rn. 4). So kam es, dass dieses sehr traditionsreiche Recht erst mit der **Notstandsverfassung,** und zwar explizit als Sicherung gegen deren Missbrauch, in das GG eingefügt wurde. Gleichzeitig wurde das Widerstandsrecht als individuell mit der Verfassungsbeschwerde einklagbares Recht in Art. 93 I Nr. 4a GG verankert. Anwendungsfälle des Art. 20 IV GG hat es seither nicht gegeben.

II. Schutzbereich

2   Die wesentlichen Elemente des sachlichen Schutzbereichs sind in Art. 20 IV GG selbst formuliert. Das Widerstandsrecht richtet sich gegen **„jeden, der es unternimmt, die freiheitlich demokratische Grundordnung zu beseitigen"**, wie sie in Art. 20 und 28 GG niedergelegt ist. Zugleich formuliert Art. 20 IV GG aber sehr deutlich, dass das Widerstandsrecht die „ultima ratio" des verfassungstreuen Bürgers ist. Auch wird schon aus dem Wortlaut deutlich, dass es in keinem Fall darum gehen kann, eine legitime, demokratisch gewählte Regierung mit außergesetzlichen Mitteln anzugreifen oder einen Bundeskanzler zu ohrfeigen, weil er vermeintlich gegen grundlegende Gebote der Verfassung verstößt. Schon die Entstehungsgeschichte des Art. 20 IV GG zeigt vielmehr eindeutig, dass das Widerstandsrecht allenfalls in Betracht kommt, wenn ein Diktator z. B. die Notstandsverfassung missbraucht, um ein den Grundsätzen von Art. 79 III GG widersprechendes Regime zu errichten. Beispielsfälle wären etwa ein Putsch rechtsradikaler Offiziere oder der Versuch der Errichtung einer sozialistischen Rätediktatur. Letztlich hat Art. 20 IV GG eher Symbolcharakter. Inhaltlich gebunden ist das Widerstandsrecht daran, dass es niemals missbraucht werden darf, um z. B. durch eine Revolution eine Diktatur durch die andere zu ersetzen.

In keinem Fall bietet Art. 20 IV GG im Übrigen eine Legitimation für gern mit der Aura des „Widerstands" versehene Aktionen gegen bestimmte Infrastrukturprojekte, Flughäfen, Bahnhofsneubauten oder auch Castor-Transporte. Selbst Aktionen gegen ihrerseits verfassungswidrige Demonstrationen von Neonazis sind nur durch Art. 8 GG selbst, nicht aber durch Art. 20 IV GG geschützt.

3   **Träger** des Grundrechts aus Art. 20 IV GG sind alle „Deutschen". Das Recht steht also weder Ausländern noch juristischen Personen zu.

4   Art. 20 IV GG ist eine **Spezialnorm** zu anderen Kommunikations- und politischen Beteiligungsrechten. Als solche steht sie in engem Zusammenhang zu anderen, die freiheitlich demokratische Grundordnung schützenden Normen wie Art. 9 II, Art. 18 und Art. 21 II GG. Der zu schützende Kern ist in Art. 79 III GG umrissen.

III. Eingriffe – keine verfassungsrechtliche Rechtfertigung

5   Wegen des Ausnahmecharakters von Art. 20 IV GG als „ultima ratio des Bürgers" sind Eingriffe oder gar deren Rechtfertigung kaum

vorstellbar. Theoretisch wäre etwa die Bestrafung einer nach Art. 20 IV GG legitimen Aktion gegen einen Tyrannen ein Eingriff. Dieser wäre allein deshalb schon nicht zu rechtfertigen, weil – ist der Schutzbereich des Grundrechts wirklich eröffnet – die angegriffene Herrschaft illegitim wäre, also auch Einzeleingriffe durch dieselbe nicht zu rechtfertigen wären. So gesehen gibt es keine Rechtfertigung von Eingriffen in das Notstandsrecht des Art. 20 IV GG. All dies ist, wenn man sich etwa den Übergang von einer Demokratie zur Diktatur und den Widerstand dagegen vorstellt, aber höchst theoretischer Natur.

IV. Die internationale und europäische Perspektive

Trotz der großen menschenrechtlichen Tradition des Widerstandsrechts findet sich dieses weder in den internationalen Kodifikationen der AEMR noch in der EMRK. Dasselbe gilt für die EuGRCh

6

V. Ausblick

Heute ist es insgesamt um das Widerstandrecht nach Art. 20 IV GG still geworden, was aber nicht heißt, dass das Grundrecht nicht doch eines Tages Wirksamkeit erlangen könnte, wenn Kräfte an die Macht gelangten, die die Menschenwürde und zentrale Verfassungsgrundsätze beseitigen wollen.

7

Insgesamt: Eine Verfassungsordnung, in der die in diesem Buch behandelten Grundrechte real wirksam sind, lässt hoffen, dass vom Widerstandsrecht des Art. 20 IV GG niemals Gebrauch gemacht werden muss. Das zu gewährleisten, sind alle berufen, die in ihrer beruflichen und persönlichen Praxis dazu beitragen, dass die Grundrechte ihre Wirksamkeit entfalten. Das ist auch die Verantwortung aller Leser dieses Buches.

Literatur: *C. Böckenförde,* Die Kodifizierung des Widerstandsrechts im Grundgesetz, JZ 1970, 168; *Dolzer,* Der Widerstandsfall, HdBStR VII, (1./2. Aufl.), § 171; *Gröschner,* in: Dreier, GG, Art. 20 IV, II; *P. Schneider,* Widerstandsrecht und Rechtsstaat, AöR 89 (1964), 1 ff.

Stichwortverzeichnis

Die Zahlen verweisen auf die Paragraphen und Randnummern;
Hauptfundstellen **fett**.

Aarhus-Konvention 26, 18
Abriegelung 21, 20
Abschiebehaft 21, 8
Abschiebungshindernis 10, 67; 20, 23
Abschiebung 16, 47
Absprachen (Strafprozess) 21, 51
Abstammung 11, 11; 11, 31; 50, 4
Abstammungsprinzip 19, 1 ff.
Abwägung 9, 24
Adoption 16, 13; 16, 20; 16, 31; 16, 37
Adressaten (Grundrechte) 7, 1
Adressatentheorie 14, 17
Akteneinsicht 21, 36
Alkoholverbot 14, 32; 35, 57
Alimentation 16, 49
Alimentationsprinzip 36, 16
Alleinerziehende 16, 12
Allgemeine Erklärung der Menschenrechte (AEMR) 3, 1
Allgemeine Gesetze 25, 19
Allgemeine Grundsätze (des Europarechts) 3, 8
Allgemeine Handlungsfreiheit 14, 1 ff.
s. auch: Freie Entfaltung
Allgemeine Regeln des Völkerrechts 3, 1
Allgemeiner Gleichheitssatz 39, 1 ff.
Allgemeines Gleichbehandlungsgesetz (AGG) **14, 10**; 39, 20
Allgemeines Persönlichkeitsrecht 11, 1 ff.
– Eingriff 11, 18
– Geschichte 1, 1
– International 11, 28
– Schranke 11, 22
– Schutzbereich 1, 4

– Träger 11, 15
Allgemeinpolitische Äußerung 14, 36
Allgemeinverbindlicherklärung 37, 11; 37, 18; 37, 21
Altenpflege 10, 58
Altersgrenze **35, 22; 35, 56**
– Beamte 36, 8
Amtsangemessene Beschäftigung 36, 18
Amtsbonus 25, 45
Anerkannte Ersatzschule 32, 27
Anerkennung der Vaterschaft 16, 47
Angemessenheit 9, 23
Anhörungsrüge 21, 44
Anliegergebrauch 38, 9
Anonyme Geburt 11, 31
Anonymität, Recht auf 25, 27
Anrede 11, 33
Ansammlung 30, 7
Antastung 8, 17
Anteilseigentum 38, 11
Antidiskriminierungsrichtlinie **14, 10**; 39, 20
Antiterrordatei 12, 25
Antike 2, 2
Antisemitismus 2, 17
Anwaltskanzlei 15, 28
Anwaltshonorar 35, 52
Apothekenurteil 35, 6
Arbeitskampf 37, 13; 37, 26
Arbeitslosengeld 38, 53
Arbeitslosenversicherung 38, 16
Arbeitsplatz 46, 9
Arbeitszwang 35, 58
Architektenkammer 14, 11
Archiv 34, 45
Arztgeheimnis 11, 34

Asylrecht 20, 1 ff.
- Eingriff 20, 17
- europäisch 20, 26
- Familienangehörige 20, 9
- international 20, 25
- objektive Schutzpflicht 20, 24
- Schranken 20, 21
- Schutzbereich 20, 4

Aufenthaltsbeendende Maßnahmen 20, 18
Aufenthaltsbeschränkung 18, 20
Aufenthaltsverbot 14, 31; 18, 17
Aufklärung 2, 7
Aufopferung 38, 22; 38, 25
Aufopferungsgleicher Eingriff 38, 22
Auftragsvergabe 7, 12
Ausbildungsstätte
- freie Wahl **35, 10**

Ausbürgerung 19, 1 ff.; 19, 14
Ausgangssperre 18, 16
Ausländer 14, 15
Auslieferung 19, 1 ff.; 19, 9
Ausnahmegerichte 21, 23
Ausreisefreiheit 14, 12; 14, 30; **18, 5**
Auschwitzlüge 25, 43
Aussperrung 37, 13
Autofahren 14, 5; 14, 29
Autonomie 1, 12

Bachelor 34, 50
bail out 38, 57
Bankgeheimnis 11, 11
Bannmeile 30, 22
Baufreiheit 38, 9
Baulandumlegung 38, 29
Beamte
- Fürsorgepflicht 36, 20
- Grundrechte 36, 1
- Hochschullehrer 34, 35
- international und europäisch 36, 23
- Meinungsfreiheit 25, 43

Bedarfsdeckung 7, 13
Begabungstheorie 10, 22
Behinderte 32, 8; **40, 9**
- Schule 32, 8; **32, 39**

Beichtgeheimnis 11, 7; 22, 10
Beliehene
- Grundrechtsbindung 7, 4

Berufsfreiheit 35, 1 ff.
- Begriff 35, 6
- Berufsausübung 35, 18
- Eingriffe 35, 17
- international und europäisch 35, 45
- objektive Berufswahlregelung 35, 23
- objektive Schutzpflicht 35, 41
- Schließung 35, 31
- Schranke 35, 26
- Schutzbereich 35, 5
- subjektive Berufswahlregeln 35, 21

Berufung 21, 40
Beschlagnahme von Bildmaterial 28, 32
Beschneidung
- Frau 10, 71
- Knaben 22, 49

Beschränkung 8, 6
Besoldung 36, 19
Besondere Gleichheitssätze 40, 1 ff.
Besonderes Gewaltverhältnis 9, 3; 32, 6
Bestimmtheit 1, 19; 9, 7; 14, 24; **21, 52 ff.**
Betretungs- und Kontrollrechte 15, 16
Betreuungsgeld 16, 36
Betriebsgeheimnis 35, 14
Bewerbung 36, 49
Bibliothek 26, 6
Big Brother 10, 70; 28, 31
Bildung 32, 1 ff.
Bildungsgang 32, 11
Bildung, Recht auf 5, 22; 32, 14
Bill of Rights (Virginia) 2, 8
Biobank 10, 55
Bioethikkonvention 10, 54
Biometrische Daten 12, 26
Blasphemie 33, 16; 33, 32; **33, 51**
Bodenschätze 38, 9
Bologna-Prozess 34, 50

Boykottaufruf 25, 10
Brechmittel 10, 65; 13, 10
Bremer Klausel (Art. 141 GG) 32, 45
Briefgeheimnis 17, 1 ff.
– Eingriff 17, 11
– europäisch 17, 21 f.
– international 17, 20
– objektive Schutzpflicht 17, 17
– Schranke 17, 12
– Schutzbereich 17, 3
Bücher 27, 4
Bürgerrechte 1, 6; 6, 35
Bürgerversicherung 14, 34; **35, 51**
Bundesflagge 33, 38
Bundesländer
– Grundrechtsbindung 7, 6
Bundesstaatlichkeit 1, 21
Bundeswehr
– Grundrechtsbindung 7, 4
Burka 10, 71; 22, 29; 32, 45

Cannabis-Konsum 14, 5
Caroline-Entscheidungen 27, 22
Chancen, wirtschaftliche 35, 25; 38, 13
Chancengleichheit 1, 15
– Parteien 41, 8 ff.
Chaostage 30, 31
Charta der europäischen Grundrechte 3, 11
Charte Constitutionnelle 2, 12
Chimäre 10, 17
Christliche Tradition 2, 3
Computer-Grundrecht 12, 4
cuius regio, eius religio 22, 1

Daseinsvorsorge 1, 14
Datenschutz, Grundrecht auf 12, 30
Datenverarbeitung 12, 2
Déclaration des Droits 2, 9
Demokratie **1, 18**; vor 51, 1
Denkmalschutz 38, 28; 38, 42
Derivative Teilhaberechte 5, 10; 8, 14
Determinismus 10, 6
Deutschenrechte 6, 34
Deutscher Bund 2, 13

Deutscher Presserat 27, 13
Dienstleistungsfreiheit (Art. 56 AEUV) 3, 5
Diskriminierung 3, 7
– Ehe 16, 7; 16, 24
Dispositionsfreiheit 14, 8
DNA-Test 12, 19; 12, 22
Documenta 33, 60
Doppelbestrafung (Verbot) 21, 64
Dreistufentheorie 9, 19; **35, 30**
Drittbetroffener 8, 9
Drittelparität 34, 6
Drittstaatenregelung 20, 12
Drittwirkung **7, 8**
– Europa 7, 10
Drohneneinsatz 12, 13; 30, 26
Duale Rundfunkordnung 28, 6; 28, 11
Durchsuchung 15, 11
– Rechtfertigung 15, 18

EEG-Umlage 14, 35
Ehegattensplitting 16, 45; 16, 48
Ehelosigkeit 16, 5
Eheverbot 16, 24; 16, 26
Ehe und Familie 16, 1 ff.
– Ausländerrecht 16 47
– Eingriff 16, 24
– Europa 16, 42
– international 16, 42
– öffentlicher Dienst 16, 49
– objektive Schutzpflicht 16, 33
– Schranken 16, 26
– Schutzbereich 16, 3
– Sozialrecht 16, 50
– Steuerrecht 16, 48
Eheliche Wohnung 16, 5
Ehre 11, 14; 25, 22
Ehrenamt 14, 5
Ehrenamtliche Richter 21, 29
Eid, religiöser 22, 22
Eigenbedarf 38, 55
Eigengesetzlichkeit 33, 8
Eigentum 38, 1
– bewegliche Sachen 38, 10
– Eingriffe 38, 20

– Enteignung 38, 33
– geistiges 38, 15
– Inhaltsbestimmung 38, 7; 38, 28
– international und europäisch 38, 50
– juristische Personen 38, 18
– Mieter 38, 55
– Nutzung 38, 17
– obligatorische Ansprüche 38, 12
– objektive Schutzpflicht 38, 44
– Rechtsweg 38, 43
– Schranke 38, 33
– Schutzbereich 38, 5
– Sozialbindung 38, 23; 38, 28
– Steuern 38, 56
– Versicherungsansprüche 38, 16
Eignung 9, 20
Eilversammlung 30, 11
Einbürgerung 19, 14
Eingerichteter und ausgeübter Gewerbebetrieb 38, 14
Eingetragene Lebenspartnerschaft 16, 9; **16, 45**
Eingriff **8, 1**
– kumulativ 35, 40
Einheitstarif 37, 29
Einreise 20, 17
Einreisefreiheit 18, 4
Einrichtungsgarantie 5, 17
Einschätzungsprärogative 9, 20
– des Gesetzgebers 35, 36
Einwilligung **6, 43**; 13, 13
Einzelfallgerechtigkeit 9, 17
Einzelfallgesetz 9, 27
Elektronische Fußfessel 21, 8; 21, 17
Elektrosmog 13, 12
Elterliches Sorgerecht 16, 29; 16, 32
Elternrecht 16, 17
– Eingriff 16, 25
– Schule 32, 9
Elternrecht (religiös) 22, 11
E-Mail 17, 25
Embryo **10, 20**; 13, 7; 50, 9
Embryonale Stammzelle 10, 51
Engagierte Kunst 33, 17
Enteignung **38, 20**; 38, 33

Enteignender Eingriff 38, 22; 38, 25
Enteignungsgleicher Eingriff 38, 22; 38, 25
Entmündigung 11, 9
Entschädigung 38, 13; 38, 38
Erbrecht 38, 58
– Eingriff 38, 60
– international und europäisch 38, 64
– Schranke 38, 61
– Schutzbereich 38, 59
Erbschaftssteuer 38, 56; 39, 25
Erfindung 38, 15
Erforderlichkeit 9, 21
Erfolgshonorar 35, 52
Ergänzungsschule 32, 27
Ermessen 5, 6
Ersatzschule 32, 26
Ersetzung (Einwilligung zur Adoption) 16, 31
Erwerbswirtschaftliche Tätigkeit 7, 13
Erziehung 16, 17; **32, 1**
Ethikkommission 13, 19
Ethikunterricht 32, 19; 32, 44; **32, 45**
Euro 38, 52
Europarecht
– Allgemeine Grundsätze 3, 8
Europarechtskonforme Auslegung 3, 9
Europäische Charta der Grundrechte **3, 11**; 5, 23
Europäische Union
– als Grundrechtsadressat 7, 7
Europäischer Gerichtshof für Menschenrechte (EGMR) 3, 4
Europäischer Gerichtshof (Interpretationsvorrang) 4, 11
Europäische Grundfreiheiten 3, 5
Europäische Menschenrechtskonvention (EMRK) **3, 3**
Europäischer Haftbefehl **19, 16**
Doppelbestrafung 21, 67
Europäischer Stabilitätsmechanismus (ESM) 38, 57
Evaluation 34, 48

Event 30, 31
Evolutionstheorie 32, 44
Existenzminimum 10, 39
– Besteuerungsverbot 38, 56

Fälschung (Wissenschaft) 34, 8
Fachhochschule 34, 18
Faktische Grundrechtsbeeinträchtigung **8, 10**
Fallaufbau 6, 1
Familie 16, 12
Familienhilfe 16, 30
Familienlastenausgleich 16, 34; 16, 48
Familiennamen 16, 5; 16, 46
Fangschaltung 17, 11
Feiertagsschutz **23, 16**
Feinstaub 13, 18
Fernmeldegeheimnis 17, 1 ff.
Fernziele 30, 34
Fiktion 33, 48
Filmförderung 29, 5
Filmfreiheit 29, 1 ff.
– Eingriff 29, 5
– Schutzbereich 29, 2
Finaler Rettungsschutz, 13, 24
Fiskalgeltung 7, 11
Fiskalische Hilfsgeschäfte 7, 11
Fixierung 21, 16
Flashmob 30, 11; 37, 28
Flatrate-Bordell 10, 71
Flohmarkt 35, 53
Flüchtlinge 20, 1; 21, 8
Flugblatt 27, 4
Fluglärm 13, 19
Folgerichtigkeit 9, 21
Folter 10, 63
– Abschiebeverbot 20, 26
– Asylgrund 20, 6
Formelle Verfassungsmäßigkeit 9, 12
Forschung am Menschen 10, 54
Forschungsfreiheit 34, 7
Fortbildung der Grundrechte 6, 28
Fortpflanzung
– Recht auf 10, 49; 16, 14
Fortsetzungsfeststellungsklage 21, 39
Französische Revolution 2, 9

Frau
– Menschenwürde 10, 71
Frauenquote 36, 11; 36, 24
Freie Entfaltung der Persönlichkeit 14, 1 ff.
– Eingriff 14, 17
– international 14, 28
– Schranken 14, 20
– Schutzbereich 14, 6 ff.
Freiheitlich demokratische Grundordnung 22, 33
Freiheit der Wahl 48, 3
Freiheitsentzug 21, 1 ff.
– europäisch 21, 14
– international 21, 14
Freiheitsprinzip 1, 13
Freiheit und Gleichheit 1, 15
Freizügigkeit 3, 5; 18, 1 ff.
– Eingriff 18, 8
– europäisch 18, 15
– international 18, 14
– objektive Schutzpflicht 18, 13
– Schranke 18, 9
– Schutzbereich 18, 4
Friedenspflicht 37, 13
Friedhof
– Kunstfreiheit 33, 59
Friedlichkeit (Versammlung) 30, 13
Friedlichkeitsvorbehalt 6, 20
Fürsorgepflicht
– Beamte 36, 16; 36, 20
Fundamentalismus 22, 3

Ganztagsschule 32, 37
Gaststätten
– Rauchverbot 35, 57
Gefährderanschreiben 30, 19
Gefahr im Verzug 15, 18
Gegendarstellung 27, 11; 27, 14
Gegendemonstration 30, 10; 30, 39
Geistiges Eigentum 38, 15
Gemeinde
– Grundrechtsfähigkeit 6, 40
Gemeineigentum 38, 32
Gemeingebrauch 33, 59
Gemeinsames Sorgerecht 16, 29

Gemeinwohl 9, 19
Gendatenbank 10, 55
Generationengerechtigkeit 39, 3
Genetische Abstammung 11, 11
Genfer Flüchtlingskonvention
  20, 5
Genitalverstümmlung 10, 71; 20, 53;
  22, 29
Gentechnik 34, 46
Gerechtigkeit 1, 15
Gerichtsorganisation 21, 23
Gerichtsverhandlung
– Berichterstattung 28, 33
- Öffentlichkeit 28, 33
Gesamtschule 32, 38
Geschäftsgeheimnis 35, 14; 38, 15
- als Schranke der Informationsfreiheit 26, 25
Geschäftsräume 15, 6
Geschlecht 40, 3
Geschlechtsumwandlung 10, 72
Gesellschaftsvertrag 2, 7
G10-Gesetz zu Art. 10 GG 17, 13
Gesetzesvorbehalt 2, 15; 9, 2ff.
– allgemein 9, 9
– qualifiziert 9, 10
Gesetzgeber 6, 17
– Grundrechtsbindung 7, 3
Gesetzliche Krankenversicherung
  35, 51
Gesetzlicher Richter **21, 21**
– international 21, 28
Gesundheit 13, 1ff.
  s. auch Leben u. körperl. Unversehrtheit
Gewährleistungsbereich **6, 22**
Gewalt (Schule) 32, 43
GewaltschutzG 15, 26
Gewaltenteilung 1, 19
Gewerbefreiheit 35, 1
  s. auch Berufsfreiheit
Gewerkschaft 37, 8
Gewissensfreiheit 24, 1ff.
– Arzt 24, 12
– Beamter 24, 13

– Eingriff 24, 5
– international und europäisch
  24, 9
– objektive Schutzpflicht 24, 8
– Schranke 24, 6
– Schutzbereich 24, 3
Gewohnheitsrecht 7, 3
Glaubensfreiheit 22, 1 ff.
Glaube und religiöse Anschauung
  50, 7
Gleichberechtigung
– in der Ehe 16, 6
– Schule 32, 8
– von Männer und Frauen 40, 2
Gleicher Zugang zu öffentlichen
  Ämtern 36, 6
Gleichheit der Wahl 42, 3
Gleichheit
– international und europäisch 39,
  21
– „neue Formel" 39, 15
– objektive Schutzpflicht 39, 19
– Rechtfertigung der Ungleichbehandlung 39, 14
– Schutzaussagen 39, 4
– Sozialrecht 39, 26
– Steuerrecht 39, 25
– Ungleichbehandlung 39, 12
– im Unrecht 39, 27
Gleichheitsrechte vor 39, 1 ff.
Gleichheit und Freiheit 1, 15
Gleichstellung ehelicher und unehelicher Kinder **16, 41**
Global positioning system (GPS) 12,
  28
Glücksspiel 35, 55
Goldene Regel 1, 13; 14, 1
Google Street View 12, 30
Graffiti 33, 53
Grausame Strafen 10, 66
Grenzwerte 13, 12
Großeltern 16, 22
Grundeigentum 38, 9
Grundfreiheiten 3, 5
Grundmandatsprinzip 42, 6
Grundpflichten **5, 24**; 16, 39

Grundrechte
- Abwehrrechte **5**, 4
- Adressat **7**, 1
- Antastung 8, 17
- Beeinträchtigung **8, 10**
- Begriff 1, 6
- Drittwirkung **7**, 8
- Eingriff **8, 1 ff.**
- Fiskalgeltung 7, 11
- Fortbildung 6, 28
- Funktionen **5**, 1 ff.
- Geschichte **2, 1 ff.**
- Interpretation **6, 5**
- Konkretisierung 6, 13; 8, 2
- Konkurrenten 6, 45
- Landesverfassungen **4, 8**
- Leistungsrecht **8**, 14
- „Neue Lehre" **6**, 23
- objektive Schutzpflicht 5, 5
- Organisation **5, 16**
- postmortal 6, 35
- pränatal 6, 35
- Prinzipien 4, 6
- Rangordnung 4, 6
- Schranken **9**, 1 ff.
- Soziale **5, 19**
- Störung 8, 10
- Teilhaberechte **5, 8**
- ungeschriebene 4, 12
- und Verfahren **5, 11; 8**, 15
- Verletzung 8, 4
- Verkennung der Tragweite 8, 8
- Verwirkung 6, 44; **9, 38**
- Wandel 6, 28
- Wertordnung 1, 22
- Wertsystem 1, 22
Grundrechtsähnliche Gewährleistungen **1, 9**
Grundrechtsfähigkeit 6, 30
- juristische Personen, **6, 36**
Grundrechtsgleiche Rechte 1, 8
Grundrechtsmündigkeit 6, 41
Grundrechtsverzicht 6, 42
Grundversorgung 28, 12
Gruppenuniversität 34, 6
Gruppenverfolgung 20, 9

Haager Kindesentführungsübereinkommen 16, 43
Haartracht 13, 10
Habeas Corpus – Rechte 21, 1 ff.
Habeas-Corpus – Akte 2, 4
Halbteilungsgrundsatz 38, 56
Handelskammer 14, 11
Handwerkskammer 14, 11
Hartz IV 38, 53
Hausbesetzer 15, 7
Haushaltsgesetz 7, 3
Haustier
- Freiheit zum Halten 14, 33
Heimat (Gleichbehandlung) 40, 5
Heimat, Recht auf 18, 4
Heiratswegfallklausel 16, 7
Hergebrachte Grundsätze des Berufsbeamtentums 36, 15
Hermaphroditen 10, 72
Hermeneutik 6, 7
Herrenchiemsee-Entwurf 1, 7; 2, 19
Hirnforschung 14, 3
Hirntod 10, 26; 10, 57
Hitlergruß 25, 19
Hochschulrat 34, 49
Höfeordnung 38, 61
Home-Schooling 32, 39
Homosexualität (als Asylgrund) 20, 5
Hooligans 14, 30; 18, 17
Hungerstreik 10, 68

Idealismus 33, 5
Identität 10, 21
Impfpflicht 13, 27
In-camera-Verfahren 21, 51
Informed Consent 13, 13
Information 8, 3
Informationsbeschaffung 27, 5
Informationelle Selbstbestimmung 12, 1 ff.
- als Schranke der Meinungsfreiheit 25, 26
- besondere Schutzfunktion 12, 18
- Eingriff 12, 8
- international 12, 20

- Schranke 12, 11
- Schule 32, 44
- Schutzbereich 12, 1; **12, 4**
- Träger 12, 6
- Verletzung 12, 15
Informationsfreiheit 26, 1 ff.
- Eingriff 26, 13
- international und europäisch 26, 18
- objektive Schutzpflicht 26, 17
- Schranke 26, 14
- Schutzbereich 26, 4
- Strafvollzug 26, 20
Informationsfreiheitsgesetz 26, 3
Inhaltsbestimmung 6, 13
Inklusion 4, 10; 32, 39
Inländerdiskriminierung 39, 24
Inländische Fluchtalternative 20, 10
Innere Pressefreiheit 27, 7
Innerföderale Gleichbehandlung 50, 12
Institutionelle Garantie **5, 17**
Institutsgarantie 5, 17
Internationaler Pakt über bürgerliche und politische Rechte (IPBPR) 3, 1
Internationaler Pakt über wirtschaftl., soz. und kulturelle Rechte (IPWSKR) 3, 1
Internationales Recht **3, 1 ff.;** 4, 10
Internationaler Strafgerichtshof 3, 1
Internet **12, 30;** 17, 25; 25, 52; 26, 21; 28, 37
Interpretation **6, 5**
Intersexualität 10, 72
Intimsphäre 1, 5; 11, 25; 33, 48
In-vitro-fertilisation 10, 49; 16, 14
Inzestverbot 11, 32
Islam 22, 29; 22, 33; 23, 3
Islamischer Religionsunterricht 32, 45
ius emigrandi 14, 12

Jagd- und Fischereirechte 38, 9
Jüdische Tradition 2, 3
Jugendhilfe 16, 28

Jugendschutz 25, 19; 25, 21; 28, 24; 33, 34
- Kunstfreiheit **33, 52**
Junktim-Klausel 38, 34
Juristische Person 6, 38
Juristische Personen des öffentlichen Rechts 38, 18
Justizgewährleistungsanspruch 44, 1
Justizgrundrechte 21, 1 ff.

Kabelfernsehen 28, 6
Kampfhund 14, 33
Kapazität 5, 10
Kapitalismus vor 35, 5
Karikatur 33, 49
Karlsbader Beschlüsse 27, 1
Kernbereich 6, 16
Kernenergie (Ausstieg) 38, 54
Kerntechnische Anlage 13, 18; 38, 54
KFZ-Kennzeichenabgleich 12, 26
Kilometerpauschale 39, 25
Kind als Schaden 10, 53
Kindergarten 32, 39
- Gebühren 39, 25
- Tischgebet 22, 46
Kindergrundrechte 6, 41
Kirche 6, 39
- Arbeitsrecht **23, 13**
- Rechtsschutz 23, 17
- Körperschaft des öff. Rechts 23, 4; **23, 12**
Kirchenasyl **22, 12**
Kirchenfunk 28, 16
Kirchensteuer 23, 15
Kirche und Staat 23, 1 ff.
- Trennung 23, 2
Kirchliches Selbstbestimmungsrecht 23, 6; **33, 43**
- Eingriff 23, 8
- Schranke 23, 9
Klassenfahrt 22, 47
Kleidung 11, 11; 14, 25; 32, 41 (Schule)
Klonen 10, 52
Koalitionsfreiheit 37, 1 ff.

- Drittwirkung 37, 23
- Eingriff 37, 18
- Kirche 23, 14
- international und europäisch 37, 24
- objektive Schutzpflicht 37, 22
- Schranke 37, 20
- Schutzbereich 37, 5

Körperliche Unversehrtheit 13, 1 ff.; 13, 10
Körperschaft 6, 38
Körperwelten 35, 6
Konkurrenz 35, 25
Komapatient 13, 13
Kommunikationsgrundrechte 25, 1
Kommunikationstheorie 10, 7
Kompetenznorm 9, 33
Konfessionskriege 2, 6
Konfrontationsschutz 25, 42
Konkordat 23, 5
Konkurrenz 6, 45
Konkretisierung 9, 11
Konsequenz der Regelung 9, 21
Konstitutionalismus 2, 12
Konvergenz
- Medien 27, 10; 28, 6; 28, 37

Kopftuch (muslimisches) 22, 44
Kreationismus 32, 44
Krankenversicherung 35, 51
Kriegsdienstverweigerung 24, 14
s. auch Wehrdienstverweigerung
Kruzifix 22, 46
Kündigungsschutz (Mieter) 38, 55
Künstliche Befruchtung 10, 49
Künstliche Ernährung 10, 59
Kultur vor 32, 1
Kulturkampf 2, 15
Kulturstaat vor 32, 21
Kumulativer Grundrechtseingriff 8, 19; 35, 40
Kundenkarte 12, 30
Kunst am Bau 33, 60
Kunstförderung 33, 60
Kunstfreiheit 33, 1 ff.
- Begriff 33, 4
- Eigengesetzlichkeit 33, 8
- Eingriff 33, 25
- international und europäisch 33, 45
- objektive Schutzpflicht 33, 38; 33, 40
- Schranke 33, 27
- Schutzbereich 33, 4
- Straßenrecht 33, 59
- Werkbereich/Wirkbereich 33, 12

Kunstkritiker 33, 22
Kurzberichterstattung 28, 13; **28, 34**

Ladenschluss 23, 16; 35, 53
Länder
- Grundrechtsbindung 7, 6
Laïcité 22, 16; 22, 42
Landeskinderklausel 40, 12
Landesmedienanstalt 28, 14
Landesverfassungsrecht **4, 8; 5,** 22
Laserdrome 10, 70
Lauschangriff 10, 64; 15, 2; 15, 5; 15, 12; **15, 25;** 17, 24
- Rechtfertigung 15, 19

Leben und körperliche Unversehrtheit 13, 1 ff.
- Eingriff 13, 9
- international 13, 22
- Schranke 13, 13
- Schutzbereich 13, 4 ff.

Lebendorganspende 10, 57
Lebenslange Freiheitsstrafe 10, 67
Lebenspartnerschaft 16, 9
Lebensversicherung 10, 55
Lebenszeitprinzip 36, 26
Legalenteignung 38, 20; **38, 33**
Lehrer 32, 11
Lehrfreiheit 34, 10
Leistungsrechte 5, 8
Leistungstheorie 10, 6; 10, 48
Leitkultur vor 32, 2
LER (Lebensgestaltung, Ethik, Religionskunde) 32, 45
Lernfreiheit 34, 10
Leserbrief 25, 14
lex specialis 6, 45
Lissabon-Vertrag 42, 8

Love-Parade 30, 31
Lüge 25, 8; 25, 51
Lügendetektor 10, 64
Luftbildaufnahme 15, 15
LuftsicherheitsG 10, 62; 13, 25

Mahnwache 30, 8
Markenrecht 38, 15
Maßnahmengesetz 7, 3
Mauerschützen 21, 64
Maut-Erfassung 12, 26
Medienkonvergenz 27, 10; 28, 6; 28, 37
Medizinische Behandlung 22, 48
Megaphon 30, 9
Mehrheitswahl 42, 6
Meinungsfreiheit 25, 1 ff.
– Beamte 25, 43
– Eingriff 25, 15
– international und europäisch 25, 49
– objektive Funktion 25, 47
– Schranke 25, 19
– Schutzbereich **25, 4 ff.**
– Soldaten 25, 43
Meisterprüfung 35, 54
Menschenbild 2, 6; **10, 16**; vor 35, 6
Menschenrechte 1, 6; 3, 1
– Bürgerrechte 2, 9; 6, 35
– Universalität 3, 2
Menschenwürde 7, 2; 10, 1 ff.
– Abwägung **10, 35**
– Eingriff **10, 29**
– Embryo 10, 20
– Geschichte 10, 1
– Grundsatz oder Grundrecht? 10, 9
– international 10, 42
– juristische Person 10, 27
– Medizin 10, 48 ff.
– objektive Funktionen 10, 38
– postmortal 10, 26; 10, 60
– Schutzbereich 10, 13
– Träger 10, 17
Menschenwürdekern 10, 46
Migration 16, 2
Mindestlohn 37, 27

Minderheitenschutz 1, 18
Missbrauch 6, 20
Missstandskritik 25, 34; 25, 54
Mitbestimmung 31, 13; 37, 5; 38, 11
Mitgifttheorie 10, 5; 10, 48
Mittelalter 2, 4 f.
Mittelbare Drittwirkung 7, 9
Mittelbare Staatsverwaltung 7, 4
Mittelbarer Grundrechtseingriff 8, 9
Mobbing 11, 27
Mobilfunkantenne 13, 18
Mohammed-Karikaturen 33, 51
Monopol 35, 55
Motorradfahren 14, 5
Mutterschutz 16, 40

Nachflucht 20, 11
Nachschaubefugnisse 15, 16; 15, 27
Nachzug von Ehe- und Familienmitgliedern 16, 47
Nackt-Scanner 11, 6
Namen Recht am eigenen 11, 33; 16, 5; 16, 46
Nationalkultur vor 32, 2
Nationalsozialismus **2, 17**
Naturrecht **4, 7**
ne bis in idem 21, 65
Negative Freiheit 9, 37
Negative Meinungsfreiheit 25, 42
Negative Religionsfreiheit 22, 14; 22, 23
Negative Vereinigungsfreiheit 31, 7
Negative Versammlungsfreiheit 30, 12
Negatorischer Abwehranspruch 11, 26
nemo-tenetur 11, 9
Neonazi-Demonstration 30, 32
Neuro-enhancement 10, 54
Neutralität (religiös) 22, 17
Nichteheliche Kinder 16, 41
Nichteheliche Lebensgemeinschaft 16, 9; **16, 45**
Nichtehelicher Vater 16, 21
Nicht rechtsfähiger Verein 6, 37
Nichtwissen

- Recht auf 10, 55
Niederlande 2, 7
Niederlassungsfreiheit (Art. 49 ff. AEUV) 3, 5; 18, 8; 35, 47
Norddeutscher Bund 2, 14
Normbereich 6, 8
Normenhierarchie 4, 4; 9, 1
Normenkontrolle 7, 5
Normprogramm 6, 8
Notar 35, 53
nulla poena sine lege 21, 52 ff.
Null-Toleranz-Programme 18, 17
Numerus clausus 5, 10; 35, 42

Objektive Gewährleistung 5, 2
Objektives Recht 5, 3
Objektive Schutzpflicht 5, 5; 8, 16
- Europa 3, 10
Objektformel 10, 30
Öffentlicher Dienst 36, 1 ff.
Öffentliches Recht 4, 1
Öffnetlichkeit
- Gericht 21, 36
Öffentlichkeitsarbeit 6, 23
- der Regierung 42, 5
Offene Gesellschaft 1, 16
Ökonomisierung Vor 32, 3
Online-Durchsuchung **12, 24;** 15, 10
open access 26, 21
Optionsmodell 19, 5
Organisation 5, 16
Organisation für Sicherheit und Zusammenarbeit in Europa (OESZE) 3, 2
Organspende 10, 57
Originalismus 6, 10
Opposition 1, 18
Originäre Teilhaberechte 5, 10
Ozonbelastung 13, 18

Parlamentarischer Rat 2, 18
Partei 31, 17
Parteienfreiheit 41, 1 ff.
- Eingriff 41, 4
- Gründungsfreiheit 41, 3
- international und europäisch 41, 7

- objektive Schutzpflicht 41, 6
- Schranke 41, 5
- Schutzbereich 41, 2
Parteiverbot 41, 5; 41, 7
Partnerschaft 16, 9; **16, 45; 39, 25**
Passivraucher 13, 27
Patent auf Leben 10, 56
Patentrecht 38, 15
Paternalismus 1, 13; 5, 5; **13, 27;** 25, 54
Patientenverfügung 10, 59
Paulskirchenverfassung 2, 14
Peep Show 10, 70
PEG-Sonde 10, 59; 13, 10
Persönliche Ehre 25, 22
Personen der Zeitgeschichte 11, 10; 25, 27; 25, 30
Petition of Rights 2, 4
Petitionsrecht 43, 1 ff.
Plagiat 34, 8
plain packaging 25, 50
Pflegefamilie 16, 13; 16, 20
Pflegeversicherung 16, 50
Pflichtmitgliedschaft 14, 11
Pflichtversicherung 14, 34
Pisa I und II 32, 3
Plastination 10, 60
Platzverweis 18, 8; 18, 17; 21, 8
Politische Anschauung 50, 8
Politischer Beamter 26, 12
Politisches Mandat 14, 11; 14, 36
Politischer Streik 37, 14
Politische Verfolgung 20, 5
Politische Werbung 25, 52
Polizeifestigkeit (Versammlung) 30, 22
Polizeirecht 13, 26
Pornographie 33, 16; 33, 52
Positivismus 4, 7
Postgeheimnis 17, 1 ff.; 17, 6
s. auch Briefgeheimnis
Postmortaler Persönlichkeitsschutz 11, 16, 33, 50
Potentialität 10, 21
Prädikative Medizin 10, 55
Präimplantationsdiagnostik 10, 50

Präklusion 21, 41
Pränataldiagnostik 10, 50
Pränidativer Würdeschutz 10, 20
Pränatale Grundrechte 6, 35
Pränataler Würdeschutz 10, 20
Präventives Verbot mit Erlaubnisvorbehalt 14, 7
Praktische Konkordanz 5, 11; **9, 31**
Pranger 25, 32; 28, 37
Pressefreiheit 27, 1 ff.
– Eingriff 27, 11
– Informationsanspruch 27, 23
– innere 27, 7
– international und europäisch 27, 20
– objektive Schutzpflicht 27, 18
– Schranke 27, 14
– in der Schule 32, 7
– Schutzbereich 27, 4
Preußischer Verfassungskonflikt 9, 3
Priorisierung 13, 28
Privatautonomie 14, 9
Privatsphäre 1, 5; 11, 35; 25, 31; 27, 22; 30, 29
Privatschulfreiheit 32, 25
– Eingriff 32, 29
– Finanzierung **32, 31**
– Objektive Schutzpflicht 32, 32
– Schranke 32, 30
– Schutzbereich 32, 27
– Volksschule 32, 33
Produktkritik 26, 53
Promillegrenze 13, 18
Prominente 11, 35; 25, 30; 27, 22
Prostitution 10, 71; 35, 8
Prozesskostenhilfe 21, 49
Prüfungsrecht 35, 48
Psychiatrie 10, 58; 21, 16

Qualifizierter Gesetzesvorbehalt 9, 10
Quotenregelung 39, 23

Radbruch'sche Formel 4, 7; 21, 64
Rangliste 25, 7
Rasse 39, 21; 40, 4

Rasterfahndung, 12, 23
Rauchen 14, 32
Rauchmelder 13, 18
Rauchverbot 13, 18; 13, 27, 14, 32; **35, 58**
Recht am eigenen Bild 10, 12
Recht auf Kenntnis der Abstammung 11, 27
Recht auf Nichtwissen 10, 55
Recht auf Wissen 10, 48; 10, 55
Recht an eigenem Namen 10, 32
Rechtliches Gehör 21, 30 ff.
– Eingriff 21, 46
– Einzelfälle 21, 50
– international 21, 50
– objektive Schutzpflicht 21, 49
– Schranke 21, 47
– Schutzbereich 21, 33
Rechtsanwälte 35, 52
Rechtsberatungsmonopol 35, 38
Rechtsextremisten 30, 32
Rechtschreibreform 9, 3; 32, 10; 36, 20
Rechtschutz gegen die öffentliche Gewalt 44, 1 ff.
Rechtsprechung
– Grundrechtsbindung 7, 5
Rechtssicherheit 1, 19
Rechtsstaat 1, 19
Rechtsvergleichung 3, 13
Rechtsverordnung 9, 6
Redaktionsgeheimnis 27, 6
Reformation 2, 6
Regelungsvorbehalt 6, 14; 8, 2; 9, 11
Reichsverfassung von 1871 2, 15
Reiseverbot 18, 16
Reiten im Walde 14, 5
Religiöse Kindeserziehung 22, 11
Religiöse Vereinigung 31, 16; 31, 25
Religion (als Verfolgungsgrund) 20, 29
Religionsfreiheit 22, 1
– Drittwirkung 22, 45
– Eingriff 22, 22
– europäisch 22, 40
– international 22, 39

– kollektiv 22, 19
– objektive Schutzpflicht 22, 34
– Schranken 22, 27
– Schutzbereich 22, 6
– Straße 22, 49
Religionsgemeinschaft 6, 40
Religionsprivileg 31, 25
Religionsunterricht 32, 17
– Aufsicht 32, 24
– freie Wahl 32, 17
– Gewährleistung 32, 20
Religionsverfassungsrecht 23, 2
Rentenversicherung 38, 16
Repressives Verbot mit Erlaubnisvorbehalt 14, 7
Reproduktives Klonen 10, 17; 10, 52
Residenzpflicht 16, 8
Restauration 2, 13
Rettungsschuss 10, 62
Rettungsfolter 10, 63
Rettungsschirm (Euro) 38, 57
Rezensent (Wissenschaft) 34, 14
Richterliche Anordnung (Durchsuchung) 15, 18
Richterrecht (als Grundrechtsschranke) 14, 24
Richtervorbehalt (bei Freiheitsentziehung) 21, 10
Richterwahl 21, 27
Roman (Kunst) 33, 48
Rückenteignung 38, 39
Rückwirkungsverbot 9, 24; 21, 57
Rundfunk
– duale Ordnung 28, 11
– Gebühr 28, 36
– Redaktionsgeheimnis 28, 16
– Teilnehmer 28, 15
– Verfassung 28, 27
Rundfunkfreiheit 28, 1 ff.
– Eingriff 28, 17
– Gerichtsverfahren 28, 33
– international und europäisch 28, 29
– Objektive Schutzpflicht 28, 25
– Programmfreiheit 28, 7
– Schranke 28, 21

– Schutzbereich 28, 6;
Rundfunkzeitschrift 28, 16

Satellitenschüssel 26, 19
Satire 33, 49
Satzung 9, 5
Satzungsautonomie (Hochschule) 34, 12
Schadenersatzanspruch
– als Eigentum 38, 13
Schächten 22, 43
Scheidung 16, 5; 16, 8
Scheinwaffe 30, 13
Schleier 10, 71
Schmähkritik 10, 37; 11, 13; **25, 36**
Schockwerbung 10, 70; 25, 54
Schranken **9, 1 ff.**
– Begriff 1, 2
Schrankentrias 14, 20
Schüler
– Grundrechte 32, 5
Schulaufsicht 32, 4
Schule 32, 1 ff.
– Autonomie 32, 40
– Begriff 32, 4
– behinderte Schüler 32, 8; 32, 41
– Disziplinarmaßnahmen 32, 12; 32, 43
– Elternrecht 32, 9
– freie Trägerschaft **32, 25 ff.**
  s. auch Privatschulfreiheit
– Integrationsauftrag 32, 37
– international und europäisch 32, 35
– Lehrer 32, 11
– Ordnungsmaßnahmen 32, 43
– Organisation 32, 10
– Verrechtlichung 32, 3
Schulgebet 22, 44
Schulkleidung 32, 41
Schulpflicht 5, 24; 22, 30; 22, 47; **32, 37**
Schulverantwortung 32, 4
Schulzeitung/Schülerzeitung 32, 7
Schutzbereich 6, 1 ff.
– Begriff 1, 2; **6, 2**

- Kritik 6, 23
- personell 6, 29
- sachlich 6, 1 ff.
Schutzpflicht **5, 5;** 8, 13
Schwangerschaftsabbruch 13, 7
Schweigemarsch 30, 8
Scientology 22, 7
Selbstbestimmung 10, 48
Selbstbindung 39, 28
Selbstgefährdung 13, 18
Selbsttötung 10, 59; 13, 5
Selbstverständnis 6, 12
Selbstverwaltung 9, 5; vor 41, 2
- Hochschule 34, 12
Sexualkunde 22, 47; 32, 11; **32, 42**
Sexuelle Orientierung 12, 28
Sicherheit, Grundrecht auf 4, 13
Sicherungsverwahrung 10, 67; 21, 8; **21, 18**
Sittengesetz 14, 20; 14, 22
Situationsvorteil 38, 13
Sitzblockade 30, 34
Sklaverei 10, 43
Solange-Urteile 4, 11
Soldaten
- Meinungsfreiheit 25, 43
Solidarität 1, 14
Sonderabgabe 14, 35
Sondernutzung 33, 59
Sonderopfer 38, 22
Sophisten 2, 2
Sorgerecht 16, 29
Sozialadäquanz 8, 11
Soziale Grundrechte 5, 19
- Europa 5, 23
Sozialisierung (Art. 15 GG) 38, 32
Sozialrecht 12, 27
Sozialstaat 1, 14; 1, 20
Sphärentheorie 1, 4; 11, 25; 12, 4
Spontanversammlung 30, 11
Sportrecht 31, 24
Sportunterricht 22, 47
Sportwette 35, 55
Sprache 11, 11; vor 32, 3
- Diskriminierung 40, 6
- Schule 32, 41

Spruchgruppen 21, 29
Staatsangehörigkeit 19, 1
- Entziehung 19, 6
- international und europäisch 19, 12
- Verlust 19, 6
Staatsgrundsätze 1, 17
Staatskirchenrecht 23, 1 ff.
Staatssymbole 33, 57
Staatszielbestimmung, 5, 22
Staat und Kirche 23, 1 ff.
Stammzellen 10, 51
Statuslehre 5, 1 ff.
status activus 5, 1
status activus processualis 5, 11
status negativus 5, 1; 5, 4
status positivus 5, 1; 5, 8
Stein-Hardenberg'sche Reformen 2, 11
Sterbehilfe 10, 59; 13, 13
Steuern 8, 5; 38, 30; **38, 56**
Sternenkinder 10, 26
Steuer – CD 12, 29
Steuergeheimnis 12, 29
Steuergerechtigkeit 39, 25
Stichtag 39, 9
Stoa 2, 2
Störung des religiösen Friedens 33, 51
Strafprozessrecht 13, 26
Strafvollzug 10, 67 f.; 26, 20
Straßenkunst 33, 59
Straßenreinigung 30, 20
Streikeinsatz von Beamten 37, 18
Streikrecht 37, 13
Studienfreiheit 34, 10
Studiengebühren 34, 40
Studienplatzvergabe 35, 49
Studierendenschaft 14, 11; 14, 35
Subjektives Recht 5, 2
Subsidiarität 1, 14
Süddeutscher Konstitutionalismus 2, 12
Sukzessivadoption 16, 45
Supranationales Recht **4, 11**

Tagebuch 11, 7; 11, 25; 11, 34
Tariföffnungsklausel 37, 21
Tarifeinheit 37, 29
Tatsachenbehauptung 25, 7; 25, 18; 25, 27; 27, 22
Taubenfüttern 14, 5
Technische Überwachung 15, 12
Teilhaberecht 8, 14
Telefongeheimnis 17, 1
Terrorismus 20, 28; 21, 15
Testierfreiheit 38, 59
Theologie 34, 44
Therapeutisches Klonen 10, 52
Tiere 6, 31; 10, 19
Tierschutz 22, 32; **22, 43**; 33, 55; 34, 34
Tierversuch 24, 10; 34, 46
Tischgebet 22, 46
Todesstrafe **10, 69**; 13, 17
– als Asylgrund 20, 6
Toleranz 22, 17
Tötung 13, 9
Totenkult 10, 26
Transplantation **10, 57**; 13, 19
Transsexualität 10, 72
Transzendenz 22, 6f.
Trennung, Kinder von Eltern 16, 30
Trennung von Kirche und Staat 22, 16
Treueverhältnis 36, 16; **36, 17**
Triage 13, 20
TRIPS-Übereinkommen 38, 50
Typisierung 39, 9; 39, 25

Übergangsfrist 9, 24
Überhangmandat 42, 6
Übermaßverbot 9, 14
Überpositives Recht 4, 7
Ultra vires Kontrolle 4, 11
Umgangspflicht 16, 51
Umgangsrecht 16, 21
Umkehrdiskriminierung 39, 24
Umsetzung (Beamte) 36, 20
UMTS 28, 6
Umweltgrundrecht 13, 3
Umweltinformationsgesetz 26, 3

Unantastbarkeit (Menschenwürde) 10, 34
Uneheliche Kinder 16, 41
Unionsbürgerschaft 3, 6
Universalität der Menschenrechte 3, 2
Ungeborenes Leben 13, 7
Unisex-Tarife 31, 23
Unmittelbarer Eingriff 8, 5
Unmittelbarkeit der Wahl 42, 3
Untätigkeitsrüge 21, 49
Unterhaltspflicht 16, 8; 16, 41; 16, 52
Untermaßverbot 8, 13; 13, 18
Untersuchung 10, 34
Untersuchungshaft 21, 15; **21, 19**
Unwahre Tatsachenbehauptung 25, 8; 25, 51
Unveräußerliche Menschenrechte 1, 12; 2, 7; **10, 45**
USA 2, 8; 6, 10
Urheberrecht 33, 58; 38, 15

Vater, Grundrechtstellung 16, 21
Vaterschaftstest 10, 55
Vegetarier 24, 11
Verbot 8, 5
Verbraucherinformationsgesetz 11, 20; 26, 3
Verbraucherschutz 25, 54
Vereinigungsfreiheit 31, 1 ff.
– Eingriff 31, 13
– international und europäisch 31, 22
– objektive Schutzpflicht 31, 18
– Schranke 31, 14
– Schutzbereich 31, 3
– Verbot 31, 13; 31, 15
Vereinsverbot
– Religionsgemeinschaft 22, 33
Vereinte Nationen (UN) 3, 1
Verfahren
– Europa 3, 10
Verfahrensfehler 8, 15
Verfahrensrechte 5, 11
Verfassung
– Vorrang 4, 4

Verfassungsimmanente Schranken 9, 30
Verfassungskonforme Auslegung 7, 9
Verfassungsmäßige Ordnung 14, 20
Verfassungsschutz 17, 23
Verfassungstreue (Hochschullehrer) 34, 28
Vergaberecht 7, 12
Vergesellschaftung 38, 32
Vergewaltigung 16, 6
Verhältnismäßigkeit **9, 14**
– als Grundsatz des Europarechts 3, 10
– europäisch und international 9, 25
– im engeren Sinne 9, 23
Verkennung 8, 8
Verletzung 8, 4
Vermögensstrafe 21, 61
– Verbot 30, 24
Versammlungsfreiheit 30, 1 ff.
– Anmeldepflicht 30, 19
– Auflage 30, 18
– Beamte 30, 23
– Begriff 30, 5
– Eingriff 30, 18
– freier Himmel 30, 22
– Gegendemonstration 30, 33
– geschlossener Raum 30, 21
– international und europäisch 30, 28
– objektive Schutzpflicht 30, 24
– Schranke 30, 21
– Sitzblockade 30, 34
– Soldaten 30, 23
Versetzung (Beamte) 36, 20
Versicherungspflicht 14, 34
Versicherungsansprüche 38, 16
Versorgung (Beamte) 36, 19
Vertragsärzte 35, 51
Vertragsfreiheit 14, 9
Vertrauensschutz 1, 19, **9, 24**
Vertraulichkeit und Integrität informationstechnischer Systeme 12, 5; 12, 23
Verunglimpfung des Staates 33, 57

Verwahrlosung 16, 29
Verwaltungsgerichtsbarkeit 2, 15
Verwaltungsprivatrecht 7, 11
Verwaltungsverfahren 12, 17
Verwaltungsvorschrift 9, 4
Verweilen 14, 5; 14, 31
Verwirkung 6, 44; **9, 38**
Verzicht 6, 42; 10, 36
Videotext 28, 6
Videoüberwachung, 12, 27; 30, 26 f.
Völkerrecht 3, 1
Volksschule 32, 1
Volksverhetzung
Volljährigkeit (als Grenze des Elternrechts) 16, 18
Vollzeitprinzip (Beamte) 36, 26
Vollziehende Gewalt
– Grundrechtsbindung 7, 4
Vorläufiger Rechtsschutz 21, 39
Vorrang der Verfassung 4, 4
Vorratsdatenspeicherung 12, 25; 17, 23
Vorschule 32, 34

Wahlcomputer 42, 3
Wahlfreiheit (Art. 38 GG)
– Eingriff 42, 5
– objektive Schutzfunktion 42, 7
– Schranke 42, 6
– Schutzbereich 42, 2
Wahlgeheimnis 42, 3
Wahlrecht 42, 1 ff.
– Eingriff 42, 5
Warentest **25, 53**
Warenzeichen 38, 15
Warnmitteilung 6, 23; **8, 3;** 12, 16; 35, 50
– Religionsgemeinschaft 22, 25; **22, 52**
Warnstreik 37, 13
Wechselwirkungstheorie **9, 13;** 25, 23
Wehrdienstverweigerung 24, 14
– Eingriff 24, 17
– international und europäisch 24, 20
– Schranke 24, 18

- Schutzbereich 24, 15
Wehrkunde 32, 42
Wehrpflicht
- Beschränkung auf Männer 39, 23
Weimarer Kirchenartikel 23, 1 ff.
Weimarer Reichsverfassung (WRV) **2, 16**
Weltanschauungsfreiheit 22, 5
Werbeblocker 28, 20
Werbung **25, 9**; 25, 49; 27, 4; 28, 7
- Verbote **35, 50**
Werktreue 33, 58
Wertordnung 1, 22; 5, 3
Wertsystem 1, 22
Wertung 25, 29
Werturteil 25, 7
Wesensgehalt 9, 29
Wesensgehaltsgarantie 2, 19
Wesentlichkeitstheorie **9, 4**; 14, 24; 32, 12
Wettbewerbsfreiheit 14, 9
Wettbewerbsgleichheit 14, 9
Whistleblowing 25, 52
WHO = Weltgesundheitsorganisation 13, 4
Widerstandsrecht 45, 1 ff.
Willkürverbot 39, 9; 39, 14
Wirkbereich 6, 18
Wirtschaftliche Betätigung des Staates 7, 11
Wirtschaftsverfassung vor 35, 1
Wirtschaftswerbung 25, 9
Wissenschaftliche Hochschule 6, 39
Wissenschaftsfreiheit 34, 1 ff.
- Eigengesetzlichkeit 34, 6
- Eingriff 34, 20
- Fehlverhalten 34, 47
- Forschung 34, 7
- international und europäisch 34, 42
- Lehre 34, 10
- Lehrer 34, 12
- objektive Schutzpflicht 34, 37
- Schranke 34, 26
- Schutzbereich 34, 4
- Selbstverwaltung 34, 12
Wohnungsfreiheit 15, 1 ff.
- Eingriffe 15, 10 ff.
- international 15, 24
- Menschenwürdekern 15, 9; 15, 20
- objektive Funktion 15, 23
- Schranken 15, 17 ff.
- Schutzbereich 15, 3
- Wegweisung 15, 10; 15, 26
Wortlautinterpretation 6, 11
WTO (Welt-Handelsorganisation) 4, 10

Xenotransplantation 10. 57

Zeltlager 30, 8
Zensur 27, 12
Zensurverbot 27, 12
zero tolerance 18, 17
Zeugnisverweigerungsrecht (religiös) 22, 10
Zerrüttungsprinzip 16, 8
Zitiergebot **9, 28**; 14, 23; 25, 20
Zölibatsklausel 16, 7; 16, 24
Züchtigung (von Kindern) 16, 17
Zumutbarkeit 9, 23
Zuständigkeit 8, 15
Zustimmungsgesetz (zu internationalen Verträgen) 7, 3
Zwangsarbeit 35, 59
Zwangsbehandlung 10, 58
Zwangsehe 16, 5
Zwangsernährung 10, 68; 13, 10
Zwangsmitgliedschaft **14, 11**; 14, 35; 31, 7
Zwangsumsiedlung 18, 8
Zwergenweitwurf 10, 70